■ 中国近现代史史料介绍与研究丛书

QUAN GUO GE JI ZHENG XIE
WEN SHI ZI LIAO SHU KAN MING LU

全国各级政协
文史资料书刊名录
(1960～2008)

中国近现代史史料学学会
超星数字图书馆 ｜ 编
鲁东大学中国近现代史史料学研究所

李永璞 史超 朱平 ◆ 主编

中国书籍出版社

图书在版编目（CIP）数据

全国各级政协文史资料书刊名录／李永璞，史超，朱平主编.
—北京：中国书籍出版社，2009.5
ISBN 978 - 7 - 5068 - 1888 - 9

Ⅰ. 全… Ⅱ.①李…②史…③朱… Ⅲ. 文史资料—图书
目录—中国 Ⅳ. Z88：K250.6

中国版本图书馆 CIP 数据核字（2009）第 086462 号

责任编辑／毕 磊 张卓宏 牛 超
责任印制／熊 力 武雅彬
封面设计／王凤波
出版发行／中国书籍出版社
　　　　　地　　址：北京市丰台区三路居路 97 号（邮编：100073）
　　　　　电　　话：(010)52257142(总编室)　(010)52257152(发行部)
　　　　　电子邮箱：chinabp@ vip. sina. com
经　销／全国新华书店
印　刷／北京京海印刷厂
开　本／880 毫米×1230 毫米 1/16
印　张／38.625
字　数／1939 千字
版　次／2009 年 5 月第 1 版　2009 年 5 月第 1 次印刷
定　价／260.00 元

中国近现代史史料介绍与研究丛书
出 版 说 明

中国近现代史史料种类繁多,数量庞大,内容丰富,但迄今尚缺乏全面的整理、系统的介绍和专门的研究,难以为中国近现代史志工作者所利用。多年来,我们曾做了一点整理和研究工作,现将我们的一些成果奉献出来,编纂了这套《中国近现代史史料介绍与研究丛书》,为利用中国近现代史史料的同志服务。

这套丛书包括两大类:一是史料介绍类子书,用汇编文献史料名录或篇目索引的形式,对历史档案、方志书稿、近现代报刊、史料成书、"三亲"史料(文史资料和革命回忆录)、外文史料等,予以分类著录,专供检索。二是史料研究子书,用撰写文献史料综述、评析、考释等形式,对断代史、专门史、事件、人物等史料,予以专题介绍,专供利用。

由于我们的水平有限,粗疏之处难免,敬请广大读者和史学界同行批评指正。

中国近现代史史料学学会
超 星 数 字 图 书 馆
鲁东大学中国近现代史史料学研究所

前　言

从 1960 年以来,有三千二百多个省、市、县和个别乡镇在各级政协组织中相继设立了文史资料工作机构,开展了对政协文史资料的征集、整理、研究和编印出版工作。据不完全统计,近五十年,共征集到约四十多亿字(含各种民族文字)政协文史资料,编印出版了约二十多亿字政协文史资料。

上述已编印出版的政协文史资料,大多为历史的亲闻、亲见、亲历者自撰或口述由他人记录成文;少数属文史资料工作者经过查访,并参用文献史料综合成稿;还有一些罕见的历史文献史料,等等。无论何种形式的文稿,均从不同角度记录了我国历史,主要是近现代史,涉及政治、军事、经济、文化、科技、社会、民族、宗教、侨务、外事等诸方面,展示了包罗万象的历史事件过程和形形色色的历史人物活动,具有详实可靠的资料性,再现历史,有着具体生动的可读性,可以弥补文献史料的不足,匡正历史书刊的误记,佐证历史悬案的解决和补填历史研究的空白。因此,它既是我国历史,特别是近现代史的一个新史源,又是我们了解国情、提供历史借鉴和对人民进行爱国主义和革命传统教育的一部好教材,又为文艺工作者进行创作提供了素材。

为了便于社会各界,特别是文史学界利用政协文史资料,鲁东大学(原烟台师范学院)中国近现代史史料学研究所从 20 世纪 80 年代中期即开始从事政协文史资料的征集、整理工作,并编辑出版了《全国各级政协文史资料名录(1960—1990)》(中国文史出版社,1991年版)工具书,介绍了已编印出版的政协文史资料的每种丛刊、丛书的情况,即著录其名称、编印出版单位、开本版型、刊印期(辑、集)年、已出数量和发行范围,供利用者检索查阅。该书共收丛刊、丛书共二千余种,计一万三千余册(期、辑、集)。同时,编辑出版了《全国各级政协文史资料篇目索引(1960—1990)》(中国文史出版社,1993 年版)。此后,研究所同中国近现代史料学学会合作一直坚持对政协文史资料的征集和整理,并在超星数字图书馆的支持下编辑了本书——《全国各级政协文史资料书刊名录(1960—2008)》,共收丛刊、丛书四千余种,计六万余册(期、辑、集)。

本书所收政协文史资料,大多数是根据鲁东大学中国近现代史史料学研究所、中国近现代史史料学学会和超星数字图书馆所藏著录;少数则从网络和报刊所载查知著录,因未见原书刊,大多著录事项不全,间或有误,还请相关学者予以校正;可能有若干已编印出版,因未能确知,只能留后增补。

在本书出版之际,特向寄赠政协文史资料的各级政协文史资料委员会及其办公室和代为征集的中国近现代史史料学学会的会员,表示衷心感谢。

李永璞

2008 年 10 月 28 日

凡　　例

一、本书收各级政协文史资料工作机构所编印或出版的文史资料类的丛刊(含文史资料工作刊)和丛书,共4000余种,60000余册(辑、期、集)。

二、本书以编辑单位所编印或出版的每一种丛刊(含若干无序号的专辑)或丛书为一条目。

三、条目按其编辑单位所属行政区域划分,并按《中华人民共和国行政区划简册(2008)》(中华人民共和国民政部编,中国地图出版社,2008年版)所排顺序排列。某一编辑单位的条目,则以先丛刊后丛书为序排列,丛刊及丛书的相关条目则按时间顺序排列。

四、条目安排

1. 书刊名称:丛刊名均以现名标注,曾用名均在括号内列出,并在改名的辑(集、期)号上加注"改名"、"改现名"等字样;原丛刊中的各辑(集、期)列有题名,均予照录。丛书名有副标题的也一律照录。另外辑(集、期)号之间加注"·"的为合订本,加注"—"的则为同年份编印。

2. 编辑单位:一律注全称并以现名为准。凡有两个以上者,均注第一编辑单位,在其后加"等"字样。

3. 印型开本:印型凡铅印、胶印的一律不予注明,油印的则注明"油印",兼有油印的则注"或油印";开本注有32开书型、16开刊型等。

4. 刊印时间:丛刊之各辑(集、期)和丛书及诸子书,均注出版和编印年。由编辑单位自印者则注编印年,由出版社出版者则注出版社名和某年版。凡丛刊之某辑(集、期)原未注明印年的,均注"未注明印年"字样,未标注刊印年或有"未注明印年"字样的为我处未见原书不能确定的条目。

6. 发行范围:分内部交流、内部发行或公开发行。凡有刊号丛刊和出版社出版之丛书,一律不注明发行范围。

7. 排列顺序:凡丛刊之各辑(集、期)均按其序号(年期号或总辑号)排列,无序号之专辑其刊印年列在相应序号前或后。凡丛书之诸子书均按其编列卷(辑、册)序号或出版年或印年先后排列。

目　　录

政协全国委员会

文史资料工作情况 政协全国委员会文史资料研究委员会编印,16 开刊型,不定期,内部发行。

第 1—4 期 （1978 年）

文史通讯 政协全国委员会文史资料研究委员会编印,16 开刊型,不定期改季刊,内部发行。

1979 年第 1—2 期

1980 年第 3—5 期

1981 年第 1—6 期 （总第 1—6 期）

1982 年第 1—6 期 （总第 7—12 期）

1983 年第 1—4 期 （总第 13—16 期）

1984 年第 1—4 期 （总第 17—20 期）

1985 年第 1—4 期 （总第 21—24 期）

1986 年第 1—4 期 （总第 25—28 期）

1987 年第 1—4 期 （总第 29—32 期）

1988 年第 1—4 期 （总第 33—36 期）

1989 年第 1—4 期 （总第 37—40 期）

1990 年第 1—4 期 （总第 41—44 期）

1991 年第 1—4 期 （总第 45—48 期）

1992 年第 1—4 期 （总第 49—52 期）

1993 年第 1—4 期 （总第 53—56 期）

1994 年第 1—4 期 （总第 57—60 期）

1995 年第 1—4 期 （总第 61—64 期）

1996 年第 1—4 期 （总第 65—68 期）

1997 年第 1—4 期 （总第 69—72 期）

文史资料选辑 政协全国委员会文史和学习委员会编,32 开书型或 16 开刊型,中华书局、文史资料出版社、中国文史出版社出版,内部改公开发行。

第 1—12 辑 （1960 年版）

第 13—24 辑 （1961 年版）

第 25—32 辑 （1962 年版）

第 33—41 辑 （1963 年版）

第 42—54 辑 （1964 年版）

第 55 辑 （1965 年版）

第 56—57 辑 （1978 年版）

第 58—66 辑 （1979 年版）

第 67—72 辑 （1980 年版）

第 73—77 辑 （1981 年版）

第 78—84 辑 （1982 年版）

第 85—91 辑 （1983 年版）

第 92—96 辑 （1984 年版）

第 97—100 辑 （1985 年版）

增刊第 1 辑 （1984 年）

《文史资料选辑》篇目分类索引 （第 1—100 辑）（1986 年版）

第 1—4 辑 （总第 101—104 辑版）（1985 年版）

增刊第 1 辑 （1985 年版）

第 5—8 辑 （总第 105—108 辑）（1986 年版）

第 9—13 辑 （总第 109—113 辑）（1987 年版）

增刊第 2 辑 （1987 年）

第 14—16 辑 （总第 114—116 辑）（1988 年版）

第 17—19 辑 （总第 117—119 辑）（1989 年版）

第 20—21 辑 （总第 120—121 辑）（1990 年版）

文史资料分类目录 （北洋时期部分）（1960—1966）（1990 年）

文史资料分类目录 （国民党部分）（1959—1965）（1990 年）

第 22—23 辑 （总第 122—123 辑）（1991 年版）

第 24—25 辑 （总第 124—125 辑）（1992 年版）

第 26 辑 （总第 126 辑）（1993 年版）

第 27 辑 （总第 127 辑）（1994 年版）

第 28 辑 建国后史料专辑 （总第 128 辑）（1994 年版）

第 29—30 辑 （总第 129—130 辑）（1995 年版）

文史资料选辑索引 （1995 年版）

第 31—32 辑 （总第 131—132 辑）（1997 年版）

第 33—36 辑 （总第 133—136 辑）（1999 年版）

第 1 辑至 136 辑总目 （2000 年版）

第 37—43 辑 （总第 137—143 辑）（2000 年版）

第 44—46 辑 （总第 141—146 辑）（2001 年版）

第 47—50 辑 （总第 147—150 辑）（2002 年版）

第 51—52 辑 （总第 151—152 辑）（2007 年版）

文史资料存稿选编 政协全国委员会文史资料委员会编,16 开刊型,中国文史出版社,2002 年版。

第 1 分册 晚清·北洋 （上）

第 2 分册 晚清·北洋 （下）

第 3 分册 东征北伐

第 4 分册 十年内战

第 5 分册 西安事变

第 6 分册 抗日战争 （上）

第 7 分册 抗日战争 （下）

第 8 分册 日伪政权

第 9 分册 全面内战 （上）

第 10 分册 全面内战 （中）

第 11 分册 全面内战 （下）

第 12 分册 政府·政党

第 13 分册 特工组织 （上册）

第 14 分册 特工组织 （下册）

第 15 分册 军事机构 （上册）

第 16 分册 军事机构 （下册）

第 17 分册 军事派系 （上册）

第 18 分册 军事派系 （下册）

第 19 分册 军政人物 （上册）

第 20 分册 军政人物 （下册）

第 21 分册 经济 （上册）

第 22 分册 经济 （下册）

第 23 分册 文化

第 24 分册　教育
第 25 分册　社会
第 26 分册　目录汇编
文史资料存稿选编精选 （全十册） 政协全国委员会
文史资料委员会编,中国文史出版社,2006 年版。

清末民初风云
民国高端群像
蒋记特工指密
派系纷争混战
日伪罪行实录
抗日战争写真
国共内战回眸
旧时经济撷拾
昔年文教追忆
社会杂相述闻

纵横 政协全国委员会文史和学习委员会编,32 开书
型改 16 开刊型,季刊改双月刊改月刊,中国文史出版社出
版。

1983 年第 1—2 期 （总第 1—2 期）
1984 年第 1—4 期 （总第 3—6 期）
1985 年第 1—6 期 （总第 7—12 期）
1986 年第 1—6 期 （总第 13—18 期）
1987 年第 1—6 期 （总第 19—24 期）
1988 年第 1—6 期 （总第 25—30 期）
1989 年第 1—6 期 （总第 31—36 期）
1990 年第 1—6 期 （总第 37—42 期）
1991 年第 1—6 期 （总第 43—48 期）
1992 年第 1—6 期 （总第 49—54 期）
1993 年第 1—6 期 （总第 55—60 期）
1994 年第 1—6 期 （总第 61—66 期）
1995 年第 1—6 期 （总第 67—72 期）
1996 年第 1—12 期 （总第 73—84 期）
1997 年第 1—12 期 （总第 85—96 期）
1998 年第 1—12 期 （总第 97—108 期）
1999 年第 1—12 期 （总第 109—120 期）
2000 年第 1—12 期 （总第 121—132 期）
2001 年第 1—12 期 （总第 133—144 期）
2002 年第 1—12 期 （总第 145—156 期）
2003 年第 1—12 期 （总第 157—168 期）
2004 年第 1—12 期 （总第 169—180 期）
2005 年第 1—12 期 （总第 181—192 期）
2006 年第 1—12 期 （总第 193—204 期）
2007 年第 1—12 期 （总第 205—216 期）
2008 年第 1—12 期 （总第 217—228 期）

纵横精品书系 《纵横》编辑部编,32 开书型,中国文史
出版社,2001 年版。

新中国外交大写意
共和国军事秘闻录
隐蔽战线大写真
民国政要多棱镜

《纵横》精品丛书 《纵横》精品丛书编委会编,32 开书
型,中国文史出版社,2002 年版。

民国政要百态
民国社会群像
百万蒋军起义
英烈忠魂永铭
谜案冤案解读
共和国军事见闻
曾与伟人同行
名流成功之路
共和国外交实录
隐蔽战线写真

辛亥革命回忆录 政协全国委员会文史资料委员会编,
中华书局、文史资料出版社出版。

第 1 集 （1961 年版）
第 2—4 集 （1962 年版）
第 5—6 集 （1963 年版）
第 7 集 （1981 年版）
第 8 集 （1982 年版）

革命史资料 政协全国委员会文史资料研究委员会编,
中国文史出版社出版。

第 1 集 （1980 年）
第 2—5 集 （1981 年）
第 6—9 集 （1982 年）
第 10—13 集 （1983 年）
第 14 集 （1984 年）
第 15 集 （1985 年）
第 16 集 （1986 年）
第 17—18 集 （1987 年）
第 19 集 （1988 年）
第 20 集 （1991 年）

文化史料 政协全国委员会文史资料研究委员会编,文
史资料出版社出版。

第 1 辑 （1980 年）
第 2 辑 （1981 年）
第 3 辑 （1982 年）
第 4—7 辑 （1983 年）
第 8 辑 （1984 年）

工商史料 政协全国委员会文史资料研究委员会编,文
史资料出版社出版。

第 1 辑 （1980 年）
第 2 辑 （1981 年）

工商经济史料丛刊 政协全国委员会文史资料研究委
员会编,文史资料出版社出版。

1983 年第 1—3 期 （1983 年）
1983 年第 4 期 （1984 年）

文史集萃 政协全国委员会文史资料研究委员会编,中
国文史出版社出版。

第 1—2 辑 （总第 1—2 辑）（1983 年版）
第 1—4 辑 （总第 3—6 辑）（1984 年版）

第1—2辑 （总第7—8辑）（1985年版）

文史资料精选 政协全国委员会文史资料研究委员会编,32开书型,中国文史出版社,1990年版。

第1—16册

原国民党军政人物丛书 政协全国委员会文史资料研究委员会等编,中国文史出版社出版。

张治中回忆录 （张治中著,1985年版）

傅作义将军 （1985年版）

杨虎城将军传 （米暂沉著,1986年版）

鹰犬将军——宋希濂自述 （朱希源著,1986年版）

杜聿明将军 （郑洞国等著,1986年版）

戎马春秋 （董其武著,1986年版）

佩剑将军张克侠 （木铁编,1987年版）

何柱国将军生平 （1992年版）

原国民党将领抗日战争亲历记 政治协全国委员会文史资料研究委员会等编,中国文史出版社出版。

徐州会战 （1985年版）

"七七"事变 （1986年版）

从"九·一八"到"七七"事变 （1987年版）

"八·一三"淞沪抗战 （1987年版）

南京保卫战 （1987年版）

武汉会战 （1989年版）

远征印缅抗战 （1990年版）

晋绥抗战 （1994年版）

中原抗战 （1995年版）

湖南四大战役 （1995年版）

闽浙赣抗战 （1995年版）

粤桂黔滇抗战 （1995年版）

原国民党将领解放战争亲历记 政协全国委员会文史资料委员会等编,中国文史出版社出版。

淮海战役亲历记 （1983年版）

辽沈战役亲历记 （1986年版）

平津战役亲历记 （1986年版）

百万国民党军起义投诚纪实 （上、下册）（1991年版）

百万国民党军起义投诚纪实 （续）（上、下册）

解放战争中的西北战场 （1992年版）

原国民党将领回忆军事史料丛书 （原国民党将领的回忆） 政协全国委员会文史资料研究委员会等编,中国文史出版社出版。

围剿中央革命根据地亲历记 （1991年版）

围追堵截红军长征亲历记 （上、下册）（1991年版）

围剿边区革命根据地亲历记 （1996年版）

近代中国工商经济丛书 政协全国委员会文史资料研究委员会等编,中国文史出版社出版。

缪云台回忆录 （1991年版）

猪鬃大王——古耕虞 （1991年版）

陈光甫与上海银行 （1991年版）

民族工业大迁徙——抗日战争时期民营工厂的内迁（1991年版）

周作民与金城银行 （1993年版）

中华百年老药铺 （1993年版）

胡厥文回忆录 （1994年版）

中国近代国货运动 （1996年版）

近代中国工商人物志 （一）（1996年版）

近代中国工商人物志 （二）（1996年版）

近代中国典当业 （19996年版）

晚清企业纪事 （1997年版）

工矿泰斗——孙越崎 （1997年版）

外商银行在中国 （1996年版）

回忆中国工合运动 （1997年版）

钱昌照回忆录 （1998年版）

章元善与华洋义赈会 （2002年版）

近代长芦盐务

近代中国工商人物志 （三）

近代中国工商人物志 （四）

追忆商海往事前尘——中国电光源之父胡西园自述（2006年版）

当代名人自述丛书 政协全国委员会文史资料委员会编,中国文史出版社出版。

世纪之履——李默庵回忆录 （1995年版）

半生风雨录——贾亦斌自述 （1996年版）

杨伯涛回忆录 （1996年版）

我的回忆 （程思远著,华艺出版社,1994年版）

亲历、亲见、亲闻史料丛书 政协全国委员会文史和学习委员会编,中国文史出版社出版。

农村改革风云实录 （政协与安徽、四川、浙江、内蒙古、江苏、山东、湖南、广西、贵州、成都文史资料委员会合编,1998年版）

五四运动亲历记 （1999年版）

中国航天腾飞之路 （1999年版）。

肝胆相照见真情——老一辈无产阶级革命家与民主人士的交往 （与政协辽宁、上海、湖南、北京、湖北、四川、云南、吉林、新疆、贵州、天津、安徽、成都、长春文史资料委员会合编,1999年版）

城市接管亲历记 （1999年版）

中华人民共和国减灾实录

建国初期留学生归国纪事 （与政协北京、上海、天津、福建文史资料委员会合编,1999年版）

支援抗美援朝纪实 （与政协辽宁、北京、天津、山西、内蒙古、吉林、浙江、安徽、福建、山东、河南、湖北、湖南、广东、广西、重庆、四川、贵州、陕西、甘肃、宁夏、武汉、长春、哈尔滨、广州文史资料委员会合编,2000年版）

改造战犯纪实 （与政协辽宁、北京、上海、四川、内蒙古、重庆文史资料委员会合编,2000年版）

新中国地方戏剧改革纪实 （上、下册）（与政协浙江、上海、天津、重庆、江苏、安徽、福建、江西、山东、河南、湖南、广西、四川、贵州、陕西、长春、武汉、广州、成都文史资料委员会合编,2000年版）

西部开发历史回顾 （与北京、内蒙古、广西、新疆生产建设兵团党史研究室等合编,2000年版）

辛亥革命亲历记 (2001 年版)

中国人民政治协商会议第一届全体会议亲历记 (2003 年版)

宝钢建设纪实 (2007 年版)

一汽创建发展历程 (2007 年版)

中国少数民族文史资料丛书 政协全国委员会文史和学习委员会与政协内蒙古、湖北、湖南、广西、四川、贵州等文史委会员合编,中国文史出版社出版。

侗族百年实录 (上、下册)(2000 年版)

土家族百年实录 (上、下册)(2001 年版)

布依族百年实录

达斡尔族百年实录 (上、下册)(2006 年版)

仡佬族百年实录 (2007 年版)

羌族百年实录

俄罗斯族百年实录 (2007 年版)

瑶族百年实录

水族百年实录

苗族百年实录 (上、中、下册)(2008 年版)

鄂伦春族百年实录 (2008 年版)

鄂温克族百年实录 (上、下册)(2008 年版)

中华文史资料文库 政协全国委员会文史资料研究委员会编,中国文史出版社出版,1996 年版。

第1—8卷 政治军事编

第9—11卷 军政人物编

第12—14卷 经济工商编

第15—17卷 文化教育编

第18卷 民族宗教编

第19卷 华侨华人编

第20卷 社会民情编

文史资料精华丛书 政协全国委员会文史资料委员会编,安徽人民出版社,2000 年版。

第1卷 从辛亥革命到北伐战争

第2卷 从国内战争到共同抗日

第3卷 抗日战争的正面战场

第4卷 中国命运的大决战

第5卷 国民党政权的崩溃

第6卷 民国风云人物 (一)

第7卷 民国风云人物 (二)

第8卷 旧中国的工商金融

第9卷 旧中国的文化教育

第10卷 旧中国的社会民情

百年文史写真书系 政协全国委员会文史资料委员会编,中国文史出版社,2001 年版。

慈父遗爱——名人子女忆父亲

漩涡沉浮——亲历近现代重大历史事件

机诈权变——蒋介石与各派系军阀争斗内幕

硝烟弹痕——近现代重大战役目击记

学林碎影——当代著名学者自述

丹青风骨——当代著名美术家自述

淘金旧梦——在华洋商纪实

文坛档案——当代著名文学家自述

中国百年百部文史珍品书系 政协全国委员会文史和学习委员会等编,中国文史出版社出版。

清末民初系列丛书 (共5册)(2004 年版)

奇案写真

清末杂相

清宫轶事

大清王府

晚清述闻

民国百姓生活文化丛书 (共3册)(2005 年版)

民国百姓的衣食住行

民国百姓的节日节庆

民国百姓的婚丧嫁娶

我所知道的名人秘事丛书 (共8册)(2005 年版)

他们是怎样起家的

他们是怎样办报的

他们是怎样出家的

他们是怎样成名的

他们是怎样败落的

他们是怎样发财的

他们是怎样争权的

他们是怎样当官的

我所知道的资本家 (共4册)(2006 年版)

我所知道的资本家族

我所知道的实业精英

我所知道的买办富豪

我所知道的金融巨头

揭密中国军阀丛书 (共8册)(2004 年版)

我所知道的"北洋三杰"

我所知道的"北洋三雄"

我所知道的马鸿逵家族

我所知道的马步芳家族

我所知道的张宗昌

我所知道的吴佩孚

我所知道的袁世凯

我所知道的张作霖

民国高层内幕大揭密丛书 (共19册)(2003 年版)

我所知道的陈诚

我所知道的汤恩伯

我所知道的傅作义

我所知道的陈仪

我所知道的韩复榘

我所知道的龙云

我所知道的卢汉

我所知道的蒋介石

我所知道的蒋经国

我所知道的李宗仁

我所知道的张学良

我所知道的杨虎城

我所知道的孔祥熙

我所知道的冯玉祥

我所知道的阎锡山

我所知道的白崇禧

我所知道的胡宗南

我所知道的杜聿明

我所知道的盛世才

国民党特工秘档丛书　（共 5 册）（2004 年版）

我所知道的军统

我所知道的复兴社

我所知道的政治暗杀秘闻

我所知道的中统

我所知道的军统兴衰——原国民党军统少将的回忆

我所了解的蒋家王朝内幕丛书　（共 5 册）（2004 年版）

蒋介石的心腹爱将

蒋介石的智囊高参

蒋介石的密友近臣

蒋介石的政敌对手

蒋介石的家情家事

原国民党将领口述抗战回忆录丛书　（共 8 册）（2005 年版）

我所亲历的台儿庄会战

我所亲历的忻口会战

我所亲历的武汉会战

我所亲历的印缅抗战

我所亲历的常德、长衡会战

我所亲历的南京保卫战

我所亲历的桂南、桂柳会战

我所亲历的淞沪会战

日伪政权大揭秘丛书　（共 10 册）（2005 年版）

我所知道的汪伪特工

我所知道的汉奸周佛海

我所知道的伪满元凶

我所知道的汉奸汪精卫和陈璧君

我所知道的汉奸陈公博

我所知道的伪华北政权

我所知道的汪伪政权

我所知道的伪满政权

我所知道的伪蒙疆政权

抹不掉的记忆——见证百年灭绝人性的杀戮丛书（共 6 卷 8 册）（2005 年版）

血腥纪事　（1）（2）

亲历惨案　（1）（2）

魔窟梦魇

罪恶极限

铁蹄人生

劳工血泪

国民党高级将领抗日战争亲历记　（共 10 册）（2005 年版）

血战东北

血战华北

血战雁门关

血战昆化关

血战南京

血战上海

血战台儿庄

血战武汉

血战潇湘

中国运征年

国民党将领谈国共大决战

战场较量

起义投降

政协委员一日　政协全国委员会文史和学习委员会等编，中国文史出版社出版。

第 1 辑　（2007 年版）

第 2 辑　（2008 年版）

第 3 辑　（2008 年版）

名人故居　政协全国委员会文史和学习委员会等编，中国文史出版社出版。

福建卷

浙江卷

江苏卷

河南卷

北京卷

天津卷

广东卷

内蒙古卷

湖南卷

四川卷

文史资料专辑　政协全国委员会文史和学习委员会等编，文史资料出版社、中国文史出版社出版。

溥仪在伯力收容所　（溥杰等著，1980 年版）

我与共产党　（张治中著，1980 年版）

戴笠其人　（沈醉等著，1980 年版）

回忆辛亥革命　（1981 年版）

在蒋牢中　（余心清著，1981 年版）

中国致公党　（中华民国史资料丛书）（陈民著，1981 年版）

九三学社　（中华民国史资料丛书）（1981 年版）

冯玉祥将军魂归中华　（冯洪达著，1981 年版）

李宗仁先生晚年　（程思远著，1981 年版）

陈赓同志在上海——在中央特科的斗争经历　（穆欣著，1982 年版）

胡厥文诗词选　（1982 年版）

晚清宫廷生活见闻　（1982 年版）

西北远征记　（宣侠父著，1982 年版）

鲁迅与北京风土　（邓云乡著，1982 年版）

中国大革命史　（华岗著，1982 年版）

御霜实录——程砚秋先生一生　（1982 年版）

实业家刘鸿生先生传略——回忆我的父亲　（刘念智著，1982 年版）

5

钱塘江建桥回忆 (茅以升著,1982 年版)

蔡锷集 (蔡端编,1982 年版)

与青年朋友谈治学 (中华书局,1983 年版)

八十年来 (附《延安归来》)(黄炎培著,1982 年版)

八十三天皇帝梦 (吴长翼编,1983 年版)

杨虎城将军画册 (1983 年版)

杨虎城将军在欧美 (亢心裁等著,1983 年版)

故宫盗宝案真相 (吴景洲著,1983 年版)

中国民主建国会史话 (孙晓春等编著,1983 年版)

中国民主同盟历史文献 (1941—1949 年)(中国民主同盟中央文史资料委员会编,1983 年版)

新疆五十年——包尔汉回忆录 (1983 年版)

徐悲鸿——回忆徐悲鸿专辑 (1983 年版)

漫话救国会 (沙千里著,1983 年版)

青帮大亨:黄金荣、杜月笙、张啸林传 (1983 年版)

军统内幕 (沈醉著,1984 年版)

回忆陈嘉庚——纪念陈嘉庚先生诞辰一百一十三周年 (与政协福建省委员会等合编,1984 年版)

经书浅谈 (中华书局,1984 年版)

五星红旗从这里升起——中国人民政治协商会议诞生记事暨资料选编 (1984 年版)

第一次国共合作时期的黄埔军校 (纪念黄博军校创建六十周年)(1984 年版)

李济深诗文选 (中国国民党革命委员会中央宣传部编,1985 年版)

和平老人邵力子 (1985 年版)

李宗仁先生晚年 (程思远著,1981、1985 年版)

溥仪离开紫禁城以后 (溥杰等著,1985 年版)

马叙伦政论文选 (1985 年版)

回忆卫立煌先生 (赵振声著,1985 年版)

文史资料论文选集

黄炎培年谱 (许汉三著,1985 年版)

邓宝珊将军 (与政协甘肃省、陕西省文史资料研究委员会合编,1985 年版)

傅作义生平 (1985 年版)

"九·一八"事变亲历记 (与政协吉林省、辽宁省、沈阳市文史研究委员会合编,暨《吉林文史资料》第 11 辑,1985 年版)

护国讨袁亲历记 (与政协云南、贵州、四川、广西、广东、湖南等省区文史委资料研究委员会合编,1985 年版)

田汉——回忆田汉专辑 (纪念田汉同志诞生八十五周年)(1985 年版)

两年,在国民党集中营 (萨空了著,1985 年版)

法币,金元券与黄金风潮 (中国近代经济史料丛书)(1985 年版)

奥运会与中国 (董守义等著,1985 年版)

报海杂忆 (顾执中著,1985 年版)

马叙伦诗文选 (中国民主促进会中央编,1985 年版)

邓演达 (中国农工民主党中央委员会编,1985 年版)

张治中回忆录 (上、下册)(1985 年版)

杨虎城将军传 (米暂沉著,1985 年版)

艺术的召唤——文学艺术家的自述 (1985 年版)

华夏壮歌——《抗战一事》征文选 (人民政协报编,1986 年版)

西安事变简史 (西安事变史领导小组编,1986 年版)

在统一战线这所学校里 (孙起孟著,1986 年版)

孙中山先生画册 (1866—1886 年)(1986 年版)

中山先生轶事 (1986 年版)

孙中山三次在广东建立政权 (与广东省、广州市政协文史资料研究委员会合编,1986 年版)

回忆雪峰 (包子衍等编,1986 年版)

魔窟——汪伪特工总部七十六号 (1986 年版)

战争年代的日记 (王紫峰著,1986 年版)

伊洛瓦底江的侨歌 (徐四民著,1986 年版)

著名表演艺术家舒绣文 (1986 年版)

张澜诗选 (黎品等编著,1986 年版)

中国通货膨胀史 (张公权著,1986 年版)

从帝国军人到反战勇士 (渡边三郎等著,1986 年版)

忆往谈旧录 (梁漱溟著,1987 年版)

风雨漫漫四十年 (张钫著,与政协河南省、陕西省西安市文史资料研究委员会合编,1986 年版)

史良自述 (1987 年版)

丹心素裹 (十七路军中共党史资料征编领导小组主编,1987 年版)

黄炎培诗集 (1987 年版)

孔祥熙其人其事 (寿充一编,1987 年版)

纪念彭泽民 (中国农工民主党中央编,1987 年版)

抗日名将张自忠 (与政协山东省文史委员会合编 (1987 年版)

纪念季方 (中国农工民主党中央编,1987 年版)

迎来曙光的盛会——新政治协商会议亲历记 (石光树编,1987 年版)

政协委员手册 (1987 年版)

从战犯到公民 (原国民党将领改造生活的回忆)(1987 年版)

陈仪生平及被害内幕 (与政协浙江、福建省文史资料委员会合编,1987 年版)

纪念朱蕴山文集 (中国国民党革命委员会宣传部编,1987 年版)

天山雄鹰——阿布杜克力木·阿巴索夫生平 (赛福鼎·艾则孜著,1987 年版)

济南五三惨案亲历记 (与政协山东省文史资料研究委员会、政协济南市文史资料研究委员会合编,1987 年版)

化工先导——范旭东 (与政协天津市文史资料研究委员会合编,1987 年版)

柳亚子纪念文集 (中国国民党革命委员会中央等编,1987 年版)

中国各民主党派 (于刚编,1987 年版)

青帮大亨——黄金荣、杜月笙、张啸林外传(傅湖源著,1987 年版)

木兰烽火 （袁伟等编,1987 年版）

马占山将军 （与政协黑龙江省文史资料研究委员会合编,1987 年版）

今井武夫回忆录 （原名《中国事变之回忆》）（1987 年版）

中央银行史话 （寿充一等编,1987 年版）

在草岚子监狱里 （刘昭著,1987 年版）

于右任文选 （与中国国民党革命委员会中央宣传部合编,1987 年版）

蒋介石的国策顾问——陈布雷外史 （王泰栋编,1988 年版）

华罗庚诗文选 （中国民主同盟中央宣传部编,1988 年版）

何廉回忆录 （1988 年版）

纪念黄琪翔 （中国农工民主党中央编,1988 年版）

政治暗杀秘闻 （罗翼群等著,1988 年版）

我从美国集中营归来 （张泽石著,1988 年版）

中国报纸的副刊 （王文彬著,1988 年版）

箫吹弦诵情弥切——国立西南联合大学五十周年纪念文集 （北京大学校友联络处编,1988 年版）

第四战线——国民党中央广播电台掇实 （王学起等编,1988 年版）

CC 内幕 （柴夫编,1988 年版）

峥嵘岁月——华侨青年回国参加抗战纪实 （1988 年版）

回忆国民党政府资源委员会 （1988 年版）

一代枭雄韩复榘 （与政协山东省文史资料研究委会员合编,1988 年版）

四个时代的我 （陈翰笙著,1988 年版）

青海三马 （与政协青海省文史资料研究委员会合编,1988 年版）

中国人民政治协商会议全国委员会大事记 （政协全国委员会研究室主编,1988 年版）

名僧录 （1988 年版）

走在社会主义大道上——原私营工商业者社会主义改造纪实 （1988 年版）

中统头子徐恩曾 （1988 年版）

宁夏三马 （1988 年版）

回忆司徒美堂老人 （1988 年版）

文史资料工作导研 （文史资料工作资料选编）（管文华等编,1989 年版）

中统兴亡录 （柴夫编,1989 年版）

周建人文选 （1989 年版）

关麟徵将军 （与政协户县文史资料委员会合编,1989 年版）

没有不散的筵席——外交家顾维钧夫人自述 （黄惠兰著,1989 年版）

西安事变与第二次国共合作 （1989 年版）

风雨同舟四十年 （1949—1989 年）（人民政协报编,1990 年版）

菊海竞渡——李万春回忆录 （1990 年版）

中国人民政协辞典 （政协全国委员会研究室等编,中共中央党校出版社,1990 年版）

帮会奇观 （1989 年版）

铅笔大王——吴羹梅自述 （1990 年版）

张笃伦及其一家 （吕恒等编,1990 年版）

中国农工民主党的奋斗历程 （1930—1990 年）（中国农工民主党中央编,1990 年版）

阿德哥与上海滩 （王泰栋著,1990 年版）

文化灵苗播种人——姜椿芳 （1990 年版）

中国战区受降始末 （1990 年版）

蓝天碧血扬国威——中国空军抗战史料 （1990 年版）

民国大总统黎元洪 （与政协湖北省、天津市、武汉市、黄陂县文史研究委员会合编,1991 年版）

纪念丘哲 （中国农工民主党中央党史资料研究委员会编,1991 年版）

辛亥革命在各地——纪念辛亥革命八十周年 （1991 年版）

民国大总统 （鲁永成主编,1991 年版）

土匪军阀张宗昌 （与政协山东省文史资料委员会合编,1991 年版）

人民政协文史资料研究工作十二讲 （1991 年版）

中国现代史文献资料书目撷要 （1991 年版）

工作与学习 （1991 年版）

洋场迷宫——上海哈同花园见闻录 （张琼林著,1991 年版）

丹青风骨——当代著名美术家自述 （2001 年版）

洪深——回忆洪深专辑 （1991 年版）

江山戴笠 （申元著,1991 年版）

大公报人忆旧 （周雨编,1991 年版）

伪廷幽影录——对汪伪政权的回忆纪实 （黄美真编,1991 年版）

蠖公纪事——朱启钤先生生平纪实 （1991 年版）

辅帅逸闻纪实——记张学良的老佐臣张作相（张贵田等著,1991 年版）

周佛海狱中日记 （1991 年版）

国民党名人之恋 （1992 年版）

文史资料工作概述 （黄森等编,1992 年版）

千古功臣杨虎城 （吴长翼著,1993 年版）

孙晓村纪念文集 （1993 年版）

文史钩沉 （宋靖华,1993 年版）

怀念杜镇远 （1993 年版）

旧大公报坐科记 （孙昭恺著,1993 年版）

《红岩》中的徐鹏飞 （陈新华、程秉达、尹宝嘉编,1993 年版）

沈钧儒年谱 （沈谱等编,1993 年版）

何柱国将军生平 （1993 年版）

徐锡麟集 （徐乃常编,1993 年版）

汪精卫生平纪事 （蔡德金等著,1993 年版）

北洋人士话沧桑 （王毓超著,1993 年版）

我的外交官生涯——凌其翰回忆录 （1993 年版）

所忆——张申府忆旧文选 （1993 年版）

新文化出版家徐伯昕 （1994 年版）

张西曼文集 （张小曼编,1994 年版）

国民革命军北伐亲历记 （与政协广东省文史资料委员会合编,1994 年版）

陈嘉庚——陈嘉庚先生诞辰一百一十周年纪念（画册）（1994 年版）

溥杰自传 （1994 年版）

赵寿山将军 （1994 年版）

日本军方侵华人物

汪伪群奸祸国纪实

持恒纪念集 （吴长翼等编,1997 年版）

风云春秋——爱国实业家包达三传奇 （徐女著,1996 年版）

我的父亲邓文钊 （邓广殷著）

撞击艺术之门——当代著名文学家艺术家的起步（方正、刘剑编,1997 年版）

中华民国大事记 （共五卷）（李新总主编,1995 年版）

梁漱溟书信集 （梁漱溟著,1995 年版）

陈铭枢回忆录 （陈铭枢著,1995 年版）

陈明侯将军 （陈隽等,1996 年版）

南京大屠杀事实及纪录 （孙宅巍等著,1997 年版）

香港东华三院一百二十五年史略 （李东海编著,1996 年版）

高树勋纪念文集 （公孙訇编,1996 年版）

文强诗选 （1996 年版）

马约翰纪念文集 （清华大学《马约翰纪念文集》编辑组 1996 年版）

李根源传 （陆星著,1996 年版）

十年风暴中的爱国民主人士 （汪东林编著,1996 年版）

蒋氏家族全传 （一、二册）（吴金良等著,1997 年版）

马万祺传 （与政协广东省文史资料研究委员会合编,1998 年版）

周恩来同志倡导政协文史资料工作四十年纪念集（1999 年版）

香港东华三院 125 年史略

回忆包尔汉 （与政协新疆维吾尔自治区文史资料委员会合编,1999 年版）

情系中华——华侨华人史料专辑

中国航天腾飞之路 （1999 年版）

海峡两岸的文化交流

新中国考古发掘亲历记

国是建言——全国政协九届二次会议大会发言精选（第一辑）（1999 年版）

香港地区第八届全国政协委员录及工作简报 （1999 年版）

全国政协第十届委员名单 （2000 年版）

人民政协五十年 （画册）（2000 年版）

人民政协全书 （2000 年版）

人民政协简明教程 （2000 年版）

1941—1949 年中国民主同盟简史文献 （2000 年版）

笔耕辑要 （党德信著,时事出版社,2000 年版）

特工秘闻——军统活动纪实 （陈楚君等编,2001 年版）

溥杰自传——爱新觉罗家族成员的回忆 （2001 年）

丹青风骨——当代著名美术家自述 （2001 年版）

京城什刹海 （2001 年版）

胡同春秋 （2002 年版）

宣侠父诗文集 （与政协浙江省、诸暨市文史资料委员会合编,中共党史出版社,2003 年版）

香港赛马缤纷史 （2003 年版）

政协委员手册 （2002 年版）

人民政协纪事 （上、下）（2004 年版）

周恩来与人民政协 （马永顺著,2004 年版）

我与人民政协

齐燕铭纪念文集 （马永顺著,2006 年版）

记者眼中的政协 （2005 年版）

陈云墨迹选 （浙江古籍出版社,2005 年版）

子女记忆中的父亲——叶挺传 （2006 年版）

关于人民政协文史工作的重要论述和文件选编（2006 年版）

孙中山先生画册 （2006 年版）

名人故居博览 （2006 年版）

香江历程 （香港文史出版社,2007 年版）

澳门回归历程纪事 （第一辑）（澳门文史资料工作计划出版,2006 年版）

国民党将领话长征 （2006 年版）

揭密西安事变 （2007 年版）

京杭大运河 2006 （2007 年版）

霍英东风范长存 （2007 年版）

中华圣杰论和谐 （2008 年版）

中国宗教概况 （2008 年版）

人民政协报·历史人物与历史事件专刊 （第三版）人民政协报编辑部编印。

第 1—270 期 （1984—1990 年 7 月）

人民政协报·文史专刊 （周刊） 人民政协报编辑部编印。

第 1— 期 （1990 年 7 月—2000 年 12 月）

人民政协报·春秋周刊 人民政协报编辑部编印。

第 1—47 期 （2001 年）

第 48—96 期 （2002 年）

第 97—144 期 （2003 年）

第 145—193 期 （2004 年）

第 194—242 辑 （2005 年）

第 243—290 期 （2006 年）

第 291—339 期 （2007 年）

第 340—390 期 （2008 年）

春秋集萃丛书 人民政协报编,中国文史出版社,2007 年版。

第 1 卷 历史悬疑

第 2 卷 风云人物

第 3 卷 文苑遗珍

第 4 卷 珍闻轶事

北 京 市

北京文史资料 （文史资料选编） 政协北京市委员会文史资料委员会编,北京出版社出版,32开书型,不定期,内部转公开发行。

第1—4辑 （1979年版）

第5辑 北平地下党斗争史料专辑 （上）（1980年版）

第6—8辑 （1980年版）

第9辑 （1981年）

第10辑 北平地下党斗争史料专辑 （中）（1981年版）

第11辑 （1981年版）

第12—15辑 （1982年版）

第16—18辑 （1983年版）

第19辑 （1984年版）

第20辑 北平地下党斗争史料专辑 （下）（1984年版）

第21—22辑 （1984年版）

第23—24辑 （1985年版）

第25辑 纪念抗战胜利四十周年特辑 （1985年版）

第26辑 纪念"一二九"运动五十周年特辑（1985年版）

燕都艺谭 （1985年版）

京剧谈往录 （1985年版）

第27—28辑 （1986年版）

第29辑 纪念西安事变五十周年特辑 （1986年版）

北京往事谈 （1986年版）

驰名中华的老字号 （文史资料出版社,1986年版）

第30—31辑 （1987年版）

第32辑 纪念"七七"事变五十周年特辑 （1987年版）

话说老协和 （中国文史出版社,1987年版）

日伪统治下的北平 （1987年版）

法律基本问题系列讲座 （北京大学出版社,1987年版）

卢沟桥抗战纪事 （王冷斋著,时事出版社,1987年版）

第33—36辑 （1988年版）

北平地下党斗争史料 （上）（1987年版）

北平地下党斗争史料 （下）（1988年版）

回忆司徒美堂老人 （与政协广东省文史资料研究委员会合编,中国文史出版社,1988年版）

京剧谈往录续编 （1988年版）

北京的黎明 （1988年版）

北京往事谈 （1988年版）

第37辑 （1989年版）

我的父亲林白水 （林慰君著,时事出版社,1989年版）

老北京的生活 （金受申著,与政协东城区文史委员会合编,1989年版）

第38辑 北京郊区专辑 （1990年版）

第39辑 （1990年版）

京剧脸谱图说 （北京燕山出版社,1990年版）

花市一条街 （与政协崇文区文史资料委员会合编,1990年版）

京津蒙难记——八国联军侵华纪实 （与政协天津市文史资料研究委员会合编,中国文史出版社,1990年版）

北京牛街 （1990年版）

京剧谈往录三编 （1990年版）

第40—41辑 （1991年版）

蠖公纪事——朱启钤先生生平纪实 （与中共河北省秦皇岛市委员会合编,中国文史出版社,1991年版）

北京牛街志书——《冈志》（中国少数民族古籍）（1991年版）

旧大公报坐科记 （孔昭恺著,1991年版）

朝阳——法学摇篮 （1991年版）

第42—45辑 （1992年版）

京华奇人录 （1992年版）

第46—47 （改现名） —48辑 （1993年版）

王府井 （与政协东城区文史委员会合编,1993年版）

文史钩沉 （朱靖宇著,中国文史出版社,1993年版）

第49—50辑 （1994年）

旧北京风情——陈志农旧北京街头速写集 （陈志农著,1994年版）

京剧小生宗师姜妙香 （何时希著,1994年版）

傅杰自传 （中国文史出版社,1994年版）

花乡春秋 （与政协丰台区文史资料委员会合编,1994年版）

第51—52辑 （1995年版）

日伪统治下的北京郊区 （1995年版）

抗战纪事 （1995年版）

第53—54辑 （1996年版）

庄严的庆典——国庆首都群众游行纪事 （1996年版）

春明旧事 （石继昌著,1996年版）

我的漫画生涯 （李滨声著,北京图书馆出版社,1996年版）

京剧谈往录 （四编）（1997年版）

第55—56辑 （1997年版）

第57—58辑 （1998年版）

版画沧桑 （李平凡版画60年回忆录）（1997年版）

周恩来与北京 （中央文献出版社,1998年版）

故宫退食录 （上、下）（朱家溍著,1999年版）

抚今追昔话北京 （与中共北京市委党史研究室合编,1999年版）

京味儿夜话 （人民文学出版社,1999 年版）

建国初期留学生归国纪事 （与全国政协文史资料委员会等合编,中国文史出版社,1999 年版）

肝胆相照见真情——老一辈无产阶级革命家与民主人士的交往 （与全国政协文史委员会等合编,中国文史资料出版社,1999 年版）

岁月留痕 （1999 年版）

第 59—60 辑 （1999 年版）

第 61—62 辑 （2000 年版）

程砚秋史事长编 （上、下册）（2000 年版）

尚堪回首——一个老建筑师的心声 （2003 年版）

改造战犯纪实 （与全国政协文史资料委员会等合编,中国文史出版社,2000 年版）

第 63—64 辑 （2001 年版）

峥嵘岁月——北京西城老同志回忆 （与中共北京市委党史研究室合编,中央文献出版社,2001 年版）

溥杰自传 （中国文史出版社,2001 年版）

第 65—66 辑 （2002 年版）

古今斋堂 （香港银河出版社,2002 年版）

叶祖孚文史散文集 （2002 年版）

辛亥革命后的北京满族 （2002 年版）

林白作品自选集 （漓江出版社,2002 年版）

尚堪回首——一个老建筑的心声 （2003 年版）

第 67 辑 （2004 年版）

第 68—69 辑 （2004 年版）

名人与老房子 （2004 年版）

第 70 辑 （2005 年版）

北京抗战图史 （与中共北京市委党史研究室等合编,2005 年版）

北京老街巷 （北京美术摄影出版社,2005 年版）

第 71 辑 （2006 年版）

京城六记 （赵洛著,文津出版社,2007 年版）

第 72 辑 （2007 年版）

滇湎抗战纪实 （中国文史出版社,2008 年版）

第 73 辑 （2008 年版）

北京文史资料精华 政协北京市委员会文史资料委员会编,北京出版社,2000 年版。

梨园往事

杏坛忆旧

风俗趣闻

府园名址

艺林仓桑

文苑撷英

世纪风云

商海浮沉

北京文史资料精选 （十八卷） 政协北京市委员会文史资料委员会等编,北京出版社出版,2006 年。

东城卷

西城卷

崇文卷

宣武卷

朝阳卷

丰台卷

石景山卷

海淀卷

门头沟卷

房山卷

通州卷

顺义卷

昌平卷

大兴卷

怀柔卷

平谷卷

密云卷

延庆卷

东城区

北京东城区文史资料选编 政协北京市东城区委员会学习和文史委员会编印,32 开书型,不定期,内部交流或公开发行。

第 1 辑 （1988 年）

老北京的生活 （金受申著,与政协北京市文史委员会合编,北京出版社,1989 年版）

第 2 辑 （1990 年）

第 3 辑 （1992 年）

第 4 辑 （1993 年）

王府井 （与政协北京市文史资料委员会合编,北京出版社,1993 年版）

第 5 辑 （1994 年）

第 6 辑 纪念抗日战争胜利五十周年专辑 （1995 年）

第 7 辑

第 8 辑

第 9 辑

第 10 辑

第 11 辑

第 12 辑

第 13 辑

第 14 辑

第 15 辑

第 16 辑

第 17 辑

第 18 辑

第 19 辑

第 20 辑

第 21 辑

第 22 辑

文史资料提要

实践·探索·创新

民主监督调研材料选登

北京市东城区政协成立 45 周年画册

感悟集 （范家永著,电子科技大学出版社,2006 年）

足迹

心曲

今日王府井 （文物出版社,2001 年版）

京城旧事 （中国文史出版社,2002 年版）

北京文史资料精选·东城卷 （北京出版社,2006 年版）

西城区

文史资料选编 政协北京市西城区委员会编印,32 开书型,不定期,内部交流。

第 1 期 （1987 年）

第 2 期 （1989 年）

西城区政协文史资料丛书 政协北京市西城区委员会文史资料委员会编印,32 开书型,不定期,内部交流或公开发行。

西城文史 （书目文献出版社,1993 年版）

西城名店 （1995 年）

西城名人故居 （中国档案出版社,1997 年版）

西城名人故居续集 （1998 年）

阜景文化街——北京西城名街 （中国文史出版社,1999 年）

杏坛撷英——西城名校特色校 （中国文史出版社,2000 年版）

京城什刹海 （中国文史出版社,2001 年版）

西城区政协志 （1994—2002）（2002 年）

胡同春秋 （中国文史出版社,2002 年版）

京城旧事 （中国文史出版社,2005 年版）

西城史粹

府第寻踪 （中国文史出版社,2006 年版）

西城卷 （《北京文史资料精选》,北京出版社,2006 年版）

北京胡同之根——砖塔胡同 （2007 年版）

北京清王府 （窦忠如著,百花文艺出版社,2007 年版）

砖塔胡同 （中国文史出版社,2008 年版）

崇文区

文史选刊 （文史资料选刊） 政协北京市崇文区委员会学习与文史委员会编印,16 开刊型或 32 开书型,不定期,内部交流或公开发行。

第 1 期 （1984 年）

第 2 期 （1985 年）

第 3—4 期 （1986 年）

第 5 期 （1987 年）

第 6 期 （1988 年）

第 7 期 （1989 年）

花市一条街 （与政协北京市文史资料委员会合编,北京出版社,1990 年版）

第 8 期 （1991 年）

第 9 期 （改现名）（1994 年）

第 10 期 （1996 年）

第 11 期 崇外大街专辑 （1997 年）

第 12 期 （1997 年）

第 13 期 纪念北京和平解放五十周年专辑 （1999 年）

第 14 期 老北京民俗文化专辑 （2000 年）

第 15 期

城南史缀

第 16 期

前门神韵

第 17 期

北京文史资料精选·崇文卷 （北京出版社,2006 年版）

第 18 期 （2008 年）

崇文文史拾萃 （2008 年）

宣武区

宣武文史 政协北京市宣武区委员会文史资料委员会编印,32 开书型或 16 开刊型,不定期,内部交流或公开发行。

第 1 集 （1993 年）

第 2 集 （1993 年）

第 3 集 （1994 年）

第 4 集 纪念抗日战争胜利五十周年专辑（1995 年）

第 5 集 （1996 年）

第 6 集 （1997 年）

第 7 集 纪念戊戌变法一百周年专辑 （1998 年）

第 8 辑 （1999 年）

宣武文史集萃 （中国文史出版社,2000 年版）

第 9 辑 （赵洛著,2001 年）

宣南文化便览 （文化艺术出版社,2002 年）

第 10 辑 宣南园林 （2003 年）

第 11 辑 菊坛拾零 （2004 年）

北京宣南文化游 （中国旅游出版社,2004 年）

第 12 辑 （2006 年）

北京文史资料精选·宣武卷 （北京出版社,2006 年版）

朝阳区

朝阳文史 政协北京市朝阳区委员会文史资料委员会编印,32 开书型,不定期,内部交流或公开发行。

第 1 辑 （1987 年）

第 2 辑 （1989 年）

第3辑 (1991年)
第4辑 (1997年)
第5辑 (2004年)
第6辑 (2006年)
北京文史资料精选·朝阳卷 (北京出版社,2006年版)
第7辑 (2007年)
第8辑 (2008年)

丰台区

丰台文史资料选编 政协北京市丰台区委员会文史资料委员会编印,16开刊型改32开书型,不定期,内部交流或公开发行。
第1辑 (1987年)
第2辑 纪念"七七"事变五十周年专辑 (1987年)
第3辑 (1988年)
第4辑 纪念丰台解放四十周年专辑 (1988年)
第5辑 (1992年)
第6辑 刘仁同志在南苑专辑 (1994年)
花乡春秋 (与政协北京市文史资料委员会等合编,北京出版社,1994年版)
第7辑 纪念抗日战争胜利五十周年专辑(1995年)
第8辑 (1997年)
第9辑 (1999年)
丰台区政协文史资料精选 (2000年)
第10辑 航天文史资料专辑 (2005年)
北京文史资料精选·丰台卷 (北京出版社,2006年版)
七七事变追忆 (2007年)
纪念北京市丰台区政协成立二十周年丛书 政协北京市丰台区委员会编印,32开书型,内部交流。
丰台区政协调研报告汇编 (2000年)
丰台区政协咨议建言选编 (2000年)
丰台区政协文史资料精选 (2000年)

石景山区

石景山文史资料 政协北京市石景山区委员会文史资料委员会编印,32开书型,不定期,内部或公开发行。
第1辑 (1988年)
第2辑 (1989年)
第3辑 (1990年)
第4辑 (1991年)
第5辑 (1992年)
第6辑 (1993年)
第7辑 (1994年)
第8辑 政协十五年专刊 (1995年)
第9辑 帝王与石景山 (2001年)
第10辑 天泰山专辑 (2003年)

第11辑 纪念抗日战争胜利六十周年专辑 (2005年)
第12辑 永定河石景山专辑 (2005年)
第13辑 模式口专辑 (2006年)
北京文史资料精选·石景山卷 (北京出版社,2006年版)
第14辑 石景山寺庙碑文选编专辑 (2006年)
第15辑

海淀区

海淀文史选编 (文史资料选编) 政协北京市海淀区委员会学习和文史委员会编印,32开书型,不定期,内部交流或公开发行。
第1辑 (1986年)
第2辑 (1988年)
第3辑 (1989年)
第4 (改现名) —5辑 (1991年)
第6—7辑 (1993年)
第8辑 (1994年)
第9辑 纪念抗日战争胜利五十周年专辑(1995年)
海淀政协委员 (1993年)
中央领导与海淀 (1995年)
第10辑 (1997年)
海淀政协委员 (第二集)(1998年)
在海淀的中国科学院院士 (1998年)
第11辑 庆祝新中国成立五十周年专辑(1999年)
海淀古镇风物志略 (学苑出版社,2000年)
我与海淀政协
海淀政协书画联谊会书画集
第12辑 (2002年)
中关村 (2003年)
第13辑 (2004年)
北京文史资料精选·海淀卷 (北京出版社,2006年版)
第14辑 (2007年)
海淀文史丛书 政协北京市海淀区委员会学习和文史委员会编,开明出版社出版。
北部访古 (2005年版)
京西名园 (2005年版)
精选集萃 (2006年版)
乾隆三山诗选 (2006年版)
商海变迁 (2006年版)

门头沟区

文史资料选刊 政协北京市门头沟区委员会文史资料委员会编印,32开书型或16开刊型,不定期,内部交流或公开发行。
第1期 (1985年)

第 2—3 期 （1986 年）

第 4 期 （1987 年）

第 5 期 （1988 年）

第 6 期 （1989 年）

门头沟革命斗争史料专辑 （一）（1989 年）

门头沟革命斗争史料专辑 （二）（1990 年）

第 7—8 期 （1990 年）

中小学教育四十年回顾专辑 （1990 年）

第 9—10 期 （1991 年）

门头沟文史 政协北京市门头沟区委员会文史资料委员会编印，32 开书型，不定期，内部交流或公开发行。

第 1—6 辑 （1993 年）

第 7 辑 （1996 年）

第 8 辑 （1997 年）

京西揽胜 （1998 年）

第 9 辑 （2000 年）

京西民俗 （香港银河出版社，2001 年版）

第 10 辑 （2001 年）

在门头沟的版图上——永定镇 （2001 年）

在门头沟的版图上——军响乡 （香港银河出版社，2001 年版）

门头沟政协二十年

京西举人村——灵水 （香港银河出版社，2001 年版）

碣石古山村

永定镇史料

古今斋堂 （香港银河出版社，2002 年版）

沿河城

京西古道 （香港银河出版社，2002 年版）

第 11 辑 （2002 年）

门头沟私营个体经济 （香港银河出版社，2003 年版）

第 12 辑 （2003 年）

京西碑石纪事 （香港银河出版社，2003 年版）

京西烧造 （香港银河出版社，2004 年版）

京西古村——万佛堂 （香港银河出版社，2004 年版）

永定河史综要 （永定河资料汇编之一）（香港银河出版社，2004 年版）

第 13 辑 （2004 年）

京西煤业 （2005 年）

第 14 辑 （2005 年）

京西第一村——三家店 （香港银河出版社，2005 年版）

京西寺庙文化 （香港银河出版社，2006 年版）

北京文史资料精选·门头沟卷 （北京出版社，2006 年版）

北京斋堂古村落群 （中国画报出版社，2006 年版）

第 15 辑 （2007 年）

京西革命斗争史（纪念中国人民抗日战争胜利六十周年） 政协北京市门头沟区委员会文史资料委员会编，香港银河出版社，2003 年版。共 6 册。

（一）早期革命斗争活动专辑

（二）公安专辑

（三）抗日战争专辑 （上）

（四）抗日战争专辑 （中）

（五）抗日战争专辑 （下）

（六）解放战争专辑

房山区

房山文史 政协北京市房山区委员会文史工作委员会编印，16 开刊型，不定期，内部交流。

第 1—8 期 （1986 年）

第 9—12 期 （1987 年）

房山文史 （房山文史选辑） 政协北京市房山区委员会文史资料委员会编印，32 开书型，不定期。内部交流或公开发行。

第 1 辑 （1988 年）

第 2 辑 （1989 年）

第 3 辑 （1990 年）

第 4 辑 （1991 年）

第 5 辑 （1992 年）

第 6 辑 （1993 年）

第 7 辑 （1994 年）

第 8 辑 （改现名）（1995 年）

第 9 辑 （1996 年）

第 10 辑 （1997 年）

第 11 辑 （1998 年）

第 12 辑 （1999 年）

第 13—14 辑 （2000 年）

第 15 辑 （2001 年）

第 16 辑 （2002 年）

房山文史资料全编·甲集 （《房山文史资料》第一至十六辑合编本）（上、下册）（2002 年）

第 17 辑 （2003 年）

第 18 辑 （2004 年）

第 19 辑 （2005 年）

第 20 辑 （2006 年）

北京文史资料精选·房山卷 （北京出版社，2006 年版）

第 21 辑 （2007 年）

房山历代人物 （中共党史出版社，2007 年）

通州区

文史选刊 政协北京市通州区委员会文史资料委员会编印，32 开书型或 16 开刊型，不定期，内部交流或公开发行。

第 1 期 （1985 年）

第 2—3 期 （1988 年）

第 4 期 纪念通县解放四十周年专辑 （1988 年）

第 5—6 期 （1989 年）

第7—8 期　（1990 年）

第9—10 期　（1991 年）

第11 期　（1992 年）

第12 期　首届通州美食小吃节获奖品种资料专辑（1992 年）

第13 期　（1993 年）

第14 期　（1994 年）

第15 期　纪念抗日战争胜利五十周年专辑（1995 年）

第16 期　（1996 年）

第17 期　（1999 年）

第18 期　纪念通州解放五十周年专辑　（1998 年）

第19·20 期　（2000 年）

通州文史　（中国文联出版社,2001 年版）

第21 期　（2002 年）

第22 期　纪念通州解放五十五周年　（2003 年）

古韵通州　（文物出版社,2004 年版）

第23 期　（2006 年）

北京文史资料精选·通州卷　（北京出版社,2006 年版）

烽火通州　（与通州区档案馆等合编,中央文献出版社,2006 年版）

第24 期　（2007 年）

顺义区

北京文史资料精选·顺义卷　（北京出版社,2006 年版）

顺义区政协文化创意产业发展研讨文集（2008 年）

昌平区

昌平文史资料　政协北京市昌平区委员会文史资料委员会编印,32 开书,不定期,内部交流或公开发行。

第1 辑　政协专辑　（2001 年）

第2 辑　（2002 年）

第3 辑　（2003 年）

第4 辑　（中国文史出版社,2006 年）

北京文史资料精选·昌平卷　（北京出版社,2006 年版）

第5 辑　南口战役　（中国文史出版社,2007 年版）

第6 辑　昌平文化名人墨迹选　（中国文史出版社,2007 年）

第7 辑　昌平风情　（2007 年）

第8 辑　纪念南口战役七十周年专辑　（2007 年）

第9 辑　人物专辑　（2008 年）

大兴区

大兴文史　政协北京市大兴县委员会文史资料委员会编印,16 开刊型或 32 开书型,不定期,内部交流或公开发行。

第1 期　（1986 年）

第2 期　抗日战争专辑　（纪念"七·七"事变五十周年）(1987 年)

第3 期　（1988 年）

第4 期　（1989 年）

第5 期　纪念中国共产党成立七十周年专辑(1991 年)

第6 期　（1993 年）

大兴县抗震救灾史料专辑　（1996 年）

西瓜文化史料专辑　（1997 年）

大兴政协四十五周年　（1957—2002）(2002 年)

北京文史资料精选·大兴卷　（北京出版社,2006 年版）

大兴政协纪事　（1957 - 2007）(2007 年)

怀柔区

怀柔文史　（**怀柔文史资料选编**）　政协北京市怀柔区文史资料委员会编印,32 开书型,不定期,内部交流或公开发行。

第1 辑　（1993 年）

第2 辑　（1996 年）

第3 辑　纪念怀柔县解放五十周年专辑(1998 年)

第4 辑　（2001 年）

第5 辑　（改现名）(2004 年)

非政府论坛在怀柔　（2004 年）

竹桐轩诗集　（刘庆堂著,2005 年）

北京文史资料精选·怀柔卷　（北京出版社,2006 年版）

怀柔碑刻选　（2007 年）

水利丰碑青史长存——纪念怀柔水库建成五十周年专辑　（2008 年）

平谷区

平谷文史选辑　政协北京市平谷县委员会文史资料委员会编印,32 开书型,不定期,内部交流或公开发行。

金海游踪　（何许著,1986 年）

第1 辑　（1989 年）

第2 辑　（1990 年）

第3 辑　（1992 年）

第4 辑　纪念抗日战争胜利五十周年专辑(1995 年)

第5 辑

第6 辑

第7 辑

第8 辑

北京文史资料精选·平谷卷　（北京出版社,2006 年版）

密云县

密云文史 **（文史资料选编）** 政协北京市密云县委员会文史委员会编印,32 开书型,不定期,内部交流或公开发行。

第 1 辑 （1985 年）

第 2 辑 古北口专集(1988 年)

第 3 辑 （1990 年）

第 4 辑 （1992 年）

第 5 辑 抗日斗争专辑(1996 年)

密云往事 （王敬魁著,中国城市出版社,1997 年版）

第 6 辑 （1999 年）

第 7 辑 （改现名）（2002 年）

第 8 辑 （2004 年）

第 9 辑 （2006 年）

北京文史资料精选·密云卷 （北京出版社,2006 年版）

密云史稿 政协北京市密云区委员会文史委员会编印,16 开刊型,不定期,内部交流。

第 1 期

第 2 期

第 3 期

第 4 期

第 5 期

第 6 期

第 7 期

第 8 期

第 9 期

第 10 期

第 11 期

第 12 期

第 13 期

第 14 期

第 15 期

第 16 期

第 17 期

第 18 期

第 19 期

第 20 期

第 21 期

第 22 期

第 23 期

第 24 期

第 25 期

第 26 期

第 27 期

第 28 期

第 29 期

第 30 期

第 31 期

第 32 期 （2005 年）

第 33 期 （2006 年）

延庆县

延庆文史资料 政协北京市延庆县委员会文史资料委员会编印,32 开书型,不定期,内部交流或公开发行。

第 1 辑 （1988 年）

第 2 辑 （1989 年）

北京文史资料精选·延庆卷 （北京出版社,2006 年版）

第 3 辑 （2007 年）

天 津 市

天津文史参考资料　政协天津市委员会文史组编印，16开刊型，不定期，内部交流。

第1期　（1975年）

第2期

第3期

第4期　（1977年）

天津文史参考资料简辑　政协天津市委员会文史组编印，16开书型，不定期，内部交流。

第1—6期　（1974年）

第7期　（1975年）

第8—11期　（1976年）

第12—15期　（1977年）

第16期　（1978年）

天津文史资料选辑　政协天津市委员会文史和学习委员会编印，天津人民出版社出版，32开书型，不定期改季刊，内部转公开发行。

第1辑　（1978年版）

第2—6辑　（1979年版）

第7—12辑　（1980年版）

第13—17辑　（1981年版）

第18—21辑　（1982年版）

华北治安战　（日本帝国主义侵华史料）（上、下册）（天津人民出版社，1982年版）

孔府内宅轶事——孔子后裔的回忆　（孔德懋著，1982年版）

第22—25辑　（1983年版）

第26—29辑　（1984年版）

第30—33辑　（1985年版）

二十世纪初天津爱国教育家马千里先生诞生百年纪念（1885—1985）（1985年）

平津战役亲历记　（与全国政协文史资料委员会合编，中国文史出版社，1996年版）

第34—37辑　（1986年版）

天津租界　（1986年版）

天津便衣队暴乱　（中国文史出版社，1987年版）

第38—41辑　（1987年版）

化工先导——范旭东　（与全国政协文史资料委员会合编，中国文史出版社，1987年版）

篇目分类索引　（第1—40辑）（1987年）

天津的洋行与买办　（1987年版）

天津近代人物录　（天津史志丛刊二）（1987年版）

第42—45辑　（1988年版）

李叔同——弘一法师　（天津古籍出版社，1988年版）

第46—48辑　（1989年版）

天津历史的转折——原国民党军政人员的回忆（1989年版）

第49—52辑　（1990年版）

天津——一个城市的崛起　（1990年版）

京津蒙难记——八国联军侵华纪实　（与政协北京文史资料委员会合编，中国文史出版社，1990年版）

第53—54辑　（1991年版）

同心相知，同志相从——各界人士回忆与共产党的交往　（中国文史出版社，1991年版）

民国大总统黎元洪　（与全国政协文史资料委员会合编，中国文史出版社，1991年版）

第55—56辑　（1992年版）

沦陷时期的天津　（1992年）

近代天津图志　（天津市地方志办公室等合编，天津古籍出版社，1992年版）

津门老字号　（百花文艺出版社，1992年版）

列强在中国的租界　（与政协上海市文史资料委员会等合编，中国文史出版社，1992年版）

第57—59辑　（1993年）

津西古今采珍　（与政协天津市西青区文史资料委员会合编，百花文艺出版社，1993年版）

第60辑　（1994年版）

1994年第1—4期　（总第61—64辑）

1995年第1—4期　（总第65—68辑）

在血与火中成长　（天津教育出版社，1995年版）

天津市纪念抗日战争胜利五十周年学术论文集（1995年）

京剧艺术在天津　（1995年版）

1996年第1—4期　（总第69—72辑）

春明旧事　（石继昌著，1996年版）

天津·香港一脉情　（1997年版）

1997年第1—2期　（总第73—74辑）

1997年第3期　（总第75辑）　天津租界谈往

1997年第4期　（总第76辑）　天津老城忆旧

1998年第1—3期　（总第77—79辑）

1998年第4期　（总第80辑）　天津旧地漫忆

篇目分类索引　（第1—80辑）（1998年）

1999年第1—2辑　（总第81—82辑）

1999年第3辑　（总第83辑）　我与天津五十年

1999年第4辑　（总第84辑）　天津城乡百年巨变

建国初期留学生归国纪事　（与全国政协文史资料委员会合编，中国文史出版社，1999年版）

肝胆相照见真情——老一辈无产阶级革命家与民主人士的交往　（与全国政协文史资料委员会等合编，中国文史出版社，1999年版）

2000年第1—3辑　（总第85—87辑）

2000年第4期　（总第88辑）　风雨同行永世情

明信片中的老天津　（画册）（2000年版）

从鸦片战争到八国联军　（画册）（2000年版）

2001年第1—4期　（总第89—92辑）

乔维熊统战工作文集 （2001 年版）

2002 年第 1—3 期 （总第 93—95 辑）

2002 年第 4 期 （总第 96 辑） 南市文化风情

近代中国天津名人故居 （与政协和平区文史委员会合编,2002 年版）

2003 年第 1—3 辑 （总第 97—99 辑）

2003 年第 4 期 （总第 100 辑） 纵横话文史,挥笔写春秋——天津文史资料百辑回眸 （1978—2003）（2003 年版）

天津报海钩沉 （2003 年版）

2004 年第 1—4 期 （总第 101—104 辑）

清末北方的近代化基地——天津机器局 （纪念天津建城六百周年）（2004 年版）

历史文化名城——天津 （2004 年）

近代天津知名工商业 （与和平区政协文史委员会合编,2004 年版）

天津人民抗日斗争图鉴 （天津古籍出版社,2005 年版）

2005 年第 1—2 期 （总第 105—106 期）

图说天津 600 年 （2005 年）

2006 年第 1—2 期 （总第 107—108 期）

天津文史资料选辑篇目分类索引 （第 1—100 辑）（2006 年）

天津旧街道 （2006 年版）

2007 年第 1—2 期 （总第 109—110 期）

2008 年第 1—2 期 （总第 111—112 辑）

近代天津名人丛书 政协天津市委员会文史资料委员会编,天津人民出版社出版。

近代天津十大实业家 （1999 年版）

近代天津十二大教育家 （1999 年版）

近代天津十大寓公 （1999 年版）

近代天津十二大报人 （2001 年版）

近代天津十大影剧家 （2001 年版）

近代天津十大京剧名票 （2002 年版）

近代天津十大曲艺家 （2002 年版）

近代天津十大戏曲家 （2002 年版）

近代天津十大学人 （2002 年版）

近代天津十大买办 （2002 年版）

近代天津十大银行家 （2002 年版）

近代天津十大军事名人 （2002 年版）

近代天津十二大名医 （2002 年版）

近代天津十大收藏家 （2006 年版）

近代天津十二大自然科学家 （2007 年）

天津文史资料通讯 政协天津市委员会文史资料委员会编印,16 开刊型,不定期,内部交流。

1984 年第 1—2 期

天津市建城六百周年系列丛书 政协天津市委员会文史和学习委员会编印。

和平区

天津和平文史资料选辑 政协天津市和平区委员会文史资料委员会编印,32 开书型,不定期,内部交流或公开发行。

第 1 辑 （1988 年）

第 2 辑 （1989 年）

第 3 辑 （1991 年）

第 4 辑 （1993 年）

第 5 辑 （1995 年）

第 6 辑 （1997 年）

第 7 辑 （1999 年）

近代中国天津名人故居 （与政协天津市文史资料委员会合编,天津人民出版社,2002 年版）

近代天津知名工商业 （与政协天津市文史资料委员会合编,天津人民出版社,2004 年版）

和平名人纪事 （2004 年）

河东区

河东文史资料选辑 （天津市河东区文史资料） 政协天津市河东区委员会学习和文史委员会编印,32 开书型,不定期,内部交流。

文史资料目录 （1979—1984）（1984 年）

第 1 辑 （1988 年）

第 2 辑 （1989 年）

第 3 辑 （1990 年）

第 4 辑 （1991 年）

第 5 辑 （1992 年）

第 6 辑 直沽探胜集 （1994 年）

第 7 辑 洋务运动在河东 （1994 年）

第 8 辑 （1996 年）

第 9 辑 建国后史料选辑 （1996 年）

第 10 辑 （1998 年）

第 11 辑 （1999 年）

第 12 辑 （2000 年）

第 13 辑 （2001 年）

第 14 辑 严复学术讨论会文集——纪念严复逝世八十周年 （2002 年）

第 15 辑 （改现名）（2003 年）

第 16 辑 清末北方的近代化基地——天津机器局 （2004 年）

第 17 辑 （2005 年）

第 18 辑 周馥家族与近代天津 （2006 年）

第 19 辑 河东地道外 （2007 年）

第 20 辑 河东工业史话 （2008 年）

河西区

河西文史资料选辑 政协天津市河西区委员会文史资料委员会编印,32开书型,不定期,内部交流或公开发行。

第1辑 (1996年)

第2辑 (1997年)

第3辑 (1999年)

第4辑 (2002年)

第5辑 海河河西史话 (献给天津建城六百周年)(中国文史出版社,2004年版)

第6辑 《天津德式风情区》画册 (2006年)

第7辑 天津河西老学校 (中国文史出版社,2008年版)

河西史话:第1辑 天津市河西区市民教育教材读本之一 (张绍组等编著,2005年)

南开区

南开春秋 (文史丛刊) 政协天津市南开区文史文化委员会等编,32开书型,不定期,内部交流。

1987年第1期 (总第1期)

1988年第1期 (总第2期)

第3期 (1989年)

第4期 (1991年)

第5期 文物古迹工商老字号专辑 (1992年)

第6期 (1993年)

第7期 (1995年)

第8期 纪念抗日战争胜利五十周年专刊(1995年)

天津老城忆旧 (暨《天津文史资料选辑》1997年第4期总第76辑,1996年)

第9期 (1997年)

第10期 (1998年)

第11期 故里春晖专辑 (1999年)

南开政协五十年

艺苑骊珠

情系政协专辑

故里名人专辑

老城旧事专辑

老城独秀专辑 (2006年)

河北区

天津河北文史 政协天津市河北区委员会文史资料文史资料文化艺术委员会编印,32开书型,不定期,内部交流或公开发行。

第1辑 (1987年)

第2辑 (1988年)

第3辑 (1989年)

第4辑 (1990年)

第5辑 (1991年)

第6辑 (1992年)

第7辑 天津大悲禅院 (1994年)

第8辑 天津摇篮——三岔河口专辑 (1995年)

第9辑 孙中山与天津 (1996年)

第10辑 天津河北史迹 (1998年)

第11辑 阳光春雨——党和国家领导人与天津河北 (1999年)

第12辑 意式街风情 (百花文艺出版社,2001年版)

天津河北区人物录

梁启超与饮冰室

曹禺与天津

百年中山路

天津河北文丛书

天津河北书画百家 (书画册)(2004年)

抗击非典书画作品集

天津河北区人文历史集萃 (2006年)

天津市河北区文化旅游指南

红桥区

红桥文史资料选辑 政协天津市红桥区委员会编印,32开书型,不定期,内部交流。

第1辑 (1996年)

第2辑 (2001年)

塘沽区

塘沽文史资料辑 政协天津市委员会文史资料研究委员会编印,32开书型,不定期,内部交流。

第1辑 (1986年)

第2辑 (1988年)

第3辑 (1992年)

第4辑 (1992年)

第5辑 难忘岁月——纪念抗日战争胜利五十周年 (1995年)

汉沽区

汉沽文史资料 (汉沽文史资料选编) 政协天津市汉沽区委员会文史委员会编印,32开书型,不定期,内部交流。

第1辑 (1987年)

第2辑 (改现名)(1988年)

第3辑 (1990年)

第4辑 (1992年)

第5辑 (1997年)

第6辑 (1998年)

汉沽·中国海盐文化的摇篮 (2008年)

大港区

大港风云（大港区政协文史资料）　政协天津市大港区委员会文史资料委员会编印,32开书型,不定期,内部交流。

第1辑　（1991年）
第2辑　（1992年）
第3辑　（改现名）（1993年）
第4辑
第5辑
第6辑
第7辑　（2000年）
第8辑　（2005年）
政协天津市大港区委员会成立二十周年纪事（2006年）

东丽区

天津东丽文史资料（**天津东郊文史、天津东郊文史资料**）　政协天津市东丽区委员会文史资料研究委员会编印,32开书型,不定期,内部交流。

第1辑　东郊区张贵庄战国墓·军粮城唐墓（1988年）
第2辑　（改名）（1990年）
第3辑　（改现名）（1992年）
第4辑　（1995年）
第5辑　（1997年）
第6辑　珍藏的记忆——党和国家领导人与天津东丽（2006年）

西青区

西青文史（**津西文史资料选编**）　政协天津市西青区委员会文史资料研究委员会编印,32开书型,不定期,内部交流或公开发行。

第1册　（1987年）
第2册　（1988年）
第3册　（1989年）
第4册　（1990年）
第5册　（1991年）
第6册　（改现名）津西古今采珍（百花文艺出版社,1993年版）
第7册　纪念抗日战争胜利五十周年专辑（1995年）
第8册　（1997年）
第9册　（1999年）

津南区

津南文史资料选辑（**文史资料**）　政协天津市津南区委员会编印,16开刊型改32开书型,或油印,不定期,内部交流。

第1辑　（1985年）
第2辑　（1986年）
第3辑　（1987年）
第1—3辑合订本　（1992年）
第4辑　（1989年）
第5辑　（1990年）
第6辑　（1991年）
第4—6辑合计本　（1992年）
第7辑　（改现名）（1992年）
第8辑　（1993年）
津南区政协志　（津南区地方志丛书）（1994年）
第9辑　（1995年）
第10辑
第11辑
第12辑　津南之最　（2005年）

北辰区

北辰文史资料（**北郊文史资料**）　政协天津市北辰区委员会文史委员会编印,32开书型,不定期,内部交流或公开发行。

第1辑　（1988年）
第2辑　（1989年）
第3辑　（1990年）
第4辑　（改现名）（1992年）
第5辑　（1994年）
北辰史话　（1995年）
第6辑　（1998年）
第7辑　（1999年）
第8辑　（2001年）
第9辑　北运河　（天津古籍出版社,2003年版）
第10辑　北辰文物　（2005年）
第11辑　北辰人物　（2006年）

武清区

武清文史资料选辑　政协天津市武清县委员会文史资料委员会编印,32开书型,不定期,内部交流。

第1辑　（1987年）
第2辑　（1988年）
第3辑　（1989年）
第4辑　（1990年）
第5辑　（1991年）
第6辑　（1993年）

第 7 辑 （1995 年）

第 8 辑 御河文化史料 （1999 年）

第 9 辑

第 10 辑

第 11 辑 （2004 年）

第 12 辑

第 13 辑 （2007 年）

宝坻区

宝坻文史资料选辑 政协天津市宝坻县委员会文史资料委员会编印,32 开书型,不定期,内部交流。

第 1 辑 （1988 年）

第 2 辑 （1989 年）

第 3 辑 （1990 年）

第 4 辑 （1991 年）

第 5 辑 （1992 年）

《一掌金算法》专辑 （1992 年）

第 6 辑 评剧专辑 （1993 年）

第 7 辑 （1994 年）

第 8 辑 （1995 年）

第 9 辑 （1996 年）

第 10 辑 （1999 年）

宝坻文史集萃 （2000 年）

第 11 辑

第 12 辑 宝坻英模 （2004 年）

蓟县

蓟县文史资料 政协天津市蓟县委员会文史资料委员会编印,32 开书型,不定辑,内部发行。

第 1 辑 （1988 年）

第 2 辑 （1990 年）

第 3 辑 （1992 年）

第 4 辑 侵华日军在蓟县暴行 （1995 年）

第 5 辑 蓟县文史资料荟萃 （1997 年）

第 6 辑 庆祝建国五十周年专辑 （1999 年）

第 7 辑 （2002 年）

古蓟州 （2006 年）

宁河县

宁河文史资料 政协天津市宁河县委员会文史资料委员会编印,32 开书型,不定期,内部交流或公开发行。

第 1 辑 （1988 年）

第 2 辑 （1991 年）

第 3 辑 （1995 年）

第 4 辑 7.28 大地震二十周年 （1996 年）

第 5 辑 （1999 年）

第 6 辑 昔日芦台散忆 （2002 年）

第 7 辑 宁河名人 （天津人民出版社,2002 年版）

宁河政协志 （天津人民出版社,2002 年版）

静海县

静海文史资料 政协天津市静海县委员会文史工作委员会编印,32 开书型,不定期,内部交流。

第 1 辑 （1987 年）

第 2 辑 （1989 年）

第 3 辑 （1992 年）

第 4 辑 （1995 年）

第 5 辑 （2000 年）

第 6 辑 （2002 年）

静海名人 （2005 年）

河 北 省

文史精华 （河北文史资料选辑、河北文史资料） 政协河北省委员会文史资料委员会编印,32 开书型改 16 开刊型,不定期改季刊改双月刊改月刊,内部转公开发行。

第 1 辑 （河北人民出版社 1980 年版）

第 2 辑 （河北人民出版社,1981 年版）

第 3 辑 李大钊年谱 （河北人民出版社,1981 年版）

第 4—5 辑 （河北人民出版社,1981 年版）

第 6—8 辑 （河北人民出版社,1982 年版）

第 9—12 辑 （河北人民出版社,1983 年版）

第 13—14 辑 （河北人民出版社,1984 年版）

古莲花池 （河北人民出版社,1984 年版）

第 15—16 辑 （河北人民出版社,1985 年版）

清东陵大观 （河北人民出版社,1985 年版）

东陵盗宝记 （于喜浦等著,河北人民出版社,1985 年版）

冯玉祥与抗日同盟军 （河北人民出版社,1985 年版）

第 17 辑 （河北人民出版社,1986 年版）

清末权监李莲英 （蔡世英著,河北人民出版社,1986 年版）

夜盗珍妃墓 （河北人民出版社,1986 年版）

武生泰斗盖叫天 （河北人民出版社,1986 年版）

河北近代大事记 （1840—1949）（与河北省地方志编年委员会合编,河北人民出版社,1986 年版）

第 18 辑 （改名）（1987 年）

第 19 辑 高阳织布业简史 （1987 年）

第 20—21 辑 （1987 年）

第 22 辑 直系军阀始末 （1987 年）

第 23 辑 商震将军 （1987 年）

清西陵纵横 （河北人民出版社,1987 年版）

保定陆军军官学校 （与保定市政协文史资料委员会合编,河北人民出版社,1987 年版）

第 24 辑 （1988 年）

第 25 辑 教育史料专辑 （1988 年）

第 26—27 辑 （1988 年）

1989 年第 1—4 期 （总第 28—31 辑）

民族英雄邓世昌 （与政协张家口市委员会文史资料委员会合编,中国民间文艺出版社,1989 年版）

1990 年第 1 期 （总第 32 期） 直系军阀大事记

1990 年第 2 期 （总第 33 期） 工商经济史料专辑 （与政协唐山市委员会文史资料委员会合编）

1990 年第 3 期 （总第 34 期） 戏剧史料专辑

1990 年第 4 期 （总第 35 期） 武术史料专辑

京剧艺术大师尚小云 （与政协南宫市文史资料委员会合编,陕西人民出版,1990 年版）

近代河北史要 （河北人民出版社,1990 年版）

1991 年第 1—4 期 （总第 36—39 期）

1992 年第 1—4 期 （总第 40—43 期）

增刊 外八庙 （暨《承德文史资料》第 8 辑,1992 年）

河北近现代历史人物辞典 （政协河北省委员会文史资料委员会等编,亚州出版社,1992 年版）

1993 年第 1 （现改名）—6 期 （总第 44—49 期）

长城绥察抗战 （中国文史出版社,1993 年版）

1994 年第 1—6 期 （总第 50—55 期）

1995 年第 1—12 期 （总第 56—67 期）

1996 年第 1—12 期 （总第 68—79 期）

1996 年增刊 （集萃本） 中日风云录

1997 年第 1—12 期 （总第 80—91 期）

1997 年增刊 1—2 期

文史精华撷珍本 （第 1—55 期）（上、下卷）（内蒙古人民出版社,1997 年版）

1998 年第 1—12 期 （总第 92—103 期）

1998 年增刊 1—2 期

1999 年第 1—12 期 （总第 104—115 期）

2000 年第 1—12 期 （总第 116—127 期）

2001 年第 1—12 期 （总第 128—139 期）

2002 年第 1—12 期 （总第 140—151 期）

河北近代经济史料——工矿及手工业 （上、下册）（河北人民出版社,2002 年版）

2003 年第 1—12 期 （总第 152—163 期）

2004 年第 1—12 期 （总第 164—175 期）

邓小平与河北——纪念邓小平同志诞辰一百周年 （与中共河北省委党史研究室合编,河北人民出版社,2004 年版）

2005 年第 1—12 期 （总第 176—187 期）

河北抗日战争图鉴 （河北人民出版社,2005 年版）

在华日人反战纪实 （河北教育出版社,2005 年版）

2006 年第 1—12 期 （总第 188—199 期）

毛泽东与河北 （上、下册）（与河北省档案局合编,河北人民出版社,2006 年版）

2007 年第 1—12 期 （总第 200—211 期）

2008 年第 1—12 期 （总第 212—223 期）

平山团老记者

根治海河

开滦煤矿建设

河北文史通讯 政协河北省委员会文史资料委员会编印,32 刊书型,不定期,内部交流。

1994 年 第 1 期

1994 年 第 2·3 期

1995 年 第 1—2 期

1996 年 第 1—2 期

1997 年 第 1—2 期

1998 年 第 1—2 期

1999 年 第 1—2 期

2000 年

2001 年　第 1·2 期

2002 年

2003 年

2004 年

2006 年

2007 年

2008 年

河北文史集萃　政协河北省委员会文史资料委员会编,河北人民出版社,1991 年版。

政治卷

军事卷

革命斗争卷

工商卷

经济卷

文化卷

教育卷

民族宗教卷

社会卷

风物卷

近代中国社会史料丛书　《文史精华》编辑部编,河北人民出版社等出版。

近代中国土匪实录　(上、中、下卷)(群众出版社,1992 年版)

近代中国帮会内幕　(上、下卷)(群众出版社,1993 年版)

近代中国烟毒写真　(上、下卷)(1997 年版)

近代中国大案纪实　(上、下卷)(1997 年版)

近代中国江湖秘闻　(上、下卷)(1997 年版)

近代中国娼妓史料　(上、下卷)(1997 年版)

文史精华珍品书系　(第 56—127 期)(《文史精华》编辑部编,中国文史出版社出版)

第 1 册　国民党政府放弃对日索赔内幕　(1995 年版)

第 2 册　军统职业杀手的末日　(1996 年版)

第 3 册　宋子文与蒋介石的恩恩怨怨　(1997 年版)

第 4 册　国民党五大"王牌军"的兴灭　(1998 年版)

第 5 册　炮击金门的国际较量　(1999 年版)

第 6 册　追忆杨开慧牺牲前后　(2000 年版)

河北历史名人传　政协河北省委员会文史资料委员会编,河北人民出版社,1997 年版。

古代卷　(上、下册)

革命英烈卷　(上、下册)

政治军事卷　(上、下册)

工商经济卷

科技教育卷

文化艺术卷

社会卷

河北近代经济史料　政协河北省委员会文史资料委员会编,河北人民出版社出版,2002 年版。

名吃特产

商业老字号　(上、下册)

工矿及手工业　(上、下册)

交通金融邮电

文史精华集萃本　《文史精华》编辑部编,河北人民出版社出版。

中日风云录

燕赵红色之旅丛书　(10 册)　中共河北省委宣传部等编,河北教育出版社,2005 年版。

燕赵之旅——慷慨悲歌的热土

西柏坡之旅——新中国从这里走来

石家庄之旅——城市解放的序曲

邯郸之旅——刘邓大军的故乡

保定之旅——抗日战争的号角　(上册)　游击健儿的风采　(下册)

唐山之旅——播撒火种的先驱

邢台之旅——抗大精神的光芒

沧州之旅——民族英雄的精魂

承德之旅——激荡塞外的壮歌

石家庄市

石家庄文史资料　政协河北省石家庄市委员会文史资料研究委员会编印,32 开书型,不定期,内部交流或公开发行。

第 1 辑　(1983 年)

第 2 辑　(1984 年)

第 3 辑　解放石家庄专辑　(1985 年)

石家庄风物志(1985 年)

第 4 辑　井陉史料专辑之一　(暨《井陉文史资料》第 1 辑,1986 年)

第 5 辑　(1986 年)

第 6 辑　正定史料专辑　(1987 年)

第 7 辑　纪念石家庄解放四十周年　(1987 年)

第 8 辑　工商史料专辑　(1988 年)

第 9 辑　井陉史料专辑之二　(暨《井陉文史资料》第 2 辑,1989 年)

第 10 辑　大兴纱厂史稿　(1989 年)

第 11 辑　(1990 年)

第 12 辑　吴禄贞史料集　(辛亥革命暨吴禄贞殉难八十周年纪念专辑)(1991 年)

第 13 辑　正太铁路史料集　(1992 年)

第 14 辑　石家庄古今人物　(1993 年)

第 15 辑　石家庄解放初期政权建设纪实　(1994 年)

第 16 辑　石家庄解放初期教育史料　(1996 年)

石家庄抗战纪实　(1995 年)

第 17 辑　艺苑漫忆　(1997 年)

石家庄历史文化精华　(中国对外翻译出版公司,1997 年版)

第 18 辑　石家庄非国有企业史料　(中国对外翻译出版公司,1998 年版)

石家庄政协志
石家庄近代史编年
历史上的石家庄
悠久的历史,灿烂的文化
转折,1947 石家庄 (中国文史出版社,2006 年版)
石家庄历史文化丛书 (六卷) 政协河北省石家庄市委员会《石家庄历史文化丛书》编委会编,中国对外翻译出版公司出版。
　石家庄民俗文化 (2000 年版)
　石家庄历史名人 (2000 年版)
　石家庄名村名镇 (2000 年版)
　石家庄建筑精览 (2001 年版)
　石家庄文物名胜 (2001 年版)
　石家庄城市发展史 (2001 年版)

长安区

桥东区

桥西区

石家庄市桥西区文史资料 政协河北省石家庄市桥西区委员会文史委员会编印,32 开书型,不定期,内部交流。
　第 1 辑 南花园史料专辑 (1990 年)
　第 2 辑 血泪春秋 (郑禹著,1992 年)

新华区

裕华区

石家庄市郊区文史资料 政协河北省石家庄市郊区委员会文史资料编辑委员会编印,32 开书型,不定期,内部交流。
　第 1 辑 (1989 年)
　第 2 辑 (1992 年)
　第 3 辑 (1996 年)

井陉矿区

井陉文史资料 政协河北省石家庄市井陉矿区委员会文史委员会编印,32 开书型,不定期,内部交流。
　第 1 辑
　第 2 辑
　第 3 辑
　第 4 辑
　第 5 辑 (2003 年)
　井陉矿区志 (2007 年)

辛集市

辛集文史资料 (辛集文史资料、辛集市文史资料选辑) 政协河北省辛集市委员会文史委员会编印,32 开书型,不定期,内部交流或公开发行。
　第 1 辑 (1987 年)
　第 2 辑 (改名) 妓院生活回忆录 (1988 年)
　辛集市政协志 (1949.1—1989.12) (1989 年)
　第 3 辑 (改现名)(1990 年)
　第 4 辑 画史长留束鹿赵——国画大师赵望云传 (1992 年)
　第 5 辑 辛集市文化名人风采录 (一)(1997 年)
　第 6 辑 辛集辉煌五十年 (1949—1999 年)(河北科学技术出版社,1999 年版)
　辛集市历史文化精华 (2006 年)

藁城市

文史资料选辑 政协河北省藁城市委员会文史资料工作委员会编印,32 开书型,不定期,内部交流。
　第 1 辑 (1988 年)
　第 2 辑 (1989 年)
　第 3 辑 (1990 年)
　第 4 辑 革命烈士郝梦龄将军 (1992 年)
　第 5 辑 政协委员会的奉献 (1997 年)
　第 6 辑 (1999 年)
　第 7 辑 藁城文物 (2003 年)
　第 8 辑 藁城人物

晋州市

晋州文史资料 (晋县文史资料) 政协河北省晋州市委员会文史资料工作委员会编印,32 开书型,不定期,内部交流。
　第 1 辑 (1987 年)
　第 2 辑 (1988 年)
　第 3 辑 (1989 年)
　第 4 辑 (1991 年)
　第 5 辑 (1992 年)
　第 6 辑 (1993 年)
　第 7 辑
　第 8 辑 (改现名)(2003 年)
　第 9 辑 (2004 年)
　第 10 辑 (2005 年)
　第 11 辑 (2006 年)

新乐市

新乐文史资料 政协河北省新乐市委员会文史资料委

员会编印,32 开书型,不定期,内部交流。

第 1 辑 (1989 年)

第 2 辑 (2001 年)

鹿泉市

鹿泉市文史资料 (获鹿文史资料) 政协河北省鹿泉市委员会文史资料委员会编印,32 开书型,不定期,内部交流。

第 1 辑 (1991 年)

第 2 辑 (改现名)(1996 年)

鹿泉市历史文化精华 (中国农业科技出版社,2001 年版)

井陉县

井陉文史资料 政协河北省井陉县委员会文史资料委员会编印,32 开书型,不定期,内部交流或公开发行。

第 1 辑 井陉史料专辑之一 (暨《石家庄文史资料》第 4 辑,1986 年)

第 2 辑 井陉史料专辑之二 (暨《石家庄文史资料》第 9 辑,1989 年)

第 3 辑 (1992 年)

第 4 辑 (1996 年)

第 5 辑 (2003 年)

第 6 辑 (2007 年)

第 7 辑 珍贵的历史记忆 (2008 年)

井陉县政协志 (1983—1999 年) (河北人民出版社,1999 年版)

井陉历史文化丛书 政协河北省井陉县委员会编,新华出版社,2005 年版。

第一卷 井陉文物古迹

第二卷 井陉风景名胜

第三卷 井陉历史人物

第四卷 井陉民俗文化

第五卷 井陉艺文集萃

第六卷 井陉特色经济

正定县

正定文史资料 政协河北省正定县委员会文史资料委员会编印,16 开书型,油印,不定期,内部交流。

第 1 辑 (1983 年)

第 2 辑 (1984 年)

正定文史资料 政协河北省正定县委员会文史资料委员会编印,32 开书型,不定期,内部交流。

第 1 辑 (1992 年)

第 2 辑 (1996 年)

第 3 辑 大山在我心中 (1998 年)

第 4 辑 正定历代名人 (2001 年)

第 5 辑 (2003 年)

栾城县

栾城县文史资料 政协河北省栾城县委员会文史资料委员会编印,32 开书型,不定期,内部交流。

第 1 辑 (1990 年)

纪念人民政协成立五十周年专辑

第 2 辑

第 3 辑

第 4 辑 (1998 年)

第 5 辑

第 6 辑

第 7 辑 (2003 年)

第 8 辑 纪念苏味道逝世 1300 周年专辑 (2004 年)

苏氏源流录——寻根问祖

行唐县

行唐县文史资料 政协河北省行唐县委员会文史资料研究委员会编印,32 开书型,不定期,内部交流。

第 1 辑 (1989 年)

灵寿县

灵寿县文史资料 政协河北省灵寿县委员会编印,32 开书型,不定期,内部交流或公开发行。

第 1 辑 (1989 年)

第 2 辑 (1990 年)

第 3 辑 生活风俗专辑 (1991 年)

第 4 辑 宗教专辑 (1992 年)

第 5 辑 (1993 年)

第 6 辑 (1997 年)

第 7 辑 贺龙元帅与陈庄歼灭战 (河北人民出版社,2002 年版)

高邑县

高邑文史资料 政协河北省高邑县委员会编印,32 开书型,不定期,内部交流。

第 1 辑 (1988 年)

第 2 辑 (1990 年)

第 3 辑

第 4 辑

第 5 辑 (2004 年)

深泽县

深泽赋 政协河北省深泽县委员会编印,32 开书型,不定期,内部交流。

第 1 辑 （1987 年）
第 2 辑 （1990 年）

赞皇县

赞皇文史资料 政协河北省赞皇县委员会文史资料委员会编印，32 开书型，不定期，内部交流。
第 1 辑 （1988 年）
第 2 辑 （1991 年）
第 3 辑 （2001 年）
第 4 辑 （2004 年）
第 5 辑 （2004 年）
第 6 辑

无极县

文史资料选辑 （无极文史资料选辑） 政协河北省无极县委员会编印，32 开书型，不定期，内部交流。
第 1 辑 （1984 年）
第 2—3 辑 （1986 年）
第 4 辑 （1987 年）
第 5 辑 （1988 年）
第 6 辑 （1989 年）
第 7 辑 （1990 年）
第 8 辑 （1993 年）
第 9 辑 （改现名）（1995 年）

平山县

文史资料 政协河北省平山县委员会文史资料研究委员会编印，32 开书型，不定期，内部交流。
之一 平山县名胜选编 （1984 年）
之二 革命前辈的足迹 （1985 年）
之三 抗日烽火燃平山 （1987 年）
之四 太行风雷 （1989 年）
之五 移民的风采 （1995 年）
平山抗日斗争史料 （2005 年）

元氏县

元氏县文史资料 政协河北省元氏县委员会文史资料委员会编印，32 开书型，不定期，内部交流。
第 1 辑 （1990 年）

赵县

赵县文史资料 政协河北省赵县委员会编印，32 开书型，不定期，内部交流。
第 1 辑 （1987 年）
第 2 辑

第 3 辑
文物篇 （1992 年）
人物春秋 （1996 年）
赵县政协志
第 4 辑
2003 年赵县文史资料专辑
赵州历史文化精粹
赵州揽胜
赵县政协志 （续一）
第 5 辑 龙文化专辑 （2007 年）
赵州文史 政协河北省赵县委员会编印，16 开刊型，不定期，内部交流。
第 1—2 期 （2006 年）

张家口市

张家口文史 （张家口文史资料） 政协河北省张家口市委员会文史资料委员会编印，32 开书型，不定期，内部交流或公开发行。
第 1 期 （1983 年）
第 2 期 （1984 年）
第 3—5 期 （1985 年）
第 1—3 期合订本 （1985 年）
第 4—5 期合订本 （1986 年）
第 6 辑 （1985 年）
第 7 辑 纪念抗日战争胜利暨张家口第一次解放四十周年专辑 （1985 年）
第 8 辑 纪念抗日战争胜利四十周年专辑（1985 年）
第 9 辑 戏曲专辑 （1986 年）
第 10 辑 文化·教育专辑 （1986 年）
第 11 辑 文物古迹名胜专辑 （1987 年）
第 12 辑 纪念抗日战争爆发五十周年 （1937—1987 年）(1987 年)
第 13 辑 工商史专辑 （1988 年）
第 14 辑 纪念张家口解放四十周年专辑 （1989 年）
第 15 辑 纪念张家口解放四十周年续辑 （1948—1988 年）(1989 年)
第 16 辑 民族宗教专辑 （1989 年）
民族英雄邓世昌 （中国民间文艺出版社,1989 年版）
第 17 辑 人物专辑 （1990 年）
第 18 辑 人物续辑 （1990 年）
第 19 辑 抗日同盟军专辑 （1991 年）
第 20 辑 梨园谈往录 （1991 年）
第 21—22 辑 社会卷 （上、下册 ）(1992 年)
第 23 辑 察哈尔纪事特辑 （1993 年）
第 24·25 辑 人物春秋 （1994 年）
第 26·27 辑 抗日战争时期的张家口 （1995 年）
张家口市政协第七届委员会文史资料工作会议纪要（1975 年 7 月 14 日）
第 28·29 辑 民国时期察哈尔的都统与主席(1912—

1949）（1996 年）

第 30 辑　文化艺术卷　（综合性史料及文史工作总结）（1997 年）

第 31·32 辑　献给张家口解放五十周年(1948.12.24—1998.12.24)

第 33 辑　张家口革命史图片集——纪念张家口解放五十周年　（1948.12.24—1998.12.24）（1998 年）

第 34 辑　张家口历史名人传　（1999 年）

第 35 辑　纪念张家口市开展文史工作二十年(1981—2000 年)

塞外明珠张家口　（2000 年）

第 36 辑　革命斗争史专辑——纪念中国共产党成立八十周年　（1924 年 7 月 1 日—2001 年 7 月 10 日）（2001 年）

史者的情结　（杨继先著,中国文史出版社,2001 年版）

第 37 辑　文化·艺术——纪念毛泽东同志《在延安文艺座谈会上的讲话》发表六十周年　（1942 年 5 月—2002 年 5 月）（2002 年）

史者的情结　（续集）（杨继光著,2003 年）

第 1 辑　（改现名）（总第 38 辑）（2003 年）

第 2 辑　（总第 39 辑）（2004 年）

第 3 辑　（总第 40 辑）（2005 年）

第 4 辑　（总第 41 辑）（2006 年）

张家口市历史概览　（2006 年）

第 5 辑　（总第 42 辑）（2007 年）

第 6 辑　（总第 43 辑）（2008 年）

桥西区

桥东区

宣化区

宣化文史资料　政协河北省张家口市宣化区委员会文史资料委员会编印,32 开书型,不定期,内部交流。

第 1 辑　（1984 年）

第 2·3 辑　（1985 年）

第 4 辑　（1986 年）

第 5 辑　（1987 年）

第 6 辑　（1991 年）

第 7 辑　（1993 年）

第 8·9 辑　（1996 年）

第 10 辑

宣化文史集萃　（上、下册）(2004 年)

下花园区

下花园文史资料　政协河北省张家口市下花园区委员会文史资料委员会编印,32 开书型,不定期,内部交流。

第 1 辑　（1990 年）

宣化县

宣化县文史资料　政协河北省宣化县委员会学习文史资料委员会编印,32 开书型,不定期,内部交流。

第 1 辑　（1988 年）

第 2 辑　（1994 年）

第 3—4 辑　（1996 年）

第 5—6 辑　（1999 年）

第 7 辑　（2004 年）

第 8 辑　（2005 年）

张北县

文史简报　政协河北省张北县委员会文史资料委员会编印,16 开刊型,油印,不定期,内部交流。

第 1—4 期　（1984 年）

第 5—6 期　（1985 年）

第 7—14 期　（1986 年）

第 15—29 期　（1987 年）

第 30—33 期　（1988 年）

第 34—38 期　（1989 年）

第 39—44 期　（1990 年）

张北文史资料　政协河北省张北县委员会文史资料委员会编印,32 开书型,不定期,内部交流。

第 1 辑　（1991 年）

第 2 辑　（1993 年）

第 3 辑　（1995 年）

第 4 辑　（1997 年）

第 5 辑

第 6 辑

康保县

康保文史资料　政协河北省康保县委员会编印,32 开书型,不定期,内部交流。

第 1 辑　（1985 年）

第 2 辑　（1986 年）

第 3 辑　（1987 年）

第 4 辑　（1990 年）

第 5 辑　（2001 年）

沽源县

沽源文史 （沽源文史资料） 政协河北省沽源县委员会文史资料征集科编印,32 开书型,不定期,内部交流。
第 1 辑 （1985 年）
第 2 辑 （1986 年）
第 3 辑 （1988 年）
第 4 辑 （1990 年）
第 5 辑 （改现名）（1990 年）
第 6 辑 （1992 年）
岁月沧桑
漫话沽源 （2002 年）

尚义县

尚义文史资料 政协河北省尚义县委员会编印,32 开书型,不定期,内部交流。
第 1 辑 （1986 年）
第 2 辑 （1988 年）
第 3·4 辑 （1998 年）
第 5 辑 （2004 年）

蔚县

蔚县文史资料选辑 政协河北省蔚县委员会文史资料委员会编印,32 开书型,不定期,内部交流。
第 1 辑 （1986 年）
第 2 辑 （1987 年）
第 1—2 辑重印本
第 3 辑 （1989 年）
第 4 辑 （1990 年）
第 5 辑 （1992 年）
第 6 辑 （1994 年）
第 7 辑 （杨建军主编,1996 年）
蔚州三字经 （周清溪编著,1996 年）
第 8 辑 （杨建军主编,1998 年）
第 9 辑 蔚州秧歌简史 （杨建军主编,1999 年）
第 10 辑 （杨建军主编,2000 年）
第 11 辑 （杨建军主编,2001 年）
河北蔚县初级中学创建史（1952—1957 年）（武新山著,2001 年）
第 12 辑 （杨建军主编,2002 年）
第 13 辑 （杨建军主编,2003 年）
第 14 辑 蔚州古城 （杨建军主编,2005 年）
佛寺与蔚州传统文化 （刘国权主编,中国文史出版社,2006 年版）
第 15 辑 （杨建军主编,2007 年）
第 16 辑 （杨建军主编,2008 年）

阳原县

阳原文史资料 政协河北省阳原县委员会编印,32 开书型,不定期,内部交流。
第 1 辑 （1985 年）
第 2 辑 （1986 年）
第 3 辑 （1989 年）
第 4 辑 （1992 年）
第 5 辑
第 6 辑 建国后阳原经济建设专辑
泥河湾旅游专辑

怀安县

怀安县文史资料 政协河北省怀安县委员会编印,32 开书型,不定期,内部交流。
第 1 辑 忠心耿耿为人民的一生——阮慕韩专辑（1986 年）
第 2 辑 （1988 年）
第 3 辑 （1991 年）
第 4 辑 （1993 年）
第 5 辑 李健生专辑（1992 年）
第 6 辑 （1996 年）
第 7 辑 （1998 年）
第 8 辑 怀安人物志 （2000 年）
第 9 辑 武士敏专辑 （2002 年）
第 10 辑 怀安历史文化 （2005 年）

万全县

万全文史资料 政协河北省万全县委员会文史资料征集委员会编印,32 开书型,不定期,内部交流。
第 1 辑 （1987 年）
第 2 辑 （1988 年）
第 3 辑 （1990 年）
第 4 辑 （1992 年）
第 5 辑 （1996 年）
第 6 辑 （2002 年）
第 7 辑
旅游专集 （2005 年）
第 8 辑
万全县政协志 （1981.9—2007.5）（2007 年）
第 9 辑 （2008 年）

怀来县

怀来史稿 政协河北省怀来县委员会文史资料征集委员会编印,32 开书型,不定期,内部交流。
第 1—2 辑 （1985 年）

第 3 辑　（1986 年）

第 4 辑　（1988 年）

第 5 辑　（1989 年）

第 6 辑　（1990 年）

第 7 辑　风物专辑　（1992 年）

怀来文史资料　政协河北省怀来县委员会文史资料工作委员会编印,32 开书型,不定期,内部交流。

第 1—2 辑合订本　（1995 年）

第 3—4 辑合订本　（1998 年）

第 5 辑　镇边城　（古城系列丛书)(2008 年）

涿鹿县

涿鹿文史资料选辑　政协河北省涿鹿县委员会文史资料征集委员会编印,32 开书型,不定期,内部交流。

第 1 辑　（1985 年）

第 2 辑　（1988 年）

第 3 辑　（1990 年）

第 4 辑　（1993 年）

第 5 辑　（1997 年）

情注桑干河

赤城县

赤城文史资料　政协河北省赤城县委员会文史资料编辑委员会编印,32 开书型,不定期,内部交流。

第 1 辑　（1987 年）

第 2 辑　（1990 年）

第 3 辑　（1993 年）

第 4 辑　（2000 年）

第 5 辑　龙关专辑　（2002 年）

第 6 辑　（2005 年）

崇礼县

崇礼文史资料　政协河北省崇礼县委员会编印,32 开书型,不定期,内部交流。

第 1 辑　（1986 年）

第 2 辑　（1990 年）

承德市

承德文史　政协河北省承德市委员会文史资料研究委员会编印,32 开书型,不定期,内部交流或公开发行。

第 1 辑　（1983 年）

文津阁　（1985 年）

第 2 辑　（1986 年）

第 3 辑　（1987 年）

第 4 辑　工商史专辑　（1988 年）

第 5 辑　（1989 年）

第 6 · 7 辑　（1990 年）

外八庙　（暨《河北文史资料》增刊,1992 年）

避暑山庄　（中国文史出版社,1996 年版）

热河旧景　（远方出版社,2005 年版）

承德文史文库　（四卷）　政协河北省承德市委员会文史资料委员会编,中国文史出版社,1998 年版。

第 1 卷　政治军事编

第 2 卷　政治军事编、民族宗教编、名胜古迹编

第 3 卷　文化教育编、人物编

第 4 卷　社会民情编、工商经济编

承德旅游文化丛书　（五卷）　政协河北省承德市委员会文史资料委员会等编,中国文史出版社,2006 年版。

第 1 卷　承德名胜古迹

第 2 卷　承德古今人物

第 3 卷　承德名优饮食

第 4 卷　承德名优产品

第 5 卷　承德文苑撷英

双桥区

双滦区

鹰手营子矿区

承德县

兴隆县

兴隆文史资料　政协河北省兴隆县委员会文史资料研究委员会编印,32 开书型,不定期,内部交流。

第 1 辑　（1988 年）

第 2 辑　（1989 年）

第 3 辑

第 4 辑

第 5 辑　千里无人区专辑　（2005 年）

兴隆县政协志

平泉县

平泉文史资料　（平泉县文史资料）　政协河北省平泉县委员会文史资料委员会编印,16 开刊型改 32 开书型,或油印,不定期,内部交流。

第 1 辑　（1985 年）

第 2 辑　（改现名)(1986 年）

第 3 辑　（1987 年）

第 4 辑　（1989 年）

第 5 辑　（1994 年）
第 6 辑
第 7 辑　（1999 年）

滦平县

滦平文史资料　政协河北省滦平县委员会文史资料研究委员会编印,32 开书型,不定期,内部交流。
第 1 辑　（1988 年）

隆化县

隆化文史　政协河北省隆化县委员会学习宣传文史委员会编印,32 开书型,不定期,内部交流。
第 1 辑　（1990 年）
第 2 辑　（1996 年）
第 3 辑　董存瑞　（1999 年）
第 4 辑　（改现名）
第 5 辑　（2005 年）

丰宁满族自治县

丰宁文史资料　政协河北省丰宁满族自治县委员会文史资料研究委员会编印,32 开书型,不定期,内部交流。
第 1 辑　丰宁满族史料　（1986 年）
第 2 辑　（1989 年）
第 3 辑　（上、下册）（2003 年）

宽城满族自治县

宽城文史资料　政协河北省宽城满族自治县委员会文史委员会编印,32 开书型,不定期,内部交流。
第 1 辑　（1990 年）
第 2 辑　（1992 年）

围场满族蒙古族自治县

围场文史资料　（围场县文史资料）　政协河北省围场满族蒙古族自治县委员会编印,32 开书型,不定期,内部交流。
第 1 辑　（1984 年）
第 2 辑　（改现名）（1987 年）
第 3 辑　人物专辑　（1989 年）
第 4 辑　（1990 年）
第 5 辑　（1993 年）
第 6 辑　（1994 年）
第 7 辑　（1999 年）
第 8 辑　（2007 年）

秦皇岛市

秦皇岛文史资料选辑　政协河北省秦皇岛市委员会文史资料研究委员会编印,32 开书型,不定期,内部交流。
第 1 辑　（1987 年）
第 2 辑　抗日战争专辑　（1988 年）
第 3 辑　（1989 年）
第 4 辑　（1990 年）
第 5 辑　（1991 年）
山海关首届中国长城学术讨论会论文集　（1992 年）
第 6 辑　（1993 年）
第 7 辑　（1994 年）
第 8 辑　（1998 年）
国家领导人与秦皇岛
山海揽胜　（文史资料丛书）　政协河北省秦皇岛市委员会文史资料研究委员会编印,32 开书型,内部交流或公开发行。
第 1 集　山海关　（1987 年）
明长城考实　（华夏子著,档案出版社,1988 年版）
山海关战史丛书　政协河北省秦皇岛市委员会文史资料委员会编,社会科学出版社出版。
之一　直奉大战　（齐庆昌等著,1993 年版）
之二　先机挺进东北——山海关两战史稿　（杜士林著,1995 年版）
之三　山海关庚子事变　（黄景海等著,1997 年版）
之四　榆关抗战——长城抗战的先声　（王岳臣等著,中央文献出版社,2002 年版）

海港区

山海关区

山海关文史资料　政协河北省秦皇岛市山海关区委员会文史委员会编印,32 开书型,不定期,内部交流。
第 1 集　日伪时期的山海关　（1991 年）
第 2 集　榆关风云　（1922—1948 年）（1992 年）
第 3 集　关山采撷录　（1993 年）
第 4 集　古城人物　（1995 年）
第 5 集　政协委员风采录　（1997 年）

北戴河区

北戴河文史资料　政协河北省秦皇岛市北戴河区委员会文史资料研究委员会编印,32 开书型,不定期,内部交流。
第 1 辑　（1989 年）

昌黎县

昌黎文史资料选辑 政协河北省昌黎县委员会学习宣传文史委员会编印,32 开书型,不定期,内部交流或公开发行。

第 1 辑 (1986 年)
第 2 辑 (1989 年)
第 3 辑 (1991 年)
第 4 辑 (1995 年)
第 5 辑 (1998 年)
第 6 辑 (2000 年)
第 7 辑 (2001 年)
古今昌黎 (河北人民出版社,2003 年版)
第 8 辑 (2004 年)
第 9 辑 (2004 年)
第 10 辑 (2008 年)

抚宁县

抚宁文史资料 政协河北省抚宁县委员会学习文史资料征集委员会编印,32 开书型,不定期,内部交流。

第 1 辑 (1991 年)
第 2 辑 (1994 年)
第 3 辑 (1996 年)
第 4 辑 (1999 年)
第 5 辑 (2000 年)

卢龙县

卢龙文史资料 政协河北省卢龙县文史资料委员会编印,32 开书型,不定期,内部交流。

第 1 辑 (1994 年)
第 2 辑 (1999 年)
第 3 辑 烽火卢龙人 (2005 年)

青龙满族自治县

青龙文史资料 (文史资料选编) 政协河北省青龙满族自治县委员会文史委员会编印,32 开书型或 16 开刊型,不定期,内部交流或公开发行。

第 1 辑 (1984 年)
第 2 辑 (1985 年)
第 3 辑 (改现名)(1986 年)
第 4 辑 (1988 年)
第 5 辑 (1991 年)
第 6 辑 青龙名胜 (旅游专辑)(2003 年)
第 7 辑 青龙满族 (民族出版社,2005 年版)

唐山市

唐山文史资料 (唐山文史资料选辑) 政协河北省唐山市委员会文史资料委员会编印,32 开书型,不定期,内部交流或公开发行。

第 1 辑 (1984 年)
第 2 辑 (改现名)(1985 年)
第 3 辑 (1986 年)
第 4 辑 (1987 年)
第 5 辑 冀东人民抗日大暴动史料专辑 (1988 年)
第 6 辑 唐山乡镇企业史料专辑 (1989 年)
第 7 辑 文化史料专辑之一 (1990 年)
第 8 辑 文化史料专辑之二 (1990 年)
工商经济史料专辑 (暨《河北文史资料》1990 年第 2 期 (总第 33 期))
第 9 辑 (1991 年)
第 10 辑 辛亥滦州起义 (1991 年)
第 11 辑 冀东诗史话 (1991 年)
第 12 辑 教育史料专辑之一 (1991 年)
第 13 辑 教育史料专辑之二 (1992 年)
第 14 辑 遵化农业合作化运动史料 (1992 年)
第 15 辑 昔日唐山 (1992 年)
第 16 辑 开滦 (1992 年)
慈禧乾隆墓被盗始末 (于善浦著,1993 年)
第 17 辑 长城抗战 (1933.1—1933.5)(1993 年)
滦河纪事 (开明出版社,1993 年)
南下风云录——冀东南下干部总队六大队五、六中队纪实 (与政协邵阳市文史资料委员会合编,1993 年)
第 18 辑 中国工人运动的先驱邓培 (1994 年)
唐山交大学生运动 (1946—1949)(开明出版社,1994 年版)
曹雪芹祖籍在丰润 (与政协丰润县文史资料委员会合编,天津人民出版社,1994 年版)
唐山大地震百人亲历记 (社会科学文献出版社,1995 年版)
京唐港 (社会科学文献出版,1995 年版)
日历上的唐山史记 (中国文史出版社,1997 年版)
第 19 辑 唐山风土民情 (1998 年)
第 20 辑 唐山英烈 (1919.5.4—1949.9.30)
第 21 辑 二十世纪三十年代的冀东阴云——伪"冀东防共自治政府"史略 (1999 年)
唐山历史写真 (中国文史出版社,1999 年版)
第 22 辑
清东陵 (社会科学文献出版社,2004 年)
书坛画苑唐山人 (2005 年)
唐山景像 (2008 年)

唐山名粹丛书 政协河北省唐山市委员会主编,红旗出版社,1997 年版。

第 1 集 唐山名人

第2集　唐山名产
第3集　唐山名厂
第4集　唐山名商
第5集　唐山名镇
第6集　唐山名苑
第7集　唐山名胜
第8集　唐山名食

唐山百年纪事　政协河北省唐山市委员会文史资料委员会编,中国文史出版社,2002年版。
第1卷　经济纵横
第2卷　文化天地
第3卷　社会风云
第4卷　人物春秋

唐山境内长城专辑　政协河北省唐山市委员会等编印。
迁安卷
遵化卷
迁西卷

路北区

文史资料　政协河北省唐山市路北区委员会编印,32开书型,不定期,内部交流。
第1辑　（1986年）
第2辑　（1987年）
第3辑　（1992年）
第4辑　（2000年）
第5辑
第6辑
第7辑

路南区

文史资料　政协河北省唐山市路南区委员会文史资料委员会编印,32开书型,不定期,内部交流。
第1辑　（1984年）
第2辑　（1985年）
第3辑　（1986年）
第4辑　（1987年）
第5辑　（1988年）
第6辑
第7辑

古冶区

唐山东矿区文史资料　政协河北省唐山市东矿区委员会文史资料委员会编印,32开书型,不定期,内部交流。
第1辑　（1987年）
第2辑　（1988年）
第3辑　（1989年）

唐山市古冶区文史资料　政协河北省唐山市古冶区委员会编印,32开书型,不定期,内部交流或公开发行。
古冶人民抗日斗争专辑　（中国文献资料出版社,2005年版）

开平区

开平文史资料选编　政协河北省唐山市开平区委员会编印,32开书型,不定期,内部交流。
第1集　（1989年）
第2集　（1991年）

丰润区

丰润县文史资料选辑　政协河北省丰润县委员会文史资料委员会编印,32开书型,不定期,内部交流或公开发行。
第1辑　（1985年）
第2辑　（1987年）
第3辑　（1988年）
第4辑　（1989年）
第5辑　（1990年）
第6辑　（1991年）
第7辑　全国著名劳动模范孟泰　（1992年）
曹雪芹祖籍在丰润　（与政协唐山市文史资料委员会合编,天津人民出版社,1994年版）
第8辑
第9辑
第10辑　（1998年）
丰润曹氏家族　（天津人民出版社,1998年版）
第11辑
第12辑　（2001年）

新区文史资料　政协河北省唐山市新区委员会文教委员会编印,32开书型,不定期,内部交流。
第1辑　（1992年）

丰南区

丰南史志资料选编　政协河北省丰南县委员会文史组、丰南县志编委会办公室编印,32开书型,不定期,内部交流。
第1册　（1984年）
第2册　（1986年）
第3册　（1988年）

丰南文史资料政协丛书　河北省丰南市委员会编印,32开书型,不定期,内部交流。
委员风采　（1997年）
光彩事业光彩人　（1998）
天南地北丰南人　（第一辑）（2004年）
天南地北丰南人　（第二辑）（2005年）

遵化市

遵化文史资料（遵化史话）政协河北省遵化市委员会文史学习委员会编印,32 开书型,不定期,内部交流。

第 1 辑（1984 年）

第 2 辑（1985 年）

第 3 辑（1986 年）

第 4 辑（1987 年）

第 5 辑（1988 年）

第 6 辑（1989 年）

第 7 辑 遵化农业合作化运动史料专辑（与中共遵化市委党史办公室合编,1992 年）

第 8 辑（改现名）(1995 年)

京东第一明珠——汤泉（2007 年）

遵化名人

遵化文史政协河北省遵化市委员会遵化文史研究会编印,16 开刊型,季刊,内部交流。

2007 年第 1 期

2008 年第 1—4 期

遵化文史系列丛书政协河北省遵化市委员会编印,32 开书型,不定期,内部交流。

第 1 辑 遵化人（2008 年）

迁安市

迁安文史资料政协河北省迁安县委员会文史资料委员会编印,32 开书型,不定期,内部交流。

第 1—2 辑（1986 年）

第 3 辑（1987 年）

第 4 辑（1988 年）

第 5 辑（1989 年）

第 6 辑（1990 年）

第 7 辑 经济专辑（1991 年）

第 8 辑（1995 年）

滦县

滦县文史资料（滦县文史）政协河北省唐山市滦县委员会编印,32 开书型,不定期,内部交流或公开发行。

第 1 辑（1984 年）

第 2 辑（1985 年）

第 3 辑（1986 年）

第 4 辑（1987 年）

第 5 辑（改现名）(1989 年)

第 6 辑（1990 年）

第 7 辑 辛亥滦州起义（1991 年）

第 8 辑（河北人民出版社,1994 年版）

第 9 辑（河北人民出版社,2000 年版）

滦南县

滦南文史资料政协河北省滦南县委员会文史资料研究委员会编印,32 开书型,不定期,内部交流或公开发行。

第 1 辑（1985 年）

第 2 辑（1986 年）

第 3 辑（1988 年）

第 4 辑（1991 年）

第 5 辑

第 6 辑

第 7 辑

第 8 辑

第 9 辑 滦南文物古迹寻踪（中国文联出版社,2004 年版）

第 10 辑 中国评剧之根（2005 年）

乐亭县

乐亭文史资料（乐亭文史）政协河北省乐亭县委员编印,32 开书型,不定期,内部交流。

第 1 辑（1985 年）

第 2 辑（1987 年）

第 3 辑（1988 年）

第 4 辑 纪念李大钊百年诞辰专辑、解放前私人办学专辑（1989 年）

第 5 辑 乐亭皮影（1990 年）

第 6 辑（改现名）京东第一家（1996 年）

第 7 辑 乐亭大鼓（1997 年）

第 8 辑 回忆父亲李大钊（1999 年）

第 9 辑 商业巨子武百祥与同记（2001 年）

第 10 辑 乐亭大鼓书段集锦（2002 年）

第 11 辑 乐亭皮影影卷选（2003）

第 12 辑 乐亭皮影影卷 五峰会（2003 年）

第 13 辑 乐亭皮影影卷 青云卷（2003 年）

第 14 辑 乐亭皮影影卷 二度梅（2003 年）

第 15 辑 乐亭皮影影卷 镇冤塔（2005 年）

第 16 辑 乐亭皮影影卷 平西册（2005 年）

天南地北乐亭人（2006 年）

迁西县

迁西县文史资料政协河北省迁西县委员会文史资料委员会编印,32 开书型,不定期,内部交流或公开发行。

第 1 集 景忠山史话（1987 年）

第 2 集 喜峰口血战记（1990 年）

第 3 辑 古塞撷丛（1995 年）

第 4 辑 蓟镇之枢三屯营（中国文史出版社,2004 年版）

第 5 辑 迁西石刻（百花文艺出版社,2007 年版）

玉田县

玉田县文史资料　政协河北省玉田县委员会文史资料委员会编印,32 开书型,不定期,内部交流。

第 1 辑　(1985 年)
第 2 辑　(1986 年)
第 3 辑　(1988 年)
第 4 辑　(1989 年)
第 5 辑　(1991 年)
第 6 辑　(1994 年)
第 7 辑

唐海县

唐海文史资料　政协河北省唐海县委员会文史资料委员会编印,32 开书型,不定期,内部交流。

第 1 辑　(1993 年)
创业者足迹　(2006 年)

廊坊市

廊坊文史资料　政协河北省廊坊市委员会学习文史工作委员会编印,32 开书型,不定期,内部交流。

第 1 辑　(1989 年)
第 2 辑　(1990 年)
第 3 辑　(1991 年)
第 4 辑　(1992 年)
第 5 辑　(1994 年)
第 6 辑　(1996 年)
第 7 辑　(1997 年)
第 8 辑　(1998 年)
第 9 辑　(1999 年)
第 10 辑　(2000 年)
第 11 辑　(2002 年)
第 12 辑　廊坊旅游　(2003 年)
第 13 辑　廊坊工商　(2004 年)
第 14 辑　(2006 年)
第 15 辑　古韵流芳　(2007 年)

广阳区

安次区

廊坊市文史资料　政协河北省廊坊市安次区委员会文史委员会资料研究编印,32 开书型,不定期,内部交流。

第 1 辑　(1984 年)
第 2 辑　抗日战争史料专辑　(1985 年)
第 3 辑　(1986 年)

第 4 辑　(1987 年)
安次文史资料　政协河北省廊坊市安次区委员会学习文史工作委员会编印,32 开书型,不定期,内部交流。
第 1 辑　(1992 年)

霸州市

霸州市文史资料　政协河北省霸州市委员会文史资料委员会编印,32 开书型,不定期,内部交流。

第 1 辑　(1990 年)

三河市

三河文史资料选辑　政协河北省三河市委员会宣传文史料编印,32 开书型,不定期,内部交流。

第 1 辑　(1987 年)
第 2 辑　(1992 年)
第 3 辑　(1999 年)
第 4 辑　(2007 年)

固安县

固安县文史资料选编　政协河北省固安县委员会政宣文史科编印,32 开书型,不定期,内部交流。

第 1 辑　(1987 年)
第 2 辑　(1989 年)
第 3 辑　(1992 年)
特辑　委员撷英　(1995 年)
第 4 辑　(2001 年)
第 5 辑　(2002 年)
第 6 辑　(2003 年)

永清县

永清文史资料　政协河北省永清县委员会文史资料委员会,32 开书型,不定期,内部交流。

第 1 辑　(1997 年)
永清籍在外工作乡友通讯录　(2004 年)

香河县

香河文史资料集存　政协河北省香河县委员会学习文史工作委员会编印,32 开书型,不定期,内部交流。

第 1 辑　(1988 年)
第 2 辑　(1989 年)
第 3 辑　(1991 年)
东方大侠张策　(1993 年)
第 4 辑　(1996 年)
第 5 辑
第 6 辑

第 7 辑
第 8 辑
第 9 辑
第 10 辑　千载香河

大城县

大城文史资料　政协河北省大城县委员会编印,32 开书型,不定期,内部交流。
第 1 辑　(1987 年)
第 2 辑　(1990 年)
第 3 辑
第 4 辑　(1995 年)
第 5 辑
第 6 辑　(1997 年)
第 7 辑
第 8 辑　(2000 年)
第 9 辑
第 10 辑
第 11 辑　百岁名将孙毅　(中国诗词出版社,2007 年版)

文安县

文安文史资料　政协河北省文安县委员会学习文史资料研究委员会编印,32 开书型,不定期,内部交流。
第 1 辑　(1989 年)
第 2 辑　(1991 年)
第 3 辑　(1994 年)
第 4 辑　(1996 年)
第 5 辑　李庆祥专辑　(1996 年)
第 6 辑　(1997 年)
第 7 辑　1963 年抗洪斗争专辑　(1999)
第 8 辑
第 9 辑　(2005 年)
第 10 辑　(2006 年)
第 11 辑

古洼群英　政协河北省文安县委员会文史资料研究委员会编印,32 开书型,不定期,内部交流。
第 1 辑　(1991 年)

大厂回族自治县

大厂回族自治县文史资料　政协河北省大厂回族自治县委员会文史资料委员会编印,32 开书型,不定期,内部交流。
第 1 辑　(1989 年)

保定市

保定文史资料选辑　政协河北省保定市委员会文史资料委员会编印,32 开书型,不定期,内部交流或公开发行。
第 1 辑　(1984 年)
第 2 辑　(1985 年)
第 3 辑　(1986 年)
第 4 辑　纪念抗日战争五十周年　(1987 年)
保定陆军军官学校　(与政协河北省文史资料委员会合编,河北人民出版社,1987 年版)
第 5 辑　纪念保定解放四十周年　(1988 年)
第 6 辑　(1989 年)
第 7 · 8 辑　(1990 年)
第 9 辑　(1992 年)
保定近代教育史略　(河北大学出版社,1992 年版)
第 10 · 11 辑　保定戏曲人物、工商史料专辑(1993 年)
第 12 辑　百年名校育德中学—育德中学史料专辑(1994 年)
第 13 辑　历史不会忘记—纪念抗日战争胜利五十周年　(1995 年)
第 14 辑　(1996 年)
第 15 辑　(1998 年)
第 16 辑　(1999 年)
第 17 辑　(2001 年)
保定历代史事长编　(新华出版社,2005 年版)
保定百年图说　(与保定市档案局合编,2007 年)
保定市政协大事纪略　(2007 年)

新市区

北市区

南市区

定州市

定州文史资料．政协河北省定州市委员会文史资料委员会编印,32 开书型,不定期,内部交流。
第 1 辑　(1987 年)
第 2 辑　人物春秋专辑　(1991 年)
第 3 辑　血与火——纪念抗日战争胜利五十周年(1995 年)
第 4 辑　政协委员风采　(1998 年)

涿州市

涿州文史资料 （涿县文史资料） 政协河北省涿州市委员会文史资料委员会编印,32 开书型,不定期,内部交流。

第 1 辑 （1986 年）

第 2 辑 （改现名）（1988 年）

第 3 辑 涿州人物录 （1989 年）

第 4 辑 涿州人物录续集 （1997 年）

第 5 辑 （1997 年）

第 6 辑 （2002 年）

涿州市政协文史资料精选 （2005 年）

安国市

文史资料 政协河北省安国县委员会文史资料研究委员会编印,16 开刊型,油印,不定期,内部交流。

总第 1—34 期

1990 年第 1—4 期 （总第 35—36 期）

安国文史资料 政协河北省安国县委员会编印,32 开书型,不定期,内部交流。

第 1 辑 （1988 年）

高碑店市

新城县文史资料 政协河北省新城县委员会文史资料委员会编印,32 开书型,不定期,内部交流。

第 1 辑 （1989 年）

满城县

满城县文史资料 政协河北省满城县委员会办公室编印,16 开刊型,或油印,不定期,内部交流。

第 1 期 （1985 年）

第 2 期 （1986 年）

第 3 期 解放保定四十周年专辑 （1988 年）

清苑县

清苑文史资料 政协河北省清苑县委员会文史委员会编印,32 开书型,不定期,内部交流。

第 1 辑 （1989 年）

第 2 辑 （1992 年）

第 3 辑 （1994 年）

第 4 辑 （1995 年）

第 5 辑 （1997 年）

第 6 辑 难忘的岁月 （2003 年）

第 7 辑 清苑历代名人 （2004 年）

易县

文史资料 政协河北省易县委员会文史资料委员会编印,16 开刊型,油印,不定期,内部交流。

第 1—8 期

第 9 期 （1987 年）

易县文史资料 政协河北省易县委员会文史资料研究委员会编印,32 开书型,不定期,内部交流。

第 1 辑

第 2 辑

徐水县

徐水文史资料初稿 政协河北省徐水县委员会文史资料研究委员会编印,16 开刊型,油印,不定期,内部交流。

第 1 期 （1983 年）

第 2—3 期 （1984 年）

第 4—5 期 （1985 年）

第 6 期 （1986 年）

第 7 期 （1987 年）

第 8 期 （1988 年）

第 9—13 期

徐水文史资料 政协河北省徐水县委员会宣传教育文史卫生委员会编印,32 开书型,不定期,内部交流。

第 1 辑 （1989 年）

第 2 辑 （1995 年）

涞源县

文史资料专刊 政协河北省涞源县委员会办公室编印,16 开刊型,或油印,不定期,内部交流。

1984 年第 1—2 期

1985 年第 1—2 期

1986 年第 1—2 期

涞源文史资料 政协河北省涞源县委员会编印,32 开书型,不定期,内部交流。

第 1 辑 （1996 年）

第 2 辑 （1999 年）

定兴县

定兴县文史资料 （定兴文史资料选） 政协河北省定兴县委员会文史资料委员会编印,32 开书型,不定期,内部交流。

第 1 辑 （1985 年）

第 2 辑 （改现名）（1987 年）

第 3 辑 （1989 年）

顺平县

完县文史资料 政协河北省完县委员会编印，16 开刊型，不定期，内部交流。

第 1 辑 （1986 年）
第 2 辑
第 3 辑

唐县

唐县文史资料 河北省唐县委员会办公室编印，16 开刊型，油印，不定期，内部交流。

1985 年第 1 期 （总第 1 期）
1986 年第 1—2 期 （总第 2—3 期）
1987 年第 1 期 （总第 4 期） 唐山人物辑
1988 年第 1 期 （总第 5 期） 唐县学校教育概况
1990 年第 1 期 （总第 6 期） 从白求恩遗体转移说及白求恩墓的修建。

望都县

文史资料 政协河北省望都县委员会文史资料委员会编印，16 开刊型，油印，不定期，内部交流。

第 1—6 期
第 7 期 （1986 年）
第 8—15 期
第 16 期 （1988 年）
望都县文史资料 政协河北省望都县委员会文史资料委员会编印，32 开书型，不定期，内部交流。

第 1 辑 （1987 年）
第 2 辑
望都县政协委员风采录 （2006 年）

涞水县

涞水文史资料选辑 政协河北省涞水县委员会编印，32 开书型，不定期，内部交流。

第 1 辑 （1987 年）
第 2 辑
第 3 辑
第 4 辑
第 5 辑 （2002 年）

高阳县

高阳文史资料 政协河北省高阳县委员会文史资料委员会编印，32 开书型，不定期，内部交流。

战斗在潴龙河畔 （2007 年）

安新县

安新县文史资料 （安新文史资料） 政协河北省安新县委员会文史资料委员会编印，32 开书型，不定期，内部交流。

第 1 辑 （1986 年）
第 2 辑 （改现名）（1990 年）
第 3 辑 （1993 年）
第 4 辑 （1996 年）

雄县

雄县文史资料 政协河北省雄县委员会文史资料组编印，32 开书型，不定期，内部交流。

第 1 辑 （1985 年）
第 2 辑 （1986 年）
第 3 辑 （1987 年）
第 4 辑 （1990 年）

容城县

文史资料选编 政协河北省容城县委员会文史资料委员会编印，16 开刊型，油印，不定期，内部交流。

第 1—28 期
第 29 期 （1988 年）
容城文史资料 政协河北省容城县委员会文史资料研究委员会等编印，32 开书型，不定期，内部交流或公开发行。

容城县概述 （1987 年）
容城诗选 （中国改革出版社，1989 年版）

曲阳县

曲阳文史资料 政协河北省曲阳县委员会文史资料研究委员会编印，16 开刊型，不定期，内部交流。

1985 年第 1 期 （总第 1 期）
第 2 期 （1985 年）
第 3—4 期 （1986 年）
第 5 期 （1986 年）
第 6 期 （1989 年）

阜平县

阜平文史资料 （征求意见稿） 政协河北省阜平县委员会文史资料研究委员会编印，16 开刊型，油印，不定期，内部交流。

第 1—19 篇
第 20 篇 （1986 年）
第 21—22 篇

第 23 篇 （1987 年）
第 24—25 篇
第 26 篇 （1988 年）

博野县

博野文史资料 政协河北省博野县委员会文史资料委员会编印,16 开刊型,油印,不定期,内部交流。
第 1 期 （1984 年）
第 2 期 （1986 年）
第 3—7 期 （1985 年）
第 8—9 期 （1986 年）
第 10 期 （1987 年）
第 11—12 期 （1989 年）
博野文史资料 政协河北省博野县委员会文史资料研究委员会编印,32 开书型,不定期,内部交流。
第 1 辑
第 2 辑
第 3 辑
第 4 辑
第 5 辑
第 6 辑
第 7 辑 战斗的歌声

蠡县

蠡县文史资料 政协河北省蠡县委员会文史资料委员会编印,32 开书型,不定期,内部交流。
第 1 辑 （1986 年）
第 2 辑 （1987 年）
第 3 辑 （1991 年）
第 4 辑 （1996 年）

沧州市

沧州文史资料 政协河北省沧州市委员会文史资料委员会编印,32 开书型,不定期,内部交流或公开发行。
第 1 集 （1987 年）
第 2 集 （河北人民出版社,1989 年版）
第 3 集 沧州武林精英列传 （河北人民出版社,1989 年版）
第 4 辑
第 5 辑
纪晓岚年谱 （书目文献出版社,1993 年版）
第 6 辑
第 7 辑
第 8 辑
第 9 辑
第 10 辑
第 11 辑

第 12 辑
第 13 辑
第 14 辑
第 15 辑
第 16 辑
第 17 辑
第 18 辑 沧州文化史料专辑 （2007 年）
第 19 辑 （2008 年）
名沧州丛书 （六卷） 政协河北省沧州市委员会文史资料委员会等编,新华出版社,2006 年版。
沧州名粹
沧州名人
沧州名文
沧州武术
沧州杂技
沧州风云

运河区

新华区

泊头市

泊头市文史资料选辑 （泊头市文史资料） 政协河北省泊头市委员会文史资料研究室编印,32 开书型,不定期,内部交流。
第 1 辑 （1987 年）
第 2 辑 （改现名）（1988 年）
第 3 辑 （1991 年）
第 4 辑

任丘市

任丘文史资料 政协河北省任丘市委员会编印,32 开书型,不定期,内部交流。
第 1—2 辑 （1988 年）
第 3 辑 （1990 年）
第 4 辑 （1994 年）
第 5 辑 （1997 年）
第 6 辑 （2002 年）
第 7 辑 （2003 年）
第 8 辑 （2005 年）
第 9 辑 （2006 年）

黄骅市

黄骅市文史资料 （黄骅县文史资料） 政协河北省黄骅市委员会文史委员会编印,32 开书型,不定期,内部交流或公开发行。

黄骅县政协志 （1986 年）

第 1 辑 （河北人民出版社,1989 年）

第 2 辑 （改现名）(1990 年)

第 3 辑 （1991 年）

第 4 辑 （1997 年）

第 5 辑 （2006 年）

河间市

河间县文史资料 政协河北省河间市委员会编印,32 开书型,不定期,内部交流。

第 1 辑 （1986 年）

第 2 辑 （1987 年）

第 3 辑 （1988 年）

第 4 辑 （1989 年）

第 5 辑 （1990 年）

第 6 辑

第 7 辑

第 8 辑

第 9 辑

第 10 辑 （2001 年）

第 11 辑

第 12 辑 （2003 年）

第 13 辑

第 14 辑 血火河间——纪念抗日战争胜利六十周年专辑 （2005 年）

沧县

沧县文史资料 政协河北省沧县委员会文史资料委员会编印,32 开书型,不定期,内部交流。

沧县金丝小枣

青县

青县文史资料 政协河北省青县委员会文史资料委员会编印,32 开书型,不定期,内部交流。

第 1 辑 （1989 年）

第 2 辑 （1991 年）

政协风采 （上集)(1996 年)

第 3 辑 （1997 年）

第 4 辑 （2001 年）

盘古文化楹联 （2006 年）

东光县

东光文史资料 政协河北省东光县委员会编印,32 开书型,不定期,内部交流。

第 1 辑 戏曲志专辑 （1985 年）

第 2 辑 （1986 年）

第 3 辑 （1989 年）

第 4 辑 （2000 年）

第 5 辑 海内外知名人士专辑 （2002 年）

海兴县

海兴文史资料 政协河北省海兴县委员会文史资料委员会编印,32 开书型,不定期,内部交流。

第 1 辑 （1990 年）

盐山县

盐山文史资料 政协河北省盐山县委员会文史资料委员会编印,32 开书型,不定期,内部交流。

第 1 辑 （1985 年）

第 2 辑 （1988 年）

第 3 辑 （1990 年）

第 4 辑 （1993 年）

第 5 辑 （1996 年）

第 6 辑 （1998 年）

肃宁县

肃宁文史资料 政协河北省肃宁县委员会文史资料委员会编印,32 开书型,不定期,内部交流。

第 1 辑

南皮县

南皮县文史资料 政协河北省南皮县委员会文史委员会编印,32 开书型,不定期,内部交流。

第 1 辑 （1989 年）

第 2 辑 （1998 年）

第 3 辑 （2000 年）

第 4 辑 （2002 年）

吴桥县

吴桥县文史资料 政协河北省吴桥县委员会文史资料委员会编印,32 开书型,不定期,内部交流。

第 1 辑 杂技专辑 （1991 年）

第 2 辑

第 3 辑 （2000 年）

献县

献县文史 （献县文史资料选辑） 政协河北省献县委员会学习文史编辑委员会编印,32 开书型,不定期,内部交流。

第 1 辑　（1987 年）
第 2 辑　（改现名）（1988 年）
第 3 辑　（1991 年）
第 4 辑　（1993 年）
第 5 辑　（1995 年）
第 6 辑　（1996 年）
第 7 辑　96·8 抗洪救灾专辑　（2000 年）

孟村回族自治县

孟村文史资料　政协河北省孟村县委员会编印，32 开书型，不定期，内部交流。
第 1 辑　（1991 年）

衡水市

衡水文史资料丛书　政协河北省衡水市文史委员会编，河北人民出版社出版。
之一　衡水历史名人　（1999 年版）
之二　衡水古今著作家传记　（1999 年版）
之三　衡水经济史料　（2002 年版）
之四　衡水历代作家诗文选注　（2002 年版）
之五　衡水抗日烽火　（2003 年版）
如歌·如血·如火——冀中新世纪剧社回忆录（2004 年）
如歌·如血·如火——冀中新世纪剧社回忆录·续集（2005 年）
衡水名村名镇　（2008 年）
衡水民俗文化　（2008 年）

桃城区

衡水市文史资料　政协河北省衡水市委员会编印，32 开书型，不定期，内部交流。
第 1 辑　（1986 年）
第 2 辑　（1987 年）
第 3 辑　工商经济史料　（1988 年）
第 4 辑　（1990 年）
第 5 辑　（1991 年）
第 6 辑　（1992 年）

冀州市

冀州市文史　（冀县文史）　政协河北省冀县委员会编印，32 开书型，不定期，内部交流。
第 1 辑　（1986 年）
第 2 辑　（1987 年）
第 3 辑　（1989 年）
第 4 辑　（1990 年）
侵华日军在冀暴行专辑

第 5 辑　（改现名）（1994 年）

深州市

深县文史资料选辑　政协河北省深县委员会、深县地方修史编志办公室编印，32 开书型，或油印，不定期，内部交流。
第 1 辑　（1983 年）
第 2 辑　（1984 年）
第 3 辑　（1986 年）
第 4·5 辑　（1990 年）
第 6 辑　人物专辑之一　（1989 年）
深州政协五十年　（2006 年）

枣强县

枣强县文史资料　政协河北省枣强县委员会文史资料委员会编印，32 开书型，不定期，内部交流。
第 1 辑　（1987 年）
第 2 辑　（1988 年）
第 3 辑　（1989 年）
第 4 辑　（1990 年）
第 5 辑　（1991 年）
第 6 辑　（1993 年）
第 7 辑　（1994 年）
第 8 辑　抗日战争史料专辑　（1997 年）
第 9·10 辑　（2000 年）

武邑县

武强县

武强县文史资料　政协河北省武强县委员会文史资料编辑委员会编印，32 开书型，不定期，内部交流。
第 1 辑　（1989 年）
第 2 辑　抗日战争史料专辑　（2001 年）

饶阳县

饶阳县文史资料　政协河北省饶阳县委员会文史资料委员会编印，32 开书型，不定期，内部交流。
第 1 集　（1994 年）

安平县

安平文史资料　政协河北省安平县委员会编印，32 开书型，不定期，内部交流。
第 1 辑　（1987 年）

故城县

故城文史资料 政协河北省故城县委员会编印，32 开书型，不定期，内部交流。

抗日烽火中诞生的名校——冀南运河中学 （2004年）

景县

景县文史资料 政协河北省景县委员会编印，32 开书型，不定期，内部交流。

第 1 辑 （1987 年）
第 2 辑 （1989 年）
第 3 辑 （1995 年）
第 4 辑 （2000 年）

景县活页文选 政协河北省景县委员会编印，16 开刊型，不定期，内部交流。

第 1—15 期 （2003—2004 年）
景县古今人物 （2003 年）
景州文选 （2004 年）
景州金石 （2004 年）

阜城县

阜城文史资料（阜城文史） 政协河北省阜城县委员会文史资料委员会编印，32 开书型，不定期，内部交流。

第 1 辑 （2004 年）
第 2 辑 （改现名）（2005 年）
多方如回首往事——感悟人生 （2006 年）

邢台市

邢台文史资料 （邢台市文史资料选辑） 政协河北省邢台市委员会文史资料委员会编印，32 开书型，不定期，内部或公开发行。

第 1 辑 （1985 年）
第 2 辑 （1986 年）
第 3 辑 （改现名）（1987 年）
第 4 辑 历史的足迹 （河北人民出版社，1989 年版）
第 5 辑 历史的足迹 （1989 年 1—2 合刊）
第 6 辑 历史的足迹 （中国民间文艺出版社，1990 年版）
第 7 辑 邢台梨园忆踪 （1991 年 1—4 合刊）
第 8 辑 历史足迹 （医药卫生专辑）（1992 年 1—4 合刊）
第 9 辑 历史足迹 （1993 年 1—4 合刊）
第 10 辑 历史的足迹 （经济专辑）（1994 年 1—2 合刊）
第 11 辑 翰墨丹青缘 （书画专辑）（1996 年）

第 12 辑 邢台沧桑五十年 （1999 年）
第 13 辑 唐代名相宋璟 （与政协沙河市文史资料委员会合编，2001 年）
邢台历史名人
邢台古八景

桥东区

桥西区

南宫市

南宫文史资料 政协河北省南宫市委员会文史资料研究委员会编印，32 开书型，不定期，内部交流。

第 1 辑 （1987 年）
第 2 辑 （1989 年）
第 3 辑 （1990 年）
京剧艺术大师尚小云 （与政协河北省文史资料委员会合编）陕西人民出版社，1990 年版）
第 4 辑 （1992 年）
第 5 辑 （1995 年）
第 6 辑 （1999 年）

沙河市

沙河文史资料 （沙河市文史资料） 政协河北省沙河市委员会文史资料研究委员会编印，32 开书型，不定期，内部交流。

第 1 辑 （1987 年）
第 2 辑 （改现名）（1991 年）
第 3 辑 （1993 年）
唐代名相宋璟 （暨《邢台文史资料》第 13 辑，2000 年）

邢台县

邢台县文史资料 （文史资料） 政协河北省邢台县委员会文史资料委员会编印，32 开书型，不定期，内部交流发行。

第 1 辑 （1987 年）
第 2 辑 （1989 年）
第 3 辑 （改现名）（1991 年）
第 4 辑 历史的足迹 （1993 年）
第 5 辑 历史的足迹 （1996 年）
第 6 辑 历史的足迹 （2000 年）

临城县

临城县文史资料 政协河北省临城县委员会文史资料委员会编印,32 开书型,不定期,内部交流。
第 1 辑 (1995 年)
第 2 辑 (2002 年)
临城民间文学 (2005 年)

内邱县

内邱县文史资料 政协河北省内邱县委员会文史资料编辑委员会编印,32 开书型,不定期,内部交流或公开发行。
第 1 辑 (1992 年)
历史文化名山——鹊山 (国际文化出版公司,2000 年版)
第 2 辑
第 3 辑 内邱故实 (远方出版社,2004 年版)

柏乡县

柏乡县文史资料 政协河北省柏乡县委员会文史资料委员会编印,32 开书型,不定期,内部交流。
第 1 辑 (1991 年)
第 2 辑
第 3 辑
第 4 辑
第 5 辑
第 6 辑

隆尧县

隆尧文史资料选辑 政协河北省隆尧县委员会《隆尧文史资料选辑》编辑委员会编印,32 开书型,不定期,内部交流或公开发行。
第 1 辑 (1986 年)
第 2 辑 (1988 年)
第 3 辑 (1997 年)
第 4 辑 (北京燕山出版社,1998 年版)
永远的记忆

任县

任县文史资料 政协河北省任县委员会文史资料委员会编印,32 开型,不定期,内部交流。
第 1 辑
第 2 辑
第 3 辑
第 4 辑

第 5 辑
第 6 辑
第 7 辑

南和县

南和文史资料 政协河北省南和县委员会编印,32 开书型,不定期,内部交流。
第 1 辑 (1991 年)
第 2 辑 (1995 年)
南和史话丛书 政协河北省南和县委员会编。

宁晋县

宁晋县文史资料 政协河北省晋县委员会文史资料工作委员会编印,32 开书型,不定期,内部交流或公开发行。
政协委员风采录 (中国文史出版社,1996 年)
政协委员风采录续 (中国文史出版社,1997 年)
浓墨丹青颂宁晋书画集 (2005 年)
宁晋牌坊 (文化艺术出版社,2005 年版)
宁晋县政协史志 (2006 年)
宁晋县政协成立五十周年庆祝活动资料专辑 (2007 年)
宁晋风物 (2008 年)

巨鹿县

巨鹿文史资料 政协河北省巨鹿县委员会编印,32 开书型,不定期,内部交流。
第 1—2 辑 (1991 年)
第 3 辑 (1992 年)
第 4 辑 (1993 年)

新河县

新河文史资料 政协河北省新河县委员会文史研究委员会编印,32 开书型,不定期,内部交流。
庞炳勋史料专辑 (1990 年)。

广宗县

广宗文史资料 政协河北省广宗县委员会文史委员会编印,32 开书型,不定期,内部交流。
第 1 集 (1990 年)
第 2 辑 (1991 年)
第 3 辑 (1996 年)

平乡县

威县

威县文史资料 政协河北省威县委员会文史资料研究委员会编印,32 开书型,不定期,内部交流或公开发行。

威县苗族(2002 年)

第1辑 威县文史概览 (社会科学文献出版社,2004 年版)

第2辑 义和团首领赵三多研究 (社会科学文献出版社,2005 年版)

清河县

清河文史资料 政协河北省清河县委员会等编,32 开书型,不定期,内部交流或公开发行。

清河文史辑览 (李洪贵等主编,中国文史出版社,1999 年版)

清河经济百业 (李洪贵等主编,中国文史出版社,2001 年版)

张氏历史文化研究 (赵杰主编,2004 年)

临西县

临西文史 政协河北省临西县委员会文史资料研究委员会编印,32 开书型,不定期,内部交流。

第1辑 (1986 年)

第2辑 (1989 年)

第3辑 (1991 年)

第4辑 (1997 年)

邯郸市

邯郸文史资料 政协河北省邯郸市委员会文史资料委员会编印,32 开书型,不定期,内部交流或公开发行。

第1辑 (1984 年)

第2辑 (1985 年)

第3辑 (1986 年)

第4辑 (1987 年)

第5辑 (1988 年)

第6辑 (1989 年)

第7辑 邯郸战役 (河北人民出版社,1990 年版)

第8辑 (1991 年)

第9辑 邯郸近代城市史 (测绘出版社,1992 年版)

邯郸历史人物传 (测绘出版社,1994 年版)

第10辑 邯郸碑刻

第11辑

第12辑 邯郸民俗录存 (天津古籍出版社,1997 年版)

第13辑 (2001 年)

第14辑 邯郸古今纪事 (2001 年)

第15辑 (2002 年)

邯郸当代文化名人 (2004 年)

邯郸历史文化

邯郸工业发展简史

邯郸现代文化名人

侵华日军邯郸暴行录 (2005 年)

邯郸抗战史略 (2005 年)

邯郸非物质文化遗产辑粹

邯郸揽胜

丛台区

邯山区

复兴区

峰峰矿区

峰峰文史资料 政协河北省邯郸市峰峰矿区委员会编印,32 开书型,不定期,内部交流。

第1辑

第2辑 (1995 年)

第3辑 (1999 年)

第4辑 (2004 年)

第5辑 名镇、名村、古建、名胜专辑 (2005 年)

邯郸市峰峰矿区当代书法美术作品选集 (特辑一)(2006 年)

第6辑 峰峰地方文史专辑 (2006 年)

邯郸市峰峰矿区当代摄影作品选集 (特辑二)(2007 年)

第7辑 (2008 年)

武安市

武安文史资料 政协河北省武安市委员会学习文史委员会编印,32 开书型,不定期,内部交流或公开发行。

第1辑 (1988 年)

第2辑 (1989 年)

第3辑 (1992 年)

第4辑 (1995 年)

第5辑 磁山文史综览 (1997 年)

第6辑 慈晖亲恩——武安杰出女姓高冀惠生 (2000 年)

第7辑 武安文学艺术人物录 (二)(2000 年)

第8辑 脉脉文心——李文珊从政从文纪略 (中国文史出版社,2003 年版)

邯郸县

邯郸文史资料 （邯郸县文史资料） 政协河北省邯郸县委员会文史资料委员会编印,32 开书型,不定期,内部交流。
第 1 辑 （1995 年）
第 2 辑 （1996 年）
第 3 辑 （改现名）
第 4 辑

临漳县

古邺文苑 政协河北省临漳县委员会文史资料委员会等编印,32 开书型,不定期,内部交流。
第 1 期
第 2 期
第 3 期
第 4 期
第 5 期 （2007 年）

成安县

成安县文史资料 政协河北省成安县委员会文史资料委员会编印,32 开书型,不定期,内部交流。
第 1 辑 （1989 年）
第 2 辑 成安抗日纪念碑专辑 （1992 年）
第 3 辑 毛泽东主席视察成安专刊 （1995 年）
名相寇准与成安 （2006 年）
第 4 辑 中国桂花之乡成安 （2003 年）

大名县

大名文史资料 政协河北省大名县委员会文史资料研究委员会编印,32 开书型,不定期,内部交流。
第 1 辑 （1987 年）
第 2 辑 （1990 年）
第 3 辑 （1992 年）
第 4 辑 （1994 年）
第 6 辑 （1997 年）
第 7 辑 （1999 年）

涉县

涉县文史资料 政协河北省涉县委员会文史资料委员会编印,32 开书型,不定期,内部交流。
第 1 辑 （河北人民出版社,1991 年）
常见事物史话 （1991 年）
第 2 辑 （1992 年）
第 3 辑 （1994 年）

涉县名胜 （文史资料专辑）（1999 年）
涉县寺院 （2006 年）

磁县

磁州文史资料 政协河北省磁县委员会文史资料委员会编印,32 开书型,不定期,内部交流。
第 1 辑 （1992 年）
第 2 辑 （1997 年）
第 3 辑 （2001 年）
中国磁州窑典籍 （中国文史出版社,2006 年）

肥乡县

肥乡文史资料 政协河北省肥乡县委员会文史资料研究委员会编印,32 开书型,不定期,内部交流。
第 1 辑

永年县

邱县

邱县文史资料 政协河北省邱县委员会文史资料研究委员会编印,32 开书型,不定期,内部交流。
第 1 辑 （1993 年）

鸡泽县

鸡泽文史资料 政协河北省鸡泽县委员会文史资料委员会编印,32 开书型,不定期,内部交流。
第 1 辑 （1992 年）
第 2 辑
第 3 辑
第 4 辑 （2005 年）

广平县

广平文史资料 政协河北省广平县委员会文史资料委员会编印,32 开书型,不定期,内部交流。
第 1 辑

馆陶县

馆陶文史资料 政协河北省馆陶县委员会文史资料研究委员会编印,32 开书型,不定期,内部交流。
第 1 辑 范筑先传 （1986 年）
第 2 辑 （1990 年）
第 3 辑 （1997 年）

魏县

魏县文史资料　政协河北省魏县委员会学习宣传文史委员会编印,32 开书型,不定期,内部交流。

第 1 辑　(1989 年)
第 2 辑　(1997 年)
第 3 辑
第 4 辑
第 5 辑
第 6 辑
第 7 辑

曲周县

曲周文史资料　政协河北省曲周县委员会文史资料研究委员会编印,32 开书型,不定期,内部交流。

第 1 辑　(1994 年)
曲周县政协简史　(1984—2006 年)(2007 年)

山 西 省

文史月刊　（山西文史资料）　政协山西省委员会文史资料委员会编印，32 开书型改 16 开刊型，不定期改双月刊再改月刊，内部交流转公开发行。

第 1 辑　纪念辛亥革命五十周年　（1961 年）

第 2—4 辑　（1962 年）

第 5—8 辑　（1963 年）

第 9—10 辑　（1964 年）

第 11—12 辑　（1965 年）

第 13 辑　（1979 年）

第 14—16 辑　（1980 年）

第 17—18 辑　（1981 年）

第 19 辑　辛亥革命七十周年专辑　（1981 年）

第 20 辑　（1981 年）

第 21—24 辑　（1982 年）

第 25—30 辑　（1983 年）

1984 年第 1—6 辑　（总第 31—36 辑）

1985 年第 1—6 辑　（总第 37—42 辑）

1986 年第 1—2 辑　（总第 43—44 辑）

1986 年第 3 辑　（总第 45 辑）　日俘"残留"山西始末——一个日本战犯的自供状

1986 年第 4—6 辑　（总第 46—48 辑）

1987 年第 1 辑　（总第 49 辑）

1987 年第 2 辑　（总第 50 辑）　剧宣二队在山西专辑

1987 年第 3 辑　（总第 51 辑）　阎锡山特务组织内幕（一）

1987 年第 4 辑　（总第 52 辑）　晋察绥战地总动员

1987 年第 5 辑　（总第 53 辑）　铭贤校友忆铭贤

1987 年第 6 辑　（总第 54 辑）

1988 年第 1 辑　（总第 55 辑）

1988 年第 2 辑　（总第 56 辑）　日伪在山西沦陷区的统治

1988 年第 3—5 辑　（总第 57—59 辑）

1988 年第 6 辑　（总第 60 辑）　我所知道的阎锡山

1989 年第 1·2 辑　（总第 61·62 辑）　华北最后一战——纪念太原解放四十周年专辑

1989 年第 3—5 辑　（总第 63—65 辑）

1989 年第 6 辑　（总第 66 辑）　阎锡山特务组织内幕（二）

1990 年第 1 辑　（总第 67 辑）（暨《定襄县文史资料》第 3 辑）　阎锡山与家乡

1990 年第 2—4 辑　（总第 68—70 辑）

1990 年第 5·6 辑　（总第 71·72 辑）　王用宾诗词选辑

1991 年第 1 辑　（总第 73 辑）　娘子关战役亲历记

1991 年第 2 辑　（总第 74 辑）

1991 年第 3 辑　（总第 75 辑）　山西抗日民族统一战线史略

1991 年第 4·5 辑　（总第 76·77 辑）　辛亥革命在山西——纪念辛亥革命八十周年专辑　（1991 年）

1991 年第 6 辑　（总第 78 辑）　丁村文化遗址发掘经过与研究　（与政协襄汾县文史资料研究委员会合编）

1992 年第 1 辑　（总第 79 辑）

1992 年第 2 辑　（总第 80 辑）　赵宗复革命事略

1992 年第 3 辑　（总第 81 辑）　文物古迹专辑

1992 年第 4—6 辑　（总第 82—84 辑）

1993 年第 1 辑　（总第 85 辑）　纪念全国卫生工作四十周年　（暨《稷山文史资料》第 7 辑）

1993 年第 2—4 辑　（总第 86—88 辑）

1993 年第 5·6 辑　（总第 89·90 辑）

政协山西省委员会会务报告集　（1955—1993）（1993 年）

1994 年第 1 辑　（总第 91 辑）　昔日阎府深宅院今朝河边民俗馆

1994 年第 2 辑　（总第 92 辑）　山西梆子在塞外

1994 年第 3 辑　（总第 93 辑）　左权将军在左权（与政协左权县文史资料委研究员会合编）

1994 年第 4 辑　（总第 94 辑）　山西五台高僧名僧业绩

1994 年第 5 辑　（总 95 辑）

1994 年第 6 辑　（总第 96 辑）　盂县文史集览　（与政协盂县文史资料研究委员会合编）

1995 年第 1·2 辑　（总第 97·98 辑）

1995 年第 3 辑　（总第 99 辑）　日本战犯在山西

1995 年第 4 辑　（总第 100 辑）

1995 年第 5 辑　（总第 101 辑）　闻名于世的大寨（与政协昔阳县文史资料研究委员会合编）

1995 年第 6 辑　（总第 102 辑）　平定乡镇企业集览（与政协平定县文史资料研究委员会合编）

1996 年第 1—5 期　（总第 103—107 辑）

1996 年第 6 辑　（总第 108 辑）　迎'97 回归——话说香港

1997 年第 1 辑　（总第 109 辑）

1997 年第 2 辑　（总第 110 辑）

1997 年第 3 辑　（总第 111 辑）　我在报刊社的时候

1997 年第 4—6 辑　（总第 112—114 辑）

1998 年第 1—2 辑　（总第 115—116 辑）

1998 年第 3·4 辑　（总第 117—118 辑）　山西作家的创作之路

1998 年第 5—6 辑　（总第 119—120 辑）

1999 年第 1 辑　（总第 121 辑）

1999 年第 2 辑　（总第 122 辑）　抗战学院风云录

1999 年第 3·4 辑　（总第 123—124 辑）　舜都永济名胜

1999 年第 5—6 辑 （总第 125—126 辑）

2000 年第 1—12 期 （总第 127—138 期）

2001 年第 1 （改现名）—12 期 （总第 139—150 辑）

2002 年第 1—12 期 （总第 151—162 辑）

2003 年第 1—12 期 （总第 163—174 期）

2004 年第 1—12 期 （总第 175—186 期）

2005 年第 1—12 期 （总第 187—198 期）

2006 年第 1—12 期 （总第 199—210 期）

2007 年第 1—12 期 （总第 211—222 期）

2008 年第 1—12 期 （总第 223—234 期）

《山西文史资料》专题系列丛书 政协山西省委员会文史资料委员会编印,32 开书型或 16 开刊型,内部转公开发行。

辛亥革命在山西 （1981 年）

阎锡山统治山西史实 （山西人民出版社,1984 年版）

山西商人的生财之道 （田际康等著,文史资料出版社,1986 年版）

拔剑长歌一世雄——续范亭生平 （穆欣著,1988 年）

阎锡山与家乡 （1990 年）

山西辛亥革命史 （刘存善编著,山西人民出版社,1991 年版）

文史工作手册

文史纵思

中原大战内幕:1930 亲历者揭密 （赵政民主编,山西人民出版社,1994 年版）

阎锡山日记 （1994 年）

阎锡山军事活动年谱

文史编辑工作讲座 （1996 年）

山西通志 第三十三卷 政务志·政治协商会议篇 （山西省史志研究院编,中华书局,1998 年版）

风云人物传奇 （丁天顺著,山西古籍出版社,1999 年版）

山西近现代人物辞典 （丁天顺等编著,山西古籍出版社,1999 年版）

李瑞环主席关于政协统战工作讲话选编 （2000 年）

徐士瑚著译选集

续范亭生平

飞离美国

苏军出兵东北内幕

导弹在中国大漠点燃

抗战学院风云录 （2002 年）

迈向二十一世纪的山西政协 （2002 年）

山西政协年鉴 （2002—2003）（山西人民出版社,2003 年版）

超越财富——海仓的情怀 （山西人民出版社,2003 年）

阎锡山日记

山西近现代史写真 （中国文史出版社,2007 年版）

山西文史通讯 政协山西省委员会文史资料委员会编印,16 开刊型,不定期,内部交流。

第 1 期

文史导刊 山西省政协文史办公室编印,16 开刊型,不定期,内部交流。

总第 1—35 期

总第 36—37 期 （2005 年）

山西文史精选 （10 卷） 山西文史资料编辑部编印,山西高校联合出版社出版,1992 年版。

第 1 卷 晋省辛亥革命亲历记

第 2 卷 阎锡山垄断经济

第 3 卷 红军东征与抗日风潮

第 4 卷 山西抗日五大战役

第 5 卷 阎日勾结真相

第 6 卷 阎锡山特务组织内幕

第 7 卷 从上党战役到解放太原

第 8 卷 阎锡山其人其事

第 9 卷 建国前的山西教育

第 10 卷 山西近代名人辑要

山西文史资料全编 山西文史资料编辑部编印,16 开刊型,内部交流。

第 1 卷 第 1—13 辑 （1998 年）

第 2 卷 第 14—25 辑 （1999 年）

第 3 卷 第 26—37 辑 （1999 年）

第 4 卷 第 38—49 辑 （1999 年）

第 5 卷 第 50—60 辑 （1999 年）

第 6 卷 第 61—72 辑 （1999 年）

第 7 卷 第 73—84 辑 （2001 年）

第 8 卷 第 85—96 辑 （2001 年）

第 9 卷 第 97—108 辑 （1999 年）

第 10 卷 第 109—120 辑 （2000 年）

阳光下的山西丛书 政协山西省委员会文史资料委员会编,中国文史出版社,1999 年版。

之一 炮火中新生的山西城市 （郑维山等著）

之二 山西改造日本战犯纪实 （马振东等著）

之三 在抗美援朝的岁月里 （孔繁芝等著）

之四 取缔反动会道门斗争纪实 （杨海山等著）

之五 风雨阳光知青路 （杨慧锦等著）

之六 山西考古发掘记事 （王治秋等著）

之七 山西文物保护纪实 （贾兰坡等著）

之八 山西书画摄影艺术家事略 （力群等著）

之九 当代山西与台湾 （张正明等著）

之十 山西政协工作亲历记 （胡富国等著）

之十一 在文史天地里 （上卷）（赵政民著）

之十二 在文史天地里 （下卷）（赵政民著）

山西文史 政协山西省委员会文史资料委员会编印,32 开书型,不定期,内部交流。

2004 年卷 （总第 1 期）

热门人物 政协山西省委员会文史资料委员会编印,16 开刊型,双月刊,内部交流。

1989 年第 1—6 期 （总第 1—6 期）

晋商史料全览 （20 卷） 政协山西省委员会等编,山西人民出版社出版。

 专题·第1卷
 专题·第2卷
 专题·第3卷
 专题·第4卷
 专题·第5卷
 专题·第6卷
 地方·太原卷 （2006年版）
 地方·大同卷 （2006年版）
 地方·朔州卷
 地方·阳泉卷 （2006年版）
 地方·长治卷
 地方·晋城卷 （2006年版）
 地方·忻州卷 （2006年版）
 地方·晋中卷 （2006年版）
 地方·临汾卷 （2006年版）
 地方·运城卷 （2006年版）
 地方·吕梁卷 （2006年版）

山西政协史料丛书 政协山西省委员会办公厅编印，32开书型，内部交流。

 之一
 之二
 之三
 之四 中国人民政治协商会议山西省委员会大事记（1）（1950—1989）（1992年）
 之五
 之六
 之七
 之八
 之九
 之十 中国人民政治协商会议山西省委员会大事记（2）（1990—1998.1）（1998年）
 之十一
 之十二
 之十三
 之十四 中国人民政治协商会议山西省委员会大事记（3）（1998.1—2003.1）（2003年）

太原市

太原文史资料 政协山西省太原市委员会文史资料委员会编印，32开书型，不定期，内部交流或公开发行。

 第1—2辑 （1984年）
 第3—5辑 （1985年）
 第6—7辑 （1986年）
 第8辑 （1987年）
 第9辑 我们所走过的罪恶之路——日本战争犯罪者的手记 （1987年）
 第10—11辑 （1988年）
 第12辑 庆祝太原解放四十周年专辑之一 （1989年）

 第13辑 庆祝太原解放四十周年专辑之二 （1989年）
 第14辑 （1990年）
 第15辑 （1991年）
 第16辑 纪念辛亥革命八十周年专辑 （1991年）
 第17辑 （1992年第1期）
 第18辑 城建专辑 （1992年第2期）
 第19辑 太原名胜古迹集萃 （1993年）
 第20辑 （1994年）
 第21辑 血证——纪念世界反法西斯战争暨中国抗日战争胜利五十周年专辑 （1995年）
 第22·23辑 突起的新军——太原市非公有制经济扫描 （1995年）
 第24辑 （1999年）
 第25辑 太原市各民主党派的发展及代表人物（1999年）
 第26辑 （2000年）
 委员风采录 （2000年）
 第27辑 （2001年）
 第28辑 太原建城二千五百年专辑 （2003年）
 第29辑 太原历史名人传略 （2003年）
 第30辑 风雨同舟谱华章 太原政协五十年 （2005年）
 第31辑 晋商史科全览·太原卷 （山西人民出版社，2006年版）

杏花岭区

小店区

晋阳文史资料（太原南郊文史资料） 政协山西省太原市南郊区委员会文史资料委员会编印，32开书型，不定期，内部交流。

 第1辑 （1987年）
 第2辑 （改现名）（1990年）
 第3辑 （1990年）
 第4辑
 第5辑 张氏始祖在太原 （张氏谱牒研究专辑）（1995年）

小店文史资料 政协山西省太原市小店区委员会文史资料委员会编印，32开书型，不定期，内部交流。

 第1辑 （1999年）
 第2辑 天下张氏出太原 （张氏谱牒研究专辑）（2002年）
 第3辑 太原王氏遍天下 （2002年）

迎泽区

南城区文史资料 （并南文史资料选辑、城区政协文史资料） 政协山西省太原市迎泽区委员会学习文史委员会编印，32 开书型，不定期，内部交流。

第 1 期 （1991 年）

第 2 辑 （改名） 致富之路——改革发展中的太原市南城区非公有制经济扫描 （1995 年）

第 3 辑 （改现名）（1996 年）

第 4 辑 香港知识汇编 （1997 年）

太原市南城区政协史料汇编 （2003 年）

尖草坪区

尖草坪文史 政协山西省太原市尖草坪区委员会学习文史委员会编印，32 开书型，不定期，内部交流。

第 1 辑 傅山与故乡 （常清文编著，2005 年）

万柏林区

河西文史资料 政协山西省太原市河西区委员会文史委员会编印，32 开书型，不定期，内部交流。

第 1 辑 （1993 年）

晋源区

晋阳文史资料 政协山西省太原市晋源区委员会文史资料委员会编印，32 开书型，不定期，内部交流。

第 1 辑 （1999 年）

第 2 辑 太原张氏遍天下 （三晋文化）（山西人民出版社，2000 年版）

第 3 辑 （2000 年）

第 4 辑 古都晋阳 （2001 年）

第 5 辑 （2001 年）

第 6 辑 献给太原建城 2500 年 （2002 年）

第 7 辑 风俗专集 （2003 年）

第 8 辑 古村赤桥 （2004 年）

第 9 辑 刘大鹏传 （2005 年）

第 10 辑 清太徐抗日风云录 （暨《清徐文史资料》第 11 辑，2005 年）

第 11 辑 汉文帝 （2006 年）

"知青"专辑 （2007 年）

第 12 辑 （2008 年）

古交市

古交文史资料 政协山西省古交市委员会文史资料研究委员会编印，32 开书型，不定期，内部交流。

第 1 辑 纪念抗日战争胜利四十周年专辑 （1985

年）

第 2 辑 （1986 年）

第 3 辑 （1987 年）

第 4 辑 （1990 年）

第 5 辑 农业合作史 （1994 年）

第 6 辑 古文化专辑 （2002 年）

清徐县

清徐文史资料 政协山西省清徐县委员会文史资料委员会编印，32 开书型，不定期，内部交流。

第 1 辑 （1986 年）

第 2 辑 （1987 年）

第 3 辑 （1988 年）

第 4 辑 （1989 年）

第 5 辑 （1990 年）

罗贯中研究专辑 （1990 年）

第 6 辑 （1994 年）

异军风采——清徐民营经济专辑 （1994 年）

第 7 辑 清徐文物集 （1996 年）

第 8 辑 古今诗人咏清徐 （2000 年）

清徐政协五十年 （瞿曰仁主编，2001 年）

第 9 辑 徐沟戏剧史话 （2003 年）

第 10 辑 罗贯中研究文集 （2004 年）

第 11 辑 清太徐抗日风云录 （暨《晋阳文史资料》第 10 辑，2005 年）

第 12 辑 晋商与清徐 （2006 年）

第 13 辑 清徐民间文化·传说故事 （2007 年）

政协委员风采录 （2003—2007）（2008 年）

阳曲县

阳曲文史资料 政协山西省阳曲县委员会学习文史委员会编印，32 开书型，不定期，内部交流。

第 1 辑

第 2 辑

第 3 辑

第 4 辑

第 5 辑 阳曲政协二十年 （2006 年）

第 6 辑 （2007 年）

娄烦县

娄烦文史资料 政协山西省娄烦县委员会文史资料研究委员会编印，32 开书型，不定期，内部交流。

第 1 辑 （1985 年）

第 2 辑 （1987 年）

第 3 辑 （1989 年）

第 4 辑 （1995 年）

第 5 辑 （1999 年）

第 6 辑
第 7 辑
第 8 辑 （2007 年）
楼烦家谱概说

大同市

大同文史资料（大同文史） 政协山西省大同市委员会学习文史委员会编印，32 开书型，不定期，内部交流或公开发行。

第 1 辑 （1981 年）
第 2 辑 （改现名）（1982 年）
第 3—4 辑 （1982 年）
第 5—8 辑 （1983 年）
第 9—10 辑 （1984 年）
第 11 辑 （1985 年）
第 12 辑 纪念抗日战争胜利四十周年专辑 （1985 年）
第 13 辑 （1986 年）
第 14 辑 （1986 年）
第 1—5 辑选辑合订本 （1987 年）
第 15 辑 （1988 年）
第 16 辑 大同矿务局史料专辑 （1988 年）
第 6—10 辑选辑合订本 （1989 年）
第 17 辑 大同宗教史料专辑 （1990 年）
第 18 辑 （1990 年）
第 19 辑 大同矿务局老白洞矿"五·九"事故专辑 (1991 年)
第 20 辑 新荣区史料专辑 （1991 年）
第 21 辑 市、区政协、各民主党派志 （1991 年）
第 22—23 辑 （1992 年）
第 24 辑 大同矿务局史料专辑 （1993 年）
第 25 辑 灵丘专辑 （1994 年）
第 26 辑 （1994 年）
第 27 辑 纪念抗日战争胜利五十周年专辑 （1995 年）
第 28 辑 大同名胜专辑 （1996 年）
第 29 辑 委员名典 （九届政协）（1998 年）
第 30 辑 大同五十年——庆祝中华人民共和国成立暨大同市和平解放五十周年专辑 （1999 年）
第 31 辑 纪念中国共产党建党八十周年暨辛亥革命九十周年 （2001 年）
第 32 辑 十届委员名典 （2003 年）
第 33 辑 光辉的历程——大同市政协组织史料集 (2004 年)
第 34 辑 （2006 年）
晋商史料全览·大同卷 （山西人民出版社，2006 年版）
第 35 辑 （2007 年）
第十一届委员名典 （2008 年）

城区

大同城区文史资料 政协山西省大同市城区委员会文史资料委员会编印，32 开书型，不定期，内部交流。
第 1 辑 （1991 年）

矿区

大同矿区文史资料 政协山西省大同市矿区委员会文史资料委员会编印，32 开书型，不定期，内部交流。
第 1 辑 （1989 年）

南郊区

新荣区

大同市新荣区文史资料（新荣区文史资料） 政协山西省大同市新荣区委员会文史委员会编印，32 开书型，不定期，内部交流。
第 1 辑 （1991 年）
第 2 辑 （改现名） 纪念中国人民抗日战争胜利五十周年专辑 （1995 年）
第 3 辑 建区二十五年工业专辑 （1970—1995）(1996 年)
第 4 辑 1970—1997 （1998 年）
第 5 辑 教育专辑 （2006 年）

阳高县

阳高文史资料 政协山西省阳高县委员会文史资料委员会编印，32 开书型，不定期，内部交流。
第 1 辑 （1985 年）
第 2 辑 （1987 年）

天镇县

天镇文史资料 政协山西省天镇县委员会文史资料委员会编印，32 开书型，不定期，内部交流。
第 1 辑 （1988 年）
第 2 辑 （1989 年）
第 3 辑 （1990 年）
第 4 辑 （1992 年）
第 5 辑 天镇五十年巨变 （1999 年）
第 6 辑
第 7 辑
第 8 辑
第 9 辑
第 10 辑

第 11 辑　天镇小说选
第 12 辑
第 13 辑　天镇诗歌选
第 14 辑　情满边城
第 15 辑　也城放歌
第 16 辑　天镇政协文稿
第 17 辑　长城短笛　（老贺著,2006 年）

广灵县

广灵文史资料　政协山西省广灵县委员会文史资料委员会编印,32 开书型,不定期,内部交流。
第 1 辑

灵丘县

灵丘文史资料　政协山西省灵丘县委员会文史资料委员会编印,32 开书型,不定期,内部交流。
第 1 辑　（1989 年）
第 2 辑　（1992 年）
第 3 辑　纪念抗日战争胜利暨灵丘解放五十周年（1995 年）
第 4 辑　杨诚专辑　（2000 年）
第 5 辑　平型关大捷六十五周年专辑　（2003 年）

浑源县

浑源文史资料　政协山西省浑源县委员会文史资料研究委员会编印,32 开书型,不定期,内部交流。
第 1 辑　（1986 年）
晋商专辑

左云县

左云文史资料　政协山西省左云县委员会文史资料委员会编印,16 开刊型,油印,不定期,内部交流。
第 1—4 期　（1981 年）
左云文史资料　政协山西省左云县委员会文史资料委员会编印,32 开书型,内部交流或公开发行。
左云文史资料集　（山西人民出版社,2001 年版）

大同县

大同县文史资料　政协山西省大同县委员会文史资料委员会文史资料委员会编印,32 开书型,不定期,内部交流。
第 1 辑

朔州市

朔州文史资料　政协山西省朔州市委员会文史资料委员会编印,32 开书型,不定期,内部交流或公开发行。
第 1 期　（1990 年）
总第 2 期　妇女运动史专辑　（1937—1995）（1997 年）
晋商史料全览·朔州卷　（山西人民出版社,年版）
朔州建市二十年
朔州政协二十年

朔城区

朔州市朔城区文史资料　（朔县文史资料）　政协山西省朔州市朔城区委员会文史资料编辑委员会编印,32 开书型,不定期,内部交流。
第 1 辑　抗日战争专辑　（1988 年）
第 2 辑　（改现名）（1990 年）
第 3 辑　（1991 年）
第 4 辑　（1992 年）

平鲁区

山阴县

山阴文史资料　政协山西省山阴县委员会文史资料研究委员会编印,32 开书型,不定期,内部交流。
第 1 辑　（1986 年）
第 2 辑　（1988 年）
第 3 辑　（1989 年）
第 4 辑　（1990 年）
第 5 辑
第 6 辑
第 7 辑
第 8 辑
第 9 辑
第 10 辑
第 11 辑
第 12 辑
第 13 辑　（2005 年）

应县

应县文史资料　（应县文史资料汇辑）　政协山西省应县委员会学习和文史资料委员会编印,16 开刊型或 32 开书型,不定期,内部交流。
第 1—2 辑　（1984 年）
第 3 辑　（1985 年）

第1—3辑合订本
第4 （改现名）（1989年）
第5辑 （1990年）
第6辑 （1992年）
第7—8辑 （1995年）
第9辑 （1996年）
第10辑 （1997年）
第1—10辑精选辑 （1998年）
特辑 马雄戏曲小品集 （2000年）
特辑 应县席家堡村史 （2002年）

右玉县

右玉文史资料 政协山西省右玉县委员会等编印,32开书型,不定期,内部交流。
第1集 （1986年）
第2集 （1987年）
第3集 （1988年）
第4集 （1989年）
第5集 （1990年）

怀仁县

怀仁文史资料 政协山西省怀仁县委员会文史资料研究委员会编印,32开书型,不定期,内部交流。
· 第1辑 （1990年）

阳泉市

阳泉文史资料 政协山西省阳泉市委员会学习和文史资料委员会编印,32开书型或16开刊型,不定期,内部交流或公开发行。
第1辑 （1984年）
第2辑 石评梅专集 （1985年）
第3辑 抗日战争专集 （1985年）
第4辑 阳泉政协史 （1987年）
第5辑 （1986年）
第6辑 （1988年）
第7辑 （1989年）
评梅女士年谱长编专辑 （文津出版社,1990年版）
第8辑 教育专辑 （1991年）
娘子关战役亲历记 （暨《山西文史资料》1991年第1期、总第73期）
第9辑 （1992年）
第10辑 （1993年）
第11辑 （1994年）
第12辑 纪念抗日战争胜利五十周年 （1995年）
晋商史料与研究 （山西人民出版社,1996年版）
阳泉优秀歌曲选 （1949—1999年）（阳泉文史资料专集）（1999年）

娘子关村歌 （孙祥栋著,北岳文艺出版社,2000年版）
长新评说 （郝长新编著,2001年）
阳泉市政协委员风采录 （新华出版社,2001年版）
阳泉政协志 （山西人民出版社,2004年版）
阳泉文物 （山西人民出版社,2005年版）
第13辑 保晋公司史料及研究 （2006年）
晋商史料全览·阳泉卷 （山西人民出版社,2006年版）
第14辑 民主党派专辑 （2008年）
第15辑 纪念改革开放三十年专辑 （2008年）

城区

阳泉城区文史资料 政协山西省阳泉市城区委员会文史资料委员会编印,32开书型,不定期,内部交流。
第1辑 （2006年）
第2辑 小阳泉旧区改造专辑 （2007年）
阳泉市城区政协委员风采

矿区

郊区

阳郊文史 （阳郊文史资料） 政协山西省阳泉市郊区委员会文史资料委员会编印,32开书型,不定期,内部交流。
第1辑 抗日战争专集 （1987年）
第2辑 （1988年）
第3辑 文物古迹专集 （1989年）
第4辑 工商经济专辑 （1990年）
第5辑 （1991年）
第6辑 （1992年）
第7辑 （1993年）
第8辑 （1994年）
第9辑 （1995年）
第10辑 温河水利工程专辑 （1996年）
第11辑 郊区民情风俗专辑 （改现名）（1997年）
第12辑 荫营路专辑 （1998年）
第13辑 （1999年）
阳郊文史·精选本
第14辑 旅游资源专辑 （2005年）
第15辑 耐火专辑
五高专辑 （2006年）

平定县

平定文史资料 政协山西省平定县委员会文史资料委员会编印,32开书型或16开刊型,不定期,内部交流或公开发行。

第 1 辑 (1986 年)
第 2 辑 英名录 (1986 年)
第 3 辑 (1986 年)
第 4 辑 (1988 年)
第 5 辑 (1989 年)
第 6 辑 (1990 年)
第 7 辑 (1992 年)
第 8 辑 (1993 年)
第 9 辑 石评梅专辑 (上)(1994 年)
第 10 辑 石评梅专辑 (下)(1994 年)
平定景观图 (1994 年)
第 11 辑 纪念抗日战争胜利五十周年 (1995 年)
平定乡镇企业集览 (暨《山西文史资料》1995 年第 6
辑 总第 102 辑)
七亘大捷 (1996 年)
第 12 辑 纪念平定解放五十周年 (1997 年)
第 13 辑 书画春风——政协委员书画专辑 (1999
年)
第 14 辑 平定碑刻文选 (李铭魁主编,2001 年)
第 15 辑 固关 (李铭魁主编,山西人民出版社,2003
年版)
第 16 辑 固关长城碑廊 (2005 年)
第 17 辑 一方水土——李俊瑞摄影作品资料选集
(2006 年)

盂县

盂县文史资料 政协山西省盂县委员会文史资料研究
委员会编印,32 开书型,不定期,内部交流。

第 1 辑 清末与民国史料录 (1985 年)
第 2 辑 抗日斗争回忆录 (1985 年)
第 3 辑 抗日英名录 (1985 年)
第 4 辑 日军暴行录 (1985 年)
第 5—6 辑 解放战争时期史料录 (1986 年)
第 7—8 辑 文物资料专辑 (1987 年)
高长虹文集 (三卷本)(中国社会科学出版社,1990
年版)
高长虹研究文选 (北岳文艺出版社,1991 年版)
第 9 辑 仇犹人物春秋 (1992 年)
高歌作品集 (上、下卷)(1993 年)
第 10 辑 晋盂现代人物谱 (1993 年)
盂县文史集览 (暨《山西文史资料》1994 年第 6 辑·
总第 96 辑)
第 11 辑 建国十七年史料 (1995 年)
第 12 辑 盂县民俗专辑 (1996 年)
盂县文史资料汇编
第 13 辑 盂县历代文选 (1997 年)
重修盂县志 (清乾隆版)(2005 年)

长治市

长治文史资料 政协山西省长治市委员会文史资料委
员会编印,32 开书型或 16 开刊型,不定期,内部交流或公
开发行。

第 1 辑 原国民革命军第九十八军军长武士敏
烈士专辑 (1984 年)
第 2—3 辑 (1985 年)
长治大事记(初稿)(1987 年)
第 4 辑 教育篇 (1988 年)
第 5 辑 文化篇 (1988 年)
第 6 辑 统战篇 (1989 年)
第 7 辑 (1990 年)
第 8 辑 工商篇 (1990 年)
第 9 辑 纪念中国共产党诞生七十周年、纪念辛亥革
命八十周年 (1991 年)
政协长治市委员会组织机构沿革
第 10 辑 抗战篇 (1995 年)
第 11 辑 解放篇 (1995 年)
第 12 辑 (1998 年)
第 13 辑 (1989 年)
第 14 辑 (2000 年)
第 15 辑 (2001 年)
第 16 辑 (2002 年)
第 17 辑 (2003 年)
第 18 辑 (2004 年)
第 19 辑 太行抗日亲历记 (2006 年)
晋商史料全览·长治卷 (山西人民出版社,年版)
第 20 辑 长治旧影 (2007 年)

长治政协年鉴 政协山西省长治市委员会文史资料委
员会编印,16 开刊型,年刊,内部交流。

1993 年
1994 年
1995 年
1996 年
1997 年
1998 年
1999 年
2000 年
2001 年
2002 年
2003 年
2004 年
2005 年
2006 年

城区

城区文史资料 政协山西省长治市城区委员会文史资

料委员会编印,32 开书型,不定期,内部交流。

第 1—2 辑 （1985 年）
第 3 辑 （1989 年）
第 4 辑 教育篇 （1990 年）
第 5 辑 （1992 年）
第 6 辑
第 7 辑 文物篇 （1999 年）
第 8 辑 （2002 年）
长治市城区政协二十年
长治市城区政协委员风采
第 9 辑 （2004 年）
抗战烽火燃太行
走近潞商
五帝断代工程研究

郊区

长治市郊区文史资料 政协山西省长治市郊区委员会文史资料研究委员会编印,32 开书型,不定期,内部交流。
第 1 辑 （1986 年）
第 2 辑 （1987 年）
第 3 辑 （1988 年）
第 4 辑 （1989 年）
第 5 辑 （1992 年）
第 6 辑 纪念抗日战争胜利五十周年专辑 （1995 年）
第 7 辑 （1997 年）
第 8 辑 （1999 年）
第 9 期 （2000 年）
第 10 辑 （2001 年）
第 11 辑 故漳专辑 （2002 年）
长治郊区政协志
第 12 辑 （2003 年）
第 13 辑
第 14 辑 （2006 年）
第 15 辑 潞商专辑 （2007 年）

潞城市

潞城文史资料 政协山西省潞城市委员会文史资料委员会编印,32 开书型,不定期,内部交流。
第 1 辑
第 2 辑
第 3 辑
第 4 辑 （1995 年）
第 5 辑 （1996 年）
第 6 辑 （1997 年）
第 7 辑 （1999 年）
第 8 辑 潞城风光 （2001 年）
第 9 辑 潞城风情 （2001 年）

第 10 辑 （2007 年）

长治县

长治县文史资料 政协山西省长治县委员会文史资料委员会编印,32 开书型,不定期,内部交流。
第 1 辑
第 2 辑 长治县寺庙大观 （2001 年）
第 3 辑 峥嵘岁月
历程 （1949—2006）
长治县潞商

襄垣县

襄垣文史资料 政协山西省襄垣县委员会文史资料研究委员会编印,32 开书型,不定期,内部交流。
第 1 辑 （1985 年）
第 2 辑 （1987 年）
第 3 辑 （1989 年）
第 4 辑 （1994 年）
第 5 辑 （1996 年）
第 6 辑
第 7 辑
第 8 辑 东晋高僧法显法师 （法显专辑）（2003 年）
襄垣政协二十年

屯留县

屯留文史资料 政协山西省屯留县委员会文史资料委员会编印,32 开书型,不定期,内部交流。
第 1 辑 （1985 年）
第 2 辑 （1987 年）
第 3 辑 （1989 年）
屯留风貌专辑 （1990 年）
第 4 辑 （1992 年）
第 5 辑 刘正之回忆录 （1993 年）
第 6 辑 （1995 年）
第 7 辑 民间音乐专辑 （上）（1996 年）
第 8 辑 民间音乐专辑 （下）（1997 年）
第 9 辑 （2001 年）
第 10 辑 民族英雄魏拯民 （2002 年）
屯留人物志
第 11 辑 历史的记忆——屯留抗战与解放 （2005 年）
第 12 辑 李贞将军征尘录 （2006 年）

平顺县

平顺文史（平顺文史资料） 政协山西省平顺县委员会文史资料研究委员会编印,16 开刊型改 32 开书型,不定期,内部交流。

第 1 辑　(1985 年)
第 2 辑　(1986 年)
第 3 辑　(1989 年)
古今中外名人清廉轶事　(1991 年)
第 4 辑
第 5 辑
第 6 辑
第 7 辑
第 8 辑　(改现名)(1997 年)
第 9 辑　(1998 年)
第 10 辑　(1999 年)
第 11 辑　(2000 年)

黎城县

黎城文史资料　政协山西省黎城县委员会文史资料委员会编印,32 开书型,不定期,内部交流。

第 1 辑　(1988 年)
第 2 辑　(1997 年)
第 3 辑　黎城水利　(1998 年)
第 4 辑　(2000 年)
特辑　黎襄亲家　(2000 年)
第 5 辑　黎城旅游集锦　(2001 年)
第 6 辑　黎城民间故事补遗　(2002 年)
第 7 辑　(2003 年)
第 8 辑　黎城笑话辑　(2004 年)
第 9 辑　黎城八年抗战史话　(2005 年)

壶关县

壶关文史资料　政协山西省壶关县委员会文史资料委员会编印,32 开书型,不定期,内部交流。

第 1 辑　(1988 年)
第 2 辑　(1991 年)
第 3 辑　(1993 年)
第 4 辑　旅游专辑　(1996 年)
第 5 辑　壶关农业志　(2001 年)
委员风采　(2003 年)

长子县

长子文史资料　(**长子文史**)　政协山西省长子县委员会文史资料研究委员会编印,32 开书型,不定期,内部交流。

第 1 辑　(1985 年)
第 2 辑　(1986 年)
第 3 辑　(改现名)(1988 年)
第 4 辑　(1989 年)
第 5 辑　(1991 年)

第 6 辑　(1992 年)
第 7 辑　(1995 年)
第 8 辑
第 9 辑　(1999 年)
第 10 辑　筑路颂歌　(2001 年)
长子政协二十年通鉴
第 11 辑　风雨同舟——长子政协成立二十年专辑
第 12 辑　长子曲艺音乐集成
第 13 辑　尧王与长子
长子政协年鉴　(2005 年)
长子政协年鉴　(2006 年)
长子政协年鉴　(2007 年)
第 14 辑　委员之歌　(2008 年)

武乡县

武乡文史资料　(**武乡文史资料通讯**)　政协山西省武乡县委员会文史资料研究委员会编印,16 开刊型改 32 开书型,不定期,内部交流。

第 1 辑　(1984 年)
第 2 辑　纪念抗日战争胜利四十周年专辑　(1985 年)
第 3 辑　(改现名)(1986 年)
第 4 辑
第 5 辑
武乡人物志
厚积薄发——武乡政协二十年

沁县

沁县文史资料　政协山西省沁县委员会编印,32 开书型,不定期,内部交流或公开发行。

第 1 辑　纪念抗日战争胜利四十周年专辑　(1985 年)
第 2 辑　(1986 年)
第 3 辑　(1987 年)
第 4 辑　一代名相王典　(1988 年)
第 5 辑　保卫毛主席先锋队回忆专辑　(1991 年)
第 6 辑　纪念沁县解放五十周年　(1996 年)
第 7 辑
第 8 辑
第 9 辑　征途留影　(2003 年)
赵树理轶事辑　(2006 年)

沁源县

沁源文史资料　政协山西省沁源县委员会文史资料研究委员会编印,32 开书型,不定期,内部交流。

第 1—2 辑　(1986 年)
第 3 辑　(1987 年)

沁源县政协志
第 4 辑
第 5 辑
第 6 辑
第 7 辑　历史瞬间　（2003 年）
第 8 辑
第 9 辑　烽火岁月中的绵上县　（2005 年）
沁源县政协委员风采

晋城市

晋城文史资料　政协山西省晋城市委员会文史资料研究委员会编印，32 开书型，不定期，内部交流或公开发行。
第 1 辑　（1988 年）
第 2 辑　人物专辑　（1990 年）
第 3 辑　戏曲专辑　（1995 年）
第 4 辑
第 5 辑　（2002 年）
晋城市政协志
第 6 辑
十二月政变在晋城　（2006 年）
晋商史料全览·晋城卷　（山西人民出版社，2006 年版）

城区

晋城城区文史资料　（晋城文史资料）　政协山西省晋城市委员会文史资料委员会编印，32 开书型，不定期，内部交流。
第 1 辑　（1988 年）
第 2 辑　人物专辑　（1990 年）
第 3 辑　（改现名）
第 4 辑　（2001 年）
抗日烽火中的晋城　（2005 年）

高平市

高平文史资料　政协山西省高平县委员会文史资料委员会编印，32 开书型，不定期，内部交流。
第 1 辑　（1986 年）
第 2 辑　（1989 年）
第 3 辑　（1991 年）
第 4 辑
第 5 辑
第 6 辑
高平炎帝陵　（2000 年）
第 7 辑　毕振姬
第 8 辑　高平晋商史料
第 9 辑　高平历代诗歌集　（上、下）（2008 年）

泽州县

泽州文史资料　（晋城市郊区文史资料）　政协山西省晋城市郊区委员会文史资料工作委员会编印，32 开书型，不定期，内部交流。
第 1 辑　（1991 年）
第 2 辑　（改现名）（2001 年）
第 3 辑　太行雄关——天井关　（2006 年）
泽州县政协志原石民书画作品选

沁水县

沁水文史资料　政协山西省沁水县委员会文史资料委员会编印，32 开书型，不定期，内部交流或公开发行。
第 1 辑　（1991 年）
第 2 辑　（1995 年）
柳氏民居专辑　（上）（香港世界华人艺术出版社，2000 年版）
赵树理轶事辑
烽火沁南
热血献闽疆
沁水历代文存　（2006 年）
沁水史话纵横　（2006 年）

阳城县

阳城文史资料　政协山西省阳城县委员会文史资料研究委员会编印，32 开书型，不定期，内部交流。
第 1 辑　（1987 年）
第 2 辑　（1988 年）
第 3 辑　（1989 年）
第 4 辑　（1990 年）
第 5 辑　（1991 年）
第 6 辑　孙文龙专辑　（1992 年）
第 7 辑　（1994 年）
第 8 辑　抗日战争专辑　（1995 年）
第 9 辑　太岳师范　（1996 年）
第 10 辑　李敏唐同志专辑　（1997 年）
第 11 辑　获泽揽胜　（1998 年）
第 12 辑　十二月事变在阳城　（1999 年）
阳城县政协志　（2002 年）
第 13 辑　峥嵘岁月　（张健民同志专辑）（2003 年）
第 14 辑　南征闽疆——阳城干部南下福建专辑（上、下）（2006 年）
第 15 辑　阳城方言　（2008 年）

陵川县

陵川文史资料　政协山西省陵川县委员会文史资料研

究委员会编印,32开书型,不定期,内部交流或公开发行。

第1辑 (1987年)

第2辑 (1990年)

第3辑

第4辑 (2000年)

特辑 我记忆中的陵川

陵川文史资料丛书 政协山西省陵川县委员会文史资料资料委员会编,山西省古籍出版社等出版。

郝文忠公陵川文集 (2006年版)

郝经研究管见

郝经暨金元文化学术研究会论文集

陵川七状元史料

雁帛书评注 (2006年版)

忻州市

忻州文史 政协山西省忻州市委员会文史资料研究委员会编印,32开书型,不定期,内部交流。

. 第1辑 (2002年)

第2辑 (2003年)

第3辑 (2004年)

第4辑 (2005年)

第5辑 (2006年)

晋商史料全览·忻州卷 (山西人民出版社2006年版)

第6辑 忻州商帮 (上)(2007年)

第7辑 忻州商帮 (中)(2007年)

第8辑 忻州商帮 (下)(2007年)

第9辑 (2007年)

忻府区

忻州文史资料 政协山西省忻州市委员会文史资料研究委员会编印,32开书型,不定期,内部交流。

第1辑 (1985年)

第2辑 (1986年)

第3辑 (1987年)

第4辑 纪念忻州解放四十周年 (1988年)

第5辑 (1989年)

第6辑 元好问生平事迹专辑 (1990年)

第7辑 (1991年)

第8辑 (1992年)

第9辑

第10辑 (1996年)

第11辑 中国共产党忻州史略

第12辑 秀荣中学十年纪事 (2001年)

回首五十年 (2002年)

第13辑 科技专辑 (1999年)

第14辑 干部南下专辑

第15辑 中国共产党忻县史略

第16辑

第17辑 北京知青专辑 (2004年)

第18辑 忻州古城史话

第19辑 忻商史料辑要

忻口战役亲历记

岁月如歌——十二区政协工作回顾

原平市

原平文史资料活页选刊 政协山西省原平县委员会文史资料研究委员会编印,32开书型,不定期,内部交流。

第1—3期 (1985年)

原平文史资料 政协山西省原平县委员会文史资料研究委员会编印,32开书型,不定期,内部交流。

第1辑 (1992年)

第2辑 (1993年)

丈夫于世何所求——抗日名将续范亭 (1993年)

第3辑

第4辑 (1994年)

第5·6辑 (1996年)

第7辑

第8辑

总第9辑 (2000年)

原平市王家庄乡文史资料 (1937—1945年)(原平市王家庄乡文史资料编委会编,2001年)

总第10辑 (2002年)

第11辑

第12辑 众志成城抗非典 (2003年)

第13辑 纪念抗日战争胜利六十周年 (2005年)

第14辑 原平文学人物 (上册)(2006年)

第15辑 原平文学人物 (下册)(2006年)

原平文史资料精选

定襄县

定襄文史资料 (定襄县文史资料) 政协山西省定襄县委员会文史资料委员会编印,32开书型,不定期,内部交流。

第1辑 阎锡山在家乡 (1987年)

第2辑 (改现名) 辛亥先驱续西峰 (1988年)

第3辑 阎锡山与家乡 (暨《山西文史资料》第67辑,1990年)

第4辑 近现代定襄先贤录 (1991年)

第5辑 定襄文化辑要 (1992年)

第6辑 定襄经济存稿 (1994年)

第7辑 定襄民间百业 (1996年)

第8辑 定襄人在抗美援朝中 (1997年)

第9辑 北京知青在定襄 (1999年)

第10辑 历史的脚印——定襄县解放后及建国初期主要工作纪实 (2002年)

定襄文史 政协山西省定襄县委员会文史资料委员会
编印,16 开季刊,内部交流。

2004 年第1—4 期 （总第1—4 期）

2005 年第1—2 期 （总第5—6 期）

2005 年第3 期 （总第7 期） 纪念抗日战争胜利六
十周年专辑

2005 年第4 期 （总第8 期）

2006 年第1—4 期 （总第9—12 期）

2007 年第1—3 期 （总第13—15 期）

2007 年增刊 （总第16 期） 纪念定襄县政协成立五
十周年专辑 （1957—2007）

五台县

五台文史资料 政协山西省五台县委员会文史资料研
究委员会编印,32 开书型,不定期,内部交流。

第1 辑 纪念抗日战争胜利四十周年专辑 （1985
年）

第2 辑 （1986 年）

第3 辑 （1988 年）

第4 辑 （1990 年）

五台县政协简史 （2000 年）

人民公仆——徐向前 （2002 年）

五台名人传略 （2006 年）

代县

代县文史资料 政协山西省代县县委员会文史资料委
员会编印,32 开书型,不定期,内部交流。

第1 辑 纪念抗日战争胜利四十周年专辑 （1985
年）

第2 辑

第3 辑

第4 辑 晋商专辑

第5 辑 委员风采

代县名胜古迹专辑 （祝贺国务院批准我县为国家级
历史文化名城）（1993 年）

繁峙县

文史资料 山西省繁峙县委员会文史资料研究委员会
编印,32 开书型,不定期,内部交流。

第1 辑 （1988 年）

第2 辑 （2002 年）

第3 辑 晋商专辑

宁武县

宁武文史资料 政协山西省宁武县委员会文史资料工
作委员会编印,32 开书型,不定期,内部交流。

第1 辑 抗日战争专辑 （1988 年）

静乐县

静乐文史 政协山西省静乐县委员会文史资料委员会
编印,32 开书型,不定期,内部交流。

第1 辑 （2003 年）

第2 辑

第3 辑

天柱揽胜——诗·联·文·传说·佳话·人物

神池县

神池文史资料 政协山西省神池县委员会文史资料委
员会编印,32 开书型,不定期,内部交流。

之一 英雄忆往

之二 神池儿女

之三 雄歌壮曲

之四 见证烽火

之五 东湖村史

之六 散文春秋

之七 神池教师硬笔书法选

之八 红花绿叶

之九 掘笔撷抄

之十 长风萧吟

张浩杰书法选集

朱平摄影

五寨县

五寨文史资料 政协山西省五寨县委员会文史资料研
究委员会编印,32 开书型,不定期,内部交流。

第1 辑 （1989 年）

第2 辑

岢岚县

岢岚文史资料 政协山西省岢岚县委员会文史资料委
员会编印,32 开书型,不定期,内部交流。

第1 辑 （2008 年）

河曲县

河曲文史资料 政协山西省河曲县委员会文史资料委
员会编印,32 开书型,不定期,内部交流。

第1 辑 （1991 年）

第2 辑

第3 辑

第4 辑 （2001 年）

第5 辑 （2002 年）

第 6 辑

第 7 辑

第 8 辑　（2004 年）

保德县

保德文史资料　政协山西省保德县委员会文史资料委员会编印,32 开书型,不定期,内部交流。

第 1 辑　（1997 年）

偏关县

偏关文史资料　政协山西省偏关县委员会文史资料委员会编印,32 开书型,不定期,内部交流。

第 1 辑　（2008 年）

晋中市

晋中文史资料　政协山西省晋中地区工作委员会编印,32 开书型,不定期,内部交流。

第 1 辑

增刊　（1982 年）

晋中文史　政协山西省晋中市委员会文史资料委员会编印,32 开书型,不定期,内部交流或公开发行。

第 1 辑　民营经济专辑　（2004 年）

第 2 辑　（2005 年）

第 3 辑　晋商人物传

晋商史料全览·晋中卷　（山西人民出版社,2006 年版）

榆次区

榆次文史　（榆次文史资料）　政协山西省榆次县委员会文史资料委员会编印,16 开刊型改 32 开书型,不定期,内部交流。

第 1 期　（1984 年）

第 2—5 期　（1985 年）

第 6 期　（1986 年）

第 7 期　商业专辑　（1986 年）

第 8 辑　（1986 年）

第 9 期　（1987 年）

第 10 期　（1988 年）

第 11 期　（1989 年）

第 12 期　（1990 年）

第 13 期　（1991 年）

第 14 期

第 15 期　庆祝中国人民政协商会议成立四十五周年（1994 年）

第 16 期　纪念抗日战争胜利五十周年　（1995 年）

第 17 期　（1996 年）

第 18 期

第 19 期

第 20 期　纪念榆次解放五十周年专辑

第 21 期　榆次市农业发展五十年专辑　（1998 年）

第 22 期　交通专辑　（2000 年）

第 23 期　教育专辑　（2001 年）

第 24 期　（改现名）　政协委员风采录　（2002 年）

第 25 辑　蔡立坚和他的伙伴们

第 26 辑　人口专辑

第 27 辑　晋商专辑

中国共产党早期革命家韩麟符

介休市

介休文史资料　政协山西省介休市委员会文史资料研究委员会编印,32 开书型,不定期,内部交流。

第 1 辑　（1988 年）

第 2 辑　纪念介休和平解放四十周年　（1990 年）

第 3 辑　介休碑碣专辑　（1991 年）

第 4 辑　（1993 年）

介休县志　（清·嘉庆版）（上、下册）（1994 年）

第 5 辑　（1994 年）

第 6 辑

第 7 辑

第 8 辑

第 9 辑

第 10 辑

榆社县

榆社文史资料　政协山西省榆社县委员会文史资料委员会编印,32 开书型,不定期,内部交流。

第 1 辑　（1985 年）

第 2 辑　（1986 年）

第 3 辑　（1987 年）

第 4 辑　（1988 年）

第 5—6 辑　（1989 年）

第 7 辑　（1990 年）

第 8 辑　（1991 年）

第 9 辑　（1992 年）

第 10 辑　（1993 年）

第 11 辑　（1994 年）

第 12 辑　纪念抗日战争胜利五十周年　（1995 年）

第 13 期　（1997 年）

第 14 辑　（2000 年）

左权县

左权文史资料　政协山西省左权县委员会文史资料研究委员会编印,16 开刊型,不定期,内部交流。

第 1 期 （1984 年）

第 2 期 辽县（左权县）县城沦陷及光复经过 （初稿）（1984 年）

第 3—4 期 （1985 年）

第 5 期 纪念左权将军殉国四十三周年专辑 （1985 年）

第 6 期 （1986 年）

第 7 期 小调·战歌·史诗——抗日战争时期左权县部分民歌的整理与介绍 （1986 年）

第 8 期 （1988 年）

第 9 辑

第 10 辑 （2004 年）

左权将军在左权 （暨《山西文史资料》1994 年第 3 期 总第 93 辑）

第 11 辑

第 12 辑

第 13 辑

和顺县

和顺文史资料 政协山西省和顺县委员会文史资料研究委员会编印，32 开书型，不定期，内部交流。

第 1 辑 纪念抗日战争胜利四十周年专辑 （1985 年）

第 2 辑 教育文化专辑 （1993 年）

昔阳县

昔阳文史资料 政协山西省昔阳县委员会文件资料委员会编印，32 开书型，内部交流。

第 1 辑

闻名于世的大寨 （暨《山西文史资料》第 5 辑 总第 101 辑，1995 年）

第 2 辑

第 3 辑 纪念抗日战争胜利暨昔阳解放五十周年（1995 年）

昔阳县政协志

寿阳县

寿阳文史资料 政协山西省寿阳县委员会文史资料研究委员会编印，32 开书型，不定期，内部交流。

第 1 辑 （1984 年）

第 2 辑 （1985 年）

第 3 辑 寿阳风云——纪念寿阳解放四十周年（1987 年）

第 4 辑 （1989 年）

第 5 辑 （1998 年）

第 6 辑 （1999 年）

第 7 辑

第 8 辑

第 9 辑

第 10 辑

太谷县

太谷县文史资料 政协山西省太谷县委员会文史资料委员会编印，32 开书型，不定期，内部交流。

第 1 辑 （1988 年）

第 2 辑 （1989 年）

祁县

祁县文史资料 政协山西省祁县委员会文史资料研究委员会编印，32 开书型，不定期，内部交流或公开发行。

第 1—2 辑 （1986 年）

第 3—4 辑 （1987 年）

第 5 辑 血与火的战斗——祁县解放四十年专辑（1988 年）

第 6 辑 （1989 年）

第 7 辑 （1990 年）

第 8 辑 教育专辑 （1991 年）

第 9 辑 历史文化民俗专辑 （1993 年）

第 10 辑 祁县中学专辑 （1997 年）

第 11 辑 庆祝建国五十周年专辑 （1999 年）

乔家大院

第 12 辑 解读罗贯中 （秦山主编，山西人民出版社，2003 年版）

第 13 辑 刻骨铭心的岁月

第 14 辑 中国历史文化名城——祁县

第 15 辑 武克鲁与祁县独立营

第 16 辑 唐韵寓商——祁县城赵李家史 （2005 年）

第 17 辑 祁县剪纸

祁县名人

祁县图集

平遥县

平遥文史资料 政协山西省平遥县委员会文史资料委员会编印，32 开书型，不定期，内部交流。

第 1 辑 平遥票号事略 （1998 年）

第 2 辑 现存历代碑记辑录

第 3 辑 平遥县政协委员风采录 （2001 年）

第 4 辑 中国山西平遥武术 （2002 年）

第 5 辑 天南地北平遥人第一辑 （2003 年）

第 6 辑 天南地北平遥人第二辑 （2004 年）

第 7 辑 （2005 年）

第 8 辑 平遥晋商资料辑录

佛教圣地白云寺

平遥县政协组织史

灵石县

灵石文史通讯 政协山西省灵石县委员会文史委员会编印,16 开刊型,油印,不定期,内部交流。

1991 年第 1—6 期 （总第 1—6 期）

1992 年第 1—8 期 （总第 7—14 期）

1993 年第 1—3 期 （总第 15—17 期）

1994 年第 1—3 期 （总第 18—20 期）

1995 年第 1—6 期 （总第 21—26 期）

1996 年第 1—5 期 （总第 27—31 期）

1997 年第 1—2 期 （总第 32—33 期）

1998 年第 1—2 期 （总第 34—35 期）

灵石文史资料丛书 政协山西省灵石县文史委员会编印,32 开书型,内部交流。

之一 灵石骄子

之二 历代咏灵诗词注释

之三 论桑灵石贝票集

之四 灵石名胜古迹楹联集释

之五 灵石革命斗争史简编

灵石政协志

临汾市

临汾文史资料 政协山西省临汾市委员会学宣文史委员会编印,32 开书型,不定期,内部交流或公开发行。

第 1 辑

第 2 辑 （1987 年）

第 3 辑 （1988 年）

第 4 辑 （1989 年）

第 5 辑 （1990 年）

第 6 辑 （1991 年）

第 7 辑 （1992 年）

第 8 辑 （1993 年）

风景这边独好——临汾旅游文史资料 （2002 年）

晋商史料全览·临汾卷 （山西人民出版社,2006 年版）

尧都区

尧都文史 （临汾文史资料、尧都文史资料） 政协山西省临汾市委员会文史资料研究委员会编印,32 开书型,不定期,内部交流或公开发行。

第 1 辑 （1986 年）

第 2 辑 （1987 年）

第 3 辑 （1988 年）

第 4 辑 （1989 年）

第 5 辑 （1990 年）

第 6 辑 （1991 年）

尧都胜迹 （中国文史出版社,1991 年版）

第 7 辑 （1992 年）

第 8 辑 （1994 年）

尧乡烽火——纪念抗日战争胜利五十周年专辑 （1995 年）

帝尧与平阳

临汾市政协志 （1950—1997） （1997 年）

第 9 辑

第 10 辑 （改名） （2001 年）

第 11 辑 （2002 年）

第 12 辑 （改现名） （2003 年）

第 13 辑 晋商史料专辑 （2005 年）

第 14 辑 （2006 年）

侯马市

侯马文史资料 政协山西省侯马市委员会文史资料研究委员会编印,16 开刊型,不定期,内部交流。

第 1 辑 （1985 年）

第 2 辑 （1986 年）

第 3 辑 （1988 年）

第 4 辑 （1991 年）

第 5 辑 （1992 年）

第 6 辑 （1996 年）

侯马乡村采风

晋都新风

白话侯马盟书

侯马碑记

委员风采耀新田

霍州市

霍州文史资料 （霍县文史资料） 政协山西省霍州市委员会文史资料研究委员会编印,32 开书型,不定期,内部交流或公开发行。

第 1 辑 抗日专辑 （1985 年）

第 2 辑 （1986 年）

第 3 辑 （1987 年）

第 4 辑 （1988 年）

第 5 辑 （1989 年）

第 1 辑 （总第 6 辑） （改现名） （1990 年）

第 2 辑 （总第 7 辑） （1991 年）

第 3 辑 （总第 8 辑） （1998 年）

第 4 辑 （总第 9 辑） （2002 年）

第 5 辑 （总第 10 辑） 霍州民俗风情 （2006 年）

曲沃县

曲沃文史资料 （曲沃文史） 政协山西省曲沃县文史资料委员会编印,16 开刊型改 32 开书型,不定期,内部交流或公开发行。

第 1 辑 (1985 年)
第 2 辑 (1986 年)
第 3 辑 (1988 年)
第 4 辑 (1989 年)
第 5 辑 (改现名) (1990 年)
下院村志 (山西古籍出版社,1994 年版)
第 6 辑 (1997 年)
第 7 辑 纪念曲沃中学建校六十周年专辑 (2003 年)
第 8 辑 (2004 年)
第 9 辑 (2006 年)
第 10 辑 (2007 年)

翼城县

翼城文史资料 政协山西省翼城县委员会文史资料委员会编印,32 开书型,不定期,内部交流。
第 1 辑 (1988 年)
第 2 辑 政协志专辑 (1990 年)
第 3·4 合辑 (1997 年)
第 5 辑 政协志专辑 (1998 年)

襄汾县

襄汾文史资料 政协山西省襄汾县委员会文史资料研究委员会编印,32 开书型,不定期,内部交流。
第 1 辑 抗日战争胜利四十周年纪念专辑 (1985 年)
第 2 辑 (1986 年)
第 3 辑 (1987 年)
第 4 辑 (1988 年)
第 5 辑 (1989 年)
第 6 辑 (1990 年)
丁村遗址发掘经过与研究 (暨《山西文史资料》1991 年第 6 辑 总第 78 辑)
第 7 辑 (1992 年)
中国人民政治协商会议襄汾县委员会历届组织概况 (1950—1993) (1993 年)
第 8 辑 (1995 年)
第 9 辑 襄汾揽胜专辑 (1997 年)
第 10 辑 (1999 年)
第 11 辑 水利专辑 (2002 年)
第 12 辑 晋商专辑 (晋商史料·襄汾专辑) (2005 年)
第 13 辑 财政专辑 (2006 年)
第 14 辑 交通专辑 (2007 年)

洪洞县

洪洞文史资料 政协山西省洪洞县委员会文史资料研

究委员会编印,32 开书型,不定期,内部交流。
第 1 辑 (1986 年)
政协洪洞县委员会大事记专辑 (1955.4—1988.5) (1986 年)
第 2 辑 (1987 年)
广胜寺志 (1988 年)
第 3 辑 (1989 年)
第 4 辑 历代咏洪诗歌选辑 (上) (1992 年)
第 5 辑 历代咏洪诗歌选辑 (下) (1992 年)
第 6 辑 (1993 年)
第 7 辑 委员风采集 (1994 年)
第 8 辑 (1995 年)
第 9 辑 洪洞广胜寺 (1996 年)
第 10 辑 洪洞名胜与传说 (1997 年)
第 11 辑 洪洞历代书画家小传 (1998 年)
第 12 辑 (2000 年)
洪洞政协四十五年 (1955—1999) (2000 年)
第 13 辑 (2001 年)
资政建言汇编 (2002 年)
第 14 辑 (2002 年)
第 15 辑
第 16 辑
第 17 辑
第 18 辑

古县

古县文史资料 政协山西省古县委员会文史资料研究委员会编印,32 开书型,不定期,内部交流。
第 1 辑 (1988 年)
第 2 辑 (1990 年)

安泽县

安泽文史资料 政协山西省安泽县委员会编印,32 开书型,不定期,内部交流。
第 1—2 辑 (1985 年)
第 3 辑 (1990 年)
第 4 辑 (1991 年)
第 5 辑 (1992 年)
第 6 辑
第 7 辑 (2001 年)
沁河怒涛——以此纪念抗日战争胜利六十周年(与安泽县史志办公室合编,2005 年)

浮山县

浮山文史资料 政协山西省浮山县委员会文史资料委员会编印,32 开书型,不定期,内部交流。
第 1 辑 (1987 年)

第 2 辑 （1990 年）
第 3 辑
第 4 辑 山西新军二一二旅及五十四团在浮山
革命斗争史料专辑 （2003 年）
第 5 辑 太岳区岳南中学 （2001 年）
第 6 辑 尧山古话 （2003 年）

吉县

吉县文史资料 政协山西省吉县委员会文史委员会编印,32 开书型,不定期,内部交流。
往事追忆录——纪念抗日战争胜利六十周年
吉县文萃
吉县地名考略
吉县明清民国时期商贸史料

乡宁县

乡宁文史资料 政协山西省乡宁县委员会文史资料委员会编印,32 开书型,不定期,内部交流。
第 1 辑 （1997 年）
中华国难教育读本
马壁峪史料

蒲县

蒲县文史资料 政协山西省蒲县委员会编印,32 开书型,不定期,内部交流。
第 1 辑
第 2 辑
第 3 辑 （1995 年）
第 4 辑
第 5 辑 民俗口述故事 （2006 年）

大宁县

大宁文史资料 政协山西省大宁县委员会文史资料研究委员会编印,32 开书型,不定期,内部交流。
第 1 辑 （1995 年）

永和县

永和文史资料 山西省永和县委员会文史资料委员会编印,32 开书型,不定期,内部交流。
第 1 辑 （2000 年）

隰县

隰县文史资料 政协山西省隰县委员会文史资料研究委员会编印,32 开书型或 16 开书型,不定期,内部交流。

第 1 辑 （1985 年）
第 2 辑 （1986 年）
第 3 辑 （1988 年）
第 4 · 5 辑 （1990 年）
第 6 辑 （1992 年）
第 7 辑 （1993 年）
第 8 辑 纪念抗日战争胜利四十周年,纪念辛亥革命八十周年专辑 （1994 年）
第 9 辑 （1995 年）
第 10 辑 隰县文工团专辑 （2003 年）
隰县政协纪事 （1998—2002）（2003 年）
第 11 辑 （2004 年）
第 12 辑 （2005 年）
第 13 辑 农业专辑 （上、下册）（2006 年）
第 14 辑 午城酿酒有限公司专辑 （2007 年）

汾西县

汾西文史资料 政协山西省汾西县委员会文史资料研究委员会编印,32 开书型,不定期,内部交流。
第 1 辑 （1988 年）
第 2 辑 （1989 年）
第 3 辑 （1990 年）
第 4 辑 （1991 年）
汾西古今楹联选 （1991 年）
足迹赋——赵俊杰诗词习作选 （1992 年）
第 5 辑 （1992 年）
第 6 辑 （1995 年）

运城市

河东文史 政协山西省运城市委员会教科文卫体委员会编印,32 开书型,不定期,内部交流或公开发行。
第 1 辑 （1999 年）
第 2 辑
第 3 辑
河东诗选 （2004 年）
晋商史料全览·运城卷 （山西人民出版社,2006 年版）
运城市政协志
河志文物揽胜

盐湖区

运城文史资料 政协山西省运城市委员会文史资料研究委员会编印,32 开书型,不定期,内部交流。
1985 年第 1 期 （总第 1 辑） 纪念抗日战争胜利四十周年
1986 年第 1—3 期 （总第 2—4 辑）
1987 年第 1 期 （总第 5 辑）

1988 年第 1 期 （总第 6 辑） 阎逢春专辑
1988 年第 2 期 （总第 7 辑）
1989 年第 1 期 （总第 8 辑） 纪念李健吾专辑
1989 年第 2 期 （总第 9 辑） 纪念曲耀离专辑
第 10 期 （1990 年）
1991 年第 1 期 （总第 11 辑） 中医临床 （武显烈著）
1991 年第 2 期 （总第 12 辑） 解放后群众文化工作大事记专辑
1991 年第 3 期 （总第 13 辑） 蒲剧春秋
1991 年第 4 期 （总第 14 辑） 纪念辛亥革命八十周年专辑
1992 年第 1 期 （总第 15 辑） 运城解放
1992 年第 2 期 （总第 16 辑） 运城棉花生产科技与新技术纵观
1994 年第 1 期 （总第 17 辑）
第 18 辑 黄河的儿子——安民小传 （1995 年）
第 19 辑
蚩尤考证

永济市

永济文史资料 政协山西省永济市委员会文史资料委员会编印,32 开书型,不定期,内部交流或公开发行。
第 1 辑 （1985 年）
第 2 辑 （1986 年）
第 3 辑 （1988 年）
第 4 辑 （1989 年）
第 5 辑 永济名胜 （山西人民出版社,1993 年版）
第 6 辑 （1995 年）
第 7 辑 舜帝历史传说
第 8 辑 五老峰 （2001 年）
千秋舜都人物
绝代佳人杨贵妃

河津市

河津文史资料 政协山西省河津市委员会文史资料研究委员会编印,32 开书型,不定期,内部交流。
第 1 辑 抗日战争胜利四十周年纪念专辑 （1985 年）
第 2 辑 辛亥革命七十五周年纪念专辑 （1986 年）
第 3 辑 （1987 年）
第 4 辑 （1988 年）
第 5 辑 （1989 年）
第 6 辑 （1990 年）
第 7 辑 （1991 年）
第 8 辑 （1992 年）
第 9 辑 （1993 年）
第 10 辑 （1994 年）

第 11 辑 （1995 年）
第 12 辑 （1997 年）
第 13 辑 （1998 年）
第 14 辑 河津文史大观 （上集）(1999 年）
第 15 辑 河津文史大观 （下集）(2000 年）
第 16 辑 交通专辑 （2001 年）
第 17 辑 （2002 年）
第 18 辑 水利专辑 （2003 年）
第 19 辑 （2004 年）
第 20 辑 （2005 年）
第 21 辑 司马迁故里考辨 （2006 年）
第 22 辑 （2007 年）
第 23 辑 纪念改革开放三十周年专辑 （2008 年）

芮城县

芮城文史资料 政协山西省芮城县委员会文史资料研究委员会编印,32 开书型,不定期,内部交流。
第 1 辑 （1986 年）
第 2 辑 杜伯实烈士专辑 （1987 年）
第 3 辑 （1990 年）
第 4 辑 （1997 年）
第 5 辑 吕洞宾与道教文化 （1998 年）
芮城抗日斗争史
知青在芮城 （2007 年）

临猗县

临猗文史资料 （临猗文史通讯） 政协山西省临猗县委员会文史资料委员会编印,16 开刊型改 32 开书型,不定期,内部交流。
第 1 辑 （1984 年）
第 2—4 辑 （1985 年）
第 5 辑 （1986 年）
第 6 辑 （1987 年）
第 7 辑 （改现名）(1989 年）
第 8 辑 纪念辛亥革命八十周年专辑 （1991 年）
第 9 辑 纪念世界反法西斯战争、中国人民抗日战争胜利五十周年 （1995 年）
第 10 辑 卫生专辑 （2001 年）
第 11 辑

万荣县

万荣文史资料 政协山西省万荣县委员会文史资料研究委员会编印,32 开书型,不定期,内部交流。
第 1 辑 （1986 年）
从四野中走来——万荣县民营企业家荟萃

新绛县

新绛文史资料 政协山西省新绛县委员会文史资料研究委员会编印,32开书型,不定期,内部交流。

第1辑 (1984年)

第2辑 抗日战争胜利四十周年纪念专辑 (1985年)

第3辑 (1986年)

第4辑 (1990年)

第5辑 (1991年)

第6辑 历史文化名城专辑 (1993年)

第7辑 人杰地灵话绛州

第8辑 工业专辑

稷山县

稷山文史资料 政协山西省稷山县委员会文史资料研究委员会编印,32开书型,不定期,内部交流。

第1辑 (1985年)

第2辑 (1986年)

第3辑 (1987年)

第4辑 (1988年)

第5辑 (1990年)

第6辑 阎锡山言行见闻专辑 (1991年)

第7辑 全国卫生工作四十周年专辑 (暨《山西文史资料》1993年第1辑 总第85辑)

第8·9辑 (1994年)

第10辑

第11辑 晋商史料专辑

丙辰义举壮千秋——纪念稷山丙辰农民起义九十寿年专辑

闻喜县

闻喜文史资料 政协山西省闻喜县委员会文史资料委员会编印,32开书型,不定期,内部交流。

第1辑 (1992年)

第2辑

第3辑

第4辑

第5辑

第6辑

第7辑

第8辑

第9辑

第10辑 闻喜宰相谱 (1999年)

夏县

夏县文史资料 政协山西省夏县委员会文史资料委员会编印,32开书型,不定期,内部交流。

第1辑 (1985年)

第2辑 (1986年)

第3辑 (1990年)

夏县当代名人录

夏县村名来历

绛县

绛县文史资料 政协山西省绛县委员会文史资料委员会编印,32开书型或16开刊型,不定期,内部交流。

第1辑 (1993年)

第2辑 (1993年)

第3辑

第4辑

第5辑

第6辑

第7辑

绛县礼俗大观

晋国都绛资料汇编 (赵森等编著,2002年)

绛县诗歌汇编 (赵森等主编,2002年)

平陆县

平陆文史资料 政协山西省平陆县委员会文史资料研究委员会编印,16开刊型或32开书型,不定期,内部交流。

第1—5期 (1985年)

第6—10期 (1986年)

第11—12期 (1987年)

咏虞诗文集 (1989年)

第13—18期 (1988年)

第19—20期 (1989年)

第1辑 总第1—20期汇编 (1990年)

第21期 (1990年)

第22—25期 (1991年)

第26—27期 (1992年)

第28—29期 (1996年)

第30期 (1997年)

第31—32期 (1998年)

第33—34期 (1999年)

第35期 (2000)

平陆农业合作文化史 (2000年)

特稿 (2000年)

第2辑 总第21—35期汇编 (含特稿)(2000年)

平陆政协志 (1981—2001)(2002年)

平陆名人录

垣曲县

垣曲文史资料 政协山西省垣曲县委员会《垣曲文史资料》编辑室印,32 开书型,不定期,内部交流。
第 1 辑 (1985 年)
第 2 辑 (1986 年)
第 3 辑 文化专辑 (1987 年)
第 4 辑 (1988 年)
第 5 辑 (1990 年)
第 6 辑 (1993 年)
第 7 辑 (1995 年)
第 8 辑 (1997 年)
第 9 辑 (1999 年)
第 10 辑 (2001 年)
垣曲政协志

吕梁市

吕梁文史资料 政协山西省吕梁市委员会文史委员会编印,32 开书型,不定期,内部交流。
吕梁政协年鉴 (2005 年)
吕梁风景名胜 (2006 年)
晋商史料全览·吕梁卷 (山西人民出版社,2006 年版)
吕梁政协年鉴 (2006 年)
吕梁名人传略 (2007 年)
红军东征吕梁 (2007 年)
吕梁改革开放 30 年亲历记 (2008 年)
吕梁文化丛书 (二十五册) 政协山西省吕梁市委员会编印,32 开书型,内部交流。
第 1—5 辑 (2008 年)

离石区

离石文史资料 政协山西省离石市委员会编,32 开书型,不定期,内部交流。
第 1 辑 (1987 年)
第 2 辑 (1991 年)
第 3 辑 政协志 (1994 年)
第 4 辑 (1999 年)
第 5 辑 文化旅游史料专辑 (2001 年)
第 6 辑 纪念著名教育家辛安亭诞辰一百周年专辑 (2004 年)
第 7 辑 纪念抗日战争胜利六十周年 (2005 年)
李效黎、李效民专辑 (画册)(2005 年)

孝义市

孝义文史资料 政协山西省孝义市委员会文史资料委

员会编印,32 开书型,不定期,内部交流。
第 1 辑 胜溪轶语 (1988 年)
第 2 辑 胜溪俗语
第 3 辑
风范长存特辑 (1999 年)
第 4 辑 (2006 年)

汾阳市

汾阳文史资料 政协山西省汾阳市委员会文史资料委员会编印,32 开书型,不定期,内部交流。
第 1 辑 抗日专辑 (1984 年)
第 2 辑 (1986 年)
第 3 辑 (1987 年)
第 4 辑 (1988 年)
第 5 辑 (1992 年)
第 6 辑 纪念抗日战争胜利五十周年 (1995 年)
汾州拾贝 (2004 年)
汾阳政协志 (2005 年)
第 7 辑 汾商专辑 (2007 年)

文水县

文水文史资料 政协山西省文水县委员会文史资料委员会编印,16 开刊型改 32 开书型,不定期,内部交流。
第 1 辑 纪念抗日战争胜利四十周年 (1984 年)
第 2 辑 (1985 年)
第 3—4 辑 (1986 年)
第 5—6 辑 (1987 年)
第 7 辑 (1988 年)
第 8 辑 (1989 年)
第 9 辑 武则天研究专辑 (1990 年)
第 10 辑 文水县政协志专辑 (1990 年)
第 11 辑 (1991 年)
第 12 辑 (1992 年)
第 13 辑 (1994 年)
第 14 辑 纪念抗日战争胜利五十周年专辑 (1995 年)
第 15 辑 (1996 年)
第 16 辑 (1998 年)
第 17 辑 (2001 年)
第 18 辑 (2005 年)
第 19 辑 文水名人传略专辑 (2005 年)
第 20 辑 文水风景名胜专辑 (2005 年)
第 21 辑 文水晋商史料专辑 (2007 年)

中阳县

中阳文史资料 政协山西省中阳县委员会文史资料委员会编印,32 开书型,不定期,内部交流。

第 1 辑 （1995 年）

兴县

兴县文史资料 政协山西省兴县委员会文史资料委员会编印,16 开改 32 开书型,不定期,内部交流或公开发行。

第 1—2 期 （1985 年）

第 3 期 纪念世界反法西斯战争暨抗日战争胜利四十周年专辑 （1985 年）

第 4 期 （1985 年）

第 5 辑 （1992 年）

第 6 辑 （1994 年）

第 7 辑 纪念抗日战争胜利五十周年暨兴中建校七十周年专辑 （1995 年）

晋绥爱国人士牛友兰 （中国工人出版社,2001 年版）

临县

临县文史资料 政协山西省临县委员会文史资料委员会编印,32 开书型,不定期,内部交流。

临县抗战史料——纪念抗日战争胜利四十周年(1985 年)

临县知名人士传略 政协山西省临县委员会文史资料委员会编印,32 开书型,内部交流。

第 1 辑

第 2 辑 （1989 年）

方山县

方山文史资料 政协山西省方山县委员会文史资料研究委员会编印,32 开书型,不定期,内部交流。

第 1 辑 抗日战争胜利四十周年专辑 （1985 年）

第 2 辑 （1986 年）

第 3 辑 （1987 年）

第 4 辑 （1988 年）

第 5 辑

第 6 辑

第 7 辑 （1997 年）

第 8 辑

政协文存

前进中的方山政协 （1984—2002）（薛怀兰主编,2003 年）

第 9 辑 （2003 年）

柳林县

柳林文史资料 政协山西省柳林县委员会编印,16 开刊型,不定期,内部交流.

第 1 辑 抗日战争专辑 （1985 年）

第 2 辑 抗日战争专辑 （1985 年）

第 3 辑 （1986 年）

第 4 辑 文物古迹专辑 （1988 年）

柳林文史资料丛书 政协山西省柳林县委员会《柳林文史资料丛书》编写组编印,32 开书型,内部交流。

贺昌文集

贺昌年谱

贺昌纪念文集

贺昌烈士资料征编纪实

柳林建县创业回顾

柳林抗日战争史论集 （2005 年）

岚县

岚县文史资料 政协山西省岚县委员会文史资料研究委员会编印,32 开书型,不定期,内部交流。

第 1 辑 （1986 年）

交口县

交口文史资料 政协山西省交口县委员会编印,32 开书型,不定期,内部交流。

第 1 辑 （1996 年）

交城县

交城文史资料 政协山西省交城县委员会文史资料研究委员会编印,32 开书型,不定期,内部交流。

第 1 辑 （1985 年）

第 2—5 辑 （1986 年）

第 6 辑 （1987 年）

第 7 辑 （1988 年）

第 8 辑 唐前交城史地研究 （1989 年）

第 9 辑 （1990 年）

第 10 辑 （1991 年）

第 11 辑 （1992 年）

第 12—13 辑 （1994 年）

第 14 辑

第 15 辑

第 16 辑 （2000 年）

第 17 辑

第 18 辑

第 19 辑 晋商文化专辑 （2005 年）

石楼县

石楼文史资料 政协山西省石楼县委员会文史资料研究委员会编印,32 开书型,不定期,内部交流。

第 1 辑 （1988 年）

第 2 辑

内蒙古自治区

内蒙古文史资料 政协内蒙古自治区委员会文史和学习委员会编印,32开书型或16开刊型,不定期,内部转公开发行。

第1辑 （内蒙古人民出版社,1962年版）

第2辑 （内蒙古人民出版社,1963年版）

第3—4辑 （内蒙古人民出版社,1964年版）

第5辑 （内蒙古人民出版社,1965年版）

第6辑 （内蒙古人民出版社,1979年版）

内蒙古辛亥革命史料 （内蒙古人民出版社,1979年版）

第7辑 （内蒙古人民出版社,1981年版）

第8辑 绥远"九一九"起义史料专辑 （内蒙古人民出版社,1982年版）

第9—10辑 （内蒙古人民出版社,1983年版）

第11辑 （1984年）

第12辑 旅蒙商大盛魁 （1984年）

第13辑 德穆楚克栋鲁普自述 （1984年）

第14—15辑 （1984年）

第16—19辑 （1985年）

第20辑 李守信自述 （1985年）

塞外文苑萍踪 （章叶频著,1985年）

第21辑 我的回忆 （周北峰著,1986年）

第22—23辑 （1987年）

第24辑 冯玉祥五原誓师 （1987年）

第25辑 绥远抗战 （1987年）

第26—27辑 （1987年）

第28辑 血雨腥风的年代——准格尔史料专辑（1987年）

第29辑 （1987年）

第30辑 塞上忆往——杨令德回忆录 （1988年）

第31辑 我的经历见闻 （1988年）

第32辑 内蒙古近现代王公录 （1988年）

第33辑 （1988年）

第34辑 伪满兴安史料 （1989年）

第35辑 内蒙古近现代王公录续编 （1989年）

第36辑 王同春与河套水利 （1989年）

蒙古族古代军事思想研究论文集 （第一集）（1989年）

第37辑 回忆延安 （1990年）

第38辑 伪蒙古军史料 （1990年）

第39辑 内蒙古工商史料 （1990年）

第40—41辑 （1990年）

蒙古族古代军事思想研究论文集 （第二集）（1990年）

第42辑 烽火岁月 （1991年）

第43辑 伊盟事变 （1991年）

第44辑 王公补遗·蒙俗风情拾粹 （1993年）

第45辑 内蒙古喇嘛教纪例 （1993年）

第46辑 青史永存 （1993年）

第47辑 回忆吉鸿昌将军 （1992年）

第48辑 赤胆忠心 （1995年）

第49辑 解放战争中的内蒙古骑兵 （1997年）

第50辑 内蒙古自治政府成立前后 （1997年）

战犯改造纪实 （与全国政协文史资料委员会等合编,中国文史出版社,2000年版）

第51辑 艰难的瀚海历程 （1998年）

第52辑 内蒙古各级政协文史资料篇目索引 （上册）（2002年）

第53辑 内蒙古各级政协文史资料篇目索引 （下册）（2002年）

第54辑 延水情深 （2001年）

第55辑 绿色文化圣地——乌审召人民改天换地的奇迹 （2000年）

第56辑 "三不两利"与"稳长宽"文献与史料（2002年）

第57辑 内蒙古历史上的今天 （2003年）

第58辑 爱国爱教的典范——纪念第十一世乌兰活佛 （2004年）

内蒙古自治区第九届政协委员会录 （2005年）

第59辑 "三不两利"与"稳长宽"回忆与思考（2006年）

内蒙古政协五十年 （画册）（2006年）

第60辑 春秋纪事 （2006年）

第61辑 包头民营经济人物撷英 （暨《包头文史资料选编》第18辑,2006年）

文史资料精萃

第62辑

留存的记忆

第63辑

民主革命文集

第64辑 （暨《阿尔山文史资料》第1辑,2008年）

内蒙古文史资料 （蒙文） 政协内蒙古自治区委员会 文史委员会编印,32开书型,不定期,内部交流。

第1—2辑 （1988年）

第3—6辑 （1989年）

第7—10辑 （1990年）

第11—14辑 （1990年）

第15—17辑 （1992年）

第18—22辑

第23—28辑

第29辑

内蒙古文史通讯 政协内蒙古自治区委员会文史办公室编印,8开4版报型,不定期,内部交流。

第1期 （1987年）

第2—3 期 （1988 年）
第4 期
第5 期
第6 期
第7 期
第8 期

呼和浩特市

呼和浩特文史资料 政协内蒙古自治区呼和浩特市委员会文史资料研究委员会编印,32 开书型,不定期,内部交流或公开发行。
第1 辑 （1982 年）
第2 辑 （1983 年）
第3 辑 （1984 年）
第4 辑 （1985 年）
第5 辑 塞北文苑萍踪 （1985 年）
第6 辑 （1988 年）
第7 辑 工商经济专辑 （1989 年）
第8 辑 教文卫体人物专辑 （1991 年）
第9 辑 少数民族与宗教专辑 （1994 年）
第10 辑 （1995 年）
第11 辑 政协委员专辑 （1997 年）
第12 辑 少数民族与宗教专辑之二 （1998 年）
第13 辑 求学岁月——蒙古学院、蒙古中学忆往 (2000 年)
第14 辑 青城老照片 （远方出版社,2002 年版）
第15 辑 土默特春秋 （远方出版社,2004 年版）

回民区

呼和浩特回族史料 政协内蒙古自治区呼和浩特市回民区委员会《呼和浩特回族史料》编辑委员会编印,32 开书型,内部交流。
第1 集 （1989 年）
第2 集 （1990 年）
呼和浩特回族史 （1995 年）
第3 集 （2000 年）
第4 集 （2001 年）
第5 集 （2003 年）
第6 集 （2004 年）
第7 集 （2007 年）
呼和浩特回族武林人物 （2008 年）

新城区

新城区文史资料 政协内蒙古自治区呼和浩特市新城区委员会文史资料委员会编印,32 开书型,不定期,内部交流。
第1 辑 满族专辑 （2002 年）
第2 辑 （2007 年）

玉泉区

赛罕区

赛罕区文史资料 （郊区文史资料） 政协内蒙古自治区呼和浩特市赛罕区委员会文史资料委员会编印,32 开书型,不定期,内部交流。
第1 辑
第2 辑
第3 辑 （改现名）(2002 年)

托克托县

托克托文史资料 政协内蒙古自治区托克托县文史资料委员会编印,32 开书型,不定期,内部交流。
第1 辑 （1991 年）
第2 辑
第3 辑 （2000 年）
第4 辑
第5 辑
第6 辑 托克托史略 （2006 年）

武川县

武川文史资料 政协内蒙古自治区武川县委员会文史资料委员会编印,32 开书型,不定期,内部交流。
第1—2 辑 （1985 年）
第3 辑 （1986 年）
第4 辑 （1987 年）
第5 辑 （1988 年）
第6 辑 （1989 年）
第7 辑 （1994 年）
第8 辑 矿业史 （1996 年）
第9 辑 爬山歌专辑 （1998 年）
第10 辑 （2003 年）
第11 辑 故乡游子 （2006 年）
第12 辑 百业新秀 （2007 年）
第13 辑 武川商业史 （2008 年）

和林格尔县

和林文史资料 政协内蒙古自治区和林格尔县委员会文史组编印,32 开书型,不定期,内部交流。
第1 辑 （1985 年）

清水河县

清水河县文史资料 政协内蒙古自治区清水河县委员

会文史资料委员会编印,32 开书型,不定期,内部交流。

第 1 辑 （1984 年）
第 2 辑 （1985 年）
清水河县志 （2002 年）

土默特左旗

土默特文史资料 政协内蒙古自治区土默特左旗委员会文史资料研究委员会编印,32 开书型,不定期,内部交流。

第 1 辑 （1986 年）
第 2 辑 （1987 年）
第 3 辑 （1988 年）
第 4 辑 （1989 年）
第 5 辑 （1990 年）
第 6 辑 （1994 年）
第 7 辑 （1998 年）

包头市

包头文史资料选编 政协内蒙古自治区包头市委员会文史资料和台侨联络外事委员会编印,32 开书型,不定期,内部交流或公开发行。

第 1 辑 （1981 年）
第 2—3 辑 （1982 年）
第 1—3 辑合订本 （1985 年）
第 4 辑 （1983 年）
第 5—6 辑 （1984 年）
第 7—8 辑 （1986 年）
第 9 辑 包头政治分校及教育史料专辑 （1987 年）
第 10 辑 （1988 年）
第 11 辑 纪念绥远"九·一九"起义四十年专辑（1989 年）
第 12 辑 包头人物专辑之一 （1990 年）
第 13 辑 包头人物专辑之二 （1991 年）
包头市政协志 （1950—1990）（1992 年）
专辑 委员风采录 （1995 年）
专辑 流逝岁月皆为春——杜学魁七十五年历程（邢学智编,1996 年）
第 14 辑 绥远"九·一九"起义——纪念绥远"九·一九"起义五十周年 （1999 年）
第 15 辑 包头风情录 （2003 年）
包头政协志 （1991.1—2003.6）（2003 年）
第 16 辑 包头政协五十年 （2004 年）
第 17 辑 包头人文景观概览 （2005 年）
政协包头市委员会十一届政协委员会名录 （2005 年）
第 18 辑 包头非公经济人物撷萃 （暨《内蒙古文史料》第 61 辑,2006 年）
第 19 辑 改革开放亲历记 （北方出版社,2008 年

版）
第 20 辑 金戈铁马话包头 （北方出版社,2008 年版）

昆都仑区

昆都仑文史·资料选编 政协内蒙古自治区包头市昆都仑区委员会文史资料研究委员会编印,32 开书型,不定期,内部交流。

第 1 辑 （1985 年）
第 2 辑 （1986 年）
第 3 辑 （1987 年）
第 4 辑 （1988 年）
第 5 辑 （1989 年）
第 6 辑 （1990 年）
第 7 辑 （1991 年）
第 8 辑 （1992 年）
第 9 辑 （1993 年）
第 10 辑 （1994 年）
章乃器专辑 （1996 年）
第 11 辑
第 12 辑 （2000 年）

东河区

东河文史 政协内蒙古自治区包头市东河区委员会文史资料委员会编印,32 开书型,不定期,内部交流或公开发行。

第 1 辑 （1987 年）
第 2—3 辑 （1985 年）
第 4 辑 （1986 年）
包头回族史料 （1987 年）
包头蒙古族史料 （1987 年）
第 5 辑 （1988 年）
第 6 辑 （1989 年）
第 7 辑 （1990 年）
包头宗教史料 （1990 年）
第 8—9 辑 （1992 年）
东河史话 （1994 年）
包头战争史话 （内蒙古人民出版社,1995 年版）
第 10 辑

青山区

青山文史 政协内蒙古自治区包头市青山区委员会提案文史学习委员会编印,32 开书型,不定期,内部交流。

第 1 辑 （1987 年）
第 2 辑 （1988 年）
第 3 辑 （1989 年）
第 4 辑 （1992 年）

第 5 辑　（1996 年）

第 6 辑　中小学教育专辑　（1999 年）

石拐区

石拐区文史资料　政协内蒙古自治区包头市石拐区委员会文史资料委员会编印,32 开书型,不定期,内部交流。

第 1 辑

专辑

白云矿区

白云鄂博文史　政协内蒙古自治区仓夹市白云矿区委员会文史资料委员会编印,32 开书型,不定期,内部交流。

第 1 辑　（2002 年）

第 2 辑　（2003 年）

九原区

包头郊区文史资料　政协内蒙古自治区包头市郊区委员会文史资料研究委员会编印,32 开书型,不定期,内部交流。

第 1 辑　（1986 年）

第 2 辑　（1987 年）

第 3 辑　（1991 年）

第 4 辑

第 5 辑　（1997 年）

第 6 辑

第 7 辑　（2002 年）

第 8 辑

第 9 辑

第 8 辑

第 10 辑

深重的历史,美好的明天

固阳县

固阳文史资料　（固阳文史资料选编）　政协内蒙古自治区固阳县委员会文史资料研究委员会编印,32 开书型,不定期,内部交流。

第 1 辑　（1986 年）

第 2 辑　（1987 年）

第 3 辑　（改现名）　五当召专辑　（1988 年）

第 4 辑　（1989 年）

第 5 辑　科技专辑　（1989 年）

第 6 辑　文化体育专辑

土默特右旗

土默特右旗文史资料　政协内蒙古自治区土默特右旗

委员会文史资料委员会编印,32 开书型,不定期,内部交流。

第 1 · 2 辑　（1988 年）

第 3 辑　（1989 年）

第 4 辑　（1991 年）

达尔罕茂明安联合旗

达茂文史资料　（蒙文）　政协内蒙古自治区达尔罕茂明安联合旗委员会文史资料委员会编印,16 开刊型,油印,不定期,内部交流。

第 1 辑　（1989 年）

达茂文史资料　政协内蒙古自治区达尔罕茂明安联合旗委员会文史资料委员会编印,32 开书型,不定期,内部交流。

第 1 辑　（1997 年）

第 2 辑　（1999 年）

第 3 辑　达茂岩画　（2001 年）

第 4 辑　（蒙 · 汉文对照）（2002 年）

第 5 辑　（2003 年）

第 6 辑　达茂草原历史文化拾遗　（2004 年）

第 7 辑　达茂蒙古族民歌　（2006 年）

乌海市

乌海市文史资料选辑　政协内蒙古自治区乌海市委员会学习提案文史委员会等编印,32 开书型,不定期,内部交流。

第 1 辑　（1984 年）

第 2 辑　（1985 年）

第 3 辑　（1987 年）

第 4 辑　（1988 年）

第 5 辑　（1990 年）

第 6 辑　（1992 年）

第 7 辑

第 8 辑　农牧林水发展史　（2002 年）

第 9 辑　非公有制经济发展史　（2006 年）

乌海市政协志　（2007 年）

革命回忆录　政协内蒙古自治区乌海市委员会文史资料委员会编印,32 开书型,不定期,内部交流。

第 1 集　（1987 年）

第 2 集

海勃湾区

文史资料　政协内蒙古自治区乌海市海勃湾区委员会文史资料委员会编印,32 开书型,不定期,内部交流。

第 1 辑　（2007 年）

海南区

乌达区

赤峰市

赤峰市文史资料 （昭盟文史资料） 政协内蒙古自治区赤峰市委员会文史资料研究委员会编印,32 开书型,不定期,内部交流或公开发行。

第 1 辑 （蒙文）（1982 年）

第 1 辑 （1983 年）

第 2 辑 （改现名）（1984 年）

第 2 辑 （蒙文）（1984 年）

第 3 辑 （1985 年）

第 4 辑 喀喇沁专辑 （1986 年）

赤峰风情 （1987 年）

第 5 辑 和子章与蒙骑四师——赤峰北五旗县文史资料协作专辑 （1989 年）

昭乌达风情 （徐世明主编,中国文史出版社,1991 年版）

第 6 辑 内蒙古自治学院 （1993 年）

第 7 辑 校注《蒙古纪闻》（1994 年）

第 8 辑 罗布桑车珠尔传略 （内蒙古人民出版社,2007 年版）

第 9 辑 赤峰满族 （2008 年）

赤峰人物丛书 政协内蒙古自治区赤峰市委员会文史资料委员会等编,中国文史出版社等出版。

总古代卷 （公元前 16 世纪—1840 年）（1999 年版）

总近代卷 （1840－1945 年）（2002 年版）

总现代上卷 （1997 年版）

总现代下卷 （2003 年版）

松山（区）卷 （1997 年版）

元宝山（区）卷 （1998 年版）

敖汉（旗）卷 （1998 年版）

宁城（县）卷 （1999 年版）

翁牛特卷 （1898－1998 年）（1999 年版）

喀喇沁（旗）卷 （1999 年版）

巴林右旗卷 （新华出版社,2002 年版）

阿鲁科尔沁旗卷 （2003 年版）

巴林左旗卷 （2004 年版）

红山（区）卷 （2007 年版）

林西（县）卷

克什克腾（旗）卷

红山区

红山文史 政协内蒙古自治区赤峰市红山区委员会文史编印,32 开书型,不定期,内部交流或公开发行。

第 1 集 （1985 年）

第 2 集 （1987 年）

第 3 集 （1989 年）

第 4 集 （1992 年）

第 5 集 （中国文史出版社,1993 年）

第 6 集 （内蒙古人民出版社,1996 年）

第 7 集 （1998 年）

第 8 辑 （内蒙古文化出版社,2000 年版）

赤峰人物丛书·红山（区）卷 （中国文史出版社,2007 年版）

元宝山区

元宝山文史 （文史资料） 政协内蒙古自治区赤峰市元宝山区委员会文史资料委员会编印,32 开书型,不定期,内部交流或公开发行。

第 1 辑 （1988 年）

第 2 辑 韩麟符 （华龄出版社,1994 年）

赤峰人物丛书·元宝山（区）卷 （中国文史出版社,1998 年版）

第 3 辑 建昌营地区史料 （2001 年）

第 4 辑 平庄地区史料 （2002 年）

第 5 辑 （2003 年）

松山区

赤峰市郊区文史资料选集 政协内蒙古自治区赤峰市郊区委员会文史资料工作委员会编印,32 开书型,不定期,内部交流或公开发行。

第 1 辑 （1988 年）

第 2 辑 （1990 年）

松山史话

知识青年名录

赤峰人物·松山区卷

第 3 辑 （1991 年）

第 4 辑 （1992 年）

第 5 辑 （1992 年）

第 6 辑 （1995 年）

赤峰人物丛书·松山（区）卷 （中国文史出版社,1997 年版）

宁城县

宁城文史资料选辑 政协内蒙古自治区宁城县委员会文史资料研究委员会编印,16 开刊型,不定期,内部交流或公开发行。

第 1 辑 （1985 年）

第 2 辑 （1986 年）

第 3 辑 （1989 年）

第4辑

赤峰人物丛书·宁城(县)卷 (中国文史出版社,1999年版)

第5辑 (2000年)

冀察热辽文艺兵——鲁艺战斗生活回忆

林西县

林西文史选 政协内蒙古自治区林西县委员会文史资料委员会编印,32开书型,不定期,内部交流或公开发行。

第1辑 (1986年)

西林县政协志

赤峰人物丛书·林西(县)卷 (中国文史出版社出版)

阿鲁科尔沁旗

阿鲁科尔沁文史 政协内蒙古自治区阿鲁科尔沁旗委员会文史资料委员会编印,32开书型,不定期,内部交流或公开发行。

第1辑 (1985年)

第1辑 (蒙文)(1986年)

第2辑 (1987年)

第2辑 (蒙文)(1988年)

第3辑 (1989年)

第3辑 (蒙文)(1990年)

第4辑 蒙骑四师三十五团专辑 (汉文)(1994年)

第4辑 (蒙文)(1994年)

第5辑 (1996年)

第5辑 (蒙文)(1999年)

赤峰人物丛书·阿鲁科尔沁(旗)卷 (中国文史出版社,2003年版)

巴林左旗

巴林左旗文史资料 政协内蒙古自治区巴林左旗委员会文史资料研究委员会编印,32开书型,不定期,内部交流或公开发行。

第1辑 (1985年)

第2辑 临潢史迹 (1988年)

第3辑 (1999年)

第4辑 大辽韩知古家族 (内蒙古人民出版社,2002年)

第5辑 辽上京史话 (远方出版社,2004年)

第6辑 赤峰人物丛书·巴林左(旗)卷 (中国文史出版社,2004年版)

第7辑 大辽上京人物谱 (2005年)

第8辑 启文学校与王藩 (2006年)

第9辑 辽上京研究论文选 (2006年)

第10辑 巴林左旗皮影志 (2007年)

巴林右旗

巴林右旗文史资料 政协内蒙古自治区巴林右旗委员会文史委员会编印,32开书型,不定期,内部交流或公开发行。

第1辑 (1985年)

第2辑 (1991年)

第3辑 巴林史话 (内蒙古文化出版社,1997年版)

赤峰人物丛书·巴林右(旗)卷 (新华出版社,2002年版)

第4辑

第5辑

第6辑 辽代城址深源 (远方出版社,2003年版)

第7辑 辽庆州白塔文物志与纪闻 (中国戏曲出版社,2005年)

第8辑

第9辑 辽上京研究文选 (2006年)

克什克腾旗

克旗文史资料 政协内蒙古自治区克什克腾旗委员会文史资料编辑委员会编印,32开书型,不定期,内部交流或公开发行。

第1辑 (1985年)

第2辑 (1987年)

赤峰人物丛书·克什克腾(旗)卷 (中国文史出版社出版)

翁牛特旗

翁牛特文史 (翁牛特旗文史资料) 政协内蒙古自治区翁牛特旗委员会文史提案委员会编印,32开书型,不定期,内部交流或公开发行。

第1辑 (1989年)

第2辑 (改现名)(1998年)

赤峰人物丛书·翁牛特(旗)卷 (中国文史出版社,1999年版)

第3辑 (2002年)

第4辑 (香港新风出版社,2006年版)

第5辑 红山岩画 (吴甲才主编,内蒙古文化出版社,2008年版)

翁牛特旗文史 第1辑 (蒙文)(内蒙古文化出版社,2008年版)

喀喇沁旗

喀喇沁旗文史资料 政协内蒙古自治区喀喇沁旗委员会文史委员会编印,32开书型,不定期,内部交流或公开发行。

第 1 辑 （1984 年）
第 2 辑 （1985 年）
第 3 辑 （1987 年）
第 4 辑 （1989 年）
第 5 辑 （1992 年）
第 6 辑
赤峰人物丛书·喀喇沁（旗）卷 （中国文史出版社，1999 年版）
第 7 辑
第 8 辑 （2007 年）

敖汉旗

敖汉文史资料选辑 政协内蒙古自治区敖汉旗委员会文史资料委员会编印，32 开书型，不定期，内部交流或公开发行。
第 1 集 （1984 年）
第 2 集 （1987 年）
第 3 集 （1993 年）
第 4 集 （1996 年）
赤峰人物丛书·敖汉（旗）卷 （中国文史出版社，1998 年版）
第 5 集 老照片专集 （1999 年）
第 6 集 重特大历史事件专集 （2002 年）
第 7 集 （2005 年）
敖汉政协委员名录 （2006 年）
敖汉生态风景摄影作品选 （2006 年）
第 8 集 （2006 年）
第 1—8 集合订本 （2007 年）

通辽市

哲里木盟文史资料 政协内蒙古自治区哲里木盟委员会文史资料研究委员会编印，32 开书型，不定期，内部交流或公开发行。
第 1 辑 （1985 年）
第 1 辑 （蒙文）
第 2 辑 （1986 年）
第 3 辑 （1987 年）
第 4 辑 （1990 年）
第 5 辑 哲里木名师录 （民族出版社，1991 年版）
第 6 辑 哲里木名医录 （1997 年）
第 7 辑 阿木古冷文稿专辑 （1998 年）
第 8 辑 哲里木盟政协委员名录 （1955—1999 年）（1999 年）
通辽市文史资料 政协内蒙古自治区通辽市委员会文史学习委员会编印，32 开书型，不定期，内部交流或公开发行。
孝庄文皇后
卫士风采 （2002 年）

嘎达梅林
风采·风范——政协通辽市第一届委员会委员风采与重要活动记略 （2004 年）
僧格林沁亲王 （通辽历史名人丛书集）（2004 年）
通辽政协志
细菌战档案
通辽鼠疫纪实
科尔沁蒙古族传统食品
通辽市政协委员纪事文集 （2008 年）
通辽市文史 政协内蒙古自治区通辽市委员会文史研究委员会编印，32 开书型，不定期，内部交流。
第 1 辑 （1986 年）
抗日烽火录
征程拾锦录
第 2 辑
第 3 辑
第 4 辑

科尔沁区

科尔沁文史 政协内蒙古通辽市科尔沁区委员会提案文史学习委员会编印，32 开书型，不定期，内部交流。
从九·一八——八·一五 （2005 年）
大乐林寺的十年史略
民营经济发展史

霍林郭勒市

霍林郭勒市文史资料 政协内蒙古自治区霍林郭勒市委员会文史资料委员会编印，32 开书型，不定期，内部交流。
第 1 辑 特辑 （1989 年）
第 2 辑
第 3 辑 （2002 年）

开鲁县

开鲁县文史资料 政协内蒙古自治区开鲁县委员会文史资料工作委员会编印，32 开书型，不定期，内部交流。
第 1 辑 （1986 年）
第 2 辑 （1988 年）
第 3 辑 （1990 年）
第 4 辑 （1999 年）
第 5 辑 麦新专辑 （2002 年）

库伦旗

库伦旗文史资料 政协内蒙古自治区库伦旗委员会文史资料研究委员会编印，32 开书型，不定期，内部交流。
第 1 辑 （1987 年）

第 2 辑 （1995 年）
第 3 辑

奈曼旗

奈曼旗文史资料 政协内蒙古自治区奈曼旗委员会提案文史学习委员会编印,32 开书型,不定期,内部交流或公开发行。

奈曼旗人民抗日救国斗争事迹
第 1 辑 （1986 年）
第 2 辑 （1988 年）
第 3 辑 （1989 年）
第 4 辑 （1993 年）
奈曼旗文史资料选编本 （第一辑）（蒙文）（1993 年）
第 5 辑 奈曼科技谱 （1996 年）
第 6 辑 （2001 年）
风采 （内蒙古人民出版社,2004 年版）
奈曼旗文史资料选编本 （第二辑）（蒙文）（2004 年）
第 7 辑 （2005 年）
奈曼旗政协志 （2007 年）

扎鲁特旗

扎鲁特文史 政协内蒙古自治区扎鲁特旗委员会文史资料研究委员会编印,32 开书型,不定期,内部交流。
第 1 辑 （1987 年）

科尔沁左翼中旗

科尔沁左翼中旗文史资料 政协内蒙古自治区科尔沁左翼中旗委员会文史资料委员会编印,32 开书型,不定期,内部交流。
第 1 辑 （1986 年）
第 2 辑 苦难的岁月——科左中旗伪满时期史料专辑（1991 年）
达尔罕王旗出荒始末 （《达尔罕文史》专辑之一）（1995 年）
达尔罕文史·文史季刊 政协内蒙古自治区科尔沁左翼中旗委员会文史资料委员会编印,16 开刊型,季刊,内部交流。
1996 年第 1—4 期 （总第 1—4 期）
骑兵十一团组建五十周年纪念活动专刊 （1996 年）
1997 年第 1—4 期 （总第 5—8 期）
1998 年第 1、2—4 期 （总第 9—12 期）
1999 年第 1—4 期 （总第 13—16 期）
2000 年第 1—4 期 （总第 17—20 期）
2001 年第 1、2—4 期 （总第 21—24 期）
2002 年第 1—4 期 （总第 25—28 期）
2003 年第 1—4 期 （总第 29—32 期）

科尔沁左翼后旗

科左后旗文史资料 （科尔沁左翼后旗文史资料）政协内蒙古自治区科尔沁左翼后旗委员会文史资料委员会编印,32 开书型,不定期,内部交流。
第 1 辑 （1985 年）
第 2 辑 （1986 年）
第 3 辑 （改现名）（1990 年）
第 4 辑
第 5 辑
第 6 辑

呼伦贝尔市

呼伦贝尔文史资料 （呼伦贝尔文史资料选编） 政协内蒙古自治区呼伦贝尔盟委员会文史和学习委员会编印,32 开书型,不定期,内部交流或公开发行。
第 1 辑 东北抗日联军三进呼伦贝尔 （1982 年）
第 2 （改现名） —3 辑 （1985 年）
第 4 辑 伪满兴安史料专辑 （1988 年）
第 5 辑 （内蒙古文化出版社,1994 年版）
第 6 辑 兴安学院回忆录
中国达斡尔族人物录 （黑龙江人民出版社,1997 年版）
风雨同舟五十年 （2005 年）
巴尔虎优秀牧民 （蒙文）（2006 年）
呼伦贝尔志 （2007 年）
呼伦贝尔市第一届政协志 （2008 年）
呼伦贝尔政协委员风采录 （2008 年）
呼伦贝尔文史资料 政协内蒙古自治区呼伦贝尔盟委员会文史资料研究委员会编印,16 开刊型,油印,不定期,内部交流。
1981 年第 1—6 期
1982 年第 7—19 期
1983 年第 20—25 期

海拉尔区

海拉尔文史资料 政协内蒙古自治区海拉尔市委员会文史资料委员会编印,16 开刊型改 32 开书型,不定期,内部交流。
第 1 辑 （1984 年）
第 2 辑 （1993 年）
第 3 辑 （1991 年）
第 4 辑 （1992 年）
第 5 辑 （1995 年）
第 6 辑 （1999 年）
第 7 辑 （2000 年）

第 8 辑 （2001 年）
第 9 辑 （2003 年）
第 10 辑 （2006 年）

满洲里市

满洲里市文史资料 （满洲里市文史资料选辑） 政协内蒙古自治区满洲里市委员会文史资料研究委员会编印,32 开书型,不定期,内部交流。
第 1 辑 （1985 年）
第 2 辑 （改现名）（1986 年）
第 3 辑 地方土特名优产品专辑 （1988 年）
第 4 辑 （1992 年）
第 5 辑 （1995 年）
第 6 辑 满洲里市政协志 （1997 年）
第 7 辑 （1998 年）
第 8 辑 壮国威 （2000 年）
第 9 辑 （2003 年）

扎兰屯市

扎兰屯文史资料 政协内蒙古自治区扎兰屯市委员会学习文史委员会编印,32 开书型,不定期,内部交流或公开发行。
第 1 辑 （1989 年）
第 2 辑 （2000 年）
第 1—2 辑合刊 （远方出版社,2004 年版）
第 3 辑 精选本 （远方出版社,2006 年版）
扎兰撷英 （政协委员风采录）（文汇出版社,2007 年版）
第 4 辑 （远方出版社,2008 年版）
知识青年上山下乡史料专辑
中东铁路文化史料专辑

牙克石市

牙克石文史资料 政协内蒙古自治区牙克石市委员会文史资料研究委员会编印,32 开书型,不定期,内部交流。
第 1 辑 （1988 年）
第 2 辑
第 3 辑
第 4 辑
第 5 辑 （2008 年）

根河市

根河文史资料 政协内蒙古自治区根河市委员会文史资料委员会编印,32 开书型,不定期,内部交流。
最后的萨满仪式 （2005 年）

额尔古纳市

额尔古纳右旗文史资料 政协内蒙古自治区额尔古纳右旗委员会文史资料工作委员会编印,32 开书型,不定期,内部交流或公开发行。
第 1 辑 （1987 年）
第 2 辑 （1989 年）
第 3 辑 （1991 年）
第 4 辑
额尔古纳的山东移民五十年
俄罗斯族百年实录 （《中国少数民族文史资料》丛书,中国文史出版社,2007 年版）

阿荣旗

阿荣旗文史资料 政协内蒙古自治区阿荣旗委员会文史委员会编印,32 开书型,不定期,内部交流。
东北抗联在阿荣旗 （1986 年）
第 1 集 （与阿荣旗史志编委会办公室合编,1994 年）
第 2 集 （1997 年）
不入时斋诗抄 （1997 年）
阿荣旗五十年大事记 （1997 年）
政协委员学习材料 （1997 年）
香港问题与香港回归 （1997 年）
不入时斋文稿 （1998 年）
澳门问题与澳门回归 （1999 年）
政协工作文件汇编 （1999 年）
东北抗联在阿荣旗 （2005 年）
委员风采 （2007 年）
委员建言献策文集 （2007 年）
阿荣旗政协志 （2008 年）

新巴尔虎右旗

新巴尔虎右旗政协文史资料 政协内蒙古自治区新巴尔虎右旗委员会文史资料委员会编印,32 开书型,不定期,内部交流。
第 1 辑
第 2 辑
新巴尔虎右旗巴尔虎世谱
新巴尔虎右旗繁荣发展五十年
克尔伦之子
新巴尔虎右旗政协志 （蒙·汉文）（2008 年）

新巴尔虎左旗

新巴尔虎左旗文史资料 政协内蒙古自治区新巴尔虎旗委员会文史资料委员会编印,32 开书型,不定期,内部交流。

第1辑
第2辑　政协志　(蒙、汉文)
第3辑
第4辑　(蒙文)
第5辑
第6辑　(2006年)

陈巴尔虎旗

陈旗政协文史资料　政协内蒙古自治区陈巴尔虎旗委员会文史资料委员会编印,32开书型,不定期,内部交流。
第1辑
第2辑　(蒙文)(1997年)
第3辑
第4辑
第5辑　(蒙文)
莫日格勒河往事　(蒙文)

鄂伦春自治旗

鄂伦春自治旗政协文史选辑　政协内蒙古自治区鄂伦春自治旗委员会文史资料研究委员会编印,16开刊型,不定期,内部交流或公开发行。
第1辑　(1985年)
第2辑　(1987年)

鄂伦春自治旗文史资料　政协内蒙古自治区鄂伦春自治旗委员会文史资料委员会编印,32开书型,不定期,内部交流。
葛德鸿传
鄂伦春自治旗政协组织史
鄂伦春族百年实录　(《中国少数民族文史资料》丛书,中国文史出版社,2008年版)

鄂温克族自治旗

鄂温克族自治旗文史资料　政协内蒙古自治区鄂温克族自治旗委员会编印,32开书型,不定期,内部交流或公开发行。
第1辑　(蒙文)(1987年)
鄂温克族自治旗政协志
鄂温克族百年实录　(《中国少数民族文史资料》丛书,中国文史出版社,2008年版)

莫力达瓦达斡尔族自治旗

达斡尔族自治旗文史　政协内蒙古自治区莫力达瓦达斡尔族自治旗委员会文史资料委员会编印,32开书型,不定期,内部交流或公开发行。
第1辑　(1989年)
第2辑　莫力达瓦族斡尔族志略初稿　(1990年)

第3辑　(1991年)
第4辑　(1992年)
第5辑　达斡尔族村屯录　(暨《齐齐哈尔文史资料》第22辑,1993年)
第6辑　中国达斡尔族人物录　(黑龙江人民出版社,1997年版)
第7辑　(1999年)
第8辑　(2000年)
第9辑　中国达斡尔族饮食文化　(2005年)
第10辑　莫旗阿尔拉大队　(2006年)
达斡尔族百年实录　(《中国少数民族文史资料》丛书,中国文史出版社,2008年版)

鄂尔多斯市

伊克昭文史资料　政协内蒙古自治区伊克昭盟委员会文史资料委员会编印,32开书型,不定期,内部交流。
第1辑　(1986年)
第1辑　(蒙文)(1986年)
鄂尔多斯史论集　(陈育宁著,1986年)
第2辑　(1987年)
第2辑　(蒙文)(1987年)
第3辑　(1988年)
第3辑　(蒙文)(1988年)
第4辑　改革奋进的十年　(1989年)
第4辑　(蒙文)(1989年)
第5辑　(1990年)
第5辑　(蒙文)(1991年)
第6辑　教育史料专辑　(1992年)
第6辑　(蒙文)(1992年)
第7辑　科技史料专辑　(1992年)
第7辑　(蒙文)(1996年)
第8辑　(1994年)
第9辑　伊盟工商史料专辑　(1996年)
昭盟百年革命风云录　(汉文)
昭盟百年革命史略　(与中共伊克昭盟委党史资料征集办公室等合编,1996年)
第10辑　(汉文)(1999年)
鄂尔多斯文化专辑　(汉文)
鄂尔多斯历史民歌研究　(蒙文)(1997年)
乌审旗文史资料　(暨《乌审旗文史资料》第1辑,1999年)
鄂尔多斯人民独贵龙运动史料汇编　(上、中、下册)
第11辑　(2000年)
第12辑　20世纪九十年代腾飞的鄂尔多斯　(2001年)

鄂尔多斯文史资料　政协内蒙古自治区鄂尔多斯委员会文史资料委员会编印,32开书型,不定期,内部交流。
第1辑　(2004年)
第1辑　(蒙文)(2005年)

第 2 辑 （2005 年）
第 2 辑 （蒙文）（2006 年）
第 3 辑 父辈往事 （2006 年）
第 4 辑
鄂尔多斯革命老区 （与鄂尔多斯市延安精神研究会合编,2006 年）
兵团岁月 （16 开刊型,2007 年）
鄂尔多斯蒙古族姓氏探览
风采回眸
伊盟革命回忆录 （选辑） 政协内蒙古自治区伊克昭盟委员会文史资料委员会等编印,32 开书型,不定期,内部交流。
从陕北到鄂尔多斯 （田万生著,1979 年）
第 1—2 辑 （1981 年）
第 3—4 辑 （1983 年）
第 5 辑 （1985 年）
第 6 辑 （1983 年）
第 7 辑
第 8 辑 （1986 年）
鄂尔多斯通典 鄂尔多斯通典编委会编,内蒙古大学出版社出版。
第一分册 农牧业部分 （上、下册）（1993 年版）
第二分册 地质、矿产、水文部分 （1993 年版）
第三分册 方言俗语部分

东胜区

东胜文史 （东胜市文史资料） 政协内蒙古自治区东胜市委员会文史资料委员会编印,32 开书型,不定期,内部交流。
第 1 辑 （1984 年）
第 2 辑 （1987 年）
第 3 辑 （1991 年）
第 4 辑 （1994 年）
第 5 辑 （1999 年）
第 6 辑 （改现名）

达拉特旗

达拉特旗文史资料 政协内蒙古自治区达拉特旗委员会文史资料研究委员会编印,16 开刊型,油印,不定期,内部交流。
第 1 辑 （1985 年）
第 2 辑
第 3 辑
第 4 辑
第 5 辑
第 6 辑 （1987 年）
第 7 辑
第 8 辑

第 9 辑
第 10 辑 （1990 年）
第 11 辑 （1990 年）
第 12 辑
第 13 辑
第 14 辑
第 15 辑 （1995 年）
达拉特文史 内蒙古自治区达拉特旗委员会文史资料委员会编印,32 开书型,不定期,内部交流。
第 1 辑 （1995 年）
第 2 辑 （1997 年）
第 3 辑

准格尔旗

准格尔旗文史资料选辑 政协内蒙古自治区准格尔旗委员会文史资料委员会编印,16 开刊型,油印,不定期,内部交流。
第 1—3 辑 （1984 年）
第 4—8 辑 （1985 年）
第 9—11 辑 （1986 年）
第 12—14 辑 （1987 年）
第 15—17 辑 （1988 年）
第 18—20 辑 （1989 年）
第 21—24 辑 （2000 年）
准格尔旗文史资料选 政协内蒙古自治区准格尔旗委员会文史资料委员会编印,32 开书型,不定期,内部交流。
血雨腥风的年代
第 1 辑 （1993 年）
准格尔文史 政协内蒙古自治区准格尔委员会文史资料委员会编印,16 开书型,内部交流。
第 1 辑 清代准格尔垦务研究 （2004 年）
第 2 辑 准格尔王公贵族史话 （2005 年）
第 3 辑 准格尔风俗风情录 （2006 年）
第 4 辑 准格尔民间流传《推背图》之一种 （2007 年）
第 5 辑 准格尔历史文化专辑 （2008 年）

鄂托克前旗

鄂托克前旗文史资料 政协内蒙古自治区鄂托克前旗委员会文史资料委员会编印,16 开刊型,油印,不定期,内部交流。
第 1—3 辑 （1984 年）
第 4—5 辑 （1985 年）
第 6 辑 （1986 年）
第 7—11 辑
第 12 辑 伊盟右翼四旗调查报告目录
第 13 辑
第 14 辑
第 15—18 辑

鄂托克前旗文史资料 （蒙文） 政协内蒙古自治区鄂托克前旗委员会文史资料委员会编印,16 开刊型,油印,不定期,内部交流。

第1—6 期 （1983 年）

第7—10 期 （1984 年）

第11—12 期 （1985 年）

第13—14 期 （1986 年）

第15—16 期 （1987 年）

第17—18 期 （1988 年）

鄂托克前旗文史资料 政协内蒙古自治区鄂托克前旗委员会文史资料委员会编印,32 开书型,不定期,内部交流。

第1辑 （蒙文）(1987 年)

第1辑 （1989 年）

鄂托克旗

鄂托克旗文史资料 政协内蒙古自治区鄂托克旗委员会文史资料研究委员会编印,16 开刊型,油印,不定期,内部交流。

第1辑 （1983 年）

第2辑 （1984 年）

第3辑 （1985 年）

第4辑 （1986 年）

第5辑 （1987 年）

第6辑 （1989 年）

第7辑 （1991 年）

第8辑 （1992 年）

第9辑 （1993 年）

鄂托克旗政协志

第10辑 （1994 年）

第11辑 （1995 年）

鄂托克旗文史资料 （蒙文） 政协内蒙古自治区鄂托克旗委员会文史资料研究委员会编印,16 开刊型,油印,不定期,内部交流。

第1辑 （1983 年）

第2辑

第3辑

第4辑

第5辑

第6辑

第7辑

第8辑

第9辑

第10辑

第11—12辑 （1995 年）

第13辑

第14辑

第15辑

第16辑

第17—18 辑 （1998 年）

鄂托克旗文史资料 政协内蒙古自治区鄂托克旗委员会文史资料委员会编印,32 开书型,不定期,内部交流。

第1辑 （1997 年）

第2辑 鄂托克旗三百年二三事 （2005 年）

杭锦旗

杭锦旗文史资料 政协内蒙古自治区杭锦旗委员会文史资料研究委员会编印,16 开刊型,油印,不定期,内部交流。

第1—2辑 （1984 年）

杭锦文史 政协内蒙古自治区杭锦旗委员会文史资料研究委员会编印,32 开书型,不定期,内部交流。

第1辑 （1990 年）

第2辑

第3辑

第4辑

乌审旗

乌审旗文史资料 （蒙文） 政协内蒙古自治区乌审旗委员会文史资料委员会编印,16 开刊型,油印,不定期,内部交流。

乌审旗历史概述

席尼喇嘛生平事迹

"独贵龙"诗歌

第1辑 （与伊克昭政协文史资料委员会合编,1999 年）

第2—11辑 （1999 年）

第12—21辑 （2000 年）

乌审旗文史资料 政协内蒙古自治区乌审旗委员会文史资料委员会编印,32 开书型,不定期,内部交流。

第1辑

锡尼喇嘛革命活动资料汇编 （2008 年）

乌审旗海流图庙 （2008 年）

伊金霍洛旗

伊金霍洛旗文史资料 政协内蒙古自治区伊金霍洛旗委员会文史资料委员会编印,16 开刊型或 32 开书型,或油印,不定期,内部交流。

第1—9 辑 （1985—1988 年）

第10 辑 （1989 年）

第11—12 辑 （1990 年）

第13—14 辑

第15—16 辑 （1992 年）

《伊金霍洛文史资料》目录索引 （1985—1992）(1992 年)

第17 辑 （1993 年）

中国人民政治协商会议伊金霍洛旗委员会大事记
(1959.1—1994.3) (1994 年)

伊金霍洛政协志 (1959—1994 年)

教育专辑

乌兰察布市

乌兰察布文史资料 (乌兰察布盟文史资料) 政协
内蒙古自治区乌兰察布盟委员会文史资料研究委员会编
印,32 开书型,不定期,内部交流或公开发行。

第 1—2 辑 (1984 年)

第 1 辑 (蒙文)(1984 年)

第 2 辑 (蒙文)(1984 年)

第 3 辑 (蒙文)(1985 年)

第 4 辑 乌兰察布寺院 (蒙文)(1986 年)

第 3—5 辑 (1985 年)

第 6 辑 (1986 年)

第 7 辑 原绥南地区革命斗争史料专辑 (1987 年)

第 8 辑 察哈尔蒙古族史话 (与政协锡林郭勒盟委
员会文史资料工作委员会合编,1989 年)

第 9 辑 乌盟人民剿匪记 (1992 年)

第 10 辑 乌兰察布蒙古族教育史 (1993 年)

第 11 辑 乌兰察布史略 (1997 年)

中国达斡尔族人物录 (黑龙江人民出版社,1997 年
版)

第 12 辑 我从察哈尔走来——金巴扎布回忆录
(2000 年)

第 13 辑 铁骑春秋——忆中国人民解放军内蒙古骑
兵第四师 (2002 年)

集宁区

集宁文史资料 政协内蒙古自治区集宁市委员会文史
资料研究委员会编印,32 开书型,不定期,内部交流。

第 1 辑 (1985 年)

第 2 辑 (1986 年)

第 3 辑 (1990 年)

第 4 辑 (2000 年)

第 5 辑 (2001 年)

丰镇市

丰镇文史资料 政协内蒙古自治区丰镇县委员会文史
资料委员会编印,32 开书型,不定期,内部交流。

第 1 辑 (1989 年)

第 2 辑 (1990 年)

第 3 辑

第 4 辑

第 5 辑

卓资县

卓资政协文史资料 政协内蒙古自治区卓资县委员会
文史委员会编印,32 开书型,不定期,内部交流。

第 1 辑 (1989 年)

第 2 辑 风土情 (1997 年)

警世说案——卓资县大要案例选编 (2003 年)

委员论坛 (2004 年)

化德县

化德文史资料 政协内蒙古自治区化德县委员会文史
资料委员会编印,32 开书型,不定期,内部交流。

第 1 辑 (2000 年)

商都县

商都文史资料 政协内蒙古自治区商都县委员会文史
资料委员会编印,32 开书型,不定期,内部交流。

第 1 辑 (1991 年)

第 2 辑

兴和县

兴和文史资料 政协内蒙古自治区兴和县委员会文史
资料委员会编印,32 开书型,不定期,内部交流。

第 1 辑 (1990 年)

第 2 辑 (1995 年)

凉城县

文史通讯 政协内蒙古自治区凉城县委员会文史资料
征集委员会编印,16 开刊型,油印,不定期,内部交流。

第 1 期 (1987 年)

第 2 期 (1988 年)

第 3 期 (1989 年)

第 4 期 (1990 年)

凉城文史资料 政协内蒙古自治区凉城县委员会文史
资料委员会编印,32 开书型,不定期,内部交流。

第 1 辑

察哈尔右翼前旗

察右前旗文史资料 内蒙古自治区察哈尔右翼前旗委
员会文史资料委员会编印,32 开书型,不定期,内部交流。

第 1 辑 (2006 年)

察哈尔右翼中旗

察右中旗文史资料 政协内蒙古自治区察哈尔右翼中旗委员会文史资料研究委员会编印,32 开书型,不定期,内部交流。

第 1 辑 (1986 年)
第 2 集 (1988 年)
第 3 辑 (2002 年)
第 4 辑

察哈尔右翼后旗

察哈尔右翼后旗文史资料 政协内蒙古自治区察哈尔右翼后旗委员会文史资料委员会编印,32 开书型,不定期,内部交流。

第 1 辑 (1997 年)
第 2 辑 (2003 年)
第 3 辑 (2004 年)
第 4 辑 (2005 年)

四子王旗

四王子旗文史资料 政协内蒙古篡台区四王子旗委员会文史资料委员会编印,32 开书型,不定期,内部交流。

第 1 辑 (1990 年)
第 2 辑 (蒙文)
第 3 辑
第 4 辑 情在第二故乡 (2005 年)

巴彦淖尔市

巴彦淖尔文史资料 (巴彦淖尔文史资料选辑) 政协内蒙古自治区巴彦淖尔盟委员会文史资料委员会编印,32 开书型,不定期,内部交流。

第 1 辑 (1983 年)
第 2—3 辑 (1984 年)
第 4—5 辑 (改现名)(1985 年)
第 6—7 辑 (1986 年)
第 8 辑 傅作义在河套 (1987 年)
第 9 辑 达理札雅与夫人金允诚史料专辑 (1988 年)
第 10 辑 (1989 年)
第 11 辑 (1990 年)
第 12 辑 (1991 年)
第 13 辑 傅作义在河套 (续集)(1992 年)
第 14 辑 巴云英与东公旗史料专辑 (1993 年)
第 15 辑 (1995 年)
第 16 辑
第 17 辑 (2003 年)

第 18 辑
政协委员风采
侨务史料
第 19 辑
民营经济的崛起
知青兵团史料
第 20 辑
山川秀美的巴彦淖尔 (与黄金研究会合编,2006 年)
第 21 辑 (2008 年)
抒情旧梦 (2008 年)

文史资料工作学习材料 政协内蒙古自治区巴彦淖尔盟委员会办公室编印,32 开书型,内部交流。

第 1 辑 (1985 年)
第 2 辑 (1986 年)
第 3 辑 (1988 年)

临河区

文史资料选辑 政协内蒙古自治区临河市委员会文史资料委员会编印,32 开书型或 16 开刊型,不定期,内部交流。

第 1 辑 (1983 年)
第 2 辑 (1984 年)
第 3 辑 (1987 年)
第 4 辑 (1988 年)
第 5 辑 (1989 年)
第 6 辑 (1991 年)
第 7 辑 (1995 年)

五原县

五原文史 (五原文史资料选编、五原文史资料选辑) 政协内蒙古自治区五原县委员会文史资料研究委员会编印,16 开刊型改 32 开书型,不定期,内部交流。

第 1 辑 (1983 年)
第 2 辑 (1984 年)
第 1—2 辑合订本 (1985 年)
第 3 辑 (改名)(1985 年)
第 4 辑 (改现名)(1986 年)
第 5 辑 (1987 年)
第 6 辑
五原政协简史
第 7 辑
第 8 辑
第 9 辑 (2005 年)
第 10 辑 (2006 年)

磴口县

磴口县文史资料 (磴口文史资料辑) 政协内蒙古

自治区磴口县委员会文史资料委员会编印,32 开书型,不定期,内部交流。

第 1 辑　（1984 年）
第 2 辑　（1985 年）
第 3 辑　（1986 年）
第 4 辑　（1987 年）
第 5 辑　（1988 年）
第 6 辑　三盛公天主教史料　（1989 年）
第 7 辑　（1990 年）
第 8 辑　（改现名）（1991 年）
第 9 辑　（1992 年）
第 10 辑　（1993 年）
第 11 辑　（1994 年）
第 12 辑
第 13 辑　（2002 年）

乌拉特前旗

乌拉特前旗文史资料　政协内蒙古自治区乌拉特前旗委员会提案文史委员会编印,32 开书型,不定期,内部交流。

第 1 辑　（1984 年）
第 2 辑　（1986 年）
第 3 辑　奇俊峰生平　（1988 年）
第 4 辑
第 5 辑　（1997 年）
第 6 辑

乌拉特中旗

乌拉特中旗文史　政协内蒙古自治区乌拉特中旗委员会文史资料委员会编印,32 开书型,不定期,内部交流。

第 1 辑
第 2 辑　（2007 年）

乌拉特后旗

杭锦后旗

杭锦后旗文史资料选编　政协内蒙古自治区杭锦后旗委员会文史资料委员会编印,32 开书型,不定期,内部交流。

第 1 辑　（1983 年）
第 2 辑　（1984 年）
第 3 辑　（1986 年）
第 4 辑　（1987 年）
第 5 辑　（1990 年）
第 6 辑　（1991 年）
第 7 辑　（1997 年）

第 8 辑　（1997 年）
第 9 辑　奋斗中学专辑　（1942—2002）（2002 年）

兴安盟

兴安文史资料　（兴安盟文史资料）　政协内蒙古自治区兴安盟委员会文史资料委员会编印,32 开书型,不定期,内部交流或公开发行。

第 1 辑　（1985 年）
第 2 辑
第 3 辑　热烈庆祝兴安盟复建十周年　（1990 年）
第 4 辑
中国达斡尔族人物录　（黑龙江人民出版社,1997 年版）
第 5 辑　兴安风景诗词选　（1995 年）
从松花江畔到内蒙古草原——高万宝扎布回忆录（与政协锡林郭勒盟文史委员会等合编,中共党史出版社,2003 年版）

乌兰浩特市

乌兰浩特文史资料　（乌兰浩特市文史资料选辑）政协内蒙古自治区乌兰浩特市委员会文史资料委员会编印,32 开书型,不定期,内部交流。

第 1 辑　（1987 年）
第 2 辑　（1988 年）
第 3 辑　（1989 年）
第 4 辑　（1990 年）

阿尔山市

阿尔山文史资料　政协内蒙古自治区阿尔山市委员会文史资料委员会编印,32 开书型,不定期,内部交流。

第 1 辑　（暨《内蒙古文史资料》第 64 辑,2008 年）

突泉县

文史资料选编　政协内蒙古自治区突泉县委员会文史资料研究委员会编印,16 开刊型,不定期,内部交流。

第 1 辑　（1984 年）
第 2 辑　（1986 年）
第 3 辑　（1988 年）
第 4 辑　徐明著作专辑　（1989 年）
第 5 辑

科尔沁右翼前旗

科右前旗文史　（文史资料选编）　政协内蒙古自治区科尔沁右翼前旗委员会文史资料研究委员会编印,16 开刊型,不定期,内部交流。

第 1 辑 (1983 年)
第 2 辑 (改现名)(1985 年)
第 3 辑
第 4 辑

科尔沁右翼中旗

科右中旗文史 政协内蒙古自治区科尔沁右翼中旗委员会文史资料工作委员会编印,32 开书型,不定期,内部交流。
第 1 辑 (1986 年)
第 2 辑

扎赉特旗

扎赉特旗文史资料 政协内蒙古自治区扎赉特旗委员会文史资料委员会编印,32 开书型,不定期,内部交流。
第 1 集 (1987 年)
第 2 集 (1990 年)
第 3 集 (2001 年)
第 4 集 (2002 年)
第 5 集 (2003 年)

锡林郭勒盟

锡林郭勒盟文史资料 政协内蒙古自治区锡林郭勒盟委员会文史委员会编印,32 开书型,不定期,内部交流或公开发行。
第 1 辑 (1983 年)
第 1 辑 (蒙文)(1983 年)
第 2 辑 (1985 年)
第 2 辑 (蒙文)(1985 年)
第 3 辑 (1987 年)
第 3 辑 (蒙文)(1987 年)
察哈尔蒙古族史话 (暨《乌兰察布文史资料》第 8 辑,1988 年)
锡林郭勒盟盟旗两级政协文史资料目录 (1989 年)
锡林郭勒名人录 第 1 辑 (1990 年)
搏克 (《锡林郭勒盟通讯》增刊,1991 年)
特辑 (1999 年)
第 4 辑
第 5 辑
从松花江畔到内蒙古草原——高万宝扎布回忆录 (与政协兴安盟文史委员会等合编,中共党史出版社,2003 年版)
锡林郭勒盟政协志 (1955—2004)(2004 年)
锡察盟干部团回忆录 (2005 年)
锡察盟文化队回忆录 (2006 年)
第 6 辑 亲历"七七"雪灾 (2007 年)
草原上的足迹 (2007 年)

健康使者 (2008 年)
张北青年学校史料
第 7 辑

锡林浩特市

锡林浩特市文史 政协内蒙古自治区锡林浩特市委员会文史资料研究委员会编印,32 开书型,不定期,内部交流。
第 1 辑 (1985 年)
第 1 辑 (蒙文)(1985 年)

二连浩特市

多伦县

多伦县文史资料 政协内蒙古自治区多伦县委员会文史资料委员会编印,16 开刊型,油印,不定期,内部交流。
第 1 期
多伦文史资料 政协内蒙古自治区多伦县委员会文史资料委员会编印,32 开书型,不定期,内部交流或公开发行。
第 1 辑 (内蒙古大学出版社,2006 年版)
第 2 辑 (内蒙古大学出版社,2007 年版)
第 3 辑 (内蒙古大学出版社,2008 年版)

阿巴嘎旗

阿巴嘎旗文史资料 政协内蒙古自治区阿巴嘎旗委员会文史资料委员会编印,32 开书型,不定期,内部交流。
解放前阿巴嘎左翼旗概况
解放前阿巴嘎右翼旗概况
解放前阿巴哈纳尔右翼旗概况
解放前阿巴哈纳尔左翼旗概况
阿巴嘎旗各苏木地名及其章盖、昆都名单
第 1 辑 (1986 年)
第 1 辑 (蒙文)
阿巴嘎旗部四旗解放前近代史况 (蒙文)
阿巴嘎民主政权建立情况 (蒙文)
阿巴嘎乌良海六佐志 (蒙文)
阿巴嘎四旗解放前祭敖包情况 (蒙文)
班迪达活佛庙简史 (蒙文)
第 2 辑 (蒙文)
第 3 辑 (蒙文)
第 4 辑 (蒙文)
第 5 辑 (蒙文)

苏尼特左旗

苏尼特左旗文史资料　政协内蒙古自治区苏尼特左旗委员会文史资料研究委员会编印,32开书型,不定期,内部交流。
第1辑
第1辑　(蒙文)
第2辑
第2辑　(蒙文)
第3辑
第3辑　(蒙文)
第4辑
第4辑　(蒙文)
第5辑
第6辑
第7辑
第8辑
第9辑
第10辑
第11辑
第12辑
第13辑
政协志

苏尼特右旗

苏尼特右旗文史　政协内蒙古自治区苏尼特右旗委员会文史资料研究委员会编印,32开书型,不定期,内部交流。
第1·2辑　(1985年)
第1辑　(蒙文)
第2辑　(蒙文)
第3辑　(1987年)
第4辑　(蒙文)
第4辑　阿拉坦瓦其尔自述
第5辑
第6辑
第7辑
第8辑
第9辑
第10辑
第11辑
第12辑
第13辑
第14辑
第15辑
政协志

东乌珠穆沁旗

东乌旗文史资料　政协内蒙古自治区东乌珠穆沁旗委员会文史资料研究委员会编印,32开书型,不定期,内部交流。
第1辑
第2辑
第3辑
第4辑
第5辑
第6辑
第7辑
第8辑
第9辑
第10辑　(2005年)
乌珠穆沁历史案卷辑　(蒙文)
乌珠穆沁人民的传统习俗　(蒙文)

西乌珠穆沁旗

西乌珠穆沁旗文史资料汇编　政协内蒙古自治区西乌珠穆沁旗委员会文史资料工作委员会编印,32开书型,不定期,内部交流。
第1辑　(1983年)
第1辑　(蒙文)(1984年)
第2辑　(1985年)
第2辑　(蒙文)(1985年)
第3辑　(1986年)
第3辑　(蒙文)(1986年)
第4辑
第5辑
第6辑
第7辑
第8辑
第9辑
第10辑
第11辑
第12辑
第13辑
政协志

太仆寺旗

太仆寺旗文史资料　政协内蒙古自治区太仆寺旗委员会文史资料研究委员会编印,32开书型,不定期,内部交流。
第1辑　(1990年)
第2辑　(蒙文)(1990年)
第2辑

第 3 辑
第 4 辑
第 5 辑
第 6 辑
政协志

镶黄旗

镶黄旗文史资料　政协内蒙古自治区镶黄旗委员会文史资料研究委员会编印,16 开刊型改 32 开书型,油印,不定期,内部交流。

1981 年第 1 期
1982 年第 1 期
1983 年第 1 期
1985 年第 1 期

镶黄旗文史资料　（蒙文）　政协内蒙古自治区镶黄旗委员会文史资料研究委员会编印,32 开书型,不定期,内部交流。

第 1 辑　（1981 年）
第 2 辑　（1982 年）
第 3 辑　（1983 年）
第 4 辑　（1985 年）
第 5 辑　（1985 年）
第 6 辑　（1987 年）
第 7 辑　（1987 年）
第 8 辑　（1997 年）
第 9 辑　（1999 年）
第 10 辑　（2000 年）
第 11 辑　（2001 年）
第 12 辑　历史的足迹　（2004 年）
镶黄旗革命回忆录

正镶白旗

正镶白旗文史资料　政协内蒙古自治区正镶白旗委员会文史资料研究委员会编印,32 开书型,不定期,内部交流。

第 1 辑　（蒙、汉文）(1984 年)
第 2 辑　（蒙、汉文）
第 3 辑　（蒙文）
第 4 辑
第 5 辑
第 6 辑
第 7 辑
第 8 辑
第 9 辑
第 10 辑
第 11 辑
第 12 辑
第 13 辑

第 14 辑
第 15 辑
政协正镶白旗委员会志　（1980—2007 年）（蒙、汉文）（2007 年）

正蓝旗

正蓝旗文史资料　（蒙文）　政协内蒙古自治区正蓝旗委员会文史资料研究委员会编印,32 开书型,不定期,内部交流。

第 1—2 辑　（1985 年）
第 3 辑
第 4 辑
第 5 辑
第 6 辑
第 7 辑
第 8 辑
第 9 辑
第 10 辑
第 11 辑
第 12 辑
第 13 辑

阿拉善盟

阿拉善盟文史　政协内蒙古自治区阿拉善盟委员会文史学习委员会编印,32 开书型,不定期,内部交流。

第 1 辑　（1985 年）
第 1 辑　（蒙文）(1985 年)
第 2 辑　（1986 年）
第 3 辑　西蒙阿拉善旗社会
居延海　（额济纳旗）
阿拉善盟旗志史料专辑　（1987 年）
第 4 辑　（1988 年）
第 5 辑　德王在阿拉善　（1988 年）
第 6 辑　（1989 年）
第 7 辑　爱吾庐诗草　（金允诚著）
第 8 辑　阿拉善旗风云实录　（1992 年）
第 9 辑　艰难的瀚海历程　（1998 年）
第 10 辑
第 11 辑
第 12 辑
第 13 辑
第 14 辑
第 15 辑
第 16 辑
第 17 辑
第 18 辑　延福寺与佛教　（2008 年）
阿拉善传说　（2008 年）
阿拉善文史资料选辑　政协内蒙古自治区阿拉善盟文

史资料委员会编,宁夏人民出版社,2007 年版。

甲编·阿拉善往事 （上、中、下册）

阿拉善左旗

阿拉善左旗文史资料 政协内蒙古自治区阿拉善左旗委员会文史学习委员会编印,32 开书型,不定期,内部交流。

第 1 辑 （1989 年）

第 2 辑 阿拉善左旗政协志

阿拉善左旗地名志 （2006 年）

沙力博尔摔跤

阿拉善左旗政协志 （续）(2007 年）

阿拉善右旗

阿拉善右旗文史资料 政协内蒙古自治区阿拉善右旗委员会文史学习委员会编印,32 开书型,不定期,内部交流。

第 1 辑 阿拉善霍硕特旗

第 2 辑 近三百年阿拉善大事纪略 （1992 年）

阿拉善右旗民间故事

额济纳旗

额济纳旗文史资料 政协内蒙古自治区额济纳旗委员会文史社会发展委员会编印,32 开书型,不定期,内部交流。

第 1 辑 （1985 年）

第 2 辑

额济纳旗祝词集

额济纳旗土尔扈特足迹

额济纳旗民歌 （上册）

第 3 辑 （蒙文）(2007 年）

额济纳民间故事传说选编

辽 宁 省

辽宁文史资料 （文史资料选辑） 政协辽宁省委员会学习宣传和文史委员会编,辽宁人民出版社出版,32 开书型,不定期,内部转公开发行。

第 1 辑 （与政协辽宁省沈阳市委员会文史资料研究委员会合编,1962 年版）

第 2—3 辑 （与政协辽宁省沈阳市委员会文史资料研究委员会合编,1963 年版）

第 4 辑 （与政协辽宁省沈阳市委员会文史资料研究委员会合编,1964 年版）

第 5 辑 （与政协辽宁省沈阳市委员会文史资料研究委员会合编,1965 年版）

第 6 辑 （改现名）(1981 年版)

第 7 辑 （1983 年版）

第 8—10 辑 （1984 年版）

第 11 辑 辽宁归侨回忆录专辑 （1986 年版）

第 12 辑 （1985 年版）

"九·一八"事变亲历记 （暨《吉林文史资料》第 11 辑,1985 年）

第 13 辑 高崇民遗诗专辑 （1986 年版）

第 14 辑 （1986 年版）

第 15 辑 张学良与杨常事件 （1986 年版）

第 16 辑 郭松龄反奉 （1986 年版）

第 17 辑 在同张学良相处的日子里——纪念西安事变五十周年 （1986 年版）

第 18 辑 张学良将军资料选 （1986 年版）

第 19 辑 辽宁名寺 （1987 年版）

第 20 辑 辽宁少数民族 （1987 年版）

第 21 辑 （1987 年版）

民族功臣张学良 （1988 年版）

第 1 辑 （总第 22 辑）张作霖被炸前后 （1988 年版）

第 2 辑 （总第 23 辑）辽宁民主党派专辑 （1988 年版）

第 24 辑 辽宁解放纪实 （1988 年版）

第 25 辑 （1988 年版）

第 26 辑 辽宁工商 （1989 年版）

辽宁文史资料目录索引 （1989 年版）

文史资料工作导研——文史资料工作资料选编 （1989 年版）

第 27 辑 艺海名伶 （1990 年版）

第 28 辑 归侨的记忆 （1990 年版）

第 29 辑 鸭绿江畔的丰碑——辽宁抗美援朝纪实 （1990 年版）

第 30 辑 "九·一八"大事记 （1991 年版）

文史资料东北文献篇目索引 （与辽宁省图书馆合编,辽沈书社,1991 年版）

第 31 辑 "九·一八"纪实 （1991 年版）

第 32 辑 "九·一八"烽火 （1991 年版）

第 33 辑 "九·一八"前学校忆顾 （1991 年版）

第 34 辑 杂巴地旧忆 （1992 年版）

列强在中国的租界 （与政协上海市文史资料委员会等合编,中国文史出版社,1992 年版）

第 35 辑 卢广绩生平 （1993 年版）

第 36 辑 王卓然史料集 （1993 年版）

第 37 辑 张氏帅府 （暨《沈河文史资料》第 4 辑,1993 年版）

第 38 辑 昨天的风采 （1993 年版）

第 39 辑 辽宁文史人物录 （1993 年版）

第 40 辑 辽宁少数民族婚丧风情 （1994 年版）

第 41 辑 爱国志士宁武 （1994 年版）

第 42 辑 关东枭雄——吴俊升 （陈志新著,1994 年版）

第 43 辑 罕王故里 （暨《抚顺文史资料》第 18 辑、《新宾文史资料》第 2 辑,1995 年版）

第 44 辑 璀璨的星晨 （1995 年版）

第 45 辑 红十字光彩——红十字在辽宁 （1997 年版）

第 46 辑 永远的赤子 （1997 年版）

肝胆相照见真情——老一辈无产阶级革命家与民主人士的交往 （与全国政协文史委员会等合编,中国文史出版社,1999 年版）

改造战犯纪实 （与全国政协文史资料委员会合编,中国文史出版社,2000 年版）

第 47 辑 世纪沧桑 （1998 年版）

第 48 辑 重庆舰起义纪实 （1998 年版）

第 49 辑 同心篇 （1998 年版）

第 50 辑 辉煌历程 （1999 年版）

第 51 辑 兴京旧事 （暨《新宾文史资料》第 3 辑,2000 年版）

血肉长城——义勇军抗日斗争实录 （上、下册）（与政协吉林省、黑龙江省、河北省、上海市等文史委员会合编,2001 年版）

第 52 辑 让民族之魂永存——抗日义勇军斗争活动遗址、遗迹视察纪实 （2002 年版）

第 53 辑 历史珍忆 （暨《本溪文史资料》第 10 辑,2003 年版）

第 54 辑 一代师表 （2004 年版）

辽宁文史资料精萃 （六卷） 政协辽宁省委员会学习宣传文史委员会编,辽宁人民出版社,1999 年版。

第一卷 张作霖·奉系军事集团

第二卷 张学良·东北军

第三卷 "九·一八"事变·抗日烽火

第四卷 辽宁解放·抗美援朝

第五卷 经济·文化·教育

第六卷 民族·华侨·社情

沈阳市

文史资料选辑 政协辽宁省沈阳市委员会学习宣传文

史委员会等编,辽宁人民出版社出版,32 开书型,不定期,内部交流或公开发行。

第 1 辑 （与政协辽宁省委员会文史资料研究委员会合编,1962 年版）

第 2—3 辑 （与政协辽宁省委员会文史资料研究委员会合编,1963 年版）

第 4 辑 （与政协辽宁省委员会文史资料研究委员会合编,1964 年版）

第 5 辑 （与政协辽宁省委员会文史资料研究委员会合编,1965 年版）

沈阳文史资料 政协辽宁省沈阳市委员会学习宣传文史委员会编印,32 开书型,不定期,内部交流或公开发行。

第 1 辑 （1981 年）

第 2—3 辑 （1982 年）

革命回忆录之一 （1982 年）

第 4 辑 （1983 年）

革命史料专辑之二 （1983 年）

革命史料专辑之三 （1983 年）

革命史料专辑之四 （1983 年）

第 5—6 辑 （1984 年）

第 7 辑 "九·一八"事变专辑 （1984 年）

第 8 辑 沈阳回回民族专辑 （1984 年）

第 9—10 辑 （1985 年）

"九·一八"事变亲历记 （暨《吉林文史资料》第 11 辑,1985 年）

第 11 辑 张学良将军史料专辑 （1986 年）

第 12 辑 张作霖史料专辑 （1986 年）

第 13 辑 （1987 年）

第 14 辑 古城风云录——纪念沈阳解放四十周年专辑 （1988 年）

第 15 辑 东北军史料专辑 （1988 年）

第 16 辑 （1989 年）

第 17 辑 满族史料专辑 （1990 年）

第 18 辑 铁血沉思——纪念"九·一八"事变六十周年史料专辑 （1991 年）

第 19 辑 （1992 年）

第 20 辑 我们走过的路 （今日中国出版社,1993 年版）

第 21 辑 北洋时期东北四省区军政首脑 （1994 年）

第 22 辑 西安事变与东北军将领——纪念西安事变六十周年专辑 （1996 年）

辽宁景观传说旅游专辑 （1996 年）

第 23 辑 抗日义勇军在沈阳地区的活动 （2000 年）

第 24 辑 （2001 年）

第 25 辑 沈阳宗教 （沈阳出版社,2003 年版）

第 26 辑 沈阳少数民族 （沈阳出版社,2004 年版）

第 27 辑 历史文化名城沈阳 （沈阳出版社,2006 年版）

共和国长子:沈阳老工业基地往昔辉煌 （上、下册）（沈阳出版社,2007 年版）

亲历沈阳改革开放三十年 （沈阳出版社,2008 年版）

沈河区

沈河文史资料 政协辽宁省沈阳市沈河区委员会文史资料研究委员会编印,32 开书型,不定期,内部交流或公开发行。

第 1 辑 （1987 年）

第 2 辑 （1990 年）

第 3 辑 寺庙专辑 （1992 年）

第 4 辑 张氏帅府 （暨《辽宁文史资料》第 37 辑,辽宁人民出版社,1993 年版）

第 5 辑 沈河胜迹荟踪 （1999 年）

和平区

和平文史资料 政协辽宁省沈阳市和平区委员会编印,32 开书型,不定期,内部交流或公开发行。

第 1 辑 和平的历程 （第一集）(2005 年)

第 2 辑 和平的历程 （第二集）(吉林文史出版社,2007 年版)

大东区

大东文史资料 政协辽宁省沈阳市大东区委员会文史资料委员会编印,32 开书型,不定期,内部交流。

第 1 辑 （1987 年）

第 2 辑 （1988 年）

第 3 辑 （1989 年）

第 4 辑 （1990 年）

第 5 辑 （1991 年）

第 6 辑 （1992 年）

第 7 辑 （1993 年）

第 8 辑 （1994 年）

第 9 辑 （1996 年）

东城风韵 （大东文史资料选萃）(2002 年)

皇姑区

皇姑文史资料 政协辽宁省沈阳市皇姑区委员会文史资料委员会编印,32 开书型,不定期,内部交流。

第 1 辑 （1888 年）

第 2 辑 （1989 年）

第 3—4 辑 （1990 年）

第 5 辑 （1991 年）

第 6 辑 （1992 年）

第 7 辑 （1993 年）

第 8 辑 （1994 年）

皇姑文史资料精选本 （1996 年）

第 9 辑 （1997 年）

第 10 辑 （1998 年）

第 11 辑 （1999 年）

第 12 辑 （2000 年）
第 13 辑 历史文化专辑 （2001 年）
第 14 辑 （2002 年）
第 15 辑 历史文化专辑 （2003 年）
第 16 辑 老照片专辑 （2005 年）
第 17 辑 新闻专集 （2005 年）
第 18 辑 工商专辑 （2006 年）
第 19 辑 科教专辑 （2007 年）
第 20 辑 皇姑改革开放 30 年 （2008 年）

铁西区

铁西区文史资料 政协辽宁省沈阳市铁西区委员会文史资料研究委员会编印,32 开书型,不定期,内部交流或公开发行。
第 1 辑 （2004 年）
第 2 辑 （2005 年）
第 3 辑 （2006 年）
沈阳市铁西区老照片 （上、下册）（沈阳出版社,2006 年版）

苏家屯区

苏家屯文史资料 政协辽宁省沈阳市苏家屯区委员会文史资料委员会编印,32 开书型,不定期,内部交流。
第 1 辑
第 2 辑
第 3 辑
第 4 辑
第 5 辑
第 6 辑 （1985 年）
第 7 辑 （1986 年）
第 8 辑 （1987 年）
第 9 辑 （1989 年）
第 10 辑

东陵区

东陵区文史资料 （东陵文史资料） 政协辽宁省沈阳市东陵区委员会文史资料编辑委员会编印,32 开书型,不定期,内部交流。
第 1 辑 （1984 年）
第 2 辑 （改现名）（1985 年）
第 3 辑 （1986 年）
第 4 辑 （1987 年）
第 5 辑 （1988 年）
第 6 辑 （1989 年）
增刊 东陵名胜 （1989 年）
增刊 东陵人物选传 （1989 年）
第 7 辑 （1990 年）

沈北新区

新城子文史资料 政协辽宁省沈阳市新城子区委员会学宣文史资料委员会编印,32 开书型,不定期,内部交流。
第 1 辑 （1988 年）
第 2 辑 （1989 年）
第 3 辑 （1991 年）
第 4 辑 （1992 年）
第 5 辑 （1993 年）
第 6 辑
第 7 辑
第 8 辑 （2003 年）

于洪区

新民市

新民文史资料 政协辽宁省新民县委员会学习文史委员会编印,32 开书型,不定期,内部交流。
第 1 辑 （1984 年）
第 2 辑
第 3 辑 （1990 年）
第 4 辑
第 5 辑
第 6 辑
第 7 辑
第 8 辑 （2002 年）

辽中县

辽中文史资料 政协辽宁省辽中县委员会学习文史委员会编印,32 开书型,不定期,内部交流。
第 1·2 辑 （1985 年）
第 3 辑 （1984 年）
第 4 辑 （1985 年）
第 5 辑 （1986 年）
第 6 辑 （1987 年）
第 7 辑 （1989 年）

康平县

康平文史资料 政协辽宁省康平县委员会文史资料委员会编印,32 开书型,不定期,内部交流。
第 1 辑 康平文物天地 （1986 年）
第 2 辑 （1987 年）
第 3 辑 文物考古专辑 （1989 年）
第 4 辑 （1990 年）
第 5 辑 （1991 年）

第6—7辑 （1993年）
第8辑 （1994年）
第9辑 （1995年）
第10辑 （1999年）
第11辑 文物考古专辑 （2000年）
第12辑 （2000年）
第13辑 （2001年）

法库县

法库文史资料 政协辽宁省法库县委员会文史资料研究委员会编印，32开书型，不定期，内部交流。
第1辑 （1981年）
第2辑 （1982年）
第3辑
第4辑 （1985年）
第5辑 （1987年）
柳塞春秋——法库文史选编 （1990年）
杨宇霆生平概述 （1991年）
建设中的东北瓷都 （2006年）
第6辑
柳塞春秋——法库文史选编 （1990年）
第7辑 杨宇霆生平概述 （1991年）
第8辑 萨满情歌 （1995年）
第9辑 法库旅游风情 （2002年）
第10辑 法库少数民族与宗教 （2004年）
第11辑 任庆泰传 （2005年）
建设中的东北瓷都 （2006年）
第12辑 难忘的岁月——孙奇同志在法库 （2007年）

朝阳市

朝阳文史资料 政协辽宁省朝阳市委员会学习宣传和文史委员会编印，32开书型，不定期，内部交流或公开发行。
第1辑 抗暴烽火——近现代朝阳人民抗暴斗争活动史料 （1986年）
朝阳市政协首届统战理论(政协专题)研讨会优秀论文选集 （1987年）
第2辑 血海深仇——日本侵略者侵占朝阳地区十三年的罪行史料 （1989年）
朝阳市政协第二届统战理论(政协专题)研讨会优秀论文选集 （1989年）
人民政协实用知识 （管文华等编著，中国文化出版社，1991年版）
第3辑 （1991年）
第4辑 我的回忆 （陈士鳌著，1994年）
第5辑
朝阳山建五十年 （1998年）
我与政协 （中国文联出版社，2002年版）
穿越时空的足迹——遗迹篇 （2005年）

穿越时空的足迹——人物篇 （2005年）
第6辑 （2006年）
孙奇同志在朝阳 （2006年）
朝阳知青四十年 （华夏出版社，2008年版）

双塔区

文史简报 政协辽宁省朝阳市双塔区市委员会文史资料研究委员会编印，16开刊型，不定期，内部交流。
总第1—5期
总第6期 （1988年）
龙鳞凤爪 政协辽宁省朝阳市双塔区委员会文史资料委员会编印，32开书型，不定期，内部交流。
第1辑 （1991年）
第2辑 （1992年）

龙城区

北票市

北票文史资料 政协辽宁省北票市委员会学习宣传文史委员会编印，32开书型，不定期，内部交流。
第1辑 （1987年）
第2辑
第3辑 抗美援朝专辑
第4辑

凌源市

凌源文史资料 政协辽宁省凌源市委员会文史资料委员会编印，16开刊型，油印，不定期，内部交流。
1986年第1—4期
1987年第1—5期
纪念凌源解放四十周年专辑 （1987年）
1988年第1—3期
1989年第1期
纪念建国四十周年专辑 （之一、之二）（1989年）
凌源文史资料 政协辽宁省凌源市委员会文史资料委员会编印，32开书型，不定期，内部交流。
第1辑
第2辑

朝阳县

朝阳文史资料 政协辽宁省朝阳县委员会文史资料研究委员会编印，16开刊型，油印，不定期，内部交流。
第1期 （1983年）
第2期 （1984年）
第3—7期 （1987年）

朝阳县文史资料 （文史资料） 政协辽宁省朝阳县委员会文史资料研究委员会编印,16 开刊型改 32 开书型,不定期,内部交流。

第 1 辑 （1982 年）

第 2 辑 （改现名） 历代诗歌选辑 （1982 年）

第 3 辑 （1986 年）

建平县

文史简报 政协辽宁省建平县委员会文史资料研究委员会编印,16 开刊型,油印,不定期,内部交流。

总第 1—17 期

总第 18 期 （1988 年）

文史资料 政协辽宁省建平县委员会文史资料研究委员会编印,32 开书型,不定期,内部交流。

第 1 集 （1989 年）

喀喇沁左翼蒙古族自治县

喀左县文史资料 政协辽宁省喀喇沁左翼蒙古族自治县委员会文史资料研究委员会编印,32 开书型,不定期,内部交流。

第 1 辑 （1987 年）

阜新市

阜新文史通讯 政协辽宁省阜新市委员会文史资料研究委员会编印,16 开刊型,不定期,内部交流。

1982 年第 1—2 期

1983 年第 1—3 期 （总第 3—5 期）

第 6 期 （1984 年）

第 7 期

阜新文史资料 （阜新文史） 政协辽宁省阜新市委员会文史资料委员会编印,32 开书型,不定期,内部交流。

第 1 辑 少数民族史料专辑 （1986 年）

第 2 辑 （1987 年）

第 3 辑 三一八阜新解放史料专辑 （1988 年）

第 4 辑 阜新民主党派专辑 （1989 年）

第 5 辑 （改现名）（1990 年）

第 6 辑 （1991 年）

第 7 辑 教育专辑 （1992 年）

阜新政协志 （1992 年）

第 8 辑 工商经济 （1993 年）

第 9 辑 委员风采之一 （1994 年）

第 10 辑 阜新大观 （1995 年）

第 11 辑 哈尔套履记 （与政协彰武县委员会等合编,1996 年）

第 12 辑 （1996 年）

第 13 辑 （1997 年）

第 14 辑 懿州纪事 （1998 年）

第 15 辑 （1999 年）

第 16 辑 （2000 年）

第 17 辑 （2001 年）

第 18 辑 （2002 年）

第 19 辑 （2003 年）

第 20 辑 蒙古族风情与寺庙史话 （2004 年）

第 21 辑 从懿州走出的道教大师张三丰 （2005 年）

第 22 辑 （2006 年）

第 23 辑 （2007 年）

海州区

海州文史 政协辽宁省阜新市海州区委员会文史资料委员会编印,32 开书型,不定期,内部交流。

第 1 辑 （1995 年）

新邱区

太平区

清河门区

细河区

彰武县

彰武文史通讯 政协辽宁省彰武县委员会文史资料委员会编印,32 开书型,不定期,内部交流。

第 1—2 期

彰武文史资料 （彰武县文史资料选辑） 政协辽宁省彰武县委员会文史资料委员会编印,32 开书型,不定期,内部交流。

第 1 辑 （1985 年）

第 2 辑 （改现名）（1987 年）

彰武政协三十年 （1959—1989）（1989 年）

第 3 辑 彰武文物 （1993 年）

哈尔套履记 （暨《阜新文史资料》第 11 辑,1996 年）

阜新蒙古族自治县

蒙古贞文史 （文史资料） 政协辽宁省阜新蒙古族自治县委员会文史资料研究委员会编印,32 开书型,不定期,内部交流。

第 1—2 辑 （1985 年）

第 3—4 辑 （1986 年）

第 1—5 辑选编本 （1988 年）

第 5 辑　（改现名）（1990 年）
第 6 辑　（1992 年）
第 7 辑　（1995 年）
第 8 辑　（2001 年）

铁岭市

铁岭文史资料　政协辽宁省铁岭市委员会文史资料委员会编印,32 开书型,不定期,内部交流或公开发行。
第 1 辑　（1985 年）
辽北人物录　（1985 年）
第 2 辑　（1986 年）
第 3 辑　（1987 年）
第 4 辑　日本帝国主义在辽北侵略罪行专辑　（1988 年）
第 5 辑　（1989 年）
第 6 辑　辽北人民抗日斗争史料专辑　（1990 年）
第 7 辑　（1993 年）
第 8 辑　（1994 年）
第 9 辑　纪念抗日战争胜利五十周年专辑　（1995 年）
第 10 辑　辽北文化界名人录　（1996 年）
第 11 辑　纪念解放铁岭五十周年专辑　（1998 年）
第 12 辑　政协委员风采　（1999 年）
第 13 辑　辽北体育冠军之乡　（2001 年）
第 14 辑　铁岭赵本山　（李忠淮等著,时代文艺出版社,2003 年版）
第 15 辑　辽北民俗专辑　（2003 年）
第 16 辑　指画专辑　（2004 年）
铁岭政协志　（2005 年）
第 17 辑　辉煌的历程　（画册）（2005 年）
第 18 辑　辽北方言　（2006 年）

银州区

银州文史资料　政协辽宁省铁岭市银州区委员会文史资料委员会编印,32 开书型,不定期,内部交流。
第 1 辑　（1985 年）
第 2 辑　（1986 年）
第 3 辑　（1987 年）
第 4·5 辑　（1989 年）
第 6 辑　（1990 年）

清河区

清河文史资料　政协辽宁省铁岭市清河区委员会文史资料委员会编印,32 开书型或 16 开刊型,不定期,内部交流。
第 1 辑
第 2 辑　（1995 年）
第 3 辑　清河人　（1999 年）
第 4 辑　辽北明珠——清河　（2002 年）
第 5 辑　清河书画作品集　（隋生德主编,2002 年）

调兵山市

铁法文史资料　政协辽宁省铁法市委员会文史资料委员会编印,32 开书型,不定期,内部交流。
第 1 辑　（1990 年）

开原市

开原文史资料　政协辽宁省开原市委员会编印,32 开书型,不定期,内部交流。
第 1 辑　（1984 年）
第 2 辑　（1986 年）
第 3 辑　（1988 年）
第 4 辑　人物篇　（1990 年）
第 5 辑　自然风俗篇　（1992 年）
第 6 辑　名胜古迹篇　（1995 年）

铁岭县

铁岭文史资料汇编　政协辽宁省铁岭县委员会学习文史委员会编印,32 开书型,不定期,内部交流。
第 1 辑　（1984 年）
第 2 辑　（1986 年）
第 3 辑　（1987 年）
第 4 辑　纪念铁岭解放四十周年专辑　（1988 年）
第 5 辑　（1989 年）
第 6 辑　（1990 年）
第 7 辑　（1991 年）
第 8 辑　（1992 年）
抗美援朝战争回忆录　（1994 年）

西丰县

西丰文史资料　政协辽宁省西丰县委员会文史资料委员会编印,32 开书型,不定期,内部交流。
第 1 辑　（1987 年）
第 2 辑　（1988 年）
第 3 辑　（1991 年）

昌图县

昌图文史资料　政协辽宁省昌图县委员会文史资料研究委员会编印,32 开书型,不定期,内部交流。
第 1—2 辑　（1987 年）
第 3 辑　榆城风云——纪念昌图解放四十周年专辑　（1988 年）
第 4 辑　峥嵘岁月　（1991 年）
第 5 辑　北国魂——许芝烈士专辑　（1991 年）
第 6 辑　昌图儿女　（一）（1992 年）

抗美援朝战争回忆录 （1994 年）

第 7 辑 （1995 年）

自由桥有多长 （2008 年）

抚顺市

抚顺文史资料选辑 政协辽宁省抚顺市委员会文史资料委员会编印,32 开书型,不定期,内部交流或公开发行。

第 1 辑 （1982 年）

第 2 辑 （1983 年）

第 3—4 辑 （1984 年）

第 5 辑 抚顺史专辑 （1985 年）

第 6 辑 （1985 年）

第 7 辑 新宾专辑 （1986 年）

第 8 辑 （1986 年）

第 9 辑 屠杀集——1905—1945 年间日本侵略者残害煤城同胞史料专辑 （1987 年）

第 10 辑 （1987 年）

第 11 辑 千金寨·欢乐园 （1988 年）

第 12 辑 震撼世界的奇迹——改造伪满皇帝溥仪暨日本战犯纪实(1990 年)

伪满皇帝溥仪暨日本战犯改造纪实 （中国文史出版社,1990 年版）

第 13 辑 回顾学雷锋活动的起源和发展 （白山出版社,1991 年版）

第 14 辑 难忘的中国 （辽宁大学出版社,1992 年版）

第 15 辑 伪满皇帝群臣改造纪实 （辽宁人民出版社,1992 年版）

第 16 辑 雷锋精神在神州 （上、下册）（辽宁人民出版社,1993 年版）

第 17 辑 喋血东边道——辽宁民众自卫军史料专辑 （辽宁民族出版社,1995 年版）

第 18 辑 罕王故里(暨《辽宁文史资料》第 43 辑、《新宾文史资料》第 2 辑,辽宁人民出版社,1995 年版)

抚顺少数民族与宗教 （1995 年）

第 19 辑 风雨同舟——抚顺民主党派、工商史料专辑 （辽宁人民出版社,1996 年版）

抚顺满族风俗 （与政协新宾满族自治县委员会等合编,1999 年）

改造战犯纪实 （与全国政协暨政协辽宁省、北京市、上海市、四川省、内蒙古自治区、重庆市文史资料委员会合编,中国文史出版社,2000 年版）

抚顺人在海内外 （第一辑）（辽宁人民出版社,2002 年版）

抚顺揽胜 （吉林摄影出版社,2003 年版）

抚顺煤矿百年 （1901—2001 年）（辽宁人民出版社,2004 年版）

抚顺人在海内外 （第二辑）（2006 年）

百年煤雕 （2006 年）

抚顺人在海内外 （第三辑）（2007 年）

抚顺工业百年回眸 （上卷）（2008 年）

顺城区

顺城文史资料 （郊区文史资料选辑） 政协辽宁省抚顺市顺城区委员会文史资料委员会编印,32 开书型,不定期,内部交流或公开发行。

第 1 辑 （1986 年）

第 2 辑 （改现名）（1989 年）

第 3 辑

第 4 辑 （1991 年）

王卓然史料集 （暨《辽宁文史资料》第 36 辑,辽宁人民出版社,1993 年版）

新抚区

东洲区

政协文史资料 政协辽宁省抚顺市露天区委员会编印,32 开书型,不定期,内部交流。

第 1 辑 情系浑河——大伙房水库建设史料 （上）（1992 年）

望花区

望花文史资料 政协辽宁省抚顺市望花区委员会文史资料委员会编印,32 开书型,不定期,内部交流。

第 1 辑 雷锋在望花专辑 （一）（1991 年）

第 2 辑 雷锋在望花专辑 （二）（1994 年）

抚顺县

抚顺县文史资料 政协辽宁省抚顺县委员会文史资料委员会编印,32 开书型,不定期,内部交流。

第 1 辑 （1991 年）

第 2 辑 兴京旧事 （2000 年）

第 3 辑 （2005 年）

第 4 辑 抗日烈士杨凤玉 （2007 年）

后安镇文史资料 政协辽宁省抚顺县后安镇工作委员会编印,32 开书型,不定期,内部交流。

第 1 辑 （2008 年）

新宾满族自治县

新宾文史资料 政协辽宁省新宾满族自治县委员会文史资料研究委员会编印,32 开书型,不定期,内部交流或公开发行。

第 1 辑 （1988 年）

第 2 辑 罕王故里 （暨《辽宁文史资料》第 43 辑,《抚

顺文史资料》第 18 辑,辽宁人民出版社,1995 年版)

抚顺满族民俗 (与政协抚顺市文史资料委员会合编,1999 年)

第 3 辑 兴京旧事 (暨《辽宁文史资料》第 51 辑,辽宁人民出版社,2000 年版)

清原满族自治县

清原满族自治县文史资料 政协辽宁省清原满族自治县委员会文史资料委员会编印,32 开书型,不定期,内部交流。

第 1 辑

第 2 辑

第 3 辑 (2007 年)

本溪市

本溪文史资料 政协辽宁省本溪市委员会文史资料委员会编印,32 开书型,不定期,内部交流或公开发行。

第 1 辑 (1984 年)

第 2 辑 本溪解放战争时期史料专辑 (1985 年)

第 3 辑 抗日战争时期史料专辑 (1986 年)

第 4 辑 (1989 年)

第 5 辑 抗美援朝史料专辑 (1990 年)

第 6 辑 吴大帅秘闻 (历史纪实丛书)(李亭岩著,辽沈书社,1994 年版)

第 7 辑 太子河畔的一颗明珠——小市 (暨《本溪县文史资料》第 9 辑,1994 年)

第 8 辑 绿川英子与刘仁 (与政协佳木斯市文史资料研究委员会合编,辽东文学社,1995 年版)

第 9 辑 纪念人民政协成立五十周年专辑 (1999 年)

第 10 辑 历史珍忆 (暨《辽宁文史资料》第 53 辑,辽宁人民出版社,2003 年版)

煤篇铁章——本溪老工业基地煤铁业史料汇编 (2007 年)

相遇贵相知——中国共产党领导人与党外人士交朋友的故事 政协辽宁省本溪市委员会等编,辽宁教育出版社出版。

第 1 辑 (1986 年版)

第 2 辑 (1987 年版)

第 3 辑 (1989 年版)

平山区

平山文史资料 政协辽宁省本溪市平山区委员会文史资料委员会编印,32 开书型,不定期,内部交流。

第 1 辑 (1992 年)

溪湖区

溪湖文史资料 政协辽宁省本溪市溪湖区委员会文史资料委员会编印,32 开书型,不定期,内部交流。

第 1 辑 (1990 年)

第 2 辑 (1992 年)

第 3 辑 (1993 年)

第 4 辑 (2004 年)

第 5 辑 本溪湖工人 (2007 年)

明山区

明山文史资料 政协辽宁省本溪市明山区委员会文史委员会编印,32 开书型,不定期,内部交流。

第 1 辑

第 2 辑 (2007 年)

南芬区

南芬文史资料 政协辽宁省本溪市南芬区委员会文史资料委员会编印,32 开书型,不定期,内部交流。

第 1 辑 (1991 年)

本溪满族自治县

本溪县文史资料 政协辽宁省本溪满族自治县委员会文史资料研究委员会编印,32 开书型,不定期,内部交流。

第 1 辑 (1986 年)

第 2 辑 (1987 年)

第 3 辑 (1988 年)

第 4 辑 (1989 年)

第 5 辑 本溪县抗美援朝纪实 (1990 年)

第 6 辑 (1991 年)

第 7 辑 (1992 年)

第 8 辑

第 9 辑 太子河畔的一颗明珠——小市 (暨《本溪文史资料》第 7 辑,2004 年)

桓仁满族自治县

桓仁文史资料 政协辽宁省桓仁满族自治县委员会文史资料委员会编印,32 开书型,不定期,内部交流。

第 1 辑 (1985 年)

第 2 辑 (1987 年)

第 3 辑 (1990 年)

第 4 辑 人物专辑 (1992 年)

第 5 辑 风景名胜专辑 (2000 年)

桓仁县政协志 (2006 年)

桓仁地域文化丛书 政协辽宁省桓仁满族自治县等编印,32 开书型或 16 开刊型,内部交流。

五女山志 (黄柏林主编,2004 年)

桓仁八卦城 (2004 年)

桓仁抗日斗争史 (2005 年)

桓仁建州女真志 （2006 年）

鸭绿江流域历史资料汇编 （上、下册）（与政协吉林省白山市文史资料委员会等合编,2007 年）

辽阳市

文史通讯 政协辽宁省辽阳市委员会文史资料委员会编印,16 开刊型,不定期,内部交流。

第 1—6 期 （1981—1982 年）

辽阳文史资料 政协辽宁省辽阳市委员会学习宣传文史委员会编印,32 开书型,不定期,内部交流。

第 1 辑 教育专辑 （1985 年）

第 2 辑 （1985 年）

第 3 辑 （1987 年）

第 4 辑 （1989 年）

第 5 辑 （1990 年）

第 6 辑 （1992 年）

第 7 辑 （1993 年）

第 8 辑 （1995 年）

第 9 辑 民国时期辽阳人物专辑 （1997 年）

第 10 辑 （1999 年）

第 11 辑 （2001 年）

第 12 辑 （2002 年）

第 13 辑 （2003 年）

第 14 辑 （2004 年）

第 15 辑 （2005 年）

第 16 辑 （2006 年）

第 17 辑 （2007 年）

白塔区

文圣区

宏伟区

弓长岭区

弓长岭区文史资料 政协辽宁省辽阳市弓长岭区委员会学习文史委员会编印,32 开书型,不定期,内部交流。

第 1 辑 （2008 年）

太子河区

灯塔市

灯塔县文史资料 政协辽宁省灯塔县委员会文史资料

委员会编印,32 开书型,不定期,内部交流。

第 1 辑 （1989 年）

第 2 辑 李兆麟将军史料专辑 （1991 年）

辽阳县

辽阳县文史资料 政协辽宁省辽阳县委员会文史资料委员会编印,32 开书型,不定期,内部交流。

第 1 辑 （1985 年）

第 2 辑 （1987 年）

第 3 辑 （1996 年）

第 4 辑 （1998 年）

第 5 辑 （1999 年）

第 6 辑 （2002 年）

鞍山市

鞍山文史资料选辑 政协辽宁省鞍山市委员会文史资料委员会编印,32 开书型,不定期,内部交流。

第 1—2 辑 （1983 年）

第 3 辑 （1984 年）

第 4 辑 一八四师海城起义专辑 （1985 年）

第 5 辑 千山五大禅林 （1986 年）

第 6 辑 （1986 年）

第 7 辑 （1987 年）

第 8 辑 （1988 年）

第 9 辑 （1992 年）

第 10 辑 中日甲午陆战辽海战事记 （1997 年）

铁东区

铁西区

立山区

千山区

海城市

海城文史资料 政协辽宁省海城市委员会文史资料研究委员会编印,32 开书型,不定期,内部交流。

第 1 辑 （1987 年）

第 2 辑 （1988 年）

第 3 辑 （1990 年）

第 4 辑 （1992 年）

第 5 辑 （1997 年）

第 6 辑 （1999 年）
第 7 辑 （2002 年）

台安县

台安文史资料 政协辽宁省台安县委员会文史资料委员会编印,32 开书型,不定期,内部交流。
第 1 辑 （1983 年）
第 2 辑 （1989 年）
第 3 辑 诗词专辑 （1989 年）
第 4 辑 （1990 年）
第 5 辑 （1991 年）
第 6 辑 （1994 年）
台安地方掌故 （1996 年）
丁毅民戏剧小品相声集 （2006 年）

岫岩满族自治县

岫岩文史资料 政协辽宁省岫岩满族自治县委员会文史资料委员会编印,32 开书型,不定期,内部交流或公开发行。
第 1 辑 （1986 年）
第 2 辑 （1987 年）
第 3 辑 （1988 年）
第 4 辑 丹东满族——岫岩专辑 （暨《丹东文史资料》第 7 辑,辽宁民族出版社,1991 年版）
第 5 辑 （1998 年）

丹东市

丹东文史资料 政协辽宁省丹东市委员会学习文史委员会编印,32 开书型,不定期,内部交流或公开发行。
第 1 辑 （1984 年）
第 2 辑 （1986 年）
第 3 辑 （1987 年）
第 4 辑 （1988 年）
第 5 辑 （1989 年）
第 6 辑 鸭绿江畔的丰碑 （1990 年）
第 7 辑 丹东满族——岫岩专辑 （暨《岫岩文史资料》第 4 辑,辽宁民族出版社,1991 年版）
第 8 辑 丹东满族——凤城专辑 （暨《凤城文史资料》第 5 辑,辽宁民族出版社,1992 年版）
第 9 辑 丹东满族——宽甸专辑 （暨《宽甸文史资料》第 2 辑,辽宁民族出版社,1994 年版）
第 10 辑 昨日辉煌 （1949—1994 年）——纪念丹东市政协成立四十五周年 （1996 年）

振兴区

元宝区

元宝文史资料 政协辽宁省丹东市元宝区委员会文史资料委员会编印,32 开书型,不定期,内部交流。
第 1 辑 （1989 年）

振安区

振安文史资料 政协辽宁省丹东市振安区委员会文史委员会编印,32 开书型,不定期,内部交流。
第 1 辑 （1992 年）

凤城市

凤城文史资料 政协辽宁省凤城满族自治县委员会学习文史委员会编印,32 开书型,不定期,内部交流或公开发行。
第 1 辑 （1988 年）
第 2 辑 （1989 年）
第 3 辑 （1990 年）
第 4 辑 （1991 年）
第 5 辑 丹东满族——凤城专辑 （暨《丹东文史资料》第 8 辑,辽宁民族出版社,1992 年版）
第 6 辑
第 7 辑
鸭绿江流域历史资料汇编 （上、下册）（与政协吉林省白山市文史资料委员会等合编,2007 年）

东港市

东沟文史资料 政协辽宁省东沟县委员会文史资料研究委员会编印,32 开书型,不定期,内部交流。
第 1 辑 （1985 年）
第 2 辑 （1988 年）
第 3 辑 东沟县革命烈士纪念碑专辑 （1990 年）
第 4 辑 （1993 年）

宽甸满族自治县

宽甸文史资料 政协辽宁省宽甸满族自治县委员会学习文史委员会编印,32 开书型,不定期,内部交流或公开发行。
第 1 辑 （1990 年）
第 2 辑 丹东满族——宽甸专辑 （暨《丹东文史资料》第 9 辑,辽宁民族出版社,1994 年版）

大连市

大连文史资料 政协辽宁省大连市委员会文史和学习

委员会编印,32 开书型,不定期,内部交流或公开发行。

第 1 辑　（1984 年）
第 2 辑　（1985 年）
第 3 辑　（1987 年）
第 4 辑　甲午战争在大连专辑　（1988 年）
第 5 辑　（1988 年）
第 6 辑　（1989 年）
第 7 辑　（1990 年）
第 8 辑　八旗源流特辑　（1991 年）
第 9 辑　戏剧专辑　（大连海运学院出版社,1992 年版）
第 10 辑　大连足球运动史料　（1992 年）
锡伯族图录　（1994 年）
大连民营经济发展简史
大连近百年史　（上、下）（1999 年）
大连近百年风云图录　（1999 年）
大连近百年史人物　（1999 年）
大连近百年史文献　（1999 年）
大连近百年史见闻　（1999 年）
大连通史　（古代卷）（与大连市史志办公室合编,2006 年）
大连通史　（近代卷）
大连政协志

"日俄战争在大连"丛书　政协辽宁省大连市委员会文史和学习委员会编印,2005 年。

日俄战争始末
日俄战争史略
日俄战争史料集

西岗区

西岗文史资料　政协辽宁省大连市西岗区委员会文史资料委员会编印,32 开书型,不定期,内部交流。

第 1 辑　（1988 年）
第 2 辑　（1990 年）
第 3 辑　（1991 年）
第 4 辑　（1997 年）
第 5 辑

中山区

中山区文史资料　政协辽宁省大连市中山区委员会文史资料委员会编印,16 开刊型,油印,不定期,内部交流。

第 1 期　（1986 年）

文史　政协辽宁省大连市中山区委员会文史资料研究委员会编印,16 开刊型,油印,不定期,内部交流。

第 1—3 期　（1989 年）
第 4—7 期　（1990 年）
第 8 期　（1991 年）
中山区政协志　（上、下）（1991 年）

中山文史　政协辽宁省大连市中山区委员会文史资料研究委员会编印,32 开书型,不定期,内部交流。

第 1 辑　（1992 年）

沙河口区

大连市沙河口区文史资料　政协辽宁省大连市沙河口区委员会文史资料委员会编印,32 开书型或 16 开刊型,或油印,不定期,内部交流。

第 1 辑　沙河口区揽胜　（1988 年）
第 2 辑　大事记专辑　（1990 年）
第 3 辑　（1990 年）
忆鸦片战争史实——揭露帝国主义罪行　（纪念鸦片战争一百五十周年宣传参考资料）（1990 年）

甘井子区

甘井子文史资料　政协辽宁省大连市甘井子区委员会文史资料委员会编印,32 开书型,不定期,内部交流。

甘井子区政协志　（1958—1984）
第 1 辑　（1989 年）
第 2 辑　（1993 年）
甘井子区政协志　（1984—1994）（1994 年）

旅顺口区

旅顺口文史资料　政协辽宁省大连市旅顺口区委员会文史资料委员会编印,32 开书型,不定期,内部交流。

第 1 辑　（1992 年）
第 2 辑　（1994 年）

金州区

金州文史资料　政协辽宁省大连市金州区委员会文史资料研究委员会编印,16 开刊型,油印,不定期,内部交流。

1983 年第 1 期
1985 年第 1—4 期
1986 年第 1—5 期
1987 年第 1—5 期

金州文史资料　政协辽宁省大连市金州区委员会文史资料研究委员会编印,32 开书型,不定期,内部交流或公开发行。

第 1 辑　（1991 年）
王永江纪念文集　（大连出版社,1993 年版）

瓦房店市

瓦房店文史资料　政协辽宁省瓦房店市委员会文史资料研究委员会编印,16 开刊型,不定期,内部交流。

1985 年第 1—3 期　（总第 1—3 期）

1986 年第 1 期 （总第 4 期）
1987 年第 1—2 期 （总第 5—6 期）
1988 年第 1—2 期 （总第 7—8 期）

普兰店市

普兰店文史资料 （新金文史资料） 政协辽宁省普兰店市委员会文史资料委员会编印，16 开刊型，不定期，内部交流。
第 1 期 （1985 年）
第 2 期 贡献篇——县政协委员事迹简述 （1986 年）
第 3—4 期 （1987 年）
第 5 期 （1988 年）
第 6 辑 （改现名）（1992 年）

庄河市

庄河文史资料 政协辽宁省庄河县委员会文史资料委员会编印，32 开书型，不定期，内部交流。
第 1 辑 （1985 年）
第 2 辑 （1986 年）
第 3 辑 （1987 年）
第 4 辑 （1988 年）
第 5 辑 （1989 年）
第 6 辑 （1990 年）
第 7 辑 （1991 年）
第 8 辑 （1992 年）

长海县

长海文史 政协辽宁省长海县委员会文史工作委员会编印，16 开刊型，油印或不定期，内部交流。
1988 年第 1 期 （总第 1 期）
1988 年第 1 期 （总第 2 期）
1989 年第 1—3 期 （总第 3—5 期）
1990 年第 1—4 期 （总第 6—9 期）
1991 年第 1—6 期 （总第 10—15 期）
长海文史 政协辽宁省长海县委员会文史资料委员会编印，32 开书型，不定期，内部交流。
第 1 辑 （1994 年）
第 2 辑 建国后史料专辑 （2000 年）

营口市

营口文史资料 政协辽宁省营口市委员会文史资料研究委员会编印，32 开书型，不定期，内部交流。
第 1 辑 炉银专辑 （1983 年）
第 2 辑 王家善起义专辑 （1984 年）
第 3 辑 （1985 年）
第 4 辑 （1986 年）

第 5 辑 （1987 年）
第 6 辑 （1988 年）
第 7 辑 （1990 年）
第 8 辑 纪念中国人民志愿军赴朝参战四十周年专辑（1990 年）
第 9 辑 辰州星火——纪念“九·一八”事变六十周年专辑 （1991 年）
第 10 辑 营口港埠面面观 （1993 年）
营口市政协志 （1993 年）
特辑 跨世纪委员留笔 （2001 年）

站前区

西市区

鲅鱼圈区

鲅鱼圈文史资料 政协辽宁省营口市鲅鱼圈区委员会文史资料编写组编印，32 开书型，不定期，内部交流。
第 1 辑 （1991 年）
第 2 辑 （1992 年）
第 3 辑 （1993 年）

老边区

大石桥市

营口县文史资料 政协辽宁省营口县委员会文史资料研究委员会编印，32 开书型，不定期，内部交流。
第 1 辑 （1984 年）
第 2 辑 （1985 年）

盖州市

盖县文史资料 政协辽宁省盖县委员会文史资料委员会编印，32 开书型，不定期，内部交流。
第 1 辑 （1984 年）
第 2 辑 （1985 年）
第 3 辑 （1987 年）
第 4 辑 （1988 年）
第 5 辑 东北青年的怒吼 （张英将军革命回忆录）（1988 年）
第 6 辑 人民炮兵的凯歌 （张英将军革命回忆录之二）（1990 年）
第 7 辑 鏖战国外的炮一师 （张英将军革命回忆录之三）（1990 年）
第 8 辑 （1991 年）

盘锦市

盘锦文史资料 政协辽宁省盘锦市委员会文史资料委员会编印,32 开书型,不定期,内部交流。

第 1 辑 (1986 年)
第 2 辑 李龙石专辑 (1988 年)
第 3 辑 (1990 年)
第 4 辑 (1991 年)
第 5 辑 (1992 年)
第 6 辑 (1995 年)

兴隆台区

兴隆文史资料 政协辽宁省盘锦市兴隆台区委员会文史资料委员会编印,32 开书型,不定期,内部交流。

第 1 辑 (1988 年)

双台子区

双台子区文史资料 (盘山区文史资料) 政协辽宁省盘锦市双台子区委员会文史资料办公室编印,32 开书型,不定期,内部交流。

第 1 辑 (1986 年)
第 2 辑 (改现名)(1987 年)
第 3 辑 (1989 年)
风雨同舟 (吉林文史出版社,2005 年版)

大洼县

大洼文史 (大洼文史资料选编、大洼文史资料)
政协辽宁省大洼县委员会学习文史委员会编印,32 开书型,不定期,内部交流。

第 1 辑 (1981 年)
第 2 辑 (1982 年)
第 3—4 辑 (1983 年)
第 5 辑 (1984 年)
第 6 辑 (1985 年)
第 7 辑 (改名) 日伪时期大洼开拓团史料 (1987 年)
第 8 辑 二界沟渔村史 (1988 年)
第 9 辑 (1989 年)
第 10 辑 (改现名)(1993 年)
第 11 辑
第 12 辑
第 13 辑
第 14 辑
第 15 辑
第 16 辑
第 17 辑
第 18 辑

第 19 辑 大洼农垦事业专辑 (2003 年)
第 20 辑 八万知青在大洼专辑 (2004 年)

盘山县

盘山文史资料 政协辽宁省盘山县委员会文史资料编纂委员会编印,32 开书型,不定期,内部交流。

第 1 辑 (1982 年)
第 2 辑 (1983 年)
第 3 辑 (1986 年)
第 4 辑 (1988 年)
盘山县政协九年事记汇编 (1980—1989 年) (1990 年)
第 5 辑 (1990 年)
第 6 辑 (1992 年)
盘山县政协九年事记续编 (1990—1992 年) (1993 年)
第 7 辑 (1994 年)
第 8 辑 (1997 年)
盘山县政协志 (1980—1995 年) (1997 年)
盘山县政协大事记 (1997 年)
第 9 辑 (1999 年)

锦州市

锦州文史资料 政协辽宁省锦州市委员会学习宣传与文史委员会编印,16 开刊型改 32 开书型,或油印,不定期,内部交流或公开发行。

第 1—4 辑 (1964—1966 年) (1984 年)
第 1—4 辑合订本 (1984 年)
第 5 辑 (1983 年)
第 6 辑 锦州名寺专辑 (1985 年)
第 7 辑 锦州土特名产专辑 (1987 年)
第 8 辑 锦州历史人物专辑 (1988 年)
我在台湾三十年 (郭士先著,1989 年)
第 9 辑 锦州教育文化今昔 (1990 年)
第 10 辑 锦州工商财贸 (1992 年)
第 11 辑 民族与宗教专辑 (1993 年)
第 12 辑 民主党派与工商联专辑 (1994 年)
第 13 辑 (1995 年)
第 14 辑 (1996 年)
第 15 辑 苹果树下倚——纪念辽沈战役胜利暨胜利解放五十周年丰碑 (1997 年)
第 16 辑 丰碑 (1998 年)
第 17 辑
第 18 辑
第 19 辑
第 20 辑 (2001 年)
第 21 辑 锦州文史考辨 (2002 年)
第 22 辑
第 23 辑
第 24 辑 昭忠祠碑与甲午陆战纪略 (2005 年)

第 25 辑　政协锦州市委员会成立五十周年纪念作品集（1955－2005）（2005 年）

纪念政协锦州市委员会成立五十周年书画作品(2005 年)

第 26 辑　爱国实业家李嘉祥　（2006 年）

锦州那个地方出苹果　（2006 年）

与锦州文坛相遇　（2006 年）

政协委员一日　（沈阳出版社,2007 年版）

第 27 辑　锦州金石录　（2007 年）

太和区

太和区文史资料　政协辽宁省锦州市太和区委员会文史资料研究委员会编印,32 开书型,不定期,内部交流。

第 1 辑　（1986 年）

古塔区

古塔文史资料　政协锦州市古塔区委员会文史资料委员会编印,32 开书型,不定期,内部交流。

第 1 辑　（1988 年）

凌河区

凌河文史资料　政协辽宁省锦州市凌河区委员会学习文史办公室编印,32 开书型,不定期,内部交流。

第 1 辑　（1988 年）

第 2 辑　（1989 年）

第 3 辑

第 4 辑　（1993 年）

凌海市

锦县文史资料　政协辽宁省锦县委员会文史资料委员会编印,32 开书型,不定期,内部交流。

第 1 辑　（1982 年）

第 2 辑　（1982 年）

第 3 辑　军事专辑　（1984 年）

第 4 辑　（1985 年）

第 5 辑　（1985 年）

第 6 辑　人物专辑　（1985 年）

第 7 辑　（1989 年）

第 8 辑　萧军史料专辑　（1990 年）

第 9 辑　文物古迹专辑　（1991 年）

北镇市

北宁市文史资料　（文史资料选编　北镇文史资料）政协辽宁省北镇满族自治县委员会学习文史委员会编印,32 开书型,不定期,内部交流。

第 1—2 辑　（1982 年）

第 3—4 辑　（1982 年）

第 5 辑　（改名）　抗日义勇军抗击日寇专辑　（1984 年）

第 6 辑　（1984 年）

第 7 辑　北镇名山古寺专辑　（1985 年）

一至四辑合订本　（1985 年）

第 8 辑　伪满时期史料专辑　（1986 年）

第 9 辑　北镇县满族史料专辑　（1987 年）

第 10 辑　解放北镇四十周年史料专辑　（1988 年）

第 11 辑　北镇政协二十八年史料专辑　（1989 年）

第 12 辑　抗美援朝专辑　（1990 年）

第 13 辑　历史人物专辑　（1991 年）

第 14 辑　政协北镇满族自治县委员会老委员忆旧史料专辑　（1992 年）

第 15 辑　（改现名）　历史文化名城北宁　（1995 年）

第 16 辑　佟玉兰回忆录　（1999 年）

黑山县

黑山文史资料　政协辽宁省黑山县委员会文史资料研究委员会编印,32 开书型,不定期,内部交流。

第 1 辑　（1983 年）

第 2 辑　（1984 年）

第 3—4 辑　（1985 年）

第 5 辑　（1986 年）

第 6 辑　（1987 年）

第 7·8 辑　纪念黑山阻击战胜利四十周年　（1988 年）

第 9 辑　人物专辑　（1989 年）

第 10 辑　教育专辑　（1997 年）

义县

义县文史资料　政协辽宁省义县委员会文史资料委员会编印,32 开书型,不定期,内部交流。

第 1—2 辑　（1985 年）

第 3 辑　（1986 年）

第 4 辑　（1987 年）

第 5 辑　（1988 年）

第 6 辑　（1990 年）

第 7 辑　（1991 年）

第 8 辑　（1994 年）

第 9 辑　纪念抗日战争五十周年特辑　（1995 年）

第 10 辑　义县历史名人　（1996 年）

第 11 辑　义县教育大事记　（1999 年）

葫芦岛市

葫芦岛文史资料　（锦西文史资料）　政协辽宁省锦西市委员会学习文史资料委员会编印,32 开书型,不定期,内部交流或公开发行。

第1辑　（1992 年）

第2辑　（改现名）（1994 年）

第3辑　（1995 年）

第4辑　抗日战争专辑　（1996 年）

第5辑　渤海明珠兴城　（与政协文史资料兴城市委员会合编,1997 年）

第6辑　（1998 年）

第7辑　委员风采　（1999 年）

关外第一县——绥中　（与政协绥中县文史资料委员会合编,2001 年）

党和国家领导人在葫芦岛　（中国国际文化出版社,2007 年版）

龙港区

锦西文史资料　政协辽宁省锦西市委员会文史资料研究委员会编印,32 开书型,不定期,内部交流。

第1辑　（1983 年）

第2辑　（1984 年）

第3辑　（1985 年）

第4辑　（1986 年）

第5辑　（1987 年）

龙港文史资料　（葫芦岛文史资料）　政协辽宁省葫芦岛市龙港区委员会文史资料委员会编印,32 开书型,不定期,内部交流。

第1辑　（1990 年）

第2辑　（1991 年）

第3辑　（1992 年）

第4辑　（1993 年）

第5辑　（1994 年）

第1辑　（总第6辑）（改现名）（1995 年）

第2辑　（总第7辑）　纪念中国人民政治协商会议成立五十周年专辑　（1999 年）

第3辑　（总第8辑）　"重庆号"起义专辑　（2000 年）

连山区

连山文史资料　政协辽宁省锦西市连山区委员会文史资料研究委员会编印,32 开书型,不定期,内部交流。

第1辑　（1990 年）

第2辑　（1991 年）

第3辑　（1992 年）

第4辑　（1994 年）

南票区

南票文史资料　政协辽宁省葫芦岛市南票区委员会学习文史委员会编印,32 开书型,不定期,内部交流。

第1辑

第2辑　南票煤炭发展史料专辑　（1990 年）

第3辑

第4辑

第5辑

第6辑

第7辑

第8辑　（1998 年）

兴城市

兴城文史资料　（兴城文史资料选辑）　政协辽宁省兴城市委员会文史资料研究委员会编印,32 开书型,不定期,内部交流。

第1辑　（1985 年）

第2辑　（1985 年）

第3辑　（1987 年）

第4辑　（改现名）（1988 年）

渤海明珠兴城　（暨《葫芦岛文史资料》第5辑,1997 年）

绥中县

文史资料选编　政协辽宁省绥中县委员会宣传文教工作办公室编印,32 开书型,不定期,内部交流。

第1辑　（1982 年）

第2辑

第3辑　（1983 年）

第4辑　东北抗日义勇军在绥中抗日活动史料专辑（1983 年）

第5辑　（1984 年）

第6辑　（1985 年）

第7辑　名人专辑　（1987 年）

第8辑　纪念绥中解放四十周年专辑　（1988 年）

第9辑　名胜名产专辑　（1989 年）

第10辑

关外第一县——绥中　（与政协葫芦岛市学习文史资料委员会合编,2001 年）

建昌县

政协简报　（文史资料）　政协辽宁省建昌县委员会办公室编印,16 开刊型,油印,不定期,内部交流。

第1期

第2期

第3期

第4期

第5期

第6期　（1989 年）

建昌县文史资料　政协辽宁省建昌县委员会学习文史工作委员会编印,16 开刊型,油印,不定期,内部交流。

第1辑　（·1989 年）

吉 林 省

吉林文史资料（吉林文史资料选辑） 政协吉林省委员会文史资料委员会编印，32 开书型，不定期，内部交流或公开发行。

第 1 辑 （1964 年）

第 2 辑 （1981 年）

第 3 辑 日伪统治东北时期大事记专辑 （1981 年）

第 4 辑 张作霖等奉系军阀人物资料专辑 （1983 年）

第 5 辑 （改现名） 抗日救国风云录——抗日自卫军、义勇军史料专辑 （1985 年）

第 6 辑 铁窗内外——狱中生活见闻专辑 （1985 年）

第 7 辑 从戊戌变法到"九·一八"事变东北大事记 (1985 年)

第 8 辑 流浪的王妃——满洲宫廷的悲剧 （1985 年）

第 9—10 辑 溥仪的后半生 （上、下）（1985 年）

第 11 辑 "九·一八"事变亲历记 （与政协全国委员会、辽宁省沈阳市文史资料研究委员会合编，1985 年）

第 12 辑 他们为什么死在中国——蒋日伪通化"二·三"武装叛乱录实 （与政协通化市委员会文史资料委员会合编，1985 年）

第 13—14 辑 （1987 年）

第 15 辑 工商史料专辑 （1987 年）

第 16 辑 拒日临江设领史料专辑 （与政协浑江市文史资料委员会合编，1987 年）

第 17 辑 血泪的历史 （1987 年）

第 18—20 辑 （1987 年）

第 21 辑 东北抗日联军第一路军简史 （1987 年）

中国吉林人参源流 （与政协通化市文史资料委员会合编，吉林人民出版社，1988 年版）

第 22 辑 （1987 年）

第 23 辑 抗日救国风云录 （与政协通化市文史资料委员会合编，1987 年）

第 24 辑 回忆杨靖宇将军 （与政协通化市文史资料委员会合编，1988 年）

第 25 辑 抗日将军冯占海 （1988 年）

第 26 辑 （1988 年）

伪满洲国大事记 （大连出版社，1990 年版）

吉林百年 （上、下卷）（吉林人民出版社，1990 年版）

"九·一八"事变资料汇编 （吉林人民出版社，1991 年版）

吉林满族 （与政协伊通满族自治县文史委员会合编，吉林人民出版社，1991 年版）

吉林朝鲜族 （与政协延边州文史资料委员会合编，吉林人民出版社，1993 年版）

肝胆相照见真情——老一辈无产阶级革命家与民主人士的交往 （与全国政协文史资料委员会合编，中国文史出版社，1999 年版）

黄金王国的兴衰——韩边外祖孙四代纪实 （吉林摄影出版社，1997 年版）

以史为鉴——日本制造伪满洲国图证 （与吉林省档案馆合编，吉林人民出版社，2000 年版）

吉林省政协九届委员名录 （2003 年）

吉林老工业基地资料选编 （2004 年）

吉林旅游系列丛书 政协吉林省委员会文史资料委员会编，吉林人民出版社出版。

向海香海寺 （2004 年版）

查干湖 （2004 年版）

吉林景观

家乡的骄傲

伪满史料丛书 政协吉林省委员会文史资料委员会等编，吉林人民出版社，1993 年版。

第 1 卷 "九·一八"事变

第 2 卷 殖民政权

第 3 卷 伪满军事

第 4 卷 日伪暴行

第 5 卷 经济掠夺

第 6 卷 伪满文化

第 7 卷 伪满社会

第 8 卷 伪满人物

第 9 卷 抗日救亡

第 10 卷 伪满覆灭

长春市

长春文史资料 政协吉林省长春市委员会文史和学习委员会编印，32 开书型或 16 开刊型，不定期，内部交流或公开发行。

第 1 辑 （1982 年）

第 2—3 辑 （1983 年）

第 4—5 辑 （1984 年）

第 6 辑 溥仪与我 （李淑贤口述，延边教育出版社，1984 年版）

第 7 辑 末代皇后和皇妃 （吉林人民出版社，1984 年版）

第 8—9 辑 （1985 年）

第 10 辑 庭闻忆略——回忆祖父罗振玉的一生 (1985 年)

第 11 辑 伪帝宫内幕 （1985 年）

1986 年第 1—4 辑 （总第 12—15 辑）

1987 年第 1 辑 （总第 16 辑）

1987 年第 2 辑 （总第 17 辑） 从"满映"到"长影"——长影部分电影艺术家小传专辑

1987 年第 3·4 辑 （总第 18·19 辑） 长春起义——纪念长春解放四十周年专辑

东北土匪习俗 （1987 年）

1988 年第 1 辑 （总第 20 辑） 围困长春——一个特殊类型的战役

1988 年第 2 辑 （总第 21 辑） 新七军投诚——纪念长春解放四十周年

1988 年第 3 辑 （总第 22 辑）

1988 年第 4 辑 （总第 23 辑） 满洲宗教

1988 年第 5 辑 （总第 24 辑）

1988 年第 6 辑 （总第 25 辑） 板垣征四郎

伴驾生涯 （李国雄口述，1988 年）

1989 年第 1 辑 （总第 26 辑） 伴驾生涯——跟随溥仪三十三年纪实

1989 年第 2—3·4 辑 （总第 27—29 辑） 东北沦陷时期的音乐 （1989 年）

1990 年第 1 辑 （总第 30 辑） 一个志愿军战士的经历

1990 年第 2 辑 （总第 31 辑）

1990 年第 3 辑 （总第 32 辑） 宗教人士谈往录

1990 年第 4 辑 （总第 33 辑）

1991 年第 1 辑 （总第 34 辑） 汽车工业之星 （一）

1991 年第 2 辑 （总第 35 辑） 伪满军官学校

1991 年第 3·4 辑 （总第 36·37 辑） 胜友懿范各千秋

张伯驹和潘素 （任凤霞等著，吉林人民出版社，1991 年版）

1992 年第 1 辑 （总第 38 辑）

1992 年第 2 辑 （总第 39 辑） 伪满奸雄录

1992 年第 3 辑 （总第 40 辑） 长春文史资料创刊十周年 （1982—1992）

中国东北行帮 （时代文艺出版社，1992 年版）

1993 年第 1 辑 （总第 41 辑） 海角濡樽集——罗继祖先生八十寿辰纪念文集

1993 年第 2 辑 （总第 42 辑） 民革专辑

1993 年第 3·4 辑 （总第 43·44 辑） 汽车工业之星 （二）

1994 年第 1 辑 （总第 45 辑） 艰辛的历程——伪满军官学校的学生们

1995 年第 1 辑 （总第 46 辑） 关东木帮

1995 年第 2 辑 （总第 47 辑） 从沦陷到解放——1931 年至 1948 年的长春 （霍燎原等编）

1995 年第 3 辑 （总第 48 辑） 86 号飞行员的足迹 （周正著）

1997 年第 1 辑 （总第 49 辑） 回忆伪满建国大学

1997 年第 2 辑 （总第 50 辑） 汽车工业之星 （三）

1997 年第 3·4 辑 （总第 51·52 辑） 吴学周日记

总第 53 辑 伪满洲国十四年史话 （丘树屏著，1998 年）

总第 54 辑 关东店铺 （曹保明，1998 年）

总第 55 辑 美在关东——李青山口述二人转史料 （1998 年）

总第 56 辑 烽火年代的点滴回忆——长春市民革成员谈往录 （1999 年）

总第 57 辑 长春市县（市）区政协文史资料选编 （1999 年）

肝胆相照见真情——老一辈无产阶级革命家与民主人士的交往 （与全国政协文史资料委员会等合编，中国文史出版社，1999 年版）

罗振玉王国维往来书信 （东方出版社，2000 年版）

总第 58 辑 风雨五十年：长春市政协五十周年纪念文集 （政协文史资料委员会，2000 年）

总第 59 辑 长春二百年：1800—2000 （政协文史资料委员会，2000 年）

总第 60 辑 长春老字号 （政协文史资料委员会，2001 年）

总第 61 辑 日本关东军的兴亡与"九·一八"事变 （长春市政协文史和学习委员会，2002 年）

总第 62 辑 关东风雷 （长春市政协文史资料委员会，2003 年）

总第 63 辑 走向抗日的曲折之路：离开伪满建大之后 （长春市政协文史资料委员会，2003 年）

总第 64 辑 东北抗日联军演义 （长春市政协文史资料委员会，2003 年）

总第 65 辑 汽车工业之星 （长春市政协文史资料委员会，2004 年）

总第 66 辑 高丕琨回忆录 （长春市政协文史资料委员会，2004 年）

总第 67 辑 东影的日本人 （长春市政协文史资料委员会，2005 年）

总第 68 辑 长春旧事 （长春市政协文史资料委员会，2005 年）

总第 69 辑 东北沦陷区的国民党 （长春市政协文史资料委员会，2005 年）

长春市政协书画 （一）（2005 年）

长春旧事 （李其颖著，2005 年）

总第 70 辑

总第 71 辑 东北沦陷区文学史话 （上官缨著，2005 年）

总第 72 辑 见证伪皇宫——伪皇宫见证人采访录 （2006 年）

长春市政协书画 （二）（2007 年）

总第 73 辑 伊通河文明史 （长春出版社，2007 年版）

总第 74 辑 伪满洲国首都规划 （日·越泽明著，2007 年）

总第 75 辑 往事存真——长春市历史足迹 （1800—1948 年）（于祺元编著，2007 年）

末代皇帝溥仪与我 （京华出版社，2007 年版）

张静与郭奋扬 （刘燕平等著，2007 年）

百年人民大街 （张贤达著，2008 年）

南关区

南关文史 政协吉林省长春市南关区委员会文史资料委员会编印,32开书型,不定期,内部交流。

第1辑 （1990年）
第2辑 （1991年）
第3辑 （1993年）

朝阳区

朝阳文史资料 （文史资料） 政协吉林省长春市朝阳区委员会文史资料研究委员会编印,16开刊型改32开书型,不定期,内部交流。

第1辑 （1985年）
第2辑 （改现名）（1987年）
第3辑 （1988年）

穿越时空的足迹 政协吉林省长春市朝阳区委员会文史资料研究委员会编印,32开书型,2005年。

第1辑 遗迹篇
第2辑 人物篇
第3辑 山河篇

宽城区

文史资料 政协吉林省长春市宽城区委员会文史资料委员会编印,16开刊型,内部交流或公开发行。

第1期 （1984年）
第2期 （1985年）
第3期 （1986年）
第4期 （1987年）
第5期 （1988年）
第6期 （1989年）
第7期 伪满洲国务总理大臣——张景惠 （东北史丛书）（吉林文史出版社,1991年版）
第8期 文物专辑 （1991年）

二道区

绿园区

郊区文史资料 （文史资料） 政协吉林省长春市郊区委员会文史资料委员会编印,32开书型,内部交流。

第1辑 （1986年）
第2辑 （改现名）（1990年）
第3辑 （1992年）

双阳区

德惠市

德惠文史资料 政协吉林省德惠县委员会文史资料研究委员会编印,32开书型,不定期,内部交流。

第1辑 （1984年）
第2辑 （1985年）
第3辑 （1986年）
第4辑 纪念德惠解放四十周年专辑 （1987年）
第5辑 （1988年）
德惠人物 （上、下册）（2000年）

九台市

九台文史资料 政协吉林省九台市委员会文教卫生委员会编印,32开书型,不定期,内部交流。

第1辑 （1986年）
第2辑 （1988年）
第3辑 （1991年）
第4辑 （1997年）
第5辑 （1999年）

九台文史资料选刊 政协吉林省九台市委员会文史资料委员会编印,16开刊型,不定期,内部交流。

第1期
第2期

榆树市

榆树文史资料 政协吉林省榆树市委员会文史资料委员会编印,32开书型,不定期,内部交流。

第1辑 （1986年）
第2辑 （1988年）
第3辑 文化专辑 （1991年）
第4辑 教育专辑 （1996年）

农安县

文史资料汇编 （农安文史资料） 政协吉林省农安县委员会文史资料研究委员会编印,16开刊型改32开书型,不定期,内部交流。

第1辑
第2辑
第3—4辑 （1983年）
第5辑 （1984年）
第6辑 （改现名）（1985年）
第7辑 （1987年）
第8辑 （1990年）
第9辑
第10辑
第11辑 （1995年）

白城市

白城文史资料 政协吉林省白城市委员会文史资料委员会编印,32 开书型,不定期,内部交流。
第 1 辑　伪满时期专辑　(1999 年)
第 2 辑　(2000 年)
第 3 辑
第 4 辑　(2005 年)

洮北区

文史资料 政协吉林省白城市委员会文史资料委员会编印,32 开书型,不定期,内部交流。
第 1 辑　(1985 年)
第 2—3 辑　(1986 年)
第 4—5 辑　(1987 年)
第 6—7 辑　(1988 年)
第 8—9 辑　(1991 年)

大安市

大安文史资料　(**大安文史资料选辑**)　政协吉林省大安县委员会文史资料研究委员会编印,32 开书型,不定期,内部交流。
第 1 辑　(1984 年)
第 2 辑　(改现名)(1985 年)
第 3 辑　(1986 年)
第 4 辑　(1987 年)
第 5 辑　安广专辑　(1990 年)
第 6 辑　教育专辑　(1991 年)

洮南市

洮南文史资料　(**洮安文史资料**)　政协吉林省洮南市委员会文史资料委员会编印,32 开书型,不定期,内部交流。
第 1 辑　(1984 年)
第 2 辑　(1985 年)
第 3 辑　(1986 年)
第 4 辑　(1987 年)
第 5 辑　(改现名)(1988 年)
第 6 辑　(1989 年)
第 7 辑　(1990 年)

镇赉县

镇赉文史资料　(**文史资料汇编、文史资料**)　政协吉林省镇赉县委员会文史资料委员会编印,32 开书型,不定期,内部交流。

第 1—3 辑　(1982 年)
第 4 辑　(1983 年)
第 5 辑　(1985 年)
第 6 辑　(1986 年)
第 7 辑　(改名)(1987 年)
第 8 辑　(1988 年)
第 9 辑　(1989 年)
第 10 辑　(改现名)(1990 年)

通榆县

通榆文史资料 政协吉林省通榆县委员会文史研究委员会编印,32 开书型,不定期,内部交流。
第 1 辑　(1984 年)
第 2—3 辑　(1985 年)
第 4 辑　(1986 年)
第 5 辑　(1987 年)
第 6 辑　(1991 年)

松原市

松原文史资料 政协吉林省松原市委员会文史资料委员会编印,32 开书型,不定期,内部交流或公开发行。
今古松原　(龙门书店,1995 年版)
松原人物
松原文史荟萃　(2003 年)

宁江区

宁江文史 政协吉林省松原市宁江区委员会编印,32 开书型,不定期,内部交流。
第 1 辑

扶余县

扶余文史资料 政协吉林省松原市扶余区委员会文史资料委员会编印,32 开书型,不定期,内部交流。
第 1 辑　(1983 年)
第 2 辑　(1984 年)
第 3 辑　(1985 年)
第 4 辑　"增"字号韩氏家族盛衰史　(1985 年)
第 5 辑　(1986 年)
第 6 辑　(1987 年)
第 7 辑　人物专辑　(1987 年)
第 8 辑　伪满专辑　(1988 年)
第 9 辑　(1988 年)
第 10 辑　人物专辑　(1989 年)
第 1—10 辑合订本　(1990 年)
第 11 辑　(1991 年)
第 12 辑　(1992 年)

第 13 辑　献给伯都纳的新城建置三百周年专辑（1993 年）

第 14 辑　人物志专辑　（1994 年）

长岭县

长岭文史　（长岭文史资料）　政协吉林省长岭县委员会文史资料委员会编印,32 开书型,不定期,内部交流。

第 1 辑　（1984 年）

第 2 辑　（1985 年）

第 3 辑　（1998 年）

第 4 辑　（改现名）（1999 年）

第 5 辑

乾安县

乾安文史资料　政协吉林省乾安县委员会文史资料研究委员会编印,32 开书型,不定期,内部交流。

第 1 辑　（1985 年）

第 2 辑　（1986 年）

第 3 辑　（1987 年）

第 4 辑　（1988 年）

第 5 · 6 辑　（1990 年）

第 7 辑

第 8 辑

第 9 辑

第 10 辑　（1997 年）

第 11 辑　（1998 年）

第 12 辑

前郭尔罗斯蒙古族自治县

郭尔罗斯文史　（前郭文史资料）　政协吉林省前郭尔罗斯蒙古族自治县委员会文史资料委员会编印,32 开书型,不定期,内部交流或公开发行。

第 1 辑　（1983 年）

第 2 辑　（1984 年）

第 3—4 辑　（1985 年）

第 5 辑　（1986 年）

第 6 辑　（1987 年）

陶克陶胡

第 7 辑　齐王史略　（1988 年）

第 8 辑　前郭水田开发史　（1990 年）

第 9 辑　骏马奔弛——前郭尔罗斯蒙古族自治县成立三十五周年专辑　（1991 年）

第 10 辑　（改现名）美丽富饶的郭尔罗斯　（黑龙江人民出版社,1994 年版）

第 11 辑　郭尔罗斯烽烟录　（东北蒙古族革命斗争史丛书）（辽宁人民出版社,1995 年版）

第 12 辑　九四卷——美丽富饶的郭尔罗斯　（黑龙江人民出版社,1994 年版）

第 13 辑　九五卷——郭尔罗斯烽烟录　（东北蒙古族革命斗争史丛书）（辽宁人民出版社,1995 年版）

第 14 辑　九六卷　（1996 年）

第 15 辑　九七卷　（1997 年）

第 16 辑　（1998 年）

第 17 辑　（1999 年）

第 18 辑　郭尔罗斯前旗大同会——纪念郭前旗大同会成立六十周年文集

第 19 辑　沙尖造林治沙

第 20 辑　郭尔罗斯简史

从松花江畔到内蒙古草原——高万宝扎布八十抒怀（与政协锡林郭勒盟文史委员会合编,中共党史出版社,2004 年版）

吉林市

吉林市文史资料　政协吉林省吉林市委员会文史资料委员会编印,32 开书型,不定期,内部交流或公开发行。

第 1 辑　（1983 年）

第 2 辑　（1984 年）

第 3 辑　长春起义与曾泽生将军　（1985 年）

第 4 辑　吉林教育回忆　（1985 年）

第 5 辑　（1986 年）

第 6 辑　（1987 年）

长春起义纪实——纪念长春起义四十周年　（东北史丛书）（吉林文史出版社,1987 年版）

第 7 辑　辅帅生平——张学良的老佐臣张作相（1988 年）

第 8 辑　吉林货币金融史料　（1989 年）

第 9 辑　江城话往　（1990 年）

第 10 辑

第 11 辑

第 12 辑　北国江城古今谭　（1994 年）

第 13 辑　烽火吉林军　（1995 年）

第 14 辑　辉煌的开端——"一五"期间我市国家七项重点工程建设史料　（1996 年）

第 15 辑　吉林市老字号　（1997 年）

第 16 辑　北洋时期吉林军民长官　（1998 年）

第 17 辑　中国历史文化名城——吉林市　（吉林人民出版社,1999 年版）

第 18 辑　中东路风云　（吉林人民出版社,2000 年版）

第 19 辑　我的家在东北松花江上　（吉林人民出版社,2001 年版）

第 20 辑　吉林话旧　（吉林人民出版社,2002 年版）

第 21 辑　朱庆澜传略　（吉林人民出版社,2003 年版）

第 22 辑　光明之路　（吉林文史出版社,2005 年版）

第 23 辑　吉林满族风俗　（吉林人民出版社,2006 年

版）

第 24 辑　老城旧事　（2007 年）

船营区

船营文史资料　政协吉林省吉林市船营区委员会文史资料工作委员会编印,32 开书型,不定期,内部交流。

第 1 辑　（1990 年）

第 2—3 辑　（1991 年）

第 4—5 辑　（1993 年）

第 6 辑　（1995 年）

龙潭区

昌邑区

昌邑文史资料　政协吉林省吉林市昌邑区委员会文史资料工作委员会编印,32 开书型,不定期,内部交流。

第 1 辑　（1989 年）

第 2 辑　（1990 年）

第 3 辑　（1987 年）

丰满区

吉林市郊区文史资料　政协吉林省吉林市郊区委员会文史资料研究委员会编印,32 开书型,不定期,内部交流。

第 1 辑　（1985 年）

第 2 辑　（1986 年）

第 3 辑　（1988 年）

第 4 辑　（1989 年）

磐石市

磐石文史资料　政协吉林省磐石市委员会文史资料研究委员会编印,32 开书型,不定期,内部交流。

第 1 辑　（1987 年）

第 2 辑　（1988 年）

第 3 辑　（1989 年）

第 4 辑　（1991 年）

第 5 辑　磐石史话　（1992 年）

第 6 辑　（1993 年）

第 7 辑　（1994 年）

第 8 辑　十四年的苦难与斗争　（纪念抗日战争胜利五十周年专辑）(1995 年)

第 9 辑　东北抗联第一军征战实录　（2003 年）

第 10 辑　磐石市政协志　（2001 年）

第 11 辑　烽火第八路抗日义勇军——磐石民众抗日救国风采

第 12 辑　烽火第八路抗日义勇军——磐石民众抗日

救国风云录　（2004 年）

第 13 辑　党旗辉映在南满大地——东北沦陷时期的中共磐石中心县委　（2006 年）

蛟河市

文史资料　（活页）　政协吉林省蛟河市委员会文史委员会编印,32 开书型,不定期,内部交流。

总第 1—12 期

1991 年第 1—3 期　（总第 13—15 期）

蛟河文史资料　政协吉林省蛟河市委员会文史资料委员会编印,32 开书型,不定期,内部交流。

第 1 辑　（1985 年）

第 2 辑　（1986 年）

第 3 辑　（1987 年）

第 4 辑　（1988 年）

第 5 辑　（1989 年）

第 6 辑　（1990 年）

第 7 辑

第 8 集　蛟河人物　（1995 年）

桦甸市

桦甸文史资料　政协吉林省桦甸市委员会文史资料委员会编印,32 开书型,不定期,内部交流。

第 1 辑　（1986 年）

第 2 辑　（1987 年）

第 3 辑　（1988 年）

第 4 辑　（1989 年）

第 5 辑　（1990 年）

第 6 辑　（1992 年）

第 7 辑

第 8 辑　文史资料选　（1993 年）

第 9 辑

第 10 辑

第 11 辑　（2002 年）

舒兰市

舒兰文史资料　（舒兰县文史资料）　政协吉林省舒兰市委员会文史资料委员会编印,32 开书型,不定期,内部交流。

第 1 辑　（1985 年）

第 2 辑　（改现名）伪满专辑　（1986 年）

第 3 辑　（1988 年）

第 4 辑　（1991 年）

完颜希尹家族墓地略考　（王世华编著,1996 年）

第 5 辑

第 6 辑

第 7 辑　（2002 年）

永吉县

永吉文史资料 政协吉林省永吉县委员会学习文史委员会编印,32 开书型,不定期,内部交流。
第 1 辑 (1987 年)
第 2 辑 (1989 年)
第 3 辑
第 4 辑
第 5 辑
第 6 辑
第 7 辑
永吉文史集萃
第 8 辑 永吉民风民俗专辑 (1996 年)

四平市

四平文史资料 政协吉林省四平市委员会文史资料研究委员会编印,32 开书型,不定期,内部交流。
第 1 辑 (1988 年)
第 2 辑 (1991 年)
第 3 辑 (1992 年)
吴俊升专辑 (1992 年)
第 4 辑 四平人物资料专辑 (1993 年)
第 5 辑 纪念抗日战争胜利五十周年专辑 (1995 年)
政协通讯 政协吉林省四平市委员会文史资料研究委员会编印,16 开书型或 32 开书型,不定期,内部交流。
第 1—4 期
第 5 期 (1982 年)
四平简史 (1983 年)

铁西区

铁东区

双辽市

双辽文史资料 政协吉林省双辽县委员会文史资料委员会编印,32 开书型,不定期,内部交流。
第 1 辑 (1985 年)
第 2 辑 (1986 年)
第 3 辑 (1987 年)
第 4 辑 (1988 年)
吴俊升专辑 (与政协四平市文史资料委员会合编,1992 年)

公主岭市

公主岭文史资料 政协吉林省公主岭市委员会文史资料委员会编印,32 开书型,不定期,内部交流。
第 1 辑 (1986 年)
第 2 辑
第 3 辑

梨树县

梨树文史资料 政协梨树县委员会文史资料研究委员会编印,32 开书型,不定期,内部交流。
第 1 辑

伊通满族自治县

伊通文史资料 政协吉林省伊通满族自治县委员会文史委员会编印,32 开书型,不定期,内部交流或公开发行。
第 1 辑 (1987 年)
第 2 辑 (1988 年)
第 3 辑 (1989 年)
吉林满族 (吉林人民出版社,1991 年版)
第 4 辑 伊通担架大队赴朝参战纪实 (1992 年)
第 5 辑 (1993 年)

辽源市

辽源文史资料 (辽源文史) 政协吉林省辽源市委员会文史资料研究委员会编印,32 开书型,不定期,内部交流。
第 1 辑 (1986 年)
政协简史(一)(1987 年)
第 2 辑 (改现名) 伪满西安炭矿专辑 (与政协辽源市西安区文史资料委员会合编,1989 年)
第 3 辑 解放前后的西安煤矿 (1990 年)
第 4 辑 建国前后的辽源工商业 (1991 年)
第 5 辑 (1992 年)
中国梅花鹿之乡 (1994 年)
特辑 珠光玑韵

龙山区

西安区

西安区文史资料 政协吉林省辽源市西安区委员会文史资料委员会编印,32 开书型,不定期,内部交流。
伪满西安炭矿专辑 (暨《辽原文史资料》第 2 辑,1989 年)

东丰县

东丰文史资料 政协吉林省东丰县委员会文史资料委员会编印,32 开书型,不定期,内部交流。
第 1 辑
第 2 辑
第 3 辑
第 4 辑
第 1—4 辑选刊 (1986 年)
第 5 辑 (1985 年)
第 6 辑 (1986 年)
第 7 辑 (1987 年)
第 8 辑 (1989 年)

东辽县

东辽文史资料 政协吉林省东辽县委员会文史资料委员会编印,16 开刊型,不定期,内部交流。
第 1 辑 (1991 年)

通化市

通化文史资料 政协吉林省通化市委员会文史资料委员会编印,16 开刊型,不定期,内部交流或公开发行。
第 1 辑 通化"二·三"暴乱事件始末 (李大根著,1985 年)

通化文史资料 政协吉林省通化市委员会文史资料委员会编印,32 开书型,不定期,内部交流。
他们为什么死在中国——蒋日伪通化"二·三"武装叛乱录实 (暨《吉林文史资料》第 12 辑,1985 年)
第 1 辑 (1987 年)
抗日救国风云录续集 (暨《吉林文史资料》第 23 辑,1987 年)
回忆杨靖宇将军 (暨《吉林文史资料选辑》第 24 期,1988 年)
第 2 辑 辽宁民众自卫军史料拾遗 (1989 年)
新编第 3 辑 中国吉林人参源流 (吉林人民出版社,1988 年版)
新编第 4 辑 世界人参之冠·新开河人参 (中、英文对照)(吉林人民出版社,1989 年版)
新编第 5 辑 长白山古今揽胜 (卓昕等主编,吉林人民出版社,1990 年版)
新编第 6 辑 在通化史册上——"两史一情"教育乡土读本 (1992 年)
新编第 7 辑 朝鲜独立军在中国东北活动史略 (辽宁民族出版社,1993 年版)
新编第 8 辑 通化乡友通讯录 (1993 年)
新编第 9 辑 勿忘历史,振兴中华 (1995 年)
委员论坛集锦

长白山风情书画集
新编第 10 辑 委员风采 (1996 年)
新编第 11 辑 东边道经济开发史略 (1998 年)
新编第 12 辑 商海明珠——通化集贸中心创业史录 (1999 年)
新编第 13 辑 在通化历史上的今天 (1877—1996)(与中共通化市委党史研究室合编,1999 年)
新编第 14 辑 通化市政协志 (1999 年)
第 15 辑 (改现名)(2001 年)
山城鱼水情——通化市创建双拥模范城纪实(2002 年)
黎明前的暴乱 (评书)(姚雪松编著,2003 年)
蓝天战神 (姚雪松编著,2005 年)
古城沧桑 (吉林摄影出版社,2006 年版)
鸭绿江流域历史资料汇编 (上、下册)(与政协吉林省白山市文史资料委员会等合编,2007 年)

东昌区

东昌区文史资料 政协吉林省通化市东昌区委员会文史资料委员会编印,32 开书型,不定期,内部交流。
第 1 辑 通化市大庙沟金矿专辑 (1990 年)
第 2 辑 (1994 年)

二道江区

梅河口市

梅河口文史资料 政协吉林省梅河口市委员会文史资料委员会编印,32 开书型,不定期,内部交流。
第 1 辑 解放梅河口战役专辑 (1986 年)
第 2 辑 抗日时期部分史料 (1987 年)
第 3 辑 民国时期部分史料 (1989 年)
第 4 辑 伪满时期部分史料 (1990 年)
第 5 辑
第 6 辑 游子风华录 (1995 年)
第 7 辑 经济史料专辑 (1998 年)
第 8 辑 教育专辑 (2000 年)
第 9 辑 (2001 年)
第 10 辑 (2002 年)
第 11 辑 梅河口市政协志 (2003 年)

集安市

文史资料选 (文史资料选编) 政协吉林省集安市委员会文史委员会编印,32 开书型,不定期,内部交流。
第 1 辑 (1981 年)
第 2 辑 (1982 年)
第 3 辑 (1983 年)

第4辑 （改现名）（1984 年）

第5辑 边关烽火猛——纪念抗日战争胜利四十周年专辑 （1985 年）

第6辑 （1987 年）

第7辑 （1989 年）

第8辑

第9辑 （1997 年）

第10辑 光辉历程——庆祝建国五十周年专辑 （1999 年）

第11辑 百年风流人物 （2002 年）

第12辑 名城胜地——纪念高句丽遗迹列入世界遗产名录 （2005 年）

第13辑

第14辑 集安抗日斗争史料 （2007 年）

通化县

通化县文史资料 政协吉林省通化县委员会文史资料委员会编印,32 开书型,不定期,内部交流。

第1辑 （1984 年）

第2辑 （1985 年）

第3辑 （1986 年）

第4辑 （1988 年）

第5辑 历史人物专辑 （1990 年）

第6辑 （1993 年）

第7辑 （1997 年）

第8辑 （1999 年）

第9辑 （2001 年）

第10辑 （2002 年）

辉南县

辉南县文史资料 政协吉林省辉南县委员会文史资料研究委员会编印,32 开书型,不定期,内部交流。

第1辑 （1984 年）

第2辑 （1985 年）

第3辑 （1986 年）

第4辑 （1987 年）

第5辑 辉南开发史 （1989 年）

柳河县

柳河文史资料 政协吉林省柳河县委员会文史资料研究委员会编印,32 开书型,不定期,内部交流。

第1辑 （1986 年）

第2辑 （1987 年）

第3—4辑 （1988 年）

第5辑 工商专辑 （1990 年）

白山市

白山文史资料 （浑江文史资料选辑、浑江文史资料）政协吉林省白山市委员会文史资料委员会编印,32 开书型,不定期,内部交流。

第1辑 大刀会专辑 （1985 年）

第2—3辑 （1986 年）

第4辑 （改现名）（1987 年）

第5辑 剿匪专辑 （1987 年）

临江抗日风暴档案史料——一九二七年临江官民拒日设领斗争 （与辽宁省档案馆合编,1987 年）

拒日临江设领史料专辑 （暨《吉林文史资料》第16辑,1987 年）

第6辑 （1988 年）

第7辑 经济专辑 （1989 年）

第8辑 临江乡友录——浑江人物 （1989 年）

第9辑 （1991 年）

第10辑 （改现名） 流不动的岁月 （张云海著,1996 年）

长白山史话 （1996 年）

第11辑 白山英才 （业绩录）（第一卷）（1997 年）

第12辑 白山英才 （业绩录）（第二卷）（1999 年）

白山体育发展史 （与白山市体育局合编,2005 年）

鸭绿江流域历史资料汇编 （上、下编）（与政协辽宁省丹东市、政协辽宁省桓仁满族自治县、政协吉林省通化市文史资料委员会等合编,2007 年）

八道江区

江源区

临江市

临江文史资料 政协吉林省浑江市临江区委员会文史资料委员会编印,32 开书型,不定期,内部交流。

第1辑 （1985 年）

第2辑 临江官民拒日设领斗争专辑 （1986 年）

第3辑 （1986 年）

第4辑 （1990 年）

第5辑 （2004 年）

锦绣临江 （2004 年）

第6辑 （2005 年）

临江英才 （2005 年）

前进中的临江市政协 （2006 年）

第7辑 临江人民拒日设领斗争专辑 （2006 年）

抚松县

抚松文史资料 （抚松县文史资料） 政协吉林省抚松县委员会文史委员会编印,32 开书型,不定期,内部交流。

第 1 辑 （1985 年）

第 2 辑 张蔚华烈士专辑 （1986 年）

第 3 辑 （1987 年）

第 4 辑 （改现名）（1988 年）

第 5 辑 （1989 年）

第 6 辑 抚松乡友录 （1992 年）

长白山诗词书法选集 （黄立志诗书,1996 年）

长白山旅游景观 （上、下册）（袁义著,1998 年）

靖宇县

靖宇县文史资料 政协吉林省靖宇县委员会文史资料研究委员会编印,32 开书型,不定期,内部交流。

第 1 集 （1985 年）

第 2 辑

第 3 辑 （1988 年）

长白朝鲜族自治县

长白文史资料 政协吉林省长白朝鲜族自治县委员会文史委员会编印,32 开书型,不定期,内部交流。

第 1 辑

延边朝鲜族自治州

延边文史资料 （文史资料选辑） 政协吉林省延边朝鲜族自治州委员会文史与学习宣传委员会编印,32 开书型,不定期,内部交流或公开发行。

第 1 辑 （延边人民出版社,1982 年）

第 2 辑 （改现名）（延边人民出版社,1984 年版）

第 3—4 辑 （1985 年）

第 5 辑 教育史料专辑 （1988 年）

第 6 辑 教育史料专辑 （1988 年）

洪范图将军 （与政协图们市文史资料委员会合编,延边人民出版社,1992 年版）

吉林朝鲜族 （与政协吉林省文史资料委员会合编,吉林人民出版社,1993 年版）

第 7 辑 昔日延边经济 （延边人民出版社,1995 年版）

第 8 辑 宗教史料专辑 （1997 年）

第 9 辑 解放初期的延边 （辽宁民族出版社,1999 年版）

延边五十一年文艺作品选 （辽宁民族出版社,1999 年版）

第 10 辑 历史的回眸 （辽宁民族出版社,2003 年版）

第 11 辑 中国朝鲜族将军录 （民族出版社,2005 年版）

第 12 辑 在延边这片沃土上 （民族出版社,2006 年版）

第 13 辑 难忘的岁月——上海儿女在延边 （辽宁民族出版社,2007 年版）

第 14 辑 中国朝鲜族风俗百年 （辽宁民族出版社,2008 年版）

延吉市

延吉文史资料 政协吉林省延吉市委员会文史资料委员会编印,32 开书型,不定期,内部交流。

第 1 辑 （1992 年）

图们市

图们文史资料 政协吉林省图们市委员会文史资料研究委员会编印,32 开书型,不定期,内部交流。

第 1 辑 （1987 年）

第 2 辑

第 3 辑 （1991 年）

洪范图将军 （与政协延边朝鲜族自治州文史资料委员会合编,延边人民出版社,1992 年版）

敦化市

敦化文史资料 （敦化县文史资料） 政协吉林省敦化市委员会文史资料委员会编印,32 开书型,不定期,内部交流。

第 1 辑 陈翰章将军抗日斗争事迹 （1984 年）

第 2 辑 （改现名）（1985 年）

第 3 辑 （1986 年）

第 4 辑 （1987 年）

第 5 辑 （1988 年）

第 6 辑 （1989 年）

第 7 辑 日伪时期的满洲开拓团 （1990 年）

第 8 辑 （1992 年）

第 9 辑 （1997 年）

第 10 辑 （1999 年）

珲春市

珲春文史资料 政协吉林省珲春市委员会文史资料研究委员会编印,32 开书型,不定期,内部交流。

第 1 辑 （1985 年）

第 2 辑 （1987 年）

第 3 辑 （1990 年）

龙井市

龙井文史资料 政协吉林省龙井市委员会文史资料研究委员会编印,32 开书型,不定期,内部交流。

第 1 辑 （1986 年）
第 2 辑 （1988 年）
第 3 辑 （1990 年）

和龙市

和龙文史资料 政协吉林省和龙市委员会文史资料委员会编印,32 开书型,不定期,内部交流。

第 1 辑 （1984 年）
第 2 辑 （1986 年）
第 3 辑 （1988 年）
第 4 辑 （1991 年）

汪清县

汪清文史资料 政协吉林省汪清县委员会文史资料办

公室编印,32 开书型,不定期,内部交流。

第 1 辑 （1988 年）
第 2 辑 （1990 年）
第 3 辑 （1993 年）
第 4 辑 （1996 年）
第 5 辑 （1997 年）
第 6 辑 （2000 年）
第 7 辑 （2004 年）

安图县

安图文史资料 政协吉林省安图县委员会文史资料研究委员会编印,32 开书型,不定期,内部交流。

第 1—2 集 （1985 年）
第 1—2 集 （1993 年影印本）
第 3 辑 （1987 年）
第 4 辑 （1990 年）

黑龙江省

黑龙江文史资料 政协黑龙江省委员会文史和学习委员会编,黑龙江人民出版社出版,32 开书型,不定期,内部转公开发行。

第 1 辑 (1980 年版)

第 2 辑 (1981 年版)

第 3—7 辑 (1982 年版)

第 8—11 辑 (1983 年版)

第 12—15 辑 (1984 年版)

第 16—18 辑 (1985 年版)

第 19 辑 不能忘记的历史 (1985 年版)

第 20 辑 (1986 年版)

第 21 辑 义勇军松江浴血 (1986 年版)

第 22 辑 (1986 年版)

一个伪满少将的回忆 (1986 年版)

第 23 辑 (1987 年)

黑龙江沦陷始末——一个日本特务机关长的回忆(1987 年版)

马占山将军 (与全国政协文史资料研究委员会合编,中国文史出版社,1987 年版)

中东铁路历史编年 (1895—1952 年)(中东铁路历史丛书)(郑长椿编,1987 年版)

第 24 辑 (1988 年版)

第 25 辑 伪满外交官的回忆 (王替夫口述,1988 年版)

唤醒沉睡的土地——十万官兵开发北大荒 (1988 年版)

王明贵回忆录:踏破兴安万重山 (1988 年版)

中俄密约和中东铁路的修筑 (中东铁路历史丛书)(李济棠著,1989 年版)

第 26 辑 武百祥与同记 (1989 年版)

第 27 辑 山岭上的鄂伦春人 (1989 年版)

第 28 辑 国民党在黑龙江 (1989 年版)

第 29 辑 舞台名流 (1990 年)

第 30 辑 梦碎满洲——日本开拓团履灭前后(与政协方正县文史资料委员会合编,1991 年版)

第 31 辑 日军 731 部队罪恶史 (1991 年版)

第 32 辑 黑龙江宗教界忆往 (1992 年版)

第 33 辑 黑龙江的土匪与剿匪 (1992 年版)

第 34 辑 老哈尔滨医科大学 (1993 年版)

黑龙江政协工作手册 (1993 年)

第 35 辑 委员春秋 (1998 年)

第 36 辑 抗联英雄于天放 (2003 年版)

第 37 辑 黑龙江省老工业基地 (2004 年版)

第 38 辑 知识青年在黑龙江 (上、下)(2005 年版)

第 39 辑 黑龙江老根据地 (2007 年版)

第 40 辑 抗日联军在黑龙江 (2008 年版)

工业学大庆 (与全国政协文史委员会合编,2008 年版)

哈尔滨市

哈尔滨文史资料 政协哈尔滨市委员会文史和学习委员会编印,32 开书型,内部交流或公开发行。

第 1 辑 (1982 年)

第 2 辑 (1983 年)

第 3—5 辑 (1984 年)

第 6 辑 (1985 年)

第 7 辑 纪念抗日战争胜利四十周年专辑 (1985 年)

第 8 辑 纪念哈尔滨解放四十周年专辑 (1986 年)

第 9 辑 金融专辑 (1986 年)

第 10 辑 (1986 年)

第 11 辑 哈尔滨抗日保卫战 (1987 年)

第 12 辑 哈尔滨老字号 (1988 年)

第 13 辑 风雨同舟——庆祝中华人民共和国成立四十周年 (哈尔滨出版社,1989 年版)

第 14 辑 光辉历程 (哈尔滨出版社,1990 年版)

第 15 辑 经济史料专辑 (哈尔滨出版社,1991 年版)

第 16 辑 哈尔滨伪满警察罪恶 (哈尔滨出版社,1992 年版)

第 17 辑 动力之光 (1993 年)

第 18 辑 稻香新曲 (与方正县政协文史资料委员会合编,黑龙江人民出版社,1994 年版)

第 19 辑 (黑龙江人民出版社,1995 年版)

第 20 辑 哈尔滨文史人物录 (1997 年)

昨日风雨路——哈尔滨知青大写真 (哈尔滨出版社,1998 年)

第 21 辑 同心化语——人民政协事业在哈尔滨发展壮大五十年 (1999 年)

哈尔滨市志·政协志 (1998 年)

第 22 辑 历史的见证 (2000 年)

第 23 辑 国歌的基石——抗日义勇军在哈尔滨地区的活动 (2001 年)

第 24 辑 外国人在哈尔滨 (2002 年)

第 25 辑 史海存真 (2003 年)

第 26 辑 从光腚屯到亿元村 (2004 年)

第 27 辑 剿匪纪实 (2004 年)

第 28 辑 爱国侨胞防疫泰斗伍连德 (2006 年)

第 29 辑 哈尔滨革命老根据地 (2007 年)

第 30 辑 弄潮时代——哈尔滨非公经济人事 30 年纪事 (黑龙江人民出版社,2008 年)

松北区

太平文史资料 政协黑龙江省哈尔滨市太平区委员会编印,32 开书型,不定期,内部交流或公开发行。
天恒山神话故事传说 （黑龙江人民出版社,2002 年）
太平桥史话 （黑龙江人民出版社,2003 年）

道里区

南岗区

南岗文史 政协黑龙江省哈尔滨市南岗区委员会文史资料委员会编印,32 开书型,不定期,内部交流。
第 1 辑 （1989 年）
第 2 辑 （1990 年）
第 3 辑 （1996 年）

道外区

香坊区

平房区

呼兰区

呼兰文史资料 政协黑龙江省呼兰县委员会文史资料委员会编印,32 开书型,不定期,内部交流。
第 1 辑 （1990 年）
第 2 辑 呼兰人物 （1999 年）
第 3 辑 （2002 年）
第 4 辑 （2003 年）
第 5 辑 呼兰解放初期剿匪纪实 （2005 年）

阿城区

阿城文史资料 政协黑龙江省阿城市委员会文史资料办公室编印,32 开书型,不定期,内部交流。
第 1 辑 （1985 年）
第 2 辑 （1986 年）
第 3 辑 （1987 年）
第 4 辑 （1988 年）
第 5 辑 （1989 年）

双城市

双城文史资料 政协黑龙江省双城市委员会文史资料委员会编印,32 开书型,不定期,内部交流。
第 1 辑
第 2 辑 （2007 年）

尚志市

尚志文史资料 政协黑龙江省尚志市委员会文史资料研究委员会编印,32 开书型,不定期,内部交流。
第 1 辑 （1983 年）
第 2 辑 （1984 年）
第 3 辑 （1985 年）
第 4 辑 （1986 年）
第 5 辑 （1987 年）
第 6 · 7 辑 （1989 年）
第 8 辑 （1991 年）
第 9 辑
第 10 辑
第 11 辑 （1999 年）

五常市

五常文史资料 政协黑龙江省五常市委员会文史资料研究委员会编印,32 开书型,不定期,内部交流。
第 1 辑 （1986 年）
第 2 辑 （1988 年）
第 3 辑 （1989 年）
第 4 辑 文化艺术专辑 （1989 年）
第 5 辑 （1991 年）
第 6 辑 （1992 年）
第 7 辑 （1993 年）
第 8 辑 （1998 年）

依兰县

依兰文史资料 政协黑龙江省依兰县委员会文史委员会编印,32 开书型,不定期,内部交流。
第 1 辑
第 2 辑 （1986 年）
第 3 辑 （1988 年）
第 4 辑
第 5 辑 （2005 年）

方正县

方正文史资料 政协黑龙江省方正县委员会文史资料委员会编印,32 开书型,不定期,内部交流或公开发行。

第 1 辑 （1984 年）

第 2 辑 （1985 年）

第 3 辑 解放战争时期方正匪情与剿匪斗争 （1988 年）

梦碎"满洲"——日本开拓团履灭前后 （暨《黑龙江文史资料》第 30 辑,黑龙江人民出版社,1991 年）

第 4 辑 出生入死话当年——方正地区反满抗日斗争史料 （1991 年）

稻香新曲 （暨《哈尔滨文史资料》第 18 辑,黑龙江人民出版社,1994 年版）

铁胆英魂 （郭相声著,2005 年）

宾县

宾县文史资料 政协黑龙江省宾县委员会文史资料委员会编印,16 开书型,油印,不定期,内部交流。

第 1 辑

第 2 辑 （1985 年）

第 3 辑 （1986 年）

宾县文史资料 政协黑龙江省宾县委员会文史资料委员会编印,32 开书型,不定期,内部交流。

第 1 辑 （1988 年）

第 2 辑 八十号罪行录 （1991 年）

巴彦县

巴彦文史资料 政协黑龙江省巴彦县委员会等文史委员会编印,32 开书型,不定期,内部交流。

第 1 辑 （1985 年）

第 2 辑 （1986 年）

第 3 辑 （1989 年）

第 4 辑

木兰县

木兰文史资料 政协黑龙江省木兰县委员会文史资料委员会编印,32 开书型,不定期,内部交流。

第 1 辑 （1984 年）

第 2 辑 （1985 年）

第 3 辑 （1987 年）

第 4 辑 日伪统治下的木兰 （1989 年）

第 5 辑 文教医药民族宗教 （1990 年）

第 6 辑 （1991 年）

第 7 辑 香磨山水库 （1992 年）

第 8 辑 （1993 年）

第 9 辑 （1994 年）

第 10 辑 （1995 年）

第 11 辑 （1996 年）

第 12 辑

第 13 辑 民营企业人士创业史专辑 （2005 年）

通河县

通河文史资料 政协黑龙江省通河县委员会文史资料研究委员会编印,32 开书型,不定期,内部交流。

第 1 辑 （1985 年）

第 2 辑 纪念抗日战争胜利四十周年专辑 （1985 年）

第 3 辑 （1986 年）

第 4 辑 教育专辑 （1987 年）

第 5 辑 奉贤篇 （1989 年）

第 6 辑

第 7 辑 光荣的使命——抗美援朝通河战勤大队专辑 （1995 年）

延寿县

延寿文史资料 政协黑龙江省延寿县委员会文史资料研究委员会编印,32 开书型,不定期,内部交流。

第 1 辑 （1986 年）

第 2 辑 （1987 年）

第 3 辑 （1988 年）

第 4 辑 （1989 年）

第 5 辑 （1991 年）

第 6 辑 （1998 年）

第 7 辑 （2000 年）

第 8 辑 （2006 年）

齐齐哈尔市

齐齐哈尔文史资料 （文史通讯） 政协黑龙江省齐齐哈尔市委员会文史资料学习宣传委员会编印,16 开刊型改 32 开书型,季刊改不定期,内部交流或公开发行。

1983 年第 1—4 辑 （总第 1—4 期）

1984 年第 1—4 辑 （总第 5—8 期）

1985 年第 1 辑 （总第 9 辑）(改现名) 马占山将军史料专辑

1985 年第 2 辑 （总第 10 辑） 党和国家领导人视察齐齐哈尔、马占山将军史料专辑

1985 年第 3 辑 （总第 11 辑） 工商史料专辑

1985 年第 4 辑 （总第 12 辑） 纪念抗日战争胜利四十周年专辑

1986 年第 1—2 辑 （总第 13—14 辑）

1986 年第 3·4 辑 （总第 15·16 辑） 朱庆澜先生史料专辑

第 17 辑 剿匪斗争 （1987 年）

第 18 辑 （1988 年）

第 19 辑 嫩水达斡尔人 （1989 年）

第 20 辑 服务纵横 （黑龙江人民出版社,1991 年版）

第 21 辑　军界首脑　（1992 年）

第 22 辑　达斡尔族村屯录　（暨《达斡尔族自治旗文史》第 5 辑,1993 年）

第 23 辑　龙沙教育史料　（1995 年）

第 24 辑　齐齐哈尔工商史料　（1996 年）

中国达斡尔族人物录　（与政协内蒙古自治区呼伦贝尔盟、乌兰察布盟、兴安盟、莫力达瓦达斡尔族自治旗、鄂温克族自治旗文史资料委员会合编,黑龙江人民出版社,1997 年版）

第 25 辑

第 26 辑　民主党派史料　（2002 年）

老工业基地　（2008 年）

建华区

卜奎文史资料　政协黑龙江省齐齐哈尔市建华区委员会文史资料研究委员会编印,16 开刊型,油印,不定期,内部交流。

第 1 期　（1986 年）

第 2 期　（1987 年）

第 3 期　（1988 年）

第 4 期　（1990 年）

龙沙区

铁锋区

铁锋区文史资料　政协黑龙江省齐齐哈尔市铁锋区委员会文史资料委员会编印,16 开刊型,不定期,内部交流。

第 1 辑　（总第 1 辑）（1987 年）

昂昂溪区

昂昂溪区文史资料　政协黑龙江省齐齐哈尔市昂昂溪区委员会文史资料联合编印,32 开书型,不定期,内部交流。

第 1 辑

富拉尔基区

富拉尔基文史资料　政协黑龙江省齐齐哈尔市富拉尔基区委员会文史资料委员会编印,32 开书型,不定期,内部交流。

第 1 辑　（1984 年）

第 2 辑

第 3 辑　第一重机厂专辑　（1990 年）

碾子山区

碾子山区文史资料　政协黑龙江省齐齐哈尔市碾子山区委员会文史资料委员会编印,32 开书型,不定期,内部交流。

第 1 辑　（1981 年）

第 2 辑　（2004 年）

梅里斯达斡尔族区

梅里斯达斡尔族区文史资料　政协黑龙江省齐齐哈尔市梅里斯达斡尔族区委员会文史资料委员会编印,32 开书型,不定期,内部交流。

第 1 辑　（1989 年）

讷河市

讷河文史资料　政协黑龙江省讷河市委员会文史资料研究委员会编印,32 开书型,不定期,内部交流。

第 1 辑　（1988 年）

第 2 辑　（1989 年）

第 3 辑　（1990 年）

第 4 辑　（1991 年）

讷谟尔河风云录　（宗林等著,1992 年）

讷河市文史资料　政协黑龙江省讷河市委员会文史和学习委员会编印,32 开书型,不定期,内部交流。

第 1 辑　（1992 年）

讷河市人物志　（孟庆江编著,1998 年）

讷河市人物录　（孟庆江编著,2000 年）

第 2 辑　（2002 年）

龙江县

龙江文史资料　政协黑龙江省龙江县委员会文史委员会编印,32 开书型,不定期,内部交流。

第 1 辑　（1986 年）

第 2 辑　（1987 年）

第 3 辑　教育专辑　（1988 年）

第 4 辑　（1989 年）

第 5 辑　（1990 年）

第 6 辑　（1992 年）

第 7 辑

第 8 辑

第 9 辑

依安县

依安文史资料　政协黑龙江省依安县委员会文史资料研究委员会编印,32 开书型,不定期,内部交流。

第 1 辑　依安抗日战争时期专辑　（1990 年）
第 2 辑　依安抗日战争时期专辑　（1985 年）
第 3 辑　（1988 年）
第 4 辑　依安抗日战争时期文史资料专辑之一、之二
增补本　（1990 年）

泰来县

泰来文史资料　政协黑龙江省泰来县委员会学习宣传文史资料委员会编印，32 开书型，不定期，内部交流。
第 1 辑　（1985 年）
第 2 辑　（1986 年）
第 3 辑　（1988 年）
第 4 辑　（1999 年）
第 5 辑　感天动地的壮歌——1998 年抗洪专辑
（2002 年）
第 6 辑　（2006 年）
第 7 辑　（2007 年）
第 8 辑　（2008 年）

甘南县

富裕县

富裕县文史资料　政协黑龙江省富裕县委员会文史学习宣传委员会编印，32 开书型，不定期，内部交流。
第 1 期
第 2 期
第 3 期　（1986 年）
第 4 期　（1987 年）
第 5 期　（1989 年）
第 6 期
第 7 辑
第 8 期　（1997 年）
第 9 期　（2000 年）
第 10 期　（2001 年）

克山县

克山县文史资料　政协黑龙江省克山县委员会学习宣传文史委员会编印，32 开书型，不定期，内部交流。
第 1 辑　（1985 年）
第 2 辑　（1991 年）
第 3 辑　（2000 年）

克东县

克东文史资料　政协黑龙江省克东县委员会文史资料研究委员会编印，32 开书型，不定期，内部交流。

第 1 辑　（1986 年）
第 2 辑　（1987 年）
第 3 辑　教育专辑　（1988 年）
第 4 辑
第 5 辑
第 6 辑　（1999 年）

拜泉县

拜泉文史资料　政协黑龙江省拜泉县委员会文史资料委员会编印，32 开书型，不定期，内部交流。
第 1 辑　（1986 年）
第 2 辑　（1987 年）
第 3 辑　（1988 年）
第 4 辑　（1989 年）
第 5 辑　（1990 年）
第 6 辑　（1991 年）

黑河市

黑河文史资料　政协黑龙江省黑河市委员会文史资料委员会编印，32 开书型，不定期，内部交流。
第 1 辑　历史在这里深思——中俄瑗珲条约签订一百四十周年祭　（1998 年）
第 2 辑　鹰击长空——政协委员风采录　（2002 年）
第 3 辑　鄂伦春今昔五十年　（2003 年）
第 4 辑　苦辣酸甜的回忆——知识青年在黑河（2005 年）

爱辉区

黑河文史资料　政协黑龙江省黑河市爱辉区委员会文史资料委员会编印，32 开书型，不定期，内部交流。
第 1 辑　（1984 年）
第 2 辑　（1985 年）
第 3 辑　（1986 年）
第 4 辑　（1987 年）
第 5 辑　（1988 年）
第 6 辑　金色的年轮　（1989 年）
第 7 辑　爱辉县土地改革专辑　（1990 年）
第 8 辑　旅俄华人史料选　（1991 年）
第 9 辑　古城爱辉　（1991 年）
第 10 辑　革命史专辑　（1993 年）
历史在这里深思——中俄瑗辉条约签定一百四十周年祭　（1998 年）

北安市

北安文史资料　政协黑龙江省北安市委员会文史资料研究委员会编印，32 开书型，不定期，内部交流。

第 1 辑　（1986 年）
第 2 辑　（1988 年）
第 3 辑　（1989 年）
第 4 辑　（1996 年）
第 5 辑　于天放专辑　（1992 年）

五大连池市

德都文史资料　政协黑龙江省德都县委员会文史资料研究工作委员会编印,32 开书型,不定期,内部交流。
第 1 辑　（1987 年）
第 2 辑　（1989 年）
第 3 辑　（1992 年）
第 4 辑　（1995 年）

嫩江县

嫩江文史资料　政协黑龙江省嫩江县委员会学习文史委员会编印,32 开书型,不定期,内部交流。
第 1 辑　（1991 年）
第 2 辑　（1993 年）
第 3 辑　（1995 年）
第 4 辑　（1996 年）
第 5 辑　（2000 年）

逊克县

逊克文史资料　政协黑龙江省逊克县委员会文史资料委员会编印,32 开书型,不定期,内部交流。
第 1 辑　（1988 年）

孙吴县

孙吴文史资料　政协黑龙江省孙吴县委员会文史资料委员会编印,32 开书型,不定期,内部交流。
第 1 辑　（1985 年）
第 2 辑　（1987 年）
第 3 辑　（1988 年）
第 4 辑　（1990 年）
第 5 辑　（1991 年）
第 6 辑

大庆市

大庆文史资料　政协黑龙江省大庆市委员会文史资料研究委员会编,32 开书型,不定期,内部交流或公开发行。
第 1 辑　大庆油田的发现　（黑龙江人民出版社,1987 年版）
第 2 辑　大庆石油会战　（中国文史出版社,1990 年版）

第 3 辑　铁人王进喜　（黑龙江人民出版社,1994 年版）
第 4 辑　创业年代　（哈尔滨出版社,1996 年版）
第 5 辑　委员风采　（哈尔滨出版社,2000 年版）
第 6 辑　大庆专家传　（黑龙江人民出版社,2002 年版）
第 7 辑　驿站史话　（黑龙江人民出版社,2006 年版）
第 8 辑　白金宝文化研究　（黑龙江人民出版社,2008 年版）

萨尔图区

龙凤区

让胡路区

文史资料汇编　政协黑龙江省大庆市让湖路区委员会编印,32 开书型,不定期,内部交流。
第 1 辑　（2007 年）
让胡路区政协志　（2007 年）

大同区

红岗区

肇州县

肇州文史资料　政协黑龙江省肇州县委员会文史资料委员会编印,32 开书型,不定期,内部交流。
第 1 辑　（1989 年）

肇源县

肇源文史资料　政协黑龙江省肇源县委员会文史资料委员会编印,32 开书型,不定期,内部交流。
第 1 辑
第 2 辑　（2005 年）

林甸县

林甸文史资料　政协黑龙江省林甸县委员会文史资料委员会编印,32 开书型,不定期,内部交流。
第 1 辑　（1990 年）

杜尔伯特蒙古族自治县

杜尔伯特文史资料　政协黑龙江省杜尔伯特蒙古族自治县委员会文史资料委员会编印,32 开书型,不定期,内部交流。

第 1 辑　(1985 年)
第 2 辑·(1986 年
第 3 辑　公安史专号　(1990 年)
大庆地区蒙古语屯名释义　(蒙·汉文对照)(2006 年)

伊春市

伊春文史资料　政协黑龙江省伊春市委员会文史资料委员会编印,32 开书型,不定期,内部交流。

第 1 辑　(1984 年)
第 2 辑　(1985 年)
第 3 辑　(1986 年)
第 4 辑　(1987 年)
第 5 辑　翠峦林业史料专辑　(1988 年)
第 6 辑　(1989 年)
第 7 辑　(1990 年)
第 8 辑　(1993 年)
第 9 辑　(1998 年)

伊春区

南岔区

友好区

西林区

翠峦区

新青区

新青文史资料　政协黑龙江省伊春市新青区委员会文史资料委员会编印,32 开书型,不定期,内部交流。

第 1·2 辑　(1993 年)

美溪区

金山屯区

五营区

乌马河区

汤旺河区

带岭区

乌伊岭区

红星区

上甘岭区

铁力市

铁力文史资料　政协黑龙江省铁力市委员会文史资料征集委员会编印,32 开书型,不定期,内部交流。

第 1 辑　(1985 年)
第 2 辑　(1988 年)
第 3 辑　(2000 年)

嘉荫县

嘉荫文史资料　政协黑龙江省嘉荫县委员会文史资料工作委员会编印,32 开书型,不定期,内部交流。

第 1 辑　(1987 年)

鹤岗市

鹤岗文史资料　政协黑龙江省鹤岗市委员会文史和学习委员会编印,32 开书型,不定期,内部交流。

第 1 辑　(1985 年)
第 2 辑　(1986 年)
第 3 辑　(1987 年)
第 4 辑　(1988 年)
第 5 辑　(1989 年)
第 6 辑　(1990 年)
第 7 辑　(1991 年)

第 8 辑 （1995 年）

第 9 辑　委员风采　（1998 年）

兴山区

向阳区

工农区

南山区

兴安区

东山区

萝北县

萝北文史资料　政协黑龙江省萝北县委员会文史资料研究委员会编印,32 开书型,不定期,内部交流。

第 1 辑　（1985 年）

第 2 辑　（1986 年）

第 3 辑　（1987 年）

第 4 辑　（1988 年）

第 5 辑　（1989 年）

第 6 辑　萝北儿女　（1990 年）

第 7 辑

第 8 辑　（1993 年）

绥滨县

绥滨文史资料　政协黑龙江省绥滨县委员会文史资料研究委员会编印,32 开书型,不定期,内部交流。

第 1 辑　（1984 年）

第 2 辑　（1985 年）

第 3 辑　（1989 年）

委员风采录　（2008 年）

佳木斯市

佳木斯文史资料　政协黑龙江省佳木斯市委员会文史资料研究委员会编印,32 开书型,不定期,内部交流。

第 1—2 辑　（1983 年）

第 3 辑　（1984 年）

第 4 辑　纪念抗日战争胜利四十周年专辑　（1984

年）

第 5—6 辑　（1986 年）

第 7 辑　（1987 年）

第 8 辑　（1988 年）

第 9 辑　战后恩情　（1988 年）

第 10 辑　千秋功罪　（1989 年）

第 11 辑　开发与掠夺　（1990 年）

第 12 辑　游子牵情　（1991 年）

第 13 辑　三江赫哲　（1991 年）

第 14 辑　（1991 年）

第 15 辑　黑土述怀　（1992 年）

第 16 辑　剑与盾　（1993 年）

绿川英子与刘仁　（与政协本溪市文史资料委员会合编,1995 年）

第 17 辑　冲浪　（1997 年）

第 18 辑　（1999 年）

前进区

向阳区

东风区

郊区

同江市

同江文史资料　政协黑龙江省同江市委员会文史资料研究委员会编印,32 开书型,不定期,内部交流。

第 1 辑　（1985 年）

第 2 辑　赫哲族文史资料专辑　（1986 年）

富锦市

富锦文史资料　政协黑龙江省富锦市委员会文史学习委员会编印,32 开书型,不定期,内部交流。

第 1 辑　（1984 年）

第 2 辑　（1985 年）

第 3 辑　（1986 年）

第 4 辑　（1991 年）

第 5 辑　（1997 年）

第 6 辑　治水专辑　（2000 年）

桦南县

桦南文史资料　政协黑龙江省桦南县委员会文史资料

委员会编印,32 开书型,不定期,内部交流。

第 1 辑

第 2 辑

第 3 辑

第 4 辑

第 5 辑

第 6 辑

第 7 辑　（1988 年）

桦川县

桦川文史资料　政协黑龙江省桦川县委员会文史资料研究委员会编印,32 开书型,不定期,内部交流。

第 1 辑　纪念抗日战争胜利四十一周年专辑　（1986年）

第 2 辑　（1988 年）

第 3 辑　民国时期专辑　（1989 年）

第 4 辑　伪满时期专辑　（1990 年）

第 5 辑　桦川剿匪纪实　（1992 年）

汤原县

汤原文史资料　政协黑龙江省汤原县委员会文史资料研究委员会编印,32 开书型或 16 开刊型,或油印,不定期,内部交流。

第 1 辑

第 2 辑

第 3 辑

第 4 辑

第 5 辑

第 6 辑　（1988 年）

第 7 辑

第 8 辑

第 9 辑

第 10 辑

第 11 辑

第 12 辑　纪念抗日战争胜利五十周年　（1995 年）

抚远县

抚远文史资料　政协黑龙江省抚远县委员会文史工作委员会编印,32 开书型,不定期,内部交流。

第 1 辑　（1985 年）

第 2 辑　（1989 年）

第 3 辑　（1991 年）

双鸭山市

双鸭山文史资料　政协黑龙江省双鸭山市委员会文史学习委员会编印,32 开书型,不定期,内部交流。

第 1 辑　（1986 年）

第 2 辑　（1987 年）

第 3 辑　（1988 年）

第 4 辑　（1989 年）

第 5 辑　双鸭山煤矿史料专辑　（1991 年）

第 6 辑　（1991 年）

第 7 辑　（1992 年）

第 8 辑　双鸭山工商史料专辑　（1993 年）

第 9 辑　七星之光　（双鸭山矿务局七星煤史料专辑）（1994 年）

第 10 辑　三江明珠　（双鸭山发电厂史料专辑）（1997 年）

第 11 辑　双鸭山政协四十年　（2000 年）

尖山区

岭东区

四方台区

宝山区

集贤县

集贤文史资料　政协黑龙江省集贤县委员会文史资料委员会编印,32 开书型,不定期,内部交流。

第 1 辑　在血与火的岁月里　（1987 年）

友谊县

宝清县

宝清文史资料　政协黑龙江省宝清县委员会文史资料研究委员会编印,32 开书型,不定期,内部交流。

第 1—2 辑　（1984 年）

第 3—4 辑　（1985 年）

第 5 辑　革命回忆录专辑　（1986 年）

第 6 辑　（1995 年）

饶河县

饶河文史资料　政协黑龙江省饶河县委员会文史资料研究委员会编印,32 开书型,不定期,内部交流。

第 1 辑　（1984 年）

第 2 辑　（1986 年）

第 3 辑　（1987 年）
第 4 辑　拓荒者的足迹　（1988 年）
第 5 辑
第 6 辑
第 7 辑
第 8 辑　珍宝岛风云录　（2002 年）

七台河市

七台河文史资料　政协黑龙江省七台河市委员会文史
资料委员会编印,32 开书型,不定期,内部交流。
第 1 辑　（1986 年）
第 2 辑　（1989 年）
第 3 辑　（1996 年）
第 4 辑

桃山区

新兴区

茄子河区

勃利县

勃利文史资料　政协黑龙江省勃利县委员会文史资料
研究委员会编印,32 开书型,不定期,内部交流。
第 1 辑　（1984 年）
第 2 辑　（1985 年）
第 3 辑　（1996 年）
第 4 辑　（1987 年）
第 5 辑　（1988 年）
第 6 辑　（1989 年）
第 7 辑　（1990 年）
第 8 辑　（1991 年）
第 9 辑　勃利南下江西干部回忆录专辑　（1992 年）
第 10 辑　（1993 年）
第 11 辑　（1994 年）
第 12 辑　（1995 年）

鸡西市

鸡西文史资料　政协黑龙江省鸡西市委员会学习文史
委员会编印,32 开书型,不定期,内部交流。
第 1 辑　（1985 年）
第 2 辑　（1986 年）
第 3 辑　（1987 年）
第 4 辑　（1988 年）

第 5 辑　鸡西新闻史料专辑　（1989 年）
第 6 辑　（1990 年）
第 7 辑
第 8 辑　东方古镇　（2005 年）

鸡冠区

恒山区

滴道区

梨树区

城子河区

麻山区

虎林市

虎林文史资料　政协黑龙江省虎林市委员会文史资料
研究委员会编印,32 开书型,不定期,内部交流。
第 1 辑　（1986 年）
第 2 辑　（1987 年）
第 3 辑　（1988 年）
第 4 辑　（1989 年）
第 5 辑
第 6 辑　（1994 年）

密山市

密山文史资料　政协黑龙江省密山市委员会文史资料
学习委员会编印,32 开书型,不定期,内部交流。
第 1 辑　教育文化专辑　（1990 年）
第 2 辑
第 3 辑
第 4 辑
第 5 辑

鸡东县

鸡东文史资料　政协黑龙江省鸡东县委员会文史资料
研究委员会编印,32 开书型,不定期,内部交流。
第 1 辑　（1984 年）
第 2 辑

第 3 辑 （1989 年）

侵华日军哈东要塞 （2008 年）

牡丹江市

牡丹江文史资料 政协黑龙江省牡丹江市委员会文史资料研究委员会编印,32 开书型,不定期,内部交流。

第 1 辑 （1983 年）

第 2 辑 （1985 年）

第 3 辑 （1987 年）

第 4 辑 （1988 年）

第 5 辑 工商财经专辑 （1989 年）

第 6 辑 桃李春秋 （1990 年）

第 7 辑 宁古塔满族谈往录 （1992 年）

第 8 辑 宗教琐忆 （1994 年）

第 9 辑 文苑往事 （1996 年）

东安区

爱民区

阳明区

西安区

穆棱市

穆棱文史资料 政协黑龙江省穆棱县委员会学习文史资料工作委员会编印,32 开书型,不定期,内部交流。

第 1 辑 （1984 年）

第 2 辑 纪念抗日战争胜利四十周年 （1985 年）

第 3 辑 （1988 年）

第 4 辑 （1991 年）

第 5 辑

第 6 辑

第 7 辑

第 8 辑

第 9 辑

第 10 辑 （1998 年）

绥芬河市

绥芬河文史资料 政协黑龙江省绥芬河市委员会学习文史委员会编印,32 开书型,不定期,内部交流。

第 1 辑 （1988 年）

海林市

海林文史资料 政协黑龙江省海林县委员会学习文史工作委员会编印,32 开书型,不定期,内部交流。

第 1 辑 （1985 年）

第 2—3 辑 （1988 年）

宁安市

宁安文史资料 政协黑龙江省宁安市委员会文史资料研究委员会编印,32 开书型,不定期,内部交流。

第 1 辑 （1984 年）

第 2 辑 （1985 年）

第 3 辑 （1986 年）

第 4 辑 （1987 年）

第 5 辑 （1989 年）

第 6 辑 （1991 年）

东宁县

东宁文史资料 政协黑龙江省东宁县委员会文史资料研究委员会编印,32 开书型,不定期,内部交流。

第 1 辑 （1984 年）

第 2 辑 （1989 年）

第 3 辑

林口县

绥化市

北林区

绥化文史资料 政协黑龙江省绥化市委员会文史资料研究委员会编印,32 开书型,不定期,内部交流。

第 1 辑 （1987 年）

第 2 辑 （1989 年）

北林文史资料 政协黑龙江市绥化市北林区委员会文史资料委员会编印,32 开书型,不定期,内部交流。

第 1 辑 （2004 年）

安达市

安达文史资料 政协黑龙江省安达市委员会文史资料研究委员会编印,32 开书型,不定期,内部交流。

第 1 辑 （1986 年）

肇东市

肇东文史资料　政协黑龙江省肇东市委员会文史资料研究委员会编印,32 开书型,不定期,内部交流。
第 1 辑　(1984 年)
第 2 辑　(1985 年)
第 3 辑　(1991 年)

海伦市

海伦文史资料　政协黑龙江省海伦市委员会学习文史法制委员会编印,32 开书型,不定期,内部交流。
第 1 辑　(1984 年)
第 2 辑　(1985 年)
第 3 辑　(1987 年)
第 4 辑　(1988 年)
第 5—6 辑　(1990 年)
第 7 辑

望奎县

望奎县文史资料选辑　政协黑龙江省望奎县委员会文史资料委员会编印,16 开刊型,不定期,内部交流。
第 1—2 辑　(1984 年)

兰西县

兰西文史资料　政协黑龙江省兰西县委员会文史资料研究委员会编印,32 开书型,不定期,内部交流。
第 1 辑　(1985 年)
第 2 辑　亚麻经济专辑　(1990 年)

青冈县

青冈文史资料　政协黑龙江省青冈县委员会文史资料研究委员会编印,32 开书型,不定期,内部交流。
第 1 辑　(1985 年)
第 2 辑　(1988 年)
第 3 辑　(1988 年)
第 4 辑　(1991 年)

庆安县

庆安文史资料　政协黑龙江省庆安县委员会文史资料研究委员会编印,32 开书型,不定期,内部交流。
第 1 辑　(1984 年)
第 2 辑　(1986 年)

第 3 辑　(1988 年)
第 4 辑　(1990 年)

明水县

明水文史资料　政协黑龙江省明水县委员会文史资料研究委员会编印,32 开书型,不定期,内部交流。
第 1 辑　(1985 年)
第 2 辑　(1987 年)
第 3 辑　(1989 年)
第 4 辑　(1991 年)

绥棱县

文史资料　政协黑龙江省绥棱县委员会文史资料办公室编印,16 开刊型改 32 开书型,不定期,内部交流。
第 1—2 辑　(1983 年)
第 3—4 辑　(1984 年)
第 5 辑　(1985 年)
第 6 辑　(1986 年)
第 7 辑　(1987 年)
第 8 辑　(1988 年)
第 9 辑
第 10 辑　(1999 年)

大兴安岭地区

呼玛县

呼玛文史资料　政协黑龙江省呼玛县委员会文史资料研究工作委员会编印,32 开书型,不定期,内部交流。
第 1 辑　(1990 年)
第 2 辑　(1993 年)
呼玛知青风云录
第 3 辑　(2008 年)

塔河县

塔河文史资料　政协黑龙江省塔河县委员会文史资料研究委员会编印,32 开书型,不定期,内部交流。
第 1 辑　(1987 年)
第 2 辑　(1988 年)
第 3 辑　(1990 年)

漠河县

上 海 市

上海文史资料选辑 （文史资料选辑） 政协上海市委员会文史资料委员会编，上海人民出版社等出版，32 开书型或 16 开刊型，不定期，内部转公开发行。

第 1 期 （1959 年）

第 2—5 期 （1960 年）

辛亥革命五十周年纪念文史资料专辑 （上、下册）（1961 年）

第 6—10 期 （1961 年）

第 11—14 期 （1962 年）

第 15—16 辑 （1963 年）

第 17—19 辑 （1964 年）

第 20 辑 （1965 年）

1978 年第 1—2 辑 （第 21—22 辑）（1978 年版）

1979 年第 1 辑 （第 23 辑）（1979 年版）

1979 年第 2 辑 （第 24 辑） 上海解放三十周年专辑 （上）（1979 年版）

1979 年第 3 辑 （第 25 辑） 上海解放三十周年专辑 （中）（1979 年版）

1979 年第 4 辑 （第 26 辑） 上海解放三十周年专辑 （下）（1979 年版）

1979 年第 5—6 辑 （第 27—28 辑）（1979 年版）

1980 年第 1—6 辑 （第 29—34 辑）（1980 年版）

1981 年第 1—3 辑 （第 35—37 辑）（1981 年版）

辛亥革命七十周年 （文史资料纪念专辑）（1981 年版）

1982 年第 1—4 辑 （第 38—41 辑）（1982 年版）

第 42 （改现名） —44 辑 （1983 年版）

第 45 辑 （1984 年版）

第 46 辑 上海解放三十五周年文史资料纪念专辑（1984 年版）

第 47 辑 高举爱国主义旗帜，怀念邹韬奋、马相伯、史量才 （1984 年版）

第 48 辑 （1984 年版）

第 49 辑 （1985 年版）

第 50 辑 抗日风云录——抗日战争胜利四十周年纪念专辑 （上）（1985 年版）

第 51 辑 抗日风云录——抗日战争胜利四十周年纪念专辑 （下）（1985 年版）

第 52—53 辑 （1986 年版）

第 54 辑 旧上海的帮会 （1986 年版）

第 55 辑 （1986 年版）

第 56 辑 旧上海的外商与买办 （1987 年版）

第 57 辑 （1987 年版）

第 58 辑 （1988 年版）

第 59 辑 解放前上海的学校 （1988 年版）

第 60 辑 旧上海的金融界 （1988 年版）

第 61 辑 戏曲菁英 （上）（1989 年版）

第 62 辑 戏曲菁英 （下）（1989 年版）

第 63 辑 （1989 年版）

第 64 辑 旧上海的房地产经营 （1990 年版）

第 65 辑 体坛先锋 （1990 年版）

第 66 辑 （1991 年版）

第 67 辑 海上医林 （中医专辑）（1991 年版）

第 68 辑 风范永存——忆陈毅市长 （1991 年）

第 69 辑 （1992 年）

第 70 辑 上海人物史料 （1992 年）

第 71 辑 艺苑寻踪 （1992 年）

第 72 辑 八五自述 （徐国懋著,1992 年）

列强在中国的租界 （与政协天津市、辽宁省、广东省、青岛市、厦门市、武汉市、广州市文史资料委员会合编,中国文史出版社,1992 年版）

第 73 辑 文史荟萃 （1993 年）

第 74 辑 （1993 年）

汪伪群奸祸国纪实 （华东七省市政协文史工作会议编,中国文史出版社,1993 年版）

第 75 辑 文史杂忆 （陆诒著,1994 年）

第 76 辑 旧上海的交易所 （1994 年）

第 77 辑 血肉长城 （1995 年）

第 78 辑 犹太人忆上海 （1995 年）

第 79 辑 叶楚伧纪念集 （1996 年）

1996 年第 1 期 （总第 80 辑） 文史集粹

1996 年第 2 期 （总第 81 辑） 光辉历程

建国后文史资料征集出版工作研讨会论文集（1996 年）

1996 年第 3 期 （总第 82 辑） 上海的宗教

1996 年第 4 期 （总第 83 辑） 史海拾贝 （暨《长宁文史资料》第 13 辑）

1997 年第 1 期 （总第 84 辑） 金仲华纪念文集

1997 年第 2 期 （总第 85 辑） 浩气长存——中国农工民主党上海烈士纪念集

1997 年第 3 期 （总第 86 辑） 大韩民国临时政府在上海

1997 年第 4 期 （总第 87 辑） 接管上海亲历记（新上海文史丛书之一）

上海新姿 （上海画报出版社,1997 年版）

1998 年第 1 期 （总第 88 辑） 史林撷英 （暨《杨浦文史资料》第 4 辑）

1998 年第 2 期 （总第 89 辑） 体坛五十年 （新上海文史丛书之二）

1998 年第 3 期 （总第 90 辑） 航天风云录 （新上海文史丛书之三）

1998 年第 4 期 （总第 91 辑） 建国后上海大案纪实（新上海文史丛书之四）

1999 年第 1 期 （总第 92 辑） 靖任秋纪念集

1999 年第 2 期 （总第 93 辑） 风雨同舟半世纪

1999 年第 3 期 （总第 94 辑） 民革党员与新中国

1999 年第 4 期 （总第 95 辑） 沈体兰纪念文集

上海市政协活动图片集——纪念人民政协成立五十周年 （三联书店上海分店,1979 年版）

建国初期留学生归国纪事 （与全国政协文史资料委员会等合编,中国文史出版社,1999 年版）

肝胆相照见真情——老一辈无产阶级革命家与民主人士的交往 （与全国政协文史资料委员会等合编,中国文史出版社,1999 年版）

2000 年第 1 期 （总第 96 辑） 曹聚仁先生纪念集

2000 年第 2 期 （总第 97 辑） 谢希德纪念师表

改造战犯纪实 （与全国政协文史资料委员会等合编,中国文史出版社,2000 年版）

2001 年第 1 期 （总第 98 辑） 我与中国共产党

2001 年第 2 期 （总第 99 辑） 为了美好的明天

2001 年第 3 期 （总第 100 辑） 戎马书生——陈同生纪念文集

2001 年第 4 期 （总第 101 辑） 情系中华

2002 年第 1 期 （总第 102 辑） 宝山史话精选 （与政协宝山区学习文史资料委员会合编）

2002 年第 2 期 （总第 103 辑）

2002 年第 3 期 （总第 104 辑） 回眸同业公会

2002 年第 4 期 （总第 105 辑） 宗教往事

2003 年第 1 期 （总第 106 辑） 碧海同舟——民国海军赴美赴英受训接舰纪实

2003 年第 2 期 （总第 107 辑）

2003 年第 3 期 （总第 108 辑） 丰子恺年谱 （上、下）

2003 年第 4 期 （总第 109 辑） 峥嵘闸北

上海 360 度 （上海古籍出版社,2003 年版）

中国近现代史史料学理论研讨会上海会员论文集 (2003 年)

2004 年第 1 期 （总第 110 辑） 闸北卷 （与政协上海市闸北区委员会合编）

2004 年第 2 期 （总第 111 辑） 卢湾卷 （与政协上海市卢湾区委员会合编）

2004 年第 3 期 （总第 112 辑） 静安卷 （与政协上海市静安区委员会合编）

2004 年第 4 期 （总第 113 辑）

2005 年第 1—2 期 （总第 114—115 辑） 青浦卷 （上、下册）

2005 年第 3 期 （总第 116 辑） 上海民进专辑

2005 年第 4 期 上海纪念抗日战争胜利六十周年研讨会论文集

航拍上海 （上海文化出版社,2005 年版）

2006 年第 1—2 期 （总第 117—118 辑） 上海儿女在黑龙江 （上、下册）

上海——明信片 （上海人民美术出版社,2006 年版）

2006 年第 3 期 （总第 119 辑） 上海民盟专辑

2006 年第 4 期 （总第 120 辑） 嘉定卷 （与政协上海市嘉定区委员会合编）

2007 年第 1 期 （总第 121 辑） 上海民建专辑

2007 年第 2 期 （总第 122 - 123 辑） 金山卷 （上、下册）（与政协上海市金山区委员会合编）

2007 年第 3 期 （总第 124 辑） 上海九三学社专辑

2007 年第 4 期 （总第 125 辑） 上海农工党专辑

画说提案 （蒋以任主编,上海文化出版社,2007 年版）

艺缘 （蒋以任主编,上海人民美术出版社,2007 年版）

2008 年第 1 期 （总第 126 辑） 上海汽车工业五十年 （1955—2005）（上、下卷）

2008 年第 2 期 （总第 127 辑） 上海工商联专辑

2008 年第 3 期 （总第 128 辑） 上海民革专辑

2008 年第 4 期 （总第 129 辑） 波澜壮阔三十年 （上、下册）

风雨同舟 肝胆相照——上海政协与改革开放三十年 （1978 - 2008）（2008 年）

上海文史资料选辑 （统战工作史料专辑） 政协上海市委员会文史资料工作委员会等编,上海人民出版社出版。

第 1 辑 （1982 年版）

第 2 辑 （1983 年版）

第 3 辑 （1984 年版）

第 4 辑 （1985 年版）

第 5—6 辑 （1986 年版）

第 7 辑 （1987 年版）

第 8 辑 （1989 年版）

第 9 辑 （1990 年版）

第 10 辑 （1991 年版）

20 世纪上海文史资料文库 《20 世纪上海文史资料文库》编委会编,上海书店出版社,1999 年版。

第 1—2 卷 政治军事

第 3 卷 工业交通

第 4 卷 商业贸易

第 5 卷 财政金融

第 6 卷 新闻出版

第 7 卷 影剧娱乐

第 8 卷 教育科技

第 9 卷 宗教民族

第 10 卷 司法社会

上海文史资料存稿汇编 政协上海市委员会文史资料委员会编,上海古籍出版社,2001 年版。

第 1—2 册 政治军事

第 3 册 抗战史料

第 4—5 册 经济金融

第 6—7 册 工业商业

第 8 册 市政交通

第 9—10 册 教科文卫

第11—12册 社会法制

上海现代文化名人画传 中国人民政治协商会议上海市委员会文史资料委员会编,上海世纪出版集团上海书店出版社、复旦大学出版社、上海交通大学出版社、同济大学出版社、少年儿童出版社等出版。

大地芳草——张瑞芳画传 (姜金城著,2003年版)
追望大道——陈望道画传 (陈光磊等著,2005年版)
史海丹心——周谷城画传 (李祥年著,2005年版)
卿云纠缦——苏步青画传 (李祥年著,2005年版)
敬业乐群——谢希德画传 (沈飞德著,2005年版)
神在形外——张涤生画传 (张涤生著,2006年版)
平凡人生——王季愚画传 (2006年版)
大智大爱——李国豪画传 (程国政等著,2007年版)
一代名师——我们永远的老校长 (2008年版)

联合时报 (上海政协报·史苑专版) 政协上海市委员会《联合时报》编辑部编印。

1988年

黄浦区

上海市黄浦文史资料选辑 政协上海市黄浦区委员会文史资料委员会编印,32开书型,不定期,内部交流。

第1辑 (1987年)
第2辑 名特商店史料专辑 (1989年)
第3辑 革命史迹专辑 (1991年)
第4辑 (1992年)

南市文史资料选辑 政协上海市南市区委员会文史资料委员会编印,32开书型,不定期,内部交流。

第1辑 (1990年)
第2辑 纪念中国共产党成立七十周年 (1991年)
第3辑 纪念上海建城七百周年 (1991年)
第4辑 (1992年)
第5辑 (1993年)
第6辑 纪念抗日战争胜利五十周年 (1995年)
第7辑 (1996年)

卢湾区

卢湾史话 政协上海市卢湾区委员会文史资料委员会编印,32开书型,不定期,内部交流。

第1辑 (1989年)
第2辑 (1991年)
第3辑 名人专辑 (1992年)
第4辑 (1994年)
第5辑 (1995年)
第6辑 (1997年)
第7辑 (1999年)
第8辑 (2002年)
卢湾卷 (暨《上海文史资料选辑》2004年第2期·总第111辑)

徐汇区

徐汇文史资料选辑 政协上海市徐汇区委员会文史资料工作委员会编印,32开书型,不定期,内部交流。

第1辑 (1989年)
第2辑 庆祝中华人民共和国成立四十周年 (1989年)
第3辑 普通教育专辑 (1989年)
第4辑 工商经济专辑 (1990年)
第5辑 (1990年)
第6辑 纪念中国共产党成立七十周年专辑 (1991年)
第7辑 工商经济专辑 (1991年)
第8辑 纪念辛亥革命八十周年专辑 (1991年)
第9辑
第10辑
第11辑

长宁区

上海市长宁区文史资料 (长宁文史资料) 政协上海市长宁区委员会文史资料委员会编印,16开刊型改32开书型,或油印,不定期,内部交流。

第1辑 (1985年)
第2辑 (1986年)
第3辑 (改现名)(1987年)
第4辑 (1988年)
第5辑 (1989年)
第6辑 (1990年)
第7辑 (1991年)
第8辑 纪念宋庆龄诞辰一百周年 (1992年)
文史资料工作文件选编 (1992年)
第9辑 纪念毛泽东诞辰一百周年 (1993年)
第10辑 庆祝中华人民共和国成立四十五周年 (1994年)
第11辑 纪念中国人民抗日战争世界人民反法西斯战争胜利五十周年 (1995年)
第12辑 南海屏藩——纪念我国收复西沙、南沙群岛五十周年 (1996年)
第13辑 史海拾贝 (暨《上海文史资料选辑》1996年第4期·总第83辑)
第14辑 庆祝香港回归祖国专辑 (1997年)
第15辑 庆祝中华人民共和国成立五十周年 (2000年)

静安区

静安文史 (上海市静安区文史资料选辑) 政协上海市静安区委员会文史资料委员会编印,32开书型,不定期,内部交流。

第 1 辑 (1985 年)
第 2 辑 (1986 年)
第 3 辑 (1988 年)
第 4 辑 纪念上海解放四十周年专辑 (1989 年)
第 5 辑 (1990 年)
第 6 辑 (改现名) 纪念中国共产党成立七十周年专辑 (1991 年)
第 7 辑 (1992 年)
第 8 辑 (1993 年)
第 9 辑 庆祝中华人民共和国成立四十五周年 (1994 年)
第 10 辑 纪念抗日战争胜利五十周年专辑 (1995 年)
第 11 辑 海外选辑 (1998 年)
第 12 辑
光辉的足迹——静安革命遗址介绍 (2002 年)
静安区文化名人录 (2002 年)
静安区建筑典故集锦 (2002 年)
静安卷 (暨《上海文史资料选辑》2004 年第 3 期·总第 112 辑)

普陀区

普陀文史资料 政协上海市普陀区委员会文史资料委员会编印,32 开书型,不定期,内部交流。
第 1 辑 (1989 年)
第 2 辑 (1991 年)
第 3 辑 经济专辑 (1995 年)

闸北区

闸北文史资料 政协上海市闸北区委员会文史资料委员会编印,16 开刊型改 32 开书型,或油印,不定期,内部交流。
第 1 期 (1988 年)
第 2 期 (1990 年)
第 3 辑 (1991 年)
第 4 辑 (1992 年)
第 5 辑 (1993 年)
第 6 辑 (1994 年)
第 7 辑 (1995 年)
第 8 辑 (1996 年)
第 9 辑 (1997 年)
文史资料选集
第 10 辑
闸北卷 (暨《上海文史资料选辑》2004 年第 1 期·总第 110 辑)

虹口区

文史苑 政协上海市虹口区委员会文史资料委员会编印,32 开书型,不定期,内部交流。
第 1 辑 (1987 年)
第 2 辑 (1988 年)
第 3—4 辑 (1989 年)
第 5—6 辑 (1990 年)
第 7—8 辑 (1991 年)
第 9 辑 (1992 年)
第 10—11 辑 (1993 年)
第 12 辑 蒋介石侍从室见闻 (张令澳著,1994 年)
第 13 辑 (1995 年)
第 14 辑 (1996 年)
第 15 辑 虹口区抗战系统史料专辑 (1997 年)
第 16 辑 (1998 年)
第 17 辑 (1999 年)
第 18 辑 (2002 年)
文史资料汇编 政协上海市虹口区委员会文史资料委员会编印,32 开书型,不定期,内部交流。
第 1 集
第 2 集

杨浦区

杨浦文史资料 政协上海市杨浦区委员会学习文史工作委员会编印,32 开书型,不定期,内部交流或公开发行。
文史资料目录摘要选辑 (第一、二、三、四册)(1963 年)
第 1 辑 (1987 年)
第 2 辑 (1988 年)
第 3 辑 第 4 辑 史林撷英 (暨《上海文史资料选辑》1998 年第 1 期·总第 88 辑)
第 5 辑 科学巨擘——院士风采录 (复旦大学出版社,2003 年版)

闵行区

闵行文史资料 政协上海市闵行区委员会文史资料委员会编印,32 开书型,不定期,内部交流。
第 1 辑 厂史选编专辑 (1989 年)
第 2 辑 简史人物辑 (1992 年)
闵行文史 政协上海市闵行区委员会文史资料委员会编印,32 开书型,不定期,内部交流。
第 1 辑 (1994 年)
第 2 辑 (1998 年)
第 3 辑 纪念人民政协成立五十周年专辑 (1999 年)

宝山区

宝山文史资料专辑 政协上海市宝山县委员会文史资料委员会编印,16 开刊型,油印,不定期,内部交流。

第 1 辑 (1985 年)
第 2 辑 (1986 年)
第 3 辑
第 4 辑
纪念孙中山先生诞辰一百二十周年 (1987 年)

宝山史话 政协上海市宝山区委员会学习文史委员会等编印,32 开书型,不定期,内部交流。

宝山乡情 (1987 年)
文史资料专辑——"八·一三"淞沪抗战宝山风云录 (1988 年)
第 1 辑 宝山史话 (1989 年)
第 2 辑 宝山卫生史话 (1990 年)
第 3 辑 宝山史话续集 (1991 年)
第 4 辑 纪念"一·二八"淞沪抗战六十周年专辑 (1991 年)
第 5 辑 陈化成专辑 (1992 年)
第 6 辑 民主党派专辑 (1993 年)
第 7 辑 工商经济专辑 (1994 年)
第 8 辑 杨行抗日风云录 (1995 年)
第 9 辑 罗泾祭——侵华日军暴行实录 (与宝山区史志办公室等合编,1997 年)
第 10 辑 吴淞开埠百年 (1998 年)
第 11 辑 纪念中国人民政治协商会议成立五十周年 (1999 年)
宝山史话精选 (暨《上海文史资料选辑》2002 年第 1 期·总第 102 辑)
宝山文史资料精选 (2003 年)
回眸同业公会 (2003 年)
岁月如歌 (摄影画册)(2003 年)

嘉定区

嘉定文史资料 (嘉定文史资料、嘉定文史) 政协上海市嘉定区委员会委员会学习和文史委员会编印,32 开书型,不定期,内部交流或公开发行。

第 1 辑 (1987 年)
第 2 辑 (1988 年)
第 3 辑 纪念嘉定解放四十周年专辑 (1989 年)
第 4 辑 庆祝建国四十周年专辑 (1989 年)
第 5 辑 (1990 年)
第 6 辑 纪念中国共产党成立七十周年 (1991 年)
第 7 辑 (1992 年)
第 8 辑 (1993 年)
第 9 辑 (1994 年)
第 10 辑 (改名)(1995 年)

第 11 辑 纪念抗日战争胜利五十周年专辑 (1995 年)
第 12 辑 纪念中国共产党成立七十五周年 (1996 年)
第 13 辑 (1997 年)
第 14 辑 (1998 年)
第 15 辑 热烈庆祝祖国五十华诞、嘉定解放五十周年专辑 (1999 年)
第 16 辑 (2000 年)
第 17 辑 (2001 年)
第 18 辑 纪念中国共产党诞生八十周年专辑 (2001 年)
第 19 辑 (2002 年)
第 20 辑 (2003 年)
第 21 辑 (改现名)(2004 年)
嘉定名医葛成慧 (嘉定文史资料专辑之一) (2004 年)
嘉定观赏石选 (嘉定文史资料专辑之二) (2004 年)
春天的故事——嘉定区政协纪念邓小平百年诞辰征文选 (嘉定文史资料专辑之三)(2004 年)
第 22 辑 (2005 年)
抗日战争在嘉定——纪念中国人民抗日战争胜利六十周年专辑 (嘉定文史资料专辑之四)(2005 年)
我和政协——纪念政协成立五十周年专辑 (2005 年)
浦泳先生纪念文集 (嘉定文史资料专辑之五)(2005 年)
第 23 辑 (2005 年)
第 24 辑 (2006 年)
人文嘉定 (人文上海书系)(上海文化出版社,2006 年版)
嘉定卷 (暨《上海文史资料选辑》2006 年第 4 期·总第 120 辑)
第 25 辑 (2007 年)

浦东新区

川沙县文史资料 (川沙县文史资料选辑、川沙县文史资料专辑) 政协上海市川沙县委员会文史资料委员会编印,16 开刊型,油印,不定期,内部交流。

第 1 期 (1982 年)
第 2 期 (1983 年)
第 3 期 (1984 年)
第 4—5 期 (改名)(1985 年)
第 6 期 (1986 年)
第 7 期 (1987 年)
第 8 期 (改现名)(1988 年)
第 9 期 庆祝川沙解放四十周年专期 (1989 年)
第 10 期 纪念川沙政协成立四十周年专期 (1989

年)

第 11 期　(1990 年)

川沙文史资料　政协上海市川沙县委员会文史资料委员会编印,32 开书型,不定期,内部交流。

第 1 辑　(1989 年)

第 2 辑　(1990 年)

第 3 辑　(1991 年)

浦东新区政协文史丛书　政协上海市浦东新区委员会文史资料工作领导小组编印,32 开书型,内部交流或公开发行。

之一　人物春秋　(2002 年版)

之二　回眸浦东地区政协　(2003 年版)

之三　热土上的足迹　(2003 年版)

之四　风雨同舟　(上、下册)(2003 年版)

之五　探索与躬行　(2003 年版)

之六　浦东名宅　(2004 年版)

之七　走进内史第　(2004 年版)

之八

之九　浦东近代营造　(2004 年)

之十　百年浦东同乡会　(上海社会科学院出版社,2005 年版)

之十一　民政总长——李平书　(2005 年版)

之十二　穆藕初——中国现代企业管理的先驱　(上海社会科学院出版社,2006 年版)

之十三　浦东老地名　(上、下册)(上海社会科学院出版社,2007 年版)

金山区

金山文史资料　(金山县文史资料选辑)　政协上海市金山县委员会文史资料工作委员会编印,16 开刊型改 32 开书型,或油印,不定期,内部交流。

试刊号　(1984 年)

第 2 期　(改现名)　抗战胜利四十周年纪念特刊 (1985 年)

第 3 期　(1986 年)

第 4—7 期　(1988 年)

第 8 期　纪念金山解放四十周年特刊　(1989 年)

第 9 辑　第 1—8 期选编本　(1990 年)

第 10 期　(1991 年)

第 11 期　(1992 年)

第 12 期　枫泾镇　(专辑)(1992 年)

第 13 期　金山人物史料专辑　(1993 年)

金山政协文史通讯　政协上海市金山区委员会文史资料研究委员会编印,16 开刊型,不定期,内部交流。

第 1—7 期　(1985 年)

第 8—12 期　(1986 年)

松江区

松江文史　政协上海市松江区委员会文史资料工作委员会编印,16 开刊型改 32 开书型,或油印,不定期,内部交流或公开发行。

第 1 期　纪念辛亥革命七十周年专辑　(1981 年)

第 2 期　(1982 年)

第 3—5 期　(1983 年)

第 6 期　纪念抗日战争胜利四十周年专辑　(1985 年)

第 7 期　(1985 年)

第 8 期　松江文物、古迹、园林、建筑等选辑　(1987 年)

第 9 期　(1987 年)

第 10 期　(1988 年)

第 11 期　纪念松江解放四十周年专辑　(1989 年)

第 12 辑　(1990 年)

第 13 辑　(1991 年)

第 14 辑　陈永康专辑　(1992 年)

第 15 辑　情系松江　(1993 年)

第 16 辑　松江九峰　(上海古籍出版社,1995 年版)

青浦区

青浦文史　政协上海市青浦区委员会文史资料委员会编印,32 开书型,不定期,内部交流。

第 1 辑　(1982 年)

第 2 辑　纪念青浦解放四十周年特辑　(一)　(1989 年)

第 3 辑　纪念青浦解放四十周年特辑　(二)　(1989 年)

第 4 辑　纪念青浦解放四十周年特辑　(三)　(1989 年)

第 5 期　(1990 年)

第 6 期　纪念中国共产党成立七十周年　(1991 年)

第 7 期　(1992 年)

第 8 期　(1999 年)

当代青浦籍名人录　(第一辑)　(与青浦区档案局合编,2005 年)

辉煌、热土、足迹——政协委员风采录　(2003 年)

青浦卷　(上、下册)(暨《上海文史资料选辑》2005 年第 1—2 期·总第 114—115 辑)

青浦政协五十年纪念文集　(2006 年)

青浦政协五十年纪念书画集　(2006 年)

当代青浦籍名人录　(第二辑)(2007 年)

话说青浦丛书　政协上海市青浦区委员会文史资料委员会编印,32 开书型,不定期,内部交流。

第 1 册

第 2 册

第 3 册
第 4 册
第 5 册

南汇区

南汇县文史资料选辑 政协上海市南汇县委员会文史资料工作委员会编印,16 开刊型,或油印,不定期,内部交流。
第 1—2 辑 （1987 年）
第 3—4 辑 （1988 年）
第 5—6 辑 （1989 年）
第 7 辑 （1990 年）
第 8—9 辑 （1991 年）
第 10 辑 （1992 年）
第 11 辑 （1993 年）

奉贤区

奉贤文史资料 政协上海市奉贤县委员会文史工作委员会编印,16 开刊型,油印,不定期,内部交流。
第 1—4 期 （1987 年）
第 5 期 （1988 年）
第 6 期 纪念奉贤解放四十周年特辑 （1989 年）
第 7 期 纪念中国人民政治协商会议成立四十周年特辑 （1989 年）

第 8 期 （1989 年）
第 1—8 期合作本 （1989 年）
第 9 期 （1990 年）
第 10 期 纪念中国共产党诞生七十周年专辑 （1991 年）
第 11—12 期 （1991 年）
第 13—16 期 （1992 年）
第 17—18 期 （1993 年）
第 19 期 纪念毛泽东诞辰一百周年专辑 （1993 年）
第 20—23 期 （1994 年）
第 24 期 纪念抗日战争胜利五十周年专辑 （1995 年）

奉贤文史 政协上海市奉贤县委员会文史资料工作委员会编印,32 开书型,不定期,内部交流。
第 1 辑 （1992 年）
第 2 辑 （1996 年）

崇明县

崇明文史 政协上海市崇明县委员会文史资料委员会编印,32 开书型,不定期,内部发行。
第 1 辑 （1989 年）
第 2 辑 现代航海家陈干青 （1990 年）
李凤苞——清末崇明籍外交官 （2005 年）
沈廷扬——明代崇明籍著名海运人物 （2007 年）

江 苏 省

江苏文史资料 （江苏文史资料选辑） 政协江苏省委员会文史资料委员会编印,32 开书型或 16 开刊型,不定期,内部交流或公开发行。

第 1 辑 （与政协南京市文史资料委员会合编,江苏人民出版社,1962 年版）

第 2 辑 （与政协南京市文史资料委员会合编,江苏人民出版社,1963 年版）

第 3 辑 （与政协南京市文史资料委员会合编,江苏人民出版社,1964 年版）

第 4—5 辑 （江苏人民出版社,1980 年版）

第 6 辑 纪念辛亥革命七十周年 （江苏人民出版社,1981 年版）

第 7 辑 纪念辛亥革命七十周年 （江苏人民出版社,1981 年版）

第 8—10 辑 （江苏人民出版社,1982 年版）

辛亥革命在南京 （画册）（江苏人民出版社,1982 年）

江苏文史资料目录 （第一册）（1960—1966 年）(1982 年)

第 11—13 辑 （江苏人民出版社,1983 年版）

第 14 辑 （江苏人民出版社,1984 年版）

第 15 辑 （江苏古籍出版社,1984 年版）

江苏无锡《人报》史料剪辑 （1984 年）

第 16 辑 纪念抗日战争胜利四十周年 （江苏古籍出版社,1985 年版）

第 17 辑 纪念抗日战争胜利四十周年 （江苏古籍出版社,1986 年版）

第 18 辑 （江苏古籍出版社,1986 年版）

在中山先生身边的日子里 （江苏古籍出版社,1986 年版）

第 19—20 辑 （江苏古籍出版社,1987 年版）

第 21 辑 "西安事变"和抗日战争 （江苏古籍出版社,1987 年版）

第 22 辑 抗战纪事 （江苏古籍出版社,1987 年版）

第 22 辑附录 "西安事变"抗战文集 （1987 年）

第 23 辑 中统内幕 （江苏古籍出版社,1987 年版）

第 24 辑 （改现名） 国民党的文官制度与文官考试 （1988 年）

第 25 辑 江苏近现代历史人物 （第一集）(1988 年)

第 26 辑 孙中山奉安大典 （华文出版社,1989 年版）

第 27 辑 冷遹先生纪念文集 （与政协镇江市、丹徒县文史委员会合编,1989 年）

马山志 （江苏）(1989 年)

第 28 辑 江苏近代兵工史略 （1989 年）

第 29 辑 汪伪政权内幕 （1989 年）

第 30 辑 崩溃的前夜——纪念南京解放、建国四十周年专辑 （1989 年）

第 31 辑 江苏工商经济史料 （1989 年）

第 32 辑 民国海军的兴衰 （中国文史出版社,1989 年版）

第 33 辑 近代要案审判内幕 （1989 年）

第 34 辑 企业家的成功之路 （1989 年）

第 35 辑 风雨同舟——纪念人民政协成立四十周年 (1989 年)

增刊 洪泽湖风云录 （1990 年）

第 36 辑 为蒋介石接电话十二年见闻 （1990 年）

第 37 辑 海鸿乡音 （暨《无锡文史资料》第 23 辑,1990 年）

第 38 辑 近代江苏宗教 （1990 年）

第 38 辑附录 国清寺 （1990 年）

第 39 辑 张家港人物选录 （暨《张家港文史资料选辑》第 10 辑,1991 年）

第 40 辑 辛亥江苏光复——纪念辛亥革命八十周年 (1991 年)

第 41 辑 江苏近现代历史人物 （第二集）(1991 年)

第 41 辑附录 江苏名人传 （1997 年）

第 42 辑 林散之 （《江苏近现代历史人物》第三集）(1991 年)

第 43 辑 周实阮式纪念集 （暨《淮安文史资料》第 9 辑,1991 年）

第 44 辑 戈公振纪念文集 （1890—1990 年）（暨《东台文史资料》第 5 辑）(1991 年)

第 45 辑 中统特工秘录 （1991 年）

第 46 辑 纪念陆小波先生 （暨《镇江文史资料》第 22 辑,江苏人民出版社,1991 年版）

增刊 淮阳名人小传 （倪戒非主编,与政协淮阴市文史资料委员会合编,1991 年）

第 47 辑 民国空军的航迹 （海潮出版社,1992 年版）

第 48 辑 汪伪巨奸 （《江苏近现代历史人物》第四集）(1992 年)

第 49 辑 民国江苏的督军和省长 （1911—1949 年）(1993 年)

第 49 辑附录 总统府史话 （1993 年）

第 50 辑 优美的旋律 飘香的歌——江苏历代音乐家 (1992 年)

第 51 辑 民国时期的农业 （1993 年）

第 52 辑 青峰学记 （暨《苏州文史资料》第 21 辑,1992 年）

第 53 辑 吴中耆旧集——苏州文化人物传 （暨《苏州文史资料》第 20 辑,1991 年）

第 54 辑　乡村教育先驱黄质夫　（暨《仪征文史资料》第 9 辑,1992 年）

第 55 辑　艺海苦航录——扬州评话"王派水浒"回忆　（暨《镇江文史资料》第 23 辑,1992 年）

第 56 辑　常熟掌故　（暨《常熟文史资料辑存》第 20 辑,1992 年）

第 57 辑　朱自清　（暨《扬州文史资料》第 12 辑,1992 年）

增刊　（1992 年）

第 58 辑　周恩来思想和实践——纪念周恩来诞辰九十五周年　（1992 年）

第 59 辑　爱国主义教育资料　（1993 年）

第 60 辑　吴贻芳　（与南京师范大学合编,1993 年）

第 61 辑　流逝的昨天　（江苏革命史迹）（1993 年）

第 62 辑　辛亥革命烈士——白雅雨　（庄绵生著,1993 年）

第 63 辑　华罗庚　（暨《金坛文史资料》第 8 辑,1993 年）

第 64 辑　宜兴十景观止　（暨《宜兴文史资料》第 21 辑,1993 年）

第 65 辑　嫘祖传人——镇江蚕桑丝绸史料专辑　（暨《镇江文史资料》第 26 辑,1993 年）

增刊　（1993 年）　汪伪群奸祸国纪实　（华东七省市政协文史工作协作会议编,中国文史出版社,1993 年版）

第 66 辑　壮烈辉煌——纪念民族英雄戴安澜将军诞辰九十周年　（1994 年）

第 67 辑　民国江苏权力机关史略　（曹余濂编著,1994 年）

第 68 辑　炸弹投向总统府　（与中共南京市委党史办公室合编,1993 年）

第 69 辑　师子山与阅江楼　（暨《下关文史资料第 2 辑,1993 年）

第 70 辑　激浪同舟——启东民主革命时期统战史料专辑　（暨《启东文史资料》第 16 辑,1994 年）

第 71 辑　溧水风情　（暨《溧水古今》第 11 辑,1993 年）

第 72 辑　淮安古今人物　（第一集）（暨《淮安文史资料》第 11 辑,1993 年）

第 72 辑附录　淮安名胜古迹　（暨《淮安文史资料》第 15 辑,1993 年）

第 73 辑　魂系中华　（暨《扬州文史资料》第 13 辑,1993 年）

第 74 辑　严惠宇纪念文集　（暨《镇江文史资料》第 27 辑,1994 年）

第 75 辑　江苏省政协大事记　（1955 年—1993 年）（1994 年）

第 76 辑　梅兰芳与故乡　（暨《泰州文史资料》第 7 辑,1994 年）

第 77 辑　中国第一代实业家盛宣怀　（易惠莉著,暨《常州名人传记》第 2 辑,1994 年）

第 78 辑　实业家束云章(1886—1973)（暨《丹阳文史资料》第 11 辑,1994 年）

第 79 辑　民国时期的陆军大学　（与第二历史档案馆合编,1994 年）

第 80 辑　腥风血雨——侵华日军江苏暴行录　（与政协南京市文史资料委员会合编,1995 年）

第 81 辑　治蝗丰碑　（暨《泗洪文史资料》专辑,1995 年）

第 82 辑　一代宗师——孙云铸教授纪念专辑　（暨《高邮文史资料》第 14 辑,1995 年）

第 83 辑　故园遥望——台港澳及海外淮阴人特辑　（暨《淮阴文史资料》第 11 辑,1995 年）

第 83 辑附录　历代诗人咏邳州　（与政协邳州市文史资料委员会合编,1998 年）

当代伊斯兰教　（当代世界宗教丛书）（1995 年）

第 84 辑　淮安古今人物　（第二集）（暨《淮安文史资料》第 13 辑,1995 年）

第 85 辑　江苏文史资料集粹　（政治卷、军事卷、革命斗争卷、经济卷、教育卷、科技卷、文化卷、社会卷、风物卷、综合卷）（1995 年）

第 85 辑附录　江苏旅游大观　（吴志明编著,1995 年）

第 86 辑　镇江宗教　（上、下册）（暨《镇江文史资料》第 28 辑,1995 年）

第 86 辑附录　茗山书法作品选　（1996 年）

第 87 辑　评话宗师柳敬亭　（暨《泰州市文史资料》第 8 辑,1995 年）

第 88 辑　翰墨慰忠魂　（暨《泗洪文史资料》专辑,1995 年）

第 89 辑　一代名医刘一麟　（暨《连云港市文史资料》第 11 辑,1995 年）

第 90 辑　高山上的火苗　（彭寿生著,暨《南通文史资料选辑》第 15 辑,1996 年）

"西安事变"与抗日战争文集　（1996 年）

崇川竹枝词　（与政协南通市文史资料委员会合编,1996 年）

第 91 辑　宗教史林述粹　（暨《南通文史资料选辑》第 16 辑,1997 年）

第 92 辑　无锡城市建设　（暨《无锡文史资料》第 32 辑,1996 年）

第 92 辑附录　故土方园　（暨《海门文史资料》第 15 辑,1998 年）

第 93 辑　兰苑纪事　（顾树荣著,暨《苏州文史资料选辑》第 19 辑,1994 年）

第 94 辑　伟大的民主战士李公朴　（暨《武进文史资料》第 18 辑,1996 年）

第 95 辑　优美的旋律　飘香的歌——江苏历代音乐家　（续集）（1996 年）

第 96 辑　麒艺流芳——京剧艺术大师周信芳纪念专辑　（暨《淮阴文史资料》第 12 辑、《清浦文史资料》第 3

辑,1997年)

江南第一名山——虎丘山 (1997年)

第97辑 万家更新——扬州建国后史料专辑 (暨《扬州文史资料》第16辑,1997年)

第98辑 苏州佛教寺院 (暨《苏州文史资料选辑》第22辑,1997年)

第99辑 肝胆照人显英才 (1996年)

第100辑 红旗十月满天飞——回忆我的九十年 (顾复生著,《清浦文史资料》第39辑,1997年)

第100辑附录 淮海战役新论 (1998年)

第101辑 宜兴人物志 (下)(暨《宜兴文史资料》第24辑,1997年)

第102辑 江南大学五十年 (暨《无锡文史资料》第35辑,1997年)

第103辑 辛亥镇江将军录 (上、下册)(暨《镇江文史资料》第30辑,1997年)

第104辑 人民教育家俞庆棠 (唐孝纯著,暨《无锡文史资料》第37辑,1998年)

第105辑 楷模——纪念彭雪枫将军诞辰九十周年专辑 (与政协泗洪县文史委员会等合编,1997年)

第106辑 江海春秋 (南通文史资料精选)(上、中、下册)(暨《南通文史资料选辑》第17辑,1998年)

第107辑 熊成基传 (许凤仪等著,暨《扬州文史资料》第18辑,1998年)

第108辑 吴中耆旧集续集 (暨《苏州文史资料选辑》第23辑,1997年)

第109辑 恩泽长淮——周恩来百年诞辰纪念专辑 (暨《淮阴文史资料》第13辑、《淮安文史资料》第16辑,1998年)

第109辑附录 恩泽棉乡 (暨《启东文史》第21辑,1998年)

第110辑 纪念罗尔纲教授文集 (《太平天国史研究》第1集)(与太平天国史研究会等合编,1998年)

第111辑 常州名人传记(三)(暨《常州文史资料》第13辑,1998年)

第111辑附录 常州文史杂谈 (戴伯元著)(暨《常州文史资料》第15辑,1998年)

第112辑 耆年忆往——沈沛霖回忆录 (1998年)

第113辑 林散之 (再版)(林昌庚著,1998年)

无锡风物百景漫笔 (沙无后著,暨《无锡文史资料》第38辑,1998年)

青山碧血——钱正表传 (1998年)

第114辑 名城卫士 (公安篇)(暨《镇江文史资料》第31辑,1998年)

孙中山与中国现代化 (江苏省孙中山研究编,1998年)

第115辑 扬州宗教 (暨《扬州文史资料》第19辑,1999年)

第116辑 智慧之光——南通籍院士风采录(暨《南通文史资料》第18辑,1999年)

第117辑 张应春纪念集 (暨《吴江文史资料》第17辑,1999年)

第118辑 江苏旅游大观 (吴志明编著,1999年)

第119辑 苏州影剧史话 (暨《苏州文史资料选辑》第24辑,1999年)

第120辑 漫话无锡 (《无锡文史资料》第41辑,1999年)

第121辑 黎明前后——纪念镇江解放五十周年 (暨《镇江文史资料》第32辑、《润州文史资料》第1辑,1999年)

第122辑 柳亚子 (李海珉著,1999年)

鼓楼区文物志 (1999年)

第123辑 句容古今要览 (暨《句容文史资料》第16辑,1999年)

第124辑 海门游子 (暨《海门文史资料》第16辑,1999年)

第125辑 宿迁名人 (暨《宿迁文史资料》第1辑,1999年)

第126辑 回眸扬州50年 (暨《扬州文史资料》第20辑,1999年)

第127辑 文海星光——南通文化名人(一)(暨《南通文史资料选辑》第19辑,1999年)

近代两江总督小传 (刘刚著,1999年)

第128辑 苏州芝苑名师 (暨《苏州文史资料》第27辑,2000年)

春风化雨 (2000年)

第129辑 无锡民国史话 (朱邦华著,2000年)

第130辑 昆剧"传"字辈 (暨《苏州文史资料》第29辑,2000年)

第131辑 太湖望族 (第一册)(与政协吴锡市学习文史委员会合编,2000年)

第132辑 扬州老字号 (暨《扬州文史资料》第21辑,2001年)

第133辑 徐州文史资料集粹 (与政协徐州市文史资料委员会合编,2000年)

第134辑 刘邦评论 (与政协徐州市文史资料委员会合编,2000年)

第135辑 邳州揽胜 (暨《邳州文史资料》专辑,2001年)

第136辑 淮安古今人物 (第三集)(暨《淮安文史资料》第17辑,2000年)

孙中山与南京临时政府 (南京出版社,2001年版)

第137辑 创业之星——镇江民营企业家史料专辑 (暨《镇江文史资料》第33辑,2001年)

第138辑 近百年无锡人物 (暨《无锡文史资料》第47辑,2001年)

追随辛亥 (卜承祖著,江苏古籍出版社,2002年)

江苏省政协志 (江苏人民出版社,2003年版)

政协委员会风采录 (上、下卷)(河海大学出版社,2006年版)

江苏老店 （江苏人民出版社,2006 年版）

我与汉卿的一生——张学良结发夫人张于凤至回忆录 （团结出版社,2007 年版）

孙中山生平与思想研究——江苏省纪念孙中山先生诞辰一百四十周年学术研讨会论文集 （河南大学出版社,2007 年版）

江苏省各级政协文史资料图书总目录 （2007 年）

江苏名人故居

江苏老街与历史街区 （2007 年）

百年风华——江苏老镇风采 （2008）

新四军统战纪实 （2008 年）

钟山风雨 政协江苏省委员会资料委员会《钟山风雨》编辑部编印,16 开刊型,双月刊,内部交流。

2000 年试刊号 （总第 1 期）

2001 年第 1—6 期 （总第 2—7 期）

2002 年第 1—6 期 （总第 8—13 期）

2003 年第 1—6 期 （总第 14—19 期）

2004 年第 1—6 期 （总第 20—25 期）

2005 年第 1—6 期 （总第 26—31 期）

2006 年第 1—6 期 （总第 32—37 期）

2007 年第 1—6 期 （总第 38—43 期）

2008 年第 1—6 期 （总第 44—49 期）

江苏文史资料存稿选编 （七卷十一册） 政协江苏省委员会文史资料委员会编,江苏人民出版社,2007 年版。

政治卷

军事卷

人物卷

经济卷

文化卷

教育卷

社会卷

江苏省近现代人物丛书 政协江苏省委员会文史委员会编印。

仪征卷

南京市

江苏文史资料选辑 政协江苏省南京市委员会文史资料委员会编印,32 开书型,不定期,内部交流。

第 1 辑 （与政协江苏省文史资料委员会合编,江苏人民出版社,1962 年版）

第 2 辑 （与政协江苏省文史资料委员会合编,1963 年版）

第 3 辑 （与政协江苏省文史资料委员会合编,1964 年版）

史料选辑 政协江苏省南京市委员会文史资料研究委员会编印,32 开书型,不定期,内部交流。

第 1 辑 （1981 年）

第 2—3 辑 （1982 年）

第 4 辑 侵华日军南京大屠杀史料专辑 （1983 年）

第 5 辑 （1984 年）

南京文史资料专辑 政协江苏省南京市委员会文史和学习委员会等编印,32 开书型,不定期,内部交流或公开发行。

抗日风云录 （纪念抗日战争胜利四十周年） （1985 年）

金陵破晓——纪念南京解放四十周年史料 （南京出版社,1989 年版）

中山陵园史录——纪念孙中山奉安六十周年 （南京出版社,1989 年版）

蓝天碧血扬国威——中国空军抗战史料 （中国文史出版社,1990 年版）

中国战区受降始末 （中国文史出版社,1991 年版）

搏浪前进——中国水泥厂史料 （南京出版社,1995 年版）

腥风血雨——侵华日军江苏暴行录 （暨《江苏文史资料》第 80 辑,1995 年）

跨越天堑——南京长江大桥建设纪实 （东南大学出版社,1996 年版）

同心曲——政协统战工作回忆专辑 （1997 年）

南京政协志 （方志出版社,1997 年版）

南京爱国主义教育基地概览 （东南大学出版社,1998 年版）

红日照钟山——南京解放初期史料 （南京出版社,1999 年版）

南京小红花——小红花艺术团专辑 （南京出版社,1999 年版）

登攀与奉献——南京科技英才自述 （南京出版社,2000 年版）

创业之路——南京私营、民营企业家专辑 （2001 年版）

南京城垣史话 （南京出版社,2002 年版）

百里秦淮话沧桑 （南京出版社,2004 年版）

金陵名胜史话 （南京出版社,2006 年）

古城一瞬间 （上海辞书出版社,2007 年版）

朱偰与南京 （南京出版社,2007 年版）

南京文史集萃 政协江苏省南京市委员会文史资料研究委员会编,江苏古籍出版社出版。

1986 年本 （1986 年版）

1987 年本 （1988 年版）

第 1 辑 （1989 年版）

第 2 辑 范鸿仙专辑 （1990 年版）

第 3 辑 （1991 年版）

金陵书坛四大家丛书（四册） 政协江苏省南京市委员会文史和学习委员会等编,南京出版社,2003 年版。

第 1 册 胡小石

第 2 册 林散之

第 3 册 萧娴

第 4 册 高二适

玄武区

玄武文史资料 政协江苏省南京市玄武区委员会文史组编印,16 开刊型,油印,不定期,内部交流或公开发行。

第 1 期 (1989 年)

玄武古今 政协江苏省南京市玄武区委员会文史组编印,32 开书型,不定期,内部交流或公开发行。

第 1 辑 (1987 年)

玄武名胜古迹 (《南京文化丛书》)(1991 年)

第 2 辑 (1992 年)

玄武工商集锦 (1993 年)

第 3 辑 曹雪芹与南京 (南京出版社,1995 年版)

玄武名胜史话 (南京出版社,1999 年版)

美哉玄武 (画册)(2004 年)

玄武名人史话 (第一、二、三卷)(南京出版社,2006 年版)

白下区

白下文史 政协江苏省南京市白下区委员会文史资料工作委员会编印,32 开书型,不定期,内部交流。

第 1 辑 (1984 年)

第 2 辑 (1986 年)

第 3 辑 陶行知故事专辑 (1986 年)

第 4 辑 白下揽胜专辑 (1987 年)

第 5 辑 (1988 年)

第 6 辑 庆祝建国四十周年、庆祝南京解放四十周年专辑 (1989 年)

第 7 辑 (1990 年)

第 8 辑 (1991 年)

第 9 辑 (1992 年)

第 10 辑 (1994 年)

第 11 辑 纪念抗日战争胜利五十周年专辑 (1995 年)

第 12 辑 (1997 年)

第 13 辑 (1999 年)

第 14 辑 (2001 年)

第 15 辑 (2003 年)

第 16 辑 (2005 年)

秦淮区

秦淮夜谈 政协江苏省南京市秦淮区委员会文史资料研究委员会等编印,32 开书型,不定期,内部交流或公开发行。

第 1 辑 (1986 年)

第 2 辑 (1987 年)

第 3 辑 (1988 年)

第 4 辑 (1989 年)

第 5 辑 金陵大报恩寺塔志 (节刊)(1990 年)

第 6 辑 禾末陵古迹 (抄本)(1991 年)

第 7 辑 (1992 年)

第 8 辑 金陵岁时记 (1993 年)

第 9 辑 (1994 年)

第 10 辑 侵华日军南京暴行录 (1995 年)

第 11 辑 (1996 年)

第 12 辑 (1997 年)

第 13 辑 (1998 年)

第 14 辑 秦淮人物志 (1999 年)

第 15 辑 (2000 年)

第 16 辑 (2001 年)

第 17 辑 (2002 年)

第 18 辑 新时代文选 (人民日报出版社,2003 年版)

第 19 辑 (人民日报出版社,2003 年版)

第 20 辑 (人民日报出版社,2004 年版)

第 21 辑 (2007 年)

建邺区

建邺文史 政协江苏省南京市建邺区委员会编印,32 开书型,不定期,内部交流。

第 1 辑 (1985 年)

第 2 辑 (1987 年)

第 3 辑 (1988 年)

第 4 辑 (1989 年)

第 5 辑 (1997 年)

第 6 辑 人物专集 (2001 年)

第 7 辑 江心洲揽胜 (2003 年)

第 8 辑 现代化新南京看河西——新建邺概览 (2005 年)

第 9 辑 建邺诗词录 (2006 年)

鼓楼区

文史资料 政协江苏省南京市鼓楼区委员会文史资料委员会编印,16 开书型,不定期,内部交流。

第 1 期 (1984 年)

第 2 期

第 3 期

第 4 期 (1988 年)

鼓楼文史 政协江苏省南京市鼓楼区委员会文史资料委员会编印,32 开书型,不定期,内部交流或公开发行。

第 1 辑 (1988 年)

第 2 辑 (1990 年)

第 3 辑 (1991 年)

彪炳千秋 (1991 年)

第 4 辑 (1992 年)

第 5 辑 (1993 年)

第 6 辑 （1995 年）

历代咏鼓楼诗选 （1995 年）

第 7 辑 （1996 年）

鼓楼区文物志 （江苏文史资料编辑部出版发行,1999 年）

春华秋实 （书画集）(2004 年)

中国书法篆刻名家与金陵鼓楼 （2004 年）

中国画名家与鼓楼 （2004 年）

画家美术教育家——杨建侯 （江苏美术出版社,2005 年版）

伟大的胜利——纪念抗日战争胜利六十周年 （2005 年）

中国油画名家与鼓楼 （江苏美术出版社,2007 年版）

中国科学院院士与金陵古楼 （2008 年）

中国工程院院士与金陵古楼 （2008 年）

下关区

下关文史 政协江苏省南京市下关区委员会文史资料委员会编印,32 开书型,不定期,内部交流。

第 1 辑 中国风水术 （1992 年）

第 2 辑 狮子山阅江楼 （暨《江苏文史资料》第 69 辑,1993 年）

第 3 辑 （1991 年）

第 4 辑 纪念中国人民抗日战争胜利五十周年 （1995 年）

第 5 集 下关古今 （1996 年）

第 6 集 下关古今(续)（1997 年）

第 7 集 商埠春秋——纪念下关开埠一百周年 （1998 年）

第 8 集 南京天妃宫与妈祖文化 （1999 年）

第 9 集 幕府山胜迹寻踪 （2000 年）

第 10 集 风雨同舟四十秋——纪念南京市下关区政协成立四十周年 （2002 年）

第 11 集 校园的风——黄玲少儿歌曲集 （2002 年）

第 12 集 羽毛球冠军的摇篮 （2003 年）

第 13 辑 五载情——下关区政协第八届委员会工作剪影 （画册）(2002 年)

第 14 辑 从龙江关走向世界——郑和与下关 （2003 年）

第 15 辑 创业下关——市场发展篇 （上）(2006 年)

第 16 辑 创业下关——市场发展篇 （中）(2006 年)

第 17 辑 创业下关——市场发展篇 （下）(2007 年)

第 18 辑 委员画册 （2007 年）

浦口区

江浦文史 政协江苏省江浦县委员会文史资料研究委员会编印,16 开刊型,不定期,内部交流。

第 1 辑 （1984 年）

第 2 辑 （1987 年）

第 3 辑 （1988 年）

第 4 辑 （1989 年）

第 5 辑 （1990 年）

第 6 辑 （1994 年）

第 7 辑 （1997 年）

浦口文史 政协江苏省南京市浦口区委员会文史资料委员会编印,32 开书型,不定期,内部流。

第 1 辑 （1990 年）

第 2 辑 （1991 年）

浦口文史 政协南京市浦口区委员会学习文史委员会编印,16 开刊型,不定期,内部交流。

第 1 辑 （2003 年）

六合区

六合文史资料 政协江苏省六合县委员会文史资料委员会编印,32 开书型,不定期,内部交流。

第 1 辑 （1984 年）

第 2 辑 （1985 年）

第 3 辑 （1987 年）

第 4 辑 （1990 年）

第 5 辑 棠邑纵横 （1992 年）

第 6 辑 故乡情 （棠邑纵横·特辑）(1995 年)

大厂文史 政协江苏省南京市大厂区委员会文史资料委员会编印,32 开书型,不定期,内部交流。

第 1 辑 （1993 年）

第 2 辑 （1995 年）

第 3 辑 （1997 年）

六合文史 江苏省南京市六合区委员会文史委员会编印,32 开书型,不定期,内部交流。

第 1 辑 新区成立专辑 （2004 年）

资政建言集 （2007 年）

栖霞区

栖霞文史 政协江苏省南京市栖霞区委员会《栖霞文史》编委会编印,32 开书型,不定期,内部交流。

第 1 辑 名胜古迹专辑 （1989 年）

第 2 辑 （1994 年）

第 3 辑 （1997 年）

第 4 辑 （1999 年）

第 5 辑 名胜史话专辑 （2002 年）

壮美栖霞 （画册）(2006 年)

第 6 辑 （2007 年）
第 7 辑
第 8 辑

雨花台区

雨花文史 政协江苏省南京市雨花台区委员会文史委员会编印，32 开书型，不定期，内部交流。
第 1 集 （1987 年）
第 2 集 （1988 年）
第 3 集 （1989 年）
第 4 集 （1990 年）
第 5 集 （1991 年）
第 6 集 （1992 年）
第 7 集 （1994 年）
第 8 集 （1995 年）
第 9 集 （1997 年）
第 10 集 旅游专辑 （1998 年）
第 11 集 雨花台区五十周年专辑 （2000 年）
第 12 集 （2002 年）
第 13 集 （2004 年）
雨花石摄影作品专辑 （2006 年）
委员风采 （画册）（2006 年）

江宁区

江宁春秋 政协江苏省江宁县委员会文史委员会编印，32 开书型，不定期，内部交流或公开发行。
第 1 辑 （1984 年）
第 2 辑 （1985 年）
第 4 辑 （1986 年）
第 6 辑 （1987 年）
第 7 辑 （1988 年）
第 8 辑 （1989 年）
江宁竹枝词 （1989 年）
第 9 辑 （1990 年）
第 10 辑 （1991 年）
第 11—12 辑 （1992 年）
江宁胜迹 （1995 年）
江宁人物 （现代篇）（1999 年）
江宁区政协志 （江苏人民出版社，2005 年版）
建言献策，探索实践——江宁区政协第九届委员会文献 （2007 年）

溧水县

溧水古今 政协江苏省溧水县委员会学习文史委员会编印，32 开书型，不定期，内部交流。
第 1 辑 （1982 年）
第 2 辑 （1984 年）

第 3 辑 （1985 年）
第 4 辑 （1986 年）
第 5 辑 （1987 年）
第 6 辑 （1988 年）
第 7 辑 （1989 年）
第 8 辑 （1990 年）
第 9 辑 纪念溧水建县一千四百周年专辑 （1991 年）
第 10 辑 （1992 年）
第 11 辑 溧水风情 （暨《江苏文史资料》第 71 辑，1993 年）
第 12 辑 （1993 年）
第 13 辑 （1994 年）
第 14 辑 乡镇企业专辑 （1996 年）
第 15 辑 （1997 年）
第 16 辑 纪念溧水解放五十周年专辑 （1999 年）
第 17 辑 （2000 年）
第 18 辑 天南海北溧水人 （2002 年）
第 19 辑 明万历溧水县志 （校点本）（明·吴仁途撰，2003 年）
第 20 辑 创业老风采 （2004 年）

高淳县

高淳文史资料 （**高淳史志资料**） 政协江苏省高淳县委员会宣教文卫委员会等编印，32 开书型，不定期，内部交流。
第 1 辑 （1983 年）
第 3 辑 （1984 年）
第 5 辑 （1985 年）
第 6 辑 （1986 年）
第 7 辑 （改现名）（1987 年）
第 8 辑 （1988 年）
第 9 辑 （1990 年）
第 10 辑 纪念政协高淳县委员会成立十周年专辑 （1990 年）
第 11 辑 （1994 年）
第 12 辑 高淳谚语与歇后语 （1995 年）
第 13 辑 （1997 年）
第 14 辑 双女坟与崔致远 （1998 年）
第 15 辑 高淳文物 （2000 年）
第 16 辑 高淳史志资料 （2002 年）
第 17 辑 高淳地名故事 （2003 年）
第 18 辑 （2005 年）
第 19 辑 高淳风俗 （2005 年）

徐州市

徐州文史资料 政协江苏省徐州市委员会文史资料研究委员会编印，32 开书型，不定期，内部交流或公开发行。

第 1 辑　（1981 年）

第 2 辑　革命史料专辑　（1982 年）

第 3 辑　（1983 年）

第 4 辑　（1985 年）

第 5 辑　徐州会战专辑　（1985 年）

第 6 辑　伪淮海省专辑　（1986 年）

第 7 辑　徐州工商史料专辑　（1986 年）

第 8 辑　（1987 年）

第 9 辑　（1988 年）

第 10 辑　（1990 年）

第 11 辑　（1991 年）

第 12 辑　（1992 年）

第 13 辑　（1993 年）

第 14 辑　（1994 年）

第 15 辑　（1995 年）

淮海战役故事集

第 16 辑　（1996 年）

第 17 辑　（1997 年）

第 18 辑　（1998 年）

第 19 辑　（1999 年）

中国人民解放战争中的奇迹　（淮海战役故事集）
（1999 年）

王寨史略　（1999 年）

历代名人评刘邦　（1999 年）

第 20 辑　（2000 年）

徐州文史资料集粹　（暨《江苏文史资料》第 133 辑，
2000 年）

三地书　（赵彭城著，中国戏曲出版社，2000 年版）

刘邦评论　（暨《江苏文史资料》第 134 辑，2000 年）

第 21 辑　（2001 年）

第 22 辑　（2002 年）

第 23 辑　（2003 年）

第 24 辑　（2004 年）

第 25 辑　抗日战争胜利六十周年专辑　（2005 年）

第 26 辑　（2006 年）

第 27 辑　（2007 年）

第 28 辑　（2008 年）

云龙区

鼓楼区

九里区

贾汪区

泉山区

文史资料　政协江苏省徐州市郊区文史委员会编印，
32 开书型，不定期，内部交流。

第 1 辑

第 2 辑

第 3 辑　（1997 年）

第 4 辑

第 5 辑

第 6 辑

第 7 辑

第 8 辑

第 9 辑

第 10 辑

第 11 辑　（与政协铜山县文史委员会合编，1991 年）

第 12 辑　（与政协铜山县文史委员会合编，1993 年）

泉山文史资料　政协徐州市泉山区委员会文史资料委
员会编印，32 开书型，不定期，内部交流。

第 1 辑

第 2 辑

第 3 辑　（1997 年）

邳州市

邳州文史资料　（邳县文史资料）　政协江苏省邳州
市委员会文史资料委员会编印，32 开书型，不定期，内部交
流或公开发行。

第 1 辑　（1983 年）

第 2 辑　（1984 年）

第 3 辑　（1985 年）

第 4 辑　（1986 年）

第 5 辑　（1987 年）

第 6 辑　纪念淮海战役碾庄战斗胜利四十周年专辑
（1988 年）

第 7 辑　（1989 年）

第 8 辑　文物古迹专辑　（1991 年）

第 9 辑　（1992 年）

第 10 辑　（改现名）（1993 年）

浴血邳州　（纪念抗战胜利五十周年专辑）（大世界出
版有限公司，1995 年版）

历代诗人咏邳州　（暨《江苏文史资料》第 83 辑附录，
1998 年）

一鸣作品选　（贵州人民出版社，2000 年版）

邳州揽胜　（暨《江办文史资料》第 135 辑，2001 年）

邳州历代文选　（大众文艺出版社，2003 年版）

新沂市

新沂文史资料　政协江苏省新沂市委员会学习宣传文

史委员会编印,32 开书型,不定期,内部交流。

第 1 辑 （1985 年）
第 2 辑 （1986 年）
第 3 辑 （1988 年）
第 4 辑 （1990 年）
第 5 辑 （1991 年）
第 6 辑 （1992 年）
第 7 辑 （1993 年）

新沂宿北大战胜利六十周年学习交流专辑 （2006年）

新沂故事 （2007 年）

铜山县

文史资料 （铜山文史资料） 政协江苏省铜山县委员会文史委员会等编印,32 开书型,不定期,内部交流。

第 1 辑 （1982 年）
第 2 辑 （1983 年）
第 3—4 辑 （1984 年）
第 5 辑 （1985 年）
第 6 辑 （1986 年）
第 7 辑 （1987 年）
第 8 辑 （1988 年）
增刊 铜山当代教科文名人录 （第一辑）（1988 年）
第 9 辑 铜山税捐史话 （1989 年）
第 10 辑 （1990 年）
铜山文史资料 1—10 辑目录汇编 （1990 年）
第 11 辑 （改现名）（暨《(徐州市郊区)文史资料》第 11 辑,1991 年）
增刊 铜山当代科教文名人录 （第二辑）（1991 年）
铜山政协志 （1992 年）
第 12 辑 （暨《徐州市郊区文史资料》第 12 辑,1993 年）
第 13 辑 李蟠诗文集注 （1995 年）
第 14 辑 （1996 年）
第 15 辑 （1997 年）
增刊 李蟠诗文集 （1998 年）
第 16 辑 铜山大观 （2000 年）

睢宁县

睢宁文史资料 政协江苏省睢宁县委员会文史资料研究委员会编印,32 开书型,不定期,内部交流或公开发行。

第 1 辑 （1984 年）
第 2 辑 （1985 年）
第 3 辑 （1986 年）
第 4 辑 （1987 年）
第 5 辑 （1990 年）
第 6 辑 （1991 年）
第 7 辑 （1992 年）

第 8 辑 （1994 年）
第 9 辑 周祥俊专辑 （1996 年）
第 10 辑 （1999 年）
睢宁遗韵 （大众文艺出版社,2001 年版）
睢宁遗韵补 （2001 年）
第 11 辑 （2002 年）
第 12 辑 （2005 年）
睢宁名人录 （中国文联出版社,2006 年版）

沛县

沛县文史资料 政协江苏省沛县委员会文史资料研究委员会编印,32 开书型,不定期,内部交流或公开发行。

第 1 辑 （1984 年）
第 2 辑 （1985 年）
第 3 辑 （1986 年）
第 4 辑 （1987 年）
第 5 辑 （1988 年）
第 6 辑 （1989 年）
增刊 千古龙飞地 （1990 年）
第 7 辑 （1991 年）
第 8 辑 （1992 年）
第 9 辑 泗上诗征 （友谊出版社,1997 年版）
第 10 辑 李昭轩诗文集 （2001 年）
沛县政协志 （2006 年）

丰县

丰县文史资料 政协江苏省丰县委员会文史资料研究委员会编印,32 开书型,不定期,内部交流。

第 1 辑 （1983 年）
第 2 辑 （1984 年）
第 3 辑 （1985 年）
第 4 辑 （1986 年）
第 5—6 辑 （1987 年）
第 7 辑 （1988 年）
第 8 辑 （1989 年）
丰县政协志 （1950—1990）（一）（1990 年）
第 9 辑 （1991 年）
第 10 辑 （1992 年）
第 11 辑 丰县集镇史话 （1993 年）
历代诗人咏丰县 （1993 年）
第 12 辑 刘小集风云录 （1995 年）
第 13 辑 丰县当代人物选录 （一）（1995 年）
第 14 辑 丰县当代人物选录 （二）（1997 年）
丰县政协志 （二）（2004 年）
丰县风物志 （2005 年）
丰县名人 （2007 年）

连云港市

连云港市文史资料 政协江苏省连云港市委员会学习文史资料委员会编印,32开书型,不定期,内部交流或公开发行。

第1辑 (1983年)

云台山吴承恩与西游记 (李洪甫著,1983年)

第2辑 (1984年)

第3辑 纪念抗日战争胜利四十周年专辑 (1985年)

第4辑 (1986年)

第5辑 (1987年)

第6辑 (1988年)

第7辑 新浦街的变迁专辑 (1989年)

第8辑 纪念辛亥革命八十周年专辑 (1991年)

第9辑 建国初期连云港市经济 (1993年)

第10辑 (1995年)

第11辑 一代名医刘一麟 (暨《江苏文史资料》第89辑,1995年)

连云港市政协志 (1997年)

第12辑 海外纪行 (中国矿业大学出版社,1997年版)

古今连云港 (中国文史出版社,1998年版)

连云港市政协委员名录 (2000年)

第13辑 私企旧事 (2000年)

第14辑 杏坛轶事 (2001年)

第15辑 "以港兴市"战略研究——纪念辛亥革命九十周年 (2002年)

第16辑 艺苑往事 (2003年)

第17辑 连云港近现代人物 (2004年)

第18辑 吴印咸——纪念吴印咸先生逝世十周年专辑 (与政协宿迁市学习文史委员会合编,人民日报出版社,2004年版)

第19辑 亲历抗战——纪念抗日战争暨世界反法西斯战争胜利六十周年专辑 (2005年)

第20辑 云山灌水抗战风云录 (赤布著,2005年)

第21辑 孙中山在日本 (2006年)

新浦区

新浦文史资料 政协江苏省连云港市新浦区委员会文史资料委员会编印,32开书型,不定期,内部交流。

第1辑 新浦兴盛百年研讨会专辑 (1993年)

第2辑 新浦区成立十周年专辑 (1994年)

第3辑 纪念抗日战争胜利五十周年 (1995年)

第4辑 (1996年)

第5辑 (1997年)

第6辑 纪念新浦解放五十周年专辑 (1998年)

连云区

云台文史资料 政协江苏省连云港市云台区委员会文史委员会编印,32开书型,不定期,内部交流。

第1辑 (1988年)

第2辑 乡情 (1989年)

第3辑 乡思 (1990年)

第4辑 (1994年)

第5辑 云台揽胜 (1999年)

第6辑 历代名人与云台 (2001年)

连云区文史资料 政协江苏省连云港市连云区委员会文史资料委员会编印,32开书型,不定期,内部交流。

第1辑 锦绣连云 (1993年)

第2辑 连云地区宗教文化纵横谈 (2004年)

第3辑 连云掌故 (2007年)

海州区

海州区文史资料 政协江苏省连云港市海州区委员会文史资料编纂委员会编印,32开书型,不定期,内部交流。

第1辑

第2辑 (1990年)

第3辑

第4辑 (2000年)

第5辑 (2001年)

第6辑 (2002年)

第7辑

赣榆县

赣榆文史资料 政协江苏省赣榆县委员会学习文史委员会办公室编印,32开书型,不定期,内部交流或公开发行。

第1辑 (1984年)

第2辑 古诗咏赣榆 (1984年)

第3辑 纪念抗日战争胜利四十周年专辑 (1985年)

第4辑 (1986年)

第5辑 (1987年)

第6辑 (1988年)

第7辑 庆祝中华人民共和国成立四十周年 (1989年)

第8辑 (1990年)

第9辑 赣榆名胜专辑 (宋世亮编著,1991年)

第10辑 赣榆现代人物专辑 (一)(1994年)

第11辑 赣榆现代人物专辑 (二)(1997年)

第12辑 赣榆现代人物专辑 (三)(2002年)

第13辑 少昊文化源流浅识 (2003年)

第14辑 绍鳞吟稿 (陈绍鳞著,2003年)

第 15 辑　今古名人与赣榆　（2004 年）

赣榆民族之光——献给抗日山烈士陵园建园六十周年　（江苏人民出版社,2005 年版）

第 16 辑　赣榆诗词集粹　（2005 年）

第 17 辑　鹿地亘——中国人民的亲密朋友　（香港天马图书有限公司,2007 年版）

灌云县

灌云文史资料　政协江苏省灌云县委员会学习文史委员会编印,32 开书型,不定期,内部交流。

第 1 辑　（1984 年）

第 2 辑　（1985 年）

第 3 辑　纪念抗日战争胜利四十周年专辑　（1985 年）

灌云县科教文名人录　（第一集）(1987 年)

"灌云诗社"成立三周年纪念诗词集　（1988 年）

第 4 辑　（1988 年）

灌云县科教文名人录　（第二集）(1989 年)

灌云县科教文名人录　（第三集）(1994 年)

孙家讯诗选　（1990 年）

第 5 辑　（1991 年）

第 6 辑　（1995 年）

苏林自鸣集　（1996 年）

第 7 辑　科苑之光——板浦汪氏兄弟专辑　（1997 年）

第 8 辑　纪念灌云县解放五十周年、改革开放二十年专辑　（1998 年）

悼念汪老(德昭)诗文集　（1999 年）

第 9 辑　纪念人民政协成立五十周年诗文书画集 (1999 年)

第 10 辑　（2000 年）

灌云县政协志　（中国文联出版社,2001 年版）

灌云县科教文名人录　（第四集)(2002 年)

第 11 辑　（2004 年）

第 12 辑　（2005 年）

第 13 辑　（2006 年）

第 14 辑　马广文、马仲殊兄弟专辑　（2007 年）

第 15 辑　（2008 年）

东海县

东海文史资料　政协江苏省东海县委员会学习和文史资料委员会编印,32 开书型,不定期,内部交流。

第 1 辑　（1985 年）

第 2 辑　（1986 年）

第 3 辑　（1989 年）

第 4 辑　（1991 年）

第 5 辑　东海之最　（1993 年）

第 6 辑　东海县革命斗争故事选　（暨《东海县党史资料》第 3 辑,1999 年）

第 7 辑　（2003 年）

第 8 辑　东海馆藏文物鉴赏　（2005 年）

第 9 辑　（2006 年）

灌南县

灌南县文史资料　政协江苏省灌南县委员会学习文史委员会等编印,32 开书型,不定期,内部交流或公开发行。

第 1 辑　（1985 年）

第 2 辑　（1987 年）

第 3 辑　纪念吴沛生文集　（1999 年）

第 4 辑　张义祥纪念文集　（吉林人民出版社,2002 年版）

宿迁市

宿迁文史资料　政协江苏省宿迁市委员会学习文史委员会编印,32 开书型,不定期,内部交流或公开发行。

第 1 辑　宿迁名人　（暨《江苏文史资料》第 125 辑, 1999 年）

第 2 辑　宿迁名品　（银河出版社,2001 年版）

第 3 辑　宿迁名胜　（银河出版社,2002 年版）

宿迁书法集　（2003 年）

第 4 辑　宿迁名镇　（2003 年）

吴印咸——纪念吴印咸先生逝世十周年　（暨《连云港市文史资料》第 18 辑,人民日报出版社,2004 年版）

采虹颂——宿迁市书法美术摄影展览作品选集 (2005 年)

净一法师　（2006 年）

宿城区

宿城文史资料　政协江苏省宿迁市宿豫委员会文史资料委员会编印,32 开书型,不定期,内部交流。

特辑　项羽史话　（2004 年）

特辑　宿城春秋　（2005 年）

咏怀西楚霸王项羽书法作品集　（2006 年）

宿豫区

宿豫文史　（宿迁文史资料）　政协江苏省宿迁市宿城区委员会文史资料委员会编印,32 开书型,不定期,内部交流。

宿北战役资料选　（与淮阴师范专科学校合编,1982 年）

第 1—2 辑　（1983 年）

第 3—4 辑　（1984 年）

第 5 辑　纪念抗日战争胜利四十周年　（1985 年）

第 6 辑　（1985 年）

第 7 辑　（1986 年）
第 8 辑　（1987 年）
第 9 辑　（1989 年）
第 10 辑　书法专辑　（1990 年）
第 11 辑　（1990 年）
第 12 辑　（1991 年）
第 13 辑　宿迁名人录　（1992 年）
第 14 辑　（1994 年）
第 15 辑　宿迁名人录　（续集）（1994 年）
第 16 辑　生命之火为祖国燃烧——陆裕朴教授专辑
（1996 年）
第 17 辑　（改现名）（1997 年）
第 18 辑　（1999 年）
第 19 辑　神秘的骆马湖　（2002 年）
第 20 辑　清清骆马湖　（2005 年）

沭阳县

沭阳文史资料　政协江苏省沭阳县委员会学习文史委员会编印,32 开书型,不定期,内部交流或公开发行。
第 1 辑　（1984 年）
第 2 辑　（1985 年）
第 3 辑　（1986 年）
第 4 辑　（1988 年）
第 5 辑　沭阳土话乱弹　（1989 年）
第 6 辑　（1990 年）
第 7 辑　（1999 年）
风采　（2003 年）
第 8 辑　（2004 年）
第 9 辑　（2006 年）
虞姬　（《经典与解释丛书》之八）（华夏出版社,2007
年版）

泗阳县

泗阳文史资料　政协江苏省泗阳县委员会学习文史委员会编印,32 开书型或 16 开刊型,不定期,内部交流。
第 1 辑　（1983 年）
第 2 辑　（1984 年）
第 3 辑　（1985 年）
第 4 辑　（1986 年）
第 5 辑　纪念张相文先生诞辰一百二十周年专辑
（1987 年）
第 6 辑　（1989 年）
第 7 辑　（1990 年）
第 8 辑　（1992 年）
第 9 辑　（1994 年）
第 10 辑　（1996 年）
第 11 辑　（1999 年）
第 12 辑　泗阳名人　（2000 年）

第 13 辑　泗阳名品　（2001 年）
第 14 辑　爱我泗阳　（2002 年）
第 15 辑　三庄汉墓考古　（2004 年）
第 16 辑　泗阳书画集　（2005 年）
第 17 辑　泗阳文物　（2006 年）
第 18 辑　泗阳风情　（2007 年）
第 19 辑　中国近代地理学奠基人——张相文　（2008
年）

泗洪县

泗洪文史资料　政协江苏省泗洪县委员会文史委员会编印,32 开书型,不定期,内部交流或公开发行。
第 1—2 辑　（1982 年）
第 3 辑　（1984 年）
第 4 辑　（1985 年）
淮北中学专辑——淮北抗日根据地斗争史资料　（与中共安徽省委光史工作委员会合编,1986 年）
第 5 辑　（1988 年）
明代第一陵　（江苏古籍出版社,1990 年版）
泗洪　（江苏县邑风物丛书）（江苏人民出版社,1990
年）
第 6 辑　（1991 年）
民间礼俗　（北方文艺出版社,1993 年版）
治蝗丰碑　（暨《江苏文史资料》第 81 辑,1995 年）
翰墨慰忠魂　（暨《江苏文史资料》第 88 辑,1995 年）
枫陵流丹　（宁夏人民出版社,1995 年版）
泽被长淮——纪念彭雪枫将军殉国五十周年专辑
（江苏人民出版社,1995 年版）
泗洪农业经济管理史　（1996 年）
楷模——纪念彭雪枫将军诞辰九十周年专辑　（暨
《江苏文史资料》第 105 辑,1997 年）
中国民俗知识台历　（内蒙古科技出版社,1998 年版）
泗洪统计史　（2001 年）
泗洪名品集　（银河出版社,2002 年版）
泗洪财政五十年　（黑龙江人民出版社,2006 年版）

淮安市

清江文史资料　政协江苏省清江市委员会文史资料研究委员会编印,32 开书型,不定期,内部交流。
第 1 辑　（1962 年）
第 2 辑　（1982 年）
第 3 辑　（1983 年）
淮安文史资料　（淮阴文史资料）　政协江苏省淮安市委员会文史委员会编印,32 开书型,不定期,内部交流或公开发行。
第 1 辑　（1983 年）
第 2—3 辑　（1984 年）
第 4 辑　纪念抗日战争胜利四十周年专辑　（1985 年）

第 5 辑　悠悠赤子情　（1986 年）

第 6 辑　拳拳爱国心　（1987 年）

第 7 辑　路漫漫兮　（1988 年）

第 8 辑　别梦依稀　（1989 年）

第 9 辑　魂牵淮甸　（1991 年）

淮阴名人小传　（暨《江苏文史资料》增刊,1991 年）

第 10 辑　功逾神禹——淮阴市建国后水利建设专辑（1993 年）

第 11 辑　故园遥望——台港澳及海外淮阴人特辑（暨《江苏文史资料》第 83 辑,1995 年）

第 12 辑　麒艺流芳——京剧艺术大师周信芳纪念专辑（暨《江苏文史资料》第 96 辑、《清浦文史资料》第 3 辑,1997 年）

第 13 辑　恩泽长淮——周恩来百年诞辰纪念专辑（暨《江苏文史资料》第 109 辑,1998 年）

第 14 辑　征鸿远骛——陈白尘纪念专辑　（1998 年）

第 15 辑　淮阴概览　（江苏人民出版社,2000 年版）

第 16 辑　（改现名）　建言志略——政协淮安市委员会调查报告和建议案选辑　（1991—2001 年）（2001 年）

第 17 辑　淮安名人(上册)（2001 年）

第 18 辑　议政集成——政协淮南市委员会全委会大会发言专辑　（1992—2002 年）（2002 年）

第 19 辑　淮安名人　（下册）（2002 年）

第 20 辑　淮安园林　（中国文史出版社,2004 年版）

第 21 辑　古镇河下　（暨《楚州文史资料》第 18 辑,中国文史出版社,2005 年版）

第 22 辑　苏皖边区史略　（与苏皖边区纪念馆合编,中国文史出版社,2005 年）

第 23 辑　淮安赤子——郑兆才　（暨《涟水文史资料》第 16 辑,黑龙江人民出版社,2006 年版）

第 24 辑　淮安运河文化长廊　（黑龙江人民出版社,2007 年版）

第 25 辑　周恩来与故乡　（江苏人民出版社,2008 年）

清河区

清河区文史资料　政协江苏省淮阴市清河区委员会文史资料委员会编印,32 开书型,不定期,内部交流。

第 1 辑　（1989 年）

第 2 辑　（1990 年）

清浦区

清浦区文史资料　（清浦文史资料）　政协江苏省淮安市清浦区委员会文史资料委员会编印,32 开书型,不定期,内部交流。

第 1 辑　（1990 年）

第 2 辑　（1996 年）

第 3 辑　麒艺流芳——京剧艺术大师周信芳纪念专辑

（暨《江苏文史资料》第 96 辑、《淮阴文史资料》第 12 辑,1997 年）

第 4 辑　（改现名）　淮阴城古今　（1999 年）

楚州区

楚州文史资料　（淮安文史资料、淮安文史）　政协江苏省淮安市楚州区委员会文史资料委员会编,32 开书型,不定期,内部交流或公开发行。

第 1 辑　（1984 年）

第 2—3 辑　（1985 年）

第 4 辑　（1986 年）

第 5 辑　（1987 年）

第 6 辑　（1988 年）

第 7 辑　（1989 年）

第 8 辑　（1990 年）

第 9 辑　周实阮式纪念集　（暨《江苏文史资料》第 43 辑,1991 年）

第 10 辑　（改名）　千古丰碑　（1992 年）

第 11 辑　淮安古今人物　（第一集）（暨《江苏文史资料》第 72 辑,1993 年）

第 12 辑　（1994 年）

第 13 辑　淮安古今人物　（第二集）（暨《江苏文史资料》第 84 辑,1995 年）

第 14 辑　淮安政协四十年　（1956—1996）（1996 年）

第 15 辑　淮安名胜古迹　（暨《江苏文史资料》第 72 辑附录,1997 年）

第 16 辑　恩泽长淮——周恩来百年诞辰纪念专辑（暨《江苏文史资料》第 109 辑,1998 年）

第 17 辑　淮安古今人物　（第三集）（暨《江苏文史资料》第 136 辑,2000 年）

第 18 辑　（改现名）　古镇河下　（暨《淮安文史资料》第 21 辑,中国文史出版社,2005 年版）

第 19 辑　楚州政协五十年　（2006 年）

第 20 辑　爱我楚州　（黑龙江人民出版社,2007 年版）

淮阴区

淮阴县文史资料　（淮阴文史资料）　政协江苏省淮阴县委员会文史资料研究委员会编印,32 开书型,不定期,内部交流。

第 1 辑　（1982 年）

第 2 辑　（改现名）（1988 年）

第 3 辑　劫海鳞痕专辑　（1989 年）

第 4 辑　（1990 年）

第 5 辑　（1991 年）

第 6 辑　（1992 年）

第 7 辑　淮阴县古今人物　（1993 年）

金湖县

金湖文史 （金湖文史资料） 政协江苏省金湖县委员会文史资料研究委员会编印,32 开书型,不定期,内部交流。

第 1 辑 （1985 年）
第 2 辑 （1986 年）
第 3 辑 （1987 年）
第 4 辑 （1988 年）
第 5 辑 （改现名）（1992 年）
第 6 辑 天字号事业 （1996 年）
第 7 辑 政协工作文论集 （2000 年）
第 8 辑 金湖政协二十年 （2002 年）

盱眙县

盱眙文史资料 （盱眙文史资料选辑） 政协江苏省盱眙县委员会文史资料研究委员会编印,32 开书型,不定期,内部交流。

第 1 辑 （1984 年）
第 2 辑 （1985 年）
第 3 辑 （1986 年）
第 4 辑 （1987 年）
第 5 辑 （1988 年）
第 6 辑 （1989 年）
盱眙古诗词选 （1989 年）
第 7 辑 （1990 年）
第 8 辑 （1991 年）
第 9 辑 （1992 年）
第 10 辑 （改现名）（1994 年）
第 11 辑 （1995 年）
第 12 辑 第一山题刻选 （1997 年）
淮河与盱眙——淮河文化与盱眙人文地理论文集 （2002 年）

洪泽县

洪泽文史资料 政协江苏省洪泽县委员会文史资料研究委员会编印,32 开书型,不定期,内部交流。

第 1 辑 （1985 年）
第 2 辑 （1986 年）
第 3 辑 （1987 年）
第 4 辑 （1991 年）

涟水县

涟水文史资料 政协江苏省涟水县委员会文史资料研究委员会编印,32 开书型,不定期,内部交流或公开发行。

第 1 辑 （1982 年）

第 2 辑 （1983 年）
第 3 辑 （1984 年）
抗日烈士英名录 （1945—1985 年）（1985 年）
第 4 辑 涟水抗战史料——纪念抗日战争胜利四十周年 （1945—1985）（1985 年）
第 5 辑 （1986 年）
第 6 辑 石湖乡师专辑 （1988 年）
第 7 辑 涟水籍名人资料之一 （1990 年）
第 8 辑 涟水籍名人资料之二 （1993 年）
第 9 辑 酒镇高沟 （1994 年）
第 10 辑 血染的丰碑——纪念抗日战争胜利五十周年专辑 （1995 年）
第 11 辑 涟邑集锦 （1997 年）
第 12 辑 情邑淮涟 （1998 年）
第 13 辑 （中国文史出版社,2004 年版）
第 14 辑 （中国文史出版社,2004 年版）
第 15 辑 涟水抗战风云录——纪念抗日战争胜利六十周年 （中国文史出版社,2006 年版）
第 16 辑 淮安赤子——（暨《淮安文史资料》第 23 辑,黑龙江人民出版社,2006 年版）
第 17 辑 （中国文史出版社,2006 年版）
涟水县政协志

盐城市

盐城文史资料选辑 政协江苏省盐城市委员会学习文史委员会编印,32 开书型,不定期,内部交流。

第 1—2 辑 （1984 年）
第 3 辑 （1985 年）
第 4—5 辑 （1986 年）
第 6—7 辑 （1987 年）
赵敬之烈士牺牲四十周年纪念专辑 （1907—1947 年）（1987 年）
第 8 辑 纪念人民政协成立四十周年专辑 （1989 年）
第 9 辑 （1990 年）
第 10 辑 （1991 年）
戈公振纪念文集 （1890—1990）（暨《江苏文史资料》第 44 辑、《东台文史资料》第 5 辑,1991 年）
第 11 辑 （1992 年）
第 12 辑 （1993 年）
第 13 辑 （1994 年）
第 14 辑 纪念抗日战争胜利五十周年专辑 （1995 年）
第 15 辑 爱国台胞顾怀祖先生纪念专辑 （1996 年）
第 16 辑 英模人物知名人士专辑 （1997 年）
第 17 辑 盐城人文景观 （1999 年）
第 18 辑 （2001 年）
第 19 辑 人物春秋 （盐城当代知名人士录）（2004 年）

第 20 辑　盐城红色记忆　（2005 年）

亭湖区

文史资料选辑　政协江苏省盐城县委员会文史资料委员会编印,32 开书型,不定期,内部交流。

第 1 辑

第 2 辑

第 3 辑　（1982 年）

文史资料选辑　政协江苏省盐城市郊区委员会文史资料研究委员会编印,32 开书型,不定期,内部交流。

第 1—2 辑

第 3 辑

第 4 辑　（1987 年）

盐都区

盐都县文史资料　（文史资料选辑）　政协江苏省盐都县委员会文史资料研究委员会编印,32 开书型或 16 开刊型,不定期,内部交流。

第 1 辑　（1962 年）

第 2 辑　（1964 年）

第 1—2 辑合订重印本　（1984 年）

第 3 辑　（1982 年）

宋泽夫遗著选编　（与盐城博物馆合编,1983 年）

第 4 辑　（1987 年）

第 5 辑　（改现名）（1996 年）

第 6 辑　宋泽夫先生纪念文集　（2003 年）

第 7 辑　盐城民俗　（2004 年）

东台市

东台文史资料　政协江苏省东台市委员会文史资料委员会编印,32 开书型,不定期,内部交流。

第 1 辑　（1984 年）

第 2 辑　（1985 年）

第 3 辑　纪念戈公振诞辰九十五周年专辑　（1986 年）

第 4 辑　（1989 年）

第 5 辑　戈公振纪念文集　（1890—1990）（暨《江苏文史资料》第 44 辑,1991 年）

第 6 辑　东台小城镇发展史料　（1996 年）

第 7 辑　成人成才成名　（2004 年）

第 8 辑　东台市政协志　（2006 年）

大丰市

大丰市文史资料　（大丰县文史资料）　政协江苏省大丰市委员会文史委员会编印,32 开书型,不定期,内部交流。

第 1 辑　（1981 年）

第 2 辑　（1982 年）

第 3 辑　施耐庵研究专辑　（1983 年）

第 4 辑　（1984 年）

第 5 辑　（1985 年）

第 6 辑　（1986 年）

第 7 辑　盐垦史专辑之一　（1987 年）

第 8 辑　（1988 年）

第 9 辑　盐垦史专辑之二　（1989 年）

第 10 辑　水事今昔　（1991 年）

第 11 辑　（1992 年）

第 12 辑　纪念抗日战争胜利五十周年专辑　（1995 年）

第 13 辑　（改现名）科教文卫专辑　（1997 年）

大丰市政协志　（1999 年）

第 14 辑　（2000 年）

第 15 辑　（2008 年）

大丰文苑　政协江苏省大丰市委员会文史委员会编印,4 开 4 版报型,不定期,内部交流。

1993 年试刊号

1994 年第 1—7 期

射阳县

射阳文史　政协江苏省射阳县委员会文史资料委员会编印,32 开书型,不定期,内部交流。

第 1 辑　（1987 年）

第 2 辑　（1988 年）

第 3 辑　（1989 年）

第 4 辑　（1991 年）

第 5 辑　（1994 年）

第 6 辑　（1997 年）

第 7 辑　（2002 年）

阜宁县

阜宁文史资料　政协江苏省阜宁县委员会文史资料委员会编印,32 开书型,不定期,内部交流。

第 1 辑　（1984 年）

第 2 辑　纪念抗日战争胜利四十周年专辑　（1985 年）

第 3 辑　（1987 年）

第 4 辑　（1989 年）

第 5 辑　（1990 年）

第 6 辑　（1992 年）

第 7 辑　阜宁名人集　（1994 年）

第 8 辑　阜宁九层政协委员名录　（1997 年）

第 9 辑　阜宁人文景观　（2003 年）

第 10 辑

第 11 辑

滨海县

滨海县文史资料选辑 （滨海文史资料） 政协江苏省滨海县委员会文史资料委员会编印,32开书型,不定期,内部交流。

第1辑 （1985年）
第2辑 （改现名）(1987年)
第3辑 （1993年）
第4辑 （1996年）

响水县

响水文史资料 政协江苏省响水县委员会文史资料委员会编印,32开书型,不定期,内部交流或公开发行。

第1辑 （1985年）
第2辑 （1986年）
第3辑 回忆立凡同志 （1990年）
第4辑 献给中华人民共和国和政协成立四十周年 (1989年)
第5辑 烽火岁月 （1991年）
第6辑 战斗的号角——回忆滨海报 （1992年）
第7辑 石灵与文学 （1993年）
第8辑 故乡情 （1993年）
第9辑 海滨风月 （1994年）
第10辑 希望之光 （1996年）
难忘的回忆 （杨正屏著,1997年）
第11辑 响水史话——献给响水县首届荷花节 (1998年)
难忘的回忆 （续集）(杨正屏著,2001年)
第12辑 烽火人生——纪念方立凡同志专辑 （2003年）
难忘的回忆 （杨正屏著,香港天马图书有限公司,2006年版）

建湖县

建湖文史选辑 政协江苏省建湖县委员会文史资料征集研究委员会编印,32开书型,不定期,内部交流。

第1辑 （1986年）
第2辑 （1988年）
第3辑 （1989年）
第4辑 （1991年）
第5辑 （1993年）
第6辑 （1994年）
第7辑 纪念抗日战争胜利五十周年 （1995年）
第8辑 （1997年）

扬州市

扬州文史资料 （扬州史志资料） 政协江苏省扬州市委员会文史和学习委员会编印,32开书型,不定期,内部交流或公开发行。

鉴真研究论文集 （与扬州师院历史科合编,1980年）
第1辑 （1981年）
第2辑 （改现名）(1982年)
第3辑 （1983年）
第4辑 （1985年）
第5辑 纪念抗日战争胜利四十周年专辑 （1985年）
第6辑 纪念辛亥革命烈士熊成基诞辰一百周年专辑 （1987年）
第7辑 （1988年）
第8辑 （1989年）
第9辑 扬州传统名优产品史 （1990年）
第10辑 （1991年）
第11辑 （1992年）
第12辑 朱自清 （暨《江苏文史资料》第57辑,1992年）
第13辑 魂系中华 （暨《江苏文史资料》第73辑,1993年）
第14辑 扬州概览 （中国城市出版社,1994年版）
第15辑 （1996年）
第16辑 万象更新——扬州建国后史料专辑 （暨《江苏文史资料》第97辑,1997年）
第17辑 百年风采——扬州的近现代人物传 （1998年）
王式丹年谱 （暨《宝应文史资料》第11辑,1998年）
第18辑 熊成基传 （暨《江苏文史资料》第107辑,1998年）
第19辑 扬州宗教 （暨《江苏文史资料》第115辑,1999年）
第20辑 回眸扬州50年 （暨《江苏文史资料》第126辑,1999年）
第21辑 扬州老字号 （暨《江苏文史资料》第132辑,2001年）
第22辑 扬州市政协志 （中国文史出版社,2003年版）
第23辑 （中国文史出版社,2003年版）
第24辑 扬州大明寺志 （中国文史出版社,2004年版）
第25辑 扬州古运河 （中国文史出版社,2006年版）
第26辑 扬州市花 （2006年）
第27辑 （2007年）

维扬区

维扬文史 （扬州郊区文史） 政协江苏省扬州市维扬区委员会文史委员会编印,32 开书型或 16 开刊型,不定期,内部交流或公开发行。

第 1 辑 （1994 年）

第 2 辑 扬州郊区地名考·名村录 （1995 年）

第 3 辑 （1997 年）

第 4 辑 扬州堡城村志 （2000 年）

第 5 辑 扬州沙口村志 （香港天马图书有限公司,2002 年版）

春满维扬（画册）（2003 年）

第 6 辑 （改现名） 维扬民企 （2004 年）

第 7 辑

第 8 辑

第 9 辑

第 10 辑

第 11 辑

广陵区

广陵文史 政协江苏省扬州市广陵区委员会文史资料组编印,16 开刊型,油印,不定期,内部交流。

第 1 期 （1986 年）

第 2—3 期 （1987 年）

第 4—6 期 （1988 年）

第 7—8 期 （1989 年）

第 9 期 （1990 年）

第 10—11 期 （1992 年）

第 12—13 期 （1994 年）

第 14 期 （1995 年）

第 15 期 （1996 年）

第 16 期 （1998 年）

第 17 期 （2000 年）

广陵春秋 政协江苏省扬州市广陵区委员会文教医卫委员会文史组编印,32 开书型,不定期,内部交流。

第 1 辑 （1991 年）

第 2 辑 （1993 年）

第 3 辑 （1995 年）

第 4 辑 （1999 年）

旅游专辑 （1997 年）

第 5 辑 （2003 年）

第 6 辑 （2005 年）

第 7 辑 （2007 年）

邗江区

邗江文史资料 政协江苏省邗江县委员会文史资料研究委员会编印,32 开书型,不定期,内部交流或公开发行。

第 1 辑 （1984 年）

第 2 辑 （1986 年）

邗江诗钞 （1988 年）

第 3 辑 邗江古代墓葬和出土文物 （1989 年）

第 4 辑 （1990 年）

增刊 倪在田年谱 （1990 年）

第 5 辑 （1992 年）

第 6 辑 物理学家束星北——纪念束星北先生逝世十周年 （1993 年）

第 7 辑 （1995 年）

第 8 辑 瓜州近代工商史料 （1997 年）

第 9 辑 （2003 年）

第 10 辑 邗江出土文物精萃 （画册）（广陵书社,2005 年版）

仪征市

仪征文史资料 政协江苏省仪征市委员会学习文史资料委员会编印,32 开书型,不定期,内部交流。

第 1 辑 （1984 年）

第 2 辑 （1985 年）

第 3 辑 （1986 年）

第 4 辑 （1987 年）

第 5 辑 （1988 年）

第 6 辑 （1990 年）

第 7 辑 （1991 年）

第 8 辑 （1992 年）

第 9 辑 乡村教育先驱黄质夫 （暨《江苏文史资料》第 54 辑,1993 年）

第 10 辑 （1995 年）

第 11 辑 柳大纲纪念文集 （1998 年）

第 12 辑 纪念仪征解放五十周年专辑 （1999 年）

第 13 辑 （2003 年）

第 14 辑 纪念抗日战争胜利六十周年 （2005 年）

仪征近现代名人传 （2006 年）

月塘文史集 （第一集）（2007 年）

江都市

江都文史 （江都文史资料选编） 政协江苏省江都县委员会文史资料研究委员会编印,32 开书型,不定期,内部交流。

第 1 辑 （1983 年）

第 2 辑 （1984 年）

第 3 辑 （1986 年）

第 4 辑 （1987 年）

第 5 辑 （改现名） 海外"三胞"专辑 （1988 年）

第 6 辑 （1989 年）

第 7 辑 （1992 年）

第 8 辑 （1996 年）

第 9—10 辑 （1999 年）
第 11 辑 （2002 年）
第 12 辑 （2006 年）
第 13 辑 江都之名 （2006 年）

高邮市

高邮文史资料 政协江苏省高邮市委员会教卫文史委员会编印,32 开书型,不定期,内部交流或公开发行。
第 1 辑 （1984 年）
第 2 辑 （1985 年）
第 3 辑 纪念抗日战争胜利四十周年 （1985 年）
第 4 辑 （1986 年）
第 5 辑 界首乡村师范专辑 （1987 年）
高邮站 （上、下册）（南京大学出版社,1987 年版）
第 6 辑 （1987 年）
第 7 辑 徐平羽专辑 （1987 年）
第 8 辑 （1988 年）
第 9 辑 （1989 年）
第 10 辑 高邮当代人物 （1991 年）
第 11 辑 力挽狂澜——一九九一年高邮抗洪纪实 （1992 年）
第 12 辑 高邮当代人物 （续集）（1993 年）
第 13 辑 （1994 年）
第 14 辑 一代宗师——孙云铸教授纪念专辑 （暨《江苏文史资料》第 82 辑,1995 年）
第 15 辑 （1997 年）
第 16 辑 （1999 年）
第 17 辑 （2001 年）
第 18 辑 纪念抗日战争暨高邮战役胜利六十周年 （2006 年）
第 19 辑 高邮地名史话 （上册）（中国文史出版社,2008 年版）
第 20 辑 高邮地名史话 （下册）（中国文史出版社,2008 年版）

宝应县

宝应文史资料 （文史资料选辑） 政协江苏省宝应县委员会文史和学习委员会编印,32 开书型,不定期,内部交流。
第 1 辑 安宜县更名为宝应县一千二百二十周年纪念专辑 （1982 年）
第 2 辑 （1983 年）
第 3 辑 （1985 年）
第 4 辑 （改现名） 纪念抗日战争胜利四十周年专辑 （1985 年）
第 5 辑 抗日、解放战争时期革命歌谣选 （1987 年）
曹甸镇志专辑 （1985 年）
第 6 辑 （1990 年）

第 7 辑 （1992 年）
第 8 辑 毕克之诗选 （1995 年）
纪念抗日战争胜利六十周年诗词集 （1995 年）
委员风采 （1996 年）
第 9 辑 （1996 年）
第 10 辑 烽火岁月桃李情——"冯民补习团"历史回忆集 （1997 年）
第 11 辑 王式丹年谱 （与政协扬州市文史和学习委员会合编,1998 年）
第 12 辑 历代文人咏宝应 （1999 年）
第 13 辑 宝应老字号 （2000 年）
第 14 辑 蒲松龄与宝应 （2002 年）
第 15 辑 大刀魂 （2004 年）
第 16 辑 美地美人作 （2005 年）
第 17 辑 宝应政协五十年 （2006 年）

泰州市

泰州文史资料 政协江苏省泰州市委员会学习文史委员会编印,32 开书型,不定期,内部交流或公开发行。
第 1 辑 辉煌的起点——纪念泰州市解放五十周年文史专辑 （1999 年）
泰州历代名人 （泰州文史丛书）（江苏人民出版社,2002 年版）
泰州历史故事集萃 （泰州乡土文化教育）（哈尔滨出版社,2003 年版）
泰州历代名人续集 （泰州文史丛书）（江苏人民出版社,2005 年版）
泰州市政协志 （2006 年）
泰州老字号 （2006 年）
历代诗词咏泰州 （与泰州市诗词协会合编,南京出版社,2007 年版）
泰州文史资料 （1949－1952）（2008 年）
亲历改革开放——泰州市政协委员会纪念改革开放三十年优秀征文选 （2008 年）

海陵区

海陵文史 （泰州文史资料） 政协江苏省泰州市海陵区委员会学习文史资料研究委员会编印,32 开书型,不定期,内部交流。
新泰州竹枝词 （第 1 集）（1981 年）
新泰州竹枝词 （第 2 集）（1982 年）
第 1 辑 （1983 年）
第 2 辑 泰州名胜古迹 （1986 年）
泰州学派资料 （第 1—3 卷）（1986 年）
古风尚选译
第 3 辑 （1987 年）
第 4 辑 戏曲专辑 （1988 年）
第 5 辑 （1991 年）

第 6 辑　泰州名胜古迹　（增订本）（1992 年）

第 7 辑　梅兰芳与故乡　（暨《江苏文史资料》第 76 辑，1994 年）

第 8 辑　评话宗师柳敬亭　（暨《江苏文史资料》第 87 辑，1995 年）

第 9 辑　（改现名）（1997 年）

第 10 辑　（1999 年）

第 11 辑　难忘的岁月——纪念泰州解放五十周年专辑　（1999 年）

第 12 辑　（2001 年）

第 13 辑　海陵政协志　（2003 年）

第 14 辑　（2005 年）

高港区

高港文史　政协江苏省泰州市高港区委员会学习提案文史委员会编印，32 开书型，不定期，内部交流。

第 1 辑　革命斗争史专辑　（2000 年）

第 2 辑　（2003 年）

第 3 辑　（2007 年）

靖江市

靖江文史资料　政协江苏省靖江市委员会文史委员会编印，32 开书型，不定期，内部交流或公开发行。

第 1 期　（1982 年）

第 2 期　《旧志简编》专辑　（1982 年）

第 3 期　民初——解放　（上、下册）（1983 年）

第 4 期　一八四二年靖江人民抗英资料专辑　（1984 年）

第 5 辑　（1985 年）

第 6 辑　（1986 年）

第 7 辑　（1987 年）

第 8 辑　（1988 年）

第 9 辑　（1989 年）

第 10 辑　（1991 年）

第 11 辑　（1992 年）

第 12 辑　崛起的乡镇企业　（1994 年）

第 13 辑　靖江风情　（江苏人民出版社，1995 年版）

第 14 辑　（1997 年）

第 15 辑　情满千帆——靖江人民支援解放军渡江作战胜利五十周年纪念专辑　（1999 年）

第 16 辑　靖江之最　（江苏人民出版社，2001 年版）

第 17 辑　江之阳　（中国文史出版社，2003 年版）

靖江地名掌故　（2005 年）

第 18 辑　（2007 年）

靖江方言熟语汇编　（2007 年）

在政协的舞台上　（2008 年）

泰兴市

泰兴文史资料　政协江苏省泰兴县委员会文史资料研究委员会编印，32 开书型，不定期，内部交流或公开发行。

第 1 辑　（1984 年）

第 2 辑　纪念抗日战争胜利四十周年　（1985 年）

第 3 辑　（1986 年）

第 4 辑　纪念丁文江先生诞辰一百周年　（1987 年）

第 5 辑　（1988 年）

第 6 辑　纪念朱东润先生专辑　（1989 年）

第 7 辑　泰兴对外经济贸易　（1991 年）

第 8 辑　泰兴大白果　（中国农业出版社，1993 年版）

第 9 辑　江苏名镇黄桥　（中国农业出版社，1996 年版）

第 10 辑　郑肇经先生一百周年诞辰纪念文集　（河南大学出版社，1998 年版）

第 11 辑　泰兴政协五十年　（江苏人民出版社，2000 年版）

第 12 辑　天南地北泰兴人　（2006 年）

古今中外泰兴名人　（2006 年）

第 13 辑　泰兴地区名胜古迹传说史话　（2007 年）

泰兴建国后十七年史料

姜堰市

姜堰文史（泰县文史资料、姜堰文史资料）　政协江苏省姜堰市委员会学习文史委员会编印，32 开书型，不定期，内部交流或公开发行。

第 1 辑　（1983 年）

第 2 辑　（1985 年）

第 3 辑　（1986 年）

第 4 辑　（1987 年）

泰县政协史　（1956—1985）（1989 年）

风雨同舟——纪念人民政协成立四十周年征文集（1989 年）

第 5 辑　（1990 年）

姜堰古镇风情录　（1990 年）

滴水见太阳　（1991 年）

第 6—7 辑　（1992 年）

"三爱两为"活动纪念文选编　（1992 年）

古镇溱潼风情录　（南京大学出版社，1993 年版）

姜堰名人　（1995 年）

第 8 辑　（改名）柳敬亭考传　（1996 年）

第 9 辑　（改现名）姜堰民谣　（1997 年）

第 10 辑　纪念姜堰解放五十周年　（1948.12—1998.12）（1999 年）

第 11 辑　同心曲——纪念人民政协成立五十周年（1949—1999）（1999 年）

第 12 辑　战地行吟　（徐观伯著，2000 年）

第13辑　（2001年）

第14辑　（2002年）

刘氏兄弟状元世家　（人民日报出版社,2003年版）

白米古镇风情录　（2003年）

姜堰《刘氏家乘》进修公支谱　（2005年）

姜堰老字号　（2005年）

辉煌五十年　（2006年）

红十四军　（朱书忠著,2007年）

姜堰徽商　（张苏平等著,2007年）

里下河民俗风情丛书　（四册）　政协江苏省姜堰市学习文史委员会编,人民日报出版社,2003年版。

姜堰传奇系列丛书　（四册）　政协江苏省姜堰市委员会编,中国文史出版社,2004年版。

姜堰传奇　（缪炳辉等著）

溱潼传奇　（缪炳辉等著）

天目山传奇　（朱书忠等著）

刘状元传奇　（朱书忠等著）

姜堰传说丛书　（四册）　政协江苏省姜堰市学习文史委员会编印。

姜堰名人丛书　（四册）　政协江苏省姜堰市学习文史委员会编印。

姜堰旅游丛书　（四册）　政协江苏省姜堰市学习文史委员会编印。

兴化市

兴化文史资料　政协江苏省兴化市委员会学习文史委员会编印,32开书型,不定期,内部交流。

第1—3辑　（1963年）

第4辑　（1964年）

第1—4辑重印合订本　（1982年）

第5—6辑　（1982年）

第7—8辑　（1983年）

第9辑　（1984年）

第10辑　（1985年）

第11辑　（1986年）

第12辑　（1987年）

第13辑　（1988年）

第14辑　（1990年）

第15辑　兴化人物　（一）（1995年）

第16辑　兴化人物　（二）（1998年）

兴化四牌楼　（2006年）

南通市

南通文史资料选辑　（文史资料选辑）　政协江苏省南通市委员会文史资料研究委员会编印,32开书型或64开书型,不定期,内部交流或公开发行。

第1辑　纪念辛亥革命七十周年　（1981年）

第2辑　（1982年）

第3辑　（改现名）（1983年）

第4辑　（1984年）

第5辑　纪念抗日战争胜利四十周年　（1985年）

第6辑　（1986年）

第7辑　（1987年）

第8辑　南通民主党派史料　（1988年）

第9辑　南通解放纪实　（1989年）

第10辑　情系南通　（中国文史出版社,1990年版）

文史资料写作编辑手册　（刘昌年选编,1990年）

第11辑　南通垦盐始末　（1991年）

绣坛奇女　（中国文史出版社,1991年版）

建筑大师陶桂林　（暨《启东文史》第24辑,中国文史出版社,1992年版）

第12辑　南通市政协文史资料选编　（1993年）

南通名镇风情录　（1993年）

第13辑　韬奋与南通　（1993年）

梦游梅花楼——南通人文景观　（百花文艺出版社,1994年版）

第14辑　（1995年）

第15辑　高山上的火苗　（暨《江苏文史资料》第90辑,1996年）

铁军魂　（王敏之和建筑铁军）（中国国际广播出版社,1996年版）

崇川竹枝词　（江苏文史资料编辑部编印,1996年）

第16辑　宗教史林述粹　（暨《江苏文史资料》第91辑,1997年）

第17辑　江海春秋　（《南通文史资料精选》上、中、下册）（暨《江苏文史资料》第106辑,1998年）

历史性跨越　（上海百家出版社,1998年版）

第18辑　智慧之光——南通院士风采录　（暨《江苏文史资料》第116辑,1999年）

第19辑　文海星光——南通文化名人　（一）（暨《江苏文史资料》第127辑,1999年）

第20辑　委员风采　（2000年）

第21辑　工商史料专辑　（2003年）

第22辑　南通掌故　（2004年）

陈一心　（赵景园著,2004年）

第23辑　江海交响乐　（中国文史出版社,2005年版）

新农村建设之路探索　（中国社会科学出版社,2005年版）

南通市政协志　（江苏文艺出版社,2007年版）

江海星韵　（画册）

南通旅游文化丛书　（共八册）　政协江苏省南通市委员学习文史委员会编,黄山书社,2002年版。

南通——从海中升起的神奇土地　（钱健编著）

五山灵秀　（沙向军、李洁萍编著）

广教禅寺　（余继堂编著）

情寄啬园　（胡刚等编著）

英魂寻踪　（孙模等编著）

从骆宾王墓说起 （姜光斗编著）

濠河泛舟 （刘镕等编著）

历代文人咏南通 （张松林等编）

南通旅游文化丛书(续)(共八册) 政协江苏省南通市委员会学习文史委员会编，黄山书社，2002年版。

中华第一馆——南通博物苑 （赵鹏著）

南通民间工艺瑰宝 （徐岳主编）

从青墩走来 （海安篇）（翟厚才主编）

古邑如皋一片金 （如皋篇）（徐建平主编）

通州秀气甲江东 （通州篇）（高志华主编）

张謇故里海之门 （海门篇）（张松主编）

东疆海韵 （启东篇）（潘国红、沈永泉主编）

海天神游 （如东篇）（夏玉泉等主编）

崇川区

崇川文史 政协江苏省南通市崇川区委员会《崇川文史》编委会编印，32开书型，不定期，内部交流或公开发行。

第1辑 （1992年）

第2辑 南通市城市建设规划史料特辑 （1995年）

第3辑 南通史话（爱国爱乡读物）（1999年）

第4辑 （2001年）

第5辑 （2003年）

第6辑 巅峰 （江苏文艺出版社，2004年版）

委员风采 （第一、二辑）（2006年）

第7辑 铁证 （2007年）

港闸区

海门市

海门市文史资料 （文史资料选辑、海门县文史资料） 政协江苏省海门市委员会文史资料委员会编印，32开书型，不定期，内部交流或公开发行。

第1辑 （1962年）

第2辑 （1963年）

春华秋实——老教师经验谈 （1984年）

第3（改名）—4辑 （1985年）

第5辑 （1986年）

第6辑 （1987年）

第7辑 （1988年）

第8辑 张謇——故里征稿专辑 （1989年）

第9辑 季方同志在苏中 （中国文史出版社，1991年版）

第10辑 （1991年）

第11辑 王个簃纪念文集 （中国文史出版社，1993年版）

第12辑 海门县政协史料选编 （1994年）

第13辑 （改现名） 海门名人史略 （1995年）

海铁雄风 （江苏人民出版社，1997年版）

第14辑 政协工作文选汇编 （1998年）

第15辑 故土方圆 （暨《江苏文史资料》第92辑附录，1998年）

第16辑 海门游子 （暨《江苏文史资料》第124辑，1999年）

第17辑 海门要案 （2000年）

张謇故里海之门 （海门篇）（南通旅游文化丛书·续）（黄山书社，2002年版）

第18辑 卞之琳纪念文集 （2002年）

第19辑 海门游子 （上、下卷）（吉林人民出版社，2004年版）

第20辑 张正忠诗书画——田园山水百图 （上海人民美术社，2005年版）

第21辑 江风海韵 （崇启海乡情读本之海门篇）（远方出版社，2005年版）

第22辑 海门政协50年 （2006年）

我的回忆 （崔金鳌著，2006年）

第23辑 海门 （湖南地图出版社，2007年版）

第24辑 东洲昔影 （湖南地图出版社，2008年版）

启东市

启东文史资料 政协江苏省启东市委员会文史资料研究委员会编印，16开刊型，油印，不定期，内部交流。

第1—13期

第14期 （1980年）

启东文史 （启东文史选辑） 政协江苏省启东市委员会学习文史委员会编印，32开书型，不定期，内部交流或公开发行。

第1辑 （1984年）

第2辑 （1985年）

第3辑 纪念抗日战争胜利四十周年 （1985年）

第4—5辑 （1986年）

第6—7辑 （1987年）

第8辑 （改现名）（1988年）

第9辑 李素伯专辑 （1988年）

第10辑 启东版画活动三十年专辑 （1989年）

第11辑 （1989年）

第12辑 启东集镇史专辑 （1990年）

第13辑 （1991年）

第14辑 教育专辑 （1992年）

第15辑 （1993年）

第16辑 激浪同舟——启东民主革命时期统战史料专辑 （暨《江苏文史资料》第70辑，1994年）

第17辑 启东四十年统战大事记 （1949—1989）（1995年）

第18辑 卫生专辑 （1995年）

第19辑 评弹专辑 （1996年）

第20辑 吴汉若诗词选 （1997年）

第21辑 恩泽棉乡 （江苏文史资料编辑部编印，1998年）

第22辑 工商专辑 （1998年）

第23辑 启东评弹史 （1999年）

第24辑 建筑大师陶桂林 （曹仁恭著，中国文史出版社，1992年版）

第25辑 资政献言 （2002年）

第26辑 东疆海韵 （启东篇）（南通旅游文化丛书·续）（黄山书社，2002年版）

第27辑 东疆之子 （第一辑）（2003年）

第28辑 东疆之子 （第二辑）（2005年）

第29辑 启东政协志 （2006年）

通州市

南通史话 政协江苏省南通县委员会文史资料研究委员会、南通县人民政府编史修志办公室编印，32开书型，不定期，内部交流。

第1辑 （1983年）

第2—4辑 （1984年）

第5—7辑 （1985年）

通州文史 （南通县文史资料） 政协江苏省通州市委员会学习文史委员会编印，32开书型，不定期，内部交流或公开发行。

第1辑 （1987年）

第2—3辑 （1988年）

第4—6辑 （1989年）

第7辑 难忘的征程 （上海古籍出版社，1991年版）

第8辑 （1992年）

第9辑 红烛颂——南通县名教师专辑 （1992年）

第10辑 （改现名）（1993年）

第11辑 （1994年）

第12辑 （1995年）

第13辑 通州政协四十年 （1956—1996）（1996年）

第14辑 通海谚语 （1997年）

第15辑 （1998年）

第16辑 风雨同舟 （纪念人民政协成立五十周年，1999年）

第17辑 姚溱纪念文集 （中国国际文化出版公司，2000年版）

第18辑 蒋希曾文选 （中国文联出版社，2001年版）

第19辑 通州秀气甲江东 （通州篇）（南通旅游文化丛书）（黄山出版社，2002年版）

张謇与故乡 （中国文联出版社，2006年版）

如皋市

如皋文史 （如皋文史、如皋文史资料） 政协江苏省

如皋市委员会文史资料研究委员会编印，32开书型，不定期，内部交流或公开发行。

第1辑 （1985年）

第2辑 （改名）（1986年）

第3辑 （1987年）

第4辑 （1989年）

第5辑 （改现名）（1990年）

第6辑 （1991年）

第7辑 （1992年）

第8辑 （1994年）

第9辑 如皋政协四十年 （1996年）

第10辑 （1996年）

第11辑 （1998年）

第12辑 胡瑗 （中国文史出版社，2000年版）

第13辑 （2001年）

第14辑 古邑如皋一片金 （如皋篇）（南通旅游文化丛书·续）（黄山书社，2002年版）

第15辑 （2003年）

第16辑 （2004年）

第17辑 如皋历史文化 （国际文化出版公司，2005年版）

第18辑 （2006年）

第19辑 （2007年）

第20辑 （2008年）

如东县

如东文史稿选 政协江苏省如东县委员会文史办公室编印，16开刊型，油印，不定期，内部交流。

1987年第1—2期 （总第1—2期）

1988年第1—2期 （总第3—4期）

1989年第1期 （总第5期）

如东文史资料 政协江苏省如东县委员会文史工作委员会编印，32开书型，不定期，内部交流或公开发行。

第1辑 （1985年）

第2—3辑 （1987年）

第4辑 教育史料·丰利史料 （1988年）

第5辑 科技史料·如东一镇——栟茶 （1989年）

纪念刘季平文集 （书目文献出版社，1990年版）

第6辑 文化史料·如东一镇——岔河 （1990年）

第7辑 如东政协往事录 （1956—1991）（1991年）

第8辑 "黄金海岸"的两颗名珠——苗镇、兵房史料合辑 （1994年）

老年益友 （1991年）

如日东升 （佳思企业有限公司出版社，1992年版）

江苏如东县政协志 （上海古籍出版社，1993年版）

国清寺 （《暨江苏文史资料》38辑附录，1993年）

物华天宝——如东名特优新产品故事选 （1995年）

不朽的丰碑——如东爱国史迹选 （1995年）

徐述夔诗案资料集 （1996年）

如日中天——来自如东外向经济领域的报告 （百家出版社,1996 年版）

沧海夺田——江苏如东滩涂开发纪实 （中国国际广播出版社,1997 年版）

天南地北如东人 （2000 年）

如东老字号 （2002 年）

海云神游 （黄山书社,2002 年版）

日出南黄海 （2007 年）

如东大观 政协江苏省如东县委员会学习文史委员会编印,32 开书型,内部交流。

第 1 卷 自然物产卷 （2004 年）

第 2 卷 民俗风情卷 （2005 年）

第 3 卷 历史人物卷 （2006 年）

第 4 卷 语言艺文卷 （2007 年）

第 5 卷 社会经济卷 （2008 年）

海安县

海安文史资料选辑 政协江苏省海安县委员会文史资料委员会编印,16 开刊型,油印,不定期,内部交流。

第 1 期 （1980 年）

第 2—3 期 （1981 年）

第 4—6 期 （1982 年）

海安文史 （海安文史资料） 政协江苏省海安县委员会文史资料委员会编印,32 开书型,铅印,不定期,内部交流或公开发行。

第 1 辑 （1985 年）

第 2 辑 （1986 年）

第 3 辑 纪念韩紫石专辑 （1987 年）

第 4 辑 （1988 年）

第 5 辑 （1989 年）

第 6 辑 （1990 年）

第 7 辑 故园情 （1993 年）

第 8 辑 （改现名） 海安古今诗选 （1995 年）

海安文化名人传略 （海潮出版社,1997 年版）

第 9 辑 （1998 年）

委员风采 （2000 年）

八镇风貌 （世纪开篇）（2001 年）

从青墩走来 （海安篇）（南通旅游文化丛书·续）（黄山书社,2002 年版）

海安县政协志 （吉林人民出版社,2006 年版）

镇江市

镇江文史资料 政协江苏省镇江市委员会文史资料研究委员会编印,32 开书型,不定期,内部交流或公开发行。

第 1 辑 （1980 年）

第 2 辑 （1981 年）

第 3 辑 纪念辛亥革命七十周年专辑 （1981 年）

第 4 辑 （1982 年）

历史文化增辑 （1983 年）

第 5—6 辑 （1983 年）

四县专辑 （丹徒、丹阳、扬中、句容县）(1983 年)

第 7—8 辑 （1984 年）

第 9 辑 纪念抗日战争胜利四十周年 （1985 年）

第 10 辑 （1985 年）

第 11 辑 柳冀谋先生纪念文集 （1986 年）

第 12—13 辑 （1987 年）

第 14 辑 （1988 年）

第 15 辑 工商业史料专辑 （1989 年）

第 16 辑 镇江政协四十年 （1989 年）

冷遹先生纪念文集 （暨《江苏文史资料》第 27 辑,1989 年）

第 17 辑 文化教育专辑 （1990 年）

第 18 辑 镇江乡情 （中国文史出版社,1990 年版）

第 19 辑 爱国老人马相伯 （暨《丹阳文史资料》第 8 辑,1990 年）

第 20 辑 桥梁专家茅以升 （中国文史出版社,1990 年版）

第 21 辑 （1991 年）

第 22 辑 纪念陆小波先生 （暨《江苏文史资料》第 46 辑,1991 年）

第 23 辑 艺海苦航录——扬州评话"王派水浒"回忆 （暨《江苏文史资料》第 55 辑,1992 年）

第 24 辑 吕凤子纪念文集 （暨《丹阳文史资料》第 9 辑,中国文史出版社,1993 年版）

第 25 辑 （1993 年）

第 26 辑 嫘祖传人 （镇江蚕桑丝绸史料专辑）（暨《江苏文史资料》第 65 辑,1993 年）

第 27 辑 严惠宇纪念文集 （暨《江苏文史资料》第 74 辑,1994 年）

《镇江文史资料》总目 （第 1—27 辑）(1994 年)

三国演义研究 （江苏古籍出版社,1994 年版）

第 28 辑 镇江宗教 （上、下册）（暨《江苏文史资料》第 86 辑,1995 年）

第 29 辑 （1996 年）

第 30 辑 辛亥镇江将军录 （上、下册）（暨《江苏文史资料》第 103 辑,1997 年）

第 31 辑 名城卫士 （公安篇）（暨《江苏文史资料》第 114 辑）(1998 年)

梦溪笔谈全注 （上、下册）(1998 年)

第 32 辑 黎明前后——纪念镇江解放五十周年 （暨《江苏文史资料》第 121 辑,1999 年）

第 33 辑 创业之星——镇江民营企业家史料专辑 （《江苏文史资料》第 137 辑,2001 年）

第 34 辑 李宗海先生诗词楹联选 （江苏美术出版社,2001 年版）

第 35 辑 （2002 年）

第 36 辑 岁月沧桑古运河 （《中山文汇丛书系列》,中国文史出版社,2002 年版）

第 37 辑 （2003 年）

第 38 辑 走进茅山 （《中山文汇丛书系列》,中国文史出版社,2003 年版）

第 39 辑 （2005 年）

第 40 辑 （2006 年）

第 41 辑 （2007 年）

第 42 辑 （2008 年）

京口区

京口文史资料 政协江苏省镇江市京口区委员会文史委员会编印,32 开书型,不定期,内部交流或公开发行。

第 1 辑 京口掌故 （人民日报出版社,2005 年版）

第 2 辑 京口古韵 （上海三联书店,2006 年版）

润州区

润州文史资料 政协江苏省镇江市润州区委员会编印,32 开书型,不定期,内部交流。

第 1 辑 黎明前后 （暨《江苏文史资料》第 121 辑,1999 年）

第 2 辑 润州春秋 （2000 年）

第 3 辑 润州人物 （2003 年）

润州区政协十周年成果录 （2003 年）

丹徒区

丹徒文史资料 政协江苏省丹徒县委员会学习文史委员会编印,32 开书型,不定期,内部交流。

四县专辑 （1983 年）

第 1 辑 （1984 年）

第 2 辑 （1985 年）

第 3 辑 （1986 年）

第 4 辑 （1987 年）

冷遹先生纪念文集 （暨《江苏文史资料》第 27 辑1989 年）

第 5 辑 （1988 年）

第 6 辑 辛亥革命先烈赵伯先 （1991 年）

第 7 辑 （1992 年）

第 8 辑 诗人闻捷——纪念闻捷同志诞生七十周年（1993 年）

第 9 辑 （1994 年）

第 10 辑 纪念抗日战争胜利五十周年 （1995 年）

第 11 辑 丹徒人物 （1996 年）

第 12 辑 丹徒风物 （1997 年）

第 13 辑 丹徒文物 （1998 年）

丹徒古诗词选注 （1998 年）

第 14 辑 拂晓——纪念中华人民共和国、中国人民政治协商会议成立五十周年专辑 （1999 年）

第 15 辑 丹徒掌故 （2000 年）

第 16 辑 丹徒寺观 （2001 年）

第 17 辑 丹徒诸氏述略 （2002 年）

第 18 辑 丹徒丹青 （2004 年）

扬中市

扬中文史资料 政协江苏省扬中市委员会学习和文史委员会编印,32 开书型,不定期,内部交流或公开发行。

四县专辑 （1983 年）

第 1—3 辑 （1984 年）

第 4 辑 （1985 年）

第 5 辑 （1986 年）

第 6 辑 （1987 年）

第 7 辑 （1990 年）

第 8 辑 乡镇工业专辑 （1993 年）

扬中百强企业名录 （1994 年）

第 9 辑 腾飞之翼——科技·教育·文化专辑（1996 年）

第 10 辑 江州之脉——交通专辑 （2000 年）

中国扬中岛 （中国文史出版社,2002 年版）

丹阳市

丹阳文史资料 政协江苏省丹阳市委员会文史资料委员会编印,32 开书型,不定期,内部交流或公开发行。

第 1 辑 （1982 年）

四县专辑 （1983 年）

第 2 辑 （1984 年）

增辑 历史文物 （1984 年）

第 3 辑 纪念抗日战争胜利四十周年专辑 （1985 年）

第 4 辑 （1985 年）

第 5 辑 （1986 年）

第 6 辑 （1988 年）

第 7 辑 纪念人民政协成立四十周年 （1989 年）

第 8 辑 爱国老人马相伯 （暨《镇江文史资料》第 19 辑,1990 年）

第 9 辑 吕凤子纪念文集 （暨《镇江文史资料》第 24 辑,中国文史出版社,1993 年版）

第 10 辑 古邑史踪 （丹阳历史文化专辑）（上海三联书店,1994 年版）

第 11 辑 实业家束云章 （1886—1973）（暨《江苏文史资料》第 78 辑,1994 年）

热血丰碑——纪念抗日战争和世界反法西斯战争胜利五十周年专辑 （与丹阳市党史办公室等合编,1995 年）

第 12 辑 （1995 年）

第 13 辑 热血丰碑 （1995 年）

第 14 辑 神州丹阳 （1997 年）

第 15 辑 丹阳政协四十五年 （2002 年）

第 16 辑 （2003 年）

第 17 辑 （2004 年）

第 18 辑 （2005 年）

第 19 辑 （2006 年）

丹阳市名人录 政协江苏省丹阳市委员会文史资料委员会编印,32 开书型,铅印,内部交流。

第 1 辑 （1988 年）

第 2 辑 （1989 年）

第 3 辑 （1991 年）

句容市

句容文史资料 政协江苏省句容市委员会学习和文史委员会编印,32 开书型,不定期,内部交流或公开发行。

四县专辑 （1983 年）

第 1 辑 （1984 年）

第 2 辑 （1984 年）

第 3 辑 纪念抗日战争胜利四十周年 （1985 年）

第 4 辑 （1986 年）

第 5 辑 （1987 年）

第 6 辑 （1988 年）

第 7 辑 （1989 年）

第 8 辑 （1990 年）

第 9 辑 宝华山隆昌寺专辑 （1991 年）

第 10 辑 （1992 年）

第 11 辑 （1993 年）

第 12 辑 （1994 年）

第 13 辑 （1995 年）

第 14 辑 （1996 年）

第 15 辑 （1997 年）

句容历史文化新编 （江苏人民出版社,1997 年版）

茅山颂——华阳诗词 （1998 年）

第 16 辑 句容古今要览 （暨《江苏文史资料》第 123 辑,1999 年）

第 17 辑 历代文人选句容 （2000 年）

第 18 辑 句容文史集萃 （2002 年）

第 19 辑 句容地名趣谈 （2003 年）

第 20 辑 句容林业、茶叶 （2005 年）

常州市

常州文史资料 政协江苏省常州市委员会学习与文史委员会编印,32 开书型,不定期,内部交流或公开发行。

第 1 辑 纪念辛亥革命七十周年 （1981 年）

第 2 辑 （1982 年）

第 3 辑 （1983 年）

第 4—5 辑 （1984 年）

第 6 辑 （1986 年）

第 7 辑 （1987 年）

第 8 辑 刘国钧先生纪念专辑 （1987 年）

第 9 辑 （1989 年）

第 10 辑 （1992 年）

第 11 辑 常州名人传记 （一）（1993 年）

盛宣怀——中国第一代实业家 （《常州名人传记》（二）（暨《江苏文史资料》第 77 辑,1994 年）

常州概览 （中国城市出版社,1996 年版）

第 12 辑 秋华馆文存 （1996 年）

第 13 辑 常州名人传记 （三）（暨《江苏文史资料》第 111 辑,1998 年）

第 14 辑 常州书画家名录 （1998 年）

第 15 辑 常州文史杂谈 （暨《江苏文史资料》第 111 辑附录,1998 年）

第 16 辑 常州名人传记 （四）（1998 年）

常州十大名人传 （近现代）（上、下卷）（江苏人民出版社,1999 年版）

第 17 辑 常州名人传记 （五）（2001 年）

第 18 辑 常州名人传记 （六）（2002 年）

二十世纪盛宣怀研究 （江苏古籍出版社,2002 年版）

第 19 辑 常州名人传记 （七）（2003 年）

魅力常州 （中国文史出版社,2004 年版）

第 20 辑 常州名人传记 （八）（2005 年）

第 21 辑 常州名人传记 （九）（2006 年）

书香常州 （中国文史出版社,2007 年版）

常州文化丛书 政协江苏省常州市委员会学习与文史委员会等编,中国文史出版社,2003 年版。

常州文化

常州诗词

常州散文

常州戏剧

常州小说

常州书画

常州文物

常州名胜

常州名人

常州姓氏

钟楼区

天宁区

戚墅堰区

新北区

武进区

武进文史资料 政协江苏省常州市武进区委员会文史

资料研究委员会编印,32 开书型,不定期,内部交流或公开发行。

第 1—2 辑 (1983 年)

第 3—4 辑 (1984 年)

第 5 辑 纪念抗日战争胜利四十周年专辑 (1985 年)

第 6—7 辑 (1986 年)

第 8—9 辑 (1987 年)

第 10 辑 (1988 年)

第 11 辑 恽南田专辑 (1988 年)

第 12 辑 (1990 年)

第 13 辑 (1991 年)

见山楼丛稿 (杨谷方著,1992 年)

第 14 辑 吕思勉先生编年专辑 (上海书店,1992 年版)

第 15 辑 (1993 年)

第 16 辑 武进文物 (1994 年)

第 17 辑 新中国第一代大法官——张志让 (1995 年)

第 18 辑 伟大的民主战士——李公朴 (《武进人物丛书》第 2 辑)(暨《江苏文史资料》第 94 辑,1996 年)

第 19 辑 (1997 年)

第 20 辑 武进政协五十年 (1999 年)

第 21 辑 吴稚晖其人其事 (1999 年)

第 22 辑 武进掌故 (上、下册)(中国文史出版社,2000 年版)

第 23 辑 武进人物选辑 (2001 年)

第 24 辑 健康·探索·开拓——市第 10 届委员会工作回顾 (2002 年)

第 25 辑 常州词派的宗师——张惠言 (《武进人物丛书》第 6 辑)(2003 年)

第 26 辑 武进风情 (2004 年)

第 27 辑 武进抗战史话 (2005 年)

第 28 辑 武进奇葩 (中国文史出版社,2005 年版)

第 29 辑 中共早期革命活动家——董亦湘 (2006 年)

金坛市

金坛文史资料 政协江苏省金坛市文史资料研究委员会编印,32 开书型,不定期,内部交流或公开发行。

第 1 辑 (1983 年)

第 2 辑 (1985 年)

第 3 辑 华罗庚教授 (1986 年)

第 4 辑 纪念抗日战争爆发五十周年 (1987 年)

第 5 辑 (1988 年)

第 6 辑 韩大受先生 (1889—1971)(1989 年)

第 7 辑 庆祝金坛县解放四十周年专辑 (1989 年)

第 8 辑 华罗庚八十诞辰纪念专辑 (1991 年)

第 8 辑 华罗庚 (暨《江苏文史资料》第 63 辑,1990 年)

第 9 辑 徐血儿先生诞辰一百周年纪念文集 (1991 年)

第 10 辑 (1992 年)

第 11 辑 (1993 年)

第 12 辑 (1994 年)

第 13 辑 纪念中国抗日战争和世界反法西斯战争胜利五十周年 (1995 年)

第 14 辑 (1996 年)

第 15 辑 (1997 年)

第 16 辑 (1998 年)

第 17 辑 金坛解放五十周年专刊 (1999 年)

金坛文史选萃 (上、下集)(2000 年)

金坛政协二十年 (2001 年)

第 18 辑 (2001 年)

第 19 辑 (2002 年)

第 20 辑 茅山名胜风情 (2003 年)

第 21 辑 洮湖风情 (2004 年)

第 22 辑 城南风景 (2005 年)

金坛名人 (2005 年)

第 23 辑 天荒湖揽胜 (2006 年)

茅山诗选 (2006 年)

金坛掌故 (方志出版社,2007 年)

溧阳市

溧阳文史资料 政协江苏省溧阳市委员会学习文史委员会等编印,32 开书型,不定期,内部交流。

第 1 辑 (1983 年)

第 2 辑 (1984 年)

第 3—4 辑 (1985 年)

第 5 辑 (1986 年)

溧阳古诗选 (上册)(1986 年)

溧阳古诗选 (下册)(1987 年)

第 6 辑 (1988 年)

第 7 辑 (1989 年)

第 8 辑 (1990 年)

第 9 辑 (1991 年)

第 10 辑 (1993 年)

第 11 辑 (1994 年)

第 12 辑 纪念抗日战争胜利五十周年 (1995 年)

第 13 辑 溧阳乡情 (1997 年)

第 14 辑 溧阳风情 (1998 年)

第 15 辑 溧阳豪情 (建工专辑)(2000 年)

第 16 辑 溧阳政协四十五年 (1956—2001 年)(2002 年)

第 17 辑 天南海北溧阳人 (第一辑)(2004 年)

第 18 辑 当代诗人咏溧阳 (2005 年)

第 19 辑 天南海北溧阳人 (第二辑)(2007 年)

第 20 辑 高山出平湖 (2008 年)

无锡市

文史资料专辑 政协江苏省无锡市委员会文史研究组编印,32开书型,不定期,内部交流。

第1辑 (1962年)

第2辑 (1963年)

第3辑 (1965年)

无锡文史资料 政协江苏省无锡市委员会学习文史委员会编印,32开书型,不定期,内部交流或公开发行。

第1辑 无锡历史名人传 (1980年)

第2—3辑 (1981年)

第4辑 (1982年)

第5—6辑 (1983年)

第7辑 (1984年)

第8辑 庆祝建国三十五周年特辑 (1984年)

第9辑 (1984年)

第10辑 (1985年)

第11辑 纪念抗日战争胜利四十周年 (1983年)

第12辑 (1985年)

第13—15辑 (1986年)

第16辑 (1987年)

第17辑 锡金军政分府史料汇编 (1987年)

第18辑 (1987年)

第19—20辑 (1988年)

增刊 无锡历史名人传 (第一册)(1988年)

史话无锡 (1988年)

第21辑 崇安、南长、北塘、郊区四区专辑 (1988年)

增刊 无锡历史名人传 (第二册)(1989年)

增刊 无锡历史名人传 (第三册)(1989年)

增刊 无锡历史名人传 (第四册)(1990年)

第22辑 (1991年)

增刊 无锡历史名人传 (第五册)(1991年)

第23辑 海鸿乡音 (暨《江苏文史资料》第37辑,1991年)

第24辑 (1991年)

第25辑 江苏省立教育学院专辑 (1992年)

第26辑 (1992年)

第27辑 (1993年)

第29辑 (1994年)

第30辑 (1995年)

第31辑 纪念抗日战争胜利五十周年专辑 (1995年)

第32辑 无锡城市建设 (暨《江苏文史资料》第92辑,1996年版)

第33—34辑 (1997年)

第35辑 江南大学五十年 (暨《江苏文史资料》第102辑,1997年)

第36辑 寄畅园的故事 (沙无垢著,1997年)

第37辑 人民教育家俞庆棠 (唐孝纯著,暨《江苏文史资料》第104辑,1998年)

第38辑 无锡风物百景漫笔 (沙无垢著,江苏文史资料编辑陪编印,1998年)

第39辑 (1999年)

第40辑 数学双星 (1999年)

第41辑 漫话无锡 (暨《江苏文史资料》第120辑,1999年)

第42辑 无锡政协五十年 (1999年)

古运河的呼唤 (1999年)

无锡望族 (第一册)(暨《江苏文史资料》第131册,2000年)

太湖望族 (第一辑)(暨《江苏文史资料》第131辑,2000年)

第43辑 春暖花开 (第一辑)(文心出版社,1999年版)

第44辑 (2000年)

第45辑 科学之光——无锡籍两院院士风采录 (第一册)(中国社会出版社,2001年版)

第46辑 科学之光——无锡籍两院院士风采录 (第二册)(中国社会出版社,2001年版)

第47辑 近百年无锡人物 (江苏文史资料编辑部编印,2001年)

第48辑 科学之光——无锡籍两院院士风采录 (第三册)(中国社会出版社,2001年版)

荣氏梅园史存 (沙无垢等主编,古吴轩出版社,2002年版)

园林走笔 (沙无垢著,古吴轩出版社,2002年版)

无锡画家 (2003年)

荣氏家族无锡创业史料 (世界华人出版社,2003年版)

无锡名人 (2004年)

第49辑 (黑龙江人民出版社,2005年版)

第50辑 春暖花开 (第二辑)(中国广播电视出版社,2004年版)

第51辑 (2005年)

第52辑 (黑龙江人民出版社,2005年版)

第53辑 (2005年)

无锡宗教 (黑龙江人民出版社,2005年版)

无锡旧影 (古吴轩出版社,2005年版)

文化无锡 (古吴轩出版社,2006年版)

无锡乡镇企业史话 (2008年)

崇安区

崇安文史 政协江苏省无锡市崇安区委员会编印,32开书型,不定期,内部交流或公开发行。

第1辑 (1980年)

第2辑 (1990年)

第3辑 海乐书屋 (一)(1992年)

第 4 辑 （1996 年）

古韵无锡——崇安名胜史话 （山东画报出版社,2008 年版）

南长区

南长文史资料 政协江苏省无锡市南长区委员会文史资料委员会编印,16 开刊型,油印,不定期,内部交流。

第 1 辑 （1986 年）

第 2 辑 （1987 年）

第 3 辑 纪念中华人民共和国成立四十周年专辑 （1989 年）

第 4 辑 （1990 年）

第 5 辑 （1991 年）

第 6 辑 （1992 年）

南长文史资料 （南长文史资料选编） 政协江苏省无锡市南长区文史资料研究委员会编印,32 开书型,不定期,内部交流或公开发行。

第 1 辑 （1992 年）

第 2 辑 （1994 年）

第 3 辑 （改现名） 纪念抗日战争胜利五十周年特辑 （1995 年）

第 4 辑 （1996 年）

第 5 辑 （1997 年）

第 6 辑 （1999 年）

第 7 辑 （2002 年）

无锡风光 （2005 年）

南长古运河风情——王全大艺术作品集 （中国国际文化出版社,2007 年版）

南长清明运河图 （2007 年）

海峡两岸情——南长文史资料专辑 政协江苏省无锡市南长区委员会文史资料工作委员会编印,32 开书型,不定期,内部交流。

第 1 辑 （1988 年）

第 2 辑 （1989 年）

第 3 辑 （1990 年）

北塘区

北塘文史资料 政协江苏省无锡市北塘区委员会编印,32 开书型,不定期,内部交流或公开发行。

第 1 辑 （1990 年）

第 2 辑 （1991 年）

第 3 辑 （1993 年）

第 4 辑 （1995 年）

第 5 辑 （1997 年）

无锡惠山祠堂群 （江南文丛）（夏泉生等著,时代文化出版社,2003 年版）

惠山祠堂群楹联 （江南文丛）（孙士良等编著,时代文化出版社,2004 年版）

无锡惠山百景图 （江南文丛）（上海科普出版社,2005 年版）

北塘集粹 （海珠出版社,2006 年版）

滨湖区

滨湖文史资料 政协江苏省无锡市滨湖区委员会文史资料研究委员会编印,32 开书型,不定期,内部交流或公开发行。

第 1 辑 滨湖名胜 （国际文化出版社,2005 年版）

第 2 辑 滨湖寺院 （中国文联出版社,2006 年版）

第 3 辑 滨湖民俗 （中国戏剧出版社,2007 年）

第 4 辑 滨湖乡企 （中国戏剧出版社,2008 年）

惠山区

锡山区

无锡文史资料集拾 政协江苏省无锡市锡山区委员会文史资料研究委员会编印,32 开书型,不定期,内部交流。

第 1—24 期

无锡县文史资料 政协江苏省无锡县委员会文史资料研究委员会编印,32 开书型,不定期,内部交流或公开发行。

第 1 辑 （1984 年）

第 2—3 辑 （1985 年）

第 4 辑 （1986 年）

第 5 辑 （1987 年）

第 6 辑 （1988 年）

无锡县地方小掌故 （第一、二辑）（1988 年）

第 7 辑 （1989 年）

第 8 辑 人物专辑 （一）（1990 年）

第 9 辑 乡思集 （张有年著,1991 年）

第 10 辑 （1992 年）

第 11 辑 钱穆纪念文集 （上海人民出版社,1992 年版）

走向辉煌 无锡县政协委员风采录 （1994 年）

第 12 辑 （1995 年）

第 13 辑 （1996 年）

第 14 辑 （1998 年）

第 15 辑 （1999 年）

第 16 辑 孙冶方专辑 （2000 年）

江阴市

江阴文史资料 （江阴县地方文史资料选辑） 政协江苏省江阴市委员会学习文史委员会编印,32 开书型,不定期,内部交流或公开发行。

第 1 辑 （1962 年）

第 2 辑 （改现名）（1963 年）
第 3 辑 （1982 年）
第 4 辑 （1983 年）
第 5 辑 （1984 年）
第 6 辑 （1985 年）
第 7 辑 （1986 年）
第 8 辑 （1987 年）
第 9 辑 （1988 年）
第 10 辑 （1989 年）
第 11 辑 （1990 年）
第 12 辑 （1991 年）
第 13 辑 （1992 年）
第 14 辑 （1993 年）
第 15 辑 （1994 年）
第 16 辑 （1995 年）
第 17 辑 （1996 年）
第 18 辑 （1997 年）
第 19 辑 （1998 年）
第 20 辑 （1999 年）
第 21 辑 （2001 年）
江阴文史集粹 （上海古籍出版社,2004 年版）
第 22 辑 （2005 年）
第 23 辑 （2006 年）
江阴文史资料目录 （第 1—23 辑）（2007 年）
江阴文史丛书 政协江苏省江阴市委员会学习文史委员会编,黄山书社等出版。
第 1 辑 （10 册）（2005 年版）
第 2 辑 （3 册）（上海古籍出版社,2007 年版）

宜兴市

宜兴文史资料 政协江苏省宜兴市委员会学习和文史委员会编印,32 开书型,不定期,内部交流或公开发行。
第 1 辑 （1981 年）
第 2—3 辑 （1982 年）
第 4—5 辑 （1983 年）
第 6—7 辑 （1984 年）
第 8—9 辑 （1985 年）
第 10—11 辑 （1986 年）
古诗咏宜兴 （宜兴乡土丛书）（2006 年）
第 12 辑 纪念徐悲鸿专辑 （1987 年）
阳羡茶录 （1988 年）
第 13 辑 （1987 年）
第 14 辑 宜兴陶瓷专辑 （1988 年）
第 15 辑 历史文化名人研讨会征文选辑 （1988 年）
第 16 辑 （1989 年）
第 17 辑 一八九八——一九六六年大事记 （1989 年）
第 18 辑 宜兴文教集萃 （1990 年）
马克思主义教育家蒋南翔 （上海人民出版社,1990

年版）
第 19 辑 （1991 年）
吴炳与粲花 （1991 年）
第 20 辑 （1992 年）
第 21 辑 宜兴十景观止 （暨《江苏文史资料》第 64 辑,1993 年）
第 22 辑 宜兴人物志 （上）（1995 年）
第 23 辑 （1996 年）
第 24 辑 宜兴人物志 （下）（暨《江苏文史资料》第 101 辑,1997 年）
第 25 辑 著名画家尹瘦石 （1999 年）
第 26 辑 周培源专辑 （2000 年）
第 27 辑 宜兴籍两院院士专辑——谨献给中国共产党成立八十周年 （2001 年）
第 28 辑 宜兴古代的状元宰相 （2002 年）
第 29 辑 宜兴海外乡贤 （2003 年）
第 30 辑 宜兴梁祝文化——史料与传说 （宜兴梁祝文化研究丛书）（方志出版社,2003 年版）
第 31 辑 宜兴梁祝文化——论文集 （宜兴梁祝文化研究丛书）（方志出版社,2004 年版）
第 32 辑 徐悲鸿——纪念徐悲鸿诞辰一百一十周年专辑 （2005 年）
第 33 辑 潘汉年——纪念潘汉年一百周年专辑 （2006 年）
第 34 辑 宜兴商会百年——纪念宜兴商会成立一百周年 （2006 年）
第 35 辑 宜兴籍大学校 （2007 年）
第 36 辑 苏轼与宜兴 （2008 年）

苏州市

苏州文史资料 （文史资料选辑、苏州文史资料选辑）
政协江苏省苏州市委员会文史委员会编印,32 开书型或 16 开刊型,不定期,内部交流或公开发行。
第 1 辑 （1963 年）
第 2 辑 （1964 年）
第 3—4 辑 （1965 年）
第 5 辑 （1966 年）
第 1—5 合辑 （重印本）（1990 年）
第 6 辑 纪念辛亥革命七十周年专辑之一 （1981 年）
第 7 辑 纪念辛亥革命七十周年专辑之二 （1981 年）
第 8—9 辑 （1982 年）
第 10—11（改名）辑 （1983 年）
第 12—13 辑 （1984 年）
第 14 辑 （改现名）（1985 年）
增刊 政协苏州市委员会历届会议资料 （1949—1984）（1984 年）
第 15 辑 （1986 年）

第 16 辑 （1987 年）

衣食住行的百年变迁 （包笑天著,1987 年）

第 17 辑 吴中情思 （1988 年）

第 18 辑 苏州经济史料 （1988 年）

范仲淹史料新编 （沈阳出版社,1989 年版）

第 19 辑 兰苑纪事 （暨《江苏文史资料》第 93 辑,1996 年）

苏州辛亥人物诗词选 （1991 年）

第 20 辑 吴中耆旧集——苏州文化人物传 （暨《江苏文史资料》第 53 辑,1991 年）

第 21 辑 青峰学记 （暨《江苏文史资料》第 52 辑,1992 年）

苏州历代园林录 （北京燕山出版社,1992 年版）

树桩盆景美学浅谈 （凡一著,江苏文艺出版社,1993 年版）

南园春秋 （新华出版社,1994 年版）

姑苏书简 （周瘦鹃著,新华出版社,1994 年版）

第 22 辑 苏州佛教寺院 （暨《江苏文史资料》第 98 辑,1997 年版）

第 23 辑 吴中耆旧集续集 （暨《江苏文史资料》第 108 辑,1997 年）

第 24 辑 苏州影剧史话 （暨《江苏文史资料》第 119 辑,1999 年）

第 25 辑 唐伯虎题画诗·唐伯虎年谱 （1998 年）

第 26 辑 同心谱 （1999 年）

第 27 辑 苏州艺苑名师 （暨《江苏文史资料》第 128 辑,2000 年）

第 28 辑 建国后史料之一 （2000 年）

第 29 辑 昆剧传人"传"字辈(暨《江苏文史资料》第 130 辑,120 年）

第 30 辑 苏剧史话 （2002 年）

第 31 辑 春风化雨——苏州市私营经济代表人士创业纪实 （中国文史出版社,2002 年版）

第 32 辑 苏州近现代人物 （古吴轩出版社,2002 年版）

第 33 辑 苏州史志资料选辑 （2002 年刊）

第 34 辑 费新我百年诞辰纪念文集 （古吴轩出版社,2003 年版）

第 35 辑 相知集 （2003 年）

第 36 辑 苏州史志资料选辑 （2003 年刊）

第 37 辑 苏州史志资料选辑 （2004 年刊）

第 38 辑 苏州史志资料选辑 （2005 年刊）

第 39 辑 苏州老字号 （古吴轩出版社,2006 年版）

第 40 辑 苏州史志资料选辑 （2006 年刊）

南社杂佩 （中国美术出版社,2007 年版）

金阊区

金阊文史资料 政协江苏省苏州市金阊区委员会文史资料委员会编印,32 开书型,不定期,内部交流或公开发行。

阊门石路

七里山塘 （苏州山塘文化丛书之一）(2001 年)

第 1 辑

金阊山塘桥梁史话 （古吴轩出版社,2003 年版）

金阊街巷史话 （古吴轩出版社,2004 年版）

金阊民俗史话 （古吴轩出版社,2005 年版）

金阊古建史话 （古吴轩出版社,2006 年版）

金阊商贸史话 （古吴轩出版社,2007 年版）

历史人物与金阊 （2008 年）

沧浪区

沧浪文史资料 政协江苏省苏州市沧浪区委员会文史委员会编印,32 开书型,内部交流或公开发行。

苏州凤凰街 （古吴轩出版社,1999 年）

漫步沧浪丛书 （共 4 册）(古吴轩出版社,2007 年版）

平江区

平江文史 政协江苏省苏州市平江区委员会文史资料委员会编印,32 开书型,不定期,内部交流或公开发行。

第 1 辑 （1997 年）

苏州古城平江历史街区 （上海三联书店,2004 年版）

虎丘区

吴中区

吴县文史资料 政协江苏省吴县委员会文史学习委员会编印,32 开书型或 16 开刊型,不定期,内部交流或公开发行。

第 1 辑 （1984 年）

第 2 辑 （1985 年）

增刊 吴县小王山摩崖石刻选编 （1985 年）

第 3 辑 （1986 年）

吴县家乡美书画集 （1986 年）

第 4 辑 （1987 年）

第 5 辑 纪念叶圣陶文集 （1988 年）

第 6 辑 （1989 年）

第 7 辑 （1990 年）

吴县文化历史资料选编 （《吴县文史资料》第 1—3 辑精选本）(1990 年)

吴县历史名人 （1990 年）

第 8 辑 （1991 年）

吴县民间习俗 （吴县历史文化丛书）(1991 年)

吴文化 （吴县历史文化丛书）(1992 年)

第 9 辑 吴县工商史料专辑 （1992 年）

蒯祥与香山帮建筑 （扬子江文库）（天津科学技术出版社,1993 年版）

吴地文化一万年 （中华书局,1994 年版）

第 10 辑 （1993 年）

阳澄湖 （新华出版社,1994 年）

第 11 辑 （1995 年）

吴中诗旅——历代名人咏吴县 （南通出版公司,1996 年）

吴县人在香港 （1997 年）

太湖历史文化研究 （1997 年）

风雨人生——顾柏元传奇 （苏州大学生版社,1998 年版）

吴中梅韵 （1999 年）

吴县风光——曹仁容画集 （古吴轩出版社,1999 年）

第 12 辑 （2000 年）

叶圣陶画传 （人民教育出版社,2003 年版）

相城区

吴江市

吴江文史资料 政协江苏省吴江市委员会学习和文史委员会编印,32 开书型,不定期,内部交流或公开发行。

第 1 辑 （1983 年）

第 2—3 辑 （1984 年）

第 4 辑 （1985 年）

第 5 辑 （1987 年）

增刊 （1987 年）

第 6 辑 柳亚子先生诞辰一百周年纪念专辑 (1887—1987) （1987 年）

第 7 辑 （1988 年）

第 8 辑 纪念吴江解放四十周年专辑 （1989 年）

第 9 辑 纪念南社成立八十周年专辑 （1989 年）

郑桐荪先生纪念册 （1989 年）

第 10 辑 工商史料选辑 （1990 年）

第 11 辑 太平天国一百四十周年、辛亥革命八十周年、中国共产党七十周年纪念专辑 （1991 年）

第 12 辑 （1993 年）

增刊 吴江风情 （扬子江文库）（天津科学技术出版社,1993 年版）

第 13 辑 吴江近现代人物录 （1994 年）

第 14 辑 华夏兴亡在匹夫——纪念陈去病诞辰一百二十周年 （1994 年）

第 15 辑 纪念抗日战争胜利五十周年 （1995 年）

第 16 辑 （1998 年）

江村—江镇—庙港发展的脚步 （中国文史出版社,1996 年版）

小桥流水人家·吴江风情 （上海画报出版社,1997 年版）

历代名人咏吴江书画集 （古吴轩出版社,1999 年版）

第 17 辑 张应春纪念集 （暨《江苏文史资料》第 117 辑,1999 年）

第 18 辑 （2000 年）

吴江古桥

第 19 辑 毛啸岑 （2002 年）

第 20 辑 （2003 年）

徐灵胎研究文集

太湖明珠——吴江

历代名人咏吴江

吴江政协五十年 （2005 年）

第 21 辑 （2006 年）

第 22 辑 （2008 年）

昆山市

文史资料 政协江苏省昆山市委员会文史资料征集委员会编印,16 开刊型,油印,不定期,内部交流。

第 1—10 期 （1981—1982 年）

昆山文史 政协江苏省昆山市委员会学习和文史委员会编印,32 开书型或 16 开刊型,不定期,内部交流或公开发行。

第 1—2 辑 （1983 年）

第 3 辑 （1984 年）

第 4 辑 （1985 年）

第 5 辑 （1986 年）

第 6 辑 （1987 年）

第 7 辑 （1988 年）

第 8 辑 （1989 年）

第 9 辑 （1990 年）

第 10 辑 （1991 年）

第 11 辑 （1993 年）

第 12 辑 昆山习俗风情 （1994 年）

第 13 辑 （1996 年）

昆山片玉 （古吴轩出版社,1997 年版）

第 14 辑 昆山政协四十年 （1956—1996 年）（1997 年）

第 15 辑 （2000 年）

我市民主党派组织的建立与发展

第 16 辑 （2002 年）

第 17 辑 朱雷章专辑 （2005 年）

第 18 辑 （2006 年）

第 19 辑 （2007 年）

太仓市

太仓文史 （**太仓文史资料辑存**） 政协江苏省太仓市委员会学习文史委员会编印,32 开书型,不定期,内部交流或公开发行。

太仓地方小掌故 （1963 年）

第1辑 （1982年）

太仓地方小掌故 （续集）（1983年）

第2辑 （1984年）

第3辑 （1985年）

第4辑 （1987年）

第5辑 （1988年）

第6辑 （1989年）

第7辑 （1990年）

第8辑 （1991年）

第9辑 （改现名） 王时敏与娄西画派 （浙江人民美术出版社,1994年版）

第10辑 （1995年）

第11辑 刘家港研究 （中国农业出版社,1995版）

第12辑 （1997年）

第13辑 俞庆棠纪念文集 （1997年）

第14辑 （1998年）

第15辑 （2000年）

第16辑 （2001年）

第17辑 （2002年）

第18辑 （2004年）

郑和与太仓刘家港 （2004年）

第19辑 （ 2005年）

太仓杂事 （2005年）

常熟市

常熟文史 （文史资料辑存、常熟文史资料辑存） 政协江苏省委员会学习和文史委员会编印,32开书型,不定期,内部交流或公开发行。

常熟地方小掌故 （第1—4辑）（1960年）

第1辑 （1961年）

第2—3辑 （1962年）

第4辑 （1963年）

第5辑 （1964年）

第6辑 （1966年）

庆祝建国三十周年纪念册 （1979年）

第7辑 （1980年）

常熟地方小掌故 （上、下）（第1—4辑再版）（1980年）

第8辑 （1981年）

第9辑 （1982年）

第10辑 （1983年）

虞山风光简介 （1983年）

江山揽胜集 （1983年）

第11辑 （1984年）

第12辑 （1985年）

常熟地方小掌故续编 （1985年）

乡音 （1985年）

瞿式耜资料选编 （1985年）

第13辑 （改名）（1986年）

第14辑 （1987年）

缪仲淳研究资料选编 （1988年）

第15辑 （1988年）

第16辑 常熟解放四十周年专辑 （1989年）

第17辑 （1990年）

第18辑 常熟名特优物产史 （1991年）

第19辑 （1991年）

第20辑 常熟掌故 （暨《江苏文史资料》第56辑,1992年）

第21辑 （改现名）（1993年）

第22辑 （1994年）

第23辑 （1995年）

第24辑 （1996年）

第25辑 （1997年）

第26辑 政协委员风采 （1998年）

第27辑 （1999年）

第28辑 园林·寺塔·馆阁专辑 （2000年）

第29辑 （2001年）

第30辑 名城春秋 （2002年）

第31辑 （2003年）

第32辑 院士风采 （2003年）

第33辑 名城常熟 （2004年）

第34辑 红色经典沙家浜 （2005年）

第35辑 （2005年）

第36辑 （2006年）

第37辑 创业者的脚步——委员民营企业家创业专辑 （2006年）

第38辑 （2007年）

第39辑 （2008年）

名城文化丛书 政协江苏省常熟市委员会等编印,32开书型,内部交流。

常熟名联选话 （1993年）

古今百家咏常熟 （1994年）

文人笔下的常熟 （1994年）

常熟近代文学五家 （1995年）

常熟琴棋书画漫谈 （1997年）

张家港市

张家港文史资料 （文史资料选辑、沙洲文史资料选辑、文史资料选辑） 政协江苏省张家港市委员会文史委员会编印,32开书型,不定期,内部交流或公开发行。

第1辑 （1981年）

第2辑 （1982年）

第3辑 （1983年）

第4辑 （改名）（198 年）

第5辑 沙洲县集镇史 （一）（1986年）

第6辑 （改名）（1987年）

第7辑 （改现名） 张家港市集镇史专辑 （二）（1988年）

第 8 辑　（1989 年）

第 9 辑　建国四十周年、人民政协四十周年纪念专辑（1989 年）

第 10 辑　张家港人物选录　（暨《江苏文史资料》第 39 辑,1991 年）

第 11 辑　红心·铁血·壮歌——张家港市革命志士选录　（海洋出版社,1991 年版）

第 12 辑　张家港市政协三十年　（1962—1992）（1992 年）

第 13 辑　（1993 年）

第 14 辑　香山揽胜　（新华出版社,1994 年版）

第 15 辑　（1995 年）

第 16 辑　港城风光　（1996 年）

第 17 辑　（1997 年）

第 18 辑　（1998 年）

第 19 辑　纪念钱昌照专辑　（中国文史出版社,1999 年版）

第 20 辑　港城俊杰　（中国文史出版社,2001 年版）

第 21 辑　张家港人在海外　（2002 年）

第 22 辑　张家港海外人士——港澳台专辑　（2002 年）

第 23 辑　港城俊杰续集　（2003 年）

"理论·实践·探索"论坛优秀论文选集　（2004 年）

第 24 辑　在这方天地里　（百家出版社,2005 年版）

第 25 辑　天南地北张家港人　（上海文艺出版总社百家出版社,2006 年版）

第 26 辑　张家港方言　（秦豪编著,人民日报出版社,2007 年版）

纪念谢恺烈士专辑　（与中共张家港市委党史办公室合编,2007 年）

汤履道纪念文集　（张家港市政协港澳台侨民族宗教委员会编,2008 年）

第 27 辑　张家港市九届政协调研报告录　（2003—2007）（2008 年）

浙 江 省

浙江文史资料选辑 政协浙江省委员会文史资料委员会编,浙江人民出版社等出版,32开书型,不定期,内部交流转公开发行。

第1—4辑 (1962年)

第5—7辑 (1963年)

第8—9辑 (1964年)

第10辑 (1978年版)

政协文史工作手册 (1978年)

第11—13辑 (1979年版)

第14辑 浙江革命史料特辑 (一)(1979年版)

第15辑 浙江革命史料特辑 (二)(1980年版)

第16辑 (1980年版)

第17辑 浙江革命史料特辑 (三)(1980年版)

第18辑 浙江革命史料特辑——纪念中国共产党诞生六十周年 (四)(1981年版)

第19辑 浙江革命史料特辑——浙江革命青年运动专辑 (五)(1981年版)

第20辑 浙江革命史料特辑 (六)(1981年版)

浙江辛亥革命回忆录 (1981年)

第21辑 (1982年版)

第22辑 浙江革命史料特辑 (七)(1982年版)

第23辑 蒋介石史料 (1982年版)

第24—25辑 (1983年版)

第26辑 (1984年版)

第27辑 浙江辛亥革命回忆录续辑 (1984年版)

第28辑 (1984年版)

第29辑 (1985年版)

第30辑 浙江辛亥革命回忆录 (第三辑)(1985年版)

第31辑 浙江百年大事记 (1840—1945)(1985年版)

第32辑 浙江辛亥革命回忆录——孙中山与浙江(第四辑)(1986年版)

第33辑 浙江籍资本家的兴起 (1986年版)

第34辑 天涯赤子情——港台和海外学人忆浙大(1987年版)

第35辑 第二次国共合作在浙江 (1987年版)

第36辑 陈英士 (1987年版)

陈仪生平及被害内幕 (与全国政协文史资料研究委员会等合编,中国文史出版社,1987年版)

《浙江文史资料选辑》各辑 (1—36) 目录 (1988年版)

第37辑 从名记者到幕僚长——陈布雷 (1988年版)

第38辑 蒋介石家世 (1988年版)

蒋介石家世 (王遂今等著,香港金时出版社,1989年版)

第39辑 宁波帮企业家的崛起 (1989年版)

第40辑 一代宗师竺可桢 (1990年版)

第41辑 风雨忆同舟——浙江著名爱国民主人士史料专辑 (1989年版)

第42辑 新编浙江百年大事记 (1840—1949)(1990年版)

第43辑 浙江近代学术名人 (1990年版)

第44辑 浙江籍海外和港澳人物录 (1991年版)

特辑 纪念辛亥革命八十周年文集 (1991年)

第45辑 浙江近代著名学校和教育家 (1991年版)

第46辑 浙江近代金融业和金融家 (1992年版)

第47辑 (1992年版)

第48辑 浙江近代人物录 (1992年版)

第49辑 浙江近代科技名人 (1992年版)

第50辑 肝胆相照——浙江各民主党派工商联史料(1993年版)

第51辑 许寿裳纪念集 (暨《绍兴文史资料》第7辑,1992年版)

汪伪群奸祸国纪实 (华东七省市政协文史工作协作会议编,中国文史出版社,1993年版)

特辑 孙中山研究 (1993年)

第52辑 余杭杨乃武与小白菜冤案 (与政协余杭市文史资料委员会合编,1993年版)

第53辑 台州历史文化专辑 (1993年版)

第54辑 话说浙江 (1993年版)

陆彝传 (1994年版)

第55辑 报国情深——归侨侨眷在浙江 (1994年版)

第56辑 铁证——侵华日军在浙江暴行纪实 (1995年版)

第57辑 东瀛沉冤——日本关东大地震惨杀华工案 (暨《温州文史资料》第10辑,1995年版)

第58辑 浙江近代医卫名人 (1995年版)

杭州抗战纪实 (1995年版)

第59辑 东南佛地,盛世重光——浙江近现代佛教史料 (1996年版)

第60辑 小商品,大市场——义乌小商品城创业者回忆 (1996年版)

搏击商海 (团结出版社,1996年版)

第61辑 老报人忆《东南日报》 (1997年版)

第62辑 浙江农村改革纪实 (1998年版)

政协文史资料工作手册 (1997年版)

第63辑 浙江院士风采录 (1999年版)

第64辑 史海钩沉 (1999年版)

第65辑 都有一颗中国心——浙籍华侨华人风采录(欧洲篇)(1999年版)

第66辑 风雨同舟五十年——政协浙江省委员会历

史回顾 （2000 年版）

第 67 辑 戏苑春晖——浙江戏曲改革纪实 （2000年版）

第 68 辑 文物之邦显辉煌——考古发掘与文物保护纪实 （2000 年版）

第 69 辑 党的光辉照征程——为创建新浙江奋斗纪实 （2001 年版）

第 70 辑 民国轶事撷拾 （吴京华主编,2002 年版）

浙江文史资料目录 （1962—2002 年）（2003 年版）

第 71 辑 史林珍闻 （2003 年版）

宣侠父诗文集 （与政协诸暨市文史资料委员会编印,中共党史出版社,2003 年版）

第 72 辑 明珠璀璨——浙江图书馆博物馆建设纪实 （中华书局,2003 年）

第 73 辑 光荣创业——浙江民营企业发展纪实 （2003 年版）

第 74 辑 史海拾珍 （2004 年版）

浙江文史大典 （上、下册）（中华书局,2004 年版）

何克希诞辰百年纪念集 （与浙江省新四军研究会等编,2004 年版）

第 75 辑 浙江民建回忆录 （2005 年版）

第 76 辑 陈仪军政生涯 （2005 年版）

浙江政协志 （2005 年）

第 77 辑 浙江名人故居 （2005 年）

第 78 辑 浙江通史 （2006 年）

第 79 辑 支援抗美援朝纪实

第 80 辑 浙江名人史迹

第 81 辑 （2007 年）

工艺美术大师风采录——浙江省国家级工艺美术大师

温州民营企业兴起与发展 （与政协温州市文史资料委员会合编,中国文史出版社,2008 年版）

浙江文史资料特辑 政协浙江省委员会文史资料委员会等编印,32 开书型,内部交流或公开发行。

江南好 （1985 年）

江南好 （1989 年）

陈诚传 （华艺出版社,1991 年版）

浙江文史集粹 政协浙江省委员会文史资料委员会编,浙江人民出版社,1996 年版。

[1]政治军事卷 （上册）

[2]政治军事卷 （下册）

[3]经济卷 （上册）

[4]经济卷 （下册）

[5]教育科技卷

[6]文化艺术卷

[7]社会民情卷

浙江文史工作简讯 政协浙江省委员会文史资料委员会办公室编印,16 开刊型,不定期,内部交流。

第 1—26 期

第 27 期 （2003 年）

第 28 期 （2004 年）

杭州市

杭州文史资料 政协浙江省杭州市委员会文史委员会编印,32 开书型,不定期,内部交流或公开发行。

第 1 辑 （1982 年）

第 2—3 辑 （1983 年）

第 4 辑 （1984 年）

南宋京城杭州 （1984 年）

第 5—6 辑 （1985 年）

第 7—8 辑 （1986 年）

第 9 辑 杭州工商史料选 （浙江人民出版社,1987年版）

第 10—11 辑 （浙江人民出版社,1988 年版）

第 12 辑 师魂初编 （浙江人民出版社,1989 年版）

第 13 辑 （1989 年）

第 14 辑 杭州老字号 （1990 年）

第 15 辑 师魂续编 （1992 年）

第 16 辑 陶行知乡村教育思想在湘湖师范的实践 （1992 年）

第 17 辑 （1992 年）

第 18 辑 （1993 年）

杭州抗战纪实 （与中共杭州市委党史研究室合编,1995 年）

第 19 辑 （1996 年）

第 20 辑 （1998 年）

于谦 （杭州出版社,1998 年版）

于谦研究 （于谦研究会选编,中国文史出版社,1998年版）

第 21 辑 东风化雨春潮急——杭州乡镇企业发展纪实 （1999 年）

第 22 辑 同舟共济五十秋——杭州市党外代表人士风采录 （1999 年）

第 23 辑 （1999 年）

第 24 辑 峥嵘岁月——纪念杭州市政协成立四十五周年 （2000 年）

《杭州文史资料》各辑目录 （第 1 至 23 辑）（2000年）

第 25 辑 杭垣旧事 （2001 年）

杭州历代名人 （2003 年）

政协画册 （2004 年）

第 26 辑 耆英影事——现代文化名人与杭州 （杭州出版社,2005 年版）

杭州名人名居 （上、下册）（杭州出版社,2006 年版）

传薪润物育后人——爱国主义教育基地概览 （2006年）

西湖文化 （2006 年）

杭州市政协志 （2006 年）

现代文化名人与杭州 （2006 年）

明代杭州 （2007 年）

第27辑　湖上拾遗　（杭州出版社,2007年版）

第28辑　难忘的岁月——杭州知识青年上山下乡运动侧记　（2008年）

杭州文史丛编　政协浙江省杭州市委员会文史委员会编,杭州出版社,2002年版。

第1—2册　政治军事卷　（上、下）

第3—4册　经济卷　（上、下）

第5册　文化艺术卷

第6册　教育医卫社会卷

杭州运河丛书　政协浙江省杭州市委员会文史委员会等编印。

西湖文化

拱墅区

拱墅区文史资料　政协浙江省杭州市拱墅区委员会学习文史委员会编印,32开书型,不定期,内部交流。

第1辑　拱墅文史　（2000年）

上城区

上城文史资料　政协浙江省杭州市上城区委员会历史文化资料编委会编印,32开书型,不定期,内部交流或公开发行。

第1辑　清河坊　（2001年）

清河坊　（浙江古籍出版社,2003年版）

南宋皇城史海钩沉　（2004年）

吴山大观　（杭州出版社,2005年版）

吴山踪迹

下城区

下城文史资料　政协浙江省杭州市下城区委员会文史资料委员会编印,32开书型,不定期,内部交流。

武林话旧　（2002年）

武林钩沉　（2007年）

江干区

江干区文史资料　政协浙江省杭州市江干区委员会文史和教文卫体委员会编印,32开书型,不定期,内部交流。

商海博击竞风流——江干区商品交易市场发展纪实（2000年）

同舟共济兴江干——江干区党外人士风采录　（2002年）

江干奶牛业发展史　（2004年）

江干蔬菜　（2005年）

江干往事　（2007年）

杭州知识青年上山下乡实录　（2008年）

西湖区

西湖文史资料　政协浙江省杭州市西湖区委员会学习文史委员会编印,32开书型,不定期,内部交流。

西溪纪胜　（2004年）

西溪风情书画作品集　（2005年）

龙井问茶——西湖龙井茶事录　（2006年）

西溪风情文化丛书　政协浙江省杭州市西湖区委员会学习文史委员会编印,32开书型,不定期,内部交流。

话说西溪

西溪游记

咏西溪古今诗词精选

今日西溪

滨江区

余杭区

余杭文史资料　政协浙江省杭州市余杭区委员会文史资料委员会编印,32开书型,不定期,内部交流或公开发行。

第1辑　吴昌硕先生专辑　（1986年）

第2辑　章太炎先生专辑　（1986年）

第3辑　良渚文化　（1987年）

第4辑　余杭历代人士选录　（1988年）

第5辑　余杭风物　（1989年）

第6辑　画家姚虞琴　（1991年）

第7辑　余杭名店古今谈　（1992年）

第8辑　余杭杨乃武与小白菜冤案　（暨《浙江文史资料》第52辑,浙江人民出版,1993年版）

第9辑　余杭近代医林人物集萃　（1994年）

第10辑　文明的曙光——良渚文化　（浙江人民出版社,1996年版）

第11辑　沧海桑田——余杭下沙围垦纪实　（1999年）

第12辑　余杭旅游丛书　（浙江摄影出版社出版）:径山（1999年版）、超山（2000年版）、良渚（2001年版）、古镇余杭　（2001年版）

第13辑　肝胆相照——纪念政协成立五十周年（1999年）

第14辑　资政建言集粹　（2001年）

第15辑　何思敬　（2002年）

话说余杭　（文艺随笔）（中国社会出版社,2003年版）

天堂绿州　（2005年）

余杭古桥　（2007年）

佛缘福地　（2008年）

萧山区

萧山文史资料选辑 政协浙江省萧山市委员会学习文史委员会编印,32 开书型或 16 开刊型,不定期,内部交流或公开发行。

第 1 辑 （1988 年）
第 2 辑 蔡东藩学术纪念文集 （1988 年）
第 3 辑 （1989 年）
第 4 辑 汤寿潜史料专辑 （1993 年）
第 5 辑 朱翼厂先生史料 （1993 年）
第 6 辑 葛云飞史料专辑 （1993 年）
第 7 辑 （1994 年）
《古今谈》（萧山专辑）（与浙江省文史研究馆合编,1994 年）
抗日战争在萧山 （1995 年）
汤寿潜研究 （团结出版社,1995 年版）
委员风采——萧山市政协成立四十周年纪念 （1996 年）
萧山政协四十年 （1996 年）
第 8 辑 围垦"三亲"录 （1997 年）
恒河黄河交响曲 （1997 年）
第 9 辑 金海观史料选辑 （1998 年）
衙前农民运动论文集 （与中共萧山市委党史研究室合编,1998 年）
萧山文物 （与萧山市博物馆合编,西泠印社,2000 年版）
任伯年史料专辑 （2000 年）
纪念辛亥革命九十周年纪念 （2001 年）
第 10 辑 施今墨史料专辑 （2001 年）
烽火摇篮——抗日时期浙江第二儿童保育院回忆文集
萧山政协志 （2006 年）
政协五十周年征文选登
听 100 个萧山人说过去事情 （2007 年）
建言立论献计献策 （上、下册）
金海观全集 （上、中、下册）

临安市

临安文史资料 （临安文史） 政协浙江省临安县委员会学习文史委员会编印,32 开书型或 16 开刊型,不定期,内部交流或公开发行。

第 1 辑 （1988 年）
第 2 辑 （1990 年）
第 3 辑 （1991 年）
第 4 辑 临安现代人物录 （1992 年）
第 5 辑 临安近现代人物录续编 （1995 年）
第 6 辑 （改现名） 东南抗战前哨 （天目抗日之一）（王国林著,2000 年）
第 6 辑 东南抗战前哨 （《天目抗日》上）（王国林

著,中央文献出版社,2001 年版）
第 7 辑 浙西战时施政 （《天目抗日》下）（王国林著,中央文献出版社,2001 年版）
吴越书 （《钱镠研究》特辑）（2001 年）

临安文史小丛书 政协浙江省临安市委员会文史工作委员会编印,32 开书型,内部交流。

钱武肃王生平故事 （1991 年）
天目山古树趣谈 （1991 年）
名人与天目山 （1991 年）
峁嵝山与古今谈 （1991 年）
玲珑山 （1992 年）
临安三宝 （1992 年）
临安蚕业史话 （1992 年）
五老人访美纪实 （1992 年）
昌化鸡血石 （1994 年）
洞雷宫钩沉 （1994 年）
龙塘山 （1995 年）
双林山 （1995 年）
余晖集 （1996 年）
马啸石门 （1996 年）
东天目山 （1998 年）
古镇河桥 （2001 年）

富阳市

富阳文史资料 （文史资料） 政协浙江省富阳市委员会文史资料委员会编印,32 开书型,不定期,内部交流或公开发行。

第 1 辑 纪念著名作家郁达夫烈士殉难四十周年学术讨论会专辑 （1985 年）
第 2 辑 （改现名）（1988 年）
历代诗人咏富阳 （1988 年）
第 3 辑 历代名人选辑 （1990 年）
第 4 辑 （1991 年）
孙权、黄公望、郁达夫 （富阳历史小丛书）（1993 年）
当代诗人咏富阳 （1994 年）
周凯及其武当纪游二十四图 （浙江美术出版社,1994 年版）
第 5 辑 纪念抗日战争胜利五十周年专辑 （1995 年）
第 6 辑 人杰地灵话富春——富阳名人、名胜、名产集萃 （1999 年）
第 7 辑 话说富春姓氏 （2000 年）
富阳市五届政协建言录 （2002 年）
富阳的祠堂 （2004 年）
中国富阳纸业 （人民出版社,2006 年版）
富阳的古民居 （含古牌坊、古塔、古桥、古墓葬）（2007 年）

建德市

建德文史资料 政协浙江省建德市委员会文史委员会编印,32 开书型,不定期,内部交流或公开发行。
第 1 辑 （1986 年）
第 2 辑 （1987 年）
第 3 辑 戴不凡专辑 （1988 年）
第 4 辑 （1989 年）
第 5 辑 纪念陈怀白专辑 （1989 年）
第 6 辑 建德畲族专辑 （1989 年）
第 7 辑 悠悠故乡情——建德 （1990 年）
戴不凡纪念文集 （纪念戴不凡先生逝世十周年专辑）(1990 年)
第 8 辑 （1991 年）
第 9 辑 工商经济史料专辑 （1992 年）
第 10 辑 新安梨园录 （1993 年）
第 11 辑 农业专辑 （1994 年）
第 12 辑 （1995 年）
第 13 辑 新安桃李 （中国文史出版社,1997 年版）
第 14 辑 新安桃李续编 （1998 年）
第 15 辑 当代建德人物录——建德寓外科技人士专辑 （2000 年）
第 16 辑 胡楠先生纪念专辑 （2006 年）

桐庐县

桐庐文史资料 政协浙江省桐庐县委员会办公室编印,32 开书型,不定期,内部交流。
第 1 辑 桐君·桐庐山 （1989 年）
第 2 辑 姚思铨文集 （1995 年）
第 3 辑 桐庐旅游二十年纪实 （1979—1999）(1999 年)
第 4 辑 潇洒桐庐人 （2000 年）
第 5 辑 百年春秋话桐庐 （2001 年）

淳安县

淳安文史资料 政协浙江省淳安县委员会文史教卫文体委员会编印,32 开书型,不定期,内部交流。
第 1 辑 （1985 年）
第 2 辑 （1986 年）
第 3 辑 （1987 年）
第 4 辑 （1988 年）
第 5 辑 （1989 年）
第 6 辑 （1990 年）
第 7 辑 （1991 年）
千岛湖概览 （1993 年）
第 8 辑
千岛湖浪花集 （获奖作品汇编）(1998 年)

人文历史专辑 （旅游小丛书）(2001 年)
第 9 辑 商辂专辑 （2006 年）

湖州市

湖州文史 政协浙江省湖州市委员会文史资料研究委员会编印,32 开书型,不定期,内部交流或公开发行。
第 1 辑 陈英士先生史料专辑 （1984 年）
第 2 辑 湖州市特产史料专辑 （1985 年）
第 3 辑 抗日战争史料专辑 （1985 年）
第 4 辑 （1986 年）
第 5 辑 教育医卫史料专辑 （1987 年）
第 6 辑 文化艺术史料专辑 （1987 年）
第 7 辑 湖州解放——纪念湖州解放四十周年史料专辑 （1949—1989 年）(1989 年)
第 8 辑 工商史料专辑 （1990 年）
第 9 辑 （浙江人民出版社,1991 年版）
第 10 辑 建国后史料之一 （浙江人民出版社,1992 年版）
第 11 辑 湖州市政协十年 （1983—1993 年）(浙江人民出版社,1993 年版)
第 12 辑 建国后史料之二 （浙江人民出版社,1993 年版）
第 13 辑 爱国主义的凯歌——湖州人民抗日斗争史料 （1995 年）
第 14 辑 （1996 年）
第 15 辑 缅怀谭建丞 （1996 年）
第 16 辑 （1997 年）
第 17 辑 （1998 年）
第 18 辑 建筑史料专辑 （1998 年）
第 19 辑 （1999 年）
第 20 辑 （2001 年）
第 21 辑 （2002 年）
第 22 辑 古城文脉 （2002 年）
第 23 辑 历代湖州文史选编 （2004 年）
第 24 辑 吴兴钮氏史话 （2005 年）
第 25 辑 湖州船谱 （2006 年）
第 26 辑 古村竹墩 （2007 年）
第 27 辑 顾锡东与湖州小百花 （2008 年）

吴兴区

南浔区

长兴县

长兴文史资料 政协浙江省长兴县委员会文史资料委员会编印,32 开书型,不定期,内部交流或公开发行。

第 1 辑 （1986 年）
第 2 辑 （1987 年）
第 3 辑 （1989 年）
第 4 辑 顾渚紫笋诗文录 （1992 年）
第 5 辑 长兴政协十年 （1984—1994）（1994 年）
第 6 辑 长兴名人名胜选萃 （2001 年）
人文织里 （中国方志出版社,2004 年版）

德清县

德清文史资料 政协浙江省德清县委员会学习文史资料委员会编印,32 开书型,不定期,内部交流。
第 1 辑 （1987 年）
第 2 辑 抗战、解放史料 （1988 年）
第 3 辑 教育、文化、医卫、体育史料 （1990 年）
第 4 辑 工商、金融、交通史料 （1993 年）
第 5 辑 德清籍现代著名文学家俞平伯 （1995 年）
第 6 辑 现代德清名人 （1997 年）
第 7 辑 现代德清名人 （续）（1999 年）
第 8 辑 德清集粹 （2001 年）
第 9 辑 德清蚕文化 （2004 年）
第 10 辑 德清游子文化 （2008 年）

安吉县

安吉文史通讯 政协浙江省安吉县委员会文史资料征集研究委员会编印,16 开刊型,不定期,内部交流。
1986 年
1987 年
安吉文史资料 政协浙江省安吉县委员会文史资料委员会编印,32 开书型,不定期,内部交流或公开发行。
纪念陈嵘先生专辑 （纪念陈嵘先生诞辰一百周年）（1988 年）
安吉竹类史料专辑 （1990 年）
吴昌硕 （西泠印社,1993 年版）
安吉政协十年 （1994 年）
创业者之路——个体私营经济部分 （1997 年）
历代咏竹诗选 （百家出版社,2001 年版）
历代画竹精选
龙井茶历史文史资料汇编

嘉兴市

嘉兴市文史资料通讯 政协浙江省嘉兴市委员会学习和文史资料委员会编印,16 开刊型,或油印,不定期,内部交流。
第 1—2 期 （1984 年）
第 3—6 期 （1985 年）
第 7 期 纪念张印通同志 （1986 年）
第 8 辑 纪念孙中山先生诞辰一百二十周年 （1986

年）
第 9 期 （1989 年）
第 10 期 （1989 年）
第 11—12 期 （1989 年）
第 13 期 （1993 年）
第 14—16 期 纪念抗日战争胜利五十周年专辑 （1995 年）
第 17 期 （1996 年）
第 18—19 期 （1997 年）
第 20—21 期 （1998 年）
第 22 期 （1999 年）
第 23—24 期 纪念嘉兴解放五十周年 （1999 年）
第 25 期 （2000 年）
第 26 期 医药史料 （2000 年）
第 27 期 （2000 年）
第 28 期 纪念辛亥革命九十周年 （2001 年）
第 29 期 （2001 年）
第 30 期 医药史料 （2001 年）
第 31 期 （2001 年）
第 32—33 期 （2002 年）
嘉兴市政协书画会展作品图目 （未注编印年）
第 34—35 期 （2003 年）
第 36—39 期 （2004 年）
第 40—43 期 （2005 年）
第 44 期 纪念抗日战争胜利六十周年 （2005 年）
第 45 期 （2005 年）
第 46—47 期 （2006 年）
第 48—54 期 （2007 年）
嘉兴市文史资料 政协浙江省嘉兴市委员会学习和文史资料委员会编印,32 开书型或 16 开刊型,不定期,内部交流或公开发行。
第 1 辑 抗日战争史料专辑 （1986 年）
第 2 辑 嘉兴抗战八年记事 （1988 年）
第 3 辑 褚辅成专辑 （浙江人民出版社,1991 年版）
第 4 辑 送瘟神——嘉兴地区血防工作纪实 （中国科学技术出版社,1995 年版）
金九在嘉兴 （浙江人民出版社,1998 年版）
第 5 辑 一代水工汪胡桢 （当代中国出版社,1997 年版）
第 6 辑 嘉兴骄子 （上、下册）（当代中国出版社,2000 年版）
嘉兴政协志
嘉兴名人丛书（四册） 政协浙江省嘉兴市委员会学习和文史资料委员会编,当代中国出版社,2005 年版。
第一卷 嘉兴群英
第二卷 嘉兴起义
第三卷 嘉兴骄子
第四卷 嘉兴文杰
嘉兴文史汇编 （五册） 政协浙江省嘉兴市学习和文史资料委员会编印,2008 年版。

红尘冷眼

群星璀璨

春到江南

南湖区

南湖文史 政协浙江省嘉兴市南湖区委员会文教卫体与文史委员会编印,32 开书型,不定期,内部交流。

第1—2 辑 (2005 年)

第3—4 辑 (2006 年)

第5—6 辑 (2007 年)

秀洲区

秀洲文史 政协浙江省嘉兴市秀洲区委员会文史资料委员会编印,32 开书型,不定期,内部交流。

第1辑

平湖市

文史通讯 政协浙江省平湖市委员会学习和文史资料委员会编印,16 开刊型,不定期,内部交流。

第1 期 (1984 年)

总第2—42 期 (1984 年—1994 年)

1995 第1—5 期 (总第43—47 期)

1996 年第1—4 期 (总第48—51 期)

1997 年第1—4 期 (总第52—55 期)

1998 年第1—4 期 (总第56—59 期)

1999 年第1—4 期 (总第60—63 期)

2000 年第1—4 期 (总第64—67 期)

2001 年第1—4 期 (总第68—71 期)

2002 年第1—4 期 (总第72—75 期)

2003 年第1—4 期 (总第76—79 期)

2004 年第1—4 期 (总第80—83 期)

热烈庆祝中国人民政治协商会议成立五十五周年 (2004 年)

2005 年第1—2 期 (总第84—85 期)

2005 年第3 期 (总第86 期)

纪念抗日战争胜利六十周年特刊

2005 年第4 期 (总第87 期)

2006 年第1—4 期 (总第88—91 期)

平湖文史资料 政协浙江省平湖市委员会学习和文史资料委员会编印,32 开书型,不定期,内部交流或公开发行。

第1 辑 (1988 年)

第2 辑 (1989 年)

第3 辑 人物专辑 (1991 年)

第4 辑 工商经济专辑 (1992 年)

第5 辑 亭桥词 (1993 年)

第6 辑 工商今昔皆辉煌 (1995 年)

第7 辑 科教文卫著华章 (1997 年)

第8 辑 五十春秋汇史篇 (1999 年)

第9 辑

第10 辑 平湖历代风情诗词选 (2004 年)

平湖海外英才 (中国文史出版社,2006 年版)

平湖农作物品种演变五十年 (2007 年)

建国以来我市耕作制演变 (2007 年)

海宁市

海宁文史资料 政协浙江省海宁市委员会文教卫体与文史委员会编印,16 开刊型或 32 开书型,或油印,不定期,内部交流或公开发行。

第1—5 期 (1982 年)

第6—10 期 (1983 年)

第11—12 期 (1984 年)

第13—15 期 (1985 年)

第16 期 纪念抗日战争胜利四十周年史料专辑 (1985 年)

第17 期 (1985 年)

第18—21 期 (1986 年)

第22 期 悼念革命画家米谷同志专辑 (1987 年)

第23 期 (1987 年)

第24 期 纪念吴梅同志特辑 (1987 年)

第25 期 海宁抗战八年大事记 (1987 年)

第26 期 (1987 年)

第27 期 纪念吴世昌先生专辑 (1987 年)

第28—32 期 (1988 年)

第33—37 期 (1989 年)

第38—41 期 (1990 年)

第42—44 期 (1991 年)

第45—48 期 (1992 年)

第49 期 王国维研究资料索引 (1993 年)

第50—52 期 (1993 年)

第53—54 期 (1994 年)

第55 期 (1994 年)

第56—57 期 (1994 年)

第58 期 (1995 年)

第59 期 抗日战争胜利五十周年专辑之一 (1995 年)

第60 期 抗日战争胜利五十周年专辑之二 (1995 年)

第61 期 (1995 年)

海宁潮文化 (1995 年)

绉云石小志 (1996 年)

第62—63 期 (1996 年)

第64 期 纪念诗人徐志摩诞辰一百周年专辑 (1997 年)

第65 期 纪念宋云彬先生诞辰一百周年专辑 (1997 年)

第 66 期 （1997 年）

第 67 期 （1998 年）

历史的印痕——纪念海宁解放五十周年 （1999 年）

第 68 期 （1999 年）

第 69 期 庆祝海宁解放五十周年专辑 （1999 年）

第 70—71 期 （1999 年）

第 72—74 期 （2000 年）

第 75—77 期 （2001 年）

洗桐馆诗词稿 （香港华宝斋书社,2001 年版）

第 78—81 期 （2002 年）

第 82 期 （2003 年）

海宁历史文化遗存 （浙江人民出版社,2006 年版）

吴之振诗选 （2007 年）

难忘的岁月 （2007 年）

海宁人物资料 政协浙江省海宁市委员会文史资料委员会等编印,32 开书型,不定期,内部交流或公开发行。

第 1 辑 （1985 年）

第 2 辑 当代海宁人 （1988 年）

第 3 辑 海宁艺苑人物 （1990 年）

第 4 辑 听雪轩诗存 （李善兰遗著）(1991 年）

第 5 辑 张宗祥先生纪念册 （1991 年）

第 6 辑 蒋百里先生纪念册 （1993 年）

第 7 辑 纪念谈迁诞辰四百周年文集 （1995 年）

第 8 辑 （1997 年）

第 9 辑 陈学昭纪念文集 （2001 年）

第 10 辑 装潢艺术家杭稚英 （1901—1947 年）(2002 年）

第 11 辑 红尘冷眼:一个文化名人笔下的中国三十年 （宋云彬著,山西人民出版社,2002 年版）

第 12 辑 坎坷的历程——回忆我的父亲费哲民 （1893—1978）(2003 年）

第 13 辑 穆旦传 （陈伯良著,浙江人民出版社,2004 年版）

桐乡市

桐乡文史资料 政协浙江省桐乡县委员会文教体卫与文史资料委员会编印,32 开书型,不定期,内部交流。

第 1 辑 桐乡县抗日战争史料 （一）(1985 年）

第 2 辑 桐乡县现代名人史料 （1985 年）

第 3 辑 桐乡县历代名人史料 （一）(1986 年）

第 4 辑 桐乡县历代名人史料 （二）(1986 年）

第 5 辑 桐乡县土特名产专辑 （1987 年）

第 6 辑 桐乡县名胜古迹专辑 （1987 年）

第 7 辑 桐乡县近百年记事 （1840—1949）(1988 年）

第 8 辑 桐乡县民国时期史料 （一）(1989 年）

第 9 辑 桐乡县民国时期史料 （二）(1990 年）

第 10 辑 桐乡县建国后史料 （一）(1991 年）

第 11 辑 桐乡县建国后史料 （二）(1992 年）

第 12 辑 桐乡当代人物资料 （一）(1993 年）

第 13 辑 桐乡建国后史料 （三）(1994 年）

第 14 辑 桐乡市抗日战争史料 （二）(1995 年）

第 15 辑 桐乡当代人物资料 （二）(1996 年）

第 16 辑 桐乡当代人物资料 （三）(1997 年）

第 17 辑 桐乡当代人物资料 （四）(1998 年）

第 18 辑 桐乡历史图片资料 （一）(1999 年）

第 19 辑 桐乡当代人物资料 （五）(2000 年）

第 20 辑 桐乡馆藏文物资料 （一）(2001 年）

第 21 辑 桐乡佛教文化专辑 （2002 年）

第 22 辑 桐乡建国后史料专辑 （2003 年）

第 23 辑 （2004 年）

第 24 辑 桐乡运河文化专辑 （台海出版社,2006 年版）

第 25 辑 张琴秋纪念文集 （2007 年）

嘉善县

嘉善县文史资料 政协浙江省嘉善县委员会文教卫体与文史委员会编印,32 开书型或 16 开刊型,不定期,内部交流或公开发行。

第 1 辑 嘉善抗战史料专辑 （1986 年）

第 2 辑 （1987 年）

第 3 辑 （1988 年）

第 4 辑 （1990 年）

第 5 辑 纪念吴镇诞辰七百十周年 （与嘉善县志办公室等编,1990 年）

第 6 辑 吴镇研究论文专辑 （与嘉善县志办公室等编,1991 年）

第 7 辑 嘉善县乡土风情诗汇编 （上、下册）(1992 年）

第 8 辑 （与嘉善县文联合编,1993 年）

第 9 辑 纪念嘉善解放四十五周年专辑 （与嘉善县委党史研究室合编,1994 年）

第 10 辑 嘉善风俗小志 （与嘉善县志办合编,1995 年）

第 11 辑 嘉善政协四十年 （1956—1996 年）(1996 年）

第 12 辑 嘉善精英——中国科学院五院 （1997 年）

第 13 辑 嘉善精英之二 （1998 年）

第 14 辑 嘉善古迹 （1999 年）

第 15 辑 吴镇研究论文选 （2001 年）

第 16 辑 嘉善历史文化遗存 （2002 年）

第 17 辑 嘉善历代书画精品选 （浙江人民出版社,2004 年版）

第 18 辑 文史大家张天方 （浙江摄影出版社,2005 年版）

第 19 辑 南社西塘社友遗稿 （与嘉善县档案馆等合编,古吴轩出版社,2006 年版）

第 20 辑 戏剧家顾锡东 （浙江人民出版社,2007 年

版)

嘉善文史 （嘉善县政协文史资料通讯） 政协浙江省嘉善县委员会文教卫体与文史委员会编印，16开刊型，不定期，内部交流。

第1期 （1984年）

第2—37期

第38期 （2002年）

2007年第1期 （改现名）（总第39期）

2007年第2期 （总第40期）

2007年第3期 （总第41期）

2007年第4期 （总第42期）

2008年第1期 （总第43期）

2008年第2期 （总第44期）

2008年第3期 （总第45期）

2008年第4期 （总第46期）

海盐县

海盐文史（海盐文史资料） 政协浙江省海盐县委员会文教卫体与文史委员会编印，16开刊型或32开书型，或油印，不定期，内部交流。

第1—2辑 （1984年）

第3辑 （1985年）

第4辑 纪念抗日战争胜利四十周年专辑——抗战八年话海盐 （1985年）

第5辑 （1985年）

第6辑 "海盐腔"专辑 （1986年）

第7—8辑 （1986年）

第9—10辑 （1987年）

第11辑 抗日特辑 （1987年）

第12辑 人物专辑 （1987年）

第13辑 陈大齐先生专辑 （1988年）

第14—15辑 （1988年）

第16辑 （1989年）

第17·18辑 （1990年）

第19—20辑 （1991年）

第21—22辑 （1992年）

第23—24辑 （1993年）

第25—26辑 （1994年）

第27辑 抗战五十周年专刊 （1995年）

第28辑 （1995年）

第29辑 （1996年）

第30—31辑 （1997年）

第32—33辑 （1998年）

第34—35辑 （1999年）

第36辑 （2000年）

第37辑 （2001年）

第38—39辑 （2002年）

第40—41辑 （2003年）

第42—43辑 （2004年）

第44—45辑 （2005年）

第46辑 （2006年）

第47辑 （2006年）

第48辑 改现名 （2007年）

第49辑 （2007年）

第50辑 （2008年）

第51辑 （2008年）

海盐文史资料选辑 政协浙江省海盐县委员会文史文教卫体与委员会编印，32开书型，不定期，内部交流或公开发行。

选编第1辑 （1989年）

张元济轶事专辑 （之一）（1990年）

选编第2辑 （1991年）

张元济轶事专辑 （之二）（1992年）

海盐今昔 （之一）（1993年）

张乐平轶事专辑 （1994年）

张玉生诗文选 （1994年）

南北湖风景专辑 （1995年）

海盐风景揽胜 （1996年）

海盐人物录 （上）（1997年）

纪念出版家张元济先生诞辰一百三十周年文集（1998年）

鲁迅的学生黄源 （华文出版社，1999年版）

我和政协 （2000年）

选辑 （2001年）

文史大家朱希祖 （学林出版社，2002年）

韬奋挚友毕云程 （学林出版社，2003年）

海盐腔研究论文集 （学林出版社，2004年版）

出版大家张元济——张元济研究论文集 （2006年）

孤云汗漫——朱偰纪念文集 （学林出版社，2007年版）

俞志英 （中国文史出版社，2007年）

舟山市

舟山文史资料 政协浙江省舟山市委员会文史和学习委员会编印，32开书型，不定期，公开出版发行。

第1辑 （浙江人民出版社，1990年版）

第2辑 （浙江人民出版社，1992年版）

第3辑 舟山海洋鱼文化 （海洋出版社，1994年版）

舟山人在世界各地 （与舟山海外联谊会合编，中国文史出版社，1996年版）

第4辑 舟山诗粹 （国际文化出版公司，1997年版）

第5辑 舟山海洋龙文化 （与嵊泗县政协文史资料委员会合编，海洋出版社，1999年版）

第6辑 舟山之骄 （北京文津出版社，2001年版）

第7辑 文史天地 第一部 （北京文津出版社，2001年版）

第8辑 文史天地 第二部 （上、中、下册）（北京文津出版社，2003年版）

第 9 辑 鸦片战争在舟山 （中国文史出版社,2006 年版）

第 10 辑 舟山渔业史话 （2007 年）

第 11 辑 文史天地 第三部 （上、中、下册）（北京文津出版社,2007 年版）

第 12 辑 文以载道——金性尧先生纪念集 （上海古籍出版社,2008 年版）

定海区

定海文史资料 政协浙江省舟山市定海区委员会文史资料研究委员会编印,32 开书型,不定期,内部交流。

第 1 辑 （1984 年）

第 2 辑 （1985 年）

第 3 辑 （2002 年）

普陀区

普陀文史资料 政协浙江省舟山市普陀区委员会文史资料委员会编印,32 开书型,不定期,内部交流或公开发行。

第 1 辑 （1989 年）

中国渔港沈家门 （中国文史出版社,2005 年版）

缘起沈清 （中国文史出版社,2006 年版）

岱山县

岱山文史资料 政协浙江省岱山县委员会文史资料与文卫体委员会编印,32 开书型,不定期,内部交流或公开发行。

第 1 辑 （1986 年）

第 2 辑 （1988 年）

第 3 辑 （1991 年）

第 4 辑 （1992 年）

第 5 辑 蓬莱仙岛与徐福 （1997 年）

第 6 辑 两岸骨肉情——岱山去台人员专辑 （2000 年）

第 7 辑 众志成城 （中国文史出版社,2002 年版）

煮海歌 （与岱山县盐业局合编,中国文史出版社,2004 年版）

嵊泗县

嵊泗文史资料 政协浙江省嵊泗县委员会文史委员会编,32 开书型,不定期,内部交流或公开发行。

第 1 辑 （1989 年）

第 2 辑 （1991 年）

第 3 辑 嵊泗渔业史话 （1995 年）

第 4 辑 慧灯无尽照海东 （1996 年）

第 5 辑 嵊泗列岛民俗文化 （1997 年）

第 6 辑 海蟹大王 （1998 年）

舟山海洋龙文化 （暨《舟山文史资料》第 5 辑,1999 年）

第 7 辑 万里慧灯照 （远方出版社,2000 年版）

第 8 辑 列岛红旗——献给中国共产党成立八十周年 （2001 年）

第 9 辑 嵊泗渔场百年间 （中国文联出版社,2002 年版）

第 10 辑 我踏金鳌海上来——张骞与海洋的故事 （中国文联出版社,2002 年版）

第 11 辑 （2004 年）

第 12 辑 留住那一段历史 （2005 年）

第 13 辑 我眼中的嵊泗 （摄影作品集）（2006 年）

宁波市

宁波文史资料 政协浙江省宁波市委员会文史资料委员会编印,32 开书型,不定期,内部交流或公开发行。

第 1 辑 （1983 年）

第 2 辑 （1984 年）

第 3 辑 （1985 年）

第 4 辑 （1986 年）

第 5 辑 （1987 年）

第 6 辑 老字号专辑 （浙江人民出版社,1987 年版）

第 7 辑 纪念宁波解放四十周年 （浙江人民出版社,1989 年版）

第 8 辑 文化史料专辑 （1990 年）

第 9 辑 宁波港史资料专辑 （1991 年）

第 10 辑 风雨见真情 （与政协各县市区文史资料委员会合编,1991 年）

第 11 辑 宁波光复前后——纪念辛亥革命八十周年专辑 （1991 年）

第 12 辑 浙东浩劫——纪念抗日战争爆发五十五周年 （与各县市区政协文史资料委员会合编,1992 年）

第 13 辑 四明烽火——纪念抗日战争爆发五十五周年 （与各县市区文史委员会等合编,1992 年）

第 14 辑 宁波新闻出版谈往录 （1993 年）

第 15 辑 （1994 年）

第 16 辑 甬江风云——纪念抗日战争胜利五十周年 （与各县市区政协文史资料委员会合编,1995 年）

第 17 辑 新纪元漫录 （与政协各县市区文史资料委员会合编,宁波出版社 1996 年版）

第 18 辑 梦幻尘影录——毛翼虎自述 （宁波出版社,1997 年版）

第 19 辑 情满桑梓——海外宁波籍人士与家乡公益事业 （与政协各县市区文史资料委员会合编,1997 年）

第 20 辑 宁波文物古迹保护纪实 （与政协各县市区文史资料委员会合编,宁波出版社,2000 年版）

王宽诚纪念文集 （2000 年）

第 21 辑 艺坛人生——宁波籍文化名人风采录 （宁

波出版社,2002 年版)

第 22 辑　宁波文史资料存稿选辑　(2003 年)

第 23 辑　群星灿烂——现当代宁波籍名人　(上、中、下册)(宁波出版社,2004 年版)

宁波小巷李代家族

宁波文史系列丛书　政协浙江省宁波市委员会文史资料委员会编,中国文史出版社,1998 年版。

第 1 辑　商海巨子——活跃在沪埠宁波商人

第 2 辑　政坛名人——民国政治舞台上的浙东人物

第 3 辑　文化群星——近现代宁波藉文化精英

建国五十周年宁波文史专辑　政协浙江省宁波市委员会文史资料委员会等编,宁波出版社,1999 年版。

之一　在民主团结的旗帜下——宁波市各民主党派工商联史料

之二　1949,宁波反轰炸纪实

之三　三江口巨变——宁波城市建设纪实

宁波帮系列丛书　政协浙江省宁波市委员会文史资料委员会编,中国文史出版社出版。

之一　宁波帮研究　(2004 年版)

之二　吴锦堂研究　(与政协慈溪市文史资料委员会合编,2005 年版)

之三　宁波帮与中国近现代服装业　(2005 年版)

镇海籍宁波帮人士　(与政协镇海区文史资料委员会合编,2007 年版)

三北虞洽卿

宁波帮与中国近现代金融业

宁波帮与中国近现代电影业　(2006 年版)

中国近代航海世家——宁波顾氏家族

海曙区

海曙区文史资料　政协浙江省宁波市海曙区委员会教文卫体和文史资料委员会编印,32 开书型,不定期,内部交流或公开发行。

第 1 辑　云霞出海曙——宁波市海曙区文扬古迹发掘整修和利用　(2000 年)

第 2 辑　璀璨明珠——月湖　(中央文献出版社,2002 年版)

第 3 辑　殷殷桑梓情,拳拳赤子心——乡情结　(2003 年)

"宁波帮"海曙纪实　(2005 年)

第 4 辑　海曙撷英　(宁波出版社,2006 年版)

第 5 辑　(2008 年)

甬城街巷

江东区

江北区

江北文史资料专辑　政协浙江省宁波市江北区委员会编,32 开书型,公开发行。

中国宁波江北名胜古迹　(凌天出版社,2001 年版)

江北之骄　(宁波市江北专家辑第一辑)(哈尔滨出版社,2003 年版)

江北之骄　(宁波市江北专家辑第二辑)(学苑出版社,2005 年版)

北仑区

北仑文史资料　政协浙江省宁波市北仑区委员会教文卫体和文史资料委员会编印,32 开书型,不定期,内部交流或公开发行。

中法战争镇海之役史料　(暨《镇海文史资料》第 2 辑,光明日报社,1988 年版)

第 1 辑　(1990 年)

第 2 辑　革命烈士专辑　(1991 年)

第 3 辑　(1993 年)

第 4 辑　当代北仑人物——政协委员风采　(1994 年)

第 5 辑　北仑的老总们　(1996 年)

第 6 辑　北仑抗倭抗英抗法抗日史料　(1997 年)

宗瑞航运史研究

鲁彦研究

第 7 辑　浙江寺院胜览　(中国国际广播出版社,1998 年版)

第 8 辑　北仑,我的故乡　(1999 年)

第 9 辑　北仑景观　(当代中国出版社,2001 年版)

求索——语言学家乐嗣炳　(2001 年)

姚燮研究　(与政协宁波市镇海区文史资料委员会合编,2003 年)

北仑籍港澳台和海外人物录　(2004 年)

镇海区

镇海文史资料　政协浙江省宁波市镇海区委员会文史资料委员会编印,32 开书型,不定期,内部交流或公开发行。

第 1 辑　(1985 年)

第 2 辑　中法战争镇海之役史料　(光明日报出版社,1988 年版)

第 3 辑　(1989 年)

第 4 辑　(1990 年)

第 5 辑　(1993 年)

镇海名胜　(同济大学出版社,1995 年版)

第 6 辑　镇海籍港澳台及海外人士录　(1998 年)

镇海招宝二十四景写真集　(2001 年)

姚燮研究 （与政协宁波市北仑区文史资料委员会合编,2003 年）

第 7 辑

第 8 辑 镇海老照片

镇海籍宁波帮人士 （宁波帮系列丛书）（与政协宁波市文史资料委员会合编,中国文史出版社,2007 年版）

鄞州区

鄞县政协文史资料 政协浙江省鄞县委员会文史资料委员会编印,16 开刊型,油印,不定期,内部交流。

第 1—3 期 （1985 年）

第 4—5 期 （1986 年）

第 6—7 期 （1987 年）

鄞县文史资料 政协浙江省鄞县委员会文史资料委员会编印,32 开书型,不定期,内部交流或公开发行。

第 1 辑 （1985 年）

第 2 辑 （1987 年）

第 3 辑 （1989 年）

第 4 辑 （1991 年）

第 5 辑 鄞县当代港澳台及国外人物专辑 （1992 年）

第 6 辑 当代鄞籍国内人物专辑之一 （1993 年）

第 7 辑 调查考察,参政议政 （1995 年）

翰墨春秋——沙孟海先生纪念集 （西泠印社,1995 年版）

第 8 辑 造福桑梓——鄞县籍侨胞、港澳台胞捐资兴学办社会公益事业专辑 （1997 年）

鄞县政协四十年——肝胆相照四十年,而今迈步从头越 （1997 年）

鄞州文史 政协浙江省宁波市鄞州区委员会文史编辑委员会等编印,32 开书型,不定期,内部交流。

第 1—2 期 （2004 年）

民国鄞县县志 （六函三十六册）

第 3—4 期 （2005 年）

越魂史笔——全祖望诞辰三百周年纪念文集 （宁波出版社,2005 年版）

第 5 期 （2006 年）

史心文韵——全祖望诞辰三百周年纪念文集续编 （宁波出版社,2007 年版）

蒙学之冠——《三字经》及其作者王应麟 （宁波出版社,2007 年版）

鄞州百村 （宁波出版社,2008 年版）

甬上望族表

慈溪市

慈溪文史资料 （慈溪文史） 政协浙江省慈溪市委员会文史资料委员会编印,32 开书型,不定期,内部交流或公开发行。

第 1 辑 （1986 年）

第 2 辑 三北虞洽卿 （1988 年）

第 3 辑 慈溪人物资料 （1989 年）

第 4 辑 工商经济资料 （1990 年）

第 5 辑 悲华经舍诗选注 （1991 年）

第 6 辑 （改现名） 林汉达专辑 （1991 年）

第 7 辑 海外及港台人物资料 （1992 年）

第 8 辑 教育资料专辑 （1993 年）

第 9 辑 文化资料专辑 （1994 年）

第 10 辑 慈溪抗战资料 （1995 年）

第 11 辑 宗教资料专辑 （1996 年）

第 12 辑 慈溪学术界名人 （1997 年）

第 13 辑 慈溪学术界名人 （第二分册）（1998 年）

第 14 辑 回首五十年 （宁波出版社,1999 年版）

第 15 辑 创造辉煌——慈溪个私企业发展记 （宁波出版社,2000 年版）

第 16 辑 慈溪海外学子 （2001 年）

第 17 辑 情系政协 （2004 年）

慈溪政协志 （方志出版社,2005 年版）

慈溪名人故事

吴锦堂研究 （宁波帮系列丛书）（与政协宁波市文史资料委员会合编,中国文史出版社,2005 年版）

余姚市

余姚文史资料 政协浙江省余姚市委员会教文卫体和文史资料委员会编印,32 开书型,不定期,内部交流或公开发行。

第 1 辑 （1985 年）

第 2 辑 （1986 年）

第 3 辑 名人名胜录 （古代篇）（1986 年）

第 4 辑 （1987 年）

第 5 辑 （1988 年）

第 6 辑 王阳明诗集 （1989 年）

第 7 辑 余姚解放四十周年专辑 （1989 年）

余姚历代风物诗选 （与余姚市文学艺术联合会合编,1989 年）

第 8 辑 （1990 年）

第 9 辑 泗门古今 （1991 年）

第 10 辑 余姚籍海外和港台人物录 （1992 年）

第 11 辑 教苑春秋 （1993 年）

第 12 辑 浙江历史文化名镇——梁弄 （1994 年）

第 13 辑 近现代人物 （1995 年）

第 14 辑 临山专辑 （1996 年）

第 15 辑 工商经济史料选辑 （1998 年）

第 16 辑 古城新韵——庆祝建国五十周年文史资料专辑 （1999 年）

第 17 辑 姜枝先纪念文集 （香港天马图书有限公司,2002 年版）

百年印迹 （香港天马图书有限公司,2003 年版）

余姚民间艺术 （诸伯钧主编,中国文化出版社,2005年版）

余姚境域县政概略 （与余姚市档案局合编,中国文化出版社,2007年版）

余姚精武廿年 （与余姚市档案局合编,中国文化出版社,2008年版）

余姚文史丛书 政协浙江省余姚市文史委员会编,中华书局出版。

第1册 星光灿烂——近现代余姚籍名人 （1999年版）

第2册 姚江风情 （2001年版）

奉化市

奉化文史资料 政协浙江省奉化市委员会文史委员会编印,32开书型,不定期,内部交流或公开发行。

第1—2辑 （1985年）

第3辑 （1987年）

第4辑 （1988年）

第5辑 （1989年）

第6辑 （1990年）

第7辑 奉化著名人士名录 （第一集）(1992年）

第8辑 蒋氏父子 （天津古籍出版社,1994年版）

第9辑 中国服装之乡——奉化 （1998年）

蒋经国 （1999年）

第10辑 情洒故土——港台侨胞造福奉化纪事（1999年）

第11辑 溪口胜景 （2000年）

第12辑 蒋氏幕下奉化人 （2001年）

第13辑 青少年时期蒋介石 （2002年）

第14辑 蒋介石三次下野 （2003年）

第15辑 政协委员风采 （2004年）

第16辑 （2005年）

第17辑 （2006年）

青少年时期蒋经国

奉化政协志

人间弥勒 （宁波出版社,2008年版）

宁海县

宁海文史资料 政协浙江省宁海县委员会教文卫体和文史资料委员会编印,32开书型,不定期,内部交流或公开发行。

第1辑 （1985年）

第2辑 童保暄专辑 （1990年）

第3辑 孔埠专辑 （1991年）

第4辑 名胜古迹专辑 （1992年）

第5辑 王锡桐起义 （1998年）

第6辑 童保暄日记 （宁波出版社,2006年版）

第7辑 如何认识和评价童保暄——整理《童保暄日记》有感 （应大松著,2007年）

象山县

象山文史资料 政协浙江省象山县委员会文卫体和文史委员会编印,32开书型,年刊,内部交流或公开发行。

第1辑 （1986年）

第2辑 （1987年）

第3辑 象山近百年史事脞录 （1988年）

第4辑 （1989年）

第5辑 历代人物专辑 （1991年）

第6辑 文化史料专辑 （1992年）

第7辑 抗日史料专辑 （1993年）

何敏求诗抄 （1994年）

林觉辰暮年诗词 （1994年）

鼻峰诗选 （1994年）

象山军民抗战实录 （1995年）

象山历代诗选 （三秦出版社,1995年版）

范船僧 （1997年）

经史学家陈汉章 （黄山书社,1997年版）

象山海鲜 （1999年）

创业漫忆 （1999年）

象山旅游人文景观——文献资料辑录 （2000年）

往事琐录——象山文史资料综合辑 （2001年）

农民画家高妙香 （人民日报出版社,2006年版）

张苍水被执南田悬岙论集 （宁波出版社,2008年版）

绍兴市

绍兴文史资料 政协浙江省绍兴市委员会文史和学习委员会编印,32开书型,不定期,内部交流或公开发行。

辛亥革命绍兴史料 （1981年）

第1辑 （1985年）

第2辑 （1986年）

绍兴 （《全国历史文化名城丛书》）（中国建筑出版社,1986年版）

第3辑 （浙江人民出版社,1987年版）

第4辑 （浙江人民出版社,1988年版）

第5辑 绍兴解放纪实 （浙江人民出版社,1989年版）

绍兴酒文化 （中国大百科全书出版社上海分社,1990年版）

第6辑 纪念辛亥革命八十周年 （浙江人民出版社,1991年版）

第7辑 许寿棠纪念集 （暨《浙江文史资料》第51辑,浙江人民出版社,1992年版）

第8辑 （浙江人民出版社,1993年版）

绍兴兰文化 （中国大百科全书出版社,1993年版）

第9辑 抗战八年在绍兴 （1995年）

第10辑 （1996年）

绍兴桥文化 （上海交通大学出版社,1997 年）

第 11 辑 血脉情深忆总理 （1998 年）

第 12—13 辑 （1998 年）

绍兴茶文化 （浙江文艺出版社,1999 年版）

第 14 辑 （2000 年）

第 15 辑 纪念辛亥革命九十周年专辑 （2001 年）

第 16 辑 （2002 年）

第 17 辑 （2003 年）

绍兴石文化 （远方出版社,2003 年版）

第 18 辑 （2004 年）

绍兴政协二十年 （2004 年）

绍兴旧影 （1949—1978 年）（浙江摄影出版社,2005 年版）

第 19 辑 （2005 年）

第 20 辑 （2006 年）

镜湖湿地文化 （西泠印社,2006 年）

第 21 辑 （2007 年）

第 22 辑 （2008 年）

越城区

诸暨市

诸暨文史资料 （诸暨文史） 政协浙江省诸暨市委员会学习文史委员会编印,16 开刊型改 32 开书型,不定期,内部交流或公开发行。

第 1 辑 （1984 年）

第 2 辑 （1986 年）

第 3 辑 （改现名）（1988 年）

第 4 辑 （1989 年）

第 5 辑 教育史料专辑 （1990 年）

苎萝西施志 （杭州大学出版社,1991 年版）

第 6 辑 西施故里揽胜 （1994 年）

第 7 辑 西施故里名人谱 （1997 年）

诸暨市地图册 （与诸暨市浙江省第二测绘院合编,福建地图出版社,1997 年版）

第 8 辑 秀松长青——中国共产主义事业前驱俞秀松 （1999 年）

西施故里诸暨游 （与诸暨市旅游局合编,1999 年）

枫桥经验实录 （与诸暨市公安局合编,中共党史出版社,2000 年版）

宣侠父诗文集 （与政协浙江省文史资料委员会合编,中共党史出版社,2003 年版）

千年古刹五洩禅寺 （百家出版社,2006 年版）

诸暨揽胜丛书 政协浙江省诸暨市委员会文史资料委员会等编,方志出版社,2003 年版。

第 1 册 枫桥古镇

第 2 册 五洩胜景

第 3 册 诸暨名产

第 4 册 私室民居

第 5 册 西施寻踪

上虞市

上虞文史资料 政协浙江省上虞市委员会文史资料委员会编印,32 开书型,不定期,内部交流。

第 1 辑 纪念夏丏尊专辑 （1986 年）

颐渊诗集 （1987 年）

第 2 辑 一代师表——纪念经亨颐专辑 （1987 年）

第 3 辑 陈鹤琴专辑 （1988 年）

第 4 辑 纪念上虞解放四十周年 （1989 年）

第 5 辑 纪念吴觉农选辑 （1990 年）

第 6 辑 纪念胡愈之专辑 （1991 年）

上虞政协十年 （1992 年）

白马湖文集 （1993 年）

虞舜文化 （1997 年）

江南第一庙——曹娥庙专辑 （2003 年）

胡愈之文化思想研讨会论文集 （2007 年）

上虞文史资料选粹 （2008 年）

嵊州市

嵊州文史资料 （嵊县文史资料） 政协浙江省嵊州市委员会文史资料委员会编印,32 开书型,不定期,内部交流或公开发行。

第 1 辑 （1985 年）

嵊县政协三十年 （1986 年）

第 2 辑 王金发学术讨论会暨殉难七十周年纪念会资料专辑 （1985 年）

第 3 辑 抗日战争胜利纪念专辑 （1986 年）

第 4 辑 （1986 年）

第 5 辑 辛亥革命史料专辑 （1987 年）

第 6 辑 嵊县风物 （1989 年）

第 7 辑 越剧溯源 （浙江文艺出版社,1991 年版）

第 8 辑 辛亥革命史料续编 （1992 年）

第 9 辑 马寅初在故乡 （杭州大学出版社,1995 年版）

第 10 辑 （改现名） 嵊州史话 （1997 年）

第 11 辑 中国领带 （1998 年）

新第 1 辑 （总第 12 辑）（1999 年）

第 13 辑 嵊州茶叶 （2000 年）

第 14 辑 统战政协工作专辑 （2001 年）

第 15 辑 参政议政 建言献策——中国人民政治协商会议嵊州市第十一届委员会 （1998—2002 年）（2002 年）

第 16 辑 嵊州竹文化 （2003 年）

第 17 辑 天南海北嵊州人 （2004 年）

第 18 辑 嵊州·文物之邦 （2005 年）

第 19 辑 光辉的历程——纪念嵊州政协成立五十周

年 (1956—2006 年)(2006 年)

绍兴县

绍兴文史资料选辑 政协浙江省绍兴县委员会学习文史委员会编印,32 开书型,不定期,内部交流。

辛亥革命绍兴史料 (1981 年)
第 1 辑 (1983 年)
第 2 辑 (1984 年)
第 3 辑 (1985 年)
第 4 辑 徐锡麟史料 (1986 年)
第 5 辑 (1987 年)
第 6 辑 陶成章史料 (1987 年)
第 7 辑 (1988 年)
第 8 辑 绍兴解放四十周年纪念专辑 (1989 年)
第 9 辑 工商史料专辑 (1990 年)
第 10 辑 (1991 年)
第 11 辑 纪念辛亥革命八十周年专辑 (1991 年)
第 12 辑 (1992 年)
第 13 辑 孙伏园怀思录 (1994 年)
第 14 辑 (1995 年)
第 15 辑 爱国老人孙越崎 (1997 年)
第 16 辑 (1999 年)
第 17 辑 朱庆澜 (2000 年)
第 18 辑 永远的柯灵 (2001 年)
第 19 辑 水乡古镇·纺织新城 (2004 年)
第 20 辑 沧海桑田——绍兴县围垦海涂史料 (2006 年)

新昌县

新昌文史资料 (新昌文史工作通讯、文史资料) 政协浙江省新昌县委员会文史资料工作委员会编印,16 开刊型或 32 开书型,不定期,内部交流或公开发行。

第 1 期 (1983 年)
第 2 期 大佛寺专辑 (1985 年)
第 3 辑 (改名) 沃洲专辑 (1986 年)
第 4 辑 (改现名) 人物史料专辑 (1988 年)
第 5 辑 名城·穿岩专辑 (1990 年)
第 6 辑 抗日战争专辑 (1995 年)
第 7 辑 新昌大佛寺 (1997 年)
新昌乡村文化研究——百姓寻根录 (民主与建设出版社,1998 年版)
天姥山特刊 (1998 年)
大佛寺历史文化知识问答 (2000 年)
第 8 辑 包产到户文存 (陈新宇著,2002 年)
天姥明珠——新昌工业骨干企业发展纪实

衢州市

衢州文史资料 政协浙江省衢州市委员会文史委员会编印,32 开书型,不定期,内部交流或公开发行。

衢州抗日战争史料专辑 (1985 年)
第 1—2 辑 (1986 年)
第 3 辑 (浙江人民出版社,1987 年版)
第 4—5 辑 (浙江人民出版社,1988 年版)
第 6—7 辑 (浙江人民出版社,1989 年版)
第 8 辑 衢州历代诗选 (复旦大学出版社,1990 年版)
第 9 辑 (浙江人民出版社,1991 年版)
第 10 辑 中国历史文化名城衢州 (浙江人民出版社,1995 年版)
第 11 辑 (浙江人民出版社,1993 年版)
第 12 辑 衢州与历代名人 (1996 年)
第 13 辑 博击商海 (《浙江改革风云人物》系列丛书)(团结出版社,1996 年版)
第 14 辑 三衢新姿 (国际文化出版公司,1997 年版)
第 15 辑 故园情 (1997 年)
第 16 辑 傅春龄诗词 (南海出版公司,1997 年版)
第 17 辑 峥嵘岁月 (1998 年)
第 18 辑 燕明笔记——中共衢州地委首任书记燕明工作日记选 (1998 年)
第 19 辑 衢州人赵林 (衢州文史丛书)(崔铭先著,戏剧出版社,1999 年版)
第 20 辑 衢州水利 (衢州文史丛书)(中国戏剧出版社,1999 年版)
第 21 辑 衢州影集 (2000 年)
第 22 辑 通衢 (衢州文史丛书)(中国戏剧出版社,2000 年版)
第 23 辑 访谈实录 (2000 年)
第 24 辑 东家杂记、三衢孔氏家庙志、孔氏南宗考略 (2001 年)
第 25 辑 南孔研究 (衢州文史丛书)(中国戏剧出版社,2001 年版)
第 26 辑 衢州探古 (衢州文史丛书)(中国戏剧出版社,2001 年版)
第 27 辑 三衢旧事 (2004 年)
第 28 辑 衢州名胜 (2003 年)
第 29 辑 衢州名人 (天马图书有限公司,2003 年版)
第 30 辑 三衢诤友 (2004 年)
第 31 辑 红色起点——纪念浙江省第三行政区干部学术及举办五十六周年 (离休老干部回录)(2003 年)

柯城区

柯城儿女系列丛书 政协浙江省衢州市柯城区委员会编印,32 开书型,不定期,内部交流。

柯城寓外专家录 （2005 年）

衢江区

衢县文史资料 政协浙江省衢县委员会学习文史委员会编印,32 开书型,不定期,内部交流。

第 1 辑 （1987 年）

第 2 辑 （1989 年）

第 3—4 辑 （1991 年）

第 5 辑 衢县镇史 （1994 年）

第 6 辑 橘海飘香 （1997 年）

衢县政协史料 （2001 年）

江山市

江山市文史资料 （江山文史资料） 政协浙江省江山市委员会学习文史委员会编印,32 开书型,不定期,内部交流或公开发行。

第 1 辑 （1982 年）

第 2—3 辑 （1984 年）

第 4—5 辑 （1985 年）

第 6 辑 戴笠家世 （1986 年）

第 7 辑 苏明日记·九教授传稿 （1987 年）

第 8 辑 （改现名） 江山揽胜 （1988 年）

第 9 辑 江山民国史稿 （1991 年）

江山戴笠 （中国文史出版社,1991 年版）

论语今译 （中国文史出版社,1990 年版）

第 10 辑 江山籍军统将领传略 （1994 年）

第 11 辑 江山史话 （1995 年）

第 12 辑 江郎骄子 （中国文史出版社,1997 年版）

第 13 辑 江山留胜迹 （中国戏曲出版社,1999 年版）

第 14 辑 江郎儿女——江山寓港澳台及海外知名人士专辑 （2000 年）

第 15 辑 毛善力墨迹遗存 （2001 年）

第 16 辑 创业之路——江山市民营企业创业纪实 （2005 年）

常山县

常山文史资料 政协浙江省常山县委员会文史资料委员会编印,32 开书型,不定期,内部交流。

第 1 辑 （1984 年）

第 2 辑 （1991 年）

第 3 辑 （1998 年）

第 4 辑 让常山胡柚走向世界 （1999 年）

第 5 辑 三衢石林风光 （2000 年）

天南海北常山人

资政建言集粹

开化县

开化文史资料 政协浙江省开化县委员会文史资料研究委员会编印,32 开书型,不定期,内部交流或公开发行。

第 1 辑 （1986 年）

第 2 辑 （1987 年）

开化诗词选 （古代卷）（1987 年）

第 3 辑 （1988 年）

第 4 辑 （1989 年）

红杜鹃 （中国国际广播出版社,1991 年版）

第 5 辑 开化人物 （1992 年）

第 6 辑 开化龙顶 （1999 年）

第 7 辑 开化水利 （2000 年）

第 8 辑 开化政协二十年 （2002 年）

第 9 辑 开化骄子 （2004 年）

第 10 辑 （2007 年）

龙游县

龙游文史资料 （文史通讯） 政协浙江省龙游县委员会文史资料委员会编印,16 开刊型改 32 开书型,不定期,内部交流或公开发行。

第 1 期 （1985 年）

第 2 辑 （改现名）（1986 年）

第 3 辑 （1987 年）

第 4 辑 余绍宋 （团结出版社,1989 年版）

第 5 辑 龙游寓外专家录 （1991 年）

龙游文史丛书 政协浙江省龙游县委员会文史资料委员会编印,32 开书型,内部交流或公开发行。

第 1 辑 龙游竹文化 （1993 年）

三友诗集 （1995 年）

龙游古建筑 （1996 年）

龙游商帮故里行 （1997 年）

千古之谜——龙游石窟 （第一辑）（1998 年）

千古之谜——龙游石窟 （第二辑）（1999 年）

民国龙游县志 （标点横排简化字本）（第一、二、三、四册）（语丝出版社,1999 年版）

回首话当年 （2000 年）

寒柯堂诗 （余绍宋著）

龙游政协志 （当代中国出版社,2007 年版）

金华市

金华文史资料 政协浙江省金华市委员会文史委员会编印,32 开书型,不定期,内部交流或公开发行。

第1—2辑 (1986年)

第3辑 (浙江人民出版社,1987年版)

第4辑 金华名胜古迹 (浙江人民出版社,1988年版)

第5辑 教育专辑 (浙江人民出版社,1989年版)

第6辑 纪念金华解放四十年专辑 (浙江人民出版社,1990年版)

第7辑 纪念辛亥革命八十周年专辑 (浙江人民出版社,1991年版)

第8辑 "三胞"人物专辑 (1994年)

第9辑 崛起于婺州大地上 (国际文化出版公司,1996年版)

第10辑 历史文化名城——金华 (1997年)

第11辑 党和国家领导人与金华 (1978—1998)(人民日报出版社,1999年版)

吕祖谦全集

第12辑 回顾与展望——人民政协成立五十周年(金华文史专辑)(2000年)

第13辑 严济慈百年图文集 (2000年)

第14辑 故乡的艾青 (2001年)

第15辑 火腿春秋 (2003年)

道教圣地赤松山 (2003年)

第16辑 抗日战争时期的金华 (2005年)

台湾义勇队农金华

八婺书画——历代名人写金华 (2006年)

第17辑 何炳松与故乡图文集 (2006年)

婺城区

金华市婺城区文史资料 政协浙江省金华市婺城区委员会教文卫体与文史资料委员会编印,32开书型或16开刊型,不定期,内部交流。

第1辑 新光——政协金华市婺城区第一届委员会风采录之一 (2001年)

第2辑 婺城旅游 (2002年)

第3辑 婺城名人图文录 (2003年)

第4辑 婺城古韵 (2004年)

第5辑 婺城书画 (2005年)

金东区

金华县文史资料 政协浙江省金华县委员会教文体与文史资料委员会编印,32开书型,不定期,内部交流或公开发行。

第1—2辑 (1989年)

第3辑 文化专辑 (1990年)

第4辑 (1991年)

第5辑 (1992年)

第6辑 (1993年)

第7辑 赤松黄大仙 (南海出版公司,1995年版)

第8辑 (1996年)

第9辑 金华县政协十年 (1997年)

第10辑 纪念施复亮百岁华诞专辑 (1999年)

金华市金东区文史资料 政协浙江省金华市金东区委员会文史资料编辑委员会编印,32开书型,不定期,内部交流。

第1辑 金东区村名史话 (2002年)

第2辑 金东区名人传记 (2002年)

第3辑 道教圣地赤松山 (2003年)

第4辑 金东区古建筑遗存 (2005年)

第5辑 人民音乐家施光南 (2005年)

兰溪市

兰溪文史资料 政协浙江省兰溪市委员会文史资料编辑委员会编印,32开书型,不定期,内部交流。

第1—2辑 (1985年)

第3—4辑 (1986年)

第5辑 (1987年)

第6辑 (1988年)

第7辑 (1989年)

第8辑 (1990年)

第9辑 (1991年)

第10辑 (1993年)

黄大仙资料选编 (1994年)

第11辑 (1996年)

第12辑 (1999年)

第13辑 (2001年)

第14辑 (2003年)

第15辑 纪念抗日战争胜利六十周年专辑 (2004年)

第16辑 (2005年)

第17辑 (2006年)

第18辑 (2007年)

永康市

永康文史 政协浙江省永康市委员会文史委员会编印,16开刊型改32开书型,不定期,内部交流。

第1—2辑 (1985年)

第3辑 (1986年)

第4辑 (1987年)

第5辑 方岩名胜专辑 (1988年)

第6辑 (1990年)

第7辑 当代永康人 (1992年)

第8辑 永康文物图录 (1994年)

特辑 永康神雕 (1995年)

第9辑 永康名店名厂 (民国时期)(1995年)

第10辑 丽州抗日烽火 (1995年)

第11辑 墁塘之路——永康乡镇企业发展的足迹和

展望 （1995 年）

第 12 辑　永康政协四十年——纪念活动专辑 （1956—1996 年）（1996 年）

第 13 辑　五十年代的永康

特辑　永康揽胜 （1997 年）

在香港的永康人 （1997 年）

第 15 辑　永康纳税大户风采 （1992—1997）（1998 年）

永康石城山黄帝文化 （1998 年）

永康纳税大户风采 （1998）（1998 年）

第 16 辑　永康市第十届政协委员风采 （1999 年）

五指岩风采 （1999 年）

第 17 辑　在台湾的永康人 （1999 年）

第 18 辑　六十年代的永康 （2000 年）

第 19 辑 （2001 年）

富山风光 （2001 年）

飞龙山风光 （2001 年）

永康文史综合辑 （2001 年）

义乌市

义乌文史资料　政协浙江省义乌市委员会文史资料委员会编印,32 开书型,不定期,内部交流。

第 1 辑 （1984 年）

第 2 辑　纪念抗日战争胜利四十周年 （1987 年）

第 3 辑 （1988 年）

第 4 辑 （1989 年）

第 5 辑 （1992 年）

第 6 辑 （1993 年）

第 7 辑 （1995 年）

第 8 辑 （1996 年）

第 9 辑 （1998 年）

义乌文史资料选编 （2000 年）

第 10 辑 （2001 年）

第 11 辑 （2002 年）

第 12 辑 （2004 年）

第 13 辑　於（乌）越文化研究 （2005 年）

第 14 辑　义乌与婺剧文化 （2005 年）

第 15 辑　义乌医卫史话 （2008 年）

文史资料通讯　政协浙江省义乌市委员会文史资料委员会编印,16 开刊型,不定期,内部交流。

第 1 期

第 2 期

第 3 期

第 4 期

义乌名人丛书　政协浙江省义乌委员会编,中国文史出版社出版。

之一　义乌名人 （2000 年版）

之二　义乌名人传 （2001 年版）

之三　义乌名人录 （第一辑）（2001 年版）

之四　义乌名人录 （第二辑）（2002 年版）

东阳市

东阳文史资料选辑　政协浙江省东阳市委员会文史资料委员会编印,32 开书型或 16 开刊型,不定期,内部交流或公开发行。

第 1 辑 （1985 年）

第 2 辑　邵飘萍专辑 （1985 年）

第 3 辑　文化教育专辑 （1986 年）

第 4 辑　古代人物专辑 （1987 年）

第 5 辑　抗日战争专辑 （1987 年）

第 6 辑　东阳百年大事记 （1831—1945 年） （1988 年）

第 7 辑　现代人物专辑 （1989 年）

第 8 辑　纪念东阳解放四十周年 （1989 年）

第 9 辑　工商经济史料专辑 （1990 年）

第 10 辑　蔡希陶史料专辑 （1991 年）

第 11 辑　人物专辑 （1992 年）

东阳文史资料选辑目录 （第 1—11 辑）（1992 年）

第 12 辑　爱国名臣张国维——张国维诞辰四百周年纪念 （1959—1995）（1995 年）

第 13 辑　文物专辑 （1997 年）

第 14 辑　严济慈专辑 （1998 年）

第 15 辑　剿匪反霸、土地改革、抗美援朝专辑 （2000 年）

第 16 辑　纪念人民政协成立五十周年专辑 （2000 年）

第 17 辑　东阳木雕 （华德韩著,浙江摄影出版社,2000 年版）

第 18 辑　光荣自豪的东阳人专辑 （2001 年）

第 19 辑　东阳古树名木 （浙江摄影出版社,2002 年版）

第 20 辑　东阳水利史料 （浙江大学出版社,2004 年版）

第 21 辑　东阳抗日战争史料 （2005 年）

第 22 辑　东阳古文化史料 （2006 年）

第 23 辑　支援边疆建设史料 （人民日报出版社,2006 年版）

第 24 辑　东阳文保博览 （中国文史出版社,2007 年版）

第 25 辑　东阳十年大变革 （1978—1988）（人民日报出版社,2008 年版）

武义县

武义文史资料　政协浙江省武义县委员会文史与学习委员会编印,32 开书型,不定期,内部交流或公开发行。

第 1 辑 （1986 年）

第 2 辑 （1989 年）

第 3 辑　抗日战争史料专辑　（1992 年）

第 4 辑　革命斗争史料专辑　（1995 年）

第 5 辑　武义之骄——县外人物篇　（1998 年）

第 6 辑　汤恩伯史料专辑　（中国文联出版社,2000 年版）

吕祖谦与浙东明招文化　（社会科学文献出社,2006 年版）

武义畲族史料　（2006 年）

浦江县

浦江文史资料　政协浙江省浦江县委员会文史资料委员会编印,32 开书型,不定期,内部交流或公开发行。

第 1 辑　（1984 年）

第 2 辑　（1985 年）

第 3 辑　地方胜迹专辑　（1986 年）

第 4 辑　（1988 年）

第 5 辑　纪念张书旂先生专辑　（1989 年）

第 6 辑　纪念吴茀之先生专辑　（1989 年）

第 7 辑　（1991 年）

第 8 辑　越楚心香集——纪念张振铎　（湖北美术出版社,1992 年版）

第 9 辑　浦江政协十年　（1984.3—1994.3）　（1994 年）

第 10 辑　浦江科技名人录　（2002 年）

第 11 辑　资政建言集　（2003 年）

第 12 辑　浦江政协书画社作品选　（2004 年）

第 13 辑　（2006 年）

东皋心越全集　（十五卷）（浙江人民出版社,2006 年版）

浦江碑匾楹联辑要　（香港文汇出版社有限公司,2006 年版）

浦江县政协志　（香港文汇出版社有限公司,2006 年版）

浦江古树名木　（中国文化艺术出版社,2007 年版）

浦江县政协书画摄影集　（中国文化艺术出版社,2007 年版）

庆奥运浦江县书画摄影邀请展作品集　（2008 年）

浦江抗战拾零　（浙江人民出版社,2008 年版）

磐安县

磐安文史资料　政协浙江省磐安县委员会文史资料工作委员会编印,32 开书型,不定期,内部交流。

第 1 辑　（1989 年）

第 2 辑　（1991 年）

第 3 辑　（1993 年）

第 4 辑　人物专辑　（1998 年）

磐安六十年纪略　（1939—1999 年）（2000 年）

资政建言集　（2003 年）

磐安县政协志　（2006 年）

台州市

台州文史资料　政协浙江省台州市委员会文史资料委员会编印,32 开书型,内部交流或公开发行。

政协委员风采　（1992 年）

陈蠡传　（蔡庆生著,1994 年版）

第 1 辑　不能忘却的历史——台州抗战记事　（1995 年）

第 2 辑　悠悠括苍情　（1997 年）

第 3 辑　黄岩柑桔史话　（1997 年）

第 4 辑　台州民俗大观　（宁波出版社,1998 年版）

第 5 辑　往事追踪　（1999 年）

第 6 辑　同舟共济——台州各民主党派工商联无党派人士史料　（1999 年）

第 7 辑　教坛新军——台州社会力量办学史料专辑　（吉林大学出版社,1999 年版）

第 8 辑　台州乡镇企业发展实践　（2001 年）

第 9 辑　（2002 年）

第 10 辑　宁溪历代山水诗　（2003 年）

第 11 辑　（2003 年）

第 12 辑　声音——特聘委员李远璋反映社情民意专辑　（与中共台州市委老干局合编,2004 年）

台州古韵　（上册）

人文胜迹概览

馆藏文物精华大观

第 13 辑　知青支援边疆建设纪实　（2008 年）

椒江区

椒江文史资料　政协浙江省台州市椒江区委员会文史资料和学习委员会编印,32 开书型,不定期,内部交流或公开发行。

第 1—2 辑　（1985 年）

第 3 辑　（1986 年）

第 4 辑　（1987 年）

第 5 辑　怀念周宪文教授专辑　（1987 年）

第 6 辑　（1988 年）

第 7 辑　（1989 年）

第 8 辑　（1991 年）

第 9 辑　当代经济学家周宪文　（1991 年）

椒江市政协志　（1996 年）

第 10 辑　历史古镇章安　（走向新世纪丛书）（中国文联出版社,2000 年版）

第 11 辑　椒江历代诗词选　（中国文联出版社,2000 年版）

第 12 辑　丰碑——椒江全民集资建堤塘纪实　（2001 年）

赵连城先生纪念集　（2001 年）

第 13 辑
第 14 辑
第 15 辑　杨蟠　（2007 年）

黄岩区

黄岩文史资料选辑　政协浙江着黄岩县委员会文史资料委员会编印，32 开书型，不定期，内部交流。
第 1 期　（1987 年）
第 2 期　（1988 年）
黄岩文史资料　（通讯黄岩文史资料）　政协浙江省台州市黄岩区委员会学习文史委员会编，16 开刊型改 32 开书型，不定期，内部交流。
第 1 期　黄岩柑橘史话　（1984 年）
第 2—3 期　（1984 年）
第 4 期　抗日战争史料专辑　（1985 年）
第 5—7 辑　（1985 年）
第 8 辑　（改现名）（1986 年）
第 9 辑　（1987 年）
选辑第 1 期　（1987 年）
第 10 辑　（1988 年）
选辑第 2 期　（1988 年）
第 11 辑　（1989 年）
第 11 辑　附刊　土物小识　（1990 年）
第 12 辑　（1990 年）
黄岩县政协志　（1990 年）
第 13 辑　（1991 年）
第 14 辑　黄岩乡土纪要专辑　（1992 年）
第 15 期　（1992 年）
第 16 期　乡土人物纪事　（1994 年）
第 17 期　旅游专辑　（1997 年）
第 18 期　文物专辑　（1998 年）
第 19 辑　（1999 年）
第 20 期　（2000 年）
第 21 期　（2001 年）
第 22 期　山水诗词专辑　（2002 年）

路桥区

路桥文史资料　政协浙江省台州市路桥区委员会编印，32 开书型，不定期，内部交流。
第 1 辑　路桥风情　（1998 年）

临海市

临海文史资料　政协浙江省临海市委员会文史资料委员会编印，32 开书型，不定期，内部交流或公开发行。
第 1 辑　郭凤韶烈士史料　（1984 年）
第 2 辑　抗倭名城桃渚胜景　（1986 年）
第 3 辑　辛亥革命专辑　（1986 年）

第 4 辑　陆翰文与回浦学校　（1988 年）
第 5 辑　生物学家朱洗　（1990 年）
历史文化名城临海　（天津人民出版社,1991 年版）
第 6 辑　临海工商史料　（1992 年）
历史文化名城临海　（修订本）（1994 年）
名城史迹　（1997 年）
临海政协志　（1999 年）
临海宗教志　（宗教文化出版社,2001 年版）
临海基志集录　（宗教文化出版社,2002 年版）
青山常忆谢将军　（2004 年）
临海文物志　（文物出版社,2005 年版）
临海政协志续　（文物出版社,2007 年版）

温岭市

温岭文史资料　政协浙江省温岭市委员会文史学习委员会编印，32 开书型，不定期，内部交流或公开发行。
第 1 辑　（1985 年）
第 2 辑　教育专辑　（1986 年）
第 3 辑　（1987 年）
第 4 辑　人物专辑　（1988 年）
第 5 辑　温岭书画印人录　（1989 年）
第 6 辑　温岭文物简志　（1990 年）
温岭市政协志　（中国书籍出版社,1996 年版）
温岭风景名胜　（浙江摄影出版社,1996 年版）
第 7 辑　峥嵘岁月——温岭解放和剿匪斗争纪实（1999 年）
温岭风光　（画册）（浙江摄影出版社,1999 年版）
温岭指南　（燕山出版社,2003 年版）
财富的积聚——温岭工商业发展纪实　（人民日报出版社,2005 年版）
诗画温岭　（中国文联出版社,2006 年版）

三门县

三门文史资料　政协浙江省三门县委员会文史委员会编印,32 开书型,不定期,内部交流或公开发行。
第 1 辑　包定诗词抄　（1985 年）
第 2 辑　（1986 年）
第 3 辑　（1988 年）
第 4 辑　（1990 年）
第 5 辑　罗适史料　（1991 年）
第 6 辑　（1993 年）
第 7 辑　文天祥与仙岩洞　（1995 年）
第 8 辑　百年树人——浙江省三门县实验小学简志（中国文联出版社,2003 年版）
当代文丛　（中国文联出版公司,2003 年版）

天台县

天台文史资料 政协浙江省天台县委员会文史资料委员会编印,32 开书型,不定期,内部交流或公开发行。

第 1 辑 （1985 年）
第 2 辑 王以仁专辑 （1986 年）
第 3 辑 许杰专辑 （1987 年）
第 4 辑 （1988 年）
第 5 辑 天台历史名人专辑 （1989 年）
第 6 辑 天台山风景名胜 （1991 年）
佛宗仙源浙东名邑——天台 （天津人民出版社,1995 年版）
第 7 辑 教育专辑 （1996 年）
第 8 辑 建国后史料专辑 （2001 年）
第 9 辑
第 10 辑 曹天风专辑 （百通出版社,2006 年版）

天台文史资料汇编 政协浙江省天台县委员会文史资料委员会编印,香港百通出版社,2005 年版。

之一
之二 古今人物卷
之三 文教旅游卷

仙居县

仙居文史资料 政协浙江省仙居县委员会学习文史委员会编印,32 开书型,不定期,内部交流或公开发行。

第 1 辑 （1986 年）
第 2 辑 （1987 年）
第 3 辑 （1988 年）
第 4 辑 人物选编 （1989 年）
第 5 辑 人物专辑 （1991 年）
第 6 辑 人物专辑 （1993 年）
第 7 辑 仙居风光 （1994 年）
第 8 辑 仙居政协十年 （1984—1994 年）（1995 年）
第 9 辑 仙居林业 （1997 年）
第 10 辑 仙居农业 （1998 年）
第 11 辑 仙居城关镇 （1998 年）
第 12 辑 走南闯北仙居人 （2000 年）
第 13 辑 皤滩古镇 （西泠印社,2001 年版）
第 14 辑 走南闯北仙居人续集 （2003 年）
第 15 辑 仙居民俗风情 （2004 年）
第 16 辑 仙居政协十年 （1994－2004）（2005 年）
第 17 辑 委员风采 （2006 年）
第 18 辑 黄埔记忆 （2006 年）
第 19 辑 情系仙乡——侨台胞捐资助学篇 （2008 年）

玉环县

玉环文史资料 政协浙江省玉环县委员会文史资料委员会编印,32 开书型,不定期,内部交流。

第 1 辑 抗日战争专辑 （1985 年）
第 2 辑 综合性史料 （1986 年）
第 3 辑 综合性史料 （1987 年）
第 4 辑 综合性史料 （1988 年）
第 5 辑 综合性史料 （1989 年）
玉环文史资料选辑 （1989 年）
第 6 辑 综合性史料 （1991 年）
第 7 辑 域外见闻 （1992 年）
第 8 辑 综合性史料 （1993 年）
第 9 辑 在外地玉环人专辑 （1994 年）
第 10 辑 建国后史料之一 （1995 年）
第 11 辑 血凝的丰碑——潘心元烈士生平 （王克宏著,1996 年）
第 12 辑 续在外地玉环人专辑 （1997 年）
第 13 辑 沿海民兵斗争史专辑 （1998 年）
第 14 辑 烽火年华——董南才回忆专辑 （1998 年）
第 15 辑 乡镇企业专辑 （1999 年）
第 16 辑 渔业专辑 （2000 年）
第 17 辑 水果专辑 （2001 年）
第 18 辑 《古树名木》 （2002 年）
第 19 辑 综合性史料 （2002 年）
第 20 辑 文物特别专辑 （2003 年）
第 21 辑 乡土文化古物拾遗专辑 （2004 年）
玉环县政协志 （2007 年）

温州市

温州文史资料 政协浙江省温州市委员会文史资料委员会编印,32 开书型或 16 开刊型,不定期,内部交流或公开发行。

第 1 辑 （1985 年）
第 2 辑 纪念抗日战争胜利四十周年 （1985 年）
第 3 辑 （浙江人民出版社,1987 年版）
第 4 辑 （浙江人民出版社,1988 年版）
第 5 辑 孙诒让遗文辑存 （浙江人民出版社,1989 年版）
第 6 辑 （1990 年）
第 7 辑 （1991 年）
第 8 辑 陈虬集 （浙江人民出版社,1992 年版）
第 9 辑 （浙江人民出版社,1994 年版）
第 10 辑 东瀛沉冤——日本关东大地震惨杀华工案 （暨《浙江文史资料》第 57 辑,浙江人民出版社,1995 年版）
第 11 辑 （1997 年）
秉烛菊坛 （纪念许思言先生逝世十周年） （1997

年)

第 12 辑 （1998 年）

情系故土 （章左平捐赠书画文物纪念册）（1998 年）

第 13 辑 光辉的历程 （当代中国出版社,1999 年版）

第 14 辑 我与人民政协同行 （中国特区出版社,2000 年版）

弘一大师温州踪迹 （2000 年）

第 15 辑 温州文史精选集 （一）（1898—1923）（2001 年）

第 16 辑 温州文史精选集 （二）（1924—1945）（2002 年）

中国温州指南 （方园电子音像出版社,2002 年版）

第 17 辑 温州文史精选集 （三）（1946—1952）（2003 年）

三垟纪实 （乡土温州系列）（画册）（2003 年）

第 18 辑 温州文化史料专辑 （一）（2004 年）

第 19 辑 （2005 年）

第 20 辑 （2006 年）

第 21 辑 温瑞唐河文化史料专辑 （2005 年）

温州市政协志 （上海社会科学院出版社,2006 年版）

温州政协书画作品集 （2006 年）

第 22 辑 温州旅沪同乡会史料 （2007 年）

第 23 辑 （2008 年）

温州民营企业兴起与发展 （中国文史出版社,2008 年版）

鹿城区

鹿城文史资料 政协浙江省温州市鹿城区委员会学习文史委员会编印,32 开书型,不定期,内部交流或公开发行。

第 1 辑 （1986 年）

第 2 辑 （1987 年）

第 3 辑 （1988 年）

第 4 辑 （1989 年）

第 5 辑 温州城区近百年记事 （1990 年）

第 6 辑 温州城区历代人物录 （1991 年）

第 7 辑 温州地方史稿 （1993 年）

第 8 辑 鹿城政协十年 （1984—1994）（1994 年）

第 9 辑 纪念抗日战争胜利五十周年 （1995 年）

第 10 辑 鹿城诗人寻踪录 （1996 年）

第 11 辑 （1997 年）

第 12 辑 （1998 年）

第 13 辑 市场经济史料之一 （2001 年）

第 14 辑 （2002 年）

第 15 辑 （2003 年）

第 16 辑 温州市城区五十年记事 （1949 年 5 月—2000 年 12 月）（2004 年）

第 17 辑 （2004 年）

鹿城政协志 （2005 年）

第 18 辑 市场经济史料之二 （2006 年）

第 19 辑 （2007 年）

第 20 辑 纪念改革开放三十年和温州和平解放六十年 （2008 年）

龙湾区

龙湾文史资料 政协浙江省温州市龙湾区委员会文教卫体委员会编印,32 开书型或 16 开刊型,不定期,内部交流或公开发行。

第 1 辑 （温州出版社,2002 年版）

第 2 辑 （2005 年）

龙湾老物件

巍巍大家 （"大智慧"文丛第 1 辑）（华文出版社,2008 年版）

瓯海区

瓯海文史资料 政协浙江省温州市瓯海区委员会文史资料委员会编印,32 开书型,不定期,内部交流。

第 1 辑 （1986 年）

第 2 辑 （1988 年）

第 3 辑 （1989 年）

第 4 辑 （1991 年）

第 5 辑 （1994 年）

第 6 辑 （1996 年）

第 7 辑 （1999 年）

第 8 辑 （2000 年）

第 9 辑 （2002 年）

第 10 辑 （2004 年）

第 11 辑 塘河文化 （瓯海篇）（2005 年）

第 12 辑 纸山文化 （2007 年）

瓯海区政协年鉴 （2005—2006）（2007 年）

瑞安市

瑞安文史资料 （瑞安文史资料选辑） 政协浙江省瑞安市委员会文史资料委员会编印,16 开刊型改 32 开书型,不定期,内部交流或公开发行。

第 1 辑 （1983 年）

第 2 辑 （改现名）（1984 年）

第 3 辑 （1985 年）

第 4 辑 （1986 年）

第 5 辑 瑞安近百年大事记专辑 （1840—1949 年）（1987 年）

第 6 辑 （1988 年）

第 7 辑 （1989 年）

第 8 辑 （1990 年）

第 9 辑 （1992 年）

特辑:永嘉郡记 （孙氏校集重刊本）(1993 年)

第 10 辑 （1993 年）

第 11 辑 （1994 年）

第 12 辑 瑞安市政协委员诗词选 （1994 年）

第 13 辑 中国抗日战争胜利五十周年纪念专辑 （1995 年）

第 14 辑 瑞安水产品集萃 （1995 年）

第 15 辑 （1996 年）

第 16 辑 （1998 年）

第 17 辑 黄绍箕集 （俞天舒辑）(1998 年)

第 18 辑 纪念人民政协成立五十周年专辑 （1949—1999 年）(1999 年)

第 19 辑 《孙诒让学记》选 （香港天马图书有限公司,2000 年版）

第 20 辑 国旗设计者曾联松 （2000 年）

第 21 辑 抗美援朝的史料 （2001 年）

第 22 辑 （2002 年）

第 23 辑 血染的风采——瑞安人民抗美援朝运动史料选编 （2003 年）

第 24 辑 （2004 年）

第 25 辑 （2005 年）

第 26 辑 瑞安许氏金石书画一百五十年 （2006 年）

第 27 辑 瑞安民企纪实 （2007 年）

乐清市

乐清文史资料 政协浙江省乐清市委员会学习文史资料委员会编印,32 开书型或 16 开刊型,不定期,内部交流或公开发行。

第 1 辑 （1984 年）

第 2 辑 乐清名特产史料专辑 （1985 年）

第 3 辑 中雁荡山(白石山)专辑 （1985 年）

雁荡山特辑 （1986 年）

第 4 辑 洪式闾、张淮南合辑 （1987 年）

第 5 辑 （1987 年）

第 6 辑 （1988 年）

第 7 辑 （1989 年）

第 8 辑 石玉华教授专辑 （1990 年）

第 9 辑 （1991 年）

第 10 辑 教育专辑 （1992 年）

第 11 辑 当代乐清学术科技精英专辑 （1994 年）

第 12 辑 张淮南先生骨灰移葬纪念专辑 （1997 年）

香江归海 （乐清诗词选）（香港天马图书有限公司,1997 年版）

第 13 辑 风雨沧桑谱春秋——乐清市场经济史料之一 （中国文联出版社,2000 年版）

第 14 辑 乐清人文荟萃 （综合辑）(2001 年)

附录 乐清文史资料(1—14 辑)总目录 （2002 年）

第 15 辑 春潮拍岸百业兴——乐清市经济史料之二

（2004 年）

第 16 辑 乐清湾畔弄潮儿——乐清市经济史料之三 （中国文史出版社,2006 年版）

第 17 辑 乐清上下一千六百年 （人物篇）（中国文史出版社,2006 年版）

第 18 辑 崛起的反思——乐清市经济史料之四 （2008 年）

乐清文史 政协浙江省永清市委员会学习文史资料委员会编印,16 开刊型,不定期,内部交流。

2003 年第 1 期

2004 年第 1 期

2004 年第 2 期

2005 年第 1 期

2006 年第 1 期

2007 年第 1 期

2008 年第 1 期

永嘉县

永嘉文史资料 政协浙江省永嘉县委员会文史委员会编印,32 开书型或 16 开刊型,不定期,内部交流或公开发行。

第 1 辑 （1986 年）

第 2 辑 桥头钮扣市场 （1986 年）

第 3 辑 南溪江风物 （1988 年）

第 4 辑 永嘉历史人物 （1991 年）

第 5 辑 楠溪江历代诗文选 （海洋出版社,1994 年版）

第 6 辑 监察御史徐定超 （学林出版社,1997 年版）

第 7 辑 永嘉昆剧 （1998 年）

第 8 辑 清乡暴行 （1999 年）

第 9 辑 永嘉文物 （中国特区出版社,2001 年版）

楠溪江 （画册）（中国民族摄影艺术出版社,2002 年版）

千年屿北

文史大家张天方

济时中学七十年 （2006 年）

耕读楠溪

屿北古村落

永嘉谢氏家族考实 （2008 年）

文成县

文成文史资料 政协浙江省文成县委员会学习文史委员会编印,32 开书型,不定期,内部交流或公开发行。

第 1 辑 （1985 年）

第 2 辑 （1986 年）

第 3 辑 （1987 年）

第 4 辑 （1988 年）

第 5 辑 （1989 年）

第 6 辑 （1990 年）
第 7 辑 （1991 年）
第 8 辑 （1992 年）
第 9 辑 （1994 年）
第 10 辑 （1996 年）
第 11 辑 论文荟萃 （1998 年）
第 12 辑 纪念人民政协成立五十周年 （1999 年）
第 13 辑 （2000 年）
玉泉笔谈 （香港天马图书有限公司,2000 年版）
第 14 辑 （2001 年）
第 15 辑 （2002 年）
第 16 辑 （2003 年）
第 17 辑 （2004 年）
第 18 辑 （2005 年）
第 19 辑 （2006 年）

平阳县

平阳文史资料 （平阳文史资料选辑） 政协浙江省平阳县委员会文史学习委员会编印,32 开书型,不定期,内部交流。
第 1 辑 （1984 年）
第 2—3 辑 （1985 年）
第 4 辑 （1986 年）
第 5 辑 （改现名）(1987 年）
第 6 辑 （1988 年）
第 7 辑 纪念平阳解放四十周年专辑 （1989 年）
第 8 辑 （1990 年）
第 9 辑 纪念中国共产党成立七十周年、纪念辛亥革命八十周年、纪念太平天国一百四十周年 （1991 年）
第 10 辑 （1992 年）
第 11 辑 （1993 年）
第 12 辑 （1994 年）
第 13 辑 平阳政协四十年 （1956—1995 年）(1995 年）
第 14 辑 （1996 年）
第 15 辑 （1997 年）
第 16 辑 （1998 年）
第 17 辑 （1999 年）
第 18 辑 历代人物与南雁 （2000 年）
第 19 辑 苏松纪念文集 （2001 年）
第 20 辑 （2001 年）
平阳文史集粹 （2002 年）
第 21 辑 （2003 年）
第 22 辑 （2005 年）
第 23 辑 （2006 年）

泰顺县

泰顺县文史资料 政协浙江省泰顺县委员会文史资料

委员会编印,32 开书型,不定期,内部交流。
第 1 辑 （1986 年）
第 2 辑 （1989 年）
第 3 辑 畲族专辑 （1995 年）
第 4 辑 泰顺木偶戏 （2000 年）
中国泰顺廊桥

洞头县

洞头文史资料 政协浙江省洞头县委员会文史资料委员会编印,32 开书型,不定期,内部交流。
第 1 辑 （1990 年）
第 2 辑 洞头解放史料专辑 （1992 年）
第 3 辑 （1993 年）
第 4 辑 巾帼战旗红——洞头先锋女子民兵连专辑 （1997 年）
第 5 辑 （1998 年）

苍南县

苍南文史资料 政协浙江省苍南县委员会文史资料委员会编印,32 开书型,不定期,内部交流。
第 1 辑 （1985 年）
第 2 辑 （1986 年）
苍南历史人物 （1986 年）
第 3—4 辑 （1988 年）
第 5 辑 （1989 年）
第 6 辑 （1991 年）
第 7 辑 大刀会始末 （1992 年）
第 8 辑 （1993 年）
第 9 辑 苍南名物考 （1994 年）
第 10 辑 苍南知名人士传略之一 （1995 年）
第 11 辑 苍南知名人士传略之二 （1996 年）
第 12 辑 苍南知名人士传略之三 （1997 年）
第 13 辑 苍南知名人士传略之四 （1998 年）
第 14 辑 （1999 年）
第 15 辑 文物专辑 （2000 年）
第 16 辑 刘绍宽专辑 （2001 年）
第 17 辑 苍南县畲族、回族专辑 （2002 年）
第 18 辑 苍南碑志 （2003 年）
第 19 辑 浦城金乡抗倭名镇专辑 （2004 年）
第 20 辑 矾矿 （2005 年）
第 21 辑 苍南畲族的源流与分布 （2006 年）
第 22 辑 苍南风土 （2007 年）
第 23 辑 交通专辑 （2008 年）
苍南政协志

丽水市

丽水文史资料 政协浙江省丽水市委员会文史委员会

编印,32 开书型,不定期,内部交流。

第 1 辑 丽水创业人——民营企业篇 (2003 年)

木刻画选集 (2003 年)

第 2 辑 丽水文史集粹 (2004 年)

第 3 辑 处州廊桥 (2006 年)

第 4 辑 大迁移——抗战时期国民党浙江省党政军机关迁移丽水史料专辑 (2007 年)

丽水书画作品集 (2007 年)

第 5 辑 丽水历史文化名城、街区、村镇 (2008 年)

莲都区

莲都文史资料 （丽水文史资料、丽水文史资料选编）政协浙江省丽水市莲都区委员会学习和文史资料委员会编印,32 开书型,不定期,内部交流或公开发行。

第 1 辑 (1984 年)

第 2 辑 抗日战争时期专辑 (1985 年)

第 3 辑 (1986 年)

第 4 辑 畲族专辑 （上、下册）(1987 年)

第 5 辑 工商经济专辑 （上、下册）(1988 年)

第 6 辑 (1989 年)

第 7 辑 教育史料专辑 (1990 年)

第 8 辑 抗战史料专辑 （二)(1991 年)

第 9 辑 文化史料专辑 (1992 年)

第 10 辑 (1993 年)

第 11 辑 (1994 年)

第 12 辑 (1995 年)

第 13 辑 丽水政协四十周年专辑 (1996 年)

第 14 辑 (1997 年)

第 15 辑 (1998 年)

第 16 辑 (1999 年)

第 17 辑 (2000 年)

第 18 辑 (改名)(2001 年)

委员风采 (2002 年)

丽水文史集粹 (2002 年)

第 19 辑 (改现名)(2003 年)

第 20 辑 侵华日军在丽水实施细菌战罪行纪实 (2005 年)

莲湖区政协五十年 (2005 年)

丽水莲都老照片 (2006 年)

千年西溪 (2007 年)

第 21 辑 （中国戏剧出版社,2007 年版)

碧湖古镇 (2008 年)

龙泉市

龙泉文史资料 政协浙江省龙泉市委员会文史委员会编印,32 开书型,不定期,内部交流。

第 1 辑 (1984 年)

第 2 辑 (1985 年)

第 3 辑 纪念抗日战争胜利四十周年专辑 (1985 年)

第 4—5 辑 (1986 年)

第 6 辑 (1987 年)

第 7 辑 (1988 年)

第 8 辑 浙江大学龙泉分校建校五十周年专辑 (1989 年)

第 9 辑 浙江大学龙泉分校建校五十周年续辑 (1990 年)

第 10 辑 龙泉县民国时期大事记 (1912 年 1 月至 1949 年 5 月)(1990 年)

第 11 辑 龙泉工商经济专辑 (1991 年)

第 12 辑 (1992 年)

第 13 辑 剑川群芳谱——龙泉籍在外地高级科技人员专辑 (1993 年)

第 14 辑 (1995 年)

第 15 辑 建国后的龙泉青瓷专辑 (1997 年)

第 16 辑 徐仰山 (1998 年)

第 17 辑 龙泉宝剑 (2000 年)

第 18 辑 龙泉历代名人 (2000 年)

第 19 辑 (2001 年)

缙云县

缙云文史资料 政协浙江省缙云县委员会文史资料委员会编印,32 开书型,不定期,内部交流。

第 1 辑 (1985 年)

第 2 辑 (1987 年)

第 3 辑 (1988 年)

第 4 辑 楼辛壶 (1989 年)

缙云文征续编 (1991 年)

第 5 辑 樊崧甫 (1993 年)

第 6 辑 近现代人物 (1994 年)

资政谠论 （第一集)(1997 年)

第 7 辑 缙云当代人物 (1998 年)

资政谠论 （第二集)(1999 年)

缙云县政协志 (1999 年)

青田县

青田文史资料 政协浙江省青田县委员会文史资料委员会编印,32 开书型,不定期,内部交流。

第 1 辑 (1985 年)

第 2 辑 (1986 年)

第 3 辑 陈诚专辑 (1988 年)

第 4 辑 章乃器专辑 (1991 年)

第 5 辑 九十春秋 (1992 年)

第 6 辑 华侨专辑 (1995 年)

侨乡之光 (2001 年)

青田百名将军录

云和县

云和文史资料 政协浙江省云和县委员会文史资料委员会办公室编印,32 开书型,不定期,内部交流或公开发行。

第 1 辑 辛亥革命专辑 (1985 年)

第 2 辑 (1986 年)

民间文艺——谚语歌谣集 (1986 年)

第 3 辑 畲族史料专辑 (1987 年)

云和雪梨 (名产特辑)(1987 年)

第 4 辑 (1989 年)

浮云集 (1991 年)

云和银矿 (矿产特辑)(1992 年)

云和水陆重镇——赤石紧水滩库区资料之一 (1993 年)

纪念毛泽东主席诞辰一百周年专辑 (1993 年)

云和政协十年 (1984—1994 年)(1994 年)

云和历代山水诗词选 (1995 年)

云和政协十年 (1984—1994 年)(1995 年)

纪念抗日战争胜利五十周年诗词专辑 (1995 年)

云和建国后文史料资料 (第一辑)(1998 年)

云和移民史话 (中国文联出版社,1999 年版)

抗战与鼠疫 (2005 年)

抗日战争时期浙江省会云和 (2007 年)

遂昌县

遂昌文史资料 政协浙江省遂昌县委员会文史资料委员会编印,32 开书型,不定期,内部交流。

第 1 辑 (1985 年)

第 2—3 辑 (1986 年)

第 4 辑 (1987 年)

第 5 辑 (1988 年)

第 6 辑 (1991 年)

第 7 辑 畲族民歌专辑 (1995 年)

第 8 辑 (1997 年)

第 9 辑 遂昌茶业史话 (2002 年)

松阳县

松阳文史资料 政协浙江省松阳县委员会文教卫体和文史资料委员会编印,32 开书型,不定期,内部交流或公开发行。

第 1 辑 (1985 年)

第 2 辑 (1986 年)

第 3 辑 (1988 年)

第 4 辑 (1989 年)

特刊 松阳乡土史 (1991 年)

第 5 辑 (1993 年)

第 6 辑 当代松阳名人简介专辑 (1993 年)

第 7 辑 (1996 年)

第 8 辑 松阳高腔曲牌专辑 (1998 年)

第 9 辑 松阳政协 15 年——纪念文选 (1999 年)

第 10 辑 松阳历代诗词选 (1999 年)

第 11 辑 历史文化名城——松阳 (2004 年)

第 12 辑 1949 - 1966 年文史资料 (2005 年)

第 13 辑 松阳民族民间器乐曲集成 (2006 年)

第 14 辑 松阳茶文化 (中国文联出版社,2006 年版)

松阳政协志 (2006 年)

第 15 辑 唐叶法善家族三碑考 (2007 年)

第 16 辑 松阳文物 (2008 年)

庆元县

庆元纵横 (庆元文史) 政协浙江省庆元县委员会文史资料委员会等编印,16 开刊型改 32 开书型,不定期,内部交流或公开发行。

庆元县概况 (与庆元县地名办公室等合编,1982 年)

第 1—2 期 (1984 年)

第 3—5 期 (1985 年)

庆元县志 (清光绪三年版·注释本)(上、下册)(1985 年)

第 6—7 期 (1986 年)

庆元县十年大事记 (1975—1985 年)(1986 年)

第 1 期 (总第 8 期)(改现名)(1987 年)

第 2 期 (1987 年)

第 3 期 (1988 年)

第 4—5 期 (1989 年)

第 6 期 (1990 年)

第 7 期 (附:增刊)(1990 年)

第 8—9 期 (1991 年)

第 10 期 (1992 年)

第 11 期 (1993 年)

茹吟 (1993 年)

第 12 期 (1993 年)

第 13 期 (1994 年)

香菇之源 (余绪编著,浙江人民出版社,1994 年版)

濠洲文学精萃 (1994 年)

第 14 期 (1995 年)

第 15 期 (1996 年)

濠洲夕阳红专辑 (1997 年)

幽山樵歌 (1998 年)

菇魂 (黄山书社,1998 年版)

第 16 期 (1999 年)

第 17 期 纪念人民政协成立五十周年、纪念中华人民共和国成立五十周年 (1999 年)

第 18 期 (2000 年)

第 19 期 (2001 年)

蝉声杂韵 （2001 年）

濠洲夕阳红 （第二辑）（2007 年）

大济古村 （2007 年）

庆元县文史资料 政协浙江省庆元县委员会文史资料委员会编印，32 开书型，不定期，内部交流。

第 1 辑 百山祖麓杜鹃红 （政治军事专辑）（2002 年）

景宁畲族自治县

景宁文史资料 政协浙江省景宁畲族自治县委员会文史资料委员会编印，32 开书型，不定期，内部交流。

畲乡风情 （1985 年）

第 1 辑 纪念叶仰高先生专辑 （1985 年）

第 2 辑 教育史资料专辑 （1987 年）

第 3 辑 景宁畲族史料专辑 （1989 年）

第 4 辑 浙江景宁敕木山畲民调查记 （1989 年）

第 5 辑 （1991 年）

第 6 辑 （1994 年）

第 7 辑 剿匪专辑 （1997 年）

安　徽　省

安徽文史资料 （文史资料选辑、安徽文史资料选辑） 政协安徽省委员会文史资料委员会编印,32 开书型,不定期,内部交流或公开发行。

第 1 辑 （1964 年）

第 2 辑 （1979 年）

第 3 辑 （1981 年）

第 4 辑 （改名） 纪念中国共产党成立六十周年专辑 （1981 年）

第 5 辑 纪念辛亥革命七十周年专辑 （1981 年）

第 6 辑 （1981 年）

第 7 辑 北洋军阀和国民党统治前期史料专辑 （1981 年）

第 8 辑 纪念冯玉祥先生诞辰一百周年和土地革命战争时期史料专辑 （1982 年）

第 9 辑 抗日战争时期史料专辑 （上册）（1982 年）

第 10 辑 抗日战争时期史料专辑 （下册）（1982 年）

第 11 辑 解放战争时期史料专辑 （上册）（1982 年）

第 12 辑 解放战争时期史料专辑 （下册）（1983 年）

第 13 辑 晚清时期史料 （1983 年）

第 14 辑 经济史料 （1983 年）

第 15 辑 文化教育方面 （安徽人民出版社,1983 年版）

第 16 辑 （改现名） 旧社会社会生活 （安徽人民出版社,1983 年版）

第 17—18 辑 抗日战争时期 （安徽人民出版社,1983 年版）

第 19 辑 土地革命战争时期 （安徽人民出版社,1984 年版）

第 20 辑 国民党军事方面史料 （安徽人民出版社,1984 年版）

第 21 辑 抗日战争时期 （安徽人民出版社,1984 年版）

第 22 辑 解放战争时期 （安徽人民出版社,1984 年版）

1985 年第 1 期 （总第 23 辑）（安徽人民出版社,1985 年版）

1985 年第 2 期 （总第 24 辑） 解放战争时期 （安徽人民出版社,1985 年版）

孙仲德传 （1985 年）

戴安澜将军 （安徽人民出版社,1985 年版）

纪念方振武将军 （1985 年）

卫立煌将军 （安徽人民出版社,1985 年版）

第 25 辑 第二次国共合作在安徽 （安徽人民出版社,1986 年版）

第 26 辑 团结御侮风云录 （安徽人民出版社,1986 年版）

第 27 辑 文苑史踪 （安徽人民出版社,1986 年版）

纪念柏文蔚先生 （1986 年）

第 28 辑 江淮工商 （安徽人民出版社,1987 年版）

淮上起义军专辑 （1987 年）

《安徽文史集萃丛书》各辑的《前言》和《目录》（1987 年）

第 29 辑 江淮抗日烽火 （安徽人民出版社,1988 年版）

1988 年发行的文史书刊内容简介与要目 （1988 年）

《安徽文史资料选辑》1—27 辑、《安徽文史集萃》之一——之十篇目分类索引 （1988 年）

冯玉祥将军 （与政协巢湖市文史资料委员会等合编,1988 年）

第 30 辑 （安徽人民出版社,1989 年版）

第 31 辑 舞台生涯 （安徽人民出版社,1989 年版）

第 32 辑 皖事拾零 （安徽人民出版社,1989 年版）

文史资料论文选集 （中国文史出版社,1989 年版）

许世英 （与政协东至县文史资料委员会合编,中国文史出版社,1989 年版）

风云岁月 （中国文史出版社,1989 年版）

铁流千里 （中国文史出版社,1989 年版）

新闻圈的里里外外 （安徽人民出版社,1989 年版）

黄山史话 （中国文史出版社,1989 年版）

九华山史话 （中国文史出版社,1989 年版）

安徽近现代史辞典 （中国文史出版社,1990 年版）

第 33 辑 安徽书画人物 （中国文史出版社,1990 年版）

第 34 辑 1961 年推行“责任田”纪实 （中国文史出版社,1990 年版）

第 35 辑 淮上廖氏三兄弟 （中国文史出版社,1990 年版）

张治中将军 （与政协巢湖市文史资料委员会合编,中国文史出版社,1990 年版）

辛亥革命在安徽 （与政协安庆市文史委员会合编,中国文史出版社,1991 年版）

第 36 辑 往事漫录 （中国文史出版社,1991 年版）

第 37 辑 史海拾贝 （安徽人民出版社,1992 年版）

安徽辛亥革命论文选 （1992 年）

农村改革的兴起 （中国文史出版社,1993 年版）

汪伪群奸祸国纪实 （华东七省市政协文史工作协作会议编,中国文史出版社,1993 年版）

芜湖海关 （黄山书社,1994 年版）

铁骨丹心——张恺帆同志纪念文集 （安徽人民出版社,1995 年版）

诤友之言 （安徽省人民政府参事文辑之一）（郭崇毅

著,1996 年)

探索中前进的安徽农业 （上、下册）(1997 年)

新时期文史资料工作学术研究论文选集 （安徽人民出版社,1997 年版)

巢湖史话 （安徽人民出版社,1997 年版)

柏文蔚传 （与政协淮南市文史资料委员会合编,孙彩霞著,1997 年)

张治中传 （安徽人民出版社,1998 年版)

纪念孙立人文集 （安徽人民出版社,1998 年版)

孙立人传 （安徽人民出版社,1998 年版)

纪念龚意农同志文集 （中国文史出版社,1998 年版)

难忘的岁月 （1998 年)

天柱山史话 （安徽人民出版社,1998 年版)

肝胆相照见真情——老一辈无产阶级革命家与民主人士的交往 （与全国政协文史资料委员会合编,中国文史出版社,1998 年版)

台湾皖籍人物 （2001 年)

安徽文史通讯 政协安徽省委员会文史资料委员会编印,32 开书型,不定期,内部交流。

第 1 期 （1990 年)

第 2 期 （1991 年)

第 3 期 （1993 年)

第 4 期

第 5 期 文史工作与市场经济专刊 （1998 年)

第 6 期

第 7 期 《中国历史通俗演义》发行专刊 （1998 年)

文史资料论文专刊

江淮文史 政协安徽省委员会文史资料委员会编印,32 开双月刊改季刊再改双月刊,公开发行。

1993 年第 1—6 期 （总第 1—6 期)

1994 年第 1—6 期 （总第 7—12 期)

1995 年第 1—6 期 （总第 13—18 期)

——阜阳在腾飞专刊 （与政协阜阳地区联络委员会合编,1995 年)

治水制度致富专刊 （1995 年)

耕作制度的重大改革专刊 （1995 年)

1996 年第 1—6 期 （总第 19—24 期)

1997 年第 1—6 期 （总第 25—30 期)

增刊迎接九七'——香港回归专刊 （1997 年)

1998 年第 1—4 期 （总第 31—34 期)

1999 年第 1—4 期 （总第 35—38 期)

2000 年第 1—4 期 （总第 39—42 期)

2001 年第 1—4 期 （总第 43—46 期)

2002 年第 1—4 期 （总第 47—50 期)

2003 年第 1—4 期 （总第 51—54 期)

2004 年第 1—6 期 （总第 55—60 期)

2005 年第 1—6 期 （总第 61—66 期)

2006 年第 1—6 期 （总第 67—72 期)

2007 年第 1—6 期 （总第 73—78 期)

2008 年第 1—6 期 （总第 79—84 期)

安徽文史集萃丛书 政协安徽省委员会文史资料研究委员会编,安徽人民出版社,1987 年版。

之一 辛亥风雷

之二 军阀祸皖

之三 革命狂飙

之四 抗战风云

之五 解放战争

之六 文教史踪

之七 工商史迹

之八 旧时黑幕

之九 人物春秋

之十 江淮风物

安徽重要历史事件丛书 政协安徽省委员会《安徽重要历史事件丛书》编委会编,安徽人民出版社,1999 年版。

政治风云

军事纵横

经济史踪

教坛古今

科技集粹

文苑春秋

学术百家

涉外史事

安徽著名历史人物丛书 政协安徽省委员会《安徽著名历史人物丛书》编委会编,中国文史出版社,1991 年版。

第 1 分册 古代英杰

第 2 分册 政界人物

第 3 分册 军事将领

第 4 分册 文苑英华

第 5 分册 科坛名流

第 6 分册 革命中坚

第 7 分册 统战群英

第 8 分册 民族英烈

安徽文史资料全书 政协安徽省委员会文史资料委员会等编印,16 开书型,安徽人民出版社出版。

第 1 卷 合肥卷 （2006 年版)

第 2 卷 宿州卷 （2007 年版)

第 3 卷 淮北卷 （2007 年版)

第 4 卷 阜阳卷 （2006 年版)

第 5 卷 亳州卷 （2007 年版)

第 6 卷 蚌埠卷 （2006 年版)

第 7 卷 淮南卷 （2007 年版)

第 8 卷 滁州卷 （2006 年版)

第 9 卷 马鞍山卷 （2006 年版)

第 10 卷 芜湖卷 （2007 年版)

第 11 卷 铜陵卷 （2006 年版)

第 12 卷 安庆卷 （2007 年版)

第 13 卷 黄山卷 （2006 年版)

第 14 卷 六安卷 （2006 年版)

第 15 卷 巢湖卷 （上、下）(2007 年版)

第 16 卷 池州卷 （2007 年版)

第 17 卷　宣城卷　（2006 年版）

合肥市

合肥文史资料　政协安徽省合肥市委员会文史资料委员会编印,32 开书型,不定期,内部交流或公开发行。

第 1 辑　（1984 年）

第 2 辑　（1985 年）

合肥史话　（《合肥史话》采编组编,黄山出版社,1985 年版）

第 3 辑　王亚樵　（1986 年）

第 4 辑　纪念蔡炳炎将军　（1987 年）

第 5 辑　合肥人物　（1988 年）

范鸿仙　（安徽人民出版社,1989 年版）

李鸿章与中国近代化　（与安徽社会科学院历史研究所合编,安徽人民出版社,1989 年版）

第 6 辑　统一战线在合肥专辑　（1990 年）

第 7 辑　（1991 年）

合肥市政协志　（1949—1998）（1992 年）

皖系北洋人物　（与政协阜阳市文史资料委员会合编,安徽人民出版社,1993 年版）

第 8 辑　上海内迁企业专辑　（1993 年）

第 9 辑　我与合肥——纪念合肥解放四十五周年（1993 年）

第 10 辑　教育专辑　（1994 年）

第 11 辑　合肥私营企业专辑　（1995 年）

第 12 辑　海外合肥名人专辑　（1995 年）

第 13 辑　文化专辑　（1996 年）

第 14 辑　（1996 年）

第 15 辑　卫生专辑　（1997 年）

第 16 辑　合肥园林旅游专辑　（1997 年）

第 17 辑　合肥解放五十年　（1998 年）

第 18 辑　统战人士专辑　（1999 年）

第 19 辑　（2000 年）

第 20 辑　辛亥革命与合肥　（2001 年）

第 21 辑　科技人物专辑　（2003 年）

第 22 辑　合肥体育专辑　（2004 年）

第 23 辑　纪念抗日战争胜利六十周年专辑　（2005 年）

合肥卷　（《安徽文史资料全书》第 1 卷,安徽人民出版社,2006 年版）

合肥淮军人物

合肥市志·政协志

蜀山区

庐阳区

瑶海区

包河区

长丰县

长丰文史资料　政协安徽省长丰县委员会编印,32 开书型,不定期,内部交流。

第 1 辑　（1986 年）

肥东县

肥东文史资料　政协安徽省肥东县委员会文史资料研究委员会编印,32 开书型,不定期,内部交流。

第 1 辑　（1985 年）

第 2 辑　（1987 年）

第 3 辑　（1993 年）

第 4 辑　（1996 年）

第 5 辑

第 6 辑　新四军在肥东(2)（2008 年）

肥西县

肥西文史资料　政协安徽省肥西县委员会文史资料研究委员会编印,32 开书型,不定期,内部交流。

之一　古镇三河　（1985 年）

之二　肥西抗日史料选编——纪念"七七"事变五十周年专辑　（与中共肥西县委党史委员会合编,1987 年）

之三　肥西淮军人物　（1992 年）

肥西五十年　（与中共肥西县委党史办公室合编,1999 年）

宿州市

宿州文史资料　政协安徽省宿州市委员会文史资料和学习委员会编印,32 开书型,铅型,不定期,内部交流或公开发行。

第 1 辑　统一战线专辑　（2000 年）

第 2 辑　教育专辑　（2001 年）

第 3 辑　春风秋雨责任田　（2006 年）

第 4 辑　苏轼与宿州

宿州卷　（《安徽文史资料全书》第 2 卷,安徽人民出版社,2007 年版）

埇桥区

宿县文史资料　政协安徽省宿县委员会文史资料研究

委员会编印,32 开书型,不定期,内部交流。

　第 1 辑　（1985 年）

　第 2 辑　（1986 年）

　第 3 辑　（1989 年）

宿州市文史资料　政协安徽省宿州市委员会文史资料研究委员会编印,32 开书型,不定期,内部交流。

　第 1 辑　（1989 年）

　第 2 辑　（1992 年）

　第 3 辑

　第 4 辑

　第 5 辑

　第 6 辑

　第 7 辑　建国前教育史料专辑　（1997 年）

　宿州卷　（《安徽文史资料全书》第 2 卷,安徽人民出版社,2007 年版）

砀山县

砀山文史资料　政协安徽省砀山县委员会文史资料研究委员会编印,32 开书型,不定期,内部交流。

　第 1 辑

　第 2 辑

　第 1 辑　（总第 3 辑）（1986 年）

　第 2 辑　（总第 4 辑）（1987 年）

　第 3 辑　（总第 5 辑）（1988 年）

　第 4 辑　（总第 6 辑）（1991 年）

　第 5 辑　（总第 7 辑）

　第 6 辑　（总第 8 辑）

　第 7 辑　（总第 9 辑）（2000 年）

萧县

萧县文史资料　政协安徽省萧县委员会文史资料研究委员会编印,32 开书型,不定期,内部交流。

　第 1 辑　（1984 年）

　第 2 辑　（1985 年）

　第 3 辑　（1986 年）

　第 4 辑　书画专辑　（1990 年）

灵璧县

灵璧文史资料　政协安徽省灵璧县委员会文史资料研究委员会编印,32 开书型,不定期,内部交流。

　第 1 辑　（1985 年）

泗县

泗县文史资料　政协安徽省泗县委员会文史资料研究委员会编印,32 开书型,不定期,内部交流。

　第 1 辑　（1985 年）

　第 2 辑　（1986 年）

　第 3 辑　（1990 年）

　第 1—3 辑合订本　（黄山书社,1997 年版）

淮北市

淮北市文史资料　政协安徽省淮北市委员会文史资料委员会编印,32 开书型,不定期,内部交流。

　第 1 辑　（1986 年）

　第 2 辑　（1990 年）

　第 3 辑　（1991 年）

　第 4 辑　猛虎掘进队专辑　（1992 年）

　淮北卷　（《安徽文史资料全书》第 3 卷,安徽人民出版社,2007 年版）

　淮北市政协志

淮北大运河文化丛书　（16 卷）　政协安徽省淮北市委员会编印。

淮北旅游文化丛书　政协安徽省淮北市委员会编印。

相山区

相山文史资料　政协安徽省淮北市相山区委员会文史资料研究委员会编印,32 开书型,不定期,内部交流。

　第 1 辑　（1987 年）

　第 2 辑　（1988 年）

杜集区

杜集文史　政协安徽省淮北市杜集区委员会文史委员会编印,32 开书型,不定期,内部交流。

　第 1 辑　（1999 年）

　第 2 辑　（2001 年）

烈山区

濉溪县

濉溪文史资料　政协安徽省濉溪县委员会文史资料研究委员会编印,32 开书型,不定期,内部交流。

　第 1 辑　（1987 年）

　第 2 辑　抗日战争时期史料选辑　（1990 年）

　第 3 辑　淮海战役双堆集歼灭战史料选辑（1992 年）

　第 4 辑　非公有制经济发展卷　（1999 年）

阜阳市

阜阳史话　政协安徽省阜阳市委员会文史资料研究委员会编印,32 开书型,不定期,内部交流或公开发行。

　第 1—2 辑　（1983 年）

第 3—4 辑　（1984 年）
第 5 辑　（1985 年）
第 6 辑　（1986 年）
第 7 辑　（1987 年）
第 8 辑　（1988 年）
第 9 辑　（1989 年）
皖系北洋人物　（与合肥市政协文史资料委员会合编，安徽人民出版社，1993 年版）

阜阳文史资料　政协安徽省阜阳市委员会文史资料委员会编印，32 开书型，不定期，内部交流。
阜阳在腾飞　（政协阜阳地区联络委员会等编，暨《江淮文史》阜阳地区专刊，1995 年）
第 1 辑　阜阳古今名人　（1999 年）
第 2 辑　历史的回声——纪念建国五十周年专辑（1999 年）
第 3 辑　阜阳古今名人续集　（2000 年）
群星闪耀　（2001 年）
群英硕绩　（2002 年）
阜阳古树名木　（2002 年）
科技英才　（2003 年）
阜阳历史文化集锦　（2005 年）

阜阳文史　政协安徽省阜阳市委员会文史委员会编印，32 开书型，不定期，内部交流。
第 1 辑　（2007 年）
阜阳记事录　（2006 年）
阜阳卷　（《安徽文史资料全书》第四卷，安徽人民出版社，2006 年版）
阜阳记事录续集　（2008 年）

颍州区

颍州古今　政协安徽省阜阳县委员会文史资料研究委员会编印，32 开书型，不定期，内部交流。
第 1 辑　（1984 年）
第 2 辑　（1986 年）
第 3 辑　（1989 年）
第 4 辑
第 5 辑
第 6 辑
第 7 辑
第 8 辑
第 9 辑
第 10 辑
第 11 辑
第 12 辑

颍东区

颍泉区

颍泉文史　政协安徽省阜阳市颍泉区委员会文史资料委员会编印，32 开书型，不定期，内部交流。
第 1 辑
书法初探　（2006 年）

界首市

界首史话　政协安徽省界首市委员会文史资料委员会编印，32 开书型，不定期，内部交流或公开发行。
第 1 辑　（1986 年）
第 2 辑　（1988 年）
第 3 辑　（1989 年）
抗日时期界首一览　（韦光周编，1990 年）
第 4 辑　（1992 年）
第 5 辑　（1996 年）
红巾军领导刘福通　（黄山书社）
界首——小上海岁月　（黄山书社）
第 6 辑　（2005 年）

临泉县

临泉史话　政协安徽省临泉县委员会文史资料委员会编印，32 开书型，不定期，内部交流或公开发行。
第 1 集　（1984 年）
第 2 辑　（1986 年）
第 3 辑　（1988 年）
古沈风貌　（马家敏编著，安徽人民出版社，1989 年版）
第 4 辑　（1999 年）
政协委员风采　（第一辑）（2004 年）

太和县

细阳春秋　政协安徽省太和县委员会文史资料研究委员会编印，32 开书型，不定期，内部交流。
第 1 辑　（1984 年）
第 2 辑　（1985 年）
第 3 辑　（1986 年）
第 4 辑　（1987 年）
第 5 辑　（1989 年）
第 6 辑　（1991 年）
第 7 辑　（1993 年）
第 8 辑　（1996 年）

阜南县

阜南文史资料　政协安徽省阜南县委员会文史委员会

编印,32 开书型,不定期,内部交流。
第 1 辑 （1985 年）
第 2 辑 （1992 年）
第 3 辑 （1997 年）
第 4 辑 （1999 年）
第 5 辑
第 6 辑 （2006 年）

颍上县

慎城春秋 （文史资料） 政协安徽省颍上县委员会学习文史委员会编印,32 开书型,不定期,内部交流或公开发行。
第 1 辑 （1986 年）
第 2 辑 （1989 年）
第 3 辑 （1997 年）
第 4 辑 颍上人物志 （2001 年）
第 5 辑 （2002 年）
颍上历史文化集锦 （黄山书社,2005 年）
管子研究 政协颍上县委员会学习文史委员会与安徽省管子研究会合编,16 开刊型,不定期,内部交流。
第 1 期 （2002 年）
第 2 期
第 3 期
第 4 期
第 5 期
第 6 期
第 7 期
第 8 期
第 9 期
第 10 期
第 11 期
第 12 期
第 13 期
第 14 期

亳州市

亳州卷 （《安徽文史资料全书》第 5 卷,安徽人民出版社,2007 年）

谯城区

亳州文史资料 （亳县文史资料） 政协安徽省亳州市委员会文史委员会编印,32 开书型,不定期,内部交流。
第 1 辑 （1984 年）
第 2 辑 （1985 年）
第 3 辑 （改现名）(1987 年)
第 4 辑 （1990 年）
第 5 辑 中国历史文化名城——亳州 （1992 年）

第 6 辑
第 7 辑 （1995 年）
第 8 辑 工交篇 （1997 年）
第 9 辑

涡阳县

涡阳史话 政协安徽省涡阳县委员会文史资料研究委员会编印,32 开书型,不定期,内部交流。
第 1 辑 （1984 年）
第 2 辑 （1985 年）
第 3 辑 捻史资料专辑 （1986 年）
第 4 辑 （1986 年）
第 5 辑 （1988 年）

蒙城县

漆园古今 （文史资料） 政协安徽省蒙城县委员会文史资料研究委员会编印,32 开书型或 16 开刊型,不定期,内部交流。
第 1 辑 （1983 年）
第 2 辑 （1984 年）
第 3 辑 （1985 年）
第 4 辑 （1986 年）
第 5 辑 （1987 年）
第 6 辑 （1988 年）
第 7 辑 （1989 年）
第 8 辑 （1990 年）
第 9 辑 （1991 年）
第 10 辑 （1992 年）
第 11 辑 （1994 年）
特辑 庄子学刊 （1996 年）
第 12 辑
第 13 辑 （2005 年）
特辑 蒙城揽胜 （2006 年）
第 14 辑 （2007 年）

利辛县

利辛文史 政协安徽省利辛县委员会编印,32 开书型,不定期,内部交流。
第 1 辑 （1997 年）

蚌埠市

文史资料选辑 （蚌埠古今） 政协安徽省蚌埠市委员会文史资料委员会编印,32 开书型,不定期,内部交流或公开发行。
第 1 辑 （1982 年）
第 2 辑 （1984 年）

总第 3 辑　（改现名）（1984 年）

总第 4 辑　庆祝建国卅五周年专辑　（1984 年）

总第 5 辑　（1985 年）

总第 6 辑　纪念抗日战争胜利四十周年专辑　（1985 年）

总第 7—8 辑　（1986 年）

总第 9 辑　蚌埠工商史料　（1987 年）

总第 10 辑　杨树诚　（1988 年）

总第 11 辑　中国花鼓灯艺术　（1990 年）

总第 12 辑　闪光的淮河　（1990 年）

总第 13 辑　（1990 年）

敝帚诗稿　（《淮风诗丛》编辑委员会编，1990 年）

珠玉初辑　（未注编印年）

山水吟　（1991 年）

总第 14 辑　迎着曙光　（1992 年）

总第 15 辑　（1993 年）

总第 16 辑　委员采风　（1994 年）

总第 17 辑　珠城群星　（1995 年）

总第 18 辑　涂山　（中国的历史文化名山）（1996 年）

总第 19 辑　光彩之路　（1996 年）

总第 20 辑　（1997 年）

总第 21 辑　铸造辉煌　（肝胆篇）（1998 年）

总第 22 辑　（1999 年）

总第 23 辑　（2000 年）

总第 24 辑　少数民族专辑　（2001 年）

总第 25 辑　烽火弦歌——国立八中回忆　（1938—1946）（2000 年）

春藻诗词选　（邵伯著，2001 年）

总第 26 辑　抗倭英雄汤和　（沈叶鸣编著，华龄出版社，2002 年版）

总第 27 辑　从延安到北京　（肖高著，2003 年）

总第 28 辑　蚌埠市黄山农垦学校校史专辑　（2003 年）

总第 29 辑　蚌埠文史　（2004 年）

荆涂风韵　（暨《荆涂春秋》第 5 集，2004 年）

总第 30 辑

总第 31 辑

蚌埠卷　（《安徽文史资料全书》第 6 卷，安徽人民出版社，2006 年版）

总第 32 辑　古迹的研究与评介　（2007 年）

蚌山区

中区文史资料　政协安徽省蚌埠市中市区委员会学习文史资料委员会编印，32 开书型，不定期，内部交流。

第 1 辑　（1999 年）

龙子湖区

禹会区

淮上区

郊区文史资料　政协安徽省蚌埠市郊区委员会编印，32 开书型，不定期，内部交流。

第 1 辑　集镇建设专辑　（未注编印年）

怀远县

荆涂春秋　政协安徽省怀远县委员会文史资料委员会编印，32 开书型，不定期，内部交流。

第 1 辑　（1986 年）（2004 年再版）

第 2 辑　（1989 年）（2004 年再版）

第 3 辑　（1992 年）（2004 年再版）

第 4 辑　（1995 年）（2004 年再版））

第 5 集　荆涂风韵　（与政协蚌埠市文史委员会合编，2004 年）

第 6 辑　（2006 年）

五河县

五河县文史资料　政协安徽省五河县委员会文史资料征集委员会编印，32 开书型，不定期，内部交流。

第 1 辑

第 2 辑

第 3 辑

第 4 辑

第 5 辑

第 6 辑

第 7 辑

第 8 辑

第 9 辑

固镇县

垓下沧桑　政协安徽省固镇县委员会文史资料研究委员会编印，16 开刊型，油印，不定期，内部交流。

第 1—10 期　（1985 年）

固镇县政协大事记　（1986 年）

垓下沧桑　（垓下沧桑、固镇文史资料）　政协安徽省固镇县委员会学习文史委员会编印，32 开书型，不定期，内部交流。

第 1 辑　（1985 年）

第 2 辑　纪念固镇县建县二十周年专辑　（1965—1985）（1985 年）

第 3 辑　（改名）（1989 年）

第 4 辑　（1992 年）

第 5 辑 （改现名） 工商专辑 （1994 年）

第 6 辑 （1996 年）

第 7 辑 纪念固镇县政协成立二十周年 （1979.12.2—1999.12.2）（1999 年）

第 8 辑 （2002 年）

淮南市

淮南文史资料 （淮南文史资料选辑） 政协安徽省淮南市委员会文史资料委员会编印,32 开书型,不定期,内部交流。

第 1—2 辑 （1983 年）

第 3 辑 （1984 年）

第 4 辑 （改现名） 淮上军起义史料专辑 （1984 年）

第 5 辑 纪念淮南解放三十五周年专辑 （1984 年）

第 6 辑 （1986 年）

第 7 辑 淮南近现代经济史料 （1987 年）

《淮南文史资料》第 1—7 辑总目录

第 8 辑 淮上人物 （之一）（1987 年）

第 9 辑 淮上先贤常恒芳——纪念常恒芳先生诞辰一百零五周年专辑 （1987 年）

第 10 辑 淮上人物 （之二）（1991 年）

第 11 辑 淮南之光 （中国第二届豆腐文化节、安徽省第二届花鼓灯会专辑）（1992 年）

第 12 辑 历代诗人咏淮南 （1996 年）

柏文蔚传 （与政协安徽省文史资料委员会合编,1997 年）

第 13 辑

淮南煤矿史料 （1909—1949）（2001 年）

淮上人物 （2005 年）

淮南市政协志

淮南市文史资料篇目索引

建国后文史资料征集选题参考提纲

淮南卷 （《安徽文史资料全书》第 7 卷,安徽人民出版社,2007 年版）

田家庵区

大通区

大通区文史资料 政协安徽省淮南市大通区委员会文史资料研究委员会编印,32 开书型,不定期,内部交流。

第 1 辑 洛涧古今 （1990 年）

谢家集区

蔡楚古今 政协安徽省淮南市谢家集区委员会编印,32 开书型,不定期,内部交流。

第 1 辑

第 2 辑 （1994 年）

第 3 辑 水师提督杨岐珍 （一）（1995 年）

第 4 辑 谢家集唐山文物集萃 （一）（1995 年）

第 5 辑

第 6 辑

第 7 辑 春申君黄歇 （2000 年）

古韵清幽 （2006 年）

八公山区

潘集区

潘集区文史资料 政协安徽省淮南市潘集区委员会编印,32 开书型,不定期,内部交流或公开发行。

潘集史话 （皖江文化丛书）（团结出版社,1997 年版）

凤台县

州来古今 政协安徽省凤台县委员会文史资料研究委员会编印,32 开书型,不定期,内部交流。

第 1 辑 （1984 年）

第 2 辑 （1987 年）

第 3 辑 凤台花鼓灯专辑 （1990 年）

第 4 辑 （1991 年）

滁州市

滁州史话 政协安徽省滁州市委员会文史资料委员会编印,32 开书型,不定期,内部交流。

第 1 辑

第 2 辑

第 3 辑

第 4 辑 （1987 年）

第 5 辑 （1991 年）

皖东文史 政协安徽省滁州市委员会文史和学习委员会编印,32 开书型,不定期,内部交流或公开发行。

第 1 辑 （1996 年）

第 2 辑 （1997 年）

第 3 辑 （1998 年）

第 4 辑 （2001 年）

增刊 往事如烟 （陆立之著,2001 年）

滁州历史文化遗存 （安徽人民出版社,2003 年版）

第 5 辑 纪念人民政协成立五十五周年 （2004 年）

第 6 辑 新四军在皖东专集——纪念抗日战争胜利六十周年 （2005 年）

谁主沉浮——沧桑九十年实录 （2006 年）

滁州卷 （《安徽文史资料全书》第 8 卷,安徽人民出

版社,2006 年版)

第 7 辑　(2007 年)

琅琊区

琅琊古今　政协安徽省滁州市琅琊区委员会学习文史委员会编印,32 开书型,不定期,内部交流。

第 1 辑　(1997 年)

第 2 辑　(2004 年)

琅琊区政协志　(1993—2005 年)(2007 年)

南谯区

南谯文史　政协安徽省滁州市南谯区委员会学习文史资料委员会编印,32 开书型,不定期,内部交流。

第 1 辑　(2002 年)

明光市

明光文史 (嘉山文史资料)　政协安徽省明光市(原嘉山县)委员会文史资料委员会编印,32 开书型,不定期,内部交流。

第 1 辑　(1986 年)

第 2 辑　纪念汪雨相先生　(1987 年)

第 3 辑　(1988 年)

第 4 辑　(1989 年)

第 5 · 6 辑　(改现名)(1995 年)

第 7 辑　献给中华人民共和国、中国人民政协成立五十周年　(1999 年)

明光揽胜——明光文史特辑　(2001 年)

明光政协二十年　(2002 年)

皖东明珠——女山湖　(2004 年)

吴棠史料　(贡发芹著,2006 年)

明光历史文化集存　(2006 年)

中国民间故事全书 · 安徽省 · 明光卷　(2007 年)

明光出了个朱元璋　(贡发芹主编,2008 年)

天长市

天长文史　政协安徽省天长市委员会文史资料研究委员会编印,32 开书型,不定期,内部交流。

第 1 辑　(1985 年)

第 2 辑　(1987 年)

第 3 辑　(1989 年)

来安县

来安文史资料　政协安徽省来安县委员会文史资料研究委员会编印,32 开书型,不定期,内部交流。

第 1 辑　(1984 年)

第 2 辑　(1985 年)

第 3 辑　(1998 年)

第 4 辑　(2004 年)

全椒县

全椒文史资料　政协安徽省全椒县委员会文史资料研究委员会编印,32 开书型,不定期,内部交流或公开发行。

第 1 辑　(1985 年)

第 2 辑　(1986 年)

第 3 辑　(1988 年)

第 4 辑　诗词专辑　(《全椒联谊诗词》第 1 辑)(1996 年)

乡魂　(安徽文艺出版社,1997 年版)

第 5 辑　(2000 年)

文化全椒　(2000 年)

当代全椒文学艺术作品精选

定远县

定远春秋　政协安徽省定远县委员会文史资料委员会编印,32 开书型,不定期,内部交流。

第 1 辑　(1987 年)

第 2 辑　(1994 年)

第 3 辑　(1995 年)

凤阳县

凤阳文史资料　政协安徽省凤阳县委员会文史资料委员会编印,32 开书型,不定期,内部交流。

第 1 辑　(1984 年)

第 2 辑　(1987 年)

马鞍山市

马鞍山文史 (文史资料选辑)　政协安徽省马鞍山市委员会文史资料研究委员会编印,32 开书型,不定期,内部交流或公开发行。

第 1 辑　(1983 年)

第 2 辑　(改现名)(1984 年)

第 3 辑　(1985 年)

第 4 辑　矿山史料专辑　(1987 年)

近代实业家——徐静仁　(1989 年)

采石战争史话　(黄山书社,1991 年版)

政协委员为四化建设办实事图片集　(1991 年)

奉献者之歌　(1993 年)

历代名人与马鞍山　(1995 年)

历代名人与马鞍山续集　(1995 年)

市场经济法律法规汇编　(1995 年)

马鞍山市高级知识分子名录　(1996 年)

第 5 辑 （1996 年）

话香港回归 （1997 年）

第 6 辑 （1997 年）

马鞍山政协志 （1999 年）

马鞍山史话 （黄山书社,1998 年版）

闪光之星 （1999 年）

闪光之路 （2000 年）

马鞍山风物志 （2001 年）

第 7 辑 （2002 年）

飞来的凤凰——外资和外来企业在马鞍山 （2003 年）

马鞍山卷 （《安徽文史资料全书》第 9 卷,安徽人民出版社,2006 年版）

雨山区

花山区

金家庄区

当涂县

当涂文史 政协安徽省当涂县委员会文史委员会编印,32 开书型,不定期,内部交流。

第 1 辑 （1985 年）

第 2 辑 （1987 年）

第 3 辑 （1992 年）

芜湖市

芜湖文史资料 政协安徽省芜湖市委员会文史资料研究委员会编印,32 开书型,不定期,内部交流。

第 1 辑 （1984 年）

第 2 辑 （1986 年）

第 3 辑 （1987 年）

第 4 辑 （1991 年）

第 5 辑 （1993 年）

第 6 辑 （1995 年）

商界巨擘——纪念翟木槐百年诞辰 （1996 年）

第 7 辑 （1999 年）

第 8 辑 难忘的岁月——一个老战士的回忆 （阮万多钧著,2002 年）

芜湖卷 （《安徽文史资料全书》第 10 卷,安徽人民出版社,2007 年版）

镜湖区

镜湖区文史资料 政协安徽省芜湖市镜湖区委员会文史资料研究委员会编印,16 开刊型,油印,不定期,内部交流。

第 1—21 期

弋江区

三山区

鸠江区

芜湖县

芜湖县文史资料 政协安徽省芜湖县委员会文史资料研究委员会编印,32 开书型,不定期,内部交流。

第 1 辑 （1985 年）

第 2 辑 （1987 年）

第 3 辑 （1992 年）

第 4 辑 （1994 年）

第 5 辑 （1998 年）

第 6 辑 （2004 年）

繁昌县

繁昌文史资料 （繁昌文史资料选辑） 政协安徽省繁昌县委员会学习和文史委员会编印,32 开书型,不定期,内部交流。

第 1 辑 （1984 年）

第 2 辑 （1985 年）

第 3 辑 （1985 年）

第 4 辑 （1986 年）

第 5 辑 （改现名）（1988 年）

第 6 辑 （1989 年）

第 7 辑 （1991 年）

第 8 辑 （1992 年）

南陵县

南陵县文史资料 （南陵县文史资料选编） 政协安徽省南陵县委员会文史资料研究委员会办公室编印,32 开书型,不定期,内部交流。

第 1 辑 （1982 年）

第 2 辑 （1983 年）

第 3 辑 （1984 年）

第4辑 （改现名）（1985年）
第5辑 （1986年）
第6辑 （1987年）
第7辑 （1988年）
第8辑 难忘的抗战岁月——纪念抗日战争胜利四十周年 （1985年）
第9辑 （1989年）
第10辑 （1990年）
第11辑 （1991年）
第12辑 （1992年）
第13辑 （1993年）
第14辑 （1994年）
第15辑 纪念抗日战争胜利五十周年专辑 （1995年）
第16辑
第17辑 纪念南陵县政协成立二十周年专辑 （2001年）

铜陵市

铜陵文史资料 政协安徽省铜陵市委员会和学习文史委员会编印,32开书型,不定期,内部交流或公开发行。
第1辑 （1988年）
第2辑 （1989年）
第3辑 （1990年）
第4辑 铜都历代诗粹 （1991年）
第5辑 （1992年）
第6辑 群英风采录 （八十年代卷）（1992年）
第7辑 中国古铜都铜陵·冶矿专辑 （1992年）
第8辑 陈蒪资料类编 （1993年）
第9辑 铜都风光名胜 （1992年）
第10辑 铜都历代诗词集注 （1994年）
第11辑 皖江第一桥 （1995年）
第12辑 铜都文物 （1996年）
第13辑 奋斗的足迹——艰苦创业专辑 （1）（1999年）
第14辑 铜都古树名木 （1999年）
第15辑 （2000年）
第16辑 在浸透烈士鲜血的土地上——铜陵革命人物、遗址、文物选粹 （与政协铜陵县文史委员会合编,2001年）
第17辑 （2002年）
第18辑 昨天:二十世纪的铜陵 （2004年）
第19辑 中国同盟会会员对联辑注 （安徽大学出版社,2005年版）
第20辑 铜都藏镜选 （远方出版社,2005年版）
铜陵卷 （《安徽文史资料全书》第11卷,安徽人民出版社,2006年版）
铜都书画集 （2008年）
铜陵民俗 （2008年）

铜官山区

狮子山区

郊区

铜陵县

铜陵文史资料选编 政协安徽省铜陵县委员会文史委员会编印,32开书型,不定期,内部交流。
第1辑 （1984年）
第2辑 （1985年）
第3辑 大通和悦洲历史变迁专辑 （1986年）
第4辑 （1988年）
第5辑 （1990年）
第6辑 顺安河综合治理工程专辑 （1995年）
第7辑 铜陵矿业史专辑 （1994年）
第8辑 铜陵旅游资源辑览 （1999年）
在浸透烈士鲜血的土地上——铜陵革命人物、遗址、文物选萃 （暨《铜陵文史资料》第16辑,2001年）
第9辑 铜陵教育史料 （2002年）
第10辑 铜陵历史人物 （潘法连编著,2004年）
第11辑 铜陵交通史料 （2006年）

安庆市

安庆文史资料 政协安徽省安庆市委员会文史资料委员会编印,32开书型,不定期,内部交流或公开发行。
安庆史话 （初稿）（1979年）
第1辑 纪念辛亥革命七十周年专辑 （1981年）
第2辑 纪念中国共产党成立六十周年 （1981年）
第3—5辑 （1982年）
第6—7辑 （1983年）
第8辑 （1984年）
增刊 政协党派团体简况专辑 （1984年）
第9辑 纪念建国三十五周年专辑 （1984年）
第10辑 政协党派团体简况专辑 （1984年）
第11辑 （1985年）
第12辑 纪念抗日战争胜利四十周年 （1985年）
第13辑 工商经济史料专辑 （一）（1986年）
第14辑 工商经济史料专辑 （二）（1986年）
第15辑 安庆人物史料专辑 （一）（1986年）
第16辑 （1987年）
第17辑 皖城古今谈专辑 （1987年）
第18辑 解放战争时期的安庆专辑 （1989年）
第19辑 解放战争时期的安庆续辑 （上）（1989

第 20 辑　解放战争时期的安庆续辑　（下）（1989
年）

第 21 辑　安庆徽剧黄梅戏史料专辑　（上）（1990
年）

第 22 辑　安庆徽剧黄梅戏史料专辑　（下）（1991
年）

第 23 辑　工商经济史料专辑　（1991 年）

辛亥革命在安徽　（与政协安徽省文史委员会合编,中
国文史出版社,1991 年版）

第 24 辑　（1992 年）

桐城近世名人传　（暨《桐城文史》第 13 辑,1993 年）

第 25 辑　民族宗教专辑　（1994 年）

第 26 辑　血铸皖江魂——纪念抗日战争胜利五十周
年（1995 年）

桐城近世名人传　（续集）（暨《桐城文史》总第 14
辑,1995 年）

第 27 辑　香皖两江情——纪念香港回归专辑　（中国
文史出版社,1997 年版）

佛教与安徽——安徽佛教史略　（张轼著,1997 年）

安庆市政协志　（1949—1999）（中国文史出版社,
1998 年版）

陈独秀研究论文集　（1999 年）

第 28 辑　教育史料专辑　（2000 年）

第 29 辑　（2001 年）

第 30 辑　改革开放中的三胞及其眷属专辑　（2003
年）

第 31 辑　库存文史资料专辑　（2005 年）

安庆文史资料目录索引　（第 1—33 辑）

安徽民间故事集成·安庆卷　（三秦出版社,2006 年
版）

安庆卷　（《安徽文史资料全书》第 12 卷,安徽人民出
版社,2007 年版）

陈独秀研究动态(合订本)（上、下册)(2007 年）

安庆民俗　（2008 年）

历代著名诗人咏安庆　（2008 年）

迎江区

迎江文史资料　政协安徽省安庆市迎江区委员会文史
委员会编印,32 开书型,不定期,内部交流。

迎江区政协成立十年纪念册

大观区

大观文史资料　政协安徽省安庆市大观区委员会文史
委员会编印,32 开书型,不定期,内部交流。

第 1 辑　纪念辛亥革命八十周年　（1991 年）

大观亭

宜秀区

桐城市

桐城文史　（桐城文史资料选辑）　政协安徽省桐城
市委员会文史资料委员会编印,16 开刊型,油印,不定期,
内部交流。

第 1—3 期　（1985 年）

第 4—6 期　（1986 年）

第 7 期　桐城县政协委员会名单　（1986 年）

第 8 期　（1986 年）

第 9 期　（1987 年）

第 10 期　桐城县政协委员名单　（1988 年）

1993 年第 1·2 期　（总第 11—12 期）

1999 年第 3 期　（总第 13 期）　桐城近世名人传
(与政协安庆市文史资料委员会合编,1993 年）

1995 年第 1 期　（总第 14 辑）　桐城近世名人传
(续集）（与政协安庆市文史资料委员会合编）

1995 年第 2 期　（改现名）（总第 15 期）　"桐城派"
专辑　（之一）

文史汇编　（《桐城文史》1—12 辑）（2002 年）

怀宁县

怀宁文史　政协安徽省怀宁县委员会文史资料委员会
编印,32 开书型,不定期,内部交流。

第 1 辑

枞阳县

枞阳文史资料　政协安徽省枞阳县委员会文史资料委
员会编印,32 开书型,不定期,内部交流。

第 1 辑　（1986 年）

第 2 辑　（1989 年）

第 3 辑　（1993 年）

第 4 辑　（1997 年）

第 5 辑　（2001 年）

潜山县

潜山文史资料　政协安徽省潜山县委员会文史资料委
员会编印,32 开书型,不定期,内部交流。

第 1 辑　舒州古今　（1986 年）

第 2 辑　（1991 年）

第 3 辑　（1993 年）

第 4 辑　（1997 年）

第 5 辑　潜阳风采　（1999 年）

第 6 辑　天柱山摩崖石刻集注　（2003 年）

太湖县

太湖文史资料 政协安徽省太湖县委员会文史委员会办公室编印,32开书型,不定期,内部交流。

第1辑 (1983年)
第2辑 (1984年)
第3辑 (1985年)
第4辑 (1987年)
第5辑 (1988年)
山情水意共长天——赵朴初故乡纪行录 (熊旌旗主编,1992年)
第6辑 (1994年)
第7辑 太湖新县城建设纪实 (何大胜编著)
第8辑 熙湖史料辑录 (何大胜编著)

宿松县

宿松文史 政协安徽省宿松县委员会文史资料研究委员会编印,16开刊型,不定期,内部交流。

第1—5期
第6期 (1985年)

宿松文史 政协安徽省宿松县委员会文史委员会办公室编印,32开书型,不定期,内部交流。

第1辑 (1986年)
第2辑 (1988年)
新编宿松县志考评 (1991年)
宿松掌故
宿松风情大观 (2007年)

望江县

望江文史资料 政协安徽省望江县委员会文史资料委员会编印,32开书型,不定期,内部交流。

第1辑 (1985年)
第2辑 (1988年)
第3辑 (1992年)
第4辑 (1997年)
望江县政协志 (2005年)

岳西县

岳西文史 政协安徽省岳西县委员会文史工作委员会编印,32开书型,不定期,内部交流。

第1辑 (1987年)

黄山市

黄山市文史 (黄山文史资料) 政协安徽省黄山市委员会文史资料委员会编印,32开书型,不定期,内部交流

或公开发行。

第1辑 (1989年)
第2辑 (改现名)(1991年)
第3辑 (1993年)
徽州千年人物 (黄山书社,2002年版)
徽州大姓 (安徽大学出版社,2005年版)
黄山卷 (《安徽文史资料全书》第13卷,安徽出版社,2006年版)

徽商系列丛书 政协安徽省黄山市委员会文史资料委员会合编,黄山书社出版社。

古代商人 (1999年版)
近代商人 (1996年版)

屯溪区

屯溪文史 政协安徽省黄山市屯溪区委员会文史资料研究委员会编印,32开书型,不定期,内部交流。

第1集 (1987年)
第2集 (1989年)
第3集 (1991年)
第4集 (1993年)

黄山区

黄山文史资料 (黄山市文史通讯、黄山区文史通讯)安徽省黄山市黄山区委员会学习文史资料委员会编印,16开刊型改32开书型,或油印,不定期,内部交流。

1984年第1—3期 (总第1—3期)
1985年第1期 (总第4期)
1989年第1期 (总第5期)
第6期 (1990年)
1992年第1期 (总第7期)(改现名)
1994年第1期 (总第8期)
1995年第1期 (总第9期)
1996年第1期 (总第10期)
黄山文史 (2001年)
黄山区政协二十年 (2004年)
2005年第1期 (总第11期)

徽州区

徽州区文史资料 政协安徽省黄山市徽州委员会文史委员会编印,32开书型,不定期,内部交流。

第1辑 (2002年)
第2辑
第3辑 (2006年)

歙县

歙县文史资料 政协安徽省歙县委员会文史资料委员

203

会编印,32 开书型,不定期,内部交流。

　　第 1 辑　(1985 年)
　　第 2 辑　(1987 年)
　　第 3 辑　(1989 年)
　　第 4 辑　(1992 年)
　　第 5 辑　(1996 年)
　　第 6 辑
　　第 7 辑　(2006 年)
　　歙县政协 50 年　(2006 年)
　　第 8 辑　(2007 年)

休宁县

　　休宁文史　政协安徽省休宁县委员会文史资料委员会编印,32 开书型,不定期,内部交流。

　　第 1 辑　(1997 年)
　　休宁政协志　(2008 年)

黟县

　　黟县文史资料　政协安徽省黟县委员会文史资料委员会编印,16 开刊型,油印,不定期,内部交流。

　　1984 年第 1 期　(总第 1 期)
　　1985 年第 1—2 期　(总第 2—3 期)
　　1986 年第 1—2 期　(总第 4—5 期)
　　1987 年第 1 期　(总第 6—7 期)
　　1988 年第 1 期　(总第 8 期)
　　1989 年第 1—2 期　(总第 9—10 期)
　　1990 年第 1—2 期　(总第 11—12 期)
　　1991 年第 1 期　(总第 13 期)
　　1992 年第 1 期　(总第 14 期)

　　黟山文史　政协黟县文史委员会编印,32 开书型,不定期,内部交流。

　　第 1 辑　(1997 年)

祁门县

　　祁门文史　政协安徽省祁门县委员会文史资料研究委员会编印,32 开书型,不定期,内部交流。

　　第 1 辑　(1985 年)
　　第 2 辑　(1988 年)
　　第 3 辑
　　第 4 辑

六安市

　　六安文史　(六安文史资料)　政协安徽省六安市委员会编印,32 开书型,不定期,内部交流。

　　第 1 辑　六安沧桑　(2003 年)
　　六安卷　(《安徽文史资料全书》第 14 卷,安徽人民出

版社,2006 年版)

　　第 2 辑　(改现名)(中国文史出版社,2006 年版)
　　第 3 辑　(安徽黄山书社,2008 年)

金安区

　　六安市文史资料　政协安徽省六安市委员会文史学习委员会编印,32 开书型,不定期,内部交流。

　　第 1 辑　(1986 年)
　　第 2 辑　(1989 年)
　　第 3 辑　(1992 年)
　　第 4 辑
　　第 5 辑　(1995 年)
　　第 6 辑　纪念改革开放二十周年　(1998 年)
　　第 7 辑　纪念新中国人民政协成立五十周年　(1999年)

　　六安县文史　政协安徽省六安县委员会编印,32 开书型,不定期,内部交流或公开发行。

　　第 1 辑　(安徽人民出版社,2004 年版)

裕安区

　　六安县文史资料　政协安徽省六安县委员会编印,32 开书型,不定期,内部交流。

　　第 1 辑　(1987 年)
　　第 2 辑
　　第 3 辑
　　第 4 辑
　　第 5 辑
　　第 6 辑
　　第 7 辑

　　裕安文史资料　政协安徽省六安市裕安区委员会编印,32 开书型,不定期,内部交流。

　　第 1 辑　(2002 年)
　　第 2 辑　(2006 年)
　　第 3 辑　(2007 年)

寿县

　　寿县文史资料　政协安徽省寿县委员会文史资料研究委员会编印,32 开书型,不定期,内部交流。

　　第 1 辑　(1986 年)

霍邱县

　　霍邱文史资料　政协安徽省霍邱县委员会学习和文史委员会编印,32 开书型,不定期,内部交流或公开发行。

　　第 1 辑　(1985 年)
　　第 2 辑　(1986 年)
　　第 3 辑　(1987 年)

霍邱人物名录　（黄山书社,1994 年版）
第 4 辑　李特资料专辑　（1996 年）

舒城县

舒城文史一叶　政协安徽省舒城县文史资料委员会编印,16 开书型,不定期,内部交流。
2007 年 1—3 期
舒城文史资料　政协安徽省舒城县委员会文史资料研究委员会编印,32 开书型,不定期,内部交流。
第 1 辑　（1986 年）
第 2 辑
第 3 辑
第 4 辑　（2008 年）

金寨县

金寨文史　政协安徽省金寨县委员会编印,32 开书型,不定期,内部交流。
第 1 辑　（1984 年）
第 2 辑　纪念抗日战争胜利四十周年　（1985 年）
第 3 辑　（1986 年）
第 4 辑　（1987 年）
第 5 辑　（1988 年）
第 6 辑　（1990 年）
第 7 辑　（1992 年）
第 8 辑　（1993 年）
第 9 辑　（1995 年）
第 10 辑　（1996 年）

霍山县

霍山文史资料选辑　政协安徽省霍山县委员会文史资料委员会编印,32 开书型,不定期,内部交流或公开发行。
第 1 辑　（安徽人民出版社,1992 年版）

巢湖市

巢湖文史　政协安徽省巢湖市委员会文史资料委员会编印,32 开书型,不定期,内部交流或公开发行。
巢湖卷　（上、下册）（《安徽文史资料全书》第 15 卷,安徽人民出版社,2007 年版）

居巢区

居巢文史资料　政协安徽省巢湖市居巢区文史委员会编印,32 开书型,不定期,内部交流或公开发行。
冯玉祥将军　（1988 年）
张治中将军　（与安徽省政协文史资料委员会合编,中国文史出版社,1990 年版）

居巢文史　（2006 年）

庐江县

庐江文史资料　政协安徽省庐江县委员会编印,32 开书型,不定期,内部交流。
之一　潜川古今　（第一集）（1985 年）
之二　潜川新篇　（1997 年）
之三　政协委员　（1999 年）

无为县

无为文史资料　政协安徽省无为县委员会文史资料委员会编印,32 开书型,不定期,内部交流。
第 1 辑
第 2 辑　（1995 年）
第 3 辑

含山县

含山文史资料　政协安徽省含山县委员会文史资料委员会编印,32 开书型,不定期,内部交流。
第 1 辑　举世震惊的凌家滩遗址　（1988 年）
第 2 辑　大城墩遗址考古发掘亲历记
第 3 辑　千佛舍利褒山大塔考察札记
第 4 辑　昭关伍相祠修复亲历记
第 5 辑　如诗似画太湖山
第 6 辑　烟岚翠霭褒禅山
第 7 辑　华阳洞探寻纪实
第 8 辑　仙风道骨白石洞
第 9 辑　东关三国英雄传奇

和县

和县文史资料　政协安徽省和县委员会文史资料委员会编印,32 开书型,不定期,内部交流。
第 1 辑　（1985 年）
第 2 辑　（1986 年）
第 3 辑　（1987 年）
增刊　政协诗园　（1988 年）
第 4 辑　（1992 年）
第 5 辑
第 6 辑　和县人物　（2001 年）
第 7 辑　（2006 年）

池州市

池州文史　政协安徽省池州市委员会编印,32 开书型,不定期,内部交流或公开发行。
池州卷　（《安徽文史资料全书》第 16 卷,安徽人民出

版社,2007 年版)

贵池区

贵池文史资料　政协安徽省贵池委员会文史委员会编印,16 开刊型改 32 开书型,油印,不定期,内部交流。

第 1 辑　(1984 年)
第 2 辑　(1985 年)
第 3 辑　(1987 年)
贵池政协志　(1989 年)
第 4 辑　(1994 年)
第 5 辑　(1996 年)
第 6 辑　贵池建市十年　(1998 年)
第 7 辑　贵池近现代史料汇编　(2008 年)

东至县

东至文史资料　政协安徽省东至县委员会文史资料研究委员会编印,32 开书型,不定期,内部交流或公开发行。

第 1 辑　(1985 年)
第 2 辑　(1989 年)
许世英　(与政协安徽省文史资料委员会合编,中国文史出版社,1989 年版)

石台县

石台文史资料　政协安徽省石台县委员会文史资料研究委员会编印,32 开书型,不定期,内部交流。

第 1 辑
石台古今　(2006 年)

青阳县

青阳史话　政协安徽省青阳县委员会文史资料委员会编印,32 开书型,不定期,内部交流。

第 1 辑　地方革命斗争史料专辑　(1984 年)
第 2 辑　(1985 年)
第 3 辑　(1986 年)
第 4 辑　(1988 年)
第 5 辑　民国时期史料　(1921—1949 年)(1991 年)
第 6 辑　建国初期史料　(1949—1957 年)(1996 年)
委员风采专辑　(2000 年)

宣城市

宣州文史资料　政协安徽省宣州市委员会文史资料委员会编印,32 开书型,不定期,内部交流。

第 1 辑　(1988 年)
第 2 辑　(1990 年)
第 3 辑　(1993 年)

第 4 辑
第 5 辑
第 6 辑　(1997 年)
宣城名人故居　(2004 年)
宣城名胜古迹　(2005 年)
宣城卷　(《安徽文史资料全书》第 17 卷,安徽人民出版社,2006 年版)
宣城历代名人
宣城掌故

宣州区

宣州文史资料　(宣城县文史资料)　政协安徽省宣州市委员会文史资料研究委员会编印,32 开书型,不定期,内部交流。

第 1 辑　(1985 年)
第 2 辑　(1986 年)
第 3 辑　(改现名)(1988 年)

宁国市

宁国文史资料　(宁国文史资料选辑)　政协安徽省宁国县委员会文史资料委员会编印,32 开书型,不定期,内部交流。

第 1 辑　(1984 年)
第 2 辑　(1985 年)
第 3 辑　(1986 年)
第 4 辑　(1988 年)
第 5 辑　(改现名)(1992 年)
第 6 辑
第 7 辑　(2006 年)
特辑　古代诗文话宁国　(2007 年)
第 8 辑　(2008 年)

郎溪县

郎溪文史资料　政协安徽省郎溪县委员会编印,32 开书型,不定期,内部交流。

第 1 辑　(1986 年)
第 2 辑　(1989 年)
第 3 辑　(1992 年)
第 4 辑

广德县

广德文史　(广德文史资料)　政协安徽省广德县委员会文史资料委员会编印,32 开书型,不定期,内部交流。

第 1 辑　(1986 年)
第 2 辑　(1988 年)
第 3 辑　(1990 年)

第 4 辑　张文藻　（1991 年）

第 5 辑　（改现名）　纪念抗日战争暨世界反法西斯战争胜利五十周年　（1995 年）

泾县

泾县文史资料选辑　政协安徽省泾县委员会学习文史资料委员会编印,32 开书型,不定期,内部交流。

第 1 辑　（1985 年）

第 2 辑　（1986 年）

第 3 辑　（1988 年）

第 4 辑　茂林春秋专辑　（1994 年）

第 5 辑　辉煌的五十年——庆祝中华人民共和国成立五十周年　（1999 年）

旌德县

旌德文史资料　政协安徽省旌德县委员会文史资料委员会编印,32 开书型,不定期,内部交流。

第 1 辑　（1987 年）

第 2 辑　（1992 年）

第 3 辑　（1998 年）

绩溪县

绩溪文史　（绩溪文史资料）　政协安徽省绩溪县委员会文史学习委员会编印,32 开书型,不定期,内部交流。

第 1 辑　（1985 年）

第 2 辑　（1988 年）

第 3 辑　（1993 年）

第 4 辑　（改现名）（1996 年）

福 建 省

福建文史资料 政协福建省委员会文史资料委员会编印,32 开书型,不定期,内部交流或公开发行。

第 1 辑 (福建人民出版社,1962 年版)

第 2 辑 (福建人民出版社,1963 年版)

第 3 辑 (福建人民出版社,1964 年版)

第 4 辑 (福建人民出版社,1980 年版)

第 5 辑 (福建人民出版社,1981 年版)

第 6 辑 辛亥革命专辑 (福建人民出版社,1981 年版)

第 7 辑 (福建人民出版社,1983 年版)

"福建事变"资料选编 (文史资料丛书)(福建人民出版社,1983 年版)

第 8 辑 海军史料专辑 (福建人民出版社,1984 年版)

回忆陈嘉庚——纪念陈嘉庚先生诞辰一百一十周年(中国文史资料出版社,1984 年版)

第 9 辑 (1985 年)

第 10 辑 闽海关史料专辑 (1985 年)

第 11 辑 (1985 年)

第 12—14 辑 (1986 年)

第 15 辑 船政史料专辑 (与政协福州市马尾区文史资料委员会合编,1986 年)

第 16 辑 (1987 年)

第 17 辑 盐务与邮政 (1987 年)

第 18 辑 军统在福建 (1987 年)

陈仪生平及被害内幕 (与全国政协文史资料研究委员会等合编,中国文史出版社,1987 年版)

第 19 辑 人物述林 (1988 年)

第 20 辑 (1988 年)

第 21 辑 法曹内外 (1989 年)

第 22 辑 政坛浮生录——林知渊自述 (1989 年)

第 23—24 辑 (1990 年)

第 25 辑 (1991 年)

第 26 辑 学海风帆——科技、文化名人忆述 (中国文史出版社,1991 年版)

第 27 辑 纪念福建光复八十周年 (1991 年)

第 28 辑 C.C.、中统在闽内幕纪实 (1992 年)

第 29 辑 天文之星——福建籍著名天文学家 (福建近现代人物史料)(1992 年)

汪伪群奸祸国纪实 (华东七省市政协文史工作协作会议编,中国文史出版社,1993 年版)

第 30 辑 易学宗师黄寿祺 (1993 年)

第 31 辑 敬业路上——人物述林 (1993 年)

第 32 辑 共展风采 再造辉煌——纪念福建政协成立四十周年 (1994 年)

福建省各级政协文史资料咨询指南 (刘德城主编,1994 年)

第 33 辑 闽南民军 (上)——事件、人物 (一)(1995 年)

第 34 辑 纪念抗日战争胜利五十周年 (福建抗战史料专辑)(1995 年)

第 35 辑 闽西农村调查日记 (1945 年 4 月—7 月)(章振乾著,1996 年)

俞天桂教授纪念集 (1996 年)

第 36 辑 建国后史料专辑 (1997 年)

第 37 辑 海峡情——闽台文化交流纪实 (1997 年)

岁月留痕 (文史资料汇编)(福建人民出版社,1999 年版)

春华秋实录 (福建文化史料 1949—1998)(福建人民出版社,1999 年版)

建国初期留学生归国纪事 (与全国政协文史委员会合编,中国文史出版社,1999 年版)

龙飞虎纪念文集

闽南民军 (福建民军史料选编)(与政协泉州市文史资料委员会合编,福建人民出版社,2001 年版)

福建省各级政协文史资料咨询指导 (续编)(2003 年)

八闽文物摄影作品选集 (海潮摄影艺术出版社,2004 年版)

福建摩崖石刻精品 (福建人民出版社,2004 年版)

福建名人故居 (上、下册)(福建人民出版社,2006 年版)

福建历史文化名镇(乡)名村 (福建人民出版社,2007 年版)

文史资料选编 政协福建省委员会文史资料委员会编,福建人民出版社出版。

第一卷 教育编 (2000 年版)

第二卷 社会民情编 (新中国成立前史料)(2001 年版)

第三卷 文化篇 (2001 年版)

第四卷 政治军事编 (第一、二、三、四、五册)(2002 年版)

第五卷 基督教天主教编 (2003 年版)

经济工商编

福州市

福州文史资料选编 政协福建省福州市委员会文史资料研究工作组编印,32 开书型,不定期,内部交流。

第 1—5 辑 (1961—1962 年)

福州文史资料选辑 政协福建省福州市委员会文史资料委员会编印,32 开书型,不定期,内部交流或公开发行。

福建地方志 (上、下册)(1979 年)

第 1 辑 辛亥革命专辑 (1981 年)

第 2 辑 （1983 年）

第 3 辑 甲申马江战役专辑 （1984 年）

第 4 辑 纪念抗日战争胜利四十周年特辑 （1985年）

第 5 辑 （1986 年）

第 6 辑 纪念孙中山先生诞辰一百二十周年专辑（1986 年）

第 7 辑 （1987 年）

第 8 辑 （1989 年）

第 9 辑 纪念国庆四十周年和福州解放四十周年专辑 （1989 年）

第 10 辑 （1990 年）

第 11 辑 （1992 年）

第 12 辑 （1993 年）

第 13 辑 （1994 年）

第 14 辑 纪念抗日战争胜利五十周年专辑 （1995年）

第 15 辑 纪念马尾船政一百三十周年专辑 （1996年）

第 16 辑 （1997 年）

第 17 辑 纪念中共十一届三中全会二十周年专辑（1998 年）

第 18 辑 庆祝中华人民共和国成立五十周年、人民政协成立五十周年、福州解放五十周年专辑(1999 年)

第 19 辑 纪念沈葆桢诞辰一百八十周年特辑 （2000年）

第 20 辑 庆祝中国共产党成立八十周年、纪念辛亥革命九十周年专辑 （2001 年）

第 21 辑 文化篇 （2002 年）

第 22 辑 船政文化篇（2003 年）

福州十邑古今楹联集粹 （2004 年）

第 23 辑 福州名人故居 （中国社会出版社，2004 年版）

专辑：岁月如歌——福州政协五十年 （上、下册）(2005 年）

第 24 辑 （2006 年）

福州文史集粹 （上、下册）（海潮摄影出版社，2006年版）

福州古树史话 （海潮摄影出版社，2007 年版）

冠军之路 （海潮摄影出版社，2007 年版）

闽台关系史迹

闽台交流与闽籍台胞寻根谒祖

闽剧史话 （2008 年）

摩崖石刻 （2008 年）

文史通讯 政协福建省福州市委员会文史资料委员会编印，16 开刊型，不定期，内部交流。

第 1—4 期

2006 年第 1—4 期 （总第 5—8 期）

榕台关系丛书 政协福建省福州市委员会文史资料委员会编，海潮摄影艺术出版社，2008 年版。

政治社会篇

商贸经济篇

教育文化篇

宗教信仰篇

鼓楼区

鼓楼文史 政协福建省福州市鼓楼区委员会文史资料委员会编印，32 开书型，不定期，内部交流。

第 1 辑 （1988 年）

第 2—3 辑 （1991 年）

第 4 辑 （1992 年）

第 5 辑

第 6 辑

台江区

台江文史资料 （台江文史） 政协福建省福州市台江区委员会文史资料委员会编印，32 开书型，不定期，内部交流。

第 1 辑 （1986 年）

第 2 辑 （1986 年）

第 3 辑 （1987 年）

第 4 辑 （1988 年）

第 5 辑 （改现名）（1989 年）

第 6 辑 （1990 年）

第 7 辑 （1991 年）

第 8 辑 （1992 年）

第 9 辑 （1993 年）

第 10 辑 （1994 年）

第 11 辑 纪念抗战胜利五十周年专辑 （1997 年）

第 12 辑 （1996 年）

第 1—12 辑合订本 （2006 年）

第 13 辑 庆祝香港回归祖国专辑 （1997 年）

第 14 辑 纪念福州建城 2200 年专辑 （1998 年）

第 15 辑 台江春潮 （1999 年）

第 16 辑 台江商贸履痕 （2000 年）

第 17 辑 台江工贸纵横 （2001 年）

第 18 辑 戏剧曲艺篇 （2004 年）

第 19 辑 中医药篇 （2006 年）

第 20 辑 历史文化选萃 （2007 年）

仓山区

仓山文史 （仓山文史资料） 政协福建省福州市仓山区委员会编印，16 开刊型改 32 开书型，油印，改不定期，内部交流。

第 1 辑 （1985 年）

第 2 辑 （1986 年）

第 3 辑 （1987 年）

第 4 辑　（改现名）（1988 年）

第 5 辑　（1990 年）

第 6 辑　纪念辛亥革命八十周年专集　（1991 年）

第 7 辑　（1993 年）

第 8 辑　回归颂　（诗集）（1997 年）

第 9 辑　本纪行　（诗集）（1999 年）

第 10 辑　中流砥柱　（诗集）（2001 年）

第 11 辑　仓山历史文化萃编　（文史丛书）（2003 年）

第 12 辑　仓山政协志　（文史丛书）（2004 年）

第 13 辑　仓山宗教文化　（文史丛书）（2004 年）

马尾区

马尾文史　政协福建省福州市马尾区委员会文史组编印,16 开刊型,油印,不定期,内部交流。

第 1—2 期　（1986 年）

船政史料专辑　（暨《福建文史资料》第 25 辑,1986 年）

第 3 期　（1987 年）

第 4 期　（1988 年）

第 5 期　（1989 年）

增刊　马尾五十年

马尾文史资料　政协福建省福州市马尾区委员会文史教卫体文史资料委员会编印,32 开书型,不定期,内部交流。

马尾风光　（1985 年）

张如福散文集

张如福摄影集

郭有廉摄影作品选

张边铨论文集

调研报告汇编

第 1 辑　（1991 年）

船政文化　（陈道章著,2003 年）

马尾古今楹联选　（2005 年）

晋安区

福州郊区文史资料　政协福建省福州市郊区委员会文史资料委员会编印,32 开书型,不定期,内部交流。

陈绍宽一生　（1986 年）

严复与家乡　（1989 年）

象园瑞云寺

第 1 辑

第 2 辑

第 3 辑

第 4 辑

第 5 辑　郊区水利史略　（1992 年）

第 6 辑　妙峰祥寺

第 7 辑　福州郊区政协史谭

第 8 辑　吴石将军英魂略

第 9 辑　（1995 年）

福清市

文史资料选辑　政协福建省福清县委员会文史资料工作委员会编印,16 开刊型,油印,不定期,内部交流。

第 1 期　（1962 年）

第 2 期　（1963 年）

第 3 期　（1964 年）

第 4 期　（1965 年）

福清文史资料　政协福建省福清县委员会文史资料工作委员会编印,16 开刊型改 32 开书型,不定期,内部交流。

第 1 辑　（1982 年）

第 2 辑　（1983 年）

第 3 辑　（1984 年）

第 4 辑　（1985 年）

第 5 辑　（1986 年）

第 6 辑　（1987 年）

第 7 辑　（1988 年）

第 8 辑　（1989 年）

第 9 辑　（1990 年）

第 10 辑　（1991 年）

第 11 辑　（1992 年）

第 12 辑　（1993 年）

第 13 辑　（1994 年）

第 14 辑　（1995 年）

第 15 辑　（1996 年）

第 16 辑　（1997 年）

第 17 辑　（1998 年）

第 18 辑　（1999 年）

第 19 辑　（2000 年）

第 20 辑　（2001 年）

第 21 辑　（2002 年）

第 22 辑　（2003 年）

第 23 辑　（2004 年）

第 24 辑　（2005 年）

第 25 辑　（2006 年）

福清政协五十年　（2006 年）

长乐市

长乐文史资料　政协福建省长乐市委员会文史资料工作委员会编印,32 开书型,不定期,内部交流或公开发行。

第 1 辑　（1983 年）

第 2 辑　（1986 年）

第 3 辑　（1987 年）

第 4 辑　（1992 年）

第 5 辑　纪念抗日战争胜利五十周年专辑　（1995 年）

第 6 辑 （1996 年）

风雨同舟 （庆祝人民政协成立五十周年、长乐政协成立四十三周年专辑,1999 年）

第 7 辑 （2000 年）

第 8 辑 长乐风光 （2002 年）

第 9 辑

第 10 辑 海滨闻见录 （牧豕斋文存之二）（香港文学报社出版公司,2004 年版）

第 11 辑

第 12 辑

第 13 辑 （2005 年）

长乐古今谈 （长乐文史资料） 政协福建省长乐市委员会文史资料委员会编印,32 开书型,内部交流。

第 1 辑 （1989 年）

第 2 辑 （1997 年）

闽侯县

闽侯文史资料 政协福建省闽侯县委员会文史资料委员会编印,32 开书型,不定期,内部交流。

第 1 辑 （1984 年）

第 2 辑 （1985 年）

第 3 辑 （1987 年）

第 4 辑 （1990 年）

第 5 辑 （1992 年）

第 6 辑 （1995 年）

第 7 辑 （1997 年）

连江县

连江文史资料 政协福建省连江县委员会文史资料研究委员会编印,32 开书型,不定期,内部交流。

第 1·2—3 辑 （1982 年）

第 4 辑 （1983 年）

第 5 辑 （1985 年）

第 6 辑 （1989 年）

第 7 辑 （1989 年）

第 8 辑 庆祝连江解放四十周年专辑 （1991 年）

第 9·10 辑 陈第诞辰四百五十周年纪念会海峡两岸陈第学术研讨会专辑 （1992 年）

第 10 辑

第 11 辑

第 12 辑

第 13 辑 游山玩水话连江 （2000 年）

第 14 辑 文化、体育篇 （2003 年）

罗源县

罗源文史资料 政协福建省罗源县委员会文史和学习宣传委员会编印,32 开书型,不定期,内部交流。

新修罗源县志 （清·庐凤主修）（1984 年）

第 1 辑 （1985 年）

第 2 辑 林可彝烈士专辑 （1986 年）

第 3 辑 （1989 年）

第 4 辑 （1990 年）

第 5 辑 （1991 年）

第 6 辑 （1993 年）

第 7 辑 （1996 年）

第 8 辑 （1998 年）

第 9 辑 （2000 年）

第 10 辑 （2002 年）

第 11 辑 （2004 年）

第 12 辑 罗源楹联专集 （2006 年）

第 13 辑 （2008 年）

闽清县

闽清文史资料 政协福建省闽清县委员会文史资料委员会编印,32 开书型,不定期,内部交流。

台山公园 （1980 年）

第 1 辑 黄乃棠专辑 （1982 年）

第 2 辑 （1984 年）

第 3 辑 古陶瓷专辑 （1984 年）

第 4 辑 （1985 年）

第 5 辑 （1986 年）

第 6 辑 许显时专辑 （1991 年）

第 7 辑 纪念黄乃裳诞辰一百五十周年专辑 （1999 年）

第 8 辑 刘子崧教授九十诞辰纪念专辑 （2000 年）

第 9 辑 池步洲回忆录 （2001 年）

第 10 辑 （2002 年）

第 11 辑 （2003 年）

第 12 辑 （2004 年）

第 13 辑 （2005 年）

第 14 辑 闽清祠堂 （2006 年）

第 15 辑 近代伟人黄乃裳 （香港天马出版有限公司,2007 年版）

第 16 辑 （中国文史出版社,2007 年版）

永泰县

永泰文史资料 政协福建省永泰县委员会文史组编印,32 开书型,不定期,内部交流。

第 1 辑 永泰县解放三十五周年纪念专辑 （1984 年）

第 2 辑 （1985 年）

第 3 辑 （1986 年）

第 4 辑

第 5 辑

第 6 辑

第 7 辑

第 8 辑

第 9 辑

第 10 辑

第 11 辑　永阳风韵　（2004 年）

平潭县

平潭文史资料　政协福建省平潭县委员会学习文史委员会编印,32 开书型,不定期,内部交流。

第 1 辑　（1982 年）

第 2—3 辑　（1983 年）

第 4 辑

第 5 辑

第 6 辑

第 7 辑　海岛胜景说平潭　（庆祝平潭建县八十周年丛书之三）(1992 年)

第 8 辑

第 9 辑　海坛抗日风云录　（1995 年）

第 10 辑

第 11 辑

第 12 辑　（1999 年）

第 13 辑

第 14 辑　北伐功臣刘尧宸　（2005 年）

第 15 辑

第 16 辑

第 17 辑　海防元勋詹功显　（2008 年）

南平市

南平市文史资料　政协福建省南平市委员会文教卫体和学习文史资料委员会编印,32 开书型,不定期,内部交流或公开发行。

第 1 辑　南平今昔　（1996 年）

第 2 辑　抗战时期的闽北　（1997 年）

第 3 辑　走向光明——闽北支前与剿匪　（1998 年）

第 4 辑　情系山村——闽北插队知青纪事　（1998 年）

第 5 辑　难忘岁月——闽北小三线建设实录　（1999 年）

第 6 辑　世界遗产武夷山　（暨《武夷山文史资料》第 12 辑,福建人民出版社,2000 年版）

第 7 辑　风雨同舟　（2001 年）

第 8 辑　南平宗教史略　（2003 年）

第 9 辑　南平文物　（2004 年）

第 10 辑　南平历史名人　（2005 年）

第 11 辑　闽北人在海外　（2006 年）

第 12 辑　委员风采录　（2007 年）

闽北水利水电　（2008 年）

第 13 辑　闽北戏曲　（2008 年）

延平区

延平文史资料　（**南平文史资料**）　政协福建省南平市委员会文史资料委员会编印,16 开刊型改 32 开书型,不定期,内部交流。

第 1 期　（1981 年）

第 2—3 期　（1982 年）

第 4 期　（1983 年）

南平卅五年　（1984 年）

第 5—6 期　（1985 年）

第 7 期　剿匪·反霸·土改专辑　（1986 年）

第 8 期　（1987 年）

第 9 期　闽北水陆交通概况专辑　（1988 年）

第 10 期　（1989 年）

第 11 期　（1990 年）

第 12 期　（1991 年）

第 13 期　（1992 年）

第 14 期　（1993 年）

游酢研究　（1993 年）

第 15 期　（1994 年）

第 16 辑　（改现名）　延平政协四十年　（1996 年）

第 17 辑　延平胜迹　（1998 年）

邵武市

邵武文史资料选辑　（**邵武文史资料**）　政协福建省邵武市委员会学习和文史委员会编印,16 开刊型改 32 开书型,不定期,内部交流。

第 1 辑　（1982 年）

第 2 辑　（1983 年）

第 3—4 辑　（改现名）(1984 年)

第 5—6 辑　（1985 年）

第 7 辑　（1986 年）

第 8 辑　（1987 年）

第 9 辑　（1989 年）

第 10 辑　和平专辑　（1989 年）

第 11 辑　（1990 年）

第 12 辑　（1991 年）

第 13 辑　（1992 年）

第 14 辑　工商专辑　（1993 年）

第 15 辑　（1996 年）

第 16 辑　邵武政协四十年专辑　（1996 年）

第 17 辑　（1997 年）

第 18 辑　（2000 年）

第 19 辑　（2001 年）

第 20 辑　（2002 年）

第 21 辑　和平古镇专辑　（2003 年）

第 22 辑　（2005 年）

第 23 辑　（2007 年）

第1—4辑 （重印版）（2008年）

武夷山市

武夷文史资料 **（崇安县文史资料）** 政协福建省武夷山市委员会文史办公室编印，16开刊型改32开书型，不定期，内部交流或公开发行。

第1—2辑 （1982年）
第3辑 （1983年）
第4辑 （1984年）
第5辑 （1985年）
第6辑 （1986年）
第7辑 （1987年）
第8辑 （1988年）
第9辑 政协志专辑 （1989年）
武夷奇茗 （海潮摄影艺术出版社，1990年版）
第10辑 （改现名） 茶业专辑 （1990年）
第11辑 摩岩石刻汇编 （1993年）
第12辑 世界遗产武夷山 （暨《南平文史资料》第6辑，福建人民出版社，2000年版）
第13辑 走向世界的武夷山 （2002年）
第14辑 历代名人与武夷山 （2004年）
第15辑 武夷茶经 （科学出版社，2008年版）

建瓯市

建瓯文史资料 政协福建省建瓯县委员会文史资料委员会编印，32开书型，不定期，内部交流或公开发行。

第1辑 （1980年）
第2辑 （1981年）
第3辑 （1982年）
第4辑 （1983年）
第5—6辑 （1984年）
第7辑 （1985年）
第8辑 议政史专辑 （1986年）
第9辑 工商资料专辑 （1986年）
第10辑 （1987年）
第11辑 抗日战争专辑 （1987年）
第12辑 名胜文物专辑 （1988年）
第13辑 文化专辑 （1988年）
第14辑 （1989年）
第15辑 （1990年）
第16辑 （1991年）
第17辑 （1992年）
第18辑 （1993年）
第19辑 （1994年）
第20辑 （1995年）
特辑 建瓯政协四十年——向建瓯建县一千八百周年献礼 （1996年）
第21辑 （1997年）

第22辑 （1998年）
第23辑 （1999年）
建瓯交通旅游图 （福建省地图出版社，1999年版）
第24辑 （2000年）
第25辑 （2002年）
第26辑 （2004年）
第27辑 建瓯名人选辑 （2005年）

建阳市

建阳文史资料 政协福建省建阳县委员会文史委员会编印，16开刊型改32开书型，不定期，内部交流或公开发行。

第1辑 （1982年）
第2—3辑 （1983年）
第4辑 （1984年）
第5辑 （1985年）
第6辑 纪念宋慈专辑 （1987年）
第7辑 （1987年）
第8辑 （1988年）
第9辑 建阳解放四十年 （1989年）
第10辑 （1989年）
第11辑 （1990年）
第12辑 （1991年）
第13辑 抗战专辑 （1992年）
第14辑 大潭书——中国一个县的历史 （刘建著，文物出版社，1994年版）
第15辑 建阳政协四十年 （1995年）
第16辑 朱熹在建阳 （1997年）
第17辑 大野躬耕 （福建报告文学丛书）（刘建著，海峡文艺出版社，1998年版）
第18辑 岁月留影 （老照片）（1999年）
第19辑 南阙里纪事——中国一个县的教育史话 （刘建著，华艺出版社，2001年版）
第20辑 税赋非常档案——建阳近代收据票 （税票）研究 （林漤著，2003年）
第21辑 建阳大典 （2006年）

顺昌县

顺昌文史资料 政协福建省顺昌县委员会文史资料委员会编印，16开刊型改32开书型，不定期，内部交流。

第1辑 （1982年）
第2辑 （1983年）
第3辑 （1985年）
第4辑 （1986年）
第5辑 （1987年）
第6辑 （1988年）
第7辑 洋口专辑 （1989年）
第8辑 政协成立十周年专辑 （1990年）

第9辑 （1991年）
第10辑 （1992年）
第11辑 英华在洋口 （1938—1948）（1993年）
第12辑 顺昌当代名人录 （1995年）
第13辑 顺昌历代诗词选 （1995年）
第14辑 （1996年）
第15辑 顺昌剿匪纪实 （1997年）
第16辑 （1998年）
第17辑 大山回旋曲 （2001年）
第18辑 顺昌政协二十年 （2002年）
第19辑 岚下村史 （2004年）
第20辑 顺昌政事见闻 （2005年）
古镇元坑 （2008年）
洋墩文史资料 福建省顺昌县洋墩乡委员会编印,32开书型,不定期,内部交流。
第1辑 （1986年）
第2辑 （1987年）
仁寿文史资料 福建顺昌县仁寿乡委员会编印,32开书型,不定期,内部交流。
第1辑 （1986年）
第2辑 （1987年）

浦城县

浦城文史资料 政协福建省浦城县委员会文史资料委员会编印,32开书型,不定期,内部交流。
第1辑 （1981年）
第2辑 （1982年）
第3辑 （1983年）
第4辑 （1984年）
第5辑 （1985年）
第6辑 （1986年）
第7辑 （1987年）
第8辑 浦城工商史料 （1988年）
第9辑 （1988年）
第10辑 （1989年）
第11辑 （1990年）
第12辑 （1991年）
第13辑 （1992年）
第14辑 （1995年）
第15辑 浦城政协四十年 （1997年）
第16辑 纪念南方爱国诗人谢翱诞辰七百五十周年（1999年）
第17辑 叶荫专辑 （2002年）
第18辑 《大学衍文》(2005年)
第19辑 抗战烽火 （2005年）
第20辑 浦城知识青年上山下乡 （2006年）

光泽县

光泽文史资料 政协福建省光泽县委员会文史资料委员会编印,16开刊型转32开书型,不定期,内部交流。
第1辑 （1983年）
第2辑 （1984年）
第3辑 大事记 （1985年）
第4辑 （1985年）
第5辑 （1986年）
第6辑 （1987年）
第7辑 土改专辑 （1988年）
第8辑 （1989年）
第9辑 光泽解放四十年专辑 （1990年）
第10辑 （1990年）
第11辑 （1991年）
第12辑 （1992年）
第13辑 （1993年）
第14辑 （1994年）
第15辑 （1995年）
第16辑 （1996年）
第17辑 （1997年）
第18辑 （1998年）
第19辑 （1999年）
第20辑 （2000年）
第21辑 （2001年）
第22辑 （2003年）
大野留踪——省下放干部在光泽
第23辑 （2004年）
诗联荟萃
第24辑 （2006年）
光泽宗教
第25辑 （2008年）

松溪县

松溪文史 政协福建省松溪县委员会文史编辑室编印,32开书型,不定期,内部交流。
第1—3辑 （1981年）
第4—6辑 （1982年）
第7辑 （1984年）
第8—9辑 （1985年）
第9—12辑 （1986年）
松溪县剿匪斗争资料专辑 （1986年）
第13—14辑 （1987年）
第15辑 （1988年）
第16辑 （1989年）
第17辑 （1990年）
第18辑 （1991年）
第19辑 纪念中华人民共和国成立四十三周年

（1993 年）

　　第 20 辑 （1993 年）

　　第 21 辑 （1994 年）

　　第 22 辑 纪念中国抗日战争和世界反法西斯战争胜利五十周年 （1995 年）

　　第 23 辑 （1996 年）

　　第 24 辑 （1997 年）

　　第 25 辑 （1998 年）

　　第 26 辑 （1999 年）

　　第 27 辑 （2001 年）

　　第 28 辑 （2005 年）

政和县

政和文史资料 （政和文史资料、政和县文史资料）政协福建省政和县委员会文史资料研究委员会编印,16 开刊型改 32 开书型,不定期,内部交流。

　　第 1—2 辑 （1982 年）

　　第 3 辑 （1983 年）

　　第 4 辑 （1984 年）

　　第 5 辑 （改名）（1986 年）

　　第 6 辑 民国期间史料专辑 （1988 年）

　　第 7 辑 （改现名）（1990 年）

　　第 8 辑 （1991 年）

　　第 9 辑 （1992 年）

　　第 10 辑 （1994 年）

　　第 11 辑 （2007 年）

　　第 12 辑

　　第 13 辑 （2008 年）

三明市

三明文史资料 政协福建省三明市委员会文史和学习委员会编印,16 开刊型改 32 开书型,不定期,内部交流或公开发行。

　　第 1 辑 （1984 年）

　　第 2—3 辑 （1985 年）

　　第 4 辑 （1986 年）

　　第 5 辑 （1987 年）

　　三明历代名人诗词选 （1987 年）

　　第 6 辑 （1988 年）

　　第 7 辑 （1989 年）

　　第 8 辑 （1990 年）

　　第 9 辑 （1991 年）

　　第 10 辑 闽师之源——"全闽师范——福建师范——永安师范——三明师范"校史资料专辑 （中国文史出版社,1992 年版）

　　三明市政协志 （1992 年）

　　第 11 辑 闽江源头星璀璨——沙溪流域水利水电史料专辑 （1993 年）

三明市政协志(续)（1995 年）

　　第 12 辑 金湖奇葩——泰宁梅林戏史料专辑 （1996 年）

　　第 13 辑 三明的庙宇 （1997 年）

　　第 14 辑 南下风云——中国人民解放军华东随军服务团战士在闽西北 （中国文史出版社,1998 年版）

　　第 15 辑 崛起 （中国文史出版社,2000 年版）

　　第 16 辑 时空留痕 （2001 年）

　　第 17 辑 三明文物考古与保护专辑 （中国南方"金字塔"）（福建人民出版社,2002 年版）

　　第 18 辑 三明宗祠集萃 （福建人民出版社,2004 年版）

　　第 19 辑 三明摩岩石刻 （福建美术出版社,2005 年版）

　　三明政协书画集 （2005 年）

　　第 20 辑 三明古建筑 （2006 年）

　　三明市政协志 （续）（2007 年）

　　三明旅游诗词 （上、下册）（海潮摄影艺术出版社,2007 年版）

　　迁明企业 （2008 年）

　　知青岁月

三明古建筑系列丛书 政协福建省三明市委员会文史和学习委员会编印。

　　三明古民居 （2008 年）

　　三明古塞堡

　　三明古村镇

　　三明古桥亭台阁

梅列区

梅列文史资料 政协福建省三明市梅列区委员会文史资料委员会编印,32 开书型,不定期,内部交流。

　　第 1 辑 （1991 年）

　　第 2 辑 （1993 年）

　　第 3 辑 科技专辑 （1995 年）

　　第 4 辑 教育专辑 （1999 年）

　　太史溪畔话梅列 （2001 年）

　　梅列区政协志 （1987—2002）（2002 年）

三元区

三元区文史资料 政协福建省三明市三元区委员会文史资料委员会编印,32 开书型,不定期,内部交流。

　　第 1 辑 （1990 年）

　　第 2—3 辑 （1991 年）

　　第 4—5 辑 （1992 年）

　　第 6 辑 （1993 年）

　　第 7 辑 （1994 年）

　　第 8 辑 （1995 年）

　　第 9 辑 （1996 年）

第 10 辑　（1997 年）
第 11 辑　（1998 年）
第 12 辑　（1999 年）
第 13 辑　（2000 年）
第 14 辑　（2001 年）

永安市

永安文史资料　政协福建省永安市委员会文史资料委员会编印,32 开书型改 16 开刊型再改 32 开书型,年刊,内部交流。

第 1 辑　（1982 年）
第 2 辑　（1983 年）
第 3 辑　（1984 年）
第 4 辑　（1985 年）
第 5 辑　（1986 年）
第 6 辑　（1987 年）
第 7 辑　抗日战争时期永安史料专辑　（1988 年）
第 8 辑　抗日战争时期永安史料专辑　（1989 年）
第 9 辑　（1990 年）
第 10 辑　（1991 年）
第 11 辑　（1992 年）
永安旅游诗词　（1992 年）
第 12 辑　（1993 年）
第 13 辑　（1994 年）
第 14 辑　（1995 年）
第 15 辑　（1996 年）
第 16 辑　（1996 年）
第 17 辑　（1998 年）
第 18 辑　（1999 年）
第 19 辑　（2000 年）
第 20 辑　（2001 年）
第 21 辑　（2002 年）
第 22 辑　（2003 年）
第 23 辑　（2004 年）
第 24 辑　（2005 年）
第 25 辑　（2006 年）
第 26 辑　（2007 年）
第 27 辑　（2008 年）

明溪县

明溪文史资料　政协福建省明溪县委员会文史资料编辑室编印,32 开书型,不定期,内部交流。

第 1 辑　（1983 年）
第 2 辑　（1984 年）
第 3 辑　（1985 年）
第 4 辑　（1987 年）
第 5 辑　（1988 年）
第 6 辑　（1989 年）

第 7 辑　纪念明溪县解放四十周年专辑　（1990 年）
第 8 辑　水利水电专辑　（1991 年）
第 9 辑　林业专辑　（1992 年）
第 10 辑　邮电专辑　（1993 年）
第 11 辑　（1995 年）
第 12 辑　（1996 年）
第 13 辑　（1997 年）
第 14 辑　（2001 年）
第 15 辑　（2003 年）
第 16 辑　（2008 年）

清流县

清流文史资料　政协福建省清流县委员会文史资料委员会编印,16 开刊型或 32 开书型,不定期,内部交流或公开发行。

第 1 辑　（1983 年）
第 2 辑　（1984 年）
第 3 辑　（1985 年）
第 4 辑　（1987 年）
清流古今　（1987 年）
第 5 辑　（1989 年）
第 6 辑　（1990 年）
第 7 辑　狐狸洞探古　（1991 年）
第 8 辑　（1992 年）
第 9 辑　（1993 年）
第 10 辑　（1994 年）
第 11 辑　广益之光——灵地小学八十周年校庆专辑（1995 年）
第 12 辑　著名大提琴家王连三　（1996 年）
第 13 辑　（1997 年）
第 14 辑　（1998 年）
第 15 辑　清流诗词　（2000 年）
第 16 辑　裴应章　（2001 年）
情舒沃野　（李祥光著,2002 年）
第 17 辑　清流民俗风情　（2003 年）
第 18 辑　清流旅游揽胜　（2004 年）
第 19 辑　清流民俗风情　（续集）（2006 年）
第 20 辑　（2007 年）
杨时研究文集　（福建人民出版社,2007 年版）

宁化县

宁化文史资料　政协福建省宁化县委员会提案文史办公室编印,32 开书型,不定期,内部交流。

第 1—2 辑　（1982 年）
第 3 辑　（1983 年）
第 4—5 辑　（1984 年）
第 6 辑　（1985 年）
第 7 辑　（1986 年）

第 8 辑　（1987 年）
第 9 辑　（1988 年）
第 10 辑　（1989 年）
第 11 辑　工商史料专辑　（1990 年）
第 12 辑　林业专辑（1991 年）
第 13 辑　（1992 年）
第 14 辑　（1993 年）
第 15 辑　（1994 年）
第 16 辑　（1996 年）
第 17 辑　侨台史料专辑　（1996 年）
第 18 辑　（1997 年）
第 19 辑　交通公路史料专辑　（1998 年）
第 20 辑　（1999 年）
第 21 辑　（2000 年）

大田县

大田文史资料　政协福建省大田县委员会文史资料委员会编印,32 开书型或 16 开刊型,不定期,内部交流。
第 1 辑　（1983 年）
第 2 辑　（1984 年）
第 3 辑　（1988 年）
第 4 辑　大田历代诗歌选注　（1989 年）
第 5 辑　（1990 年）
第 6 辑　（1991 年）
第 7 辑　（1992 年）
第 8 辑　大田民俗　（1993 年）
第 9 辑　桃源镇　（1994 年）
第 10 辑　大田水利水电专辑　（1995 年）
第 11 辑　（1996 年）
第 12 辑　大田林业专辑　（1997 年）
第 13 辑　太华镇专辑　（1998 年）
第 14 辑　科海光华——大田籍科技人才　（一）（1999 年）
第 15 辑　青春无悔——泉州知青　（一）（1999 年）
第 16 辑　园丁颂　（2000 年）
第 17 辑　巾帼赞　（2001 年）
第 18 辑　沧桑留痕　（2002 年）
第 19 辑　理财感怀　（2004 年）
第 20 辑　大田古建筑　（2005 年）
第 21 辑　闽台连氏渊源　（2006 年）
第 22 辑　千年一回　（2007 年）
第 23 辑　仙顶茶飘香　（2007 年）
第 24 辑　大田姓氏源流　（2008 年）

尤溪县

尤溪文史资料　政协福建省尤溪县委员会文史资料委员会编印,16 开刊型,不定期,内部交流或公开发行。
第 1 辑　（1982 年）

第 2 辑　（1983 年）
第 3—4 辑　（1984 年）
第 5 辑　（1986 年）
第 6 辑　（1987 年）
第 7 辑　（1988 年）
第 8 辑　（1989 年）
第 9 辑　朱熹研究资料专辑　（福建人民出版社,1990 年版）
第 10 辑　（1991 年）
第 11 辑　朱熹研究资料专辑　（续集）（1992 年）
第 12 辑　水利水电史料专辑　（1994 年）
第 13 辑　林业史料专辑　（1999 年）
第 14 辑　财政税务史料专辑　（1997 年）
第 15 辑　金融史料专辑　（1998 年）
第 16 辑　尤溪宗教大观　（2003 年）
第 17 辑　尤溪文物　（2005 年）
第 18 辑　社会习俗史料专辑　（2006 年）

沙县

沙县文史资料　政协福建省沙县委员会文史资料委员会编印,16 开刊型改 32 开书型,不定期,内部交流。
第 1 辑　（1982 年）
第 2 辑　（1983 年）
第 3 辑　（1984 年）
第 4 辑　（1985 年）
第 5 辑　（1986 年）
第 6 辑　（1987 年）
第 7 辑　（1988 年）
第 8 辑　（1989 年）
第 9 辑　（1990 年）
第 10 辑　（1991 年）
第 11 辑　（1992 年）
第 12 辑　人物专辑　（1992 年）
第 13 辑
第 14 辑
第 15 辑
第 16 辑
第 17 辑　（2000 年）
第 18 辑　诗词专辑　（2001 年）
第 19 辑　（2002 年）
第 20 辑
第 21 辑
第 22 辑
第 23 辑

将乐县

将乐文史资料　政协福建省将乐县委员会文史资料委员会编印,16 开刊型改 32 开书型,不定期,内部交流。

第 1 辑　（1982 年）
第 2 辑　（1984 年）
第 3 辑　宋朝理学家杨时专辑　（1985 年）
第 4 辑　名胜专辑　（1986 年）
第 5 辑　（1987 年）
第 6 辑　（1988 年）
第 7 辑　（1989 年）
第 8 辑
第 9 辑
第 10 辑　（1995 年）
第 11 辑　城乡建设专辑　（1996 年）
第 12 辑
第 13 辑　将乐历史名人研究——杨时学术研讨
（1998 年）
第 14 辑
第 15 辑　公安风云　（2000 年）
第 16 辑　（2003 年）
闽学鼻祖杨时　（2003 年）
将乐姓氏　（2005 年）

泰宁县

泰宁文史资料　政协福建省泰宁县委员会文史研究资
料委员会编印,32 开书型,不定期,内部交流。
第 1 辑　（1982 年）
第 2 辑　（1983 年）
第 3 辑　（1984 年）
第 1—3 辑选编合订本　（1990 年）
第 4 辑　（1986 年）
第 5 辑　（1987 年）
第 6 辑　名胜古迹专辑　（1988 年）
第 7 辑　（1990 年）
第 8 辑　金湖诗词集　（1990 年）
第 9 辑　纪念泰宁解放专辑　（上）（1990 年）
第 10 辑　纪念泰宁解放专辑　（下）（1991 年）
第 11 辑　（1991 年）
第 12 辑　水利水电专辑　（1992 年）
第 13—15 辑　（1993 年）
第 16 辑　基本完成社会主义改造时期专辑　（1994
年）
第 17 辑　状元邹应龙　（泰宁历史名人丛书）
（1995 年）
第 18 辑　（1996 年）
第 19 辑　（1997 年）
第 20 辑　杉阳诗荟　（1998 年）
第 21 辑　状元叶祖洽　（泰宁历史名人丛书）
（1999 年）
第 22 辑　天籁禅音　（金湖岩寺文化专辑）（2001
年）

建宁县

建宁文史资料　政协福建省建宁县委员会文史资料委
员会编印,32 开书型,不定期,内部交流。
第 1 辑　（1982 年）
第 2 辑　（1983 年）
第 3 辑　（1984 年）
第 4 辑　（1985 年）
第 5 辑　（1986 年）
第 6 辑　（1987 年）
第 7 辑　潘峰革命回忆录　（1987 年）
第 8 辑　绥城风云——建宁解放史话之一　（1988
年）
第 9 辑　饶山风雨——建宁解放史话之二　（1989
年）
第 10 辑　濉川风涛——建宁解放史话之三　（1990
年）
第 11 辑　（1992 年）
第 12 辑　（1993 年）
第 13 辑　（1995 年）
第 14 辑　（1996 年）
第 15 辑　（1998 年）
第 16 辑　（2000 年）
第 17 辑　（2001 年）
第 18 辑　（2002 年）
第 19 辑　张际亮年谱　（2003 年）

莆田市

莆田市文史资料　政协福建省莆田市委员会学习宣传
和文史资料委员会编印,32 开书型,定期,内部交流。
第 1 辑　（1985 年）
第 2 辑　（1986 年）
第 3 辑　（1987 年）
第 4 辑　（1989 年）
第 5—6 辑　（1990 年）
第 7 辑　（1991 年）
第 8 辑　（1993 年）
第 9 辑　（1994 年）
第 10 辑　（1995 年）
第 11 辑　（1996 年）
第 12 辑　（1997 年）
第 13 辑　（1998 年）
第 14 辑　老照片专辑　（1999 年）
第 15 辑　老字号专辑　（2000 年）
第 16 辑　莆仙话——莆仙方言资料专辑　（2001 年）
第 17 辑　老民居　（2003 年）
第 18 辑　老一辈　（2004 年）
莆仙摩崖题刻　（2005 年）

第 19 辑　蒲仙戏　（2006 年）
第 20 辑　（2007 年）
第 21 辑　莆田体育百年　（2008 年）

城厢区

莆田市城厢区政协文史资料　政协福建省莆田市城厢区委员会文史资料研究委员会等编印,32 开书型,不定期,内部交流。
第 1 辑　"空军诗人"陈禅心参加重庆国共合作抗日文史资料汇编　（1994 年）
第 2 辑　十月集　（1994 年）
第 3 辑
第 4 辑
第 5 辑
第 6 辑　（1999 年）
第 7 辑　（2000 年）

涵江区

涵江文史资料　政协福建省莆田市涵江区委员会文史资料委员会编印,32 开书型,不定期,内部交流。
第 1 辑　（1992 年）
第 2 辑　（1993 年）
第 3 辑　（1994 年）
第 4 辑　（1995 年）
第 5 辑　（1996 年）
第 6 辑　（1997 年）
第 7 辑　（1999 年）
第 8 辑　（2000 年）
第 9 辑　（2001 年）
第 10 辑　（2003 年）
第 11 辑　（2004 年）
第 12 辑　（2004 年）
第 13 辑　（2005 年）
第 14 辑　（2006 年）

荔城区

莆田文史资料　政协福建省莆田县委员会编印,32 开书型,不定期,内部交流。
第 1—2 辑　（1981 年）
第 3—4 辑　（1982 年）
第 5 辑　（1983 年）
第 6 辑　地方史论丛专辑　（1983 年）
第 7 辑　（1984 年）
第 8 辑　工商专辑　（1985 年）
第 9 辑　莆田方言研究专辑　（第 1 辑上册）　（1985 年）
第 10 辑　（1986 年）

第 11 辑　（1987 年）
第 12 辑　（1988 年）
第 13 辑　（1989 年）
第 14 辑　（1990 年）
第 15 辑　（1991 年）
第 16 辑　（1991 年）
第 17 辑　（1992 年）
第 18 辑　（1993 年）
第 19 辑　（1994 年）
第 20 辑　（1995 年）
第 21 辑　（1996 年）
第 22 辑　（1996 年）
第 23 辑　（1997 年）
第 24 辑　（1998 年）
第 25 辑　（1999 年）
第 26 辑　（2000 年）
第 27 辑　（2000 年）

秀屿区

秀屿区文史资料　政协福建省秀屿区委员会文史资料委员会编印,32 开书型,不定期,内部交流。
第 1 辑　（2003 年）
第 2 辑　（2005 年）
第 3 辑　（2006 年）

仙游县

仙游文史资料　政协福建省仙游县委员会文史资料委员会编印,32 开书型,不定期,内部交流。
第 1 辑　（1983 年）
第 2 辑　（1984 年）
第 3 辑　（1985 年）
第 4 辑　（1986 年）
第 5 辑　（1987 年）
第 6 辑　（1988 年）
第 7 辑　（1989 年）
第 8 辑　（1990 年）
第 9 辑　（1991 年）
第 10 辑　（1992 年）
第 11 辑　（1994 年）
第 12 辑　（1995 年）
第 13 辑　（1997 年）
第 14 辑
第 15 辑　（2008 年）

泉州市

泉州文史资料　政协福建省泉州市委员会文史资料委员会编印,32 开书型,不定期,内部交流或公开发行。

新第 1 辑 （1986 年）
新第 2 辑 （1987 年）
新第 3 辑 （1987 年）
新第 4 辑 （1988 年）
新第 5 辑 （1989 年）
新第 6·7 辑 （1989 年）
新第 8 辑 （1991 年）
新第 9·10 辑 （1992 年）
新 11 辑 （1993 年）
新 12 辑 （1994 年）
新第 13 辑 （1995 年）
第 14 辑 （1996 年）
第 15 辑 （1997 年）
拼搏·奉献·中国心 （1997 年）
第 16 辑 （1998 年）
第 17 辑 （1999 年）
映日荷花别样红 （1999 年）
第 18 辑 （2000 年）
第 19 辑 《福建商车忆述录》专辑 （2000 年）
闽南民军 （福建民军史料选编）（与政协福建省文史委员会合编,福建人民出版社,2001 年版）
第 20 辑 农村土改专辑 （2001 年）
第 21 辑 水利建设专辑 （2002 年）
第 22 辑 侨务工作专辑 （2003 年）
泉州文史研究 （泉州历史研究会编,2004 年版）
第 23 辑 教育事业专刊 （2004 年）
泉州与台湾关系文物史迹 （厦门大学出版社,2005 年版）
第 24 辑 乡镇企业专辑 （2005 年）
泉籍台胞寻根谒祖记 （2006 年）
第 25 辑 泉州驻外地企业家风采录 （2007 年版）
泉州名人故居 （厦门大学出版社,2007 年版）
第 26 辑 （2008 年）
第 27 辑 泉州文物瑰宝 （2008 年）
泉商天下——泉州异地商会风采篇 （2008 年）

丰泽区

丰泽文史资料 政协福建省泉州市丰泽区委员会学习和文史委员会编印,32 开书型,不定期,内部交流。
第 1 辑 （1998 年）
第 2 辑 （1999 年）
第 3 辑 （2000 年）
第 4 辑 （2001 年）
第 5 辑 （2002 年）
第 6 辑 （2003 年）
第 7 辑 （2004 年）
第 8 辑 （2005 年）
第 9 辑 （2006 年）
第 10 辑 （2007 年）

丰泽政协志 （2007 年）
丰泽风景名胜 （2007 年）

鲤城区

泉州文史 政协福建省泉州市委员会文史资料研究委员会等编印,16 开刊型,不定期,内部交流。
第 1—2 期 （1979 年）
第 3—4 期 （1980 年）
第 5 期 （1981 年）
第 6 期 （1982 年）
第 7 期 （1983 年）
第 8 期 一九八三年"泉州历史与文化"学术讨论会论文选刊 （1984 年）
第 9 期
第 10 辑
第 11 辑
第 12 辑
第 13 辑
泉州鲤城文史资料 （泉州文史资料） 政协福建省泉州市鲤城区委员会文史资料委员会编印,16 开刊型改 32 开书型,不定期,内部交流。
第 1—4 辑 （1961 年）
第 5 辑 纪念郑成功收复台湾三百周年专刊 （1962 年）
第 6—7 辑 （1962 年）
第 8 辑 （1963 年）
第 9 辑 辛亥革命七十周年纪念特辑 （1981 年）
第 10—13 辑 （1982 年）
第 14—15 辑 （1983 年）
第 16—17 辑 （1984 年）
第 18 辑 （1985 年）
1986 年第 1 辑 （改现名）（总第 19 辑）
1987 年第 2 辑 （总第 20 辑）
1988 年第 3 辑 （总第 21 辑）
1989 年第 4 辑 （总第 22 辑） 建国四十周年纪念专辑
1990 年第 5 辑 （总第 23 辑）
1991 年第 6·7 辑 （总第 24—25 辑）
1991 年第 8 辑 （总第 26 辑）
1991 年第 9 辑 （总第 27 辑） 抗日战争史料专辑 (1991 年)
第 10 辑 （总第 28 辑）(1992 年)
第 11 辑 （总第 29 辑）(1993 年)
第 12 辑 （总第 30 辑）(1994 年)
第 13 辑 （总第 31 辑）(1995 年)
第 14 辑 （总第 32 辑）(1996 年)
第 15 辑 （总第 33 辑）(1997 年)
第 16 辑 （总第 34 辑）(1998 年)
第 17 辑 （总第 35 辑）(1999 年)

第 18 辑 （总第 36 辑）（2000 年）
第 19 辑 （总第 37 辑）（2001 年）
第 20 辑 （总第 38 辑） 泉州群英 （2002 年）
第 21 辑 （总第 39 辑）（2003 年）

泉州工商史料 政协福建省泉州市会文史资料研究委员会等编印,32 开书型,不定期,内部交流。
第 1—2 辑 （1983 年）
第 3—4 辑 （1984 年）
第 5 辑 （1985 年）
第 6 辑 （1986 年）
第 7 辑 （1988 年）

洛江区

洛江文史资料 政协福建省泉州市洛江区委员会编印,32 开书型,不定期,内部交流。
第 1 辑 （1999 年）
第 2 辑 （2002 年）
第 3 辑 （2006 年）
第 4 辑 （2008 年）

泉港区

泉港文史资料 政协福建省泉州市泉港区委员会文史资料委员会编印,32 开书型,不定期,内部交流。
第 1 辑 （2001 年）
第 2 辑 （2002 年）
第 3 辑 （2004 年）
第 4 辑 （2007 年）
第 5 辑 （2008 年）

石狮市

石狮文史资料 政协福建省石狮市委员会文史资料委员会编印,32 开书型,不定期,内部交流或公开发行。
第 1 辑 （1992 年）
第 2 辑 （1993 年）
第 3 辑 （1994 年）
第 4 辑 （1995 年）
第 5 辑 （1996 年）
第 6 辑 （1999 年）
石狮市政协志 （1998 年）
石狮人在澳门 （东方文丛）（延边大学出版社,1999 年版）
第 7 辑 （2000 年）
第 8 辑 （2001 年）
第 9 辑 （2002 年）
第 10 辑 （2003 年）
石狮掌故 （石狮旅游文化纵览）（2004 年）
石狮服饰 （2006 年）

石狮风云 （石狮革命斗争纪实）（2006 年）
石狮民俗 （2007 年）
石狮古厝

晋江市

晋江文史资料选辑 （晋江文史资料） 政协福建省晋江市委员会文史资料委员会编印,32 开书型,不定期,内部交流或公开发行。
第 1 辑 （1981 年）
第 2 辑 （1982 年）
第 3—4 辑 （1983 年）
第 5 辑 （改现名）（1984 年）
修订本第 1—5 辑 （1995 年）
第 6 辑 （1985 年）
第 7 辑 （1986 年）
第 8—9 辑 （1987 年）
第 10 辑 （1988 年）
修订本第 6—10 辑 （1999 年）
第 11 辑 （1989 年）
第 12 辑 庆祝建国四十周年和人民政协成立四十周年 （1989 年）
第 13 辑 （1991 年）
第 14 辑 （1993 年）
第 15—16 辑 （1994 年）
第 17 辑 纪念抗日战争胜利五十周年 （1995 年）
第 18 辑 晋江人在澳门专辑 （1996 年）
第 19 辑 （1997 年）
第 20 辑 晋江人在香港 （1997 年）
第 21 辑 庆祝中华人民共和国建国五十周年、中国人民政协成立五十周年 （1999 年）
永恒的回忆 （陈仲初、郑梦彪编,中国文联出版社,1999 年版）
第 22 辑 （2000 年）
第 23 辑 晋江风物专辑 （国际文化出版公司,2001 年版）
第 24 辑 晋江风物·地名钩沉专辑 （国际文化出版公司,2002 年版）
第 25 辑 晋江风物·姓氏源流专辑 （国际文化出版公司,2001 年版）
第 26 辑 晋江风物·文化遗存专辑 （国际文化出版公司,2004 年版）
第 27 辑 晋江人在菲律宾 （1）（新华出版社,2005 年版）
第 28 辑 非物质民间文化遗产 （2006 年）
晋江工商史料 政协福建省晋江县委员会文史资料工作组等编印,32 开书型,不定期,内部交流。
第 1 辑 （1984 年）

南安市

南安文史资料（南安文史）政协福建省南安市委员会文史资料委员会编印,16 开刊型改 32 开书型,不定期,内部交流。

第 1 期 （1981 年）

第 2 期 （改现名）(1982 年)

第 3 辑 民族英雄郑成功专辑 （1982 年）

第 4 期 华侨专辑 （1983 年）

第 5 期 （1984 年）

第 6 期 （1985 年）

第 7 期 （1986 年）

第 8 期 李贽(卓吾)专辑 （1987 年）

第 9 期 （1988 年）

第 10 期 （1989 年）

第 11 期 （1990 年）

第 12 期 九日山与海上丝绸之路专辑 （1990 年）

第 13 期 民族英雄郑成功——纪念郑成功收复台湾三百三十周年专辑 （1991 年）

第 14 期 （1992 年）

第 15 期 纪念李光前先生诞辰一百周年 （1993 年）

第 16 期 纪念南安撤县设市专辑 （1994 年）

第 17 期 （1995 年）

第 18 期 （1996 年）

第 19 期 喜迎香港回归专辑 （1997 年）

第 20 期 献给第四届世界南安同乡联谊会暨南安建市五周年庆典 （1998 年）

第 21 期 （1999 年）

第 22 期 （2000 年）

第 23 期 （2001 年）

第 24 期 （2002 年）

第 25 期 （2003 年）

特辑 与祖国共享金色年代 （2003 年）

第 26 期 （2004 年）

第 27 期 （2005 年）

第 28 期 （2006 年）

第 29 期

惠安县

惠安文史资料(初稿)政协福建省惠安县委员会文史资料研究委员会编印,16 开刊型改 32 开书型,不定期,内部交流。

第 1 辑

第 2 辑

惠安文史资料政协福建省惠安县委员会文史资料研究委员会编印,16 开刊型,不定期,内部交流。

第 1 辑 （1983 年）

第 2 辑 （1984 年）

第 3 辑 （1984 年）

第 4 辑 （1985 年）

第 5 辑 （1986 年）

第 6 辑 （1989 年）

第 7 辑 （1990 年）

第 8 辑 （1992 年）

第 9 辑 （1993 年）

第 10 辑 （1995 年）

第 11 辑

第 12 辑

第 13 辑

第 14 辑

第 15 辑

第 16 辑 （2002 年）

第 17 辑 （2003 年）

第 18 辑 （2004 年）

第 19 辑 （2005 年）

第 20 辑 （2006 年）

安溪县

安溪文史资料政协福建省安溪县委员会文史委员会编印,16 开刊型,不定期,内部交流。

1983 年第 1 期 （总第 1 期）

1985 年第 1 期 （总第 2 期）

1986 年第 1—2 期 （总第 3—4 期）

1987 年第 1 期 （总第 5 期）

1988 年第 1 期 （总第 6 期）

1989 年第 1 期 （总第 7 期）

1990 年第 1 期 （总第 8 期）

1991 年第 1 期 （总第 9 期）

1992 年第 1 期 （总第 10 期）

1993 年第 1 期 （总第 11 期）

1994 年第 1 期 （总第 12 期）

总第 13 期

总第 14 期

总第 15 期 （1998 年）

总第 16 期 （1999 年）

总第 17 期 安溪政协史略 （1999 年）

总第 18 期 安溪五十年巨变实录 （1999 年）

总第 19 期 （2000 年）

总第 20 期 （2001 年）

总第 21 期

总第 22 期

总第 23 辑 （2003 年）

总第 24 辑

总第 25 辑 （2006 年）

永春县

永春文史 （永春文史资料） 政协福建省永春县委员会文史资料委员会编印,16开刊型改32开书型,不定期,内部交流。

第1辑 （1962年）
1982年第1—2辑 （总第2—3辑）
1983年第1辑 （总第4辑）
1985年第1辑 （总第5辑）
1986年第1辑 （总第6辑）
1987年第1辑 （总第7辑）
1988年第1辑 （总第8辑）
1989年第1辑 （总第9辑）
1990年第1辑 （总第10辑）
1991年第1辑 （总第11辑）
第12辑 （1992年）
第13辑 （1993年）
第14辑 （1994年）
第15辑 （1995年）
第16辑 （1996年）
第17辑 （1997年）
第18辑 （1998年）
第19辑 （改现名）（1999年）
第20辑 （2000年）
第21辑 （2001年）
第22辑 （2003年）
第23辑 祠堂楹联文化专页 （2004年）
第24辑 （2004年）
第25辑 （2005年）

德化县

德化文史资料 政协福建省德化县委员会文史资料研究委员会编印,16开刊型或32开书型,不定期,内部交流。

第1—2辑 （1982年）
第3辑 纪念德化建县1050年 （1983年）
第4辑 （1984年）
第5辑 德化解放三十五周年专辑
第6辑 纪念抗日战争胜利四十周年 （1985年）
第7辑 德化剿匪记事 （1986年）
第8辑 德化陶城工业概况 （1987年）
第9辑 （1988年）
第10辑 （1989年）
第11辑 （1990年）
第12辑 九仙山专辑 （1991年）
第13辑 民国时期教育专辑 （1992年）
第14辑 陶瓷文化专辑 （1993年）
第15辑 石牛山专辑 （1994年）
第16辑 历代名人专辑 （1995年）

第17辑 龙湖寺专辑 （1996年）
第18辑 历届政协委员风采专辑 （1997年）
第19辑 基础设施建设成就专辑 （1998年）
第20辑 文教卫生科技成就专辑 （1999年）
第21辑 （2001年）
第22辑 德化古寨堡桥梁专辑 （2002年）
第23辑 德化民俗 （2003年）
第24辑 德化民俗续 （2004年）
第25辑 祠堂古楹联选 （2005年）
第26辑 祠堂古楹联选续 （2006年）
第27辑 德化寺庙宫观教堂专辑 （2007年）
第28辑 德化民间文化选萃 （2008年）

浔中村文史资料 福建省德化县浔中乡浔中村委员会文史资料编辑委员会编印,16开刊型,不定期,内部交流。

第1期 （《德化风物》丛书之二）(1989年）
第2期 （1990年）
第3期 （1996年）

金门县

厦门市

厦门文史资料 （厦门文史资料选辑） 政协福建省厦门市委员会文史和学习宣传委员会编印,32开书型,不定期,内部交流或公开发行。

第1—2辑 （1963年）
第3辑 （1980年）
第4—5辑 （1983年）
第6—7辑 （1984年）
第8—9辑 （1985年）
第10（改现名）— 11辑 （1986年）
第12辑 纪念抗日战争爆发五十周年专辑 （1987年）
第13—14辑 （1988年）
第15辑 （1989年）
第16辑 厦门的租界 （1989年）
第17辑 （1990年）
第18辑 纪念辛亥革命八十周年 （1991年）
第19辑 （1992年）
列强在中国的租界 （与政协上海市文史资料委员会合编,中国文史出版社,1993年版）
陈嘉庚与福建抗战 （鹭江出版社,1993年版）
第20—21辑 （1994年）
抗战时期的厦门 （鹭江出版社,1995年版）
厦门与香港 （鹭江出版社,1997年版）
厦门工商史事 （厦门大学出版社,1997年版）
两岸葱茏连锦绣——厦台文化交流纪实 （鹭江出版社,1998年版）
厦门市政协志 （1950—1998）(1999年）

第22辑 （2000年）

辛亥革命在厦门 （当代中国出版社,2001年版）

林巧稚纪念文集 （2001年）

第23辑 （2002年）

厦门摩岩石刻 （2003年）

鹭岛烽烟 （2006年）

胡里山炮台与克虏伯大炮 （2006年）

塞墨要塞 （2005年）

民族魂——纪念抗日战争胜利六十周年百名将军书法集 （2005年）

春满鹭岛——书画作品集 （2005年）

厦门文史资料选萃 政协福建省厦门市文史和学习宣传委员会编,中央文献出版社出版。

鹭江春秋 （2003年版）

厦门文史丛书 福建省厦门市委员会文史和宣传学习委员会编,厦门大学出版社出版。

厦门名人故居 （2006年版）

厦门电影百年 （2006年版）

厦门史地丛谈 （2006年版）

厦门音乐名家 （2006年版）

厦门体坛百年 （2008年版）

厦门旧影新光 （2008年版）

厦门绮丽山水 （2008年版）

厦门船舶工业 （2008年版）

厦门古代建筑 （2008年版）

厦门闾里记忆 （2008年版）

乡土厦门丛书 政协福建省厦门市委员会文史和宣传学习委员会等编,厦门大学出版社出版。

第一辑 （十二册）

厦门往事

厦门古城旧巷

厦门名人故居

厦门老房子

厦门名刹高僧

厦门宫庙

厦门教会教堂

厦门的海外乡亲

厦门的台湾人

厦门的"老外"

厦门的侨批

厦门的电影百年

第二辑 （十二册）

厦门百家姓

厦门揽胜

厦门社文化

厦门科学群星

厦门方言俚语

厦门作家艺术

厦门草根艺人

厦门百业撷闻

厦门美食佳肴

厦门茶话

厦门老字号

厦门老街老巷

思明区

思明文史资料 政协福建省厦门市思明区委员会文史委员会编印,32开书型,编印,不定期,内部交流。

第1辑 思明名胜 （1997年）

第2辑

第3辑 （2006年）

第4辑 山地公园专辑 （2007年）

鼓浪屿文史资料 政协福建省厦门市鼓浪屿区委员会编印,32开书型,不定期,内部交流或公开发行。

第1辑 （1995年）

第2辑 （1997年）

第3辑 （1998年）

第4辑 （1999年）

第5辑 （2000年）

第6辑

第7辑 音乐专辑 （2001年）

第8辑

第9·10辑 （华安出版社,2002年版）

第10辑 （2003年）

海沧区

海沧文史资料 政协福建省厦门市海沧区委员会文史委员会编印,32开书型,不定期,内部交流。

第1辑 （2004年）

第2辑 （2005年）

第3辑 （2006年）

第4辑 保生慈济文化专辑 （2008年）

湖里区

湖里文史资料 政协福建省厦门市湖里区委员会文史资料委员会编印,32开书型,不定期,内部交流。

第1辑 （1996年）

第2辑 华侨专辑 （1997年）

第3辑 （1998年）

第4辑 村(居)委会发展史专辑 （1999年）

第5辑 吴真人宫庙专辑 （2000年）

第6辑 （2001年）

第7辑 （2002年）

第8辑

第9辑 教育发展史专辑 （2003年）

第10辑

第11辑 五缘纪事 （2006年）

第 12 辑　湖里姓氏源流研究　（2007 年）

集美区

集美文史资料　政协福建省厦门市集美区委员会文史资料委员会编印,32 开书型,不定期,内部交流或公开发行。

第 1 辑　（1990 年）
第 2 辑　（1991 年）
第 3—4 辑　（1993 年）
第 5 辑　（1994 年）
第 6 辑　（1995 年）
第 7 辑　（1996 年）
第 8 辑　（1998 年）
第 9 辑　（1999 年）
第 10 辑　（2000 年）
第 11 辑
第 12 辑
陈嘉庚建筑图谱　（香港天马图书有限公司,2004 年）
第 13 辑　（2008 年）

杏林文史资料　政协福建省厦门市杏林区委员会文史资料委员会编印,32 开书型,不定期,内部交流。

第 1 辑
第 2 辑
第 3 辑
第 4 辑
第 5 辑　（1996 年）
杨瞿云研究文集
第 6 辑
第 7 辑　（2000 年）
第 8 辑　（2002 年）

同安区

同安文史资料　政协福建省同安区委员会文史资料委员会编印,32 开书型,不定期,内部交流。

第 1—2 辑　（1982 年）
第 3 辑　（1983 年）
第 4 辑　（1984 年）
第 5 辑　（1985 年）
第 6 辑　（1986 年）
第 7 辑　（1987 年）
第 8 辑　（1988 年）
第 9 辑　（1989 年）
第 10 辑　（1990 年）
第 11 辑　（1991 年）
第 12 辑　（1992 年）
第 13 辑　（1993 年）
第 14 辑　（1994 年）
第 15 辑　（1995 年）

同安文史资料精选本　（上、下册）（1996 年）
第 16 辑　（1996 年）
第 17 辑　（1997 年）
第 18 辑　（1998 年）
第 19 辑　（1999 年）
同安姓氏专辑——献给第四届世界同安联谊大会（2000 年）
第 20 辑　（2001 年）
第 21 辑　（2002 年）
第 22 辑　（2003 年）
第 23 辑　（2004 年）
地灵人杰专辑　（2005 年）
第 24 辑　（2006 年）
第 25 辑　（2007 年）
第 26 辑　（2008 年）

翔安区

翔安文史资料　政协福建省翔安区委员会文史资料委员会编印,32 开书型,不定期,内部交流。

2004 年
2005 年
2006 年
2007 年
2008 年

漳州市

漳州文史资料(初稿)　政协福建省漳州市委员会文史资料研究委员会编印,16 开刊型,油印,不定期,内部交流。

1979 年第 1—2 期
1980 年第 1—3 期
1981 年第 1—2 期
1982 年第 1 期

漳州文史资料　（漳州文史资料、文史资料选辑）　政协福建省漳州市委员会学习和文史委员会编印,32 开书型,不定期,内部交流或公开发行。

第 1 辑　（1960 年）
第 2 辑　（1961 年）
第 3 辑　（1962 年）
第 4—5 辑　（1963—1965 年）
1979 年第 1 辑　（总第 6 辑）（改名）
第 2—3 辑　（总第 7—8 辑）（1982 年）
第 4—5 辑　（总第 9—10 辑）（1983 年）
第 6 辑　（总第 11 辑）（改现名）（1984 年）
第 7 辑　（总第 12 辑）（与政协芗城区文史资料研究委员会合编,1985 年）
第 8 辑　（总第 13 辑）（与政协芗城区文史资料研究委员会合编,1986 年）

第9辑 （总第14辑） 纪念中国人民抗日战争胜利五十周年 （与政协芗城区文史资料研究委员会合编,1987年）

第10辑 （总第15辑）（与政协芗城区文史资料研究委员会合编,1988年）

漳州民间故事 （1988年）

第11辑 （总第16辑） 纪念漳州解放四十周年（与政协芗城区文史资料研究委员会合编,1989年）

第12辑 （总第17辑）（与政协芗城区文史资料研究委员会合编,1990年）

名城保护与建设专辑 （1990年）

第13辑 （总第18辑） 纪念中国人民志愿军赴朝作战四十周年 （与政协芗城区文史资料研究委员会合编,1990年）

水仙花新咏专辑 （1991年）

第14辑 （总第19辑） 纪念中国共产党成立七十周年 （1991年）

第15辑 （总第20辑） 纪念辛亥革命八十周年 （1992年）

第16辑 （总第21辑） 纪念红军攻克漳州六十周年 （1991年）

第17辑 （总第22辑）（1992年）

第18辑 （总第23辑）（1993年）

第19辑 （总第24辑）（1994年）

第20辑 （总第25辑）（1995年）

第21辑 （总第26辑）（1996年）

第22辑 （总第27辑）（1997年）

第23辑 （总第28辑）（1998年）

第24辑 （总第29辑）（1999年）

《漳州文史资料》索引 （2000年）

第25辑 （总第30辑）

第26辑 （总第31辑）

闽南民军 （福建民军史料选编）（与政协福建省文史资料委员会合编,福建人民出版社,2001年版）

第27辑 （总第32辑） 漳州庙宇宫观专辑 （2002年）

第28辑 （总第33辑） 漳州名优特产专辑 （2003年）

第29辑 （总第34辑） 漳州古迹名胜专辑 （2004年）

闽南话漳腔辞典 （2007年）

漳州姓氏 （中国文史出版社,2007年版）

漳州文化丛书 政协福建省漳州市委员会编印。

漳州与台湾关系丛书 政协福建省漳州市委员会编印。

芗城区

漳州芗城文史资料 （漳州文史资料、文史资料选辑、漳州文史资料） 政协福建省漳州市芗城区委员会编印,32开书型,不定期,内部交流。

第1辑 （1960年）

第2辑 （1961年）

第3辑 （1962年）

第4辑 （1963年）

第5辑 （1965年）

1979年第1辑 （总第6辑）（改名）

第2—3辑 （总第7—8辑）（1982年）

第4—5辑 （总第9—10辑）（1983年）

第6辑 （总第11辑）（改名）（1984年）

第7辑 （总第12辑）（与政协漳州市文史资料研究委员会合编,1985年）

第8辑 （总第13辑）（与政协漳州市文史资料研究委员会合编,1986年）

第9辑 （总第14辑） 纪念中国人民抗日战争五十周年 （与政协漳州市文史资料研究委员会合编,1987年）

第10辑 （总第15辑）（与政协漳州市文史资料研究委员会合编,1988年）

第11辑 （总第16辑） 纪念漳州解放四十周年 （与政协漳州市文史资料研究委员会合编,1989年）

第12辑 （总第17辑）（与政协漳州市文史资料研究委员会合编,1990年）

第13辑 （总第18辑）（1991年）

第1辑 （改现名）（总第19辑）（1991年）

第2辑 芗城政协沿革 （总第20辑）（1992年）

第3辑 （总第21辑）（1993年）

第4辑 （总第22辑）（1994年）

第5—6辑 （总第23—24辑）（1995年）

第7辑 （总第25辑） 芗城风物 （1996年）

第8辑 （总第26辑）（1997年）

第9辑 （总第27辑）（1998年）

第10辑 （总第28辑）（1999年）

第11辑 （总第29辑）（2000年）

第12辑 （总第30辑）（2001年）

第13辑 （总第31辑）（2002年）

第14辑 （总第32辑）（2003年）

第15辑 （总第33辑）（2004年）

第16辑 （总第34辑）（2005年）

第17辑 （总第35辑）（2006年）

第18辑 （总第36辑）（2007年）

第19辑 （总第37辑）（2008年）

龙文区

龙文文史资料 政协福建省漳州市龙文区委员会编印,32开书型,不定期,内部交流。

第1辑 （1998年）

第2辑 （1999年）

第3辑 龙文历史人物专辑 （2000年）

第4辑 （2001年）

第 5 辑 （2002 年）

龙海市

龙海文史资料　（龙海县文史资料）　政协福建省龙海市委员会文史资料委员会编印,16 开刊型改 32 开书型,或油印,内部交流。

总第 1—2 辑 　（1960 年）

总第 3 辑　（1961 年）

总第 4—5 辑　（1963 年）

第 1 集　（总第 6 辑）　龙海华侨专辑　（1981 年）

第 2 集　（总第 7 辑）（1982 年）

第 3—4 辑　（总第 8—9 辑）（1983 年）

第 5—6 辑　（总第 10—11 辑）（1984 年）

第 7—8 辑　（总第 12—13 辑）（1985 年）

第 9 辑　（总第 14 辑）（1987 年）

龙海风物　（1987 年）

第 10 辑　（总第 15 辑）（1988 年）

石码今昔——纪念石码建埠五百周年　（1988 年）

第 11 辑　（总第 16 辑）（1990 年）

龙海名人录　（一）（1990 年）

龙海名人录　（二）（1990 年）

第 12 辑　（总第 17 辑）（1991 年）

第 13 辑　（总第 18 辑）（1992 年）

石码史事　（辑要）（1993 年）

第 14 辑　（总第 19 辑）　榜山风格纪实　（1995 年）

第 15 辑　（总第 20 辑）

第 16 辑　（总第 21 辑）（2001 年）

第 17 辑　（总第 22 辑）　龙海寺宫庙专辑　（2003 年）

第 18 辑　（总第 23 辑）　龙海旅游资源荟萃专辑 （2004 年）

龙海姓氏　（2008 年）

云霄县

云霄文史资料　（云霄文史资料选辑）　政协福建省云霄县委员会文史资料委员会编印,32 开书型,不定期,内部交流。

第 1 辑　（1960 年）

第 2 辑　（1961 年）

第 3 辑　（1962 年）

第 4 辑　（1963 年）

1981 年第 1 辑　（总第 5 辑）（改现名）

1982 年第 2 辑　（总第 6 辑）

1983 年第 3 辑　（总第 7 辑）

1984 年第 4 辑　（总第 8 辑）

1984 年第 5 辑　（总第 9 辑）

1986 年第 6 辑　（总第 10 辑）

1987 年第 7 辑　（总第 11 辑）

1988 年第 8 辑　（总第 12 辑）

第 9 辑　（总第 13 辑）（1989 年）

第 10 辑　（总第 14 辑）（1990 年）

第 11 辑　（总第 15 辑）（1991 年）

第 12 辑　（总第 16 辑）（1992 年）

第 13 辑　（总第 17 辑）（1993 年）

第 14 辑　（总第 18 辑）（1995 年）

第 15 期　（总第 19 期）（1996 年）

第 16·17 期　（总第 20—21 期）（1997 年）

总第 22 辑

总第 23 辑

总第 24 辑

总第 25 辑

总第 26 辑

总第 27 辑

总第 28 辑　（2005 年）

总第 29 辑　（2005 年）

增刊　云霄开漳史迹暨民间岁时节俗　（2005 年）

漳浦县

漳浦文史资料　政协福建省漳浦县委员会文史资料征集研究委员会编印,16 开刊型改 32 开书型,不定期,内部交流。

新编第 1 辑　（1981 年）

新编第 2 辑　（1982 年）

新编第 3 辑　（1983 年）

新编第 4 辑　（1984 年）

新编第 5 辑　（1985 年）

新编第 6 辑　（1986 年）

第 7 辑　（1987 年）

第 8 辑　漳浦与台湾渊源关系专辑　（1989 年）

第 9 辑　（1990 年）

第 10 辑　"三胞"与祖地专辑　（1991 年）

第 11 辑　（1992 年）

第 12 辑　（1993 年）

第 13 辑　（1994 年）

第 14 辑　（1995 年）

第 15 辑　（1996 年）

第 16 辑　（1997 年）

第 17 辑　（1998 年）

第 18 辑　（1999 年）

第 19 辑　（2000 年）

第 20 辑　名胜古迹　（旅游资源专辑）（2001 年）

文化古乡鸟石　（林祥瑞著,2001 年）

第 21 辑　（2002 年）

第 22 辑　（2003 年）

第 23 辑　（2004 年）

尚书、探花林士章——纪念林士章诞生四百八十周年 （林祥瑞著,2004 年）

第 24 辑 （2005 年）
第 25 辑 （2006 年）
第 26 辑 （2007 年）
拾贝集 （林祥瑞著,2007 年）
第 1—25 辑合订本 （上、下册）(2007 年)
参政余墨 （陈桂味著,2007 年）
第 27 辑 （2008 年）

诏安县

诏安文史资料 政协福建省诏安县委员会文史委员会编印,32 开书型,不定期,内部交流。
第 1—3 期 （1982 年）
第 4 期 （1983 年）
第 5 期 （1984 年）
第 6 期 （1985 年）
第 7 期 （1986 年）
第 8 期 （1987 年）
第 9 期 （1988 年）
第 10 期 （1989 年）
第 11 期 纪念中国共产党成立七十周年特辑 （1991 年）
第 12 期 （1992 年）
第 13 期 （1993 年）
第 14 期 （1994 年）
第 15 期 纪念诏安县政协成立四十周年专辑 （1995 年）
第 16 期 （1996 年）
第 17 期 （1997 年）
第 18 期 （1998 年）
第 19 期 （1999 年）
第 20 期 （2000 年）
第 21 期 梅岭镇专辑 （2001 年）
第 22 期 红星乡专辑 （2002 年）
第 23 期 （2003 年）
第 24 期 （2004 年）
第 25 期 （2005 年）
第 26 期 （2006 年）
第 27 期 （2007 年）
第 28 期 （2008 年）

长泰县

长泰文史资料 政协福建省长泰县委员会文史资料委员会编印,16 开刊型改 32 开书型,不定期,内部交流。
1981 年第 1—3 辑 （总第 1—3 辑）
1982 年第 1—3 辑 （总第 4—6 辑）
1984 年第 1 辑 （总第 7 辑）
第 8 辑 （1985 年）
第 9 辑 （1986 年）

第 10 辑 （1987 年）
第 11 辑 （1988 年）
第 12 辑 长泰解放四十年 （1989 年）
第 13 辑 （1990 年）
第 14 辑 （1991 年）
第 15 辑 （1992 年）
第 16 辑 （1993 年）
第 17 辑 风光名胜——旅游文化专辑 （一）(1995 年)
第 18 辑 水果生产——经济建设专辑 （一）(1996 年)
第 19 辑 古代诗文——旅游文化专辑 （二）(1998 年)
第 20 辑
第 21 辑
长泰历史文化丛书之三·人物春秋 （2007 年）

东山县

东山文史 （东山文史资料） 政协福建省东山县委员会文史资料委员会编印,16 开刊型改 32 开书型,不定期,内部交流。
第 1 辑 （1981 年）
第 2 辑 （1982 年）
第 3 辑 （1983 年）
第 4 辑 （1984 年）
第 5 辑 （1985 年）
第 6·7 辑 （1987 年）
第 8 辑 （1989 年）
第 9 辑 谷文昌同志事迹专辑 （1990 年）
第 10 辑 东山与台湾五缘关系专辑 （1992 年）
第 11—12 辑 （1994 年）
第 13 辑
第 14 辑
第 15·16 辑
第 17 辑
第 18 辑
第 19·20 辑 （改现名）(2005 年)

南靖县

南靖文史资料 政协福建省南靖县委员会文史资料委员会编印,32 开书型,不定期,内部交流。
第 1 辑 （1982 年）
第 2 辑 （1983 年）
第 3—4 辑 （1985 年）
第 5—7 辑 （1986 年）
第 8 辑 （1987 年）
第 9—10 辑 （1988 年）
第 1—10 辑分类总目录

第11—12辑 纪念南靖解放四十周年专辑 （续集）
（1989年）

第13辑 （1990年）

第14—15辑 （1991年）

第16辑 （1992年）

第17辑 （1993年）

第18辑 政协委员风采专辑 （1994年）

第19辑 （1995年）

第20辑 老干部风范专辑 （1996年）

第21辑 （1997年）

南靖县政协 （1998年）

第22辑 （1999年）

第23辑 （2000年）

第24辑 （2001年）

第25辑 南靖县政协第六届委员风采录 （2002年）

第26辑 （2003年）

第27辑 （2004年）

第28另 （2005年）

第29辑 麒麟山森林公园专辑 （2006年）

第30辑 （2006年）

第31辑 （2007年）

平和县

平和文史资料 政协福建省平和县委员会文史资料委员会编印，32开书型，不定期，内部交流。

第1辑 （1984年）

第2辑 （1985年）

第3辑 （1986年）

第4辑 （1987年）

第5辑 （1988年）

第6辑 （1989年）

第7辑 （1990年）

第8辑 （1991年）

第9辑 （1992年）

第10辑 （1993年）

第11辑 （1994年）

第12辑 三平寺专辑 （1995年）

第13辑 灵通岩 （中国福建风景名胜）（1998年）

第14辑

第15辑

第16辑

第17辑

第18辑

第19辑

第20辑

华安县

华安文史资料 政协福建省华安县委员会文史资料研
究委员会编印，32开书型，不定期，内部交流。

第1—2辑 （1982年）

第3辑 仙都蓄奴专辑 （1983年）

第4辑 （1983年）

第5辑 华安剿匪斗争专辑 （1983年）

第6辑 仙潭古文字探索 （一）（1984年）

第7辑 （1985年）

第8辑 （1986年）

第9辑 （1987年）

第10辑 仙潭古文字探索 （二）（1988年）

第11辑 （1988年）

第12辑 （1989年）

第13辑 （1990年）

第14辑 （1991年）

第15辑 （1992年）

第16辑 （1993年）

第17辑 （1994年）

福建省各级政协文史资料指南 （刘德成主编，1994
年）

第18辑 （1996年）

第19辑 （1998年）

第20辑 华安县政协大事记 （1980—1998年）
（1998年）

第21辑 （1999年）

第22辑

第23辑 （2002年）

龙岩市

闽西文史资料 政协福建省龙岩市委员会文史和学习
委员会编印，32开书型，不定期，内部交流。

闽西春秋 （1998年）

第1辑 建国后史料专辑 （1999年）

第2辑 （2000年）

第3辑 闽西侨港澳台人物史料选编（二）（2001年）

第4辑 （2002年）

第5辑 文化体育史料选编 （2003年）

第6辑 （2004年）

第7辑 （2005年）

第8辑 （2006年）

龙岩政协十周年纪念专刊

第9辑 政协委员风采专集 （2007年）

龙岩市政协文史委履职成果汇编 （2007年）

客家文化研究 （与福建省炎黄文化研究会合编，2007
年）

第10辑 闽西名人故居 （2007年）

定光古佛与客家民间信仰 （与闽西客联会合编，2008
年）

闽西客家文化研究 （与福建省炎黄文化研究会合编，
2008年）

新罗区

龙岩文史资料　政协福建省龙岩市新罗区委员会文史与学习宣传委员会编印，16 开刊型改 32 开书型，不定期，内部交流。

第 1—2 期　（1981 年）

第 3—6 期　（1982 年）

第 7—8 期　（1983 年）

第 9—10 期　（1984 年）

第 11—12 期　（1985 年）

第 13 辑　（1986 年）

第 14—16 辑　（1987 年）

第 17 辑　（1989 年）

第 18 辑　（1990 年）

第 19 辑　（1991 年）

第 20 辑　（1992 年）

第 21 辑　（1993 年）

第 22 辑　（1994 年）

第 23 辑　（1995 年）

第 24 辑　（1996 年）

第 25 辑　（1997 年）

第 26 辑　（1998 年）

第 27 辑　（1999 年）

第 28 辑　（2000 年）

第 29 辑　同乡会史料专辑　（2001 年）

第 30 辑　（2001 年）

第 31 辑　（2002 年）

第 32 辑　（2003 年）

第 33 辑　（2004 年）

第 34 辑　（2005 年）

第 35 辑　新罗区政协成立五十周年专辑　（2006 年）

第 36 辑　（2007 年）

第 37 辑　（2008 年）

漳平市

漳平文史资料　政协福建省漳平市委员会文史委员会编印，16 开刊型改 32 开书型，不定期，内部交流。

1982 年第 1—2 辑　（总第 1—2 辑）

1983 年第 1—2 辑　（总第 3—4 辑）

1984 年第 1—2 辑　（总第 5—6 辑）

1985 年第 1—2 辑　（总第 7—8 辑）

1986 年第 1 辑　（总第 9 辑）

1987 年第 1 辑　（总第 10 辑）

1988 年第 1 辑　（总第 11 辑）

1989 年第 1 辑　（总第 12 辑）

1991 年第 1—2 辑　（总第 13—14 辑）

1992 年第 1 辑　（总第 15 辑）

1993 年第 1 辑　（总第 16 辑）　台湾著名企业家、艺

术家李志仁先生

第 17 辑　永福花乡　（1993 年）

第 18 辑　新桥画乡　（1994 年）

第 19 辑　五华奋进——庆祝漳平建市五周年专辑（1995 年）

第 20 辑　（1996 年）

第 21 辑　（1997 年）

第 22 辑　走进溪南　（1998 年）

第 23 辑　漳平籍名人录　（第一辑）（1999 年）

第 24 辑　（2000 年）

第 25 辑　逝水流萤　（吕沁著，2001 年）

委员风采

第 26 辑

南洋荣乡

第 27 辑

明代航海家王景弘

第 28 辑

长汀县

长汀文史资料　政协福建省长汀县委员会文史资料委员会编印，16 开刊型改 32 开刊型，不定期，内部交流。

第 1 辑　（1981 年）

第 2—3 辑　（1982 年）

第 4—5 辑　（1983 年）

第 6—7 辑　（1984 年）

第 8—9 辑　（1985 年）

第 10—11 辑　（1986 年）

第 12—13 辑　（1987 年）

第 14 辑　（1988 年）

第 15—16 辑　（1989 年）

第 17—18 辑　（1990 年）

第 19—20 辑　（1991 年）

第 21 辑　（1992 年）

第 22 辑　（1993 年）

第 23 辑　（1994 年）

第 24 辑　长汀一中九十周年校庆专辑　（1994 年）

第 25 辑　长汀历史文化名城专辑　（1995 年）

第 26 辑　（1995 年）

第 27 辑　（1996 年）

第 28 辑　纪念政协长汀县委员会成立四十周年专辑（1996 年）

第 29 辑　迎接香港回归祖国专辑　（增刊）（1997 年）

第 30 辑　（1997 年）

第 31 辑　名人与汀州专辑　（1998 年）

第 32 辑　项南与水土保持专辑　（1998 年）

第 33 辑　（1999 年）

第 34 辑　（2000 年）

第 35 辑　（2001 年）

第 36 辑　（2002 年）
第 37 辑　（2003 年）
第 38 辑　（2004 年）
第 39 辑　（2006 年）

永定县

永定文史资料　政协福建省永定县委员会文史资料委员会编印,16 开刊型改 32 开书型,不定期,内部交流。
第 1 辑　（1982 年）
第 2 辑　（1983 年）
第 3 辑　（1984 年）
第 4 辑　（1985 年）
第 5 辑　（1986 年）
第 6 辑　（1987 年）
第 7 辑　（1988 年）
第 8 辑　（1989 年）
第 9 辑　（1990 年）
第 10 辑　（1991 年）
第 11 辑　（1992 年）
第 12 辑　（1993 年）
第 13 辑　（1994 年）
第 14 辑　（1995 年）
第 15 辑　（1996 年）
第 16 辑　（1997 年）
第 17 辑　（1998 年）
第 18 辑　（1999 年）
电力史专辑　（1999 年）
煤炭史专辑　（1999 年）
第 19 辑　（2000 年）
第 20 辑　（2001 年）
峰市史专辑　（2001 年）
第 21 辑　（2002 年）
第 22 辑　（2003 年）
第 23 辑　（2004 年）
仙师专辑　（2005 年）
第 24 辑　（2005 年）
第 25 辑　（2006 年）
第 26 辑　（2007 年）
漫漫将军路——《永定文史资料》特辑　（2008 年）
永定客家人物　（2008 年）
第 27 辑　（2008 年）

上杭县

上杭文史资料　政协福建省上杭县委员会文史资料委员会编印,32 开书型改 16 开刊型再改 32 开书型,不定期,内部交流。
1982 年第 1—2 期　（总第 1—2 期）
总第 3 期　（1983 年）

1984 年第 1—3 期　（总第 4—6 期）
1985 年第 1—2 期　（总第 7—8 期）
1986 年第 1—2 期　（总第 9—10 期）
1987 年第 1 期　（总第 11 期）
1987 年第 2 期　海外专辑　（暨《李火德史话》1989 年）
1988 年第 1 期　（总第 12 期）
1989 年第 1 期　（总第 13 期）
李火德史话　（1989 年）
1990 年第 1 期　（总第 14 期）
1990 年第 2 期　（总第 15 期）　将军之乡谱新曲专辑
第 16 期　古田会议放光芒专辑　（1991 年）
第 17 期　杭川英才专辑之一　（1992 年）
李火德史话(重印本)（1992 年）
李火德裔孙名人世系简明表　（1992 年）
第 18 期　杭川英才专辑之二　（1993 年）
第 19 期　置县千年专辑　（1994 年）
第 20 期　杭川英才专辑之三　（1995 年）
第 21 期　共展风采,再创辉煌——纪念上杭县政协成立四十周年专辑　（1996 年）
第 22 期　琴岗诗词九百首　（1997 年）
第 23 辑　（1998 年）
第 24 辑　（1999 年）
第 25 辑　（2000 年）
第 26 辑　（2001 年）
第 27 辑　（2003 年）
第 28 辑　（2004 年）
第 29 辑　（2005 年）
第 30 辑　政协上杭县委员会成立五十周年专辑（2006 年）

武平县

武平文史资料　政协福建省武平县委员会文史与学习宣传委员会编印,16 开刊型改 32 开书型,不定期,内部交流。
第 1—2 辑　（1983 年）
第 3—4 辑　（1984 年）
第 5—6 辑　（1985 年）
第 7 辑　（1986 年）
第 8 辑　（1987 年）
第 9 辑　（1988 年）
第 10 辑　（1989 年）
总第 11 辑　（1990 年）
第 12 辑　（1992 年）
第 13 辑　（1994 年）
第 14 辑　（1996 年）
第 15 辑　（1998 年）
第 16 辑　（2000 年）
第 17 辑　（2003 年）

客家幽默与传奇 （2004 年）

第 18 辑　南海国考证专辑　（2006 年）

第 19 辑　民间音乐专辑　（2007 年）

第 20 辑　民间风俗专辑　（2007 年）

第 21 辑　客家地名文化专辑　（2008 年）

武平古籍荟萃

连城县

连城文史资料　政协福建省连城县委员会文史与学习宣传委员会编印,16 开刊型改 32 开书型,不定期,内部交流。

第 1 辑　（1983 年）

第 2—3 辑　（1984 年）

第 4—5 辑　（1985 年）

第 6 辑　（1986 年）

第 7—8 辑　（1987 年）

第 9—10 辑　（1988 年）

第 11—12 辑　（1989 年）

第 13—14 辑　（1990 年）

第 15 辑　（1991 年）

第 16 辑　（1992 年）

第 17 辑　连城客家研究专辑之一　（1993 年）

第 18 辑　（1993 年）

第 19 辑　（1994 年）

第 20 辑　冠豸山水共千秋——纪念爱国华侨周仰云先生诞辰一百一十周年专辑　（1995 年）

第 21 辑　纪念连城县政协成立十五周年专辑　（1995 年）

第 22—23 辑　（1996 年）

第 24 辑　（1997 年）

第 25 辑　（1998 年）

山海追思——项南同志诞辰八十周年暨逝世一周年纪念文集　（与中共连城县委党史研究室合编,国际文化出版公司,1998 年版）

第 26 辑　（1999 年）

第 27 辑　（2000 年）

第 1—27 辑目录汇编　（1984—2000 年）（2001 年）

第 28 辑　（2001 年）

第 29 辑　（2002 年）

第 30 辑　六届政协委员风采纪要　（2003 年）

芷溪古宗祠文化初探　（《连城客家情》第 8 辑,2003 年）

第 31 辑　吉光片羽集——献给连城一中华诞　（2004 年）

第 32 辑　（2005 年）

第 33 辑　（2006 年）

第 34 辑　（2007 年）

第 35 辑　（2008 年）

宁德市

闽东文史资料　政协福建省宁德市委员会文史和学习委员会编印,32 开书型,不定期,内部交流或公开发行。

第 1 辑　（鹭江出版社,2001 年版）

第 2 辑　闽东虹桥实录　（2002 年）

第 3 辑　两岸同根　（2005 年）

第 4 辑　闽东历史人物　（福建人民出版社,2006 年版）

第 5 辑　闽东古镇名树　（2007 年）

第 6 辑　闽东名人故居　（2008 年）

蕉城区

宁德文史资料　政协福建省宁德市委员会文史资料委员会编印,16 开刊型,不定期,内部交流或公开发行。

第 1 辑　（1982 年）

第 2 辑　（1984 年）

第 3 辑　军民鱼水情专辑　（1986 年）

第 4 辑　（1989 年）

第 5 辑　（1991 年）

第 6 辑　中国三都澳专辑　（1993 年）

第 7 辑　中国支提山专辑　（一）（1995 年）

第 8 辑　宁德风流人物专辑　（一）（1997 年）

第 9 辑

第 10 辑　（2000 年）

第 11 辑　难忘的五六十年代吴重生漫画集　（国际炎黄文化出版社,2006 年版）

福安市

福安市文史资料　（福安县文史资料）　政协福建省福安市委员会文史资料委员会编印,32 开书型,不定期,内部交流。

第 1 辑　闽东革命英烈　（1981 年）

第 2 辑　闽东革命英烈　（1982 年）

第 3 辑　闽东革命英烈　（1983 年）

第 4 辑　闽东革命英烈　（1984 年）

第 5 辑　闽东革命英烈　（1989 年）

第 6 辑　福安畲族史料　（1992 年）

第 7 辑　福安教育　（1993 年）

第 8 辑　福建赛江　（1994 年）

第 9 辑　廉村古文化　（1997 年）

第 10 辑　实践与探讨　（1994 年）

第 11 辑　谢翱研究　（1999 年）

第 12 辑　（改现名）　刘中藻专辑　（2000 年）

第 13 辑　刘虎臣专辑　（2003 年）

第 14 辑　纪念福安《秋园诗社》成立八十周年专辑（2004 年）

第15辑　纪念福安建县七百六十周年、抗日战争胜利六十周年　（2005年）

第16辑　赛岐史话　（2006年）

第17辑　福安古村名村　（2007年）

第18辑　福安市政协志　（续编）（2008年）

福鼎市

福鼎文史资料　政协福建省福鼎市委员会文史委员会编印,32开书型,不定期,内部交流。

第1辑　（1982年）

第2辑　（1983年）

第3辑　（1984年）

第4辑　（1985年）

第5辑　（1986年）

第6辑　（1987年）

第7辑　（1988年）

第8辑　（1989年）

第9辑　（1990年）

福鼎县纪念辛亥革命八十周年专辑　（1991年）

第10辑　（1992年）

第11辑　（1993年）

第12辑　（1994年）

第13辑　（1995年）

第14辑　（1996年）

第15辑　（1997年）

第16辑　（1998年）

第17辑　福鼎交通五十年专辑　（1999年）

第18辑　（改现名）（1999年）

第19辑　（2000年）

第20辑　（2001年）

第21辑　（2002年）

第22辑　（2003年）

第23辑　旅游特辑　（2004年）

第24辑　（2006年）

第25辑　（2007年）

寿宁县

寿宁文史资料　政协福建省寿宁县委员会文史委员会编辑组编印,32开书型,不定期,内部交流或公开发行。

第1辑　（1985年）

第2辑　（1986年）

第3辑　（1987年）

第4辑　（1990年）

第5辑　（1992年）

第6辑　冯梦龙在寿宁　（1994年）

第7辑　寿宁历史名人录　（1997年）

第8辑　寿宁当代名人录　（1997年）

第9辑　寿宁民俗　（1998年）

第10辑　寿宁土改回忆录　（1999年）

第11辑　明清两朝的寿宁知县　（2000年）

时光掠影——寿宁老照片　（2005年）

廊桥流韵——寿宁廊桥文史资料大观　（海潮摄影出版社,2007年版）

村名溯源　（2008年）

霞浦县

霞浦文史资料（初稿）　政协福建省霞浦县委员会文史资料委员会编印,16开书型,不定期,内部交流。

第1期

霞浦文史资料　政协福建省霞浦县委员会文史委员会编印,16开刊型,不定期,内部交流。

第1辑　（1981年）

第2辑　（1983年）

第3—4辑　（1985年）

第5辑　（1986年）

第6辑　（1987年）

诗词特辑　（1988年）

第7辑　（1989年）

第8辑　（1990年）

第9辑　（1991年）

第10辑　（1992年）

第11辑　（1993年）

第12辑　三沙专辑　（1994年）

第13辑　纪念谢翱逝世七百周年专辑　（1995年）

霞浦旅游名胜风景专辑　（1996年）

第14辑　（1997年）

第15辑　（1998年）

第16辑　（1999年）

第17辑　（2000年）

第18辑　（2001年）

第19辑　（2002年）

第20辑　（2003年）

第21辑　（2004年）

第22辑　（2005年）

第23辑　（2006年）

第24辑　霞浦古城堡　（2007年）

柘荣县

柘荣文史资料　政协福建省柘荣县委员会文史资料研究委员会编印,32开书型,不定期,内部交流。

第1辑　（1986年）

第2辑　（1988年）

第3辑　（1990年）

第4辑　（1992年）

第5辑　（1995年）

第6辑　（1998年）

第 7 辑　（2002 年）
第 8 辑　（2005 年）

屏南县

屏南文史资料　政协福建省屏南县委员会文史委员会
编印,32 开书型或 16 开刊型,不定期,内部交流。
第 1 辑　（1983 年）
第 2—3 辑　（1984 年）
第 4—5 辑　（1985 年）
第 6 辑　（1986 年）
第 7—8 辑　（1987 年）
第 9—10 辑　（1989 年）
第 11 辑　（1990 年）
第 12 辑　（1991 年）
第 13 辑　创刊十周年纪念　（1993 年）
第 14 辑　（1995 年）
纪念抗日战争胜利五十周年诗集　（1995 年）
屏南政协志
喜迎香港回归祖国诗词专集　（1997 年）
第 15 辑　（1997 年）
庆祝中共十五大胜利召开暨中华人民共和国成立四十
八周年诗词专集　（1997 年）
庆祝中国共产党十一届三中全会召开二十周年诗词专
集　（1998 年）
第 16 辑　（1998 年）
第 17 辑　（2000 年）
第 18 辑　屏南古代桥梁　（2002 年）
第 19 辑　委员视点　（2003 年）
屏南风光揽胜　（与屏南县旅游局合编,2008 年）

古田县

古田文史资料　政协福建省古田县委员会文史资料委
员会编印,32 开书型或 16 开刊型,不定期,内部交流。
第 1 辑　（1981 年）
第 2 辑　（1982 年）
第 3 辑　（1983 年）
第 4 辑　（1984 年）

第 5 辑　（1985 年）
第 6 辑　（1986 年）
第 7 辑　（1987 年）
第 8 辑　（1988 年）
第 9 辑　（1989 年）
第 10 辑　（1990 年）
第 11 辑　（1991 年）
第 1—3 辑重印本　（1992 年）
第 12 辑　（1994 年）
第 13 辑　（1995 年）
第 14 辑　（1997 年）
第 15 辑　（1998 年）
第 16 辑　纪念古田解放五十周年特辑　（2000 年）
第 17 辑　（2001 年）
第 18 辑　（2002 年）
第 19 辑　（2003 年）
第 20 辑　古田库区　（2005 年）
第 21 辑　朱子与古田　（2006 年）
第 22 辑　李若初诗、书、画荟萃　（2007 年）

周宁县

周宁文史资料　政协福建省周宁县委员会文史资料委
员会编印,16 开刊型改 32 开书型,不定期,内部交流。
第 1 辑　（1985 年）
第 2 辑　（1987 年）
第 3 辑　（1989 年）
第 4 辑
第 5 辑
第 6 辑
第 7 辑
第 8 辑
第 9 辑
第 10 辑
第 11 辑
第 12 辑
第 13 辑
第 14 辑
第 15 辑　（2006 年）

江 西 省

江西文史资料（江西文史资料选辑） 政协江西省委员会学习和文史委员会编印,32开书型,不定期,内部交流或公开发行。

第1—2辑 （江西人民出版社,1980年版）

第3辑 （1980年）

第4—7辑 （1981年）

南昌青年运动三十年 （1919—1949）（1984年）

南昌青年运动回书录 （1981年）

1982年第1—4辑 （总第8—11辑）

1983年第1辑 （总第12辑）

总第13—14辑 （1984年）

总第15辑 （1985年）

总第16辑 抗日将领回忆——江西抗战亲历记 （之一）（1985年）

总第17辑 抗日将领回忆——江西抗战亲历记 （之二）（1985年）

总第18辑 （1985年）

总第19辑 七君子之一——王造时 （1986年）

江西文史资料选辑目录 （第1—19辑）（1986年）

总第20—21辑 （1986年）

总第22辑 李烈钧、杨赓笙诗选 （1986年）

总第23辑 萍乡煤炭发展史略 （暨《萍乡文史资料》第6辑,1987年）

总第24辑 舞台经历集锦 （1987年）

总第25辑 国民党政治生活见闻 （1987年）

总第26辑 （1987年）

1988年第1辑 （总第27辑）

1988年第2辑 （总第28辑） 萍乡鞭爆烟花史料 （暨《萍乡文史资料》第9辑）

1988年第3辑 （总第29辑） 李烈钧将军

1989年第1—2辑 （总第30—31辑）

第32辑 红土地的曙光 （中国文史出版社,1990年版）

第33辑 黄家驷 （中国文史出版社,1990年版）

1988年4辑 （总第34辑） 五四运动在江西

第35辑 蒋经国在赣南 （1989年）

第36辑 吴有训 （暨《高安文史资料》第4辑,中国文史出版社,1990年版）

第37辑 （1990年）

第38辑 杨杏佛 （中国文史出版社,1991年版）

第39辑 辛亥革命在江西（江西人民出版社,1991年版）

第40—41辑 （1991年）

第42辑 红色大地涌绿波——铜鼓林业史料 （与政协铜鼓县委员会合编,1993年）

第43辑 送瘟神纪实 （与政协鹰潭市文史资料研究委员会、政协余江县委员会合编,1992年）

第44辑 傅抱石 （与政协新余市文史资料研究委员会合编,江西人民出版社,1992年版）

1992年第1（改现名）—2辑 （总第45—46辑）

1993年第1—2辑 （总第47—48辑）

1993年第3·4辑 （总第49辑）

汪伪群奸祸国纪实 （华东七省市政协文史工作协作会议编,中国文史出版社,1993年版）

第50辑 国立中正大学 （1993年）

第51辑 谈"京"说"鼓" （梁镇国著,1993年）

第52辑 一门四杰——修水陈宝箴、陈三立、陈衡恪、陈寅恪史料 （与政协修水县文史资料委员会合编,1994年）

第53辑 吴学周 （与政协萍乡市文史资料研究委员会等合编,黄山书社,1993年版）

追求——漆裕元奋斗生平 （2003年）

江西高等教育十七年 （江西高校出版社,2006年版）

江西禅宗文化 （江西人民出版社,2006年版）

日军侵华时期的细菌战

治理长江

江西古村民居画册

江西禅宗概要

江西历代名人传

文史大观 政协江西省委员会学习文史委员会编印,16开季刊,公开发行。

1994年第1—2期 （总第1—2期）

1995年第1—4期 （总第3—6期）

1996年第1期 （总第7期） 庐山申报世界自然与文化遗产专辑

1996年第2—4期 （总第8—10期）

1997年第1—4期 （总第11—14期）

1998年特刊:九江五十年代风云录 （1998年）

1998年第1—4期 （总第15—18期）

1999年第1—4期 （总第19—22期）

2000年第1—4期

2000年增刊 血沃南浔——赣北抗战写真 （与九江市政协学习文史委员会合编）

2001年第1—4期

2002年第1—4期

2003年第1—4期

2004年第1—4期

2005年第1—4期

2006年第1—4期

2007年第1—4期

2008年第1—4期

江西文史资料精华丛书 政协江西省委员会学习文史委员会编印,32开书型,内部交流。

第1辑 百年人物 （1999年）

第 2 辑
第 3 辑
第 4 辑
第 5 辑
第 6 辑
第 7 辑
第 8 辑
第 9 辑
第 10 辑

南昌市

南昌文史资料选辑 政协江西省南昌市委员会文史资料工作委员会编印,32 开书型,不定期,内部交流。
第 1 辑 (1962 年)
第 2 辑 (1963 年)
南昌文史资料选辑 政协江西省南昌市委员会文史资料研究委员会编印,32 开书型,年刊,内部交流。
第 1 辑 (1983 年)
第 2 辑 (1984 年)
第 3 辑 纪念抗日战争胜利四十周年专辑 (1985 年)
第 4 辑 (1986 年)
第 5 辑 纪念"八一南昌"起义六十周年 (1987 年)
第 6 辑 (1989 年)
第 7 辑 (1990 年)
第 8 辑 (1992 年)
第 9 辑 (1993 年)
第 10 辑 南昌掌故轶事 (1995 年)
第 11 辑 政协委员会余安民 (1996 年)
第 12 辑 (1997 年)

东湖区

西湖区

青云谱区

湾里区

湾里文史资料 (政协通讯——文史资料专辑) 政协江西省南昌市湾里区委员会文史资料委员会编印,16 开刊型改 32 开书型,不定期,内部交流。
第 1 辑 (1987 年)
第 2 辑 政协通讯文史资料专辑 (1988 年)
第 3 辑 (改现名)(1990 年)

青山湖区

南昌县

南昌县文史资料 政协江西省南昌县委员会文史委员会编印,32 开书型,不定期,内部交流。
第 1 辑 (1986 年)
第 2 辑 (1988 年)
第 3 辑 (1990 年)
第 4 辑 (1994 年)
第 5 辑 (2006 年)
第 6 辑

新建县

新建县文史资料 政协江西省新建县委员会文史资料研究委员会编印,32 开书型,不定期,内部交流。
第 1 辑 (1988 年)
第 2 辑 (1990 年)
第 3 辑 (1991 年)
第 4 辑 (1992 年)
第 5 辑 (1994 年)
第 6 辑 卫生专辑 (1997 年)

安义县

安义文史资料 政协江苏省安义县委员会文史资料委员会编印,32 开书型,不定期,内部交流。
第 1 辑 纪念抗日战争胜利四十周年专辑 (1985 年)
第 2 辑
第 3 辑 (1992 年)
第 4 辑
第 5 辑
第 6 辑
第 7 辑
第 8 辑
第 9 辑
第 10 辑
第 11 辑
第 12 辑
进贤县政协志 (1959—1989)(1990 年)
第 13 辑
第 14 辑 (1998 年)

进贤县

进贤风物 政协江西省进贤县委员会编印,32 开书型,不定期,内部交流。

第1—2辑 （1984年）

第3辑 （1985年）

第4辑 抗日战争胜利四十周年纪念专辑 （1985年）

第5辑 （1986年）

第6辑 进贤文史资料专辑 （1986年）

第7辑 （1987年）

第8辑 纪念桂瑞藩先生专集 （1987年）

第9—10辑 （1988年）

第11辑 （1989年）

第12辑 （1990年）

进贤县政协志 （1959－1989）（1990年）

第13辑 （1990年）

第14辑 （1991年）

九江市

九江文史资料选辑 政协江西省九江市委员会文史委员会编印,32开书型,不定期,内部交流。

第1辑 （1984年）

第2辑 （1985年）

第3辑 纪念抗日战争胜利四十周年专辑 （1985年）

第4辑 九江近现代经济史料 （上集）（1986年）

第5辑 九江近现代经济史料 （下集）（1989年）

第6辑 九江巨变——纪念中华人民共和国、中国人民政治协商会议成立四十周年 （1991年）

第7辑

第8辑 海外赤子蒋彝 （1992年）

第9辑 九江古今纵横谈 （1995年）

第10辑 九江老字号 （1996年）

第11辑 外交史上第一人——纪念乡贤蔡公时

第12辑 九江百年 （1999年）

第13辑 血沃南浔——赣北抗战大写真 （2000年《文史大观》增刊）

第14辑 九江之最 （2001年《文史大观》特刊）

第15辑 （2002年）

第16辑 九江之旅 （光明日报出版社,2003年版）

第17辑

第18辑 九江历史名镇 （2005年）

"五·三"惨案殉难七十周年专辑 （1998年）

九江五十年代风云录 （《文史大观》特刊,1998年）

浔阳区

浔阳文史资料 政协江西省九江市浔阳区委员会文史资料委员会编印,32开书型,不定期,内部交流。

第1辑 名人与浔阳 （1992年）

百年西园 （2005年）

庐山区

庐山区文史资料 政协江西省九江市庐山区委员会文史委员会编印,32开或64开书型,不定期,内部交流。

第1辑 （1991年）

庐山志 （康熙版校区本）（暨《星子文史资料》第7集,1991年）

庐山掌故 （暨《星子文史资料》第8集,1992年）

第2辑 （1995年）

第3辑 匡庐揽胜 （1999年）

庐山当代诗词选 （1993年）

同舟颂——九江市庐山区政协成立十周年纪念（1997年）

特辑:养生长寿歌 （2000年）

特辑:庐山铁佛寺景区诗词联集赏 （2002年）

瑞昌市

瑞昌文史资料 政协江西省瑞昌市委员会文史资料研究委员会编印,32开书型,不定期,内部交流。

第1辑 （1989年）

第2辑 （1991年）

第3辑 （1992年）

九江县

九江县文史资料选辑 政协江西省九江县委员会文史资料研究委员会编印,32开书型,不定期,内部交流。

第1辑 （1985年）

第2辑 （1988年）

第3辑 （1993年）

九江古今名人传 （1997年）

第4辑 （2001年）

第5辑 （2004年）

第6辑 （2006年）

第7辑 （2008年）

武宁县

武宁文史资料 政协江西省武宁县委员会学习文史委员会编印,32开书型,不定期,内部交流。

第1辑 （1985年）

第2辑 （1986年）

第3辑 （1987年）

第4辑 （1988年）

武宁政协志 （1991年）

第5辑 林海春秋 （1993年）

第6辑 李烈钧年谱 （1997年）

第7辑 （1999年）

第 8 辑　武宁风情

修水县

修水文史　政协江西省修水县委员会文史资料研究委员会编印,32 开书型,不定期,内部交流。
第 1 辑　(1991 年)
一门四杰——陈宝箴、陈三立、陈衡恪、陈寅恪史料 (暨《江西文史资料》第 52 辑,1994 年)
宁红茶乡　(修水经济丛书之一)
修水这方宝土
修水政协志
义宁陈氏五杰　(陈宝箴、陈三立、陈衡恪、陈寅恪、陈封怀史料)(2005 年)

永修县

永修文史资料　(永修文史资料、永修县文史资料)
政协江西省永修县委员会文史资料研究委员会编印,32 开书型,不定期,内部交流。
第 1 辑　(1986 年)
第 2 辑　(1989 年)
第 3 辑　(改名)(1991 年)
第 4 辑　纪念永修县政协成立四十周年　(1995 年)
第 5 辑　(1996 年)
第 6 辑　(改现名)　旅游专辑　(送审稿,2000 年)

德安县

德安文史资料　(德安县文史资料选辑)　政协江西省德安县委员会学习文史委员会编印,32 开书型,不定期,内部交流。
第 1 辑　纪念抗日战争胜利四十周年专辑　(1985 年)
第 2 辑　(改现名)(1988 年)
第 3 辑　热烈庆祝中华人民共和国成立四十周年 (1989 年)
第 4 辑　报刊文章选编　(之一、之二、之三)　(1992 年)

星子县

星子文史资料　政协江西省星子县委员会文史资料编辑委员会编印,32 开或 64 开书型,不定期,内部交流。
第 1 集　庐山金石考　(1985 年)
第 2 集　伟大诗人陶渊明　(1985 年)
第 3 集　美丽的星　(1986 年)
第 4 集　陶渊明研究　(1987 年)
第 5 集　现代名人与庐山　(1988 年)
第 6 集　星子县志　(同治版校点本)(1989 年)

第 7 集　庐山志　(康熙版校正本)(与政协庐山区文史委员会合编,1991 年)
第 8 集　庐山掌故　(与政协庐山区文史委员会合编,1992 年)
第 9 集　匡蠡烽火——纪念中国人民抗日战争胜利五十周年　(与县委宣传部合编,1995 年)
第 10 集　说陶　(徐新杰著,1998 年)
第 11 集　星子县科学技术论文选集　(1999 年)
第 12 集　刘俭自书诗稿　(1999 年)
第 13 辑　龚炳章将军纪念集　(与星子县委宣传部、党史办公室等合编,2001 年)
第 14 辑　神奇秀丽的星子　(2004 年)
第 15 辑　九江历史名镇　(2005 年)
第 16 辑　星子县政协志　(2006 年)
第 17 辑　陶学调研论辩会资料　(2007 年)
第 18 辑　历代名人诗文选辑　(2008 年)

都昌县

都昌文史资料　政协江西省都昌县委员会学习文史委员会编印,32 开书型,不定期,内部交流或公开发行。
第 1 辑　(1987 年)
第 2 辑　(1990 年)
第 3 辑　都昌人与景德镇　(1991 年)
第 4 辑　城镇史专辑　(1992 年)
都昌县政协志略
江万里研究　(江西人民出版社,1995 年版)
鄱阳湖上都昌县　(江西人民出版社,2000 年版)
第 5 辑　难忘五十年代　(2000 年)
第 6 辑　都昌骄子——当代人物专辑　(2005 年)
江万里研究　第三辑　(中国香港新闻出版社,2005 年版)
第 7 辑　都昌不会忘记——当代人物专辑　(2006 年)
第 8 辑　都昌历史名人——当代人物专辑　(2008 年)

湖口县

湖口文史资料　(湖口文史资料选辑)　政协江西省湖口县委员会学习文史教文卫体委员会编印,32 开书型,不定期,内部交流。
第 1 辑　(1985 年)
第 2 辑　(1986 年)
第 3 辑　石钟山专辑　(1987 年)
第 4 辑　(1988 年)
第 5 辑　(1989 年)
第 6 辑　(改现名)　人物专辑　(1990 年)
第 7 辑　水陆交通专辑　(1992 年)
第 8 辑　水产专辑　(1994 年)

第 9 辑　诗文合集　（1997 年）

第 10 辑　热烈庆祝中华人民共和国成立五十周年、人民政协成立五十周年、喜迎澳门回归祖国诗文合集　（1999年）

第 11 辑　水利专辑　（2000 年）

第 12 辑

第 13 辑　教育专辑　（2003 年）

第 14 辑　湖口政协二十年　（2004 年）

第 15 辑　卫生专辑　（2005 年）

彭泽县

彭泽文史 （彭泽县文史资料选辑）　政协江西省彭泽县委员会文史学习委员会编印，32 开书型，不定期，内部交流。

第 1 辑　（1985 年）

第 2 辑　（1990 年）

第 3 辑　（改现名）（1993 年）

第 4 辑　（2000 年）

龙宫洞——雄奇瑰丽的专政艺术宫殿　（彭泽文史资料丛书）(1993 年)

第 5 辑　彭泽县政协文史资料丛书　（2002 年）

景德镇市

景德镇文史资料　政协江西省景德镇市委员会文史资料研究委员会编印，32 开书型，不定期，内部交流。

第 1 辑　（1984 年）

第 2 辑　（1985 年）

第 3 辑　（1986 年）

第 4 辑　（1987 年）

第 5 辑　杜重远与景德镇　（1988 年）

第 6 辑　解放景德镇　（上）(1989 年)

第 7 辑　解放景德镇　（下）(1989 年)

第 8 辑　（1992 年）

景德镇市政协志　（中国文史出版社，1992 年版）

第 9 辑　景德镇徽帮　（1993 年）

第 10 辑　景德镇都帮　（1994 年）

第 11 辑　景德镇杂帮　（1995 年）

第 12 辑　陶专·浮师·天中　（1996 年）

第 13 辑　草鞋码头的变迁　（上）(1997 年)

第 14 辑　草鞋码头的变迁　（下）(1997 年)

第 15 辑　风雨同舟五十年

第 16 辑　杏林春暖

第 17 辑

第 18 辑　体坛春韵——体育专辑　（2006 年）

春润桃李——教育专辑

昌江区

昌江区文史资料　政协江西省景德镇市昌江区委员会文史资料委员会编印，32 开书型，不定期，内部交流。

第 1 辑　（1997 年）

珠山区

珠山文史资料　政协江西省景德镇市珠山区委员会文史资料研究委员会编印，32 开书型，不定期，内部交流。

第 1 辑　（1989 年）

第 2 辑

第 3 辑

瓷都艺星　政协江西省景德镇市珠山区委员会文史资料研究委员会编印，32 开书型，不定期，内部或公开发行。

第 1 辑　（厦门大学出版社，1992 年版）

第 2 辑　（1994 年）

乐平市

乐平文史资料　政协江西省乐平县委员会文史资料研究委员会编印，32 开书型，不定期，内部交流。

第 1 辑　（1985 年）

第 2 辑　（1986 年）

第 3 辑　（1987 年）

第 4 辑　（1988 年）

第 5 辑　（1989 年）

第 6 辑　红十军创建六十周年纪念专辑　（1990 年）

第 7 辑　（1992 年）

第 1—2 辑重印本　（1993 年）

第 8 辑　（1993 年）

第 9 辑　（1994 年）

第 10 辑　乐平西进同志专辑　（1995 年）

第 11 辑　（1996 年）

第 12 辑　（1997 年）

第 13 辑　（1999 年）

乐平市政协志　（1998 年）

乐平文史资料精粹　（2001 年）

浮梁县

浮梁文史资料　政协江西省浮梁县委员会文史委员会编印，32 开书型，不定期，内部交流。

第 1 辑　（2000 年）

鹰潭市

鹰潭文史资料　政协江西省鹰潭市委员会文史资料研究委员会编印，32 开书型，不定期，内部交流。

第 1 辑 （1988 年）

第 2 辑 （1989 年）

第 3 辑 鹰潭近现代人物 （与政协贵溪市文史资料研究委员会等合编,1991 年）

送瘟神纪实 （暨《江西文史资料》第 43 辑,1992 年）

月湖区

月湖区文史资料 政协江西省鹰潭市月湖区委员会文史资料委员会编印,32 开书型,不定期,内部交流。

鹰潭近现代人物 （暨《鹰潭文史资料》第 3 辑,1991 年）

贵溪市

贵溪文史资料 （贵溪市文史资料） 政协江西省贵溪市委员会文史资料研究委员会编印,32 开书型,不定期,内部交流。

第 1—2 辑 （1986 年）

第 3 辑 （1987 年）

第 4 辑 象山书院创办八百年纪念专辑 （1187—1987 年） （暨《金溪县文史资料》第 3 辑,1987 年）

第 5 辑 （1988 年）

第 6 辑 （1989 年）

贵溪县政协志 （1989 年）

第 7 辑 （改现名）(1990 年)

鹰潭近现代人物 （暨《鹰潭文史资料》第 3 辑,1991 年）

第 8 辑 （1992 年）

贵溪文史大观 （1995 年）

余江县

余江文史资料 政协江西省余江县委员会文史资料研究委员会编印,32 开书型,不定期,内部交流。

第 1 辑 （1985 年）

第 2 辑 （1986 年）

第 3 辑 （1989 年）

鹰潭近现代人物 （暨《鹰潭文史资料》第 3 辑,1991 年）

送瘟神纪实 （暨《江西文史资料》第 43 辑,1992 年）

新余市

新余文史资料 政协江西省新余市委员会学习文史委员会编印,32 开书型,不定期,内部交流或公开发行。

第 1 辑 （1985 年）

第 2 辑 （1986 年）

第 3 辑 （1988 年）

第 4 辑 （1990 年）

第 5 辑 （1992 年）

傅抱石 （暨《江西文史资料选辑》第 44 辑,江西人民出版社,1992 年版）

第 6 辑 企业春秋 （1993 年）

第 7 辑

第 8 辑

新余市政协志 （1997 年）

第 9 辑

第 10 辑 凝固的乐章——新余古建筑实录 （江西科技出版社,2005 年版）

第 11 辑 新余历代名人 （上海远东出版社,2006 年版）

渝水区

渝水文史资料 政协江西省新余市渝水区委员会文史资料研究委员会编印,32 开书型,不定期,内部交流。

第 1 辑 （1988 年）

分宜县

分宜文史资料 政协江西省分宜县委员会文史资料委员会编印,32 开书型,不定期,内部交流。

第 1 辑 （1988 年）

第 2 辑 （1990 年）

第 3 辑 （1991 年）

第 4 辑 林业编 （2002 年）

萍乡市

萍乡文史资料 政协江西省萍乡市委员会学习文史委员会编印,32 开书型,不定期,内部交流或公开发行。

第 1—2 辑 （1984 年）

第 3 辑 纪念抗日战争胜利四十周年 （1985 年）

第 4 辑 （1985 年）

第 5 辑 萍乡中学八十周年 （1986 年）

萍、浏、醴起义资料汇编 （湖南人民出版社,1986 年版）

第 6 辑 萍乡煤炭发展史略 （暨《江西文史资料》第 23 辑,1987 年）

第 7 辑 萍乡人物纪略 （1987 年）

第 8 辑 （1987 年）

第 9 辑 萍乡鞭爆烟花史料 （暨《江西文史资料》第 28 辑,1988 年）

第 10 辑 萍乡哥老会起义资料汇编 （暨《芦溪文史资料》第 2 辑,1988 年）

萍乡解放四十年 （与中共萍乡市委党史资料征集办公室等合编,1989 年）

第 11—12 辑 （1990 年）

第 13 辑 文化专辑 （1991 年）

第 14 辑　喻德渊　（1992 年）

吴学周　（与政协江西省文史资料研究委员会等编，黄山书社，1993 年版）

第 15 辑　萍乡卫生发展史料　（1994 年）

第 16 辑　血与火的记忆　（纪念抗日战争胜利五十周年特辑）（1995 年）

萍乡古民居　（画册）（中国商讯出版社，2006 年版）

见证沧桑——萍乡农业合作化纪实　（2007 年）

安源区

萍乡城关文史资料　政协江西省萍乡市城关区委员会文史资料研究委员会编印，32 开书型，不定期，内部交流。

第 1 辑　萍乡楹联　（1987 年）

第 2 辑　萍乡古诗　（1990 年）

湘东区

湘东文史资料　政协江西省萍乡市湘东区委员会文史资料研究委员会编印，32 开书型，不定期，内部交流。

第 1 辑　（1989 年）

第 2 辑　（1991 年）

第 3 辑　湘东中学四十年　（1996 年）

湘东政协 20 年　（2008 年）

莲花县

莲花文史资料　政协江西省莲花县委员会政宣文史办公室编印，32 开书型，不定期，内部交流或公开发行。

第 1 辑　（1985 年）

第 2 辑　（1988 年）

第 3 辑　末代帝师朱益藩　（中国海洋出版社，1993 年版）

第 4 辑　解放初期专辑　（1994 年）

上栗县

上栗文史资料　政协江西省萍乡市上栗区委员会文史资料研究委员会编印，32 开书型，不定期，内部交流。

第 1 辑　（1989 年）

第 2 辑　上栗大事记　（1990 年）

芦溪县

芦溪文史资料　（萍乡市芦溪区文史资料）　政协江西省萍乡市芦溪区委员会文史资料委员会编印，32 开书型，不定期，内部交流。

第 1 辑　（1988 年）

第 2 辑　萍乡哥老会起义资料汇编　（暨《萍乡文史资料》第 10 辑，1988 年）

第 3 辑　（1989 年）

第 4 辑　（改现名）　工商史料特辑　（1990 年）

第 5 辑　芦溪英烈　（1991 年）

赣州市

赣州文史　政协江西省赣州市委员会文史委员会编印，32 开书型，不定期，内部交流或公开发行。

第 1 辑　丹崖悠悠——赣州市通天岩崖石刻集锦（中国文史出版社，2001 年版）

第 2 辑　赣南客家古民居集萃　（2006 年）

第 3 辑　赣州古城地名史话　（2006 年）

第 4 辑　赣南农民居、祠堂、寺庙对联、堂匾集粹（2007 年）

第 5 辑　赣南古塔文化　（2008 年）

章贡区

赣州文史资料　政协江西省赣州市委员会文史资料委员会编印，32 开书型，不定期，内部交流。

第 1 辑　（1985 年）

第 2 辑　（1986 年）

第 3 辑　（1987 年）

第 4 辑　（1988 年）

蒋经国在赣南　（暨《江西文史资料选辑》第 35 辑，1989 年）

第 5 辑　八一四古城春晓——纪念赣州解放四十周年　（与中共赣州市委员会合编，1989 年）

第 6 辑　（1990 年）

第 7 辑　赣州工商经济史料专辑　（1991 年）

第 8 辑　（改现名）　国家历史文化名城赣州　（1994 年）

赣州市景点诗词楹联

政协史志

委员风采录

章贡文史资料　政协江西省赣州市章贡区委员会文史委员会编印，32 开书型，不定期，内部交流。

第 1 辑

第 2 辑　（2004 年）

瑞金市

瑞金文史资料　政协江西省瑞金市委员会文史资料研究委员会编印，32 开书型，不定期，内部交流。

第 1 辑　（1987 年）

第 2 辑　（1989 年）

第 3 辑　中央苏区监察史料选集　（1990 年）

第 4 辑　（1991 年）

第 5 辑　绵江历代诗词选　（1992 年）

第 6 辑　绵江医林专辑　（1996 年）

第 7 辑　红都文艺专辑　(2001 年)

第 8 辑　(2004 年)

南康市

南康市文史资料　政协江西省南康市委员会学习文史资料委员会编印,32 开书型,不定期,内部交流。

第 1 辑　(1987 年)

第 2 辑　(1988 年)

第 3 辑　(1990 年)

第 4 辑　(1993 年)

第 5 辑　(1996 年)

第 6 辑　视察报告、调研文章精选专辑　(1997 年)

第 7 辑

第 8 辑　卫生专辑

第 9 辑　教育专辑

第 10 辑　文峰塔专辑

第 11 辑

第 12 辑　民间文学专辑　(2006 年)

赣县

赣县文史资料选辑　(赣县文史资料、赣县文史资料选编)　政协江西省赣县委员会文史资料编纂委员会编印,32 开书型,不定期,内部交流或公开发行。

赣县农业大事记　(1949—1984 年) (1985 年)

第 1 辑　(1991 年)

赣县籍长征干部简介　(1992 年)

第 2—3 辑　(1993 年)

第 4 辑　林业论文专辑　(1995 年)

第 5 辑　(改名) (1996 年)

第 6 辑　(1997 年)

第 7 辑　民间传说故事　(1999 年)

第 8 辑　(改现名)湖江人文景观　(2000 年)

第 9 辑　客家古村白鹭　(2002 年)

客家古村白鹭　(方志出版社,2004 年版)

第 10 辑　客家古镇田村　(2003 年)

第 11 辑　千里赣江第一乡——储潭　(2004 年)

第 12 辑　古县新城——纪念梅林建城三十六周年 (2005 年)

第 13 辑　苏区革命专辑

第 14 辑　赣县农业大事记

第 15 辑　林业专辑

第 16 辑　赣县客家摇篮专辑　(黄山书社,2006 年版)

信丰县

信丰文史资料　政协江西省信丰县委员会文史资料研究委员会编印,32 开书型,不定期,内部交流。

第 1 辑　(1987 年)

第 2 辑　(1989 年)

第 3 辑　(1994 年)

第 4 辑　(1995 年)

第 5 辑　(1996 年)

大余县

大余文史资料选辑　政协江西省大余县委员会文史工作委员会编印,32 开书型,不定期,内部交流。

第 1 辑　(1986 年)

第 2 辑　(1988 年)

第 3 辑　赏梅诗集　(1991 年)

第 4 辑　李瑞照梅花诗　(1994 年)

第 5 辑　大余乡贤·西江四戴　(1996 年)

第 6 辑　(2002 年)

第 7 辑　大余客家情歌撷英　(2003 年)

第 8 辑　廋岭斫魔　(2004 年)

第 9 辑　大余文扬古迹　(2005 年)

上犹县

上犹县文史资料　政协江西省上犹县委员会学习文史委员会编印,32 开书型,不定期,内部交流。

农村杂用专辑　(1984 年)

第 1 辑　(1987 年)

第 2 辑　(1990 年)

第 3 辑　(1994 年)

第 4 辑　(1998 年)

第 5 辑　客家文化专集　(2000 年)

第 6 辑　王继春在上犹　(2005 年)

第 7 辑　上犹客家　(2008)

崇义县

崇义文史资料　政协江西省崇义县委员会学习文史资料委员会编印,32 开书型,不定期,内部交流或公开发行。

第 1 辑　(1988 年)

第 2 辑　(1990 年)

第 3 辑　(1991 年)

第 4 辑　(1992 年)

第 5 辑　可喜的十年——崇义县政协成立十周年专辑 (1992 年)

第 6 辑　农村致富之路　(1993 年)

第 7 辑　教育专辑　(1994 年)

第 8 辑　山青水碧溶洞奇　(1995 年)

第 9 辑　竹乡情韵　(1997 年)

第 10 辑　(1999 年)

第 11 辑　情缘——上海知青与崇义的故事　(百花洲文艺出版社,2003 年版)

第12辑 惠众崇义财税文史专辑 （2005年）

第13辑 王阳明与崇义 （中共党史出版社,2009年版）

安远县

安远文史 （安远县文史资料） 政协江西省安远县委员会文史资料委员会编印,32开书型,不定期,内部交流。

第1辑 （1985年）

第2辑 （1987年）

安远县政协志 （1987年）

第3辑 （1989年）

第4辑 （1990年）

第5辑 （1992年）

第6辑 （1993年）

第7辑 （改现名）（1996年）

东江源头三百山 （1998年）

第8辑 （2000年）

第9辑 （2002年）

第10辑 （2002年）

龙南县

龙南文史资料 政协江西省龙南县委员会文史资料委员会编印,32开书型,不定期,内部交流。

第1辑 （1988年）

第2辑 （1989年）

第3辑 （1990年）

第4辑 （1992年）

第5辑 （1995年）

第6辑 （2002年）

定南县

定南文史资料 政协江西省定南县委员会教文卫体委员会编印,32开书型,不定期,内部交流。

第1辑 （1988年）

第2辑 （1990年）

第3辑 （1992年）

第4辑

第5辑 庆祝中华人民共和国成立五十周年专辑（1999年）

第6辑 岿美山钨矿专辑 （2001年）

第7辑 上山下乡知青专辑 （2004年）

全南县

全南文史资料 （全南县文史资料） 政协江西省全南县委员会文史资料研究委员会编印,32开书型,不定期,

内部交流。

第1辑 （1989年）

第2辑 （改现名）（1990年）

第3辑 （1991年）

第4辑 （1994年）

第5辑 （1996年）

第6辑 （与全南县林业局合编,1998年）

宁都县

宁都县文史资料 政协江西省宁都县委员会文史资料研究委员会编印,32开书型,不定期,内部交流。

第1辑 （1986年）

第2辑 （1987年）

第3辑 （1988年）

第4辑 （1989年）

第5—6辑 （1991年）

第7辑 （1992年）

第8辑 乡企浪花 （1993年）

第9辑 教苑文史 （1994年）

第10辑 文苑采葩 （1996年）

第11辑

第12辑

第13辑

第14辑

第15辑 （2007年）

于都县

于都文史资料 政协江西省于都县委员会文史资料研究委员会编印,32开书型,不定期,内部交流。

第1辑 （1990年）

第2辑 （1991年）

第3辑 （1992年）

第4辑 （1993年）

第5辑 （1994年）

第6辑 （1996年）

第7辑 （2001年）

兴国县

兴国文史 （兴国文史资料选辑） 政协江西省兴国县委员会学习文史提案委员会编印,32开书型,不定期,内部交流。

第1辑 （1982年）

第2辑 （1984年）

第3辑 中央革命根据地第三次反"围剿"专辑（1990年）

第4辑 （改现名）（2001年）

会昌县

会昌文史资料 政协江西省会昌县委员会文史资料委员会编印,32 开书型,不定期,内部交流。

第 1 辑 (1985 年)

第 2 辑 (1987 年)

第 3 辑 (1989 年)

第 4 辑 (1991 年)

第 5 辑 (1994 年)

第 6 辑 风景这边独好——纪念红军长征胜利六十周年专辑 (1996 年)

会昌客家文化史料专辑 (2001 年)

寻乌县

寻乌文史资料 政协江西省寻乌县委员会文史资料研究委员会编印,32 开书型,不定期,内部交流。

第 1 辑 (1986 年)

第 2 辑 (1991 年)

第 3 辑 (1992 年)

第 4 辑 (1995 年)

第 5 辑 诗词专辑 (1999 年)

石城县

石城文史资料 政协江西省石城县委员会文史资料委员会编印,32 开书型,不定期,内部交流或公开发行。

第 1 辑 (1986 年)

第 2 辑 (1987 年)

第 3 辑 (1990 年)

第 4 辑 (1991 年)

第 5 辑 (1993 年)

当代石城英才 (旅外部分)(西南师范大学出版社,1994 年版)

上饶市

上饶文史 政协江西省上饶市文史和学习委员会文史馆编印,32 开书型,不定期,内部交流。

第 1 辑 (2008 年)

信州区

上饶市文史资料 政协江西省上饶市委员会文史资料研究委员会编印,32 开书型,不定期,内部交流。

第 1 辑 (1982 年)

第 2 辑 (1983 年)

第 3 辑 (1984 年)

第 4 辑 (1985 年)

第 5 辑 (1986 年)

第 6 辑 国民党第三战区司令长官司令部纪实 (上册)(1986 年)

第 7 辑 国民党第三战区司令长官司令部纪实 (中册)(1987 年)

第 8 辑 国民党第三战区司令长官司令部纪实 (下册)(1988 年)

第 9 辑 上饶市解放四十周年专辑 (1989 年)

德兴市

德兴文史资料 （德兴县文史资料、德兴市文史资料）政协江西省德兴市委员会文史学习委员会办公室编印,32 开书型,不定期,内部交流。

第 1 辑 (1987 年)

第 2 辑 (1988 年)

第 3 辑 (1989 年)

第 4 辑 (1990 年)

第 5 辑 (改名) 德兴市历史名人录 (1997 年)

第 6 辑 (改现名) 德兴西进同志专辑 (1999 年)

上饶县

上饶县文史资料 政协江西省上饶县委员会文史资料研究委员会编印,32 开书型,内部交流。

第 1 辑 (1986 年)

第 2 辑 (1987 年)

广丰县

广丰县文史资料 （广丰县政协文史资料） 政协江西省广丰县委员会文史资料办公室编印,32 开书型,不定期,内部交流。

第 1 辑 (1985 年)

第 2 辑 (1987 年)

第 3 辑 (1989 年)

第 4 集 冶金学家周行健 (1991 年)

第 5 辑 (改现名)(1994 年)

第 6 辑 (1996 年)

第 7 辑 广丰永和塔志 (1999 年)

第 8 辑

第 9 辑

第 10 辑 广丰宗教 (2008 年)

玉山县

玉山文史资料 政协江西省玉山县委员会文史资料研究委员会编印,32 开书型,不定期,内部交流或公开发行。

第 1 辑 (1985 年)

第 2 辑 (1986 年)

第 3 辑 （1987 年）

玉山县政协志(1987 年)

第 4 辑 画家柳子谷 （江西人民出版社,1989 年版）

第 5 辑 怀玉文萃 （与玉山县志办公室合编,1990 年）

第 6 辑 （1991 年）

玉山博士谱 （江西科学技术出版社,1998 年版）

铅山县

铅山文史资料 政协江西省铅山县委员会文史资料委员会编印,32 开书型,不定期,内部交流。

第 1 辑 （1987 年）

第 2 辑 （1988 年）

第 3 辑 （1989 年）

第 4 辑 （1990 年）

第 5 辑 江西名镇——河口镇 （1991 年）

第 6 辑 铅山故治——永平镇 （1992 年）

第 7 辑 民族与宗教 （1993 年）

第 8 辑 铅山人物 （1994 年）

第 9 辑

第 10 辑 湖坊镇 （1990 年）

第 11 辑

第 12 辑 建国初期的铅山 （2002 年）

铅山政协志

横峰县

横峰文史资料 （横峰文史） 政协江西省横峰县委员会文史委员会编印,32 开书型,不定期,内部交流。

第 1 辑 纪念方志敏同志就义五十周年专辑 （1985 年）

第 2 （改现名） —3 辑 （1987 年）

第 3 辑 （1987 年）

第 4 辑 （1988 年）

第 5 辑 （1990 年）

第 6 辑 葛源专辑 （1991 年）

第 7 辑 （1992 年）

第 8 辑 （1993 年）

吟咏横峰古诗选编 （2008 年）

弋阳县

弋阳文史资料 政协江西省弋阳县委员会文史资料研究委员会编印,32 开书型,不定期,内部交流。

第 1 辑 （1986 年）

第 2 辑 （1987 年）

第 3 辑 （1988 年）

圭峰诗文选专辑 （1989 年）

第 4 辑 （1990 年）

县政协商史 （1991 年）

第 5 辑 （1992 年）

第 6 辑 （1994 年）

第 7 辑 （1996 年）

第 8 辑 弋阳腔专辑

余干县

余干县文史资料 政协江西省余干县委员会文史资料研究委员会编印,32 开书型,不定期,内部交流。

第 1 辑 （1985 年）

第 2 辑 （1986 年）

第 3 辑 （1987 年）

第 4 辑 （1988 年）

第 5 辑 人物专辑 （1988 年）

第 6 辑 （1989 年）

第 7 辑 玉中专辑 （1990 年）

第 8 辑 教育专辑 （1991 年）

第 9 辑 （1992 年）

第 10 辑 文物专辑 （1993 年）

第 11 辑 医药卫生专辑 （1994 年）

第 12 辑 交通专辑 （1995 年）

第 13 辑 水利专辑 （1996 年）

第 14 辑 渔政管理专辑 （1998 年）

第 15 辑 情洒贵州专辑 （1999 年）

鄱阳县

鄱阳文史资料 政协江西省鄱阳县委员会文史资料研究委员会编印,32 开书型,不定期,内部交流。

第 1 辑 （1986 年）

第 2 辑 （1987 年）

第 3 辑 （1988 年）

第 4 辑 人物专辑 （1989 年）

第 5 辑 纪念解放鄱阳四十周年专辑 （1989 年）

第 6 辑 （1990 年）

第 7 辑 彭涛同志纪念集 （1992 年）

第 8 辑 （1993 年）

第 9 辑 （1994 年）

第 10 辑 （1995 年）

第 11 辑 （1996 年）

第 12 辑

第 13 辑

第 14 辑 （2003 年）

第 15 辑 （2004 年）

万年县

万年县文史资料 政协江西省万年县委员会文史资料研究委员会编印,32 开书型,不定期,内部交流。

第1辑 (1985年)
第2辑 (改现名)(1987年)
第3辑 (1991年)
万年政协三十年 (1989年)
万年历代诗选 (徐浩选注,2002年)
陈营史话 (徐浩执笔,2002年)
王浩八起义考略 (徐浩执笔,2002年)
走进万年 (蔡阳启执笔,2004年)

婺源县

婺源县文史资料 (**婺源文史资料**) 政协江西省婺源县委员会文史资料研究委员会编印,32开书型,不定期,内部交流。
第1辑 (1986年)
第2辑 (改现名)(1987年)
第3辑 (1989年)
第4辑 (1993年)
江泽民与婺源 (2005年)

抚州市

抚州文史资料 政协江西省抚州市委员会文史委员会编印,32开书型,不定期,内部交流或公开发行。
第1辑 探古揽胜话流坑 (江西人民出版社,2001年版)
临川地方戏剧史 (中国戏剧出版社,2003年版)
抚州宗教集要 (2005年)
抚州古建筑精粹 (画册)(2007年)
抚州文史研究 政协江西省抚州市委员会文史委员会等编印,32开刊型,季刊,内部交流。
第1—2期 (2007年)
第3—6期 (2008年)

临川区

抚州市文史资料 政协江西省抚州市委员会文史资料研究委员会编印,32开书型,不定期,内部交流。
第1辑 抚州市名人名胜录 (1988年)
第2辑 (1991年)
第3辑 抚州市一中九十周年校庆专辑 (1992年)
临川文史 政协江西省临川市委员会文史资料研究委员会编印,32开书型,不定期,内部交流。
第1辑 临川县民间歌谣谚语集成 (1986年)
第2辑 (1987年)
第3辑 (1989年)
第4辑 (1990年)
第5辑 (1992年)
第6辑 (1993年)
第7辑 临川教育 (1994年)

第8辑
第9辑
第10辑
第11辑
1996年第1辑 (总第12辑)
第13辑
第14辑 (2000年)

南城县

南城文史资料 政协江西省南城县委员会文史资料研究委员会编印,32开书型,不定期,内部交流。
第1辑 (1985年)
第2辑 (1987年)
第3辑 (1989年)
第4辑 庆祝中华人民共和国成立四十周年专辑 (1989年)
第5辑 工商经济专辑 (1990年)
第6辑 (1992年)
第7辑 教育专辑 (1994年)
第8辑
第9辑
寻找南城 (2008年)

黎川县

黎川文史资料 政协江西省黎川县委员会文史资料研究委员会编印,32开书型,不定期,内部交流。
黎川县政协志
第1辑 (1989年)
第2辑 (1991年)
第3辑 黎川一中建校五十周年专辑 (1994年)
第4辑 黎川陶瓷工业专辑 (2004年)
黎川风景名胜 (2006年)
千年沧桑话黎川 (2008年)

南丰县

南丰文史资料 政协江西省南丰县委员会文史资料研究委员会编印,32开书型,不定期,内部交流。
第1辑 (1986年)
第2辑 (1987年)
第3辑 (1989年)
第4辑 (1990年)
第5辑 (1991年)
第6辑 南丰蜜桔史料 (1993年)
第7辑 旅居在外的南丰人 (1998年)
第8辑 南丰县政协成立四十周年纪念专辑 (1999年)
第9辑 南丰寺观 (2000年)

第 10 辑　南丰美食　（2004 年）

崇仁县

崇仁文史资料　政协江西省崇仁县委员会文史资料研究委员会编印,32 开书型,不定期,内部交流。

崇仁县统战政协志　（1986 年）

第 1 辑　（1988 年）

第 2 辑　（1989 年）

第 3 辑　（1991 年）

第 4 辑　（1997 年）

乐安县

乐安文史资料　政协江西省乐安县委员会文史资料研究委员会编印,32 开书型,不定期,内部交流。

第 1 辑　（1984 年）

第 2 辑　（1986 年）

第 3 辑　（1987 年）

第 4 辑　（1988 年）

第 5 辑　（1989 年）

第 6 辑　（1993 年）

宜黄县

宜黄文史资料　政协江西省宜黄县委员会文史资料研究委员会编印,32 开书型,不定期,内部交流。

第 1 辑　（1986 年）

第 2 辑　（1989 年）

第 3 辑　（1990 年）

金溪县

金溪县文史资料　政协江西省金溪县委员会文史资料研究委员会编印,32 开书型,不定期,内部交流。

第 1 辑　（1985 年）

第 2 辑　（1987 年）

第 3 辑　象山书院创办八百周年纪念专辑　（1187—1987 年）（暨《贵溪县文史资料》第 4 辑,1987 年）

第 4 辑　（1988 年）

第 5 辑　（1990 年）

第 6 辑

第 7 辑

第 8 辑

第 9 辑　（1998 年）

资溪县

资溪文史资料　政协江西省资溪县委员会文史资料研究委员会编印,32 开书型,不定期,内部交流。

第 1 辑　（1988 年）

第 2 辑　（1989 年）

第 3 辑　（1992 年）

第 4 辑　（1994 年）

东乡县

东乡县文史资料　政协江西省东乡县委员会文史资料研究委员会编印,32 开书型,不定期,内部交流。

第 1—2 辑　（1987 年）

第 3 辑　（1989 年）

第 4 辑　（1990 年）

第 5 辑　（1991 年）

第 6 辑　（1992 年）

第 7 辑　（1993 年）

第 8 辑　（1994 年）

第 9 辑

第 10 辑

第 11 辑　东乡教育史　（1997 年）

广昌县

广昌文史资料　政协江西省广昌县委员会文史资料研究委员会编印,32 开书型,不定期,内部交流。

第 1 辑　（1988 年）

第 2 辑　抗日期间南昌一中在广昌专辑　（1989 年）

第 3 辑　（1991 年）

宜春市

宜春文史资料　政协江西省宜春市委员会学习文史委员会编印,32 开书型,不定期,内部交流。

委员·风采·事业　（第一辑）（2004 年）

委员·风采·事业　（第二辑）（2005 年）

奉献人生——委员·风采·事业（续集）（2007 年）

袁州区

宜春市文史资料　政协江西省宜春市委员会文史资料委员会编印,32 开书型,不定期,内部交流。

第 1 辑　（1986 年）

第 2 辑　（1987 年）

第 3 辑　（1988 年）

第 4 辑　（1989 年）

第 5 辑　（1992 年）

第 6 辑　委员·事业　（1995 年）

丰城市

丰城文史资料　政协江西省丰城市委员会文史资料委

员会编印,32 开书型,不定期,内部交流。

第 1 辑 （1985 年）

第 2—3 辑 （1987 年）

第 4 辑 庆祝中华人民共和国成立四十周年、庆祝人民政协成立四十周年专辑 （1949—1989） （1989 年）

第 5 辑 （1993 年）

樟树市

清江文史资料 政协江西省樟树市委员会文史资料研究委员会编印,32 开书型,不定期,内部交流或公开发行。

第 1 辑 （1962 年）

第 2—3 辑 （1982 年）

杨杏佛 （暨《江西文史资料选辑》第 38 辑,中国文史出版社,1991 年版）

高安市

高安文史资料 （高安史志资料） 政协江西省高安市委员会文史资料研究委员会编印,32 开书型,不定期,内部交流。

第 1 辑 （1986 年）

第 2 辑 （改现名） 政协委员文论选 （1979—1984）（1985 年）

第 3 辑 （1988 年）

第 4 辑 吴有训（暨《江西文史资料选辑》第 36 辑,1990 年）

奉新县

奉新文史资料 政协江西省奉新县委员会文史资料工作委员会编印,32 开书型,不定期,内部交流或公开发行。

第 1 辑 （1985 年）

第 2 辑 张勋史料 （1986 年）

第 3 辑 奉新县政协志 （1988 年）

第 4 辑 王德舆史料 （1988 年）

第 5 辑 奉新之最 （1990 年）

第 6 辑 彭加伦文集 （江西人民出版社,1992 年版）

万载县

万载文史资料 政协江西省万载县委员会文史资料研究委员会编印,32 开书型,不定期,内部交流。

第 1 辑 （1988 年）

第 2 辑 （1990 年）

上高县

上高文史资料集 政协江西省上高县委员会文史资料研究委员会编印,32 开书型,内部交流。

抗日战争上高会战史料选编 （上、下集）（1987 年）

黄懋材文集 （1989 年）

宜丰县

宜丰文史资料 政协江西省宜丰县委员会文史资料研究委员会编印,32 开书型,不定期,内部交流。

第 1 辑 （1986 年）

第 2 辑 （1988 年）

第 3 辑 （1989 年）

第 4 辑 壮元姚勉 （1990 年）

第 5 辑 异军之路 （未注编印年）

政协委员风采录:蔡新和他的作品 （1992 年）

曹洞祖师结茅地:天子山、古城禅寺 （2001 年）

第 6 辑

第 7 辑 峥嵘岁月——宜丰县老干部回忆辑 （宜丰县政协志）（2006 年）

靖安县

靖安文史资料 （靖安纵横） 政协江西省靖安县委员会文史资料研究委员会编印,32 开书型,不定期,内部交流。

第 1 辑 （1985 年）

第 2 辑 （1987 年）

第 3 辑 （改现名）（1989 年）

第 4 辑 陈方千 （1992 年）

靖安县政协志 （1981—1990 年） （第一辑） （1992 年）

第 5 辑 （1995 年）

第 6 辑 （2003 年）

第 7 辑 （2007 年）

靖安县政协志 （1991—2005 年） （第二辑）（2008 年）

铜鼓县

铜鼓文史资料 政协江西省铜鼓县委员会文史资料委员会编印,32 开书型,不定期,内部交流。

第 1 辑 （1987 年）

第 2 辑 红色大地涌绿波——铜鼓林业史料(暨《江西文史资料》第 42 辑,1993 年）

第 3 辑 （未注编印年）

铜鼓县政协志

吉安市

吉安文史资料 政协江西省吉安市委员会文史资料委员会编印,32 开书型,不定期,内部交流。

第 1 辑

第 1 辑　（总第 2 辑）
第 2 辑　（总第 3 辑）　抗战专辑　（2005 年）

吉州区

吉安市文史资料　政协江西省吉安市委员会编纂委员会编印,32 开书型,不定期,内部交流。
第 1 辑　（1989 年）
第 2 辑　（1992 年）
第 3 辑　（1995 年）
第 4 辑　（1999 年）

青原区

青原文史资料　政协江西省吉安市青原区委员会编印,32 开书型,不定期,内部交流。
可爱的青原——民族英雄文天祥的故乡　（江西人民出版社,2002 年版）

井冈山市

井冈山文史资料　政协江西省井冈山市委员会文史资料研究委员会编印,32 开书型,不定期,内部交流。
第 1 辑　（1985 年）
第 2 辑　（1987 年）
第 3·4 辑　（1989 年）
第 5 辑　（1991 年）
第 6 辑　井冈山奇观散记　（罗锦清著,1995 年）
宁冈革命斗争史资料丛书　政协江西省宁冈县委员会文史资料委员会等编印,32 开书型,内部交流。
宁冈·井冈山革命根据地的中心　（续编）（1987 年）

吉安县

庐陵文史资料　政协江西省吉安县委员会文史资料研究委员会编印,32 开书型,不定期,内部交流。
第 1 辑　（1989 年）
第 2 辑　吉安县革命烈士传略专辑　（1990 年）
第 3 辑
第 4 辑　民间灯彩专辑　（未注明编印年）

吉水县

吉水县文史资料　政协江西省吉水县委员会文史资料委员会编印,32 开书型,不定期,内部交流。
第 1 辑　（1986 年）
第 2 辑　（1987 年）
第 3 辑　（1988 年）
第 4 辑　（1989 年）
吉水古代名人传略集　（1989 年）

第 5 辑　（1991 年）
第 6 辑
第 7 辑　教育专辑

峡江县

峡江文史资料　（峡江文史资料、峡江县文史资料）政协江西省峡江县委员会文史资料研究委员会编印,32 开书型,不定期,内部交流。
第 1 辑　（1989 年）
第 2 辑
第 3 辑　（改名）（1999 年）
第 4 辑　（改现名）　玉笥山传说　（2004 年）
第 5 辑　（2005 年）

新干县

新干文史资料　政协江西省新干县委员会文史资料研究委员会编印,32 开书型,不定期,内部交流。
第 1 辑　（1985 年）
第 2 辑　（1986 年）
第 3 辑　（1987 年）
第 4 辑　（1988 年）
第 5 辑　（1989 年）
第 6 辑
海外人物专辑　（1995 年）
第 7 辑　（1996 年）
第 8 辑　（1997 年）
第 9 辑　新干文物史料　（1998 年）

永丰县

永丰文史资料　政协江西省永丰县委员会文史委员会编印,32 开书型,不定期,内部交流。
第 1 辑　（1986 年）
第 2 辑　永丰苏区第一次"围剿"与反"围剿"史话专辑　（1987 年）
第 3 辑　（1988 年）
第 4 辑　（1989 年）
第 5 辑　龙岗大捷——纪念中央苏区第一次反"围剿"胜利六十周年　（1990 年）
第 6 辑　零的突破——永丰县解放后创业溯源（1992 年）
第 7 辑　欧阳修故里　（1994 年）
第 8 辑　永丰科星　（1997 年）

泰和县

泰和文史资料　（泰和县文史资料选辑）　政协江西省泰和县委员会学习法制文史委员会编印,32 开书型,不定期,内部交流。

第 1 辑　（1985 年）

第 2 辑　（1986 年）

第 3 辑　（1988 年）

第 4 辑　（1989 年）

第 5 辑　（改现名）　世界珍禽——泰和武山鸡（1992 年）

第 6 辑　纪念抗日战争胜利五十周年专辑　（1995 年）

第 7 辑

第 8 辑

第 9 辑

第 10 辑　杏岭弦歌(2004 年)

第 11 辑　世界珍禽——中国泰和乌鸡　（2005 年）

第 12 辑　历代名人快阁诗选　（2006 年）

遂川县

遂川文史　（遂川文史资料）　政协江西省遂川县委员会文史资料研究委员会编印,32 开书型,不定期,内部交流。

第 1 辑　（1989 年）

第 2·3 辑　（1991 年）

第 4 辑　遂川政协概况　（1992 年）

第 5 辑　遂川风物　（1993 年）

第 6 辑　纪念抗日战争胜利五十周年专辑　（1995 年）

第 7 辑　（1997 年）

第 8 辑　（改现名）（2001 年）

明末忠烈郭维经　（张炳玉、刘志桂编著,2001 年）

第 9 辑　（2005 年）

万安县

万安文史资料　（万安文史资料选辑）　政协江西省万安县委员会文史研究室编印,32 开书型,不定期,内部交流。

第 1 辑　（1984 年）

第 2 辑　（1986 年）

第 3 辑　（1987 年）

第 4 辑　（1988 年）

第 5 辑　（1989 年）

第 6 辑　（改现名）（1990 年）

第 7 辑　（1991 年）

第 8 辑　教育专辑　（1992 年）

第 9 辑　经济志辑　（1993 年）

第 10 辑　库区专辑　（1994 年）

第 11 辑　（1995 年）

第 12 辑　（1996 年）

第 13 辑　缅怀我们的康大姐　（1997 年）

第 14 辑　（1998 年）

第 15 辑　（1999 年）

第 16 辑　（2000 年）

第 17 辑　（2001 年）

第 18 辑　旅游专辑　（2002 年）

第 19 辑　（2003 年）

第 20 辑　万安客家　（2004 年）

第 21 辑　（2005 年）

第 22 辑　（2006 年）

第 23 辑　（2007 年）

安福县

安福文史资料　政协江西省安福县委员会学习法制文史工作委员会编印,32 开书型,不定期,内部交流。

第 1 辑　（1988 年）

第 2 辑　（1989 年）

第 3 辑　（1991 年）

第 4 辑　爱国诗人王礼锡　（1992 年）

第 5 辑　武功山下的绿色明珠　（1995 年）

第 6 辑　委员风采　（2001 年）

第 7 辑　天下武功山·华夏樟乡情·安福　（2005 年）

永新县

永新文史资料　（永新文史）　政协江西省永新县委员会文史资料研究委员会编印,32 开书型,不定期,内部交流。

第 1 辑　（1989 年）

第 2 辑　（1991 年）

第 3 辑　（1993 年）

第 4 辑　（1995 年）

第 5 辑　（1997 年）

第 6 辑　教育专辑　（1999 年）

永新史鉴　（江西人民出版社,2002 年版）

第 7 辑

山 东 省

山东文史资料选辑 （文史资料选辑） 政协山东省委员会文史资料委员会编，山东人民出版社出版，不定期，内部交流或公开发行。

第 1 辑 （1963 年版）
第 2—4 辑 （1964 年版）
第 5 辑 （1978 年版）
第 6—7 辑 （1979 年版）
第 8 辑 （1980 年版）
第 9—10 辑 （1981 年版）
第 11 辑 鲁西北抗日战争史料专辑 （1981 年版）
第 12 辑 纪念辛亥革命七十周年 （1981 年版）
第 13—14 辑 （1982 年版）
第 15 辑 （1983 年版）
第 16—18 辑 （1985 年版）
第 19—21 （改现名） —22 辑 （1986 年版）
第 23—24 辑 （1987 年版）
华东地区第二次政协文史资料工作协作会议会刊 （1984 年）
济南"五·三"惨案亲历记 （与全国政协、政协济南市文史资料研究委员会合编，中国文史出版社，1987 年版）
抗日名将张自忠 （与全国政协文史资料研究委员会编，中国文史资料出版社，1987 年版）
第 25 辑 （1988 年版）
济南战役亲历记 （原国民党将校的回忆） （与济南市政协文史资料委员会合编，1988 年版）
台儿庄大战亲历记 （与政协枣庄市文史资料研究委员会合编，1988 年版）
一代枭雄韩复榘 （与全国政协文史资料研究委员会合编，中国文史出版社，1988 年版）
民主革命的先驱——路友于 （与政协诸城市文史资料委员会合编，1988 年版）
苗氏民族资本的兴起 （与政协淄博市、桓台县文史资料委员会合编，1988 年版）
第 1—25 辑目录 （1989 年）
第 26—27 辑 （1989 年版）
第 28 辑 将军忠勇震瀛寰——纪念张自忠殉国五十周年 （1990 年版）
第 29 辑 （1990 年版）
济南老字号 （与政协济南市文史资料委员会合编，济南出版社，1990 年版）
周村商埠 （与政协淄博市周村区文史资料委员会合编，1990 年版）
牟墨林地主庄园 （暨《栖霞文史》第 2 辑，1990 年版）
第 30 辑 （1991 年版）

第 31 辑 辛亥革命在山东——纪念辛亥革命八十周年 （1991 年版）
悠悠岁月桃李情 （山东大学九十年） （中国文史出版社，1991 年版）
梁漱溟与山东乡村建设 （与政协邹平县文史资料委员会合编，1991 年版）
同盟会在山东 （马庚存著，1991 年版）
徐镜心 （与政协龙口市文史委员会合编，1991 年版）
傅斯年 （与政协山东省聊城地区工作委员会合编，1991 年版）
遐迩闻名的祥字号 （与政协济南市、章丘县文史资料委员会合编，济南出版社，1991 年版）
王统照先生怀思录 （与政协诸城市文史资料委员会合编，1991 年版）
土匪军阀张宗昌 （与全国政协文史资料委员会合编，中国文史出版社，1991 年版）
第 32 辑 （1992 年版）
第 33 辑 留学生活 （1992 年版）
戏曲之乡 （与政协曹县文史资料委员会合编，1992 年版）
兖州战役亲历记 （与政协济宁市文史资料委员会合编，1992 年版）
列强在中国的租界 （与政协上海市文史资料委员会等合编，中国文史出版社，1992 年版）
悲壮之役——记 1938 年滕县抗日保卫战 （与政协滕州市文史资料委员会合编，1992 年版）
汪伪群奸祸国纪实 （华东七省市政协文史工作协作会议编，中国文史出版社，1993 年版）
山东抗日殉国将士 （中国文史出版社，1995 年版）
莱芜战役纪实 （与政协莱芜市文史资料委员会合编，中国文史出版，1995 年版）
烽火挚友 （靳星五著，1995 年版）
胜利油田的崛起 （与政协东营市文史资料委员会等合编，中国文史出版社，1998 年版）
山东重大考古发掘纪实 （齐鲁书社，1998 年版）
齐鲁百年名碑集 （山东美术出版社，1998 年版）
山东近现代回族 （1998 年版）
亲切关怀巨大鼓舞 （画册）（1998 年）
肝胆相照五十年 （中国文史出版社，1999 年版）
山东农村经济改革亲历记 （中国文史出版社）
政协第八届山东委员名录 （1999 年）
山东重点文物保护纪实 （泰山出版社，1999 年版）
齐鲁戏曲春秋 （中国文史出版社，1999 年版）
京杭大运河山东段保护和开发研究会 （材料汇编）（2006 年）

春秋 政协山东省委员会文史资料研究委员会编印。不定期改双月刊，内部交流或公开发行。

1993 年第 1—2 期 （总第 1—2 期）
1994 年第 1—4 期 （总第 3—6 期）
1995 年第 1—6 期 （总第 7—12 期）

1996 年第 1—6 期 （总第 13—18 期）
1997 年第 1—6 期 （总第 19—24 期）
1998 年第 1—6 期 （总第 25—30 期）
1999 年第 1—6 期 （总第 31—36 期）
2000 年第 1—6 期 （总第 37—42 期）
2001 年第 1—6 期 （总第 43—48 期）
2002 年第 1—6 期 （总第 49—54 期）
2003 年第 1—4 期 （总第 55—58 期）
2003 年第 1—2 期 （总第 1—2 期）
2004 年第 1—6 期 （总第 3—8 期）
2005 年第 1—6 期 （总第 9—14 期）
2006 年第 1—6 期 （总第 15—20 期）
2007 年第 1—6 期 （总第 21—26 期）
2008 年第 1—6 期 （总第 21—32 期）

山东工商经济史料集萃 政协山东省委员会文史资料研究委员编，山东人民出版社出版。

第 1—3 辑 （1989 年版）

山东文史集粹 （十卷） 政协山东省委员会文史资料委员会编，山东人民出版社，1993 年版。

政治卷
军事卷
革命斗争卷
工商经济卷
科技卷
教育卷
文化卷
民族宗教卷
社会卷
风物卷

山东重要历史事件（八卷） 政协山东省委员会文史资料委员会等编，山东人民出版社，2004 年版。

先秦时期
秦汉至隋唐时期
宋元明清时期
晚清时期
北洋政府时期
南京国民政府时期
抗日战争时期
解放战争时期

山东重要历史人物 （八卷） 政协山东省委员会文史资料委员会等编，山东人民出版社， 年版。

齐鲁文史丛书 政协山东省及市县委员会文史资料委员会等编，中国文史出版社，2004 年版。

第 1 辑 半岛烽火 （暨《烟台文史资料》第 25 辑）
第 2 辑 金都风情 （暨《招远文史资料》第 10 辑）
第 3 辑 （暨《滨州文史》第 3 辑）
第 4 辑
第 5 辑
第 6 辑
第 7 辑

第 8 辑
第 9 辑
第 10 辑

库存文史资料选编 政协山东省委员会文史资料委员会编印。

解放战争中的山东战场
沈鸿烈

济南市

济南文史资料选辑 政协山东省济南市委员会文史资料委员会编印，32 开书型，不定期，内部交流或公开发行。

第 1—3 辑 （1983 年）
第 4—5 辑 （1984 年）
第 6 辑 （1985 年）
第 7 辑 （1986 年）
第 8 辑 （1987 年）
第 9 辑 （1991 年）
第 10 辑 （1992 年）
第 11 辑 （1995 年）

济南"五·三"惨案亲历记 （中国文史出版社，1987 年版）
济南战役亲历记 （原国民党将校的回忆）（与政协山东省委员会文史资料委员会合编，山东人民出版社，1988 年版）
济南老字号 （济南出版社，1990 年版）
济南日特机关罪行录 （济南出版社，1990 年版）
解放前济南的学校 （济南出版社，1991 年版）
遐迩闻名的祥字号 （济南出版社，1991 年版）
济南文苑漫忆 （济南出版社，1993 年版）
书店生涯六十年 （温君朴著，1996 年）
济南文史精华 （1997 年版）
风雨同舟五十年 （中国文史出版社，1999 年版）
济南名胜古迹辞典 （中国文史出版社，1999 年版）
厦门鲁政人物谱 （与厦门九三学社市委联合征编，1999 年）
济南文史集萃 （上、下册）（济南出版社，2000 年版）
开放的热风——济南三资企业风采录 （刘洴文主编，2001 年）
济南开埠与地方经济 （黄河出版社，2004 年版）
济南老街史话 （黄河出版社，2008 年版）

济南文史 政协山东省济南市委员会文史资料委员会主办，《济南文史》编印编辑出版，16 开不定期转季刊。

1997 年第 1—2 期
1998 年第 3—4 期
1999 年第 1—3 期 （总第 5—7 期）
2000 年第 1—2 期 （总第 8—9 期）
2001 年第 1—4 期 （总第 10—13 期）
2002 年第 1—4 期 （总第 14—17 期）

2003 年第 1—4 期 （总第 18—21 期）
2004 年第 1—4 期 （总第 22—25 期）
2005 年第 1—4 期 （总第 26—29 期）
2006 年第 1—4 期 （总第 30—33 期）
2007 年第 1—4 期 （总第 34—37 期）
2008 年第 1—4 期 （总第 38—41 期）

可爱的济南丛书 山东省济南市委员会文史资料委员会编，黄河出版社出版。

第一辑 （2001 年版）
济南历史大事记 （崔力明等编著）
贞观名相房玄龄 （附《鲍叔牙传》）（李永祥著）
济南旧习俗 （秦若轼著）
文苑高手颂济南 （任远选编）
济南历史文化概观 （高凤胜、周长风主编）
第二辑 （2002 年版）
海外济南人 （秦一心主编）
文化名人与济南 （李涛主编）
济南历代墓志铭 （韩明祥编著）
济南名泉说略 （任宝祯编著）
李开先年谱 （李永祥著）
近现代济南科技大事记 （1840—1949）（张宗田编著）
曲山艺海话济南 （赵钟云主编）

20 世纪济南文史资料文库 （六卷） 政协山东省济南市委员会文史资料委员会编。黄河出版社，2004 年版。

政治卷
经济卷
文化卷
军事卷
教育卷
社会卷

新世纪济南文史资料丛书 政协山东省济南市委员会文史资料委员会编，黄河出版社出版。

第一辑 （全三册）（2003 年版）
济南重大考古发掘纪实 （崔大庸、许延廷主编）
济南当代科技大事记 （张宗田编著）
济南传统儿童游戏 （秦若轼著）
第二辑 （全三册）（2005 年）
济南名牌产品史话 （徐华东主编）
济南民间歌舞 （赵钟云主编）（2005 年版）
济南留苏十姐妹 （栾曰盛著）（2005 年版）
第三辑 （全三册）（2006 年版）
济南海外学人论坛
济南民营企业发展纪实
济南名胜古迹楹联赏析

新编济南文史资料丛书 政协山东省济南市委员会文史资料委员会编印。

济南历史文化百题 （1994 年）
旧济南遗事 （秦若轼著）（1998 年）
两千年济南大事记 （崔力明编著）（1999 年）

济南城市建设
济南九十七小名士 （A、B 卷）
济南老街老巷 （山东人民出版社,2005 年版）

市中区

市中文史资料 政协山东省济南市市中区委员会文史委员会编印,32 开书型,不定期,内部交流。

第 1 辑 （1991 年）
第 2 辑 （1996 年）
第 3 辑 （2000 年）
第 4 辑 （2001 年）
第 5 辑 （2002 年）
第 6 辑 （2003 年）
第 7 辑 （2004 年）
第 8 辑 守土硝烟录——抗日战争资料专辑 （2005 年）

历下区

槐荫区

槐荫文史资料选辑 政协山东省济南市槐荫区委员会文史资料研究委员会编印,32 开书型,不定期,内部交流。

第 1 辑 （1985 年）
委员风采

天桥区

天桥文史资料 （天桥文史资料选辑） 政协山东省济南市天桥区委员会学习文史委员会编印,32 开书型,不定期,内部交流。

第 1 辑 （1990 年）
第 2 辑 （1991 年）
第 3 辑 （改现名）（1997 年）

历城区

历城文史资料 政协山东省济南市历城区委员会文史资料研究委员会编印,32 开书型,不定期,内部交流或公开发行。

第 1 辑 （1985 年）
第 2 辑 （1986 年）
第 3 辑 （1988 年）
第 4—5 辑 （1991 年）
第 6 辑 （1993 年）
第 7 辑 （1995 年）
志在四方的历城人 （1996 年）
第 8 辑 历城名胜古迹 （1997 年）

第 9 辑　历城名人　（一）（1997 年）

第 10 辑　历城名人　（二）（1998 年）

第 11 辑　历城辉煌五十年　（1999 年）

《历城文史资料》第 1—11 辑目录　（2000 年）

第 12 辑　（2000 年）

第 13 辑　（2001 年）

历城政协志　（1984—2002）（2002 年）

第 14 辑　（2003 年）

第 15 辑　历城文史集粹　（上、下册）（中国戏剧出版社,2004 年版）

第 16 辑　军旅人生　（2006 年）

第 17 辑　赴藏记忆　（画册）（中国文史出版社,2006 年版）

第 18 辑　历城地名溯源　（2007 年）

第 19 辑　历城文苑采撷　（大众文艺出版社,2008 年）

长清区

长清文史资料　政协山东省济南市长清区委员会文史资料委员会编印,32 开书型,不定期,内部交流。

第 1—2 辑　（1985 年）

第 3—4 辑　（1986 年）

第 5 辑　（1987 年）

第 6 辑　（1989 年）

第 7 辑　（1991 年）

第 8 辑　（1993 年）

第 9 辑　纪念抗日战争胜利五十周年专辑　（1995 年）

第 10 辑　纪念抗日战争胜利五十周年专辑　（1998 年）

第 11 辑　（2000 年）

委员风采　（2002 年）

第 12 辑　（2004 年）

第 13 辑　财贸专辑　（2006 年）

第 14 辑　济南市长清区政协工作概览　（2007 年）

章丘市

章丘文史资料选辑　（**章丘文史资料、文史资料、章丘文史资料**）　政协山东省章丘市委员会文史资料委员会编印,32 开书型,不定期,内部交流或公开发行。

第 1 辑　（1983 年）

第 2 辑　（1984 年）

第 3 辑　（1985 年）

第 4 辑　（改名）章丘旧军孟　（1987 年）

第 5 辑　章丘铁匠　（1988 年）

第 6 辑　章丘煤矿史料　（1989 年）

第 7 辑　李开先年谱　（1990 年）

第 8 辑　（改名）（1991 年）

遐迩闻名的祥字号　（济南出版社,1991 年版）

第 9 辑　（1992 年）

第 10 辑　辛氏三代　（1993 年）

第 11 辑　章丘妇女风采录　（1995 年）

第 12 辑　章丘民俗　（1996 年）

第 13 辑　章丘老字号　（1997 年）

第 14 辑　章丘名胜古迹

第 15 辑　（改现名）（2001 年）

第 16 辑　章丘文史集粹　（上、下册）（2002 年）

章丘历代碑刻选粹　（中国文史出版社,2006 年版）

章丘文史系列丛书　政协山东省章丘市委员会文史资料委员会编印,内部交流或公开发行。

第 1 辑　中国历史文化名村——朱家峪　（齐鲁书社,2008 年版）

第 2 辑　泉水史话

平阴县

平阴文史资料　（**文史资料选辑**）　政协山东省平阴县委员会文史资料委员会编印,32 开书型,不定期,内部交流或公开发行。

第 1 辑　（1983 年）

第 2 辑　（改现名）（1985 年）

第 3 辑　（1986 年）

第 4 辑　（1989 年）

第 5 辑

第 6 辑　（1997 年）

平阴名胜古迹

山东平阴风物志　（中国戏剧出版社,2004 年版）

平阴政协志　（1981—2005）（2005 年）

平阴名人录　（2006 年）

于慎行研究专辑　（2007 年）

济阳县

济阳文史资料　（**文史资料**）　政协山东省济阳县委员会文史委员会编印,32 开书型,不定期,内部交流。

第 1 辑　（1985 年）

第 2 辑　冯玉祥将军治军忆要　（1986 年）

第 3 辑　（1986 年）

第 4 辑　（1987 年）

第 5 辑　（改现名）（1988 年）

第 6 辑　（1990 年）

第 7 辑　（1993 年）

前进中的济阳政协

第 8 辑　教育专辑

第 9 辑

第 10 辑　政法专辑　（2006 年）

商河县

商河文史 （商河文史资料选编） 政协山东省商河县委员会文史资料委员会编印,32开书型,不定期,内部交流。
第1辑 （1987年）
第2辑 （1989年）
第3辑 （改现名）（1991年）
第4辑 （1994年）
第5辑 （2001年）

聊城市

聊城文史 政协山东省聊城市地区委员会文史资料委员会编印,32开书型,不定期,内部交流或公开发行。
傅斯年 （与政协山东省文史资料委员会合编,山东人民出版社,1991年版）
第1辑
第2辑
第3辑
第4辑
第5辑
第6辑
第7辑
第8辑
第9辑
第10辑
第11辑
第12辑
中国历代清官廉吏 （阎延琛等编著,中国文史出版社,2001年版）
政协委员写真
聊城重要历史事件 （中共党史资料出版社,2003年版）
聊城重要历史人物 （2003年）
辛亥滦州兵谏与滦州起义

东昌府区

聊城文史资料 （文史资料选辑） 政协山东省聊城市委员会文史资料研究委员会编印,32开书型或16开书型,不定期,内部交流或公开发行。
第1辑 （1982年）
第2辑 （1983年）
第3辑 （改现名）（1985年）
第4辑 （1987年）
第5辑 纪念民族英雄范筑先将军殉国五十周年 （1988年）
第6辑 （1992年）

第7辑 （1995年）
东昌望族 （2003年）
东昌府名胜古迹檀联选注
东昌府政协志 （1956—2006）（2007年）
柬贴法式备览 （天津人民出版社,2008年版）

临清市

临清文史 政协山东省临清市委员会文史资料研究委员会编印,32开书型,不定期,内部交流或公开发行。
第1辑 （1985年）
第2辑 （1986年）
第3辑 （1988年）
第4辑 （1990年）
张自忠将军生平事迹简介 （1891—1940年）（1990年）
第5辑 民族英烈——纪念张自忠将军诞辰一百周年专辑 （1991年）
第6辑 （1992年）
王伦起义史料 （与政协阳谷县文史资料委员会合编,齐鲁书社,1995年版）
第7辑 临清古今名人 （中国文史出版社,2005年版）

阳谷县

阳谷文史资料 政协山东省阳谷县委员会文史委员会编印,16开刊型或32开书型,或油印,不定期,内部交流或公开发行。
第1辑 （1981年）
第2—4辑 （1982年）
第5—10辑 （1983年）
第11—12辑 （1984年）
第13—16辑 （1985年）
第17—18辑 （1986年）
第19辑 （1987年）
第20辑 （1988年）
第21辑 阳谷文史 （1991年）
第22辑 阳谷文史资料1—20辑选编 （山东省出版总社聊城分社,1989年版）
第23辑 刘琰诗文校注 （山东大学出版社,1993年版）
第24辑 王伦起义史料 （与政协临清市文史资料委员会合编,齐鲁书社,1995年版）
第25辑 阎锡山军闱揭密——一位原师长的自述(杨元璐著,百花文艺出版社,1995年版）
第26辑 汤显祖与阳谷七级 （1997年）
第27辑 回忆范筑先将军六记 （周云章遗稿专辑）（1998年）
第28辑 阳谷文史集刊 （上、下册）（1999年）

第29辑　景阳冈记九家四体书　（阳谷县老年书画协会《书阳谷》系列书法之一）（2003年）

第30辑　政协委员专辑　（2004年）

第31辑　教育专辑　（2007年）

莘县

莘县文史资料　政协山东省莘县委员会学习宣传文史委员会编印,32开书型,不定期,内部交流或公开发行。

第1辑　（1987年）

第2辑　三槐王氏专辑　（1989年）

第3辑　战事　（1990年）

第4辑　地名　（1991年）

第5辑　雁宾特辑　（1993年）

第6辑　莘县之最　（1994年）

第7辑　政协特辑　（1995年）

第8辑　交通　（1995年）

第9辑　孔繁森与莘县　（1996年）

第10辑　中国农民的典范曾广福　（1997年）

第11辑　月圆曲　（港澳台侨专辑）（1997年）

第12辑　源远流长·文化　（上）（1999年）

第13辑　源远流长·文化　（下）（2000年）

第14辑　旧貌换新颜　（城乡建设）（2000年）

第15辑　小康之路　（农村产业结构调整）（2001年）

第16辑　杏坛春秋　（教育）（2002年）

第17辑　莘县历史大事录　（2003年）

第18辑　槐荫千秋　（三槐王专辑）（2004年）

第19辑　莘县碑文大观　（2005年）

第20辑　莘县史鉴　（上、下卷）（海洋出版社,2005年版）

第21辑　千古战例垂青史——莘县马陵之战学术研讨会论文集　（中国文史出版社,2006年版）

第22辑　莘县地名　（2007年）

茌平县

茌平县文史资料　（茌平文史资料）　政协山东省茌平县委员会文史委员会编印,32开书型,不定期,内部交流。

第1辑　（1988年）

第2辑　（1991年）

第3辑　（1995年）

第4辑　（改现名）　解方诗选专辑　（1995年）

第5辑　纪念抗日战争胜利五十周年专辑　（1995年）

第6辑　（1997年）

第7辑　（1998年）

第8辑　（2000年）

第9辑　（2002年）

茌平县政协志　（2008年）

东阿县

文史资料选辑　政协山东省东阿县委员会文史资料委员会编印,32开书型,不定期,内部交流。

第1辑　（1984年）

第2辑　（1985年）

第3辑　（1986年）

第4辑　（1987年）

第5辑　（1988年）

第6辑　（1989年）

第7辑　东阿阿胶专辑　（1990年）

第8辑　（1992年）

第9辑　（1993年）

第10辑　（1994年）

第11辑　"烽火岁月"——纪念抗日战争胜利五十周年专辑　（1995年）

第12辑　（1996年）

第13辑　东阿县政协资料汇编　（1997年）

东阿王曹植专辑　（2001年）

鱼山诗魂　（中国东阿国际曹植学术研讨会论文集）（2003年）

中国·鱼山梵呗文化节论文集　（2007年）

三曹轶事

冠县

冠县文史资料　政协山东省冠县委员会学习宣传文史委员会编印,32开书型,不定期,内部交流。

第1辑　（1986年）

第2辑　（1989年）

第3辑　（1991年）

第4辑　（1992年）

第5辑　中国名镇——柳林　（2000年）

第6辑　交通专辑　（2002年）

为武训恢复名誉纪实　（2005年）

为武训恢复名誉书画集　（2006年）

高唐县

高唐文史资料　政协山东省高唐县委员会文史资料工作室编印,32开书型,不定期,内部交流或公开发行。

第1辑　（1985年）

第2辑　（1987年）

第3辑　（1988年）

第4辑　（1989年）

第5辑　（1990年）

第6辑　（1991年）

第7辑　（1992年）

第 8 辑 （1994 年）
第 9 辑 （1996 年）
第 10 辑 （1997 年）
第 11 辑 书画专辑 （1998 年）
第 12 辑 （1999 年）
第 13 辑 文物名胜专辑 （2000 年）
第 14 辑 "九五"末民营企业专辑 （2001 年）
第 15 辑 海内外高唐人专辑 （2003 年）
第 16 辑 海内外高唐人续辑 （2004 年）
第 17 辑 高唐轶事·景观拾遗 （郑宽亭等著,2005 年）
第 18 辑 李苦禅专辑 （中国文史出版社,2006 年版）
第 19 辑 地名专辑 （2007 年）
第 20 辑 传统非物质文化专辑 （2008 年）

德州市

德州文史 政协山东省德州市委员会文史学习宣传委员会编印,32 开书型,不定期,内部交流。
第 1 辑 （1998 年）
第 2 辑 风物专辑 （2000 年）
第 3 辑
第 4 辑
十届政协年鉴
第 5 辑 天南地北德州人
第 6 辑 （2008 年）

德城区

德城文史 （德州文史） 政协山东省德州市德城区委员会文史资料委员会编印,32 开书型,不定期,内部交流。
第 1 辑 （1982 年）
第 2 辑 （1984 年）
第 3 辑 （1985 年）
第 4 辑 （1986 年）
第 5 辑 （1987 年）
第 6 辑 （1988 年）
清代文学家田雯诗选 （1989 年）
第 7 辑 （1989 年）
第 8 辑 （1990 年）
第 9 辑 （1991 年）
第 10 辑 （1993 年）
第 11 辑 （1994 年）
第 12 辑 纪念抗日战争胜利五十周年专刊 （1995 年）
第 13 辑 （改现名）（1996 年）
第 14 辑 （1997 年）
第 15 辑 袁桥乡专辑 （1998 年）

第 16 辑 （1999 年）
第 17 辑 （2000 年）
第 18 辑 新湖街道办事处专辑 （2001 年）
德州运河文化 （上、下册）（2004 年）

乐陵市

乐陵文史资料 政协山东省乐陵市委员会文史资料委员会编印,32 开书型,不定期,内部交流或公开发行。
第 1 辑 （1985 年）
第 2 辑 （1986 年）
宋哲元 （山东大学出版社,1989 年版）
第 3 辑 （1991 年）
乐陵小枣甲天下 （南海出版社,1993 年版）

禹城市

禹城文史资料 政协山东省禹城市委员会文史资料委员会编印,32 开书型,不定期,内部交流。
第 1 辑 （1982 年）
第 2 辑 （1983 年）
第 3 辑 （1984 年）
第 4 辑 （1986 年）
第 5 辑 （1987 年）
第 6 辑 （1989 年）
第 7 辑 （1991 年）
第 8 辑 （1992 年）
第 9 辑 纪念抗日战争胜利五十周年专辑 （1995 年）
第 10 辑 （1997 年）
第 11 辑 （2001 年）
第 12 辑 （2004 年）
禹城政协志

陵县

陵县文史资料 政协山东省陵县委员会文史资料研究委员会编印,32 开书型,不定期,内部交流。
第 1 辑 （1985 年）
第 2 辑 （1987 年）
第 3 辑 （1989 年）

平原县

平原文史资料 政协山东省平原县委员会教科文卫委员会编印,32 开书型,不定期,内部交流。
第 1 辑 （1986 年）
第 2 辑 （1987 年）
第 3 辑 （1988 年）
第 4 辑 （1989 年）

第5辑　抗日战争回忆录　（1990 年）

第6辑　教育专辑　（1991 年）

第7辑　（1992 年）

第8辑　（1993 年）

第9辑　王克东专辑　（1994 年）

第10辑　王打卦乡专辑　（1995 年）

第11辑　义和团资料节录　（1996 年）

第12辑　王凤楼专辑　（1997 年）

第13辑　风雨沧桑五十年——庆祝建国五十周年专辑　（1999 年）

特辑　义和团平原起义一百周年学术讨论会论文集（齐鲁书社,2000 年版）

第14辑　人民武装专辑　（2002 年）

刘备在平原　（2002 年）

平原县政协志　（1959.10—2006.12）（2007 年）

夏津县

夏津文史资料　政协山东省夏津县委员会文史资料委员会编印,32 开书型,不定期,内部交流。

第1辑　（1983 年）

第2辑　（1986 年）

第3辑　革命史料专辑　（1988 年）

第4辑　（1993 年）

第5辑　（1998 年）

第6辑　白马湖镇专辑　（1999 年）

第7辑　（2001 年）

第8辑　香赵庄镇专辑　（2002 年）

第9辑　宋楼镇　（2003 年）

齐鲁八景诗大观　（2007 年）

第10辑　夏津轶闻故事集　（2006 年）

第11辑　夏津公安风采录　（2008 年）

武城县

武城文史资料　政协山东省武城县委员会文史资料委员会编印,32 开书型,不定期,内部交流。

第1辑　（1985 年）

第2辑　（1986 年）

第3辑　（1989 年）

第4辑　（1991 年）

第5辑　武城玻璃钢专辑　（1999 年）

第6辑　武城橡塑制品业　（2003 年）

武城县政协志　（1981—2007）（2008 年）

齐河县

齐河文史资料　政协山东省齐河县委员会文史资料委员会编印,32 开书型,不定期,内部交流。

齐河县文史资料征集提纲　（1986 年）

第1辑　（1989 年）

第2辑　（1991 年）

第3辑　劳动模范时传祥专辑　（1994 年）

第4辑　王祝晨传　（1996 年）

第5辑　（1997 年）

齐河县建国后文史资料征集提纲　（1997 年）

齐河县三胞名录　（1998 年）

第6辑　科学巨匠王浩专辑　（2000 年）

第7辑　齐河拔尖人才　（2003 年）

齐河县政协志　（2005 年）

临邑县

临邑文史资料　政协山东省临邑县委员会文史资料研究委员会编印,32 开书型,不定期,内部交流。

第1辑　（1986 年）

第2辑　（1987 年）

第3辑　（1988 年）

第4辑　（1989 年）

第5辑　（1990 年）

第6辑　（1991 年）

第7辑　邢侗专辑　（1992 年）

第8辑　（1994 年）

第9辑　邢慈静专辑　（1996 年）

第10辑　临邑人民武装专辑　（1997 年）

第11辑　临邑纪检监察专辑　（1997 年）

第12辑　李若纳专辑　（1998 年）

第13辑　临邑县城乡建设工作专辑　（1999 年）

第14辑

第15辑

第16辑　临邑工商专辑　（2004 年）

第17辑　临邑广播电视专辑　（2004 年）

第18辑　鲁北重镇——德平　（2005 年）

第19辑　当代诗文专辑　（2008 年）

宁津县

宁津文史资料　政协山东省宁津县委员会文史资料科编印,32 开书型,不定期,内部交流。

第1辑　（1982 年）

第2—3辑　（1983 年）

第4辑　（1984 年）

第5辑　（1985 年）

第6辑　（1986 年）

第7—8辑　（1987 年）

第9辑　（1988 年）

第10辑　（1989 年）

第11辑　（1991 年）

第12辑　（1992 年）

第13辑　宁津杂技史话　（1995 年）

庆云县

庆云文史资料　政协山东省庆云县委员会文史资料委员会编印,32 开书型,不定期,内部交流。

第 1 辑　(1990 年)

中国金丝小枣之乡　(2006 年)

东营市

东营文史　(文史资料)　政协山东省东营市委员会学习宣传文史委员会编印,32 开书型,不定期,内部交流或公开发行。

第 1 辑　(1985 年)

第 2 辑　(1986 年)

第 3 辑　抗日战争资料专辑　(1987 年)

第 4 辑　(1988 年)

第 5 辑　(1990 年)

第 6 辑　(1991 年)

第 7 辑　(1994 年)

第 8 辑　胜利油田的崛起　(与山东省政协文史资料委员会等合编,中国文史出版社,1998 年版)

第 9 辑　(改现名)(2000 年)

第 10 辑　地名溯源——黄河三角洲(东营)地名的历史形成与民间传说集粹　(石油大学出版社,2004 年版)

笔耕黄河三角洲的陈迹——张宝德先生文史作品选(2004 年)

东营区

东营文史资料　(东营文史资料、东营区文史资料)　政协山东省东营市东营区委员会文史资料委员会编印,32 开书型或 16 开刊型,不定期,内部交流或公开发行。

第 1 辑　(1988 年)

第 2 辑　(改名)(1989 年)

第 3 辑　(改现名)(1992 年)

第 4 辑　全国战斗英雄刘梅村专辑　(1992 年)

第 5 辑　(1993 年)

第 6 辑　(1995 年)

第 7 辑　牛庄专辑

第 8 辑　东营办事处专辑

第 9 辑　东营区政协志　(2002 年)

第 10 辑

第 11 辑

东营区文史集粹　(中国文史出版社,2006 年版)

第 12 辑　(2008 年)

牛庄区文史资料　政协山东省东营市牛庄区委员会文史资料研究委员会编印,32 开书型,不定期,内部交流。

第 1 辑　(1986 年)

河口区

河口文史资料　政协山东省东营市河口区委员会文史资料委员会编印,32 开书型,不定期,内部交流。

第 1 辑　(1988 年)

第 2 辑　滨海专辑　(1989 年)

第 3 辑　(1991 年)

垦利县

垦利文史　(垦利文史资料)　政协山东省垦利县委员会文史资料工作委员会编印,32 开书型,不定期,内部交流或公开发行。

第 1 辑　(1987 年)

第 2 辑　(1988 年)

第 3 辑　(1989 年)

第 4 辑　(1991 年)

第 5 辑

第 6 辑　(1996 年)

第 7 辑　(改现名)　文史集萃　(2003 年)

第 8 辑　垦利儿女——文化艺术篇　(中国文史出版社,2005 年版)

第 9 辑　(2006 年)

垦利政协志　(2007 年)

利津县

利津文史资料　政协山东省利津县委员会文史资料委员会编印,32 开书型,不定期,内部交流。

第 1 辑　(1986 年)

第 2 辑　(1987 年)

第 3 辑　(1989 年)

第 4 辑　(1991 年)

第 5 辑　(1996 年)

利津县政协志　(2007 年)

广饶县

广饶文史资料　(广饶县文史资料选辑)　政协山东省广饶县委员会文史资料委员会编印,32 开书型或 16 开刊型,不定期,内部交流或公开发行。

第 1 辑　(1981 年)

第 2 辑　(1982 年)

第 3 辑　(1983 年)

第 4 辑　(1985 年)

第 5 辑　(1986 年)

第 6 辑　(1987 年)

第 7 辑　(1988 年)

第 8 辑　(1990 年)

第 9 辑 (1991 年)

第 10 辑 (1993 年)

第 11 辑 (改现名)(1995 年)

第 12 辑 (1998 年)

齐鲁怪才邱二斋 (2000 年)

第 13 辑 (2001 年)

孙武故里史料集成 (赵金炎编著,齐鲁书社,2001 年版)

广饶文史集粹 (2002 年)

山东广饶——企业与名优特产品 (画册)(李默然主编,2003 年)

第 14 辑 广饶将军传略 (2004 年)

孙子研究文稿 (上集行真集、下集辩证集)(赵金炎著,2005 年)

第 15 辑 抗美援朝 战场上的广饶籍官兵 (2005 年)

第 16 辑 公安专辑 (2005 年)

李延年传 (马锦忠编,中国档案出版社,2005 年版)

第 17 辑 吕剧专辑 (2006 年)

第 18 辑 广饶风物 (2007 年)

淄博市

淄博文史资料选辑 政协山东省淄博市委员会文史资料征集委员会编印,32 开书型,不定期,内部交流或公开发行。

第 1 辑 (1982 年)

专辑 (1983 年)

第 2 辑 (1984 年)

第 3 辑 (1985 年)

第 4 辑 (1986 年)

淄博名胜古迹 (齐鲁书社,1988 年版)

苗氏民族资本的兴起 (与政协山东省文史资料委员会等合编,山东人民出版社,1988 年版)

第 5 辑 (1989 年)

淄博经济史料 (中国文史出版社,1990 年版)

第 6 辑 (1991 年)

淄博陶瓷琉璃大观 (山东大学出版社,1992 年版)

第 7 辑 淄博抗日英雄 (1995 年)

第 8 辑 (1997 年)

淄博石刻 (与政协博山区文史委员会合编,1998 年)

淄博第八届政协委员名录 (2001 年)

淄博政协历程 (2004 年)

第 9 辑 农村改革专辑 (冯梦令主编,中国文史出版社,2005 年版)

辉煌五十年 (1956—2006)——庆祝政协淄博市成立五十周年纪念册 (2006 年)

亲历淄博改革开放三十年 (2008 年)

齐文化名言集锦 (2008 年)

张店区

张店文史资料 政协山东省淄博市张店区委员会文史资料研究委员会编印,32 开书型,不定期,内部交流。

第 1 辑 (1991 年)

第 2 辑 诗书画专辑 (1992 年)

第 3 辑 (1994 年)

第 4 辑 (2001 年)

淄川区

淄川文史资料选辑 政协山东省淄博市淄川区委员会文史委员会编印,32 开书型,不定期,内部交流。

第 1 辑 (1986 年)

第 2 辑 (1988 年)

李先良在崂山的抗日活动 (1990 年)

第 3—4 辑 (1991 年)

第 5 辑

博山区

博山文史资料选辑 政协山东省淄博市博山区委员会文史资料委员会编印,32 开书型或 25 开书型或

16 开刊型,不定期,内部交流。

第 1 辑 (1983 年)

第 2 辑 (1984 年)

第 3 辑 (1986 年)

第 4 辑 博山名胜专辑 (1989 年)

第 5 辑 中国直接税创始人——高秉坊 (1993 年)

第 6 辑 博山抗日撷英——纪念抗日战争胜利五十周年专辑 (1995 年)

风雨同舟又五载 (1997 年)

淄博石刻 (与政协淄博市文史资料委员会合编,1998 年)

博山名山大观 (2000 年)

博山峪泉洞大观

博山老字号·博山民俗 (2007 年)

博山区政协志 (2008 年)

临淄区

临淄文史 (临淄文史资料选辑、临淄文史资料) 政协山东省淄博市临淄区委员会文史委员会编印,32 开书型或 16 开刊型,不定期,内部交流或公开发行。

第 1 辑 (1984 年)

第 2 辑 (1985 年)

第 3 辑 (1986 年)

第 4 辑 稷下学宫专辑 (1987 年)

第 5 辑 临淄巡古 (山东大学出版社,1989 年版)

第 6 辑 （改名）（1991 年）
第 7 辑 （1992 年）
第 8 辑 （1993 年）
第 9 辑 抗日斗争史料专辑 （1995 年）
第 10 辑 （1997 年）
临淄文史集粹 （1999 年）
农村改革专辑 （改现名）（2001 年）
齐国重要事件 （中国文史出版社,2002 年版）
临淄政协志 （香港新时代出版社,2004 年版）
临淄政协委员风采录 （中国文史出版社,2004 年版）
齐都新星——临淄区创办、领办民营企业十佳政协委员专辑 （王守身主编,中国文史出版社,2005 年版）
齐文化旅游诗词 （2006 年）

周村区

文史资料选辑 政协山东省淄博市周村区委员会文史资料委员会编印,32 开书型,不定期,内部交流或公开发行。
第 1 辑 （1982 年）
第 2 辑 （1984 年）
周村百年大事记 （上、下册）
周村商埠 （与政协山东省文史资料委员会合编,山东人民出版社,1990 年版）
第 3 辑 （1993 年）
齐鲁明珠——金周村
周村开埠与山东近代化 （山东大学出版社,1996 年版）
山东护国运动 （山东人民出版社,1996 年版）
第 4 辑 （1999 年）
第 5 辑 周村书画专辑 （1999 年）
第 6 辑 （2000 年）
周村政协四十年 （2002 年）
淦水流韵
周村百年老字号 （郭济生著,2003 年）
百年商埠——周村 （青海人民出版社,2004 年版）
周村乡镇企业 （2005 年）
纪念山东护周运动九十周年 （2006 年）
峥嵘岁月——纪念周村解放六十周年画册 （2008 年）

桓台县

桓台文史资料 （文史资料选辑） 政协山东省桓台县委员会文史资料委员会编印,32 开书型,不定期,内部交流或公开发行。
第 1 辑 （1983 年）
第 2 辑 （改现名）（1984 年）
纪念抗日战争胜利四十周年 （1985 年）
苗氏民族资本的兴起 （与政协山东省文史资料委员会等合编,山东人民出版社,1988 年版）
桓台工商经济专辑 （1990 年）
桓台名胜古迹 （1991 年）
桓台历史名人 （1992 年）
桓台诗词选注 （1993 年）
桓台历史故事 （1994 年）
桓台抗日风云录 （1995 年）
土地改革与解放战争 （1996 年）
桓台文物 （山东画报出版社,1998 年版）
桓台文史 （1949.10—1956.9）（1998 年）
明·天启《新城县志》（1999 年）
王世禛传论 （裴世俊著,中国戏剧出版社,2001 年版）
桓台文史 （1956—1966）（2003 年）
一代诗坛领袖王渔洋 （伊丕聪著,作家出版社,2003 年版）
忠勤祠碑帖精选 （2003 年）
康熙《新城县志》（香港天马图书有限公司,2004 年版）
新城名胜 （香港天马图书有限公司,2004 年版）
新城王氏家族 （香港天马图书有限公司,2004 年版）
民国《重修新城县志》 （2005 年）
新城王氏家藏 （2005 年）
当代桓台名家书画精品集 （2005 年）
桓台县政协历程 （2005 年）
池北偶谈 （2006 年）
渔洋山人精华录会心偶笔 （2006 年）
马踏湖古今诗词 （2006 年）
王渔洋廉政思想研究 （延边人民出版社,2006 年版）
渔洋文略 （2007 年）
渔洋诗话 （2007 年）
当代桓台在外名人风采录 （2007 年）
居易录 （2008 年）

高青县

高青文史 （高青文史资料） 政协山东省高青县委员会文史资料办公室编印,32 开书型,不定期,内部交流。
第 1 辑 （1984 年）
第 2 辑 （1986 年）
第 3 辑 （1988 年）
第 4 辑 （1989 年）
第 5—6 辑 （1990 年）
第 7 辑 （1991 年）
田横 （1993 年）
第 8 辑 （改现名）（1994 年）
第 9 辑
委员风采专辑
高青政协志
第 10 辑 （2006 年）
天南地北高青人（卷一）（2007 年）

沂源县

沂源文史资料　政协山东省沂源县委员会文史资料委员会编印,32 开书型,不定期,内部交流或公开发行。
第 1 辑　（1985 年）
第 2 辑　（1986 年）
第 3 辑　（1988 年）
第 4 辑　讨伐伪和平建国军第三方面军吴部战役专辑　（1989 年）
第 5 辑　钟灵毓秀沂河源　（1991 年）
第 6 辑
第 7 辑　风雨同舟五十年　（庆祝中华人民共和国暨中国人民政治协商会议成立五十周年　（1999 年）
第 8 辑　沂源民俗　（人民日报出版社,2002 年版）
第 9 辑　沂源诗书画　（2004 年）
第 10 辑　沂源传说　（中国文化出版社,2005 年版）
第 11 辑　（2007 年）

潍坊市

潍坊文史资料选辑　政协山东省潍坊市委员会文史资料委员会编印,32 开书型,不定期,内部交流或公开发行。
第 1 辑　（1985 年）
第 2 辑　（1986 年）
第 3 辑　（1987 年）
第 4 辑　（1988 年）
第 5 辑　（1989 年）
第 6 辑　（1990 年）
第 7 辑　（1991 年）
张雪岩史料选编　（1991 年）
第 8 辑　（1992 年）
第 9 辑　（1993 年）
第 10 辑　（1994 年）
正义必胜——纪念世界反法西斯战争和中国抗日战争胜利五十周年　（1995 年）
潍坊文物博览　（中国文联出版社）
潍坊优秀乡镇企业家　（1999 年）
潍坊工商老字号　（中国文史出版社,2001 年版）
潍坊重大历史事件　（中国文联出版社,2003 年版）
郑板桥在潍县　（与政协潍坊市潍城区学宣文史委员会合编,中国文联出版社,2003 年版）
刘墉　（史实卷、民间卷）(张共凤主编,人民日报出版社,2005 年版）
潍坊状元传　（2006 年）
潍坊国际风筝会
潍坊对联集成
潍坊人文自然遗产名录
潍坊历史名人
潍坊名校大观　（2008 年）

奎文区

奎文文史资料　政协山东省潍坊市奎文区委员会学习宣传文史资料委员会编印,32 开书型,不定期,内部交流或公开发行。
第 1 辑　（1997 年）
第 2 辑　庆祝中华人民共和国·中国人民政治协商会议成立五十周年专辑　（1999 年）
第 3 辑　旧貌·新颜　（2004 年）
第 4 辑　百年沧桑乐道院　（中国档案出版社,2005 年版）
第 5 辑　远去的村庄　（中国文史出版社,2006 年版）
第 6 辑　东关溯古　（2008 年）

潍城区

潍城文史资料　（**潍坊市潍城区文史资料**）　政协山东省潍坊市潍城区委员会学宣文史委员会编印,32 开书型,不定期,内部交流或公开发行。
第 1 辑　（1984 年）
第 2 辑　（1986 年）
第 3 辑　（1988 年）
第 4 辑　（改现名）(1989 年）
第 5 辑　（1990 年）
第 6 辑　（1991 年）
第 7 辑　（1992 年）
第 8 辑　（1993 年）
第 9 辑　（1994 年）
第 10 辑　（1995 年）
第 11 辑　（1996 年）
第 12 辑　（1997 年）
第 13 辑　纪念潍县解放五十周年　（1998 年）
第 14 辑　爱国起义将领裴昌会　（1999 年）
第 15 辑　流金岁月　（1999 年）
第 16 辑　（2000 年）
第 17 辑　潍县老字号　（2001 年）
第 18 辑　（2002 年）
郑板桥在潍县　（与政协潍坊市文史资料委员会合编,中国文联出版社,2003 年版）
第 19 辑　（2003 年）
郑板桥诗书画精品集　（上、下册）(中国科学出版社,2004 年版）
第 20 辑　（2005 年）
第 21 辑　潍城史话(2006 年）
第 22 辑　潍州胜景浮烟山(2006 年）
第 23 辑　（中国文史出版社,2006 年版）
第 24 辑　潍城人物　（上）(中国文史出版社,2007 年版）
灿烂的潍城文化

寒亭区

文史资料选辑 政协山东省潍坊市寒亭区委员会文史资料研究委员会编印,32开书型,不定期,内部交流或公开发行。

第1辑　（1984年）
第2辑　（1985年）
第3辑　（1986年）
第4辑　（1987年）
第5辑　（1988年）
第6辑　杨家埠年画风筝专辑　（1989年）
第7辑　张雪岩史料选编　（1991年）
猪鬃史话　（2002年）
郑板桥诗书画精品集　（上、下册）（中国科学出版社,2004年版）
祖国颂书画展作品集　（2005年）

坊子区

坊子文史　（坊子区文史资料） 政协山东省潍坊市坊子区文史办公室编印,32开书型,不定期,内部交流。

第1辑　（1986年）
第2辑　（1987年）
第3辑　坊子煤矿专辑　（1988年）
第4辑　（1989年）
第5辑　（1990年）
第6辑　（1991年）
第7辑　（1992年）
第8辑　（1993年）
第9辑　（1994年）
第10辑　（改现名）（1995年）
第11辑
第12辑
第13辑
委员风采　（2002年）
坊子革命宣传教育材料

安丘市

安丘文史资料 政协山东省安丘县委员会经科学宣文史委员会编印,32开书型,不定期,内部交流。

第1辑　（1984年）
第2辑　（1985年）
第3辑　（1986年）
第4辑　（1987年）
第5辑　（1988年）
第6辑　（1989年）
第7辑　（1990年）
第8辑　（1991年）

第9辑　（1993年）
第10辑　景芝酒专辑　（1994年）
第11辑　张公制专辑　（1995年）
第12辑　（1996年）
第13辑　劳动模范专辑　（上卷）（1997年）
第14辑　劳动模范专辑　（下卷）（1998年）
第15辑　刘大同专辑　（1999年）
第16辑　个体私营企业专辑　（2000年）
第17辑　（2001年）
第18辑　公安专辑　（2003年）
第19辑　安丘民俗专辑　（2006年）
第20辑　安丘风物　（2007年）

昌邑市

昌邑文史资料 政协山东省昌邑市委员会文史资料委员会编印,32开书型,不定期,内部交流或公开发行。

第1辑　（1983年）
第2辑　（1986年）
第3辑　（1987年）
第4辑　柳疃丝绸专辑　（1989年）
第5辑　（1991年）
第6辑　（1992年）
第7辑　（1994年）
第8辑　（1996年）
第9辑　（1999年）
第10辑　陈干先生诞辰一百二十周年暨昌邑发展座谈会专辑　（2001年）
昌邑文化博览　（齐鲁书社,2001年版）
文化青山　（2006年）
昌邑市政协志　（2007年）
潍河的记忆　（王蔚成主编,2007年）

高密市

高密文史资料选辑　（文史资料选辑） 政协山东省高密市委员会文史资料研究委员会编印,32开书型,不定期,内部交流。

1982年创刊号　（总第1辑）
1983年第1—2辑　（总第2—3辑）
1984年第1辑　（总第4辑）
战斗在敌人心脏——栗群同志地下斗争工作回忆录（1984年）
第5辑　（1985年）
第6辑　（1986年）
第7辑　（1988年）
第8辑　（1990年）
第9辑　（改现名）　高密扑灰年画·剪纸·泥塑专辑　（1991年）
第10辑

第 11 辑　前事不惠——仅以此书献给抗日战争胜利五十周年　（李储坤主编,1995 年）

第 12 辑　（1996 年）

第 13 辑　（1997 年）

第 14 辑　辉煌的乡镇企业　（傅希禄等编,1999 年）

第 15 辑　明清进士传略　（2001 年）

高密文史选粹　（2002 年）

第 16 辑

第 17 辑　高密史话　（姜祖幼著,2003 年）

高密历史名人　（2005 年）

高密当代书画选集　（2006 年）

高密村庄大典·卷一

青州市

青州文史资料　（文史资料选辑）　政协山东省青州市委员会文史资料委员会编印,32 开书型,不定期,内部交流。

第 1 辑　（1982 年）

第 2 辑　（1984 年）

第 3 辑　（1985 年）

第 4 辑　（1986 年）

第 5 辑　（1987 年）

第 6 辑　我与"重庆号"巡洋舰　（徐力著,1988 年）

第 7 辑　（1989 年）

第 8 辑　（改现名）（1990 年）

青州文史资料选本　（山东人民出版社,1991 年版）

第 9 辑　（1992 年）

第 10 辑　（1993 年）

第 11 辑　（1995 年）

第 12 辑　［明］　状元赵秉忠《山其山集·诗歌卷》（1996 年）

第 13 辑　（1997 年）

第 14 辑　刘阁老的故事　（刘序兴编著,2000 年）

第 15 辑　青州回族　（2003 年）

第 16 辑　青州政协五十年(2004 年)

第 17 辑　青州之旅

第 18 辑　青州上下五千年　（与青州市史志办公室合编,2005 年）

第 19 辑　刘珝诗文集　（青州名人研究会编,中国社会出版社,2005 年版）

第 20 辑　海岱全集　（中国社会出版社,2006 年版）

青州石刻文化　（2006 年）

古州寻踪　（2007 年）

谈古论今话九州

青州回族

青州民俗

诸城市

诸城文史资料　政协山东省诸城市委员会文史资料委员会编印,16 开刊型改 32 开书型,不定期,内部交流或公开发行。

第 1—3 期　（1982 年）

第 4—5 期　（1983 年）

第 6—7 期　（1984 年）

第 8 辑　（1985 年）

第 9 辑　（1986 年）

第 1—7 辑合订本　（1987 年）

第 10 辑　（1988 年）

民主革命的先驱——路友于　（与政协山东省文史资料委员会合编,山东人民出版社,1988 年版）

第 11 辑　（1990 年）

王统照先生怀思录　（与政协山东省文史资料委员会合编,中国文史出版社,1991 年版）

第 12 辑　（1992 年）

第 13 辑　（1993 年）

第 14 辑　（1996 年）

第 15 辑　（1998 年）

诸城文史集粹　（2001 年）

第 16 辑　（2002 年）

诸城市政协"乡情·联谊·发展"书画展作品集（2004 年）

诸城政协志　（2005 年）

臧克家与诸城　（中国文史出版社,2006 年版）

诸城堂号简说

寿光市

寿光文史资料选辑　（文史资料选辑,寿光县文史资料选辑）　政协山东省寿光市委员会文史资料委员会编印,32 开书型或 16 开刊型,不定期,内部交流。

第 1 辑　（1982 年）

第 2 辑　（1983 年）

第 3 辑　（1984 年）

第 4 辑　（1985 年）

第 5 辑　（1986 年）

第 6 辑　（1987 年）

第 7 辑　（1988 年）

第 8 辑　（1989 年）

第 9 辑　（1990 年）

第 10 辑　陈少敏专辑　（1992 年）

第 11 辑　科教文卫人物　（1993 年）

寿光知名企业家风采　（1994 年）

第 12 辑　纪念抗日战争胜利五十周年　（1995 年）

第 13 辑　（1996 年）

第 14 辑　八支队　（1997 年）

第 15 辑
第 16 辑
第 17 辑　伟业忠魂　（上集）（刘芸生著,2003 年）
第 18 辑　寿光文史资料汇编　（2003 年）
撤县设市十周年专辑　（2004 年）
第 19 辑　（2005 年）
第 20 辑　寿光古代名人(一)（2005 年）
第 21 辑　李植庭传略　（中国广播电视出版社,2006 年版）
第 22 辑　伟业忠魂　（中集)（2008 年）

临朐县

文史资料选辑　政协山东省临朐县委员会学宣文史委员会编印,32 开书型,不定期,内部交流或公开发行。
第 1 辑　（1982 年）
第 2 辑　（1983 年）
第 3 辑　（1984 年）
第 4 辑　（1985 年）
第 5 辑　（1987 年）
第 6—7 辑　（1988 年）
第 8 辑　（1989 年）
第 9 辑　（1991 年）
东镇沂山　（1991 年）
第 10 辑　（1992 年）
第 11 辑　（1993 年）
第 12 辑　（1994 年）
冯氏医学世家　（1994 年）
临朐抗日斗争史料——纪念抗日战争胜利五十周年（1995 年）
第 13 辑　（1996 年）
第 14 辑　（1997 年）
临朐风物专辑　（1991 年）
人民卫士　（临朐公安专辑)（1998 年）
第 15 辑　（1998 年）
第 16 辑　（1999 年）
临朐文史集粹　（2000 年）
第 17 辑　（2001 年）
第 18 辑　临朐进士传略　（曹立会著,齐鲁书社,2002 年版）
第 19 辑　（2002 年）
临朐县旧志汇编　（2003 年）
临朐之最　（青岛出版社,2003 年版）
第 20 辑　（2004 年）
第 21 辑　（2005 年）
临朐县志旧志续编　（2004 年）
第 22 辑　临朐人在北大荒　（山东大学出版社,2004 年版）
第 23 辑　冯惟敏年谱　（附冯惟敏著作)（青岛出版社,2006 年版）

第 24 辑　临朐氏族考　（2006 年）
第 25 辑　（2007 年）
临朐政协历程　（2008 年）

昌乐县

文史资料选辑　政协山东省昌乐县委员会文史资料委员会编印,32 开书型,不定期,内部交流或公开发行。
第 1 辑　（1982 年）
第 2 辑　（1984 年）
第 3 辑　（1985 年）
第 4 辑　（1987 年）
第 5 辑　（1989 年）
第 6 辑　（1992 年）
第 7 辑　（1998 年）
第 8 辑　（2002 年）
汶阳骄子——记刘善本将军　（2002 年）
浩然与昌乐专辑　（2003 年）
昌乐县政协志　（中国文史出版社,2005 年版）
文化青山
昌乐一中七十年　（中国文史出版社,2007 年版）
昌乐骨刻文　（山东画报出版社,2008 年）

烟台市

烟台文史资料　（烟台市文史资料）　政协山东省烟台市委员会科教文卫体和文史资料委员会编印,32 开书型,不定期,内部交流或公开发行。
第 1 辑　（1982 年）
第 2 辑　（1983 年）
第 3 辑　（改现名）（1984 年）
第 4 辑　（1985 年）
第 5 辑　纪念抗战胜利四十周年专辑　（1985 年）
第 6 辑　丁佛言　（1986 年）
第 7 辑　（1987 年）
第 8 辑　港澳台及海外文史资料专辑　（1987 年）
第 9 辑　（1988 年）
第 10 辑　牟中王行专辑　（与政协龙口市文史资料委员会合编,1989 年）
第 11 辑　（1989 年）
第 12—13 辑　（1990 年）
牟墨林地主庄园　（暨《栖霞文史》第 2 辑,山东人民出版社,1990 年版）
第 14 辑　纪念辛亥革命八十周年专辑　（1991 年）
第 15 辑　（1991 年）
第 16—17 辑　（1992 年）
第 18 辑　（1993 年）
第 19 辑　胶东解放区音乐史专辑　（1994 年）
第 20 辑　纪念抗日战争胜利五十周年专辑　（1995 年）

第21辑　（1996年）

第22辑　（1997年）

第23辑　中国锁王　（三环文史资料专辑）（2003年）

特辑　胶东解放区歌曲选　（解放军文艺出版社,2003年版）

青山不老——王永幸与下丁家　（与政协龙口市文史资料委员会合编,中国文史出版社,2003年版）

第24辑　（齐鲁文史丛书）（中国文史出版社,2004年版）

第25辑　半岛烽火——胶东人民反军阀斗争史略《齐鲁文史丛书》第1辑　（曹仲敏著,中国文史出版社,2004年版）

第26辑　老烟台风情　（中国文史出版社,2004年版）

中国人民政治协商会议第十届烟台市委员会第四次会议文件汇编　（2006年）

第27辑

中国人民政治协商会议第十届烟台市委员会第五次会议文件汇编　（2007年）

莱山区

芝罘区

芝罘文史资料　（烟台市文史资料）　政协山东省烟台市芝罘区委员会文史资料委员会编印,32开书型,不定期,内部交流。

第1辑　（1982年）

第2辑　（1983年）

第3辑　（改现名）（1988年）

第4辑　（1989年）

第5辑　（1991年）

第6辑　体育专辑　（1993年）

第7辑　文化专辑　（1994年）

第8辑　科技专辑　（1995年）

第9辑　教育专辑　（1997年）

第10辑　医药卫生专辑　（2000年）

第11辑　政协工作专辑　（2003年）

第12辑　烟台奇山所城　（2007年）

福山区

福山文史资料专辑　政协山东省烟台市福山区委员会文史资料研究委员会编印,16开刊型,不定期,内部交流或公开发行。

之一　烹饪之乡采录　（1985年）

之二　苹果之乡史话　（1986年）

之三　烽火岁月纪实　（1987年）

之四　福山商业漫忆　（1988年）

之五　福山教育钩沉　（1989年）

之六　福山文化概览　（1990年）

之七

之八　夹河银湖——门楼水库史料专辑　（1994年）

福山区政协文史资料丛书　政协山东省烟台市福山区委员会编印,32开书型,不定期,内部交流。

之一　福山文化名人　（中国文史出版社,2002年版）

之二　福山风情——人物和民风民俗　（2003年）

之三　鲁菜之乡——福山　（2003年）

之四　胡铁生墨宝集　（2004年）

之五　牧虎苑文萃　（2004年）

之六　福山明清七十五进士传　（吕伟达著,长城出版社,2006年版）

之七　福山移民史略　（中国文史出版社,2006年版）

之八　福山非物质文化遗产　（2007年）

牟平区

牟平文史资料　（牟平文史资料选编）　政协山东省牟平区委员会文史资料委员会编印,32开书型,不定期,内部交流。

第1辑　（1985年）

第2辑　（1988年）

第3辑　（1990年）

第4辑　（改现名）（1992年）

第5辑　台湾专辑　（1993年）

第6辑　（1994年）

第7辑　月是故乡明　（海外专辑）（1996年）

第8辑　焦志疏考　（1997年）

第9辑　（2000年）

第10辑　教育专辑　（2002年）

第11辑

第12辑　全真文化专辑　（2008年）

栖霞市

栖霞文史资料　（栖霞文史）　政协山东省栖霞市委员会文史资料委员会编印,32开书型,不定期,内部交流或公开发行。

第1辑　抗日空军英雄梁鸿云　（1988年）

第2辑　牟墨林地主庄园　（与政协烟台市、山东省文史资料委员会合编,山东人民出版社,1990年版）

第3辑　海外赤子情　（1991年）

第4辑　（改现名）　抗日战争胜利五十周年　（1995年）

第5辑　工业专辑　（1995年）

第6辑　解放战争专辑　（1997年）

委员风采录　（上篇）（1999年）

第7辑　（2000年）

第 8 辑　（2001 年）

第 9 辑　水利专辑　（2003 年）

第 10 辑　教育专辑　（2004 年）

第 11 辑　栖霞文物专辑　（2005 年）

第 12 辑　栖霞苹果专辑　（2007 年）

海阳市

海阳文史资料　政协山东省海阳市委员会文史资料委员会编印,32 开书型,不定期,内部交流。

第 1 辑　（1984 年）

第 2 辑　抗日战争史料专辑　（1985 年）

第 3 辑　（1986 年）

第 4 辑　（1988 年）

第 5 辑　（1990 年）

第 6 辑　海阳茧丝绸生产专辑　（1990 年）

第 7 辑　（1991 年）

第 8 辑　（1992 年）

第 9 辑　绍贤春秋　（1993 年）

园丁颂　（1994 年）

第 10 辑

第 11 辑　（1997 年）

第 12 辑　（2001 年）

海阳文物

海阳大秧歌

龙口市

黄县政协　（龙口政协会刊）　政协山东省委员会文史资料研究委员会编印,32 开书型,不定期,内部交流。

1984 年第 1—6 期　（总第 1—6 期）

1985 年第 1—5 期　（总第 7—11 期）

1986 年第 1—5 期　（总第 12—16 期）

1987 年第 1—3　（改现名）（总第 17—19 期）

1988 年第 1 期　（总第 20 期）

牟中珩专辑　（暨《烟台文史资料》第 10 辑,1989 年）

龙口文史资料　政协山东省龙口市委员会文史资料研究委员会编印,32 开书型,不定期,内部交流或公开发行。

第 1 辑　（1990 年）

第 2 辑　（1991 年）

徐镜心　（与政协山东省文史资料委员会合编,山东人民出版社,1991 年版）

第 3 辑

第 4 辑

第 5 辑

第 6 辑　龙口市政协专辑　（2002 年）

青山不老——王永幸与下丁家　（与政协烟台市科教文卫体和文史资料委员会合编,中国文史出版社,2003 年版）

第 7 辑　龙口将军　（中国文史出版社,2004 年版）

无悔人生——张修基与丛林集团　（2005 年）

东莱历事　（2006 年）

老黄县　（上、下卷）（王玉珉著,国防大学出版社,2006 年版）

东莱树魂——龙口古树、大树、名树探源　（2007 年）

莱阳市

莱阳文史资料　政协山东省莱阳市委员会文史委员会编印,32 开书型,不定期,内部交流。

第 1 辑　（1986 年）

第 2 辑　曲士文起义资料专辑　（1989 年）

第 3 辑　（1991 年）

第 4 辑　（1992 年）

第 5 辑

第 6 辑

莱州市

莱州文史　（掖县文史资料、莱州文史资料）　政协山东省莱州市委员会文教和文史资料委员会办公室编印,32 开书型或 16 开刊型,不定期,内部交流或公开发行。

第 1 辑　（1986 年）

第 2 辑　（改名）　工商经济专辑　（1988 年）

第 3 辑　（1989 年）

第 4 辑　（1990 年）

第 5 辑　纪念辛亥革命八十周年专辑　（1991 年）

第 6 辑　（1992 年）

第 7 辑　（1993 年）

第 8 辑　（1994 年）

第 9 辑　纪念抗日战争胜利五十周年专辑　（1993 年）

第 10 辑　纪念郑耀南烈士逝世五十周年专辑　（1996 年）

第 11 辑　（1997 年）

第 12 辑　莱州市政协史料专辑　（1998 年）

郑耀南和他的战友们　（1998 年）

第 13 辑　（1999 年）

第 14 辑　（2000 年）

第 15 辑　（2002 年）

第 16 辑　张加洛文稿　（2004 年）

第 17 辑　（2003 年）

2004 年第 1 期　（总第 18 辑）（改现名）

2004 年第 2 期　（总第 20 辑）　环日专辑

2004 年第 3—4 期　（总第 21—22 辑）

2004 年第 5 期　（总第 23 辑）　政协莱州市第十一届委员会委员风采专辑

2004 年第 6 期　（总第 24 辑）　莱州工商专辑

2005 年第 1—4 期　（总第 25—28 辑）

永远记住　（人民日报出版社,2005 年版）

钟声永恒——莱州一中百年校庆专辑 （2005年）

2006年第1—4期 （总第29—32辑）

2007年第1—4期 （总第33—36期）

2008年第1—4期 （总第37—40期）

探索与实践 （2007年）

桑梓故里 （2008年）

我的父亲郑耀南 （2008年）

故邑春秋 （教育读本丛书） 政协山东省莱州市委员会文史资料委员会等编印,32开书型,内部交流。

历史人物

历史大事

历史典故

东海神庙

蓬莱市

蓬莱文史 （蓬莱文史资料） 政协山东省蓬莱市委员会文史资料委员会编印,32开书型,不定期,内部交流。

第1辑 （1985年）

第2辑 （1986年）

第3辑 （1987年）

第4辑 于学忠专辑 （1988年）

第5辑 （1989年）

第6辑 杨朔专辑 （1990年）

第7辑 （1992年）

第8辑 著名的爱国物理学家葛庭燧 （1992年）

第9辑 （1992年）

第10辑 （1993年）

沧桑蓬莱人——周培锦自传 （1993年）

第11辑 （改现名）（1994年）

第12辑 （1995年）

第13辑 （1996年）

第14辑 （1997年）

第15辑 杨氏三杰 （1998年）

第16辑 （1998年）

第17辑 慕氏一家 （1999年）

第18辑 （2000年）

政协委员风采录 （上篇）(2002年)

第19辑 教育专辑 （2003年）

第20辑 蓬莱历史文化精粹 （2004年）

戏剧专辑

招远市

招远文史资料 政协山东省招远县委员会文史资料研究委员会编印,32开书型或16开刊型,或油印,不定期,内部交流或公开发行。

第1辑 （1985年）

第2辑 （1986年）

第3辑 （1987年）

第4辑 （1990年）

第5辑 （1991年）

第6辑 （1994年）

第7辑 金土地 （1996年）

第8辑 招远文物 （1999年）

第9辑 历史的变迁——中国金都招远图片档案 （香港中华锦绣出版社,2002年版）

第10辑 金都风情 （《齐鲁文史丛书》第2辑,中国文史出版社,2004年版）

第11辑 走进金都旅游专辑 （2007年）

长岛县

长岛文史资料 政协山东省长岛县委员会文史资料委员会编印,32开书型,不定期,内部交流。

驶向光明——回忆二零一号扫雷艇起义专辑 （1989年）

长岛政协志

威海市

威海文史资料 政协山东省威海市委员会文史资料委员会编印,32开书型,不定期,内部交流或公开发行。

第1辑 （1984年）

第2辑 （1985年）

第3辑 （1987年）

第4辑 （1989年）

第5辑 邓世昌 （1990年）

第6辑 （1991年）

第7辑 威海人物(1992年)

第8辑 北洋海军的兴衰——纪念中日甲午战争一百周年 （1994年）

第9辑 纪念抗日战争胜利五十周年专辑 （1995年）

第10辑 英国租占威海卫三十二年 （1998年）

威海卫史话 （中国国际广播出版社,2007年版）

甲午战争始末 （王树强主编,中国文史出版社,2004年）

威海书画集 （人民美术出版社,2004年）

星光灿烂

环翠区

威海环翠文史资料 （威海文史资料、文史资料） 政协山东省威海市环翠区委员会文史资料研究委员会编印,32开书型,不定期,内部交流。

第1辑 （1984年）

第2辑 （1985年）

第3辑 （1987年）

第4辑 （改名）孙学悟 （1988年）

第 5 辑 （改现名）（1990 年）
第 6 辑 威海二轻工业史料集萃 （1991 年）
第 7 辑 西港渔业史料集萃 （1993 年）
第 8 辑 海外乡情 （1993 年）
第 9 辑 环翠英烈——纪念抗日战争胜利五十周年
（1995 年）
第 10 辑 （1997 年）
威海市环翠区古今大事记略

荣成市

荣成文史资料 政协山东省荣成市委员会文史资料委员会编印,32 开书型,不定期,内部交流。
第 1 辑 （1987 年）
第 2 辑 （1988 年）
第 3 辑 （1991 年）
第 4 辑 荣城人与东方书社 （1991 年）
第 5 辑
第 6 辑 （1994 年）
天南海北荣成人 （第一、二册）（2001 年）
荣成将军 （2006 年）

乳山市

乳山文史资料 政协山东省乳山市委员会文史资料委员会编印,32 开书型,不定期,内部交流。
第 1 辑 （1989 年）
第 2 辑 （1991 年）
第 3 辑 （1993 年）
第 4 辑 （1995 年）
第 5 辑 （1997 年）
第 6 辑 （1999 年）
天南地北乳山人 （2000 年）

文登市

文登文史资料 政协山东省文登市委员会文史资料委员会编印,16 开刊型改 32 开书型,不定期,内部交流或公开发行。
第 1 辑 （1985 年）
第 2 辑 （1986 年）
第 3 辑 （1987 年）
第 4 辑 （1989 年）
第 5 辑 抗日英雄王仁斋烈士专辑 （1990 年）
第 6 辑 （1991 年）
第 7 辑 文化专辑 （1992 年）
第 8 辑 （1993 年）
第 9 辑 （1994 年）
第 10 辑 （1995 年）
第 11 辑 （1996 年）

第 12 辑 （1997 年）
第 13 辑 （1998 年）
第 14 辑 （1999 年）
第 15 辑 （2000 年）
第 16 辑 （2001 年）
第 17 辑 放歌文登学 （时代文艺出版社,2003 年版）
中国道教名山昆嵛山 （中国宗教文化出版社,2005 年版）
企业兴衰录 （2006 年）
中国非物质文化遗产——文登李龙王的神话传说（齐鲁书社,2008 年版）

青岛市

文史资料 （青岛文史资料选辑、文史资料、青岛文史资料、青岛市文史资料选辑） 政协山东省青岛市委员会文史资料委员会编印,32 开书型,不定期,内部交流或公开发行。
第 1 辑 纪念辛亥革命七十周年专刊 （1981 年）
第 2 辑 （改名） 韩复榘生平事略 （1982 年）
第 3 辑 青岛概貌和风物简介 （1982 年）
第 4 辑 （改名）（1983 年）
第 5 （改名） —6 辑 （1984 年）
名胜古迹特辑 （1985 年）
第 7 辑 （1986 年）
第 8 辑 （1989 年）
第 9 辑 （1992 年）
列强在中国的租界 （与政协上海市文史资料委员会合编,中国文史出版社,1992 年版）
沈鸿烈生平轶事 （新华出版社,1999 年版）
第 10 辑 （改现名） 青岛涉外足迹 （中国文史出版社,1996 年版）
第 11 辑 青岛文物与名胜保护纪实 （青岛出版社,2000 年版）
青岛历史文化名人传略 （第一辑）（青岛出版社,2001 年版）
第 12 辑 （青岛出版社,2004 年版）
第 13 辑 （中国文史出版社,2005 年版）
华岗纪念文集 （青岛出版社,2003 年版）
第 14 辑 （中国文史出版社,2005 年版）
第 15 辑 （中国海洋大学出版社,2006 年版）
第 16 辑 （2006 年）
青岛文脉 （青岛出版社,2007 年版）
青岛帆船运动百年史话 （中英双译本）（2008 年）
青岛文史撷英 （七卷） 政协山东省青岛市委员会文史资料委员会编,新华出版社,2001 年版
德日占领
军政风云
人物春秋

文教卫体
工商金融
民族宗教
古迹寻踪
亲历改革开放系列丛书 政协山东省青岛市委员会文史资料委员会编印。

市南区

市南文史资料 政协山东省青岛市市南区委员会文史资料研究委员会编印,32 开书型,不定期,内部交流。
风韵山海城
市南历史人文资料丛书 政协山东省青岛市市南区文教卫体委员会编印,32 开书型,不定期,内部交流。
中山路:一条街道和一个城市的历史 (2008 年)
里院:青岛平民生态样本 (2008 年)

市北区

市北文史资料 政协山东省青岛市市北区委员会文史资料研究委员会编印,32 开书型,不定期,内部交流。
第 1 辑 (1989 年)
第 2 辑 (1993 年)

四方区

四方文史资料 政协青岛市四方区委员会文史资料工作委员会编印,32 开书型,不定期,内部交流。
第 1 辑 (1999 年)
第 2 辑 (2001 年)
第 3 辑 (2006 年)

黄岛区

黄岛文史资料 政协山东省青岛市黄岛区委员会文史资料委员会编印,32 开书型,不定期,内部交流。
第 1 辑 (1989 年)
第 2 辑 (1992 年)
丹心扶社稷——纪念青岛市黄岛区政协成立十周年(1984—1994)(1994 年)
第 3 辑 旅游专辑 (1996 年)
第 4 辑 (1999 年)
黄岛区政协志 (1984—1997)(2000 年)
第 5 辑 青岛齐长城研究 (2001 年)
第 6 辑 黄岛人物春秋 (2002 年)
政协青岛市黄岛区委员会志 (第二卷)(2002 年)
第 7 辑 黄岛村落 (2005 年)
马濠运河 (2005 年)

崂山区

崂山文史资料 政协山东省青岛市崂山区委员会文史资料研究委员会编印,32 开书型或 16 开刊型,不定期,内部交流或公开发行。
崂山民间故事全集
第 1 辑 崂山餐霞录 (1986 年)
第 2 辑 崂山餐霞录 (1987 年)
刘思志故事集
宋宗科故事集
第 3 辑 李先良在崂山的抗日活动 (1990 年)
崂山故事连环画
二龙山传说 (青岛出版社,2006 年版)
第 4 辑 (1991 年)
崂山摭拾
海上第一名山——崂山 (青岛出版社,1992 年版)
韵味崂山
崂山村落 (2007 年)
青岛海鲜民间故事
崂山区政协志 (2008 年)

城阳区

台东文史资料 政协山东省青岛市台东区委员会文史资料研究委员会编印,32 开书型,不定期,内部交流。
第 1 期
城阳区政协文史资料 政协山东省青岛市城阳区委员会文史资料委员会编印,32 开书型或 16 开书型,不定期,内部交流。
第 1 辑 青岛新区——城阳 (1995 年)
第 2 辑 辉煌的乡镇企业 (1999 年)
第 3 辑 不其絮语 (2000 年)
专辑 青岛城阳的三资企业 (2000 年)
第 4 辑 镜海先生画兰 (2001 年)
第 5 辑 城阳古今 (2002 年)
中国城阳人书画集 (2002 年)
第 6 辑 城阳村落 (2005 年)

李沧区

沧口文史资料 政协山东省青岛市沧口区委员会文史资料征集工作委员会编印,32 开书型,不定期,内部交流。
第 1 辑 (1992 年)
李沧文史 政协山东省青岛市李沧区委员会编印,32 开书型,不定期,内部交流。
第 1 辑 (2004 年)
第 2 辑 (2006 年)

胶州市

胶州文史资料　（胶县文史资料）　政协山东省胶州市委员会文史资料委员会编印,32 开书型,不定期,内部交流或公开发行。

第 1 辑　（1986 年）
第 2 辑　（改现名）（1987 年）
第 3 辑　（1988 年）
第 4 辑　（1989 年）
第 5 辑　（1990 年）
第 6 辑　（1991 年）
第 7 辑　（1993 年）
第 8 辑　（1995 年）
第 9 辑　（1996 年）
第 10—11 辑　（1998 年）
第 12 辑　庆祝人民政协成立五十周年专辑　（1999 年）
第 13 辑　（2000 年）
第 14 辑　胶州八角鼓——胶州文化专辑之一　（2001 年）
第 15 辑　教育专辑　（2002 年）
第 16 辑　（2003 年）
第 17 辑　历史上的胶州名人　（2004 年）
第 18 辑　胶州农业税票二百年　（中国文史出版社,2004 年版）
胶州百家姓　（中国文史出版社,2005 年版）
第 19 辑　（2005 年）
第 20 辑　（2006 年）
胶州历史文化初探　（与南开大学胶州历史文化研究中心合编,2007 年）
第 21 辑　（2007 年）

即墨市

即墨文史资料　政协山东省即墨市委员会文史资料研究委员会编印,32 开书型,不定期,内部交流。

第 1 辑　（1985 年）
第 2 辑　（1986 年）
第 3 辑　（1987 年）
第 4 辑　（1988 年）
第 5 辑　（1989 年）
第 6 辑　（1990 年）
第 7 辑　（1991 年）
第 8 辑　（1992 年）
第 9 辑　（1995 年）
第 10 辑　（1996 年）
专辑　马山志　（1999 年）
专辑　即墨旅游　（2000 年）
专辑　伸雪奇冤录　（2000 年）

专辑　黄培文字狱大案　（2001 年）
第 11 辑　（2001 年）
第 12 辑　即墨民间故事　（徐伦成整理）（2002 年）
第 13 辑　墨水河志　（2003 年）
即墨文史集粹　（上、下卷）
天南地北即墨人

平度市

平度文史　（平度文史资料）　政协山东省平度市委员会文史资料研究委员会文史资料研究委员会编印,32 开书型,不定期,内部交流。

第 1 辑　（1985 年）
第 2 辑　（1986 年）
第 3 辑　（1987 年）
第 4 辑　（1988 年）
第 5 辑　（1989 年）
第 6 辑　（1990 年）
第 7 辑　（1991 年）
第 8 辑　（1992 年）
第 9 辑
第 10 辑　（1995 年）
第 11 辑
第 12 辑　（1999 年）
第 13 辑
第 14 辑　（改现名）　书画专辑　（2003 年）
第 1—13 辑合订本　（2005 年）
平度文史　（第一、二、三卷）
历史上的平度名人　（2006 年）

胶南市

胶南文史资料　政协山东省胶南县委员会文史资料研究委员会编印,32 开书型,不定期,内部交流。

第 1 辑　（1987 年）
第 2 辑　（1990 年）
第 3 辑　（1991 年）
第 4 辑　（1994 年）
第 5 辑　（1999 年）
第 6 辑　（2003 年）
第 7 辑　（2004 年）
第 8 辑　（2005 年）
第 9 辑　建国前后胶南农村生产工具纪略　（2006 年）
第七届政协胶南市委员名录　（2007 年）
第 10 辑　建国前后胶南农村生活用具(用品)纪略　（2007 年）
第 11 辑　胶南馆藏文物集萃　（2008 年）

莱西市

莱西文史资料 政协山东省莱西县委员会文史资料委员会编印,32开书型,不定期,内部交流。

第1辑 (1985年)

第2辑 (1986年)

第3辑 (1987年)

第4辑 (1988年)

第5辑 (1989年)

第6辑 (1991年)

第7辑 (1992年)

第8辑 (1995年)

莱西沽河壮歌 (1995年)

第9辑 庆祝建国五十周年专辑 (1999年)

第10辑 民营经济在莱西专辑 (2002年)

日照市

日照文史 政协山东省日照市委员会文史联谊委员会编印,32开书型,不定期,内部交流。

第1—2辑 (1985年)

征集史料纲要 (1987年)

第3辑 (1988年)

第4辑 (1990年)

第5辑 纪念抗日战争胜利四十周年专辑 (1995年)

第6辑 (1995年)

第7辑 (1999年)

第8—9辑 (2001年)

第10辑 纪念日照暴动七十周年专辑 (2002年)

日照烽火录 (纪念抗日战争胜利六十周年)(第一、二、三、四卷)(2005年)

东港区

东港文史 政协山东省日照市东港区委员会文史联谊委员会编印,32开书型,不定期,内部交流或公开发行。

第1辑 (1997年)

第2辑 文化艺术专辑 (1999年)

岁月岚山 (王广举主编,远方出版社,2002年版)

第3辑 建区十周年专辑 (2004年)

第4辑 军政人物专辑 (2007年)

岚山区

岚山文史 政协山东省日照市岚山区委员会、岚山历史文化研究会编印,32开书型,不定期,内部交流。

第1辑 (2003年)

第2辑 庆祝岚山区设立专辑 (2004年)

第3辑 (2006年)

第4辑 (2007年)

五莲县

五莲文史资料 政协山东省五莲县委员会文史资料研究委员会编印,32开书型,不定期,内部交流。

第1辑 (1986年)

第2辑 (1987年)

五莲古诗选 (1989年)

五莲文史资料征集提纲 (修订稿)(1990年)

第3辑 (1992年)

第4辑 (1993年)

第5辑 (1994年)

第6辑 (1995年)

第7辑 (1996年)

第8辑 纪念五莲县建县五十周年 (1997年)

第9辑 庆祝中华人民共和国建国五十周年、中国人民政治协商会议成立五十周年专辑 (1999年)

第10辑 生态旅游专辑 (2002年)

四面八方五莲人 (2006年)

莒县

莒县文史资料 政协山东省莒县委员会文史资料委员办公室编印,32开书型,不定期,内部交流。

第1辑 (1983年)

第2辑 (1989年)

第3辑 (1986年)

第4辑 (1987年)

第5辑 (1988年)

第6辑 (1989年)

第7辑 (1990年)

第8辑 (1995年)

第9辑 (1996年)

第10辑 莒文化研究专辑 (一)(1999年)

第11辑 莒文化研究专辑 (二)(2000年)

莒文化研究文集 (山东人民出版社)

第12辑 (2003年)

莒州诗词选注 (2006年)

金鸡报晓 (2007年)

临沂市

临沂文史集粹 政协山东省临沂市委员会编,山东人民出版社,1997年版。

第一分册 政治军事卷

第二分册 文化教育卷、工商经济卷、风物特产卷

第三分册 社会民情卷、民族宗教卷

临沂文史资料 政协山东省临沂市委员会文史资料委

员会编印,32 开书型,不定期,内部交流或公开发行。

光辉的历程——临沂改造山河五十年纪实 (1949—1999) (政协临沂市委员会文史和学习委员会编,齐鲁书社,1999 年版)

宗圣曾子 (与政协平邑县文史委员会合编,齐鲁书社,2000 年版)

颜子研究论丛 (与临沂颜子研究会合编,齐鲁书社,2003 年版)

明贤王雅量 (与政协费县文史资料委员会合编,中国文化出版社,2005 年版)

活跃在各条战线上的政协委员

临沂书画珍藏卷 (大中华文化出版社,2007 年版)

临沂重要历史事件

沂蒙山区好地方丛书 (临沂旅游专辑) 政协山东省临沂市委员会编,人民日报社出版社,2003 年版。

第 1 册 绮丽的自然风光卷

第 2 册 璀璨的历史文化卷

第 3 册 光辉的革命遗迹卷

第 4 册 繁荣的现代经贸卷、丰饶的名优特产卷、浓郁的民俗风情卷

沂蒙近现代史料文库 政协山东省临沂市委员会文史资料委员会编印,32 开书型,内部交流。

传奇将军罗炳辉

张灵甫生死档案

光辉序幕战——中日徐州会战中的临沂战场

看不见的战线——中共沂蒙党组织策反日伪、国民党军

铁流东进——八路军一一五师在沂蒙

日军在沂蒙的暴行

沂蒙伪奸罪恶实录

烽火挚友——沂蒙革命根地的民主人士

临沂文史资料 政协山东省临沂市委员会文史资料委员会编印,32 开书型,不定期,内部交流。

第 1 辑 (1982 年)

第 2—3 辑 (1983 年)

第 4 辑 (1984 年)

第 5 辑 (1986 年)

第 6 辑 (1987 年)

第 7 辑 (1988 年)

第 8 辑 (1991 年)

第 9 辑 教育专辑 (1993 年)

历史文化名城临沂 (《中国名城名镇》系列丛书之一) (1993 年)

兰山区

兰山文史资料 政协山东省临沂市兰山区委员会编印,32 开书型或 16 开刊型,不定期,内部交流或公开发行。

兰山区政协志 (齐鲁书社,2000 年版)

兰山区政协志 (齐鲁书社,2001 年版)

长木柱天——兰山区政协委员风录 (2004 年)

琅琊诗韵 (2005 年)

民主党派在兰山 (2006 年)

兰山书画集 (世界华商文艺出版社,2007 年版)

罗庄区

罗庄区文史资料 政协山东省临沂市罗庄区委员会文史资料委员会编印,32 开书型,不定期,内部交流。

第 1 辑 (1999 年)

第 2 辑 (2001 年)

第 3 辑 (2003 年)

第 4 辑 罗庄书画 (2004 年)

联话集锦 (2005 年)

罗庄区政协志 (2006 年)

河东区

河东文史 政协山东省临沂市河东区委员会文史资料委员会编印,32 开书型,不定期,内部交流。

第 1 辑 (1999 年)

第 2 辑 (2000 年)

第 3 辑 (2001 年)

委员风采 (2002 年)

临沂市河东区政协志

郯城县

郯城文史资料 政协山东省郯城县委员会编印,32 开书型,不定期,内部交流。

第 1 辑 (1984 年)

第 2 辑 (1985 年)

第 3 辑 经济建设成就专辑 (1986 年)

第 4 辑 (1987 年)

第 5 辑 纪念郯城解放四十周年 (1988 年)

第 6 辑 (1989 年)

第 7 辑 马头镇工商经济史料专辑 (1991 年)

第 8 辑 (1992 年)

第 9 辑 纪念抗日战争胜利五十周年专辑 (1995 年)

第 10 辑 (1997 年)

第 11 辑 委员风采 (1998 年)

第 12 辑 光辉的五十年 (1999 年)

第 13 辑 郯城诗词选专辑 (1999 年)

第 14 辑 (2000 年)

第 15 辑 教育专辑 (2002 年)

古郯新韵 (夏政平主编,2002 年)

第 16 辑 文化专辑 (2003 年)

第 17 辑 卫生专辑 (2004 年)

第 18 辑 公安专辑 (2007 年)

苍山县

苍山文史资料 政协山东省苍山县委员会文史资料委员会编印,32 开书型,不定期,内部交流。

第1—2辑 (1983 年)
第3辑 (1984 年)
第4辑 (1985 年)
第5辑 (1987 年)
第6辑 (1988 年)
第7辑 兰陵美酒专辑 (1991 年)
第8辑 荀公酒专辑 (1993 年)
苍山文史集粹 (山东省地图出版社,2001 年版)
苍山名人 (中国文化出版社,2006 年版)

莒南县

莒南文史资料 政协山东省莒南县委员会文史资料委员会编印,32 开书型,不定期,内部交流。

第1辑 (1989 年)
第2辑 (1991 年)
第3辑 经济专辑 (1993 年)
第4辑 农业专辑·上 (1999 年)
第5辑 农业专辑·中 (1999 年)
第6辑 农业专辑·下 (1999 年)
第7辑 莒南县书画摄影作品集 (2004 年)
第8辑 春天的脚步 (2005 年)
第9辑 金鸡报晓 (2006 年)
第10辑 莒南大观 (2007 年)
第11辑

沂水县

沂水县文史资料 政协山东省沂水县委员会文史资料委员会编印,32 开书型或 16 开刊型,不定期,内部交流或公开发行。

第1辑 (1985 年)
第2辑 (1986 年)
第3辑 (1987 年)
第4辑 (1988 年)
第5辑 (1989 年)
第6辑 (1990 年)
第7辑 (1992 年)
第8辑 教育专辑 (1996 年)
第9辑 文化专辑 (1998 年)
第10辑 (1999 年)
沂水文史精粹 (山东文艺出版社,1999 年版)
第11辑 杨同杰与他的昆虫世界 (山东省地图出版社,2000 年版)
委员风采 (2002 年)

第12辑 沂水风物 (山东省地图出版社,2001 年版)
第13辑 沂水人物 (山东省地图出版社,2003 年版)
沂蒙崮 (李立刚编著,2003 年)
第14辑 沂水人物——天南地北沂水人 (山东地图出版社,2002 年版)
第15辑 沂水书画 (科学文化艺术出版社,2004 年版)
第16辑 商略黄昏雨——刘纶襄传 (庞守民等主编,中国文化出版社,2005 年版)
第17辑 辛亥革命先烈陆军上将——刘溥霖 (2006 年)

蒙阴县

蒙阴文史资料 政协山东省蒙阴县委员会文史资料研究委员会编印,32 开书型,不定期,内部交流或公开发行。

第1辑 (1987 年)
第2辑 (1988 年)
第3辑 公鼐诗文选专辑 (1989 年)
第4辑 (1990 年)
美哉蒙山——蒙山专辑 (2005 年)
秀美蒙阴 (中国文化出版社,2006 年版)

平邑县

平邑县文史资料选辑 (**平邑文史资料**) 政协山东省平邑县委员会文史资料委员会编印,32 开书型,不定期,内部交流或公开发行。

第1辑 (1988 年)
第2辑 (改现名)(1999 年)
宗圣曾子 (与政协临沂市文史资料委员会合编,齐鲁书社,2000 年版)
第3辑
第4辑 旅游专辑 (山东省地图出版社,2004 年版)
第5辑 平邑文物 (中国文史出版社,2006 年版)
平邑县政协志 (1981—2008.1)(山东大学出版社,2008 年版)

费县

费县文史资料 政协山东省费县委员会文史资料研究委员会编印,32 开书型,不定期,内部交流或公开发行。

第1辑 (1983 年)
第2辑 刘桂堂专辑 (1987 年)
第3辑 (1999 年)
费县政协志 (人民日报出版社,2002 年版)
明贤王雅量 (与政协临沂市文史资料委员会合编,中国文化出版社,2005 年版)

第4辑 跨世纪的费县政协 （2005 年）

第5辑 费县古树名木 （2007 年）

第6辑 费县寿星 （2007 年）

第7辑 费县水利 （世界华商文化出版社,2008 年版）

第8辑 费县馆藏文物 （世界华商文化出版社,2008 年版）

第9辑 费县民居 （世界华商文化出版社,2008 年版）

第10辑 政协第七届费县委员会委员录 （2008 年）

沂南县

沂南文史资料 政协山东省沂南县委员会文史资料委员会编印,32 开书型,不定期,内部交流。

第1辑 （1984 年）

第2辑 （1985 年）

第3辑 （1987 年）

第4辑 （1988 年）

第5辑 （1990 年）

第6辑 （1991 年）

第7辑 诸葛亮家酒专辑 （1993 年）

第8辑 诸葛亮故里砖埠乡专辑 （1994 年）

第9辑 阳都春潮——个体私营经济专辑 （1998 年）

第10辑 沂南诗书画 （1999 年）

第11辑 阳都风物 （2004 年）

天南海北阳都人 （2005 年）

临沭县

临沭文史资料 政协山东省临沭县委员会文史资料委员会编印,32 开书型,不定期,内部交流。

第1辑 （1986 年）

第2—3辑 （1987 年）

第4辑 （1989 年）

第5辑 纪念建县五十周年专辑 （1991 年）

李昌平诗词选 （1994 年）

第6辑 （1995 年）

第7—8辑 （1999 年）

第9辑 沭河星光 （2002 年）

第10辑 临沭书画 （2007 年）

枣庄市

枣庄文史 （枣庄文史资料） 政协山东省枣庄市委员会文史资料委员会编印,32 开书型改 16 开刊型,不定期改年刊,内部交流或公开发行。

枣庄煤矿发展史 （1983 年）

第1辑 （1985 年）

台儿庄大战史话——纪念抗日战争胜利四十周年、台儿庄大战胜利四十七周年 （1986 年）

第2辑 （1988 年）

第3辑 台儿庄大战资料 （1988 年）

台儿庄大战亲历记 （与山东省政协文史资料委员会合编,山东人民出版社,1988 年版）

第4辑 （1989 年）

第5—6辑 （1990 年）

第8—11辑 （1991 年）

第12辑 古稀老人话今昔 （1991 年）

第13辑 枣庄名胜古迹 （1991 年）

第14辑 （1992 年）

第15辑 辛亥革命在枣庄 （1992 年）

第16辑 血染城防图 （1992 年）

第17辑 （1992 年）

第18辑 名人写真——枣庄人物专辑 （1993 年）

第19辑 中兴风雨 （1993 年）

第20辑 烽火岁月 （1995 年）

台儿庄大战诗词选 （中国文史出版社,1995 年版）

第21辑 临城劫车案 （1996 年）

第22辑 枣庄历史人物 （1996 年）

第23辑 临城劫车案 （续）（1997 年）

第24辑 五届政协委员名录

第25辑 枣庄矿产资料 （1998 年）

第26辑 科技兴农纪实 （1999 年）

第27辑 枣庄回族 （2001 年）

枣庄文物博览 （齐鲁书社,2001 年版）

政协第六届枣庄市委员会委员名录 （2003 年）

枣庄风物 （作家出版社,2003 年版）

枣庄人物春秋 （中国文史出版社,2005 年版）

小邾国遗珍 （画册）（中国文史出版社,2006 年版）

枣庄市农业合作化运动

2007 年本 （改现名）

运河名城——枣庄

枣庄人文自然造产录 （2008 年）

薛城区

薛城文史 政协山东省枣庄市薛城区委员会文史资料研究委员会编印,32 开书型,不定期,内部交流或公开发行。

第1辑 （1986 年）

第2辑 （1987 年）

第3辑 （1990 年）

第4辑 抗战楷模——孙伯龙烈士专辑 （1991 年）

铁道游击队在薛城 （中国文史出版社,2005 年版）

宋氏文史 （文化艺术出版社,2008 年版）

市中区

枣庄市中文史 （枣庄市市中区文史） 政协山东省枣庄市市中区委员会文史资料委员会编印,32开书型,不定期,内部交流。

第1辑 （1991年）

第2辑 （1992年）

第3辑

第4辑 （1997年）

第5辑

第6辑 （2003年）

委员风采

第7辑 人物专辑 （2004年）

第8辑 走出市中的骄子 （2005年）

第9辑 跨越时空的纪念 （2006年）

峄城区

峄城文史资料 政协山东省枣庄市峄城区委员会文史资料委员会编印,32开书型,不定期,内部交流。

第1辑 （1989年）

第2辑 （1990年）

第3辑 （1991年）

第4辑 蜀程纪略 （1991年）

第5辑 （1992年）

第6辑 （1993年）

第7辑 纪念抗日战争胜利五十周年专辑 （1995年）

第8辑 孙斌全回忆录 （1996年）

第9辑 （1997年）

第10辑 万亩石榴园 （1998年）

第11辑 出国见闻录 （2001年）

第12辑 （2002年）

峄城区政协志 （2002年）

第13辑 委员风采录 （上篇）（2005年）

承风 （2008年）

台儿庄区

台儿庄文史资料 政协山东省枣庄市台儿庄区委员会文史资料委员会编印,32开书型,不定期,内部交流。

第1辑 （1990年）

第2辑 （1991年）

第3辑 （1992年）

第4辑 委员风采 （1999年）

台儿庄运河文化

台儿庄诗词选

山亭区

山亭文史资料 政协山东省枣庄市山亭区委员会文史资料委员会编印,32开书型,不定期,内部交流或公开发行。

第1辑 （1990年）

第2辑 （1991年）

第3辑

第4辑

第5辑 抱犊春秋 （2001年）

第6辑 创新与发展 （2002年）

第7辑 山亭区文学艺术作品选 （1983—2003）（2003年）

第8辑 小邾国文化 （中国文史出版社,2006年版）

滕州市

滕州文史资料 （滕县文史资料） 政协山东省滕州市委员会文史资料研究委员会编印,32开书型,不定期,内部交流或公开发行。

第1辑 （1984年）

第2辑 （1986年）

第3辑 （1987年）

第4辑 （改现名）（1988年）

第5辑 （1989年）

第6辑 （1990年）

第7辑 （1991年）

第8辑 悲壮之役——记1938年滕县抗日保卫战 （与政协山东省文史资料委员会合编,山东人民出版社,1992年版）

第9辑 爱国将领孙三峰 （1993年）

第10辑

第11辑 布衣大师刘子衡 （山东人民出版社,1994年版）

第12辑 （1995年）

第13辑 滕州市拔尖人才 （一）（1996年）

第14辑 滕州市政协大事记 （1997年）

第15辑 滕州市政协调查报告文集 （1999年）

第16辑 滕州政协五十年 （2005年）

第17辑 滕州拔尖人才 （二）（2006年）

第18辑 滕州市汉代祠堂画像石 （中国文史出版社,2007年版）

济宁市

济宁文史资料丛书 （济宁文史资料） 政协山东省济宁市委员会文史资料委员会编印,32开书型,不定期,内部交流或公开发行。

第1辑 （1985年）

第2辑　抗日战争史料专辑　(1985年)

第3辑　(1987年)

第4辑　工商史料专辑　(1987年)

第5辑　爱国民主人士史料专辑　(山东省出版总社济宁分社,1988年版)

第6辑　纪念济宁解放四十周年　(山东省出版总社济宁分社,1988年版)

孔子家世　(与政协曲阜市文史资料委员会合编,齐鲁书社,1989年版)

第7辑　(山东省出版总社济宁分社,1990年版)

微山湖　(微山湖资料专辑)(与政协微山县文史资料委员会合编,山东省出版总社济宁分社,1990年版)

第8辑　(山东省出版总社济宁分社,1991年版)

孟子家世　(中国文史出版社,1991年版)

孟子研究　(与政协邹县文史委员会合编,中国文史出版社,1991年版)

第9辑　济宁教育要览　(山东省出版总社济宁分社,1992年版)

孔孟之乡石刻碑文选　(山东友谊出版社,1992年版)

兖州战役亲历记　(与政协山东省文史资料委员会合编,山东人民出版社,1992年版)

丛书之十　(改现名)　难忘的时刻——纪念毛泽东诞辰一百周年　(1893—1993)　(山东省出版总社济宁分社,1993年版)

丛书之十一　军阀逐鹿——济宁籍北洋军阀人物专辑　(山东省出版总社济宁分社,1993年版)

丛书之十二　命脉　(水利建设专辑)(山东省出版总社济宁分社,1994年版)

丛书之十三　微山湖畔的枪声——纪念抗日战争胜利五十周年　(山东省出版总社济宁分社,1995年版)

济宁市政协志　(齐鲁书社,1996年版)

曾子家世　(与政协嘉祥县文史资料委员会合编,齐鲁书社,1997年版)

水泊梁山　(与政协梁山县文史资料委员会合编,山东友谊出版社,1998年版)

颜子家世　(与政协曲阜市文史资料委员会合编,齐鲁书社,1998年版)

济宁运河文化　(中国文史出版社,2000年版)

济宁运河诗文集萃　(2001年)

济宁运河文化研究　(一)(山东友谊出版社,2002年版)

济宁古代简史　(中国文史出版社,2003年版)

中国运河之都　(中国文史出版社,2004年版)

济宁风俗通览　(齐鲁书社,2004年版)

济宁近现代名人　(2005年)

市中区

文史资料　政协山东省济宁市市中区委员会文史资料委员会编印,32开书型,不定期,内部交流。

第1辑　(1985年)

第2辑　(1986年)

第3辑　(1987年)

第4辑　(1988年)

第5辑　人物专辑　(1989年)

第6辑　(1990年)

第7辑　(1992年)

第8辑　守土硝烟录　(抗日战争资料专辑)(1995年)

第9辑　风雨人生——孙立臣回忆录　(1996年)

第10辑　(1997年)

第11辑　(1998年)

济宁回族

第12辑　济宁老照片　(2000年)

庆祝人民政协成立55周年画集

中国历代钱币——济宁藏品

运河之都文史大观　(2008年)

文史活页　政协山东省济宁市市中区委员会文史资料研究委员会编印,32开书型,不定期,内部交流。

第1期　纪念辛亥革命八十周年　(1991年)

任城区

任城文史　(济宁郊区文史资料、文史资料)　政协山东省济宁市任城区委员会文史资料委员会编印,32开书型,不定期,内部交流。

第1辑　(1985年)

第2辑　(1987年)

第3辑　(1988年)

第4辑　(1990年)

第5辑　(1991年)

第6辑　(1992年)

第7辑　(1993年)

第8辑　(改名)(1994年)

第9辑　纪念抗日战争胜利五十周年专集(1995年)

第10辑

第11辑　《济宁·运河文化》任城区专辑　(1998年)

第12辑　(1999年)

第13辑　(2000年)

第14辑　(2002年)

第15辑　(改现名)　民俗文化专辑　(2003年)

第16辑　村落姓氏史话专辑　(2008年)

曲阜市

曲阜文史　政协山东省曲阜市委员会文史资料委员会编印,32开书型或16开刊型,不定期,内部交流或公开发行。

第1—2辑　(1982年)

第3辑　(1984年)

第4辑　曲阜古今书画选　（山东人民出版社,1985年版）

第5辑　（1985年）

第6辑　（1986年）

孔子世系　（山东人民出版社,1986年版）

第7辑　（1987年）

第8辑　（1988年）

第9辑　孔子家世　（与政协济宁市文史资料委员会合编,齐鲁出版社,1989年版）

第10辑　（1990年）

第11辑　（1991年）

第12辑　（1992年）

第13辑　孔子孔府养生之道　（1993年）

第14辑　工商纪事——曲阜工商经济史料专辑（1994年）

第15辑　孔子故里百名女寿星谱　（山东友谊出版社,1995年版）

第16辑　孔孟解读　（山东文艺出版社,1997年版）

第17辑　颜子家世　（与政协济宁市文史资料委员会合编,齐鲁书社,1998年版）

第18辑　孔子养生与儒医——献给孔子诞辰2550年　（天津科学技术出版社,1999年版）

第19辑　鲁班文化研究专辑　（2006年）

曲阜市政协志　（中国国际图书出版社,2007年版）

曲阜人鲁班　（上）（曲阜鲁班文化研究）（中国国际图书出版社,2007年版）

兖州市

兖州文史资料　政协山东省兖州市委员会文史资料研究委员会编印,32开书型,不定期,内部交流或公开发行。

第1辑　（1984年）

第2辑　（1985年）

第3辑　（1987年）

第4辑　兖州战役专辑　（1989年）

第5辑　（1991年）

兖州战役亲历记　（与政协山东省文史资料委员会合编,山东人民出版社,1992年版）

第6辑　李白杜甫在兖州　（2002年）

第7辑　兖州史话　（山东画报出版社,2005年版）

第8辑　风雅九州书画作品集　（2007年）

邹城市

邹城文史资料　（邹县文史资料）　政协山东省邹县委员会编印,32开书型,不定期,内部交流或公开发行。

第1辑　邹县史话(近现代革命斗争史部分)　（1983年）

第2辑　（1984年）

第3辑　（1985年）

第4辑　（1986年）

第5辑　（1987年）

第6辑　（1988年）

第7辑　（1989年）

第8辑　（1990年）

孟子研究　（与政协济宁市文史资料委员会合编,中国文史出版社,1991年版）

第9辑　（改现名）　煤炭专辑　（1993年）

第10辑　风俗专辑　（1994年）

第11辑　城市建设专辑　（山东画报出版社,1996年版）

第12辑　工业专辑　（中国文史出版社,1999年版）

第13辑　计划专辑　（中国文史出版社,1999年版）

第14辑　财贸专辑　（上、下册）（中国文史出版社,2000年版）

第15辑　农业专辑　（2003年）

屈万里书信集·纪念集

百名书法家写邹城　（2006年）

微山县

微山文史资料　政协山东省微山县委员会文史资料委员会编印,32开书型,不定期,内部交流或公开发行。

第1辑　（1985年）

第2辑　（1988年）

微山湖　（微山湖资料专辑）（与政协济宁市文史资料委员会合编,1990年）

第3辑　（1992年）

第4辑　煤炭专辑　（1996年）

南四湖开发纪实

微山县政协志

微山湖食尚　（中国书店出版社,2006年版）

亲近微山湖

鱼台县

鱼台文史资料　政协山东省鱼台县委员会文史资料研究委员会编印,32开书型,不定期,内部交流。

第1辑　（1987年）

第2辑　（1989年）

第3辑　（1991年）

第4辑　（1999年）

金乡县

金乡文史资料选辑　政协山东省金乡县委员会文史资料委员会编印,32开书型,不定期,内部交流。

第1辑　（1987年）

第2辑　工商史料专辑　（1988年）

第3辑　（1989年）

第 4 辑 （1991 年）
第 5 辑 （2005 年）
金乡村落 （2006 年）

嘉祥县

嘉祥县文史资料 政协山东省嘉祥县委员会文史资料委员会编印,32 开书型,不定期,内部交流。
第 1 辑 （1986 年）
第 2 辑 （1987 年）
第 3 辑 武氏祠资料专辑 （1988 年）
第 4 辑 （1990 年）
委员风采 （1991 年）
第 5 辑 （1992 年）
曾子家世 （与政协济宁市文史资料委员会合编,齐鲁书社,1997 年版）
第 6 辑 经济专辑 （1997 年）

汶上县

汶上文史资料 政协山东省汶上县委员会文史资料委员会编印,32 开书型,不定期,内部交流。
第 1 辑 抗日战争史料专辑 （1985 年）
第 2 辑 （1986 年）
第 3 辑 （1987 年）
第 4 辑 （1990 年）
第 5 辑 （1991 年）
第 6 辑 碑文石刻专辑 （1993 年）
第 7 辑 孔子宰中都 （骆承烈主编,1994 年）
第 8 辑 （1996 年）
第 9 辑 （1999 年）
第 10 辑 汶上四尚书 （2003 年）
中都风俗 （2008 年）

泗水县

泗水文史资料 政协山东省泗水县委员会文史资料委员会编印,32 开书型,不定期,内部交流。
第 1 辑 （1986 年）
第 2 辑 （1988 年）
第 3 辑 （1989 年）
第 4 辑 （1990 年）
第 5 辑 纪念中国共产党成立七十周年 （1991 年）
第 6—7 辑 （1993 年）
第 8 辑 （1995 年）
中国人民政治协商会议泗水委员会大事（1984.3—1994.12）（1994 年）
第 9 辑 （1997 年）
第 10 辑 建国五十周年英模人物专辑 （1999 年）
第 11 辑

第 12 辑 甲骨文化寻因 （中国文史出版社,2006 年版）

梁山县

梁山文史资料 政协山东省梁山县委员会文史资料委员会编印,32 开书型,不定期,内部交流或公开发行。
第 1 辑 （1986 年）
第 2 辑 梁山游览介绍 （1986 年）
第 3 辑 （1987 年）
第 4 辑 （1988 年）
第 5 辑 （1989 年）
第 6 辑 （1990 年）
第 7 辑 （1991 年）
第 8 辑 （1992 年）
第 9 辑 （1993 年）
第 10 辑 （1994 年）
第 11 辑 （1995 年）
第 12 辑
第 13 辑 梁山运河文化寻踪 （国际文化出版公司,1998 年版）
水泊梁山 （与政协济宁市文史资料委员会合编,山东友谊出版社,1998 年版）
当代梁山好汉——民营经济大潮中的政协委员（2002 年）
运河轶韵——古镇开河漫谈
水泊梁山风情
水泊梁山酒文化 （2006 年）

泰安市

文史资料选辑 政协山东省泰安市（县）委员会文史资料研究委员会编印,32 开书型,不定期,内部交流或公开发行。
第 1—2 辑 （1982 年）
第 3 辑 （1983 年）
第 4 辑 （1984 年）

泰安文史资料 政协山东省泰安市委员会文史资料委员会编印,32 开书型,不定期,内部交流。
第 1 辑 （1986 年）
第 2 辑 （1987 年）
第 3 辑 （1988 年）
第 4 辑 革命老人范明枢 （1991 年）
第 5 辑 人物专辑 （1991 年）
第 6 辑 （1992 年）
风采绚烂映会徽 （1993 年）
崔子明 （与政协泰安市郊区委员会合编,1995 年）
第 7 辑 回民专辑 （1995 年）
泰山青松范明枢 （与中共泰安市委党史研究室合编,黄河出版社,1996 年版）

第8辑　泰安市名优特新产品资料　（1997年）

第9辑

第10辑

神奇的泰山

泰安市县(区)政协委员名录

泰安人才大辞典

泰山诗选

凌汉洞天

华夏第一所

乡镇企业、高校

泰安市政协志　（2002.1—2007.10）（2007年）

泰安市政协年鉴　（2002—2007年卷）

亲历三十年——政协委员经历的改革历程　（山东出版社,2008年版）

泰安文史　政协山东省泰山市委员会文史资料委员会编印,16开刊型,季刊,内部交流。

创刊号　（2000年）

2001年第1—4期　（总2—5期）

2002年第1—4期　（总第6—9期）

2003年第1—4期　（总第10—13期）

2004年第1—4期

2005年第1—4期

2006年第1—4期

2007年第1—4期

2008年第1—4期

泰山区

泰山区文史资料　政协山东省泰安市泰山区委员会文史资料委员会编印,32开书型,不定期,内部交流。

第1辑　（1989年）

第2辑　（1990年）

第3辑　（1991年）

第4辑　（1992年）

第5辑

岱岳区

文史资料选辑　政协山东省泰安市岱岳区委员会文史资料委员会编印,32开书型改25开书型,不定期,内部交流或公开发行。

第1—2期　（与政协泰安市(县)文史资料研究委员会编,1982年）

第3辑　（与政协泰安市(县)文史资料研究委员会编,1983年）

第4辑　（与政协泰安市(县)文史资料研究委员会编,1984年）

第5辑　（1988年）

第6辑　（1989年）

第7辑　（1990年）

第8辑　大汶口镇史料专辑　（上）（1990年）

第9辑　（1991年）

崔子明　（与政协泰安市文史资料委员会合编,1995年）

政协山东省泰安市郊区委员会文史资料选辑目录（1995年）

明代名臣萧大亨　（周郢著,中国文联出版社,1999年版）

坚实的足迹　（2004年）

徂徕山歌谣　（2006年）

新泰市

新泰文史资料　（**新泰文史资料选辑**）　政协山东省新泰市委员会文史资料委员会编印,32开书型,不定期,内部交流或公开发行。

第1辑　（1984年）

第2辑　（1987年）

第3辑　（1990年）

第4辑　（改现名）（1991年）

第5—6辑　（1993年）

第7辑　委员风采映会徽　（1994年）

第8辑　历代名人赞新泰诗词选　（1995年）

第9辑　（1996年）

第10辑　（1998年）

杞文化与新泰

第11辑　新泰史学论文集　（2003年）

翰墨颂辉煌

抗日战争在新泰　（中国档案出版社,2005年版）

莲花山　（中国文联出版社,2007年版）

肥城市

肥城文史资料　政协山东省肥城市委员会社会文教委员会编印,32开书型,不定期,内部交流或公开发行。

第1辑　（1986年）

第2辑　（1987年）

第3辑　（1988年）

第4辑　（1989年）

第5辑　（1990年）

第6辑　肥桃史话　（1991年）

第7辑　陆房战斗专辑　（1992年）

第8辑　汶阳春秋　（1994年）

第9辑　肥城名胜古迹　（1996年）

第10辑　范蠡研究文集　（傅志亭主编,西苑出版社,1998年版）

第11辑　泰西抗日烽火　（2000年）

范蠡及其经商之道　（中国文史出版社,2006年版）

宁阳县

宁阳文史资料 （宁阳文史） 政协山东省宁阳县委员会文史资料研究委员会编印,16 开刊型改 32 开书型,不定期,内部交流。
第 1 辑 （1984 年）
第 2 辑 （改现名）（1985 年）
第 3 辑 （1988 年）
第 4 辑 （1990 年）
第 5 辑 （1996 年）
宁阳县政协志

东平县

东平文史资料 政协山东省东平县委员会、泰安市委员会文史资料委员会编印,32 开书型,不定期,内部交流。
第 1 辑 （1986 年）
第 2 辑 （1988 年）
东平湖资料专辑 （1989 年）
东平人物专辑 （1991 年）
东平名胜古迹 （1999 年）
东平土特产与风味名吃 （2002 年）
大泊浩歌 （2002 年）
赵华岩纪念文集
东平县政协志
东平地名故事
第 8 辑 东平碑文集萃 （2008 年）
第 9 辑 运河名域东平州 （2008 年）

莱芜市

莱芜文史 （莱芜文史资料） 政协山东省莱芜市委员会文史资料委员会编印,32 开书型,不定期,内部交流或公开发行。
第 1 辑 （1983 年）
第 2 辑 （1985 年）
第 3 辑 （1987 年）
第 4 辑 （1988 年）
第 5 辑 （1989 年）
第 6 辑 （1990 年）
第 7 辑 （1991 年）
莱芜战役纪实 （与政协山东省文史资料委员会合编,中国文史出版社,1995 年版）
莱芜矿冶 （中国文史出版社,1996 年版）
第 8 辑 （改现名）（1997 年）
莱芜文物 （齐鲁书社,1998 年版）
第 9—10 辑 （1999 年）
第 11 辑 （2000 年）
莱芜水利 （山东大学出版社,2002 年版）

莱芜教育——光辉五十年 （1949—1999）（当代中国出版社,1999 年版）
莱芜古今书画作品选集
第 12 辑 （2004 年）
第 13 辑 （2006 年）
今日水墨——第九届全国中国画名家作品选 （2007 年）
第 14 辑 （2007 年）

莱城区

莱城文史 政协山东省莱芜市莱城区委员会编印,32 开书型,不定期,内部交流。
第 1 辑
第 2 辑 （2006 年）
第 3 辑 （2007 年）

钢城区

钢城文史 政协山东省莱芜市钢城区委员会编印,32 开书型,不定期,内部交流。
第 1 辑 （1999 年）
第 2 辑 （2001 年）
第 3 辑 （2003 年）
第 4 辑 （2008 年）

滨州市

滨州文史 政协山东省滨州市委员会文史资料委员会编印,32 开书型或 16 开书型,不定期,内部交流或公开发行。
第 1 辑 （中国文联出版社,2001 年版）
第 2 辑 （中国文联出版社,2002 年版）
第 3 辑 （暨《齐鲁文史丛书》第 3 辑,中国文史出版社,2004 年版）
第 4 辑 （暨《齐鲁文史丛书》之一,中国文史出版社,2004 年版）
渤海烽火——滨州纪念抗日战争胜利六十周年专辑（与滨州市史志办公室等合编,2005 年）
新滨州新风貌 （画册）（2006 年）
第 5 辑 （河下文丛）（中国文联出版社,2006 年版）
第 6 辑 （黄河出版社,2007 年版）
滨州名榜 （2008 年）
第 7 辑 （2008 年）
滨州历史文化与民俗研究 （与滨州学院等合编,黄河出版社,2007 年）
这方水土这方人 （上、下卷）（2008 年）

滨城区

滨县文史资料　政协山东省滨县委员会文史资料研究委员会编印，32 开书型，不定期，内部交流。
第 1 辑　（1984 年）
第 2 辑　（1985 年）
第 3 辑　（1986 年）
滨州文史资料　政协山东省滨州市委员会文史资料研究委员会编印，32 开书型，不定期，内部交流或公开发行。
第 1 辑　（1986 年）
第 2 辑　（1988 年）
第 3 辑　（1991 年）
第 4 辑　（1995 年）
第 5 辑　（2003 年）
凤凰城传奇　（政协文史特辑）（中国文史出版社，2004 年版）
滨城文史集粹　（2007 年）
滨城区政协志　（2008 年）

惠民县

惠民文史资料　政协山东省惠民县委员会文史委员会编印，32 开书型，不定期，内部交流或公开发行。
第 1 辑　（1981 年）
第 2 辑　（1982 年）
第 3 辑　（1984 年）
第 4 辑　（1985 年）
第 5 辑　（1988 年）
第 6 辑　解放战争时期惠民专辑　（1990 年）
第 7 辑
第 8 辑　惠民县名人专辑　（1996 年）
第 9 辑　孔子故里文化旅游　（2003 年）
第 10 辑　孙子故里文化旅游　（2003 年）
第 11 辑　孽海雄鹰——惠民县抗日斗争纪实小说（陈立升著，中国文史出版社，2004 年版）

阳信县

阳信文史资料　政协山东省阳信县委员会文史委员会编印，32 开书型，不定期，内部交流。
第 1 辑　（1986 年）
第 2 辑　（1987 年）
第 3 辑　（1988 年）
第 4 辑　（1989 年）
第 5 辑　（1990 年）
阳信鸭梨甲天下　（1993 年）
中国鸭梨之乡阳信　（1997 年）

无棣县

无棣文史资料　政协山东省无棣县委员会文史资料研究委员会编印，32 开书型，不定期，内部交流。
第 1 辑　（1988 年）
第 2 辑　（1989 年）
第 3 辑　（1991 年）
无棣人文
强人足迹
无棣人物春秋　（2007 年）
无棣文史　政协山东省无棣县委员会文史资料研究委员会编印，32 开书型，不定期，内部交流。
第 1 辑　（2007 年）
冯安邦将军　（2008 年）
第 2 辑　（2008 年）

沾化县

沾化文史资料　政协山东省沾化县委员会文史资料研究委员会编印，32 开书型，不定期，内部交流。
第 1 辑　（1987 年）
第 2 辑　（1988 年）
第 3 辑　（1990 年）
第 4 辑　（1991 年）
第 5 辑
第 6 辑
沾化文史资料征集提纲
中华红玛瑙——沾化冬枣之歌　（2003 年）
第 7 辑　（2004 年）
委员名录　（2005 年）
沾化政协志　（2006 年）
沾化文史集萃　（2007 年）

博兴县

博兴县文史资料　政协山东省博兴县委员会文史资料委员会编印，32 开书型，不定期，内部交流。
第 1 辑　（1984 年）
第 2 辑　（1985 年）
第 3 辑　纪念伟大的抗日战争和世界反法西斯战争胜利四十周年专辑　（1985 年）
第 4 辑　（1987 年）
第 5 辑　（1990 年）
第 6 辑　（1993 年）
第 7 辑　委员风采　（1995 年）
第 8 辑　纪念刘顺元同志专辑　（1997 年）
当代博兴人　（文化卷）
北国江南——麻大湖
博兴县政协志　（2007 年）

邹平县

邹平文史 （邹平县文史资料选辑） 政协山东省邹平县委员会文史资料委员会编印,32 开书型,不定期,内部交流或公开发行。

第 1 辑 （1984 年）

第 2 辑 （1985 年）

第 3 辑 （1986 年）

第 4 辑 （1988 年）

第 5 辑 （1989 年）

第 6 辑 （1991 年）

梁漱溟与山东乡村建设 （与山东省政协文史资料委员会合编,山东人民出版社,1991 年版）

第 7 辑

邹平抗日斗争史略 （1995 年）

第 8 辑 （1997 年）

第 9 辑

第 10 辑 （2001 年）

邹平通史

先忧后乐范仲淹——纪念范仲淹诞辰 1015 周年书画集 （齐鲁书社,2002 年版）

梁漱溟在山东 （郭蒸晨著,人民日报出版社,2003 年版）

邹平轶事缀英 （郭蒸晨著,中国文史出版社,2003 年版）

第 11 辑 （改现名）

第 12 辑

邹平政协四十五年

第 13 辑 （中国文史出版社,2006 年版）

邹平地名故事

邹平丁公遗址研究资料集

邹平文史集粹 （上、下册）（2007 年）

邹平企业大全 （2007 年）

菏泽市

菏泽地区文史资料 政协山东省菏泽地区委员会编印,32 开书型,不定期,内部交流。

菏泽三名 （1999 年）

菏泽文史资料 政协山东省菏泽市委员会文史资料委员会编印,32 开书型,不定期,内部交流。

菏泽文史集粹

中国菏泽文化丛书 政协山东省菏泽市政协文史资料委员会编印。

牡丹区

菏泽文史资料 政协山东省菏泽市委员会文史资料委员会编印,32 开书型,不定期,内部交流。

第 1 辑 （1988 年）

第 2 辑 （1990 年）

第 3 辑 （1991 年）

菏泽乡人萍踪 （1993 年）

第 4 辑 纪念抗日战争胜利五十周年专辑 （1995 年）

风雨同舟四十年——菏泽市政协委员剪影 （1996 年）

今日庆还珠——海峡两岸迎香港回归书画作品选（1997 年）

第 5 辑 五十年回顾 （1999 年）

菏泽乡人萍踪续集 （2000 年）

桑圣耀纪念文集 （2002 年）

牡丹区政协志 （2003 年）

村落拾闻

曹县

曹县文史资料 政协山东省曹县委员会文史资料研究委员会编印,32 开书型或 16 开刊型,或油印,不定期,内部交流或公开发行。

第 1 辑 （1985 年）

第 2 辑 （1986 年）

第 3 辑 （1987 年）

珠笔合璧普通算法 （1988 年）

烬余诗存 （1988 年）

曹县政协志 （1988 年）

戏曲之乡 （与政协山东省文史资料委员会合编,山东人民出版社,1991 年版）

第 4 辑 教育专辑 （1992 年）

政协曹县第七届委员奉献录 （1993 年）

汉仆学案 （西北大学出版社,1995 年版）

定陶县

定陶文史初稿 政协山东省定陶县委员会文史资料研究委员会编印,16 开刊型,油印,不定期,内部交流。

第 1—3 辑 （停刊）（1983 年）

定陶文史录 政协山东省定陶县委员会文史资料研究委员会编印,16 开刊型改 32 开书型,或油印,不定期,内部交流或公开发行。

第 1 辑 （1984 年）

第 2—3 辑 （1985 年）

第 4 辑 （1986 年）

第 5 辑 （1987 年）

第 6 辑 （1988 年）

第 7 辑 （1989 年）

商祖陶朱公 （山东友谊出版社,2000 年）

成武县

成武文史资料 政协山东省成武县委员会文史资料研

究委员会编印,32 开书型,不定期,内部交流。

第 1 辑　(1990 年)

成武政协志　(一)(1981 年 6 月—1987 年 2 月)
(1991 年)

第 2 辑　白浮图乡专辑　(1994 年)

第 3 辑　(1995 年)

第 4 辑　(1998 年)

古今成武人　(2002 年)

成武书画

第 5 辑

单县

单县文史资料　政协山东省单县委员会文史资料研究委员会编印,32 开书型,不定期,内部交流。

第 1 辑　(1989 年)

第 2 辑　单县古今名人专辑　(1990 年)

第 3 辑　(1992 年)

第 4 辑

单县风物　(1999 年)

第一个女政治家——吕后　(2003 年)

江北明珠浮龙湖　(2006 年)

巨野县

文史参考资料　政协山东省巨野县委员会文史资料研究委员会编印,16 开刊型,油印,不定期,内部交流。

第 1—24 期

巨野文史资料　政协山东省巨野县委员会文史资料研究委员会编印,32 开书型,不定期,内部交流。

巨野教案调查记　(1985 年)

第 1 辑　(1987 年)

第 2 辑　(1988 年)

第 3 辑　姚西峰先生撰稿集　(1989 年)

第 4 辑　(1990 年)

第 5 辑　(1992 年)

第 6 辑　(1994 年)

第 7 辑　纪念抗日战争胜利五十周年专辑　(1995
年)

天南地北巨野人　(2000 年)

谢庆云烈士专辑　(2005 年)

巨野历代诗词选　政协山东省巨野县委员会文史资料研究委员会编印

第 1 卷　(2007 年)

第 2 卷　(2008 年)

麒麟文化丛书　政协山东省巨野县委员会文史资料研究委员会编印。宁夏人民出版社出版。

麒麟诗词歌赋大观

麒麟的传说

麒麟艺术集粹

郓城县

文史参考资料　政协山东省郓城县委员会文史资料研究委员会编印,16 开刊型,油印,不定期,内部交流。

第 1—6 期　(1982 年)

第 7—11 期　(1983 年)

第 12—18 期　(1984 年)

第 19—24 期　(1985 年)

第 25—31 期　(1986 年)

第 32—36 期　(1987 年)

第 37—38 期　(1988 年)

第 44—50 期　(1989 年)

郓城文史资料　政协山东省郓城县委员会文史资料委员会编印,32 开书型,不定期,内部交流或公开发行。

第 1 集　(1986 年)

第 2 集　(1987 年)

第 3 集　(1988 年)

第 4 集　(1989 年)

第 5 集　文化教育专辑　(1991 年)

第 6 集　诗词专辑　(1992 年)

第 7 集　(1994 年)

第 8 集

第 9 集

第 10 集

第 11 集

郓城诗词选

郓城政协委员风采集　(5 集)

郓城文史资料　(第 1—10 集)　选编　(2003 年)

郓城文史集粹　(建国前文史资料专辑)(银河出版社,2003 年版)

第 12 集　郓城民俗志　(银河出版社,2005 年版)

郓城政协志　(中国出版社,2007 年版)

鄄城县

鄄城文史资料　政协山东省鄄城县委员会文史资料委员会编印,32 开书型,不定期,内部交流。

第 1 辑　(1985 年)

第 2 辑　解放战争专辑　(1987 年)

第 3 辑　(1990 年)

第 4 辑　纪念辛亥革命八十周年　(1991 年)

第 5 辑　诗词专辑　(1992 年)

第 6 辑　(1994 年)

第 7 辑　纪念抗日战争胜利五十周年　(1995 年)

第 8 辑　(1997 年)

第 9 辑　(1999 年)

鄄城历代诗词选征

鄄城民俗志

东明县

东明文史资料 （东明文史专辑）　政协山东省东明县委员会文史资料委员会编印，16 开刊型或改 32 开书型，或油印，不定期，内部交流或公开发行。

第 1 辑　（1982 年）

第 2 辑　（1983 年）

第 3 辑　（1984 年）

第 4 辑　（改现名）　一九三八到一九三九年东明县抗日军事政治干部训练班教材专辑　（1988 年）

第 5 辑　（1990 年）

第 6 辑　（1991 年）

第 7 辑　（1992 年）

第 8 辑　（1995 年）

第 9 辑　中国西瓜之乡　（1995 年）

第 10 辑　全国庄子研究会资料汇编　（1996 年）

第 11 辑　东明民俗　（中国文史出版社，1999 年版）

第 12 辑　东明地方戏曲选编　（枣梆卷）（上、中、下册）（国际炎黄文化出版社，2001 年版）

第 13 辑　东明地方戏曲选编　（太平调卷）（上、下册）（国际炎黄文化出版社，2002 年版）

第 14 辑　东明地方戏曲选编　（两夹弦卷）（上册）（国际炎黄文化出版社，2002 年版）

第 15 辑　东明地方戏曲选编　（豫剧卷）（上、下册）（国际炎黄文化出版社，2003 年版）

东明县政协志

河　南　省

河南文史资料　政协河南省委员会文史资料委员会编印,32开书型,不定期改季刊,内部转公开发行。

第1—2辑　(1979年)

第3辑　(1980年)

第4辑　(1980年)

第5—6辑　(1981年)

第7辑　(1982年)

第8辑　(1983年)

全国政协第四次全国文史资料工作会议文件　(1983年)

第9—12辑　(1984年)

第13—16辑　(1985年)

第17—20辑　(1986年)

风雨漫漫四十年　(张钫著,与全国政协文史资料研究委员会等合编,中国文史出版社,1986年版)

第21—24辑　(1987年)

第25—28辑　(1988年)

第29—30辑　(1989年)

第31辑　异军突起赵周人　(1989年)

第32辑　(1989年)

第33—34辑　(1990年)

第35辑　雪苑蠮螉忆往　(1990年)

第36辑　(1990年)

增刊:河南省政协志　(1990年)

第37辑　(1991年)

第38辑　情系舞台——陈素真回忆录　(1991年)

第39辑　(1991年)

第40辑　樊钟秀与建国豫军　(暨《宝丰文史资料》第7辑,1991年)

1992年第1—4辑　(总第41—44辑)

1993年第1—4辑　(总第45—48辑)

1994年第1—4辑　(总第49—52辑)

1995年第1辑　(总第53辑)

1995年第2辑　(总第54辑)　纪念抗日战争胜利五十周年专辑

1995年第3—4辑　(总第55—56辑)

1996年第1—4辑　(总第57—60辑)

1997年第1—4辑　(总第61—64辑)

1998年第1—4辑　(总第65—68辑)

1999年第1—4辑　(总第69—72辑)

2000年第1—4辑　(总第73—76辑)

2001年第1辑　(总第77辑)

2001年第2辑　(总第78辑)　庆祝中国共产党成立八十周年

2001年第3—4辑　(总第79—80辑)

中原抗战

2002年第1—4辑　(总第81—84辑)

刘少奇与河南　(中央文献出版社,2002年版)

2003年第1—4辑　(总第85—88辑)

2004年第1—4辑　(总第89—92辑)

2005年第1—4辑　(总第93—96辑)

走向世界冠军之路　(2005年)

2006年第1—4辑　(总第97—100辑)

文史撷萃　(上、下卷)(2006年)

2007年第1—4辑　(总第101—104辑)

2008年第1—4辑　(总第105—108辑)

河南文史通讯　政协河南省委员会编印,32开书型,不定期,内部交流。

1984年第1期　(总第1期)

1985年第1期　(总第2期)

1986年第1—2期　(总第3—4期)

1987年第1期　(总第5期)　河南省第一次文史资料工作会议专辑

1987年第2期　(总第6期)

1988年第1—2期　(总第7—8期)

1989年第1—3期　(总第9—11期)

1990年第1—2期　(总第12—13期)

1991年第1—2期　(总第14—15期)

1992年第1—2期　(总第16—17期)

1993年第1—2期　(总第18—19期)

郑州市

郑州文史资料　政协河南省郑州市委员会文史资料委员会编印,32开书型,不定期,内部交流或公开发行。

第1辑　(1985年)

第2辑　黄河花园口掘堵专辑　(1986年)

第3辑　(1987年)

第4辑　冯玉祥在郑史料专辑　(1988年)

第5—6辑　(1989年)

第7—8辑　(1990年)

第9辑　报业专辑　(解放前郑州报业史料专辑)(1991年)

第10辑　郑州绿化园林　(1991年)

1992年第1辑　(总第11辑)

1992年第2辑　(总第12辑)　抗美援朝专辑

1993年第1—2辑　(总第13—14辑)

1994年第1—2辑　(总第15—16辑)

1995年第1辑　(总第17辑)　纪念抗日战争胜利五十周年

1995年第2辑　(总第18辑)

艺苑撷英　(河南美术出版社,1997年版)

第19辑　(1998年)

光辉历程——纪念郑州解放五十周年　(1949—1998)

第 20 辑　铁路史料专辑　（1999 年）
第 21 辑　（2000 年）
第 22 辑　（2001 年）
第 23 辑　（2002 年）
第 24 辑　（中国文史出版社,2003 年版）
第 25 辑　（2004 年）
第 26 辑　纪念抗日战争六十周年专辑　（2005 年）
第 27 辑　郑州名人故居　（2006 年）
第 28 辑　知青岁月专辑(上、下册)（2007 年）
第 29 辑　（2008 年）

中原区

二七区

二七区文史资料　政协河南省郑州市二七区委员会宣教文卫体文史资料委员会编印,32 开书型,不定期,内部交流。
第 1 辑　（2004 年）
第 2 辑　（2005 年）
第 3 辑　（2007 年）
第 4 辑　（2008 年）

管城回族区

管城文史资料　政协河南省郑州市管城回族区委员会学习宣传文史资料委员会编印,32 开书型,不定期,内部交流。
第 1 辑　（1989 年）
第 2 辑　（1990 年）
第 3 辑　（1991 年）

金水区

上街区

惠济区

邙山文史资料　政协河南省郑州市邙山区委员会文史委员会编印,32 开书型或 16 开刊型,不定期,内部交流。
邙山区政协志(1998—2003)（政协邙山区第四届委员会）(2004 年)
惠济文史资料　政协河南省郑州市惠济区委员会文史资料委员会编印,32 开书型或 16 开书型,不定期,内部交流。
惠济区政协志

新郑市

新郑文史资料　政协河南省新郑县委员会文史委员会编印,32 开书型,不定期,内部交流或公开发行。
第 1 辑　（1988 年）
第 2 辑　（1989 年）
第 3 辑　（1991 年）
黄帝故里文化　（中州古籍出版社,1991 年版）
轩辕故里诗文选　（1992 年）
风雨同舟　团结奋进——纪念县政协成立十周年专辑（1992 年）
第 4 辑　（1994 年）
第 5 辑　（1995 年）
第 6 辑　高拱诗文标注　（1996 年）
第 7 辑　新郑解放五十周年　（1998 年）
第 8 辑　古今地名专辑　（1999 年）
第 9 辑　宗教会道门专辑　（2000 年）
第 10 辑
第 11 辑
第 12 辑
轩辕黄帝(新郑文史资料丛书)（中国广播电视出版社,2003 年版）

登封市

登封文史资料　政协河南省登封县委员会文史资料委员会编印,32 开书型,不定期,内部交流。
第 1 辑　（1988 年）
第 2 辑　（1990 年）
第 3 辑　（1992 年）
第 4 辑　（1993 年）
第 5 辑　（1994 年）
第 6 辑
第 7 辑　神奥嵩山　（1998 年）
情系嵩山——党和国家领导人视察登封文化纪实(2000 年)
登封市政协志——纪念登封政协成立二十周年(2002 年)
第 8 辑　嵩山三教　（2007 年）
第 9 辑　古韵——中国嵩山历史建筑群(上、下)（河南人民出版社,2008 年版）

新密市

新密文史资料　（密县文史资料）　政协河南省新密市委员会文史委员会编印,32 开书型,不定期,内部交流。
第 1 辑　纪念樊百全专辑　（1987 年）
第 2—3 辑　（1989 年）
第 4 辑　纪念密县解放四十三周年专辑　（1991 年）

第 5 辑　（1994 年）
第 6 辑　（改现名）（1995 年）
第 7 辑　（1997 年）
第 8 辑　（2001 年）
第 9 辑　（2002 年）

巩义市

巩县文史资料　政协河南省巩县委员会文史资料研究委员会、巩县志编纂委员会总编辑室编印,16 开刊型或 32 开书型,不定期,内部交流。
第 1—4 辑　（1983 年）
第 5 辑　教育专辑　（1983 年）
第 6 辑　（1983 年）
第 7 辑　教育专辑　（1983 年）
第 8 辑　文化专辑　（1983 年）
第 9—10 辑　（1983 年）
第 11 辑　北京座谈会专辑　（1984 年）
第 12 辑　（1984 年）
第 13—15 辑　（1985 年）
第 16 辑　（1986 年）
第 17 辑　（1988 年）
第 18 辑　（1989 年）

巩义市文史资料（巩县文史资料）　政协河南省巩义市委员会文史资料委员会编印,32 开书型,不定期,内部交流。
第 1—4 辑　（1988 年）
第 5 辑　（1989 年）
第 6—7 辑　（1990 年）
第 8 辑　九十年沧桑录　（张静吾著,1990 年）
第 9（改现名）—10 辑　（1991 年）
第 11 辑　谢瑞阶忆述录　（1992 年）
第 12 辑　（1992 年）
第 13 辑　王国权回忆录　（1993 年）
第 14—16 辑　（1993 年）
第 17 辑　（1995 年）
第 18 辑　（1996 年）
第 19 辑　（1997 年）
第 20 辑　（1998 年）
第 21 辑　（1999 年）
第 22 辑　（2000 年）
第 23 辑　（2001 年）
第 24 辑　（2002 年）
第 25 辑　（2003 年）
第 26 辑　（2004 年）
第 27 辑　（2005 年）
第 28 辑　巩义市民营企业的崛起　（2006 年）
第 29 辑　河洛文化概述　（2007 年）
第 30 辑　巩义民居与庄园　（2008 年）

荥阳市

荥阳文史资料　政协河南省荥阳市委员会学习文史委员会编印,32 开书型,不定期,内部交流。
第 1 辑　（1993 年）
第 2 辑　（2001 年）
第 3 辑　委员风采　（2002 年）
第 4 辑　（2003 年）
第 5 辑　（2004 年）
第 6 辑　（2005 年）
第 7 辑　（2006 年）

中牟县

中牟文史资料　（中牟县文史资料）　政协河南省中牟县委员会文史资料委员会编印,32 开书型,不定期,内部交流。
第 1 辑　（1985 年）
第 2 辑　（改现名）（1987 年）
第 3 辑　（1989 年）
第 4 辑　（1991 年）
第 5 辑　（1992 年）
第 6 辑　（1994 年）
第 7 辑　（1996 年）
第 8 辑　（1997 年）
第 9 辑　（1999 年）
第 10 辑　基础设施建设专辑　（2001 年）

三门峡市

三门峡文史资料　政协河南省三门峡市委员会学习文史委员会编印,32 开书型,不定期,内部交流。
第 1 辑　（1987 年）
第 2 辑　（1989 年）
第 3 辑　（1990 年）
第 4 辑　（1991 年）
第 5 辑　（1992 年）
第 6 辑　（1993 年）
第 7 辑　大河溯古　（1997 年）
第 8 辑　红色的足迹——张耀汉回忆录　（1999 年）
第 9 辑　（2000 年）
第 10 辑　（2001 年）
第 11 辑　（2002 年）
第 12 辑　灿烂的仰韶文化　（与政协渑池县学习文史委员会合编,2003 年）
第 13 辑　河南省国民政府在卢氏(1945.4—1945.9)（与政协卢氏县文史资料编纂委员会合编,2004 年）
第 14 辑　天宝鼎城开元来——宝阌乡西县史料专辑

（与政协灵宝市文史资料委员会合编,2005 年）

    第 15 辑　三门峡名人　（2006 年）

    第 16 辑　（2006 年）

    第 17 辑

    第 18 辑　（2008 年）

湖滨区

义马市

    义马文史资料　政协河南省义马市委员会文史资料委员会编印,32 开书型,不定期,内部交流。

    第 1 辑　（1988 年）

    第 2 辑　张钧文稿专辑　（1990 年）

    第 3 辑　煤城云锦——纪念义马建市十周年专辑（1991 年）

    第 4 辑　煤炭专辑　（1991 年）

    第 5 辑　农谚荟萃　（1992 年）

    第 6 辑　挥翰为统一——张钧文稿续辑　（1995 年）

灵宝市

    灵宝文史资料　（灵宝文史）　政协河南省灵宝县委员会文史资料委员会编印,32 开书型,不定期,内部交流。

    第 1 辑　（1986 年）

    第 2 辑　（改现名）(1988 年)

    第 3 辑　（1989 年）

    第 4 辑　（1990 年）

    第 5 辑　（1991 年）

    第 6 辑　（1992 年）

    天宝鼎城开元来——灵宝阌乡西县史料专辑　（暨《三门峡文史资料》第 14 辑,2005 年）

渑池县

    渑池文史资料　政协河南省渑池县委员会学习文史委员会编印,32 开书型,不定期,内部交流。

    第 1 辑　（1987 年）

    第 2 辑　仰韶文化专辑　（1989 年）

    第 3 辑　（1993 年）

    第 4 辑　渑池揽胜　（2001 年）

    灿烂的仰韶文化　（暨《三门峡文史资料》第 12 辑,2003 年）

陕县

    陕县文史资料　政协河南省陕县委员会文史资料研究委员会编印,32 开书型,不定期,内部交流。

    第 1 辑　（1988 年）

    第 2—3 辑　（1990 年）

    第 4 辑

卢氏县

    卢氏文史资料　政协河南省卢氏县委员会文史资料编纂委员会编印,32 开书型,不定期,内部交流。

    第 1 辑　（1987 年）

    第 2 辑　曹靖华逝世周年纪念专辑　（1988 年）

    第 3 辑　（1989 年）

    第 4 辑　（1990 年）

    第 5 辑　（2001 年）

    第 6 辑　（2002 年）

    第 7 辑　河南省国民政府在卢氏(1945.4—1945.9)（暨《三门峡文史资料》第 13 辑,2004 年）

洛阳市

    洛阳文史资料　政协河南省洛阳市委员会文史资料委员会编印,32 开书型,不定期,内部交流。

    第 1 辑　（1985 年）

    第 2 辑　（1987 年）

    第 3·4 辑　纪念洛阳解放四十周年专辑　（1988 年）

    第 5 辑　（1988 年）

    第 6 辑　（1989 年）

    第 7 辑　镇嵩军专辑(上)（1990 年）

    第 8 辑　镇嵩军专辑(下)（1990 年）

    第 9 辑　豫西绿林(上)（1991 年）

    第 10 辑　豫西绿林(下)（1991 年）

    第 11 辑　纪念辛亥革命八十周年专辑(1911—1991)（1991 年）

    第 12 辑　林东郊诗集　（1992 年）

    第 13 辑　抗美援朝专辑　（1993 年）

    第 14 辑　（1993 年）

    第 15 辑　（1994 年）

    第 16 辑　纪念抗日战争胜利五十周年专辑　（1995 年）

    第 17 辑　名人与洛阳　（1996 年）

    第 18 辑　文化与考古　（1997 年）

    第 19 辑　大要案纪实　（1998 年）

    第 20 辑　风雨同舟五十年　（1999 年）

    第 21 辑　名人与洛阳　（2000 年）

    第 22 辑　戴苍奇文存　（2001 年）

    第 23 辑　（2002 年）

    第 24 辑　纪念刘潇然先生百年诞辰　（2002 年）

    第 25 辑　（2004 年）

    第 26·27 合辑　纪念抗日战争胜利六十周年专辑（2005 年）

    第 28 辑　郑州名人故居　（2006 年）

西工区

西工文史资料 政协河南省洛阳市西工区委员会文史资料委员会编印,32 开书型,不定期,内部交流或公开发行。

第 1 辑 （1987 年）
第 2 辑 （1988 年）
第 3 辑 （1989 年）
第 4 辑 （1990 年）
第 5 辑 （1991 年）
第 6 辑 人物春秋之一 （1993 年）
第 7—8 辑 （1994 年）
第 9 辑 （1995 年）
第 10 辑 （1996 年）
第 11 辑 风雨十年路 （1997 年）
第 12 辑 （1998 年）
第 13—14 辑 （1999 年）
第 15 辑 （2000 年）
第 16 辑 洛阳名胜风物 （2000 年）
第 17 辑 洛阳曲剧史话 （2001 年）
第 18 辑 中国牡丹史 （中国文史出版社,2003 年版)
第 19 辑 亢书贤革命回忆录 （2006 年）
第 20 辑 （2008 年）

老城区

老城文史资料 （洛阳市老城区文史资料） 政协河南省洛阳市老城区委员会文史委员会编印,32 开书型,不定期,内部交流。

第 1 辑 （1987 年）
第 2 辑 （改现名)(1989 年）
第 3 辑
第 4 辑
第 5 辑 （1994 年）
第 6 辑 （1995 年）
第 7 辑
第 8 辑
第 9 辑 委员风采 （2003 年）

瀍河回族区

瀍河文史资料 政协河南省洛阳市瀍河回族区委员会文史资料委员会编印,32 开书型,不定期,内部交流。

第 1 辑 （1990 年）
第 2 辑 （1991 年）
第 3 辑 瀍河地方名胜古迹专辑 （1993 年）

第 4 辑 （1997 年）
第 5 辑 （1999 年）
第 6 辑 （2006 年）

涧西区

涧西文史资料 政协河南省洛阳市涧西区委员会文史资料委员会编印,32 开书型,不定期,内部交流。

第 1 辑 （1996 年）
第 2 辑
第 3 辑
第 4 辑
第 5 辑
第 6 辑 （2004 年）

吉利区

洛龙区

郊区文史资料 政协河南省洛阳市郊区委员会文史学习委员会编印,32 开书型,不定期,内部交流。

第 1 辑 白居易家谱专辑 （1990 年）
第 2 辑 （1992 年）

偃师市

偃师文史资料 政协河南省偃师县委员会文教文史委员会编印,32 开书型,不定期,内部交流。

第 1 辑 （1987 年）
第 2 辑 （1988 年）
第 3 辑 （1989 年）
第 4—5 辑 （1991 年）
第 6 辑 建国后史料专辑 （1992 年）
第 7 辑 可爱的偃师专辑 （1993 年）
第 8 辑 （1995 年）
第 9 辑 纪念抗日战争胜利五十周年专辑 （1996 年）
第 10 辑 （1998 年）
第 11 辑 （1999 年）
第 12 辑 （2000 年）
第 13 辑 （2001 年）
第 14 辑 （2002 年）
第 15 辑 （2003 年）
第 16 辑 （2004 年）
第 17 辑 （2005 年）
第 18 辑 （2006 年）
第 19 辑 （2007 年）
第 20 辑 （2008 年）

孟津县

孟津文史资料简讯 政协河南省孟津县委员会文史资料委员会编印,16 开刊型,油印,不定期,内部交流。

第 1—4 期

孟津文史资料 政协河南省孟津县委员会文史资料委员会编印,32 开书型,不定期,内部交流。

第 1 辑 (1987 年)
第 2 辑 (1988 年)
第 3 辑 (1989 年)
第 4 辑 (1990 年)
第 5 辑 (1992 年)
第 6 辑 (1993 年)
第 7 辑 (1994 年)
第 8 辑 (1995 年)
第 9 辑 (1996 年)
第 10 辑 (1997 年)
第 11 辑 (1998 年)
第 12 辑 (1999 年)
第 13 辑 (2000 年)
第 14 辑 (2001 年)
第 15 辑 (2002 年)
第 16 辑 (2003 年)
第 17 辑 (2004 年)
第 18 辑 (2005 年)
第 19 辑 (2006 年)
第 20 辑 (2008 年)

新安县

新安文史资料 政协河南省新安县委员会文史资料委员会编印,32 开书型,不定期,内部交流。

第 1 辑 (1986 年)
第 2 辑 (1989 年)
第 3 辑 (1991 年)
第 4 辑 卫生大渠专辑 (1993 年)
第 5 辑 革命回忆录 (1996 年)
第 6 辑 (2001 年)
第 7 辑 (2002 年)
第 8 辑 (2003 年)
合订本(第一、二册)(2004 年)
第 9 辑 千唐志斋书画藏石史话

曹乡文史资料 政协河南省洛阳市新安县曹村乡学习组等编印,32 开书型,不定期,内部交流。

第 1 辑 (1985 年)

栾川县

栾川县文史资料 (栾川文史资料) 政协河南省栾川县委员会编印,32 开书型,不定期,内部交流。

第 1 辑 (1986 年)
第 2 辑 (1987 年)
第 3·4 辑 (1989 年)
第 5 辑 (1990 年)
第 6 辑 (1991 年)
第 7 辑 (1992 年)
第 8 辑 (1993 年)
第 9 辑 (改现名)(1998 年)
第 10 辑 (1999 年)
第 11 辑 (2000 年)
第 12 辑 (2001 年)
第 13 辑 革命老区栾川 (2002 年)

嵩县

嵩县文史资料 政协河南省嵩县委员会文史委员会编印,32 开书型,不定期,内部交流。

第 1 辑 (1987 年)
第 2 辑 (1988 年)
第 3·4 辑 (1989 年)
第 5 辑 (1990 年)
特辑 嵩县风光 (1993 年)
第 6 辑 (1991 年)

汝阳县

汝阳文史资料 政协河南省汝阳县委员会文史学习委员会编印,32 开书型,不定期,内部交流。

第 1 辑 (1985 年)
第 2 辑 (1988 年)
第 3 辑 (1990 年)
第 4 辑 (1992 年)
范龙章将军事略 (1995 年)
第 5 辑
第 6 辑 (2006 年)

宜阳县

宜阳文史资料 政协河南省宜阳县委员会学习文史委员会编印,32 开书型,不定期,内部交流。

第 1 辑 (1985 年)
第 2 辑 (1986 年)
第 3 辑 (1987 年)
第 4 辑 (1988 年)
第 5 辑 (1989 年)
第 6 辑 (1991 年)
第 7 辑 (1992 年)
第 8 辑 (1994 年)
第 9 辑 (1996 年)

第 10 辑　（1999 年）

第 11 辑　（2001 年）

第 12 辑

第 13 辑　（2006 年）

洛宁县

洛宁文史资料　政协河南省洛宁县委员会文史资料委员会编印,32 开书型,不定期,内部交流。

第 1 辑　（1987 年）

第 2·3 辑　（1988 年）

第 4 辑　（1989 年）

第 5 辑　（1993 年）

第 6 辑　张若平生平纪实　（1997 年）

伊川县

伊川文史资料　政协河南省伊川县委员会学习文史资料委员会编印,16 开刊型改 32 开书型,不定期,内部交流。

第 1 辑　（1986 年）

第 2 辑　（1987 年）

第 3 辑　（1990 年）

第 4 辑　（1991 年）

第 5 辑

第 6 辑

第 7 辑　（2005 年）

焦作市

焦作文史资料　政协河南省焦作市委员会学习和文史资料委员会编印,32 开书型或 16 开刊型,不定期,内部交流。

第 1 辑　解放战争专辑　（1984 年）

第 2 辑　抗日战争胜利四十周年专辑　（1985 年）

第 3 辑　（1990 年）

第 4 辑　1943 年前后焦作地区大灾荒专辑　（1994 年）

第 5 辑　广阔天地的岁月——知识青年上山下乡专辑　（1998 年）

第 6 辑　路在脚下——焦作私营企业家创业史纪实（2000 年）

第 7 辑　焦作历史名人(古代部分)（2002 年）

第 8 辑　焦作名吃揽胜　（2002 年）

第 9 辑　焦作山水如画　（2003 年）

第 10 辑　焦作怀梆剧史料(怀梆优秀剧目选编)（2004 年）

第 11 辑　焦作古陶瓷史料专辑　（2005 年）

第 12 辑　焦作武术史料　（2006 年）

第 13 辑　朱载堉史料专辑　（2007 年）

解放区

山阳区

山阳区文史资料　政协河南省焦作市山阳区委员会编印,32 开书型,不定期,内部交流。

第 1 辑　（2002 年）

中站区

中站文史资料　政协河南省焦作市中站区委员会学习宣传文卫工作委员会编印,32 开书型,不定期,内部交流或公开发行。

第 1 辑　名人专辑　（1992 年）

许衡轶闻故事集(焦作人物志丛书)（中州古籍出版社,1996 年版）

马村区

马村区政协文史资料　政协河南省焦作市马村区委员会编印,32 开书型,不定期,内部交流。

第 1 辑

第 2 辑　焦作市马村区政协志(1984.5—2006.5)（2006 年）

第 3 辑　英雄谱　（2006 年）

孟州市

孟州市文史资料(孟县文史资料)　政协河南省孟县委员会文史资料研究委员会编印,32 开书型,不定期,内部交流或公开发行。

第 1 辑　（1989 年）

第 2 辑　（1990 年）

第 3 辑　（1991 年）

第 4 辑　黄河孟县段今昔录专辑　（1994 年）

第 5 辑　(改现名)历代诗词咏孟州　（1998 年）

第 6 辑　孟州史志丛话　（张思青著,1999 年）

第 7 辑　（2002 年）

第 8 辑　孟州博览　（香港天马图书有限公司,2001 年版）

第 9 辑　商海风云　（2002 年）

第 10 辑　孟州文物　（2003 年）

第 11 辑　韩氏春秋　（2004 年）

第 12 辑　（2005 年）

第 13 辑　孟州民间艺术·舞蹈篇　（2006 年）

沁阳市

沁阳文史资料 政协河南省沁阳市委员会文史资料研究委员会编印,32 开书型,不定期,内部交流或公开发行。

第 1 辑 （1987 年）
第 2 辑 （1988 年）
第 3 辑 （1990 年）
第 4 辑 怀药专辑 （1991 年）
第 5 辑 教育专辑 （1992 年）
第 6 辑 何瑭诗注 （中州古籍出版社,1993 年版）
第 7 辑 工业专辑 （1994 年）
第 8 辑 纪念沁阳首次解放五十周年专辑 （1995 年）
第 9 辑 （1997 年）
第 10 辑
第 11 辑 沁阳民俗专辑 （中州古籍出版社,2004 年版）
第 12 辑 政协委员风采录 （2005 年）
第 13 辑 中华英烈田时凤 （2005 年）

神农山风景名胜丛书 政协河南省沁阳市委员会文史资料研究委员会编,香港天马图书有限公司出版,2002 年版。

之一 神农山揽胜
之二
之三 神农山诗选

修武县

修武文史资料 政协河南省修武县委员会提案文史委员会编印,32 开书型,不定期,内部交流。

第 1 辑 （1985 年）
第 2 辑 （1986 年）
第 3 辑 （1987 年）
第 4 辑 （1988 年）
第 5 辑 （1989 年）
第 6 辑 纪念鸦片战争一百五十周年专辑 （1990 年）
第 7 辑 （1991 年）
第 8 辑 （1992 年）
第 9 辑 （1993 年）
第 10 辑 （1994 年）
第 11 辑 纪念抗日战争胜利五十周年专辑 （1995 年）
第 12 辑 修武揽胜 （1996 年）
第 13 辑 （1997 年）
第 14 辑 （1998 年）
第 15 辑 （1999 年）

博爱县

博爱文史资料 政协河南省博爱县委员会学习文史资料征集研究委员会编印,32 开书型,不定期,内部交流。

第 1 辑 （1986 年）
第 2 辑 （1987 年）
第 3 辑 （1988 年）
第 4 辑 （1989 年）
第 5 辑 （1990 年）
第 6 辑 （1991 年）
第 7 辑 （1992 年）
军统见闻专辑 （1992 年）
第 8 辑 （1992 年）

武陟县

武陟文史资料 政协河南省武陟县委员会文史资料委员会编印,32 开书型或 16 开刊型,不定期,内部交流。

第 1 辑 （1988 年）
第 2 辑
第 3 辑 （1994 年）
嘉应观专辑 （1994 年）
第 4 辑
第 5 辑 （2002 年）
第 6 辑 庆祝中国人民政协成立五十周年、武陟县人民政协成立二十周年书画展 （2004 年）
第 7 辑 中华怀药 （2007 年）

温县

温县文史资料 政协河南省温县委员会文史资料研究委员会编印,32 开书型,不定期,内部交流。

第 1 辑 （1989 年）
第 2 辑 （1990 年）
温县金石录 （2006 年）

新乡市

新乡文史资料 政协河南省新乡市委员会学习文史委员会编印,32 开书型,不定期,内部交流或公开发行。

第 1 辑 （1987 年）
第 2 辑 冯玉祥逸史 （1988 年）
第 3 辑 新乡解放 （1989 年）
第 4 辑 （1990 年）
第 5 辑 同和裕银号专辑 （1991 年）
第 6 辑 《新乡历代名胜诗选》专辑 （中国文史出版社,1992 年版）

第 7 辑　田文炳诗　（1992 年）

第 8 辑　郭仲隗·郭海长专辑　（河南人民出版社，1996 年版）

第 9 辑　张丕振书画专辑　（中华印书局,1998 年版）

第 10 辑　东北军将领张文清　（1998 年）

第 11 辑　民族宗教专辑　（2000 年）

第 12 辑　王荣森赠友书画文录专辑　（2001 年）

第 13 辑　郭松针豫北民俗研究专辑　（2001 年）

第 14 辑　《甘苦知青路》知青上山下乡专辑　（2002 年）

第 15 辑　纪念抗日战争胜利六十周年专辑　（2005 年）

第 16 辑　（2007 年）

新乡文史资料选编（第 1—10 辑）（上、下册）（2006 年）

新乡文史丛书　政协河南省新乡市委员会学习文史委员会编印,32 开书型,不定期,内部交流。

第 1 辑　九死不悔录——记隐蔽战线的无名英雄陈发光　（江廷俊著,2000 年）

卫滨区

文史资料　政协河南省新乡市新华区委员会学习文史委员会编印,32 开书型,不定期,内部交流。

第 1 辑　（1988 年）

第 2 辑　（1990 年）

第 3 辑　（1995 年）

第 4·5 辑　（1997 年）

第 6 辑　（2001 年）

红旗区

红旗区文史资料　政协河南省新乡市红旗区委员会学习文史委员会编印,32 开书型,不定期,内部交流。

第 1 辑　（1987 年）

第 2 辑　（1989 年）

第 3 辑　（1991 年）

第 4 辑　教育专辑　（1995 年）

第 5 辑　（2000 年）

第 6 辑　（2001 年）

凤泉区

北站区文史资料　政协河南省新乡市北站区委员会学习文史资料委员会编印,32 开书型,不定期,内部交流。

第 1 辑　（1987 年）

第 2 辑　（1989 年）

第 3 辑　（1991 年）

第 4 辑　（1997 年）

牧野区

新乡市郊区文史资料　政协河南省新乡市郊区委员会学习文史委员会编印,32 开书型,不定期,内部交流。

第 1 辑

第 2 辑　（1991 年）

第 3 辑　（1994 年）

卫辉市

卫辉文史资料（汲县文史资料）　政协河南省卫辉市委员会学习文史委员会编印,32 开书型,不定期,内部交流。

第 1 辑　（1988 年）

第 2 辑　（改现名）（1989 年）

第 3 辑　（1991 年）

第 4 辑　（1992 年）

专辑　吊殷太师比干诗选　（1994 年）

第 5 辑　（1995 年）

第 6 辑　（2000 年）

第 7 辑　（2003 年）

第 8 辑　（2005 年）

辉县市

辉县文史资料　政协河南省辉县市委员会学习文史委员会编印,32 开书型,不定期,内部交流。

第 1 辑　（1990 年）

第 2 辑　（1991 年）

第 3 辑　历代名人咏百泉　（1992 年）

第 4 辑　历代名人在百泉　（1994 年）

第 5 辑　历代名人建百泉　（1995 年）

第 6 辑　百泉翰墨　（1996 年）

第 7 辑　抗日战争、解放战争资料专辑　（1999 年）

第 8 辑　（2003 年）

第 9 辑　（2006 年）

新乡县

新乡县文史资料　政协河南省新乡县委员会学习文史委员会编印,32 开书型,不定期,内部交流。

第 1 辑　（1987 年）

第 2 辑　（1989 年）

第 3 辑　（1991 年）

第 4 辑　（1993 年）

政协委员风采　（1996 年）

第 5 辑　（1998 年）

第 6 辑　（2001 年）

获嘉县

获嘉文史资料 政协河南省获嘉县委员会办公室编印,32开书型,不定期,内部交流.
第1辑 (1990年)
第2辑 (1992年)
第3辑 解放获嘉专辑 (1995年)
第4辑 商周文化专辑 (1997年)
第5辑 建筑业专辑 (2001年)

原阳县

原阳文史资料 政协河南省原阳县委员会文史资料委员会编印,32开书型,不定期,内部交流。
第1辑
第2辑
第3辑

延津县

延津文史资料 政协河南省延津县委员会学习文史委员会编印,32开书型,不定期,内部交流。
第1辑 (1987年)
第2辑 (1991年)
第3辑 (1992年)
第4辑 (1994年)
第5辑 故道烽火——延津县"贾团"轶事 (1995年)
第6辑 (1999年)
第7辑 (2002年)
第8辑 (2006年)

封丘县

封丘文史资料 政协河南省封丘县委员会学习文史委员会编印,32开书型,不定期,内部交流。
第1辑 (1987年)
第2辑 (1991年)
第3辑
第4辑
第5辑

长垣县

长垣县文史资料选 政协河南省长垣县委员会文史资料研究委员会编印,32开书型,半年刊,内部交流。
第1辑 (1985年)
第2辑 (1986年)
第3—4辑 (1987年)

第5辑 解放长垣城——纪念长垣解放四十周年专辑(暨《长垣党史资料》第1辑,1987年)

鹤壁市

鹤壁文史资料 政协河南省鹤壁市委员会学习文史委员会编印,32开书型,不定期,内部交流。
第1辑 (1985年)
第2辑 (1986年)
第3辑 (1987年)
第4辑 (1988年)
第5辑 (1990年)
第6辑 (1992年)
第7辑 (1994年)
第8辑 (1997年)
第9辑 (2000年)
第10辑 (2003年)
淇河古诗三百首 (中国文献出版社,2005年版)
第11辑 (2006年)
第12辑 (2008年)

淇滨区

鹤壁郊区文史资料 政协河南省鹤壁市郊区委员会编印,32开书型,不定期,内部交流。
第1辑 (1989年)

山城区

鹤山区

浚县

浚县文史资料 政协河南省浚县委员会学习文史委员会编印,32开书型,不定期,内部交流。
第1辑 (1986年)
第2辑 (1988年)
第3辑 (1989年)
第4辑 (1991年)
第5辑 (1994年)
第6辑 中国儒商第一人——端木子贡 (2002年)

淇县

淇县文史资料 政协河南省淇县委员会文史资料委员会编印,32开书型,不定期,内部交流。
之一 纣都朝歌史料选 (1986年)
淇县志·政协志 (1986年)

之二 朝歌人物传略 （1988 年）

之三 朝歌抗日烽火 （1990 年）

第 4 辑 （1992 年）

第 5 辑 （1994 年）

纣都朝歌 （田涛著,1995 年）

第 6 辑 （1996 年）

第 7 辑 （2004 年）

安阳市

安阳文史资料 政协河南省安阳市委员会文史资料委员会编印,32 开书型,不定期,内部交流。

往事回忆 （1981 年）

第 1 辑 （1986 年）

第 2 辑 （1987 年）

第 3 辑 （1988 年）

第 4 辑 （1989 年）

第 5 辑 （1990 年）

第 6 辑 （1991 年）

第 7 辑 （1992 年）

第 8 辑 （1993 年）

第 9 辑 （与政协内黄县文史文卫委员会合编,1994 年）

第 10 辑 暴方子事迹题咏集 （暨《滑县文史资料》第 9 辑,1997 年）

第 11 辑 （1997 年）

第 12 辑 （2001 年）

第 13 辑 （2003 年）

第 14 辑 （2006 年）

第 15 辑 （2007 年）

风采录——安阳市政协"我为'九五'做贡献"活动巡记

深情:韩增茂回忆录

北关区

北关文史资料 政协河南省安阳市北关区委员会文史资料研究委员会编印,32 开书型,不定期,内部交流。

第 1 辑 （1990 年）

文峰区

文峰文史资料 政协河南省安阳市文峰区委员会学习文史委员会编印,32 开书型,不定期,内部交流。

第 1 辑 （1988 年）

第 2 辑 （1989 年）

第 3 辑 （1991 年）

第 4 辑 （1994 年）

第 5 辑 （1999 年）

殷都区

文史资料 （安阳市铁西区文史资料） 政协河南省安阳市铁西区委员会文史资料委员会编印,32 开书型,不定期,内部交流。

第 1 辑 （1986 年）

第 2 辑 （改现名）(1989 年）

第 3 辑 （1993 年）

第 4 辑 （1998 年）

路漫漫诗词选

（殷都）文史资料 政协河南省安阳市殷都区委员会编印,32 开书型,不定期,内部交流。

第 1 辑 （2003 年）

第 2 辑

第 3 辑

第 4 辑

第 5 辑 谚语箴言集

商颂新韵

委员风采

殷商文化杯诗歌大赛

龙安区

文史资料(安阳市郊区文史资料) 政协河南省安阳市郊区委员会文史资料委员会编印,32 开书型,不定期,内部交流。

第 1 辑 （1986 年）

第 2 辑 （1988 年）

第 3 辑 （改现名）(1990 年）

第 4 辑 （1995 年）

林州市

林州文史资料 （林县文史资料） 政协河南省林县委员会文史资料委员会编印,32 开书型,不定期,内部交流或公开发行。

第 1 辑 （1985 年）

第 2 辑 （1986 年）

第 3 辑 （1987 年）

第 4 辑 人物篇 （1989 年）

第 5 辑 （改现名）(1992 年）

第 6 辑 （1995 年）

第 7 辑 （1997 年）

第 8 辑 林州名胜大观 （香港文茂出版社,1998 年版）

第 9 辑 （1999 年）

第 10 辑 （2000 年）

第 11 辑 （2001 年）

第 12 辑 （2002 年）

第 13 辑 （2003 年）

第 14 辑 红旗精神代代传——献给红旗渠通水四十周年 （2004 年）

第 15 辑 （2005 年）

第 16 辑 （2006 年）

安阳县

安阳县文史资料 政协河南省安阳县委员会文史资料委员会编印,32 开书型,不定期,内部交流。

第 1 辑 （1988 年）

第 2 辑 （1989 年）

第 3 辑 （1992 年）

第 4 辑 （1993 年）

第 5 辑 （1995 年）

第 6 辑 纪念抗日战争胜利五十周年专辑 （1995 年）

抗战时期的东水村 （杨瑞新著,1995 年）

第 7 辑 （1996 年）

第 8 辑 （1997 年）

第 9 辑 （1999 年）

第 10 辑 （2000 年）

第 11 辑 （2002 年）

第 12 辑 文革专辑 （2006 年）

汤阴县

汤阴文史资料 政协河南省汤阴县委员会文史资料研究委员会编印,32 开书型,不定期,内部交流。

第 1 辑 （1988 年）

第 2 辑 （1991 年）

滑县

滑县文史资料 政协河南省滑县委员会文史资料研究委员会编印,32 开书型,不定期,内部交流。

第 1—2 辑 （1986 年）

第 3 辑 （1987 年）

第 4 辑 （1988 年）

第 5—6 辑 （1989 年）

第 7 辑 （1990 年）

林屋山民送米图卷子 （1994 年）

第 8 辑 （1995 年）

第 9 辑 暴方子事迹题咏集 （暨《安阳文史资料》第 10 辑,1997 年）

第 10 辑 田乃夫抗日纪事专辑 （1997 年）

内黄县

内黄文史资料(史志资料选编) 政协河南省内黄县

委员会等编印,32 开书型,不定期,内部交流。

第 1 辑 （1985 年）

第 2 辑 内黄县古今人物 （1986 年）

第 3 辑 （改现名）（1989 年）

第 4 辑 （1992 年）

濮阳市

濮阳文史资料 政协河南省濮阳市委员会文史学习委员会编印,32 开书型,年刊,内部交流。

第 1 辑 （1985 年）

第 2 辑 （1986 年）

第 3 辑 （1987 年）

第 4 辑 （1988 年）

第 5 辑 （1989 年）

第 6 辑 （1990 年）

第 7 辑 教育专辑 （1991 年）

第 8 辑 文化专辑 （1992 年）

第 9 辑 （1993 年）

特辑 濮阳春秋 （1994 年）

第 10 辑 农林水利专辑 （1996 年）

第 11 辑 （1998 年）

特辑 濮阳市政协委员名典 （1999 年）

第 12 辑 存稿选编之一 （2002 年）

第 13 辑 存稿选编之二 （2002 年）

濮阳县

濮阳县文史资料 （文史资料） 政协河南省濮阳县委员会学习文史委员会编印,32 开书型,不定期,内部交流。

第 1 辑 （1985 年）

第 2 辑 （1986 年）

第 3 辑 （改现名）（1987 年）

第 4 辑 （1988 年）

第 5 辑 （1989 年）

第 6 辑 （1990 年）

第 7 辑 （1991 年）

第 8 辑 （1992 年）

第 9 辑 （1993 年）

张姓文化专辑 （2002 年）

华龙区

文史资料 政协濮阳市市区委员会文史资料委员会编印,32 开书型,不定期,内部交流。

第 1 辑 （1985 年）

第 2 辑 （1986 年）

清丰县

清丰文史资料　政协河南省清丰县委员会学习文史委员会编印,32 开书型,不定期,内部交流。
第 1 辑　（1987 年）
第 2 辑　（1988 年）
第 3 辑　（1989 年）
第 4 辑　（1991 年）
第 5 辑　（1994 年）

南乐县

南乐文史资料　政协河南省南乐县委员会文史资料委员会编印,32 开书型,不定期,内部交流。
第 1—2 辑　（1987 年）
第 3 辑　（1988 年）
第 4 辑　（1990 年）
第 5 辑　（1992 年）

范县

范县文史资料　政协河南省范县委员会文史资料研究委员会编印,16 开刊型改 32 开书型,不定期,内部交流。
第 1 集　（1985 年）
第 2 集　（1986 年）
第 3—4 集　（1987 年）
第 5 集　（1988 年）
第 6 集　（1989 年）
第 7 集　（1990 年）

台前县

文史花絮　政协河南省台前县委员会文史资料研究委员会编印,8 开 4 版报型,不定期,内部交流。
第 1—2 期　（1983 年）
第 3—5 期　（1984 年）
凤台沧桑　政协河南省台前县委员会文史资料委员会编印,8 开 8 版报型,双月刊,内部交流。
第 1—2 期　（停刊）(1985 年)
凤台文史　政协河南省台前县委员会文史资料研究委员会编印,16 开刊型,油印,不定期,内部交流。
第 1 辑　（1987 年）
台前文史资料　政协河南省台前县委员会学习文史委员会编印,32 开书型,不定期,内部交流。
第 1 辑　（1988 年）
万紫千红诗词集　（1988 年）
第 2 辑　（1993 年）
第 3 辑　（1997 年）

第 4 辑　六届政协资料专辑　（1998 年）

开封市

开封文史资料　政协河南省开封市委员会学习与文史资料委员会编印,32 开书型,不定期,内部交流或公开发行。
第 1—2 辑　（1985 年）
第 3—4 辑　（1986 年）
第 5—6 辑　（1987 年）
第 7 辑　（1988 年）
第 8 辑　纪念开封解放四十周年专辑　（1988 年）
第 9 辑　人物专辑　（1989 年）
汴京四语　（1989 年）
第 10 辑　民族宗教专辑　（1990 年）
第 11 辑　城建专辑　（1991 年）
第 12 辑　教育专辑　（1992 年）
第 13 辑　宋聿修回忆录　（1993 年）
第 14 辑　国民党名人之恋　（1992 年）
第 15 辑
冯玉祥在开封　（河南大学出版社,1995 年版）
抗日战争话开封　（1995 年）
第 16 辑　沧桑巨变——纪念开封解放五十周年(1948—1998 年)（1999 年）
第 17 辑　岁月如鉴——开封政协五十年(1949—1999 年)（1999 年）
第 18 辑　追忆河南辛亥革命十一烈士　（2001 年）
第 19 辑　（2003 年）
第 20 辑　（2004 年）
第 21 辑　（2006 年）

鼓楼区

龙亭区

顺河回族区

禹王台区

金明区

郊区文史资料　政协河南省开封市郊区委员会文史资料委员会编印,32 开书型,不定期,内部交流。
第 1 辑
第 2 辑　（1998 年）

杞县

　　杞县文史资料　政协河南省杞县委员会文史资料委员会编印,32 开书型,不定期,内部交流。
　　第 1 辑　（1986 年）
　　第 2 辑　（1987 年）
　　第 3 辑　（1988 年）
　　第 4 辑　（1989 年）
　　第 5 辑　（1990 年）
　　第 6 辑　（1991 年）
　　第 7 辑　（1993 年）
　　第 8 辑　（1995 年）
　　第 9 辑　（1997 年）
　　第 10 辑　（1999 年）
　　第 11 辑
　　第 12 辑　（2005 年）

通许县

　　通许文史资料　政协河南省通许县委员会文史资料研究委员会编印,32 开书型,不定期,内部交流。
　　第 1 辑　（1989 年）

尉氏县

　　尉氏文史资料　政协河南省尉氏县委员会文史资料委员会编印,32 开书型或 16 开刊型,不定期,内部交流。
　　第 1 辑　黄樵松烈士史料专辑　（1986 年）
　　第 2 辑　刘青霞女士史料专辑　（1987 年）
　　第 3 辑　尉氏县革命烈士史料专辑　（1988 年）
　　第 4 辑　尉氏名人名胜　（1989 年）
　　第 5 辑　尉氏战乱纪事　（1990 年）
　　第 6 辑　尉氏匪患　（1991 年）
　　第 7 辑　尉氏当代人物——专业技术拔尖人才（1999 年）
　　第 8 辑　尉氏当代人物——政协委员风采录　（2000 年）
　　第 9 辑　尉氏政协志　（1959—2001 年）（2002 年）
　　第 10 辑　峥嵘岁月——革命老人话当年　（2004 年）
　　第 11 辑　尉氏书画　（2006 年）
　　第 12 辑　历史文化名人蔡邕、蔡文姬　（2007 年）

开封县

　　开封县文史资料　政协河南省开封县委员会文史资料研究委员会编印,32 开书型,不定期,内部交流。
　　第 1 辑　（1987 年）
　　第 2 辑
　　第 3 辑

　　第 4 辑
　　第 5 辑
　　第 6 辑
　　第 7 辑
　　第 8 辑
　　第 9 辑
　　第 10 辑

兰考县

　　兰考地方文史资料　政协河南省兰考县委员会文史资料研究委员会编印,32 开书型,不定期,内部交流。
　　第 1 辑　儒园师弟子诗文选　（上、下册）（1989 年）

商丘市

　　商丘文史资料　政协河南省商丘市委员会学习文史委员会编印,32 开书型,不定期,内部交流。
　　第 1 辑　（1999 年）
　　第 2 辑　（2001 年）
　　第 3 辑　（2004 年）
　　第 4 辑　（2006 年）

梁园区

　　商丘文史资料　政协河南省商丘市委员会文史资料研究委员会编印,32 开书型,不定期,内部交流。
　　第 1 辑　（1984 年）
　　第 2 辑　（1990 年）
　　商丘市政协志
　　第 3 辑　（1997 年）

睢阳区

　　商丘文史资料　政协河南省商丘县委员会学习文史委员会编印,32 开书型,不定期,内部交流。
　　第 1 辑　（1987 年）
　　第 2 辑　自忠中学资料选编　（1988 年）
　　第 3 辑　（1989 年）
　　第 4 辑　民族英雄书法　（1990 年）
　　第 5 辑　（1991 年）
　　第 6 辑　（1992 年）
　　第 7 辑　（1993 年）
　　第 8 辑　（1995 年）
　　第 9 辑　范仲淹与商丘专辑　（1997 年）
　　商丘县政协志　（2000 年）

永城市

　　永城文史资料　政协河南省永城县委员会文史资料委

员会编印,32 开书型,不定期,内部交流。

第 1 辑　（1984 年）

第 2 辑　（1985 年）

第 3 辑　（1988 年）

第 4 辑　（1991 年）

第 5 辑　永城文史大观　（1995 年）

第 6 辑　永城书法作品选　（1996 年）

虞城县

虞城文史资料　政协河南省虞城县学习和文史资料委员会文史资料研究委员会编印,32 开书型,不定期,内部交流。

第 1 辑

第 2 辑

第 3 辑　（2003 年）

第 4 辑　（2005 年）

第 5 辑　（2008 年）

民权县

民权文史资料　政协河南省民权县委员会学习文史委员会编印,32 开书型,不定期,内部交流。

第 1 辑　（1988 年）

第 2 辑　（1990 年）

第 3 辑　（1993 年）

第 4 辑　（1996 年）

第 5 辑　（1998 年）

第 6 辑　民权历史名人诗选　（2000 年）

第 7 辑　（2001 年）

第 8 辑　民权名人（古代篇）（2005 年）

第 9 辑　民权名人（当代篇）（2005 年）

第 10 辑　民权游览　（2007 年）

宁陵县

宁陵文史资料(宁陵县文史资料)　政协河南省宁陵县委员会文史资料研究委员会编印,32 开书型,不定期,内部交流。

第 1 辑　（1989 年）

第 2 辑　（改现名）（1991 年）

第 3 辑　（1992 年）

睢县

睢县文史资料　政协河南省睢县委员会编印,32 开书型,不定期,内部交流或公开发行。

第 1 辑

第 2 辑　（1990 年）

第 3 辑　（1994 年）

第 4 辑　（2001 年）

第 5 辑　睢州人物　（河南人民出版社,2007 年版）

夏邑县

夏邑文史资料　政协河南省夏邑县委员会文史资料研究委员会编印,32 开书型,不定期,内部交流。

第 1 辑　（1991 年）

第 2 辑　（1997 年）

柘城县

柘城文史　政协河南省柘城县委员会文史资料征编委员会编印,16 开刊型,油印,不定期,内部交流。

第 1—2 期　（1987 年）

第 3—6 期　（1988 年）

柘城文史资料　政协河南省柘城县文史委员会文史资料征编委员会编印,32 开书型,不定期,内部交流。

第 1 辑　（1985 年）

第 2 辑　（1995 年）

许昌市

许昌文史资料　政协河南省许昌地区工作委员会文史资料委员会编印,32 开书型,不定期,内部交流。

第 1 辑　（1985 年）

许昌文史资料　（许昌文史）　政协河南省许昌市委员会学习文史资料委员会编印,16 开刊型改 32 开书型,不定期,内部交流。

第 1—2 期　（1989 年）

第 3 期　（改名）（1990 年）

第 4 期　（1991 年）

第 5 辑　（改现名）（1992 年）

第 6 辑　（1993 年）

第 7 辑　许昌烤烟八十年　（1993 年）

第 8 辑　许昌大事亲闻录(1948—1986 年)（1994 年）

第 9·10 辑　（1997 年）

第 11 辑　（1997 年）

第 12 辑　（1997 年）

第 13 辑　（1999 年）

第 14 辑　（2000 年）

第 15 辑　（2001 年）

第 16 辑　（2002 年）

第 17 辑　（2003 年）

第 18 辑　（2004 年）

第 19 辑　（2005 年）

第 20 辑　（2006 年）

第 21 辑　（2007 年）

第 22 辑　（2008 年）

魏都区

魏都文史资料 （许昌文史资料、许昌魏都文史资料）
政协河南省许昌市魏都区委员会文史资料委员会编印,32
开书型,不定期,内部交流。

第 1 辑 （1985 年）

蒋介石是不是河南许昌人——郑发找蒋介石认亲史料
专辑 （1986 年）

第 2 辑 （改名）（1988 年）

第 3 辑 （改现名）（1990 年）

第 4 辑 （1994 年）

第 5 辑 （1996 年）

第 6 辑 魏都英杰 （1999 年）

第 7 辑 魏都名医 （2000 年）

第 8 辑 魏都教育 （2002 年）

禹州市

禹州文史 （禹县文史资料、禹州文史资料） 政协河
南省禹州市委员会文史资料委员会编印,32 开书型,不定
期,内部交流。

第 1 辑 （1985 年）

第 2 辑 （1986 年）

第 3 辑 （1987 年）

第 4 辑 （改名）（1988 年）

第 5 辑 （1989 年）

第 6 辑 （1991 年）

第 7 辑 （1993 年）

第 8 辑 （1995 年）

画圣遗迹(禹州史话丛书)（郭水林编,1996 年）

第 9 辑 （1997 年）

第 10 辑 （改现名）（1999 年）

第 11 辑 （2000 年）

第 12—13 辑 （2003 年）

第 14 辑 （2004 年）

第 15 辑 （2005 年）

禹州故城 （2007 年）

长葛市

长葛文史 （长葛文史资料） 政协河南省长葛县委
员会文史资料委员会编印,32 开书型,不定期,内部交流。

第 1 辑 （1986 年）

第 2 辑 （1987 年）

第 3 辑 名优特传统产品专辑 （1988 年）

第 4 辑 （1989 年）

第 5 辑 （1990 年）

第 6 辑 （1992 年）

第 7 辑

第 8 辑 （1995 年）

第 9 辑 中州名镇大周镇 （1997 年）

第 10 辑 （改现名）赴朝作战回忆录 （1998 年）

第 11 辑 （1999 年）

第 12 辑 （2000 年）

第 13 辑 （2001 年）

第 14 辑 （2002 年）

第 15 辑 （2003 年）

第 16 辑

第 17 辑 （2006 年）

许昌县

许昌县文史资料 政协河南省许昌县委员会学习文史
资料委员会编印,32 开书型,不定期,内部交流。

第 1 辑 （1987 年）

第 2 辑 （1988 年）

第 3 辑 （1989 年）

第 4 辑 （1990 年）

第 5 辑 （1991 年）

第 6 辑 （1993 年）

第 7 辑 （1994 年）

第 8 辑 （1995 年）

第 9 辑 （1996 年）

第 10 辑 委员风采 （1997 年）

第 11 辑 （1998 年）

第 12 辑 （1999 年）

第 13 辑 （2000 年）

第 14 辑 热烈庆祝中共十六大胜利召开 （2001 年）

第 15 辑 （2002 年）

第 16 辑 （2003 年）

第 17 辑 （2004 年）

总第 18 辑 （2005 年）

总第 19 辑 （2006 年）

总第 20 辑 （2007 年）

鄢陵县

鄢陵文史资料 （鄢陵县文史资料） 政协河南省鄢
陵县委员会文史资料委员会编印,32 开书型,不定期,内部
交流。

第 1 辑 （1986 年）

第 2 辑 （1988 年）

第 3 辑 （改现名）（1991 年）

第 4 辑 （1992 年）

第 5 辑

第 6 辑 一等功臣崔福俊 （1998 年）

第 7 辑 鄢陵花卉专辑 （2003 年）

襄城县

襄城文史资料　政协河南省襄城县委员会文史资料研究委员会编印,32 开书型,不定期,内部交流。
第 1 辑　(1986 年)
第 2 辑　(1988 年)
第 3 辑　(1989 年)
第 4 辑　(1990 年)
第 5 辑
第 6 辑　耿谆与花冈暴动资料专辑　(暨《平顶山文史资料》第 7 辑,1997 年)
第 7 辑

漯河市

漯河文史资料　政协河南省漯河市委员会编文史资料委员会印,32 开书型,不定期,内部交流。
第 1 辑　(1987 年)
第 2 辑　(1988 年)
第 3 辑　许慎研究会成立大会专辑　(1989 年)
第 4 辑　(1990 年)
第 5 辑　(1993 年)
第 6 辑　抗日战争专辑　(1995 年)
第 7 辑　解放战争专辑　(1998 年)
第 8 辑　"七五·八"抗洪专辑　(1999 年)
第 9 辑　漯河政协十五年　(2000 年)
第 10 辑　中原临中、省立郾中、漯河高中创建纪实(2002 年)
第 11 辑　水旱码头老漯河　(2003 年)
第 12 辑　(2004 年)
第 13 辑　(2005 年)

郾城区

郾城文史资料　政协河南省漯河市郾城区委员会学习文史委员会编印,32 开书型,不定期,内部交流。
第 1 辑　(1987 年)
第 2 辑　(1988 年)
第 3 辑　(1991 年)
第 4 辑　(1993 年)
第 5 辑　(1994 年)
第 6 辑　(1996 年)
第 7 辑　(1997 年)
第 8 辑　(1998 年)
第 9 辑　(1999 年)
第 10 辑　(2000 年)
第 11 辑
第 12 辑　(2001 年)
第 13 辑　(2002 年)

第 14 辑　(2004 年)
第 15 辑　(2005 年)

源汇区

漯河市源汇区文史资料　政协河南省漯河市源汇区委员会文史资料研究会编印,32 开书型,不定期,内部交流。
第 1 辑　(1987 年)
第 2 辑
第 3 辑
第 4 辑　人物专辑　(2001 年)

召陵区

召陵文史资料　政协河南省漯河市召陵区委员会学习文史委员会编印,32 开书型,不定期,内部交流。
第 1 辑　(2005 年)

舞阳县

舞阳文史资料　政协河南省舞阳县委员会文史资料研究委员会编印,32 开书型,不定期,内部交流。
第 1 辑　(1987 年)
第 2 辑　(1988 年)
第 3 辑　(1989 年)
前蜀王王建专辑　(暨《舞钢市文史资料》第 8 辑,1993 年)

临颍县

临颍文史资料　(文史资料选)　政协河南省临颍县委员会社会法制文史委员会编印,32 开书型,不定期,内部交流。
第 1 辑　(1984 年)
第 2 辑　(改现名)(1985 年)
第 3 辑　(1986 年)
第 4 辑　(1987 年)
第 5 辑　(1988 年)
第 6 辑　(1989 年)
第 7 辑　(1991 年)
第 8 辑　颍河之滨话少康　(1996 年)
第 9 辑　(2003 年)
第 10 辑　贾咏传　(2004 年)

平顶山市

平顶山文史资料　(文史资料)　政协河南省平顶山市委员会文史资料委员会编印,32 开书型,不定期,内部交流。
第 1 集　(1987 年)

第 2 集　（改现名）（1989 年）

第 3 辑　白朗起义　（1993 年）

第 4—5 辑　（1994 年）

第 6 辑　平顶山市优秀民营企业家荟萃　（与中共平顶山市委统战部等合编,1996 年）

第 7 辑　耿谆与花冈暴动资料专辑　（暨《襄城文史资料》第 6 辑,1997 年）

第 8 辑　（1998 年）

第 9 辑　"五四"诗人徐玉诺　（2000 年）

第 10 辑　鹰城历史人物　（2001 年）

第 11 辑　鹰城历史事件　（2001 年）

第 12 辑　鹰城历史名胜　（2001 年）

第 13 辑　纪念抗日战争胜利六十周年专辑　（2005 年）

新华区

卫东区

湛河区

平顶山郊区文史资料　政协河南省平顶山市郊区委员会文史资料委员会编印,32 开书型,不定期,内部交流。

第 1 辑　（1991 年）

石龙区

舞钢市

舞钢市文史资料　（舞钢区文史资料）　政协河南省舞钢市委员会学习文史委员会编印,32 开书型,不定期,内部交流。

第 1 辑　（1987 年）

第 2 辑　（1988 年）

第 3 辑　（1989 年）

第 4 辑　（1989 年）

第 5 辑　（改现名）（1990 年）

第 6 辑　（1991 年）

第 7 辑　平舞会战专辑　（1992 年）

第 8 辑　前蜀王王建专辑　（与政协舞阳县文史资料委员会合编,1993 年）

第 9 辑　平舞会战——舞钢建设专辑　（1995 年）

汝州市

汝州文史资料　（临汝文史资料）　政协河南省汝州市委员会学习文史委员会编印,32 开书型,不定期,内部交

流。

第 1 辑　（1983 年）

第 2 辑　（1984 年）

第 3 辑　（1986 年）

第 4 辑　（1987 年）

第 1 辑　（总第 5 辑）（改现名）（1989 年）

第 2 辑　（总第 6 辑）（1991 年）

第 3 辑　（总第 7 辑）　汝州史话　（1992 年）

第 4 辑　（总第 8 辑）（1994 年）

第 5 辑　（总第 9 辑）　解放初期军政风云　（1996 年）

第 6 辑　（总第 10 辑）文物·古迹·名胜　（2002 年）

第 7 辑　（总第 11 辑）汝州历史故事　（2003 年）

宝丰县

宝丰文史资料　政协河南省宝丰县委员会学习文史委员会编印,32 开书型,不定期,内部交流。

第 1 辑　（1985 年）

第 2 辑　（1986 年）

第 3 辑　（1987 年）

第 4·5 辑　（1989 年）

第 6 辑　（1990 年）

第 7 辑　樊钟秀与建国豫军　（暨《河南文史资料》第 40 辑,1991 年）

第 8 辑　（1992 年）

第 9 辑　（1994 年）

第 10 辑　魔术之乡（1997 年）

叶县

叶县文史资料（文史资料）　政协河南省叶县委员会学习文史委员会编印,32 开书型,不定期,内部交流。

第 1 辑　（1985 年）

第 2 辑　（改现名）（1987 年）

第 3 辑　（1989 年）

第 4 辑　（1990 年）

第 5 辑　（1992 年）

第 6 辑

第 7 辑

第 8 辑

第 9 辑

第 10 辑　盐业专辑　（2001 年）

第 1—9 辑合订本　（2002 年）

第 11 辑　文化·名胜·古迹　（2004 年）

鲁山县

鲁山文史资料　政协河南省鲁山县委员会文史资料委员会编印,32 开书型,不定期,内部交流。

第 1 辑　（1985 年）

第 2 辑 （1986 年）

第 3 辑 （1987 年）

第 4 辑 （1988 年）

第 5 辑 （1989 年）

第 6 辑 （1990 年）

第 7 辑 （1991 年）

第 8 辑 （1992 年）

第 9 辑 （1993 年）

第 10 辑 （1994 年）

第 11 辑 纪念抗日战争胜利五十周年专辑 （1995 年）

第 12 辑 （1996 年）

第 13 辑 纪念鲁山解放五十周年专辑 （1997 年）

第 14 辑 （1998 年）

第 15 辑 （1999 年）

第 16 辑 纪念中华人民共和国成立五十周年专辑 （1999 年）

第 17 辑 鲁山历史文化专辑 （2000 年）

第 18 辑 纪念鲁山县政协成立二十周年 （2001 年）

第 19 辑 （2002 年）

第 20 辑 （2003 年）

第 21 辑

第 22 辑 （2004 年）

第 23 辑 纪念抗日战争胜利六十周年 （2005 年）

第 24 辑 （2006 年）

第 25 辑 （2007 年）

第 26 辑 鲁山碧台专辑 （2008 年）

郏县

郏县文史资料 政协河南省郏县委员会学习文史委员会编印，32 开书型，不定期，内部交流。

第 1 辑 （1987 年）

第 2 辑 （1989 年）

第 3 辑 （1990 年）

第 4 辑 （1993 年）

第 5 辑 郏县烤烟史话 （1994 年）

第 6 辑 广阔天地风云录——纪念毛泽东同志光辉批示发表四十周年 （1995 年）

第 7 辑 苏东坡与郏县 （1999 年）

第 8 辑 水利春秋 （2001 年）

第 9 辑 （2002 年）

第 10 辑 伟人毛泽东与广阔天地 （2003 年）

第 11 辑 郏县历史人文选粹 （2007 年）

第 12 辑 郏县历史人文选粹 （2008 年）

第 13 辑 苏东坡轶闻集 （2008 年）

南阳市

南阳文史资料（南阳地区文史资料） 政协河南省南阳市委员会学习文史资料委员会编印，32 开书型，不定期，内部交流或公开发行。

第 1 辑 （中国文史出版社，1997 年版）

第 2 辑 （中国文史出版社，1998 年版）

第 3 辑 （中国文史出版社，2000 年版）

第 4 辑 （改现名）（中国文史出版社，2003 年版）

第 5 辑 （中国文史出版社，2005 年版）

卧龙区

卧龙文史 （南阳县文史资料） 政协河南省南阳市卧龙区委员会文史资料委员会编印，32 开书型，不定期，内部交流或公开发行。

第 1 辑 （1987 年）

第 2 辑 （1988 年）

第 3 辑 （1989 年）

第 4 辑 （1990 年）

第 5 辑 （1991 年）

第 6 辑 （1992 年）

第 7 辑 （1993 年）

第 8 辑 文化教育专辑 （1994 年）

第 1 辑 （改现名）（总第 9 辑）（1994 年）

第 1 辑 增刊 （总第 10 辑）（中国文史出版社，1997 年版）

宛城区

南阳文史资料 政协河南省南阳市委员会文史资料研究委员会编印，32 开书型，年刊，内部交流。

第 1 辑 （1985 年）

第 2 辑 （1986 年）

第 3 辑 （1987 年）

第 4 辑 纪念南阳解放四十周年专辑 （1988 年）

第 5 辑 庆祝建国四十周年专辑 （1989 年）

第 6 辑 人物春秋之一 （1990 年）

第 7 辑 人物春秋之二 （1991 年）

第 8 辑 人物春秋之三 （1992 年）

第 9 辑 南阳教育春秋——兼贺南阳中学九十年校庆（1903—1993 年）（1993 年）

宛城文史资料 政协河南省南阳市宛城区委员会学习文史资料委员会编印，32 开书型，不定期，内部交流。

第 1 辑 宛城胜迹（上）（1997 年）

第 2 辑 宛城胜迹（下）（2002 年）

邓州市

邓县文史资料 政协河南省邓州市委员会文史资料委员会编印，32 开书型，不定期，内部交流。

第 1 辑

第 2 辑 （1985 年）

第 3 辑 抗日战争胜利四十周年纪念专辑 （1985 年）

第 4 辑　（1986 年）

第 5 辑　邓县解放四十周年专辑　（1988 年）

邓州与台湾　（2004 年）

南召县

南召文史资料　政协河南省南召县委员会学习文史委员会编印,32 开书型,不定期,内部交流。

第 1 辑　（1986 年）

第 2 辑　（1987 年）

第 3 辑　（1988 年）

第 4 辑　南召地方自治专辑　（1989 年）

第 5 辑　（1990 年）

第 6 辑　南召猿人专辑　（1991 年）

第 7 辑　教育专辑　（1992 年）

第 8 辑　（1993 年）

第 9 辑　南召揽胜　（1994 年）

第 10 辑　（1995 年）

第 11 辑　（1999 年）

第 12 辑　无名英雄陈发先专刊　（2002 年）

第 13 辑　（2004 年）

第 14 辑　（2006 年）

第 15 辑　纪念南召解放六十周年专辑　（2007 年）

方城县

方城文史资料　政协河南省方城县委员会文教卫生文史委员会编印,32 开书型,年刊,内部交流。

第 1 辑　（1984 年）

第 2 辑　（1985 年）

第 3 辑　（1986 年）

第 4 辑　（1987 年）

第 5 辑　（1988 年）

第 6 辑　（1989 年）

第 7 辑　（1990 年）

第 8 辑　（1991 年）

第 9 辑　（1992 年）

第 10 辑　（1993 年）

第 11 辑

第 12 辑　（1998 年）

第 13 辑　（1999 年）

第 14 辑　（2002 年）

西峡县

文史资料　政协河南省西峡县委员会文史委员会编印,32 开书型,不定期,内部交流。

第 1 辑　（1989 年）

第 2 辑　（1990 年）

第 3 辑　（1991 年）

第 4 辑　（1992 年）

第 5 辑　西峡水利专辑　（1993 年）

第 6 辑　西峡恐龙蛋骨化石群专辑　（1994 年）

第 7 辑　西峡县珍稀濒危动植物　（1996 年）

第 8 辑　西峡旅游大观　（1998 年）

第 9 辑　元好问西峡诗词赏析　（2001 年）

第 10 辑

第 11 辑　大跃进在西峡

镇平县

镇平文史资料　政协河南省镇平县委员会文史资料委员会编印,32 开书型,不定期,内部交流或公开发行。

第 1 辑　（1985 年）

第 2 辑　（1986 年）

第 3 辑　经济专辑　（1987 年）

第 4 辑　彭禹廷轶事　（1987 年）

第 5 辑　综合集　（1988 年）

第 6 辑　纪念抗日战争四十四周年专辑　（1988 年）

第 7 辑　纪念镇平解放四十一周年专辑　（1989 年）

第 8 辑　二十一三十年代匪患专辑　（1990 年）

第 9 辑　镇平近代历史上的第一件事　（1991 年）

第 10 辑　（1992 年）

第 11 辑　（1993 年）

第 12 辑　（1994 年）

第 13 辑　（1995 年）

第 14 辑　水利专辑　（1996 年）

第 15 辑　教育专辑　（1997 年）

第 16 辑　政法专辑　（2000 年）

之十七　镇平英模　（2004 年）

之十八　镇平民俗　（2005 年）

之十九　镇平特色产业　（炎黄文化出版社,2006 年版）

内乡县

内乡县文史资料（内乡文史资料）　政协河南省内乡县委员会文史资料办公室编印,32 开书型,不定期,内部交流。

第 1 辑　（1984 年）

第 2 辑　别廷芳事录　（1985 年）

第 3 辑　八年抗战在内乡　（1985 年）

第 4 辑　（1986 年）

第 5 辑　（1987 年）

第 6 辑　（1988 年）

第 7 辑　（1989 年）

第 8 辑　（改现名）　内乡县衙专辑　（1992 年）

第 9 辑　（2001 年）

第 10 辑

第 11 辑

第 12 辑
第 13 辑
第 14 辑
第 15 辑
第 16 辑

淅川县

淅川文史资料 政协河南省淅川县委员会文史资料办公室编印,32 开书型,不定期,内部交流。
第 1 辑 (1985 年)
第 2 辑 纪念抗日战争胜利四十周年专辑 (1985 年)
第 3 辑 (1987 年)
第 4 辑 (1989 年)
第 5 辑 (1992 年)

社旗县

社旗文史资料 (社旗文史) 政协河南省社旗县委员会学习文史委员会编印,32 开书型,不定期,内部交流。
第 1 辑 (1986 年)
第 2 辑 (改现名)古碑文专辑 (1988 年)
第 3 辑 (1989 年)
第 4 辑 宛东战役资料选编 (1991 年)
第 5 辑 (1993 年)
第 6 辑 (1995 年)
第 7 辑 山陕会馆 (1996 年)
第 8 辑

唐河县

唐河县文史资料(唐河文史资料) 政协河南省唐河县委员会学习文史委员会编印,32 开书型,不定期,内部交流。
第 1 辑 (1985 年)
第 2 辑 (改现名)(1988 年)
第 3 辑 (1991 年)

新野县

新野文史资料 政协河南省新野县委员会学习文史委员会编印,32 开书型,不定期,内部交流。
第 1—2 辑 (1986 年)
第 3—4 辑 (1987 年)
第 5 辑 (1989 年)
第 6 辑 教育专辑 (1990 年)
第 7 辑 (1991 年)
第 8 辑 (1992 年)
第 9 辑 (1993 年)

第 10 辑 (1994 年)
第 11 辑 古城新野 (1995 年)
第 12 辑 (1996 年)
第 13 辑 (1997 年)
第 14 辑 (1998 年)
第 15 辑 新野历代名人 (1999 年)
第 16 辑 (2000 年)
第 17 辑 (2001 年)
第 18 辑 (2002 年)
第 19 辑 (2003 年)
第 20 辑 (2005 年)

桐柏县

桐柏文史资料 政协河南省桐柏县委员会学习文史委员会编印,32 开书型,不定期,内部交流。
第 1 辑 (1987 年)
第 2 辑 (1988 年)
第 3 辑 (1991 年)
第 4 辑 (2002 年)
第 5 辑 淮源文化研究专辑 (2003 年)
第 6 辑 万代盘古论 (马卉欣著,2004 年)
第 7 辑 红色文化专辑 (2005 年)
第 8 辑 佛道文化专辑 (2007 年)

信阳市

信阳文史 政协河南省信阳市委员会学习文史资料委员会编印,32 开书型,不定期,内部交流。
第 1 辑 (2001 年)
第 2 辑 (2004 年)
第 3 辑 (2005 年)
第 4 辑 (2006 年)

浉河区

信阳文史资料 政协河南省信阳市委员会文史资料委员会编印,32 开书型,不定期,内部交流。
第 1 辑 (1985 年)
第 2 辑 (1986 年)
第 3 辑 (1988 年)
第 4 辑 古迹名胜专辑 (1989 年)
第 5 辑 (1990 年)
第 6 辑 教育专辑 (1992 年)
第 7 辑 (1994 年)

浉河区文史资料 政协河南省信阳市浉河区委员会文史资料委员会编印,32 开书型,不定期,内部交流。
第 1 辑
第 2 辑 (2002 年)
第 3 辑 信阳毛尖专辑 (2003 年)

平桥区

信阳市平桥区文史资料 （信阳县文史资料） 政协
河南省信阳市平桥区委员会文史资料委员会编,32 开书
型,不定期,内部交流。
第 1 辑 （1985 年）
第 2 辑 陈侍御奏稿（点校本）（1986 年）
第 3 辑 （1987 年）
第 4 辑 （1988 年）
第 5 辑 （1990 年）
第 6 辑 （1991 年）
第 7 辑 （1992 年）
第 8 辑
第 9 辑 （1995 年）
第 10 辑
第 1 辑 （总第 11 辑）（改现名）信阳市平桥区第一
届政协委员名录 （1999 年）
信阳县政协志 （2000 年）

息县

息县文史资料 政协河南省息县委员会文史资料委员
会编印,32 开书型,不定期,内部交流。
第 1 辑 （1986 年）
第 2 辑 （1988 年）
第 3 辑 （1990 年）
第 4 辑 （1992 年）
第 5 辑 文化专辑 （1993 年）
第 6 辑 （1995 年）
第 7 辑 政协息县历届委员风采录 （1999 年）

淮滨县

淮滨文史资料 政协河南省淮滨县委员会学习文史委
员会编印,32 开书型,不定期,内部交流。
第 1 辑 （1985 年）
第 2 辑 （1986 年）
第 3 辑 （1992 年）

潢川县

光州文史资料 政协河南省潢川县委员会文史资料委
员会编印,32 开书型或 16 开刊型,不定期,内部交流。
第 1—2 辑 （1985 年）
第 3 辑 （1986 年）
第 4 辑 （1987 年）
第 5 辑 （1988 年）
第 6 辑 （1989 年）
第 7 辑 （1990 年）

第 8 辑 （1992 年）
第 9 辑 （1993 年）
第 10 辑 （1994 年）
第 11 辑 王实味专辑 （1995 年）
第 12 辑 （1996 年）
第 13 辑 （1997 年）
第 14 辑 （1998 年）
第 15 辑 （2000 年）
第 16 辑 民间文艺专辑 （2005 年）

光山县

光山文史资料 政协河南省光山县委员会学习文史委
员会编印,32 开书型,不定期,内部交流。
第 1 辑 （1988 年）
第 2 辑 （1991 年）
邓颖超与光山——纪念邓颖超诞辰一百周年特辑
（1995 年）

固始县

固始文史资料 政协河南省固始县委员会学习文史委
员会编印,32 开书型,不定期,内部交流。
第 1 辑 （1986 年）
第 2 辑 （1988 年）
第 3 辑
第 4 辑 中华人民共和国暨中国人民政治协商会议成
立五十周年特辑(1949—1999 年) （1999 年）

商城县

商城文史 （商城文史资料） 政协河南省商城县委
员会编印,32 开书型,不定期,内部交流。
第 1 辑 （1988 年）
第 2 辑 （1991 年）
第 3 辑 （1995 年）
第 4 辑 （1998 年）
第 5 辑 （改现名） 锦绣商城 （2005 年）

罗山县

罗山县文史资料 （罗山县文史资料、罗山文史资料）
政协河南省罗山县委员会文史资料委员会编印,32 开
型,不定期,内部交流。
第 1 辑 （1985 年）
第 2 辑 （1988 年）
第 3 辑 （改名）（1990 年）
第 4 辑 张轸将军诗词选 （1990 年）
第 5 辑 （改现名）（1991 年）
第 6 辑 （1994 年）

新县

新县文史资料 政协河南省新县委员会文史资料研究委员会编印,32 开书型,不定期,内部交流。
第 1 辑 (1986 年)
第 2 辑 (1987 年)
第 3 辑 (1989 年)
第 4 辑 (1990 年)

周口市

周口文史资料选辑 政协河南省周口市委员会学习和文史委员会编印,32 开书型,不定期,内部交流。
2002 年第 1 期 (总第 1 辑)
2003 年第 1 期 (总第 2 辑)
2004 年第 1 期 (总第 3 辑)
2005 年第 1 期 (总第 4 辑)
2006 年第 1 期 (总第 5 辑)
2007 年第 1 期 (总第 6 辑)
2008 年第 1 期 (总第 7 辑)
周口文化汇览(四卷) 政协河南省周口市委员会学习和文史委员会等编印,32 开书型,2007 年,内部交流。
历史卷
人物卷
民俗卷
文化卷

川汇区

周口文史资料 政协河南省周口市委员会文史资料委员会编印,32 开书型,不定期,内部交流。
第 1 辑 (1985 年)
第 2 辑 (1986 年)
第 3 辑 (1986 年)
第 4 辑 (1987 年)
第 5 辑 (1988 年)
第 6 辑 庆祝建国四十周年专辑 (1989 年)
第 7 辑 (1990 年)
第 8 辑 (1991 年)
第 9 辑 (1992 年)
第 10 辑 (1993 年)
第 11 辑 (1994 年)
第 12 辑 (1995 年)
第 13 辑 (1996 年)
第 14 辑 (1997 年)

项城市

项城文史资料 政协河南省项城市委员会文史资料委员会编印,32 开书型,不定期,内部交流。
第 1 辑 (1985 年)
第 2 辑 (1987 年)
第 3 辑 (1989 年)
第 4 辑 (1991 年)
第 5 辑 (1993 年)
第 6 辑 (1997 年)
第 7 辑 (1999 年)
第 8 辑
第 9 辑
第 10 辑 袁世凯和项城袁氏家族(项城文史资料专辑之一)(2005 年)
第 11 辑 袁世凯和项城袁氏家(续集)(2006 年)
第 12 辑
第 13 辑 张伯驹先生追思集 (2008 年)
第 14 辑
第 15 辑 项城历史名人 (2008 年)
第 16 辑 袁世凯家族诗文辑(上、下)(2008 年)

扶沟县

扶沟县文史资料 政协河南省扶沟县委员会文史资料委员会编印,16 开刊型,油印,不定期,内部交流。
第 1 期 (1985 年)
第 2 期 (1986 年)
第 3 期 (1987 年)
第 4 期 (1988 年)
扶沟文史资料 (**扶沟县文史资料**) 政协河南省扶沟县委员会文史资料委员会编印,32 开书型,不定期,内部交流。
第 1 辑 (1989 年)
第 2 辑 (1991 年)
第 3 辑 (1996 年)
第 4 辑 (2000 年)
第 5 辑 (2002 年)
特辑 (总第 6 辑)柳堂诗选注 (许卫岭等主编,2003 年)
总第 7 辑 (改现名)(2004 年)
总第 8 辑 吉鸿昌将军 (2005 年)
国魂颂 (邢长顺等著,2006 年)

西华县

西华文史资料 政协河南省西华县委员会文史资料研究委员会编印,32 开书型,不定期,内部交流。
第 1 辑
第 2 辑
第 3 辑

商水县

商水文史资料　政协河南省商水县委员会学习文史委员会编印,32 开书型,不定期,内部交流。

第 1—2 辑　(1987 年)
第 3 辑　(1989 年)
第 4 辑　(1992 年)
第 5—6 辑　(1993 年)
第 7—8 辑　(1997 年)
第 9 辑　(1999 年)
第 10 辑　(2002 年)
第 11 辑　(2006 年)

太康县

太康文史资料　政协河南省太康县委员会文史资料委员会编印,32 开书型,不定期,内部交流。

第 1 辑　(1995 年)
第 2 辑　(1996 年)

鹿邑县

鹿邑文史资料　政协河南省鹿邑县委员会文史资料研究委员会编印,32 开书型,不定期,内部交流。

第 1 辑　(1988 年)
第 2 辑　(1991 年)

郸城县

郸城文史(郸城文史资料)　政协河南省郸城县委员会学习文史委员会编印,32 开书型,不定期,内部交流。

第 1 辑　(1987 年)
第 2 辑　郸城民俗录　(1988 年)
第 3 辑　张又铭先生纪念集　(1989 年)
第 4 辑　(1989 年)
第 5 辑　(1990 年)
第 6 辑　朱炎昭作品选　(1991 年)
第 7·8 辑　(改现名)(1996 年)
第 9 辑　政协委员风采录　(1996 年)
第 10 辑　仙城骄子柴建方　(1997 年)
第 11 辑　(2004 年)

淮阳县

淮阳文史资料　政协河南省淮阳县委员会文史学习委员会编印,32 开书型,不定期,内部交流。

第 1 辑　(1987 年)
第 2 辑　(1990 年)
第 3 辑　太昊陵专辑　(1991 年)

第 4 辑　水利专辑　(1992 年)
第 5 辑　(1993 年)
第 6 辑
第 7 辑　袁占琴专辑　(2003 年)

沈丘县

沈丘文史资料　政协河南省沈丘县委员会文史资料委员会编印,32 开书型,不定期,内部交流。

第 1 辑　(1985 年)
第 2 辑　(1987 年)
第 3 辑
第 4 辑　(1991 年)
黎明进行曲——沙河南北解放史料专辑　(1991 年)
第 5 辑　(1993 年)
第 6 辑
第 7 辑　(1999 年)

驻马店市

驻马店文史资料　政协河南省驻马店市委员会学习与文史资料委员会编印,32 开书型,不定期,内部交流。

第 1 辑　(2002 年)
第 2 辑　(2004 年)
第 3 辑　中共领导下建立的第一个县级革命政权——确山县临时治安委员会　(2004 年)
第 4 辑　(2005 年)
第 5 辑　天中历史人物　(2006 年)

驿城区

驻马店市文史资料　政协河南省驻马店市委员会文史委员会编印,32 开书型,不定期,内部交流。

第 1 辑　(1991 年)
第 2 辑
第 3 辑　(1998 年)

确山县

确山文史资料　政协河南省确山县委员会学习文史委员会编印,32 开书型,不定期,内部交流。

第 1 辑　(1989 年)
第 2 辑　名胜古迹专辑　(1994 年)
第 3 辑　竹沟革命回忆录专辑　(2000 年)
第 4 辑　刘少奇主持中原局专辑　(2003 年)
第 5 辑　(2004 年)
第 6 辑　(2006 年)
确山名人
确山墨宝
确山人文史迹

红色竹沟丛书 政协河南省确山县委员会编,中国文化出版社出版。

彭雪枫将军与竹沟 （河南人民出版社,1987年版）
竹沟人物志 （2005年版）
李先念与竹沟 （2006年版）

走进确山丛书 政协河南省确山县委员会文史委员会等编,中国文化出版社出版。

红色竹沟 （2004年版）
确山风情
朗陵春秋
薄山风光
北泉古寺
乐山神韵

泌阳县

泌阳文史资料 政协河南省泌阳县委员会学习文史委员会编印,32开书型,不定期,内部交流。

第1辑 （1989年）
第2辑 （1990年）
第3辑 （1992年）
第4辑 （1994年）
泌阳民俗 （王瑜廷主编,中州古籍出版社,2004年版）

遂平县

遂平文史资料 政协河南省遂平县委员会学习文史资料委员会编印,32开书型,不定期,内部交流。

第1辑 （1987年）
第2辑 （1989年）
第3辑 （1992年）
第4辑 （1998年）
第5辑 （2002年）
第6辑 （2006年）

西平县

西平文史资料 政协河南省西平县委员会文史资料委员会编印,32开书型,不定期,内部交流。

第1辑 （1990年）
第2辑 （1993年）
第3辑
第4辑
第5辑
第6辑 西平旅游 （华文出版社,2004年版）
第7辑 蚕神嫘祖——河南西平嫘祖文化研讨会专辑 （2007年）

上蔡县

上蔡县文史资料 政协河南省上蔡县委员会文史资料研究委员会编印,32开书型,不定期,内部交流。

第1辑 （1987年）
第2辑 （1989年）
第3辑 （1990年）
第4辑 （1991年）
第5辑
第6辑
第7辑
古蔡春秋 （2003年）

汝南县

汝南文史资料 政协河南省汝南县委员会学习文史委员会编印,32开书型,不定期,内部交流。

第1辑 （1985年）
第2辑 （1985年）
第3辑 （1987年）
第4辑 （1989年）
第5辑 （1991年）
第6辑 （1995年）
汝南文史资料选编(第一卷)（2002年）
汝南文史资料选编(第二卷)（2005年）

平舆县

平舆文史资料 政协河南省平舆县委员会文史资料研究委员会编印,32开书型,不定期,内部交流。

第1辑
第2辑
第3辑
第4辑 （1986年）
第5辑 （1987年）
第6辑 （1988年）
第7辑 （1989年）
第8辑 （1990年）
第9辑 （1991年）
第10辑 （1992年）
第11辑 （1993年）
第12辑 （1994年）

新蔡县

新蔡县文史资料 （新蔡文史资料） 政协河南省新蔡县委员会文史资料研究委员会编印,32开书型,不定期,内部交流。

第 1 辑 （1989 年）

第 2 辑 （1990 年）

第 3 辑 （现改名） 纪念辛亥革命八十周年——献给新蔡县籍革命英烈 （1991 年）

第 4 辑 （1996 年）

第 5 辑 （2004 年）

第 6 辑

第 7 辑 （2007 年）

正阳县

正阳文史资料 政协河南省正阳县委员会学习文史委员会编印，32 开书型，不定期，内部交流。

第 1 辑 （1988 年）

第 2 辑 （1989 年）

第 3 辑 （1991 年）

省直辖县级行政单位

济源市

济源文史资料 政协河南省济源市委员会文史资料委员会编印，32 开书型，不定期，内部交流或公开发行。

第 1 辑 （1991 年）

第 2 辑 （1993 年）

第 3 辑

第 4 辑

第 5 辑

第 6 辑

第 7 辑 王屋山考古 （2001 年）

第 8 辑 济源文史揽要 （2002 年）

济源古代文化研究 （中州古籍出版社，2006 年版）

湖 北 省

湖北文史 （湖北文史资料） 政协湖北省委员会文史资料委员会编印，32 开书型，不定期改季刊、半年刊，内部交流或公开发行。

第 1 辑 （1980 年）

第 2—3 辑 （1981 年）

第 4 辑 纪念辛亥革命七十周年专辑 （1981 年）

第 5—7 辑 （1982 年）

第 8—10 辑 （1984 年）

1985 年第 1 辑 （总第 11 辑） 纪念抗日战争胜利四十周年专辑(之一)

1985 年第 2 辑 （总第 12 辑） 纪念抗日战争胜利四十周年专辑(之二)

1985 年第 3 辑 （总第 13 辑） 纪念抗日战争胜利四十周年专辑(之三)

1986 年第 1 辑 （总第 14 辑） 纪念抗日战争胜利四十周年专辑(之四)

1986 年第 2 辑 （总第 15 辑） 纪念抗日战争胜利四十周年专辑(之五)

1986 年第 3 辑 （总第 16 辑） 纪念抗日战争胜利四十周年专辑(之六)

1986 年第 4 辑 （总第 17 辑） 纪念孙中山先生诞辰一百二十周年、辛亥革命七十周年专辑 湖北军政府文献资料汇编(与辛亥革命武昌起义纪念馆合编，武汉大学出版社,1986 年版)

1987 年第 1 辑 （总第 18 辑） 新桂系在湖北专辑

1987 年第 2 辑 （总第 19 辑） 纪念"七七事变"五十周年专辑

1987 年第 3 辑 （总第 20 辑） 工商经济专辑

1987 年第 4 辑 （总第 21 辑） 武汉国民政府时期史料专辑

先进事迹与经验——湖北各级政协委员各界有关人士为改革和建设做出贡献表彰大会材料选编 （1987 年）

1988 年第 1 辑 （总第 22 辑） 北洋军阀统治时期湖北大事记专辑

1988 年第 2 辑 （总第 23 辑） 张执一自述

1988 年第 3 辑 （总第 24 辑） 湖北"三怪"——严立三、张难先、石瑛史料专辑

1988 年第 4 辑 （总第 25 辑） 近现代名人史料专辑

1989 年第 1 辑 （总第 26 辑） 纪念湖北解放四十周年

1989 年第 2 辑 （总第 27 辑） 北洋军阀统治湖北

1989 年第 3·4 辑 （总第 28－29 辑） 市县政协文史资料选编

1990 年第 1 辑 （总第 30 辑） 鄂西少数民族史料专辑

1990 年第 2 辑 （总第 31 辑） 陈诚史料专辑

1990 年第 3 辑 （总第 32 辑） 科技文教史资料专辑

1990 年第 4 辑 （总第 33 辑）

1991 年第 1 辑 （总第 34 辑） 纪念辛亥革命八十周年

1991 年第 2 辑 （总第 35 辑） 孙中山先生的足迹

1991 年第 3 辑 （总第 36 辑）

1991 年第 4 辑 （总第 37 辑） 市县政协建国后史料选辑之一

民国大总统黎元洪 （与政协武汉市委员会合编，中国文史出版社,1991 年版）

1992 年第 1 辑 （总第 38 辑） 市县政协建国后史料选辑之二

1992 年第 2 辑 （总第 39 辑） 汉冶萍与黄石史料专辑

1992 年第 3 辑 （总第 40 辑）

1992 年第 4 辑 （总第 41 辑） 丹江口史料专辑

1993 年第 1 辑 （总第 42 辑） 葛州坝水利枢纽工程史料专辑

1993 年第 2 辑 （总第 43 辑） 工商经济史料专辑

1994 年第 1 辑 （总第 44 辑） 纪念人民政协成立四十五周年专辑

1994 年第 2 辑 （总第 45 辑） 一贯道内幕

1995 年第 1 辑 （总第 46 辑） 纪念抗日战争胜利五十周年专辑

1995 年第 2 辑 （总第 47 辑） 罗国士传

1996 年第 1 辑 （总第 48 辑） 纪念孙中山先生诞辰一百三十周年、辛亥革命八十五周年专辑

1996 年第 2 辑 （总第 49 辑） 黄梅戏史料专辑

1997 年第 1 辑 （总第 50 辑） 港澳台专辑

1997 年第 2 辑 （总第 51 辑） 三峡文史博览 （暨《宜昌市文史资料》第 18 辑，中国文史出版社,1997 年版）

1997 年第 3 辑 （总第 52 辑） 湖北人文景观选粹

1997 年第 4 辑 （总第 53 辑） 江汉明珠采风 （暨《仙桃文史资料》第 14 辑）

1998 年第 1·2 辑 （总第 54—55 辑） 汉剧史料

1998 年第 3 辑 （总第 56 辑）

1998 年第 4 辑 （总第 57 辑） 抗洪救灾史料专辑

1999 年第 1 辑 （总第 58 辑）

1999 年第 2 辑 （总第 59 辑） 文化部咸宁"五七"干校史料辑 （暨《咸宁文史资料》第 1 辑）

1999 年第 3—4 辑 （总第 60—61 辑）

肝胆相照见真情——老一辈无产阶级革命家与民主人士的交往 （与全国政协文史资料委员会等合编，中国文史出版社,1999 年版）

2000 年第 1—4 辑 （总第 62—65 辑）

2001 年第 1—4 期 （总第 66—69 期）

湖北地区辛亥革命档案资料联合目录——纪念辛亥革命九十周年 （2001 年）

2002 年第 1—4 期 （总第 70—73 期）

2003 年第 1—2 期 〔总第 74—75(改现名)辑〕

2004 年第 1—2 期 (总第 1—2 期)(总第 76—77 期)

2005 年第 1—2 期 (总第 78—79 期)

2006 年第 1—2 期 (总第 80—81 期)

湖北近代革命史 (与中共湖北省委党史研究室等合编,湖北人民出版社,2006 年版)

2007 年第 1—2 期 (总第 82—83 期)

2008 年第 1—2 期 (总第 84—85 期)

湖北文史通讯 政协湖北省委员会文史资料办公室编印,16 开刊型,不定期,内部交流。

1986 年第 1—3 期 (总第 1—3 期)

1987 年第 1—3 期 (总第 4—6 期)

1988 年第 1—3 期 (总第 7—9 期)

1989 年第 1 期 (总第 10 期)

辛亥首义回忆录 政协湖北省委员会编,湖北人民出版社出版。

第 1—2 辑 (1957 年)

第 3 辑 (1958 年)

第 4 辑 (1961 年)

湖北文史集粹 政协湖北省委员会文史资料委员会编,湖北人民出版社,1999 年版。

第一卷 政治·军事(上)

第二卷 政治·军事(下)

第三卷 经济

第四卷 教育·科技·医卫·体育

第五卷 文化·艺术

第六卷 民族宗教·社会

武汉市

武汉文史资料 政协湖北省武汉市委员会文史学习委员会编印,32 开书型改 16 开刊型,季刊改月刊,内部交流转公开发行。

第 1 辑 (1980 年)

第 2—5 辑 (1981 年)

第 6—10 辑 (1982 年)

1983 年第 1—4 辑 (总第 11—14 辑)

1984 年第 1—4 辑 (总第 15—18 辑)

1985 年第 1—4 辑 (总第 19—22 辑)

抗战中的武汉——纪念抗日战争胜利四十周年(1985 年)

1986 年第 1 辑 (总第 23 辑) 张之洞遗事

《武汉文史资料》目录 (第 1—23 辑)(1986 年)

1986 年第 2 辑 (总第 24 辑)

1986 年第 3 辑 (总第 25 辑)

孙中山诞辰一百二十周年纪念文集 (1986 年)

1986 年第 4 辑 (总第 26 辑) 肝胆篇

武汉名城古今 (1987 年)

1987 年第 1—4 辑 (总第 27—30 辑)

1988 年第 1—2 辑 (总第 31—32 辑)

1988 年第 3 辑 (总第 33 辑) 武汉工商经济史料第三辑

1988 年第 4 辑 (总第 34 辑) 晴川近代名人小传

1988 年增刊 武汉人物选录

1989 年第 1 辑 (总第 35 辑)

1989 年第 2 辑 (总第 36 辑) 纪念武汉解放四十周年

1989 年第 3 辑 (总第 37 辑) 建国初期武汉大事选记

1989 年第 4 辑 (总第 38 辑) 汉口忆旧

1990 年第 1 辑 (总第 39 辑) 晴川往事

1990 年第 2 辑 (总第 40 辑)

1990 年第 3·4 辑 (总第 41·42 辑) 武汉大事选录(1898—1949)

1991 年第 1 辑 (总第 43 辑) 江夏春秋·往事篇

1991 年第 2 辑 (总第 44 辑) 晴川乡情

1991 年第 3 辑 (总第 45 辑)

1991 年第 4 辑 (总第 46 辑) 汉口租界

民国大总统黎元洪 (与政协湖北省委员会合编,中国文史出版社,1991 年版)

新编武昌起义史——纪念辛亥革命八十周年 (皮明庥主编,中国文史出版社,1991 年版)

1992 年第 1 辑 (总第 47 辑) 江夏春秋·风云录

1992 年第 2 辑 (总第 48 辑) 汉口忆旧(续辑)

1992 年第 3·4 辑 (总第 49·50 辑)

列强在中国的租界 (与政协上海市文史资料委员会等合编,中国文史出版社,1992 年版)

武汉文史资料篇目分类索引 (总第 1—50 辑)(1992 年)

1993 年第 1 辑 (总第 51 辑) 江夏春秋·人物选

1993 年第 2 辑 (总第 52 辑)

1993 年第 3 辑 (总第 53 辑) 纪念武汉文史研究馆建馆四十周年专辑

1993 年第 4 辑 (总第 54 辑) 改革开放史料专辑

1994 年第 1 辑 (总第 55 辑) 晴川现代人物选专辑

1994 年第 2 辑 (总第 56 辑) 汉口忆旧(三)

1994 年第 3 辑 (总第 57 辑)

1994 年第 4 辑 (总第 58 辑) 江夏春秋·风物集

1995 年第 1 辑 (总第 59 辑) 武汉少数民族史料专辑

1995 年第 2 辑 武汉经济协作区改革开放史料选编(总第 60 辑)

1995 年第 3 辑 (总第 61 辑) 纪念抗日战争胜利五十周年专辑(上)

1995 年第 4 辑 (总第 62 辑) 纪念抗日战争胜利五十周年专辑(下)

1996 年第 1 辑 (总第 63 辑) 汉口五百年

1996 年第 2 期 (总第 64 期) 晴川风物集

1996 年第 3 辑 (总第 65 辑) 汉口忆旧(四)

1996 年第 4 辑 (总第 66 辑) 江夏政法专辑 (暨

《江夏文史》第2辑）

1997年第1—2辑 （总第67—68辑）

1997年第3辑 （总第69辑） 台湾同胞情系武汉专辑

1997年第4辑 （总第70辑） 武汉近现代商事习惯

文史工作理论研究论文集 （1997年）

1998年第1辑 （总第71辑） 黄陂个体私营经济专辑 （暨《黄陂文史》第5辑）

1998年第2辑 （总第72辑） 长江中游水患与堤防建设 （暨《武汉经济协作区政协文史资料专辑》之三）

1998年第3辑 （总第73辑） 保卫大武汉——纪念武汉抗战六十周年专辑

1998年第4期 （总第74辑）

辛亥首义风云 （武汉出版社,1998年版）

1999年第1—12期 （总第75—86期）

武汉政协年鉴 （1999年）

辉煌岁月——纪念武汉市政协成立五十周年 （1999年）

2000年第1—12期 （总第87—98期）

武汉政协年鉴 （2000年）

2001年第1—12期 （总第99—110期）

首义之光 （辛亥革命武昌首义文献电视片）（2001年）

2002年第1—12期 （总第111—122期）

2003年第1期 （总第123期）

2003年第2期 （总第124期） 纪念“二七”革命斗争八十周年专辑

2003年第3—12期 （总第125—134期）

张之洞与武汉早期现代化 （与武汉大学中国传统文化研究中心等合编,中国社会科学出版社,2004年版）

2004年第1—5期 （总第135—139期）

2004年第6期 （总第140期） 纪念黄埔军校建校八十周年

2004年第7—12期 （总第141—146期）

你我往事——二十世纪五六十年代武汉人的生活专辑 （湖北美术出版社,2005年版）

2005年第1—7期 （总第147—153期）

2005年第8期 （总第154期） 纪念抗战胜利六十周年专辑

2005年第9—12期 （总第155—158期）

2006年第1—12期 （总第159—170期）

武汉之最 （武汉文史研究学会等编,2006年）

2007年第1—12期 （总第171—182期）

2008年第1—12期 （总第183—194期）

改革开放三十年纪念特刊 （2008年）

文史报 政协湖北省武汉市委员会文史办公室编印,16开书型,不定期,内部交流。

1986年第1—4期 （总第1—4期）

总第5期 （1987年）

总第6期 （1988年）

总第7期

总第8期 （1992年）

武昌起义档案资料选编 政协湖北省武汉市委员会等编,湖北人民出版社出版。

上卷 （1981年版）

中卷 （1982年版）

下卷 （1983年版）

武汉工商经济史料 （武汉文史资料汇编专辑） 政协湖北省武汉市委员会文史资料委员会编印,32开书型,内部交流。

第1辑 （1983年）

第2辑 （1984年）

第3辑 （暨《武汉文史资料》）（总第33辑,1988年）

武汉文史资料文库 政协湖北省武汉市委员会文史学习委员会编,武汉出版社,1999年版。

第1—2卷 政治军事类

第3卷 经济工商类

第4卷 文化教育卷

第5卷 租界洋行类

第6卷 社会民情类

第7—8卷 人物类

武汉经济协作区政协文史资料专辑 武汉经济协作区 （由湖北省、湖南省、安徽省、江西省等四省和黄石市、鄂州市、黄冈市、武汉市、荆州市、孝感市、荆门市、直昌市、天门市、咸宁地区、潜江市、仙桃市、岳阳市、常德市、安庆市、九江市等十六地、市组成）政协文史工作协作会等编印,32开书型,不定期,内部或公开发行。

之一 武汉经协区改革开放史料选编

之二 长江中游风物选 （与政协黄石市文史资料委员会合编,1996年）

之三 长江中游水患和堤防建设 （暨《武汉文史资料》1998年第2期,总第72辑）

经济奇葩——长江中游个体、私营、“三资”企业明星录 （暨《常德政协文史》第10辑,香港天马图书有限公司,1998年版）

之四 文史工作理论研讨会文集

之五 长江中游传奇人物选 （与政协鄂州市学习文史委员会合编,1998年）

参政议政竞风流——长江中游政协委员履行职责撷英 （暨《荆门文史资料》第17辑,2000年）

长江中游旅游文化 （暨《宜昌市文史资料》第23辑,香港天马图书有限公司,2002年版）

长江中游文化名人 （与政协天门市文史资料委员会合编,武汉出版社,2003年版）

长江中游体育文化 （与政协天门市文史资料委员会合编,武汉出版社,2003年版）

长江中游民间文化艺术 （与政协孝感市文史资料委员会合编,2005年）

绿色家园——长江中游生态保护与建设 （与政协荆州市文史委员会合编,2006年）

江岸区

江岸文史 政协湖北省武汉市江岸区委员会文史资料委员会编印,32 开书型,不定期,内部交流。

第 1 辑 (1999 年)

第 2 辑 (2000 年)

第 3 辑 (2001 年)

第 4 辑 (2002 年)

第 5 辑 (2003 年)

第 6 辑 (2004 年)

第 7 辑 (2005 年)

第 8 辑 (2006 年)

第 9 辑 (2008 年)

江汉区

江汉文史资料 政协湖北省武汉市江汉区委员会文史资料工作委员会编印,32 开书型,不定期,内部交流。

第 1 辑 (1987 年)

第 2 辑 (1988 年)

第 3 辑

硚口区

汉阳区

汉阳文史资料 政协湖北省武汉市汉阳区委员会文史资料委员会编印,32 开书型,不定期,内部交流。

第 1 辑 (1986 年)

第 2 辑 (1988 年)

晴川近代名人小传 (暨《武汉文史资料》1988 年第 4 辑 总第 34 辑)

第 3 辑 (1989 年)

归元寺 (武汉出版社,1995 年版)

第 4 辑 (2003 年)

第 5 辑 (2005 年)

武昌区

武昌文史 (**武昌区文史资料**) 政协湖北省武汉市武昌区委员会文史委员会编印,32 开书型,不定期,内部交流。

第 1—2(改现名)辑 (1986 年)

第 3 辑 (1987 年)

第 4 辑 (1988 年)

第 5 辑 (1989 年)

第 6 辑 (1990 年)

第 7 辑 武昌首义——纪念辛亥革命八十周年专辑 (1991 年)

第 8 辑 (1992 年)

第 9 辑 (1993 年)

第 10 辑 (1994 年)

第 11 辑 (1995 年)

第 12 辑 城建专辑 (1996 年)

第 13 辑 武昌百年大事记 (1997 年)

首义之光 (辛亥革命武昌首义文献电视片) (与政协武汉市委员会合编,2001 年)

辛亥首义胜迹

武昌县华林

武昌名师

青山区

青山文史 政协湖北省武汉市青山区委员会文史资料委员会编印,32 开书型,不定期,内部交流。

第 1 辑 (1991 年)

第 2 辑 (1992 年)

第 3 辑 (1995 年)

第 4 辑

第 5 辑 (1996 年)

洪山区

洪山文史 (**洪山文史资料**) 政协湖北省武汉市洪山区委员会文史学习委员会编印,32 开书型,不定期,内部交流。

第 1 辑 (1989 年)

第 2 辑 (改现名)(1990 年)

第 3 辑 (1991 年)

第 4 辑 (1992 年)

第 5 辑 (1993 年)

第 6 辑 园丁篇 (1994 年)

第 7 辑 (1994 年)

第 8 辑 民政专辑 (1995 年)

第 9 辑 (1955 年)

第 10 辑 和平乡专辑 (1996 年)

第 11 辑 (1997 年)

第 12 辑 洪山乡专辑 (1998 年)

第 13 辑 城建专辑 (纪念中华人民共和国成立五十周年)(1999 年)

第 14 辑 (2000 年)

第 1 辑 (总第 15 辑) 洪山地区政协委员风采录 (2002 年)

第 2 辑 (总第 16 辑) 美术·书法·摄影·诗词作品集 (2006 年)

第 3 辑 (总第 17 辑)(2007 年)

东西湖区

东西湖文史 政协湖北省武汉市东西湖区委员会文史资料委员会编印,32开书型,不定期,内部交流。

晴川近代名人小传 (暨《武汉文史资料》1988年第4辑 总第34辑)

第1辑 (1989年)

第2辑 (1991年)

第3辑 (1993年)

第4辑 (1995年)

第5辑

第6辑

第7辑

第8辑

第9辑 (2005年)

汉南区

汉南文史 政协湖北省武汉市汉南区委员会文史资料委员会编印,32开书型,不定期,内部交流。

晴川近代名人小传 (暨《武汉文史资料》1988年第4辑 总第34辑)

第1辑 (1992年)

第2辑 (1995年)

蔡甸区

蔡甸区文史资料 (汉阳县文史资料) 政协湖北省武汉市蔡甸区委员会文史资料委员会编印,32开书型,不定期,内部交流。

第1辑 (1986年)

第2辑 (1987年)

第3辑 (1988年)

晴川近代名人小传 (暨《武汉文史资料》1988年第4辑 第34辑)

第4辑 (1989年)

第5辑 (1990年)

第6辑 纪念辛亥革命八十周年、纪念中国共产党诞生七十周年 (1991年)

第7辑 (1992年)

第1辑 (总第8辑)(改现名)(1993年)

第2辑 (总第9辑)(1994年)

第3辑 (总第10辑) 抗日烽火忆汉阳 (1995年)

第4辑 (总第11辑) 蔡甸风物集 (1996年)

第5辑 (总第12辑) 侏儒山风采 (1997年)

第6辑 (总第13辑)(1998年)

第7辑 (总第14辑) 纪念人民政协成立五十周年转辑 (1999年)

临嶂诗联 (梅邦著,1999年)

第8辑 (总第15辑) 汉阳一中事件始末(2000年)

第9辑 (总第16辑) 荆楚骄子——爱国爱乡的计佑铭专辑 (2001年)

第10辑 (总第17辑) 蔡甸区政协十年回眸(2002年)

第11辑 (总第18辑) 蔡甸交通 (2003年)

第12辑 (总第19辑) 蔡甸教育 (2003年)

第13辑 (总第20辑) 蔡甸水务 (2005年)

第14辑 (总第21辑) 政协委员风采 (2006年)

第15辑 (总第22辑) 蔡甸环卫 (2007年)

第16辑 (总第23辑) 为了大地的丰收 (2008年)

江夏区

武昌县文史 (武昌县文史资料) 政协湖北省武昌县委员会文史资料委员会编印,32开书型,不定期,内部交流。

第1辑 (1986年)

第2辑 (1987年)

第3辑 (1988年)

第4辑 (1990年)

第5辑 建国后史料专辑之一 (1991年)

第6辑 建国后史料专辑之二 (1992年)

第7辑 (改现名)工业经济史料专辑 (1993年)

第8辑 财贸经济史料专辑 (1994年)

江夏文史 政协湖北省武汉市江夏区委员会文史资料委员会编印,32开书型,不定期,内部交流。

第1辑 (总第9辑) 交通史料专辑 (1995年)

第2辑 (总第10辑) 江夏政法专辑 (暨《武汉文史资料》1996年第4辑 总第66辑)

第3辑 (总第11辑) 全国风情 (1997年)

第4辑 (总第12辑) 农业经济史料专辑 (1998年)

第5辑 (总第13辑) 委员资料专辑 (1999年)

第6辑 (总第14辑) 红色苏区保福风云录 (2000年)

首义之光 辛亥革命武昌首义文献电视片 (2001年)

第7辑 (总第15辑) 计委史料专辑 (2001年)

第8辑 (总第16辑) 政协武汉市江夏区第一届委员会资料汇编 (1997.12 - 2002.12)(2002年)

第9辑 (总第17辑)

第10辑 (总第18辑)

第11辑 (总第19辑) 政协武汉市江夏区第二届委员会资料汇编 (2002.12 - 2006.10)(2006年)

黄陂区

黄陂文史 政协湖北省黄陂县委员会文史资料委员会

编印,32 开书型,不定期,内部交流或公开发行。
第 1 辑 （1988 年）
第 2 辑 （1988 年）
第 3 辑 （1989 年）
民国大总统黎元洪 （中国文史出版社,1991 年版）
第 4 辑 （1992 年）
第 5 辑 黄陂个体私营经济专辑 （暨《武汉文史资料》1998 年第 1 辑 总第 71 辑）
第 6 辑
第 7 辑
第 8 辑
第 9 辑
第 10 辑
第 11 辑
第 12 辑
第 13 辑

新洲区

新洲文史资料 政协湖北省武汉市新洲区委员会文史学习委员会编印,32 开书型,不定期,内部交流。
第 1 辑 （1988 年）
第 2 辑 （1992 年）
第 3 辑 纪念抗战胜利五十周年专辑 （1995 年）
第 4 辑 张剑南参政议政专辑 （1998 年）
第 5 辑 新洲民营企业家 （2001 年）
第 6 辑 新洲区历史人物 （2005 年）
第 7 辑 阳逻放歌 （2007 年）
第 8 辑 问津千古事 环辙至今情——问津书院保护与利用学术座谈会文集 （2008 年）

十堰市

十堰文史 政协湖北省十堰市委员会文史和学习委员会编印,32 型,不定期,内部交流。
第 1 辑 （1991 年）
第 2 辑 （1994 年）
第 3 辑 （1999 年）
第 4 辑 史丁文传略 （与政协郧县文史资料委员会等合编,2002 年）
第 5 辑 人文景观专辑 （2002 年）
第 6 辑 教育专辑 （2005 年）
第 7 辑 卫生专辑 （2007 年）

茅箭区

张湾区

丹江口市

丹江口文史资料 政协湖北省丹江口市委员会文史资料委员会编印,32 开书型,不定期,内部交流。
第 1 辑 （1989 年）
第 2 辑 （1993 年）
第 3 辑 （1994 年）
第 4 辑 （1997 年）
第 5 辑 （1999 年）
第 6 辑 （2001 年）
第 7 辑 （2005 年）
第 8 辑 （2006 年）

郧县

郧县文史资料 政协湖北省郧县委员会文史资料委员会编印,32 开书型,不定期,内部交流。
第 1 辑 （1988 年）
第 2 辑 （1994 年）
史丁文传略 （暨《十堰文史》第 4 辑,2002 年）

竹山县

竹山文史资料 政协湖北省竹山县委员会文史资料委员会编印,32 开书型,不定期,内部交流。
第 1 辑 （1987 年）
第 2 辑 （1990 年）

房县

房县文史资料 政协湖北省房县委员会文史资料委员会编印,32 开书型,不定期,内部交流。
第 1 辑 （1987 年）
第 2 辑 （1990 年）

郧西县

郧西文史资料 政协湖北省郧西县委员会文史资料委员会编印,32 开书型,不定期,内部交流。
第 1 辑 （1987 年）
第 2 辑 （1988 年）

竹溪县

竹溪文史资料 政协湖北省竹溪县委员会文史资料委员会编印,32 开书型,不定期,内部交流。
第 1 辑 回忆聂之俊烈士专辑 （1985 年）
第 2 辑 竹溪解放专辑 （1988 年）
第 3 辑 （1995 年）

第 4 辑　医苑采风——县医院史料专辑　（1998 年）

第 5 辑　（1999 年）

襄樊市

文史资料征询稿　政协湖北省襄樊市委员会文史组编印,16 开书型,油印,不定期,内部交流。

第 1 期

第 2 期

襄樊文史资料　政协湖北省襄樊市委员会文史资料委员会编印,32 开书型,不定期,内部交流。

第 1 辑　（1983 年）

第 2 辑　（1984 年）

第 3 辑　五战区在襄樊地区抗日史料专辑　（1984 年）

第 4 辑　（1986 年）

第 5—6 辑　（1987 年）

第 7 辑　纪念襄樊解放四十周年史料专辑　（1988 年）

第 8 辑　（1989 年）

第 9 辑　（1990 年）

尽忠报国——张自忠将军史料专辑　（中国文史出版社,1991 年版）

第 10 辑　勤俭创业,地久天长——襄樊市棉纺织厂史料专辑　（1992 年）

第 11 辑　金融春秋——襄樊市金融史料专辑　（1992 年）

张自忠　（湖北美术出版社,1992 年版）

第 12 辑　（1993 年）

第 13 辑　水利春秋——襄樊市水利史料专辑之一（1994 年）

襄樊市政协志(1956 年—1994 年)（1995 年）

第 14 辑　水利春秋——襄樊市水利史料专辑之二（1995 年）

第 15 辑　（1998 年）

人民政协五十年　（1999 年）

第 16 辑　杏林史话——卫生史料专辑之一　（2000 年）

第 17 辑　杏林史话——卫生史料专辑之二　（2000 年）

第 18 辑　林业史话　（2001 年）

第 19 辑　（2002 年）

第 20 辑　（2004 年）

第 21 辑　老襄樊　（2005 年）

第 22 辑　（2006 年）

襄城区

文史资料征询稿　政协湖北省襄樊市襄城区委员会文史研究委员会编印,16 开书型,不定期,内部交流。

1990 年第 1—5 期

1991 年第 1—2 期

1992 年第 1 期

襄城文史　政协湖北省襄樊市襄城区委员会学习和文史委员会编印,32 开书型,不定期,内部交流。

第 1 辑　（2006 年）

樊城区

樊城文史　政协湖北省襄樊市樊城区委员会学习和文史资料委员会编印,32 开书型,不定期,内部交流。

第 1 辑　（2003 年）

襄阳区

襄阳文史资料　政协湖北省襄樊市襄阳区委员会文史委员会编印,32 开书型,年刊,内部交流。

第 1 辑　辛亥革命襄阳人物简介——纪念辛亥革命七十五周年专辑　（1986 年）

第 2 辑　纪念"七七"事变五十周年　（1987 年）

第 3 辑　纪念襄阳解放四十周年　（1988 年）

第 4 辑　纪念建国四十周年　（1989 年）

第 5 辑　襄阳民国人物　（1990 年）

第 6 辑　襄阳财贸史料　（1991 年）

第 7 辑　襄阳农业史料　（1992 年）

第 8 辑　（1993 年）

第 9 辑　工业史萃　（1994 年）

第 10 辑　史海钩沉　（1995 年）

第 11 辑　（1996 年）

第 12 辑　襄阳县政协志　（1997 年）

第 13 辑　襄阳政协志　（1998 年）

第 14 辑　襄阳教育史　（1999 年）

第 15 辑　襄阳政法史(1948.10—2003.10)（2003 年）

第 16 辑　襄阳名品、名产、名吃、名胜　（2007 年）

老河口市

老河口文史资料　政协湖北省老河口市委员会文史资料委员会编印,16 开刊型改 32 开书型,或油印,不定期,内部交流。

第 1—4 辑　（1980 年）

第 5—8 辑　（1981 年）

第 1—4 辑　汇集铅印本　（1982 年）

第 9—13 辑　（1983 年）

第 14—15 辑　（1984 年）

第 16 辑　抗日战争胜利四十周年纪念特辑之一（1985 年）

第 17 辑　（1985 年）

第 18 辑　（1986 年）

第 19 辑　纪念辛亥革命七十五周年专辑　（1986 年）

第 20 辑　金融专辑　（1988 年）

第 21 辑　纪念老河口解放四十周年专辑　（1988 年）

第 22 辑　李宗仁及五战区专辑　（1990 年）

第 23 辑　艺宣队史料专辑　（1990 年）

第 24 辑　沦陷史料专辑　（1992 年）

第 25 辑　水利史料专辑　（1994 年）

第 26 辑　难忘岁月（庆祝人民政协成立五十周年、老河口市政协成立四十三周年）（1999 年）

第 27 辑　（2003 年）

第 28 辑　（2004 年）

第 29 辑　纪念抗日战争胜利六十周年专辑　（2005 年）

第 30 辑　（2005 年）

老河口乡亲录　（2005 年）

第 31 辑　纪念老河口市政协成立五十周年专辑（2006 年）

第 32 辑　（2007 年）

第 33 辑　老河口轶闻旧事　（2008 年）

第 34 辑　老河口农村变迁专辑　（2008 年）

第 35 辑　纪念老河口解放六十周年专辑　（2008 年）

枣阳市

枣阳文史资料　政协湖北省枣阳市委员会文史资料委员会编印,32 开书型,不定期,内部交流。

第 1 辑　（1988 年）

第 2 辑　（1989 年）

第 3 辑　（1990 年）

第 4 辑　（1991 年）

第 5 辑　交通春秋　（1993 年）

第 6 辑　水利纵横　（1996 年）

第 7 辑

第 8 辑　百年轶事——纪念辛亥革命九十周年（2001 年）

宜城市

宜城文史资料　（文史资料）　政协湖北省宜城县委员会文史资料委员会编印,32 开书型,不定期,内部交流或公开发行。

第 1 辑　怀念张自忠将军　（1985 年）

第 2 辑　宜城近代史资料　（1987 年）

第 3 辑　宜城现代史资料之一　（1989 年）

尽忠报国——张自忠将军史料专辑　（中国文史资料出版社,1991 年版）

第 4 辑　（改现名）水利专辑　（1993 年）

第 5 辑　南街小学九十年　（1995 年）

第 6 辑　古今宜城人物　（爱国主义和革命传统教育丛书）（1999 年）

第 7 辑　屈指行程·宜城政协二十年　（2002 年）

第 8 辑　林业史话　（与宜城市林业局合编,2004 年）

第 9 辑　宜城农业史　（与宜城市农业局合编,2005 年）

第 10 辑　（2006 年）

第 11 辑　政协宜城市第四届委员会 委员风采录（2008 年）

南漳县

南漳文史　政协湖北省南漳县委员会文史资料委员会编印,32 开书型,不定期,内部交流。

第 1 辑　（1987 年）

第 2 辑　南漳解放四十周年　（1989 年）

第 3 辑　（1992 年）

第 4 辑

第 5 辑

第 6 辑　南漳县林业史料专辑　（2004 年）

第 7 辑　（2004 年）

谷城县

谷城文史资料　政协湖北省谷城县委员会文史资料委员会编印,32 开书型,不定期,内部交流。

第 1 辑　（1987 年）

第 2 辑　（1988 年）

第 3 辑　庆祝建国四十周年专辑　（1989 年）

第 4 辑　交通专辑　（1990 年）

第 5 辑　南河电厂专辑　（1992 年）

第 6 辑　谷城金融　（1993 年）

保康县

保康文史资料　政协湖北省保康县委员会文史资料委员会编印,32 开书型,不定期,内部交流。

第 1 辑　（1991 年）

第 2 辑　（1992 年）

荆门市

荆门文史资料　政协湖北省荆门市委员会学习文史委员会编印,32 开书型,不定期,内部交流或公开发行。

第 1 辑　（1985 年）

第 2 辑　（1986 年）

第 3 辑　（1987 年）

第 4 辑　塔山曙光——纪念荆门解放四十周年（1988 年）

第 5 辑　（1989 年）

第 6 辑　工商经济史料专辑　（1990 年）

第 7 辑　安襄郧荆军革命纪实——纪念辛亥革命八十周年专辑　（1991 年）

第 8 辑　行愿无尽——明真·持松·尘空法师专辑（1992 年）

第 9 辑　荆门企业集锦——纪念荆门建立省辖市十周年专辑　（1993 年）

第 10 辑　荆门在前进——纪念荆门建立省辖市十周年专辑　（1994 年）

第 11·12 辑　（1995 年）

第 13 辑　（1996 年）

第 14 辑　上将陈士榘专辑　（1997 年）

第 15 辑　（1998 年）

第 16 辑　荆门将帅录　（1998 年）

第 17 辑　参政议政竞风流——长江中下游政协委员履行职能撷览　（《武汉经济协作政协文史资料专辑》）（2000 年）

第 18 辑　望尽天涯路·海外专辑　（2002 年）

蒋楷文集　（香港银河出版社,2002 年版）

第 19·20 辑　（2004 年）

文史工作　政协湖北省荆门市委员会文史资料研究委员会编印,32 开书型,不定期,内部交流。

第 1 期　（1987 年）

第 2 期　（1988 年）

第 3 期　（1991 年）

东宝区

东宝文史　政协湖北省荆门市东宝区委员会编印,32 开书型,不定期,内部交流。

第 1 辑　（1999 年）

东宝文史集粹

掇刀区

钟祥市

钟祥文史资料　政协湖北省钟祥县委员会学习文史委员会编印,32 开书型,不定期,内部交流。

第 1 辑　（1982 年）

第 2 辑　（1983 年）

第 3 辑　（1984 年）

第 4 辑　纪念抗日战争胜利四十周年　（1985 年）

第 5 辑　名人名事专辑　（1986 年）

第 6 辑　工商经济专辑　（1987 年）

第 7 辑　嘉靖皇帝朱厚熜在钟祥的发迹史　（1987 年）

第 8 辑　曾宪成史料　（1988 年）

钟祥政协志　（1988 年）

第 9 辑　纪念钟祥解放四十周年专辑　（1989 年）

第 10 辑　民国史料专辑　（1990 年）

第 11 辑　抗日名将张自忠在钟祥（1991 年）

第 12 辑　钟祥抗日烽火录　（1992 年）

第 13 辑　钟祥交通话历程　（1994 年）

第 14 辑　钟祥当代名人录　（1995 年）

第 15 辑　法宝神威——谢威统战文选　（1996 年）

第 16 辑　钟祥奇人奇事录　（1997 年）

荆门将帅录　（暨《荆门文史资料》第 16 辑,1999 年）

钟祥博览　（2000 年）

沙洋县

沙洋文史资料　政协湖北省荆门市沙洋区委员会文史资料委员会编印,32 开书型,不定期,内部交流。

第 1 辑　千年风雨话沙洋　（1991 年）

第 2 辑　（1993 年）

京山县

京山文史资料　政协湖北省京山县委员会学习文史委员会编印,32 开书型,不定期,内部交流或公开发行。

第 1 辑　（1983 年）

第 2 辑　（1984 年）

第 3 辑　（1985 年）

第 4 辑　抗日战争时期史料专辑　（1985 年）

第 5 辑　商业专辑　（1986 年）

第 6 辑　（1987 年）

第 7 辑　辛亥革命在京山　（1988 年）

第 8—9 辑　纪念京山解放四十周年　（1989 年）

第 10 辑　聂绀弩还活着　（人民文学出版社,1990 年版）

第 11 辑　建国后教育史料专辑　（1992 年）

第 12 辑　建国后《京山群英谱》专辑·上集　（1993 年）

第 13 辑　建国后《京山群英谱》专辑·下集　（1994 年）

第 14 辑　京山揽胜　（1996 年）

第 15 辑　京山名人·上集　（1997 年）

荆门将帅录　（《荆门文史资料》第 16 辑,1999 年）

第 16 集　中国人民志愿军京山县老战士抗美援朝回忆录　（2000 年）

第 17 集　京山政协志(1981—1999 年)（2000 年）

第 18 辑　京山一中春秋　（2003 年）

第 19 辑　京山县地方戏曲作品选　（2004 年）

第 20 辑　京山县政协六届工作集锦(1999.1—2004.1)（2004 年）

第 21 辑　京山名人·中集　（2005 年）

第 22 辑　荣誉与责任——肖春华委员七年政协工作回顾　（2006 年）

孝感市

孝感文史资料　政协湖北省孝感市委员会文史和学习委员会编印,32 开书型,不定期,内部交流。

第 1 辑 （1994 年）

第 2 辑 抗战专辑 （1995 年）

第 3 辑 光彩篇 （个体私营经济史料专辑）（1996 年）

第 4 辑 颂回归 （庆祝香港回归祖国史料专辑）（1997 年）

第 5 辑 孝感水利 （水利史料专辑）（1998 年）

第 6 辑 外商创业在孝感 （1999 年）

第 7 辑 丰碑——孝感高中专辑 （2000 年）

第 8 辑 科技英才 （2001 年）

第 9—10 辑 （2002 年）

第 11 辑 （2003 年）

第 12 辑 （2004 年）

长江中游民间文化艺术 （《武汉经济协作区政协文史资料专辑》）（2005 年）

第 13 辑 孝感文化名人 （2006 年）

第 14 辑 孝感籍将军录 （2007 年）

第 15 辑 孝感籍民国将领录 （2008 年）

孝南区

孝南文史资料 （**孝感市文史资料**） 政协湖北省孝感市孝南区委员会文史组编印,32 开书型,不定期,内部交流或公开发行。

第 1 辑 （1984 年）

第 2 辑 （1985 年）

第 3 辑 （1986 年）

第 4 辑 （1987 年）

第 5 辑 工商经济专辑 （1988 年）

第 6 辑 （1989 年）

杨玉清文史著述选 （中国文史出版社,1990 年版）

第 7 辑 （1991 年）

第 8 辑 科教文专辑 （1992 年）

第 1 辑 （改现名）（总第 9 辑） 基础设施专辑 （1994 年）

第 2 辑 （总第 10 辑） 红盾之光——工商管理专辑 （1996 年）

第 3 辑 （总第 11 辑）（1997 年）

第 4 辑 （总第 12 辑）（1998 年）

第 5 辑 （总第 13 辑）（1999 年）

第 6 辑 （总第 14 辑） 百年鸿业——湖北孝感一中史料专辑 （2000 年）

应城市

应城文史 （**应城文史资料**） 政协湖北省应城市委员会文史资料委员会编印,32 开书型,不定期,内部交流。

第 1 辑 （1987 年）

第 2 辑 （1988 年）

第 3 辑 纪念应城解放四十周年专辑 （1989 年）

第 4 辑 （1990 年）

第 5 辑 膏盐矿业专辑之一 （1991 年）

第 6 辑 膏盐矿业专辑之二 （1991 年）

第 7 辑 膏盐矿业专辑之三 （1992 年）

第 8 辑 膏盐矿业专辑之四 （1991 年）

第 9 辑 水利建设专辑 （1995 年）

第 10 辑 城中工商经济专辑之一 （1992 年）

第 11 辑 长江埠史料专辑 （1992 年）

第 12 辑 粮食史料专辑 （1993 年）

第 13 辑 卫生史料专辑 （1994 年）

第 14 辑 城市建设专辑 （1995 年）

第 15 辑 邮电史料专辑 （1996 年）

第 16 辑 应城一中专辑 （1997 年）

第 17 辑 教育史料专辑 （1998 年）

第 18 辑 城中五十年专辑 （1999 年）

2000 年第 1—2 辑 （总第 19—20 辑）

总第 21 辑 （2001 年）

总第 22 辑 （2002 年）

总第 23 辑 （2003 年）

总第 24 辑 （改现名）（2004 年）

总第 25 辑 应城文史精选本（仅以此辑献给应城建市二十周年）（上、中、下册）（2005 年）

第 26 辑 （2006 年）

第 27 辑 古代名人与应城 （2007 年）

安陆市

安陆文史资料 政协湖北省安陆市委员会文史资料研究委员会编印,16 开刊型或油印,不定期,内部交流或公开发行。

第 1 辑 （1982 年）

第 2 辑 （1983 年）

第 3 辑 （1984 年）

第 4 辑 （1985 年）

第 5 辑 （1987 年）

安陆文史丛书 政协湖北省安陆市委员会文史资料委员会编印,32 开书型,内部交流或公开发行。

之一 陈宦研究资料 （1987 年）

之二 张笃伦及其一家 （中国文史出版社,1989 年版）

之三 安陆近现代工商经济 （1992 年）

之四 安陆古代人物传 （长江文艺出版社,1993 年版）

之五 安陆近现代人物传 （中国文史出版社,1991 年版）

之六 安陆近现代文化教育 （1994 年）

之七 安陆当代人物选录 （1996 年）

之八 安陆当代水利 （1995 年）

之九 安陆人口与计划生育 （1997 年）

之十 古城新貌 （1998 年）

之十一　安陆风情　(1999 年)
之十二　安陆近现代卫生　(2000 年)

汉川市

汉川文史资料　政协湖北省汉川县委员会学习文史资料委员会编印,32 开书型,不定期,内部交流。

第 1 辑　(1986 年)
第 2 辑　(1987 年)
第 3 辑　(1988 年)
第 4 辑　纪念汉川解放四十周年专辑　(1989 年)
第 5 辑　纪念辛亥革命八十周年专辑　(1991 年)
第 6 辑　工商业往事录　(1992 年)
第 7 辑　江汉明珠——江汉湖　(1994 年)
第 8 辑　(1995 年)
第 9 辑　(1997 年)
第 10 辑　(1998 年)
第 11 辑　胡沙专辑　(2000 年)
第 12 辑　名人与汉川　(2000 年)
汉川善书　(2005 年)

孝昌县

孝昌文史资料　政协湖北省孝昌县委员会文史资料委员会编印,32 开书型,不定期,内部交流。

第 1 辑　(1995 年)
第 2 辑　孝昌春秋　(1999 年)
第 3 辑　红色小悟山　(2001 年)
第 4 辑　铸魂　(2002 年)
第 5 辑　古镇小河溪　(2003 年)
第 6 辑　杏苑春秋　(2004 年)
第 7 辑　水务春秋　(2005 年)
第 8 辑　杏林采枝　(2006 年)
第 9 辑　创业风采　(2008 年)

大悟县

大悟文史资料　政协湖北省大悟县委员会文史资料委员会编印,32 开书型,不定期,内部交流或公开发行。

第 1 辑　(1984 年)
第 2 辑　(1985 年)
第 3 辑　(1987 年)
第 4 辑　(1989 年)
第 5 辑　(1991 年)
第 6 辑　(1993 年)
第 7 辑　(1994 年)
第 8 辑　(1996 年)
第 9 辑　(1998 年)
名人与大悟(第一辑)(湖北人民出版社,2000 年版)
大悟县政协志　(2007 年)

云梦县

云梦文史资料　政协湖北省云梦县委员会文史资料委员会编印,32 开书型,不定期,内部交流。

第 1 辑　吴禄贞诞辰一百周年专辑　(1985 年)
第 2 辑　抗日时期史料专辑　(1986 年)
第 3 辑　解放战争时期史料专辑　(1987 年)
第 4 辑　历史人物史料专辑　(1988 年)
第 5 辑　(1989 年)
第 6 辑　(1990 年)
第 7 辑　盖世之杰——纪念吴禄贞殉难八十周年专辑 (1991 年)
第 8 辑　(1992 年)
第 9 辑　曲阳回忆——城关镇专辑之一　(1993 年)
第 10 辑　胡金店史掇——胡金店镇专辑之一　(1994 年)
第 11 辑　强本之路——云梦县农业专辑之一　(1995 年)
第 12 辑　沧桑道人桥——道桥镇文史资料专辑之一 (1996 年)
第 13 辑　义堂春秋　(1997 年)
财政专辑
第 14 辑
第 15 辑
第 16 辑　古泽明珠吴铺镇　(1998 年)
第 17 辑
第 18 辑
第 19 辑　才俊渊数——云梦一中六十周年文史专辑 (2001 年)
第 20 辑　云城新观　(2002 年)
第 21 辑　古泽杏林春　(2003 年)

黄冈市

黄冈文史资料　政协湖北省黄冈市委员会文史和学习委员会编印,32 开书型,不定期,内部交流。

第 1 辑　(1998 年)
第 2 辑　(1999 年)
第 3 辑　(2000 年)
第 4 辑　(2001 年)
黄冈籍辛亥革命名人录　(2001 年)
第 5 辑　(2002 年)
第 6 辑　(2003 年)
第 7 辑　黄州史话　(2005 年)
第 8 辑　(2006 年)
第 9 辑　黄冈名人与故居　(2007 年)
第 10 辑　天南海北黄冈人　(《天南海北黄冈人丛书》之一)(2007 年)
第 11 辑　天南海北黄冈人　(《天南海北黄冈人丛

书》之二)(2008 年)

黄州区

黄州文史资料 (黄冈文史资料) 政协湖北省黄州市委员会文史资料委员会编印,32 开书型,不定期,内部交流或公开发行。

第 1 辑 (1985 年)

第 2 辑 纪念"七七"抗战五十周年专辑 (1987 年)

第 3 辑 (1989 年)

第 4 辑 回忆熊十力 (湖北人民出版社,1989 年版)

第 5 辑 (改现名) 纪念辛亥革命八十周年专辑 (1991 年)

麻城市

麻城文史 (麻城文史资料) 政协湖北省麻城市委员会文史资料委员会编印,32 开书型,不定期,内部交流。

第 1 辑 (1987 年)

第 2 辑 (1988 年)

第 3 辑 (1990 年)

第 4 辑 (改现名)(1992 年)

第 5 辑 (1996 年)

第 6 辑 (1999 年)

麻城名胜遗产 (2001 年)

麻城民营人物 (2002 年)

第 7 辑 (2003 年)

风雷陈再道 (李明著,2004 年)

武穴市

武穴文史资料 政协湖北省武穴市委员会学习文史委员会编印,32 开书型,不定期,内部交流

第 1 辑 (1988 年)

第 2 辑 (1989 年)

第 3—4 辑 (1992 年)

第 5 辑 双庆专辑 (1999 年)

红安县

红安文史 (红安文史资料) 政协湖北省红安县委员会文史资料委员会编印,32 开书型,不定期,内部交流。

第 1 辑 (1988 年)

第 2 辑 (1991 年)

第 3 辑 再谈红安

第 4 辑 红安风采 (1999 年)

第 5 辑 (2002 年)

第 6 辑 (改现名)(2003 年)

光辉的画卷——六十多位党和国家及军队领导人与红安

罗田县

罗田文史资料 政协湖北省罗田县委员会文史资料委员会编印,32 开书型,不定期,内部交流。

第 1 辑 (1987 年)

第 2 辑 (1988 年)

第 3 辑 (1989 年)

第 4 辑 (1990 年)

第 5 辑 (1991 年)

第 6 辑 天堂河五级电站建设专辑 (1992 年)

第 7 辑 (1993 年)

第 8 辑 (1994 年)

第 9 辑 (1999 年)

第 10 辑 (2000 年)

第 11 辑 (2007 年)

英山县

英山文史 (英山文史资料) 政协湖北省英山县委员会学习文史委员会编印,32 开书型,不定期,内部交流。

第 1 辑 (1989 年)

第 2 辑 (1991 年)

第 3 辑 (1993 年)

第 4 辑

第 5 辑 (改现名)

第 6 辑

第 7 辑 政协委员会风采 (2004 年)

第 8 辑 毕升故里论征文集 (2008 年)

浠水县

浠水文史资料 政协湖北省浠水县委员会文史资料委员会编印,32 开书型,不定期,内部交流。

第 1 辑 (1987 年)

第 2 辑 (1988 年)

第 3 辑 (1989 年)

第 4 辑 (1990 年)

第 5 辑 (1991 年)

第 6 辑 (1992 年)

第 7 辑 老浠城 (1993 年)

第 8 辑 汤氏父子 (1994 年)

第 9 辑 百年人物 (1995 年)

第 10 辑 天南地北老浠人 (1996 年)

第 11 辑 (1997 年)

第 12 辑 (1998 年)

第 13 辑 纪念闻一多先生诞辰一百周年专辑 (1999 年)

蕲春县

蕲春文史 （蕲春文史资料） 政协湖北省蕲春县委员会文史教文卫委员会编印,32 开书型,不定期,内部交流或公开发行。

第 1 辑　纪念抗日战争爆发五十周年专辑 （1987年）

第 2 辑　（1988 年）

第 3 辑　（1989 年）

第 4 辑　辛亥革命与蕲春——纪念辛亥革命八十周年专辑 （1991 年）

蕲春名人录(第一集)(1993 年)

蕲春籍知名人士通讯录 （1994 年）

蕲春名人录(第二集)(1996 年)

风采颂——教授县的政协委员们 （中国文史出版社,1996 年版）

第 5 辑　（1997 年）

香港回归颂 （1997 年）

第 6 辑　（1998 年）

第 7 辑　蕲春古今文史资源概述 （1999 年）

第 8 辑　（1999 年）

第 9 辑　陈田三家诗钞 （2000 年）

蕲春政协志 （2000 年）

第 10 辑　（2000 年）

第 11 辑　蕲春文史二十年 （张梁森编著,2001 年）

第 12 辑　（2001 年）

第 13 辑　中雅堂吟稿 （2001 年）

第 14 辑　（2002 年）

第 15 辑　（改现名）(2003 年)

第 16 辑　从华尔街归国的蕲春籍金融家汪潮涌 (2004 年)

第 17 辑　（2004 年）

第 18 辑　（2005 年）

黄梅县

黄梅文史资料 政协湖北省黄梅县委员会教文卫文史资料委员会编印,32 开书型,不定期,内部交流或公开发行。

第 1 辑　（1985 年）

第 2 辑　（1987 年）

第 3 辑　（1989 年）

第 4 辑　（1993 年）

第 5 辑　（1994 年）

第 6—7 辑　（1995 年）

第 8 辑　黄梅戏史料专辑 （暨《湖北文史资料》总第49 辑,1996 年）

第 9 辑　（1999 年）

第 10 辑　（2001 年）

第 11 辑　废名先生 （2002 年）

第 12 辑　委员风采录 （香港当代文艺出版社,2004年版）

第 13 辑　黄梅新闻汇编 （2005 年）

第 14 辑　周濯街及其神话故事 （中国文联出版社,2006 年版）

第 15 辑　黄梅挑花经典图案集成 （中国文史出版社,2007 年版）

第 16 辑　黄梅十大文化资源 （中国文联出版社,2008 年版）

团风县

团风文史资料 政协湖北省团风县委员会文史资料委员会编印,32 开书型,不定期,内部交流。

第 1 辑

第 2 辑　（2006 年）

鄂州市

鄂州文史资料 政协湖北省鄂州市委员会学习文史资料工作委员会编印,32 开书型,不定期,内部交流。

第 1 辑　（1986 年）

第 2 辑　（1987 年）

第 3 辑　（1988 年）

鄂州政协志 （1950.2—1989.2） （1989 年）

第 4 辑　（1990 年）

第 5 辑　高理文、罗南英伉俪回忆录专辑 （与政协鄂州市华容区委员会合编,1992 年）

第 6 辑　吴都春——文化专辑 （1994 年）

第 7 辑　无极之路——无极学专辑 （1995 年）

第 8 辑　驱倭录——纪念抗日战争胜利五十周年专辑 (1995 年)

第 9 辑　二盛遗作选 （1996 年）

第 10 辑　回归集 （1997 年）

第 11 辑　长江中游传奇人物选 （暨《武汉经济协作区政协文史资料选辑》之五,1998 年）

第 12 辑　鄂州政协五十年(1949—1999) （1999年）

第 13 辑　（2000 年）

第 14 辑　鄂州揽胜 （2001 年）

第 15 辑　鄂州文物图略 （2002 年）

第 16 辑　（2003 年）

第 17 辑　（2004 年）

第 18 辑　伏波安澜 （2005 年）

第 19 辑　武昌鱼历史人文史料专录 （2006 年）

鄂城区

鄂城文史 政协湖北省鄂州市鄂城区委员会文史资料

委员会编印,32 开书型,不定期,内部交流。

第 1 辑 （2005 年）

梁子湖区

梁子湖文史资料 政协湖北省鄂州市梁子湖区委员会编印,32 开书型,不定期,内部交流。

第 1 辑 （1993 年）

第 2 辑

第 3 辑 （2005 年）

华容区

华容文史资料 政协湖北省鄂州市华容区委员会编印 32 开书型,不定期,内部交流。

第 1 辑

第 2 辑 华容政协人物 （1999 年）

第 3 辑 华容区政协人物(第二卷)（2003 年）

黄石市

黄石文史资料 政协湖北省黄石市委员会教卫体文史委员会编印,32 开书型,不定期,内部交流或公开发行。

第 1—2 期 （1982 年）

第 3—5 期 （1983 年）

第 6 期 （1984 年）

第 7 期 （1985 年）

第 8 期 纪念抗日战争胜利四十周年专辑 （1985 年）

第 9 期 （1986 年）

第 10 期 （1987 年）

第 11 期 庆祝黄石矿务局建井八十周年专辑 （1988 年）

第 12 期 庆祝黄石解放四十周年专辑 （1989 年）

第 13 期 纪念大冶铁矿建矿一百周年专辑 （1990 年）

第 14 期 黄石城市建设四十年 （1991 年）

第 15 期 发展中的黄石地区电力事业 （1992 年）

第 16 期 （1992 年）

第 17 期 黄石体坛春秋 （1993 年）

第 18 期 黄石科技岁月 （中国地质大学出版社,1993 年版）

第 19 期 辛亥革命先驱曹亚伯 （1995 年）

长江中游风物选 （《武汉经济协作区政协文史资料专辑》）(1996 年)

第 20 期 （1998 年）

历史的回声——纪念抗美援朝五十周年专辑 （2000 年)

第 21 期 黄石历史照片专辑 （2002 年）

第 22 期 （2003 年）

第 23 期 （2004 年）

第 24 期 （2005 年）

第 25 期 历史名人与黄石 （中国广播电视出版社,2006 年版）

第 26 期 黄石历史人物 （中国广播电视出版社,2007 年版）

第 27 期 （2007 年）

名人读书 （中国文史出版社,2007 年版）

第 28 期 （2008 年）

黄石港区

西塞山区

石灰窑区政协文史资料 （石灰窑文史资料） 政协湖北省黄石市石灰窑区委员会文史资料委员会等编印,32 开书型,不定期,内部交流。

第 1 辑 （1991 年）

第 2 辑 人文专辑 （1992 年）

第 3 辑 （改现名）西塞山古文化 （1997 年）

下陆区

下陆文史资料 （下陆文史） 政协湖北省黄石市下陆区委员会文史资料委员会编印,32 开书型,不定期,内部交流。

第 1 辑 下陆发展简史专辑 （1990 年）

第 2 辑 东方山专辑 （1990 年）

第 3 辑 （1993 年）

第 4 辑

第 5 辑

第 6 辑 （2008 年）

铁山区

铁山文史资料 政协湖北省黄石市铁山区委员会文史资料委员会编印,32 开书型,不定期,内部交流。

第 1 辑 （1991 年）

大冶市

大冶文史资料 政协湖北省大冶县委员会文史资料委员会编印,32 开书型,不定期,内部交流或公开发行。

第 1 辑 （1986 年）

第 2 辑 （1987 年）

第 3 辑 大冶兵暴专辑 （1988 年）

第 4 辑 （1989 年）

第 5 辑 大冶县城镇发展史专辑之一 （1990 年）

第 6 辑 （1993 年）

第 7 辑　名人与大冶（一）（1994 年）

《红岩》中的徐鹏飞　（陈新华等主编，中国文史出版社，1993 年版）

第 8 辑　光彩之路　（1995 年）

第 9 辑　科苑风流　（1996 年）

香港回归颂——两岸同胞诗联书画选　（1997 年）

第 10 辑　南下干部在大冶　（1999 年）

镜海情思——澳门回归诗联选　（1999 年）

大冶——中国青钢文化发祥地　（2001 年）

阳新县

阳新文史资料　政协湖北省阳新县委员会文史资料研究委员会编印，32 开书型，不定期，内部交流。

庆祝中华人民共和国成立三十五周年诗词选辑（1984 年）

第 1 辑　（1986 年）

海峡情思（诗词专辑）（1986 年）

第 2—3 辑　（1987 年）

第 4 辑　（1988 年）

第 5 辑　（1989 年）

第 6 辑　（1990 年）

第 7 辑　庆祝中国共产党成立七十周年、纪念辛亥革命八十周年专辑　（1991 年）

第 8 辑

第 9 辑　（1993 年）

第 10 辑　（1994 年）

第 11 辑　城建系统专辑　（1995 年）

第 12 辑　财税系统专辑　（1996 年）

第 13 辑　交通专辑　（1997 年）

第 14 辑　政法专辑　（1998 年）

第 15 辑　（1999 年）

咸宁市

咸宁文史资料　政协湖北省咸宁市委员会文史资料和学习委员会编印，32 开书型，不定期，内部交流。

第 1 辑　文化部咸宁"五七"干校史料专辑　（暨《湖北文史资料》总第 59 辑，1999 年）

2000 年第 1 辑　（总第 2 辑）向阳湖文化专辑　（2000 年）

第 3 辑　李自成归宿研究专辑　（暨《通山文史》第 7 辑，2001 年）

第 4 辑　三国赤壁文化专辑　（暨《赤壁文史资料》第 15 辑，2004 年）

第 5 辑　汀泗桥、贺胜桥战役专辑　（2005 年）

第 6 辑　鄂南抗战实录　（2007 年）

第 7 辑　鄂南秋收暴动　（2008 年）

咸安区

咸宁文史资料　（咸宁市文史资料）　政协湖北省咸宁市委员会文史资料委员会编印，32 开书型，不定期，内部交流。

第 1 辑　（1986 年）

第 2—3 辑　（1987 年）

第 4 辑　（1988 年）

第 5 辑　（1989 年）

第 6 辑　（1990 年）

第 7 辑　（1991 年）

第 8 辑　咸宁桂花　（1993 年）

第 9 辑　咸宁教育　（1993 年）

第 10 辑　（改现名）咸宁金融　（1994 年）

第 11 辑　咸宁建设　（1995 年）

第 12 辑　咸宁财税　（1996 年）

第 13 辑　咸宁政法　（1997 年）

第 14 辑　咸宁三名选录　（1998 年）

赤壁市

赤壁文史资料　（蒲圻文史）　政协湖北省蒲圻市委员会文史资料研究委员会编印，32 开书型，不定期，内部交流。

第 1 辑　（1985 年）

第 2 辑　（1986 年）

第 3 辑　（1987 年）

第 4 辑　（1988 年）

第 5 辑　（1989 年）

第 6 辑　文化教育篇　（1990 年）

第 7 辑　（1991 年）

第 8 辑　羊楼洞的白衣战士——原中国人民解放军第六十七预备医院文史专辑　（1992 年）

第 9 辑

蒲圻采风

赤壁名胜

第 10 辑　（改现名）

第 11 辑

第 12 辑

第 13 辑

第 14 辑

第 15 辑　三国赤壁文化专辑　（暨《咸宁文史资料》第 4 辑，2004 年）

第 16 辑　难忘的知青岁月　（2006 年）

嘉鱼县

嘉鱼文史资料　政协湖北省嘉鱼县委员会文史资料委员会编印，32 开书型，不定期，内部交流。

第 1 辑 （1986 年）
第 2 辑 （1987 年）
第 3 辑 （1988 年）
第 4 辑 （1990 年）
第 5 辑 （1991 年）
第 6 辑 （1992 年）

通城县

通城文史资料 政协湖北省通城县委员会文史资料委员会编印,32 开书型,不定期,内部交流。
第 1 辑 （1985 年）
第 2 辑 （1986 年）
第 3 辑 诗联专辑 （1987 年）
第 4 辑 （1988 年）
第 5 辑 （1990 年）
第 6 辑 水利电力专辑 （1991 年）
第 7 辑 （1995 年）
第 8 辑 立川诗联专辑

崇阳县

崇阳文史 （崇阳文史资料） 政协湖北省崇阳县委员会文史资料委员会编印,32 开书型,不定期,内部交流。
第 1 辑 （1985 年）
第 2 辑 王世杰专辑 （1986 年）
第 3 辑 抗日史专辑 （1986 年）
第 4 辑 文化专辑 （1987 年）
第 5 辑 教育专辑 （1988 年）
第 6 辑 医药卫生专辑 （1989 年）
第 7 辑 （改现名）纪念崇阳解放四十周年专辑 （1989 年）
第 8 辑 工商经济专辑 （1990 年）
第 9 辑 纪念辛亥革命八十周年专辑 （1991 年）
第 10 辑 城镇建设专辑 （1997 年）
第 11 辑 崇阳点睛 （2001 年）
第 12 辑 走向世界的崇阳人 （2005 年）
第 13 辑 崇阳抗战岁月 （2008 年）
崇阳抗日史料 （2007 年）
崇阳县政协志

通山县

通山文史 政协湖北省通山县委员会文史资料委员会编印,32 开书型,不定期,内部交流。
第 1 辑 （1987 年）
第 2 辑 石瑛先生专辑 （1988 年）
第 3 辑 纪念通山解放四十周年 （1989 年）
第 4 辑 （1990 年）
第 5 辑 （1991 年）

第 6 辑 九宫山文史资料专辑 （1995 年）
第 7 辑 李自成归宿研究专辑 （暨《咸宁文史资料》第 3 辑,2001 年）
第 8 辑 政协委员风采录 （2002 年）

荆州市

抗日战争中的王劲哉 政协湖北省荆州地区联络组编印,32 开书型,1987 年。

荆沙文史资料 政协湖北省荆沙市委员会文史资料委员会编印,32 开书型,不定期,内部交流。
第 1 辑 （1996 年）
第 2 辑 （1999 年）

荆州文史 （荆州文史资料） 政协湖北省荆州市委员会学习和文史资料委员会编印,32 开书型,不定期,内部交流。
第 1 辑 （1997 年）
第 2 辑 政法专辑 （1998 年）
第 3 辑 （改现名） 荆州文化与名人 （2000 年）
荆州楚文化
第 4 辑 荆州名胜 （2002 年）
荆州三国文化
第 5 辑 文学艺术专辑 （2003 年）
第 6 辑 交通专辑 （2004 年）
第 7 辑 （2005 年）
荆州百年(上卷、下卷)（红旗出版社,2005 年版）
荆楚人杰张居正 （陈礼荣著,2006 年）
第 8 辑 统战篇 （2006 年）
绿色家园——长江中游生态保护与建设 （《武汉经济协作区政协文史资料专辑》）（2006 年）
第 9 辑 （2007 年）
荆州水文化专辑 （2008 年）
荆州水文化 （2008 年）
从荆州走出的十大院士 （湖北教育出版社,2008 年版）

沙市区

沙市文史资料 政协湖北省沙市市委员会文史资料委员会编印,32 开书型,不定期,内部交流。
第 1 辑 （1987 年）
第 2 辑 工商史料专辑之一 （1988 年）
第 3 辑 沙市第一棉纺厂专辑 （1988 年）
第 4 辑 （1988 年）
第 5 辑 （1989 年）
第 6 辑 荆江之花 （1991 年）
第 7 辑 （1991 年）
第 8 辑 沙市之光 （1991 年）
沙市市政协志 （1992 年）
第 9 辑 （1993 年）

荆州区

石首市

石首文史 （**石首文史资料**） 政协湖北省石首市委员会文史资料委员会编印,32 开书型,不定期,内部交流。

第 1 辑 （1985 年）
第 2 辑 （1986 年）
第 3 辑 （1987 年）
第 4 辑 （改现名）(1991 年)
第 5 辑 （1993 年）
第 6 辑 （1995 年）

洪湖市

洪湖文史 （**洪湖文史资料**） 政协湖北省洪湖市委员会学习文史资料委员会编印,32 开书型,不定期,内部交流。

第 1 辑 纪念抗日战争胜利四十周年辑 （1985 年）
第 2 辑 （改现名）(1986 年)
第 3—4 辑 （1988 年）
第 5 辑 纪念洪湖解放四十周年专辑 （1989 年）
第 6 辑 （1990 年）
第 7 辑 纪念辛亥革命八十周年专辑 （1992 年）
第 8 辑 （1994 年）
第 9 辑 （1995 年）
第 10 辑 （1997 年）
第 11 辑 （1998 年）
第 12 辑 （1999 年）
第 13 辑 （2001 年）
第 14 辑 （2002 年）
第 15 辑 （2003 年）

松滋市

松滋文史资料 （**松滋文史资料选辑**） 政协湖北省松滋市委员会学习文史委员会编印,32 开书型,不定期,内部交流。

第 1 辑 （1986 年）
第 2 辑 （改名）(1987 年)
第 3 辑 （1988 年）
第 4 辑 （1989 年）
第 5 辑 （改现名）(1991 年)
第 6 辑 松滋水利四十年 （1992 年）
第 7 辑 历史的足迹 （1995 年）
第 8 辑 求索人生 （1998 年）
第 9 辑 松滋政法五十年 （1999 年）
第 10 辑 （2000 年）

白云边史话 （2000 年）
第 11 辑
第 12 辑
沱水史话 （2002 年）
第 13 辑
第 14 辑
旅台人生述怀
第 15 辑
第 16 辑
第 17 辑 文史资料汇编 （2007 年）
文史资料活页 政协湖北省松滋市委员会学习文史委员会编印,16 开刊型,不定期,内部交流。
第 1—4 期 （2007 年）

江陵县

江陵文史资料 政协湖北省江陵县委员会文史资料委员会编印,32 开书型,不定期,内部交流。

历史文化名城——江陵 （1983 年）
第 1 辑 抗日时期专辑 （1985 年）
第 2 辑 （1986 年）
第 3 辑 （1987 年）
第 4 辑 （1988 年）
第 5 辑 古城风雷——纪念江陵解放四十周年 (1989 年)
第 6 辑 （1991 年）
第 7 辑 农业专辑 （1993 年）
情系荆江 鏖战洪魔——'98 防汛抗洪专辑 （1998 年）
委员情怀(2000 年)

江陵文史资料 政协湖北省江陵县委员会文史资料委员会编印,32 开书型,不定期,内部交流。

第 1 辑 （2004 年）
第 2 辑 （2005 年）
第 3 辑 （2006 年）
第 4 辑 （2007 年）
第 5 辑 （2008 年）

公安县

公安县文史资料 政协湖北省公安县委员会文史资料委员会编印,32 开书型,不定期,内部交流。

第 1 辑 （1986 年）
第 2 辑 （1987 年）
第 3 辑 公安人物专辑 （1988 年）
第 4 辑 纪念公安县解放四十周年 （1989 年）
第 5 辑 黄山春秋 （1990 年）
第 6 辑 文物杂咏 （1991 年）
第 7 辑 （1991 年）

监利县

监利文史资料 政协湖北省监利县委员会编印,32 开书型,不定期,内部交流。

第 1 辑 (1987 年)

第 2 辑 (1988 年)

监利县政协志(1956.5—1996.5)(1997 年)

肝胆相照谱新篇(1994.1—1999.1)(1999 年)

宜昌市

宜昌市文史资料 政协湖北省宜昌市委员会文史资料委员会编印,32 开书型或 16 开刊型,不定期,内部交流或公开发行。

第 1 辑 (1982 年)

第 2—3 辑 (1984 年)

第 4 辑 纪念抗日战争胜利四十周年 (1985 年)

第 5 辑 (1986 年)

第 6 辑 解放专辑 (1986 年)

第 7—8 辑 (1987 年)

第 9 辑 工商经济史料之一 (1988 年)

第 10 辑 工商经济史料之二 (1989 年)

宜昌市政协志(1949—1987)(1989 年)

第 11 辑 (1990 年)

第 12 辑 (1991 年)

第 13 辑 (1992 年)

第 14 辑 文化艺术专辑 (1993 年)

第 15 辑 宜昌百年大事记(1840—1949 年)(中国三峡出版社,1994 年版)

第 16 辑 宜昌抗战纪实 (1995 年)

第 17 辑 宜昌老字号 (中国三峡出版社,1996 年版)

第 18 辑 三峡文史博览(第一辑)(暨《湖北文史资料》第 51 辑,中国文史出版社,1997 年版)

第 19 辑 三峡文史纵横 (中国三峡出版社,1997 年版)

第 20 辑 宜昌五十年回眸 (1999 年)

第 21 辑 三峡文史纵横(第二辑)(2000 年)

第 22 辑 宜昌旅游史话 (2001 年)

第 23 辑 长江中游旅游文化 (《武汉经济协作区政协文史资料专辑》,香港天马图书有限公司,2002 年版)

第 24 辑 宜昌革命老区专辑 (2003 年)

第 25 辑 春到西陵峡——三代领导人视察宜昌录(与宜昌市炎黄文化研究会等合编,2004 年版)

杨守敬学术年谱 (与宜都市政协文史资料委员会合编,湖北人民出版社,2004 年版)

第 26 辑 三峡文史纵横第三辑 (2004 年)

第 27 辑 宜昌抗战图集——纪念中国人民抗战胜利六十周年(宜昌百年老照片)(2005 年)

宜昌大撤退图文志——1938 中国的"敦刻尔克" (贵州人民出版社,2005 年版)

第 28 辑 宜昌开埠旧影——宜昌百年老照片 (2006 年)

第 29 辑 宜昌建设履痕——宜昌百年老照片 (2007 年)

宜昌市政协志 (2007 年)

第 30 辑 (2008 年)

宜昌政协委员书画、绘画、集邮、摄影作品集 (2008 年)

西陵区

伍家岗区

点军区

猇亭区

夷陵区

夷陵文史 (宜昌县文史资料) 政协湖北省宜昌县委员会文史资料研究委员会编印,32 开书型,不定期,内部交流。

第 1 辑 (1987 年)

第 2 辑 纪念抗日战争五十周年(续编)(1988 年)

第 3 辑 (1988 年)

第 4 辑 纪念宜昌县解放四十周年 (1989 年)

第 5 辑 (1990 年)

第 6 辑 辛亥宜昌风云 (1991 年)

第 7 辑 (1993 年)

第 8 辑 西陵峡畔名人录 (1994 年)

第 9 辑 宜昌抗日烽火——献给抗日战争胜利五十周年 (1995 年)

第 10 辑 (1996 年)

第 11 辑 三峡画廊又一峰 (乡镇专辑第 1 辑)(1997 年)

第 12 辑 大厦基石 (1999 年)

第 13 辑 交通话今昔 (2000 年)

第 1 辑 (总第 14 辑)(改现名) 抗美援朝 保家卫国——原宜昌县志愿军战士回忆录(上)(2001 年)

第 2 辑 (总第 15 辑) 抗美援朝 保家卫国——原宜昌县志愿军战士回忆录(下)(2002 年)

第 3 辑 (总第 16 辑) 纪念石碑保卫战胜利六十周年专辑 (2003 年)

第 4 辑 (总第 17 辑) 夷陵风云人物 (2004 年)

第 5 辑 （总第 18 辑） 敖昌华抗日故事 （2005 年）

第 6 辑 （总第 19 辑） 为了新中国——建国前后夷陵风云纪实 （2006 年）

夷陵区政协志 （2006 年）

第 7 辑 （总第 20 辑） 政协委员风采录 （2007 年）

第 8 辑 （总第 21 辑） 夷陵国宝 （2008 年）

枝江市

枝江文史资料 政协湖北省枝江县委员会文史资料委员会编印,32 开书型,不定期,内部交流。

第 1 辑 （1986 年）

第 2 辑 （1987 年）

第 3 辑 （1988 年）

第 4 辑 纪念枝江解放四十周年专辑 （1989 年）

第 5 辑 （1990 年）

第 6 辑 （1991 年）

第 7 辑 （1993 年）

第 8 辑 禹绩新辉 （1996 年）

第 9 辑 萌人基业 （教育专辑）(2000 年)

枝江政协志 （1998 年）

第 10 辑 金盾·利剑·天平 （政法专辑）(2002 年)

第 11 辑 峡东明珠 （城建专辑）(2003 年)

第 12 辑 枝江古诗精选 （2004 年）

第 13 辑 珍藏董市 （2005 年）

枝江赋 （2006 年）

第 14 辑 劳动保障 （劳动专辑）(2007 年)

第 15 辑 万里长江第一洲——百里洲 （2008 年）

宜都市

枝城市文史资料 （宜都文史资料） 政协湖北省枝城市委员会学习文史委员会编印,32 开书型,不定期,内部交流。

第 1 辑 （1987 年）

第 2 辑 （改现名）(1989 年)

第 3 辑 （1989 年）

第 4 辑 （1990 年）

第 5 辑 （1991 年）

第 6 辑 （1992 年）

第 7 辑 （1993 年）

第 8 辑 （1994 年）

枝城政协四十年 （1996 年）

第 9 辑 建城十周年专辑 （1997 年）

第 10 辑 （1999 年）

第 11 辑 （2000 年）

第 12 辑 （2001 年）

第 13 辑 （2002 年）

第 14 辑 畜牧史料专辑 （2003 年）

第 15 辑 人口与计划生育史料专辑 （2004 年）

杨守敬学术年谱 （与政协宜昌市文史资料委员会合编,湖北人民出版社,2004 年版）

第 16 辑 宜都检察五十年 （2005 年）

第 17 辑

第 18 辑

第 19 辑 劳动者之歌 （与宜都市总工会合编,2008 年）

当阳市

当阳文史 （当阳文史资料） 政协湖北省当阳市委员会文史资料委员会编印,32 开书型,不定期,内部交流。

第 1 辑 纪念抗日战争胜利四十周年专辑 （1985 年）

第 2 辑 （改现名）(1986 年)

第 3 辑 （1987 年）

第 4 辑 纪念"七七"事变五十周年专辑 （1987 年）

第 5 辑 清匪反霸斗争史料专辑 （1988 年）

第 6·7 辑 纪念当阳解放四十周年 （1989 年）

漳水情 （1989 年）

第 8 辑 当阳古今(上) （1990 年）

第 9 辑 当阳古今(中) （1991 年）

董必武与河家中学 （1991 年）

第 10 辑 当阳古今(下) （1992 年）

玉泉寺传奇 （传说资料专辑）(1992 年)

当阳文史选萃之一 （8 开 4 版报型,1993 年）

第 11 辑 赵春珊文史著作集 （1993）

第 12 辑 麦城今昔 （1993 年）

第 13 辑 （1994 年）

第 14 辑 革命老区脚东 （1994 年）

战场与市场——军事韬略经营谋略纵横谈(第一卷) （1994 年）

红旗·蓝旗·星条旗——孙侃文史·文学作品选(上编:文史著录) （1994 年）

第 15 辑 当阳抗日见闻录 （1995 年）

第 16 辑 当阳人抗美援朝故事 （1998 年）

当阳关公文化大观 （2002 年）

当阳民营经济荟萃 （2005 年）

当阳文史通讯 政协湖北省当阳市委员会文史办公室编印,32 开书型,不定期,内部交流。

第 1 期 （1986 年）

远安县

远安文史(远安县文史资料) 政协湖北省远安县委员会文史资料委员会编印,32 开书型,不定期,内部交流。

第 1 辑 （1983 年）

第 2 辑 （改现名）(1987 年)

第 3 辑 （1988 年）

第4辑 何基沣将军在远安 （1989 年）
第5辑 （1990 年）
第6辑 （1991 年）
第7辑 （1992 年）
第8辑 （1993 年）
第9辑 远安城乡建设与环境保护事业 （1994 年）
第10辑 远安交通 （1995 年）
第11辑 远安工商五十年 （1998 年）
第12辑 远安科技五十年 （1999 年）
第13辑 古人咏远安 （2001 年）
第14辑 神奇的远安 （2003 年）
第15辑 三江在远安 （2006 年）

兴山县

兴山文史资料 政协湖北省兴山县委员会学习文史社会法制委员会编印,32 开书型,不定期,内部交流。
第1辑 （1985 年）
第2辑 （1986 年）
第3辑 谈锡恩先生专辑 （1987 年）
第4辑 百年人物选辑 （1989 年）
第5辑 高阳春秋 （1990 年）
第6辑 兴山小水电 （1993 年）
第7辑 兴山县用电量与主要国民经济指标预测分析（李华文著,1993 年）
第8辑
第9辑 （1994 年）
第10辑 兴山抗战纪实——纪念抗日战争胜利五十周年 （1995 年）
第11辑 兴山土改回忆录 （1999 年）

秭归县

秭归文史资料 政协湖北省秭归县委员会学习和文史委员会编印,32 开书型,不定期,内部交流或公开发行。
第1辑 （1982 年）
第2辑 （1984 年）
骚坛社员诗词选 （1984 年）
第3辑 （1985 年）
第4辑 （1986 年）
第5辑 （1987 年）
第6辑 （1988 年）
第7辑 （1990 年）
第8辑 忆念杜镇远 （中国文史出版社,1993 年版）
第9辑 （1992 年）
第10辑 （1994 年）
第11辑 矗立在西陵峡的丰碑 （秭归县水土保持专辑）(1995 年)
第12辑 秭归剿匪纪实 （民兵学习材料）(1996 年)

第13辑 红杏出墙——来自教育改革第一线的报告（1998 年）
第14辑 秭归政协二十年(1980—1999 年) (1999 年)
第15辑 柑桔新篇 （柑桔专辑）(中国文史出版社,2001 年版）
第16辑 屈原故里名胜 （2003 年）

长阳土家族自治县

长阳文史资料 政协湖北省长阳土家族自治县委员会文史资料委员会编印,32 开书型,不定期,内部交流。
第1辑 秋潭竹枝词浅注 （1983 年）
第2辑 长阳抗战回忆录——纪念“七七”事变五十周年专辑 （1987 年）
第3辑 长阳解放战争回忆录 （1988 年）
第4辑 （1988 年）
第5辑 民族文化专辑之一 （1989 年）
第6辑 （1990 年）
第7辑 长阳交通话历程 （1991 年）
第8辑
第9辑 发展中的长阳工业 （1992 年）
第10辑 高山新闻作品选辑 （1994 年）
参政建言选 （2004 年）

五峰土家族自治县

五峰文史资料 政协湖北省五峰土家族自治县委员会文史委员会编印,32 开书型,不定期,内部交流。
第1辑 （1989 年）
第2辑 （1990 年）
第3辑 （1993 年）
第4辑 民族专辑 （1994 年）
第5辑 渔洋关专辑 （1995 年）
第6—7辑 （1996 年）
第8辑 云雾山中出好茶 （1998 年）
第9辑 路漫漫——交通专辑 （2000 年）
第10辑 百年沧桑话教育——教育专辑 （2003 年）
第11辑 采花春秋——采花乡专辑 （2005 年）

随州市

随州市文史资料 政协湖北省随州市委员会文史资料委员会编印,32 开书型,不定期,内部交流。
第1辑 神奇的擂鼓墩 （2002 年）
第2辑 构筑新通途 （2003 年）
第3辑 名人名家咏随州 （2004 年）
第4辑 品枣山房诗草注释 （清·余华祝著,2004 年）

曾都区

随州文史资料 政协湖北省随州市委员会文史资料委员会编印,32 开书型,不定期,内部交流或公开发行。

第 1 辑 (1985 年)

第 2 辑 (1986 年)

第 3 辑 纪念随州解放四十周年 (1988 年)

第 4 辑 (1989 年)

第 5 辑 艺文传家 (湖北人民出版社,1992 年版)

第 6 辑

第 7 辑

第 8 辑 随州水利史话 (2000 年)

灿烂的曾都历史文化 (2003 年)

广水市

广水文史资料丛书 (应山文史资料、广水文史资料) 政协湖北省广水市委员会学习文史研究委员会编印,32 开书型,不定期,内部交流。

第 1 辑 (1986 年)

第 2 辑 (1987 年)

第 3 辑 (改名) (1988 年)

第 4 辑 纪念应山解放四十周年专辑 (1989 年)

第 5 辑 应山工商业旧事 (1990 年)

第 6 辑 辛亥革命应山风云录 (1991 年)

第 7 辑 (改现名) 广水治水四十年 (1992 年)

第 8 辑 广水电力谱 (1994 年)

第 9 辑 春晖寸草 (1998 年)

第 10 辑 (1999 年)

第 11 辑 (1999 年)

第 12 辑 山城丰碑——广水市公安局侦破案件纪实 (2000 年)

第 13 辑 毓秀广水映山红 (2005 年)

第 14 辑 永阳稻花香万里 (2006 年)

第 15 辑 功德千秋——广水市捐赠公益史实集锦 (2008 年)

省直辖县级行政单位

仙桃市

仙桃文史资料 (沔阳文史资料) 政协湖北省仙桃市委员会学习文史委员会编印,32 开书型,不定期,内部交流。

第 1 辑 (1983 年)

第 2 辑 (1984 年)

第 3 辑 抗战时期史料专辑 (1985 年)

第 4 辑 (1986 年)

第 1 辑 (总第 5 辑) (改现名) 辛亥革命在沔阳 (1986 年)

第 2 辑 (总第 6 辑) (1987 年)

第 3 辑 (总第 7 辑) 纪念仙桃解放 (1989 年)

第 4 辑 (总第 8 辑) 仙桃春秋 (1990 年)

第 5 辑 (总第 9 辑) 仙桃纵横 (1992 年)

总第 10 辑 (1993 年)

总第 11 辑 (1994 年)

总第 12 辑 纪念抗日战争胜利五十周年 (1995 年)

总第 13 辑 (1997 年)

总第 14 辑 江汉明珠采风 (暨《湖北文史资料》总第 53 辑,1998 年)

仙桃之歌 (仙桃市中小学地方教材)(2007 年)

仙桃文史大全

天门市

天门文史资料 政协湖北省天门市委员会文史资料委员会编印,32 开书型,不定期,内部交流或公开发行。

第 1 辑 (1986 年)

第 2 辑 华侨专辑 (1986 年)

第 3 辑 工商专辑 (1988 年)

第 4 辑 纪念建国四十周年 (1989 年)

第 5 辑 (1990 年)

竟陵历代诗选 (中国文史出版社,1993 年版)

天门抗日风云录——纪念抗日战争胜利五十周年 (1995 年)

天门百年自然灾害纪实 (中国文史出版社,1996 年版)

天门当代奇案大观 (中国文史出版社,1998 年版)

天门沧桑巨变五十年——纪念中华人民共和国成立五十周年 (1999 年)

天门当代人物选辑 (中国文史出版社,2001 年版)

长江中游文化名人 (《武汉经济协作区政协文史资料专辑》,武汉出版社,2003 年版)

长江中游体育文化 (《武汉经济协作区政协文史资料专辑》,武汉出版社,2004 年版)

潜江市

潜江文史资料 政协湖北省潜江市委员会文史资料委员会编印,32 开书型,不定期,内部或公开发行或公开发行。

第 1 辑 (1985 年)

第 2 辑 (1986 年)

第 3—4 辑 (1987 年)

第 5 辑 (1988 年)

第 6 辑 (1989 年)

李书城传 (李新福著,中国文史出版社,1990 年版)

第 7 辑 烽火奇葩 (1995 年)

大海弄潮 （肖德才著,武汉出版社,1996 年版）

第 8 辑

潜江风情录 （毛道海著,中国文史出版社,1998 年版）

第 9 辑

潜江明清诗选 （湖北人民出版社,1999 年版）

第 10 辑

第 11 辑

第 12 辑

潜江风情录(续)（毛道海著,武汉出版社,2002 年版）

第 13 辑

第 14 辑

第 15 辑

第 16 辑 （2007 年）

神农架林区

神农架文史资料 政协湖北省神农架林区委员会文史委员会编印,32 开书型或 16 开刊型,不定期,内部交流。

第 1 辑 （1991 年）

神农架革命斗争史 （第 1—3 辑）（1991 年）

恩施土家族苗族自治州

鄂西文史资料 政协湖北省恩施土家族苗族自治州文史资料委员会编印,32 开书型,不定期改半年刊,内部交流。

第 1—2 辑 （1985 年）

第 3 辑 （1986 年）

第 4 辑 纪念孙中山先生诞辰一百二十周年专辑（1986 年）

第 5 辑 （1987 年）

第 6 辑 纪念鄂西解放四十周年纪念专辑之一（1988 年）

第 7 辑 纪念鄂西解放四十周年纪念专辑之二（1988 年）

第 8 辑 台港澳及海外来稿选登 （1989 年）

1991 年第 1 期 （总第 9 辑）

1992 年第 1·2 期 （总第 10·11 辑） 崇山峻岭变通途

1993 年第 1 期 （总第 12 辑） 民族文化史料(上篇)

1993 年第 2 期 （总第 13 辑） 民族文化史料(下篇)

1994 年第 1—2 期 （总第 14—15 辑）

1995 年第 1 期 （总第 16 辑） 纪念抗日战争胜利五十周年专辑

1995 年第 2 期 （总第 17 辑） 纪念抗日战争胜利五十周年专辑(续篇)

1996 年第 1 辑 （总第 18 辑） 教育系列史料之一:省级重点中专——恩施财校专辑

1996 年第 2 辑 （总第 19 辑） 教育系列史料之二:

恩施职业技术教育专辑

1997 年第 1—2 辑 （总第 20—21 辑）

1998 年 1—2 辑合刊 （总第 22—23 辑）

1999 年第 1—2 辑 （总第 24—25 辑）

2000 年第 1—2 辑 （总第 26—27 辑） 剿匪平暴实录(上、下)

2001 年第 1—2 辑 （总第 28—29 辑）

2002 年第 1—2 辑 （总第 30—31 辑）

2003 年第 1—2 期

同舟行 （2003 年）

2004 年第 1—2 期

2005 年第 1—2 期

女儿会 （2005 年）

2006 年第 1—2 期

2007 年第 1—2 期

恩施名人 （李春胜主编,中国文史出版社,2007 年版）

2008 年第 1—2 期

恩施市

恩施文史资料 政协湖北省恩施市委员会文史资料委员会编印,32 开书型,不定期,内部交流或公开发行。

第 1 辑 （1985 年）

第 2 辑 （1988 年）

第 3 辑 学校教育专辑 （1990 年）

第 4 辑 （1992 年）

第 5 辑 恩施抗战史稿 （1992 年）

第 6 辑 （1994 年）

第 7 辑 纪念抗日战争胜利五十周年专辑 （1995 年）

第 8 辑 统战专辑 （1997 年）

第 9 辑 恩施政协五十年 （1999 年）

第 10 辑 林特专辑 （2000 年）

第 11 辑 警钟长鸣——检察史料专辑 （2002 年）

第 12 辑 （2002 年）

第 13 辑 民族工作二十年专辑 （2003 年）

第 14 辑 恩施市逸夫小学百年校庆专辑 （2004 年）

第 15 辑 中国民间艺术之乡——三岔专辑 （2005 年）

第 16 辑 恩施土家女儿会专辑 （2005 年）

第 17 辑 黄在渔将军 （华夏文化艺术出版社,2006 年版）

第 18 辑 新疆巡抚饶应祺文稿专辑 （2007 年）

第 19 辑 （2008 年）

第 20 辑 纪念改革开放三十周年专辑 （2008 年）

利川市

利川文史资料 政协湖北省利川市委员会文史资料委

员会编印,32 开书型,不定期,内部交流。

第 1 辑　辛亥革命专集　（1986 年）

第 2 辑　抗日战争专集　（1987 年）

第 3 辑　神兵专集　（1990 年）

第 4 辑

利川莼菜

利川山药　（2006 年）

建始县

建始文史资料　政协湖北省建始县委员会文史资料研究委员会等编印,32 开书型,不定期,内部交流或公开发行。

朝阳观　（1986 年）

第 1 辑　（1987 年）

第 2 辑　（1989 年）

第 3 辑　（1990 年）

第 4 辑　（1992 年）

第 5 辑　吴国桢博士及其父兄　（1993 年）

第 6 辑　吴国桢——《吴国桢博士及其父兄》续集（新世纪出版社,1996 年）

第 7 辑　建始百年纪事　（1999 年）

回首建始话春秋——建国后建始县历届县委书记、县长回忆录之一　（中国文史出版社,1999 年版）

第 8 辑

第 9 辑　奇叟　（2000 年）

第 10 辑　（2000 年）

第 11 辑　（2004 年）

巴东县

巴东文史资料　（巴东县文史资料）　政协湖北省巴东县委员会文史委员会编印,32 开书型,不定期,内部交流。

第 1 辑　辛亥革命巴东人物传略专辑　（1986 年）

第 2 辑　（改现名）（1987 年）

第 3 辑　（1988 年）

第 4 辑　庆祝巴东解放四十周年　（1989 年）

第 5 辑　（1993 年）

第 6 辑　（1996 年）

第 7 辑　（2004 年）

宣恩县

宣恩文史资料　政协湖北省宣恩县委员会文史资料委

员会编印,32 开书型,不定期,内部交流。

第 1 辑　（1986 年）

第 2 辑　（1987 年）

第 3 辑　民族经济专辑　（1988 年）

第 4 辑　纪念宣恩解放四十周年　（1989 年）

第 5 辑　（1990 年）

第 6 辑　（1991 年）

第 7 辑　建国后科技进步史料　（1993 年）

第 8 辑　龙洞之光　（1997 年）

第 9 辑　（2002 年）

第 10 辑　风雨同舟前进路　（2004 年）

第 11 辑　（2007 年）

第 12 辑　（2008 年）

咸丰县

咸丰文史资料　政协湖北省咸丰县委员会文史资料委员会编印,32 开书型,不定期,内部交流。

第 1 辑　（1987 年）

第 2 辑　纪念咸丰解放四十周年　（1989 年）

第 3 辑　（1991 年）

第 4 辑　（1994 年）

第 5 辑　民族史料专辑　（1996 年）

第 6 辑　咸丰的中国第一　（2004 年）

第 7 辑　（2006 年）

第 8 辑　剑魂　（2007 年）

来凤县

来凤文史资料　政协湖北省来凤县委员会文史资料委员会编印,32 开书型,不定期,内部交流。

第 1 辑　（1988 年）

第 2 辑　（1990 年）

第 3 辑　（1991 年）

鹤峰县

鹤峰文史资料　政协湖北省鹤峰县委员会文史资料研究委员会编印,32 开书型,不定期,内部交流。

第 1 辑　贺龙在鹤峰　（1986 年）

第 2 辑　鹤峰解放纪实　（1989 年）

第 3 辑　（1990 年）

第 4 辑　（2008 年）

湖 南 省

文史博览 （文史资料、湖南文史资料、湖南文史资料选辑、湖南文史） 政协湖南省委员会文史学习委员会编印,32 开书型改 16 开刊型,不定期改季刊改双月刊改月刊,内部转公开发行。

第 1 辑　纪念辛亥革命五十周年专辑(一)（1961 年）

第 2 辑　纪念辛亥革命五十周年专辑(二)（1961 年）

第 3 辑　（1962 年）

第 1—3 辑　修订合编本（第 1 辑）（1981 年）

第 4—5 辑　修订合编本（第 2 辑）（1981 年）

第 6—7 辑　修订合编本（第 3 辑）（1982 年）

第 8—9 辑　修订合编本（1982 年）

第 4(改名)—6 辑　（1963 年）

第 7 辑　（1964 年）

第 8 辑　（1965 年）

第 9 辑　（1965 年）

第 10 辑　（改名）（1978 年）

第 11 辑　（湖南人民出版社,1979 年版）

第 12 辑　纪念湖南和平解放三十周年专号(一)（湖南人民出版社,1980 年版）

第 13 辑　纪念湖南和平解放三十周年专号(二)（湖南人民出版社,1980 年版）

第 14 辑　（湖南人民出版社,1982 年版）

第 15—16 辑　（湖南人民出版社,1982 年版）

第 17 辑　（湖南人民出版社,1983 年版）

第 18 辑　（湖南人民出版社,1984 年版）

第 19 辑　（湖南人民出版社,1985 年版）

护国讨袁亲历记　（与全国政协文史资料委员会合编,文史资料出版社,1985 年版）

第 20 辑　（湖南人民出版社,1986 年版）

第 21 辑　南昌起义前的贺龙资料选编　（与政协湘西土家族自治州、政协桑植县文史资料研究委员会合编,湖南人民出版社,1986 年版）

第 22—23 辑　（湖南人民出版社,1986 年版）

第 24—25(改名)—28 辑　（湖南人民出版社,1987 年版）

增刊第 1 期　台湾见闻录(湖南人民出版社,1987 年版)

增刊第 2 期

增刊第 3 期

1988 年第 1—2 辑　（总第 29—30 辑）（湖南人民出版社）

1988 年第 3 辑　（总第 31 辑）　平江起义前的彭德怀（与政协湘潭市文史资料委员会等合编,湖南人民出版社）

1988 年第 4 辑　（总第 32 辑）　保密局湖南站始末（湖南人民出版社）

用我们诚挚的心,深切怀念尊敬的谢华同志　（1988 年）

1989 年第 1 辑　（总第 33 辑）（改名）　国共第二次合作时期的南岳游干班(湖南人民出版社)

1989 年第 2 辑　（总第 34 辑）

1989 年第 3 辑　（总第 35 辑）　湖南和平解放专辑

1989 年第 4 辑　（总第 36 辑）

唐生智诞辰一百周年纪念专辑　（1989 年）

1990 年第 1—4 辑　（总第 37—40 辑）

壮绝神州戏剧兵(演剧六队回忆录)（1990 年）

1991 年第 1—2 辑　（总第 41—42 辑）

1991 年第 3 辑　（总第 43 辑）　湖南志士与辛亥革命——纪念辛亥革命八十周年专辑

1991 年第 4 辑　（总第 44 辑）

1992 年第 1—2 辑　（总第 45—46 辑）

1992 年第 3 辑　（总第 47 辑）　湘西会战专辑

1992 年第 4 辑　（总第 48 辑）

1993 年第 1—4 辑　（总第 49—54 辑）

湖南近 150 年史事日志(1840—1990 年)（中国文史出版社,1993 年版）

1994 年第 1—4 辑　（总第 55—60 辑）

1995 年第 1—4 辑　（总第 61—66 辑）

1996 年第 1—6 期　（总第 67—72 期）

1997 年第 1—6 期　（总第 73—78 期）

1998 年第 1—6 期　（总第 79—84 期）

1999 年第 1—6 期　（总第 85—90 期）

肝胆相照见真情——老一辈无产阶级革命家与民主人士的交往　（与全国政协文史资料委员会等合编,中国文史出版社,1999 年版）

2000 年第 1—6 期　（总第 91—96 期）

2001 年第 1—6 期　（总第 97—102 期）

2002 年第 1—6 期　（总第 103—108 期）

2003 年第 1—12 期　（总第 109—120 期）

2004 年第 1—6(改现名)—12 期　（总第 121—132 期）

2005 年(文史)第 1—12 期　（总第 133—155 期）

2005 年(理论)第 1—12 期　（总第 134—156 期）

2006 年(文史)第 1—12 期　（总第 157—179 期）

2006 年(理论)第 1—12 期　（总第 158—180 期）

2007 年(文史)第 1—12 期　（总第 181—203 期）

2007 年(理论)第 1—12 期　（总第 182—204 期）

2008 年(文史)第 1—12 期　（总第 205—227 期）

2008 年(理论)第 1—12 期　（总第 206—228 期）

湖南文史通讯　政协湖南省委员会文史资料办公室编印,32 开书型改 16 开书型,不定期改季刊,内部交流。

总第 1—4 期　（1980—1983 年）

1984 年第 1—4 期　（总第 5—8 期）

1985 年第 1—4 期　（总第 9—12 期）

1986 年第 1—4 期 （总第 13—16 期）
1987 年第 1—4 期 （总第 17—20 期）
1988 年第 1—4 期 （总第 21—24 期）
1989 年第 1—4 期 （总第 25—28 期）
1990 年第 1—4 期 （总第 29—32 期）
1991 年第 1—4 期 （总第 33—36 期）
1992 年第 1—4 期 （总第 37—40 期）

青年文史丛刊 政协湖南省委员会文史办公室编,湖南人民出版社出版。

第 1 辑 （1985 年）

湖南文史书系 政协湖南省委员会文史资料研究委员会《湖南文史书系》编审委员会编,中国文史出版社出版。

之一 维新·济世·救亡——纪念熊希龄先生诞辰一百二十周年文录 （1990 年版）

之二 诤友——刘公武生平 （政协华容县文史委员会编,1991 年版）

二十世纪文史资料文库 政协湖南省委员会文史委员会编,岳麓书社出版。

忆黄兴 （与政协长沙市文史委员会合编,中国文史出版社,1996 年版）

曙前之路——红军长征在湖南 （1996 年版）

湖南侗族百年 （1996 年版）

忆蔡锷 （1996 年版）

熊希龄——从国务总理到爱国慈善家 （1996 年版）

星斗其文,赤子其人——忆沈从文 （1998 年）

喋血共和——忆宋教仁 （1997 年版）

衡阳小城镇建设纪实 （1997 年版）

百年老矿锡矿山 （1997 年版）

"五四"运动在湖南 （1997 年版）

第二条战线——解放战争时期湖南学生运动 （1997 年版）

芷江受降 （暨《芷江文史资料》第10辑,1997 年版）

长沙大火 （1997 年版）

最悲惨的年代——日寇侵湘暴行实录 （1997 年版）

从湘军士兵到共和国元帅(上、下册)（1998 年版）

音乐大师贺绿汀 （1998 年版）

一代师表徐特立 （1998 年版）

从工运领袖到共和国主席——忆刘少奇 （1998 年版）

从"秘密基地起飞"——中国女排在郴州 （1998 年版）

神州一代戏剧魂——忆田汉 （1998 年版）

湖南解放纪事(上、下册)（1998 年版）

张家界的崛起 （1999 年版）

湖南回族百年 （1999 年版）

湖南金融百年 （1999 年版）

湖南解放纪实(上、下) （1999 年版）

托起湖南明珠——东江电站与库区移民 （2000 年版）

为苏维埃流尽最后一滴血——忆何叔衡 （2000 年

版）

从木匠到国画巨匠——齐白石 （2000 年版）

一代哲人李达 （2000 年版）

湖南瑶族百年 （2000 年版）

传教士眼中的湖南(上、中、下册)（2000 年版）

湖南人在海外(上、下册)（2001 年版）

辛亥革命在湖南 （2001 年版）

三湘私立名校(1900—1957 年)（2003 年版）

党和人民的骆驼任弼时 （2003 年版）

湖南百年老照片

湖南文化名镇、古民居

长沙市

长沙文史 （长沙文史资料） 政协湖南省长沙市委员会文史和学习委员会编印,32 开书型,不定期,内部交流或公开发行。

第 1 辑 （1984 年）

第 2 辑 （1985 年）

第 3 辑 （1986 年）

第 4—5 辑 （1987 年）

第 6—7 辑 （1988 年）

谭嗣同研究资料汇编 （与政协浏阳市文史资料委员会合编,1990 年）

第 8 辑 （1989 年）

第 9 辑 马日事变专辑 （1989 年）

增刊 庚戌长沙"抢米"风潮资料汇编 （1990 年）

增刊 春泥馆随笔 （黄曾甫著,1988 年）

第 10 辑 （1991 年）

第 11 辑 纪念辛亥革命八十周年专辑 （1991 年）

增刊 李觉将军 （1991 年）

第 12(改现名)—13 辑 （1992 年）

增刊 明德春秋 （1993 年）

第 14 辑 （1994 年）

长沙抗战史料专辑 （1995 年）

广厦春华——长沙建筑业史撷英 （1995 年）

忆黄兴 （《二十世纪文史资料文库》）（中国文史出版社,1996 年版）

第 15 辑 （1998 年）

增刊 （1999 年）

第 16 辑 （2000 年）

宗教史料专辑 （2001 年）

增刊 （2003 年）

第 17 辑 （2004 年）

第 18 辑 （2005 年）

知识青年上山下乡专辑

岳麓区

西区文史资料 （长沙市西区文史资料） 政协湖南

省长沙市西区委员会文史资料研究委员会编印,16 开刊型改 32 开书型,或油印,改不定期,内部交流。

第 1—2 辑 （1985 年）
第 3 辑 （1986 年）
第 4 辑 （1987 年）
第 5 辑 （1988 年）
第 6 辑 （1989 年）
第 7 辑 （1990 年）
第 8 辑 （改现名）（1991 年）
第 9 辑 （1991 年）
第 10 辑 （1993 年）

芙蓉区

长沙市东区文史资料 政协湖南省长沙市东区委员会学习文史委员会编印,32 开书型,不定期,内部交流。
第 1 辑 （1987 年）
第 2 辑 （1988 年）
第 3 辑 （1989 年）
第 4 辑 （1993 年）

芙蓉文史 政协湖南省长沙市芙蓉区委员会《芙蓉文史》编辑组编印,32 开书型,不定期,内部交流。
第 1 辑 （1999 年）

天心区

长沙南区文史 （长沙市南区文史资料、南区文史资料） 政协湖南省长沙市南区委员会文史资料研究委员会编印,16 开刊型改 32 开书型,不定期,内部交流。
第 1 辑 （1985 年）
第 2 辑 （改现名）（1986 年）
第 3 辑 （1987 年）
特辑 丹心——长沙市南区部分政协委员"三胞"亲属先进事迹选 （1988 年）
第 4 辑 （1989 年）
第 5 辑 （改现名）（1990 年）
第 6 辑 （1991 年）
第 7 辑 （1992 年）
第 8 辑 （1995 年）

开福区

长沙市北区文史资料 政协湖南省长沙市北区委员会文史资料研究委员会编印,32 开书型,不定期,内部交流。
第 1 辑 （1985 年）
第 2 辑 （1986 年）
第 3 辑 （1987 年）
第 4 辑 （1989 年）
第 5 辑 （1991 年）
第 6 辑 （1992 年）

第 7 辑 长沙市北区政协十年 （1994 年）

雨花区

长沙市郊区文史 政协湖南省长沙市郊区委员会文史资料研究委员会编印,32 开书型,不定期,内部交流。
第 1 辑 （1984 年）
第 2 辑 （1985 年）
第 3 辑 （1986 年）
第 4 辑 （1988 年）
第 5 辑 （1991 年）
增刊:琳琅山馆诗文联集 （1991 年）
第 6 辑 "菜蓝子工程"文史专辑 （1992 年）
长沙抗战——文史资料专辑 （与政协长沙市委员会文史资料委员会合编,1995 年）

浏阳市

浏阳文史 （浏阳文史资料） 政协湖南省浏阳市委员会文史委员会编印,32 开书型,不定期,内部交流或公开发行。
浏阳诗词选 （1984 年）
第 1 辑 纪念爱国维新志士谭嗣同就义八十五周年专辑 （1984 年）
第 2 辑 （1984 年）
第 3 辑 谭嗣同著作简介 （1984 年）
第 4 辑 （1985 年）
第 5 辑 （1985 年）
第 6 辑 （1986 年）
第 7 辑 萍、浏、澧起义资料汇编 （与政协萍乡市文史资料委员会合编,湖南人民出版社,1986 年版）
浏阳古今谈 （1987 年）
第 8 辑 谭嗣同研究资料汇编 （与政协长沙市文史资料委员会合编,1988 年）
为改革而献身的谭嗣同 （1988 年）
第 9 辑 （改现名）（1990 年）
第 10 辑 纪念辛亥革命八十周年专辑 （1991 年）
第 11 辑 （1994 年）
留在第二故乡的足迹 （1999 年）
品读浏阳 （2007 年）

长沙县

长沙县文史资料 政协湖南省长沙县委员会文史资料办公室编印,32 开书型,不定期,内部交流。
第 1 辑 纪念黄兴诞生一百一十周年专辑 （1984 年）
第 2 辑 大革命时期农民运动在长沙专辑 （1985 年）
第 3 辑 （1986 年）

第4—5辑 （1987年）

第6辑 （1988年）

第7—8辑 （1989年）

第9辑 （1991年）

第10辑 庆祝长沙县政协成立十周年(1984—1994)（1994年）

第11辑

第12辑

第13辑

第14辑

第15辑

第16辑

望城县

望城文史 政协湖南省望城县委员会学习文史委员会编印,32开书型,不定期,内部交流。

第1辑 （1985年）

第2辑 （1986年）

第3辑 （1987年）

第4辑 （1988年）

第5辑 （1989年）

第6辑 （1990年）

第7辑 （1991年）

第8辑 （1992年）

第9辑 纪念毛泽东同志诞辰一百周年专辑 （1993年）

第10辑 （1995年）

第11辑 （1996年）

第12辑 （1997年）

第13辑 （1998年）

第14辑 （2000年）

第15辑

第16辑

第17辑 （2007年）

宁乡县

宁乡文史(宁乡文史资料) 政协湖南省宁乡县委员会学习文史委员会编印,32开书型,不定期,内部交流。

第1辑 （1983年）

第2辑 （1984年）

第3辑 （1985年）

第4辑 （1986年）

第5辑 （1988年）

第6辑 （1989年）

第7辑 （改现名）(1991年)

第8辑 沩宁耆旧联选 （1994年）

第9辑 同肝胆写春秋(1956—1996年)（1996年）

第10辑 （2000年）

热土宁乡丛书 政协湖南省宁乡县委员会学习文史委员会编,湖南人民出版社,2004年版。

第一册 宁乡史话

第二册 宁乡人物

第三册

第四册

第五册

第六册

第七册

第八册

张家界市

张家界文史 （大庸文史） 政协湖南省张家界市委员会学习宣传和文史资料委员会编印,32开书型,不定期,内部交流或公开发行。

第1辑 （1991年）

第2辑 张家界开发纪实 （国际展望出版社,1992年版）

第3辑 艮桥史话 （1993年）

第4辑 （改现名）春华秋实——张家界劳务输出纪实 （1994年）

武陵名人奇事录 （与政协慈利县文史学习委员会合编,1994年）

将军心目中的贺龙元帅——纪念贺龙同志诞辰一百周年 （岳麓书社,1996年版）

第5辑

第6辑

第7辑

第8辑

第9辑

第10辑 荣誉与责任 （2002年）

永定区

永定文史资料 （大庸市文史资料） 政协湖南省张家界市永定区委员会文史资料委员会编印,32开书型,不定期,内部交流。

第1辑 历史人物专辑 （1984年）

第2辑 大庸解放专辑 （1985年）

第3辑 国民党与三青团斗争专辑 （1986年）

第4辑 历史人物专辑 （1987年）

第5辑 1840—1989年大事记述 （1988年）

第6辑 （改现名）(1991年)

第7·8辑 （1992年）

第9·10辑 兵灾匪患及其剿灭 （1995年）

第11辑 八年抗日战争专辑 （1995年）

第12·13辑

第14辑

第15辑

第 16 辑 （1997 年）
第 17 辑 （1998 年）
第 18 辑 发展中的永定 （1999 年）
第 19 辑 （2000 年）
第 20 辑 （2001 年）
第 21 辑 （2002 年）
第 22 辑 （2003 年）
第 23 辑 （2004 年）
第 24 辑 （2005 年）
第 25 辑 （2006 年）

武陵源区

武陵源文史 政协湖南省张家界市武陵源区委员会文史资料委员会编印,32 开书型,不定期,内部交流。
第 1 辑 （2000 年）
第 2 辑
第 3 辑 （2003 年）

慈利县

慈利文史 （慈利文史资料） 政协湖南省慈利县委员会文史学习委员会编印,32 开书型,不定期,内部交流。
第 1 辑 （1985 年）
第 2 辑 （1987 年）
第 3 辑 （1989 年）
第 4 辑 （改现名）（1991 年）
第 5 辑 （1992 年）
第 1—5 辑选编 （1993 年）
武陵名人奇事录 （1994 年）
第 6 辑 （1994 年）
第 7 辑 （1996 年）
第 8 辑 （1998 年）
第 9 辑 （2001 年）

桑植县

桑植文史 （桑植文史资料） 政协湖南省桑植县委员会文史资料研究委员会编印,32 开书型,不定期,内部交流或公开发行。
南昌起义前的贺龙资料选编 （暨《湖南文史资料选辑》第 21 辑,1986 年）
第 1 辑 （1989 年）
第 2 辑 （1990 年）
往事追寻贺龙 （中国地质大学出版社,1989 年版）
第 3 辑 （改现名）（1992 年）

常德市

常德文史 政协湖南省常德市委员会学习文史委员会编印,32 开书型,不定期,内部交流或公开发行。
第 1 辑 纪念常德解放四十周年 （1989 年）
第 2 辑 解放后的常德四十年 （1990 年）
第 3 辑 辛亥革命中常德风云人物——纪念辛亥革命八十周年专辑 （1991 年）
第 4 辑 驰骋南疆（第一卷）——常德人在特区 （文化艺术出版社,1992 年版）
第 5 辑 潇洒人生路 （湖南出版社,1993 年版）
第 6 辑 驰骋南疆（第二卷）——常德人在特区 （文化艺术出版社,1994 年版）
第 7 辑 常德旅外人士名录 （1995 年版）
第 8 辑 常德旅外人士 （1996 年版）
第 9 辑 驰骋南疆——常德人商海弄潮记 （武汉经济协作区政协文史资料专辑）（香港天马图书有限公司,1998 年版）
第 10 辑 经济奇葩——长江中游个体、私营、"三资"企业明星录（武汉经济协作区政协文史资料专辑）（香港天马图书有限公司,1998 年版）
第 11 辑 （2000 年）
第 12 辑 沅澧遗韵——常德历史典故与传说选粹（文化与学术丛书）（中国文史出版社,2001 年版）
第 13 辑 百岁老人访谈 （中国文史出版社,2002 年版）
第 14 辑 为了共和国政权——建国以来常德政法工作记事 （甘肃文化出版社,2004 年版）
第 15 辑 常德土家族 （北方文艺出版社,2005 年版）
第 16 辑 沅澧旧事 （海南出版社,2006 年版）
第 17 辑 常德政协 20 年 （2007 年）

武陵区

武陵文史 （常德市文史资料） 政协湖南省常德市武陵区委员会文史委员会编印,32 开书型,年刊,内部交流。
第 1 辑 （1985 年）
第 2 辑 （1986 年）
第 3 辑 （1987 年）
第 4 辑 （1988 年）
第 5 辑 （改现名）（1989 年）
第 6 辑 （1990 年）
第 7 辑 （1991 年）
第 8 辑 （1992 年）
第 9 辑 （1993 年）
第 10 辑 （1994 年）
第 11 辑 （1995 年）
第 12 辑 （1996 年）
第 13 辑 政协武陵区第八届委员会专辑 （1997 年）
第 14 辑 教育专辑 （1998 年）
第 15 辑 纪念人民政协五十周年专辑 （1999 年）

第 16 辑　水利专辑　（2000 年）
第 17 辑
第 18 辑
第 19 辑
第 20 辑　话说常德街巷　（2006 年）

鼎城区

常德县文史资料　政协湖南省常德市鼎城区委员会文史资料委员会编印，32 开书型，不定期，内部交流。
第 1 辑　（1985 年）
第 2 辑　（1986 年）
第 3 辑　（1987 年）
第 4 辑　（1988 年）
第 5 辑　（1989 年）
第 6 辑　（1990 年）

津市市

津市文史资料　政协湖南省津市市委员会文史资料研究委员会编印，32 开书型，不定期，内部交流。
第 1 辑
第 2—3 辑　（1985 年）
第 4 辑　（1987 年）
第 5 辑　（1989 年）
第 6 辑　（1993 年）

安乡县

安乡文史　（**安乡文史资料**）　政协湖南省安乡县委员会学习文史委员会编印，32 开书型，不定期，内部交流。
第 1 辑　安乡县和平解放专辑　（1986 年）
第 2 辑　（1988 年）
第 3 辑　（改现名）（1991 年）
第 4 辑　（1993 年）
第 5 辑　水利专辑　（1997 年）
第 6 辑
第 7 辑
第 8 辑

汉寿县

汉寿文史　（**汉寿文史资料**）　政协湖南省汉寿县委员会学习文教卫体文史委员会编印，32 开书型，不定期，内部交流或公开发行。
第 1 辑　（1985 年）
第 2—3 辑　（1986 年）
第 4 辑　（1987 年）
第 5 辑　（1988 年）
第 6 辑　经济专辑　（1989 年）

第 7 辑　人物专辑　（1991 年）
第 8 辑　（1997 年）
第 9 辑　（2001 年）
第 10 辑　（改现名）汉寿历史典故与传说　（施隆庭主编，中国文史出版社，2004 年版）
第 11 辑　（2005 年）
第 12 辑　五乡生辉　（中国文化出版社，2006 年版）

澧县

澧县文史　（**澧县文史资料**）　政协湖南省澧县委员会学习文史委员会编印，32 开书型，年刊，内部交流。
第 1 辑　（1984 年）
第 2 辑　蒋翊武诞辰一百周年纪念大会专辑　（1985 年）
第 3 辑　中华民国开国元勋蒋翊武　（1986 年）
第 4 辑　抗战　（1991 年）
第 5 辑
第 6 辑　六千年史前文化的发祥地——城头山古文化遗址专辑　（1999 年）
第 7 辑
第 8 辑　（改现名）故事与传说　（2005 年）
第 9 辑　地方风俗与民间艺术　（2005 年）
第 10 辑　历代名人咏澧州　（2005 年）
第 11 辑　当代澧州诗词　（2005 年）
第 12 辑　澧州览胜与乡土特产　（2005 年）
第 13 辑　寿星访谈录　（2005 年）
第 14 辑

临澧县

临澧文史资料　（**临澧文史**）　政协湖南省临澧县委员会文史资料研究委员会编印，32 开书型，不定期，内部交流。
第 1 辑　（1985 年）
第 2 辑　（1986 年）
第 3 辑　（改现名）（1989 年）
第 4 辑　（1989 年）
第 5 辑　（1990 年）

桃源县

桃源文史　政协湖南省桃源县委员会学习文史委员会编印，16 开刊型，油印，不定期，内部交流。
第 1—11 期
第 12 期　（1990 年）
桃源文史　（**桃源文史资料**）　政协湖南省桃源县委员会文史资料研究委员会编印，32 开书型，不定期，内部交流或公开发行。
第 1 辑　（1985 年）

第 2 辑　桃源县志 第 41 卷·政协志　（中国文史出版社,1990 年版）

第 3 辑　（改现名）辛亥革命时期桃源县人物集　（国际展望出版社,1991 年版）

第 4 辑　李自成学术研究资料汇编　（1996 年）

第 5 辑

石门县

石门文史　政协湖南省石门县委员会文史资料研究委员会编印,32 开书型或 16 开刊型,不定期,内部交流。

第 1 辑　（1985 年）

第 2 辑　（1989 年）

第 3 辑　石门县企业简志　（1993 年）

第 4 辑　（1996 年）

第 5 辑　（2002 年）

2003 年第 1 期　（总第 6 辑）

2003 年第 2 期　（总第 7 辑）

2003 年第 3 期　（总第 8 辑）

2003 年第 4 期　（总第 9 辑）

2004 年第 1 期　（总第 10 辑）

2004 年第 2 期　（总第 11 辑）

2004 年第 3 期　（总第 12 辑）

2004 年第 4 期　（总第 13 辑）

2005 年第 1 期　（总第 14 辑）

2005 年第 2 期　（总第 15 辑）

2006 年第 1 期　（总第 16 辑）

2006 年第 2 期　（总第 17 辑）

2007 年第 1 期　（总第 18 辑）

2008 年第 1 期　（总第 19 辑）

2008 年第 2 期　（总第 20 辑）

石门地方文化研究丛书——神奇石门（九卷）　政协石门县委员会文史资料委员会编,大众文艺出版社出版,2007 年版。

文博卷　（龙西斌编著）

民俗卷　（唐明哲编著）

山水卷　（覃凌波编著）

物产卷　（杨代漳编著）

人物卷　（陈俊武编著）

故事卷　（贾国辉编著）

文学卷　（陈文曙编著）

艺术卷　（贾国辉编著）

文论卷　（杨万龙编著）

益阳市

益阳文史　政协湖南省益阳地区联络处等编印,32 开书型,不定期,内部交流或公开发行。

益阳解放专辑　（易维钦主编,1990 年）

张国基　（王承范主编,中国华侨出版社,1999 年版）

赫山区

赫山文史　（益阳县文史资料）　政协湖南省益阳市赫山区委员会文史教卫体委员会编印,32 开书型,不定期,内部交流。

第 1 辑　（1984 年）

国庆诗词联语选集　（1984 年）

第 2 辑　（1985 年）

第 3 辑　（1986 年）

第 4 辑　（1987 年）

第 5 辑　（1988 年）

第 6 辑　纪念益阳和平解放四十周年专辑　（1989 年）

第 7 辑　（1990 年）

第 8 辑　（1991 年）

第 9 辑　（1993 年）

第 10 辑　（1994 年）

第 1 辑　（总第 11 辑）（改现名）(1995 年)

第 2 辑　（总第 12 辑）(1998 年)

第 3 辑　（总第 13 辑）(2001 年)

第 4 辑　（总第 14 辑）(2004 年)

第 5 辑　（总第 15 辑）(2007 年)

资阳区

益阳市文史资料　（文史资料选编）　政协湖南省益阳市委员会文史资料研究委员会编印,16 开刊型改 32 开书型,不定期,内部交流或公开发行。

第 1 集　（1981 年）

第 2—3 集　（1982 年）

第 4 集　（改现名）(1983 年)

第 5—6 集　（1984 年）

第 7 集　（1985 年）

第 8 集　（1986 年）

第 9 辑　（1987 年）

第 10 辑　（1988 年）

第 11 辑　工商专辑　（1989 年）

第 12 辑　（1990 年）

第 13 辑　（1991 年）

第 14 辑　（1992 年）

第 15 辑　（1993 年）

第 16 辑　风华录　（1994 年）

流不走的岁月——益阳知青生活纪实　（岳麓书社,2000 年版）

沅江市

沅江文史资料　政协湖南省沅江市委员会文史资料委员会编印,32 开书型,不定期,内部交流。

第 1 辑 （1984 年）
第 2 辑 （1985 年）
第 3 辑 （1986 年）
第 4 辑 （1987 年）
第 5 辑 （1988 年）
第 6 辑 （1989 年）
第 7 辑 土改专辑 （1990 年）
第 8 辑 （1992 年）
巍哉黄埔(纪念抗日战争胜利五十周年)（1995 年）
第 9 辑 回眸 （沅江知青生活纪实）（2002 年）
沅江政协志(1983—2004 年)（2005 年）

南县

南县文史 政协湖南省南县委员会文史资料委员会编印,32 开书型,不定期,内部交流。
第 1 辑
第 2 辑
第 3 辑 跨过鸭绿江 （1993 年）
政协芳华 （《南县政协志·委员篇》)（1995 年）

桃江县

桃江文史资料 政协湖南省桃江县委员会文史资料委员会编印,32 开书型,不定期,内部交流。
第 1 辑 （1984 年）
第 2 辑 （1985 年）
第 3 辑 （1986 年）
第 4 辑 （1987 年）
第 5 辑 （1989 年）
第 6 辑 （1990 年）
第 7 辑 （1992 年）

安化县

安化文史资料 政协湖南省安化县委员会文史资料研究委员会编印,32 开书型,不定期,内部交流。
第 1 辑 （1984 年）
第 2 辑 （1985 年）
第 3 辑 （1986 年）
第 4 辑 （1987 年）
第 5 辑 （1989 年）
第 6 辑 （1990 年）
第 7 辑
第 8 辑
同舟共济 （2004 年）

岳阳市

岳阳文史 （岳阳文史、岳阳市文史资料） 政协湖南

省岳阳市委员会文史资料委员会编印,32 开书型,不定期,内部交流或公开发行。
第 1 辑 （1983 年）
第 2 辑 （1984 年）
第 3—4 辑 （1985 年）
第 5 辑 （改名）（1986 年）
岳阳楼 （湖南文艺出版社,1986 年版）
岳阳纪略 （湖南大学出版社,1988 年版）
第 6 辑 纪念全民抗战五十周年专辑 （1987 年）
第 7 辑 岳阳解放专辑 （1989 年）
第 8 辑 （1990 年）
第 9 辑 （改现名）（1995 年）
角逐("C 作战"——日本攻战香港秘史中美英三国的情结与纠葛纪实)（中国文史出版社,1997 年版）
第 10 辑 岳阳籍原国民党军政人物录 （1999 年）
第 11 辑 创业足迹 （2001 年）
第 12 辑 岁月留痕——岳阳老照片 （2002 年）
第 13 辑 血染金达莱——岳阳儿女抗美援朝纪事 （华文出版社,2003 年版）
第 14 辑 岳阳 （长江文艺出版社,2004 年版）
第 15 辑 洞庭湖区近代变迁史话 （岳麓书社,2006 年版）
第 16 辑 （2006 年）
第 17 辑 滕子京与范仲淹 （北方文艺出版社,2007 年版）

岳阳楼区

岳阳市南区文史 政协湖南省岳阳市南区委员会文史资料委员会编印,32 开书型,不定期,内部交流。
第 1 辑 （1992 年）
岳阳楼区文史 政协湖南省岳阳市岳阳楼区委员会文史学习联谊委员会编印,32 开书型,不定期,内部交流。
第 1 辑 （1998 年）

君山区

岳阳市北区文史资料 政协湖南省岳阳市北区委员会文史资料委员会编印,32 开书型,不定期,内部交流。
第 1 辑
第 2 辑

云溪区

汨罗市

汨罗文史资料 政协湖南省汨罗市委员会文史资料研究委员会编印,32 开书型,不定期,内部交流。
仇鳌诗选 （1986 年）

第 1 辑 （1987 年）
第 2 辑 （1990 年）

临湘市

临湘文史资料 （临湘文史） 政协湖南省临湘市委员会文史委员会编印,32 开书型,不定期,内部交流。
第 1 辑 （1985 年）
第 2 辑 （1986 年）
第 3 辑 （改现名）临湘抗战专辑 （1987 年）
临湘县百年大事记 （1987 年）
第 4 辑 纪念临湘解放四十周年专辑 （1989 年）
第 5 辑 临湘历史人物专辑 （1990 年）
第 6 辑 抗美援朝回忆录 （1992 年）

岳阳县

岳阳县文史资料 政协湖南省岳阳县委员会文史资料研究委员会编印,32 开书型,不定期,内部交流。
第 1 辑 （1991 年）

华容县

华容文史资料 政协湖南省华容县委员会文史资料研究委员会编印,16 开刊型,油印,不定期,内部交流。
第 1—4 期 （1984 年）
第 5—8 期 （1985 年）
1988 年第 1—4 期 （总第 9—12 期）
1989 年第 1—3 期 （总第 13—15 期）
华容文史资料 政协湖南省华容县委员会文史资料研究委员会编印,32 开书型,不定期,内部交流。
第 1 辑 （1986 年）
海轮西去 （符哲文等主编,华中理工大学出版社,1988 年版）
诤友——刘公武生平 （《湖南文史书系》之二,中国文史出版社,1991 年版）

湘阴县

湘阴文史资料 政协湖南省湘阴县委员会文史资料研究委员会编印,32 开书型,不定期,内部交流。
第 1 辑 （1987 年）
第 2 辑 （1988 年）
第 3 辑 （1989 年）
第 4 辑 （1990 年）
第 5 辑 （1992 年）
第 6 辑 东方蒙哥马利——李鸿将军 （1994 年）
第 7 辑 守土日记——纪念抗日战争胜利五十周年专辑 （谢宝树著,1995 年）
抗日名将——李鸿 （湖南人民出版社,1995 年版）

第 8 辑 湘阴撷英(一) （1996 年）
第 9 辑 苦果启示录 （1997 年）
第 10 辑
第 11 辑 我这五十年 （余泽俊著,2000 年）

平江县

平江文史资料 政协湖南省平江县委员会文史资料研究委员会编印,32 开书型,不定期,内部交流。
第 1 辑 （1988 年）
第 2 辑 纪念平江解放四十周年专辑 （1989 年）
第 3 辑 （1990 年）
第 4 辑 （1992 年）
第 5 辑
第 6 辑 （1996 年）

株洲市

株洲文史 （株洲文史资料） 政协湖南省株洲市委员会学习文史委员会编印,32 开书型,不定期,内部交流。
第 1 辑 献给党的十二大 （1982 年）
第 2 辑 （1982 年）
第 3(改现名)—4 辑 （1983 年）
第 5 辑 庆祝建国 35 周年 （1984 年）
第 6 辑 纪念解放三十五周年 （1984 年）
第 7 辑 纪念抗日战争胜利四十周年专辑 （1985 年）
第 8 辑 （1985 年）
第 9 辑 纪念北伐战争六十周年专辑 （1986 年）
第 10 辑 （1986 年）
第 11 辑 （1987 年）
第 12 辑 "马日事变"前后的株洲地区专辑 （1988 年）
第 13 辑 文化教育专辑 （1989 年）
第 14 辑 株洲解放史料 （1989 年）
神州第一陵——炎帝陵史话 （与政协鄪县文史资料委员会合编,1992 年）
第 15 辑 王芃生与国际问题研究所(株洲名人系列丛书) (1990 年)
第 16 辑 新城创业纪实(一) （1991 年）
古今诗人咏株洲 （1991 年）
第 17 辑 劳人·汪泽楷(株洲名人系列史料) （1993 年）
第 18 辑 黄埔昭辉——株洲籍黄埔军校同学史料专辑 （1995 年）
第 19 辑 新城创业纪实(二) （1996 年）
第 20 辑 从商务印书馆到人民出版社——高级编辑宋家修 （1997 年）
第 21 辑 黎明烽火映潇湘——江南地下第四军史料专辑 （1998 年）

第22辑 团结民主铸辉煌——株洲市政协成立二十周年史料专辑 （2000年）

第23辑

浴血三八线

株洲一百个中国第一

知青岁月

赤子情怀

民办教师生活纪实

外国专家在株洲

株洲的发明创造

株洲重大案件侦破纪实

株洲史话

民间故事 （2007年）

天元区

株郊文史 政协湖南省株洲市郊区委员会文史资料研究委员会编印,32开书型,不定期,内部交流。

第1辑 （1990年）

第2辑 沃野曙光(株郊老革命根据地史料专辑)(1991年)

荷塘区

芦淞区

石峰区

株洲北区文史 政协湖南省株洲市北区委员会学习文史委员会编印,32开书型,不定期,内部交流。

第1辑 （1989年）

第2辑 （1992年）

醴陵市

醴陵文史 政协湖南省醴陵市委员会文史资料研究委员会编印,32开书型,年刊,内部交流或公开发行。

第1辑 （1984年）

第2辑 纪念抗日战争胜利四十周年 （1985年）

第3辑 瓷业史料专辑 （1986年）

萍、浏、醴起义资料汇编 （湖南人民出版社,1986年版）

第4辑 花炮史料专辑 （1987年）

第5辑 教育史料专辑 （1988年）

第6辑 纪念醴陵和平解放四十周年 （1989年）

第7辑 人物史料专辑 （1990年）

第8辑 纪念辛亥革命八十周年专辑 （1991年）

第9辑 太行浩气传千古——纪念左权将军殉国五十周年 （与中共醴陵市委党史资料征集办公室合编,1992年）

第10辑 醴陵八镇 （1993年）

第11辑 （1994年）

第12辑 醴陵瓷业人物 （1995年）

第13辑 醴陵城建十年(1985—1995年) （1996年）

第14辑 水利名珠——官庄水库 （1999年）

株洲县

株洲县文史 （株洲县文史资料） 政协湖南省株洲县委员会文史资料研究委员会编印,32开书型,不定期,内部交流。

第1辑 （1986年）

第2辑 （改现名）(1990年)

第3辑 （1993年）

第4辑 庆祝株洲县建县三十周年诗词专辑 （1995年）

第5辑 （1997年）

第6辑 （1999年）

第7辑 （2005年）

第8辑 话说渌湘 （2006年）

攸县

攸县文史 政协湖南省攸县委员会文史资料研究委员会编印,32开书型,年刊,内部交流。

第1辑 庆祝建国三十五周年 （1984年）

第2辑 （1985年）

第3辑 （1986年)攸县风物专辑 （1986年）

第4辑 （1987年）

第5辑 （1988年）

第6辑 纪念攸县解放四十周年 （1989年）

第7辑 （1991年）

茶陵县

茶陵文史通讯 政协湖南省茶陵县委员会文史资料办公室编印,16开刊型,不定期,内部交流。

1985年第1—7期

茶陵文史 政协湖南省茶陵县委员会学习文史委员会编印,32开书型,不定期,内部交流。

第1辑 （1986年）

第2辑 （1987年）

第3辑 （1988年）

第4—5辑 （1989年）

第6辑 （1990年）

第7辑 （1991年）

第8辑

第9辑

第 10 辑
第 11 辑　茶陵籍将军录　（1999 年）
第 12 辑
第 13 辑　茶陵籍古代名人录　（刘振祥编著,2002 年）

炎陵县

炎陵文史　（酃县文史资料）　政协湖南省酃县委员会文史委员会编印,32 开书型,不定期,内部交流。
第 1 辑　（1987 年）
第 2 辑　（1989 年）
第 3 辑　（1992 年）
神州第一陵——炎帝陵史话　（1993 年）
第 4 辑　（改现名）（1997 年）
第 5 辑　（2001 年）
第 6 辑　（2005 年）

湘潭市

湘潭文史　（湘潭文史资料）　政协湖南省湘潭市委员会学习文史委员会编印,32 开书型,不定期,内部交流或公开发行。
第 1 辑　（1983 年）
第 2 辑　（1984 年）
第 3 辑　纪念齐白石诞辰一百二十周年　（1984 年）
第 4 辑　（改现名）　湘潭解放三十五周年纪念专辑（1984 年）
第 5 辑　忆黎锦熙　（1986 年）
第 6 辑　刘道一烈士——纪念刘道一烈士牺牲八十周年　（湖南大学出版社,1988 年版）
平江起义前的彭德怀　（暨《湖南文史》1988 年第 3 辑总第 31 辑,湖南人民出版社）
第 7 辑　在潭黄埔校友话旧　（1989 年）
第 8 辑　（1990 年）
第 9 辑　巍巍韶山　（暨《韶山文史》第 1 辑,1992 年）
第 10 辑　齐白石研究大全　（湖南师范大学出版社,1994 年版）
第 11 辑　黎锦晖　（1994 年）
第 12 辑　（1995 年）
第 13 辑　游子春秋　（1996 年）
第 14 辑　（1999 年）
第 15 辑　韶山银河　（2001 年）
湘潭揽胜(2004 年)
湖湘学派与湘潭

岳塘区

板塘文史资料　政协湖南省湘潭市板塘区委员会文史资料研究委员会编印,32 开书型,不定期,内部交流。

第 1 辑　（1987 年）
第 2 辑　（1988 年）
第 3 辑　（1989 年）
第 4 辑　（1991 年）
岳塘文史　政协湖南省湘潭市岳塘区委员会文史资料研究委员会编印,32 开书型,不定期,内部交流。
第 1 辑　（1995 年）

雨湖区

湘潭市郊区文史资料　政协湖南省湘潭市郊区委员会编印,32 开书型,不定期,内部交流。
第 1 辑　（1985 年）
第 2 辑　（1986 年）
第 3 辑　（1989 年）

湘乡市

湘乡文史　（湘乡文史资料）　政协湖南省湘乡市委员会文史委员会编印,32 开书型,不定期,内部交流。
第 1 辑　（1986 年）
第 2 辑　（1987 年）
第 3 辑　（1988 年）
第 4 辑　（1989 年）
第 5 辑　（1990 年）
第 6 辑　（1991 年）
第 7 辑　（1992 年）
第 8 辑　（改现名）（1993 年）
第 9 辑　纪念抗日战争胜利五十周年　（1995 年）
第 10 辑　湘乡政协四十年　（1996 年）
第 11 辑　（1999 年）
第 12 辑　（2001 年）

韶山市

韶山文史　政协湖南省韶山市委员会学习文史联谊委员会编印,32 开书型,不定期,内部交流。
第 1 辑　巍巍韶山　（暨《湘潭文史》第 9 辑,1992 年）
第 2 辑　纪念毛泽东同志诞辰一百周年　（1993 年）
第 3 辑　（1995 年）
第 4 辑　（1997 年）
第 5 辑　（1998 年）
第 6 辑　（1999 年）
第 7 辑　（2001 年）

湘潭县

湘潭县文史　政协湖南省湘潭县委员会学习文史委员会编印,32 开书型,不定期,内部交流或公开发行。
湘潭中医药　（第一辑）（1984 年）

第 1 辑 （1985 年）

第 2 辑 （1987 年）

第 3 辑 （1988 年）

平江起义前的彭德怀 （暨《湖南文史》1988 年第 3 辑 总第 31 辑,湖南人民出版社）

第 4 辑 （1989 年）

第 5 辑 （1990 年）

第 6 辑 （1991 年）

第 7 辑 （1992 年）

第 8 辑 （1994 年）

第 9 辑 （1996 年）

石潭文史(第一辑)(1996 年)

第 10 辑 彭德怀元帅回故乡 （湖南文艺出版社, 1998 年版）

第 11 辑 （2000 年）

第 12 辑 回眸 （2004 年）

分水乡文史 （第一辑）

分水乡文史 （第二辑）(2005 年)

石鼓之星 （2005 年）

石潭文史 （第二辑）(2006 年)

衡阳市

衡阳文史 （衡阳文史资料） 政协湖南省衡阳市委员会文史学习和港澳台侨外事委员会编印,32 开书型,不定期,内部交流。

第 1 辑 （1983 年）

第 2 辑 （1984 年）

第 3 辑 （1985 年）

第 4 辑 纪念抗日战争胜利四十周年专辑 （1985 年）

第 5 辑 （1986 年）

第 6 辑 （1987 年）

第 7 辑 纪念抗日战争爆发五十周年专辑 （1987 年）

第 8 辑 （1988 年）

第 9 辑 （改现名）衡阳解放四十周年 （1989 年）

第 10 辑 王祺纪念文集 （与政协衡阳县文史资料研究委员会合编,1990 年）

第 11 辑 （1991 年）

第 12 辑 一代女魂 （与政协衡山县文史资料研究委员会等合编,1992 年）

第 13 辑 光辉历程 （纪念衡阳市政协成立四十五周年）(1995 年)

第 14 辑 （1996 年）

第 15 辑 衡阳交通发展纪实 （1999 年）

蒸湘区

衡阳郊区文史 政协湖南省衡阳市郊区委员会文史资

料研究委员会编印,32 开书型,不定期,内部交流。

第 1 辑 （1992 年）

雁峰区

衡阳城南文史资料 （文史资料） 政协湖南省衡阳市城南区委员会文史资料研究委员会编印,16 开刊型,油印,不定期,内部交流。

第 1—2 辑 （1985 年）

第 3 辑 （1986 年）

第 4 辑 （1987 年）

第 5 辑 （1988 年）

第 6 辑 （改现名）(1991 年)

第 7 辑

第 8 辑

第 9 辑

第 10 辑

珠晖区

江东文史资料 政协湖南省衡阳市江东区委员会文史资料委员会编印,32 开书型,不定期,内部交流。

第 1 辑 （1986 年）

第 2 辑 （1989 年）

第 3 辑 （1992 年）

第 4 辑 （1996 年）

石鼓区

城北文史 政协湖南省衡阳市城北区委员会文史资料研究委员会编印,32 开书型,不定期,内部交流。

第 1 辑 （1993 年）

南岳区

南岳文史 政协湖南省衡阳市南岳区委员会文史资料委员会编印,32 开书型,不定期,内部交流。

第 1 辑

第 2 辑

第 3 辑

常宁市

常宁文史资料 政协湖南省常宁县委员会文史学习委员会编印,32 开书型,不定期,内部交流。

第 1 辑 （1985 年）

第 2 辑 （1986 年）

第 3 辑 （1987 年）

第 4 辑 尚同兹和中央通讯社 （1988 年）

第 5 辑 （1989 年）

第 6 辑　教育家李之透纪念集　（1990 年）
第 7 辑　（1991 年）
第 8 辑　（1992 年）
第 9 辑
第 10 辑
第 11 辑　（1996 年）
第 12 辑　常宁版画　（1997 年）
第 13 辑　常宁瑶乡　（1998 年）
第 14 辑　常宁之最　（2000 年）

耒阳市

耒阳文史　（耒阳文史资料）　政协湖南省耒阳县委员会文史资料研究委员会编印,32 开书型,不定期,内部交流。
第 1 辑　（1985 年）
第 2 辑　（1986 年）
第 3 辑　（1987 年）
第 4 辑　（1992 年）
第 5 辑　（改现名）　农业专辑　（1997 年）
第 6 辑　50 年回眸——耒阳市政府纪念建国五十周年文史专集　（岳麓书社,1999 年版）

衡阳县

衡阳县文史资料　政协湖南省衡阳县委员会编印,16 开刊型改 32 开书型,不定期,内部交流。
第 1 辑　（1986 年）
第 2 辑　（1987 年）
第 3 辑　（1988 年）
第 4 辑　夏明翰专辑　（1989 年）
第 5 辑　（1990 年）
第 6 辑　王祺纪念集　（暨《衡阳文史》第 10 辑,1990 年）
第 7 辑　记衡阳县籍名人士　（1991 年）
第 8 辑　合作·参政·奉献——衡阳县政协成立十周年纪念集　（1992 年）
第 9 辑　闪光的人生——记县政协名誉副主席蒋永彰
第 10 辑　千古名山岣嵝峰
第 11 辑　蒸阳风流　（2003 年）
第 12 辑　继往开来——政协衡阳县委员会工作掠影（2004 年）

衡南县

衡南文史　（衡南文史资料）　政协湖南省衡南县委员会文史资料研究委员会编印,32 开书型,不定期,内部交流。
第 1 辑　（1989 年）
第 2 辑　（1990 年）

第 3 辑　（1992 年）
第 4 辑　（改现名）城镇建设专辑　（1997 年）

衡山县

衡山文史　政协湖南省衡山县委员会文史资料研究委员会编印,32 开书型,不定期,内部交流。
第 1 辑　（1985 年）
第 2 辑　（1987 年）
第 3 辑　（1989 年）
第 4 辑　（1991 年）一代女魂　（暨《衡阳文史》12 辑,1992 年）
第 5 辑　（1994 年）

衡东县

衡东文史　政协湖南省衡东县委员会文史资料研究委员会编印,32 开书型,不定期,内部交流。
第 1 辑　（1985 年）
第 2 辑　（1986 年）
第 3 辑　（1987 年）
第 4 辑　（1988 年）
第 5 辑　（1989 年）
第 6 辑　（1990 年）
第 7 辑　（1991 年）
第 8 辑　纪念罗荣桓元帅诞辰九十周年专辑　（1992 年）
第 9 辑　（1993 年）
第 10 辑　（1994 年）
第 10 辑　增刊 战时统帅部参谋军机们的回忆（1994 年）

祁东县

祁东文史（祁东文史资料）　政协湖南省祁东县委员会文史资料研究委员会编印,32 开书型,不定期,内部交流。
第 1 辑　（1985 年）
第 2 辑　（1987 年）
第 3 辑　（改现名）（1989 年）
第 4 辑　（1991 年）
第 5 辑　（1992 年）
第 6 辑　（1995 年）
第 7 辑　（1996 年）
第 8 辑　曹炎烈士专辑　（1999 年）

郴州市

郴州文史资料集锦　政协湖南省郴州市委员会文史资料委员会编印,32 开书型,不定期,内部交流。

第 1 辑
第 2 辑
第 3 辑 （2006 年）

北湖区

郴州文史 **（郴州文史资料）** 政协湖南省郴州市委员会文史工作委员会编印,32 开书型,不定期,内部交流。
第 1 辑 （1985 年）
第 2 辑 （改现名）（1986 年）
第 3 辑 （1987 年）
第 4 辑 （1988 年）
第 5 辑 纪念郴州市解放四十周年 （1989 年）
秦淮海策论译注 （1990 年）
第 6 辑 （1991 年）

苏仙区

郴县文史 **（征求意见稿）** 政协湖南省郴县委员会文史委员会编印,16 开刊型,油印,不定期,内部交流。
第 1—2 期 （1985 年）
第 3—19 期 （1986 年）
第 20—29 期 （1987 年）
第 30—39 期 （1988 年）
第 40—42 期 （1990 年）
第 43—47 期 （1991 年）
第 48—51 期 （1992 年）
第 52 期 （1993 年）
郴县文史资料 政协湖南省郴县委员会文史资料研究委员会编印,32 开书型,不定期,内部交流。
第 1 辑 （1987 年）
第 2 辑 （1988 年）
第 3 辑 郴县解放史料专辑 （1989 年）
第 4 辑 （1990 年）
第 5 辑 郴县籍科技人士资料专辑 （1991 年）
第 6 辑 （1992 年）

资兴市

资兴文史 政协湖南省资兴市委员会文史资料研究委员会编印,32 开书型,不定期,内部交流或公开发行。
第 1 辑 （1985 年）
第 2 辑 你没有倒下——白薇同志 （1987 年）
第 3 辑 （1989 年）
第 4 辑 （1992 年）
东江湖——资兴文史特辑 （1999 年）
托起湘南明珠——东江电站与库区移民 （《二十一世纪湖南省文史资料文库》,岳麓书社,2000 年版）

桂阳县

桂阳文史 **（桂阳文史资料）** 政协湖南省桂阳县委员会文史资料研究委员会编印,32 开书型,不定期,内部交流。
第 1 辑 （1988 年）
第 2 辑 （改现名）（1991 年）
第 3 辑 （1993 年）
第 4 辑 桂阳铅锌选厂专辑 （1994 年）
第 5 辑 桂阳水电专辑 （1995 年）
第 6 辑 委员风采录 （1999 年）
第 7 辑 岁月回首 （2004 年）
第 8 辑 青春写成的故事 （2007 年）

永兴县

永兴文史 **（永兴文史资料）** 政协湖南省永兴县委员会文史资料研究委员会编印,32 开书型,不定期,内部交流。
第 1 辑 （1986 年）
第 2 辑 （改名）（1987 年）
第 3 辑 （改现名）（1989 年）
第 4 辑 （1990 年）
第 5 辑 教育史料专辑 （1990 年）
第 6 辑 永兴一中校史 （1991 年）
第 7 辑 文化史料专辑 （1992 年）
第 8 辑 纪念黄克诚大将逝世七周年专辑 （1992 年）
第 9 辑 重大政治运动、水利交通建设工程回忆 （1995 年）
第 10 辑 委员风采 （1996 年）
第 11 辑 风景名胜专辑 （1997 年）
第 12 辑 永兴诗联集萃 （1999 年）
第 13 辑 风雨同舟——纪念县政协成立二十周年 （2000 年）
第 14 辑 走过木板桥——兰锋作品选辑 （2000 年）
第 15 辑 同舟集——谭全刚作品选辑 （2002 年）
第 16 辑 联络写真——尹友准作品选辑 （2004 年）
第 17 辑 知青上山下乡运动史料专辑 （2005 年）
第 18 辑 "三亲"史料 （2006 年）

宜章县

宜章文史资料 政协湖南省宜章县委员会文史资料研究委员会编印,32 开书型,不定期,内部交流。
第 1 辑
第 2 辑 （1988 年）

第 3 辑　（1994 年）
第 4 辑　（1998 年）
第 5 辑　宜章旅游览胜专辑　（2001 年）
第 6 辑　同舟共济二十年专辑　（2003 年）

嘉禾县

嘉禾文史资料选辑　政协湖南省嘉禾县委员会文史资料委员会编印,32 开书型,不定期,内部交流。
第 1 辑　（1988 年）
第 2 辑　（1990 年）

临武县

临武文史资料　政协湖南省临武县委员会文史资料研究委员会编印,32 开书型,不定期,内部交流。
第 1 辑　（1986 年）
第 2 辑　（1987 年）
第 3 辑　（1989 年）
第 4 辑　（1991 年）

汝城县

汝城县文史资料选辑　（汝城文史资料、汝城文史）
政协湖南省汝城县委员会编印,32 开书型,不定期,内部交流。
第 1 辑　（1985 年）
第 2 辑　（1986 年）
第 3 辑　（改名）（1988 年）
第 4 辑　（1991 年）
第 5 辑　（改现名）　少数民族史料专辑　（2000 年）
第 6 辑　汝城胜景　（旅游资料专辑）（2001 年）
第 7 辑　文物专辑　（2004 年）

桂东县

桂东文史　（征求意见稿）　政协湖南省桂东县委员会文史资料委员会编印,16 开刊型,油印,不定期,内部交流。
第 1—4 期
第 5 期　（1986 年）
第 6 期　（1987 年）
第 7 辑　（1988 年）
第 8 辑　（1989 年）
桂东文史　政协湖南省桂东县委员会文史资料委员会编印,32 开书型,不定期,内部交流。
第 1 辑　（1994 年）
第 2 辑
第 3 辑
第 4 辑

第 5 辑　（1986 年）
第 6 辑　（1987 年）
第 7 辑
第 8 辑　（1989 年）

安仁县

安仁文史　政协湖南省安仁县委员会文史资料委员会编印,32 开书型,不定期,内部交流。
第 1 辑　（1989 年）
第 2 辑　（1991 年）
第 3 辑
第 4 辑
第 5 辑　（1989 年）
第 6 辑
第 7 辑
第 8 辑
第 9 辑
第 10 辑
第 11 辑
第 12 辑
第 13 辑
安仁风云人物

永州市

永州文史　政协湖南省永州市委员会学习宣传文史委员会编印,32 开书型,不定期,内部交流。
第 1 辑　私营经济专辑　（1998 年）
第 2 辑　旅游专辑　（1999 年）
第 3 辑　（2000 年）
第 4 辑　（2001 年）
第 5 辑　（2005 年）
第 6 辑　永州古楹联　（2008 年）

冷水滩区

冷水滩市文史　政协湖南省冷水滩市委员会文史资料研究委员会编印,32 开书型,不定期,内部交流。
第 1 辑　（1986 年）
第 2 辑　（1992 年）

零陵区

永州文史资料　政协湖南省永州市委员会文史资料研究委员会编印,32 开书型,不定期,内部交流。
第 1 辑　（1986 年）
第 2 辑　（1989 年）
第 3 辑　（1991 年）

东安县

东安文史资料 政协湖南省东安县委员会文史资料研究委员会编印,32 开书型,不定期,内部交流。

纪念抗日战争胜利四十周年专辑 （1988 年）

第 1 辑 （1987 年）

第 2 辑 （1988 年）

第 3 辑 唐生智先生诞辰一百周年纪念专辑 （1989 年）

第 4 辑 （1991 年）

道县

道州文史报 政协湖南省道县委员会编印,4 刊 4 版报型,不定期,内部交流。

第 1—10 期

第 11 期 （2006 年）

道县文史 政协湖南省道县委员会文史资料研究委员会编印,32 开书型,不定期,内部交流。

第 1 辑 （1987 年）

宁远县

宁远文史 （宁远文史资料） 政协湖南省宁远县委员会文史资料研究委员会编印,32 开书型,不定期,内部交流或公开发行。

第 1 辑 乐天宇教授晚年 （1985 年）

第 2 辑 阙汉骞事略 （1988 年）

第 3 辑 宁远和平解放专辑 （1988 年）

九疑山 （湖南美术出版社,1987 年版）

九疑山诗文选 （1987 年）

九疑山风光明信片 （1987 年）

吟春阁诗词 （1988 年）

九疑山诗文选 （1992 年）

第 4 辑 （改现名）(1992 年）

江永县

江永文史资料 政协湖南省江永县委员会文史委员会编印,32 开书型,不定期,内部交流。

第 1 辑 （1991 年）

第 2 辑 江永瑶族史 （1991 年）

蓝山县

蓝山文史资料 政协湖南省蓝山县委员会文史资料研究委员会编印,32 开书型,内部交流。

第 1 辑 蓝山一中校史(1912—1949) （1986 年）

第 2 辑 蓝山瑶族 （1991 年）

第 3 辑 抗日救亡团结统战 （1994 年）

新田县

新田文史 （新田文史资料） 政协湖南省新田县委员会文史资料委员会编印,32 开书型,不定期,内部交流。

第 1 辑 （1989 年）

第 2 辑 （改现名）(1992 年）

第 3 辑 （1994 年）

第 4 辑 （1999 年）

双牌县

双牌文史资料 政协湖南省双牌县委员会文史资料研究委员会编印,32 开书型,不定期,内部交流。

阳明仙境 （1991 年）

祁阳县

祁阳文史 （祁阳文史资料） 政协湖南省祁阳县委员会学习文史委员会编印,32 开书型,不定期,内部交流。

第 1 辑 （1984 年）

第 2 辑 （1985 年）

第 3 辑 （1986 年）

第 4 辑 （1987 年）

第 5 辑 （1988 年）

第 6 辑 （1990 年）

第 7 辑 教育专辑 （1992 年）

第 8 辑 祁阳工业掠影 （1995 年）

第 9 辑 祁阳诗词联文选(一)(1996 年）

第 10 辑 （1997 年）

第 11 辑 祁阳之最 （1999 年）

第 12 辑 （改现名）

第 13 辑 祁阳县水利水电志

政协委员风采录

第 14 辑 祁阳县文化志

第 15 辑 祁阳祁剧

第 16 辑 祁阳县城志

团结民主谱新篇

第 17 辑 祁阳县教育志 （2004 年）

第 18 辑 祁阳农业志(第一、二、三卷) (2005 年）

第 19 辑 祁阳县交通志 （2006 年）

悠悠千载话祁阳

第 20 辑 神州大地祁阳人 （2007 年）

第 21 辑 祁阳县卫生志 （2008 年）

江华瑶族自治县

江华文史资料 政协湖南省江华瑶族自治县委员会文史资料研究委员会编印,32 开书型,不定期,内部交流或公开发行。

第 1 辑　（1985 年）

第 2 辑　（1988 年）

赵金龙起义　（湖南人民出版社,1991 年版）

第 3 辑　（1992 年）

第 4 辑　（1997 年）

邵阳市

邵阳文史　（邵阳市文史资料、邵阳文史资料）　政协湖南省邵阳市委员会文教卫体文史学习委员会编印,32 开书型,不定期,内部交流或公开发行。

第 1 辑　（1982 年）

第 2 辑　（1983 年）

第 3 辑　（1984 年）

第 4 辑　（1985 年）

第 5—6 辑　（1986 年）

第 7—8 辑　（1987 年）

第 9（改名）—10 辑　（1988 年）

第 11 辑　（改现名）　纪念邵阳解放四十周年专辑（1989 年）

第 12 辑　工商经济史料专辑　（1989 年）

第 13—14 辑　（1990 年）

第 15—16 辑　（1991 年）

民国奇人——徐君虎　（李波著,三秦出版社,1991 年版）

第 17—18 辑　（1992 年）

第 19 辑　（1993 年）

南下风云录——冀东南下干部总队六大队五、六中队纪实　（与政协河北省唐山市委员会文史资料研究委员会合编,1993 年）

第 20 辑　（1994 年）

纪念魏源诞辰二百周年国际学术研讨会论文提要集（1994 年）

第 21 辑　纪念邵阳市政协成立四十周年　（1995 年）

第 22 辑　最可爱的人——纪念中国人民志愿军赴朝参战四十五周年　（1995 年）

第 23 辑　（1995 年）

魏源与近代中国改革开放——纪念魏源二百周年诞辰国际学术研讨会论文集　（湖南师范大学出版社,1995 年版）

长青轩杂记　（姜逸樵著,1996 年）

天下一家(增订版中译本)（1990 年）

第 24 辑　（1996 年）

第 25 辑　最可爱的人续集　（1997 年）

第 26 辑　（1998 年）

光辉的五十年诗联选　（1999 年）

第 27 辑　（1999 年）

第 28 辑　（2000 年）

第 29 辑　匡互生(1891—1933 年)（2001 年）

第 30 辑　（2002 年）

第 31 辑　（2003 年）

第 32 辑　最可爱的人(第三集)（2003 年）

第 33 辑　（2004 年）

第 34 辑　（2005 年）

特辑　古今中外宝庆人(上、下卷)（岳麓书社,2005 年版）

第 35 辑　（2006 年）

邵阳这方热土　（2008 年）

邵阳文史丛书　政协湖南省邵阳市委员会文教卫体文史学习委员会编印,32 开书型,不定期,内部交流。

之一　狂人传　（张克刚著,1998 年）

之二　肝胆照人——朱有道先生纪念集　（王梅初著,1999 年）

之三　邵阳历史钩沉　（马少侨著,1999 年）

之四　山高水长——忆创建在竹篙塘的国立十一中（1999 年）

之五　旅美探亲日记　（姜国楹著,1999 年）

之六　情缘似海——记我在夫君戴巍病魔缠身的九百个日夜里（李文青著,1999 年）

之七　抹不去的记忆——邵阳知青回忆录之一（1999 年）

之八　工会工作史话　（孙纯贵著,2000 年）

之九　难忘的军旅生涯　（侯良著,2000 年）

之十　师德永存——怀念杨韶华校长　（2000 年）

之十一　桑梓情深——刘建章先生纪念集　（2000 年）

之十二　风雨人生路　（彭宜夫著,2000 年）

之十三　辉煌巨变——邵阳小城镇建设　（2000 年）

之十四　湖大学运日记(1946—1949 年)（罗论文著,2001 年）

之十五　赴加探亲旅游纪事　（刘伟著,2001 年）

之十六　春华秋实　（李宜林编著,2001 年）

之十七　健康长寿,良药妙方　（曾傅友著,2001 年）

之十八　雅奇趣知识选编　（肖植华编著,2001 年）

之十九　匡互生先生诞辰一百一十周年　（2001 年）

之二十　九十年沧桑　（陈新宪遗著,2001 年）

之二十一　从思想工学社到江南别纵队起义　（2002 年）

之二十二　海澜文选　（罗论文遗著,2002 年）

之二十三　雪泥鸿爪　（刘一仑著,2002 年）

之二十四　耄年忆往　（张国强著 2002 年）

之二十五　岁月随感　（朱正球著,2002 年）

之二十六　山后集　（石洵著,2002 年）

之二十七　戏剧与人生　（刘积伟著,2002 年）

之二十八　文史拾萃　（刘伟顺文集,2002 年）

之二十九　芳林室文存　（卿石麟著,2002 年）

之三十　书序集　（马少侨著,2002 年）

之三十一　浮生杂忆　（谢偶生著,2002 年）

之三十二　君卿文存　（颜君卿著,2002 年）

之三十三 邵阳知青回忆录之二 （许厚文著,2002年）

之三十四 我这辈子 （石安桂著,2002 年）

之三十五 搏击人生 （刘目卿著,2003 年）

之三十六 邵阳文史研究(刘伟顺文集二)（2003 年）

之三十七 宝庆史话 （涂玉书著,2003 年）

之三十八 往事回眸 （蒋国强著,2003 年）

之三十九 劲松威振——李春生先生百年诞辰纪念集（2004 年）

之四十 名铎集 （许超凡著,2005 年）

之四十一 深沉的回眸——邵阳知青回忆录之三（2005 年）

之四十二 青春的足迹——邵阳知青回忆录之四（2006 年）

大祥区

邵阳市西区文史 政协湖南省邵阳市西区委员会文史资料研究委员会编印,32 开书型,不定期,内部交流。

第 1 辑 （1991 年）

第 2 辑 （1993 年）

第 3 辑 （1995 年）

第 4 辑 （1997 年）

双清区

邵阳市东区文史 政协湖南省邵阳市东区委员会文史资料研究委员会编印,32 开书型,不定期,内部交流。

第 1 辑 （1992 年）

北塔区

邵阳市郊区文史 政协湖南省邵阳市郊区政协文史资料研究委员会编印,32 开书型,不定期,内部交流。

第 1 辑 （1996 年）

武冈市

武冈文史(武冈文史资料) 政协湖南省武冈市委员会文史资料研究委员会编印,32 开书型,不定期,内部交流。

第 1 辑 （1986 年）

第 2 辑 （1987 年）

第 3 辑 （1988 年）

第 4 辑 （1990 年）

第 5·6 辑 （改现名）(1995 年)

武冈政协二十年(1980—2000 年)（2000 年）

邵东县

邵东文史 政协湖南省邵东县委员会学习文史委员会编印,32 开书型,不定期,内部交流。

第 1 辑 匡互生归葬 （1987 年）

第 2 辑 （1989 年）

第 3 辑 湘中二支队第三大队专辑 （1991 年）

第 4 辑 （1992 年）

第 5 辑 （1995 年）

第 6 辑 （1997 年）

邵阳县

邵阳县文史(邵阳县文史资料) 政协湖南省邵阳县委员会文史资料委员会编印,32 开书型,不定期,内部交流。

第 1 辑 （1988 年）

第 2 辑 （改现名）(1991 年)

新邵县

新邵文史(新邵文史资料) 政协湖南省新邵县委员会文史资料研究委员会编印,32 开书型,不定期,内部交流。

第 1 辑 （1988 年）

第 2 辑 （1989 年）

第 3 辑 （1990 年）

第 4 辑 （1991 年）

第 5 辑 （1992 年）

第 6 辑 （1994 年）

第 7 辑 （改现名）(1995 年)

第 8 辑 （1996 年）

第 9 辑 '96 新邵抗洪抢险救灾特辑 （1997 年）

第 10 辑

第 11 辑

第 12 辑 何平何巍青专辑 （2002 年）

决战洪魔——5.31 新邵抗洪救灾专辑 （2005 年）

隆回县

隆回文史(隆回文史资料) 政协湖南省隆回县委员会学习文史委员会编印,32 开书型,不定期,内部交流。

第 1 辑 （1985 年）

第 2 辑 （1987 年）

第 3 辑 （1988 年）

第 4 辑 （1989 年）

第 5 辑 （1991 年）
第 6 辑
第 7 辑 （1998 年）
第 8 辑 （改现名）（1999 年）
第 9 辑 （2000 年）
第 10 辑 （2002 年）
第 11 辑
第 12 辑
第 13 辑
第 14 辑 隆回城建 （2008 年）

洞口县

洞口文史 政协湖南省洞口县委员会文史资料研究委员会编印，32 开书型，不定期，内部交流。
第 1 辑 （1985 年）
第 2 辑 （1987 年）
第 3 辑 （1990 年）
第 4 辑 （1995 年）山高水长——忆创建在竹篙塘的国立十一中 （《邵阳文史丛书》之四，1999 年）
第 5 辑 （1999 年）
洞口当代人物谱（湖南省洞口县当代人物文史资料丛书之一）（第一卷）（2002 年）
第 6 辑 （2004 年）
洞口政协志(1984 － 2004)（2004 年）

绥宁县

绥宁县文史资料 政协湖南省绥宁县委员会文史资料研究委员编印，32 开书型，不定期，内部交流。
第 1 辑 （1986 年）
第 2 辑 （1987 年）
第 3 辑 （1988 年）光辉的历程——纪念绥宁县解放四十周年专辑 （1990 年）
第 4 辑 （1990 年）
绥宁竹业(2002 年)
第 5 辑 （2007 年）
第 6 辑 绿洲骄子——走近高考状元和他们的父母(2008 年)

新宁县

新宁文史资料 （新宁县文史资料） 政协湖南省新宁县委员会文史资料研究委员会编印，32 开书型，不定期，内部交流。
第 1 辑 （1984 年）
第 2 辑
第 3 辑 （改现名）（1988 年）

第 4 辑 纪念中华人民共和国成立四十周年、中国人民政治协商会议成立四十周年征文选 （1989 年）
第 5 辑 （1991 年）
第 6 辑 新宁楚军 （李波著，1994 年）
第 7 辑 （1995 年）
乱世县长徐君虎 （1996 年）
第 8 辑 （1999 年）
第 9 辑
第 10 辑
第 11 辑
第 12 辑 夫夷旧事 （2007 年）

城步苗族自治县

城步文史 政协湖南城步苗族自治县委员会文史资料研究委员会编印，32 开书型，不定期，内部交流。
第 1 辑 （1989 年）
城步苗民起义资料集 （刘志阶编撰，1987 年）
第 2 辑 （1990 年）
第 3 辑 （1993 年）
第 4 辑 （1994 年）

怀化市

怀化文史资料 政协湖南省怀化市委员会文史资料研究委员会编印，32 开书型，不定期，内部交流。
民营之路 （2006 年）
怀化电力发展史 （2007 年）
怀化山地开发史
怀化铁路建设史 （2007 年）

鹤城区

怀化文史（怀化市文史资料） 政协湖南省怀化市委员会文史资料研究委员会编印，32 开书型，不定期，内部交流。
第 1 辑 （1985 年）
第 2 辑 （改现名）（1988 年）
革命回忆录 （1988 年）
第 3 辑 （1989 年）
第 4 辑 怀化市政协十年(1980—1990 年) （1990 年）
第 5 辑 （改现名） 怀化一字号 （1991 年）
第 6 辑 怀化一字号 （1993 年）
第 7 辑 怀化一字号 （1995 年）
第 8 辑 （1997 年）
第 9 辑
第 10 辑
第 11 辑
托起五溪金太阳

洪江市

黔阳文史资料 政协湖南省黔阳县委员会文史资料研究委员会编印,32 开书型,不定期,内部交流。
第 1 辑 (1987 年)
第 2 辑 (1988 年)
第 3 辑 (1989 年)
第 4 辑 (1991 年)
洪江文史(洪江市文史资料) 政协湖南省洪江市委员会学习文史委员会编印,32 开书型,不定期,内部交流。
第 1 辑 (1986 年)
第 2 辑 (1987 年)
第 3 辑 (1989 年)
第 4 辑 (1990 年)
第 5 辑 (1991 年)
第 6 辑 (1993 年)
第 7 辑 (改现名)(1997 年)

沅陵县

沅陵文史(沅陵文史资料) 政协湖南省沅陵县委员会文史资料研究委员会编印,32 开书型,不定期,内部交流或公开发行。
第 1 辑 湘西事变专辑 (暨《湘西文史资料》第 1 辑,1985 年)
第 2 辑 张学良在凤凰山 (1986 年)
纪念西安事变五十周年会刊 (1986 年)
第 3 辑 (1988 年)
第 4 辑 沅陵大事记(公元前 202 年——1987 年)(1990 年)
第 5 辑 沅陵人物今古 (1991 年)
第 6 辑 凤凰山上忆少帅 (岳麓书社,1995 年版)
第 7 辑 (改现名) 沅陵县政协委员名典(1993—1997)(1997 年)
第 8 辑 沅陵春天
第 9 辑 五溪湖览胜
第 10 辑 迷人的金土地

辰溪县

辰溪文史 (辰溪文史资料) 政协湖南省辰溪县委员会文史资料研究委员会编印,32 开书型,不定期,内部交流。
第 1 辑 (1986 年)
第 2 辑 (改现名)(1986 年)
第 3 辑 (1987 年)
第 4 辑 (1988 年)
第 5·6 辑 (1990 年)
英雄之歌——辰溪儿女抗美援朝回忆录 (2000 年)

溆浦县

溆浦文史 政协湖南省溆浦县委员会文史资料研究委员会编印,32 开书型,不定期,内部交流。
第 1 辑 抗日战争专辑 (1987 年)
第 2 辑 (1988 年)
第 3 辑 (1989 年)
第 4 辑 南下纪实 (1991 年)
增刊 溆浦县农村电气化建设资料汇编 (1993 年)

中方县

中方文史资料 政协湖南省中方县委员会学习文史委员会编印,32 开书型,不定期,内部交流。
中方人(2008 年)

会同县

会同文史 (会同文史资料) 政协湖南省会同县委员会学习文史资料委员会编印,32 开书型,不定期,内部交流。
第 1 辑 (1986 年)
第 2 辑 (1987 年)
第 3 辑 民族专辑 (1988 年)
第 4 辑 (1989 年)
第 5 辑 (1990 年)
第 6 辑 (1991 年)
第 7 辑 (1992 年)
第 8 辑 (1993 年)
第 9 辑 (改现名)(1994 年)
第 10 辑 (1995 年)
第 11 辑 天南海北会同人 (1996 年)
第 12 辑
第 13 辑 (1997 年)
第 14 辑 会同县当代人物录 (1999 年)
第 15 辑 抗美援朝中的会同儿女 (2001 年)
第 16 辑 建言文集 (2002 年)

麻阳苗族自治县

麻阳文史 (麻阳县文史资料) 政协湖南省麻阳苗族自治县委员会学习文史委员会编印,32 开书型,不定期,内部交流。
第 1 辑 (1989 年)
第 2 辑 (1991 年)
第 3 辑 (1993 年)
麻阳苗族自治县概况 (1990 年)
麻阳姓氏 (文史资料专辑)(1994 年)
第 4 辑 (改现名)(1996 年)

麻阳乡亲录

民族志

第 5 辑　麻阳民俗风情　(1999 年)

新晃侗族自治县

新晃文史　(新晃文史资料)　政协湖南省新晃侗族自治县委员会文史资料研究委员会印,32 开书型,不定期,内部交流。

第 1 辑　(1987 年)

晃县工商史料　(民国时期)(1987 年)

第 2 辑　(1988 年)

第 3 辑　南下干部在新晃　(1989 年)

第 4 辑　(改现名)(1991 年)

第 5 辑　名胜古迹专辑　(1992 年)

第 6 辑　(1993 年)

第 7 辑　(1994 年)

第 8 辑　团结务实谱新篇——纪念新晃政协成立四十周年　(1996 年)

第 9 辑　抗美援朝中的新晃儿女　(1998 年)

第 10 辑　联谊名录——曾在新晃及新晃在外工作人士名录之一　(2001 年)

第 11 辑　建言经典(上、下集)(2004 年)

第 12 辑　新晃侗族歌谣集锦　(2007 年)

芷江侗族自治县

芷江县文史资料　政协湖南省芷江侗族自治县委员会文史资料委员会编印,16 开书型,油印,不定期,内部交流。

第 1—24 期

第 25 期　(1986 年)

芷江文史　(芷江文史资料)　政协湖南省芷江侗族自治县委员会学习文史委员会编印,32 开书型,不定期,内部交流或公开发行。

第 1 辑　抗日战争时期专辑　(1987 年)

第 2 辑　文化教育专辑　(1989 年)

第 3 辑　(改现名)(1990 年)

第 4 辑　(1991 年)

第 5 辑　(1992 年)

第 6 辑　(1993 年)

第 7 辑　政协十年(1983—1993 年)(1994 年)

第 8 辑　芷江民族风情　(岳麓书社,1997 年版)

第 9 辑　芳芷集　(1998 年)

第 10 辑　芷江受降　(《二十世纪文史资料文库》)(岳麓书社,1997 年版)

第 11 辑　山明水秀受降城　(芷江旅游大观)(当代中国出版社,1999 年版)

靖州苗族侗族自治县

靖州文史　(靖州文史资料)　政协湖南省靖州苗族侗族自治县委员会学习文史委员会编印,32 开书型,不定期,内部交流。

第 1 辑　(1984 年)

第 2 辑　(1985 年)

第 3 辑　(1986 年)

第 4 辑　(1987 年)

第 5 辑　(改现名)(1990 年)

第 6 辑

第 7 辑

第 8 辑　(1997 年)

通道侗族自治县

通道文史资料　政协湖南省通道侗族自治县委员会文史资料研究委员会编印,32 开书型,不定期,内部交流。

第 1 辑　(1991 年)

第 2 辑　(1992 年)

娄底市

娄底市文史资料　政协湖南省娄底市委员会学习文史委员会编印,32 开书型,不定期,内部交流。

湘中民俗文化　(广州出版社,2003 年版)

娄底文史资料丛书　政协湖南省娄底市委员会学习文史委员会编,中国文联出版公司出版。

第 1 辑　历代名人与娄底(三卷)

(上)政治人物卷　(2001 年版)

(中)军事人物卷　(2002 年版)

(下)经济科技文化教育人物卷　(2003 年版)

娄星区

娄底文史(娄底文史资料)　政协湖南省娄底市委员会学习文史委员会编印,32 开书型,不定期,内部交流。

第 1 辑　(1988 年)

第 2 辑　(改现名)　罗辀重遗著选编(庆祝陶龛建校九十周年)(1991 年)

第 3 辑　(1992 年)

第 4 辑　纪念李振翩先生诞辰一百周年　(1996 年)

第 5 辑　光辉的历程——纪念娄底市政协成立十五周年　(1999 年)

冷水江市

冷水江市文史资料　政协湖南省冷水江市委员会文史资料研究委员会编印,32 开书型,不定期,内部交流。

第 1 辑 （1985 年）
第 2 辑 （1987 年）
第 3 辑 （1990 年）
第 4 辑 梅山蚩尤文化研究(一)（2004 年）
第 5 辑 梅山蚩尤文化研究(二)（2004 年）

涟源市

涟源文史(涟源文史资料) 政协湖南省涟源市委员会文史资料研究委员会编印,32 开书型,不定期,内部交流。

第 1 辑 （1989 年）
第 2 辑 （改现名）（1993 年）
第 3 辑 涟源政协四十年 （1995 年）

双峰县

双峰文史 政协湖南省双峰县委员会编印,16 开刊型,不定期,内部交流。

第 1—10 期 （1984—1987 年）

双峰文史 （双峰县文史资料专辑、双峰文史资料） 政协湖南省双峰县委员会文史资料研究委员会编印,32 开书型,不定期,内部交流。

第 1 辑 （1986 年）
第 2 辑 （改名）（1988 年）
第 3 辑 （1989 年）
第 4 辑 （改现名）（1991 年）陈芸田同志纪念集（1992 年）
第 5 辑 （1993 年）
大石朱氏文史资料录 （2001 年）

新化县

新化文史 政协湖南省新化县委员会文史资料研究委员会编印,32 开书型,不定期,内部交流。

第 1 辑 （1985 年）
第 2 辑 （1987 年）
第 3 辑 （1989 年）
第 4 辑 （1991 年）
第 5 辑
第 6 辑
第 7 辑
第 8 辑
第 9 辑
第 10 辑
第 11 辑
第 12 辑
第 13 辑
第 14 辑
第 15 辑

第 16 辑

湘西土家族苗族自治州

湘西文史资料 政协湖南省湘西土家族苗族自治州委员会学习文史委员会编印,32 开书型,不定期转季刊,内部交流或公开发行。

第 1 辑 湘西事变专辑 （暨《沅陵文史资料》第 1 辑,1984 年）
第 2—3 辑 （1984 年）
第 4—5 辑 （1985 年）
第 6 辑 （1986 年）
第 7 辑 彭春荣活动史料选编 （1986 年）
南昌起义前的贺龙资料选编 （暨《湖南文史资料选辑》第 21 辑,湖南人民出版社,1986 年版）
第 8 辑 湘西苗民革命史料专辑 （1987 年）
第 9 辑 湘西解放专辑 （1987 年）
第 10 辑 （1987 年）
第 11—12 辑 （1988 年）
第 13 辑 川湘鄂边民国时期兵灾匪祸民变 （1989 年）
第 14·15 辑 湘西百年大事记 （1989 年）
第 16 辑 （1989 年）
第 17—18 辑 （1990 年）
湘西土家族苗族自治州政协志 （中国文史出版社,1990 年版）
第 19 辑 苗疆古镇 （暨《花垣文史资料》第 4 辑,1990 年）
1991 年第 1 期 （总第 20 辑） 钱币史料
1991 年第 2 期 （总第 21 辑）
1991 年第 3·4 期 （总第 22·23 辑） 湘西名镇
中国土家族武术 （国际展望出版社,1991 年版）
1992 年第 1 期 （总第 24 辑） 田仲达诗文专辑
1992 年第 2·3 期 （总第 25·26 辑） 李烛尘资料专辑
1992 年第 4 期 （总第 27 辑） 湘西名企业
1993 年第 1 期 （总第 28 期）
1993 年第 2 期 （总第 29 期） 老公安回忆
1993 年第 3 期 （总第 30 辑） 熊希龄资料专辑
1993 年第 4 期 （总第 31 辑） 湘鄂川黔边区名镇
1994 年第 1 期 （总第 32 辑） 酉水考略
1994 年第 2 期 （总第 33 辑） 十大匪首兴衰记
1994 年第 3·4 期 （总第 34·35 辑） 湘西名人
1995 年第 1 期 （总第 36 辑） 故乡情——湘西籍台胞纪实
1995 年第 2 期 （总第 37 期） 委员风采
1995 年第 3 期 （总第 38 辑） 血战嘉善——一二八师抗日纪实
1995 年第 4 期 （总第 39 辑） 民族妇女人物
1996 年第 1 期 （总第 40 辑） 外籍干部在湘西

1996 年第 2 期　（总第 41 辑）　旧社会的丑恶现象——烟毒、旧社会的荒诞现象——神兵

1997 年第 1—2 期　（总第 42—43 辑）

古镇——里耶　（岳麓书社,2004 年版）

乱世纷争　（2005 年）

乱世聚义·神兵·帮会之聚义　（2005 年）

湘鄂渝边神兵　（2007 年）

吉首市

吉首文史　政协湖南省吉首市委员会文史资料研究委员会编印,32 开书型,不定期,内部交流。

吴八月传说故事集　（1986 年）

第 1 辑　（1991 年）

第 2 辑　纪念抗日战争胜利五十周年专辑　（1995 年）

泸溪县

泸溪文史资料　政协湖南省泸溪县委员会编印,32 开书型,不定期,内部交流。

第 1 辑　（1985 年）

第 2 辑　（1986 年）

第 3 辑　泸溪土著武装专辑（上）（1988 年）

第 4 辑　（1989 年）

第 5 辑　（1990 年）

第 6 辑　泸溪儿女在朝鲜战场　（1991 年）

第 7 辑　泸溪历代大事记　（1992 年）

凤凰县

凤凰文史资料　政协湖南省凤凰县委员会文史资料研究委员会编印,32 开书型,不定期,内部交流。

第 1 辑　（1988 年）

第 2 辑　怀念沈从文专辑　（1989 年）

第 3 辑　维新·济世·救亡——纪念熊希龄先生诞辰一百二十周年文集　（《湖南文史书系》之一,中国文史出版社,1990 年版）

凤凰爱国名人录　（1990 年）

第 4 辑　（1991 年）

凤凰近代史林撷英　（1995 年）

凤凰桥话　（1995 年）

血战嘉善——一二八师抗日纪实　（1995 年）

晚年熊希龄　（2004 年）

熊希龄家书诠释　（2004 年）

民族英雄郑国鸿　（2004 年）

情系凤凰城　（2004 年）

花垣县

花垣文史资料　（花垣文史）　政协湖南省花垣县委员会文史资料研究委员会编印,32 开书型,不定期,内部交流。

乾嘉苗民起义资料专集　（1985 年）

第 1 辑　（1986 年）

第 2 辑　（1987 年）

第 3 辑　（1988 年）

第 4 辑　（改现名）　苗疆古镇　（暨《湘西文史资料》第 19 辑,1990 年）

第 5 辑　城乡战争　（1993 年）

花垣苗族（1993 年）

第 6 辑　和衷共济话十年　（1994 年）

第 7 辑　兄弟河颂　（谨以此篇献给花垣解放五十周年,1998 年）

第 8 辑　苗山路　（2000 年）

第 9 辑　政协委员名典　（1997—2001 年）（2001 年）

第 10 辑　建言集　（1997.12—2002.12）（2002 年）

第 11 辑　神奇的花垣（风景篇）（2005 年）

第 12 辑　神奇的花垣（风情篇）（2007 年）

第 13 辑　神奇的花垣（人物篇）（2008 年）

保靖县

保靖文史资料　政协湖南省保靖县委员会文史资料研究委员会编印,32 开书型,不定期,内部交流。

第 1 辑　袁吉六先生专辑　（1986 年）

第 2 辑　"湘西事变"中的保靖　（1987 年）

第 3 辑　"革屯抗日"史料专辑　（1989 年）

第 4 辑　（1990 年）

第 5 辑　毛泽东的国文老师袁仲谦　（香港国际展望出版社,1992 年版）

第 6 辑

第 7 辑

第 8 辑　西西文化与沈从文　（《民族论坛》增刊）（1998 年）

第 9 辑

第 10 辑

第 11 辑　续酉水考略　（2004 年）

第 12 辑　土家族发祥地首八峒　（湖南人民出版社,2007 年版）

古丈县

古丈文史资料　政协湖南省古丈县委员会文史资料研究委员会编印,32 开书型,不定期,内部交流。

第 1 辑
第 2 辑
第 3 辑　古丈解放　（1993 年）
第 4 辑

永顺县

永顺文史资料　政协湖南省永顺县委员会文史资料研究委员会编印，32 开书型，不定期，内部交流。

第 1 辑　（1989 年）
第 2 辑　（改现名）
第 3 辑　企业资料专辑　（1992 年）
湘西北春雷——永顺解放纪实　（与中共永顺县委党史办公室合编，1987 年）
第 4 辑　人物专辑之二　（1992 年）
李烛尘资料专辑　（暨《湘西文史资料》第 25 · 26 辑合刊，1992 年第 2 · 3 期）
第 5 辑　（1994 年）
第 6 辑　（1995 年）
第 7 辑　人物专辑之三　（1996 年）
猛洞河水育英才　（与永顺县教育局等合编，2003 年）
永顺知青　（2004 年）
永顺政协事略
溪州百杰
猛洞河水育英才　（第二辑）
尘封的岁月　（与永顺县档案局合编，2004 年）

龙山县

龙山文史　（**龙山文史资料**）　政协湖南省龙山县委

员会文史资料委员会编印，32 开书型，不定期，内部交流。
第 1 辑　（1985 年）
第 2 辑　（1986 年）
第 3 辑　（1987 年）
第 4 辑　（改现名）　龙山近百年大事记述（1988 年）
第 5 辑　（1989 年）
第 6 辑　民国时期龙山民族经济发展史料辑　（1992 年）
第 7 辑　外地干部在龙山专辑　（1994 年）
第 8 辑　龙山县百个第一　（1996 年）
第 9 辑　龙山干部在成长专辑　（1996 年）
第 10 辑　（1997 年）
第 11 辑　龙山县企事业专辑　（1998 年）
第 12 辑　龙山英模专辑　（1999 年）
第 13 辑　游子故乡情专辑　（1999 年）
第 14 辑　龙山外来投资企业专辑　（2000 年）
第 15 辑　龙山知青专辑　（2001 年）
第 16 辑　扶贫史料专辑　（2002 年）
第 17 辑　水利电力专辑　（2004 年）
第 18 辑　（2004 年）
第 19 辑　（2005 年）
第 20 辑　（2006 年）
龙山文史资料总目录　（2007 年）
第 21 辑　（2007 年）
第 22 辑　（2008 年）
那年那月
我的高考故事
纪念改革开放三十周年

广　东　省

广东文史资料　政协广东省委员会学习和文史委员会编，广东人民出版社等出版，32 开书型，不定期，内部转公开发行。

第 1—4 辑　（1961 年）

第 5—8 辑　（1962 年）

广东辛亥革命史料　（1962 年）

第 9—12 辑　（1963 年）

第 13—17 辑　（1964 年）

第 18—20 辑　（1965 年）

第 21 辑　（1978 年）

第 22 辑　（1978 年版）

所罗门群岛　（［英］珍尼特·肯特著，广东人民出版社，1978 年版）

第 23—24 辑　（1979 年版）

第 25 辑　孙中山史料专辑　（1979 年版）

第 26—29 辑　（1980 年版）

第 30—35 辑　（1981 年版）

广东辛亥革命史料　（1981 年版）

纪念辛亥革命七十周年专辑（上、下册）（与政协广州市文史资料研究委员会合编，1981 年）

第 36 辑　（1982 年版）

文史资料来稿题目索编　（1981 年、1982 年）

第 37 辑　黄埔军校回忆录专辑　（1982 年版）

第 38—40 辑　（1983 年版）

辛亥革命诗歌选集　（与广东省文史馆合编，1983 年版）

第 41 辑　（1984 年）

第 42 辑　中国国民党"一大"史料专辑　（1984 年版）

第 43 辑　广东军阀史大事记　（1984 年版）

第 44 辑　香港一瞥　（1985 年版）

第 45—46 辑　（1985 年版）

护国讨袁亲历记　（与全国政协文史资料研究委员会等合编，文史资料出版社，1985 年版）

第 47—48 辑　（1986 年版）

第 49 辑　粤系军事史大事记　（1986 年版）

第 50—53 辑　（1987 年版）

广东文史资料出版五十辑纪念专刊　（1987 年版）

第 54—55 辑　（1988 年版）

第 56 辑　广东工商经济史料　（1988 年版）

第 57—58 辑　（1988 年版）

回忆司徒美堂老人　（与政协北京市文史资料研究委员会合编，中国文史出版社，1988 年版）

骨肉情深——台港澳华侨史料　（中南六省区与全国政协文史资料研究委员会合编，1998 年版）

第 59 辑　（1989 年版）

第 60 辑　群星璀璨——广东文化名人实录之一（1989 年版）

第 61—63 辑　（1990 年版）

第 64 辑　成才之路——广东文化名人录之二　（1990 年版）

第 65 辑　创业者的足迹——港澳海外企业家创业史（丁身尊著，1992 年版）

第 66—67 辑　（1991 年版）

第 68 辑　辛亥革命与广东　（1991 年版）

第 69 辑　银海纵横——近代广东金融　（1992 年版）

第 70 辑　（1993 年版）

第 71 辑　一代名将蔡廷锴　（1992 年版）

列强在中国的租界　（与政协上海市文史资料委员会合编，中国文史出版社，1993 年版）

第 72 辑　艺海风华——广东文化名人之三　（1995 年版）

第 73 辑　（1993 年版）

第 74 辑　（1994 年版）

第 75 辑　粤海文踪——当代广东著名作家十七人传（1994 年版）

第 76 辑　潮商俊彦　（1994 年版）

国民革命军北伐亲历记　（与全国政协文史资料委员会合编，中国文史出版社，1994 年版）

书传深情　（香港汉荣书局，1994 年版）

吴仲禧诞辰百年纪念　（1995 年）

第 77 辑　医林群英——广东著名医学家传　（1996 年版）

曾天节

张民达烈士纪念集　（1996 年）

民主先驱李章达　（暨《东莞文史资料选辑》专辑，1997 年版）

第 78 辑　创办珠海特区五年的回忆　（吴健民著，1998 年版）

第 79 辑　（1998 年版）

马万祺传　（与全国政协学习与文史委员会合编，中国文史出版社，1998 年版）

第 80 辑　广东民主人士名人传　（1999 年版）

第 81 辑　我的父亲陈序经　（陈其津著，1999 年版）

第 82 辑　南方大学之光——南方大学成立五十周年纪念　（2000 年版）

第 82 辑　南方大学名录　（2000 年版）

第 83 辑　侨教之光——群星荟萃暨南园　（2001 年）

第 84 辑　新西兰华侨史　（杨汤城口述，丁身尊整理，2001 年版）

名城明珠黄埔村　（广州出版社，2001 年版）

伏魔战歌

魂系黄花——纪念潘达微诞辰一百二十周年　（2001 年版）

第 85 辑　经济特区的由来　（2002 年版）

广东政协五十年

梁士怡　（2005 年）

香海传薪录——香港学海书楼纪实　（中国文史出版社，2008 年版）

广东文史通讯　政协广东省委员会文史办公室编印，16 开刊型，不定期，内部交流。

1984 年第 1 期　（总第 1 期）

1985 年第 1 期　（总第 2 期）

1986 年第 1—2 期　（总第 3—4 期）

1987 年第 1—3 期　（总第 5—7 期）

1988 年第 1—2 期　（总第 8—9 期）

1989 年第 1—2 期　（总第 10—11 期）

1990 年第 1 期　（总第 12 期）

1991 年第 1 期　（总第 13 期）

1992 年第 1 期　（总第 14 期）

1993 年第 1 期　（总第 15 期）

1994 年第 1—2 期　（总第 16—17 期）

1995 年第 1—2 期　（总第 18—19 期）

1996 年第 1 期　（总第 20 期）

1997 年第 1—2 期　（总第 21—22 期）

1998 年第 1—2 期　（总第 23—24 期）

1999 年第 1 期　（总第 25 期）

（总第 26 期）

（总第 27 期）

（总第 28 期）

（总第 29 期）

广东文史丛书　政协广东省委员会文史资料研究委员会编，广东人民出版社出版。

孙中山与辛亥革命史料专辑　（1981 年版）

香港报业春秋

南雄珠玑巷人南迁史话

梁士诒传

华侨沧桑录　（1984 年版）

近代广东名人录　（第一辑）（1986 年版）

孙中山在广东三次建立政权　（与全国政协文史资料研究委员会合编，中国文史出版社，1986 年版）

广东风情录　（1988 年版）

近代广东名人录　（第二辑）（1989 年版）

香港旧事见闻录　（陈谦普，1989 年版）

粤军史实纪要　（1990 年版）

陶金影剧生涯五十年　（1990 年版）

挥戈跃马满征尘——张发奎将军北伐抗战纪实　（与政协始兴县委员会合编，1990 年版）

淞沪烽火——十九路军"一二八"淞沪抗战纪实（1991 年版）

莫雄回忆录　（与政协广州市、英德县文史资料研究委员会合编，1991 年版）

情系中华

新西兰华侨史

政治文明与人民政协专题研讨会论文集

群策群力，建设和谐广东

建设绿色广东研讨会论文集

创办珠海经济特区五年的回忆

广东经济特区的创立与发展

广东名人故居

广东近代要塞

辛亥革命与当代中国社会发展论文集

广东民营企业的崛起

岭南史学名家

岭南中医药名家

香港学海书楼纪实

广东方志·政权志·政协志

广东文史集粹　政协广东省委员会广东文史资料编辑部编，广州出版社出版。

旧广东匪盗实录　（广州出版社，1997 年版）

广东文史资料存稿选编　政协广东省委员会文史资料委员会编，广东人民出版社，2005 年版。

第一卷　孙中山和第一次北伐·黄埔建军与东征·广州商团事变

第二卷　护法运动和孙中山在广东三次建立革命政权·"五卅"运动与沙基惨案

第三卷　省港大罢工·港澳华侨史料案·北伐战争

第四卷　辛亥革命与人物·广州起义·两广"六一"事变·广东抗日战争·民国时期广东经济·文教卫卫生·宗教

第五卷　民国时期广东名人录·广东政情·广东民俗·灾害·广东解放和起义

第六卷　广东政海拾遗

广东文史资料精编　政协广东省委员会文史资料委员会编印。

广州市

广州文史（广州文史资料）　政协广东省广州市委员会学习和文史资料委员会编，广东人民出版社出版，不定期，内部转公开发行。

第 1 辑　（1960 年）

第 2—4 辑　（1961 年）

第 5—6 辑　（1962 年）

第 7—10 辑　（1963 年）

第 11—13 辑　（1964 年）

第 14—16 辑　（1965 年）

第 17 辑　（1979 年版）

第 18—19 辑　（1980 年版）

第 20—21 辑　（1980 年版）

第 22—24 辑　（1981 年版）

纪念辛亥革命七十周年史料专辑（上、下册）（与政协广东省文史资料研究委员会合编，1981 年版）

第 25—27 辑　（1982 年版）

第 28—30 辑　（1983 年版）

第 31 辑 （1984 年版）

第 32 辑 广州近百年教育史料 （1983 年版）

第 33 辑 广州百年大事记（上、下册）（1984 年版）

第 34 辑 珠江艺苑 （1985 年版）

第 35 辑 （1986 年版）

第 36 辑 广州工商经济史料 （第一辑）（1986 年版）

孙中山三次在广东建立政权 （与政协广东省文史资料委员会合编,中国文史出版社,1986 年版）

第 37 辑 南天岁月 （1987 年版）

第 38 辑 （1988 年版）

第 39 辑 广州工商经济史料 （第二辑）（1989 年版）

第 40 辑 （1989 年版）

第 41 辑 食在广州史话 （1990 年版）

第 42 辑 粤剧春秋 （1990 年版）

第 43 辑 （1991 年版）

莫雄回忆录 （与政协广东省文史资料委员会等合编,1991 年版）

第 44 辑 广州的洋行与租界 （1992 年版）

列强在中国的租界 （与政协上海市文史资料委员会合编,中国文史出版社,1992 年版）

第 45 辑 （1993 年版）

第 46 辑 （改现名）（1994 年版）

气壮山河——纪念民族英雄邓世昌殉国一百周年（1994 年）

国民革命军北伐亲历记 （与全国政协文史资料委员会合编,中国文史出版社,1994 年版）

世纪回顾——林克明回忆录 （1995 年）

第 47 辑 回忆朱光市长 （1995 版）

第 48 辑 广州抗战纪实 （与政协广州市白云区、从化市文史资料委员会等合编,1995 年版）

第 49 辑 （1996 年版）

第 50 辑 孙中山在广州 （1996 年版）

第 51 辑 广州工商经济史料 （第三辑）（1997 年版）

第 52 辑 羊城杏坛忆旧 （1998 年版）

第 53 辑 （1998 年版）

第 54 辑 区、县级市文史精华选 （1998 年版）

征影集——辛雷徐亮兄弟诗文选 （与政协增城市文史资料研究委员会合编,1999 年版）

第 55 辑 （1999 年版）

第 56 辑 天地存肝胆——广州市民主党派史料专辑（1999 年版）

向真理走近一步——罗培元文集 （广州出版社,1999 年版）

第 57 辑 曙光耀羊城·建国初期史料专辑 （上册）（2000 年版）

第 58 辑 广州著名老字号（上册）（2001 年版）

名城明珠黄埔村 （与政协广州市黄埔区文史资料委员会等合编,2001 年版）

第 59 辑 回忆广州儿童剧团 （与政协广州市荔湾区学习和文史资料委员会合编,2002 年版）

第 60 辑 曙光耀羊城·建国初期史料专辑（下册）（2002 年版）

第 61 辑 广州老字号（下册）（2003 年版）

第 62 辑 （2004 年版）

第 63 辑 （2005 年版）

第 64 辑 南华烽火——纪念抗日战争胜利六十周年专辑 （2006 年版）

第 65 辑 跨越时空的深情——广州市政协陈开枝主席五十次赴广西百色扶贫纪实 （花城出版社,2006 年版）

第 66 辑 委员风采专辑 （广州出版社,2007 年版）

第 67 辑 广州市政协历届主席、副主席专辑（一）（广州出版社,2008 年版）

第 68 辑 名人故居专辑

第 69 辑 改革开放三十周年纪念文选 （广州出版社,2008 年版）

文史丛书 政协广东省广州市委员会文史资料研究委员会编,广东人民出版社出版。

之一 纪念辛亥革命七十周年史料专辑（上、下册）（1981 年版）

广州文史资料存稿选编 （共十卷） 政协广东省广州市委员会学习和文史资料委员会编,中国文史出版社,2008 年版。

第 1—5 卷 军政类

第 2—7 卷 文化教育类

第 8 卷 经济类

第 9 卷 社会类

第 10 卷 华侨宗教类

越秀区

越秀文史 政协广东省广州市越秀区委员会学习文史委员会编印,32 开书型,不定期,内部交流或公开发行。

越秀山风采(旅游丛书)（花城出版社,1987 年）

第 1 辑 （1988 年）

第 2 辑 庆祝人民政协成立四十周年 （1989 年）

第 3 辑 （1991 年）

第 4 辑 当代越秀的卫生事业 （1993 年）

第 5 辑 （1993 年）

第 6 辑 （1995 年）

第 7 辑 （1997 年）

第 8 辑 （1998 年）

越秀荟萃(五册)（花城出版社,1999 年版）

第 9 辑 光辉的历程——纪念中国共产党成立八十年专辑 （2001 年）

东山文史 政协广东省广州市东山区委员会学习文史资料委员会编印,32 开书型,不定期,内部交流。

第 1 辑 （1991 年）

第 2 辑　（1992 年）

东山区政协志(1950—1992)（1993 年）

第 3 辑　（1994 年）

第 4 辑　（1995 年）

第 5 辑　（1997 年）

荔湾区

荔湾文史　政协广东省广州市荔湾区委员会文史资料研究委员会编印,32 开书型,不定期,内部交流或公开发行。

第 1 辑　选辑　（1987 年）

第 2 辑　（1990 年）

第 3 辑　（1991 年）

第 4 辑　荔湾风采　（广东人民出版社,1996 年版）

回忆广州儿童剧团　（暨《广州文史》第 59 辑,广东人民出版社,2002 年版）

芳村文史　政协广东省广州市芳村区委员会文史资料委员会编印,32 开书型,不定期,内部交流。

第 1 辑　（1988 年）

第 2 辑　（1989 年）

第 3 辑　（1990 年）

第 4 辑　（1991 年）

第 5 辑　（1994 年）

第 6 辑　（1998 年）

第 7 辑　（1999 年）

第 8 辑

海珠区

海珠文史　政协广东省广州市海珠区委员会学习文史工作委员会编印,32 开书型,不定期,内部交流。

第 1 辑　（1986 年）

第 2 辑　（1988 年）

第 3 辑　广州河南一百五十年来大事拾贝专刊(1841 年—1949 年)（1990 年）

第 4 辑　（1991 年）

第 5 辑　专辑　（1992 年）

第 6 辑

第 7 辑

海珠文史专刊

第 8 辑　（1997 年）

第 9 辑

第 10 辑

第 11 辑

第 12 辑

第 13 辑

第 14 辑　（2004 年）

天河区

天河文史　政协广东省天河县委员会《天河文史》编委会编印,32 开书型,不定期,内部交流。

总第 1 期　（1989 年）

总第 2 期　党的光辉耀天河　（1991 年）

总第 3 期　（1992 年）

总第 4 期　（1995 年）

总第 5 期　（1996 年）

总第 6 期　（1997 年）

总第 7 期　（2000 年）

总第 8 期

总第 9 期　潘达微与黄花岗　（2008 年）

白云区

白云文史资料(穗郊文史、白云文史)　政协广东省广州市白云区委员会文史委员会编印,32 开书型,不定期,内部交流或公开发行。

第 1 辑　（1986 年）

第 2 辑　（改现名）（1987 年）

第 3 辑　（1988 年）

第 4—5 辑　（1989 年）

第 6 辑　（1991 年）

第 7 辑　（1992 年）

第 8 辑　（1993 年）

第 9 辑　（1994 年）

第 10 辑　抗日专辑　（1995 年）

广州抗战纪实　（暨《广州文史》第 48 辑,广东人民出版社,1995 年版）

第 11 辑　（改名）　白云名人录　（1996 年）

第 12 辑　白云风物　（1997 年）

第 13 辑　（改现名）（1999 年）

第 14 辑

第 15 辑

第 16 辑

第 17 辑　（2005 年）

第 18 辑　（2006 年）

黄埔区

黄埔文史　政协广东省广州市黄埔区委员会文史资料委员会编印,32 开书型,不定期,内部交流。

第 1 辑　（1985 年）

第 2 辑　（1986 年）

第 3 辑　（1987 年）

第 4 辑　（1988 年）

第 5 辑 （1989 年）
第 6 辑 （1991 年）
第 7 辑 （1994 年）
第 8 辑 （1997 年）
第 9 辑 （2001 年）
第 10 辑 （2002 年）
第 11 辑 黄埔故事 （2004 年）
第 12 辑 黄埔老企业 （2006 年）

番禺区

番禺文史资料 政协广东省番禺区委员会文史委员会编印,32 开书型,不定期,内部交流。
第 1 辑 （1983 年）
第 2 辑 （1984 年）
第 3 辑 （1985 年）
第 4 辑 （1986 年）
禺山兰桂(1986年)
第 5 辑 （1987 年）
第 6 辑 （1988 年）
第 7 辑 （1989 年）
番禺县书目志 （番禺县志丛书）(1989 年)
第 8 辑 （1990 年）
第 9 辑 （1991 年）
第 10 期 （1992 年）
第 11 辑 （1996 年）
第 12 辑 （1998 年）
第 13 辑 （1999 年）
第 14 辑 （2000 年）
第 15 辑 （2001 年）
第 16 辑 番禺旅游资料专辑 （2003 年）
第 17 辑 番禺民间艺术集绵 （2004 年）

花都区

花都文史 （花县文史） 政协广东省花都市委员会文史资料研究委员会编印,32 开书型,不定期,内部交流。
第 1 辑 （1981 年）
第 2 辑 （1982 年）
第 3—4 辑 （1983 年）
第 5 辑 （1984 年）
第 6 辑 第一次国内革命战争时期花县农民运动资料专辑 （1984 年）
第 7 辑 （1985 年）
第 8 辑 花县华侨港澳同胞史料专辑 （1986 年）
第 9 辑 （1986 年）
第 10 辑 （1987 年）
第 11 辑 （1988 年）
特辑 花县政协八年 （1989 年）
第 12 辑 （1990 年）

十载同心——花县政协十周年专辑 （1992 年）
第 13 辑 （改现名）(1993 年)
第 14 辑 （1994 年）
第 15 辑 花县抗日战争文史资料专辑 （1995 年）
第 16 辑 （1996 年）
第 17 辑 农业专辑 （1997 年）
第 18 辑 （1998 年）
第 19 辑 教育专辑 （1999 年）
第 20 辑 林景果专辑 （2000 年）
第 21 辑 （2001 年）
第 22 辑 人物专辑 （2003 年）
第 23 辑 卫生专辑 （2005 年）
第 24 辑

南沙区

萝岗区

萝岗文史 政协广东省广州市萝岗区委员会学习和文史资料委员会编印,32 开书型,不定期,内部交流。
第 1 辑 （2007 年）
第 2 辑 开拓者的记忆 （2007 年）

增城市

增城文史 政协广东省增城市委员会文史资料研究委员会编印,32 开书型,不定期,内部交流或公开发行。
之一 增城抗日烽火 （抗日战争胜利五十周年纪念选辑）(1987 年)
之二 纪念郭继枚专刊 （1988 年）
增城抗日烽火续集 （1990 年）
增城县历史人物 （1994 年）
挂绿沧桑录 （广西人民出版社,1995 年版）
吴秀峰文集补遗 （1996 年）
征影集 （辛雷徐亮兄弟诗文选）(1998 年)
委员风采 （1999 年）

从化市

从化文史资料 政协广东省从化县委员会学习文史委员会编印,32 开书型,不定期,内部交流。
第 1 辑 （1983 年）
第 2 辑 （1984 年）
第 3 辑 温泉专集 （1985 年）
第 4 辑 抗日战争专辑 （1985 年）
第 5 辑 （1986 年）
第 6 辑 人物志专辑 （1986 年）
第 7 辑 从化县三胞史料专辑 （1987 年）
第 8 辑 黎民表诗选注 （1988 年）

第 9 辑　从化风采　（1989 年）

第 10 辑　武装斗争史料专辑　（1990 年）

第 11 辑　经济建设史料专辑(之一)（1990 年）

第 12 辑　抗灾灭病史料专辑　（1992 年）

第 13 辑　名人作家笔下的从化　（1993 年）

第 14 辑　（1994 年）

第 15 辑　（1995 年）

广州抗战纪实　（暨《广州文史》第 48 辑，广东人民出版社,1995 年版）

第 16 辑　（1996 年）

第 17 辑　（1997 年）

第 18 辑　教育史料专辑　（1999 年）

第 19 辑　萧锦洲楹联集　（2001 年）

第 20 辑　卫生史料专辑　（2002 年）

第 21 辑　矿产资源专辑　（2004 年）

第 22 辑　回忆中央首长及国际名人在广东从化温泉专辑　（2006 年）

第 23 辑　从化三百洞的历史　（2007 年）

第 24 辑　（2007 年）

清远市

清远文史(清远文史资料)　政协广东省清远市委员会学习与文史委员会编印,32 开书型,不定期,内部交流。

第 1 期　清远市港澳侨胞史料专辑　（1989 年）

第 2 期　（1989 年）

第 3 辑　（1990 年）

第 4 辑　（1991 年）

第 5 辑　北伐名将陈可钰将军专辑　（1992 年）

第 6 辑　（1993 年）

第 7 辑　连山壮族史料专辑　（1994 年）

第 8 辑　教育史料　（1994 年）

第 9 辑　（改现名）　连南瑶族文史专辑　（与政协连南瑶族自治县文史委员会合编,1995 年）

第 10 辑　抗战史料专辑　（1995 年）

第 11 辑　（1996 年）

第 12 辑　（1997 年）

第 13 辑　（1998 年）

第 14 辑　（1999 年）

第 15 辑　（2000 年）

第 16 辑　（2001 年）

第 17 辑　（2003 年）

第 18 辑　黄略抗法斗争和革命斗争史专辑　（2005 年）

第 19 辑　（2006 年）

清城区

清远县革命斗争历史资料·清远文史资料　政协广东省清远县委员会文史资料办公室编印,32 开书型,不定期,内部交流。

第 1—5 期　（1979—1982 年）

清远文史资料　政协广东省清远市委员会文史资料编辑委员会编印,32 开书型或 16 开刊型,不定期,内部交流。

第 1 期　（1983 年）

第 2—3 期　（1984 年）

第 4 期　（1985 年）

第 5 期　人物专辑　（1986 年）

第 6 期　清远名胜古迹　（1987 年）

清城政协画册　（1998—2002 年）（2002 年）

清城文史资料　政协广东省清远市清城区委员会文史资料委员会编印,32 开书型,不定期,内部交流。

第 1 辑　（2004 年）

第 2 辑　清城教育之光　（2005 年）

清城建区以来　（1988—2003 年）（2004 年）

港澳台侨胞和社会各界损赠专辑

英德市

英德文史资料(英德文史)　政协广东省英德市委员会文史资料委员会编印,32 开书型,不定期,内部交流。

第 1 辑　（1985 年）

第 2—3 辑　（1986 年）

第 4—5 辑　（1987 年）

第 6 辑　（改现名）（1988 年）

第 1—6 辑合订本(1989 年)

第 7 辑　（1989 年）

第 8 辑　患难见真情——莫雄先生忆述　（1990 年）

莫雄回忆录　（与政协广东省文史资料委员会等合编,广东人民出版社,1991 年版）

第 9 辑　大湾镇专辑　（1992 年）

第 10 辑　浛洸镇专辑　（1995 年）

第 11 辑　英德名胜专辑　（1997 年）

第 12 辑　南方大学校友在英德　（1999 年）

第 13 辑　依稀往事难忘贬英德　（吴健民著,2000 年）

第 14 辑　人杰地灵的黎溪　（2004 年）

第 15 辑　（2005 年）

第 16 辑　（2006 年）

第 17 辑　英德非物质文化遗产专辑　（2007 年）

连州市

连州文史资料(连县文史资料)　政协广东省连县委员会文史资料委员会编印,32 开书型或 16 开刊型,不定期,内部交流。

第 1—2 辑　（1985 年）

第 3—4 辑　（1986 年）

第 5 辑　文理学院附中（粤秀）在东陂专辑　（1987 年）

第6辑 纪念"七七"卢沟桥事变五十周年专辑 (1987年)

第7辑 (1988年)

第8辑 (1989年)

第9—10辑 (1990年)

第11辑 (1991年)

第12辑 连州中学专辑 (1992年)

第13辑 (改现名)(1994年)

第14辑 连州师范专辑 (1994年)

第15辑 连州卫校专辑 (1996年)

第16辑 南大校友在连州专辑 (1996年)

第17辑 (1998年)

第18辑 清连一级公路连州段建设专辑 (1999年)

第19辑 爱国助学,情系连州 (香港王锦辉先生连州助学专辑)(2000年)

第20辑 (2001年)

第21辑 抗战专辑 (2002年)

第22辑 (2003年)

第23辑 胡祖贤专辑 (2004年)

第24辑

第25辑

第26辑 (2006年)

佛冈县

佛冈文史 政协广东省佛冈县委员会文史委员会编印,32开书型,不定期,内部交流。

第1辑 (1984年)

第2—3辑 (1985年)

第4辑 (1986年)

第5辑 佛冈文物专辑 (1986年)

第6辑 (1987年)

第7辑 (1988年)

第8辑 庆祝中华人民共和国、中国人民政治协商会议成立四十周年暨佛冈解放四十周年特辑 (1989年)

第8辑 (总第9辑)(1991年)

总第10辑

第9辑 (总第11辑)(1994年)

第10辑 (总第12辑) 大庙峡 (1998年)

第11辑 (总第13辑)(1999年)

第12辑 (总第14辑)(2001年)

第13辑 (总第15辑)

阳山县

阳山文史 政协广东省阳山县委员会文史编辑委员会编印,32开书型,铅印,不定期,内部交流。

第1辑 (1985年)

第2辑 (1985年)

第3—4辑 (1986年)

第5辑 (1987年)

第6辑 (1988年)

第7辑 (1989年)

第8辑 (1991年)

第1—8辑 修改合订本 (1993年)

韩愈与阳山 (李世亮著,1994年)

第9辑 (1999年)

专辑 人生掠影 (罗水钦著,1997年)

第10辑 (2003年)

第11辑 (2006年)

第12辑 (2007年)

清新县

清新文史 政协广东省清新县委员会文史资料委员会编印,32开书型,不定期,内部交流。

第1辑

第2辑

连山壮族瑶族自治县

连山文史 (连山文史资料) 政协广东省连山壮族瑶族自治县委员会文史和学习委员会编印,32开书型,不定期,内部交流。

第1—2辑 (1985年)

第3辑 (1986年)

第4辑 (1987年)

第5辑 (1988年)

第6辑 (1989年)

第7辑 (1990年)

第8辑 (1991年)

第9辑 (1993年)

第10辑 (1995年)

1—10辑选编合订本 (1996年)

第11辑 (改现名)(1997年)

第12辑 (1998年)

第13辑 吉田古今 (1999年)

第14辑 文博专辑 (2000年)

第15辑 太保沧桑 (2001年)

第16辑 (2002年)

第17辑 文博专辑 (2003年)

第18辑 永和春秋 (2004年)

第19辑 上帅风韵 (2005年)

第20辑 古往今天话福堂 (2006年)

第21辑 马头山下的岁月 (2008年)

连南瑶族自治县

连南文史 (连南文史、连南文史资料) 政协广东省连南瑶族自治县委员会文史资料委员会编印,32开书型,不定期,内部交流。

第 1—2 辑 （1985 年）

第 3 辑 （1986 年）

第 4 辑 （改名） 连南瑶族自治县成立三十五周年 （1987 年）

第 5 辑 排瑶史料专辑 （1988 年）

第 6 辑 （1989 年）

第 7 辑 （1990 年）

第 8 辑 （1992 年）

第 9 辑 （1993 年）

第 10 辑 （改现名）（1996 年）

第 11 辑 水利水电专辑 （2001 年）

第 12 辑

第 13 辑

第 14 辑

第 15 辑 （2006 年）

韶关市

韶关文史资料 政协广东省韶关市委员会文史和学习委员会编印,32 开书型,不定期,内部交流或公开发行。

第 1·2 辑 （1983 年）

第 3 辑 （1984 年）

第 4—6 辑 （1985 年）

第 7 辑 （1986 年）

第 8 辑 纪念孙中山诞辰一百二十周年、北伐战争六十周年专辑 （1986 年）

第 9 辑 （1987 年）

第 10 辑 纪念"七七"卢沟桥事变五十周年专辑 （1987 年）

第 11 辑 （1988 年）

第 12 辑 （1988 年）

第 13 辑 （1989 年）

第 14 辑 庆祝人民政协成立四十周年、韶关解放四十周年专辑 （1989 年）

第 15 辑 （1990 年）

挥戈跃马满征尘——张发奎将军北伐抗战纪实 （广东人民出版社,1990 年版）

第 16 辑 （1991 年）

第 17 辑 襄公风采誉神州 （1992 年）

第 18 辑 （1992 年）

第 19 辑 纪念志愿军出国作战四十周年 （1993 年）

第 20 辑 （1994 年）

第 21 辑 （1995 年）

第 22 辑 （1996 年）

第 23 辑 南大校友在韶关 （1997 年）

第 24 辑 （1998 年）

第 25 辑 （1999 年）

第 26 辑 （2000 年）

第 27 辑 粤北采荣戏概述专辑 （2001 年）

第 28 辑 （2002 年）

浈江区

武江区

曲江区

曲江文史 （曲江文史、曲江文史资料选辑） 政协广东省曲江县委员会文史委员会办公室编印,32 开书型,不定期,内部交流。

第 1 辑 （1982 年）

第 2—3 辑 （1983 年）

第 4—5 辑 （改名）（1984 年）

第 6 辑 （1984 年）

第 7—8 辑 （1985 年）

第 9 辑 （1986 年）

第 10—11 辑 （1987 年）

第 12—13 辑 （1988 年）

第 14 辑 （改现名）（1989 年）

第 15 辑 （1990 年）

第 16 辑 抗美援朝专辑 （1990 年）

第 17 辑 （1991 年）

第 18 辑 （1992 年）

第 19 辑 （1993 年）

第 20 辑 （1995 年）

第 21 辑 农业专辑 （1999 年）

乐昌市

乐昌文史 政协广东省乐昌市委员会文史与学习委员会编印,32 开书型,不定期,内部交流。

第 1 辑 （1985 年）

第 2—3 辑 （1986 年）

第 4 辑 （1987 年）

第 5 辑 （1988 年）

第 6 辑 （1989 年）

第 7 辑 （1990 年）

第 8 辑 （1991 年）

第 9 辑 （1993 年）

第 10 辑 （1994 年）

第 11 辑 抗日战争中的薛岳 （1995 年）

第 12 辑 （1996 年）

第 13 辑 乐昌茶话 （茶叶专辑）（1997 年）

第 14 辑 教育专辑 （1998 年）

第 15 辑 （1999 年）

第 16 辑 南大校友在乐昌专辑 （2000 年）

第 17 辑 （2001 年）

第 18 辑　乐昌市政协志　（2002 年）
第 19 辑　大山情怀　（2003 年）
第 20 辑　浮生幸遇　（2004 年）
第 21 辑　建言献策立论　（2005 年）
第 22 辑　雅石诗韵　（2006 年）
第 23 辑　乐昌公主　（2007 年）

南雄市

南雄文史资料　（南雄文史）　政协广东省南雄县委员会文史资料研究委员会编印,32 开书型,不定期,内部交流。
第 1 辑　（1984 年）
第 2—3 辑　（1985 年）
第 4—5 辑　（1986 年）
第 1—5 辑合订本　（1990 年）
第 6 辑　（改现名）（1987 年）
第 7 辑　（1988 年）
第 8 辑　（1989 年）
第 9 辑　（1990 年）
第 10 辑　南雄人民革命史料选编（上、下）（1990 年）
第 11 辑　（1991 年）
第 12 辑　梅岭古今　（1992 年）
第 13 辑　古瓷考略　（1993 年）
第 14 辑　教育史略　（1993 年）
第 15 辑　南雄珠玑巷南迁氏族谱·志选集　（《珠玑巷丛书》之二,1994 年）
第 16 辑　（1994 年）
第 17 辑　浈凌拾　（罗凯燊著,1995 年）
第 18 辑　珠玑巷古今　（《珠玑巷丛书》之七）（刘兴洲著,1995 年）
第 19 辑　浈凌拾贝　（罗凯燊著,1997 年）
第 20 辑　黎氏源流　（1998 年）

始兴县

始兴文史资料　（始兴文史资料、始兴文史）　政协广东省始兴县委员会文史委员会编印,32 开书型,不定期,内部交流。
第 1—2（改名）辑　（1985 年）
第 3—4 辑　（1986 年）
第 5—6 辑　（1987 年）
第 7 辑　（1988 年）
第 8 辑　纪念张九龄诞辰 1310 周年专辑　（1988 年）
第 9 辑　为了和平——纪念抗美援朝四十周年史料专辑　（1990 年）
挥戈跃马满征尘——张发奎将军北伐抗战纪实　（与政协广东省文史资料委员会合编,广东人民出版社,1990 年版）
第 10 辑　（改现名）（1991 年）
第 11 辑　金叶之路——烟草史料专辑　（1992 年）

客家源与风俗　（广东始兴客家族谊会编,1992 年）
第 12 辑　（1999 年）

仁化县

仁化文史资料　（仁化县文史资料）　政协广东省仁化县委员会文史委员会编印,32 开书型,年刊,内部交流。
第 1 辑　（1984 年）
第 2 辑　（改现名）（1985 年）
第 3 辑　（1986 年）
第 4 辑　（1987 年）
第 5 辑　（1988 年）
第 6 辑　丹霞山专辑　（1989 年）
韶师在仁化　（与中共仁化县委党史研究室合编,1991 年）
第 7 辑　（1991 年）
第 8 辑　水电专辑　（1992 年）
第 9 辑　煤炭专辑　（1993 年）
第 10 辑　林业专辑　（1995 年）
张九龄与梅关　（2006 年）
仁化民俗风情　（2006 年）

翁源县

翁源文史资料　（翁源文史）　政协广东省翁源县委员会学习和文史委员会编印,32 开书型,不定期,内部交流。
第 1—2 辑　（1985 年）
第 3—4 辑　（1986 年）
第 5 辑　（改现名）（1987 年）
第 6 辑　（1988 年）
第 7 辑　解放战争时期史料专辑　（1989 年）
第 8 辑　（1990 年）
文化专辑　（1949—1991）（1991 年）
第 9 辑　教育史料专辑　（1992 年）
第 10 辑　（1997 年）
翁源文史钩沉　（第一卷）

新丰县

新丰文史资料　政协广东省新丰县委员会文史和学习委员会编印,32 开书型,不定期,内部交流。
第 1 期　（1982 年）
第 2 期　（1983 年）
第 3 期　（1984 年）
第 4 期　（1985 年）
第 5—6 期　（1986 年）
第 7 期　（1987 年）
第 8 期　（1988 年）
第 9 期　（1989 年）

第 10 期　（1990 年）
第 11 期　（1991 年）
第 12 期　（1992 年）
第 13 期　（1993 年）
第 14 期　水利水电建设专辑　（1994 年）
第 15 期　纪念抗战胜利五十周年　（1995 年）
第 16 期　公路交通专辑　（1997 年）
第 17 期　改革开放二十年　（1998 年）

乳源瑶族自治县

乳源文史资料　政协广东省南乳源瑶族自治县委员会文史资料委员会编印,32 开书型,不定期,内部交流。
第 1 辑
第 2 辑　（1985 年）
第 3 辑
第 4 辑
第 5 辑
第 6 辑
第 7 辑　云门山大觉禅寺专辑　（1988 年）
第 8 辑　瑶族专辑　（1988 年）
第 9 辑　（1989 年）
第 10 辑　乳源县蚕桑生产发展研讨会专辑　（1991 年）
第 11 辑　（1992 年）
第 12 辑　热烈庆祝乳源瑶族自治县成立三十周年 (1963—1993)（1993 年）

河源市

河源文史　（河源文史资料）　政协广东省河源市委员会河源文史资料编委会编印,32 开书型,不定期,内部交流。
第 1 辑　（1990 年）
第 2 辑　（1991 年）
第 3 辑　（1992 年）
第 4 辑　（1993 年）
第 5 辑　（1994 年）
第 6 辑　（1995 年）
第 7 辑　（1996 年）
第 8 辑　（1997 年）
第 9 辑　（1998 年）
第 10 辑　（1999 年）
第 11 辑　（2000 年）
第 12 辑　（2001 年）
第 13 辑　（2002 年）
第 14 辑　（2004 年）
第 15 辑　（改现名）　教育专辑　（2005 年）
第 16 辑　文化专辑(上、下册)（2006 年）
第 17 辑　医疗卫生专辑　（2007 年）

源城区

源城文史资料　政协广东省河源市源城区委员会文史资料研究委员会编印,32 开书型,不定期,内部交流。
第 1 辑　（1989 年）
第 2 辑　（1991 年）
第 3 辑　（1992 年）
第 4 辑　（1993 年）

紫金县

紫金文史　（文史资料）　政协广东省紫金县委员会文史委员会编印,16 开刊型改 32 开书型,不定期,内部交流。
第 1 期　（1982 年）
第 2 期　（1983 年）
第 3 期　（改现名）（1984 年）
第 4 期　（1985 年）
第 5 期　（1986 年）
第 6 期　（1988 年）
紫金文史专辑　（紫金参考资料）（刘尔题著,1988 年）
第 7 辑　（1989 年）
第 8 辑　（1990 年）
第 9 辑　（1991 年）
第 10 辑　（1992 年）
第 11 辑　（1993 年）
紫金姓氏通志(丛书)（2004 年）

龙川县

龙川文史　政协广东省龙川县委员会文史委员会编印,32 开书型或 16 开刊型,不定期,内部交流或公开发行。
第 1 辑　（1985 年）
第 2 辑　（1986 年）
第 3 辑　（1987 年）
第 4 辑　（1988 年）
第 5 辑　（1989 年）
第 6 辑　（1990 年）
第 7 辑　广东历史文化名城——龙川陀城　（1991 年）
第 8 辑　九十忆旧　（张道隆著,1991 年）
第 9 辑　（1991 年）
第 10 辑　李永川诗集　（1992 年）
第 11 辑　故乡情　（1992 年）
第 12 辑　卫生专辑　（1992 年）
第 13 辑　（1992 年）
第 14 辑　华人"三胞"专辑　（1993 年）
第 15 辑　（1994 年）

第 16 辑 龙川姓氏渊源(上)(1995 年)
第 17 辑 (1996 年)
第 18 辑 龙川人物录 (1997 年)
第 19 辑 (1998 年)
第 20 辑 名胜专辑 (1999 年)
第 21 辑 回忆与怀念 (张克明著,2000 年)
第 22 辑 (2001 年)
龙川政协(2002 年)
第 23 辑 (2003 年)
第 24 辑 龙川人物风采 (龙川文史专辑)(2005 年)
第 25 辑 龙川政协 (第七届政协委员纪念册)(2006 年)
第 26 辑 龙川地名探微 (龙川文史专辑)(中国文化出版社,2006 年版)
全球龙川成功人士宝典(第一卷)(华夏出版社出版)
赵佗归汉 (文学剧本)(华夏出版社)
龙腾商海——讲述龙川民营企业家春天的故事
第 27 辑 (2007 年)

连平县

连平文史 政协广东省连平县委员会文史委员会编印,32 开书型,不定期,内部交流。
第 1 辑 (1986 年)
第 2 辑 (1987 年)
第 3 辑 (1988 年)
第 4 辑 (1989 年)
第 5 辑 (1990 年)
第 6 辑 (1991 年)
第 7 辑 (1992 年)
第 8 辑 (1993 年)
第 9 辑 (1997 年)
第 10 辑 (2000 年)
第 11 辑 (2003 年)
第 12 辑 (2006 年)

和平县

和平文史 政协广东省和平县委员会文史资料研究委员会编印,32 开书型,不定期,内部交流。
第 1 辑 (1985 年)
第 2—3 辑 (1986 年)
第 4 辑 (1988 年)
增刊 (总第 5 辑) 徐傅霖史料专辑 (1987 年)
第 5 辑 (总第 6 辑) 抗战史料专辑 (1988 年)
第 6 辑 (总第 7 辑)(1990 年)
第 7 辑 (1991 年)
第 8 辑 (1992 年)
第 9 辑 (1993 年)
第 10 辑 (1994 年)

第 11 辑 (1995 年)
第 12 辑 (1998 年)
第 13 辑 (1998 年)
第 14 辑 纪念和平县解放五十周年专辑 (1999 年)
第 15 辑 (2000 年)
第 16 辑 风物篇 (2001 年)
纪念黄汉廷将军专辑

东源县

东源文史 (河源文史) 政协广东省东源县委员会文史资料研究委员会编印,32 开书型,不定期,内部交流或公开发行。
第 1 辑 (1984 年)
第 2 辑 (1985 年)
第 3 辑 (1986 年)
第 4 辑 (1987 年)
第 5 辑 (1989 年)
第 6 辑 (1990 年)
第 7 辑 革命者的情怀——记革命老人张华基 (东源当代人物实录之一)(1993 年)
第 8 辑 热土——广东东源县人物卷 (军事谊文出版社,1995 年版)
第 9 辑 (改现名)(1995 年)
民歌专辑
第 10 辑 (1998 年)
第 11 辑 (2000 年)
情暖侨校(侨乡专辑)(2002 年)
第 12 辑 旅游专辑 (2002 年)
第 13 辑 旅游专辑 (2002 年)
第 14 辑 交通专辑 (2006 年)

梅州市

梅州文史 政协广东省梅州市委员会学习和文史资料委员会编印,32 开书型,不定期,内部交流。
第 1 辑 (1988 年)
第 2 辑 庆祝中华人民共和国诞生四十周年暨中国人民政治协商会议成立四十周年专辑 (1989 年)
第 3—4 辑 (1990 年)
第 5 辑 纪念辛亥革命八十周年、太平天国一百四十周年专辑 (1991 年)
第 6 辑 何如璋专辑 (1992 年)
第 7 辑 (1994 年)
纪念林苔棠(1994 年)
第 8 辑 (1995 年)
第 9 辑 纪念抗日战争胜利五十年专辑 (1995 年)
第 10 辑 (1996 年)
第 11 辑 (1997 年)
纪念朱云卿 (与政协梅州市梅江区文史资料委员会

合编,1997年）

第12辑 梅州华侨华人史料选编 （1998年）

第13辑 南大校友在梅州 （1999年）

梅州文史资料汇编 （2000年）

回忆粤东起义 （与中共梅州市委党史研究室合编,1999年）

第14辑 （2000年）

求真之路——梅州市政协主席何万真文采 （2000年）

第15辑 孙中山与梅州 （2001年）

科技骄子——梅州籍自然科学高级人才信箱汇编（第一辑）（2001年）

廖安祥纪念文集 （2002年）

第16辑 （2003年）

梅州市政协港澳委员风采

梅州市政协成立十周年

第17辑

发展中的嘉应学院 （2004年）

情系梅州——魏潘尧影集 （2004年）

第18辑

第19辑

第20辑

第21辑

山区发展与探索——梅州市政协主席魏潘尧文集（2007年）

梅江区

梅江文史 政协广东省梅州市梅江区委员会文史资料研究委员会编印,4开4版报型不定期,内部交流。

第1—2期 （1990年）

第3—5期 （1991年）

梅江文史资料 （梅江文史） 政协广东省梅州市梅江区委员会文史资料委员会编印,32开书型,不定期,内部交流。

第1辑

第2辑 三角镇专辑 （1994年）

第3辑 （改现名）金山办事处专辑 （1995年）

纪念朱云卿 （与政协梅州市学习文史委员会合编,1997年）

余立诗文选集 （1998年）

政协委员·议政篇

政协委员·风采篇

梅江史话 （2005年）

兴宁市

兴宁文史 政协广东省兴宁市委员会文史资料研究委员会等编印,32开书型,不定期,内部交流或公开发行。

第1辑 （1981年）

第2辑 （1982年）

第3—4辑 （1984年）

第5辑 （1985年）

兴宁县政协征集文史资料参考选题及《兴宁文史》1—5辑索引 （1986年）

第1—5辑合订本 （1995年）

第6—7辑 （1986年）

第8—9辑 （1987年）

第10辑 何天炯先生纪念专辑 （1988年）

第6—10辑合订本 （2002年）

第11辑 罗翼群专辑 （1988年）

第12辑 （1989年）

第13辑 罗香林教授专辑 ①（1989年）

第14辑 （1990年）

李浩之文存(上、下)（1990年）

第15辑 海外专辑之一 （1991年）

第16辑 （1992年）

《兴宁文史》第1—16辑目录汇编 （1992年）

第17辑 胡曦晓岑专辑 （1993年）

第18辑 宗教专辑 （1994年）

第19辑 （1995年）

第20辑 政协港澳委员风采 （1995年）

第21辑 罗斧月专辑 （1996年）

第22辑 （1997年）

第23辑 罗蔼其 （世界华人出版社,1998年版）

第24辑 光辉的历程——兴宁市纪念中国人民政治协商会议成立五十周年专辑 （1999年）

第25辑 兴宁市荣誉市民 （2000年）

第26辑 （2001年）

一代画师 （王立纪念文集）（2001年）

钟钢城钢笔画选 （2002年）

第27辑 客家研究导论 （《罗香林专辑》 ②）（2003年）

第28辑 （2004年）

文史情结 （罗康著,2004年）

第29辑 李洁之文选 （2005年）

兴宁市政协志(1955—2005)（2006年）

第30辑 粤东之风(《罗香林专辑》 ③)（2007年）

第31辑 （2007年）

第32辑 兴宁先贤丛书选录(一)（2008年）

《兴宁文史》第1—32辑目录汇编 （2008年）

梅县

梅县文史资料 （梅县文史资料、梅县市文史资料）政协广东省梅县委员会学习文史委员会编印,32开书型,不定期,内部交流。

第1—2辑 （1982年）

第3—4辑 （1983年）

第5—6辑 （1984年）

合订本第一册(1—5辑)(1990年)

第7辑 （1985年）

第8—10辑 （1986年）

纪念邓仲元将军活动专辑 （1986年）

合订本第二册(6—10辑)(1993年)

第11辑 （改名）(1987年)

第12辑 邹韬奋来梅四十五周年纪念专辑 （1987年）

第13(改现名)—14辑 （1988年）

第15辑 松口专辑 （1989年）

第16辑 （1989年）

第17—18辑 （1990年）

第19辑 （1991年）

第20辑 纪念辛亥革命八十周年史料专辑 （1991年）

第21辑 （1991年）

第22辑 雁洋镇专辑 （1992年）

第23辑 石扇镇专辑 （1992年）

第24辑 程江乡专辑 （1992年）

第25辑 （1993年）

第26辑 隆文镇专辑 （1993年）

第27辑 城东镇专辑 （1994年）

抗战时期的梅县——纪念抗日战争胜利五十周年专辑（1995年）

张学基文集 （1995年）

第28辑 （1993年）

第29辑 梅县将帅录(第一卷)（1997年）

第30辑 （1999年）

委员风采专辑 （1999年）

第31辑 梅县将帅录(第二卷)（2001年）

第32辑 纪念叶剑英元帅诞辰一百零五周年 （2002年）

第33辑 为妇女鼓与呼(第一集)（王希明著,2003年）

第34辑 梅县风情(2004年)

第35辑 为妇女鼓与呼(第二集)（王希明著,2003年）

第36辑 （2004年）

大埔县

大埔文史 政协广东省大埔县委员会学习和文史委员会编印,32开书型,不定期,内部交流。

第1辑 （1984年）

第2—3辑 （1985年）

第4辑 （1986年）

第5辑 何如璋特辑 （1986年）

第6—7辑 （1987年）

第8辑 （1989年）

第9辑 （1990年）

第10辑 （1991年）

第11辑 （1992年）

第12辑 （1994年）

第13辑 （1995年）

第14辑 （1996年）

第15辑 （1997年）

第16辑 （1998年）

第17辑 （1999年）

第18辑 （2000年）

第19辑 （2001年）

第20辑 （2002年）

第21辑 （2003年）

第22辑 （2004年）

第23辑 四名(名人、名史、名居、名寺)专辑 （2005年）

第24辑 （2006年）

第25辑 （2007年）

第26辑 （2008年）

丰顺县

丰顺文史 政协广东省丰顺县委员会文史委员会编印,32开书型,不定期,内部交流。

第1辑

第2辑

第3—4辑 （1991年）

第5辑 （1992年）

第6辑 （1993年）

第7辑 （1995年）

第8辑 （1996年）

第9辑 香港回归专辑 （1997年）

第10辑 泰国丰顺会馆新馆落成揭幕纪念特刊（1998年）

第11辑 （2000年）

第12辑 （2003年）

五华县

五华文史 政协广东省五华县委员会文史资料委员会编印,32开书型,不定期,内部交流。

第1辑 （1985年）

第2—4辑 （1986年）

第5辑 （1987年）

第6辑 （1988年）

五华工商史料专辑 （1988年）

第7—8辑 （1989年）

第9辑 球王李惠堂专辑 （1990年）

第10辑 （1991年）

第11辑

第12辑

第 13 辑
第 14 辑
第 15 辑
第 16 辑
第 17 辑
第 18 辑
第 19 辑
第 20 辑　五华文化　（2005 年）

平远县

平远文史　政协广东省平远县委员会文史资料编辑委员会编印，32 开书型，不定期，内部交流。
第 1 辑　（1986 年）
第 2 辑　（1987 年）
第 3 辑　（1988 年）
第 4 辑　（1989 年）
第 5 辑　仁居专辑　（1990 年）
第 6 辑　姚雨平　（1991 年）
第 7 辑　平远风貌专辑　（1992 年）
第 8 辑　吴三立专辑　（1995 年）
第 9 辑　平远人物专辑一　（1998 年）
第 10 辑　庆祝人民政协成立五十周年专辑　（1999 年）
第 11 辑　林业专辑　（2002 年）
第 12 辑　世界客属名贤程旼　（2003 年）
第 13 辑　援外专辑　（2005 年）

蕉岭县

蕉岭文史　政协广东省蕉岭县委员会文史委员会编印，32 开书型，或 16 开刊型，不定期，内部交流。
第 1 辑　（1985 年）
第 2—3 辑　（1986 年）
第 4 辑　（1987 年）
第 5 辑　（1988 年）
蕉岭政协志(1988 年)
第 6 辑　庆祝中华人民共和国诞生、中国人民政协成立四十周年专辑　（1989 年）
第 7 辑　（1990 年）
第 8 辑　纪念抗日英雄谢晋元烈士殉难五十周年专辑（1991 年）
第 9 辑　华人"三胞"在蕉岭捐办公益事业项目专辑（1992 年）
第 10 辑　纪念抗日复台志士罗福星专辑　（1993 年）
第 11 辑　改革春风沐蕉阳(1994 年)
第 12 辑　新铺镇专辑　（1995 年）
第 13 辑　纪念蕉岭县政协成立三十五周年专辑（1996 年）
第 14 辑　（1997 年）

第 15 辑　蕉岭五十年　（1949—1991）（1999 年）
第 16 辑　（2000 年）
第 17 辑　（2001 年）
第 18 辑　（2004 年）

潮州市

潮州文史资料　政协广东省潮州市委员会文史编辑组编印，32 开书型，不定期，内部交流或公开发行。
第 1—2 辑　（1984 年）
第 3—4 辑　（1985 年）
第 5 辑　（1986 年）
第 6 辑　（1987 年）
第 7 辑　华侨资料专辑之一　（1988 年）
第 8 辑　（1989 年）
第 9 辑　华侨资料专辑之二　（1990 年）
第 10 辑　（1991 年）
第 11 辑　（1993 年）
第 12—13 辑　（1994 年）
第 14—15 辑　（1995 年）
第 16 辑　（1996 年）
第 17 辑　（1997 年）
第 18 辑　（1998 年）
文史资料汇编　（1984—1998）（1999 年）
第 19 辑　（1999 年）
潮汕旅游·潮州卷(潮汕旅游丛书)（香港天马图书有限公司,2000 年版）
第 20 辑　（2000 年）
读东观书室诗草　（黄际清著,潮州诗社,2001 年）
第 21 辑　（2001 年）
第 22 辑　（2002 年）
文史资料汇编(续编)（1999.12—2001.12）（2002 年）
第 23 辑　（2003 年）
第 24 辑　（2004 年）
第 25 辑　（2005 年）
第 26 辑　（2006 年）
农器集　（陈两浩编著,香港天马图书有限公司,2006 年版）
第 27 辑　（2007 年）

湘桥区

潮安县

潮安文史　政协广东省潮安县委员会文史委员会编印,32 开书型,不定期,内部交流。
第 1 辑　（1996 年）
第 2 辑　（1997 年）
第 3 辑　（1998 年）

第 4 辑　（1999 年）
第 5 辑　（2000 年）
第 6 辑　（2001 年）
第 7 辑　（2002 年）
第 8 辑　（2003 年）
第 9 辑　（2004 年）
龙湖赛文化史谭　（2005 年）
第 10 辑　（2006 年）
第 11 辑　（2007 年）
第 12 辑　（2008 年）

饶平县

饶平文史　政协广东省饶平县委员会《饶平文史》编辑组编印,32 开书型或 16 开刊型,不定期,内部交流。
第 1 辑　张竞生博士纪念专辑　（1984 年）
第 2 辑　饶平乡土　（1985 年）
第 3 辑　纪念丁未潮州黄岗起义专辑　（1987 年）
1987 年第 1 辑　（总第 4 辑）
1988 年第 1 辑　（总第 5 辑）　张竞生文选
1988 年第 2 辑　（总第 6 辑）　张竞生博士诞辰一百周年纪念专辑
1989 年第 1 辑　（总第 7 辑）　饶平古今诗词选
总第 8 辑　当代饶平海外闻人录　（1990 年）
总第 9 辑　当代饶平海外闻人录·续录　（1992 年）
第 10 辑　文化艺术专辑　（1996 年）

汕头市

汕头文史　政协广东省汕头市委员会文史和学习委员会编印,16 开刊型改 32 开书型或 4 开刊型,不定期,内部交流或公开发行。
第 1 辑　（1983 年）
第 2 辑　（1985 年）
第 3 辑　（1986 年）
第 4 辑　（1987 年）
第 5 辑　（1988 年）
第 6 辑　（1989 年）
第 7 辑　汕头解放记事　（1989 年）
第 8 辑　海外潮人史料专辑　（1990 年）
第 9 辑　潮汕教育述往　（1991 年）
第 10 辑　（1991 年）
铁岭兰香——张华云文艺作品撷拾　（与政协普宁县文史资料委员会合编,1992 年）
第 11 辑　潮汕文化丛拾　（1992 年）
第 12 辑　科技英才——旅外潮籍科技人物（一）（1994 年）
潮商俊彦　（暨《广东文史资料》第 76 辑,广东人民出版社,1994 年版）
第 13 辑　（1995 年）

第 14 辑　科技英才——旅外潮籍科技人物（二）（1996 年）
第 15 辑　汕头民营企业家风采录（1998 年）
第 16 辑　（1998 年）
翰墨飘香——中华人民共和国建立五十周年暨人民政协成立五十周年纪念（画册）（1999 年）
潮汕旅游·汕头卷（潮汕旅游丛书）（香港天马图书有限公司,2000 年版）
汕头政协五十年　（1950—2000）（2001 年）
汕头体育老照片　（香港天马图书有限公司,2001 年版）
第 17 辑　（2002 年）
汕头城市山水　（方烈文主编,香港天马图书有限公司,2003 年版）
红头船的故乡——樟林古港　（与政协汕头市澄海区文史资料委员会合编,香港天马图书有限公司,2004 年版）
岭海风骚——汕头市政协岭海诗社十九周年、岭海丝竹社十八周年、岭海翰墨社十七周年纪念（画册）（2004 年）
第 18 辑　南方大学校友在潮汕（2005 年）
潮汕名人与故居　（第一辑）（2006 年）
第 19 辑　（2007 年）

金平区

升平文史　政协广东省汕头市升平区委员会文史委员会编印,16 开刊型,不定期,内部交流。
创刊号　潮汕善堂专辑（1）（1996 年）
善堂春秋　（2007 年）

濠江区

龙湖区

龙湖文史　政协广东省汕头市龙湖区委员会学习文史委员会编印,32 开书型,不定期,内部交流。
第 1 辑　（2001 年）

潮阳区

潮阳文史　政协广东省潮阳县委员会《潮阳文史》编辑委员会编印,32 开书型,不定期,内部交流。
第 1 辑　（1986 年）
第 2 辑　（1987 年）
第 3 辑　纪念蔡楚生专辑　（1988 年）
第 4 辑　（1988 年）
第 5 辑　人民政协四十年纪念专刊　（1989 年）
第 6 辑　（1990 年）
第 7—8 辑　（1991 年）

第 9 辑　（1992 年）

第 10 辑　（1993 年）

第 11 辑　（1994 年）

第 12 辑　（1995 年）

第 13 辑　（1996 年）

第 14 辑　（1997 年）

第 15 辑　（1998 年）

第 16 辑　纪念人民政协成立五十周年特刊　（1999 年）

第 17 辑　（2000 年）

第 18 辑　（2001 年）

第 19 辑　（2002 年）

第 20 辑　（2004 年）

第 21 辑　（2007 年）

潮南区

潮南文史　政协广东省汕头市潮南区委员会文史委员会编印,32 开书型,不定期,内部交流。

第 1 辑　（2004 年）

澄海区

澄海文史资料　政协广东省澄海县委员会文史资料委员会编印,32 开书型,不定期,内部交流或公开发行。

第 1 辑　（1987 年）

第 2 辑　（1988 年）

第 3—4 辑　（1989 年）

第 5—6 辑　（1990 年）

第 7—8 辑　（1991 年）

第 9 辑　（1992 年）

第 10 辑　人民的公仆—纪念许士杰同志专辑　（1992 年）

第 11 辑　（1993 年）

第 12 辑　涂城春秋　（1994 年）

第 13 辑　莲花山　（1994 年）

第 14 辑　不愿做奴隶的人们——澄海人民抗战纪实 （1995 年）

第 15 辑　谢易初先生诞辰一百周年纪念特辑　（广东人民出版社,1996 年版）

第 16 辑　（1997 年）

第 17 辑　（1998 年）

第 18 辑　旅游专辑　（1999 年）

第 19 辑　澄海中学校史资料特辑——纪念澄海中学建校八十五周年　（2000 年）

第 20 辑　（2001 年）

红头船的故乡——樟林古港　（与政协汕头市学习和文史委员会合编,香港天马图书有限公司,2004 年版）

达信大帝　（与潮汕历史文化研究中心合编,公元出版有限公司,2004 年版）

第 21 辑　（2008 年）

南澳县

南澳文史　政协广东省南澳县委员会文史委员会编印,32 开书型,不定期,内部交流。

第 1 辑　海峡两岸专辑　（1991 年）

第 2 辑　（1994 年）

第 3 辑　《海上丝绸之路与潮汕文化》学术研讨会选辑　（1995 年）

第 4 辑　（2000 年）

揭阳市

揭阳文史　政协广东省揭阳市委员会文史学习委员会编印,32 开书型,铅印,不定期,内部交流或公开发行。

第 1 辑　揭阳市名胜古迹专辑　（1993 年）

第 2 辑　揭阳古代名人物录　（1994 年）

第 3 辑　土地改革和农业合作化专辑　（1996 年）

第 4 辑　港澳政协委员风采　（1997 年）

潮汕旅游·揭阳卷　（潮汕旅游丛书之一,香港天马图书有限公司,2000 年版）

榕城区

揭阳文史　政协广东省揭阳县委员会文史编辑部编印,32 开书型,不定期,内部交流。

第 1—3 集　（1985 年）

第 4—5 集　（1986 年）

第 6—7 集　（1987 年）

第 8—9 集　（1988 年）

第 10 集　（1990 年）

第 11 集　纪念揭阳解放四十周年专辑　（1989 年）

第 12 集　（1990 年）

第 13 集　揭阳工商经济史料专辑(上)（1991 年）

第 14 集　（1991 年）

榕城文史　政协广东省揭阳市榕城区委员会文史编辑部编印,32 开书型,不定期,内部交流。

第 1 集　工商经济史料专辑　（1993 年）

第 2 集　（1994 年）

徐光华文史集　（1994 年）

第 3 集　（1995 年）

紫峰揽胜　（1995 年）

委员风采　（1997 年）

第 4 集　（1998 年）

第 5 集　庆祝人民政协成立五十周年专辑　（1999 年）

广美文史　（黄光启编著,1999 年）

第 6 辑

普宁市

普宁文史 政协广东省普宁市委员会教科文卫体委员会编印,32 开书型或 16 开刊型,不定期,内部交流。

第 1 辑 （1987 年）

第 2 辑 （1988 年）

第 3 辑 （1989 年）

宝刀削发作彩笔——赖少其的生平与艺术成就
（1989 年）

第 4 辑 （1990 年）

第 5 辑 （1991 年）

第 6 辑 普宁华侨史料专辑之一 （1991 年）

第 7 辑 （1992 年）

铁岭兰香——张华云文艺作品撷拾 （与汕头市政协文史资料委员会合编,1992 年）

第 8 辑 普宁华侨史料专辑之二 （1993 年）

第 9 辑 （1994 年）

第 10 辑 洪阳镇专辑 （1995 年）

第 11 辑 （1996 年）

第 12 辑 （1997 年）

第 13 辑 普宁电力 （1998 年）

第 14 辑 政协之声 （1999 年）

第 15 辑 普宁市政协委员风采 （2000 年）

第 16 辑 普宁教育在改革中发展 （2001 年）

第 17 辑 普籍人物选辑 （陈义平编著,2002 年）

第 18 辑 普宁邮政通信发展史 （2003 年）

第 19 辑 （2004 年）

第 20 辑 普宁牌坊 （2005 年）

第 21 辑 普宁风物 （2007 年）

揭东县

揭东文史 政协广东省揭东县委员会揭东文史编辑部编印,32 开书型,不定期,内部交流。

第 1 辑 桑浦山金狮风情录 （胜迹旅游丛书）（1994 年）

第 2 辑

第 3 辑 揭东名人录 （1997 年）

第 4 辑 光辉的足迹

第 5 辑

第 6 辑 谢任爽文集

文人琐事 （王宝树编著）

揭西县

揭西文史 政协广东省揭西县委员会文史资料委员会编印,32 开书型,不定期,内部交流。

第 1 集 （1984 年）

第 2—3 集 （1985 年）

第 4 集 （1988 年）

第 5 集 （1989 年）

第 6 集 （1991 年）

第 7 辑 （1992 年）

第 8 辑 （1993 年）

第 9 辑 揭西名胜 （1994 年）

第 10 辑 揭西古代名人录 （1995 年）

第 11 辑 （1996 年）

第 12 辑 历史文化名镇棉湖专辑 （1997 年）

中国人民政治协商会议广东省揭西县第五届委员会第五次会议文件汇编 （1997 年）

第 13 辑 （1998 年）

第 14 辑 委员风采

第 15 辑 张敦诗文歌曲集

第 16 辑

惠来县

惠来文史 政协广东省惠来县委员会学习文史工作委员会编印,32 开书型或 16 开刊型,不定期,内部交流或公开发行。

第 1 辑 （1988 年）

第 2 辑 （1989 年）

第 3 辑 （1990 年）

第 4 辑 （1992 年）

第 5 辑 （1994 年）

第 6 辑 惠城镇专辑 （1995 年）

惠来政协——纪念惠来县政协设立十五周年（1980—1995）（1995 年）

林世铿传 （詹荣城著,花城出版社,1997 年版）

第 7 辑 委员心声 （1998 年）

第 8 辑 委员风采 （1998 年）

委员诗词选 （1999 年）

惠来县政协志 （2000 年）

惠来政协论文选集 （2002 年）

汕尾市

汕尾文史 政协广东省汕尾市政协委员会学习和文史资料委员会编印,32 开书型或 16 开刊型,不定期,内部交流。

第 1 辑 （1990 年）

第 2 辑 （1991 年）

第 3 辑 华侨史专辑 （1993 年）

第 4 辑 海洋水产史料专辑 （1994 年）

第 5 辑 旅游资源史料专辑 （1995 年）

第 6 辑 文化艺术史料专辑 （1996 年）

第 7 辑 宗教专辑 （1997 年）

第 8 辑 委员风采（1998 年）

同舟共进创辉煌 （庆祝人民政协成立五十周年专

刊)(1949—1999)(1999 年)

 第 9 辑 （2000 年）

 第 10 辑 （李继良主编,2000 年）

 第 11 辑 （李继良主编,2001 年）

 第 12 辑 （李继良主编,2001 年）

 第 13 辑 旅游文化专辑 （李继良主编,2004 年）

 第 14 辑 民俗文化专辑 （李纯良主编,2004 年）

 汕尾政协志(1989—2004)(2005 年)

 第 15 辑 （2005 年）（李继良主编）

 第 16 辑 （2006 年）（李继良主编）

 第 17 辑 （2007 年）（李继良主编）

 第 18 辑 （2008 年）

城区

 汕尾城区文史 政协广东省汕尾市城区委员会文史学习委员会编印,32 开书型,不定期,内部交流。

 第 1 辑 （1998 年）

 第 2 辑 （1999 年）

 第 3 辑

陆丰市

 陆丰文史 政协广东省陆丰市委员会文史资料研究委员会编印,32 开书型或 16 开刊型,不定期,内部交流。

 第 1 辑 （1986 年）

 第 2 辑 （1987 年）

 第 3 辑 （1988 年）

 第 4 辑 （1990 年）

 宝刀削发作彩笔——赖少其的生平与艺术成就

（1989 年）

 第 5 辑 （1991 年）

 第 6 辑 （1993 年）

 第 7 辑 （1994 年）

 第 8 辑 （1995 年）

 第 9 辑 （2000 年）

 第 10 辑 （2003 年）

 陆丰市政协志 （1990—2005）(2005 年)

 第 11 辑 （2006 年）

海丰县

 海丰文史 政协广东省海丰县委员会文史资料研究委员会编印,32 开书型,不定期,内部交流。

 第 1 辑 （1984 年）

 第 2 辑 （1985 年）

 第 3—4 辑 （1986 年）

 第 5 辑 （1987 年）

 第 6 辑 （1988 年）

 第 7 辑 文艺史话专辑 （1989 年）

 第 8 辑 （1991 年）

 第 9 辑 （1992 年）

 第 10 辑 （1993 年）

 第 11 辑 （1994 年）

 第 12 辑

 第 13 辑

 第 14 辑 （1995 年）

 第 15 辑 （1996 年）

 第 16 辑 海丰文史选辑 （1997 年）

 第 17 辑

 第 18 辑

 第 19 辑

 第 20 辑

 第 21 辑

 第 22 辑

 第 23 另

 第 24 辑

 第 25 辑 （2007 年）

陆河县

 陆河文史 政协广东省陆河县委员会文史资料工作委员会编印,32 开书型,不定期,内部交流。

 第 1 辑 粤赣湘边纵队、东一支队、江南地委在河田

（1991 年）

 第 2 辑 （1992 年）

 第 3 辑 （1993 年）

 第 4 辑 （1997 年）

 第 5 辑 （2000 年）

 第 6 辑 （2003 年）

惠州市

 惠州文史 政协广东省惠州市委员会文史资料研究委员会编印,32 开书型,不定期,内部交流。

 第 1 辑 （1989 年）

 第 2 辑 （1990 年）

 第 3 辑 （1991 年）

 第 4 辑 （1992 年）

 第 5 辑 （1993 年）

 第 6 辑 （1994 年）

 第 7 辑 （1995 年）

 惠州文史及其他 （叶伟强等,1999 年）

 第 8 辑 （1997 年）

 第 9 辑 （1999 年）

 第 10 辑 （2000 年）

 第 11 辑 （2002 年）

 苏东坡与惠州 （2004 年）

 罗浮纪事 （第一卷）(2004 年)

 学习与研究 政协与广东省惠州市委员会学习和文史

资料委员会编印,32 开书型改 16 开刊型,不定期,内部交流。

总第 1—7 期

2000 年第 1 期 （总第 8 期）

2002 年第 1 期 （总第 9 期）

2003 年第 1—2 期 （总第 9—10 期）

惠城区

惠城文史 （惠州文史资料、惠城文史资料） 政协广东省惠州市惠城区委员会文史资料研究委员会编印,32 开书型,不定期,内部交流。

第 1 辑 （1986 年）

第 2 辑 （1987 年）

第 3 辑 （1987 年）

第 4 辑 （改名）(1988 年）

第 5 辑 （1989 年）

第 6 辑 （1990 年）

第 7 辑 （1991 年）

第 8 辑 （1992 年）

第 9 辑 （1993 年）

第 10 辑 （1994 年）

第 11 辑 （1995 年）

第 12 辑 （1996 年）

第 13 辑 （1997 年）

第 14 辑 （1998 年）

第 15 辑 （1999 年）

第 16 辑 （2000 年）

第 17 辑 （2001 年）

第 18 辑 （2002 年）

第 19 辑 （2003 年）

第 20 辑 （改现名）(2004 年）

惠州工商史话 （2005 年）

永不忘却——纪念抗日战争胜利六十周年 （2005 年）

第 21 辑 （2006 年）

第 22 辑 （2007 年）

惠城文史丛书 政协广东省惠州市惠城区委员会文史资料委员会编印,32 开书型,内部交流或公开发行。

之一 谈逻辑的应用 （曹石权著,2003 年）

之二 惠州文史琐谈 （林宽著,2005 年）

之三 永不忘却——纪念抗战胜利六十周年 （2006 年）

之四 千古风流苏东坡 （梁大和著,中国文联出版社,2006 年版）

之五 小草堂诗词集 （陈甫著,2006 年）

之六 惠州工商史话 （2005 年）

之七 苏东坡与惠州

之八 廖仲恺和孙中山

之九 不可忘却的创痛——东江人民抗日战争回忆录

惠阳区

惠阳文史资料 政协广东省惠阳市委员会文史资料和农业委员会编印,32 开书型,不定期,内部交流。

第 1 辑 （1987 年）

第 2 辑 （1988 年）

第 3 辑 （1989 年）

第 4 辑 （1990 年）

第 5 辑 （1991 年）

第 6 辑 （1992 年）

第 7 辑 （1993 年）

第 8 辑 （1994 年）

第 9 辑 （1995 年）

第 10 辑 （1996 年）

第 11 辑 （1997 年）

第 12 辑 （2000 年）

第 13 辑 （2005 年）

第 14 辑 （2007 年）

博罗县

博罗文史 政协广东省博罗县委员会文史资料研究委员会编印,32 开书型,不定期,内部交流。

第 1—2 期 （1985 年）

第 3 期 （1986 年）

第 4 期 （1991 年）

第 5 期 （1992 年）

第 6 辑 （1993 年）

第 7 辑 （1994 年）

第 8 辑 水利·电力专辑 （1995 年）

第 9 辑 三胞专辑 （2002 年）

惠东县

惠东文史 政协广东省惠东县委员会文史委员会编印,32 开书型,不定期,内部交流。

第 1 辑 （1987 年）

第 2 辑 （1990 年）

第 3 辑 （1991 年）

第 4 辑 （1992 年）

第 5 辑 （1994 年）

第 6 辑 （1998 年）

第 7 辑 （1999 年）

第 8 辑 （2003 年）

第 9 辑 （2008 年）

龙门县

龙门文史 政协广东省龙门县委员会文史资料委员会

编印,16 开刊型改 32 开书型,不定期,内部交流。

第 1 期 （1986 年）

第 2 期 庆祝蓝田瑶族乡人民政府成立专刊 （1987 年）

第 3 期 （1987 年）

第 4 期 （1989 年）

第 5 期 人民政协成立四十周年纪念专刊 （1989 年）

第 6 辑 （1990 年）

第 7 辑 （1991 年）

第 8 辑 "三胞"专辑 （1992 年）

东莞市

东莞文史 （**东莞文史资料选辑**） 政协广东省东莞市委员会文史资料委员会编印,32 开书型,不定期,内部交流或公开发行。

第 1 期

第 2 期

第 3 期

第 4 期

第 5 期

第 6—7 期 （1985 年）

第 8—9 期 （1986 年）

第 10—11 期 （1987 年）

第 12—13 期 （1988 年）

第 14—15 期 （1989 年）

第 16 期 （1990 年）

第 16 期 增刊 东莞政协简志 （1990 年）

第 17—18 期 （1990 年）

第 19 期 （1991 年）

第 20 期 （1992 年）

第 21 辑 （改现名）(1993 年)

民主先驱李章达 （暨《广东文史资料》专辑,广东人民出版社,1997 年版）

第 22 辑 （1993 年）

第 23 辑 （1995 年）

第 24—25 辑 （1996 年）

第 26 辑 孙中山先生故乡资料专辑 （1997 年）

第 27 期 虎门专辑 （1997 年）

第 28 期 （1998 年）

第 29 期 东莞近百年文化名人专辑 （1998 年）

第 30 期 （1999 年）

琴轩集 （明·陈琏著）(东莞丛书)(2000 年)

第 31 辑

东莞诗录(一)（莞乡丛书）(清·张期淦编著,2001 年)

不蠹斋友人书札 （2002 年）

东莞历史地图集 （2002 年）

张荫麟先生纪念文集 （汉语大辞典出版社,2002 年版）

深圳市

深圳文史 政协广东省深圳市委员会文史和学习委员会编印,32 开书型,不定期,内部交流或公开发行。

第 1 辑 （1999 年）

深港关系史话 （海天出版社,1997 年版）

第 2 辑 （2000 年）

第 3 辑 （2001 年）

第 4 辑 （海天出版社,2002 年版）

第 5 辑 （2003 年）

第 6 辑 （2004 年）

第 7 辑 （2005 年）

学习资料选编之一 （2005 年）

第 8 辑 （海天出版社,2006 年版）

学习资料选编之二 （2006 年）

第 9 辑 （2007 年）

学习资料选编之三 （2007 年）

第 10 辑 南方大学校友在深圳 （2008 年）

第 11 辑 南方大学校友在深圳(续)(2008 年)

深圳,一个城市的奇迹

深圳改革三十年文史演泽

福田区

罗湖区

南山区

宝安区

宝安文史 政协广东省深圳市宝安区委员会文史资料研究委员会编印,32 开书型,不定期,内部交流。

第 1 辑

第 2 辑 （1988 年）

第 3 辑 （1990 年）

第 4 辑

龙岗区

盐田区

珠海市

珠海文史 政协广东省珠海市委员会文史资料委员会编印,32开书型或16开刊型,不定期,内部交流或公开发行。

第1辑 （1982年）

第2辑 （1983年）

纪念容闳专刊 （1983年）

第3辑 （1984年）

苏曼殊诞生一百周年纪念专刊 （1984年）

第4辑 （1986年）

第5辑 （1987年）

容国团——容国团诞辰五十周年纪念 （1987年）

第6辑 容国团资料汇编 （1987年）

第7辑 （1988年）

唐绍仪研究论文集 （与暨南大学历史系合编,广东人民出版社,1989年版）

第8辑 （1989年）

第9辑 （1990年）

珠海妇女人物录 （与珠海市妇女联合会合编,1990年）

苏曼殊评传 （李蔚著,社会科学出版社,1990年版）

第10辑 （1991年）

苏曼殊诗集 （马以君笺注,1991年）

广东近现代人物辞典 （广东科技出版社,1992年版）

珠海人物传（上册）（与广东省中山图书结合编,广东人民出版社,1992年版）

珠海人物传（下册）（广东人民出版社,1993年版）

从洋行买办到民族资本家 （与政协珠海市香州区文史委员会合编,1995年）

石溪摩崖书法 （1999年）

容闳与中国近代化 （《容闳与中国近代化》编委会编,珠海出版社,1999年版）

第11辑 （1999年）

凤凰山区革命烈士陵园简介 （与珠海市凤凰山区革命烈士陵园筹建委员会合编,2000年）

珠海历史名人（首卷）（珠海出版社,2001年版）

第12辑 （2001年）

第13—14辑 （2004年）

唐绍仪传 （中华民国第一任内阁总理）（张晓辉等著,珠海出版社,2004年版）

第15辑 （2005年）

第16辑 （2006年）

香洲区

香洲文史资料 政协广东省珠海市香洲区委员会文史资料委员会编印,32开书型,不定期,内部交流。

从洋行买办到民族资本家 （与政协珠海市文史资料委员会合编,1995年）

凤凰山区革命烈士陵园简介 （2000年）

珠海香洲人文胜景（画册）（2000年）

斗门区

斗门文史 政协广东省斗门区委员会文史资料研究委员会编印,32开书型,不定期,内部交流。

第1辑 （1984年）

第2辑 （1985年）

第3辑 （1986年）

第4—5辑 （1987年）

第6—7辑 （1988年）

第8—9辑 （1989年）

第10辑 （1990年）

第11辑 （1990年）

第12辑 （1991年）

第13辑 （1992年）

第14辑 （1993年）

第15辑 （1994年）

第16辑 （1995年）

委员风采

金湾区

中山市

中山文史 （**中山文史资料**） 政协广东省中山市委员会文史资料委员会编印,32开书型,不定期,内部交流或公开发行。

第1辑 中山县解放前的黑暗（1962年）

第2辑 （1964年）

第3辑 （1965年）

第1—3辑选刊 （附《旱年今昔》选刊）（1989年）

第4辑 （复刊号）（1984年）

第5·6辑 （1985年）

第4—5·6辑合刊 （1985年）

第7(改现名)—8·9辑 （1986年）

第7—8·9辑合刊 （1992年）

第10辑 纪念孙中山先生诞辰一百二十周年专辑 （1986年）

第11辑 （1987年）

第12辑 纪念"七七"抗日战争五十周年专辑 （1987年）

第13辑 （1987年）

第10、11、12、13辑合刊 （1992年）

第14—15辑 （1988年）

第14·15辑合刊 （1994年）

第16辑 香山航空人物录 （1989年）

第 17 辑　(1989 年)

第 18 辑　香山历代名彦选录　(1990 年)

第 19 辑　何贤生平　(1990 年)

第 20 辑　(1990 年)

第 21 辑　中山采风录　(1991 年)

第 22 辑　中山妇女名人选录　(1991 年)

第 23 辑　庆祝中国共产党成立七十周年　(1991 年)

第 24 辑　中山人在澳洲　(1992 年)

第 25 辑　文化历史资料专辑　(1992 年)

第 26 辑　曹古海沿革与今日风貌　(1993 年)

第 27 辑　孙中山的亲属和后裔　(1993 年)

第 28 辑　古香林寺史迹考　(1993 年)

第 29 辑　澳洲华裔参军史略　(1994 年)

第 30 辑　岐海商涛——中山工商经济史专辑　(1994 年)

第 31 辑　(1994 年)

第 32 辑　和平·奋斗·救中国——孙中山先生晚年北上纪实　(1994 年)

第 33 辑　小榄菊花大会史记　(1994 年)

第 34 辑　民国广东空军沧桑史　(旅美乡亲郑梓湘遗著,1994 年)

第 35 辑　孙中山文史考补　(1994 年)

第 36 辑　(1995 年)

第 37 辑　中山邑史考(第一分册)　(1995 年)

第 38 辑　孙中山史迹忆访录　(1996 年)

第 39 辑　永留浩气在人间——1925 年海内外悼念孙中山先生活动纪实　(1996 年)

第 40 辑　解放中山　(1997 年)

第 41 辑　水乡风情——中山风土人情杂谈　(1997 年)

第 42 辑　揽溪风物　(1998 年)

第 43 辑　(1998 年)

第 44 辑　运动和人物专辑　(1999 年)

第 45 辑　镜海涛声　(1999 年)

第 46 辑　百年随笔——从老照片看中山　(2000 年)

第 47 辑　中山抗战初期史料考述　(黎一乐著,2000 年)

第 48 辑　世纪盛事直击——来自澳门回归现场的报道　(沈小龙著,2000 年)

第 49 辑　中山水利　(2000 年)

第 50 辑　文艺史料专辑　(2002 年)

第 51 辑　中山海外华侨港澳同胞史料专辑　(2002 年)

第 52 辑　阜峰岐水(《百年随笔》续编)　(刘居上著,国际港澳出版社,2003 年版)

第 53 辑　(2003 年)

第 54 辑　二十世纪上半叶中山兵匪见闻录　(余和宝遗著,2004 年)

第 55 辑　香山钩沉　(甘建波著,2004 年)

第 56 辑　孙中山与香港　(葛培林著,2005 年)

第 57 辑　孙中山家族源流考　(邹佩丛著,2005 年)

第 58 辑　孙中山与中外共产党人　(何锦洲著,2006 年)

第 59 辑　四大公司　([澳州]李承基著,2006 年)

中山政协志　(2006 年)

第 60 辑　香山文化简论　(王远明等著,2007 年)

江门市

江门文史　(江门史稿、江门文史资料)　政协广东省江门市委员会学习文史资料委员会编印,16 开刊型改 32 开书型,或油印,不定期,内部交流。

第 1 辑　(1959 年)

第 2 辑　(1961 年)

第 3 辑　(1963 年)

第 4 辑　(改名)(1964 年)

第 5 辑　(1979 年)

第 6 辑　(1980 年)

第 7 辑　(1981 年)

江门文史资料选辑　(第 1—7 辑选订本)(1982 年)

第 8 辑　(1982 年)

第 9 辑　(1983 年)

第 10 辑　(1984 年)

第 11—12(改现名)辑　(1986 年)

第 13—14 辑　(1987 年)

第 15—16 辑　(1988 年)

第 17—18 辑　(1989 年)

第 19—20 辑　(1990 年)

第 21 辑　(1991 年)

第 22 辑　五邑名人专辑(之一)(1991 年)

第 23 辑　(1991 年)

第 24 辑　五邑名胜古迹专辑　(1992 年)

第 25 辑　(1992 年)

第 26—27 辑　(1993 年)

第 28 辑　江门教育史料专辑　(1994 年)

第 29 辑　(1995 年)

第 30 辑　龙溪风华　(1995 年)

第 31 辑　梁茂林烈士传奇　(1996 年)

第 32 辑　(1996 年)

第 33 辑　(1997 年)

镬盖山六壮士　(与政协恩平市文史研究委员会合编,1998 年)

第 34 辑　(1998 年)

第 35 辑　文史纵横　(罗凌著,1999 年)

第 36 辑　南方大学校友在江门　(1999 年)

第 37 辑　(2000 年)

第 38 辑　(2001 年)

第 39 辑　(2002 年)

第 40 辑　陈白沙诗文笺疏　(陈奇思著,2003 年)

第 41 辑　江门五邑书画名人录　(陈四强编,2004

年）

蓬江足迹——南方大学江门校友纪念册 （2006 年）

第 42 辑 （2007 年）

蓬江区

江海区

新会区

新会文史资料 （文史资料选辑、新会文史资料选辑）

政协广东省新会政协编印，16 开刊型转 32 开书型，或油印，不定期，内部交流。

第 1 辑 （1963 年）

第 2 辑 （1964 年）

第 3 辑 （1965 年）

第 4 辑 （改名）（1981 年）

第 5—8 辑 （1982 年）

第 9—11 辑 （1983）

第 12 辑 工商经济史料专辑 （1983 年）

第 13—16 辑 （1984 年）

第 17 辑 （1985 年）

第 18 辑 纪念抗战胜利四十周年专辑（一）（1985 年）

第 19 辑 纪念抗战胜利四十周年专辑（二）（1985 年）

第 20 辑 （1985 年）

第 21—23 辑 （1986 年）

第 24—25 辑 （1987 年）

第 26 辑 纪念抗日战争五十周年（一）（1987 年）

第 27 辑 纪念抗日战争五十周年（二）（1987 年）

第 28—31 辑 （1988 年）

第 32—33 辑 （1989 年）

第 34 辑 建国暨政协成立四十周年专辑 （1989 年）

第 35 辑 （1989 年）

第 36—38 辑 （1990 年）

第 39 辑 （1991 年）

第 40 辑 庆祝中国共产党成立七十周年、纪念辛亥革命八十周年特辑 （1991 年）

第 41 辑 （1991 年）

第 42 辑 农业专辑 （1992 年）

第 43 辑 绿化水利专号 （1992 年）

第 44 辑 （1992 年）

第 45 辑 古兜水电和崖南围垦专号 （1993 年）

第 46（改现名）—47 辑 （1993 年）

第 48—49 辑 （1994 年）

目录(1—48 辑)（1994 年）

第 50 辑 （1995 年）

第 51 辑 纪念抗日战争胜利五十周年专辑 （1995 年）

第 52—53 辑 （1996 年）

第 54 辑 （1997 年）

第 55 辑 昔荣今辉的七堡专辑 （1997 年）

南方大学校友会在新会 （1997 年）

第 56 辑 纪念周总理视察新会四十周年史料专辑 (1998 年)

第 57 辑 沧海桑田五十年——庆祝中华人民共和国暨人民政协成立五十周年专辑 （1999 年）

第 58 辑 （2000 年）

第 59 辑 （2001 年）

第 60 辑 （2005 年）

葵乡赤子情(2006 年)

第 61 辑 （2007 年）

葵乡俊彦列传 政协广东省新会市委员会学习文史社会法制工作委员会编印，32 开书型，不定期，内部交流。

第 1 辑 海外乡贤录 （1995 年）

第 2 辑 近代杰出人物、当代俊贤合辑 （1998 年）

恩平市

恩平文史 政协广东省恩平县委员会学习和文史委员会编印，32 开书型或 16 开刊型，不定期，内部交流。

第 1 期 （1983 年）

第 2—4 期 （1984 年）

第 5—8 期 （1985 年）

第 9 期 歇马文史专辑(创刊号) (1986 年)

第 10 期 （1986 年）

第 11 期 歇马文史专辑(二) (1986 年)

第 12 期 区村文史专辑(一) (1986 年)

从战场到文坛——介绍作家吴有恒及其作品 （1986 年）

第 13 期 歇马文史专辑(三) (1987 年)

第 14 期 区村文史专辑(二) (1987 年)

第 15 期 （1987 年）

第 16 期 歇马文史专辑(四) (1987 年)

航空女杰——中国第一个女特技飞行员张瑞芬 (1987 年)

第 17 期 区村文史专辑(三) (1988 年)

第 18—19 期 （1988 年）

中国妇女航空钩沉(1988 年)

第 20—21 期 （1989 年）

海外恩平人 （《恩平文史》丛书）（1989 年）

第 22—23 期 （1990 年）

第 24—25 期 （1991 年）

冯如研究 （恩平文史专辑）（1991 年）

第 26 期 （1992 年）

港澳台恩平人 （恩平文史专辑）（1992 年）

第 27 期 （1993 年）

恩平解放初三年 （1993 年）

《恩平文史》创刊十周年专辑 （1993 年）

恩平县政协志 （1980.12—1993.4）（1993 年）

第 28—29 期 （1994 年）

郑北园医案（1994 年）

第 30 期 （1995 年）

纪念抗日战争胜利五十周年专辑 （1995 年）

委员风采 （1995 年）

萍踪心影录 （黎梓材著,1995 年）

恩平解放初三年评论集 （第一、二、三卷）（1995 年）

第 31 期 （1996 年）

第 32 期 （1997 年）

镬盖山六壮士 （与政协江门市文史资料研究委员会合编,1998 年）

恩平解放初三年评论集（续篇）（恩平文史专辑）（1998 年）

郑春炎传 （吴华黄、郑权欢著,1998 年）

第 33 期 （1999 年）

乡情录 （岑能端著,1999 年）

闲轩诗草(上集)（张国良著,1999 年）

世纪末壮丽凯歌——恩平 98·6 抗洪复产重建家园纪实 （梁植教著,1999 年）

瀛海风诗词集 （冯瑞祥著,1999 年）

船史问津点滴 （1999 年）

六年经略几番新 （恩平文史专辑）（冯瑞祥著,1999 年）

一颗不变的心 （方有彬著,2000 年）

疑雨闲云、方药歌诀合编 （2000 年）

台山市

台山文史 政协广东省台山县委员会社会法制文史委员会编印,32 开书型或 16 开刊型,不定期,内部交流。

第 1 辑 （1983 年）

第 2—3 辑 （1984 年）

第 4 辑 （1985 年）

第 5—6 辑 （1986 年）

第 7—8 辑 （1987 年）

第 9 辑 陈宜禧与新宁铁路 （1987 年）

第 10 辑 （1988 年）

第 11 辑 台山人在海外 （1989 年）

第 12 辑 （1990 年）

第 13 辑 （1991 年）

第 14 辑 委员风采 第一集 （1992 年）

第 15—16 辑 （1993 年）

第 17 辑 委员风采 第二集 （1994 年）

第 18 辑 纪念抗日战争胜利五十周年专辑 （1995 年）

第 19 辑 工厂史 第一辑 （1995 年）

第 20 辑 （1996 年）

第 21 辑 委员风采 第三集 （1997 年）

第 22 辑 台山姓氏源流(第一册) （1998 年）

第 23 辑 （1998 年）

台山政协志 （1999 年）

香港台山商会志 （香港台山商会志委员会编纂,2000 年）

台山文艺家传 （2001 年）

爱在故乡 （黄炳礼先生事迹专集）（2001 年）

第 24 辑 委员风采 第四集 （2002 年）

情系故乡 （黄浩川先生爱国爱乡事迹专集）（2003 年）

第 25 辑 院士风采(台山籍中国科学院中国工程院) （2004 年）

第 26 辑 风雨六十年 （赵羡常著,2004 年）

第 27 辑 台山旅外乡亲——捐赠的故事 （2005 年）

第 1—27 辑及专辑目录 （2006 年）

第 28 辑 委员风采 第五集 （2006 年）

台山政协五十周年图片集 （1956.7—2006.7）（2006 年）

中国第一话台山

台山名建设项目

开平市

开平文史 政协广东省开平县委员会文史资料编委会编印,32 开书型,不定期,内部交流。

第 1 辑 （1981 年）

第 2—3 辑 （1982 年）

第 4—6 辑 （1983 年）

第 1—5 辑合订本 （1983 年）

第 7—9 辑 （1984 年）

第 10—11 辑 （1985 年）

第 6—10 辑合订本 （1985 年）

第 12 辑 抗日战争史话专辑 （1985 年）

第 13 辑 （1986 年）

第 14 辑 开平县侨胞爱国爱乡专辑 （1986 年）

第 15 辑 开平县侨胞爱国爱乡专辑 （1986 年）

第 16 辑 （1986 年）

第 17 辑 （1987 年）

第 18 辑 华侨与抗日战争专辑 （1987 年）

第 19 辑 （1988 年）

第 20 辑 华侨俊彦(开平人物录 第一辑) （1988 年）

第 21 辑 航空先驱(开平人物录 第二辑) （1988 年）

第 22 辑 （1989 年）

第 23 辑 革命前辈(一) （开平人物录 第三辑）（1990 年）

第 24 辑 革命前辈(二) （开平人物录 第四辑）（1990 年）

第25期　文艺精英(一)(开平人物录 第五辑)
(1991年)
第26期　(1992年)
第27辑　外资企业专辑(1)(1998年)
第28辑　党政军领导访开平录　(1999年)
第29辑　开平风光　(2000年)
第30辑　委员风采　(2004年)
第31辑　情满潭江　(2005年)
第32辑　碉楼之乡　(关灿云编撰,2006年)

鹤山市

鹤山文史　(鹤山文史资料)　政协广东省鹤山县委
员会文史组编印,16开刊型改32开书型,不定期,内部交
流。
第1—2期　(改现名)(1983年)
第3—4期　(1984年)
第5期　(1985年)
第6—7期　(1986年)
第8—9期　(1987年)
第10期　(1988年)
第11期　(1989年)
陆佑纪念画册　(1989年)
第12—13期　(1990年)
第14—15期　(1991年)
第16期　(1992年)
第17期　(1993年)
第18期　址山镇专辑　(1994年)
第19期　(1994年)
第20辑　宅梧镇专辑　(1995年)
鹤山政协——中国人民政治协商会议广东省鹤山市委
员会成立十五周年纪念册(1982—1997)(1997年)
第21辑　山区明珠——合成镇专辑　(1996年)
第22辑　(1997年)

佛山市

佛山文史资料　(佛山文史资料选辑、佛山文史)　政
协广东省佛山市委员会文教体卫委员会编印,16开书型改
32开书型,不定期,内部交流或公开发行。
第1—3辑　(1982年)
第4辑　(1984年)
第5辑　(1985年)
第6辑　(1986年)
第7辑　(改名)华侨、港澳史料专辑　(1987年)
第8辑　(改现名)粤剧史研究专辑　(1988年)
第9辑　(1989年)
第10辑　名医名药史料专辑　(1990年)
旅港南海商会史料专辑　(与政协南海县文史资料委
员会合编,1990年)

第11辑　铸造行业史料专辑　(1991年)
第12辑　华侨、港澳同胞人物、社团资料专辑　(1993
年)
第13辑　(1994年)
第14辑　(1995年)
佛山政协志
调研与实践:佛山市经济与社会发展研究(一)
调研与实践:佛山市经济与社会发展研究(二)
调研与实践:佛山市经济与社会发展研究(三)
联单　(2004年)
佛山历史人物录(第一卷)(花城出版社,2004年版)

禅城区

南海区

南海文史资料　政协广东省佛山市南海区委员会文史
和学习委员会编印,32开书型,不定期,内部交流。
第1辑　(1982年)
第2辑　(1983年)
第3辑　西樵山专辑　(1983年)
第4辑　南海华侨和港澳同胞爱国爱乡史料专辑
(1984年)
第5辑　(1984年)
第6辑　(1985年)
第7辑　纪念抗日战争胜利四十周年专辑　(1985
年)
第8辑　(1986年)
第9辑　冯乃超专辑　(1986年)
第10辑　陈启沅与南海县纺织工业史专辑　(1987
年)
第11辑　(1987年)
第12辑　纪念康有为诞辰一百二十周年、戊戌维新运
动九十周年专辑　(1988年)
第13辑　(1988年)
第14—15辑　(1989年)
第16辑　何启生平事迹纪略　(1895—1914)(1990
年)
旅港南海商会史料专辑　(与政协佛山市文史资料委
员会合编,1990年)
第17辑　(1990年)
第18—19辑　(1991年)
第20—21辑　(1992年)
第22辑　(1993年)
第23辑　石景宜先生传　(1993年)
第24辑　蚕桑谱专辑　(1990年)
第25辑　(1994年)
第26辑　黄少强画传(1995年)
第27辑　纪念朱九江先生诞辰一百八十九周年特辑

（1995 年）

第 28 辑　纪念詹天佑诞辰一百三十五周年特辑（1996 年）

第 29 辑　（1997 年）

第 30 辑　近代改革的先驱者康有为——纪念戊戌变法一百周年　（1998 年）

第 31 辑　南海黄飞鸿传　（1998 年）

第 32 辑　南海市民主党派史料　（1999 年）

第 33 辑　委员风采　（第一辑）（2000 年）

第 34 辑　（2001 年）

第 35 辑　近代科技先驱邹伯奇　（2002 年）

第 36 辑　纪念戴鸿慈诞辰一百五十周年特辑　（2003 年）

南海政协　（南海政协成立四十五周年图片集）（2004 年）

第 37 辑　石门中学七十年(1932—2002)（2005 年）

第 38 辑　（2007 年）

第 39 辑　（2008 年）

顺德区

顺德文史　政协广东省佛山市顺德区委员会办公室编印,32 开书型,不定期,内部交流。

第 1 期　（1982 年）

第 2—3 期　（1983 年）

第 4 期　（1984 年）

第 5—7 期　（1985 年）

第 8—9 期　（1986 年）

第 10 期　革命回忆录专辑　（1986 年）

第 11 期　人物专辑　（1987 年）

第 12—13 期　（1987 年）

第 14—15 期　（1988 年）

第 16—18 期　（1989 年）

第 19—20 期　（1990 年）

第 21 期　顺德县政协志专辑　（1990 年）

第 22—24 期　（1991 年）

第 25 期　（1992 年）

第 26 期　（1993 年）

第 27 期　（1995 年）

第 28 期　（1996 年）

第 29 期　（1998 年）

第 30 期　（2000 年）

第 31 期　（2002 年）

第 32 期　（2006 年）

三水区

三水文史　政协广东省佛山市三水区委员会文史委员会编印,32 开书型,不定期,内部交流或公开发行。

1981 年第 1—2 期　（总第 1—2 期）

1982 年第 1—4 期　（总第 3—6 期）

1983 年第 1—2 期　（总第 7—8 期）

1984 年第 1—2 辑　（总第 9—10 辑）

《三水文史》总 1—10 辑主要目录索引

1985 年第 1—2 辑　（总第 11—12 辑）

第 13—14 辑　（1986 年）

第 15 辑　三水抗日史料——纪念"七·七"抗战五十周年　（1987 年）

第 16·17 辑　（1988 年）

第 18·19 辑　（1989 年）

黄祝蕖战时诗选　（中国文史出版社,1990 年版）

北洋政府国务总理——梁士诒史料集　（中国文史出版社,1991 年版）

世界著名气功大师——铁肚陆韶新　（1994 年）

第 20 辑　（1995 年）

三水历代诗词选　（花城出版社,1999 年版）

风雨同舟——纪念三水市政协成立二十周年画册（2001 年）

高明区

高明文史　（高明文史、高明文史资料）　政协广东省高明县委员会学习和文史委员会编印,32 开书型,不定期,内部交流。

第 1 辑　（1984 年）

第 2—3 辑　（1985 年）

第 4(改名)—5 辑　（1987 年）

第 6 辑　（1988 年）

第 7 辑　（1991 年）

第 8 辑　蛰庐诗草选　（1994 年）

第 9 辑　罗功武遗稿《粤故求野记》选辑　（1993 年）

第 10 辑　罗功武文选　（1996 年）

第 11 辑　杨梅镇专辑　（1997 年）

第 12 辑　（改现名）　港澳人物第一辑　（2000 年）

第 13 辑　高明历代名人选辑　（2008 年）

肇庆市

肇庆文史　政协广东省肇庆市委员会文史资料编辑部编印,32 开书型,铅印,不定期,内部交流。

第 1—2 辑　（1989 年）

第 3 辑　（1990 年）

第 4 辑　（1990 年）

第 5 辑　（1991 年）

第 6 辑　（1992 年）

一代名名将蔡廷锴　（暨《广东文史资料》第 71 辑,1992 年）

第 7 辑　（1993 年）

第 8 辑　（1994 年）

第 9 辑　体育专辑　（1995 年）

第 10 辑 （1996 年）
第 11 辑 委员风采专辑 （1996 年）
第 12 辑 城建专辑 （1997 年）
第 13 辑 （1998 年）
第 14 辑 人民防空专辑 （1999 年）
第 15 辑 卫生专辑 （2000 年）
第 16 辑 交通邮电专辑 （2001 年）
肇庆政协(1998—2002) （2003 年）
第 17 辑 （2003 年）
第 18 辑 水利专辑（上） （2004 年）
第 19 辑 水利专辑（下） （2004 年）
第 20 辑 南大校友在肇庆专辑 （2005 年）
肇庆名城荟萃 （2006 年）
第 21 辑 （2007 年）
第 22 辑 （2008 年）

端州区

肇庆文史 政协广东省肇庆市端州区委员会文史委员会编印,32 开书型,不定期,内部交流。
第 1 辑 肇庆地方历史简编 （1985 年）
第 2 辑 利马窦在肇庆 （1985 年）
第 3 辑 叶挺独立团 （1985 年）
第 4 辑 （1986 年）
第 5 辑 （1987 年）

端州文史 （端州文史、端州文史资料） 政协广东省肇庆市端州区委员会文史资料委员会编印,32 开书型,不定期,内部交流。
第 1—2 辑 （1988 年）
第 3 辑 （1989 年）
第 4 辑 （改名） （1990 年）
水利专辑 （1990 年）
第 5 辑 （改现名） （1992 年）
第 6 辑 （1993 年）
第 7 辑 （1995 年）
第 8 辑 （1997 年）
第 9 辑 （1998 年）
第 10 辑 （1999 年）
第 11 辑 （2001 年）
第 12 辑 工、青、妇专辑 （2003 年）
第 13 辑 （2005 年）

鼎湖区

鼎湖文史 政协广东省肇庆市鼎湖区委员会学习文史委员会编印,32 开书型,不定期,内部交流。
第 1 辑 （1995 年）
第 2 辑 赤子情专辑（一） （1997 年）
第 3 辑 鼎湖区旅游专辑 （1999 年）
第 4 辑 鼎湖区教育专辑 （1999 年）

第 5 辑 赤子情专辑（二） （2002 年）
第 6 辑 水利专辑 （2005 年）

高要市

高要文史 （高要文史资料） 政协广东省高要市委员会文史编辑委员会编印,32 开书型或 16 开刊型,不定期,内部交流。
第 1 辑 （1985 年）
第 2 辑 （1986 年）
第 3 辑 （1987 年）
第 4 辑 （1988 年）
第 5 辑 （1989 年）
第 6 辑 （1990 年）
第 7 辑 （1991 年）
第 8 辑 （1992 年）
第 9 辑 （1993 年）
第 10 辑 新桥镇专辑 （1993 年）
第 11 辑 （1994 年）
第 12 辑 （改现名） （1995 年）
第 13 辑 马安镇专辑 （1996 年）
第 14 辑 （1996 年）
第 15 辑 都权村史 (1996 年)
高要政协特辑（画册） （1996 年）
红色鳌头（革命斗争史） （1997 年）
第 16 辑 侨港澳台专辑 （1998 年）
科学巨星——吴大猷博士 （1999 年）
建国五十周年高要大事记 （1949—1999） （1999 年）
人民政协五十年（画册） （1999 年）
艺坛大师——黎雄才教授 （高要文史专辑） （2000 年）
第 17 辑 （2001 年）
文坛才子——梁寒操 （2002 年）
第 18 辑 高要文史资料精编
高要政协精彩五十年纪念画册 （2007 年）
政协文集 （2007 年）

四会市

四会文史 政协广东省四会市委员会文史资料委员会编印,32 开书型,不定期,内部交流。
第 1 辑 （1984 年）
第 2 辑 （1985 年）
第 3—4 辑 （1986 年）
第 5 辑 彭泽民专辑 （1988 年）
人民政协成立四十周年 诗书雅集 （1989 年）
第 7 辑 （1990 年）
第 8 辑 （1991 年）
第 9 辑 （1992 年）
第 10 辑 （1993 年）

第 11 辑 （1994 年）
第 12 辑 （1995 年）
第 13 辑 （1996 年）
第 14 辑 四会新八景专辑 （1997 年）
第 15 辑 （1998 年）
第 16 辑 南方大学校友在四会专辑 （1999 年）
第 17 辑 （2001 年）
第 18 辑 （2002 年）
第 19 辑 四会水利发展专辑（上册）（2004 年）
第 20 辑 四会水利发展专辑（下册）（2005 年）
第 21 辑 抗日纵队在威整 （纪念抗日战争胜利六十周年专辑）（2005 年）
第 22 辑 （2006 年）
第 23 辑 （2008 年）

广宁县

广宁文史 政协广东省广宁县委员会文史委员会编印,32 开书型,不定期,内部交流。
第 1—2 辑 （1984 年）
第 3 辑 （1985 年）
第 4 辑 （1986 年）
第 5—6 辑 （1987 年）
第 7—8 辑 （1990 年）
第 9 辑 （1991 年）
第 10 辑 （1992 年）
第 11 辑 （1993 年）
第 12 辑 （1994 年）
第 13 辑 （1995 年）
第 14 辑 （1996 年）
第 15 辑 （1997 年）
第 16 辑 邮电专辑 （1998 年）
第 17 辑 （2000 年）
第 18 辑 交通专辑 （2002 年）
第 19 辑 （2003 年）
第 20 辑 （2004 年）
广宁政协(1998—2002 剪影)（2003 年）
第 21 辑 （2005 年）
第 22 辑 （2006 年）
第 23 辑 （2007 年）
坑口镇文史选辑 政协广宁县坑口镇文史选辑编辑组编印,32 开书型,不定期,内部交流。
广宁县坑口镇文史选辑 （1996 年）

怀集县

怀集文史 政协广东省怀集县委员会文史资料委员会编印,32 开书型,铅印,不定期,内部交流。
第 1 辑 （1985 年）
第 2—3 辑 （1986 年）

第 4—5 辑 （1987 年）
第 6 辑 （1988 年）
第 7 辑 （1989 年）
第 8 辑 （1990 年）
第 9 辑 水利水电专辑 （1991 年）
第 10 辑 （1992 年）
第 11 辑 金融专辑 （1993 年）
第 12 辑 （1995 年）
第 13 辑 下帅民族史料专辑 （1996 年）
第 14 辑 医疗卫生专辑 （1998 年）
第 15 辑 教育史料专辑 （1999 年）
第 16 辑

封开县

封开文史 政协广东省封开县委员会文史资料委员会编印,32 开书型或 16 开刊型,油印改不定期,内部交流。
第 1 辑 （1984 年）
第 2 辑 （1985 年）
第 3 辑 （1986 年）
第 4—5 辑 （1991 年）
第 6 辑 （1992 年）
封开县政协志 （1992 年）
第 7 辑 （1993 年）
第 8 辑 革命斗争史专辑 （1994 年）
第 9 辑 工业发展史专辑 （1995 年）
第 10 辑 封开揽胜 （1996 年）
第 11 辑 林业发展史专辑 （1997 年）委员风采（1997 年）
第 12 辑 教育专辑 （1998 年）
第 13 辑 文化艺术专辑 （2000 年）
第 14 辑 南方大学校友在封开 （2003 年）
第 15 辑 北回归线绿洲 （2005 年）
第 16 辑 交通公路发展史专辑 （2006 年）
第 17 辑 西江公学校友在封开 （2007 年）
封开书法作品集 （2007 年）

德庆县

德庆文史 政协广东省德庆县委员会文史资料工作委员会编印,32 开书型,不定期,内部交流。
第 1 辑
第 2 辑
第 3 辑
第 4 辑 （1983 年）
第 5 辑 （1984 年）
第 6 辑
第 7 辑 （1985 年）
第 8 辑 （1986 年）
第 9 辑 人物专辑 （1987 年）

第 10 辑 （1988 年）
第 11 辑 （1989 年）
第 12 辑 （1991 年）
第 13 辑
第 14 辑 （1996 年）
第 15 辑 （1996 年）
第 16 辑 （1997 年）
第 17 辑 教育专辑 （1998 年）
光辉的历程（德庆县政协成立十九周年专辑） （1999
年）
第 18 辑 交通公路专辑 （2000 年）
第 19 辑 南方大学校友在德庆专辑 （2001 年）

云浮市

云浮文史 **（广东云浮文史）** 政协广东省云浮市委
员会文史资料研究委员会编印,32 开书型,不定期,内部交
流或公开发行。
第 1—2 辑 （1999 年）
第 3 辑 （2000 年）
第 4 辑 旅游专辑 （2001 年）
禅宗六祖惠能 （与政协新兴县文史资料委员会等合
编,香港银河出版社,2003 年版）
云浮市政协志 （2005 年）
第 5 辑 文物选录 （2007 年）

云城区

云城文史 **（云浮文史资料、云浮文史）** 政协广东省
云浮市云城区委员会文史资料研究委员会编印,16 开刊型
改 32 开书型,不定期,内部交流。
第 1 辑 （1984 年）
第 2 辑 （1985 年）
第 3 辑 （改名）（1986 年）
第 4 辑 （1987 年）
第 5—6 辑 （1989 年）
第 7 辑 （1990 年）
第 8 辑 （1991 年）
第 9 辑 （1992 年）
第 10 辑 （1993 年）
第 11 辑 （1994 年）
第 12 辑 （1995 年）
第 13 辑 （1997 年）
第 14 辑 云城街道专辑 （1999 年）
第 15 辑 杨柳镇专辑 （2000 年）
第 16 辑 （改现名） 思劳镇专辑

罗定市

罗定文史 **（罗定文史资料）** 政协广东省罗定市委

员会文史资料委员会编印,32 开书型,不定期,内部交流或
公开发行。
第 1 辑 （1982 年）
第 2—3 辑 （1983 年）
第 4—6 辑 （1984 年）
第 7 辑 （1985 年）
第 8—9 辑 （改现名）（1986 年）
第 10 辑 （1987 年）
第 11 辑 蔡廷锴将军历史资料选辑 （1987 年）
第 12 辑 （1988 年）
第 13 辑 （1989 年）
第 14 辑 （1990 年）
第 15 辑 （1991 年）
第 16 辑 （1992 年）
一代名将蔡廷锴 （暨《广东文史资料》第 71 辑,1992
年）
第 17 辑 （1993 年）
可爱的罗定 （乡土读物丛书）（广西人民出版社,
1993 年版）
第 18 辑 （1994 年）
第 19 辑 水利水电建设专辑 （1995 年）
历史文化名城罗定 （花城出版社,1998 年版）
第 20 辑 《泷州歌》选辑 （2005 年）

云安县

云安文史 政协广东省云安县委员会文史委员会编
印,32 开书型,不定期,内部交流。
第 1—2 辑 （1997 年）
第 3 辑 （1999 年）
第 4 辑 （2001 年）
第 5 辑

新兴县

新兴文史 **（新兴文史资料）** 政协广东省新兴县委
员会文史资料委员会编印,32 开书型,不定期,内部交流或
公开发行。
第 1 辑 （1985 年）
第 2 辑 （1986 年）
第 3—4 辑 （1987 年）
第 5—6 辑 （1988 年）
第 7—8 辑 （1989 年）
第 9—10 辑 （1990 年）
第 11 辑 （1991 年）
第 12 辑 （1992 年）
第 13 辑 （1993 年）
第 14 辑 人物专辑 （1994 年）
第 15 辑 （改现名）港澳台侨专辑之一 （1995 年）
第 16 辑 （1996 年）

第 17 辑　名胜古迹、文物景点专辑　（1997 年）

第 18 辑　（1998 年）

第 19 辑　体育专辑　（1999 年）

第 20 辑　（2000 年）

第 21 辑　农业专辑　（2002 年）

禅宗六祖惠能　（与政协云浮市文史资料委员会等合编,香港银河出版社,2003 年版）

第 22 辑　（2004 年）

第 23 辑　民营经济专辑　（2006 年）

郁南县

郁南文史　（郁南文史资料）　政协广东省郁南县委员会学习文史委员会编印,16 开刊型改 32 开书型,或油印,不定期,内部交流。

第 1 期　（1982 年）

第 2 期　（1983 年）

郁南山水传说　（1984 年）

第 1—2 期　合订本　（1989 年）

第 3（改现名）—4 期　（1985 年）

第 5 期　（1986 年）

第 6 期　（1987 年）

第 7 期　（1988 年）

第 8 期　（1989 年）

第 9 期　庆祝全国政协成立四十周年专刊　（1989 年）

第 10 期　（1990 年）

郁南县发展经济论文集　（与中共郁南县委员会等合编,1990 年）

第 11 期　（1991 年）

第 12 期　（1992 年）

第 13 期　黎曼青诗文选　（1993 年）

第 14 期　（1994 年）

第 15 期　天池揽胜　（1995 年）

第 16 期　南江风物采　（1996 年）

第 17 期　荔乡宝珠　（1996 年）

第 18 期　科教专辑　（1998 年）

第 19 期　中国民间艺术之乡——连滩　（2001 年）

第 20 期　文广庙　（陈良佳著,2001 年）

第 21 期　（2001 年）

文史研究　政协广东省郁南县委员会学习文史委员会编印,16 开刊型,不定期,内部交流。

第 1 期　（1996 年）

第 2 期　（1997 年）

第 3 期　（1998 年）

第 4 辑　（1998 年）

第 5 辑　（旅游专辑）（1999 年）

第 6 辑　（2000 年）

第 7 辑　（2001 年）

第 8 辑　（2002 年）

阳江市

阳江文史　政协广东省阳江市委员会学习文史委员会编印,32 开书型或 16 开刊型,不定期,内部交流。

第 1—2 期　（1989 年）

第 3—4 期　（1990 年）

第 5—6 期　（1991 年）

第 7 期　（1992 年）

第 8—9 期　（1993 年）

第 10 期　（1994 年）

第 11 期　（1995 年）

第 12—13 期　（1996 年）

第 14—15 期　（1997 年）

第 16 期　邓琳专辑　（1998 年）

第 17 期　（1998 年）

第 18 期

江城区

阳江文史　（阳江文史资料）　政协广东省阳江市委员会资料委员会编印,16 开刊型改 32 开书型,不定期,内部交流。

1984 年第 1—4 期　（总第 1—4 期）

1985 年第 1（改现名）—4 期　（总第 5—8 期）

1986 年第 1—4 期　（总第 9—12 期）

1987 年第 1—4 期　（总第 13—16 期）

1988 年第 1—2 期　（总第 17—18 期）

《阳江文史》第 1—18 期目录

阳春市

阳春文史资料　政协广东省阳春县委员会文史资料委员会编印,16 开刊型改 32 开书型,不定期,内部交流。

1982 年第 1—2 期　（总第 1—2 期）

1983 年第 1—2 期　（总第 3—4 期）

1984 年第 1—2 期　（总第 5—6 期）

1985 年第 1 期　（总第 7 期）

1986 年第 1 期　（总第 8 期）

1987 年第 1—2 期　（总第 9—10 期）

1988 年第 1—2 期　（总第 11—12 期）

1989 年第 1 期　（总第 13 期）

第 14 期　（1990 年）

第 15 辑　（1991 年）

第 16 辑　（1992 年）

第 17 辑　（1994 年）

第 18 辑　阳春青运史料专辑　（1996 年）

阳西县

阳东县

阳东文史 政协广东省阳东县委员会文史资料委员会编印,32 开书型,不定期,内部交流。
第 1 辑
第 2 辑
第 3 辑 (2001 年)
第 4 辑

茂名市

茂名文史 政协广东省茂名市委员会文史资料研究委员会编印,16 开刊型改 32 开书型,不定期,内部交流或公开发行。
第 1—2 辑 (与中共广东省茂名市委员会党史办公室合编,1983 年)
第 3 辑 (1984 年)
第 4 辑 (1985 年)
第 5 辑 茂名创建史(一)(1986 年)
第 6 辑 凌十八资料专辑 (1987 年)
第 7 辑 (1987 年)
第 8 辑 凌十八史料研讨会专辑 (1988 年)
第 9 辑 凌十八研究资料续辑 (1988 年)
第 10 辑 茂名创建史(二)(1989 年)
第 11—12 辑 (1990 年)
第 13 辑 茂名创建史(三)(1991 年)
第 14 辑 凌十八起义论文集 (广东人民出版社,1991 年版)
茂名市政协志(1981—1998)(1999 年)
第 15 辑 凌十八起义史料集 (广东人民出版社,1991 年版)
第 16 辑 港澳回归楹联 (1999 年)
第 17 辑 岭南圣母的文化与精神——冼夫人礼赞(中山大学民俗学丛书)(黑龙江人民出版社,2001 年版)
茂名文物古迹专辑 (2003 年)
高力士传记及研究资料专辑 (2007 年)
高力士史迹研讨会论文集 (2007 年)

茂南区

茂港区

化州市

化州文史 政协广东省化州县委员会文史资料研究委员会编印,16 开刊型,不定期,内部交流。
第 1 辑 (1986 年)

第 2 辑 (1988 年)
第 3 辑 (1990 年)
第 4 辑 (1991 年)
第 5 辑 (1992 年)
第 6 辑 建筑史科专辑 (1993 年)
专刊 当代书画选 (1994 年)
第 7 辑 (1995 年)
第 8 辑 医药与名医专辑 (1996 年)
第 9 辑
第 10 辑
第 11 辑
第 12 辑
第 13 辑
第 14 辑
第 15 辑
第 16 辑
第 17 辑
第 18 辑
第 19 辑
第 20 辑 卫生史料专辑 (2002 年)

信宜市

信宜文史 政协广东省信宜市委员会文史资料委员会编印,16 开刊型改 32 开书型,不定期,内部交流。
第 1 辑 (1983 年)
第 2 辑 (1984 年)
第 3 辑 (1985 年)
第 4 辑 (1986 年)
第 5 辑 (1988 年)
第 6 辑 (1989 年)
第 7 辑 (1990 年)
第 8 辑 (1991 年)
第 9 辑 (1992 年)
第 10 辑 (1993 年)
第 11 辑 (1994 年)
第 12 辑 (1995 年)
第 13 辑 (1996 年)
第 14 辑 (1997 年)
第 15 辑 当代信宜史(上)(1998 年)
第 16 辑 当代信宜史(下)(1999 年)

高州市

高州文史 政协广东省高州市委员会综合文史科编印,16 开刊型改 32 开书型,不定期,内部交流。
第 1 辑 (1982 年)
第 2 辑 (1983 年)
第 3 辑 (1984 年)
第 4 辑 (1985 年)

第5辑　（1986年）
第6辑　高州水库史专辑　（1987年）
第7辑　（1988年）
第8辑　（1989年）
第9辑　高州历代诗词专辑　（1990年）
第10辑　（1991年）
第11辑　（1992年）
第12辑　（1993年）

电白县

文史撷英　政协广东省电白县委员会学习文史资料研究委员会编印,16开刊型或32开书型,不定期,内部交流。
第1辑　（1985年）
第2辑　（1985年）
第3辑　（1986年）
第4辑　电海碑廊专辑　（1986年）
第5—6辑　（1987年）
第7辑　（1988年）
第8辑　（1989年）
第9辑　（1990年）
第10辑　刘俊才文稿专辑　（1991年）
第11辑　冼夫人资料研究专辑　（1992年）
第12辑　（1993年）
第13辑　（1994年）
第14辑　纪念抗日战争胜利五十周年专辑　（1995年）
第15辑　（1996年）
委员风采（1997年）
第16辑　（1998年）
第17辑　（1999年）
第18辑　（2000年）
第19辑　（2002年）
第20辑　（2003年）
第21辑　地方史专辑　（2004年）
第22辑　纪念抗日战争胜利六十周年专辑　（2005年）
第23辑　（2006年）
第24辑　（2007年）
第25辑　（2008年）

湛江市

湛江文史（湛江文史资料）　政协广东省湛江市委员会学习和文史资料委员会编印,32开书型或16开刊型,不定期,内部交流。
第1—2辑　（1984年）
第3辑　湛江遂溪人民抗法斗争史料专辑　（1898—1899）（1985年）
第4辑　（1985年）

第5辑　（1986年）
第6辑　（1987年）
第7辑　（1988年）
第8辑　人物史料专辑　（1989年）
第9辑　广州湾——法国租借地史料专辑　（1990年）
第10辑　建国后史料专辑之一　（1991年）
第11辑　（1992年）
第12辑　湛江文史特辑(省级以上出版物登载过的史料选编)（1993年）
第13辑　教育专辑　（1994年）
第14辑　湛江港口　（1995年）
第15辑　（1996年）
第16辑　（改现名）（1997年）
第17辑　农业资料专辑　（1998年）
第18辑　（1999年）
第19辑　（2000年）
第20辑　（2001年）
第21辑　（2002年）
第22辑　（2003年）
第23辑　（2004年）
第24辑　（2005年）
第25辑　（2006年）
中国人民政治协商会议第十届湛江市委员会第四次会专刊（2006年）
政协委员风采录　（2006年）
第26辑　（2007年）
赤坎风情

赤坎区

霞山区

坡头区

湛江市坡头区文史　政协广东省湛江市坡头区委员会文史资料研究委员会编印,32开书型,不定期,内部交流。
第1辑　（1991年）
第2辑　（1993年）
第3辑　（1996年）
第4辑　（1999年）
第5辑　（2007年）

麻章区

湛江麻章区文史　（湛江郊区文史）　政协广东省湛江市麻章区委员会文史资料编辑组编印,32开书型,不定期,内部交流。

第 1 辑 （1987 年）
第 2 辑 （1990 年）
第 3 辑 建国后史料专辑之一 （1992 年）
第 4 辑 （改现名）（1995 年）
第 5 辑 （1998 年）

吴川市

吴川文史 政协广东省吴川市委员会编印，32 开书型，不定期，内部交流。
第 1 辑 （1983 年）
第 2 辑 （1984 年）
第 3 辑 （1985 年）
第 4 辑 （1986 年）
第 5 辑 李汉魂将军北伐抗日实录 （1988 年）
第 6 辑 建国、政协成立四十年纪念专刊 （1989 年）
第 7 辑 （1990 年）

廉江市

廉江文史 政协广东省廉江市委员会文史资料委员会编印，32 开书型，铅印，不定期，内部交流。
第 1 辑 （1984 年）
第 2—3 辑 （1985 年）
第 4—5 辑 （1986 年）
第 6 辑 （1987 年）
第 7 辑 （1988 年）
第 8 辑 （1989 年）
第 9 辑 （1991 年）
第 10 辑 （1992 年）
第 11 辑 （1993 年）
第 12 辑 （1994 年）
第 13 辑 （1995 年）

雷州市

雷州文史 （海康文史） 政协广东省雷州市委员会编印，16 开刊型改 32 开书型，半年刊改不定期，内部交流。
1984 年第 1—2 期 （总第 1—2 期）
1985 年第 1—2 期 （总第 3—4 期）
1986 年第 1—2 期 （总第 5—6 期）
1987 年第 1—2 期 （总第 7—8 期）
1988 年第 1—2 期 （总第 9—10 期）
1989 年第 1—2 期 （总第 11—12 期）

1990 年第 1—2 期 （总第 13—14 期）
第 15 辑 （1991 年）
第 16—17 辑 （1992 年）
第 18—19 辑 （1993 年）
第 1 期 （总第 20 期）（改现名）（1994 年）
第 2 期 （总第 21 期） 雷州市历代人物传略 （1995 年）
第 3 辑 （总第 22 期）（1998 年）
第 4 辑 （总第 23 期）（2000 年）
第 5 辑 （总第 24 期）（2001 年）
总第 25 期 （2004 年）

遂溪县

遂溪文史 政协广东省遂溪县委员会文史资料委员会编印，32 开书型，铅印，不定期，内部交流。
第 1—2 辑 （1985 年）
第 3 辑 （1987 年）
第 4 辑 （1990 年）
第 5 辑 （1992 年）
第 6 辑 蔗糖专辑 （1993 年）
第 7 辑 海洋专辑 （1995 年）
第 8 辑

徐闻县

徐闻文史 政协广东省徐闻县委员会文史组编印，32 开书型，不定期，内部交流。
第 1 期 （1984 年）
第 2 期 （1985 年）
第 3 期 （1988 年）
第 4 期 （1989 年）
第 5 期 （1990 年）
第 6 期 碧海帆魂——徐闻人民支援解放海南岛史料专辑 （1992 年）
第 7 期 （1994 年）
第 8 辑 （1995 年）
第 9 辑 （1997 年）
第 10 辑 教育专辑 （1997 年）
第 11 辑 非公有制经济专辑 （1998 年）
第 12 辑 （1999 年）
第 13 辑 （2000 年）
第 14 辑 （2001 年）
第 15 辑 （2002 年）

广西壮族自治区

广西文史资料选辑 （广西文史资料选辑、广西文史资料） 政协广西壮族自治区委员会学习和文史资料委员会编印,32开书型,不定期,内部交流转公开发行。

第1辑 （1961年）

辛亥革命在广西(上册)（广西人民出版社,1961年版）

第2辑 （1962年）

第3—5辑 （1963年）

辛亥革命在广西(下册)（广西人民出版社,1965年版）

第6辑 （1964年）

第7辑 （1978年）

第8辑 （1979年）

专辑 李宗仁回忆录(上、下册)（1980年）

第9辑 （1981年）

第10辑 （改名）纪念辛亥革命七十周年专辑（1981年）

第11—12辑 （1981年）马君武诗选 （1981年）

第13—15辑 （1982年）

马君武传 （欧正仁著,1982年）

第16—19辑 （1983年）

第20—21辑 （1984年）

第22辑 （1985年）

护国讨袁亲历记 （与全国政协文史资料研究委员会等合编,文史资料出版社,1985年版）

抗战烽火中的桂林文化城 （广西人民出版社,1985年版）

第23辑 （改现名）陈劭先纪念文集 （1986年）

第24辑 孙中山在广西纪念文集 （1986年）

李济深纪念文集 （广西人民出版社,1986年版）

第25辑 广西抗战亲历记 （1987年）

第26辑 雷沛鸿纪念文集 （1988年）

第27辑 （1989年）

第28辑 少数民族专辑 （1988年）

第29辑 新桂系纪实(上)(1990年)

第30辑 新桂系纪实(中)(1990年)

第31辑 新桂系纪实(下)(1990年)

1991年第1辑 （总第32辑）大瑶山史料专辑

辛亥革命与广西——纪念辛亥革命八十周年(1911—1991)（广西人民出版社,1991年版）

1992年第1辑 （总第33辑）

1992年第2辑 （总第34辑）纪念辛亥革命八十周年专辑

1992年第3辑 （总第35辑）广西航空史料专辑

1993年第1辑 （总第36辑）南下工作团在广西专辑

1993年第2辑 （总第37辑）桂系大事记

1993年第3辑 （总第38辑）晚清广西大事记、广西文史资料目录

增刊:西江明珠梧州——梧州市旅游投资指南 （《梧州文史》编辑室编,1993年）

李宗仁家世 （暨《桂林文史资料》第24辑,漓江出版社,1993年版）

广西儿女抗日亲历记——纪念中国人民抗日战争胜利五十周年 （广西人民出版社社,1995年版）

孙中山先生在广西 （1996年）

香港广西手足情 （1997年）

桂系报业史 （1997年）

同心情 （纪念中国人民政协商会议成立五十周年）(广西人民出版社,1999年版）

广西抗日战争史稿

陈荣廷新论

李济深诗词

陈白曙作品选

陈此生诗文选

民族英雄冯子材 （冯子材诞辰一百八十周年纪念文集）

梁瀚嵩将军诗记

难忘的历程 （三亲文征）（广西人民出版社,2002年版）

老桂系纪实 （广西人民出版社,2003年版）

李宗仁轶事 （暨《桂林文史资料》第25辑,漓江出版社,2004年版）

新桂系纪实续编(第一、二、三、四册)（广西人民出版社,2005年版）

跨越时空的深情——广州市政协陈开枝主席五十次赴广西百色扶贫纪实 （花城出版社,2006年版）

广西讨袁记略

文史春秋 政协广西壮族自治区委员会文史资料委员会《文史春秋》编辑部编印。双月刊,公开发行。

1993年创刊号

1994年第1—6期 （总第2—7期）

1995年第4—6期 （总第8—13期）

1996年第1—6期 （总第14—19期）

1997年第1—6期 （总第20—25期）

1998年第1—6期 （总第26—31期）

1999年第1—6期 （总第32—37期）

2000年第1—6期 （总第38—43期）

2001年第1—6期 （总第44—49期）

2002年第1—12期 （总第50—61期）

2003年第1—12期 （总第62—73期）

2004年第1—12期 （总第74—85期）

2005年第1—12期 （总第86—97期）

2006年第1—12期 （总第98—109期）

2007年第1—12期 （总第110—121期）

2008 年第 1—12 期 （总第 122—133 期）

广西文史通讯 政协广西壮族自治区委员会文史和学习委员会办公室编印,32 开书型,不定期,内部交流。

1986 年第 1 期 （总第 1 期）

全区政协文史资料工作会议专辑 （1989 年）

1990 年

1991 年第 1 期

1996 年

广西历史人物传 （广西历史资料） 政协广西壮族自治区委员会、广西地方史志研究组等编印,32 开书型,不定期,内部交流。

第 1 辑 （1981 年）

第 2 辑 （1980 年）

第 3 辑 （1982 年）

第 4 辑 （1983 年）

第 5—6 辑 （1984 年）

第 7 辑 （1985 年）

第 8 辑 （广西人民出版社,1989 年版）

青年文史 政协广西壮族自治区委员会文史资料办公室编印。

第 1 期

南宁市

桂西文史录丛书 政协广西壮族自治区南宁地区工作委员会《桂西文史录》编委会编,广西人民出版社出版。

第 1 卷 清代及清代以前(含建置沿革)(1995 年版)

第 2 卷 （1911—1937）（1996 年版）

第 3 卷 （1937—1949）（1996 年版）

第 4·5 卷 （1950—1966）（1997 年版）

第 6 卷 文物古迹、民俗风情、资源特产等 （1995 年版）

第 7 卷

第 8 卷

南宁文史资料 政协广西壮族自治区南宁市委员会文史学习委员会编印,32 开书型,不定期,内部交流或公开发行。

1986 年第 1 辑

1987 年第 2—4 辑

1988 年第 1—3 辑 （总第 5—7 辑）

1989 年第 1—2 辑 （总第 8—9 辑）

1989 年第 3 辑 （总第 10 辑） 南宁的黎明专辑

1990 年第 1—2 辑 （总第 11—12 辑）

1991 年第 1 辑 （总第 13 辑）

1992 年第 1 辑 （总第 14 辑） 文化专辑

1992 年第 2 辑 （总第 15 辑） 文化专辑续辑

1993 年第 1 辑 （总第 16 辑） 市场专辑

总第 17 辑 （1994 年）

总第 18 辑 南宁抗战——纪念抗日战争胜利五十周年 （1995 年）

第 19 辑 南宁医林 （1996 年）

第 20 辑 （1997 年）

'98 人民政协工作理论研讨优秀论文选编 （1998 年）

第 21 辑 净友——南宁市民主党派工商联及民主人士专集 （1998 年）

第 22 辑 中外要人名人在南宁 （1999 年）

第 23 辑 南宁风流人物 （广西人民出版社,2002 年版）

第 24 辑 南宁"八名" （广西人民出版社,2004 年版）

第 25 辑 沧桑岁月——南宁知识青年上山下乡专辑 （2004 年）

八届政协活动剪影画册 （2005 年）

八届政协大事记 （2005 年）

第 26 辑 抗美援朝专辑 （2007 年）

第 27 辑 南宁知识青年上山下乡专辑 （2008 年）

南宁风物志 （广西人民出版社,2008 年版）

青秀区

兴宁区

江南区

西乡塘区

南宁市郊区文史资料 政协广西壮族自治区南宁市市郊区委员会文史资料编辑委员会编印,32 开书型,不定期,内部交流。

第 1 辑 （1994 年）

良庆区

永新文史资料 政协广西壮族自治区南宁市永新区委员会文史编印,16 开刊型,不定期,内部交流。

第 1 辑 （1991 年）

第 2 辑 （1992 年）

第 3 辑 （1993 年）

第 4—5 辑 （1997 年）

第 6 辑 （1998 年）

第 7 辑 （2000 年）

第 8 辑

邕宁区

邕宁文史 （邕宁文史资料） 政协广西壮族自治区

邕宁县委员会文史资料研究委员会编印,32 开书型,不定期,内部交流。

第 1—2 辑 （1985 年）

第 3—4 辑 （1986 年）

第 5 辑 （1988 年）

第 6 辑 （1989 年）

第 7 辑 黎汉威战斗的一生 （1991 年）

第 8 辑 （改现名）(1999 年)

第 9 辑 （2002 年）

武鸣县

武鸣文史资料 政协广西壮族自治区武鸣县委员会文史学习委员会编印,32 开书型,不定期,内部交流。

第 1 辑 （1985 年）

第 2 辑 （1988 年）

第 3 辑 （1989 年）

第 4 辑 （1990 年）

第 5 辑 （1991 年）

第 6 辑 （1992 年）

第 7 辑 （1993 年）

第 8 辑 （1994 年）

武鸣县风景名胜荟萃 （1995 年）

武鸣民间风味食品小辑

第 9 辑 （1997 年）

第 10 辑 （1998 年）

陆荣廷新论

武鸣县龙眼管理经验选

武鸣县种养能手经验谈

第 11 辑 （2000 年）

第 12 辑 （2001 年）

第 13 辑 （2002 年）

第 14 辑 （2003 年）

第 15 辑 （2004 年）

第 16 辑 （2005 年）

第 17 辑 （2006 年）

横县

横县文史 （横县文史资料选辑、横县文史资料） 政协广西壮族自治区横县委员会学习文史委员会编印,32 开书型,不定期,内部交流或公开发行。

第 1 辑 （1983 年）

第 2 辑 （1985 年）

第 3 辑 （1986 年）

第 4 辑 （1988 年）

第 5 辑 （改名）(1989 年)

纪念秦少游诗词集 （广西人民出版社,1989 年版）

秦少游研究论丛 （广西人民出版社）

第 6 辑 黄埔军校横县同学抗战史料集 （1990 年）

横县文史资料学习汇编 （1991 年）

第 7 辑 （改现名）学生军专辑 （1992 年）

第 8 辑 （1991 年）

第 9 辑 （1992 年）

第 10 辑 （1993 年）

第 11 辑 （1994 年）

第 12 辑 （1995 年）

宾阳县

宾阳文史资料 政协广西壮族自治区宾阳县委员会文史宗教委员会编印,32 开书型,不定期,内部交流。

第 1 辑 （1986 年）

第 2—3 辑 （1987 年）

第 4—5 辑 （1988 年）

第 6 辑 （1989 年）

第 7 辑 （1990 年）

第 8 辑 （1991 年）

第 9 辑 梁瀚嵩将军史料专辑 （1992 年）

第 10 辑 （1993 年）

第 11 辑 陈良佐史料 （1994 年）

第 12 辑 昆仑关战役电讯录 （1995 年）

第 13 辑 （2000 年）

第 14 辑 （2005 年）

宾阳八名(名人、名作、名居、名胜、名景、名节、名产、名吃）(2005 年)

上林县

上林文史 政协广西壮族自治区上林县委员会文史资料委员会编印,32 开书型,不定期,内部交流。

第 1 辑 （1987 年）

第 2 辑 （1988 年）

第 3 辑 （1989 年）

第 4 辑 （1990 年）

第 5 辑 （1991 年）

第 6 辑 （1998 年）

第 7 辑

隆安县

隆安文史 政协广西壮族自治区隆安县委员会文史资料委员会编印,32 开书型,不定期,内部交流。

第 1 辑 （1990 年）

第 2 辑 （1998 年）

第 3 辑 （1998 年）

隆安大事记

第 4 辑 （2002 年）

马山县

马山文史资料 政协广西壮族自治区马山县委员会文史资料研究委员会编印,32 开书型,不定期,内部交流。

第 1 辑 （1985 年）
第 2 辑 （1987 年）
第 3 辑 （1995 年）
第 4 辑 （1996 年）
第 5 辑 （2000 年）
第 6 辑 （2006 年）
第 7 辑 （2007 年）

桂林市

桂林文史资料 政协广西壮族自治区桂林市委员会文史资料委员会编印,32 开书型,不定期,内部交流转公开发行。

第 1—2 辑 （1982 年）
第 3—4 辑 （1983 年）
第 5 辑 桂林抗战纪实 （1984 年）
第 6 辑 （1984 年）
第 7—8 辑 （1985 年）
第 9—10 辑 （1986 年）
第 11—12 辑 （1987 年）
第 13 辑 （漓江出版社,1988 年版）
第 14 辑 桂林解放前后 （漓江出版社,1989 年版）
第 15 辑 （漓江出版社,1990 年版）
第 16 辑 辛亥革命在桂林 （漓江出版社,1991 年版）
第 17 辑 人物专辑 （漓江出版社,1991 年版）
第 18 辑 驼铃声声——新中国剧社战斗历程 （漓江出版社,1991 年版）
第 19 辑 漓水风云 （漓江出版社,1991 年版）
第 20 辑 三十年代广西师专 （漓江出版社,1992 年版）
第 21 辑 国民党桂系简史 （漓江出版社,1992 年版）
第 22 辑 先辈足迹 （漓江出版社,1992 年版）
第 23 辑 回忆梁漱溟 （漓江出版社,1993 年版）
第 24 辑 李宗仁家世 （漓江出版社,1993 年版）
第 25 辑 李宗仁轶事 （漓江出版社,1994 年版）
第 26 辑 难忘的一九四四年 （漓江出版社,1994 年版）
第 27 辑 朱荫龙诗文选 （漓江出版社,1995 年版）
第 28 辑 桂林抗战文化史料 （漓江出版社,1995 年版）
第 29 辑 中外名人采访录 （漓江出版社,1995 年版）
第 30 辑 抗战时期桂林美术运动(上、下册) （漓江出版社,1995 年版）
第 31 辑 任中敏与汉民中学 （漓江出版社,1995 年版）
第 32 辑 陈迩冬诗文选 （漓江出版社,1996 年版）
第 33 辑 抗战时期桂林文学活动 （漓江出版社,1996 年版）
第 34 辑 当代名人在桂林 （漓江出版社,1996 年版）
第 35 辑 李任仁诗文选 （漓江出版社,1997 年版）
第 36 辑 国立桂林师范学院实录 （漓江出版社,1997 年版）
第 37 辑 人物专辑 （漓江出版社,1998 年版）
第 38 辑 抗战时期桂林出版史料 （漓江出版社,1999 年版）
第 39 辑 戏韵——桂林文场戏考 （漓江出版社,1999 年版）
第 40 辑 青春献桂林 （漓江出版社,1999 年版）
第 41 辑 抗战时期中国文化人大流亡——湘桂大撤退 （漓江出版社,1999 年版）
第 42 辑 抗战时期文化名人在桂林 （漓江出版社,2000 年版）
第 43 辑 回忆马君武 （2001 年）
第 44 辑 抗战时期桂林社会科学资料目录索引 （2002 年）
第 45 辑 桂林回族 （宁夏人民出版社,2003 年版）
第 46 辑 愿闻广播升平乐——张一气先生纪念集 （2003 年）
第 47 辑 抗战时期文化名人在桂林(续集) （2004 年）
第 48 辑 猫儿山美机残骸发现前后 （漓江出版社,2005 年版）
第 49 辑 纪念中国人民抗日战争胜利六十周年 （2005 年）
第 50 辑 风雨同舟——桂林市民主党派工商联史料 （2006 年）
第 51 辑 桂北文史集粹 （2006 年）
第 52 辑 肝胆相照——桂林市民主党派工商联和无党派人士史料 （2007 年）
第 53 辑 抗战时期桂林音乐文化活动 （2008 年）

象山区

文史资料辑刊 政协广西壮族自治区桂林市象山区委员文史委员会编印,32 开书型,不定期,内部交流或公开发行。

经史学家陈汉章 （黄山书社,1997 年版）
象山旅游人文景观 （2000 年）
农民画家高妙兰 （人民日报出版社,2006 年版）

叠彩区

秀峰区

七星区

雁山区

阳朔县

　　阳朔文史资料　政协广西壮族自治区阳朔县委员会文史委员会编印，32 开书型，不定期，内部交流。
　　第 1 辑　（1986 年）
　　第 2 辑　（1987 年）
　　第 3 辑　（1989 年）
　　第 4 辑　（1990 年）
　　第 5 辑　（1992 年）
　　第 6 辑　（1993 年）
　　第 7 辑　纪念中国人民抗日战争胜利五十周年专辑（1995 年）
　　第 8 辑　阳朔剿匪专辑　（1999 年）
　　第 9 辑　（2001 年）
　　第 10 辑　（2004 年）
　　第 11 辑　（2008 年）

临桂县

　　临桂文史　（临桂文史资料）　政协广西壮族自治区临桂县委员会文史资料委员会编印，32 开书型，不定期，内部交流。
　　第 1 辑　（1988 年）
　　第 2 辑　（改现名）（1989 年）
　　第 3 辑　（1990 年）
　　第 4 辑　纪念李宗仁先生诞辰一百周年专刊　（1991 年）
　　第 5 辑　（1992 年）
　　第 6 辑　（1993 年）
　　第 7 辑　（1994 年）
　　第 8 辑　（1996 年）
　　第 9 辑　纪念李任仁先生诞辰一百一十周年专辑（1997 年）
　　第 10 辑　（1998 年）
　　第 11 辑　（1999 年）
　　第 12 辑　（2000 年）
　　第 13 辑　（2001 年）

　　第 14 辑　教文卫体专辑　（2002 年）
　　第 15 辑　（2003 年）
　　第 16 辑　（2004 年）
　　第 17 辑　（2005 年）
　　第 18 辑　（2006 年）
　　第 19 辑　（2007 年）
　　第 20 辑　（2008 年）

灵川县

　　灵川文史　政协广西壮族自治区灵川县委员会提案文史工作委员会编印，16 开刊型，不定期，内部交流。
　　第 1 期
　　第 2 期
　　第 3 期　（1988 年）
　　第 4 期
　　第 5 期
　　第 6 期
　　第 7 期　（1994 年）
　　第 8 期
　　陶铸在灵川　（1999 年）

全州县

　　全州文史　政协广西壮族自治区全州县委员会编印，32 开书型，不定期，内部交流。
　　第 1 辑　（1983 年）
　　第 2 辑　（1987 年）
　　第 3 辑　（1989 年）
　　第 4 辑　（1992 年）
　　第 5 辑　（1996 年）
　　第 6 辑　（1999 年）

兴安县

　　兴安文史资料　政协广西壮族自治区兴安县委员会文史资料委员会编印，32 开书型，不定期，内部交流。
　　第 1 辑　（1986 年）
　　灵渠历史文化故事　（1986 年）
　　第 2 辑　（1989 年）
　　第 3 辑　（1993 年）
　　第 4 辑　（1994 年）
　　第 5 辑　兴安风景诗词选　（1995 年）

永福县

　　永福文史　（永福文史资料）　政协广西壮族自治区永福县委员会《永福文史》编辑委员会编印，32 开书型，不定期，内部交流。
　　第 1 辑　（1987 年）

第 2 辑 （1989 年）
第 3 辑 （1991 年）
第 4 辑 （1994 年）
第 5 辑 （改现名）（2000 年）

灌阳县

灌阳文史资料 政协广西壮族自治区灌阳县委员会文史资料委员会编印,32 开书型,不定期,内部交流。
第 1 辑 （1990 年）
第 2 辑
第 3 辑
第 4 辑 （1999 年）
第 5 辑
第 6 辑
第 7 辑 （2006 年）

资源县

资源文史 （资源文史资料） 政协广西壮族自治区资源县委员会文史资料委员会编印,32 开书型,不定期,内部交流。
第 1 辑 （1986 年）
第 2 辑 （改现名）（1990 年）
第 3 辑

平乐县

平乐文史资料 政协广西壮族自治区平乐县委员会文史资料委员会编印,32 开书型,不定期,内部交流。
第 1 辑 （1987 年）
第 2 辑 （1988 年）
第 3 辑 （1989 年）
第 4 辑 （1991 年）
第 5 辑
第 6 辑 （1995 年）
第 7 辑
第 8 辑
第 9 辑
第 10 辑
第 11 辑

荔浦县

荔浦文史 政协广西壮族自治区荔浦县委员会文史资料办公室编印,32 开书型,不定期,内部交流。
第 1 辑 （1986 年）
第 2 辑 （1987 年）
第 3 辑 （1988 年）
第 4 辑 （1989 年）

第 5 辑 （1990 年）
第 6 辑 （1992 年）
第 7 辑

龙胜各族自治县

龙胜文史资料 （龙胜文史） 政协广西壮族自治区龙胜县委员会学习文史资料委员会编印,32 开书型,不定期,内部交流。
第 1 辑
第 2 辑 （1986 年）
第 3 辑 （1987 年）
第 4—5（改现名）辑 （1989 年）
第 6 辑 （1991 年）
第 7 辑 （1993 年）
第 8 辑 抗战史料专集——纪念抗日战争胜利五十周年 （1995 年）
第 9 辑 （1997 年）

恭城瑶族自治县

恭城文史资料 政协广西壮族自治区恭城瑶族自治县委员会文史资料工作委员会编印,32 开书型,不定期,内部交流。
第 1 辑 （1986 年）
第 2 辑 （1987 年）
第 3 辑 （1988 年）
第 4 辑 （1989 年）
第 5 辑 （1990 年）
第 6 辑 （1992 年）
第 7 辑 （1993 年）
恭江诗联
第 8 辑 （1996 年）
第 9 辑
第 10 辑 （2001 年）
第 11 辑 （2003 年）

柳州市

柳州史料 政协广西壮族自治区柳州地区委员会文史资料办公室编印,32 开书型,不定期,内部交流。
第 1—4 辑
第 5 辑 （1981 年）
第 6 辑
第 7 辑
柳州文史资料 （柳州文史资料、柳州文史资料选辑、柳州市文史资料） 政协广西壮族自治区柳州市委员会学习文史资料委员会编印,32 开书型,不定期,内部交流或公开发行。
第 1 辑 （1982 年）

第 2 辑 （改名）（1983 年）
第 3 辑 （改名）（1984 年）
第 4 辑 （改现名）（1986 年）
第 5 辑 抗日战争专辑 （1987 年）
第 6 辑 纪念柳州解放四十周年 （1989 年）
第 7 辑 纪念阚维雍将军 （1990 年）
第 8 辑 人物专辑 （1991 年）
第 9 辑 （1992 年）
第 10 辑 发展中的柳州工业 （1994 年）
第 11 辑 风雨同舟 （柳州市政协民主党派工商联史专辑）（1996 年）
第 12 辑 党的统战政策光辉照耀下的二十年 （1998 年）
柳州文史资料索引 （柳州文献丛书）（香港新世纪国际金融文化出版社,2001 年版）
第 13 辑 龙腾新世纪——柳州市发展中的非公企业 （2002 年）
第 14 辑 柳州现代中医名人风采录 （2004 年）
龙城革命的摇篮——柳州高中革命史略 （2008 年）
第 15 辑 柳州工业文化遗产汇编 （2008 年）

柳北区

柳北文史 （柳州文史资料） 政协广西壮族自治区柳州市柳北区委员会文史资料编辑委员会编印,32 开书型,不定期,内部交流。
第 1 辑 （1986 年）
第 2 辑 （1987 年）
第 3 辑 （1988 年）
第 4 辑 （1989 年）
第 5 · 6 辑 （1990 年）
第 7 · 8（改现名）—9 辑 （1992 年）
第 10 辑 （1993 年）
第 11 · 12 辑 （1995 年）
《柳北文史》1—12 期篇目分类索引 （1986—1995 年）
第 13 辑 （1996 年）
第 14 辑 庆祝中华人民共和国建国五十周年、庆祝人民政协成立五十周年、庆祝广西柳州市柳北区建区二十周年 （1999 年）
《柳北文史》13—14 期篇目分类索引 （1996—1999 年）
第 15 辑 （2002 年）
第 16 辑

城中区

城中文史 政协广西壮族自治区柳州市城中区委员会文史资料办公室编印,32 开书型,不定期,内部交流。
第 1 辑 （1986 年）

第 2 辑 （1987 年）
第 3 辑 （1988 年）
第 4 辑 （1989 年）
第 5 辑 （1990 年）
第 6 辑
第 7 辑
柳郊文史 政协广西壮族自治区柳州市郊区委员会文史资料委员会编印,32 开书型,不定期,内部交流。
第 1 辑 （1996 年）
第 2 辑 （1998 年）
第 3 辑 （2000 年）

鱼峰区

鱼峰文史 政协广西壮族自治区柳州市鱼峰区委员会编印,32 开书型,不定期,内部交流或公开发行。
第 1 辑 （1987 年）
第 2—3 辑 （1988 年）
第 4—5 辑 （1989 年）
第 6 · 7 辑 （1990 年）
第 8 辑 （1991 年）
第 9 辑 马鞍山、鱼峰山史料特刊 （1991 年）
龙城新咏三百首 （与柳州文学工作者协会合编,1991 年）
第 10 辑 （1992 年）
第 11 辑 （1993 年）
第 12 辑 （1994 年）
第 13 辑 纪念抗日战争胜利五十周年特刊 （1995 年）
第 14 辑 （1996 年）
第 15 辑 庆祝香港回归祖国特刊 （1997 年）
第 16 辑 鱼峰区双文明建设特刊 （1998 年）
第 17 辑 （1999 年）
九曲柳江万古流 （朱德曾等主编,广西民族出版社,2008 年版）

柳南区

柳南文史 （柳南文史资料） 政协广西壮族自治区柳州市柳南区委员会文史资料编委会编印,32 开书型,不定期,内部交流。
第 1 辑 （1988 年）
第 2 辑 （1989 年）
第 3 辑 （1991 年）
第 4 辑 （1992 年）
第 5 辑 （1993 年）
第 6 辑 （1994 年）
第 7 辑 （1995 年）
第 8 辑 （1996 年）
第 9 辑 （1997 年）

第 10 辑 （改现名）（2001 年）

第 11 辑 （2006 年）

柳江县

柳江文史资料 政协广西壮族自治区柳江县委员会文史资料委员会编印，32 开书型，不定期，内部交流。

第 1 辑 （1990 年）

柳江县情（1990 年）

第 2 辑 （1991 年）

第 3 辑 （1993 年）

第 4 辑 （1995 年）

第 5 辑 （1996 年）

第 6 辑 （1998 年）

第 7 辑 （2000 年）

第 8 辑 （2002 年）

第 9 辑 （2004 年）

第 10 辑 （2006 年）

围绕中心献计献策 政协广西壮族自治区柳江县委员会文史资料委员会编印，32 开书型，不定期，内部交流。

第 1 辑 （1999 年）

第 2 辑 （2003 年）

第 3 辑 （2006 年）

柳城县

柳城文史资料 政协广西壮族自治区柳城县委员会学习文史委员会编印，32 开书型，不定期，内部交流或公开发行。

第 1 辑 （1986 年）

第 2 辑 （1987 年）

第 3 辑 （1989 年）

第 4 辑 （1949—1989）（1989 年）

柳江怒涛 （柳城县土改回忆录）（阳翰笙主编，广西人民出版社，1989 年版）

特辑 （1990 年）

第 5 辑

第 6 辑

第 7 辑 （1998 年）

鹿寨县

鹿寨文史资料 政协广西壮族自治区鹿寨县委员会文史资料委员会编印，32 开书型，不定期，内部交流。

第 1 辑 （1985 年）

第 2 辑 （1988 年）

第 3 辑 （1989 年）

第 4 辑 （1990 年）

第 5—6 辑 （1991 年）

第 7 辑 （2006 年）

融安县

融安文史资料 政协广西壮族自治区融安县委员会学习文史委员会编印，32 开书型，不定期，内部交流。

第 1 辑 （1986 年）

第 2 辑 （1989 年）

第 3 辑 （1992 年）

第 4 辑 （1993 年）

第 5 辑 （1998 年）

第 6 辑

三江侗族自治县

三江文史资料 政协广西壮族自治区三江侗族自治县委员会文史资料委员会编印，32 开书型，不定期，内部交流。

第 1 辑 （1987 年）

第 2 辑 （1989 年）

第 3 辑 （1992 年）

第 4 辑 （1995 年）

第 5 辑 （2000 年）

第 6 辑

第 7 辑 （2007 年）

融水苗族自治县

融水文史资料 政协广西壮族自治区融水苗族自治县委员会文史学习委员会编印，32 开书型，不定期，内部交流。

第 1 辑 （1985 年）

第 2 辑 （1986 年）

第 3 辑 （1987 年）

第 4 辑 （1988 年）

第 5 辑 （1989 年）

第 6 辑 （1990 年）

梧州市

梧州文史资料选辑 政协广西壮族自治区梧州市委员会学习文史委员会编印，32 开书型，不定期，内部交流。

第 1 辑 官僚资本在梧州活动概况专辑 （1982 年）

第 2 辑 梧州民族工商业概况专辑（一）（1982 年）

第 3 辑 梧州民族工商业概况专辑（二）（1982 年）

第 4—5 辑 （1983 年）

第 6—8 辑 （1984 年）

第 9 辑 （1985 年）

第 10 辑 纪念李济深先生诞辰一百周年专辑 （1985 年）

第 11 辑 （1986 年）

第 12 辑 人物专辑（一）（1987 年）

第 13 辑　（1988 年）

梧州诗词选(1988 年)

第 14 辑　梧州解放(1949—1989)（1989 年）

梧州诗词　第二集　（1990 年）

第 15 辑　李济深民主思想研究　（与政协苍梧县文史资料委员合编,1991 年）

西江明珠梧州——梧州市旅游投资指南　（暨《广西文史资料选辑》增刊,1993 年）

第 16 辑　纪念李济深先生诞辰一百一十周年选辑（1996 年）

历代诗人咏梧州　（1997 年）

第 17 辑　（1997 年）

第 18 辑　（1998 年）

瑶族源流史　（梧州文史资料特辑）（蔡村著,1999 年）

第 19 辑　（1999 年）

第 20 辑　（2004 年）

第 21 辑　梧州街巷寻踪　（2006 年）

第 22 辑　梧州名产溯源　（2007 年）

第 23 辑　亲历梧州改革开放三十年　（2008 年）

长洲区

万秀区

蝶山区

岑溪市

岑溪县文史　（**岑溪文史资料**）　政协广西壮族自治区岑溪市委员会编印,32 开书型,不定期,内部交流。

第 1—2(改现名) 辑　（1986 年）

第 3—4 辑　（1987 年）

第 5—6 辑　（1988 年）

第 7 辑　（1989 年）

第 8 辑　（1990 年）

第 9 辑　（1992 年）

第 10 辑　（1992 年）

第 11 辑　（2000 年）

苍梧县

苍梧文史　（**苍梧文史、苍梧文史资料**）　政协广西壮族自治区苍梧县委员会法律提案文史学习委员会编印,32 开书型,不定期,内部交流。

第 1—2 辑　（1986 年）

第 3(改名)—4 辑　（1987 年）

第 5 辑　（1988 年）

第 6 辑　（1989 年）

第 7 辑　（1990 年）

第 8 辑　（1991 年）

第 9 辑　（1993 年）

第 10 辑　（改现名）（1996 年）

第 11 辑　（1998 年）

第 12 辑　（1999 年）

第 13 辑　（2000 年）

第 14 辑　（2003 年）

藤县

藤县文史　（**藤县文史资料**）　政协广西壮族自治区藤县委员会教卫文体委员会编印,32 开书型,不定期,内部交流。

第 1—2 辑　（1987 年）

第 3—4 辑　（1988 年）

第 5 辑　（1989 年）

第 6 辑　（1990 年）

第 7—8 辑　（1991 年）

纪念莫乃群专辑　（1991 年）

第 9 辑　（1992 年）

第 10 辑　（1993 年）

第 11 辑　何明遗作专辑　（1994 年）

第 12 辑　（1995 年）

第 13 辑　（改现名）（1997 年）

第 14 辑　（1999 年）

蒙山县

蒙山文史　（**蒙山文史资料**）　政协广西壮族自治区蒙山县委员会文教卫提案委员会编印,32 开书型,不定期,内部交流。

第 1 辑　（1987 年）

第 2 辑　（1991 年）

第 3 辑　（改现名）　纪念抗日战争胜利五十周年专辑　（1996 年）

第 4 辑　（1999 年）

贵港市

贵港文史　政协广西壮族自治区贵港市委员会文史资料委员会编印,32 开书型,不定期,内部发行。

第 1 辑　贵港揽胜　（2003 年）

第 2 辑　浔郁抗战　（抗日战争胜利六十周年史料汇编）（2005 年）

第 3 辑　（2005 年）

贵港市文史资料　（**贵县文史资料选辑、贵县文史资料**）　政协广西壮族自治区贵港市委员会文史资料研究委员会编印,32 开书型,不定期,内部交流。

第 1 辑 (1984 年)

第 2—3 辑 (改名) (1985 年)

第 4 辑 纪念太平天国起义一百三十五周年专辑 (1986 年)

第 5—7 辑 (1986 年)

第 8—9 辑 (1987 年)

第 10—11 辑 (1988 年)

第 12(改现名)—13 辑 (1989 年)

第 14—15 辑 (1990 年)

增刊 南山寺千年纪念诗词选 (1990 年)

第 16 辑 纪念太平天国起义一百四十周年暨庆祝罗尔纲先生治史六十五周年专辑 (1991 年)

第 17 辑 (1991 年)

第 18—19 辑 (1992 年)

第 20 辑 (1993 年)

第 21 辑 翼王石达开殉难一百三十周年纪念诗词联文选 (1994 年)

第 22 辑 纪念抗日战争胜利五十周年专辑 (1995 年)

港北区

港南区

覃塘区

桂平市

桂平文史资料 (桂平文史) 政协广西壮族自治区桂平市委员会文史资料委员会编印,16 开刊型改 32 开书型,不定期,内部交流。

1982 年第 1—2 期 (总第 1—2 辑)

1983 年第 1—2 期 (总第 3—4 辑)

1984 年第 1—3 期 (总第 5—7 辑)

1985 年第 1—4 期 (总第 8—11 辑)

1986 年第 1 期 (总第 12 期)

1989 年第 1(改现名)—2 期 (总第 13—14 辑)

1990 年第 1—2 期 (总第 15—16 辑)

1991 年第 1—2 期 (总第 17—18 辑)

1992 年第 1—2 期 (总第 19—20 辑)

1993 年第 1 期 (总第 21 辑)

1994 年第 1 期 (总第 22 辑)

1995 年第 1 期 (总第 23 辑)

2000 年第 1 期 (总第 24 辑)

平南县

平南文史资料 政协广西壮族自治区平南县委员会编印,32 开书型,不定期,内部交流。

第 1—2 辑 (1985 年)

第 3 辑 (1986 年)

第 4 辑 纪念民主革命先驱孙中山先生诞辰一百二十周年 (1986 年)

第 5 辑 (1987 年)

第 6 辑 (1988 年)

第 7 辑 (1989 年)

第 8 辑 (1993 年)

第 9 辑 庆祝中华人民共和国成立五十周年——平南剿匪斗争资料专辑 (1999 年)

玉林市

玉林文史 政协广西壮族自治区玉林市委员会文史学习委员会编印,32 开书型,不定期,内部交流。

第 1 辑 团结奋进——政协民主党派工商联史料辑 (1999 年)

第 2 辑 玉林解放与剿匪史料 (2000 年)

第 3 辑 (2003 年)

玉林民营企业的崛起

玉林海外赤子情

玉林百年名人名家名厂名店录

文史资料汇编 政协广西壮族自治区玉林市委员会文史学习委员会编印,16 开刊型,不定期,内部交流。

第 1—101 期

玉州区

玉林市文史资料 (玉林县文史资料) 政协广西壮族自治区玉林市委员会文史资料工作委员会编印,32 开书型,不定期,内部交流。

第 1 辑 (1982 年)

第 2—4 辑 (1983 年)

第 5—6(改现名)—8 辑 (1984 年)

第 9—10 辑 (1985 年)

第 11—13 辑 (1986 年)

第 14 辑 (1987 年)

第 15—16 辑 (1988 年)

第 17 辑 龙明勋逝世二十周年纪念专辑 (1989 年)

第 18 辑 (1990 年)

《玉林市文史资料》1—18 辑总目录 (1990 年)

第 19·20 辑 清代光绪版《鬱林州志》专辑 (1990 年)

庆祝玉林市政协成立十周年专刊 （1981—1991）（1991 年）

第 21 辑 玉林市文史资料名胜古迹专辑 （1992 年）

第 22·23 辑 "大农业"专辑 （1992 年）

第 24 辑 覃震声殉难四十八周年纪念专辑 （1993 年）

第 25 辑 玉林市商业局专辑 （1993 年）

第 26 辑 玉林市供销社专辑 （1993 年）

第 27 辑 （1994 年）

第 28 辑 （1995 年）

第 29 辑 （1996 年）

第 30 辑 （1997 年）

新版《兴业县志》

重版《兴业县志》

第 31 辑 （1998 年）

玉州文史资料 政协广西壮族自治区玉林市玉州区委员会教卫文体工作委员会编印,32 开书型,不定期,内部交流。

第 1 辑 （1998 年）

第 2 辑 革命烈士事迹专辑 （1999 年）

第 3 辑 医药卫生专辑 （2001 年）

北流市

北流文史资料 政协广西壮族自治区北流县委员会文史委员会编印,32 开书型,不定期,内部交流。

第 1 辑 （1984 年）

第 2 辑 （1985 年）

第 3 辑 （1986 年）

第 4 辑 （1988 年）

第 5 辑 （1989 年）

第 6 辑 水利电力专辑 （1990 年）

第 7 辑 工业专辑 （1991 年）

第 8 辑 风景艺文专辑 （1992 年）

第 9 辑 （1993 年）

第 10 辑 （1994 年）

第 11 辑 （1995 年）

第 12 辑 纪念李明瑞诞辰一百周年 （1996 年）

第 13 辑

第 14 辑

兴业县

兴业文史资料 政协广西壮族自治区兴业县委员会文史资料委员会编印,32 开书型,不定期,内部交流。

抗日战争中的兴业自卫队 （2008 年）

容县

容县文史资料选辑 政协广西壮族自治区容县委员会

文史资料委员会编印,32 开书型,不定期,内部交流。

第 1 辑 （1981 年）

第 2 辑 地方风物专辑 （1981 年）

第 3 辑 经略台真武阁专辑 （1982 年）

第 4 辑 （1982 年）

容县文史拾零 政协广西壮族自治区容县委员会文史委员会编印,32 开书型,不定期,内部交流。

第 1 辑 （1986 年）

第 2 辑 （1987 年）

第 3 辑 （1988 年）

第 4 辑 （1995 年）

纪念抗日战争胜利五十周年诗词专辑

庆祝香港回归诗词专辑

都峤山旅游资源探影录

都峤山森林树森自然杰作 （2006 年）

陆川县

陆川文史 （陆川文史资料） 政协广西壮族自治区陆川县委员会文教卫体文史工作委员会编印,32 开书型,不定期,内部交流。

第 1 辑 （1985 年）

第 2 辑 （1986 年）

第 3 辑 （1987 年）

第 4 辑 （1988 年）

第 5 辑 （1989 年）

第 6 辑 （1990 年）

第 7 辑 （1991 年）

第 8 辑 廖磊史料专辑（上）（1994 年）

第 9 辑 廖磊史料专辑（中）（1995 年）

第 10 辑 （改现名）（1999 年）

第 11 辑 （2000 年）

第 12 辑 （2001 年）

第 13 辑 （2002 年）

博白县

博白文史（博白史志） 政协广西壮族自治区博白县委员会文史资料委员会编印,16 开刊型,不定期,内部交流或公开发行。

第 1 辑 （1986 年）

第 2 辑 （1986 年）

第 3 辑 （1987 年）

第 4 辑 （1987 年）

第 5 辑 （1987 年）

第 6 辑 （1988 年）

第 7 辑 （1988 年）

第 8 期 隆重纪念博白县解放四十周年特刊 （1949.12.1—1989.12.1）（1989 年）

第 9·10 期 纪念中国共产党成立七十周年特刊

（1991 年）

1995 年第 1 期 （总第 11 期）（改现名）抗法抗日名将刘永福专辑

民族英雄刘永福(广西人民出版社,1997 年版)

1997 年第 2 期 （总第 14 期）

1997 年第 3 期 （总第 15 期）

钦州市

钦州文史 政协广西壮族自治区钦州市委员会文史资料和学习委员会编印,32 开书型,不定期,内部交流。

第 1 辑 钦州军民抗日斗争史料专辑 （1995 年）

第 2 辑 孙中山与钦州专辑 （1996 年）

第 3 辑 香港回归与钦州发展 （1997 年）

第 4 辑 民族英雄刘永福文集——纪念民族英雄刘永福诞辰一百六十周年专辑 （1997 年）

第 5 辑 民族英雄冯子材纪念文集 （1998 年）

第 6 辑 钦州得名一千四百年纪念专辑 （1999 年）

第 7 辑 冯敏昌黄明堂纪念文集 （2000 年）

第 8 辑 解放钦州与巩固政权 （2001 年）

第 9 辑 "愿风吹到我钦州"史料选编 （2002 年）

第 10 辑 民族英雄刘永福纪念文集 （2003 年）

第 11 辑 钦州政协十年纪念文集 （2004 年）

第 12 辑 钦州民俗文化专辑 （2005 年）

第 13 辑 钦州交通专辑 （2008 年）

钦南区

钦州文史资料 政协广西壮族自治区钦州市委员会文史委员会编印,32 开书型,不定期,内部交流。

第 1 辑 （1985 年）

第 2 辑 （1986 年）

第 3 辑 （1987 年）

第 4 辑 冯敏昌纪念文集 （1988 年）

第 5 辑 （1898 年）

第 6 辑 （1990 年）

第 7 辑 （1991 年）

第 8 辑

第 9 辑

第 10 辑

第 11 辑

第 12 辑

第 13 辑

第 14 辑

第 15 辑

第 16 辑 （1995 年）

钦南文史 政协广西壮族自治区钦州市钦南区委员会文史资料委员会编印,32 开书型,不定期,内部交流。

第 1 辑 （1995 年）

第 2 辑 （1996 年）

第 3 辑

第 4 辑

钦北区

钦北文史 政协广西壮族自治区钦州市钦北区委员会文史资料委员会编印,32 开书型,不定期,内部交流。

第 1 辑〔清〕冯敏昌诗选 （1997 年）

第 2 辑 （2000 年）

灵山县

灵山文史资料 （灵山文史通讯） 政协广西壮族自治区灵山县委员会文史资料委员会编印,32 开书型,不定期,内部交流。

第 1 期 （1985 年）

第 2—3 期 （1986 年）

第 4 辑 （改现名） 灵阳石刻选注 （1989 年）

第 5 辑 钦州志 （天一阁藏明代方志选刊）（1990 年）

第 6 辑 （1991 年）

第 7 辑 旅游资源专辑 （1997 年）

第 8 辑

浦北县

浦北文史 （浦北县文史资料） 政协广西壮族自治区浦北县委员会文史资料委员会编印,32 开书型,不定期,内部交流。

第 1 辑 （1987 年）

第 2 辑 （1988 年）

第 3 辑 （1990 年）

第 4 辑 （1991 年）

第 5 辑 （1993 年）

第 6 辑 （1995 年）

第 7 辑 （改现名）（1998 年）

五皇山诗文集 （2006 年）

第 8 辑 （2005 年）

北海市

北海文史 政协广西壮族自治区北海市委员会文史资料委员会编印,32 开书型,不定期,内部交流或公开发行。

第 1—3 辑 （1983 年）

第 4—5 辑 （1987 年）

第 6 辑 （1990 年）

第 7 辑 （1991 年）

第 8 辑 （1992 年）

第 9 辑 （1996 年）

第 10 辑 （1997 年）

第 11 辑　家蓄专集　《沧痕桑影录》(1997 年)

第 12 辑　(1998 年)

第 13 辑　沧痕桑影录(二)(1999 年)

第 14 辑　北海剪影录　(王戈著,2000 年)

第 15 辑　前景广阔的北海市港口　(2001 年)

第 16 辑　北海工商史概　(2002 年)

第 17 辑　沧痕桑影录(三)(2003 年)

第 18 辑　合浦与海上丝绸之路　(与政协合浦县文史资料委员会合编,2004 年)

第 19 辑　南国名城:北海千年沧桑　(2005 年)

第 20 辑　政协北海市第六、七届委员会剪影　(2006 年)

第 21 辑　地角女民兵　(广西民族出版社,2007 年版)

第 22 辑　外沙妇女号　(广西民族出版社,2008 年版)

海城区

银海区

铁山港区

合浦县

合浦文史资料　政协广西壮族自治区合浦县委员会文史资料委员会编印,32 开书型,不定期,内部交流。

第 1 辑　(1982 年)

第 2 辑　(1983 年)

第 3 辑　(1984 年)

第 4 辑　(1986 年)

合浦文物简介　(与合浦县博物馆合编,1986 年)

第 5 辑　(1987 年)

第 6 辑　(1988 年)

陈铭枢纪念文集　(1990 年)

第 7 辑　(1991 年)

合浦与海上丝绸之路　(暨《北海文史》第 18 辑,2004 年)

防城港市

防城港文史资料　政协广西壮族自治区防城市防城区委员会编印,32 开书型,不定期,内部交流。

第 1 辑　(1994 年)

第 2 辑

第 3 辑

第 4 辑

第 5 辑

第 6 辑

第 7 辑　防城港史话

港口区

防城区

防城文史　(防城文史资料)　政协广西壮族自治区防城港市防城区委员会编印,32 开书型,不定期,内部交流。

第 1 辑　(1986 年)

第 2 辑　(1987 年)

第 3 辑　(1988 年)

第 4—5 辑　(1989 年)

第 6—7 辑　(1990 年)

第 8 辑　(改现名)(1991 年)

第 9 辑　(1992 年)

第 10 辑　南陲明珠　(1994 年)

第 11 辑

东兴市

上思县

上思文史资料　政协广西壮族自治区上思县委员会文史资料委员会编印,32 开书型,不定期,内部交流。

第 1 辑

第 2 辑

第 3 辑

第 4 辑

第 5 辑

第 6 辑　刘永福在上思　(2002 年)

崇左市

崇左文史资料　政协广西壮族自治区崇左市委员会文史委员会编印,32 开书型,不定期,内部交流。

崇左重大历史事件　(2008 年)

崇左之最　(2008 年)

江州区

崇左文史资料　政协广西壮族自治区崇左县委员会文史委员会编印,32 开书型,不定期,内部交流。

第 1 辑　(1986 年)

第 2 辑　(1987 年)

第 3 辑　(1988 年)

第 4 辑　（1989 年）
第 5 辑　（2001 年）

凭祥市

凭祥文史　（凭祥文史资料）　政协广西壮族自治区凭祥市委员会文史资料委员会编印,32 开书型,不定期,内部交流。

第 1 辑　（1989 年）
第 2 辑　（1992 年）
第 3 辑　（改现名）（1995 年）
第 4 辑　（1997 年）
第 5 辑　（1999 年）
第 6 辑　（2006 年）

扶绥县

扶绥文史资料　政协广西壮族自治区扶绥县委员会文史资料委员会编印,32 开书型,不定期,内部交流。

第 1 辑　（1986 年）
第 2 辑　（1987 年）
第 3 辑　（1990 年）
第 4 辑　（1995 年）
第 5 辑　（1998 年）

大新县

大新文史资料　（大新县文史资料选辑）　政协广西壮族自治区大新县委员会委员会编印,32 开书型,不定期,内部交流。

第 1 辑　（1985 年）
第 2 辑　（1986 年）
第 3 辑　（1988 年）
第 4 辑　（改现名）（1992 年）
第 5 辑　（1995 年）

天等县

天等文史资料　政协广西壮族自治区天等县委员会文史资料委员会编印,32 开书型,不定期,内部交流。

第 1 辑　（1986 年）
第 2 辑
第 3 辑
第 4 辑

宁明县

宁明文史资料　政协广西壮族自治区宁明县委员会文史资料委员会编印,32 开书型,不定期,内部交流。

第 1 辑　（1986 年）
第 2 辑　（1987 年）
第 3 辑　（1991 年）
第 4 辑　（1993 年）
第 5 辑　（1995 年）
第 6 辑

龙州县

龙州文史资料　政协广西壮族自治区龙州县委员会文史资料委员会编印,32 开书型,不定期,内部交流。

第 1 辑　（1981 年）
第 2 辑　（1982 年）
第 3 辑　（1983 年）
第 4 辑　（1984 年）
第 5 辑　龙州起义、创建红八军五十五周年纪念专辑（1985 年）
第 6 辑　（1986 年）
第 7 辑　（1987 年）
第 8 辑　（1988 年）
第 9 辑　（1989 年）
第 10 辑　（1990 年）
第 11 辑　（1992 年）
第 12 辑　（1993 年）
第 13 辑　（1998 年）

百色市

百色文史　政协广西壮族自治区百色市委员会文史资料、学习宣传委员会编印,32 开书型,不定期,内部交流。

第 1 辑　（2004 年）

右江区

百色史志　政协广西壮族自治区百色市委员会文史资料委员会等编印,16 开刊型改 32 开书型,不定期,内部交流。

第 1—2 期　（1985 年）
第 3—4 期　（1988 年）

田阳县

田阳文史　政协广西壮族自治区田阳县委员会文史资料委员会编印,32 开书型,不定期,内部交流。

第 1 辑　（1990 年）
第 2 辑　（1991 年）
第 3 辑　（1993 年）
第 4 辑　（1990 年）
第 5 辑

田东县

田东文史资料 政协广西壮族自治区田东县委员会文史资料研究委员会编印,32 开书型,不定期,内部交流。

第 1 辑 (1987 年)
第 2 辑 (1988 年)
第 3 辑 (1989 年)
第 4 辑 (1990 年)
第 5 辑

平果县

平果文史 政协广西壮族自治区平果县委员会文史资料编纂委员会编印,32 开书型,不定期,内部交流。

第 1 辑 (1994 年)
第 2 辑 (1998 年)
第 3 辑

德保县

德保文史资料 政协广西壮族自治区德保县委员会文史资料委员会编印,32 开书型,不定期,内部交流。

第 1 辑 (1990 年)
第 2 辑
第 3 辑
第 4 辑 (2003 年)

靖西县

靖西文史 (靖西文史资料) 政协广西壮族自治区靖西县委员会文史资料办公室编印,32 开书型,不定期,内部交流。

第 1 辑 (1988 年)
第 2 辑 (1989 年)
第 3 辑 (改现名)(1990 年)

那坡县

那坡文史资料 政协广西壮族自治区那坡县委员会文史资料委员会编印,32 开书型,不定期,内部交流。

第 1 辑

凌云县

文史资料 政协广西壮族自治区凌云县委员会文史资料调研委员会编印,32 开书型,不定期,内部交流。

第 1 辑 (1985 年)
第 2 辑 (1987 年)

第 3 辑 (1988 年)
第 4 辑 (1989 年)
第 5 辑 (1990 年)

乐业县

乐业文史资料 政协广西壮族自治区乐业县委员会文史资料委员会编印,32 开书型,不定期,内部交流。

第 1 辑 (1990 年)

乐业文史资料丛书 政协广西壮族自治区乐业县委员会文史资料委员会编印,32 开书型,不定期,内部交流。

旅游资料集 (2006 年)
地方文史集 (2006 年)

田林县

田林文史资料 政协广西壮族自治区田林县委员会文史资料研究委员会编印,32 开书型,不定期,内部交流。

第 1 辑 (1987 年)
第 2 辑 (1990 年)

西林县

西林文史资料 政协广西壮族自治区西林县委员会文史资料委员会编印,32 开书型,不定期,内部交流。

第 1 辑 (1992 年)
第 2 辑

隆林各族自治县

隆林文史资料 政协广西壮族自治区隆林各族自治县委员会文史资料委员会编印,32 开书型,不定期,内部交流。

第 1 辑
隆林民族志

河池市

河池文史资料 政协广西壮族自治区河池地区工作委员会编印,32 开书型,不定期,内部交流。

第 1 辑 (1991 年)

河池文史 政协广西壮族自治区河池市委员会文史资料和学习委员会编印,32 开书型,不定期,内部交流。

第 1 辑 政协民主党派工商联史料专辑 (2005 年)
河池历史名人传记(上)(2005 年)
委员风采录(第一届)(2006 年)
第 2 辑 河池历史重大事件专辑 (2006 年)
河池名胜古迹 (2008 年)

金城江区

河池文史 政协广西壮族自治区河池市委员会文史资料委员会编印,32 开书型,不定期,内部交流。
第 1 辑 （1987 年）
第 2 辑 （1988 年）
第 3 辑 （1990 年）
第 4 辑 （1991 年）
金城江区文史 政协广西壮族自治区河池市金城江区委员会文史资料和学习委员会编印,32 开书型,不定期,内部交不充。
第 1 辑 （2007 年）

宜州市

宜州文史(宜山文史) 政协广西壮族自治区宜州市委员会等编印,16 开刊型改 32 开书型,不定期,内部交流。
第 1 期 （1987 年）
第 2 期 （1988 年）
第 3—4 期 （1989 年）
1990 年第 1 期 （总第 5 期）
1991 年第 1 期 （总第 6 期）
1992 年第 1 期 （总第 7 期）
1993 年第 1 期 （总第 8 期）
总第 9 期(改现名) 市庆专辑 （1994 年）
总第 10 期 （1995 年）
总第 11 期 （1997 年）
第 12 辑 （2001 年）
第 13 辑 （2004 年）
宜州市政协志 （1955—2005）（2006 年）

南丹县

南丹史志通讯 政协广西壮族自治区南丹县委员会办公室等编印,32 开书型,不定期,内部交流。
第 1—2 期 （1996 年）
第 3 期 （1986 年）
第 4 期 （1987 年）
南丹文史(资料) 政协广西壮族自治区南丹县委员会编印,32 开书型,不定期,内部交流。
第 1 辑 （1988 年）
第 2 辑 （1989 年）
第 3 辑 （1990 年）
第 4 辑 （1992 年）
第 5 辑 （1994 年）
第 6 辑 （1995 年）
第 7 辑 （1996 年）
第 8 辑 风尘漫忆——莫树杰回忆录 （1997 年）

第 9 辑 （1998 年）
第 10 辑 （1999 年）
第 11 辑 （2003 年）
第 12 辑 风雨同舟二十年 （2004 年）
第 13 辑 南丹风物景观 （2006 年）

天峨县

天峨文史 政协广西壮族自治区天峨县委员会文史资料研究委员会编印,32 开书型或 16 开刊型,铅印或油印,不定期,内部交流。
第 1 辑
第 2 辑
1986 年第 1 期 （总第 3 辑）
1986 年第 2 期 （总第 4 辑）
总第 5 辑 （1989 年）
总第 6 辑 （1990 年）
总第 7 辑
总第 8 辑 （2005 年）
中国人民政治协商会议天峨县委员会成立二十年(画册)(2006 年)

凤山县

凤山文史 （凤山史志） 政协广西壮族自治区凤山县委员会文教卫体委员会编印,32 开书型,不定期,内部交流。
第 1 辑 （1985 年）
第 2 辑 （1986 年）
第 3 辑 （1987 年）
第 4 辑 （1989 年）
第 5 辑 （改现名） 楹联专辑 （2000 年）
第 6 辑 （2001 年）
第 7 辑 （2004 年）
凤山革命烈士英名录 （2005 年）
第 8 辑 （2006 年）

东兰县

东兰文史 （东兰文史资料） 政协广西壮族自治区东兰县委员会文史资料委员会编印,32 开书型,不定期,内部交流。
第 1 辑 （1985 年）
第 2 辑 （1987 年）
第 3 辑 （改现名） 东兰革命英名录
风物还是东兰好 （广西人民出版社,2002 年版）
韦虎臣传略
第 4 辑
第 5 辑 （2006 年）
第 6 辑 （2007 年）

巴马瑶族自治县

巴马文史资料　政协广西壮族自治区巴马瑶族自治县委员会文史资料委员会编印,32 开书型,不定期,内部交流。

第 1 辑　(1992 年)

都安瑶族自治县

都安文史　政协广西壮族自治区都安瑶族自治县委员会文史资料委员会编印,32 开书型,不定期,内部交流。

第 1 辑　(1986 年)

第 2 辑　(1987 年)

第 3·4 辑　(1988 年)

第 5 辑　(1990 年)

翠屏山诗词书画集　(第一集)

翠屏山诗词书画集　(第二集)(2005 年)

大化瑶族自治县

大化文史　政协广西壮族自治区大化瑶族自治县文史资料委员会编印,32 开书型,不定期,内部交流。

第 1 辑

第 2 辑

第 3 辑　(2006 年)

罗城仫佬族自治县

罗城文史资料　政协广西壮族自治区罗城仫佬族自治县委员会文史资料委员会编印,32 开书型,不定期,内部交流。

第 1 辑　(1986 年)

第 2 辑　(1988 年)

第 3 辑　(1989 年)

第 4 辑　(1990 年)

第 5 辑　(1991 年)

第 6 辑　(1992 年)

第 7 辑　(1993 年)

第 8 辑　(1995 年)

第 9 辑　(1996 年)

罗城仫佬族自治县成立历程

环江毛南族自治县

环江文史　(环江史志、环江文史、环江文史资料)政协广西壮族自治区环江毛南族自治县委员会文史资料工作委员会等编印,32 开书型,不定期,内部交流。

第 1 辑　(1986 年)

第 2 辑　(改名)(1990 年)

第 3 辑　(1991 年)

第 4 辑　(改名)　1984—1995　(1995 年)

第 5 辑　(1998 年)

第 6 辑　(改现名)　庆祝建国五十周年、澳门回归和二十世纪晋千特刊　(1999 年)

庆祝环江毛南族自治县成立文史资料　政协广西壮族自治区环江毛南族自治县委员会文史组等编印,32 开书型,内部交流,1987 年。

之一　环江毛南族自治县简介

之二　环江诗词联

之三　环江论丛

之四　卢焘烈士

来宾市

来宾文史资料　政协广西壮族自治区来宾市委员会文史资料委员会编印,32 开书型,不定期,内部交流。

第 1 辑　(2003 年)

兴宾区

来宾县文史资料　(来宾文史资料)　政协广西壮族自治区来宾县委员会编印,32 开书型,不定期,内部交流。

第 1 辑　(1987 年)

第 2 辑　(改现名)(1988 年)

第 3 辑　(1989 年)

第 4 辑　(1990 年)

第 5 辑

合山市

合山文史资料　政协广西壮族自治区合山市委员会文史资料委员会编印,32 开书型,不定期,内部交流。

第 1 辑　(1992 年)

第 2 辑　(2000 年)

象州县

象州文史资料　政协广西壮族自治区象州县委员会文史资料委员会编印,32 开书型,不定期,内部交流。

第 1 辑

第 2 辑

第 3 辑

武宣县

武宣文史资料　政协广西壮族自治区武宣县委员会文史资料委员会编印,32 开书型,不定期,内部交流。

第 1 辑

第 2 辑

第 3 辑 （1992 年）

第 4 辑 （1995 年）

第 5 辑 （1997 年）

忻城县

忻城文史资料 政协广西壮族自治区忻城县委员会文史委员会编印,32 开书型,不定期,内部交流或公开发行。

第 1 辑 土司专辑 （1991 年）

第 2 辑 （1993 年）

第 3 辑 旧事(参加马泗抗日游击队回忆)（郭如明著,1995 年）

第 4 辑 （1996 年）

第 5 辑 （上、下册）（1997 年）

忻城土司志 （广西人民出版社,2005 年）

第 6 辑 （2008 年）

第 7 辑 （2008 年）

广西忻城县第二届"三节一会""土司文化与旅游产业发展"研讨会论文集 （2008 年）

金秀瑶族自治县

金秀文史资料 政协广西壮族自治区金秀瑶族自治县委员会文史资料研究员会编印,32 开书型,不定期,内部交流。

第 1 辑 （1985 年）

第 2 辑 （1986 年）

第 3 辑 （1988 年）

第 4 辑 （1989 年）

第 5 辑 （1990 年）

第 6 辑 （1991 年）

第 7 辑

贺州市

贺州文史 政协广西壮族自治区贺州市委员会文史资料委员会编印,32 开书型,不定期,内部交流。

第 1 辑 （2005 年）

第 2 辑 （2008 年）

八步区

八步区文史 （贺县文史资料选辑、贺县文史） 政协广西壮族自治区贺县委员会文史资料委员会编印,32 开书型,不定期,内部交流。

第 1 辑 （1985 年）

第 2 辑 （1986 年）

第 3 辑 （1986 年）

第 4 辑 （1987 年）

第 5 辑 （1988 年）

第 6 辑 （改现名）（1989 年）

第 7 辑 （1990 年）

第 8 辑 （1991 年）

第 9 辑 （1992 年）

第 10 辑 （1993 年）

第 11 辑 （1994 年）

第 12 辑 （1995 年）

第 13 辑 （1996 年）

第 14 辑 （1997 年）

第 15 辑 （1998 年）

第 16 辑 （1999 年）

第 17 辑 （2000 年）

昭平县

昭平文史 政协广西壮族自治区昭平县委员会文史资料委员会编印,32 开书型,不定期,内部交流。

第 1 辑 （1984 年）

第 2 辑 （1985 年）

第 3 辑 （1986 年）

第 4 辑 （1986 年）

第 5 辑 （1987 年）

第 6—7 辑 （1989 年）

第 8 辑 （1990 年）

第 9 辑 （1992 年）

第 10—11 辑 （1995 年）

第 12 辑 （1996 年）

第 13 辑 （1997 年）

第 14 辑 （1998 年）

第 15 辑 （2003 年）

第 16 辑 （2005 年）

第 17 辑 （2006 年）

梦境黄姚 （2005 年）

昭平风物志 （2006 年）

钟山县

钟山文史资料 政协广西壮族自治区钟山县委员会文史资料编辑委员会编印,32 开书型,不定期,内部交流。

第 1 辑 （1988 年）

第 2 辑 （1990 年）

第 3 辑 （1991 年）

第 4 辑 （1993 年）

第 5 辑

第 6 辑

第 7 辑

第 8 辑

第 9 辑

富川瑶族自治县

富川文史资料 政协广西壮族自治区富川瑶族自治县委员会民族文史工作委员会编印,32 开书型,不定期,内部交流。

第 1 辑 (1986 年)

第 2 辑 (1987 年)

第 3 辑 (1988 年)

第 4 辑 (1989 年)

第 5 辑 (1990 年)

第 6 辑 (1991 年)

第 7 辑 民族史料专辑 (1992 年)

第 8 辑 (1993 年)

第 9 辑

第 10 辑 (1997 年)

海 南 省

海南文史资料 政协海南省委员会文史资料委员会编,南海出版公司等出版,32 开书型,不定期,内部交流或公开发行。

第 1 辑 琼岛风雨——国民党军"围剿"琼崖革命根据地纪事 (1989 年)

第 2 辑 (1990 年)

第 3 辑 人物春秋 (三环出版社,1990 年版)

第 4 辑 (三环出版社,1991 年版)

第 5 辑 (1992 年版)

第 6 辑 (1993 年版)

第 7 辑 黎族史料专辑 (1993 年版)

第 8 辑 (1993 年版)

第 9 辑 黎族史料专辑(续辑)(1994 年版)

第 10 辑 (1994 年版)

第 11 辑 铁蹄下的腥风血雨——日军侵琼暴行实录(上、下册)(1995 年版)

第 12 辑 琼侨抗日英烈——符克烈士专辑 (1996 年版)

第 13 辑 铁蹄下的腥风血雨——日军侵琼暴行实录(续)(1996 年版)

第 14 辑 一曲艰苦奋斗的凯歌——海南松涛水库建设实录 (1997 年版)

第 15 辑 海外琼人专辑之一 (1999 年版)

第 16 辑 文史集粹 (2000 年版)

第 17 辑 棕榈之岛——清末明初美国传教士看海南(2001 年版)

第 18 辑 海南土改运动亲历记 (2003 年版)

第 19 辑 (2005 年版)

第 20 辑 纪念抗日战争胜利六十周年专辑 (2005 年版)

第 21 辑 海南名人故居 (2007 年版)

海南古村古今

琼剧百年史料

海角橡胶事业

知青在海南

亲历海南建省

海南文史通讯 政协海南省委员会文史资料委员会办公室编印,16 开刊型,不定期,内部交流。

1992 年第 1 期

海口市

海口文史资料 政协海南省海口市委员会教文史卫体委员会编印,32 开书型,不定期,内部交流或公开发行。

第 1 辑 (1984 年)

第 2 辑 (1985 年)

第 3 辑 (1986 年)

第 4 辑 (1987 年)

第 5 辑 (1989 年)

第 6 辑 (1990 年)

第 7 辑 (1991 年)

第 8 辑 (1992 年)

第 9 辑 (1993 年)

第 10 辑 (1994 年)

第 11 辑 抗日战争时期专辑 (1995 年)

第 12 辑 (1996 年)

第 13 辑 (1997 年)

第 14 辑 (1999 年)

第 15 辑 (2000 年)

第 16 辑 (2002 年)

琼岩文史集粹 (香港天马图书有限公司,2003 年版)

第 17 辑 (2004 年)

第 18 辑 (2006 年)

龙华文物志 (2008 年)

龙华区

秀英区

琼山区

琼山文史 (**琼山文史资料**) 政协海南省海口市琼山区委员会文史资料委员会编印,32 开书型,不定期,内部交流。

第 1 辑 (1985 年)

第 2 期

第 3 期 丘浚海瑞两公专刊 (1986 年)

第 4 期

第 5 期

第 6 期 (1990 年)

第 7 辑 (改现名)(1992 年)

第 8 辑 侵略与反抗——纪念抗日战争胜利五十周年专辑 (1995 年)

美兰区

三亚市

三亚文史 政协海南省三亚市委员会文史与学习委员会编印,32 开书型,不定期,内部交流。

第 1 辑 (1986 年)

第 2 辑　（1990 年）
第 3 辑　（1991 年）
第 4 辑　（1992 年）
第 5 辑　日军侵崖暴行实录（专辑）——纪念中国人民抗日战争胜利五十周年　（1995 年）
第 6 辑　（1997 年）
第 7 辑　党和国家领导人咏三亚　（2000 年）
第 8 辑　水利专辑　（2000 年）
第 9 辑　三亚市政协志　（2001 年）
第 10 辑　党和国家领导人在三亚　（2003 年）
第 11 辑　建言献策选编　（2003 年）
第 12 辑　天涯览胜　（2006 年）
第 13 辑　政协三亚市第四届委员会工作回顾　（2007 年）
第 14 辑　崖城古镇　（2007 年）
第 15 辑　建言献策选编(2007 - 2008)（2008 年）
第 16 辑　（2008 年）

省直辖行政单位

文昌市

文昌文史　（文昌文史资料选辑）　政协海南省文昌县委员会文史资料研究委员会编印,32 开书型,不定期,内部交流。
第 1 期　（1984 年）
第 2 期(改现名)　邢宥(湄邱集注释)（1985 年）
第 3 期　纪念宋庆龄同志专辑之一　（1987 年）
第 4 期　张云逸大将传略　（1988 年）
文昌县文物谱　（朱运彩主编,1988 年）
第 5 期　民国人物专辑（一）（1989 年）
第 6 期　民国人物专辑（二）（1992 年）
第 7 辑
第 8 辑　（2000 年）
第 9 辑
第 10 辑

琼海市

琼海文史　政协海南省琼海县委员会文史资料研究委员会编印,32 开书型,不定期,内部交流。
第 1 辑　（1986 年）
第 2 辑　华侨专辑　（1988 年）
第 3 辑
第 4 辑
第 5 辑

万宁市

万宁文史　政协海南省万宁县委员会文史资料研究委员会编印,32 开书型,不定期,内部交流。
万宁县革命历史简编　（1964 年）
第 1 辑　（1984 年）
第 2 辑　（1985 年）
第 3 辑　六连岭革命根据地斗争史略　（黄富和著,1986 年）
第 4 辑　（1991 年）
第 5 辑　铁蹄下的血泪仇——日军侵万史料专辑（1995 年）
第 6 辑　万宁华侨华人史料(上、下册)（2002 年）
第 7 辑　委员风采　（2005 年）

五指山市

通什文史　政协海南省通什市委员会文史资料委员会编印,32 开书型,不定期,内部交流。
第 1 辑　（1990 年）
第 2 辑　（1991 年）
第 3 辑　（1993 年）
第 4 辑　（2000 年）

东方市

东方文史　政协海南省东方黎族自治县委员会文史委员会编印,32 开书型,不定期,内部交流。
第 1 辑　（1986 年）
第 2 辑　登革热病临床文集　（1987 年）
第 3 辑　（1987 年）
第 4 辑　（1988 年）
第 5 辑　热带草原与牧业　（1988 年）
第 6 辑　（1989 年）
第 7 辑　（1990 年）
第 8 辑　（1993 年）
第 9 辑　（1995 年）

儋州市

儋县革命史料　政协海南省儋县委员会文史工作领导小组办公室等编印,32 开书型,不定期,内部交流。
第 1 辑
第 2 辑
第 3 辑　（1981 年）
儋州文史　（儋县文史资料）　政协海南省儋州市委员会文史资料编辑委员会编印,32 开书型,不定期,内部交流。

海外奇踪(朱玉书著,海南人民出版社,1985 年版)

第 1 辑 （1986 年）

第 2 辑 （1987 年）

第 3 辑 （1989 年）

第 4 辑 （1991 年）

第 5 辑 （改现名）(1993 年)

第 6 辑 （1994 年）

第 7 辑 日军侵儋暴行实录专辑 （1995 年）

第 8 辑 儋县抗日史料专辑 （1996 年）

第 9 辑 丹青常寄故园情——旅台画家陈理之专辑 (1997 年)

第 10 辑 水利专辑 （1998 年）

第 11 辑 剑花——符志行专辑 （1999 年）

第 12 辑 （2004 年）

临高县

临高文史 政协海南省临高县委员会文史资料研究委员会编印,32 开书型,不定期,内部交流。

第 1 辑 （1985 年）

第 2 辑 （1986 年）

第 3 辑 （1987 年）

第 4 辑 （1988 年）

第 5 辑 （1989 年）

第 6 辑 （1990 年）

第 7 辑 水电专辑 （1992 年）

第 8 辑 农业专辑 （1993 年）

第 9 辑 教育专辑 （1995 年）

第 10 辑 日本侵临暴行史料专辑 （1995 年）

第 11 辑 （1997 年）

第 12 辑 （1998 年）

第 13 辑 卫生专辑 （2000 年）

第 14 辑 交通专辑 （2003 年）

第 15 辑 （2005 年）

澄迈县

澄迈文史 政协海南省澄迈县委员会文史编辑委员会编印,32 开书型,不定期,内部交流。

第 1 辑 （1985 年）

第 2 辑 （1986 年）

第 3 辑 （1987 年）

第 4 辑 （1988 年）

第 5 辑 （1989 年）

第 6 辑 水电专辑 （1989 年）

第 7 辑 工业专辑 （1991 年）

第 8 辑 （1992 年）

第 9 辑 （1993 年）

第 10 辑 （1995 年）

第 11 辑 （2002 年）

澄迈民俗风情 （2004 年）

第 12 辑 （2004 年）

第 13 辑 （2005 年）

澄迈古今揽胜 （2005 年）

建言献策 （2005 年）

建言献策 （2006 年）

定安县

定安文史 政协海南省定安县委员会文史资料研究委员会编印,32 开书型,不定期,内部交流。

第 1 辑 （1985 年）

第 2 辑 （1986 年）

第 3 辑 （1987 年）

第 4 辑 （1990 年）

第 5 辑 （1991 年）·

第 6 辑 定安县人物录(人物专辑之一) （1994 年）

定安政协志(1980 年 12 月—1997 年 12 月) （1998 年）

第 7 辑 教育专辑 （1999 年）

屯昌县

屯昌文史 政协海南省屯昌县委员会文史资料委员会编印,32 开书型,不定期,内部交流。

第 1 辑 （1986 年）

第 2 辑 （1990 年）

第 3 辑 （1993 年）

昌江黎族自治县

昌江文史 政协海南省昌江黎族自治县委员会文史资料组编印,32 开书型,不定期,内部交流。

第 1 辑 （1986 年）

第 2 辑 （1987 年）

第 3 辑 （1988 年）

第 4 辑 （1990 年）

第 5 辑 （1995 年）

第 6 辑 （1997 年）

第 7 辑 （2002 年）

白沙黎族自治县

白沙文史 政协海南省白沙黎族自治县委员会文史资料组编印,32 开书型,不定期,内部交流。

第 1 辑 （1986 年）

第 2 辑 （1987 年）

第 3 辑 （1988 年）

第 4 辑 （1989 年）

第 5 辑 （1990 年）

第 6 辑 （1992 年）

琼中黎族苗族自治县

琼中文史 政协海南省琼中黎族苗族自治县委员会文史组编印，32 开书型，不定期，内部交流。

第 1 期 （1986 年）

第 2 期 （1987 年）

第 3 期 （1989 年）

第 4 辑 （1993 年）

第 5 辑 琼中境域日军暴行实录 （1995 年）

第 6 辑 委员风采 （2005 年）

第 7 辑 琼中教育史 （2005 年）

黎母山黎歌 （2008 年）

陵水黎族自治县

陵水文史 政协海南省陵水黎族自治县委员会文史与教科文卫体委员会编印，32 开书型，不定期，内部交流。

第 1 辑 （1986 年）

第 2 辑 （1987 年）

第 3 辑 （1988 年）

第 4 辑 陵水黎族风土见闻录 （1989 年）

第 5 辑 （1990 年）

第 6 辑 黎族史料专辑 （1994 年）

第 7 辑 日军侵陵暴行实录 （1995 年）

第 8 辑 陵水抗日史料专辑 （1995 年）

第 9 辑 陵水解放战争史料专辑 （1997 年）

第 10 辑 陵水土地改革史料专辑 （2005 年）

保亭黎族苗族自治县

保亭文史 政协海南省保亭黎族苗族自治县委员会文

史资料工作委员会编印，32 开书型，不定期，内部发行。

第 1 辑 （1986 年）

第 2 辑 （1987 年）

第 3 辑 （1988 年）

第 4 辑 人物专辑 （1989 年）

第 5 辑 纪念保亭县政协成立十周年专辑（1980.11—1990.11）（1990 年）

第 6 辑 （1991 年）

第 7 辑 （1993 年）

第 8 辑 （1994 年）

第 9 辑 纪念抗日战争胜利五十周年专辑 （1995 年）

乐东黎族自治县

乐东文史 政协海南省乐东黎族自治县委员会文史与教科文卫体委员会编印，32 开书型，不定期，内部交流。

第 1 辑 （1987 年）

第 2 辑 （1988 年）

第 3 辑 启蒙颂——献给在乐东山区从教卅年以上的老教师(1949.10—1988.8)（1989 年）

第 4 辑 （1991 年）

第 5 辑 南大学员谱(1992 年)

第 6 辑 血泪烽烟——纪念抗日战争胜利五十周年专辑 （1995 年）

第 7 辑 土地改革史料专辑 （2004 年）

重 庆 市

重庆文史资料(重庆文史资料选辑) 政协四川省重庆市委员会学习及文史委员会,西南师范大学出版社等出版,32开书型,不定期,内部交流转公开发行。

第1辑 (1978年).

第2—5辑 (1979年)

第6—9辑 (1980年)

第10—13辑 (1981年)

重庆蜀军政府资料选编 (《重庆地方史资料丛刊》,1981年)

重庆市纪念辛亥革命七十周年学术讨论会集刊(1981年)

第14—15辑 (1982年)

第16(改现名)—19辑 (1983年)

重庆谈判纪实(1945年8月—10月)(重庆出版社,1984年版)

第20—23辑 (1984年)

第24—25辑 (1985年)

国民参政会纪实(1938—1948)(重庆出版社,1985年版)

第26—27辑 (1986年)

第28—29辑 (1987年版)

近代重庆经济与社会发展 (四川大学出版社,1987年版)

国民参政会纪实(1938—1948)(续编)(重庆出版社,1987年版)

漆南薰遗著选编 (1987年)

西迁重庆綦江的韩国临时政府

第30辑 杨闇公纪念集 (1988年版)

重庆文史资料目录索引(1978—1988)(1988年)

第31—33辑 (1989年版)

政治协商会议纪实(上、下册)(1989年版)

第34辑 重庆戏曲专辑 (1991年版)

第35辑 (1991年版)

重庆市纪念辛亥革命八十周年学术讨论会集刊(1991年版)

第36辑 重庆辛亥革命八十周年专辑 (1991年版)

第37—38辑 (1992年版)

抗战时期国共合作纪实(上、下卷)(1992年)

第39—40辑 (1993年版)

第41辑 (1994年版)

第42辑 (1994年版)

第43辑 纪念抗日战争五十周年专辑 (1995年版)

重庆文史书店周年纪念

第44辑 重庆戏曲专辑 (1996年版)

第1辑 (总第45辑)(重庆出版社,1997年版)

第2辑 (总第46辑) 重庆政协五十年 (重庆出版社,1999年版)

第3辑 (总第47辑)设立重庆直辖市纪实 (重庆出版社,1999年版)

战犯改造纪实 (与全国政协文史资料委员会等合编,中国文史出版社,2000年版)

第4辑 (总第48辑) 重庆大轰炸 (重庆出版社,2000年版)

第5辑 (总第49辑)(重庆出版社,2001年版)

第6辑 (总第50辑)(重庆出版社,2002年版)

第7辑 (总第51辑)(2004年版)

第8辑 (总第52辑)(2004年版)

第9辑 (总第53辑) 纪念抗日战争暨世界反法西斯战争胜利六十周年专辑 (重庆出版社,2005年版)

第10辑 (总第54辑)重庆民营企业发展纪实 (重庆出版社,2006年版)

第11辑 (总第55辑)(重庆出版社,2007年版)

重庆名人旧居

重庆名人旧居地图

重庆文化遗产地图

我在重庆的日子——去台人员和在渝台商回忆录

纪念改革开放三十周年专辑 (2008年)

重庆文史资料丛刊 政协省四川省重庆市委员会文史资料委员会等编印,重庆出版社等出版,32开书型,内部或公开发行。

重庆抗战纪事(1937—1945)(1985年版)

辛亥革命重庆纪事 (1986年版)

重庆"三三一"惨案纪事 (西南师范大学出版社,1988年版)

重庆辛亥革命时期人物 (《重庆地方志资料丛刊》,1986年)

重庆抗战纪事·续编(1937—1945)(1991年版)

文史通讯 政协重庆市委员会文史资料委员会编印,16开刊型,不定期,内部交流。

总第1—4期

2006年第1—4期 (总第5—8期)

重庆统战政协文史资料丛书 (十三册) 重庆统战政协文史资料丛书编委会编,重庆出版社2002年出版。

重庆政协

重庆统一战线

重庆民革

重庆民盟

重庆民建

重庆民进

重庆农工

重庆致公、台盟、台联、侨联

重庆九三学社

重庆工商联

重庆社会主义学院

重庆参事室

重庆文史馆

重庆旅游文化史丛书 政协重庆市委员会文史委员会主编,重庆出版社出版。

泉乡巴南(巴南卷)(2005 年版)

合川卷(2005 年版)

龙乡铜渠(铜梁卷)(2006 年版)

长寿卷(2006 年版)

牡丹故里(垫江卷)(2006 年版)

梁平卷

万州卷

石柱卷

重庆总览 (重庆卷)

万盛卷 (2007 年版)

黔江卷

北碚卷

三峡移民工程纪实丛书 政协重庆市委员会文史资料委员会编印,重庆人民出版社出版。

渝中区

重庆市渝中区文史资料 (重庆市中区文史资料) 政协重庆市渝中区委员会文史资料委员会编印,32 开书型,不定期,内部交流或公开发行。

第 1 辑 (1988 年)

庆祝中华人民共和国、中国人民政治协商会议成立四十周年专辑 (16 开刊型,油印,1989 年)

第 2 辑 (1989 年)

第 3 辑 (1991 年)

第 4 辑 (1992 年)

第 5 辑 (1993 年)

第 6 辑 (1994 年)

第 7 辑 (改现名)(1995 年)

第 8 辑 (1996 年)

第 9 辑 (1997 年)

第 10 辑 (1998 年)

第 11 辑 流逝的岁月(1969—1999)(知识青年上山下乡三十周年)(1999 年)

巴渝文史荟萃(第一卷)(16 开刊型,1999 年)

巴渝风情(重庆旅游必读)(重庆出版社,2001 年版)

第 12 辑 (2002 年)

第 13 辑 (2003 年)

第 14 辑 (2004 年)

第 15 辑 (2005 年)

第 16 辑 (2006 年)

第 17 辑 渝中文物史话 (2007 年)

第 18 辑 渝中金融史话 (2008 年)

大渡口区

渡口市文史资料 政协四川省大渡口市委员会文史资料研究委员会编印,32 开书型,不定期,内部交流。

第 1—2 辑 (1986 年)

大渡口区文史资料 政协重庆市大渡口区委员会编印,32 开书型,不定期,内部交流。

第 1 辑 (2003 年)

第 2 辑 (2004 年)

江北区

江北区文史资料选辑 政协重庆市江北区委员会文史委员会编印,32 开书型,不定期,内部交流。

第 1 辑 (1988 年)

第 2 辑 "三庆"专辑 (1989 年)

第 3 辑 (1990 年)

第 4 辑 春雨育新苗 (《江北区中小学德育教育经验选编》第 1 辑)(1991 年)

江北县政协志 (1990 年)

第 5 辑 (1991 年)

第 6 辑 (1992 年)

第 7 辑 长安之路 (1992 年)

第 8 辑 (1993 年)

第 9 辑 (1994 年)

第 10 辑 (1995 年)

第 11 辑

第 12 辑

第 13 辑

第 14 辑

第 15 辑

第 16 辑

第 17 辑

第 18 辑 (2008 年)

沙坪坝区

沙坪文史资料 政协重庆市沙坪坝区委员会文史资料研究委员会编印,16 开刊型,油印,不定期,内部交流。

第 1 期 (1990 年)

沙坪坝文史资料 (文史资料选辑) 政协重庆市沙坪坝区委员会文史资料委员会等编印,32 开书型,不定期,内部交流。

第 1 辑 南开中学专辑 (1982 年)

第 2 辑 (1983 年)

第 3 辑 (1984 年)

第 4 辑　沙坪坝区地方史料专辑　（1985 年）
第 5 辑　重庆七中资料专辑　（1986 年）
第 6 辑　文化教育专辑　（1987 年）
树人小学建校五十周年纪念集(1938—1988)　（1988 年）
第 7 辑　周恩来在沙坪坝——纪念周恩来诞辰九十周年（重庆大学出版社,1988 年版）
第 8 辑　树人小学建校五十周年纪念集(1938—1988)（1988 年）
第 9 辑　怀沙坪·忆当年　（1989 年）
第 10 辑　怀沙坪·忆当年(续集)（1991 年）
古镇磁器口　（1992 年）
第 11 辑　烽火集　（纪念抗日战争胜利五十周年）（1995 年）
第 12 辑　团结颂　（庆祝沙坪坝区政协成立四十年）（1995 年）
第 13 辑　皓气长存　（1996 年）
第 14 辑　回归颂　（1997 年）
第 15 辑　（改现名）　教育文化专辑　（1999 年）
第 16 辑　文史笔记专辑　（2000 年）
第 17 辑　风雨同舟——纪念中国共产党成立八十周年、辛亥革命九十周年专辑　（2001 年）
第 18 辑

九龙坡区

九龙文史 **（九龙坡区文史资料）**　政协重庆市九龙坡区委员会文史工作委员会编印,32 开书型,不定期,内部交流。
第 1 辑　（1986 年）
第 2 辑　（1988 年）
第 3 辑　（1989 年）
第 4 辑　（1991 年）
第 5 辑　（1992 年）
第 6 辑　（改现名）（1995 年）
第 7 辑　纪念抗日战争胜利五十周年专辑　（1995 年）
第 8 辑　（1997 年）
第 9 辑　（1999 年）
第 10 辑　（2001 年）
第 11 辑　（2003 年）
第 12 辑　旅游专辑　（2004 年）
第 13 辑　美术、书法、摄影专辑　（2005 年）

南岸区

重庆南岸文史资料 **（南岸区文史资料选辑、南岸文史资料）**　政协省重庆市南岸区委员会文史资料研究委员会编印,32 开书型,不定期,内部交流。
第 1 辑　（1985 年）

第 2—3 辑　（改名）（1987 年）
第 4 辑　（1988 年）
第 5 辑　南岸名胜诗歌鉴赏　（1989 年）
第 6 辑　（1990 年）
第 7 辑　纪念中国共产党成立七十周年暨纪念辛亥革命八十周年专辑　（1991 年）
第 8 辑　（1992 年）
第 9 辑　纪念广益中学校建校一百周年专辑　（1993 年）
第 10 辑　（改现名）（1995 年）

北碚区

北碚文史资料　政协重庆市北碚区委员会学习文史委员会编印,32 开书型或 16 开刊型,不定期,内部交流或公开发行。
第 1 期　陶行知在北碚专辑　（1984 年）
第 2 期　张自忠将军陵园资料　（1987 年）
第 3 期　北碚开拓者卢作孚　（1988 年）
第 4 期　抗日战争时期的北碚　（1992 年）
第 5 期　北泉诗抄
第 6 期　风范长存——重庆市北碚区各界人民隆重纪念卢作孚先生诞辰一百周　（1993 年）
第 7 期　（1995 年）
颂邓公、庆直辖、迎回归诗集　（1997 年）
第 8—9 辑　（1997 年）
北碚政协志　（1999 年）
第 10 辑　（1999 年）
颂祖国、迎回归诗集　（1999 年）
第 11 辑　缅怀郭汝瑰将军
第 12 期　北碚区老照片
第 13 期　名人书画典藏
第 14 期　风雨同行重庆旅游文化丛书·北碚卷　（重庆出版社）

万盛区

万盛文史资料　政协重庆市万盛区委员会文史资料委员会编印,32 开书型,不定期,内部交流或公开发行。
重庆旅游文化丛书·万盛卷　（重庆出版社,2007 年）

双桥区

渝北区

江北县文史资料　政协重庆市江北县委员会文史资料研究委员会编印,16 开刊型,油印,不定期,内部交流。
1981 年第 1—6 期　（总第 1—6 期）
1982 年第 1—11 期　（总第 7—17 期）

1983 年第 1—2 期 （总第 18—19 期）

渝北文史资料 （江北县文史资料） 政协重庆市渝北区委员会文史资料研究委员会编印,32 开书型,不定期,内部交流。

第 1 辑 （1986 年）
第 2 辑 （1987 年）
第 3 辑 （1988 年）
第 4 辑 （1989 年）
第 5 辑 （1990 年）
第 6 辑 （1991 年）
第 7 辑 （1992 年）
第 8 辑 （1993 年）
第 9 辑 （1994 年）
第 1 辑 （总第 10 辑）（改现名）(1995 年）
第 2 辑 （总第 11 辑）建国后史料专辑 （1996 年）
第 3 辑 （总第 12 辑）(1997 年）
第 4 辑 （总第 13 辑）(1998 年）
第 5 辑 （总第 14 辑）(1999 年）
第 6 辑 （总第 15 辑）(2000 年）
第 7 辑 （总第 16 辑）(2001 年）
第 8 辑 （总第 17 辑）(2002 年）
第 9 辑 （总第 18 辑）
第 10 辑 （总第 19 辑）
第 11 辑 （总第 20 辑）
第 12 辑 （总第 21 辑）(2007 年）
第 13 辑 （总第 22 辑）(2008·年）

巴南区

巴南文史资料 （巴县文史资料） 政协重庆市巴南区委员会文史宣传委员会编印,32 开书型,不定期,内部交流或公开发行。

第 1 辑 （1984 年）
第 2 辑 （1985 年）
第 3 辑 纪念辛亥革命七十五周年专辑 （1986 年）
第 4 辑 （1987 年）
第 5 辑 （1989 年）
第 6 辑 纪念巴县解放四十周年特辑 （1989 年）
第 7 辑 （1990 年）
第 8 辑 （1991 年）
第 9 辑 （1992 年）
第 10—11 辑 （1994 年）
第 12 辑 （改现名）风景、人文专辑 （1995 年）
第 13 辑 （1996 年）
第 14 辑 （1997 年）
第 15 辑 庆祝中华人民共和国建国、人民政协成立五十周年 （1999 年）
第 16 辑 （2002 年）
第 17 辑 泉乡巴南 （重庆旅游文史丛书·巴南卷）(重庆出版社,2005 年版）

第 18 辑 巴南文史 （2008 年）

万州区

万县市文史资料 （万县市文史资料选辑） 政协四川省万县市委员会文史资料委员会编印,32 开书型,不定期,内部交流。

万县九五惨案史料汇编 （1981 年）
万县桐油贸易史略 （1983 年）
第 1 辑 （1984 年）
第 2 辑 （1986 年）
万县中药材行业简史 （1986 年）
甘祠森同志逝世三周年纪念专刊 （1986 年）
刘孟杭在万县 （1988 年）
第 3 辑 （1989 年）
第 4 辑 （改现名）(1991 年）

万县市文史资料 政协四川省万县市委员会文史资料研究委员会编印,16 开刊型,不定期,内部交流。

第 1—16 期 （1981—1984 年）
第 17 期 杨吉甫专辑 （1984 年）
第 18—27 期 （1985—1986 年）
第 28 期 西南服务团万县市支队直属三中队在万县市解放初期的工作情况 （1987 年）

万县文史资料选辑 （万县文史资料） 政协四川省万县委员会文史资料工作委员会编印,32 开书型,不定期,内部交流。

第 1 辑 （1985 年）
杨吉甫先生年谱(丛书之一) (1986 年）
第 2 辑 （改现名）(1989 年）
第 3 辑 （1990 年）

万县市龙宝区文史资料 政协四川省万县市龙宝区委员会文史资料委员会编印,32 开书型,不定期,内部交流。

第 1 辑 （1993 年）
第 2 辑 （1996 年）

万州文史资料 （万县市文史资料） 政协重庆市万州区委员会文史学习委员会编印,32 开书型,不定期,内部交流。

第 1 辑 （1993 年）
第 2 辑 （1994 年）
第 3 辑 （1995 年）
第 4 辑 （1996 年）
第 1 辑 （总第 5 辑）（改现名）(1998 年）
第 2 辑 （总第 6 辑） 庆祝中华人民共和国成立十周年 （1999 年）
第 3 辑 （总第 7 辑）(2001 年）
第 4 辑 （总第 8 辑）(2002 年）
第 5 辑 （总第 9 辑）(2003 年）
第 6 辑 （总第 10 辑）(2004 年）
第 7 辑 （总第 11 辑）(2005 年）
重庆旅游文史丛书·万州卷 （重庆出版社,2008 年

版）

涪陵区

世界第一古代水文站——白鹤梁　政协四川省涪陵地区工作委员会编,中国三峡出版社,1995年版。

涪陵市文史资料（涪陵县文史资料）　政协四川省涪陵市委员会文史资料研究委员会编印,16开刊型,油印,不定期,内部交流。

第1—10期　（1981年）

第11—32期　（1982年）

第33—43期　（1983年）

第44—60期　改现名　（1984年）

第61—71期　（1985年）

第72—82期　（1986年）

第83—94期　（1987年）

1988年1—12期　（总第95—106期）

总第107—123期

1995年1—2期　（总第124—125期）

涪陵文史（涪陵文史资料选辑）　政协重庆市涪陵区委员会文史资料委员编印,32开书型,不定期,内部交流或公开发行。

第1—2辑　（1985年）

第3辑　（1987年）

第4辑　石达开进军涪州一百二十五周年纪念（1987年）

第5辑　纪念"七七"抗战五十周年、庆祝八一建军六十周年专辑　（1987年）

1988年第1—2辑　（总第6—7辑）

1989年第1—2辑　（总第8—9辑）

1990年第1辑　（总第10辑）（改现名）改革十年涪陵市经济工作大事记　（1979—1988）

太平天国一百四十周年纪念文集　（1991年）

罗承烈纪念文集　（西南财经大学出版社,1991年版）

涪陵书画　（97香港回归情书画展特刊）(1997年)

涪陵鸦片百年考　（西南师范大学出版社,1999年版）

第11辑　（2000年）

甲午抗日战争名将 徐邦道　（涪陵区政协文史资料委员会编著,2003年）

第12辑　（2004年）

涪陵抗战——纪念抗日战争六十周年专辑　（2005年）

三峡库区涪陵大移民·新闻纪实　（政协重庆市涪陵区委员会编著,2008年）

涪陵区政协志　（2008年）

黔江区

黔江文史资料（黔江文史资料选辑、黔江文史）　政协重庆市黔江土家族苗族自治县委员会文史资料委员会编

印,32开书型,不定期,内部交流或公开发行。

第1辑　（1986年）

第2辑　（1987年）

第3辑　（1988年）

第4辑　（1989年）

第5辑　（改名）　（1990年）

第6辑　（1992年）

第7辑　（改现名）　黔江历史人物专辑　（1994年）

第8辑　小南海引水工程　（1995年）

第9辑　民族史料专辑　（1996年）

第10辑　民族经济专辑　（1997年）

第11辑　黔江诗词选　（1998年）

第12辑　旅游史料专辑　（1999年）

第13辑　水利电力专辑

第14辑　民族教育专辑

第15辑　交通运输专辑

重庆旅游文化丛书·黔江卷　（重庆出版社）

第16辑　墓志铭　（2006年）

长寿区

长寿县文史资料　政协重庆市长寿区委员会文史资料研究委员会编印,32开书型,不定期,内部交流。

第1辑　（1985年）

第2辑　（1986年）

第3辑　（1987年）

第4辑　（1988年）

第5辑　（1989年）

第6辑　（1990年）

第7辑　（1992年）

第8辑　（1993年）

第9辑　（1995年）

第10辑

第11辑

第12辑

重庆旅游文化丛书·长寿卷　（重庆出版社）

江津区

江津文史资料选辑　政协四川省江津市委员会文史资料研究委员会编印,32开书型,不定期,内部交流。

第1辑　（1984年）

第2—3辑　（1985年）

第4—5辑　（1986年）

第6辑　（1987年）

第7辑　（1988年）

第8辑　（1989年）

第9辑　（1990年）

第10辑　（1990年）

第11辑　（1990年）

纪念江津解放四十周年专辑 （1990 年）
第 12 辑 （1991 年）
第 13 辑 （1992 年）
第 14 辑 （1993 年）
第 15 辑 （1994 年）
第 16 辑 （1995 年）
陈独秀在江津 （2002 年）

江津文史资料丛刊 政协四川省江津县委员会文史资料委员会编印,32 开书型,内部交流。
之一 听蛙楼隔海题咏录 （凌文远著,1988 年）
之二 钟云舫先生轶诗 （1988 年）
之三 桴山诗选 （1989 年）
之四 钟云舫天下第一长联 （1990 年）
吴芳吉诗名篇选 （1991 年）

合川区

合川文史资料 （合川文史资料选辑、合川县文史资料选辑） 政协重庆市合川市委员会文史资料研究委员会编印,32 开书型,不定期,内部交流。
第 1 辑 （1983 年）
第 2 辑 （1984 年）
第 3 辑 （1985 年）
第 4 辑 （1987 年）
第 5 辑 （1988 年）
第 6 辑 （1989 年）
第 7 辑 （改名）（1990 年）
第 8 辑 （1991 年）
第 9 辑 （1992 年）
第 10 辑 （改现名）（1993 年）
纪念卢作孚先生诞辰一百周年专辑 （1993 年）
第 11 辑 （1994 年）
第 12 辑 （1995 年）
第 13 辑
第 14 辑 （1997 年）
第 15 辑 （1998 年）
第 16 辑
第 17 辑
第 18 辑 （2003 年）
重庆旅游文化历史丛书·合川卷 （重庆出版社,2005 年版）

永川区

永川文史资料 （文史资料汇编、永川县文史资料） 政协四川省永川市委员会文史资料研究委员会编印,16 开刊型,油印,不定期,内部交流。
第 1—2 期 （总第 1—2 期）（1982 年）
第 3—6 期 （总第 3—6 期）（1983 年）
第 7—8(改名)—18 期 （总第 7—18 期,1984 年）

1985 年第 1—11 期 （总第 19—29 期）
1986 年第 1—6 期 （总第 30—35 期）
1987 年第 1—4 期 （总第 36—39 期）
1989 年第 1—4 期 （总第 40—43 期）
1990 年第 1—4 期 （总第 44—47 期）
1991 年第 1—4 期 （总第 48—51 期）
1992 年第 1—6 期 （总第 52—57 期）
1993 年第 1—4 期 （总第 58—61 期）
1994 年第 1—6 期 （总第 62—67 期）
1995 年第 1—3 期 （总第 68—73 期）
1996 年第 1—6 期 （总第 74—79 期）
1997 年第 1 期 （总第 80 期）

永川文史资料选辑 政协重庆市永川市委员会学习文史委员会编印,32 开书型或 16 开刊型,不定期,内部交流。
第 1 辑 （1985 年）
第 2 辑 （1986 年）
第 3 辑 （1987 年）
第 4 辑 （1988 年）
第 5 辑 （1989 年）
第 6 辑 （1990 年）
第 7 辑 （1991 年）
永川县政协志 （1991 年）
光荣的足迹 （纪念中国共产党建党七十周年）（1991 年）
第 8 辑 （1992 年）
第 9 辑 （1993 年）
看今朝——纪念毛泽东同志诞辰百周年诗文集 （1993 年）
第 10 辑 （1994 年）
英井中学校史 （1994 年）
第 11 辑 民族魂 （1995 年）
第 12 辑 （1996 年）
第 13 辑 （1997 年）
第 14 辑 （1998 年）
第 15 辑 （1999 年）
第 16 辑 （2000 年）
第 17 辑 （2001 年）
第 18 辑 永川建市十周年纪念 （2002 年）
第 19 辑 （2003 年）
第 20 辑 （2004 年）
第 21 辑 永川非公有制经济人士风采录 （2005 年）
第 22 辑 （2005 年）
第 23 辑 （2006 年）
第 24 辑 永川行政区域变迁 （2007 年）

南川区

南川文史资料 （南川文史资料选辑） 政协重庆市南川市委员会文史资料委员会编印,32 开书型,不定期,内部交流。

第 1—2 辑 （1985 年）

第 3 辑 （1986 年）

第 4 辑 （1987 年）

第 5 辑 （1988 年）

第 6 辑 纪念南川县解放四十周年 （1989 年）

第 7 辑 （1990 年）

第 8 辑 （1991 年）

第 9 辑 （1992 年）

第 10 辑 （1993 年）

特辑 纪念周朴汉先生诞辰八十五周年 （1993 年）

第 1 辑 （总第 11 辑）（改现名）经济科技专辑 （1994 年）

第 2 辑 （总第 12 辑）纪念南川政协成立四十周年专辑 （1996 年）

在南川十四年 （1995 年）

第 13 辑 纪念南川解放五十周年 （1999 年）

綦江县

綦江文史资料 （綦江县文史资料） 政协重庆市綦江县委员会文史资料研究委员会编印,32 开书型,不定期,内部交流。

第 1—2 辑 （1984 年）

第 3—4 辑 （1985 年）

第 5—6 辑 （1986 年）

第 7 辑 （改现名）（1987 年）

第 8 辑 （1988 年）

第 9 辑 （1989 年）

第 10 辑 （1990 年）

第 11 辑 （1991 年）

第 12 辑 （1992 年）

忠魂谱 （綦江英烈故事丛书）（1992 年）

第 13 辑 （1993 年）

第 14 辑 （1994 年）

第 15 辑 （1995 年）

第 16 辑 （1997 年）

西迁重庆綦江的韩国临时政府 （1998 年）

厂长杜金虎 （2000 年）

綦江县虹桥始末 （2001 年）

潼南县

潼南县文史资料 政协重庆市潼南县委员会文史资料委员会编印,16 开刊型,油印,不定期,内部交流。

第 1—3 期 （1984 年）

第 4—6 期 （1985 年）

第 7—10 期 （1986 年）

第 11—17 期 （1987 年）

第 18 期 （1989 年）

第 19—36 期 （1990—1994 年）

第 37 期 （1995 年）

潼南文史资料 政协重庆市潼南县委员会文史资料委员会编印,32 开书型,不定期,内部交流。

第 1 集 （1986 年）

第 2 集 （1987 年）

第 3 集 （1988 年）

杨闇公故里——双江镇 （1992 年）

第 4—5 集 （1995 年）

纪念杨闇公诞辰一百、牺牲七十周年专辑 （1997 年）

第 6 集 （1999 年）

铜梁县

铜梁文史资料 政协四川省铜梁县委员会文史资料研究委员会编印,16 开刊型,不定期,内部交流。

第 1—29 期

第 30 期 （1980 年）

第 31—53 期

第 54—55 期 （1989 年）

铜梁文史资料 政协四川省铜梁县委员会文史学习提案委员会编印,32 开书型,不定期,内部交流或公开发行。

第 1 辑 （1985 年）

第 2 辑 （1988 年）

第 3 辑 （1990 年）

第 4 辑 （1991 年）

第 5 辑 （1992 年）

第 6 辑 （1994 年）

第 7 辑 （1996 年）

第 8 辑 （1998 年）

第 9 辑 诗歌专集 （1999 年）

第 10 辑 （2000 年）

第 11 辑 （2001 年）

第 12 辑 文革十年 （2001 年）

第 13 辑 粮食流通 （2004 年）

第 14 辑 （2005 年）

第 15 辑 （2006 年）

铜梁县政协志 （2006 年）

龙乡铜梁 （重庆旅游文史丛书·铜梁卷）（重庆出版社,2006 年版）

大跃进年代

知识青年上山下乡

大足县

大足文史资料 政协四川省大足县委员会文史资料委员会编印,16 开刊型,油印,不定期,内部交流。

第 1—30 期

1985 年第 1—12 期 （总第 31—42 期）

1986 年第 1—4 期 （总第 43—46 期）

大足文史 （大足文史资料选辑） 政协重庆市大足

县委员会教科文卫委员会编印,32 开书型,不定期,内部交流。

第 1 辑　饶国梁专辑　（1984 年）

第 2 辑　大足人民反洋教斗争　（胡齐畏著,1987 年）

第 3 辑　饶国梁烈士诞辰一百周年　（1988 年）

1988 年第 1 辑　（总第 4 辑）（改现名）

第 5 辑　大足道教摩崖造像　（1989 年）

第 6 辑　大足"五·二〇"灾害资料汇编　（1991 年）

第 7 辑　（1991 年）

第 8 辑　大足县征粮剿匪纪事　（1992 年）

第 9 辑　（1993 年）

第 10 辑　（1994 年）

第 11 辑　（1995 年）

第 12 辑　龙水小五金专辑　（1996 年）

第 13 辑　（1997 年）

第 14 辑　（1998 年）

第 15 辑　（1999 年）

第 16 辑　（2000 年）

第 17 辑　（2001 年）

第 18 辑　（2003 年）

第 19 辑　大足掌故　（2004 年）

第 20 辑　大足旅游　（2005 年）

荣昌县

荣昌县文史资料选辑　政协重庆市荣昌县委员会学习文史委员会编印,32 开书型,不定期,内部交流。

第 1 辑　（1985 年）

第 2 辑　（1986 年）

第 3 辑　（1987 年）

第 4 辑　（1990 年）

第 5 辑　（1994 年）

第 6 辑　（2003 年）

璧山县

璧山文史　（**璧山县文史资料选辑**）　政协重庆市璧山县委员会学习文史委员会编印,32 开书型,不定期,内部交流。

第 1 辑　（1988 年）

第 2 辑　（1989 年）

第 3—4 辑　（1990 年）

第 1—4 辑合订本　（1991 年）

第 5 辑　（1991 年）

第 6 辑　（1992 年）

第 7 辑　（1993 年）

第 8 辑　（改现名）（1994 年）

第 9 辑　（1995 年）

第 10 辑　（1996 年）

第 11 辑

第 12 辑

垫江县

垫江县文史资料　（**文史资料选辑**）　政协重庆垫江县委员会文史资料委员会编印,32 开书型,不定期,内部交流或公开发行。

第 1 集　（1988 年）

第 2 集　（改现名）（1989 年）

第 3 集　（1992 年）

双河颂歌　（1995 年）

第 4 集　渣滓洞英烈与垫江　（1995 年）

第 5 集　紫荆颂　（迎接香港回归祖国专辑）（《垫江诗词》第五集,1997 年）

九九春潮　（三庆诗集）（1999 年）

牡丹故里　（重庆旅游文史丛书·垫江卷）（重庆出版社,2006 年版）

武隆县

武隆文史资料　政协重庆市武隆县委员会文史资料委员会编印,32 开书型,不定期,内部交流。

第 1 辑　（1989 年）

第 2 辑　（改现名）肖鸿逵诗文选辑　（1990 年）

第 3 辑　丹心诗文选集　（1993 年）

第 4 辑　（1994 年）

第 5 辑　武隆诗词选　（1997 年）

第 6 辑　武隆土改专辑　（1999 年）

丰都县

丰都县文史资料　政协四川省丰都县委员会文史资料研究委员会编印,16 开刊型,油印,不定期,内部交流。

第 1—16 期　（1981—1982 年）

第 17—28 期　（1983—1985 年）

丰都文史资料选辑　政协重庆市丰都县委员会文史资料研究委员会编印,32 开书型,不定期,内部交流。

第 1 辑　（1984 年）

第 2 辑　（1985 年）

第 3—4 辑　（1987 年）

第 5 辑　（1988 年）

第 6 辑　（1989 年）

第 7 辑　（1990 年）

第 8 辑　（1991 年）

纪念抗日战争胜利五十周年专辑　（1995 年）

城口县

梁平县

文史资料选编 政协四川省梁平县委员会文史资料研究委员会编印,16开刊型,油印,不定期,内部交流。

1982年第1—4期 （总第1—4期）
1983年第1—6期 （总第5—10期）
1984年第1—7期 （总第11—17期）
1985年第1—13期 （总第18—30期）
1986年第1—10期 （总第31—40期）
1987年第1—10期 （总第41—50期）
1988年第1—10期 （总第51—60期）
1989年第1—10期 （总第61—70期）

梁平县文史资料 政协重庆市梁平县委员会文史资料委员会编印,32开书型,不定期,内部交流。

第1辑 （1987年）
第2辑 （1989年）
第3辑 （1992年）
纪念抗日战争胜利五十周年专辑 （1995年）
第4辑 （1998年）
第5辑 明代著名理学家梁平先贤来(夫子)知德专辑 （2000年）
第6辑 虎城风情 （2002年）
第7辑 （2003年）
第8辑 古镇大观 （2004年）
第9辑 来瞿唐先生日录(内篇)（2005年）
第10辑 蟠龙风物 （2005年）
重庆旅游文化丛书·梁平卷 （重庆出版社）

开县

开县文史资料选辑 政协四川省开县委员会文史和提案委员会编印,16开刊型,油印,不定期,内部交流。

开县和平解放 （1983年）
第1期 （1983年）
第2—17期 （1983—1985年）
第18—87期 （1985—2001年）

开县文史资料 （开县文史资料选辑） 政协重庆市开县委员会文史资料委员会编印,32开书型,不定期,内部交流或公开发行。

刘伯承早期戎马生涯 （姜山等著,人民日报出版社,1985年版）
第1辑 （1985年）
开县政协志 （1985年）
第2辑 （改现名）(1992年)
第3辑 （1999年）
开州文化与文化新城 （2003年）
开县政协志 （1950.2—2004.12）（2005年）
第4辑 （2008年）

巫溪县

巫溪文史资料 （选辑） 政协重庆市巫溪县委员会学习文史联谊委员会编印,32开书型,不定期,内部交流。

第1辑
第2辑
第3辑
第4辑
第5辑
第6辑 （1986年）
第7辑 （1987年）
第8辑 （1988年）
第9辑 （1999年）
第10辑 （2000年）
第11辑 （2001年）
第12辑

巫山县

巫山文史资料 （巫山文史资料选辑） 政协重庆市巫山县委员会社会文教委员会编印,32开书型,不定期,内部交流。

第1辑 （1988年）
第2辑 （改现名）（1991年）
第3辑 （1994年）
第4辑 （1996年）
第5辑 （2001年）
第6辑
第7辑

奉节县

奉节文史资料 政协重庆市奉节县委员会文史资料委员会编印,16开刊型,油印,不定期,内部交流。

第1—51期 （1984—1990年）
第52—81期 （1991—1999年）

奉节文史资料 （选辑） 政协重庆市奉节县委员会文史资料委员会编印,32开书型,不定期,内部交流。

《红梅青松——江姐和彭咏梧的故事》(专辑)（1981年）
第1辑 （1989年）
第2辑 （1991年）
第3辑 （1992年）
第4辑 （1993年）
第5辑 （1995年）
第6辑 （1997年）
第7辑 （1998年）
第8辑 （2001年）

第 9 辑　建言立论集　(2002 年)
第 10 辑　(2004 年)
第 11 辑　(2006 年)
第 12 辑　建言立论集　(2006 年)
第 13 辑　(2008 年)

云阳县

云阳文史资料　政协重庆市云阳县委员会文史资料委员会编印,32 开书型,不定期,内部交流。
第 1 辑　(1988 年)
第 2 辑　(1989 年)
第 3 辑　(1992 年)
第 4 辑　(1993 年)

忠县

忠县文史资料　(忠县文史资料选编)　政协重庆市忠县委员会文史资料委员会编印,32 开书型,不定期,内部交流或公开发行。
第 1 辑　忠县文史　(1991 年)
第 2 辑　白居易与忠州　(1993 年)
白居易在忠州遗迹轶事
第 3 辑　(改现名)(1994 年)
第 4 集　近现代忠州名人诗词集　(2003 年)
第 5 集　吾乡吾圭　(陈仁德著,中国三峡出版社,2004 年版)
第 6 集

石柱土家族自治县

石柱文史资料　(文史资料)　政协重庆市石柱土家族自治县委员会文史资料工作委员会编印,32 开书型,不定期,内部交流。
第 1 辑　(1980 年)
第 2 辑　一场特殊的农民起义——八德会革命始末(1981 年)
第 3 辑　(1985 年)
第 4 辑　(改现名)(1986 年)
第 5 辑　(1987 年)
第 6 辑　影视文学剧《巾帼英雄秦良玉》(上)(1986 年)
第 7 辑　影视文学剧《巾帼英雄秦良玉》(中)(1986 年)
第 8 辑　影视文学剧《巾帼英雄秦良玉》(下)(1986 年)
第 9 辑　吟秦良玉诗词联辑　(1988 年)
第 10 辑　(1989 年)
第 11 辑　黎明的战斗——解放初期石柱县平息土匪暴乱纪实　(1989 年)

第 12 辑　(1990 年)
第 13 辑　(1991 年)
第 14 辑　(1993 年)
第 15 辑　石柱土司史料辑录　(1994 年)
第 16 辑　(1995 年)
第 17 辑　(1997 年)
第 18 辑　(1999 年)
重庆旅游文史丛书·石柱卷　(重庆出版社)

彭水苗族土家族自治县

彭水文史　(彭水县文史资料)　政协重庆市彭水苗族土家族自治县委员会文教医卫委员会编印,32 开书型,不定期,内部交流或公开发行。
彭水风物　(1984 年)
彭水　(1984 年)
第 1 辑　(1985 年)
第 2 辑　解放专辑　(1986 年)
第 3 辑　纪念七·七事变五十周年专辑　(1987 年)
第 4 辑　工商史料专辑　(1988 年)
第 5 辑　千秋功业奠基人——纪念中华人民共和国诞生四十周年　(1989 年)
第 6 辑　(改现名)(1990 年)
第 7 辑　(1992 年)
芙蓉江畔　(香港天马图书有限公司,1993 年版)
第 8 辑　自治县十周年特刊　(1994 年)
第 9 辑　(1996 年)
第 10 辑　(1997 年)
第 11 辑　(1998 年)
第 12 辑　(1999 年)
第 13 辑　(2000 年)
第 14 辑　刘邓潘彭县起义专辑　(2001 年)

酉阳土家族苗族自治县

酉阳文史资料　政协重庆市酉阳土家族苗族自治县委员会文史资料研究委员会编印,32 开书型,不定期,内部交流。
第 1—2 辑　(1983 年)
第 3—4 辑　(1984 年)
第 5—6 辑　(1985 年)
第 7—8 辑　(1986 年)
第 9—10 辑　(1987 年)
第 11 辑　(1988 年)
第 12 辑　剿匪斗争专辑　(1990 年)
第 13 辑　(1991 年)
第 14 辑　(1992 年)
第 15 辑　(1993 年)
第 16 辑　(1994 年)
第 17 辑　酉阳政协四十年　(1995 年)

西阳现代风云录　（西南师范大学出版社,1999 年版）

第 18 辑　（2001 年）

第 19 辑

第 20 辑

第 21 辑

第 22 辑

第 23 辑　水利篇　（2008 年）

西阳人在外地

西阳土家族苗族自治县政协志

秀山土家族苗族自治县

秀山文史资料　政协重庆市秀山土家族苗族自治县委

员会科教文史资料工作委员会编印,32 开书型,不定期,内部交流。

第 1 辑　（1984 年）

第 2 辑　（1985 年）

第 3 辑　（1986 年）

第 4 辑　（1988 年）

第 5 辑　纪念秀山解放四十周年专辑　（1989 年）

第 6 辑　（1991 年）

第 7 辑　（1994 年）

第 8 辑　（1999 年）

第 9 辑　历史名人　（2002 年）

第 10 辑　西南服务团在秀山　（2003 年）

党和国家领导人在秀山　（2004 年）

四 川 省

四川文史资料选辑 政协四川省委员会文史学习委员会编,四川人民出版社出版,32 开书型,不定期,内部转公开发行。

第 1 辑 纪念辛亥革命五十周年专辑 (1961 年)

第 2 辑 (1961 年)

第 3—4 辑 (1962 年)

第 5—6 辑 (1963 年)

第 7—8 辑 (1964 年)

第 9—16 辑 (1965 年)

第 17 辑 解放前美帝国主义在四川侵略罪行及四川人民反美斗争特辑 (1965 年)

第 18 辑 一九四九年的四川 (1978 年)

第 19 辑 一九四九年的四川 (1989 年版)

第 20 辑 (1989 年版)

第 21—24 辑 (1980 年版)

第 25 辑 (1981 年版)

四川保路风云录 (四川辛亥革命史丛书) (与四川省文史馆等合编,1981 年)

第 26—27 辑 (1982 年版)

四川辛亥革命史料 (四川辛亥革命史丛书) (1982 年)

第 28—30 辑 (1983 年版)

第 31—33 辑 (1984 年版)

第 34—35 辑 (1985 年版)

护国讨袁亲历记 (与全国政协文史资料委员会等合编,文史资料出版社,1985 年版)

川军抗战亲历记 (与四川省政府参事室合编,1985 年版)

第 36—37 辑 (1987 年版)

第 38 辑 (1988 年)

回忆四川解放——庆祝中华人民共和国成立四十周年(续编) (与成都军区军事百科全书编审室合编,四川教育出版社,1989 年版)

回忆四川解放——庆祝中华人民共和国成立四十周年(续编) (四川教育出版社,1989 年版)

四川近现代文化人物 (与四川省文史馆合编,1989 年版)

四川近现代文化人物(续编) (与四川省文史馆合编,1989 年版)

平民教育家晏阳初 (与政协巴中县文史资料委员会合编,四川大学出版社,1990 年版)

第 39 辑 (1991 年版)

风雨同舟(与中共四川省委员会统战部合编,1991 年版)

第 40 辑 (1992 年版)

第 41 辑 (1993 年版)

第 42 辑 (1994 年)黄埔同学话今昔 (1994 年版)

南丝古道话今昔 (政协四川省西南片区文史资料工作协作会编,四川辞书出版社,1994 年版)四川近现代人物(第三编) (1995 年版)

第 43—44 辑 (1995 年版)

爱国志士但懋辛 (与政协荣县文史资料委员会合编,1995 年版)

川陕根据地

四川留法勤工俭学运动

第 45 辑 (1998 年版)

肝胆相照见真情——老一辈无产阶级革命家与民主人士的交往 (与全国政协文史资料委员会合编,中国文史出版社,1999 年版)

战犯改造纪实 (与全国政协文史资料委员会合编,中国文史出版社,2000 年版)

第 46 辑 (2005 年版)

红花绿叶永相依——统战交往在四川 (2001 年)

辛亥革命与中国现代化——四川省纪念辛亥革命暨保路运动九十周年学术讨论会论文集 (与四川省历史学会合编,四川教育出版社,2002 年版)

天府神游 (《西南旅游文史系列丛书》四川卷,巴蜀书社,2003 年版)

第 47 辑 (巴蜀书社,2004 年版)

第 48 辑 (2006 年)

辛亥革命与当代中国社会发展 (宁夏人民出版社,2006 年版)

第 49 辑 (2007 年)

红军长征在四川 (2007 年)

四川省志·政协志 (2007 年)

第 50 辑 知识青年上山下乡专辑 (2008 年)

抗战时期大西南丛书 政协西南地区文史资料协作会议编印,32 开书型,内部或公开发行。

之一 大西南的抗日救亡运动(1987 年)

之二 抗战时期内迁西南的高等院校 (贵州人民出版社,1988 年版)

之三 抗战时期内迁西南的工商企业 (云南人民出版社,1988 年版)

之四 抗日民族统一战线在西南 (四川人民出版社,1990 年)

之五 抗战时期的文化事业 (成都出版社,1990 年版)

之六 抗战时期西南的交通 (云南人民出版社,1992 年版)

之七 西南民众对抗战的贡献 (贵州人民出版社,1992 年版)

之八 抗战时期西南的金融 (西南师范大学出版社,1994 年版)

之九 抗战时期西南的教育事业 (1994 年)

之十 抗战时期西南的科技（四川科学技术出版社，1995 年版）

四川文史资料集粹 政协四川省委员会文史资料委员会编，四川人民出版社，1996 年版。

第 1—2 卷 政治军事篇

第 3 卷 经济工商篇

第 4 卷 文化教育科学篇

第 5 卷 民族宗教华侨篇

第 6 卷 社会民情篇及其他

共和国五十周年四川文史书系 政协四川省委员会文史资料委员会编，四川人民出版社，1999 年版。

民营经济在崛起 （王庭强主编）

培育桃李满园春 （王可楷等主编）

肝胆相照绘宏图 （李学明主编）

成渝铁路今昔记 （陈文书等主编）

农村改革逐浪高 （王能典等）

城市建设展新姿 （陈强主编）

科技发展添华章 （章玉钧主编）

民工弄潮创大业 （章玉钧主编）

三线建设铸丰碑 （章玉钧主编）

天府之国多胜游 （章玉钧主编）

川剧艺苑春烂漫 （章玉钧主编）

颂歌悠悠民族情 （章玉钧主编）

西南旅游文史系列丛书 西南各省市区政协文史资料委员会编，民族出版社等出版。

西藏卷：西藏旅游 （暨《西藏文史资料选辑》第 20 辑，2004 年版）

四川卷：天府神游 （巴蜀书社，2003 年版）

云南卷：云南旅游 （云南人民出版社，2001 年版）

贵州卷：美丽神奇的贵州 （贵州省人民出版社，2001 年版）

重庆卷：

西南少数民族文史资料丛书 政协西南地区文史资料协作会议等编，云南人民出版社等出版

政治卷 （1999 年版）

经济卷 （四川人民出版社，2000 年版）

科技文教卷 （1998 年版）

团结卷 （贵州人民出版社，1999 年版）

成都市

成都文史资料 （成都文史资料选辑） 政协四川省成都市委员会文史学习委员会编印，32 开书型，不定期，内部交流或公开发行。

第 1 辑 纪念辛亥革命七十周年专辑 （1981 年）

第 2—3 辑 （1982 年）

第 4—5 辑 （1983 年）

第 6—7 辑 （1984 年）

第 8 辑 （1985 年）

第 9—12 辑 纪念抗日战争胜利四十周年专辑（之一、

之二、之三、之四） （1985 年）

第 13 辑 纪念工农红军长征胜利五十周年、纪念人民解放军建军六十周年专辑 （1987 年）

第 14 辑 十二桥惨案专辑 （1986 年）

第 15 辑 （1986 年）

第 16—17 辑 纪念"七·七"抗战五十周年史料专辑（之一、之二） （1987 年）

1988 年第 1 辑 （改现名） （总第 18 辑）

1988 年第 2 辑 （总第 19 辑） 科教文卫名人荟萃

1988 年第 3 辑 （总第 20 辑）

1988 年第 4 辑 （总第 21 辑） 川康将领刘邓潘起义亲历记

1989 年第 1 辑 （总第 22 辑） 国民党第二十四军起义及改造亲历记

1989 年第 2·3 辑 （总第 23—24 辑）迎接成都解放

1989 年第 4 辑 （总第 25 辑）

义烈千秋——彭家珍大将军 （与政协成都市青白江区委员会合编，成都出版社，1991 年版）

第 26 辑 （成都出版社，1992 年版）

第 27 辑 历史的选择 （成都科技大学出版社，1993 年版）

第 28 辑 蜀都俊彦 （成都出版社，1995 年版）

辛亥四川风雷 （成都出版社，1996 年版）

第 29 辑 （成都出版社 1991 年版）

第 30 辑 成都少数民族 （四川人民出版社，1997 年版）

成都市政协志 （四川人民出版社，1997 年版）

第 31 辑 成都农村改革二十年 （西南财经大学出版社，1999 年版）

肝胆相照见真情——老一辈无产阶级革命家与民主人士的交往 （与全国政协文史资料委员会等合编，中国文史出版社，1999 年版）

第 32 辑 （四川大学出版社，2002 年版）

成都市政协五十年（画册）

纪念抗战胜利四十周年专辑（之一、之二、之三）

历史的选择 （成都科技出版社，2008 年版）

成都文史资料选编 （八卷十二册） 政协四川省委员会文史学习委员会编，四川人民出版社，2007 年版

辛亥前后卷

防区时期卷

抗日战争卷 （上、中、下册）

解放战争卷 （上、下册）

建国初期卷

共商经济卷

科教文卫卷 （上、下册）

蓉城杂俎卷

青羊区

少城文史资料 政协四川省成都市青羊区委员会文史

与学习委员会编印,32 开书型,不定期,内部交流。

第 1 辑 （1988 年）

第 2 辑 （1989 年）

第 3 辑 （1990 年）

第 4 辑 （1991 年）

第 5 辑 （1992 年）

第 6 辑 （1994 年）

第 7 辑 （1995 年）

第 8—9 辑 （1996 年）

第 10 辑 （1997 年）

第 11 辑 （1998 年）

第 12 辑 （1999 年）

第 13 辑 （2000 年）

少城诗存(2000 年)

第 14 辑 （2001 年）

第 15 辑 （2002 年）

第 16 辑 （2003 年）

第 17 辑 （2004 年）

第 18 辑 （2005 年）

第 19 辑 推进城乡一体化专辑 （2006 年）

第 20 辑 （2007 年）

锦江区

锦江文史资料 政协四川省成都市锦江区委员会学习文史委员会编印,32 开书型,不定期,内部交流。

第 1 辑 （1991 年）

第 2 辑 （1994 年）

第 3 辑 （1995 年）

第 4 辑 （1996 年）

第 5 辑 （1997 年）

第 6 辑 （2001 年）

第 7 辑 （2002 年）

第 8 辑 锦江文化(一) (2003 年)

第 9 辑 中国成都首届梅花节 （2004 年）

金牛区

金牛文史资料选辑 政协四川省成都市金牛区委员会文史资料委员会编印,32 开书型,不定期,内部交流。

第 1 辑 （1984 年）

第 2 辑 抗日战争胜利四十周年专辑 （1985 年）

第 3 辑 （1986 年）

第 4 辑 （1987 年）

第 5 辑 （1988 年）

第 6 辑 纪念新中国成立四十周年专辑、党领导下的地下斗争活动专辑 （1989 年）

第 7 辑 （1990 年）

第 8 辑 （1991 年）

第 9 辑 卫生系统文史资料专辑 （1992 年）

第 10 辑 企业集团公司发展史料专辑 （1995 年）

第 11 辑

第 12 辑

武侯区

武侯文史 （武侯文史资料选辑） 政协四川省成都市武侯区委员会联络与文史委员会编印,32 开书型,不定期,内部交流或公开发行。

第 1 辑 （1992 年）

义列春秋——彭家珍大将军 （与政协成都市文史资料研究委员会合编,成都出版社,1991 年版）

第 2 辑 （1993 年）

第 3 辑 （1994 年）

第 4 集(1995 年)

第 5 集(改现名) (1996 年)

第 6 辑 （1997 年）

第 7 辑 （1998 年）

第 8 辑 （1999 年）

武侯文史集粹 （四川人民出版社,2000 年版）

第 9 辑 （2005 年）

成华区

成华文史 （成华文史资料） 政协成都市成华区委员会学习文史资料委员会编印,32 开书型,不定期,内部交流。

第 1 辑 （1994 年）

第 2 辑 （1997 年）

第 3 辑 （2002 年）

第 4 辑 （改现名） 锦绣成华 （2005 年）

龙泉驿区

龙泉驿文史资料选辑 政协四川省成都市龙泉驿区委员会文史资料委员会编印,32 开书型,不定期,内部交流。

第 1 辑

第 2 辑 （1995 年）

第 3 辑

第 4 辑 （1999 年）

第 5 辑 文物专辑 （2000 年）

第 6 辑 客家文化专辑 （2001 年）

第 7 辑 客家文化专辑(续) (2002 年)

青白江区

青白江文史资料 政协四川省成都市青红白江区委员会文史资料委员会编印,32 开书型,不定期,内部交流。

第 1 辑

第 2 辑

第 3 辑

第 4 辑

第 5 辑

第 6 辑

第 7 辑

义列春秋——彭家珍大将军 （与政协成都市委员会文史资料研究委员会合编,成都出版社,1991 年版）

第 8 辑 （1992 年）

第 9 辑 （1993 年）

第 10 辑 庆祝区政协成立十周年专辑 （1994 年）

第 11 辑 （1995 年）

新都区

新都文史资料 政协四川省新都县委员会文史资料编印,16 开刊型,油印,不定期,内部交流。

第 1 期 （1980 年）

第 2—14 期

第 15 期 （1983 年）

新都文史 政协四川省新都区委员会文史资料研究委员会编印,32 开书型,不定期,内部交流。

第 1 辑 （1984 年）

第 2 辑 纪念抗日战争胜利四十周年专辑 （1985 年）

第 3 辑 （1986 年）

第 4 辑 （1988 年）

第 5 辑 纪念新都解放四十周年专辑 （1989 年）

第 6 辑 （1991 年）

第 7 辑 新都名人专辑 （1991 年）

第 8 辑 《新都文史资料》油印本第 1—15 期篇章精选本 （1992 年）

第 9 辑 纪念王铭章将军滕县殉国五十五周年专辑 （1993 年）

第 10 辑 教育专辑之一（1994 年）

第 11 辑 （1995 年）

第 12 辑 教育专辑之二（1996 年）

第 13 辑 （1997 年）

第 14 辑 （1998 年）

第 15 辑 （1999 年）

第 16 辑 （2000 年）

第 17 辑 （2001 年）

第 18 辑 （2002 年）

新都客家研究专辑 （2007 年）

温江区

温江文史 （温江县文史资料选辑、温江文史资料选辑） 政协四川省温江区委员会文史资料研究委员会编印,32 开书型或 16 开刊型,不定期,内部交流。

第 1 辑 （1986 年）

第 2 辑 （改名）（1989 年）

第 3 辑 （1992 年）

第 4 辑 （1994 年）

第 5 辑 李湘石书画作品集 （1995 年）

第 6 辑 纪念温江县政协成立四十周年 （1956—1996）（1996 年）

第 7 辑 （1997 年）

第 8 辑 纪念王光祈先生诗书函集萃 （1998 年）

第 9 辑 （1999 年）

第 10 辑 （改现名）（1999 年）

第 11 辑 纪念辛亥革命暨四川保路运动九十周年 （2001 年）

第 12 辑 历代诗人咏温江 （2001 年）

第 13 辑 纪念王光祈先生诞辰一百一十周年 （2002 年）

第 14 辑 （2003 年）

第 15 辑 （2004 年）

第 16 辑 （2005 年）

温江政协志 （2006 年）

第 17 辑 （2007 年）

第 18 辑 （2008 年）

都江堰市

都江堰市文史资料 （灌县文史资料） 政协四川省都江堰市委员会文史委员会编印,16 开刊型改 32 开书型,或油印,不定期,内部交流。

第 1 辑 灌县红十字会史料 （1982 年）

第 2 辑 灌县地方人物传略 （1985 年）

第 3 辑 灌县中学史料 （1986 年）

第 4 辑 （1987 年）

第 5 辑 （改现名）近代名人在灌县 （1988 年）

第 6 辑 灌县解放 （1989 年）

第 7 辑 灌县解放初期首批投奔革命的年轻人 （1990 年）

第 8 辑 都江堰水文化专集之一 （1991 年）

第 9 辑 都江堰不文化专辑之二 （1992 年）

第 10 辑 后蜀·花蕊夫人宫词 （1994 年）

第 11 辑 都江堰市名胜楹联选注 （1995 年）

第 12 辑 企业文化专辑（第一册）（1996 年）

第 13 辑 青城山道教文化 （1997 年）

第 14 辑 世界水利史上的丰碑——都江堰 （1998 年）

第 15 辑 光辉历程 灿烂未来——纪念都江堰市政协五十年 （1999 年）

第 16 辑 （2004 年）

都江堰市文史资料第 1—16 辑合订本（上、中、下册）（2005 年）

第 17 辑 （2006 年）

彭州市

彭州文史资料 （**彭县文史资料选辑**） 政协四川省彭州市委员会文史资料委员会编印,32 开书型,不定期,内部交流。

第 1 辑
第 2 辑 （1987 年）
第 3 辑 （1989 年）
第 4 辑 纪念彭县解放四十周年专辑 （1989 年）
第 5 辑 （1991 年）
第 6 辑 （1992 年）
第 7 辑
第 8 辑
第 9 辑 （改现名）(1995 年)
第 10 辑
第 11 辑
第 12 辑 政区览要专辑 （1998 年）
第 13 辑
第 14 辑 刘邓潘彭县起义专辑 （2001 年）
彭州市政协志 （1950 年 4 月—2005 年 1 月）(2005 年)
彭州新韵(2006 年)

邛崃市

邛崃文史资料 政协四川省邛崃市委员会文史资料研究委员会编印,32 开书型,不定期,内部交流。

第 1 辑 （1987 年）
第 2 辑 （1988 年）
第 3 辑 建国四十周年专辑 （1989 年）
第 4 辑 （1990 年）
第 5 辑 （1991 年）
第 6 辑 （1992 年）
第 7 辑 （1993 年）
第 8 辑 （1994 年）
第 9 辑 （1995 年）
第 10 辑 （1996 年）
第 11 辑 （1997 年）
第 12 辑 （1998 年）
第 13 辑 （1999 年）
第 14 辑 （2000 年）
第 15 辑 纪念中国共产党成立八十周年专辑 （2001 年）
第 16 辑 （2002 年）
第 17 辑 （2003 年）
第 18 辑 （2004 年）
第 19 辑 历代咏邛崃诗词选 （2006 年）
第 20 辑 邛崃文史选集(上、中、下册)(2006 年)
第 21 辑 （2007 年）

第 22 辑 （2008 年）
邛崃历代文选 （2008 年）

崇州市

崇州文史资料选辑 （**崇庆文史资料选辑、崇庆县文史资料选辑、崇州市文史资料**） 政协四川省崇州市委员会文史学习委员会编印,32 开书型,不定期,内部交流或公开出版。

第 1 辑 （1983 年）
第 2 辑 （1984 年）
第 3 辑 （1985 年）
第 4 辑 （1986 年）
第 5 辑 （1987 年）
第 6 辑 （1988 年）
第 7 辑 （1989 年）
第 8 辑 （1990 年）
第 9 辑 （1992 年）
第 10 辑 （1993 年）
第 11 辑 （1995 年）
第 12 辑 （1997 年）
第 13 辑 （1998 年）
历代咏崇州诗选 （1999 年）
崇州历史名人录 （2000 年）
第 14 辑 （2000 年）
崇州市文史资料集粹 （2000 年）
第 15 辑 （2001 年）
第 16 辑 （2002 年）
第 17 辑 （2003 年）
第 18 辑 （2004 年）
第 19 辑 （2005 年）
第 20 辑 （2006 年）
第 21 辑 （2007 年）
第 22 辑 （2008 年）

金堂县

金堂文史 政协四川省金堂县委员会学习文史委员会编印,32 开书型,不定期,内部交流。

金堂文史——九、十届政协文史资料选编 （2002 年）
金堂文史资料 政协四川省金堂县委员会文史资料研究委员会编印,16 开刊型,不定期,内部交流。

第 1 期
第 2 期
第 3 期
第 4 期
第 5 期
第 6 期
第 7 期

双流县

双流文史资料选辑 （双流县文史资料选辑） 政协四川省双流县委员会文史资料研究委员会编印,32 开书型,不定期,内部交流。

第 1 辑 （1982 年）

第 2 辑 （1983 年）

第 3 辑 （1984 年）

第 4 辑 （改现名） 纪念抗日战争胜利四十周年专辑 （1985 年）

第 5 辑 （1987 年）

第 6 辑 （1988 年）

第 7 辑 纪念双流解放四十周年 （1989 年）

第 8 辑 （1990 年）

第 9 辑 纪念中国共产党成立七十周年、辛亥革命八十周年 （1991 年）

第 10 辑 纪念双流文史资料工作开展十周年 （1992 年）

第 11 辑 （1993 年）

第 12 辑 （1994 年）

第 13 辑 纪念抗日战争胜利五十周年特辑 （1995 年）

第 14 辑 （1996 年）

第 15 辑 （1997 年）

郫县

郫县文史资料 （郫县文史资料选辑） 政协四川省郫县委员会文史资料委员会编印,32 开书型,不定期,内部交流。

第 1·2 辑 （1985 年）

第 3 辑

第 4 辑

第 5 辑

第 6 辑

第 7 辑 （1995 年）

第 8 辑 （1996 年）

第 9 辑 （1997 年）

第 10 辑 （改现名） 纪念杨雄诞辰 2050 周年专辑 （1997 年）

第 11 辑

第 12 辑 郫游资略 （2001 年）

第 13 辑

第 14 辑

第 15 辑 城建专辑 （2004 年）

大邑县

大邑文史资料选辑 政协四川省大邑县委员会文史委

员会编印,16 开刊型或 32 开书型,或油印,不定期,内部交流。

1990 年 9 月本

1991 年 7 月本

1992 年 9 月本

1993 年 1 期 刘湘专辑

1993 年第 2—3 期

1995 年第 1—2 期

大邑名胜今昔 （文史资料专辑之一）（1995 年）

大邑名胜今昔 （文史资料专辑之二）（1999 年）

蜀中名胜选记

晋原诗征续集

鹤鸣山论文集

箭道居友人手札

蒲江县

蒲江文史资料 政协四川省蒲江县委员会文史资料委员会编印,32 开书型,不定期,内部交流。

第 1 辑 （1986 年）

第 2—3 辑 （1989 年）

第 4 辑 （1990 年）

第 5 辑 李家钰将军专辑 （1991 年）

第 6 辑 鹤山诗词选 （1992 年）

第 7 辑 （1993 年）

第 8 辑 蒲江县飞仙阁摩崖造像与石刻文字专辑 （1994 年）

第 9 辑 （1995 年）

第 10 辑 （1996 年）

第 11 辑 （1997 年）

第 12 辑 （1998 年）

第 13 辑 （1999 年）

第 14 辑

第 15 辑

第 16 辑 （2003 年）

第 17 辑 （2004 年）

第 18 辑 （2005 年）

第 19 辑 （2006 年）

第 20 辑 （2007 年）

第 21 辑 （2008 年）

新津县

新津文史资料 政协四川省新津县委员会文史学习委员会编印,32 开书型或 16 开刊型,或油印,不定期,内部交流或公开发行。

新津县政协志 （1984 年）

第 1 辑 （1985 年）

第 2 辑 （1986 年）

第 3 辑 （1989 年）

第4辑 （1992年）
第5辑 （1994年）
第6辑 （1997年）
蜀风集——文守仁先生遗著 （1998年）
第7辑 （2000年）
第8辑 （2002年）
第9辑 抗战时期的新津机场 （2005年）
第10辑 （中央文献出版社,2007年版）
新津县志·政协卷

广元市

广元市文史资料 政协四川省广元市委员会文史资料研究委员会编印,32开书型,不定期,内部交流。
第1辑 （1988年）
广元市风物资料选辑 （1988年）
第2辑 （1989年）
第3辑 （1990年）
第4辑 （1991年）
第5辑 （1992年）
三国与广元 （《三国与广元丛书》第一集）（1992年）
第6辑 （1992年）
三国与葭萌 （《三国与广元丛书》第二集）（1993年）
第7辑 （1994年）
第8辑 （1995年）
第9辑 （1996年）
第10辑 矿业经济专辑 （1997年）
第11辑 建国后农村史料专辑 （1998年）
广元匣记(1998年)
第12辑 （1999年）
第13辑 文化大革命史料专辑 （2000年）
第14辑 广元建市史料专辑 （2001年）
第15辑 （2003年）
第16辑 广元市政协成立二十周年专辑 （2005年）
第17辑 历史人物专辑 （2007年）
第18辑 （2008年）

利州区

广元市中区文史资料 （广元文史资料选辑） 政协四川省广元市中区委员会文史学习委员会编印,16开刊型改32开书型,不定期,内部交流。
第1辑 （1982年）
第2辑 （1982年）
第3辑 （1984年）
第4辑 （1984年）
第5辑 （1985年）
第6辑 （1986年）
第7辑 （1992年）
第8辑 （改现名）（1993年）

第9辑 （1994年）
第10辑 （1995年）
第11辑 （1996年）
第12辑 （2006年）

元坝区

元坝区文史资料 政协四川省广元市元坝区委员会文史资料委员会编印,32开书型,不定期,内部交流。
第1辑 （1995年）
第2辑 巴蜀第一县——昭化 （1996年）
第3辑 （1997年）
第4辑 川北民歌(1998年)
第5辑 平湖丰碑 （水利专辑）(2000年)
广元市元坝区政协志(2004年)

朝天区

朝天区文史资料 （朝天文史资料） 政协四川省广元市朝天区委员会文史资料委员会编印,32开书型,不定期,内部交流。
第1辑 （1996年）
第2辑 （1997年）
第3辑 （改现名）(1998年)
第4辑 （1999年）
第5辑
第6辑 朝天记胜 （2002年）
朝天区文史资料丛书 政协四川省广元市朝天区委员会文史资料委员会编印,32开书型,不定期,内部交流。
第1辑 千秋镜录 （2005年）

旺苍县

旺苍文史资料 政协四川省旺苍县委员会文史法制委员会编印,32开书型,年刊,内部交流。
第1—2辑 （1984年）
第3辑 （1985年）
第4辑 （1986年）
第5辑 （1987年）
第6辑 （1988年）
第7辑 （1989年）
第8辑 （1990年）
第9辑 （1991年）
第10辑 （1992年）
第11辑 （1993年）
第12辑 （1994年）
第13辑 （1995年）
第14辑 （1996年）
第15辑 （1997年）
第16辑 （1998年）

第 17 辑 （1999 年）
第 18—19 辑 （2001 年）
第 20 辑 （2003 年）
第 21 辑 （2004 年）
第 22 辑 （2005 年）
第 23 辑 （2006 年）
第 24 辑 （2007 年）
第 25 辑 （2008 年）

青川县

青川文史资料 政协四川省青川县委员会文史资料委员会编印，16 开刊型或 32 开书型，或油印，不定期，内部交流。

1984 年第 1 期 （总第 1 期）
1984 年第 2 期 庆祝中华人民共和国建国三十五周年专辑 （总第 2 期）
1984 年第 3 期 （总第 3 期）
1985 年第 1—2 期 （总第 4—5 期）
1986 年第 1—2 期 （总第 6—7 期）
1987 年第 1—2 期 （总第 8—9 期）
1988 年第 1—6 期 （总第 10—15 期）
1989 年第 1—3 期 （总第 16—18 期）
1990 年第 1—5 期 （总第 19—23 期）
1991 年第 1—6 期 （总第 24—29 期）
1992 年第 1—4 期 （总第 30—33 期）
1993 年第 1—3 期 （总第 34—36 期）
1994 年第 1—3 期 （总第 37—39 期）
1995 年第 1—3 期 （总第 40—42 期）
1996 年第 1—2 期 （总第 43—44 期）
1997 年第 1—3 期 （总第 45—47 期）
1999 年第 1—3 期 （总第 48—50 期）

青川文史资料选集 （青川文史资料选辑） 政协四川省青川县委员会文史资料委员会编印，32 开书型，不定期，内部交流。

第 1 辑 （1989 年）
第 2 辑 （1990 年）
第 3 辑 （1992 年）
第 4 辑 （1994 年）
第 5 辑 （改现名）（1996 年）
第 6 辑 （1998 年）
第 7 辑 （2000 年）
第 8 辑 （2004 年）
第 9 辑 （2006 年）

剑阁县

剑阁文史资料 政协四川省剑阁县委员会文史资料研究委员会编印，16 开刊型，油印，不定期，内部交流。

第 1—18 期

剑阁文史资料选辑 政协四川省剑阁县委员会文史资料研究委员会编印，32 开书型，不定期，内部交流。

第 1 辑 （1982 年）
第 2 辑 （1983 年）
剑阁风物资料专辑 （1983 年）
第 3 辑 历史文物专刊 （1983 年）
第 4 辑 （1984 年）
第 5 辑 剑阁师范校史专辑 （1984 年）
第 6 辑 （1984 年）
第 7 辑 （1985 年）
第 8 辑 翠云廊专辑 （1987 年）
第 9 辑 （1987 年）
第 10 辑 （1988 年）
第 11—13 辑 （1989 年）
第 14 辑 （1990 年）
第 15—16 辑 （1991 年）
第 17—18 辑 （1992 年）
第 19 辑 商贸经济专辑 （1993 年）
第 20 辑 文化教育专辑 （1993 年）
第 21 辑 工业经济专辑 （1994 年）
第 22 辑 农业史料专辑 （1996 年）
第 23 辑 文化体育史料专辑 （1996 年）
第 24 辑 （1987 年）
第 25 辑 交通史料专辑 （1988 年）
第 26 辑 财政专辑 （1989 年）
第 27 辑 水电专辑（上、下册）（2001 年）
第 28 辑 林业专辑（上、下册）（2002 年）
第 29 辑 民政专辑 （2003 年）
第 30 辑 粮食专辑 （2003 年）
第 31 辑 解放前史料专辑 （2005 年）
第 32 辑 红色革命史料专辑

苍溪县

苍溪文史资料 （文史资料选辑、苍溪文史资料选辑） 政协四川省苍溪县委员会文史资料研究委员会编印，或 16 开刊型或 32 开书型，油印，内部交流。

第 1 辑 （1983 年）
第 2 辑 （1984 年）
第 3 辑 （1985 年）
第 1 辑 （总第 4 辑）（改名）（1986 年）
苍溪诗选(1988 年)
第 2 辑 （总第 5 辑）（改现名）(1989 年)
云台山(1990 年)
说古道今话苍溪 （1990 年）
第 3—4 辑 （总第 6—7 辑）(1991 年)
第 5 辑 （总第 8 辑）(1992 年)
第 9 辑 吴忠将军 （1993 年）
第 10 辑 （1994 年）
第 11 辑 纪念抗日战争五十周年 （1995 年）

第12辑

第13辑

天师道24 治之苍溪——云台山 （1999年）

第14辑 （2000年）

第15辑 （2001年）

第16辑 文化大革命专辑 （2002年）

苍溪轶闻趣事 （2003年）

绵阳市

绵阳文史资料 （绵阳市文史资料选刊） 政协四川省绵阳市委员会学习文史资料委员会编印,32开书型,不定期,内部交流或公开发行。

第1辑 纪念抗日战争胜利四十周年专辑 （1985年）

第2辑 （1986年）

第3辑 （1987年）

第4辑 （1988年）

《三国演义》探索 （1989年）

第5—6辑 （1990年）

第7辑 （1991年）

第8辑 纪念辛亥革命八十周年专辑 （1991年）

第9辑 科技资料专辑 （1992年）

第10辑 科技资料专辑 （1992年）

《三国演义》探索续集 （1992年）

第11辑 纪念毛泽东诞辰一百周年 （1993年）

第12辑 （1994年）

历史文化名城——绵阳 （1994年）

第13辑 纪念抗日战争胜利五十周年专辑 （1995年）

绵阳名胜楹联 （1995年）

第14辑 （改现名）人物专辑 （1996年）

文史古今谈 （南治平著,1996年）

第15辑 （1997年）

第16辑 （1998年）

绵阳市政协志 （《绵阳市志》丛书之六十八） （四川人民出版社,1998年版）

第17辑 （1999年）

第18辑 （2000年）

第19辑 （2001年）

绵阳史纲 （钟利戡等编著,2001年）

绵州越王楼史料专集 （2001年）

第20辑 （2002年）

第21辑 （2003年）

第22辑 （2004年）

第23辑 （2005年）

绵阳通鉴 （2005年）

绵州诗词 （2005年）

第24辑 （2006年）

第25辑 （2007年）

绵阳文史丛书 政协四川省绵阳市委员会文史资料委员会编印,32开书型,内部交流。

之一 （1988年）

之二 绵阳文史补佚 （1991年）

之三 （1993年）

之四 （1995年）

之五 种棉新谚语 （1996年）

之六 （1998年）

之七 （1999年）

之八 绵阳建城2200年专辑 （2000年）

之九 越王楼专辑 （2001年）

之十 （2002年）

之十一 （2003年）

之十二 （2004年）

之十三 （2005年）

之十四 绵州神游 （2006年）

之十五 （2007年）

涪城区

绵阳市市中区文史资料选编 （绵阳文史资料选辑）

政协四川省绵阳市市中区委员会文史资料研究委员会编印,32开书型,不定期,内部交流。

第1辑 （1982年）

第2辑 （1983年）

第3辑 （1984年）

第4辑 （1986年）

第5辑 （1987年）

第6辑 （1988年）

第7—8辑 （1989年）

第9辑 （1990年）

第10辑 （改现名） 纪念中国共产党建党七十周年、纪念辛亥革命八十周年专辑 （1991年）

第11辑 （1992年）

涪城文史资料选辑 政协四川省绵阳市涪城区委员会学习文史资料委员会编印,32开书型,不定期,内部交流。

第1辑 （1993年）

第2辑 （1994年）

第3辑 （1995年）

第4辑 （1996年）

第5辑 （1997年）

第6辑 （1998年）

第7辑 （1999年）

涪城文史资料精选 （1999年）

第8辑 （2000年）

第9辑 （2001年）

第10辑 （2002年）

第11辑 （2004年）

第12辑 （2005年）

第13辑 （2006年）

游仙区

游仙文史　政协四川省绵阳市游仙区委员会文史资料委员会编印,32 开书型,不定期,内部交流。

第 1 辑

第 2 辑　(1996 年)

江油市

江油文史资料　(文史资料选辑、江油市文史资料选辑)　政协四川省江油市委员会学习文史委员会编印,16 开刊型改 32 开书型,或油印,不定期,内部交流。

第 1 辑　(1982 年)

第 2—4 辑　(1983 年)

第 5 辑　(1984 年)

第 6—7 辑　(1985 年)

1988 年第 1 辑　(总第 8 辑)　(改名)

江油县政协志(1955—1987)　(1988 年)

1989 年第 2 辑　(总第 9 辑)　海灯专辑

总第 10 辑　李白故里　(1989 年)

总第 11 辑　(改现名)(1990 年)

总第 12 辑　工商经济史料专辑　(1991 年)

总第 13 辑　(1995 年)

总第 14 辑　(1996 年)

总第 15 辑　李白与江油　(1997 年)

走进李白(701—762)——李白文化通俗读本　(2001 年)

第 16 辑　(1949—1999)(1999 年)

第 17 辑　回眸政协 10 年(1993—2003)(2002 年)

第 18 辑　(2003 年)

第 19 辑　哪吒故里江油　(2004 年)

第 20 辑　江油城市街名诠释　(2006 年)

第 21 辑　建言献策选编　(2006 年)

三台县

三台文史资料选辑　政协四川省三台县委员会文史资料委员会编印,32 开书型,不定期,内部交流或公开发行。

第 1 辑　(1984 年)

第 2—3 辑　(1985 年)

第 4—5 辑　(1986 年)

第 6 辑　(1987 年)

第 7 辑　(1988 年)

第 8 辑　(1989 年)

第 9 辑　人民渠专辑　(1990 年)

第 10 辑　东北大学在三台　(四川人民出版社,1991 年版)

第 11 辑　(1992 年)

李商隐梓州诗今译　(1994 年)

第 12 辑　(1993 年)

第 13 辑　(1995 年)

第 14 辑　(1996 年)

第 15 辑　(1997 年)

乐苑英华　(邱平邦编著,1997 年)

第 16 辑　(1998 年)

第 17 辑　(1999 年)

第 18 辑　(2000 年)

辉煌五十四年

盐亭县

盐亭文史　(盐亭县文史资料、盐亭文史资料选辑)　政协四川省盐亭县委员会文史资料委员会编印,32 开书型,年刊,内部交流。

第 1 辑　(1984 年)

第 2 辑　(1985 年)

第 3 辑　(1986 年)

第 4 辑　(1987 年)

第 5 辑　(1988 年)

第 6 辑　(改名)(1989 年)

第 7 辑　(1990 年)

第 8 辑　(1991 年)

第 9 辑　(1992 年)

第 10—11 辑　(改现名)(1993 年)

第 12 辑　(1994 年)

第 13 辑　(1995 年)

第 14 辑　(1996 年)

第 15 辑　(1997 年)

第 16 辑　(1998 年)

第 17 辑　(1999 年)

第 18 辑　(2000 年)

第 19 辑　庆祝中国共产党成立八十周年专辑　(2001 年)

第 20 辑　(2002 年)

第 21 辑　(2003 年)

第 22 辑　(2004 年)

第 23 辑　(2005 年)

第 24 辑　(2006 年)

第 25 辑　(2007 年)

盐亭文史　政协四川省盐亭县委员会文史资料征集委员会编印,8 开 4 版报刊型,不定期,内部交流。

第 1—4 期　(1993 年)

增刊(1994 年)

第 5—7 期　(1994 年)

安县

安县文史资料选辑　政协四川省安县委员会文史资料研究委员会编印,32 开书型,不定期,内部交流。

第 1 集(1982 年)

第 2 集

第 3 集(1985 年)

第 4 集(1986 年)

第 5 集(1988 年)

第 6 集(1989 年)

第 7 集(1990 年)

第 8 集(1991 年)

第 9 集(1992 年)

第 10 集(1994 年)

第 11 辑

第 12 辑 （1998 年）

第 13 辑 （1999 年）

第 14 辑 （2000 年）

第 15 辑 （2001 年）

梓潼县

梓潼县文史资料 （梓潼文史资料选辑） 政协四川省梓潼县委员会文教卫生委员会编印,16 开刊型改 32 开书型,不定期,内部交流。

第 1—2 集(1983 年)

第 3 期 （1984 年）

第 4 辑 （1985 年）

第 5 集(1986 年)

张献忠在梓潼 （1987 年）

第 6 期 "梓潼解放纪实"专辑 （1988 年）

第 7 期 （1989 年）

第 8 集(改现名)（1990 年）

第 9 辑 蚕桑专辑 （1991 年）

第 10 辑 樟湾风光名胜 （1992 年）

第 11 辑 （1994 年）

第 12 辑 人物专辑 （1997 年）

《梓潼文史资料选集》第 1—12 辑 目录索引 （1998 年）

第 13 辑 林业旅游专辑 （1998 年）

第 14 辑 （1999 年）

七曲诗集 第 2 辑 （1999 年）

第 15 辑 文昌文化专辑 （2004 年）

第 16 辑 潼江流域水利专辑 （2005 年）

北川羌族自治县

北川县文史资料选辑 政协四川省北川羌族自治县委员会文史资料研究委员会编印,32 开书型,年刊,内部交流。

第 1 辑 （1984 年）

第 2 辑 （1985 年）

第 3 辑 （1986 年）

第 4 辑 （1987 年）

第 5 辑 （1988 年）

第 6 辑 （1989 年）

第 7—8 辑 （1990 年）

北川羌族史略 （1991 年）

北川羌族资料选辑 （1991 年）

禹里名胜壮古今 （1991 年）

第 9 辑 羌文化研究文选 （全国羌文化理论研讨论文选）（1994 年）

第 10 辑 人物资料专辑 （1994 年）

羌族民间长诗选 （1994 年）

第 11 辑 （1999 年）

平武县

平武文史资料选辑 政协四川省平武县委员会文史资料委员会编印,32 开书型,不定期,内部交流。

1986 年第 1 辑 （总第 1 辑）

1986 年第 2 辑 （1987 年）

第 3 辑 （1989 年）

第 4 辑 （1990 年）

第 5 辑 建国四十周年平武交通事业专辑 （1990 年）

第 6 辑 蜀汉江油关唐宋五代龙州郡专辑 （1991 年）

第 7 辑 曾福兴烈士英模事迹 （1993 年）

第 8 辑 深切怀念革命先辈张秀熟 （1994 年）

第 9 辑 平武林业专辑 （1995 年）

第 10 辑 农业专辑 （1999 年）

第 11 辑 （2000 年）

第 12 辑 （2001 年）

德阳市

德阳文史 （德阳市文史资料选辑） 政协四川省德阳市委员会文史资料研究委员会编印,32 开书型,不定期,内部交流。

第 1 辑 （1984 年）

第 2 辑 （1985 年）

第 3 辑 纪念抗日战争胜利四十周年、解放战争胜利三十周年特辑 （1985 年）

第 4 辑 （1985 年）

第 5 辑 （1986 年）

第 6 辑 （1987 年）

第 7 辑 （1988 年）

第 8 辑 （1989 年）

第 9 辑 （1990 年）

第 10 辑 （1991 年）

第 11 辑 （1992 年）

第 12 辑 （1993 年）

第 13 辑

第 14 辑

第 15 辑

第 16 辑

第 17 辑 （改现名）（2000 年）

第 18 辑 （2001 年）

第 19 辑 （2002 年）

第 20 辑 （2003 年）

第 21 辑 （2004 年）

第 22 辑 肝胆相照绘宏图 （2005 年）

旌阳区

德阳文史资料选辑 政协四川省德阳县委员会文史资料研究委员会编印，32 开书型，不定期，内部交流。

第 1 辑 （1982 年）

第 2—3 辑 （1983 年）

第 4 辑 （1984 年）

德阳市市中区文史资料选辑 政协四川省德阳市市中区委员会文史资料研究委员会编印，32 开书型，不定期，内部交流。

第 1 辑 （1985 年）

第 2 辑 （1986 年）

第 3 辑 （1987 年）

第 4 辑 （1988 年）

第 5 辑 德阳市市中区概貌特辑 （1989 年）

第 6 辑 （1990 年）

德阳回首录 （文史资料集萃）（1991 年）

旌阳文史资料 政协四川省德阳市旌阳区委员会文史资料委员会编印，32 开书型，不定期，内部交流。

第 1 辑 （1998 年）

德阳风采录 （1999 年）

什邡市

什邡文史资料 （什邡文史资料选辑、什邡文史选辑）

政协四川省什邡县委员会学习文史委员会编印，32 开书型，不定期，内部交流。

第 1 辑 （1985 年）

第 2 辑 （改名）（1987 年）

第 3 辑 （改现名）（1987 年）

第 4 辑 （1988 年）

第 5 辑 （1989 年）

第 6 辑 （1990 年）

第 7 辑 （1991 年）

第 8 辑 （1992 年）

第 9 辑 （1993 年）

第 10 辑 （1994 年）

第 11 辑 （1995 年）

第 12 辑 （1996 年）

第 13 辑 （1997 年）

第 14 辑 （1998 年）

第 15 辑 庆祝中华人民共和国、人民政协成立五十周年专辑 （1999 年）

第 16 辑 （2000 年）

第 17 · 18 辑 什邡两千年 （2002 年）

第 19 辑 高天厚土 魂归章洛——李冰在"什邡"纪念专辑 （2003 年）

第 20 辑 什邡风物舆掌故 （2004 年）

第 21 辑 马祖道一研究资料集 （2005 年）

广汉市

广汉文史资料选辑 政协四川省广汉市委员会文史资料研究委员会编印，32 开书型，不定期，内部交流。

第 1—2 期 合订重印本 （1984 年）

第 3 期 （1982 年）

第 4—5 辑 （1984 年）

第 6 辑 （1985 年）

第 7—8 辑 （1986 年）

第 9 辑 （1987 年）

第 10 辑 覃子豪纪念馆落成专辑 （1988 年）

第 11 辑 广汉历代名人名胜古迹选集 （1989 年）

第 12 辑 金雁情——广汉对外文化交流专辑 （1992 年）

第 13 辑 （1994 年）

第 14 辑 抗日战争胜利五十周年纪念专辑 （1995 年）

第 15 辑 （1997 年）

第 16 辑 广汉建市十周年·广汉改革开放二十周年·红军七十年华诞专辑 （1998 年）

第 17 辑 （1999 年）

第 18 辑 （2003 年）

第 19 辑 广汉揽胜 （2004 年）

第 20 辑 广汉政协五十年 （2005 年）

第 21 辑 跨国诗人覃子豪传 （2006 年）

第 22 辑 （2006 年）

第 23 辑 历代名人咏广汉 （2007 年）

第 24 辑 （2008 年）

绵竹市

绵竹文史资料选辑 政协四川省绵竹县委员会文史资料委员会编印，32 开书型，不定期，内部交流。

第 1 辑 （1982 年）

第 2 辑 （1983 年）

第 3 辑 （1984 年）

第 4 辑 （1985 年）

第 5 辑 （1986 年）

第 6 辑 （1987 年）

第 7 辑 （1988 年）

第 8 辑 （1989 年）

第 9 辑 （1990 年）

第 10 辑 （1991 年）

第 11 辑 （1992 年）

第 12 辑 （1994 年）

第 13 辑 历史文化名城——绵竹 （1994 年）

第 14 辑 （1995 年）

第 15 辑 （1996 年）

第 16 辑 （1997 年）

第 17 辑 （1998 年）

第 18 辑 （1999 年）

第 19 辑 （2000 年）

第 20 辑 （2001 年）

第 21 辑 绵竹市历代楹联精选 （2002 年）

第 22 辑 剑南春酒史资料专集 （2003 年）

第 23 辑 祥符寺专集(2004 年)

第 24 辑 千年古观、钟灵毓秀道教圣地——严仙观
(2005 年)

第 25 辑 三国蜀汉绵竹 （2006 年）

地震,震不倒绵竹人民的坚强信念 （图片集）(2008
年)

震撼与坚强 （2008 年）

罗江县

罗江文史资料 政协四川省罗江县委员会文史资料编
辑 委员会编印,32 开书型,不定期,内部交流。

第 1—2 辑 （1997 年）

第 3—4 辑 （1998 年）

第 5—6 辑 （1999 年）

第 7—8 辑 （2000 年）

第 9—10 辑 （2001 年）

第 11—12 辑 （2002 年）

第 13 辑 （2003 年）

第 14 辑 （2004 年）

第 15 辑 （2005 年）

第 16 辑 （2006 年）

第 17 辑 （2007 年）

中江县

中江文史资料选辑 政协四川省中江县委员会文史资
料委员会编印,32 开书型,不定期,内部交流。

第 1 辑 （1983 年）

第 2 辑 （1984 年）

第 3 辑 （1985 年）

第 4 辑 （1986 年）

第 5 辑 （1987 年）

第 6 辑 （1988 年）

第 7 辑 （1989 年）

第 8 辑 （1990 年）

第 9 辑 （1991 年）

第 10 辑 （1992 年）

第 11 辑 （1993 年）

第 12 辑 （1994 年）

第 13 辑 （1995 年）

第 14 辑 （1996 年）

第 15 辑 （1997 年）

第 16 辑 （1998 年）

第 17 辑 （1999 年）

第 18 辑 （2000 年）

第 19 辑 （2001 年）

第 20 辑 （2002 年）

第 21 辑 （2003 年）

第 22 辑 （2004 年）

南充市

南充文史资料 （**南充市文史资料选集**） 政协四川
省南充市委员会文史资料工作委员会编印,32 开书型,不
定期,内部交流。

第 1 辑 （1985 年）

第 2 辑 （1987 年）

第 3 辑 （改名）(1988 年)

第 4 辑 （1989 年）

第 5 辑 （1990 年）

第 6 辑 （1991 年）

第 7 辑 （改现名）(1992 年)

第 8 辑 （1993 年）

南充市文史资料 政协四川省南充市委员会文史资料
委员会编印,32 开书型,不定期,内部交流或公开发行。

第 1 辑 （1994 年）

第 2 辑 胡耀邦与川北区工作回忆 （1994 年）

第 3 辑 纪念抗日战争胜利五十周年专辑 （1995
年）

第 4 辑 南充人物（一）(1995 年)

第 5 辑 南充工商经济老字号专辑 （1996 年）

第 6 辑 南充水利建设专辑 （1997 年）

第 7 辑 政协工作专辑 （1998 年）

第 8 辑 纪念人民政协诞辰五十周年风雨同舟专辑
(1999 年)

第 9 辑 南充名胜概览 （2000 年）

第 10 辑 南充市城区发展概览 （2001 年）

第 11 辑 南充市名老中医 （2002 年）

第 12 辑 建言献策——市二届政协调查与建议选
(2003 年)

第 13 辑 襄渝铁路大会战——南充民兵师纪实
(2004 年)

第 14 辑 我们那个年代——南充知识青年上山下乡
纪实 （2005 年）

第 15 辑 走近百年古镇——南充古集镇纪实 （2006年）

第 16 辑 难忘的伤痕——南充"文化大革命"纪念（中央文献出版社,2007 年版）

第 17 辑 见证三十年——南充改革开放纪实 （2008年）

顺庆区

顺庆文史资料 政协四川省南充市顺庆区委员会文史工作委员会编印,32 开书型,不定期,内部交流。

第 1 辑 （1994 年）

第 2 辑 （1999 年）

第 3 辑 辉煌瞬间 （顺庆政协委员十年撷珠）（2003年）

第 4 辑 先生之风 山高水长——民主革命家张澜（2005 年）

高坪区

嘉陵区

阆中市

阆中文史资料 政协四川省阆中县委员会文史资料委员会编印,16 开刊型,油印,不定期,内部交流。

总第 1—37 期

1991 年第 1 期 （总第 38 期）

阆中文史资料选辑 政协四川省阆中市委员会文史委员会等编印,32 开书型或 16 开刊型,不定期,内部交流或公开发行。

第 1 辑 古城阆中 （1986 年）

阆中李文密、戴则明书画金石选 （1986 年）

第 2 辑 阆中诗选 （1987 年）

第 3 辑 落下闳 （1988 年）

第 4 辑 西汉天文学家落下闳资料选辑 （1989 年）

第 5 辑 张宪资料选辑 （1990 年）

第 6 辑

第 7 辑

第 8 辑 （1996 年）

第 9 辑 （1997 年）

第 10 辑 （1997 年）

第 11 辑 （1999 年）

第 12 辑 （2000 年）

第 13 辑 （2001 年）

第 14 辑 （2002 年）

第 15 辑 （2003 年）

中国古民居木雕 （中国林业出版社,2007 年版）

南部县

南部文史资料选辑 政协四川省南部县委员会文史资料委员会编印,32 开书型,不定期,内部交流。

第 1 辑 （1986 年）

第 2 辑 庆祝中华人民共和国、中国人民政治协商会议成立四十周年 （1989 年）

第 3 辑 （1989 年）

第 4 辑

第 5 辑 （1994 年）

第 6 辑 抗战专辑 （1995 年）

第 7 辑 南部人物（一）（1996 年）

第 8 辑

第 9 辑

第 10 辑

第 11 辑

第 12 辑

第 13 辑

第 14 辑

第 15 辑

第 16 辑 （2006 年）

营山县

营山文史 （营山文史资料、文史资料） 政协四川省营山县委员会学习文史工作委员会编印,32 开书型或 16 开刊型,不定期,内部交流。

第 1—2 辑 （1981 年）

第 3—5 辑 （1982 年）

第 6—8 辑 （1983 年）

第 1—8 辑 合订本 （1984 年）

第 9 辑 （1984 年）

第 10—11 辑 （1985 年）

第 12—13 辑 （1986 年）

第 14 辑 （1987 年）

第 15—16 辑 （1988 年）

营山文史资料选辑 （第 1—16 辑 选编本）（1989年）

第 17—18 辑 （1990 年）

第 19 辑 （改名）（1991 年）

第 20 辑 （1992 年）

第 21 辑 （改现名）（1993 年）

第 22 辑 （1994 年）

第 23 辑 （1995 年）

第 24 辑 （1996 年）

第 25 辑 （1997 年）

第 26 辑 （1998 年）

第 27 辑 （1999 年）

第 28 辑 （2000 年）

第 29 辑 （2002 年）
第 30 辑 （2003 年）

蓬安县

蓬安文史资料 （**蓬安县文史资料选辑**） 政协四川省蓬安县委员会提案文史委员会编印,32 开书型,不定期,内部交流。

第 1 辑 （1991 年）
第 2 辑 （1992 年）
第 3 辑 （1993 年）
第 4 辑 （1994 年）
第 5 辑 （1995 年）
第 6 辑 （改现名）（1996 年）
第 7 辑 （1997 年）
第 8 辑 （1999 年）

仪陇县

文史资料 （**征求意见稿**） 政协四川省仪陇县委员会文史资料研究委员会编印,16 开刊型,或油印,不定期,内部交流。

1981 年第 1—2 期 （总第 1—2 期）
1982 年第 1—2 期 （总第 3—4 期）
1983 年第 3—4 期 （总第 5—6 期）
1984 年第 1 期 （总第 7 期）
1985 年第 1 期 （总第 8 期）
1986 年第 1 期 （总第 9 期）
1987 年第 1—3 期 （总第 10—12 期）
1988 年第 1—3 期 （总第 13—15 期）
1989 年第 1—4 期 （总第 16—19 期）
1990 年第 1—4 期 （总第 20—23 期）
1991 年第 1—6 期 （总第 24—29 期）
1992 年第 1—3 期 （总第 30—32 期）
1993 年第 1—3 期 （总第 33—35 期）
1994 年第 1 期 （总第 36 期）
1995 年第 1 期 （总第 37 期）

仪陇文史资料选辑 政协四川省仪陇县委员会文史委员会编印,32 开书型,不定期,内部交流或公开发行。

第 1 辑 （1984 年）
第 2 辑 （1986 年）
故乡人民的怀念 （1986 年）
第 3 辑 （1987 年）
故园情思(1988 年)
第 4 辑 （1990 年）
一代女杰康克清 （成都出版社,1992 年版）
怀我元戎——朱德元帅铜像工程纪实 （1992 年）
火红岁月——纪念红军解放仪陇六十周年 （1993 年）
为人民服务的光辉典范张思德 （团结出版社,1994 年版）

烽火年代——仪陇抗战时期史略 （1995 年）
抗战歌曲大演唱——纪念抗日战争胜利五十周年（1995 年）
长征途中的朱德总司令员及仪陇籍战士——纪念中国工农红军长征胜利六十周年 （1996 年）
功业千秋——纪念朱德同志诞辰一百一十周年（1996 年）
朱德的传说——纪念朱德同志诞辰一百一十周年（1996 年）
文星璀灿 （1996 年）
第 18 集 仪陇古今人物录（人物资料之一）（1998 年）
仪陇揽胜——朱德故里纪行 （李传元等著,西南师范大学出版社,1999 年版）
观紫今昔 （1999 年）
危窑丹心——张思德故事集 （1999 年）
朱德故里传奇 （2000 年）
晓阳文稿 （2000 年）

西充县

西充文史资料 （**西充县文史资料选辑**） 政协四川省西充县委员会文史资料研究委员会编印,32 开书型,不定期,内部交流。

第 1—2 辑 （1983 年）
第 3 辑 （1984 年）
第 4 辑 （1985 年）
第 5 辑 （1986 年）
第 6 辑 （1987 年）
第 7 辑 （1988 年）
第 8 辑 （1989 年）
第 9 辑 （1990 年）
第 10 辑 （1991 年）
第 11 辑 （改现名）纪念张澜诞辰一百二十周年专辑（1992 年）
第 12 辑 林桑果专辑 （1993 年）
第 13 辑 农水电专辑 （1994 年）
第 14 辑 香港回归一周年纪念专辑 （1998 年）
第 15 辑 纪念中华人民共和国暨人民政协成立五十周年专辑 （1999 年）
第 16 辑 纪信 （2003 年）

广安市

广安文史 政协四川省广安市委员会学习文史委员会编印,32 开书型,不定期,内部交流。

第 1 辑
第 2 辑 （2000 年）
红色之旅——广安游

红色广安丛书 政协四川省广安市委员会学习文史委员会编印,32 开书型,内部交流。

之一 华蓥山武装斗争 （2006 年）

之二 华蓥山武装斗争故事选 （2006 年）

之三

之四 难忘的岁月 （与政协邻水县学习文史委员会合编,2008 年）

广安区

广安文史资料选辑 政协四川省广安县委员会文史资料委员会编印,32 开书型,不定期,内部交流。

第1辑 纪念辛亥革命七十周年专辑 （1981 年）

第2辑 郑启和专辑 （1989 年）

第3辑 向文彬专辑 （1989 年）

第4辑 （1990 年）

第5辑 （1992 年）

华蓥市

华蓥文史 （华蓥文史资料） 政协四川省华蓥市委员会文史资料委员会编印,32 开书型,不定期,内部交流。

第1—2辑 （1991 年）

第3辑 （1992 年）

第4辑 （改现名）（1993 年）

第5辑 （1994 年）

第6辑 华蓥诗词选 （1995 年）

第7辑 （1996 年）

第8辑 （1997 年）

岳池县

岳池县文史资料选编 政协四川省岳池县委员会文史委员会编印,32 开书型,不定期,内部交流。

第1辑 （1985 年）

第2辑 （1986 年）

第3辑 （1987 年）

第4辑 （1988 年）

第5辑 （1990 年）

第6辑 （1992 年）

第7辑 （1994 年）

诗词专辑 （1997 年）

第8辑 （1998 年）

第9辑 （2001 年）

岳池农家的传说 （2006 年）

武胜县

武胜文史 政协四川省武胜县委员会学习文史委员会编印,32 开书型,不定期,内部交流。

第1辑 （1987 年）

第2辑 （1989 年）

第3辑 陆殿舆资料专辑 （1992 年）

第4辑 水电专辑

第5辑 畜牧专辑

第6辑 印山公园纪实 （1999 年）

第7辑

第8辑

第9辑

第10辑

第11辑 （2006 年）

邻水县

邻水文史资料 政协四川省邻水县委员会学习文史委员会编印,32 开书型,不定期,内部交流。

第1辑 （1990 年）

万秀桥水库专辑 （1995 年）

第2辑 （1992 年）

第3辑

第4辑 （1997 年）

第5辑

第6辑

政协史稿

第7辑 （2006 年）

邻水县政协志

第8辑

难忘的岁月 （红色广安丛书之四）（2008 年）

遂宁市

遂宁文史资料 （遂宁市文史资料选刊） 政协四川省遂宁市委员会文史学习委员会编印,32 开书型,不定期,内部交流。

第1辑 （1986 年）

第2辑 （1987 年）

第3辑 （1988 年）

第4辑 遂宁解放四十周年特辑 （1989 年）

第5—6辑 （1991 年）

第7辑 （1992 年）

第8辑 （1994 年）

第9辑 纪念抗日战争胜利五十周年专辑 （1995 年）

第10辑 文化教育专辑 （1997 年）

第11辑 （1998 年）

第12辑 遂宁改革颂 （1999 年）

第13辑 向建党八十周年献礼——在党旗下 （2001 年）

第14辑 卧龙公园楹联诗词选（2002 年）

第15辑 遂宁历史名人选辑 （2005 年）

第 16 辑　统一战线中的共产党人　(2005 年)

第 17 辑　(2006 年)

第 18 辑　(2007 年)

第 19 辑　腾飞遂宁——改革开放三十年纪事专辑 (2008 年)

船山区

遂宁文史资料选辑　（文史资料选辑、遂宁文史资料、文史资料）　政协四川省遂宁市船山区委员会文史学习编印,16 开刊型改 32 开书型,或油印,不定期,内部交流。

第 1 辑　(1983 年)

第 2 辑　(改名)(1984 年)

第 3 辑　纪念抗日战争胜利四十周年专辑　(1985 年)

第 4 辑　(改名)(1985 年)

第 5—6 辑　(1986 年)

第 7 辑　庆祝中华人民共和国成立四十周年专辑 (1989 年)

祖国颂歌(1989 年)

第 8 辑　(改现名)(1991 年)

第 9 辑　(1992 年)

第 10 辑　(1993 年)

第 11 辑　水利专辑　(1994 年)

第 12 辑　纪念抗日战争胜利五十周年专辑　(1995 年)

第 13 辑　(1996 年)

第 14 辑　(1998 年)

第 15 辑　热烈庆祝中华人民共和国、中国人民政治协商会议成立五十周年　(1999 年)

第 16 辑　(2001 年)

第 17 辑　(2003 年)

知青专辑　(2007 年)

安居区

安居文史资料　政协四川省遂宁市安居区委员会文史学习委员会编印,32 开书型,不定期,内部交流。

第 1 辑

第 2 辑　(2007 年)

蓬溪县

蓬溪文史资料　（政协文史资料、蓬溪文史资料选辑）　政协四川省蓬溪县委员会文史学习委员会编印,16 开刊型改 32 开书型,或油印,不定期,内部交流。

1982 年第 1—2 期　(总第 1—2 辑)

1985 年第 1—3 期　(总第 3—5 辑)

1986 年第 1—4 期　(总第 6—9 辑)

1987 年第 1—3 期　(总第 10—12 辑)

1988 年第 1 期　(总第 13 辑)

第 1 辑　(总第 14 辑)(改名)(1986 年)

第 2 辑　(总第 15 辑)　对联专辑　(1987 年)

人民政协文件选编(1989 年)

第 16 辑　(改现名)　宝梵寺古建及壁画初考 (1989 年)

第 17 辑　热烈庆祝中华人民共和国暨人民政治协商会议成立四十周年专辑　(1989 年)

第 18 辑　(1989 年)

第 19 辑　(1990 年)

第 20 辑　(1991 年)

第 21 辑　纪念蓬溪县政协成立十周年专辑　(1991 年)

第 22 辑　(1992 年)

第 23 辑　(1994 年)

第 24 辑　(1995 年)

第 25 辑　(1996 年)

第 26 辑　(1997 年)

第 27 辑　(1998 年)

第 28 辑　(2000 年)

第 29 辑　(2001 年)

蜀中名胜高洞庙　(2002 年)

张问安诗选　(2002 年)

芝溪集 胡传淮文史专辑　(2003 年)

川北名胜高峰山　(2004 年)

第 30 辑　(2004 年)

第 31 辑　(2006 年)

蓬溪县政协志　(1986—2002)(2005 年)

蓬溪诗存　(唐代至民国)(2005 年)

第 32 辑　(2007 年)

笑问君从何处来:蓬溪姓氏备征　(2008 年)

射洪县

射洪文史　（射洪文史资料）　政协四川省射洪县委员会文史资料委员会编印,32 开书型或 16 开刊型,不定期,内部交流。

第 1—2 辑　(1983 年)

第 3 辑　(1984 年)

第 4 辑　(1985 年)

对联选辑　(1986 年)

第 5 辑　(1986 年)

对联选辑　(1987 年)

第 6 辑　(1988 年)

第 7 辑　(1989 年)

竹篱诗文集　(1990 年)

宋麦音诗文选　(1992 年)

第 8 辑　(1993 年)

第 9 辑　(1994 年)

文映江诗文稿　(1996 年)

第 10 辑 （改现名）经济史料专辑 （1997 年）
第 11 辑 多彩声屏——广播电视专辑 （1999 年）
第 12 辑 发展中的射洪民政 （1999 年）
第 13 辑 贾克彦石雕作品选 （射洪当代艺术作品
一）（1999 年）
第 14 辑 纪念人民政协成立五十周年文史资料征文
选 （2000 年）
第 15 辑 教育专辑 （2001 年）
第 16 辑
射洪政协志 （1950—2006）（2007 年）

大英县

大英县文史资料 政协四川省大英县委员会教科文卫
委员会编印，32 开书型，不定期，内部交流。
第 1 集 （2000 年）
大英政协委员建言集 （2007 年）

内江市

内江文史 （内江文史资料选辑） 政协四川省内江
市委员会文史和学习委员会编印，32 开书型，不定期，内部
交流。
第 1 辑 （1986 年）
喻培伦资料集 （《内江文史资料丛刊》，与政协内江
市市中区委员会等合编，1986 年）
第 2 辑 纪念“七·七”抗战五十周年专辑 （1987
年）
第 3—4 辑 （1988 年）
黄复生资料集 （《内江文史资料丛刊》，与政协隆昌
县委员会合编，1988 年）
第 5 辑 纪念内江解放四十周年专辑 （1989 年）
隆昌云顶寨史料 （《内江文史资料丛刊》）（与政协
隆昌县委员会合编，1988 年）
第 6 辑 （1990 年）
第 7 辑 （改名）（1990 年）
第 8 辑 （1991 年）
第 9 辑 （1992 年）
第 10 辑 （1993 年）
第 11 辑 （1994 年）
第 12 辑 纪念抗日战争胜利五十周年专辑 （1995
年）
第 13 辑 （1996 年）
第 14 辑 （1997 年）
第 15 辑 （1998 年）
第 16 辑 （1999 年）
第 17 辑 （2000 年）
第 18 辑 （2001 年）
第 19 辑 （2002 年）
第 20 辑 （2003 年）

第 21 辑 （2004 年）
内江文史选粹——内江市政协成立二十周年纪念专辑
（2005 年）
第 22 辑 （2005 年）
第 23 辑 （改现名）（2006 年）
第 24 辑 （2007 年）
第 25 辑 （2008 年）

市中区

内江市市中区文史资料选辑 （内江市文史资料）
政协四川省内江市市中区委员会文史和学习委员会等编
印，16 开刊型改 32 开书型，不定期，内部交流。
第 1—11 期 （1982 年）
第 12 期 （1982 年）
第 13—15 期 （1983 年）
1984 年第 1—2·3—4 期 （第 16—19 期）（1984 年）
第 20（改现名）—23 辑 （1985 年）
第 24 辑 （1986 年）
喻培伦资料集 （《内江文史资料丛刊》，与内江市政
协委员会合编，1986 年）
第 25 辑 （1987 年）
第 26 辑 （1988 年）
第 27 辑 （1989 年）
第 28 辑 纪念内江解放四十周年专辑 （1989 年）
第 29—30 辑 （1991 年）
第 31 辑 （1992 年）
第 32 辑 （1994 年）
第 33 辑 （1995 年）
第 34 辑 （1996 年）
第 35 辑 （1997 年）
第 36 辑 （1998 年）
第 37 辑 （1999 年）
第 38 辑 （2000 年）
第 39 辑 （2001 年）
第 40 辑 （2002 年）
第 41 辑 （2003 年）
第 42 辑 （2004 年）
第 43 辑 （2005 年）
第 44 辑 （2006 年）

东兴区

内江市东兴区文史资料 （内江县文史资料） 政协
四川省内江市东兴区委员会学习文史文教体卫委员会编
印，16 开刊型改 32 开书型，不定期，内部交流。
第 1—2 期 （1982 年）
第 3—7 期 （1983 年）
第 8—9 期 （1984 年）
第 10—11·12 期 （1985 年）

第 13 期 （1986 年）

第 14 期 沱江河畔丽人行 （妇女专辑）(1987 年)

第 15 期 文教科卫特辑 （1988 年）

第 16 期 庆祝建国及内江解放四十周年纪念特辑 (1989 年)

第 1 期 （总第 17 期）（改现名）(1991 年)

第 2 期 （总第 18 期） 纪念成立中国共产党七十周年、纪念辛亥革命八十周年专辑 （1992 年）

第 3 期 （总第 19 期）(1993 年)

第 4 期 （总第 20 期）(1994 年)

第 5 期 （总第 21 期）(1995 年)

第 6 期 （总第 22 期） 纪念内江市东兴区(内江县)政协成立十五周年专辑 （1997 年）

陈洛棠及其家族史料专辑 （2008 年）

威远县

威远文史资料 （威远文史资料选辑） 政协四川省威远县委员会学习和文史资料委员会编印,32 开书型,不定期,内部交流。

第 1 辑 （1983 年）

第 2 辑 （1984 年）

第 3 辑 （改现名）(1985 年)

第 4 辑 （1986 年）

第 5 辑 纪念全民抗战五十周年专辑 （1987 年）

威远县各界人士学习心得选辑 （1987 年）

第 6 辑 （1988 年）

第 7 辑 纪念中华人民共和国和全国政协成立四十周年专辑 （1989 年）

第 8 辑 （1990 年）

第 9 辑 纪念中国共产党成立七十周年、纪念辛亥革命八十周年 （1991 年）

第 10 辑 （1992 年）

第 11 辑 （1993 年）

第 12 辑 （1994 年）

第 13 辑 （1995 年）

第 14 辑 （1996 年）

第 15 辑 （1997 年）

第 16 辑 （1999 年）

第 17 辑 人物专辑 （2001 年）

第 18 辑 （2004 年）

资中县

资中文史资料选辑 （资中县文史资料） 政协四川省资中县委员会文史资料研究委员会等编印,16 开刊型改32 开书型,不定期,内部交流。

第 1 辑 （1982 年）

第 2—4 辑 （1983 年）

第 5—7 辑 （1984 年）

第 8 辑 （1985 年）

第 9 辑 （1986 年）

第 10 辑 （改现名）纪念林如稷先生诞辰八十五周年专辑 （1987 年）

第 11 辑 纪念资中解放四十周年专辑 （1989 年）

第 12 辑 第 1—9 辑 选编修订本 （1990 年）

第 13 辑 古人咏贤州 （1990 年）

第 14 辑 辛亥革命前后的资中——资中县纪念辛亥革命八十周年专辑 （1991 年）

第 15 辑 （1994 年）

资中县政协志 （1995 年）

资中政协四十年 （1957—1997）(1997 年)

末代状元骆成骧 （2000 年）

辛亥革命之光——纪念辛亥革命九十周年专辑 (1911—2001）(2001 年)

隆昌县

隆昌文史资料选辑 政协四川省隆昌县委员会文史资料委员会编印,32 开书型,不定期,内部交流。

第 1 辑 （1982 年）

第 2—3 辑 （1983 年）

第 4—5 辑 （1984 年）

第 6 辑 （1985 年）

第 7 辑 （1986 年）

黄复生资料集 （《内江文史资料丛刊》,与政协内江市委员会合编,1988 年）

第 8 辑 （1989 年）

隆昌云顶寨史料 （《内江文史资料丛刊》,与政协内江市委员会合编,1989 年）

第 9 辑 人物专辑 （1990 年）

第 10 辑 （1991 年）

第 11 辑 （1992 年）

政协隆昌县委员会关于扩建文史资料撰稿队伍会议情况的通报 （1992 年）

第 12 辑 （1993 年）

第 13 辑 （1994 年）

第 14 辑 （1995 年）

第 15 辑 （1996 年）

第 16 辑 （1997 年）

第 17 辑 （1999 年）

第 18 辑 （1999 年）

第 19 辑 （2000 年）

第 20 辑 （2001 年）

隆昌云顶寨庄园民宅初考 （张隐秋著,2002 年）

隆昌石牌坊文史资料专辑 （2003 年）

隆昌县抗美援朝专辑 （2004 年）

隆昌政协志 （2005 年）

隆昌政协 50 年 （2005 年）

隆昌沱灌 （2007 年）

隆昌知青 （2008 年）

乐山市

乐山文史资料 （乐山文史资料选辑、乐山文史） 政协四川省乐山市委员会学习宣传文史委员会编印,32 开书型,不定期,内部交流或公开发行。

第 1 辑 （1986 年）

第 2(改名)—3 辑 （1987 年）

第 4 辑 （1988 年）

第 5 辑 （改现名） 李蓝起义专辑 （1988 年）

第 6 辑 教育专辑 （1988 年）

第 7 辑 廖季平资料专辑 （1989 年）

第 8 辑 工商经济史料专辑 （1989 年）

第 9 辑 （1989 年）

第 10 辑 （1990 年）

第 11 辑 （1991 年）

第 12 辑 辛亥革命专辑 （1991 年）

第 13 辑 奉献专辑 （1992 年）

乐山旅游文化 （成都科技大学出版社,1993 年版）

第 14 辑 （1995 年）

第 15 辑 四川乐山名企业 （1996 年）

第 16 辑 水利水电专辑 （1997 年）

第 17 辑 （1998 年）

第 18 辑 （1999 年）

第 19 辑 （2000 年）

第 20 辑 （2001 年）

第 21 辑 （2002 年）

第 22 辑 （2003 年）

第 23 辑 （2004 年）

乐山市政协文史丛书 政协四川省乐山市委员会文史资料委员会编印,32 开书型,内部交流或公开发行。

旧话 （李伏伽著,成都出版社,1993 年版）

市中区

乐山市文史资料 政协四川省乐山市委员会文史资料委员会编印,16 开刊型,油印,不定期,内部交流。

总第 1—7 期

总第 8 期 （1983 年）

乐山市中区文史资料选辑 政协四川省乐山市市中区委员会学习宣传文史资料委员会编印,32 开书型,不定期,内部交流。

第 1 辑 （1986 年）

第 2 辑 （1998 年）

第 3 辑 （1999 年）

第 4 辑 （1990 年）

第 5 辑 （1991 年）

第 6 辑 （1992 年）

第 7 辑 （1993 年）

第 8 辑 （1994 年）

第 9 辑 通江专辑 （1995 年）

第 10 辑 （1996 年）

第 11 辑 （1997 年）

第 12 辑 （1998 年）

第 13 辑 （1999 年）

第 14 辑 （2000 年）

第 15 辑 （2001 年）

第 16 辑 （2002 年）

第 17 辑 （2003 年）

第 18 辑 （2004 年）

第 19 辑 （2005 年）

第 20 辑 （2006 年）

第 21 辑 杨镇专辑 （2007 年）

沙湾区

沙湾文史 政协四川省乐山市沙湾区委员会文史委员会编印,16 开刊型或 32 开书型,或油印,不定期,内部交流。

第 1—2 期 （1986 年）

第 3 期 德育录专辑 （1987 年）

第 4 期 （1987 年）

第 5 期 （1988 年）

第 6 期 （1990 年）

第 7 期 纪念郭沫若诞辰一百周年专辑 （1992 年）

第 8 期

第 9 期 （1996 年）

五通桥区

五通桥文史资料 政协四川省乐山市五通桥区委员会文史资料研究委员会编印,32 开书型,不定期,内部交流。

第 1 辑 （1987 年）

第 2 辑 （1988 年）

第 3 辑 盐业专辑 （1989 年）

第 4 辑 （1990 年）

第 5 辑 教育专辑 （1990 年）

金口河区

金口河文史 政协四川省乐山市金口河区委员会学习宣传文史资料委员会编印,16 开书型,油印,不定期,内部交流。

第 1 期 （1988 年）

第 2 期 （1989 年）

第 3 期 （1991 年）

峨眉山市

峨眉县文史资料 政协四川省峨眉山县委员会文史资料研究委员会编印,16 开刊型,油印,不定期,内部交流。

第1—6 期

第7 期 (1984 年)

峨眉山文史资料 政协四川省峨眉山县委员会文史资料研究委员会编印,32 开书型,不定期,内部交流。

之一

之二

之三

之四 峨眉山楹联选集 (1987 年)

之五 峨眉山诗词选注 (1988 年)

峨眉文史 政协四川省峨眉山市委员会文史资料工作委员会编印,32 开书型,不定期,内部交流。

第1 辑 (1985 年)

第2 辑 (1986 年)

第3 辑 (1987 年)

第4 辑 (1988 年)

第5 辑 (1989 年)

第6 辑 (1990 年)

第7 辑 (1991 年)

第8 辑 (1992 年)

第9 辑 (1993 年)

第10 辑 (1994 年)

第11 辑 (1995 年)

第12 辑 (1996 年)

第13 辑 (1997 年)

第14 辑 (1998 年)

第15 辑 (1999 年)

第16 辑 (2000 年)

第17 辑 (2001 年)

第18 辑 (2002 年)

第19 辑 (2003 年)

第20 辑 (2004 年)

第21 辑 (2005 年)

第22 辑 (2006 年)

第23 辑 (2007 年)

犍为县

犍为县文史资料 (犍为文史资料) 政协四川省犍为县委员会文史资料研究委员会编印,16 开刊型或 32 开书型,不定期,内部交流。

第1 辑 (1989 年)

第2 辑 (1990 年)

第3 辑 (改现名)(1992 年)

第4 辑 (1994 年)

第5 辑 (1996 年)

第6 辑 (1997 年)

井研县

井研县文史参考资料 政协四川省井研县委员会文史资料研究委员会编印,16 开刊型,油印,不定期,内部交流。

1982 年第1—4 期

井研县文史资料 政协四川省井研县委员会文史资料研究委员会编印,16 开刊型,油印,不定期,内部交流。

第1—14 期

井研文史资料 政协四川省井研县委员会文史资料研究委员会编印,32 开书型,不定期,内部交流。

第1 辑 盐业专辑 (1992 年)

第2 辑 井研柑桔一条龙 (1994 年)

第3 辑 井研蚕丝一条龙 (1995 年)

第4 辑 (2002 年)

第5 辑 (2003 年)

夹江县

夹江文史资料 政协四川省夹江县委员会文史资料组编印,32 开书型,不定期,内部交流。

第1 辑 (1986 年)

第2 辑 (1991 年)

第3 辑 (1989 年)

第1—3 辑 合订本(1991 年)

第4 辑 教育文化专辑 (1992 年)

第5 辑 农业专辑(上)(1995 年)

第6 辑

第7 辑

第8 辑 纸业专辑 (2006 年)

中国书画纸之乡——夹江 (人民日报出版社,2006 年版)

沐川县

沐川文史资料 政协四川省沐川县委员会文史资料委员会编印,32 开书型,不定期,内部交流。

第1 辑 (1994 年)

第2 辑 (1995 年)

第3 辑

第4 辑 (2007 年)

峨边彝族自治县

峨边文史 (峨边文史资料) 政协四川省峨边彝族自治县委员会文史资料研究委员会编印,16 开刊型或 32 开书型,或油印,不定期,内部交流。

第1 期

第2 期

第 3 期
第 4 期
第 5 期
第 6 期
第 7 期 （1987 年）
第 8 期 （1988 年）
第 9 期 （1989 年）
第 10 期 教育专辑 （1990 年）
第 11 期 （1991 年）
第 12 期 （1992 年）
第 13 期（改现名） 黑彝木干专辑 （1993 年）

马边彝族自治县

马边文史 政协四川省马边彝族自治县委员会文史资料研究委员会编印，16 开刊型，油印，不定期，内部交流。
第 1 期 （1987 年）
第 2 期 （1988 年）

马边文史资料选编 政协四川省马边县委员会学习宣传文卫委员会编印，32 开书型，不定期，内部交流。
第 1 辑 （2002 年）
第 2 辑 （2003 年）
第 3 辑 （2004 年）
第 4 辑 （2005 年）
第 5 辑 走进马边政协专辑 （2006 年）
第 6 辑 （2007 年）

自贡市

自贡文史资料选辑 政协四川省自贡市委员会文史资料研究委员会编印，16 开刊型或 32 开书型，或油印，不定期，内部交流或公开发行。
第 1—3 辑 （1962 年）
第 4—10 辑 （1963 年）
第 11 辑 一九四九年的自贡 （1981 年）
第 12 辑 （1981 年）
第 1—5 辑 合计本 （1982 年）
第 6—10 辑 合订本 （1982 年）
第 13 辑 （1983 年）
第 14 辑 （1984 年）
第 15 辑 （1985 年）
第 16 辑 （1986 年）
第 17 辑 （1987 年）
第 18 辑 （1988 年）
第 19 辑 （1989 年）
西南服务团（自贡地区）团史资料专辑 （1989 年）
第 20 辑 （1990 年）
谷醒华先生纪念文集 （与政协荣县文史资料委员会等合编，1990 年）
第 21 辑 （1991 年）

第 22 辑 （1992 年）
自贡市政协志 （四川科学技术出版社，1993 年版）
第 23 辑 （1993 年）
第 24 辑 自流井盐业世家 （四川人民出版社，1995 年版）
第 25 辑 抗战时的自贡 （纪念抗日战争胜利五十周年专辑，1995 年）
第 26 辑 新自贡见闻录 （1996 年）
第 27 辑 （1998 年）
自贡景观史话 （四川人民出版社，1998 年版）
第 28 辑 （1999 年）
第 29 辑 （2000 年）
第 30 辑 辛亥革命在自贡 （四川人民出版社，2001 年版）
优秀提案汇编 （2005 年）
自贡政协五十年 （2005 年）
自贡市政协成立五十周年书画展作品集 （2005 年）
自贡民营企业家选录
自贡佳肴趣话

自流井区

自流井文史资料辑览 政协四川省自贡市自流井区委员会文史资料委员会编印，16 开刊型，油印，季刊，内部交流。
第 1 期 （1984 年）
第 2—5 期 （1985 年）
第 6—9 期 （1986 年）
第 10—13 期 （1987 年）
第 14—17 期 （1988 年）
第 18—21 期 （1989 年）

自流井文史资料选辑 政协四川省自贡市自流井区文史资料委员会编印，32 开书型，不定期，内部交流。
第 1 辑 自流井文史资料辑览 （第 1—21 期合刊本）（1990 年）
第 2 辑 （1996 年）
第 3 辑 庆祝人民政协成立五十周年 （1999 年）
自流井民风民俗 （2008 年）

大安区

大安文史资料 政协四川省自贡市大安区委员会文史资料委员会编印，32 开书型，不定期，内部交流。
第 1 辑
第 2 辑
第 3 辑 （1999 年）

贡井区

贡井区文史资料集 政协四川省自贡市贡井区委员会

文史资料委员会编印,32 开书型,不定期,内部交流。

第 1 辑

沿滩区

沿滩文史 政协四川省自贡市沿滩区委员会文史委员会文史资料委员会编印,32 开书型,不定期,内部交流。

第 1—4 辑 （1993 年）

荣县

荣县文史资料选辑 政协四川省荣县委员会文史学习委员会编印,32 开书型,不定期,内部交流或公开发行。

第 1—2 辑 （1983 年）

第 3 辑 （1984 年）

第 4 辑 （1985 年）

第 5 辑 赵熙专辑 （1987 年）

第 6 辑 （1988 年）

第 7 辑 雪眉诗集 （1988 年）

第 8 辑 纪念荣县解放四十周年专辑 （1989 年）

第 9 辑 （1990 年）

谷醒华先生纪念文集 （与政协自贡市文史资料委员会合编,1990 年）

第 10 辑 纪念辛亥革命及荣县独立八十周年专辑 （1991 年）

第 11 辑 农业专辑(一) (1991 年)

第 12 辑 农业专辑(二) (1992 年)

第 13 辑 （1995 年）

爱国志士但懋辛 （与政协四川省文史资料研究委员会合编,四川人民出版社,1995 年版）

第 14 辑 （1997 年）

第 15 辑 曾莱烈士日记选 （1999 年）

第 16 辑 （2000 年）

荣县政协志(第一部)

荣县政协志(第二部)

赵熙书画手迹选编 （2007 年）

富顺县

富顺文史资料选辑 政协四川省富顺县委员会文史资料委员会编印,16 开刊型,油印,不定期,内部交流。

第 1 期 （1981 年）

第 2—3 期 （1982 年）

第 4—7 期 （1983 年）

第 8—10 期 （1984 年）

第 11—13 期 （1985 年）

富顺人民抗日救亡概况——纪念抗日战争胜利四十周年专辑 （1985 年）

第 14—16 期 （1986 年）

第 17—19 期 （1987 年）

第 20—23 期 （1988 年）

第 24—25 期 （1989 年）

第 26—27 期 （1990 年）

第 28—29 期 （1991 年）

第 30—31 期 （1992 年）

第 32—33 期 （1993 年）

第 34—35 期 （1994 年）

第 36 期 （1995 年）

第 37 期 （1996 年）

刘光第年谱 （1998 年）

第 38 期 （1999 年）

富顺文史资料选辑 （富顺县文史资料选辑） 政协四川省富顺县委员会学习文史委员会编印,32 开书型,不定期,内部交流。

第 1 辑 （1986 年）

刘光第墨迹(1986 年)

第 2 辑 （1988 年）

第 3 辑 （1989 年）

第 4 辑 （1990 年）

第 5 辑 （改现名）(1991 年)

第 6 辑 （1992 年）

第 7 辑 （1993 年）

第 8 辑 （1994 年）

第 9 辑 （1995 年）

富顺人在抗日战争中——纪念抗日战争暨世界反法西斯战争胜利五十周年 （1995 年）

第 10 辑 （1996 年）

第 11 辑 （1997 年）

富顺文史资料精选 （1997 年）

刘光第年谱 （1998 年）

第 12 辑 （1998 年）

第 13 辑 纪念刘光第殉难百周年特辑 （1999 年）

第 14 辑 纪念中华人民共和国成立五十周年专辑 (1999 年)

第 15 辑 农业专辑 （2000 年）

第 16 辑 （2001 年）

第 17 辑 （2002 年）

第 18 辑 教育专辑 （2003 年）

第 19 辑 （2004 年）

第 20 辑 永恒的记忆——胡锦涛总书记视察富顺专辑 （2005 年）

第 21 辑 富顺历史人物记略 （2007 年）

第 22 辑 富顺知青专辑 （2008 年）

泸州市

泸州文史资料 （征求意见稿） 政协四川省泸州市委员会文史资料工作委员会编印,16 开书型,油印,不定期,内部交流。

第 1—7 期 （1981—1983 年）

泸州文史资料选辑 政协四川省泸州市委员会文史资料研究委员会编印,32 开书型,不定期,内部交流或公开发行。

第 1 辑 (1983 年)
第 2 辑 (1984 年)
第 3 辑 (1984 年)
第 4 辑 (1984 年)
第 5—7 辑 (1985 年)
第 8—10 辑 (1986 年)
第 11—12 辑 (1987 年)
第 13—14 辑 (1988 年)
第 15 辑 (1989 年)
第 16 辑 泸州酒史专辑 (1989 年)
第 17—18 辑 (1990 年)
第 19 辑 (1991 年)
第 20 辑 红军长征过泸州 (1991 年)
第 21—22 辑 (1992 年)
第 23—24 辑 (1993 年)
泸州市政协志 (四川大学出版社,1993 年版)
第 25 辑 历史文化名城——泸州 (1995 年)
第 26 辑 纪念抗日战争胜利五十周年专辑 (1995 年)
第 27 辑 国家卫生城泸州 (1996 年)
第 28 辑 民族·宗教 (1996 年)
第 29 辑 (1997 年)
第 30 辑 (1998 年)
第 31 辑 建国五十周年专辑 (1999 年)
第 32 辑 抗美援朝五十周年纪念专辑 (2000 年)
第 33 辑 (2001 年)
第 34 辑 建国初期专辑 (2002 年)

江阳区

江阳文史 政协四川省泸州市中区委员会文史资料委员会编印,16 开刊型,油印,不定期,内部交流。

第 1—3 期 (1985 年)
第 4—18 期 (1986—1990 年)

江阳文史资料 政协四川省泸州市江阳区委员会文史资料工作委员会编印,32 开书型,不定期,内部交流。

第 1 辑 (1986 年)
第 2 辑 (1988 年)
第 3 辑 (1989 年)
第 4 辑 (1990 年)
第 5 辑 (1991 年)
第 6 辑 (1992 年)
第 7 辑 (1993 年)
第 8 辑 (1994 年)
第 9 辑 (1996 年)
第 10 辑
第 11 辑

第 12 辑

纳溪区

纳溪区文史资料选辑 (纳溪县文史资料选辑、纳溪文史资料选辑) 政协四川省泸州市纳溪区委员会文史学习委员会编印,32 开书型或 16 开刊型,不定期,内部交流。

第 1 辑 (1983 年)
第 2 辑 (1984 年)
第 3 辑 (1985 年)
第 4 辑 征粮剿匪专辑 (1985 年)
第 5 辑 纪念抗日战争暨世界反法西斯战争胜利四十周年专辑 (1985 年)
第 6—7 辑 (1986 年)
第 8 辑 千秋光照护国岩 (1986 年)
第 9 辑 (1986 年)
第 10 辑 最佳教育奖励基金会专辑 (1987 年)
第 11 辑 烈士英名传略之一 (1987 年)
第 12 辑 (1987 年)
第 13—14 辑 (1988 年)
第 15 辑 工商史料专辑 (1988 年)
第 16—17 辑 (1989 年)
第 18 辑 纳溪文史选编 (1989 年)
纳溪县最佳教师事迹专辑 (1989 年)
纳溪县十年改革重大成就 (1989 年)
第 19 辑 (1990 年)
第 20 辑 (改名)(1991 年)
第 21—22 辑 (1992 年)
第 23 辑 (1993 年)
第 24 辑 护国讨袁史料 (叙永、纳溪、兴文、江安四县合编,1994 年)
第 25 辑 第三届最佳教育事迹专辑 (1994 年)
第 26 辑 护国镇文史资料专辑 (1995 年)
第 27 辑 第四届最佳教师事迹专辑 (1996 年)
第 28 辑 (1997 年)
第 29 辑 大渡口镇文史资料专辑 (1998 年)
第 30 辑 (1999 年)
第 31 辑 第五届最佳教师事迹专辑 (2000 年)
第 32 辑 (改现名) 庆祝中国共产党建立八十周年专辑 (2001 年)
云溪艺葩——庆祝中国共产党建立八十周年 (2001 年)

龙马潭区

龙马潭文史资料选辑 政协四川省泸州市龙马潭区委员会文史资料委员会编印,32 开书型,不定期,内部交流。

第 1 辑 (1998 年)
第 2 辑 庆祝中华人民共和国成立五十周年 (1999 年)

泸县

泸县文史资料 政协四川省泸县委员会文史资料工作委员会、泸县志办公室编印,16 开刊型,不定期,内部交流。

第 1—41 期 (1985—1987 年)

泸县文史资料 政协四川省泸县委员会文史资料工作委员会编印,16 开刊型,不定期,内部交流。

第 1—17 期 (1987—1989 年)

泸县文史资料选辑 政协四川省泸县委员会文史资料委员会编印,32 开书型或 16 开刊型,或油印,不定期,内部交流。

第 1 辑 (1989 年)

第 2 辑 (1990 年)

第 3 辑 庆祝中国共产党建党七十周年专辑 (1991 年)

第 4 辑 (1991 年)

第 5 辑 (1992 年)

第 6 辑 (1994 年)

第 7 辑 抗日专辑 (1995 年)

第 8 辑 (1997 年)

第 9 辑

第 10 辑 (2001 年)

第 11 辑 (2002 年)

玉蟾山下崛新城 (2006 年)

合江县

合江县文史资料选辑 政协四川省合江县委员会社会事业发展委员会编印,32 开书型,不定期,内部交流。

第 1 辑 (1982 年)

第 2 辑 (1983 年)

第 3 辑 (1984 年)

第 4 辑 (1985 年)

第 5 辑 (1986 年)

第 6 辑 (1987 年)

合江县政协成立三十周年纪念 (1987 年)

合江县政协志 (1987 年)

第 7 辑 (1988 年)

第 8 辑 (1989 年)

荔乡四十年 (1989 年)

第 9 辑 (1990 年)

第 10 辑 (1991 年)

第 11 辑 (1992 年)

第 12 辑 (1993 年)

第 13 辑 (1994 年)

第 14 辑 纪念抗日战争胜利五十周年专辑 (1995 年)

第 15 辑 (1996 年)

第 16 辑 (1997 年)

合江诗词百首 (1997 年)

第 17 辑 (1998 年)

第 18 辑 庆祝中华人民共和国成立五十周年、庆祝中国人民政协商会议成立五十周年、喜迎澳门回归专辑 (1999 年)

第 19 辑 纪念中国人民志愿军抗美援朝出国作战五十周年 (2000 年)

第 20 辑 (2001 年)

第 21 辑 (2002 年)

第 22 辑 (2003 年)

第 23 辑 (2004 年)

第 24 辑 (2005 年)

第 25 辑 (2006 年)

叙永县

叙永文史 政协四川省叙永县委员会文史资料委员会编印,4 开 4 版报型,不定期,内部交流。

第 1—5 期 (1984—1986 年)

叙永文史资料选辑 政协四川省叙永县委员会文史资料委员会编印,32 开书型或 16 开刊型,不定期,内部交流。

第 1 辑 中央红军长征过叙永 (1981 年)

第 2 辑 叙永县名胜古迹简介 (1983 年)

第 3 辑 叙永文钞 (1983 年)

第 4 辑 叙永诗钞 (1983 年)

第 5 辑 辛亥革命和护国之役在叙永 (1984 年)

第 6—7 辑 (1986 年)

第 8 辑 建国前永岸盐业运销专概况专辑 (1987 年)

第 9 辑 抗日救亡运动在叙永专辑 (1987 年)

第 10 辑 影山堂诗抄 (1988 年)

第 11 辑 叙永县历史人物选 (1988 年)

第 12 辑 庆祝建国四十周年专辑 (1989 年)

第 13 辑 西南联大在叙永 (1990 年)

第 14 辑 中国共产党诞生七十周年、辛亥革命八十周年、太平天国一百四十周年纪念专辑 (1991 年)

第 15 辑 名城叙永 (1992 年)

第 16 辑 叙永经济史话 (1993 年)

第 17 辑 护国讨袁史料 (叙永、纳溪、兴文、江安四县合编) (1993 年)

西南联合大学叙永分校建校五十周年纪念集(1940—1944) (1993 年)

第 18 辑 峥嵘岁月 (1994 年)

第 19 辑 抗战春秋 (1996 年)

第 20 辑 辛亥革命在叙永

第 21 辑 叙永八景

第 22 辑 征粮剿匪专辑

第 23 辑 叙永少数民族 (2004 年)

第 24 辑 叙永旅游 (2005 年)

古蔺县

古蔺文史资料 政协四川省古蔺县委员会文史资料委员会编印,16开刊型,油印,不定期,内部交流。

第1—9期 (1988年)

第10期

古蔺县文史资料 (古蔺文史资料选辑) 政协四川省古蔺县委员会文史资料编委会编印,32开书型,不定期,内部交流。

第1辑 (1988年)

第2辑 (1989年)

第3辑 (1991年)

第4辑 (1991年)

第5辑 (1992年)

第6辑 隆重纪念毛泽东诞辰一百周年专辑 (1983—1993)(1993年)

第7辑 纪念建国五十周年征文 (1999年)

第8辑 (改现名)(2000年)

第9辑 古蔺旅游 (2001年)

第10辑 (2002年)

古蔺县苗族故事和歌谣 (陶晓平编译,2006年)

宜宾市

宜宾文史资料选 政协四川省宜宾市委员会文史资料委员会编印,32开书型,不定期,内部交流或公开发行。

第1辑

第2辑 (1994年)

第3辑 交通专辑 (1995年)

第4辑 纪念抗日战争和世界反法西斯战争胜利五十周年专辑 (1995年)

第5辑

第6辑 名城宜宾风物·第二辑 (1996年)

第7辑

第8辑 (2000年)

美酒慰忠魂 (2000年)

神奇宜宾 (中国文史出版社,2005年版)

宜宾名人轶事

翠屏区

文史资料 (宜宾市文史资料选辑、宜宾文史资料选辑、宜宾文史资料、宜宾文史) 政协四川省宜宾市委员会文史学习委员会编印,16开刊型或32开书型,或油印,不定期,内部交流。

第1辑

第2—3辑

第4辑 (1962年)

第5—6辑

1979年第1辑 (总第7辑)

1980年第2辑 (总第8辑)

1980年第3辑 (总第9辑)

1981年第1辑 (总第10辑)(改名)纪念辛亥革命七十周年专集

1982年第2辑 (总第11辑)

1984年第3辑 (总第12辑)(改名)

1985年第4辑 (总第13辑)

1986年第5辑 (总第14辑)(改名)

1987年第6辑 (总第15辑) 宜宾和平解放专辑

1989年第7辑 (总第16辑) 宜宾经济史料专辑

1990年第8辑 (总第17辑) 宜宾经济史料续辑

1990年第9辑 (总第18辑) 海外三胞资料专辑

宜宾市政协志 (1955—1989)(1990年)

谭友佛先生文史遗稿选 (与政协绥江县文史资料委员会合编,1991年)

总第19辑 辛亥革命八十周年纪念专辑 (1991年)

总第20辑 李庄文化古镇专辑 (1992年)

总第21辑 石城山专辑 (1992年)

总第22辑 宜宾历代文化人物 (1993年)

总第23辑 烟毒与肃毒 (建国前后宜宾烟毒与肃毒专辑)(1995年)

总第24辑 南丝路东干道史料专辑 (1996年)宜宾市政协志(续志)(1989—1997)(1997年)

第25辑 (改现名) 五十春秋话戎城——中华人民共和国五十周年国庆专辑 (1999年)

第26辑 丰收创业史 (农业专辑)(2000年)

第27辑 (2001年)

第28辑 (2002年)

第29辑 (2003年)

第30辑 (2004年)

第31辑 (2005年)

第32辑 文史资料汇编 (第1辑)(2006年)

宜宾县

宜宾县文史资料 (三史资料、宜宾县文史资料选辑) 政协四川省宜宾县委员会文卫科教委员会编印,16开刊型改32开书型,不定期,内部交流。

第1—2期 (1982年)

第1(改名)—2辑 (总第3—4辑)(1983年)

第1辑 (总第5辑)(1984年)

第2辑 (总第6辑) 解放初期专辑 (1984年)

第3辑 (总第7辑)(1985年)

第4辑 (总第8辑) 文化教育专辑 (1985年)

宜宾爱国人士读书画选 (1985年)

第5—6辑 (总第9—10辑)(1986年)

第7辑 (总第11辑) 战斗英雄唐治平专辑 (1986年)

第8辑 (总第12辑) 越溪专辑 (1987年)

第9辑 （总第13辑） 抗日战争解放战争专辑 (1988年)

第10辑 （总第14辑） 名吃、名产、名胜 （1988年)

第11·12辑 （总第15·16辑） 庆祝建国四十周年 (1949—1989) (1989年)

第13—14辑 （总第17—18辑）(1990年)

总第19·20辑 中国共产党成立七十周年专刊 (1991年)

总第21辑 （改现名）石城山专辑 （1992年)

总第22辑 （1993年)

第23辑 （1994年)

第24辑 宜宾县教育专辑 （1995年)

第25辑 观音镇专辑 （1996年)

第26辑 下食堂村史 （1998年)

第27辑 宜宾县辉煌五十年 （1999年)

第28辑 赵一曼家乡白花镇专辑 （2000年)

第29辑 热血春秋——宜宾县征粮剿匪专辑 （2000年)

西行掠影 （黄锐林著,2002年)

第30辑 委员风采专辑 （2002年)

野鹤集 （黄锐林著,2003年)

第31辑 （2004年)

南溪县

南溪县文史资料选辑 政协四川省南溪县委员会文史资料研究委员会编印,32开书型或16开刊型,不定期,内部交流。

第1—2辑 （1980年)

第3辑 （1981年)

第4—6辑 （1982年)

第7—9辑 （1983年)

第10—11辑 （1984年)

第12—13辑 （1985年)

第14—15辑 （1986年)

第16—17辑 （1987年)

包世臣书法集 （1987年)

第18辑 （1988年)

第19辑 （1989年)

第20辑 （1990年)

总第21辑 庆祝建国四十周年专辑 （1989年)

总第22辑

总第23辑

第21辑 （总第24辑）(1991年)

第22辑 （总第25辑）(1992年)

总第26辑 （1993年)

第27—28辑 （1995年)

第29辑 （1996年)

第30辑 （1997年)

第31辑 （1998年)

第32辑 岁月如歌 （献给人民政协暨中华人民共和国成立五十周年 （1999年)

第33辑 铁血黎明——纪念南溪县征粮剿匪斗争胜利五十周年 （2000年)

第34辑 （2001年)

第35辑 （2002年)

第36辑 （2006年)

第37辑 （2008年)

江安县

江安文史资料 （江安文史资料选辑） 政协四川省江安县委员会文史资料研究委员会编印,32开书型,不定期,内部交流。

第1—2辑 （1985年)

第3辑 （1986年)

第4辑 （1988年)

第5辑 （1991年)

第6辑 春到江城 （1992年)

护国讨袁史料 （叙永、纳溪、兴文、江安四县合编, 1994年)

第7辑 （改现名） 国立剧专·江安(1994年)

第8辑

第9辑 （1999年)

第10辑 （2006年)

历代名人与江安

历代名人与江安续编 （2007年)

长宁县

长宁县文史资料 （长宁县文史） 政协四川省长宁县委员会文史资料委员会编印,32开书型,不定期,内部交流。

第1辑 （1984年)

第2辑 （1985年)

第3辑 （1996年)

第4辑 （1997年)

第5辑 （改现名）(1998年)

第6辑 （1999年)

第7辑 竹海文史专辑(一)(2000年)

第8辑 竹海文史专辑(二)(2000年)

第9辑 （2001年)

第10辑 调研与建言 （2002年)

第11辑

第12辑

第13辑

竹海之都——秀水长宁 （旅游专辑）(2004年)

第14辑

第15辑

第16辑 （2007年)

高县

高县文史资料 政协四川省高县委员会文史组编印，16 开刊型，油印，不定期，内部交流。

第 1—2 辑 （1982 年）

第 3—4·5 辑 （1983 年）

第 6 辑 （1983 年）

第 7—8 辑 （1984 年）

第 9—10 辑 （1985 年）

第 11 辑 （1986 年）

高县文史资料 政协四川省高县委员会文史编辑 委员会编印，32 开书型，不定期，内部交流。

第 1 辑

第 2 辑 （1994 年）

筠连县

文史资料选辑 （筠连县文史资料） 政协四川省筠连县委员会文史学习委员会编印，16 开刊型改 32 开书型，或油印，年刊改不定期，内部交流。

第 1 辑 （1983 年）

第 2 辑 （改现名）（1984 年）

第 3 辑 （1985 年）

第 4 辑 （1986 年）

第 5 辑 （1987 年）

第 6 辑 （1988 年）

第 7 辑 （1989 年）

第 8 辑 （1990 年）

第 9 辑 庆祝中国共产党成立七十周年 （1991 年）

第 10 辑 （1992 年）

第 11 辑 （1993 年）

第 12 辑 （1994 年）

第 13 辑 （1995 年）

第 14 辑 （1996 年）

第 15 辑 （1997 年）

第 16 辑 （1998 年）

第 17 辑 （1999 年）

第 18 辑 巡司专辑 （2000 年）

第 19 辑 发展非公有经济专辑 （2001 年）

第 20 辑 （2003 年）

珙县

珙县文史资料选辑 政协四川省珙县委员会文史资料委员会编印，32 开书型，不定期，内部交流。

第 1 辑

第 2 辑 （1988 年）

第 3 辑

第 4 辑

第 5 辑

第 6 辑

第 7 辑

第 8 辑 宣传《珙县志》专辑 （1994 年）

第 9 辑 巡场专辑 （1995 年）

第 10 辑 珙县征粮剿匪专辑 （1996 年）

第 11 辑

第 12 辑 珙县风景名胜 （1998 年）

第 13 辑

第 14 辑

第 15 辑

第 16 辑

第 17 辑

第 18 辑

第 19 辑

第 20 辑

第 21 辑

第 22 辑 孝儿专辑 （2006 年）

兴文县

兴文县文史资料 （兴文县文史资料选辑） 政协四川省兴文县委员会文史教卫委员会编印，32 开书型，不定期，内部交流。

第 1 辑 （1984 年）

第 2 辑 （改现名）（1985 年）

第 3 辑 （1986 年）

第 4 辑 （1987 年）

第 5 辑 中华人民共和国建国四十周年专辑 （1988 年）

第 6 辑 （1990 年）

兴文县政协志 （1991 年）

第 7 辑 （1991 年）

第 8 辑 （1992 年）

第 9 辑 （1993 年）

第 10 辑 （1994 年）

护国讨袁史料 （叙永、纳溪、兴文、江安四县合编，1994 年）

第 11 辑 （1995 年）

第 12 辑 （1996 年）

第 13 辑 （1997 年）

第 14 辑 苗族专辑 （1998 年）

第 15 辑 交通电信邮政专辑 （1999 年）

第 16 辑 非公有制经济专辑 （2000 年）

第 17 辑 风景名胜旅游专辑 （2001 年）

第 18 辑 教育专辑 （2002 年）

屏山县

屏山文史资料 （屏山文史研究资料） 政协四川省屏山县委员会文史和学习研究委员会编印,16 开刊型或 32 开书型,或油印,不定期,内部交流。

1982 年第 1 辑 （总第 1 辑）

1983 年第 2—4 辑 （总第 2—4 辑）

第 1 辑 （总第 5 辑）（改现名） 解放屏山专辑之一 （1984 年）

第 2 辑 （总第 6 辑）(1984 年)

第 3 辑 （总第 7 辑） 解放屏山专辑之二 （1985 年)

第 4—5 辑 （总第 8—9 辑）(1986 年)

第 6 期 （总第 10 期）(1987 年)

第 7 辑 （总第 11 辑）(1988 年)

第 8 辑 （总第 12 辑）(1989 年)

第 9 辑 （总第 13 辑）(1990 年)

第 10 辑 （总第 14 辑）(1991 年)

第 11 辑 （总第 15 辑）(1992 年)

第 12 辑 （总第 16 辑）(1993 年)

第 13 辑 （总第 17 辑）(1994 年)

第 14 辑 （总第 18 辑）(1995 年)

第 15 辑 （总第 19 辑）(1996 年)

第 16 辑 （总第 20 辑） 庆祝香港回归特辑 （1997 年)

第 17 辑 （总第 21 辑）(1998 年)

第 18 辑 （总第 22 辑）(1999 年)

攀枝花市

攀枝花文史资料 （渡口市文史资料） 政协四川省攀枝花市委员会学习文史委员会编印,16 开刊型或 32 开书型,不定期,内部交流。

第 1 辑 （1986 年)

第 2 辑 （改现名）(1987 年)

第 3 辑 （1988 年)

第 4 辑 （1989 年)

政协四川西南片区文史资料工作协作会第四次年会会刊 （1989 年)

第 5 辑 （1990 年)

第 6 辑 （1991 年)

第 7 辑 攀枝花的足迹 （1992 年)

第 8 辑 （1992 年)

第 9 辑 少数民族专辑 （1996 年)

第 10 辑 共和国不会忘记——纪念中华人民共和国建国五十周年特辑 （1999 年)

第 11 辑 攀枝花政协二十年——纪念攀枝花政协成立二十周年特辑 （2001 年)

第 12 辑 他们见证历史——庆祝攀枝花建市四十周年文史资料特辑(1965—2005)（2004 年)

第 13 辑 阳光生态攀枝花——旅游专辑 （2006 年)

第 14 辑 历史人物 （2008 年)

东区

东区文史 （东区文史资料） 政协四川省攀枝花市东区委员会学习文史委员会编印,32 开书型,不定期,内部交流。

第 1 辑 （1995 年)

第 2 辑 （改现名）(2005 年)

西区

西区文史资料 政协四川省攀枝花市西区委员会文史资料委员会编印,32 开书型,不定期,内部交流。

第 1 辑 （1997 年)

第 2 辑 （2001 年)

第 3 辑 （2006 年)

仁和区

攀枝花市仁和文史资料 政协四川省攀枝花市仁和区委员会学习文史委员会编印,32 开书型,不定期,内部交流。

第 1 辑 （1997 年)

第 2 辑 （1999 年)

第 3 辑 （2001 年)

第 4 辑 （2002 年)

第 5 辑 （2005 年)

米易县

米易文史资料 （史料选辑） 政协四川省米易县委员会文史资料委员会编印,16 开刊型或 32 开刊型,或油印,不定期,内部交流。

第 1 辑 （1985 年)

第 2 辑 （改现名）(1987 年)

第 3 辑 （1989 年)

第 4 辑 （1991 年)

米易县政协历届组织机构设置暨编年大事记 (1956—1990)（1990 年)

第 5 辑 （1992 年)

第 6 辑 （1994 年)

第 7 辑 （1996 年)

第 8 辑 （1999 年)

第 9 辑 （2006 年)

第 10 辑 走过五十年 （纪念米易县政协成立五十周年专辑)(2006 年)

盐边县

盐边县文史资料选辑 （盐边县文史资料） 政协四川省盐边县委员会文史资料编委会编印,32 开书型,不定期,内部交流。

第 1 辑 （1988 年）
第 2 辑 （1989 年）
第 3 辑 （改现名）（1990 年）
第 4 辑 （1991 年）
第 5 辑 （1992 年）
第 6 辑 （1993 年）
第 7 辑 （1995 年）

巴中市

巴中文史 政协四川省巴中市委员会文史资料委员会编印,16 开刊型,季刊,内部交流。

见证红色巴中
巴中市政协 《诗书画报》
2008 年第 1—3 期
南龛诗文选注 （2008 年）
巴中乡土文化丛书 （八册） 政协四川省巴中市委员会等编,四川人民出版社,2006 年版。

第 1 册 史话
第 2 册 名胜
第 3 册 故事
第 4 册 诗文
第 5 册 戏剧
第 6 册 民歌
第 7 册 民俗
第 8 册 文物

巴州区

巴州文史资料 （巴中文史资料） 政协四川省巴中县委员会文史资料委员会编印,32 开书型,不定期,内部交流。

第 1 辑 （1987 年）
第 2 辑
第 3 辑
平民教育家晏阳初 （与四川省政协文史资料委员会合编,四川大学出版社,1990 年版）
第 4 辑
第 5 辑 易象 （1991 年）
巴中县政协志 （1991 年）
第 6 辑
第 7 辑
第 8 辑
第 9 辑

第 10 辑 （改现名）
第 11 辑
第 12 辑 （蒙文）（2007 年）

通江县

通江文史资料 政协四川省通江县委员会学习文史资料委员会编印,32 开书型,不定期,内部交流或公开发行。

通江历史人物选 （1984 年）
第 1 辑 （1985 年）
第 2 辑 （1987 年）
第 3 辑 历史人物续编 （1989 年）
第 4 辑 通江历史人物诗文选 （1992 年）
诺水谣 （1994 年）
通江县政协志 （1995 年）
风采录 （1998 年）
第 5 辑 （1999 年）
诺水苍茫 （刘辉光著,四川文艺出版社,2000 年版）
建言集 （彭俊礼著,2000 年）
第 6 集 （2002 年）
俊礼文集 （2002 年）
通江文史 政协四川省通江县委员会编印,4 开 4 版报型,不定期,内部交流。

第 1—2 期 （1999 年）
第 3—4 期 （2000 年）
第 5—6 期 （2001 年）
第 7—9 期 （2002 年）
第 10 期 （2003 年）

南江县

南江文史 （南江文史资料选辑、南江县文史资料选辑、南江文史资料） 政协四川省南江县委员会文史资料委员会编印,32 开书型,不定期,内部交流。

第 1 辑 （1987 年）
第 2—3 辑 （1989 年）
第 4 辑 （改名）（1991 年）
第 5 辑 （1993 年）
第 6 辑 （1995 年）
第 7 辑 （1998 年）
第 8 辑 （1999 年）
第 9 辑 （改名） 南江农业五十年（1949—1999）（2000 年）
第 10 辑 （2000 年）
第 11 辑 （2001 年）
第 12 辑 （2003 年）
第 13 辑 （改现名）（2004 年）
第 14 辑 （2006 年）
第 15 辑 （2008 年）
第 16 辑 奇秀光雾山 （2008 年）

平昌县

平昌文史资料 政协四川省平昌县委员会学习文史体委员会编印,32 开书型,不定期,内部交流。
第 1 集(1986 年)
第 2 集(1992 年)
第 3 集(1995 年)
第 4 集(2001 年)
第 5 辑 平昌县文化名人作品选 (2003 年)
第 6 辑 平昌文化名人墨迹选 (2005 年)
第 7 辑 平昌风情 (2006 年)
第 8 辑 同心铸辉煌 (2006 年)
第 9 辑 巴州白莲教起义 (2007 年)

达州市

达州市文史资料 政协四十省达州市委员会学习文史委员会编印,32 开书型,不定期,内部交流。
第 1 辑 (2001 年)
第 2 辑 纪念红军入川七十周年专辑 (2002 年)
达州文史资料集粹(民、宗、社情篇)(上册)(2008 年)

通川区

文史资料选编 政协四川省达县市委员会文史资料研究委员会编印,16 开刊型,不定期,内部交流。
第 1—9 期 (1987 年)
达县市文史资料 政协四川省达县市委员会文史资料研究委员会编印,32 开书型,内部交流。
州河激浪 (1983 年)
达县市大事记 (1984 年)
刘存厚在达县 (1986 年)
达县解放初期的回顾 (1988 年)
达县市文史资料选辑 政协四川省达县文史资料委员会编印,32 开书型,不定期,内部交流。
第 1 辑 (1989 年)
第 2 辑
清中朝·川东北白莲教起义始末 (1991 年)
第 3 辑 (1992 年)
达州市通州区文史资料 政协四川省达州市通州区委员会文史资料委员会编印,32 开书型,不定期,内部交流。
第 1 辑
第 2 辑
第 3 辑
第 4 辑
第 5 辑 (2007 年)

万源市

政协文史资料选集 政协四川省万源县委员会文史委员会编印,32 开书型,不定期,内部交流。
之一
之二 杜兰杰歌谣选 (1988 年)
万源文史资料选辑 政协四川省万源县委员会编印,32 开书型,不定期,内部交流。
第 1 辑 (1993 年)
第 2 辑 (1994 年)

达县

达县文史资料 政协四川省达县委员会文史资料研究委员会编印,32 开书型,不定期,内部交流。
第 1 辑 (1986 年)
第 2 辑 达县解放初期的回顾 (1988 年)
第 3 辑 (1990 年)
第 4 辑 (1994 年)
第 5 辑 (1998 年)
第 6 辑 (2000 年)
第 7 辑 (2005 年)
第 8 辑 (2006 年)
清中期·川东北白莲教起义始末 (1991 年)
第 9 辑 (2008 年)
达县记忆——非物质文化遗产 (2008 年)

宣汉县

宣汉文史资料选辑 政协四川省宣汉县委员会文史资料研究委员会编印,32 开书型,不定期,内部交流。
第 1 集 纪念辛亥革命八十周年专辑 (1991 年)
第 2 集 (1991 年)
第 3 集 我在黄埔——陈远湘回忆录之一 (陈远湘著,1993 年)
第 4 集 东乡白莲教起义的战斗历程 (1994 年)
第 5 集 风风雨雨二十年——陈远湘回忆录之二 (1994 年)
王君异——纪念王君异诞辰一百周年专辑 (1995 年)
第 6 辑 陈远湘回忆录之三 (1996 年)
第 7 辑 陈远湘回忆录之四 (1997 年)
第 8 辑 (1998 年)
第 9 辑 宣汉维持会专辑 (1999 年)
第 10 辑 宣汉杂交水稻 (2000 年)
第 11 辑 (2001 年)
第 12 辑 (2002 年)

宣汉历史名人画传 （2004 年）

第 13 辑 （2004 年）

宣汉政协五十年 （2005 年）

第 14 辑 王君异画选 （2005 年）

第 15 辑 （2006 年）

第 16 辑 巴山怪才王思绪 （2007 年）

第 17 辑 宣汉名胜——山水篇 （2007 年）

第 18 辑 难忘岁月——宣汉知识青年上山下乡专辑
（2008 年）

开江县

开江文史资料选辑 政协四川省开江县委员会文史资料研究委员会编印，32 开书型，不定期，内部交流。

第 1 期 （1988 年）

第 2 期 （1989 年）

第 3 期 （1990 年）

活跃在国统区的进步社——绿蕾 （1992 年）

第 4 期 （1995 年）

大竹县

大竹文史 （**大竹文史资料选辑**） 政协四川省大竹县委员会文史资料研究委员会编印，32 开书型，不定期，内部交流。

第 1 辑 （1985 年）

第 2 辑 （1985 年）

第 3 辑 （改现名）（1990 年）

第 4 辑 （1990 年）

第 5 辑 （1991 年）

第 6 辑 （1992 年）

第 7 辑 （1996 年）

第 8 辑 （2001 年）

第 9 辑 （2002 年）

政协工作亲历记 （2003 年）

路线教育亲历记 （2004 年）

知青亲历记 （2005 年）

襄渝铁路会战亲历记 （2006 年）

水利建设亲历记 （2007 年）

第 10 辑 改革春秋 （2008 年）

渠县

渠县文史资料 政协四川省渠县委员会办公室编印，32 开书型，不定期，内部交流。

第 1 辑 （1988 年）

第 2 辑 （1989 年）

第 3 辑 （1990 年）

第 4 辑 （1991 年）

第 5 辑 （1993 年）

第 6 辑 （1995 年）

第 7 辑 （1996 年）

第 8 辑 （1997 年）

第 9 辑 （1998 年）

第 10 辑 （1999 年）

第 11 辑 （2000 年）

第 12 辑 （2001 年）

第 13 辑 （2002 年）

第 14 辑 （2003 年）

第 15 辑 （2004 年）

第 16 辑 （2005 年）

第 17 辑 （2006 年）

第 18 辑 渠县文物 （2008 年）

资阳市

资阳文史资料 政协四川省资阳市委员会学习文史委员会编印，32 开书型，不定期，内部交流。

第 1 辑 "资阳人"故里 （2004 年）

雁江区

资阳文史资料 政协四川省资阳县委员会文史资料研究委员会编印，32 开书型，不定期，内部交流。

第 1 辑 （1984 年）

第 2 辑 （1986 年）

第 3 辑 纪念"七七"芦沟桥事变、饶国华烈士殉国五十周年专辑 （1987 年）

第 4 辑 （1989 年）

第 5 辑 （1991 年）

第 6 辑

第 7 辑 川剧高腔"资阳河"艺术流派论文专辑

第 8 辑

第 9 辑

雁江文史 政协四川省资阳市雁江区委员会学习文史资料委员会编印，32 开书型，不定期，内部交流。

第 1 辑 （2001 年）

第 2 辑 宗教专辑 （2006 年）

简阳市

简阳文史资料 （**简阳文史资料选辑**） 政协四川省简阳市委员会文史资料研究委员会编印，16 开刊型改 32 开书型，或油印，不定期，内部交流。

第 1—4 辑 （1965 年）

第 5—6 辑 （1966 年）

第 7 辑 （改现名）（1981 年）

第 8 辑 （1982 年）

第 9 辑 （1983 年）

第 10 辑 （1984 年）

简阳文史资料选编 （第1—6辑选编本）（1984年）
第11辑 （1985年）
第12辑 （1986年）
第13辑 （1987年）
第14辑 （1988年）
第15辑 （1989年）
第16辑 （1990年）
第17辑 （1991年）
第18辑 简阳创业史话 （1992年）
第19辑 简阳创业史话(续编)（1994年）
第20辑
第21辑 功在春秋 （2000年）
第22辑
第23辑
第24辑 简州岁华纪丽 （2008年）

乐至县

乐至文史资料选辑 （文史资料选辑） 政协四川省乐至县委员会学习文史员会编印,32开书型,不定期,内部交流。
第1辑 （1981年）
第2辑 （1982年）
第3辑 （改现名） 谢无量遗诗 （1983年）
第4辑 （1983年）
第5—6辑 （1984年）
第7辑 （1985年）
第8辑 纪念抗日战争胜利四十周年专辑 （1985年）
第9辑 （1986年）
第10辑 （1987年）
第11辑 （1989年）
纪念中华人民共和国成立四十周年专辑 （1989年）
第12辑 （1990年）
第13辑 纪念陈毅同志诞辰九十周年专辑 （1991年）
第14辑 （1993年）
第15辑 （1994年）
第16辑 （1995年）
第17辑 （1998年）
第18辑 （1999年）
第19辑 （2002年）
第20辑 教育专辑 （2003年）
第21辑 （2005年）

安岳县

安岳文史资料选辑 政协四川省安岳县委员会学习文史编纂工作委员会编印,32开书型,不定期,内部交流。
第1—20辑 （1982—1986年）

第21—22辑 （1987年）
第23辑 （1988年）
第24辑 纪念安岳解放——向建国四十周年献礼 （1989年）
第25辑 陈离纪念集 （1990年）
第26辑 （1991年）
第27辑 （1992年）
第28辑
第29辑
第30辑
第31辑
第32辑 （2002年）

眉山市

眉山文史资料 政协四川省眉山市委员会学习宣传文史委员会编印,32开书型,不定期,内部交流或公开发行。
第1辑 三苏文化与眉山现代化 （政协四川省眉山地区工作委员会编,严文清主编,四川人民出版社,1999年版）
第2辑 眉山城街名溯源 （严文清主编,成都时代出版社,2003年版）
第3辑 眉山名人 （严文清主编,巴蜀书社,2004年版）
三苏文化与中国诗书城 （严文清主编,四川大学出版社,2005年版）
千年英雄——苏东坡图传 （2007年）
第4辑 东坡足迹万里行 （2008年）
第5辑 抗震救灾——政协在行动 （2008年）

东坡区

眉山县文史资料 政协四川省眉山县委员会文史资料研究委员会编印,16开刊型,油印,不定期,内部交流。
第1—23期
东坡区政协文史资料 （眉山文史资料） 政协四川省眉山市东坡区委员会编印,32开书型,不定期,内部交流。
第1辑
第2辑
第3辑
第4辑
第5辑
第6辑
第7辑 教育专辑 （1990年）
第8辑 历代名人咏眉山 （1991年）
第9辑 历代名人咏眉山 （1992年）
第10辑
第1辑 （总第11辑）（改现名）知青·永久的话题 （2001年）

仁寿县

仁寿文史 政协四川省仁寿县委员会文史资料研究委员会编印,16 开刊型,不定期,内部交流。
第 1 辑 (1985 年)
第 2 辑 (1986 年)
第 3 辑 (1987 年)
第 4 辑 (1988 年)
第 5 辑 (1989 年)
第 6 辑 (1990 年)
第 7 辑 (1991 年)
第 8 辑 (1992 年)
第 9 辑 教育专辑 (1993 年)
第 10 辑
第 11 辑 纪念抗日战争胜利五十周年专辑 (1995 年)
第 12 辑 知识专辑 (1997 年)

彭山县

彭山文史资料 政协四川省彭山县委员会文史资料委员会编印,32 开书型,不定期,内部交流。
第 1 辑 (1991 年)
第 2 辑 (1993 年)

洪雅县

洪雅文史资料 政协四川省洪雅县委员会文史资料研究委员会编印,16 开刊型,油印,不定期,内部交流。
第 1 辑 (1984 年)
第 2 辑 (1985 年)
洪雅政协志 (1990 年)

丹棱县

丹棱县文史资料 政协四川省丹棱县委员会文史资料研究委员会编印,16 开刊型,油印,不定期,内部交流。
第 1—33 期
丹棱文史 政协四川省丹棱县委员会文史资料研究委员会编印,16 开刊型,不定期,内部交流。
第 1 辑 (1987 年)
第 2 辑 (1988 年)
第 3 辑 (1989 年)
第 4 辑 (1991 年)

青神县

雅安市

雨城区

雅安史资料选辑 政协四川省雅安市委员会文史资料研究委员会编印,32 开书型,不定期,内部交流。
第 1—2 辑 (1985 年)
第 3 辑 (1986 年)
第 4 辑 (1987 年)
第 5 辑 (1988 年)
第 6 辑 (1989 年)
第 7 辑
第 8 辑 (1994 年)
第 9 辑
第 10 辑
第 11 辑
第 12 辑

名山县

名山县文史资料 (名山县文史资料选辑) 政协四川省名山县委员会文史委员会编印,32 开书型,不定期,内部交流。
第 1 辑 (1985 年)
第 2 辑 (改现名)蒙山专辑 (1986 年)
第 3 辑 武装斗争专辑 (1987 年)
第 4 辑 教育专辑 (1988 年)
第 5 辑 (1989 年)
第 6 辑
第 7 辑 水利专辑 (1995 年)

荥经县

荥经文史 (荥经文史资料选辑) 政协四川省荥经县委员会文史资料委员会编印,32 开书型,不定期,内部交流。
第 1—2(改现名)辑 (1988 年)
第 3 辑 (1989 年)
第 4 辑 (1991 年)
第 5 辑 (1992 年)
第 6 辑 (1995 年)
第 7 辑
第 8 辑 (2005 年)

汉源县

汉源文史资料选辑 政协四川省汉源县委员会文史资料工作组编印,32 开书型,不定期,内部交流。

第 1 辑 （1984 年）
第 2 辑 （1987 年）
第 3 辑 （1990 年）
第 4 辑
第 5 辑
第 6 辑
第 7 辑
第 8 辑
第 9 辑
第 10 辑 汉源求索 （2005 年）

石棉县

石棉文史资料选辑 政协四川省石棉县委员会文史资料研究委员会编印,32 开书型,不定期,内部交流。
第 1 辑 （1986 年）
第 2 辑 （1988 年）
第 3 辑 （1990 年）
第 4 辑 纪念石棉县建县四十周年专辑 （1992 年）
第 5 辑 （1997 年）
第 6 辑
石棉县政协志 （2007 年）

天全县

天全文史资料 政协四川省天全县委员会文史资料工作委员会编印,16 开刊型或 32 开书型,不定期,内部交流。
第 1 期 （1984 年）
第 2—3 期 （1985 年）
第 4—5 期 （1986 年）
第 6 期 （1987 年）
第 7 期 （1988 年）
第 8 期 （1989 年）
第 9 期 （1990 年）
第 10 辑
第 11 辑
第 12 辑
天全县文史资料汇编 （2006 年）

芦山县

芦山县文史资料 政协四川省芦山县委员会文史组编印,32 开书型,不定期,内部交流。
第 1 辑 （1986 年）
第 2 辑 （1987 年）
红军长征在芦山资料选辑 （1988 年）
第 3 辑 教育专辑 （1991 年）

宝兴县

宝兴文史资料 政协四川省宝兴县委员会文史委员会编印,32 开书型,不定期,内部交流。
第 1 辑 （1988 年）
第 2 辑 红军长征在宝兴专辑 （1989 年）
第 3 辑 （1992 年）
第 4 辑 宝兴大熊猫 （1994 年）

阿坝藏族羌族自治州

阿坝藏族羌族自治州文史资料选辑 （阿坝藏族自治州文史资料选辑） 政协四川省阿坝藏族羌族自治州委员会文史学习委员会编印,32 开书型,不定期,内部交流。
第 1 辑 （1984 年）
第 2 辑 羌族简史 （1985 年）
第 3 辑 （藏文第一辑）（1985 年）
第 4 辑 （1986 年）
第 5 辑 （改现名）（藏文第二辑）（1986 年）
第 6 辑 （1987 年）
第 7 辑 （藏文第三辑）
第 8 辑 班禅副委员长视察阿坝州专辑（藏·汉文）（1993 年）
第 9 辑 阿坝州藏医药学资料汇编专辑（藏文）（1993 年）
第 10 辑 毛尔盖·桑木旦自传（藏文）（1994 年）
第 11 辑 尼玛传（藏文）（1996 年）
民族宗教统战工作论文集 （朱成源著,1995 年）
第 12 辑 （1996 年）
第 13 辑 茂县中学教育专辑 （1997 年）
第 14 辑 欧尔孝的一生 （1998 年）
第 15 辑 威州师范学院教育专辑 （1999 年）
第 16 辑 阿坝铝厂创业纪实专辑 （2000 年）

马尔康县

马尔康文史资料选辑 政协四川省马尔康县委员会文史资料研究委员会编印,32 开书型,不定期,内部交流。
第 1 辑 四土历史部分 （1986 年）
第 2 辑 索观瀛传 （1992 年）
第 3 辑
第 4 辑 （藏文）（2002 年）

汶川县

汶川县文史资料选辑 政协四川省汶川县委员会文史

资料委员会编印,32 开书型,不定期,内部交流。

第 1 辑　（1985 年）
第 2 辑　（1987 年）
第 3 辑　（1989 年）
第 4 辑　瓦寺土司专辑　（1995 年）
第 5 辑　（1996 年）
第 6 辑　（1998 年）
第 7 辑　水利电力专辑　（2000 年）
第 8 辑　（2002 年）
第 9 辑　教育专辑　（2005 年）

理县

理县政协文史资料选辑　政协四川省理县委员会文史资料编辑委员会编印,32 开书型,不定期,内部交流。

第 1 辑　（1997 年）

茂县

文史专辑　政协四川省茂县县委员会民族宗教文史委员会编印,32 开书型,不定期,内部交流或公开发行。

羌族释比(许)文化研究　（1995 年）
茂县地震前的传说　（羌族文学社编,中国三峡出版社）

松潘县

松潘文史资料　政协四川省松潘县委员会文史资料委员会编印,32 开书型,不定期,内部交流。

第 1 辑　（1997 年）
第 2 辑　（1999 年）
第 3 辑　（2000 年）
第 4 辑　松潘中学校史专辑　（2001 年）

九寨沟县

南坪县文史资料选辑　政协四川省南坪县委会文史资料委员会编印,32 开书型,不定期,内部交流。

第 1 辑　（1988 年）
第 2 辑　（1992 年）
第 3 辑
第 4 辑
第 5 辑
第 6 辑
第 7 辑
第 8 辑
第 9 辑
第 10 辑
第 11 辑
第 12 辑

第 13 辑
第 14 辑

九寨沟县文史资料　政协四川省九寨沟县委员会文史学习委员会编印,32 开书型,不定期,内部交流。

第 1 辑
第 2 辑
第 3 辑
第 4 辑　旅游专辑　（2001 年）

金川县

金川文史　政协四川省金川县委员会文史资料委员会编印,32 开书型,不定期,内部交流。

第 1 辑　（2005 年）
第 2 辑　（2006 年）

小金县

小金文史资料　协四川省小金县委员会文史资料委员会编印,32 开书型,不定期,内部交流。

第 1 辑　（1988 年）
第 2 辑　（1989 年）
第 3 辑　（1992 年）
第 4 辑　（1996 年）
第 5 辑　庆祝小金解放五十周年专辑　（2000 年）

黑水县

壤塘县

壤塘文史资料选辑　政协四川省壤塘县委员会文史资料委员会编辑室编印,32 开书型,不定期,内部交流。

第 1 辑　（1990 年）

阿坝县

阿坝文史资料　政协四川省阿坝县委员会文史资料委员会编印,32 开书型,不定期,内部交流。

阿坝县政协志　（1984—2005）（2006 年）

若尔盖县

若尔盖文史　政协四川省若尔盖县委员会民族宗教文史委员会等编印,16 开刊型,不定期,内部交流。

第 1 期　（1997 年）
第 2—3 期　（1998 年）
第 4 期　庆祝建国五十周年、政协成立五十周年专号（1999 年）
第 5 期　（2000 年）

第6辑　文学专辑　（2000年）

第7辑　草原风情·旅游专辑　（2001年）

若尔盖县文史资料选辑　政协四川省若尔盖县委员会民族宗教文史资料委员会编印,32开书型或16开刊型,不定期,内部交流。

第1辑

第2辑

第3辑

第4辑　若尔盖县藏传佛教寺院简史（藏文）(1998年)

第5辑　十年参政议政(1993—2002)（2002年）

第6辑　若尔盖县级领导干部名录　（1953—2003）(2003年)

第7辑　阿坝州若尔盖藏文中学　（2006年）

第8辑　第十一届政协委员建言献策专辑　（2006年)

第9辑　城镇建设专辑

红原县

甘孜藏族自治州

甘孜州文史资料　（甘孜州文史资料选辑）　政协四川省甘孜藏族自治州委员会文史资料委员会编印,32开书型或16开刊型,不定期,内部交流。

第1辑　（1982年）

第2辑　（1984年）

第3辑　（1985年）

第4辑　泸定县专辑　（暨《泸定文史资料选辑》第1辑,1985年）

第5辑　（1986年）

第6辑　阿旺嘉措专辑　（1987年）

西康史拾遗　（文史资料）（上·下卷,未定稿）(1987年)

第7辑　（改现名）(1988年)

第8辑　（1989年）西康史拾遗（文史资料）(1989年)

第9辑　纪念甘孜州建州四十周年专辑（上）(1990年)

第10辑　纪念甘孜州建州四十周年专辑（下）(1990年)

第11辑　（1990年）

第12—13辑　（1993年）

西康史拾遗　（文史资料）(上、下册)（1993年)

第14辑　（1996年）

第15辑　（1997年）

第16辑　（1998年）

第17辑　庆祝建国五十周年专辑　（1999年）

第18辑　庆祝甘孜州建州五十周年和甘孜州政协成

立五十周年专辑　（2000年）

第19辑　（2002年）

第20辑　藏族谚语专辑　（2003年）

第21辑　西康历程专辑　（2004年）

第22辑　纪念红军长征七十周年专辑　（2005年）

甘孜州文史资料集粹

甘孜州文史资料　（藏文）　政协四川省甘孜藏族自治州委员会文史资料委员会编印,16开刊型改32开书型,或油印,不定期,内部交流。

第1辑　（1984年）

第2辑　（1986年）

第3辑　阿旺嘉措专辑　（1988年）

第4辑　（1990年）

康定县

康定县文史资料选辑　政协四川省康定县委员会编印,32开书型,不定期,内部交流。

第1辑　（1987年）

第2辑　（1988年）

第3辑　（1989年）

第4辑　（1990年）

第5辑　（1991年）

第6辑

第7辑

旅游专辑　（1995年）

第8辑

第9辑

第10辑

第11辑　炉城"文革"亲历记　（2003年）

泸定县

泸定文史资料选辑　（甘孜藏族自治州泸定县文史资料选辑）　政协四川省泸定县委员会文史资料工作委员会编印,32开书型,不定期,内部交流。

第1辑　泸定县专辑　（暨《甘孜州文史资料选辑》第4辑,1985年）

第2辑　（1987年）

第3辑　（改现名）(1988年)

第4辑　（1990年）

第5辑

第6辑

第7辑　（1998年）

第8辑　（1990年）

第1—7辑　合订本　（1991年）

丹巴县

丹巴文史资料选辑　政协四川省丹巴县委员会文史资

料研究委员会编印,16 开刊型改 32 开书型,不定期,内部
交流或公开发行。

　　第 1 辑　（1987 年）
　　第 2 辑　（1989 年）
　　第 3 辑　墨尔多神山志(汉·蒙文)（四川人民出版
社,1992 年版）
　　第 4 辑

九龙县

　　九龙县文史资料　政协四川省龙县委员会文史委员会
编印,32 开书型,不定期,内部交流。
　　第 1 辑　（1989 年）
　　第 2 辑　九龙五十年巨变专辑　（2003 年）
　　第 3 辑　九龙茶马古道风光风情专辑　（2004 年）
　　第 4 辑　九龙民俗文化专辑　（2005 年）
　　第 5 辑　九龙重大成就专辑　（2006 年）

雅江县

　　雅江县文史资料　政协四川省雅江县委员会文史资料
委员会编印,32 开书型,不定期,内部交流。
　　第 1 辑　（2000 年）
　　第 2 辑　（2001 年）
　　第 3 辑　（2002 年）

道孚县

　　道孚文史资料　政协四川省道孚县委员会编印,32 开
书型,不定期,内部交流。
　　第 1 辑　（1985 年）
　　第 2 辑　（1987 年）
　　第 3 辑　（1991 年）
　　第 4 辑　（1994 年）

炉霍县

　　炉霍县文史资料　政协四川省炉霍县委员会文史资料
委员会编印,32 开书型,不定期,内部交流。
　　第 1 辑　（藏·汉文合订）（1997 年）
　　第 2 辑　（1997 年）
　　第 3 辑　（2000 年）

甘孜县

新龙县

　　新龙县文史资料　政协四川省新龙县委员会《新龙县
文史资料》编辑委员会编印,32 开书型,不定期,内部交流。

　　第 1 辑　建国 50 年新龙之变化专辑　（1999 年）

德格县

白玉县

　　白玉县文史资料　政协四川省白玉县委员会编印,32
开书型,不定期,内部交流。
　　第 1 辑
　　第 2 辑　（2006 年）

石渠县

　　石渠县文史资料选辑　政协四川省石渠县委员会文史
资料研究委员会编印,16 开刊型,油印,不定期,内部交流。
　　第 1 辑　（1988 年）

色达县

理塘县

　　理塘县文史资料　政协四川省理塘县委员会文史资料
委员会编印,32 开书型,不定期,内部交流。
　　第 1 辑　（藏文）（1997 年）
　　第 2 辑　理塘寺概要　（1997 年）

巴塘县

　　巴塘县政协文史资料辑　政协四川省巴塘县委员会文
史资料委员会编印,32 开书型,不定期,内部交流。
　　第 1 辑　（1996 年）
　　第 2 辑　刘家驹专辑　（2005 年）

乡城县

稻城县

得荣县

　　得荣县文史资料　政协四川省得荣县委员会文史资料
委员会编印,32 开书型,不定期,内部交流。
　　第 1 辑　（2004 年）

凉山彝族自治州

　　凉山文史　（凉山彝族自治州文史资料选辑）　政协

四川省凉山彝族自治州委员会文史资料编辑委员会编印，32 开书型，年刊，内部交流或公开发行。

第 1—2 辑　（1984 年）

第 3 辑　（1985 年）

第 4 辑　（1986 年）

第 5 辑　（1987 年）

文史资料工作学习资料　（1987 年）

第 6 辑　（1988 年）

第 7 辑　（1989 年）

文史工作学习资料　（1989 年）

凉山文史资料征集提纲　（1989 年）

第 8 辑　纪念凉山解放四十周年专辑　（1990 年）

第 9 辑　（1991 年）

第 10 辑　（1992 年）

第 11 辑　（1993 年）

第 12 辑　（1994 年）

第 13 辑　教科文卫专辑　（1995 年）

第 14 辑　（1996 年）

第 15 辑　凉山古城专辑　（1997 年）

第 16 辑　（1997 年）

第 17 辑　少数民族暨宗教专辑　（1998 年）

第 18 辑　凉山解放五十周年重要史实回顾专辑（1999 年）

西昌战役——西昌战役胜利五十周年纪念文史专辑（2000 年）

第 19 辑　（改现名）（2000 年）

凉山彝族文史资料专辑　（四川民族出版社,2000 年版）

第 20 辑　旅游专辑　（2001 年）

第 21 辑　挺进凉山　（2002 年）

第 22 辑　谢云晖将军履痕记——凉山革命人物文史专辑(一)（与政协冕宁县委员会合编,2003 年）

第 23 辑　沸腾的岁月　（2004 年）

第 24 辑　陈野苹文史专辑——凉山革命人物文史专辑(二)（2005 年）

第 25 辑　廖志高纪念文集　（2006 年）

西昌市

西昌文史　（西昌市文史资料选编）　政协四川省西昌市委员会学习文史联谊委员会编印,32 开书型,不定期,内部交流。

第 1 辑　（1984 年）

第 2 辑　（1985 年）

第 3—4 辑　（1986 年）

第 5 辑　（1987 年）

第 6 辑　（1988 年）

第 7 辑　（改现名）（1989 年）

第 8 辑　纪念西昌解放四十周年专辑　（1990 年）

第 9 辑　（1992 年）

第 10 辑　（1993 年）

第 11 辑　（1995 年）

第 12 辑　（1997 年）

第 13 辑　（1998 年）

第 14 辑　（1999 年）

第 15 辑　文化大革命时期的西昌　（2000 年）

第 16 辑　（2001 年）

海河九吏埝

路乡马道

鱼米川兴

盐源县

盐源文史资料选辑　政协四川省盐源县委员会文史资料编辑委员会编印,32 开书型,不定期,内部交流。

第 1 辑　（1986 年）

第 2 辑　（1988 年）

第 3 辑　（1991 年）

第 4 辑　（1992 年）

第 5 辑　（1994 年）

第 6 辑　（1996 年）

成都知青回顾盐源　（1965—2005）（2005 年）

知青岁月（2006 年）

德昌县

德昌县文史资料简辑　政协四川省德昌县委员会文史资料委员会编印,16 开刊型,或油印,不定期,内部交流。

第 1—3 期

第 4—5 期　（1986 年）

第 6 期　（1987 年）

第 7 期　（1988 年）

第 8—9 期

第 10 期　（1991 年）

第 11 期　（1992 年）

第 12 期　（1993 年）

第 13 期　（1994 年）

《德昌县文史资料简辑》（1—13 期）刊用资料篇目

第 14 期　（1995 年）

第 15 期

第 16 期

第 17 期　（1999 年）

第 18 期

第 19 期

第 20 期

第 21 期

第 22 期

第 23 期　（2007 年）

德昌地名纪实　（2007 年）

会理县

会理文史 政协四川省会理县委员会文史资料委员会编印,16 开刊型改 32 开书型,或油印,不定期,内部交流。

第 1 辑 （1985 年）
第 2—3 辑 （1986 年）
第 4 辑 （1988 年）
第 5 辑 （1989 年）
会理县政协志 （1956—1989）（1989 年）
第 6 辑 （1990 年）
第 7 辑 （1991 年）
政协四川西南片区文史资料工作协作会第七次年会资料汇编 （1992 年）
第 8 辑 乡土文物专辑 （1994 年）
第 9 辑 历史文化名城专辑 （1996 年）
第 10 辑 人物专辑 （2000 年）

会东县

会东史志资料 政协四川省会东县委员会文史委员会等编印,16 开刊型,油印,不定期,内部交流。

1989 年第 1—2 期 （总第 1—2 期）
1990 年第 1—2 期 （总第 3—4 期）

会东文史资料 政协四川省会东县委员会文史资料委员会编印,32 开书型,不定期,内部交流。

第 1 辑 （1991 年）
第 2—3 辑 （1993 年）
第 4 辑 （1994 年）
第 5 辑 （1997 年）
第 6 辑 （1999 年）

宁南县

宁南文史资料 政协四川省宁南县委员会文史资料研究委员会编印,16 开刊型,油印,不定期,内部交流。

第 1 辑 （1987 年）
第 2 辑 （1988 年）
宁南政协志 （1988 年）
第 3—4 辑 （1989 年）
第 5 辑 （1990 年）

宁南县政协文史 政协四川省宁南县委员会文史委员会编印,32 开书型,不定期,内部交流。

第 1 辑 （1991 年）
第 2 辑 （1996 年）
第 3 辑 （巴蜀书社,2006 年版）

普格县

普格文史资料选辑 政协四川省普格县委员会文史委

员会编印,32 开书型,不定期,内部交流。

第 1 辑 （1990 年）
第 2 辑 （1997 年）

布拖县

布拖县文史资料选辑 政协四川省布托县委员会学习文史资料委员会编印,32 开书型,不定期,内部交流。

第 1 辑 （1992 年）
第 2 辑 （1993 年）
第 3 辑 （1995 年）
第 4 辑 （1997 年）
第 5 辑 （2001 年）
第 6 辑
第 7 辑 （2005 年）

金阳县

金阳文史 政协四川省金阳县委员会文史资料委员会编印,16 开刊型,不定期,内部交流。

第 1 期 （1984 年）
第 2 期
第 3 期
第 4 期
第 5 期
第 6 期
第 7 期
第 8 期
第 9 期
第 10 期
第 11 期
第 12 期
第 13 期
第 14 期
第 15 期
第 16 期 （2001 年）

金阳文史 （金阳县文史资料） 政协四川省金阳县委员会文史资料委员会编印,32 开书型,不定期,内部交流。

第 1 辑 （2002 年）
金阳县政协志 （2003 年）
第 2 辑 （改现名）教育卫生专辑 （2004 年）
第 3 辑 武装专辑 （2005 年）
第 4 辑 文革专辑 （2005 年）
第 5 辑 审判专辑 （2005 年）
第 6 辑 畜牧专辑 （2006 年）
第 7 辑 金阳彝族历史专辑 （2006 年）
第 8 辑 金阳农业专辑 （2007 年）
第 9 辑 金阳水利电力专辑 （2007 年）
第 10 辑 金阳妇女专辑 （2008 年）
第 11 辑 金阳民间工艺专辑 （2008 年）

昭觉县

昭觉县文史资料 政协四川省昭觉县委员会文史资料研究委员会编印,16 开刊型,油印,不定期,内部交流。
第 1—10 期
第 11 期 (1986 年)
第 12—27 期
第 28 期 (1988 年)
第 29—30 期 (1989 年)
第 31—32 期 (1989 年)
第 33—41 期 (1990 年)

昭觉文史资料选辑 政协四川省昭觉县委员会文史资料委员会编印,32 开书型,不定期,内部交流。
第 1 辑 (1992 年)
第 2 辑 彝民团战斗历程 (1996 年)
第 3 辑 毛筠如先生传略
第 4 辑 教育专辑
第 5 辑 文化旅游专辑
昭觉县政协志 (1956.4—2005.12) (2006 年)
第 6 辑 农、林、牧、水及扶贫开发专辑 (2007 年)

喜德县

喜德文史资料 (喜德县文史资料选辑) 政协四川省喜德县委员会文史资料委员会编印,32 开书型或 16 开刊型,不定期,内部交流。
第 1 辑 邓秀廷一生事略 (1985 年)
第 2 辑 解放喜德经过
第 3 辑 对喜德县民主改革的回忆
第 4 辑 邓秀廷一生事略
第 5 辑
第 6 辑 (改现名)
第 7 辑 邓秀廷事略、四十八甲源流考 (1990 年)
第 8 辑 (1993 年)
第 9 辑 难忘的岁月——纪念喜德建县五十周年 (2003 年)

冕宁县

冕宁文史 政协四川省冕宁县委员会文史资料研究委员会编印,32 开书型,不定期,内部交流。
灵山寺 (四川人民出版社,1987 年)
第 1 辑 (1988 年)
第 2 辑 (1989 年)
第 3 辑 (1989 年)
第 4 辑 (1990 年)
第 5 辑 (1991 年)

第 6 辑 (1992 年)
第 7 辑 (1995 年)
第 8 辑 (1997 年)
第 9 辑 纪念冕宁解放五十周年专辑 (1999 年)
第 10 期 纪念伟大的中国共产党成立八十周年 (2001 年)
谢云晖将军履痕记——凉山革命人物文史专辑(一) (与政协凉山州文史委员会合编,2003 年)

越西县

越西文史资料选辑 政协四川省越西县委员会文史资料委员会编印,32 开书型,不定期,内部交流。
第 1 辑 (1987 年)
第 2—4 辑 (1988 年)
第 5 辑 (1989 年)
第 6 辑 (1990 年)
第 7 辑 (1993 年)
第 8 辑 (1994 年)
第 9 辑 民政专辑 (2000 年)
第 10 辑 (2007 年)
第 11 辑 文化大革命十年 (2008 年)
越西县政协志 (2008 年)

甘洛县

甘洛县文史资料选辑 政协四川省甘洛县委员会文史资料编辑委员会编印,32 开书型,不定期,内部交流。
第 1 辑 (1989 年)
第 2 辑 民主改革专辑 (1991 年)
第 3 辑
第 4 辑 (2005 年)
第 5 辑 (2006 年)

美姑县

美姑文史资料 政协四川省美姑县委员会文史资料委员会编印,16 开书型,油印,不定期,内部交流。
第 1 期 (1986 年)
第 2—5 期
第 6—7 期 (1988 年)
第 8—9 期 (1989 年)
第 10—11 期 (1990 年)
第 12—14 期 (1991 年)

美姑文史资料选辑 政协四川省美姑县委员会文史资料委员会编印,32 开书型,不定期,内部交流。
第 1 辑 (1994 年)
第 2 辑 (1996 年)

雷波县

雷波文史　政协四川省雷波县委员会文史资料委员会编印,16 开刊型,油印,不定期,内部交流。

第 1 期　（1987 年）

第 1 期(彝文)(1987 年)

第 2—3 期　（1988 年）

第 2—3 期(彝文)(1988 年)

第 4—5 期　（1989 年）

第 4—5 期(彝文)(1989 年)

第 6—7 期　（1990 年）

第 6—7 期(彝文)(1990 年)

第 8—9 期　（1991 年）

第 8—9 期(彝文)(1991 年)

马湖(2000 年)

雷波文史　政协四川省雷波县委员会文史资料委员会编印,32 开书型,不定期,内部交流。

第 1 辑　（1992 年）

第 1 辑　（彝文）(1992 年)

凉山工委在雷波　（2006 年）

木里藏族自治县

木里文史　政协四川省木里藏族自治县委员会文史工作组编印,16 开刊型,油印,不定期,内部交流。

第 1 辑　（1984 年）

第 2—10 辑　（1984—1986 年）

第 11—20 辑　（1986—1988 年）

木里文史　政协四川省木里藏族自治县委员会文史资料研究委员会编印,32 开书型,不定期,内部交流。

第 1 辑　（第 1—10 辑　油印本的合订本）(1987 年)

第 2 辑　（第 11—20 辑　油印本的合订本）(1989 年)

第 3 辑　纪念木里藏族自治县成立四十周年专辑（上）(1992 年)

第 4 辑　纪念木里藏族自治县成立四十周年专辑（下）(1993 年)

第 5 辑　民族史料专辑　（1996 年）

贵 州 省

贵州文史资料选辑 政协贵州省委员会文史与学习委员会编，贵州人民出版社出版，32 开书型，不定期，内部转公开发行。

第 1 辑 （1978 年版）

第 2—4 辑 （1979 年版）

第 5—6 辑 （1980 年版）

第 7—9 辑 （1981 年版）

第 10 辑 纪念辛亥革命七十周年 （1981 年版）

第 10 辑增刊 纪念辛亥革命七十周年学术讨论会论文集 （贵州省史学学会编，1982 年版）

第 11 辑 回顾贵州解放（一）（1982 年版）

第 12 辑 （1982 年版）

第 13 辑 （1983 年版）

第 14 辑 回顾贵州解放（二）（1983 年版）

第 15 辑 （1984 年版）

第 16 辑 回顾贵州解放（三）（1984 年版）

第 17 辑 （1984 年）

第 18 辑 息烽集中营（1984 年版）

第 19 辑 回顾贵州解放（四）（1985 年）

第 20—21 辑 （1985 年）

护国讨袁亲历记 （与全国政协文史资料研究委员会等合编，文史资料出版社，1985 年版）

第 22 辑 民族史料专辑 （1986 年）

第 23 辑 （1986 年）

第 24 辑 文史集萃 （1986 年）

第 25 辑 （1987 年）

第 26 辑 抗日战争时期的贵州院校 （1987 年）

第 27—28 辑 （1988 年）

第 29 辑 科教文卫人物专辑 （贵州近现代人物、资料丛书之一）（1989 年）

兴义刘、王、何三大家族 （与政协黔西南州文史委员会合编，中国文史出版社，1990 年版）

贵州少数民族文史资料 （中国文史出版社，1991 年版）

第 30 辑 教育文艺人物专辑 （贵州近现代史人物丛书之二）（1991 年）

乡思、友谊、故园情—台港澳及海外文史资料专辑 （贵州人民出版社，1992 年版）

第 31 辑 （1992 年）

第 32 辑 风流巾帼 （1992 年）

卢焘将军 （贵州民族出版社，1992 年版）

贵州省各级政协文史资料目录汇编 （1995 年）

三线精神铸丰碑 （1995 年版）

第 33 辑 （1996 年）

第 34 辑 党派工商联专辑 （1997 年）

第 35 辑

贵州爱国主义教育基地巡礼 （1998 年）

第 36 辑

肝胆相照见真情——老一辈无产阶级革命家与民主人士的交往 （与全国政协文史资料委员会等合编，中国文史出版社，1999 年版）

军统魔窟——息烽集中营 （1999 年版）

美丽神奇的贵州 （《西南旅游文史系列丛书》贵州卷，贵州人民出版社，2001 年版）

贵州文史资料精选（四卷）（2003 年）

贵州省志·政协志 （2004 年）

乌鸦洞的传奇

黔南与中国电影华诞一百周年 （2005 年）

贵州民主党派文史资料

风雨同舟四十年 （2006 年）

政协委员生活纪实

贵州文史通讯 政协贵州省委员会文史资料委员会编印，16 开刊型，不定期，内部交流。

总第 1—7 期

1986 年第 1 期 （总第 8 期）

文史天地 （贵州文史天地） 政协贵州省委员会文史与学习委员会编印，16 开双月刊改月刊，公开发行。

1994 年第 1—3 期 （总第 1—3 期）

1995 年第 1—6 期 （总第 4—9 期）

1996 年第 1—6 期 （总第 10—15 期）

1997 年第 1—6 期 （总第 16—21 期）

1998 年第 1—6 期 （总第 22—27 期）

1999 年第 1—6 期 （总第 28—33 期）

2000 年第 1—6 期 （总 34—39 期）

2001 年第 1—6 期 （总第 40—45 期）

2001 年第 1（改现名）—6 期 （总第 46—51 期）

2002 年第 1—12 期 （总第 52—63 期）

2003 年第 1—12 期 （总第 64—75 期）

2004 年第 1—12 期 （总第 76—87 期）

2005 年第 1—12 期 （总第 88—99 期）

2006 年第 1—12 期 （总第 100—111 期）

增刊 红黑人生 （解密历史档案）(2006 年)

2007 年第 1—12 期 （总第 112—123 期）

增刊 政坛风云 （解密历史档案）(2007 年)

2008 年第 1—12 期 （总第 124—125 期）

贵州省政协文史资料存稿选编 （三卷） 政协贵州省委员会文史与学习委员会编，贵州人民出版社，2006 年版。

第一卷 人物、政治、军事类

第二卷 经济、科技类

第三卷 文化、教育、民族、宗教类

贵州旅游文史系列丛书 政协贵州省委员会文史资料委员会《贵州旅游文史系列丛书》编委会编，贵州人民出版社出版。

中华壮观 （黄果树卷）（1997 年版）
秀甲黔中 （贵阳卷）（1997 年版）
名城胜迹 （红花岗卷）（1997 年版）
溶洞王国 （织金卷）（1997 年版）
峰林大观 （兴义卷）（1997 年版）
高原明珠 （威宁卷）（1997 年版）
奢香故里 （大方卷）（1997 年版）
神话世界 （福泉卷）（1997 年版）
温泉之都 （石阡卷）（1997 年版）
苗岭新都 （凯里卷）（1997 年版）水舞云台 （施秉
卷）（1998 年版）雄关漫道 （遵义卷）（1998 年版）
巍巍娄山 （遵义县卷）（1998 年版）
高原湖乡 （清镇卷）（1998 年版）
李白夜郎 （桐梓卷）（1998 年版）
水西鹃韵 （黔西卷）（1998 年版）
武陵仙境 （梵净山卷）（1998 年版）
苗侗风韵 （黔东南州卷）（暨《黔东南文史资料》第
14 辑,1998 年版）
汤望春色 （纳雍卷）（1999 年版）
乌蒙灵峰 （毕节卷）（1999 年版）
舞阳仙都 （镇远卷）（1999 年版）
龙城荷香 （安龙卷）（1999 年版）
筑北灵秀 （息烽卷）（1999 年版）
玉带三峡 （兴仁卷）（1999 年版）
涟江神韵 （惠水卷）（1999 年版）
黔北明珠 （赤水卷）（1999 年版）
碧水丹霞 （盘县卷）（1999 年版）
锦江飞虹 （铜仁卷）（1999 年版）
国酒之乡 （仁怀卷）（2000 年版）
杉王之乡 （习水卷）（2000 年版）
绿色宝石 （荔波卷）（2000 年版）
高原桥城 （都匀卷）（2000 年版）
侗乡情韵 （黎平卷）（2000 年版）
牂牁风情 （六枝卷）（2001 年版）
盘江风情 （贞丰卷）（2001 年版）
阳阴胜境 （修文卷）（2001 年版）
古榕奇观 （榕江卷）（2001 年版）
河谷奇观 （瓮安卷）（2001 年版）
夜郎古城 （赫章卷）（2002 年版）
惊涛奇峡 （乌江卷）（2002 年版）
南国茶乡 （湄潭卷）（2002 年版）
穿洞沧桑 （普定卷）（2002 年版）
风筝之乡 （白云卷）（2003 年版）
宝山云雾 （贵定卷）（2003 年版）
神奇龙里 （龙里卷）（2003 年版）
追忆金凤 （黔南卷）（2004 年版）
神奇梵净 （江口卷）（2005 年版）
玉水金山 （金沙卷）（2005 年版）
绵绣南明 （南明卷）（2006 年版）

贵阳市

贵阳文史资料选辑 政协贵州省贵阳市委员会文史资料委员会编印,32 开书型,不定期改季刊,内部交流或公开发行。

第 1 辑 革命史专辑 （1981 年）
第 2 辑 纪念辛亥革命七十周年 （1981 年）
第 3—6 辑 （1982 年）
第 7—9 辑 （1983 年）
第 10 辑 纪念贵阳解放三十四周年 （1983 年）
第 11 辑 科技史专辑 （1984 年）
第 12 辑 （1984 年）
第 13 辑 贵阳少数民族资料 （1984 年）
第 14 辑 （1984 年）
回顾贵阳解放 （1984 年）
第 15—16 辑 （1985 年）
第 17 辑 （1986 年）
第 18 辑 姚华评介 （1986 年）
第 19 辑 （1986 年）
第 20 辑 张学良在囚禁中 （1986 年）
第 21 辑 抗战中的贵州将士 （1987 年）
第 22 辑 红会救护总队 （1987 年）
第 23 辑 抗战中贵阳文化活动 （1987 年）
第 24 辑 （1988 年）
第 25 辑 工商专辑 （1988 年）
第 26 辑 教育专辑 （1989 年）
第 27·28 辑 纪念贵阳解放四十周年 （1989 年）
贵州现代革命史讲座 （贵州人民出版社,1989 年版）
第 29·30 辑 教师专辑 （1990 年）
第 31 辑 （1990 年）
第 32 辑 （1991 年）
第 33 辑 纪念中国共产党诞生七十周年 （1991 年）
第 34 辑 （1992 年）
第 35 辑 贵阳少数民族专辑 （1992 年）
第 36 辑 贵阳老字号专辑 （1992 年）
第 37 辑 金融专辑 （1993 年）
第 38 辑 文化古镇青岩专辑 （1993 年）
第 39 辑 医疗卫生专辑 （1993 年）
第 40 辑 十年智力支边专辑 （1993 年）
1994 年第 1 期 （总第 41 辑）
1994 年第 2 期 （总第 42 辑） 奉献专辑
1994 年第 3 期 （总第 43 辑） 水利专辑
1994 年第 4 期 （总第 44 辑） 港澳台及海外史料专辑
1995 年第 1 期 （总第 45 辑） 贵阳市政协成立四十周年纪念专辑 （1955—1995）
1995 年第 2 期 （总第 46 辑）
1995 年第 3 期 （总第 47 辑） 纪念抗日战争胜利五

十周年文史资料专辑

　　1995 年第 4 期　（总第 48 辑）

　　贵州与抗日战争学术讨论会论文集　（1995 年）

　　贵阳文史　政协贵州省贵阳市委员会文史和学习委员会《贵阳文史》编辑部编印，16 开季刊改双月刊，公开发行。

　　1996 年第 1—2 期　（总第 1—2 期）

　　1997 年第 1—3—增刊—4 期　（总第 3—7 期）

　　1998 年第 1 期　（总第 8 期）　纪念周恩来诞辰一百周年

　　秀甲黔中　（贵州旅游文史系列丛书·贵阳卷）（贵州人民出版社，1998 年版）

　　1998 年第 2 期　（总第 9 期）　纪念江泽民主席来黔视察

　　1998 年第 3—4 期　（总第 10—11 期）

　　1999 年第 1—4 期　（总第 12—15 期）

　　军统魔窟——息烽集中营　（与政协贵州省文史与学习委员会等合编，贵州人民出版社，1999 年版）

　　2000 年第 1—4 期　（总第 16—19 期）

　　跨越·创新——贵阳科技发展五十年　（贵州科技出版社，2000 年版）

　　2001 年第 1—4 期　（总第 20—23 期）

　　2002 年第 1—4 期　（总第 24—27 期）

　　2003 年第 1—6 期　（总第 28—33 期）

　　2004 年第 1—6 期　（总第 34—39 期）

　　2005 年第 1—6 期　（总第 40—45 期）

　　黔人抗战史话　（2005 年）

　　2006 年第 1—6 期　（总第 46—51 期）

　　贵阳文史资料选萃（上、中、下册）（贵州人民出版社，2006 年版）

　　2007 年第 1—6 期　（总第 52—57 期）

　　贵阳市政协志（2007 年）

　　2008 年第 1—6 期　（总第 58—63 期）

　　政治文明与政协工作理论研讨会文集

　　贵州近现代史史料丛书　中国近现代史史料学学会贵阳市会员联络处等编印，32 开书型，内部。

　　之一　漫步夕阳路　（杨瑞芝著，1997 年）

　　之二　贵州近现代人物　（唐承德著，1997 年）

　　之三　师生忆达德　（1997 年）

　　之四　家谱研究管窥　（孙定朝等著，1998 年）

　　之五　乌当文物文史一瞥　（章正邦著，2000 年）

　　之六　科苑寻踪　（杜松竹著，2000 年）

　　之七　贵州近现代人物资料集续集　（侯清泉著，2001 年）

　　之八　良师益友集　（韦廉舟著，2001 年）

　　之九

　　之十

　　之十一

　　第 12 集　心读历程　（邵德龙编著，2005 年）

　　九嶷赤子　（朱崇演著，2006 年）

　　贵州近现代史研究文集　贵州省史学会近现代史研究

会等编印，32 开书型，内部交流。

　　之一　黔史一鳞　（朱崇演著，1996 年）

　　之二　贵州经济探微　（胡致祥著，1996 年）

　　之三　贵州版史研究　（何明扬著，1997 年）

　　之四　贵州近现代科技回顾　（1997 年）

　　之五　果勇侯杨芳研究　（莫前进著，1998 年）

　　之六　黔东革命史研究　（唐承德著，2000 年）

　　之七　建国五十年的贵州史学论文集　（2000 年）

　　之八　黔中旧事　（朱崇演著，2000 年）

　　之九　两汉三国贵州历史研究　（覃雨甘著，2001 年）

　　之十　二十世纪二十年代的贵州论文集　（2001 年）

　　之十一

　　之十二

　　之十三

　　第 14 辑　文史情缘　（李守明著，2002 年）

　　第 15 辑

　　第 16 辑

　　第 17 辑

　　第 18 辑

　　第 19 辑　黔故札记　（朱崇演著，2004 年）

　　现代人文素质教育——贵州人文撷英　政协贵省贵阳市委员会文史和学习委员会编，汕头大学出版社，2004 年版。

　　黔事述评　（朱崇演著）

　　黔彦写真　（朱崇演著）

　　黔人抗战史话　（朱崇演等编）

　　贵阳历史人物丛书　政协贵州省贵阳市文史和学习委员会编印，32 开书型，内部交流。

　　文化教育卷　（2003 年）

　　科技经济卷　（2004 年）

　　综合卷　（2005 年）

乌当区

　　乌当文史资料　（贵阳市乌当区文史资料选辑）　政协贵州省贵阳市乌当区委员会编印，32 开书型，不定期，内部交流。

　　第 1 辑　（1983 年）

　　第 2 辑　（1985 年）

　　第 3 辑　（1986 年）

　　第 4（改现名）—5 辑　（1989 年）

　　第 6 辑　（1990 年）

　　第 7 辑　（1991 年）

　　第 8 辑　（1992 年）

南明区

　　南明文史资料选辑　政协贵州省贵阳市南明区委员会文史资料委员会编印，32 开书型，年刊，内部交流。

　　第 1 辑　（1983 年）

第 2 辑 （1984 年）

第 3 辑 （1985 年）

第 4 辑　抗日战争资料专辑　（1986 年）

第 5 辑 （1987 年）

第 6 辑 （1988 年）

第 7 辑　贵阳解放初期资料专辑　（1989 年）

第 8 辑 （1990 年）

第 9 辑 （1991 年）

第 10 辑 （1992 年）

第 11 辑 （1993 年）

第 12 辑　经济资料专辑　（1994 年）

第 13 辑　抗日战争史料专辑　（纪念抗日战争胜利五十周年）（1995 年）

第 14 辑 （1996 年）

第 15 辑 （1997 年）

第 16 辑 （1998 年）

第 17 辑 （1999 年）

第 18 辑 （2000 年）

第 19 辑 （2001 年）

第 20 辑　文史荟萃　（2002 年）

第 21 辑 （2006 年）

绵绣南明　（贵州旅游文史系列丛书·南明卷）（贵州人民出版社,2006 年版）

云岩区

云岩文史资料选辑　政协贵州省贵阳市云岩区委员会文史资料委员会编印,32 开书型,年刊,内部交流。

第 1 辑 （1983 年）

第 2 辑 （1984 年）

第 3 辑　纪念抗日战争胜利四十周年（1945—1985）（1985 年）

第 4 辑 （1986 年）

第 5 辑 （1987 年）

第 6 辑 （1988 年）

第 7 辑 （1989 年）

第 8 辑 （1990 年）

第 9 辑　纪念辛亥革命八十周年　（1991 年）

第 10 辑 （1991 年）

第 11 辑　教育专辑之一　（1992 年）

第 12 辑　教育专辑之二　（1992 年）

第 13 辑　经济专辑　（1993 年）

第 14 辑　贵州第一乡　（1994 年）

第 15 辑　综合辑　（1994 年）

第 16 辑　蓝盾——献给战斗在公安战线上的同志们（1998 年）

第 17 辑　廿年巨变话云岩——纪念十一届三中全会召开廿周年　（1998 年）

花溪区

花溪区文史资料选辑　政协贵州省贵阳市花溪区委员会文史资料委员会编印,32 开书型,不定期,内部交流。

第 1 辑 （1982 年）

第 2 辑 （1983 年）

第 3 辑 （1985 年）

第 4 辑　周恩来及老一辈无产阶级革命家在花溪专辑（1986 年）

第 5 辑 （1988 年）

第 6 辑 （1989 年）

第 7 辑 （1990 年）

第 8 辑 （1992 年）

第 9 辑　中央领导同志在花溪　（1998 年）

明清古镇——青岩(2000 年)

名人与花溪(2007 年)

白云区

白云文史资料　（白云文史稿）　政协贵州省贵阳市白云区委员会编印,32 开书型,不定期,内部交流。

第 1 集 （1982 年）

第 2 集 （1985 年）

第 3 集 （1986 年）

第 4 集 （1987 年）

第 5 集 （1988 年）

第 6 集 （1989 年）

第 7 集 （1990 年）

第 8 集 （1991 年）

第 9 集

第 10 集 （改现名）

第 11 集

第 12 集

第 13 集

第 14 集

第 15 集

风筝之乡　（贵州旅游文史系列丛书·白云卷）（贵州人民出版社,2003 年版）

第 16 集

第 17 集

第 18 集 （2006 年）

白云区政协志　（2001—2006）（2006 年）

白云区政协视察调研文集　（1998—2006）

小河区

清镇市

清镇文史资料选辑 政协贵州省清镇县委员会学习宣传文史资料委员会编印,32 开书型,不定期,内部交流。

第 1 辑 （1984 年）
第 2 辑 （1985 年）
第 3 辑 （1986 年）
第 4 辑 民族专辑 （1987 年）
第 5 辑 （1989 年）
第 6 辑 （1990 年）
第 7 辑 （1991 年）
第 8 辑 （1992 年）
第 9 辑 纪念政协清镇县委员会建会十周年专辑 （1994 年）

高原湖乡 （贵州旅游文史系列丛书·清镇卷） （贵州人民出版社,1998 年版）

第 10 辑 纪念建国五十周年暨中共十一届三中全会召开二十周年专辑 （1999 年）
第 11 辑 委员大会发言 （2002 年）
第 12 辑 调研与视察 （2002 年）
第 13 辑 清镇政协工作沿革 （2003 年）
第 14 辑 清镇文物古迹专辑 （2004 年）
清镇政协志 （2008 年）

开阳县

开阳文史资料 政协贵州省开阳县委员会文史资料委员会编印,32 开书型,不定期,内部交流。

第 1 辑 （1986 年）
第 2 辑 （1988 年）
第 3 辑 （1992 年）
第 4 辑
第 5 辑
第 6 辑
第 7 辑
第 8 辑 开州古迹 （2004 年）
紫江赋 （2005 年）

修文县

修文文史资料选辑 政协贵州省修文县委员会文史资料研究委员会编印,32 开书型,不定期,内部交流或公开发行。

第 1 辑 （1984 年）
第 2 辑 修文风光 （1985 年）
第 3 辑 （1989 年）
阳阴胜境 （贵州旅游文史系列丛书·修文卷） （贵州人民出版社,2001 年版）

息烽县

息烽文史资料 政协贵州省息烽县委员会文史资料委员会编印,32 开书型,不定期,内部交流或公开发行。

第 1 辑
第 2 辑
第 3 辑
第 4 辑 （1989 年）
军统在息烽
筑北灵秀 （贵州旅游文史系列丛书·息烽卷） （贵州人民出版社,1999 年版）
军统魔窟——息烽集中营 （与政协贵州省文史与学习委员会等合编,贵州人民出版社,1999 年版）

六盘水市

六盘水(市)文史资料 政协贵州省六盘水市委员会文史资料委员会编印,32 开书型,不定期,内部交流。

第 1 辑 （1984 年）
第 2 辑 （1986 年）
第 3 辑 （1988 年）
第 4 辑 （1991 年）
第 5 辑 （1994 年）
六盘水文史资料工作文选 （1994 年）
第 6 辑 （1996 年）
第 7 辑
丰碑——三线建设在六盘水
第 8 辑
第 9 辑 凉都文史 （2006 年）

钟山区

钟山文史 政协贵州省六盘水市钟山区委员会学习与文史委员会编印,32 开书型,不定期,内部交流。

第 1 辑 （1991 年）
第 2 辑 （1993 年）
第 3 辑 （1995 年）
第 4—5 辑 （2000 年）
第 6 辑 （2007 年）

盘县

盘县特区文史资料 （盘县文史资料选辑） 政协贵州省盘县委员会文史资料研究委员会编印,32 开书型,不定期,内部交流或公开发行。

第 1 辑 （1963 年）
第 2 辑 （1964 年）
第 3(改现名)—4 辑 （1982 年）

第 5 辑 （1983 年）
第 6 辑 回顾盘县解放（一）（1984 年）
第 7 辑 回顾盘县解放（二）（1985 年）
第 1—7 辑目录 （1986 年）
第 8 辑 （1986 年）
第 9 辑 回顾盘县解放（三）（1987 年）
第 10 辑 （1988 年）
第 11 辑 抗日专辑 （1989 年）
第 12 辑 （1990 年）
第 13 辑 少数民族专辑 （1992 年）
第 14 辑 政协简史 （1994 年）
第 15 辑 旅游专辑 （1996 年）
第 16 辑 （1997 年）
碧水丹霞 （贵州旅游文史系列丛书·盘县卷）（贵州人民出版社,1999 年版）
第 17 辑 洞穴专辑 （2000 年）

六枝特区

六枝文史资料选辑 政协贵州省六枝特区委员会文史资料委员会编印,32 开书型,不定期,内部交流。
第 1 辑 （1985 年）
第 2 辑 （1987 年）
第 3 辑 （1988 年）
第 4 辑 （1990 年）
第 5 辑 （1991 年）
第 6 辑 （1993 年）
第 7 辑 （1995 年）
郎岱县志长编 （李志高著,1995 年）
第 8 辑 农林水专辑 （1998 年）
牂牁风情 （贵州旅游文史系列丛书·六枝卷）（贵州人民出版社,2001 年版）
第 9 辑 医疗卫生专辑 （2005 年）

水城县

水城文史资料 政协贵州省水城县委员会文史资料研究委员会编印,32 开书型,不定期,内部交流。
第 1 辑 （1984 年）
第 2 辑 （1985 年）
第 3·4 辑 少数民族专辑 （1989 年）
第 5 辑

遵义市

遵义文史 政协贵州省遵义市委员会文史资料委员会编印,32 开书型,不定期,内部交流。
第 1 辑 邓小平同志在遵义 （1998 年）
遵义胜境 （1998 年）
遵义胜境 （成都时代出版社,2005 年版）

第 2 辑
第 3 辑
第 4 辑
第 5 辑
第 6 辑
第 7 辑
雄关漫道 （贵州旅游文史系列丛书·遵义卷）（贵州人民出版社,1998 年版）
遵义掌故（一）、（二）
海龙囤烟云录 （2000 年）
黎星使宴集合编补遗 （2001 年）
第 8 辑 （2001 年）
第 9 辑
委员风采
遵义抗战纪事
抗美援朝中的遵义儿女
遵义百年珍影
谢方塘遗墨 （2006 年）
遵义民国军政人物 （2007 年）
纪念黎庶昌诞辰一百七十周年暨遵义沙滩之化学术研讨会论文汇编 （2007 年）
遵义沙滩文化典籍 （2008 年）
遵义"三线"建设纪实 （2008 年）
委员风采 （2008 年）

汇川区

汇川文史资料 政协贵州省遵义市汇川区委员会编印,32 开书型,不定期,内部交流。
汇川区政协志(2007 年)

红花岗区

遵义文史资料 政协贵州省遵义市委员会文史资料委员会编印,32 开书型,不定期,内部交流或公开发行。
第 1—2 辑 （1983 年）
第 3 辑 关于解放遵义(1)——迎接中华人民共和国建国三十五周年 （1984 年）
第 4 辑 （1984 年）
第 5 辑 关于解放遵义(2)——庆祝中华人民共和国建国三十五周年 （1984 年）
第 6 辑 关于遵义会议——纪念遵义会议五十周年 (1985 年)
第 7 辑 关于抗日战争时期的遵义——纪念抗日战争和世界反法西斯胜利四十周年(上) (1985 年)
第 8 辑 关于抗日战争时期的遵义——纪念抗日战争和世界反法西斯胜利四十周年(下) (1985 年)
第 9 辑 关于遵义人物(1) (1986 年)
第 10 辑 关于红军长征在遵义——纪念红军长征胜利五十周年 （1986 年）

第 11 辑 （1987 年）

第 12 辑 关于解放遵义(3)——纪念中国人民解放军建军六十周年 （1987 年）

第 13 辑 关于遵义工商(1)（1988 年）

第 14 辑 关于遵义人物(2)（1989 年）

第 15 辑 关于解放遵义(4)——纪念遵义解放四十周年 （1989 年）

第 16 辑 关于遵义文化(1)（1990 年）

第 17 辑 关于遵义教育(1)（1990 年）

第 18 辑 关于遵义教育(2)（1991 年）

第 19 辑 纪念中国共产党建党七十周年(1921—1991)（1991 年）

第 20 辑 纪念莫友芝先生诞辰一百八十年周年、逝世一百二十周年 （1991 年）

第 21 辑 关于遵义科技(1)（1992 年）

第 22 辑 关于遵义教育(3)（1992 年）

第 23 辑 郑莫黎专辑 （1992 年）

第 24 辑 （1993 年）

第 25 辑 遵义医卫专辑 （1994 年）

第 26 辑 （1994 年）

第 27 辑 遵义经济专辑 （1995 年）

第 28 辑 （1996 年）

第 29 辑 旅游文史专辑 （1997 年）

第 30 辑 郑莫黎专辑 （1997 年）

名城胜迹 （贵州旅游文史系列丛书·红花岗卷）（贵州人民出版社,1997 年版）

赤水市

赤水文史资料 **（赤水文史）** 政协贵州省赤水县委员会文史资料研究委员会编印,16 开刊型,油印,不定期,内部交流。

1982 年第 1—7 期 （总第 1—7 期）

1985 年第 1(改现名)—3 期 （总第 8—10 期）

1986 年第 1—4 期 （总第 11—14 期）

1987 年第 1—3 期 （总第 15—17 期）

赤水文史 **（赤水文史资料）** 政协贵州省赤水县委员会文史委员会编印,32 开书型,不定期,内部交流或公开发行。

第 1 辑 （1986 年）

第 2 辑 （1987 年）

第 3 辑 （1988 年）

第 4 辑 （1989 年）

第 5 辑 文教专辑 （1990 年）

第 6 辑 （1991 年）

第 7 辑 （1992 年）

第 8 辑 （改现名）（1993 年）

第 9 辑 （1994 年）

第 10 辑 （1996 年）

第 11 辑 表彰优秀教师专辑 （1997 年）

第 12 辑 （1997 年）

第 13 辑 （1998 年）

第 14 辑 人民政协成立五十周年暨赤水市政协四十四周年纪念专辑 （1999 年）

黔北明珠 （贵州旅游文史系列丛书·赤水卷）（贵州人民出版社,1999 年版）

第 15 辑 （2000 年）

第 16 辑 （2001 年）

第 17 辑 官渡专辑

第 18 辑 张村闲笔

第 19 辑 秦川纪念文集 （2006 年）

赤水苗族风情 （2008 年）

仁怀市

仁怀文史资料 **（仁怀县文史资料）** 政协贵州省仁怀县委员会学习文卫委员会编印,32 开书型,不定期,内部交流或公开发行。

第 1 辑 （1984 年）

第 2 辑 （1985 年）

第 3 辑 （1986 年）

第 4 辑 （1987 年）

第 5 辑 （1988 年）

第 6 辑 （1989 年）

第 7 辑 （1990 年）

第 8 辑 （1991 年）

第 9 辑 （1992 年）

第 10 辑 （1993 年）

第 11 辑 （1994 年）

第 12 辑 （1995 年）

第 13 辑 （1996 年）

第 14 辑 （改现名）（1998 年）

第 15 辑 （1998 年）

第 16 辑 （1999 年）

国酒之乡 （贵州旅游文史系列丛书·仁怀卷）（贵州人民出版社,2000 年版）

第 17·18 辑 （2001 年）

第 19 辑 （2002 年）

仁怀政协志 （1949—2001）（2003 年）

第 20 辑 （2003 年）

第 21 辑 （2004 年）

第 22 辑 （2005 年）

第 23 辑 （2006 年）

第 24 辑 （2007 年）

辛亥革命老人刘莘园遗稿

贵州商业古镇茅台

仁怀历代诗钞

遵义县

遵义县文史资料 政协贵州省遵义县委员会学习文史

委员会编印,32 开书型,不定期,内部交流。

遵义县文物志 （第一集）（与遵义县文物管理委员会、遵义县文化馆等合编,1983 年）

第 1 辑 （1984 年）
第 2 辑 （1985 年）
第 3 辑 （1986 年）
第 4 辑 （1988 年）
第 5 辑 （1990 年）

壮歌行——遵义县革命文化史料选 （与中共遵义县委党史办公室合编,1992 年）

第 6 辑 （1993 年）
第 7 辑 遵义解放专集(上)(1996 年)
第 8 辑 遵义解放专集(下)(1997 年)
第 9 辑 （1998 年）

巍巍娄山 （贵州旅游文史系列丛书·遵义县卷）（贵州人民出版社,1998 年版）

第 10 辑 （1999 年）
第 11 辑 教育专集 （2000 年）
第 12 辑 （2001 年）

遵义县文物志 （第二集）（与遵义县文化体育局、遵义县文物管理所合编,2003 年）

第 13 辑 遵义县政协专辑 （2003 年）
第 14 辑 （2004 年）
第 15 辑 （2005 年）
第 16 辑 （2006 年）
第 17 辑 中国仡佬第一乡 （2007 年）
第 18 辑 （2007 年）
第 19 辑 （2008 年）

桐梓县

桐梓文史资料 政协贵州省桐梓县委员会编印,32 开书型,不定期,内部交流或公开发行。

第 1 辑 （1987 年）
第 2 辑 （1988 年）
第 3 辑
第 4 辑

李白夜郎 （贵州旅游文史系列丛书·桐梓卷）（贵州人民出版社,1998 年版）

第 5 辑
第 6 辑
第 7 辑 抗日战争特殊岁月里的桐梓海校 （2008 年）

绥阳县

绥阳县文史资料选辑 政协贵州省绥阳县委员会文史资料研究委员会编印,32 开书型,不定期,内部交流。

第 1—2 辑 （1982 年）
第 3 辑 （1983 年）

第 4 辑 庆祝国庆三十五周年和绥阳解放三十五周年专辑 （1984 年）
第 5 辑 （1985 年）
第 6 辑 （1988 年）

正安县

正安文史资料 政协贵州省正安县委员会文史资料委员会编印,32 开书型,不定期,内部交流。

第 1—2 辑 （1985 年）
第 3—4 辑 （1986 年）
第 5—6 辑 （1987 年）
第 7 辑 （1988 年）
第 8 辑 （1989 年）
古风新声 （1989 年）
第 9 辑 （1991 年）
第 10 辑 （1994 年）
正安籍在外人才录
第 11 辑
第 12 辑 （2006 年）

凤冈县

凤冈文史资料 政协贵州省凤冈县委员会宣教文卫委员会编印,32 开书型,不定期,内部交流。

第 1—2 辑 （1985 年）
第 3—4 辑 （1986 年）
言志诗词(1989 年创刊,双月刊)
第 5—6 辑 （1990 年）
第 7 辑 （1991 年）
第 8 辑 （1993 年）
第 9 辑 （2001 年）
凤冈县政协二十年大事记 （2004 年）
风鸣高冈——凤冈诗词楹联选 （2005 年）
第 10 辑 （2006 年）

湄潭县

湄潭文史资料 政协贵州省湄潭县委员会文史资料征集办公室编印,32 开书型,不定期,内部交流或公开发行。

第 1 辑 （1985 年）
第 2 辑 浙大在湄潭专辑（之一）(1986 年)
第 3 辑 浙大在湄潭专辑（之二）(1986 年)
第 4 辑 浙大在湄潭专辑（之三）(1987 年)
第 5 辑 浙大在湄潭专辑（之四）(1988 年)
第 6 辑 （1989 年）
第 7 辑 （1990 年）
第 8 辑 "浙江大学西迁历史陈列馆"史料专辑(1991 年)
第 9 辑 （1992 年）

第 10 辑 （1999 年）

第 11 辑 旅游史料专辑

第 12 辑 经济非公有制专辑

永远的大学精神

南国茶乡 （贵州旅游文史系列丛书·湄潭卷）（贵州人民出版社,2002 年版）

商业古镇永兴 （2006 年）

湄潭茶事

名人与湄潭

余庆县

余庆县文史资料 政协贵州省余庆县委员会文史资料编辑组编印,32 开书型,不定期,内部交流。

第 1 辑 （1987 年）

第 2 辑 （1991 年）

第 3 辑 （1992 年）

第 4 辑

第 5 辑

第 6 辑

第 7 辑 纪念建国五十周年专辑 （1999 年）

习水县

习水文史资料 （习水县文史资料选辑） 政协贵州省习水县委员会文史资料研究委员会编印,32 开书型,不定期,内部交流或公开发行。

第 1 辑 （1983 年）

第 2—3 辑 （改现名）（1984 年）

第 4 辑 （1985 年）

第 5 辑 （1986 年）

第 6 辑 （1987 年）

第 7 辑 （1988 年）

第 8 辑 （1989 年）

第 9 辑 （1990 年）

第 10 辑 （1991 年）

第 11 辑 （1993 年）

杉王之乡 （贵州旅游文史系列丛书·习水卷）（贵州人民出版社,2000 年版）

道真仡佬族苗族自治县

道真文史资料 政协贵州省道真仡佬族苗族自治县委员会宣教文卫体委员会编印,32 开书型,不定期,内部交流。

第 1 辑 （1987 年）

第 2 辑 （1990 年）

第 3 辑 纪念道真解放五十周年专辑 （2000 年）

第 4 辑 仡佬故土风 （2007 年）

务川仡佬族苗族自治县

务川文史资料选辑 （务川县文史资料选辑） 政协贵州省务川仡佬族苗族自治县委员会文史资料研究委员会编印,32 开书型,不定期,内部交流。

第 1 辑 （1983 年）

第 2 辑 （1984 年）

第 3 辑 （1985 年）

第 4 辑 （1987 年）

嘉靖思南府志 （天一阁藏明代方志选刊）（1990 年）

第 5 辑 （改现名）（1991 年）

第 6 辑 （1992 年）

第 7 辑

第 8 辑

第 9 辑 寿生文集 （2000 年）

第 10 辑 仡佬之源 （2005 年）

第 11 辑 丹沙古县的文化记忆 （2005 年）

安顺市

安顺文史资料 政协贵州省安顺市委员会《安顺文史资料》编辑委员会编印,32 开书型,不定期,内部交流。

第 1 辑 （2001 年）

第 2 辑 屯堡文化专辑 （2002 年）

第 3 辑 安顺解放前后 （2003 年）

第 4 辑 旅游文史 （上、下）（2004 年）

第 5 辑 抗战中的安顺 （2005 年）

第 6 辑 （2006 年）

第 7 辑 安顺人物专辑 （2007 年）

第 8 辑 安顺人物专辑(续) （2008 年）

西秀区

安顺县文史资料 政协贵州省安顺县委员会文史资料研究委员会编印,32 开书型,不定期,内部交流。

第 1 辑 （1986 年）

安顺文史资料 （安顺市文史资料） 政协贵州省安顺市委员会宣教文卫委员会编印,32 开书型,不定期,内部交流。

第 1 辑 （1983 年）

第 2 辑 （1984 年）

第 3 辑 （1985 年）

第 4 辑 纪念抗日战争胜利四十周年专辑 （1985 年）

第 5—6 辑 （1986 年）

第 7 辑 （改现名） 安顺政协史料特辑 （1987 年）

第 8 辑 （1987 年）

第 9 辑 人物史料专辑 （1988 年）

第 10 辑　回顾安顺解放专辑　（1989 年）
第 11 辑　（1990 年）
第 12 辑　庆祝中国共产党成立七十周年　（1991 年）
第 13 辑　（1992 年）
第 14 辑　（1993 年）
第 15 辑　安顺屯堡文化专辑　（1994 年）
第 16 辑　（1995 年）
第 17 辑　（1996 年）
第 18 辑　（1997 年）
第 19 辑　（1998 年）
第 20 辑　（1999 年）
西秀区政协志
旅游资源研究及开发利用
西秀区民族风情美专辑　（2006 年）

平坝县

平坝文史资料选辑　政协贵州省平坝县委员会文史资料委员会编印,32 开书型,不定期,内部交流。
第 1 辑　（1984 年）
第 2 辑　（1985 年）
第 3 辑　（1986 年）
第 4 辑　陈纯斋先生、陈蕴瑜烈士专辑　（1988 年）
第 5 辑　（1989 年）
第 6 辑　少数民族史料专辑　（1990 年）
第 7 辑　抗洪救灾专辑　（1992 年）

普定县

普定文史资料选辑　政协贵州省普定县委员会文史资料委员会编印,32 开书型,不定期,内部交流。
第 1 辑　（1983 年）
第 2 辑　（1989 年）
穿洞沧桑　（贵州旅游文史丛书·普定卷）（贵州人民出版社,2002 年版）

关岭布依族苗族自治县

关岭文史资料　政协贵州省关岭布依族苗族自治县委员会文史资料研究委员会编印,32 开书型,不定期,内部交流。
第 1 辑　（1988 年）
第 2 辑　（2002 年）

镇宁布依族苗族自治县

镇宁文史资料选辑　政协贵州省镇宁布依族苗族自治县委员会文史资料研究委员会编印,32 开书型,不定期,内部交流。

第 1 辑　（1990 年）
第 2 辑　镇宁政协发展简史专辑　（1992 年）
第 3 辑　（1992 年）
第 4 辑　（1993 年）
第 5 辑
第 6 辑　（1994 年）
第 7 辑　（1995 年）

紫云苗族布依族自治县

紫云文史资料　政协贵州省紫云苗族布依族自治县委员会文史海外联谊委员会编印,32 开书型,不定期,内部交流。
第 1 辑　（1995 年）
第 2 辑
第 3 辑
第 4 辑
紫云民族风情

毕节地区

黔西北文史资料　政协贵州省毕节地区工作委员会编印,32 开书型,不定期,内部交流。
第 1 辑　（1998 年）
第 2 辑　（2001 年）
第 3 辑　政协视察报告、调查报告、工作文选专辑（2003 年）
第 4 辑　（2005 年）
今古生辉南丝路　（与三省十地州市政协联合编印）
第 5 辑　纪念红军长征胜利暨到毕节七十周年专辑（2006 年）
毕节地区苗族百年实录　（2007 年）
陶氏兄弟与猪拱箐　（2008 年）

毕节市

毕节文史资料选辑　政协贵州省毕节县委员会宣教委员会编印,32 开书型,不定期,内部交流或公开发行。
第 1 辑　（1982 年）
第 2 辑　（1983 年）
第 3 辑　（1984 年）
第 4 辑　（1985 年）
第 5 辑　中华苏维埃人民共和国川滇黔省革命委员会成立五十周年纪念专辑　（1986 年）
第 6 辑　黔西北地区川盐运输史料专辑　（1988 年）
第 7 辑　（1991 年）
第 8 辑　澧阳言外集诗草　（侯祚照著,1997 年）
乌蒙灵峰　（贵州旅游文史系列丛书·毕节卷）（贵州人民出版社,1999 年版）

大方县

大方文史资料选辑 政协贵州省大方县委员会文史资料研究委员会编印,32 开书型,不定期,内部交流。

第 1 辑 （1983 年）
第 2 辑 回顾大方解放 （1984 年）
第 3 辑 （1986 年）
第 4 辑 （1988 年）
第 5 辑 （1989 年）
第 6 辑 （1991 年）
第 7 辑
第 8 辑
奢香故里 （贵州旅游文史系列丛书·大方卷）（贵州人民出版社,1997 年版）

黔西县

水西文史资料 政协贵州省黔西县委员会文史委员会编印,32 开书型,不定期,内部交流或公开发行。

第 1 集 （1983 年）
第 2 集 诗歌专辑 （1983 年）
第 3 集 军事专辑 （1984 年）
第 4 集 （1990 年）
第 5 集 黔西历代诗选(1991 年）
水西鹃韵 （贵州旅游文史系列丛书·黔西卷）（贵州人民出版社,1998 年版）
清代兵部尚书——李世杰 （史宏拯著,贵州人民出版社,2003 年版）
黔西苗族百年 （贵州人民出版社,2006 年版）
黔西布依族仡佬族满族百年 （贵州人民出版社,2006 年版）
黔西县政协志 （贵州人民出版社,2006 年版）
丁扬斌词文选
历届政协委员诗文选
黔西桥文化

金沙县

金沙文史资料选 政协贵州省金沙县委员会文史资料研究委员会编印,32 开书型,不定期,内部交流或公开发行。

第 1 辑 （1984 年）
第 2 辑 （1985 年）
第 3 辑 （1987 年）
第 4 辑 （1989 年）
第 5 辑 （1991 年）
第 6 辑
第 7 辑
玉水金山 （贵州旅游文史系列丛书·金沙卷）（贵州

人民出版社,2005 年版）
第 8 辑 （2006 年）

织金县

织金文史资料选编 政协贵州省织金县委员会文史资料委员会编印,32 开书型,不定期,内部交流或公开发行。

第 1 辑 （1985 年）
第 2 辑 （1989 年）
第 3 辑 （1992 年）
第 4 辑
第 5 辑
溶洞王国 （贵州旅游文史系列丛书·织金卷）（贵州人民出版社,1997 年版）
织金县山水诗词选
清代名臣丁宝桢
织金政协二十年调查报告集
织金历史与文化
织金民间乐曲——唢呐二胡谱
织金谜语集
织金对联
织金花灯
织金苗族
织金歌曲选

纳雍县

纳雍文史资料 政协贵州省纳雍县委员会文史资料研究委员会编印,32 开书型,不定期,内部交流或公开发行。

第 1 辑 （1988 年）
第 2 辑 （1989 年）
第 3 辑 （1991 年）
第 4 辑 （1992 年）
第 5 辑 （1992 年）
第 6 辑
第 7 辑 古屯今昔 （2001 年）
第 8 辑 情系乌蒙 （2003 年）
第 9 辑 纳雍苗族 （2005 年）
第 10 辑 纳雍诗词曲联选 （2008 年）
汤望春色 （贵州旅游文化系列丛书·纳雍卷）（贵州人民出版社,1999 年版）

赫章县

赫章文史资料选辑 政协贵州省赫章县委员会教育与文史资料委员会编印,32 开书型,不定期,内部交流或公开发行。

第 1 辑 （1985 年）
第 2 辑 （1988 年）
第 3 辑 （1989 年）

第 4 辑

第 5 辑

第 6 辑 （2001 年）

夜郎古城 （贵州旅游文史系列丛书·赫章卷）（贵州人民出版社,2002 年版）

第 7 辑 赫章文史——夜郎专辑 （2003 年）

第 8 辑 （2004 年）

第 9 辑 徐子精诗稿专辑 （2004 年）

第 10 辑 （2005 年）

第 11 辑 赫章县苗族百年实录 （2006 年）

第 12 辑 陶新春起义与黔西北苗族 （2007 年）

威宁彝族回族苗族自治县

威宁文史资料 政协贵州省威宁彝族回族苗族自治县委员会文史资料研究委员会编印,32 开书型,不定期,内部交流或公开发行。

第 1 辑 （1984 年）

第 2 辑 （1986 年）

第 3 辑 （1988 年）

第 4 辑

第 5 辑 石门坎专辑 （2006 年）

高原明珠 （贵州旅游文史资料系列丛书·威宁卷）（贵州人民出版社,1997 年版）

威宁苗族百年实录 （2006 年）

铜仁地区

铜仁地区文史资料 政协贵州省铜仁地区工作委员会编印,32 开书型,不定期,内部交流或公开发行。

第 1 辑 （1990 年）

第 2 辑 铜仁地区民国时期匪患和解放初期剿匪斗争专辑 （1992 年）

第 3 辑 国立三中史料专辑 （1993 年）

武陵仙境 （贵州旅游文史系列丛书·梵净山卷）（贵州人民出版社,1998 年版）

惊涛奇峡 （贵州旅游文史系列丛书·乌江卷）（贵州人民出版社,2003 年版）

铜仁地区政协文件资料汇编 （2003 年）

黔东民间故事选 （时代出版社,2004 年版）

黔东名胜古迹 （时代出版社,2006 年版）

西进干部在黔东 （2008 年）

铜仁改革开放三十年记事 （贵州人民出版社,2008 年版）

铜仁市

铜仁文史资料选辑 政协贵州省铜仁市委员会文史资料研究委员会编印,32 开书型,不定期,内部交流或公开发行。

第 1 辑 （1984 年）

第 2 辑 回顾铜仁解放专辑 （1985 年）

第 3 辑 铜仁四十年 （1989 年）

第 4 辑 （1994 年）

锦江飞虹 （贵州旅游文史系列丛书·铜仁卷）（贵州人民出版社,2000 年版）

铜仁市政协史 （2002 年）

铜仁市五届政协资料汇编 （2006 年）

第 7 辑 铜仁建市二十年 （2007 年）

抗冻救灾 众志成城 （2008 年）

江口县

江口县文史资料 政协贵州省江口县委员会文教联谊委员会编印,32 开书型,不定期,内部交流或公开发行。

第 1 辑 （1985 年）

第 2 辑 （1988 年）

第 3 辑 （1989 年）

第 4 辑 （1992 年）

第 5 辑 梵净山专辑 （1998 年）

第 6 辑 教育专辑 （1999 年）

旅游专辑

农业专辑 （2001 年）

政协调研专辑 （2002 年）

民营经济专辑 （2003 年）

江口县政协志(2004 年)

神奇梵净 （贵州旅游文史系列丛书·江口卷）（贵州人民出版社,2005 年版）

石阡县

石阡文史资料 （**石阡县文史资料**） 政协贵州省石阡县委员会《石阡文史资料》编委会编印,32 开书型,不定期,内部交流或公开发行。

第 1—2 辑 （改现名）(1987 年)

第 3 辑 （1988 年）

第 4 辑 （1989 年）

第 5 辑 （1990 年）

第 6 辑 1949—1989 年石阡建县四十年选辑 （1991 年）

第 7 辑 回忆成启宇先生专辑 （1992 年）

第 8 辑 （1993 年）

第 9 辑 （1994 年）

第 10 辑 （1997 年）

温泉之都 （贵州旅游系列丛书·石阡卷）（贵州人民出版社,1997 年版）

第 11 辑 （1999 年）

第 12 辑 （2002 年）

第 13 辑

第 14 辑 跨过鸭绿江——抗美援朝回忆录专辑

(2005 年)

思南县

思南文史资料选辑 政协贵州省思南县委员会文史委员会编印,32 开书型,不定期,内部交流。
第 1 辑 （1981 年）
第 2—3 辑 （1982 年）
第 4—5 辑 （1983 年）
第 6—7 辑 （1984 年）
第 8—9 辑 （1985 年）
第 10 辑 （1986 年）
第 11 辑 （1987 年）
第 12 辑 （1988 年）
第 13 辑 思南解放四十周年纪念专辑 （1989 年）
第 14 辑 （1990 年）
第 15 辑 （1991 年）
第 16 辑 少数民族专辑 （1993 年）
第 17 辑 巍巍荆竹园 （1996 年）
第 18 辑 风雨同舟五十年 （1999 年）
第 19 辑 峥嵘岁月——思南县抗美援朝专辑 （2003 年）
第 20 辑 故都城头盖 （2006 年）

德江县

德江文史资料选辑 （德江文史资料） 政协贵州省德江县委员会文史资料委员会编印,32 开书型,不定期,内部交流。
第 1 辑 （1985 年）
第 2 辑 （1986 年）
第 3 辑 黔东北神兵 （1988 年）
第 4 辑 历史名人 （1989 年）
第 5 辑 （改现名） 民族史料 （1990 年）
第 6 辑 （1991 年）
第 7 辑 （1994 年）
第 8 辑 非公有制经济专集 （1996 年）
第 9 辑 教育专集 （1997 年）

玉屏侗族自治县

玉屏文史资料 政协贵州省玉屏侗族自治县委员会文史资料委员会编印,32 开书型,不定期,内部交流。
第 1 辑 （1988 年）
第 2 辑 （1989 年）
第 3 辑 （1990 年）
第 4 辑 （1991 年）
第 5 辑 （1992 年）
第 6 辑 （1993 年）
第 7 辑

第 8 辑
第 9 辑

印江土家族苗族自治县

印江文史 （印江文史资料） 政协贵州省印江土家族苗族自治县委员会教卫文委员会编印,32 开书型,不定期,内部交流。
第 1 辑 （1985 年）
第 2 辑 （1989 年）
第 3 辑 （1991 年）
第 4 辑 （1992 年）
第 5 辑 （1993 年）
第 6 辑 赴朝参战的印江儿女 （1994 年）
第 7 辑 梵净山专辑 （1995 年）
第 8 辑 （改现名） 老红军回忆录专辑 （1997 年）
第 9 辑 印江扶贫开发十年专辑 （1997 年）
第 10 辑 印江书法专辑 （2000 年）
第 11 辑
第 12 辑 印江矿产及开发

沿河土家族自治县

沿河文史资料 政协贵州省沿河土家族自治县委员会文史资料研究委员会编印,32 开书型,不定期,内部交流。
第 1—2 辑 （1990 年）
第 3—4 辑 （1992 年）
第 5 辑 教育专辑 （1993 年）
第 6 辑 （1994 年）
第 7 辑 民族史料专辑 （1996 年）
第 8 辑 （1999 年）
第 9 辑
第 10 辑
第 11 辑
第 12 辑 纪念红军三军入沿七十周年 （2004 年）

松桃苗族自治县

松桃文史资料 政协贵州省松桃苗族自治县委员会文教联谊委员会编印,32 开书型,不定期,内部交流。
第 1 辑 （1981 年）
第 2 辑 （1983 年）
第 3 辑 （1984 年）
第 4 辑 （1985 年）
第 5 辑 庆祝松桃苗族自治县成立三十周年 （1986 年）
第 6 辑 （1988 年）
第 7 辑 苗族史料专辑 （1990 年）
第 8 辑 （1992 年）
第 9 辑 松桃苗族自治县政协志 （1950.3—

1994.12)（1995 年）

第 10 辑　松桃风情——旅游文史专辑　（1996 年）

· 第 11 辑　（1998 年）

第 12 辑　梵净山纪略　（1999 年）

第 13 辑

第 14 辑　（2005 年）

万山特区

万山特区文史资料　政协贵州省万山特区委员会文史资料委员会编印,32 开书型,不定期,内部交流。

第 1 辑　（1988 年）

第 2 辑　（1989 年）

第 3 辑　（1990 年）

第 4 辑　（1995 年）

黔东南苗族侗族自治州

黔东南文史资料　（**黔东南文史资料选辑**）　政协贵州省黔东南苗族侗族自治州委员会文史学习委员会编印,32 开书型,不定期,内部交流或公开发行。

第 1 辑　（1983 年）

第 2 辑　（1984 年）

第 3 辑　（改现名）（1985 年）

第 4 辑　北伐战争专辑　（1985 年）

第 5 辑　（1986 年）

第 6 辑　黔东事变专辑　（1987 年）

第 7 辑　人物史料专辑　（1989 年）

第 8 辑　（1990 年）

第 9 辑　（1991 年）

第 10 辑　林业专辑　（1992 年）

第 11 辑　（1993 年）

第 12 辑　名优土特产品专辑　（1994 年）

第 13 辑　（1996 年）

第 14 辑　苗侗风韵　（贵州旅游文史丛书·黔东南州卷）（贵州人民出版社,1998 年版）

第 15 辑　希望之源　（1998 年）

第 16 辑　政协历程　（1999 年）

第 17 辑

第 18 辑　世纪回眸　（2000 年）

第 19 辑　禁毒史话　（2002 年）

伟人名家与黔东南　（作家出版社,2006 年版）

三板溪电站文史资料专辑　（2008 年）

凯里市

凯里文史资料　政协贵州省凯里市委员会文史资料委员会编印,32 开书型,不定期,内部交流或公开发行。

第 1 辑　（1985 年）

第 2—3 辑　（1987 年）

第 4 辑　（1989 年）

第 5 辑　少数民族专辑　（1992 年）

苗岭新都　（贵州旅游文史系列丛书·凯里卷）（贵州人民出版社,1997 年版）

第 6 辑

第 7 辑

第 8 辑

第 9 辑　卫生专辑　（2001 年）

凯里人　（2005 年）

黄平县

黄平文史资料选辑　政协贵州省黄平县委员会文史资料研究委员会编印,32 开书型,不定期,内部交流。

第 1 辑　（1986 年）

第 2 辑　（1987 年）

第 3 辑　（1988 年）

第 4 辑　（1989 年）

第 5 辑　（1990 年）

第 6 辑　经济专辑　（1992 年）

黄平县政协志　（2005 年）

黄平文史资料汇编　（2007 年）

施秉县

施秉文史　（**施秉县文史资料、施秉文史资料**）　政协贵州省施秉县委员会文史学习社会联谊委员会编印,32 开书型,不定期,内部交流或公开发行。

第 1 辑　（1985 年）

第 2 辑　（改名）—3 辑　（1987 年）

第 4 辑　少数民族专辑　（1988 年）

第 5 辑　（1990 年）

第 6 辑　（1995 年）

第 7 辑　施秉一中四十周年校庆专辑　（1998 年）

水舞云台　（贵州旅游文史系列丛书·施秉卷）（贵州人民出版社,1998 年版）

第 8 辑　（改现名）（1999 年）

三穗县

三穗文史资料　政协贵州省三穗县委员会文史资料研究委员会编印,32 开书型,不定期,内部交流。

第 1 辑　（1986 年）

第 2 辑　（1991 年）

镇远县

镇远文史资料　政协贵州省镇远县委员会文史资料研究委员会编印,32 开书型,不定期,内部交流或公开发行。

第 1 辑　（1986 年）

第 2 辑　（1988 年）

第 3 辑　（1989 年）

第 4 辑　（1990 年）

第 5 辑　教育专辑　（1993 年）

舞阳仙都　（贵州旅游文史系列丛书·镇远卷）（贵州人民出版社,1999 年版）

岑巩县

岑巩文史资料　政协贵州省岑巩县委员会文史资料委员会编印,32 开书型,不定期,内部交流。

第 1 辑　（1989 年）

第 2 辑　（1991 年）

第 3 辑　（1993 年）

第 4 辑　（1994 年）

第 5 辑　岑巩解放五十周年专集　（1999 年）

第 6 辑　同舟共济二十年　（2004 年）

天柱县

天柱文史资料　政协贵州省天柱县委员会文史资料研究委员会编印,32 开书型,不定期,内部交流。

第 1 辑　（1983 年）

第 2 辑　（1985 年）

第 3 辑　（1988 年）

第 4 辑　（1992 年）

龙飞凤翔·天柱人物录　（文史特辑）（1997 年）

物化天宝·天柱风物录

龙吟虎啸·天柱风云录　（2006 年）

锦屏县

锦屏文史资料　政协贵州省锦屏县委员会文史资料委员会编印,32 开书型,不定期,内部交流。

第 1 辑　（1987 年）

第 2 辑　抗日救国军专辑　（1988 年）

第 3 辑　（1993 年）

剑河县

剑河文史资料　政协贵州省剑河县委员会文史资料研究委员会编印,32 开书型,不定期,内部交流。

第 1 辑　（1986 年）

第 2 辑　（1988 年）

第 3 辑　人物史料专辑　（1989 年）

剑河人物录　（2006 年）

乡土剑河　（2008 年）

台江县

台江文史资料　政协贵州省台江县委员会文史资料研究委员会编印,32 开书型,不定期,内部交流。

第 1 辑　（1989 年）

第 2 辑

第 3 辑

第 4 辑

第 5 辑

第 6 辑

第 7 辑

第 8 辑

第 9 辑

第 10 辑

第 11 辑

第 12 辑

第 13 辑

黎平县

黎平文史资料　（**黎平文史资料选辑**）　政协贵州省黎平县委员会文史资料委员会编印,32 开书型,不定期,内部交流或公开发行。

第 1 辑　（1985 年）

第 2—3 辑　（1986 年）

第 4 辑　（1987 年）

第 5 辑　（1989 年）

第 6 辑　（改现名）（1990 年）

第 7 辑　（1993 年）

第 8 辑　（1995 年）

第 9 辑　（2000 年）

第 10 辑　侗乡情韵·贵州旅游文史系列丛书·黎平卷（贵州人民出版社,2000 年版）

第 11 辑　黎平人物志　（2001 年）

第 12 辑　最早的侗戏剧本　（2006 年）

第 13 辑　黎平改革开放三十年纪实　（2008 年）

第 14 辑　黎平民族节日名片　（2008 年）

第 15 辑　社会主义精神文明建设与文化遗产保护论文集　（2008 年）

榕江县

榕江文史资料　政协贵州省榕江县委员会文史资料研究委员会编印,32 开书型,不定期,内部交流或公开发行。

第 1 辑　教育专辑　（1985 年）

第 2 辑　（1986 年）

第 3 辑 （1987 年）
第 4 辑 人物专辑 （1989 年）
第 5 辑 林业专辑 （1990 年）
古榕奇观 （贵州旅游文史系列丛书·榕江卷）（贵州人民出版,2001 年）

从江县

从江文史资料 政协贵州省从江县委员会文史委员会编印,32 开书型,不定期,内部交流。
第 1 辑 （1988 年）
第 2 辑 （1991 年）
第 3 辑 （1997 年）
第 4 辑
第 5 辑 远古遗风 （2005 年）

雷山县

雷山文史资料选辑 政协贵州省雷山县委员会文史资料委员会编印,32 开书型,不定期,内部交流。
第 1 辑
第 2 辑
第 3 辑
第 4 辑
第 5 辑
第 6 辑
第 7 辑
第 8 辑
第 9 辑
第 10 辑
第 11 辑
第 12 辑
第 13 辑
第 14 辑
第 15 辑
第 16 辑
第 17 辑
第 18 辑 （2005 年）

雷山县文史资料选集 政协贵州省雷山县委员会文史资料委员会编印,32 开书型,不定期,内部交流。
之一 苗岭之巅旅游专辑 （2002 年）
之二 雷公山奇观 （2003 年）
之三 雷公山的传说
之四 悠悠岁月 （2005 年）

麻江县

麻江文史资料 政协贵州省麻江县委员会文史资料研究委员会编印,32 开书型,不定期,内部交流。
第 1 辑 （1985 年）

第 2 辑 （1986 年）
第 3 辑

丹寨县

丹寨文史资料 （丹寨县文史资料） 政协贵州省丹寨县委员会文史资料研究委员会编印,32 开书型,不定期,内部交流。
第 1 辑 （1986 年）
第 2 辑 （改现名）（1989 年）
第 3 辑 （1992 年）

黔南布依族苗族自治州

黔南文史资料选辑 政协贵州省黔南布依族苗族自治州委员会文史学习委员会编印,32 开书型,不定期,内部交流或公开发行。
第 1 辑 （1983 年）
第 2 辑 回顾黔南解放 （1984 年）
第 3 辑 （1985 年）
第 4 辑 纪念抗日战争胜利四十周年 （1985 年）
第 5 辑 黔南建州三十周年特辑 （1986 年）
第 6 辑 人物专辑 （1987 年）
第 7 辑 日军入侵贵州——黔南事变 （1989 年）
第 8 辑 少数民族抗暴斗争史料 （1990 年）
第 9 辑 （1992 年）
第 10 辑 （1993 年）
第 11 辑 黔南名镇专辑(上)（1994 年）
第 12 辑 黔南名镇专辑(下)（1995 年）
第 13 辑 黔南名镇专辑(续)（1996 年）
第 14 辑 抚今追昔 （贵州民族出版社,1998 年版）
第 15 辑 春华秋实 （2000 年）
第 16 辑 神州崛起 （2000 年）
第 17 辑 布依英烈莫凤楼 （贵州民族出版社,2000 年版）
第 18 辑 存稿聚览 （2002 年）
第 19 辑 麻山熊氏三兄妹 （2003 年）
追忆金凤 （贵州旅游文史系列丛书·黔南卷）（贵州人民出版社,2004 年版）
认识黔南 （香港名人出版社,2006 年版）
名人故居博览 （黔南卷）（2006 年）
黔南州卷 （民族自治区及州、县的成立历程）（2006 年）

都匀市

都匀文史资料选辑 政协贵州省都匀市委员会文史资料研究委员会编印,32 开书型,不定期,内部交流或公开发行。
第 1 辑 （1982 年）

第 2 辑 （1983 年）
第 3 辑 （1984 年）
第 4 辑 回顾都匀解放专辑 （1985 年）
第 5 辑 （1986 年）
第 6 辑 都匀地区各级各类学校史专辑 （1987 年）
第 7 辑 （1988 年）
第 8 辑 回忆录专辑 （1989 年）
第 9 · 10 辑 （1991 年）
第 11 辑
高原桥城 （贵州旅游文史系列丛书·都匀卷）（贵州人民出版社,2000 年版）
魅力都匀 （2006 年）

福泉市

福泉文史资料选辑 政协贵州省福泉市委员会文史资料委员会编印,32 开书型,不定期,内部交流或公开发行。
第 1 辑 回顾平越解放 （1985 年）
第 2 辑 科教文卫专辑 （1986 年）
第 3 辑 （1988 年）
第 4 辑 （1989 年）
第 5 辑 （1990 年）
第 6 辑 （1991 年）
第 7 辑 （1993 年）
第 8 辑 （1994 年）
第 9 辑 （1997 年）
神话世界 （贵州旅游文史系列丛书·福泉卷）（贵州人民出版社,1997 年版）
第 10 辑 （2002 年）
第 11 辑 福原政协成立二十周年专辑 （2004 年）

荔波县

荔波文史资料 （**荔波县文史资料**） 政协贵州省荔波县委员会文史资料研究委员会编印,32 开书型不定期,内部交流或公开发行。
第 1 辑 纪念抗日战争胜利四十周年 （1985 年）
第 2 辑 （改现名）(1987 年)
荔波诗词集 （1991 年）
政协文集之一
荔波解放前后的回忆
政协文集之二
绿色宝石 （贵州旅游文史系列丛书·荔波卷）（贵州人民出版社,2000 年版）
荔波古今楹联选
荔波傩戏研究
荔波水族百年 （2008 年）
荔波风物传说 （与荔波县民族宗教局合编,2008 年）

贵定县

贵定文史资料选辑 政协贵州省贵定县委员会文史资料编审委员会编印,32 开书型,不定期,内部交流或公开发行。
第 1 辑 （1982 年）
第 2 辑 （1983 年）
第 3 辑 （1985 年）
第 4 辑 （1987 年）
第 5 辑 贵定县政协简史 （1989 年）
第 6 辑 历史人物专辑 （1992 年）
第 7 辑 （1999 年）
宝山云雾 （贵州旅游文史系列丛书·贵定卷）（贵州人民出版社,2003 年）

瓮安县

瓮安文史资料 政协贵州省瓮安县委员会文史资料研究委员会编印,32 开书型,不定期,内部交流或公开发行。
第 1 辑 （1988 年）
第 2 辑 （1990 年）
第 3 辑 （1991 年）
第 4 辑 （1993 年）
河谷奇观 （贵州旅游文史资料系列丛书·瓮安卷）（贵州人民出版社,2001 年版）

独山县

独山文史 （**独山文史资料**、**独山文史资料选辑**） 政协贵州省独山县委员会学习文史编辑委员会编印,32 开书型,不定期,内部交流。
第 1 辑 （1982 年）
第 2 辑 （改名）(1983 年)
第 3 · 4 辑 抗日战争胜利四十周年纪念特刊 （1985 年）
第 5 辑 （1986 年）
第 6 辑 （1987 年）
第 7 辑 （1988 年）
第 8 辑 （1989 年）
第 9 辑 （1990 年）
第 10 辑 （1991 年）
第 11 辑 （1993 年）
第 12 辑 （1996 年）
第 13 辑 （1997 年）
第 14 辑 （改现名）(2002 年)
黔南事变
第 15 辑 （2006 年）

独山政协志 （2007 年）
独山明清及民国诗词选集 （2007 年）
莫友芝年谱 （徐惠文编著）

平塘县

平塘文史资料 （**平塘文史资料选辑**） 政协贵州省平塘县委员会文史资料研究委员会编印,32 开书型,不定期,内部交流。
第 1—2 辑 （1984 年）
第 3 辑 （改现名）（1988 年）
第 4 辑 （1989 年）

罗甸县

罗甸文史资料选辑 （**罗甸文史资料**） 政协贵州省罗甸县委员会文史资料研究委员会编印,32 开书型,不定期,内部交流。
第 1 辑 （1986 年）
第 2 辑 （改现名）（1988 年）
第 3 辑 （1991 年）
第 4 辑
第 5 辑
第 6 辑
第 7 辑 诗词专辑 （1999 年）

长顺县

长顺县文史资料 政协贵州省长顺县委员会文史资料研究委员会编印,32 开书型,不定期,内部交流或公开发行。
第 1 辑 （1988 年）
第 2 辑 长顺纪事 （贵州民族出版社,1998 年版）
第 3 辑 长顺轶事 （贵州民族出版社,1999 年版）
第 4 辑
第 5 辑 长顺史林撷萃 （贵州民族出版社,2006 年版）

龙里县

龙里文史 （**龙里文史资料选辑**） 政协贵州省龙里县委员会文史资料研究委员会编印,32 开书型,不定期,内部交流或公开发行。
第 1 辑
第 2 辑 （1989 年）
神奇龙里 （贵州旅游文史系列丛书·龙里卷）（贵州人民出版社,2003 年版）
第 3 辑 （改现名）
龙里书画 （2004 年）
第 4 辑 （2005 年）
卢云山水画百幅 （2005 年）

第 5 辑 （2006 年）
第 6 辑 （2006 年）
龙里民族服饰及风情集萃 （2007 年）

惠水县

惠水文史资料 （**惠水文史资料选辑**） 政协贵州省惠水县委员会学习文史委员会编印,32 开书型,不定期,内部交流或公开发行。
第 1—2 辑 （1983 年）
第 3 辑 （1984 年）
第 4 辑 （1985 年）
第 5 辑 （改现名）（1987 年）
第 6 辑 （1988 年）
第 7 辑 （1989 年）
第 8 辑 （1990 年）
第 9 辑 （1992 年）
第 10 辑 （1993 年）
第 11 辑 （1994 年）
第 12 辑 （1996 年）
第 13 辑 （1998 年）
第 14 辑 （1999 年）
涟江神韵 （贵州旅游文史系列丛书·惠水卷）（贵州人民出版社,1999 年版）
第 15 辑 （2001 年）
第 16 辑 （2002 年）
第 17 辑 （2007 年）
第 18 辑 （2004 年）
第 19 辑 （2005 年）
第 20 辑 九龙揽胜——九龙旅游文史资料专辑 （2006 年）

三都水族自治县

三都文史资料 政协贵州省三都水族自治县委员会文史组编印,32 开书型,不定期,内部交流。
水族社会历史资料稿 （1981 年）
第 1 辑 （1982 年）
第 2 辑 （1984 年）
第 3 辑 （1986 年）
第 4 辑 （1989 年）

黔西南布依族苗族自治州

黔西南州文史资料选辑 政协贵州省黔西南布依族苗族自治州委员会文史资料委员会编印,32 开书型,不定期,内部交流或公开发行。
第 1 辑 （1982 年）
第 2—3 辑 （1983 年）
第 4 辑 红军长征路过黔西南州 （1984 年）

第 5 辑 （1985 年）

第 6 辑 （1987 年）

第 7 辑 邓汉祥文集 （1988 年）

第 8 辑 解放黔西南专辑 （1989 年）

第 9 辑 （1990 年）

兴义刘、王、何三大家族 （与贵州省政协文史资料委员会合编,中国文史出版社,1990 年版）

第 10 辑 人物史料专辑 （1991 年）

第 11 辑 州政协十年专辑 （1992 年）

第 12 辑 黔西南州抗日史料专辑 （1995 年）

第 13 辑 黔西南州政协委员风采 （1995 年）

第 14 辑 盘江历史风云人物 （1996 年）

安龙风云人物 （与安龙县政协文史资料委员合编,1996 年）

第 15 辑 春华秋实 （2000 年）

第 16 辑 神州崛起 （2000 年）

中国西南线旅游明珠——黔西南 （2002 年）

刘氏庄园

第 17 辑

第 18 辑

兴义市

兴义市文史资料 政协贵州省兴义市委员会文史资料委员会编印,32 开书型,不定期,内部交流或公开发行。

第 1—2 辑 （1988 年）

第 3 辑 （1989 年）

第 4 辑 （1993 年）

峰林大观 （南州旅游文史系列丛书·兴义卷）（贵州人民出版社,1997 年版）

兴义文史资料 政协贵州省兴义县委员会文史资料工作委员会编印,16 开刊型,油印,不定期,内部交流。

第 1—4 辑 （1963 年）

第 5 辑 （1964 年）

第 6—10 辑 （1980 年）

第 11—12 辑 （1981 年）

第 13—14 辑 （1982 年）

第 15—16 辑 （1983 年）

第 17—18 辑 （1984 年）

兴仁县

兴仁文史资料选辑 （兴仁文史资料） 政协贵州省兴仁县委员会文史资料委员会编印,32 开书型,不定期,内部交流或公开发行。

第 1 辑 （1982 年）

第 2 辑 （1983 年）

第 3 辑 （改现名）（1985 年）

第 4 辑 （1987 年）

第 5 辑 纪念建国四十周年专辑 （1989 年）

第 6 辑 （1992 年）

第 7 辑 兴仁旅游文史专辑 （1997 年）

玉带三峡 （贵州旅游文史系列丛书·兴仁卷）（贵州人民出版社,1999 年版）

普安县

普安文史资料 政协贵州省普安县委员会文史资料研究委员会编印,32 开书型,不定期,内部交流。

第 1 辑 （1984 年）

第 2 辑 （1986 年）

晴隆县

晴隆文史资料 政协贵州省晴隆县委员会编印,32 开书型,不定期,内部交流。

第 1 辑

第 2 辑

旅游专辑 （2007 年）

贞丰县

贞丰文史资料选辑 政协贵州省贞丰县委员会文史资料研究委员会编印,32 开书型,不定期,内部交流或公开发行。

第 1 辑 （1981 年）

第 2 辑 清咸丰年间兴义五属回民起义始末专辑 （1983 年）

第 3·4 辑 （1984 年）

第 5 辑 （1985 年）

第 6 辑 （1994 年）

盘江风情 （贵州旅游文史系列丛书·贞丰卷）（贵州人民出版社,2001 年版）

望谟县

望谟文史资料 政协贵州省望谟县委员会文史资料研究委员会编印,32 开书型,不定期,内部交流。

第 1 辑 （1990 年）

第 2 辑 望谟少数民族习俗

望谟旅游资源 （2008 年）

册亨县

册亨县文史资料 （册亨文史资料） 政协贵州省册亨县委员会文史资料委员会编印,32 开书型,不定期,内部交流。

第 1 辑 （1985 年）

第 2 辑 （1985 年）

第 3 辑 （1987 年）

册亨清代诸缘由集 （与册享县民族事务委员会古籍办公室合编,1988 年）

第 4 辑 （改现名）（1990 年）

册亨布依族百年实录 （2008 年）

安龙县

安龙文史资料选辑 政协贵州省安龙县委员会文史资料委员会编印,16 开刊型改 32 开书型,或油印,不定期,内部交流或公开发行。

第 1 辑 （1963 年）

第 2 辑 （1964 年）

第 3 辑 （1965 年）

第 1—3 辑选编本 （1981 年）

第 4—5 辑 （1981 年）

第 6 辑 （1982 年）

第 7 辑 王伯勋回忆录专辑 （1984 年）

第 8 辑 回顾安龙解放专辑 （1985 年）

第 9 辑 红军长征过安龙专辑 （1986 年）

第 10 辑 （1986 年）

第 11 辑 人物专辑 （1987 年）

第 12 辑 （1993 年）

安龙风云人物 （与政协黔西南州委员会文史资料委员会合编,1996 年）

第 13 辑 （1997 年）

龙城荷香 （贵州旅游文史系列丛书·安龙卷）（贵州人民出版社,1999 年版）

云 南 省

云南文史资料选辑 政协云南省委员会文史委员会编,云南人民出版社出版。不定期,32开书型,内部转公开发行。

第1辑 (1962年版)

第2—4辑 (1963年版)

第5—6辑 (1964年版)

第7辑 (1965年版)

第8辑 (1965年版)

第9辑 (1966年版)

第10—11辑 (1979年版)

第12辑 云南和平解放三十周年纪念专辑(上)(1980年版)

第13辑 云南和平解放三十周年纪念专辑(下)(1980年版)

第14辑 纪念中国共产党成立六十周年 (1981年版)

第15辑 纪念辛亥革命七十周年 (1981年版)

第16辑 (1982年版)

第17辑 云南辛亥革命资料选编 (1982年版)

第18辑 (1983年版)

第19辑 (1982年版)

第20辑 (1983年版)

第21—23辑 (1984年版)

第24—25辑 (1985年版)

护国讨袁亲历记 (与全国政协文史资料研究委员会等合编,文史资料出版社,1985年版)

第26—29辑 (1986年版)

第30辑 (1987年版)

第31辑 黎明前后——冯素陶回忆录 (1988年版)

第32辑 (1988年版)

第33辑 "七一五"爱国民主运动四十周年纪念专辑 (1988年版)

第34辑 西南联合大学建校五十周年纪念专辑 (1988年版)

第35—36辑 (1989年版)

第37—38辑 (1989年版)

第39辑 滇西抗战 (1990年版)

第40辑 风雨风舟专辑(一)(1990年版)

第41辑 辛亥革命在云南 (1991年版)

第42辑 云南进出口贸易 (1993年版)

第43辑 风雨同舟专辑(二)(1994年版)

第44辑 云南民族工作回忆录(一)(1993年版)

第45辑 云南民族工作回忆录(二)(1994年版)

第46辑 护国首义亲历记——纪念护国首义八十周年 (1995年版)

第47辑 滇军出滇抗战记 (1995年版)

爱国·团结·胜利——云南纪念护国运动八十周年学术讨论会论文选集 (云南大学出版社,1996年版)

第48辑 云南民族工作回忆录(三)(1996年版)

第49辑 云南老字号 (1996年版)

第50辑 抗战中的云南 (1997年版)

第51辑 情系红土 (1997年版)

云南政协通志 (1997年版)

第52辑 血肉筑成抗战路 (1998年版)

第53辑 内迁院校在云南 (1998年版)

第54辑 滇军起义与云南解放——纪念中华人民共和国建国暨云南解放五十周年 (1999年版)

第55辑 云南百年历史名碑——纪念中华人民共和国建国五十周年 (1999年版)

肝胆相照见真情——老一辈无产阶级革命家与民主人士的交往 (与全国政协文史资料委员会等合编,中国文史出版社,1999年版)

第56辑 风雨同舟五十年 (2000年版)

云南政协文史资料目录汇编 (2000年版)

第57辑 云南文物保护记 (2001年版)

云南旅游 (《西南旅游文史系列丛书》云南卷,云南人民出版社,2001年版)

第58辑 重九风云 (2001年版)

第59辑 科教群英谱 (2002年版)

第60辑 云南政坛实录 (2003年版)

第61辑 溅血岁月——滇缅抗战亲历记 (2004年版)

第62辑 杨春洲回忆录 (2005年版)

第63辑 云南护国回忆录 (2006年版)

第64辑 '99世博亲历记 (2007年版)

云南文史集萃 政协云南省委员会文史委员会编,云南人民出版社,2004年版。

第1册 政治军事·辛亥革命前卷

第2册 政治军事·辛亥革命后卷

第3册 政治军事·抗日战争时期卷

第4册 政治军事·解放战争日期卷

第5册 工商、经济卷

第6册 金融、交通卷

第7册 教育、科技卷

第8册 文化、卫生卷

第9册 民族、宗教卷

第10册 华侨、社会卷

滇印缅战场实录系列丛书 (纪念世界反法西斯战争暨中国抗日战争胜利六十周年) 政协云南省委员会文史委员会等编,云南人民出版社出版。

大战场小细节

驼山录 (1942—2002)

溅血岁月——滇西抗战专辑 (2004年版)

血肉筑成抗战路 (2005年版)

浴血怒江

侵华日军暴行总录·云南部分 （与云南省档案馆合编）

昆明市

昆明文史资料选辑 政协云南省昆明市委员会文史学习委员会编印,32 开书型或 16 开刊型,不定期,内部交流或公开发行。

第 1 辑 （1981 年）
第 2 辑 （1982 年）
第 3 辑 （1983 年）
第 4 辑 （1984 年）
第 5 辑 （1985 年）
第 6 辑 抗日战争时期史料专辑（上）（1985 年）
第 7 辑 抗日战争时期史料专辑（下）（1986 年）
第 8 辑 （1986 年）
第 9 辑 （1987 年）
第 10 辑 法、英帝国主义侵略云南史料 （1987 年）
第 11—12 辑 （1988 年）
第 13 辑 工商经济及工商界人士史料专辑 （1989 年）
第 14 辑 云南起义与昆明保卫战史料专辑 （1989 年）
第 15 辑 教育史料专辑 （1990 年）
第 16—17 辑 （1991 年）
第 18 辑 政协昆明市委员会史料专辑 （1992 年）
第 19 辑 （1992 年）
第 20 辑 科技史料专辑 （1993 年）
第 21 辑 （1993 年）
第 22 辑 医卫史料专辑 （1994 年）
第 23 辑 （1994 年）
第 24 辑 （1995 年）
第 25 辑 纪念护国运动八十、抗日战争胜利五十、一二·一运动五十周年专辑 （1995 年）
第 26—27 辑 （1996 年）
第 28 辑 人物专辑 （1997 年）
第 29 辑 文教史料专辑 （1997 年）
第 30 辑 解放初期滇东南剿匪斗争 （云南美术出版社,1998 年版）
第 31 辑 同舟共进——庆祝中国人民政治协商会议成立五十周年 （1999 年）
第 32 辑 昆明花史话 （云南美术出版社,1999 年版）
第 33 辑 东川寻甸专辑 （2000 年）
第 34 辑 历史文化名城昆明 （1999 年）
第 35 辑 抗战时期文化名人在昆明(一)（云南美术出版社,2000 年版）
第 36 辑 辛亥革命昆明重九起义人物专辑 （2001 年）

第 37 辑 抗战时期文化名人在昆明(二)（云南人民出版社,2002 年版）
第 38 辑 文明街历史街区专辑 （2002 年）
第 39 辑 （2003 年）
第 40 辑 风雨同舟 （2004 年）
第 41 辑 昆明旅游文史 （2004 年）
第 42 辑 郑和下西洋六百周年等纪念专辑 （2005 年）
第 43 辑 （2006 年）
昆明市政协工作手册
昆明市政协志
第 44 辑 （2006 年）
第 45 辑 （2007 年）
第 46 辑 西南联大纪事 （2008 年）
风雨忆当年——昆明市政协文史资料集粹（1900—1950） 政协云南省昆明市委员会文史学习委员会编, 云南美术出版社,1997 年版。

（上）军政篇
（中）文教篇
（下）工商篇

盘龙区

盘龙文史资料 政协云南省昆明市盘龙区委员会文史资料委员会编印,32 开书型,不定期,内部公开发行。

第 1 辑 （1986 年）
第 2 辑 （1987 年）
第 3 辑 （1988 年）
第 4 辑 （1989 年）
第 5 辑 （1990 年）
第 6 辑 （1991 年）
第 7 辑 （1992 年）
第 8 辑 （1993 年）
第 9 辑 （1994 年）
第 10—11 辑 （1996 年）
第 12 辑 （1997 年）
第 13 辑 （1998 年）
第 14 辑 （1999 年）
第 15 辑 （2000 年）
第 16 辑 （2001 年）
第 17 辑 （2002 年）
第 18 辑 （2003 年）
盘龙文史资料集萃 （1984—2004）（2003 年）
第 19 辑 （2004 年）
第 20 辑 血色记忆——纪念抗日战争胜利六十周年 （中国文史出版社,2005 年版）
第 21 辑 盘龙纵横——献给盘龙区建区五十周年 （中国文史出版社,2006 年版）
第 22 辑 盘龙回眸 （2006 年）

五华区

五华文史资料 政协云南省昆明市五华区委员会文史资料委员会编印,32 开书型,不定期,内部交流。

第 1 辑 (1988 年)
第 2 辑 (1989 年)
第 3 辑 (1990 年)
第 4 辑 (1992 年)
第 5 辑 (1993 年)
第 6 辑 (1994 年)
第 7 辑 (1995 年)
第 8 辑 纪念世界反法西斯战争和抗日战争胜利五十周年专辑 (1995 年)
第 9 辑 (1996 年)
第 10 辑 (1998 年)
第 11 辑 (1999 年)
第 12 辑 (2000 年)
第 13 辑 百年回眸 (2001 年)
第 14 辑 (2002 年)
第 15 辑 文史资料集粹 (2002 年)
第 16 辑 (2004 年)
第 17 辑 (2005 年)
第 18 辑 (2006 年)
第 19 辑 (2007 年)
第 20 辑 (2008 年)

五华史话丛书 政协云南省昆明市五华区委员会文史资料委员会编印,云南大学出版社出版。

之一 五华园林史话 (2001 年版)
之二 五华街巷史话 (2002 年版)
之三 五华教育史话 (2004 年版)
之四 五华民俗史话 (2005 年版)
之五 五华经济史话 (2006 年版)
之六 五华文化史话 (2007 年版)
之七 五华变迁史话 (2008 年版)

官渡区

昆明市官渡区文史资料选辑 政协云南省昆明市官渡区委员会文史委员会委员会编印,32 开书型,不定期,内部交流。

第 1 辑 (1988 年)
第 2 辑 (1989 年)
第 3 辑 (1990 年)
第 4 辑 (1991 年)
第 5 辑 (1992 年)
第 6 辑 (1993 年)
第 7 辑 (1994 年)
第 8 辑 (1995 年)
第 9 辑 (1998 年)

第 10 辑 (2000 年)
第 11 辑
第 12 辑
第 13 辑
第 14 辑 (2007 年)
第 15 辑 (2008 年)

西山区

西山区文史资料选辑 政协云南省昆明市西山区委员会文史资料委员会编印,32 开书型,不定期,内部交流。

第 1 辑 (1985 年)
第 2 辑 (1986 年)
第 3 辑 (1988 年)
第 4 辑 (1990 年)
第 5 辑 (1992 年)
第 6 辑 (1994 年)
第 7 辑 (1997 年)
第 8 辑 (2001 年)
第 9 辑 (2004 年)
第 10 辑 (2005 年)

东川区

东川文史资料 **(东川市文史资料)** 政协云南省东川市委员会文史资料委员会编印,32 开书型,不定期,内部交流。

第 1 辑 (1987 年)
第 2 辑 (改现名)(1990 年)
第 3 辑 (1992 年)
第 4 辑 (1995 年)
第 5 辑 (1999 年)
第 6 辑 (2002 年)

安宁市

安宁(市)文史资料选辑 政协云南省安宁县委员会文史资料委员会编印,32 开书型,不定期,内部交流或公开发行。

第 1 辑 (1985 年)
第 2 辑 (1986 年)
第 3 辑 (1987 年)
第 4 辑 (1988 年)
第 5 辑 (1990 年)
第 6 辑 (1991 年)
第 7 辑 (1994 年)
第 8 辑 (1996 年)
第 9 辑 人物专辑专辑 (1997 年)
第 10 辑 安宁文物古迹精萃 (云南民族出版社,1999 年版)

第 11 辑
第 12 辑
第 13 辑
第 14 辑
安宁文史资料精选 （2005 年）
第 15 辑 驻市企事业单位专辑 （2007 年）

呈贡县

呈贡文史资料 （呈贡文史资料选辑） 政协云南省呈贡县委员会文史资料委会编印,32 开书型,不定期,内部交流。
第 1 辑 （1987 年）
第 2 辑 （改现名）（1989 年）
第 3 辑 （1990 年）
第 4 辑 （1993 年）
第 5 辑 梨乡风韵 （1995 年）
第 6 辑 （1997 年）

晋宁县

晋宁文史资料选辑 政协云南省晋宁县委员会文史资料编委会编印,32 开书型,不定期,内部交流。
第 1 辑 （1986 年）
第 2 辑 （1987 年）
第 3 辑 （1989 年）
第 4 辑 （1992 年）
第 5 辑 （1992 年）
第 6 辑 （1995 年）
第 7 辑 （1997 年）
第 8 辑 （1999 年）
第 9 辑
第 10 辑
第 11 辑 提案选编 （1984—2004）（2004 年）
第 12 辑 郑和专辑 （2005 年）

富民县

富民文史资料选辑 政协云南省富民县委员会文史资料委员会编印,32 开书型,不定期,内部交流。
第 1 辑 （1989 年）
第 2 辑 （1994 年）
第 3 辑 （2002 年）
第 4 辑 （2005 年）

宜良县

宜良文史 （宜良文史资料选辑） 政协云南省宜良县委员会文史委员会编印,32 开书型,不定期,内部交流。
第 1 辑 （1988 年）

第 2 辑 （1990 年）
第 3 辑 （1991 年）
第 4 辑 （改现名）（1992 年）
第 5 辑 教育专辑 （1993 年）
第 6 辑 （1994 年）
第 7 辑 （1999 年）
第 8 辑 （2001 年）
第 9 辑 （2004 年）

嵩明县

嵩明文史资料 （嵩明文史资料选辑） 政协云南省嵩明县委员会文史资料委员会编印,32 开书型,不定期,内部交流。
第 1 辑 （1989 年）
第 2 辑 （1990 年）
第 3 辑 （1991 年）
第 4 辑 （1993 年）
第 5 辑 （1995 年）
第 6 辑 （1997 年）
第 7 辑 （1999 年）
嵩明县政协志 （1950—1999）（云南地方志丛书）（2000 年）
第 8 辑 （2001 年）
第 9 辑 （2004 年）
第 10 辑 兰茂诗文选 （2005 年）
第 11 辑 传统花灯选 （2006 年）
第 12 辑 教文卫专辑 （2008 年）

石林彝族自治县

石林文史资料选辑 （路南文史资料选辑） 政协云南省路南彝族自治县委员会文史资料编纂组编印,32 开书型,不定期,内部交流。
第 1—2 辑 （1986 年）
第 3—4 辑 （1989 年）
第 5 辑 （1993 年）
第 6 辑 （1993 年）
第 7 辑 （1998 年）
第 8 辑 （1999 年）
第 9 辑 （改现名） 石林文物志 （2002 年）

禄劝彝族苗族自治县

禄劝文史资料 政协云南省禄劝彝族苗族自治县委员会文史资料委员会编印,32 开书型,不定期,内部交流。
第 1 辑 （1989 年）
第 2 辑 （1992 年）
第 3 辑 （1995 年）
第 4 辑 梅绍农诗词选 （1999 年）

第 5 辑　（2000 年）
第 6 辑　（2001 年）
第 7 辑　（2002 年）
第 8 辑　（2003 年）
第 9 辑　（2004 年）

寻甸回族彝族自治县

寻甸文史资料　政协云南省寻甸回族彝族自治县委员会文史工作委员会编印,32 开书型,不定期,内部交流。
第 1 辑　（1994 年）
第 2 辑　（1995 年）
第 3 辑　（1996 年）
第 4 辑　（1997 年）
第 5 辑　（1998 年）
第 6 辑　（1999 年）
第 7 辑　彝族专辑　（2000 年）
第 8 辑　回族专辑　（2001 年）

曲靖市

曲靖文史资料　政协云南省曲靖市委员会文史资料委员会编印,32 开书型,不定期,内部交流。
第 1 辑　历史专辑　（2001 年）
第 2 辑　名胜古迹　（2002 年）
第 3 辑　革命老区武装斗争　（2003 年）
第 4 辑　民族宗教　（2005 年）
第 5 辑　历史人物　（2006 年）
第 6 辑　（2007 年）
第 7 辑　（2008 年）
"两烟"专辑　（2008 年）

麒麟区

曲靖市文史资料　政协云南省曲靖市委员会文史资料委员会编印,32 开书型,不定期,内部交流。
第 1 辑　（1987 年）
第 2 辑　（1988 年）
第 3 辑　纪念建国四十周年专辑　（1989 年）
第 4 辑　（1990 年）
第 5 辑　纪念中国共产党诞生七十周年专辑　（1991 年）
第 6 辑　（1992 年）
第 7 辑　（1993 年）
第 8 辑　纪念曲靖建市十周年　（1994 年）
第 9 辑　（1995 年）
第 10 辑　（1996 年）
第 11 辑　（1997 年）
第 12 辑　（1998 年）
第 13 辑　（1999 年）

麒麟区文史资料　政协云南省曲靖市麒麟区委员会文史资料委员会编印,32 开书型,不定期,内部交流。
第 1 辑　（1998 年）
第 2 辑
第 3 辑
第 4 辑
第 5 辑　（2003 年）
第 6 辑　（2004 年）
第 7 辑　（2005 年）
委员风采专辑　（2006 年）

宣威市

宣威文史资料　（宣威县文史资料）　政协云南省宣威县委员会文史资料委员会编印,32 开书型,不定期,内部交流。
第 1 辑　（1985 年）
第 2 辑　（1987 年）
第 3 辑　（1991 年）
第 4 辑　（改现名）（1992 年）
第 5 辑　（1995 年）
第 6 辑　（1997 年）
第 7 辑　（1999 年）
第 8 辑

马龙县

马龙文史资料　政协云南省马龙县委员会文史资料委员会编印,32 开书型,不定期,内部交流。
第 1 辑

沾益县

沾益县文史资料　政协云南省沾益县委员会文史资料委员会编印,32 开书型,不定期,内部交流。
第 1 辑　（1998 年）
第 2 辑　（2001 年）
第 3 辑　（2003 年）
第 4 辑　（2004 年）
第 5 辑　（2005 年）
第 6 辑　（2006 年）
第 7 辑　（2007 年）
第 8 辑　（2008 年）

富源县

富源文史资料　政协云南省富源县委员会文史资料委员会编印,32 开书型,不定期,内部交流。
第 1 辑　（1996 年）
第 2 辑　（1997 年）

第 3 辑　（1998 年）
第 4 辑　（1999 年）
第 5 辑　（2000 年）
第 6 辑

罗平县

罗平文史资料　（**罗平县文史资料**）　政协云南省罗平县委员会文史资料委员会编印,32 开书型,不定期,内部交流。

第 1 辑　（1993 年）
第 2 辑　（1997 年）
第 3 辑
第 4 辑　（改现名）
第 5 辑
第 6 辑　花灯音乐专辑　（2005 年）

师宗县

师宗文史资料　政协云南省师宗县委员会文史资料委员会编印,32 开书型,不定期,内部交流或公开发行。

第 1 辑　（1992 年）
第 2 辑　（1995 年）
第 3 辑　（1999 年）
第 4 辑　何桂珍文集　（云南人民出版社,2001 年版）

陆良县

陆良县文史资料选辑　政协云南省陆良县委员会文史资料编辑组编印,32 开书型,不定期,内部交流。

第 1 辑　（1989 年）
第 2 辑　（1990 年）
第 3 辑　（1991 年）
第 4 辑　（1992 年）
第 5 辑　（1994 年）
第 6 辑　（1995 年）
第 7 辑　（1995 年）
第 8 辑　（1996 年）
第 9 辑　（1997 年）
第 10 辑　（1999 年）
第 11 辑　（2000 年）
第 12 辑

会泽县

会泽文史资料　政协云南省会泽县委员会文史资料委员会编印,32 开书型,不定期,内部交流。

第 1 辑　（1990 年）
第 2 辑　（1985 年）
第 3 辑　（1992 年）

第 4 辑　（1993 年）
第 5 辑　（1994 年）
第 6 辑　（1995 年）
第 7 辑　（1996 年）
第 8 辑　（1997 年）
第 9 辑　（1999 年）
第 10 辑　（2000 年）
第 11 辑　（2003 年）

玉溪市

政协玉溪市文史资料　政协云南省玉溪市委员会文史委员会编印,32 开书型,不定期,内部交流或公开发行。

第 1 辑　参政议政　（云南人民出版社,1999 年版）
纪念人民政协成立五十周年文集　（1949—1999）（1999 年）
文史资料工作手册　（2000 年）
第 2 辑　民国名人　（云南人民出版社,2000 年版）
第 3 辑　玉溪文博　（云南人民出版社,2002 年版）
第 4 辑　玉溪民族宗教　（云南人民出版社,2002 年版）
第 5 辑　履职探索　（云南人民出版社,2004 年版）
第 6 辑　抗灾岁月　（云南人民出版社,2005 年版）
第 7 辑　历史人物　（云南人民出版社,2006 年）
第 8 辑　农业水利　（云南人民出版社,2007 年）
政协玉溪市第二届委员会建言献策专辑　（2008 年）
政协玉溪市第二届委员会调查视察专辑　（2008 年）
玉溪市政协志　（2008 年）

红塔区

玉溪市文史资料　（**玉溪市文史资料选**）　政协云南省玉溪市委员会文史资料委员会编印,32 开书型,不定期,内部交流或公开发行。

第 1 辑　（1985 年）
第 2 辑　（1986 年）
第 3(改现名)—4 辑　（1988 年）
第 5 辑　（1989 年）
第 6 辑　（1990 年）
第 7 辑　（1991 年）
第 8 辑　（1992 年）
第 9 辑　（四川辞书出版社,1995 年版）
第 10 辑　（云南民族出版社,1997 年版）
政协玉溪市志　（云南民族出版社,1998 年版）
玉溪市红塔区文史资料　政协云南省玉溪市红塔区委员会编,32 开书型,不定期,内部交流或公开发行。

第 1 辑　（云南民族出版社,1999 年版）
第 2 辑　（云南民族出版社,2001 年版）
第 3 辑　（云南民族出版社,2003 年版）

江川县

江川文史资料　政协云南省江川县委员会教文卫体文史委员会编印,32 开书型,不定期,内部交流。

第 1 辑　（1989 年）
第 2 辑　（1990 年）
第 3 辑　（1991 年）
第 4 辑　（1992 年）
第 5 辑　（1993 年）
第 6 辑　（1994 年）
第 7—8 辑　（1995 年）
第 9 辑　（1996 年）
政协江川县志　（1996 年）
第 10 辑　（1997 年）
第 11 辑　（1998 年）
第 12 辑　（1999 年）
第 13 辑　（2000 年）
第 14 辑　（2001 年）
第 15 辑　（2002 年）
第 16 辑　（2003 年）
第 17 辑　（2004 年）
第 18 辑　（2006 年）
第 19 辑　（2007 年）
第 20 辑　（2008 年）

澄江县

澄江文史资料　政协云南省澄江县委员会文史资料委员会编印,32 开书型,不定期,内部交流。

第 1 辑　（1988 年）
第 2 辑　（1989 年）
第 3 辑　（1990 年）
第 4 辑　（1992 年）
第 5—6 辑　（1993 年）
第 7 辑　（1996 年）
第 8 辑　（1998 年）
第 9—10 辑　（1999 年）
第 11 辑　（2000 年）
第 12 辑　（2001 年）
第 13 辑　（2002 年）
第 14 辑　（2003 年）
第 15 辑　（2004 年）
第 16 辑　（2005 年）
第 17 辑　调研 视察专辑　（2006 年）
澄江县政协志　（2007 年）
第 18 辑　提案选编专辑　（2007 年）
第 19 辑　（2008 年）

通海县

通海文史资料　政协云南省通海县委员会文史资料委员会编印,32 开书型,不定期,内部交流。

第 1 辑　（1987 年）
第 2—3 辑　（1988 年）
第 4 辑　（1989 年）
第 5 辑　（1990 年）
第 6 辑　（1991 年）
第 7 辑　（1992 年）
第 8 辑　（1993 年）
第 9 辑　（1995 年）
第 10 辑　（1996 年）
第 11 辑　（1998 年）
第 12 辑　（1999 年）
第 13 辑　（2000 年）
第 14 辑　（2001 年）
第 15 辑　（2002 年）
第 16 辑　（2003 年）
第 17 辑　（2004 年）
第 18 辑　涉农专辑　（2005 年）
第 19 辑　（2006 年）
第 20 辑　（2007 年）
第 21 辑　（2008 年）

华宁县

华宁文史资料　（华宁县文史资料选辑）　政协云南省华宁县委员会文史委员会编印,32 开书型,不定期,内部交流。

第 1—2 辑　（1989 年）
第 3 辑　（1990 年）
第 4 辑　（改现名）　纪念中国共产党诞生七十周年专辑　（1991 年）
第 5 辑　（1992 年）
第 6 辑　（1993 年）
第 7 辑　（1997 年）
第 8 辑　（1999 年）
第 9 辑　（2001 年）
第 10 辑　（2004 年）
委员献言献策专辑　（2005 年）
第 11 辑　（2008 年）

易门县

易门县文史资料选辑　政协云南省易门县委员会文史资料编辑委员会编印,32 开书型,不定期,内部交流或公开发行。

第 1 辑 （1988 年）
第 2 辑 （1990 年）
第 3 辑 （1991 年）
第 4 辑 （1993 年）
第 5 辑 （1995 年）
第 6 辑 （1997 年）
第 7 辑 （德宏民族出版社,1999 年版）
第 8 辑 （2002 年）
第 9 辑 人物专辑 （2005 年）

峨山彝族自治县

峨山彝族自治县文史资料选辑 政协云南省峨山彝族自治县委员会编印,32 开书型,不定期,内部交流。

第 1 辑 （1989 年）
第 2 辑 范石生专辑 （1989 年）
第 3 辑 （1990 年）
第 4 辑 （1991 年）
第 5 辑 （1992 年）
第 6 辑 （1993 年）
第 7 辑 （1995 年）
第 8 辑 （1996 年）
第 9 辑 民族专辑 （1999 年）
第 10 辑 再版范石生专辑 （1999 年）
第 11 辑 （2001 年）
第 12 辑 （2002 年）
第 13 辑 （2003 年）
第 14 辑 （2004 年）
第 15 辑 （2005 年）
第 16 辑 （2006 年）
第 17 辑 （2007 年）
第 18 辑 （2008 年）

新平彝族傣族自治县

新平彝族傣族自治县文史资料选辑 政协云南省新平彝族傣族自治县委员会文史资料委员会编印,32 开书型,不定期,内部交流或公开发行。

第 1 辑 （云南大学出版社,1988 年版）
第 2 辑 （云南大学出版社,1990 年版）
第 3 辑 （云南大学出版社,1992 年版）
第 4 辑 （云南大学出版社,1993 年版）
第 5 辑 （云南大学出版社,1994 年版）
第 6 辑 旅游专辑 （云南大学出版社,1997 年版）
第 7 辑 水电路通讯专辑 （1996 年）
第 8 辑 （1997 年）
第 9 辑 （1998 年）
第 10 辑 （1999 年）
第 11 辑 （2000 年）

第 12 辑 （2001 年）
第 13 辑 （2002 年）
第 14 辑 乡镇专辑 （2003 年）
第 15 辑 （2004 年）
第 16 辑 （2005 年）
第 17 辑 （2006 年）

元江哈尼族彝族傣族自治县

元江文史资料 政协云南省元江哈尼族彝族傣族自治县委员会文史资料委员会编印,32 开书型,不定期,内部交流。

第 1 辑 （1987 年）
第 2 辑 （1989 年）
第 3 辑 （1991 年）
第 4 辑 （1992 年）
第 5 辑 （1993 年）
第 6 辑 （1995 年）
第 7 辑 （1997 年）
第 8 辑 （1998 年）
第 9 辑 李和才资料集 （2000 年）
第 10 辑 （2004 年）
第 11 辑 （2005 年）
第 12 辑 （2006 年）
元江政协志
第 13 辑 （2008 年）

保山市

保山地区文史资料 政协云南省保山地区工作委员会编印,32 开书型,不定期,内部交流。

第 1 辑 （1986 年）

保山文史资料 政协云南省保山市委员会文史委员会编印,32 开书型,不定期,内部交流。

溅血岁月——滇西抗战专辑 （云南人民出版社,2004 年版）

保山风景名胜专辑 （2005 年）
保山地区土地改革专辑 （2006 年）
保山水利电力专辑 （2007 年）
保山辞典(2007 年)

隆阳区

隆阳文史资料 （保山市文史资料选辑） 政协云南省保山市隆阳区委员会文史资料委员会编印,32 开书型,不定期,内部交流。

第 1 辑 （1985 年）
第 2 辑 纪念中国抗日战争和世界反法西斯战争胜利四十周年专辑 （1985 年）
第 3 辑 （1986 年）

第4辑 纪念"七七事变"五十周年专辑(上)(德宏出版社,1987年版)

第5辑 纪念"七七事变"五十周年专辑(下)(德宏出版社,1988年版)

第6辑 教育专辑 (1988年)

第7辑 (1989年)

第8辑 (1991年)

第9辑 (1993年)

第10辑 (1997年)

第11辑

第12辑

第13辑 (改现名)(2007年)

第14辑 隆阳碑铭石刻 (2007年)

施甸县

施甸文史资料 政协云南省施甸县委员会文史资料委员会编印,32开书型,不定期,内部交流。

第1辑 明代邓子龙将军史料辑录 (1994年)

第2辑 (1996年)

施甸政协志

第3辑

第4辑

第5辑 (2008年)

腾冲县

腾冲文史资料选辑 (腾冲文史资料选集) 政协云南省腾冲县委员会文史资料编辑委员会编印,32开书型,不定期,内部交流或公开发行。

第1辑 抗日战争专辑 (德宏民族出版社,1988年版)

第2辑 (云南人民出版社,1990年版)

第3辑 (改现名)(1991年)

第4辑 人物专辑 (云南人民出版社,2002年版)

腾冲县政协志 (2004年)

第5辑 知青岁月录——腾冲知识青年上山下乡专辑 (2006年)

第6辑 走出国门的腾冲人 (2008年)

龙陵县

龙陵县文史资料选辑 政协龙陵县委员会编印,32开书型,不定期,内部交流。

第1辑 龙陵抗日战争专辑 (1999年)

第2辑 (1999年)

第3辑 松山作证——抗日战争续辑 (2004年)

第4辑 抗日战争龙陵纪事——龙陵抗战续集 (2004年)

日落滇缅

人文春秋

龙陵抗战集

第5辑 考古·民族·宗教专辑 (2006年)

龙陵县政协志

抗战见证录 (2008年)

昌宁县

昌宁文史资料 政协云南省昌宁县委员会文史资料委员会编印,32开书型,不定期,内部交流。

第1辑 (1994年)

第2辑 (1999年)

第3辑

第4辑 (2005年)

春花秋实(画册)

第5辑 热血铸丰碑

思辨·建言——建言献策专辑 (第一、二、三册)

第6辑 昌宁茶韵

铿锵之旅——政协工作通讯汇编 (第一辑)

第7辑 昌宁文化地图

昭通市

昭通地区文史资料选辑 政协云南省昭通地区工作委员会编印,32开书型,不定期,内部交流或公开发行。

第1辑 (1993年)

昭通文史资料 政协云南省昭通市委员会文史资料委员会编印,32开书型,不定期,内部交流。

第1辑 北胜谷宇洞经古乐传谱 (中国文史出版社,2001年版)

第2辑

第3辑 豆沙关文化专集 (2004年)

第4辑 (2005年)

第5辑 (2006年)

昭阳区

昭通文史资料选辑 政协云南省昭通市委员会文史资料编辑室编印,32开书型,不定期,内部交流。

第1辑 (1985年)

第2辑 (1986年)

第3辑 (1988年)

第4辑 (1989年)

第5辑 (1990年)

第6辑 (1991年)

第7辑 (1993年)

第8辑 浦汉英文选 (1993年)

第9辑 (1995年)

第10辑 李永和蓝朝鼎反清起义专辑 (1995年)

鲁甸县

鲁甸县文史资料 政协云南省鲁甸县委员会文史资料委员会编印,32 开书型,不定期,内部交流。

第 1 辑 (2004 年)
委员风采录 (2004 年)
第 2 辑 (2006 年)
第 3 辑 (2007 年)

巧家县

巧家县文史资料 政协云南省巧家县委员会文史资料委员会编印,32 开书型,不定期,内部交流。

第 1 辑 (1989 年)
第 2 辑 (1992 年)

盐津县

盐津县文史资料 政协云南省盐津县委员会文史资料研究委员会编印,32 开书型,不定期,内部交流。

第 1 辑 (1990 年)
第 2 辑 (1992 年)
第 3 辑 (1999 年)
第 4 辑 诗词专辑 (1993 年)
第 5 辑 (1996 年)

大关县

大关文史资料 政协云南省大关县委员会编印,32 开书型,不定期,内部交流。

第 1 辑 (1992 年)
第 2 辑 (1996 年)
第 3 辑 (1996 年)
第 4 辑 大关县政协志 (1997 年)
第 5 辑
第 6 辑
第 7 辑 (2006 年)

永善县

永善县文史资料 政协云南省永善县委员会文史资料委员会编印,32 开书型,不定期,内部交流。

第 1 辑 (1994 年)
第 2 辑 (1997 年)
第 3 辑 (2000 年)
第 4 辑 (2003 年)
第 5 辑 (2006 年)

绥江县

绥江文史资料选辑 政协云南省绥江县委员会文史资料委员会编印,32 开书型,不定期,内部交流。

第 1 辑 (1988 年)
第 2 辑 (1989 年)
第 3 辑 (1990 年)
第 4 辑 (1991 年)
第 5—6 辑 (1993 年)
第 7 辑 (1994 年)
第 8 辑 (1995 年)
第 9 辑 (1996 年)
谭友佛先生文史遗稿选 (与政协宜宾市文史学习委员会合编,1991 年)
第 10 辑 (总第 11 辑)(1997 年)
第 11 辑 (总第 12 辑)(1998 年)
第 12 辑 (总第 13 辑)(1999 年)
第 13 辑 (总第 14 辑)(2001 年)

镇雄县

镇雄文史资料 政协云南省镇雄县委员会文史资料研究委员会编印,32 开书型,不定期,内部交流。

第 1 辑 (1989 年)
第 2 辑 (1990 年)
第 3 辑 (1993 年)
第 4 辑 (1994 年)
第 5 辑
第 6 辑
第 7 辑
第 8 辑 (2005 年)
第 9 集 (2007 年)

彝良县

彝良文史资料 政协云南省彝良县委员会文史资料编辑室编印,32 开书型,不定期,内部交流。

第 1 辑 (1990 年)
第 2 辑 (1991 年)
第 3 辑 (2004 年)
第 4 辑 (2006 年)

威信县

威信文史资料选辑 政协云南省威信县委员会文史资料办公室编印,32 开书型,不定期,内部交流。

第 1 辑 (1986 年)

第 2—4 辑 （1987 年）

第 5—6 辑 （1988 年）

第 7 辑 （1989 年）

第 8 辑 庆祝威信解放四十周年专辑 （1990 年）

第 9 辑 （1990 年）

第 10—11 辑 （1991 年）

第 12—13 辑 （1992 年）

第 14—15 辑 （1993 年）

第 16 辑 （1994 年）

第 17 辑 （1994 年）

第 18 辑 （1995 年）

第 19 辑 观斗山、大雪山专辑 （1995 年）

第 20 辑 （1996 年）

第 21 辑 （1996 年）

第 22 辑 （1997 年）

第 23 辑 （1997 年）

第 24 辑 （1998 年）

第 25 辑 （1999 年）

第 26 辑 威信苗族 （2000 年）

第 27 辑 威信文史资料集刊 （2002 年）

第 28 辑 （2003 年）

水富县

水富文史资料 政协云南省水富县委员会文史资料委员会编印,32 开书型,不定期,内部交流。

第 1 辑

第 2 辑

第 3 辑 （2004 年）

丽江市

丽江市文史资料 （丽江地区文史资料选辑） 政协云南省丽江市委员会文史资料委员会编印,32 开书型,不定期,内部交流。

第 1 辑 （1998 年）

第 2 辑 （1999 年）

第 3 辑 （2000 年）

第 4 辑 （2001 年）

第 1 辑 （总第 5 辑）（改现名）（2002 年）

第 2 辑 （总第 6 期）

第 3 辑 （总第 7 辑） 宗教专辑 （2005 年）

古城区

丽江古城文史资料 （丽江文史资料） 政协云南省丽江市古城区文史资料委员会编印,32 开书型,不定期,内部交流。

第 1 辑 （1985 年）

第 2 辑 （1986 年）

第 3 辑 （1987 年）

第 4 辑 （1987 年）

第 5—6 辑 （1988 年）

第 7—8 辑 （1989 年）

第 9 辑 （1990 年）

第 10 辑 （1991 年）

第 11 辑 （1992 年）

第 12 辑 （1993 年）

第 13 辑 （1994 年）

第 14 辑 （1995 年）

第 15 辑 （1996 年）

第 16 辑 （1997 年）

第 17 辑 （1998 年）

第 18 辑 （1999 年）

第 19 辑 （2000 年）

第 20 辑 （2001 年）

第 21 辑 （2002 年）

第 22 辑 （改现名）（2003 年）

永胜县

永胜文史资料选辑 政协云南省永胜县委员会文史资料委员会编印,32 开书型,不定期,内部交流。

第 1 辑 （1989 年）

第 2 辑 （1990 年）

第 3 辑 （1991 年）

第 4 辑 （1992 年）

第 5 辑 （1995 年）

第 6 辑 （1998 年）

第 7 辑 （1999 年）

第 8 辑 （2005 年）

华坪县

华坪县文史资料 政协云南省华坪县委员会文史资料工作委员会编印,32 开书型,不定期,内部交流。

第 1 辑 （1992 年）

第 2 辑 （1993 年）

第 3 辑 （1993 年）

第 4 辑 （1995 年）

第 5 辑 华坪县政协志 （1995 年）

第 6 辑 （1996 年）

第 7 辑 （1997 年）

第 8 辑 （1998 年）

第 9 辑 （1999 年）

第 10 辑 （2002 年）

第 11 辑 （2004 年）

第 12 辑 （2005 年）

第 13 辑 （2006 年）

第 14 辑 （2007 年）

第 15 辑 （2008 年）

玉龙纳西族自治县

宁蒗彝族自治县

宁蒗文史资料选辑 政协云南省宁蒗彝族自治县委员会文史资料委员会编印,32 开书型,不定期,内部交流或公开发行。

第 1 辑 （1991 年）
摩梭达巴文化
宁蒗佛教发展史
宁蒗伊斯兰教发展史
第 2 辑 （云南民族出版社,2003 年版）
第 3 辑 （2005 年）

普洱市

思茅地区文史资料选辑 政协云南省思茅地区工作委员会编印,32 开书型,不定期,内部交流。

第 1 辑 （1998 年）
普洱茶源
红色普洱

思茅区

思茅县文史资料 政协云南省思茅县委员会文史资料委员会编印,32 开书型,不定期,内部交流。

第 1 辑 （1989 年）
第 2 辑
第 3 辑
第 4 辑
第 5 辑 （2006 年）

宁洱哈尼族彝族自治县

普洱文史资料 政协云南省普洱哈尼族彝族自治县委员会文史组编印,16 开刊型,油印,不定期,内部交流。

第 1—7 辑
第 1 辑 （总第 8 辑）（1988 年）
第 9—13 辑
第 14—15 辑 （1990 年）

墨江哈尼族自治县

墨江文史资料选辑 政协云南省墨江哈尼族自治县委员会编印,32 开书型,不定期,内部交流。

第 1 辑 （1997 年）

第 2 辑
第 3 辑
第 4 辑 （2005 年）

景东彝族自治县

景东文史资料 政协云南省景东彝族自治县委员会文史资料委员会编印,16 开刊型,油印,不定期,内部交流。

第 1—3 辑 （1991 年）
第 4 辑 （1992 年）
第 5—6 辑 （1993 年）
第 7—8 辑 （1995 年）

景东文史资料 政协云南省景东彝族自治县委员会文史资料委员会编印,32 开书型,不定期,内部交流。

第 1 辑 （1998 年）

景谷傣族彝族自治县

镇沅彝族哈尼族拉祜族自治县

镇沅文史资料 政协云南省镇沅彝族哈尼族拉祜族自治县委员会编印,32 开书型,不定期,内部交流。

第 1 辑
第 2 辑 （2005 年）
第 3 辑 （2007 年）
镇沅政协志 （2008 年）

江城哈尼族彝族自治县

江城文史资料选辑 政协云南省江城哈尼族彝族自治县委员会文史资料研究委员会编印,16 开刊型,油印,不定期,内部交流。

第 1 辑
第 2 辑
第 3 辑
第 4 辑
第 5 辑
第 6 辑
第 7 辑
第 8 辑
第 9 辑
第 10 辑
第 11 辑
第 12 辑
第 13 辑
第 14 辑
第 15 辑 （1991 年）

孟连傣族拉祜族佤族自治县

孟连文史资料选辑 政协云南省孟连傣族拉祜族佤族自治县委员会文史资料委员会编印,32 开书型,不定期,内部交流。

第 1 辑 （1998 年）
第 2 辑
第 3 辑

澜沧拉祜族自治县

澜沧文史资料 政协云南省澜沧拉祜族自治县委员会编印,32 开书型,不定期,内部交流。

第 1 辑 （1991 年）
第 2 辑 （1992 年）
拉祜族史 （民族出版社,2003 年版）

西盟佤族自治县

西盟佤族自治县文史资料 政协云南省西盟佤族自治县委员会编印,32 开书型,不定期,内部交流。

第 1 辑 （2004 年）

临沧市

临沧文史资料选辑 政协云南省临沧地区工作委员会文史资料委员会的编印,32 开书型,不定期,内部交流或公开发行。

第 1 辑 （1992 年）
第 2 辑 （1995 年）
第 3 辑 少数民族文史资料专辑 （1999 年）
第 4 辑 临沧杰出人物传 （云南民族出版社,2003 年版）
第 5 辑 （2006 年）
中国临沧茶文化 （2007 年）
滇缅铁器临沧段史料专辑 （2008 年）
沧江人物 （2008 年）

临翔区

临沧县文史资料 （临沧文史资料） 政协云南省临沧县委员会文史资料委员会编印,32 开书型,不定期,内部交流。

第 1 辑 （1989 年）
第 2 辑 （改现名） 抗日战争时期专辑 （1991 年）
第 3 辑 （1999 年）
第 4 辑 （2000 年）

凤庆县

凤庆文史资料 政协云南省凤庆县委员会文史资料委员会编印,32 开书型,不定期,内部交流。

第 1 集 （1988 年）
第 2 集 （1989 年）
第 3 集 （1991 年）
第 4 集 （1993 年）
第 5 集 （1995 年）
第 6 集 （1999 年）
第 7 集
第 8 集
第 9 集
第 10 集
第 11 集 （2006 年）

云县

云县文史资料 政协云南省云县委员会文史资料委员会等编印,32 开书型,不定期,内部交流。

第 1 辑 （1981 年）
第 2 辑 （1983 年）
第 3 辑 （1986 年）
第 4 辑 抗日战争时期专辑 （1989 年）
第 5 辑 （1991 年）
第 6 辑 （1993 年）
第 7 辑 （1998 年）
第 8 辑 （1999 年）
云县政协委员文选 （2000 年）
第 9 辑 （2003 年）
云县政协志 （2006 年）
委员风采 （2007 年）
委员诗选 （2008 年）

永德县

永德县文史资料 政协云南省永德县委员会文史资料委员会编印,32 开书型,不定期,内部交流。

第 1 辑 （1991 年）
第 2 辑 （1995 年）
第 3 辑 （2000 年）

镇康县

镇康文史资料选辑 政协云南省镇康县委员会文史资料委员会编印,32 开书型,不定期,内部交流。

第 1 辑 （1990 年）

第 2 辑 （1991 年）

第 3 辑 （1993 年）

第 4 辑 （1995 年）

第 5 辑 （1998 年）

双江拉祜族佤族布朗族傣族自治县

双江文史资选辑 政协云南省双江拉祜族佤族布朗族傣族自治县委员会文史资料委员会编印,32 开书型,不定期,内部交流。

第 1 辑 （1989 年）

第 2 辑 （1999 年）

耿马傣族佤族自治县

耿马文史资料选辑 政协云南省耿马傣族佤族自治县委员会文史资料委员会编印,32 开书型,不定期,内部交流。

第 1 辑 （1990 年）

第 2—3 辑 （1992 年）

第 4 辑 （1997 年）

第 5 辑

沧源佤族自治县

沧源文史资料 （沧源文史资料选辑） 政协云南省沧源佤族自治县委员会文史委员会编印,32 开书型,不定期,内部交流。

第 1 辑 （1986 年）

第 2 辑 （1990 年）

第 3 辑 （改现名）（1997 年）

第 4 辑 （1999 年）

德宏傣族景颇族自治州

德宏州文史资料选辑 政协云南省德宏傣族景颇族自治州委员会文史资料委员会编,32 开书型,内部交流或公开发行。

第 1 辑 （1961 年）

第 2 辑 （1963 年）

第 3 辑 （1966 年）

第 1—3 辑合订再版本 （1986 年）

第 4 辑 （1985 年）

第 5 辑 （德宏民族出版社,1986 年版）

第 6 辑 （德宏民族出版社,1987 年版）

第 7 辑 （德宏民族出版社,1989 年版）

第 8 辑 滇西抗日战争专辑 （1991 年）

第 9 辑 （德宏民族出版社,1994 年版）

第 10 辑 德宏土司专辑 （德宏民族出版社,1997 年版）

第 11 辑 滇西抗战论文集 （德宏民族出版社,1999 年版）

第 12 辑 德宏解放五十年亲历记 （德宏民族出版社,1999 年版）

第 13 辑 中国景颇族山官 （德宏民族出版社出版,2001 年版）

第 14 辑 德宏傣族新社会五十年 （云南民族出版社,2003 年版）

第 15 辑 德宏农业五十年 （德宏民族出版社,2003 年版）

第 16 辑 山的脊梁 （云南出版集团、云南美术出版社,2006 年版）

第 17 辑 古老的茶农 （云南民族出版社,2006 年版）

第 18 辑 启迪

第 19 辑 书画选集·德宏州老年书画 （2007 年）

第 20 辑 同舟共济 和谐发展 （2007 年）

第 21 辑 滇缅抗战纪实 （中国文史出版社,2008 年版）

第 22 辑 上刀山 下火海 （2008 年）

德宏五种世居少数民族发展史料丛书 政协云南省德宏傣族景颇族自治州委员会文史资料委员会编,云南民族出版社出版。

阿昌族变迁史

德昂族变迁史

傈僳族变迁史

潞西市

潞西市文史资料选辑 （潞西县文史资料选辑） 政协云南省潞西市委员会教科文卫体文史委员会编印,32 开书型,不定期,内部交流或公开发行。

第 1 辑 （德宏民族出版社,1987 年版）

第 2 辑 （德宏民族出版社,1991 年版）

第 3 辑 （改现名）（2001 年）

第 4 辑

第 5 辑

第 6 辑

第 7 辑

古老的茶农——中国德昂族社会发展变迁史 （腾二召主编,云南民族出版社,2006 年版）

瑞丽市

瑞丽文史资料选辑 政协云南省瑞丽市委员会文史资料委员会编印,32 开书型,不定期,内部交流或公开发行。

第 1 辑 （德宏民族出版社,1994 年版）

第 2 辑 无悔青春——瑞丽知青专辑 （2001 年）

畹町文史资料选辑 政协云南省畹町市委员会文史资料委员会编印,32 开书型,不定期,内部交流或公开发行。

第 1 辑 （德宏民族出版社,1998 年版）

梁河县

梁河县文史资料选 政协云南省梁河县委员会文史资料编辑组编印,32 开书型,不定期,内部交流。
第 1 辑 (1988 年)
第 2 辑 (2001 年)

盈江县

盈江文史资料选辑 政协云南省盈江县委员会文史资料委员会编印,32 开书型,不定期,内部交流。
第 1 辑 (1992 年)
第 2 辑 (1993 年)
第 3 辑 (1996 年)

陇川县

陇川县文史资料选辑 政协云南省陇川县委员会文史委员会编印,32 开书型,不定期,内部交流或公开发行。
第 1 辑 (德宏民族出版社,1989 年版)
第 2 辑 (德宏民族出版社,1991 年版)
第 3 辑 (德宏民族出版社,1992 年版)
第 4 辑 (傣文版)(德宏民族出版社,1993 年版)
第 5 辑 (德宏民族出版社,1999 年版)
第 6 辑
第 7 辑 (德宏民族出版社,2002 年版)
陇川政协志 (1950—2005)(2007 年)

怒江傈僳族自治州

怒江文史资料选辑 政协云南省怒江傈僳族自治州委员会文史和资料委员会编印,32 开书型,不定期,内部交流或公开发行。
第 1 辑 (1984 年)
第 2 辑 热烈庆祝怒江傈僳族自治州成立三十周年(1984 年)
第 3—4 辑 (1985 年)
第 5 辑 怒江边防斗争专集 (1985 年)
第 6 辑 庆祝贡山独龙族怒族自治县建立三十周年(1986 年)
第 7 辑 (1987 年)
第 8 辑 福贡县文史资料专辑 (1987 年)
第 9 辑 怒江教育史料专辑 (1988 年)
第 10 辑 怒江解放及解放初期的民族工作专辑(1988 年)
第 11 辑 怒江民族、民俗史料专辑 (1989 年)
第 12 辑 兰坪普米族社会历史调查专辑 (1989 年)
第 13 辑 (1989 年)
第 14 辑 (1990 年)

第 15 辑 兰坪文史资料专辑之一 (1990 年)
第 16 辑 (1990 年)
第 17 辑 (1991 年)
第 18 辑 贡山独龙族怒族自治县文史专辑 (1991 年)
第 19 辑 杨玉科将军史料集 (与兰坪县政协文史资料委员会合编,1991 年)
第 20 辑 兰坪文史资料专辑之二 (1992 年)
第 21—22 辑 (1993 年)
第 1—20 辑摘编(上、下卷)(德宏民族出版社,1994 年版)
第 23 辑 边贸边务专辑 (1995 年)
第 24 辑 怒江民族史料学研究论文集(一)(1995 年)
第 25 辑 (1997 年)
第 26 辑 怒江民族史料研究论文集(二)(德宏民族出版社,1997 年版)
五十三年的挂念——怒江"驼峰"坠机发现纪实 (德宏民族出版社,1999 年版)
飞越峡谷的歌声——怒江傈僳族农民合唱团享誉中外(德宏民族出版社,1999 年版)
第 27 辑 独龙族 (云南怒江民族文史资料丛书)(德宏民族出版社,1999 年版)
第 28 辑 人民政协成立五十周年纪念文集 (1999 年)
第 29 辑
第 30 辑 傈僳族 (云南怒江州民族文史资料丛书)(云南民族出版社,2002 年版)
第 31 辑 普米族 (云南怒江州民族文史资料丛书)(云南民族出版社,2002 年版)
第 32 辑
第 33 辑
第 34 辑
怒江政协五十年
建言献策汇编

泸水县

泸水文史资料 政协云南省泸水县委员会文史资料委员会编印,32 开或 64 开书型,不定期,内部交流。
第 1 辑 (1986 年)
第 2 辑 (1989 年)
第 3 辑 (1993 年)
政协工作文件选编 (1993 年)
泸水县政协志 (1997 年)
第 4 辑
第 5 辑 鲁掌彝族史 (2003 年)

福贡县

福贡文史资料选辑 政协云南省福贡县委员会文史资

料委员会编印,32 开书型,不定期,内部交流。

第 1 辑　（1988 年）

第 2 辑　（1990 年）

第 3 辑　（1991 年）

第 4 辑　（1992 年）

第 5 辑　霜耐冬回忆录专辑　（1994 年）

第 6 辑　傈僳族专辑　（1995 年）

第 7 辑　老干部革命回忆录专辑　（1997 年）

第 8 辑　（2002 年）

福贡县政协志　（2007 年）

贡山独龙族怒族自治县

贡山文史资料　政协云南省贡山独龙族怒族自治县委员会文史资料委员会编印,16 开刊型,不定期,内部交流。

第 1 辑　（1992 年）

第 2 辑　（1993 年）

贡山文史资料　政协云南省贡山独龙族怒族自治县委员会文史资料委员会编印,32 开书型,不定期,内部交流。

第 1 辑　（1996 年）

兰坪白族普米族自治县

兰坪文史资料　政协云南省兰坪白族普米族自治县委员会文史委员会编印,32 开书型,不定期,内部交流或公开发行。

杨玉科将军史料集　（暨《怒江文史资料选辑》第 18 辑,1991 年）

第 1 辑　（1995 年）

普米族　（中国云南怒江州民族文史资料）（德宏民族出版社,1997 年版）

第 2 辑　（1998 年）

第 3 辑　（1999 年）

第 4 辑　（2000 年）

第 5 辑　（2001 年）

第 6 辑　（2002 年）

第 7 辑

第 8 辑　黄埔学子李名扬专辑　（2005 年）

迪庆藏族自治州

迪庆州文史资料　（迪庆州文史资料选辑）　政协云南省迪庆藏族自治州委员会文史资料委员会编印,32 开书型,不定期,内部交流或公开发行。

第 1 辑　（1987 年）

第 2 辑　（1988 年）

第 3 辑　（1990 年）

第 4 辑　班禅副委员长视察迪庆　（国际文化出版公司,1992 年版）

第 5 辑　（1994 年）

第 6 辑　（1998 年）

第 7 辑　（改现名）（2005 年）

香格里拉县

中甸文史资料选辑　政协云南省中甸县委员会文史资料委员会编印,32 开书型,不定期,内部交流。

第 1 辑　（1992 年）

德钦县

德钦县文史资料　政协云南省德钦县委员会文史资料委员会编印,32 开书型,不定期,内部交流。

第 1 辑　（2003 年）

维西傈僳族自治县

维西文史资料　政协云南省维西傈僳族自治县委员会文史资料委员会编印,32 开书型,不定期,内部交流。

第 1 辑　（1989 年）

第 2 辑　（1992 年）

第 3 辑　（1995 年）

第 4 辑　（1997 年）

第 5 辑　（2000 年）

大理白族自治州

大理州文史资料　政协云南省大理白族自治州委员会学习文史资料委员会编印,32 开书型,不定期,内部交流。

第 1 辑　（1983 年）

第 2 辑　（1984 年）

第 3 辑　辛亥革命护国运动专辑　（1985 年）

第 4 辑　（1987 年）

第 5 辑　（1988 年）

第 6 辑　（1989 年）

第 7 辑　国立大理师范学校校友回忆录　（1993 年）

第 8 辑　（1994 年）

第 9 辑　手工业、工业专辑　（1997 年）

第 10 辑　重点项目建设专辑　（1999 年）

第 11 辑　重点项目建设续集　（2000 年）

第 12 辑　（2003 年）

第 13 辑　热烈庆祝大理白族自治州建州五十周年专辑（2006 年）

第 14 辑　洱海保护专辑　（2007 年）

大理市

大理市文史资料　政协云南省大理市委员会文史资料委员会编印,32 开书型或 16 开刊型,不定期,内部交流或公开发行。

第1辑　（1987 年）

第2辑　（1988 年）

第3辑　（1990 年）

第4辑　（1991 年）

第5辑　抗战专辑　（1994 年）

第6辑　（1997 年）

第7辑　（1998 年）

第8辑　商业经济史专辑　（1999 年）

第9辑　（2000 年）

第10辑　大理名胜古迹楹联选　（云南民族出版社，2002 年版）

第11辑　（2004 年）

第12辑　大理市重点文物保护单位揽胜　（2004 年）

第13辑　（2006 年）

第14辑　大理方言集注　（2007 年）

第15辑　重读《新喜洲》　（2007 年）

第16辑　华中大学在喜洲　（2008 年）

祥云县

祥云文史资料　政协云南省祥云县委员会编印,32 开书型,不定期,内部交流。

第1辑　（1991 年）

第2辑　（1992 年）

第3辑　（1993 年）

第4辑　（1994 年）

第5辑　（1997 年）

第6辑　（1999 年）

第7辑　（2001 年）

第8辑　（2002 年）

第9辑　（2006 年）

第10辑　（2007 年）

第11辑　（2008 年）

宾川县

宾川文史资料选辑　政协云南省宾川县委员会文史资料委员会编印,32 开书型,不定期,内部交流或公开发行。

第1辑　（1992 年）

第2辑　（1995 年）

宾川音乐集成资料

宾川文艺作品选

建言献策选编　（2005 年）

宾川文物集锦　（德宏民族出版社,2006 年版）

华侨农场专辑　（2007 年）

弥渡县

弥渡文史资料通讯　政协云南省弥渡县委员会办公室编印,16 开刊型,油印,不定期,内部交流。

第1—2 期　（1986 年）

第3 期　（1987 年）

第4 期　（1988 年）

第5—7 期　（1989 年）

第8 期　（1990 年）

弥渡县文史资料　政协云南省弥渡县委员会文史资料组编印,32 开书型,不定期,内部交流。

第1辑　（1990 年）

第2辑　索观瀛传　（1992 年）

第3辑　（1997 年）

第4辑　（2004 年）

第5辑　（2006 年）

永平县

永平文史资料　政协云南省永平县委员会编印,32 开书型,不定期,内部交流。

第1辑　（1998 年）

云龙县

云龙文史资料选辑　政协云南省云龙县委员会文史资料研究委员会编印,32 开书型,不定期,内部交流。

第1辑　（1986 年）

云龙州志(雍正本)(1987 年)

第2辑　（1987 年）

第3辑　（1989 年）

第4辑　（1990 年）

第5辑　（1992 年）

第6辑　（1997 年）

第7辑

洱源县

洱源文史资料　政协云南省洱源县委员会文史资料委员会编印,32 开书型,不定期,内部交流。

第1辑　（1988 年）

第2辑　（1991 年）

第3辑　（1992 年）

第4辑　（1996 年）

第5辑　（2002 年）

剑川县

剑川文史资料选编　政协云南省剑川县委员会文史资料委员会编印,32 开书型,不定期,内部交流。

第1辑　（1988 年）

第2辑　（1992 年）

第3辑　（1993 年）

第4辑　（1994 年）

第 5 辑 （1997 年）

鹤庆县

鹤庆文史资料 政协云南省鹤庆县委员会文史资料委员会编印,16 开刊型,油印,不定期,内部交流。

第 1 辑 （1990 年）
第 2 辑 （1991 年）
第 3 辑 （1994 年）
第 4 辑 （1996 年）
第 5 辑 （1998 年）
第 6 辑
第 7 辑 （2003 年）

漾濞彝族自治县

漾濞文史资料 政协云南省漾濞彝族自治县委员会《漾濞文史资料》编辑委员会编印,32 开书型,不定期,内部交流。

第 1 辑 （1990 年）
第 2 辑
第 3 辑
第 4 辑
第 5 辑
第 6 辑 （2006 年）

南涧彝族自治县

南涧文史资料 政协云南省南涧彝族自治县委员会文史资料委员会编印,32 开书型,不定期,内部交流。

第 1 辑 （1993 年）
第 2 辑
第 3 辑 纪念南涧建县四十周年专辑 （2005 年）

巍山彝族回族自治县

巍山文史资料 （巍山县文史资料） 政协云南省巍山彝族回族自治县委员会学习文史工作委员会编印,32 开书型,不定期,内部交流。

第 1 辑 （1986 年）
第 2 辑 （改现名）（1988 年）
第 3 辑 （1989 年）
第 4 辑 （1990 年）
第 5 辑 （1991 年）
第 6 辑 （1993 年）
第 7 辑 （1995 年）
第 8 辑 （1998 年）

楚雄彝族自治州

楚雄州文史资料选辑 （楚雄彝族自治州文史资料选辑） 政协云南省楚雄彝族自治州委员会教文卫体文史资料委员会编印,32 开书型,不定期,内部交流或公开发行。

第 1 辑 （1984 年）
第 2 辑 （1985 年）
第 3 辑 （1986 年）
第 4 辑 （1987 年）
第 5 辑 （改现名）（1988 年）
第 6 辑 （1989 年）
第 7 辑 （1990 年）
第 8 辑 （1991 年）
第 9 辑 （1992 年）
第 10 辑 彝州政协三十年 （1993 年）
第 11 辑 （1994 年）
第 12 辑 纪念抗日战争胜利五十周年专辑 （1995 年）
第 13 辑 工商史料专辑 （1996 年）
第 14 辑 彝州四十年亲历记 （1997 年）
第 15 辑 改革开放二十年 （1998 年）
第 16 辑 人民政协五十年彝州政协工作回顾 （1999 年）
第 17 辑 教育史料专辑 （2000 年）
第 18 辑 科技史料专辑 （2001 年）
第 19 辑 政法史料专辑 （2002 年）
第 20 辑 农林水史料专辑 （2003 年）
中国福字大观
楚雄古文词诗赋选
第 21 辑 文化体育史料专辑 （2004 年）
第 22 辑 旅游文化史料专辑 （2005 年）
楚雄彝族自治州旧方志全书 （九卷十三册）（云南人民出版社,2006 年版）

楚雄市

楚雄市文史资料选辑 政协云南省楚雄市委员会文史资料编辑委员会编印,32 开书型,不定期,内部交流。

第 1 辑 （1989 年）
第 2 辑 （1991 年）
第 3 辑 （1992 年）
第 4 辑 庆祝楚雄市政协成立十周年 （1993 年）
第 5 辑 （1999 年）
第 6 辑 热烈庆祝中华人民共和国成立五十周年、热烈庆祝中国人民政治协商会议成立五十周年 （1999 年）
第 7 辑 （2004 年）

第 8 辑 （2006 年）

双柏县

双柏县文史资料 **（双柏文史资料选辑）** 政协云南省双柏县委员会文史组编印，16 开刊型，油印，不定期，内部交流。

第 1—4 期 （1987 年）

第 5—10 期 （1988 年）

第 11 期 （1989 年）

第 12—13（改现名）—14 期 （1990 年）

第 15—18 期 （1991 年）

双柏县文史资料 政协云南省双柏县委员会文史委员会编印，32 开书型，不定期，内部交流。

第 1 辑 （1993 年）

第 2 辑 （1997 年）

牟定县

牟定文史资料 政协云南省牟定县委员会文史资料委员会编印，32 开书型，不定期，内部交流。

第 1 辑 （1992 年）

第 2 辑 （1996 年）

第 3 辑 （1998 年）

南华县

南华县文史资料选辑 政协云南省南华县委员会《南华县文史资料选辑》编辑组编印，32 开书型，不定期，内部交流。

第 1 辑 （1991 年）

第 2 辑 南山革命斗争专辑 （1992 年）

第 3 辑 （1995 年）

第 4 辑 （1997 年）

第 5 辑 （1999 年）

第 6 辑

第 7 辑 纪念南华县政协成立二十周年专辑 （2004 年）

第 8 辑 （2006 年）

姚安县

姚安文史资料通讯 政协云南省姚安县文史资料委员会编印，16 开刊型，油印，不定期，内部交流。

第 1—9 期

第 10 期 （1990 年）

第 11—27 期

第 28 期 （2004 年）

姚安文史资料选辑 政协云南省姚安县委员会文史资料委员会编印，32 开书型，不定期，内部交流。

第 1 辑 （1991 年）

第 2 辑 （1996 年）

第 3 辑 （2002 年）

第 4 辑 （2004 年）

第 5 辑 （2005 年）

大姚县

大姚史料 政协云南省大姚县委员会民族宗教文史委员会编印，16 开刊型，油印，不定期，内部交流。

第 1—2 期 （1990 年）

第 3—4 期 （1991 年）

第 5—6 期 （1992 年）

第 7 期 （1993 年）

第 8 期

第 9—10 期 （1994 年）

第 11—12 期 （1996 年）

第 13 期 （1997 年）

大姚(县)文史资料 政协云南省大姚县委员会教文卫体文史资料委员会编印，32 开书型，不定期，内部交流。

第 1 辑 （1992 年）

第 2 辑 （2002 年）

第 3 辑 （2003 年）

第 4 辑 民族文化专辑 （2004 年）

髹印弯弯 （大姚县文史资料丛书）（姜泽文著，2007 年）

永仁县

永仁文史资料 政协云南省永仁县委员会文史资料委员会编印，16 开刊型，油印，不定期，内部交流。

第 1 期

第 2 期

第 3 期

第 4 期 （1992 年）

永仁文史资料选辑 政协云南省永仁县委员会教科文卫体文史资料委员会编印，32 开书型，不定期，内部交流。

第 1 辑 （1989 年）

第 2 辑 （1992 年）

第 3 辑 （1997 年）

第 4 辑 （2002 年）

元谋县

元谋文史 政协云南省元谋县委员会编印，16 开刊型，油印，不定期，内部交流。

第 1 辑 （1992 年）

元谋文史资料 政协云南省元谋县委员会文史资料委员会编印，32 开书型，不定期，内部交流。

第 1 辑 （1995 年）

武定县

武定文史资料 政协云南省武定县委员会文史资料领导小组编印,32 开书型,不定期,内部交流。

第 1 辑 (1995 年)

第 2 辑

第 3 辑 (2005 年)

禄丰县

禄丰县文史资料 政协云南省禄丰县委员会编印,16 开刊型,油印,不定期,内部交流。

第 1 集 名匾名联专辑 (1989 年)

禄丰文史资料 政协云南省禄丰县委员会提案文史委员会编印,32 开书型或 16 开刊型,或油印,不定期,内部交流。

第 1 辑 (1994 年)

第 2 辑 (1996 年)

禄丰名匾名联

红河哈尼族彝族自治州

红河州文史资料选辑 政协云南省红河哈尼族彝族自治州委员会学习文史委员会编印,32 开书型,不定期,内部交流。

第 1 辑 (1982 年)

第 2 辑 (1983 年)

第 3 辑 (1984 年)

第 4 辑 红河地区土司史料专辑 (1985 年)

第 5 辑 纪念抗日战争胜利四十周年专辑 (1985 年)

第 6 辑 (1986 年)

第 7 辑 回顾红河地区的解放——庆祝红河州三十年州庆纪念专辑 (1987 年)

第 8 辑 回顾红河地区的解放——庆祝红河州三十州庆纪念专辑 (1987 年)

第 9 辑 民族史料专辑 (1988 年)

第 10 辑 (1989 年)

第 11 辑 (1992 年)

第 12 辑 (1996 年)

第 13 辑 (2001 年)

第 14 辑 (2005 年)

红河文史丛书 (十一册) 政协贵州省红河哈尼族彝族自治州委员会学习文史委员会编,民族出版社,2005 年版。

红河文史集粹 (上、中、下册)

红河土司七百年 (郭纯礼等编著)

纳楼昨天的回忆 (杨国荣著)

曹士桂与宦海日记

锡都古今

红河哈尼族谱牒 (杨六全编著)

红河彝族尼苏迁徙史 (杨六全编著)

万保邦及其领导的民卫军 (朱维琛著)

红河州民主党派简史

红河民族文化丛书 (三册) 政协贵州省红河哈尼族彝族自治州委员会学习文史委员会编,中国民族摄影艺术出版社,2005 年

彝族烟盒彝迷写百图(苏佛涛等著)

祭坛神韵哈尼族铓鼓舞(汪致敏等著)

红河民族图案集(白相文等著)

蒙自县

蒙自文史资料选辑 (蒙自文史资料) 政协云南省蒙自县委员会文史资料委员会编印,32 开书型,不定期,内部交流。

第 1 辑 (1996 年)

第 2 辑 (1997 年)

第 3 辑 (改现名)(1998 年)

第 4 辑 (1999 年)

第 5 辑

第 6 辑

个旧市

个旧文史资料选辑 (个旧市文史资料选辑) 政协云南省个旧市委员会文史资料委员会编印,32 开书型,不定期,内部交流。

第 1—2 辑 (1982 年)

第 3 辑 (1983 年)

第 4 辑 (1984 年)

第 5 辑 抗日史料专辑 (1985 年)

第 6 辑 (1986 年)

第 7 辑 (1987 年)

第 8 辑 (1988 年)

第 9 辑 (改现名) 庆祝个旧建市四十周年 (1990 年)

第 10 辑 (1992 年)

第 11 辑 (1995 年)

第 12 辑 庆祝个旧建市五十周年 (1951—2001)(2001 年)

锡都古今 (2003 年)

锡都酒歌 (2006 年)

开远市

开远市文史资料选辑 政协云南省开远市委员会文史资料编委员会编印,32 开书型,不定期,内部交流。

第 1 辑 (1987 年)

第 2 辑　（1989 年）
第 3 辑　（1990 年）
第 4 辑　（1991 年）
第 5 辑　（1992 年）
第 6 辑　（2002 年）
与时俱进,团结创新　（政协开远市六届委员会工作回眸）(2003 年)
第 7 辑　开远工业发展的足迹　（2005 年）
第 8 辑　（2006 年）
第 9 辑　开远知青　（2007 年）

绿春县

绿春县文史资料选辑　中国人民政治协商会议　云南省绿春县委员会编印,32 开书型,不定期,内部交流。
第 1 辑　（1997 年）
第 2 辑　（2002 年）

建水县

建水文史资料选辑　政协云南省建水县委员会文史资料委员会编印,32 开书型,不定期,内部交流。
第 1 辑　（1989 年）
第 2 辑　（1991 年）
第 3 辑　（1993 年）
第 4 辑　（1998 年）
第 5 辑　（1999 年）
第 6 辑　（2000 年）
建水古今

石屏县

石屏文史资料选辑　政协云南省石屏县委员会文史资料委员会编印,32 开书型,不定期,内部交流。
第 1 辑　（1988 年）
第 2 辑　（1989 年）
第 3 辑　（1990 年）
第 4 辑　（1991 年）
第 5 辑　（1994 年）
第 6 辑　（1995 年）
第 7 辑　（1998 年）

弥勒县

弥勒文史资料选辑　政协云南省弥勒县委员会文史资料委员会编印,32 开书型,不定期,内部交流。
第 1 辑　（1993 年）
第 2 辑　（1995 年）

泸西县

泸西县文史资料选辑　政协云南省泸西县委员会文史资料委员会编印,32 开书型,不定期,内部交流。
第 1 辑　（1987 年）
第 2 辑　人物专辑　（张冲传记)（石铭著,1988 年）
第 3 辑　（1992 年）
第 4 辑　（1998 年）
泸西县文史资料汇编　（2007 年）

元阳县

元阳文史资料　政协云南省元阳县委员会文史资料委员会编印,32 开刊型,不定期,内部交流。
第 1 辑　土司史　（1992 年）
第 2 辑　（1997 年）

红河县

红河县文史资料　政协云南省红河县委员会教文卫体委员会编印,32 开书型,不定期,内部交流。
第 1 辑　（1994 年）
第 2 辑　（1996 年）
第 3 辑　（1999 年）

金平苗族瑶族傣族自治县

金平文史资料　政协云南省金平苗族瑶族傣族自治县委员会编印,32 开书型,不定期,内部交流。
第 1 辑　（1994 年）

河口瑶族自治县

河口文史资料　（河口文史资料选辑）　政协云南省河口瑶族自治县委员会文史资料委员会编印,32 开书型,不定期,内部交流。
第 1 辑　（1990 年）
第 2 辑　（改现名)（1993 年）
第 3 辑　纪念中国人民政治协商会议成立五十周年(1999 年)
第 4 辑　庆祝中华人民共和国成立八十周年、纪念"辛亥革命"九十周年、纪念"河口起义"三十周年　（2001 年）

屏边苗族自治县

屏边文史资料　政协云南省屏边苗族自治县委员会文史资料委员会编印,32 开书型,不定期,内部交流。

第 1 辑
第 2 辑 （2001 年）

文山壮族苗族自治州

文山州文史资料 （文山壮族苗族自治州文史资料选辑） 政协云南省文山壮族苗族自治州委员会文史资料研究委员会编印,32 开书型,不定期,内部交流。
第 1—2 辑 （1984 年）
第 3—4 辑 （1985 年）
第 5 辑 （改现名）(1986 年)
第 6 辑 （1987 年）
第 7 辑 （1988 年）
在前进中的文山州——庆祝建州三十周年专辑 (1988 年)
第.8 辑 （1990 年）
第 9 辑 教育专辑(第 1 册) （1991 年）
第 10 辑 教育专辑(第 2 册) （1993 年）
第 11 辑 少数民族专辑 （1998 年）
第 12 辑 滇东南民族经济史料 （少数民族专辑、续辑)(1999 年)
第 13 辑 庆祝建州三十周年专辑 （1999 年）
第 14 辑 少数民族专辑之三 （2001 年）

文山县

文山县文史资料 政协云南省文山县委员会文史资料委员会编印,32 开书型,不定期,内部交流。
第 1 辑 （1988 年）
第 2 辑 钟秀文山 （1990 年）
第 3 辑 （1997 年）

砚山县

砚山文史资料选辑 政协云南省砚山县委员会文史资料研究委员会编印,32 开书型,不定期,内部交流。
第 1 辑 （1989 年）
第 2 辑 （1993 年）
第 3 辑
第 4 辑
砚山县政协委员名录

西畴县

西畴文史资料 政协云南省西畴县委员会文史资料委员会编印,32 开书型,不定期,内部交流。
第 1 辑 （1986 年）
第 2 辑 （1989 年）
第 3 辑 （1991 年）
第 4 辑 （1996 年）

第 5 辑 （2005 年）

麻栗坡县

麻栗坡文史资料 政协云南省麻栗坡县委员会文史资料委员会编印,32 开书型,不定期,内部交流
第 1 辑 （1988 年）
第 2 辑 （1989 年）
第 3 辑 （1991 年）
第 4 辑 （1996 年）
第 5 辑 （1997 年）

马关县

马关县文史资料选辑 政协云南省马关县委员会文史资料研究委员会编印,32 开书型,不定期,内部交流。
第 1 辑 （1985 年）
第 2 辑 （1986 年）
第 3 辑 （1989 年）
第 4 辑 （1999 年）

丘北县

丘北县文史资料选辑 政协云南省丘北县委员会文史资料研究委员会编印,32 开书型,不定期,内部交流。
第 1 辑 （1986 年）
第 2—3 辑 （1989 年）
第 4 辑 （1991 年）
第 5 辑 （1997 年）
第 6 辑 （2008 年）

广南县

广南文史资料 （广南县文史资料选辑） 政协云南省广南县委员会文史资料委员会编印,32 开书型,不定期,内部交流。
第 1 辑 （1985 年）
第 2 辑 （1987 年）
第 3 辑 （1988 年）
第 4 辑 （1990 年）
第 5 辑 （1991 年）
第 6 辑 （1993 年）
第 7 辑 （改现名)(1996 年)
第 8 辑 （1997 年）
第 9 辑 （1999 年）

富宁县

富宁县文史资料选辑 （富宁文史资料选编） 政协云南省富宁县委员会文史资料研究委员会编印,32 开书

型,不定期,内部交流。

第 1 辑 (1984 年)

第 2 辑 (改现名) (1987 年)

富州烽火专辑 (1997 年)

西双版纳傣族自治州

版纳文史资料选辑 政协云南省西双版纳傣族自治州委员会文史资料工作委员会编印,32 开书型,不定期,内部交流或公开发行。

第 1 辑 (1987 年)

第 2 辑 西双版纳史料辑录 (1987 年)

第 3 辑 (1988 年)

第 4 辑 西双版纳茶叶专辑 (1988 年)

版纳相思豆(1988 年)

第 5 辑 (1989 年)

第 6 辑 车里宣慰世系简史 (云南民族出版社,1990年版)

第 7 辑 (云南民族出版社,1992 年版)

第 8 辑 西双版纳哈尼族史略 (杨忠明著,云南民族出版社,1992 年版)

第 9 辑 五十年代民族工作 (纪念西双版纳傣族自治州成立四十周年) (1993 年)

第 10 辑 西双版纳文化历史学术研讨会论文集 (成都科技大学出版社,1994 年版)

第 11 辑 (1994 年)

第 12 辑 (1998 年)

第 13 辑 (2000 年)

第 14 辑 (2001 年)

第 15 辑 辉煌五十年 (云南民族出版社,2002 年版)

第 16 辑 (云南民族出版社,2003 年版)

云南独有民族百年实录 政协云南省西双版纳傣族自治州委员会文史资料工作委员会编印。

景洪市

景洪文史资料选辑 政协云南省景洪市委员会文史资料委员会编印,16 开刊型,油印,不定期,内部交流。

傣文本 (1988 年)

第 1 集 (1989 年)

第 2—4 集 (1990 年)

第 5 集 (1992 年)

第 6 集

第 7 集

第 8 集

第 9 集

景洪文史资料选辑 (景洪文史资料) 政协云南省景洪市委员会文史资料委员会编印,32 开书型,不定期,内部交流或公开发行。

第 1 辑 (1993 年)

第 2 辑 (改现名) (1995 年)

第 3 辑 基诺族 (成都科技大学出版社,1995 年版)

景洪政协志 (地方志丛书) (1999 年)

勐海县

勐海文史资料 政协云南省勐海县委员会文史资料委员会编印,32 开书型,不定期,内部交流。

第 1 期 (1990 年)

第 2 期 (1992 年)

第 3 辑 (1996 年)

第 4 辑 (1998 年)

第 5 辑 (1999 年)

第 6 辑

第 7 辑 (2003 年)

勐海政协志 (2003 年)

第 8 辑

勐腊县

勐腊文史资料选辑 政协云南省勐腊县委员会文史资料委员会编印,32 开书型,不定期,内部交流。

第 1 辑 (1988 年)

第 2 辑 (1989 年)

第 3 辑 (1990 年)

西藏自治区

西藏文史资料选辑 政协西藏自治区委员会法制民族宗教文史委员会编,民族出版社等出版,32开书型,不定期,内部交流或公开发行。

第1辑 纪念西藏和平解放三十周年专辑 (西藏人民出版社,1981年版)

第2—3辑 (1984年)

第4—6辑 (1985年)

第7辑 西藏人民抗英斗争史料专辑 (1985年)

第8—9辑 (1986年)

第10辑 (1989年)

怀念十世班禅副委员长专辑 (1989年)

第11辑 第十三世达赖喇嘛年谱 (1989年版)

第12辑 (1990年版)

第13辑 旧西藏三大机构 (1991年版)

纪念西藏和平解放四十周年专辑(上、下册) (1991年版)

第14辑 (1994年版)

第15辑 (1998年版)

第16辑 拉鲁家族及本人经历(藏·汉文)(拉鲁·次旺多吉著,1995年版)

第17辑 (1995年版)

夏札家族及本人经历(藏·汉文)

西藏巨变——庆祝西藏自治区成立三十周年专辑 (1995年版)

第18辑 (1999年版)

肝胆相照见真情——老一辈无产阶级革命家与民主人士的交往 (与全国政协文史资料委员会等合编,中国文史出版社,1999年版)

第19辑 留在雪域高原的脚印 (魏克著,2001年版)

第20辑 西藏旅游 (《西南旅游文史系列丛书》西藏卷,2003年版)

第21辑 (2004年版)

西藏文史考信集 (王尧著,佛光出版社,2004年版)

西藏文史考信集 (王尧著,中国藏学出版社,2004年版)

第22辑 (2005年版)

第1—22辑合订本 (2007年版)

第23—24辑 (2008年版)

西藏文史资料选辑 **(藏文)** 政协西藏自治区委员会文史资料委员会编印。民族出版社、西藏人民出版社等出版。不定期,内部交流转公开发行。

第1辑 (1982年版)

第2辑 (1983年版)

第3辑 (1984年版)

第4辑

第5辑 (1992年版)

第6辑 (1993年版)

第7辑 (1993年版)

第8辑 (1998年版)

第9辑

第10辑

第11辑

第12辑

第13辑

第14辑

第15辑

第16辑

第17辑 (1994年版)

第18辑

第19辑

第20辑

第21辑 (1999年版)

第22辑

第23辑

第24辑 (2004年版)

第25辑 (2005年版)

第26辑 (2006年版)

第27辑 (2007年版)

西藏文史资料汇编 **(蒙文)** 政协西藏自治区委员会文史资料编委员会编,西藏民族出版社出版。

第1辑 (1982年版)

第2辑 (1983年版)

第3辑

第4辑 (1984年版)

第5辑

第6辑

第7辑

第8辑 (1986年版)

西南少数民族文史资料丛书 政协西藏自治区委员会文史资料委员会等编。

政治卷 (政协西藏自治区委员会文史资料委员会编)

科技卷 (政协四川省委员会文史资料委员会编)

经济卷 (政协云南省自治区委员会文史资料委员会编)

拉萨市

城关区

林周县

当雄县

达孜县

尼木县

曲水县

堆龙德庆县

墨竹工卡县

那曲地区

　　文史资料　政协西藏自治区那区地区工作委员会编印,32 开书型,不定期,内部交流或公开发行。
　　第 1 辑　(藏文)
　　绮丽的羌塘、独特的资源——那曲地区风物简介　(西藏人民出版社,1997 年版)

那曲县

嘉黎县

比如县

聂荣县

安多县

申扎县

索县

班戈县

巴青县

尼玛县

昌都地区

　　昌都文史资料　政协西藏自治区昌都地区委员会文史资料委员会编印,32 开书型,不定期,内部交流。
　　昌都寺历史集要(藏文)(1985 年)

昌都县

江达县

贡觉县

类乌齐县

丁青县

察雅县

八宿县

左贡县

芒康县

洛隆县

边坝县

林芝地区

林芝县

工布江达县

米林县

墨脱县

波密县

察隅县

朗县

山南地区

山南文史资料选编 政协西藏自治区山南地区工作委员会编印,32 开书型,不定期,内部交流或公开发行。
第 1 辑 （西藏人民出版社,2003 年版）
山南文史资料选辑 **（藏文）** 政协西藏自治区山南地区工作委员会编印,32 开书型,不定期,内部交流或公开发行。
第 1 辑 （西藏人民出版社,2003 年版）
第 2 辑 （西藏人民出版社,2005 年版）

乃东县

扎囊县

贡嘎县

桑日县

琼结县

曲松县

措美县

洛扎县

加查县

隆子县

错那县

浪卡子县

日喀则地区

日喀则文史资料选辑 政协西藏自治区日喀则地区工作委员会编印,32 开书型,不定期,内部交流。
第 1 辑 （藏文）（2005 年）
第 1 辑 （汉文）（2006 年）

日喀则市

南木林县

江孜县

定日县

萨迦县

拉孜县

昂仁县

谢通门县

白朗县

仁布县

康马县

定结县

仲巴县

亚东县

吉隆县

聂拉木县

萨嘎县

岗巴县

阿里地区

阿里文史资料　政协西藏自治区阿里地区工作委员会
文史资料委员会编印，32开书型，不定期，内部交流。
第1辑

噶尔县

普兰县

札达县

日土县

革吉县

改则县

措勤县

陕 西 省

陕西文史资料（**陕西文史资料选辑**）　政协陕西省委员会文史资料研究委员会编，陕西人民出版社，32 开书型，不定期，内部交流转公开发行。

第 1 辑　（1961 年）

第 2 辑　（1962 年）

第 3 辑　（1963 年）

第 4—5 辑　（1964 年）

第 6 辑　（1979 年版）

第 7—9 辑　（改现名）（1980 年版）

第 10—11 辑　（1981 年版）

第 12—13 辑　（1982 年版）

陕西辛亥革命回忆录　（1982 年版）

第 14 辑　（1983 年版）

第 15 辑　纪念杨虎城将军诞辰九十周年　（1983 年版）

第 16 辑　（1984 年版）

邓宝珊将军　（与全国政协文史资料研究委员会等合编，中国文史出版社，1985 年版）

第 17 辑　（1986 年版）

第 18 辑　纪念抗日战争胜利四十周年　（三秦出版社，1985 年版）

第 19 辑　（1986 年）

回忆杨虎城将军　（1986 年版）

风雨漫漫四十年　（与全国政协委员会合编，张钫著，中国文史出版社，1986 年版）

第 20—21 辑　（1987 年版）

冯玉祥在陕西　（1988 年版）

第 22 辑　陕西民国人物（一）（1989 年版）

西北近代工业　（与政协甘肃省文史资料委员会等合编，甘肃人民出版社，1989 年版）

第 23 辑　（1990 年版）

京剧艺术大师尚小云　（与政协南宫市政协文吸资料委员会合编，1990 年版）

第 24 辑　陕西民国人物（二）（1991 年版）胡景翼传（李凤权著，1991 年版）

于佑任先生　（与政协咸阳市、三原县委员会文史资料委员会合编，1991 年版）

陕西辛亥革命回忆录　（孙志亮等著，1991 年版）

陕西辛亥革命六十周年纪念集　（1992 年）

第 25 辑　走上文艺之路　（1992 年版）

宝鸡申新纺织厂史　（萧尹著，1992 年版）

第 26 辑　同治年间陕西回民起义历史调查记录（1993 年版）

第 27 辑　国画大师赵望云　（1994 年版）

西北回族与伊斯兰教　（与政协宁夏回族自治区文史资料委员会等合编，宁夏人民出版社，1994 年版）

西北文史资料学研究论文集　（余俊升主编，新疆人民出版社）

第 28 辑

西安事变研究新论　（纪念西安事变六十周年学术讨论会论文选集）（1998 年版）

第 29 辑　委员风采　（1997 年版）

第 30 辑　画家石鲁　（1999 年版）

历史文化名城的保护与建设　（三秦出版社，2003 年版）

人民艺术家马健翎　（三秦出版社，2004 年版）

西安市

西安文史资料　政协陕西省西安市委员会文史资料研究委员会编印，32 开书型，不定期，内部交流转公开发行。

第 1 辑　（1981 年）

第 2—3 辑　（1982 年）

第 4 辑　（1983 年）

第 5—7 辑　（1984 年）

第 8 辑　国民党中央军校第七分校史料汇编　（1985 年）

第 9—10 辑　（1986 年）

风雨漫漫四十年　（张钫著，与全国政协文史资料研究委员会等合编，1986 年版）

第 11 辑　纪念西安守城及解围六十周年专辑　（1987 年）

第 12 辑　西安回族史料专辑　（陕西人民出版社，1987 年版）

第 13 辑　回忆安吴堡青训班专辑　（1988 年）

第 14 辑　（1988 年）

第 15 辑　西安解放　（1989 年）

第 16 辑　祖国在我身边——老留学生议留学专辑（1990 年）

第 17 辑　忆延安（陕西人民出版社，1991 年版）

第 18 辑　（1992 年）

第 19 辑　西京近现代工业　（西安出版社，1993 年版）

第 20 辑　风雨同舟四十年——纪念西安市政协成立四十周年　（陕西人民教育出版社，1995 年版）

第 21 辑

第 22 辑　西安佛教　（陕西人民出版社，2000 年版）

第 23 辑　西北兵运史实　（2004 年）

第 24 辑　西安老街巷　（2005 年）

第 25 辑　西安古镇　（2006 年）

第 26 辑　秦腔名家　（陕西人民出版社，2007 年版）

第 27 辑　西安往事　（2008 年）

西安文史资料稿　政协陕西省西安市委员会文史资料研究委员会编印，16 开刊型，不定期，内部交流。

1979 年合订本 （1979 年）
1980 年合订本 （1980 年）

未央区

未央文史资料 政协陕西省西安市未央区委员会文史资料委员会编印,32 开书型,不定期,内部交流。
第 1 辑 （1985 年）
第 2 辑 （1986 年）
第 3 辑 （1987 年）
第 4 辑 （1988 年）
第 5 辑 （1989 年）
第 6 辑 （1991 年）
帝都未央千古奇 （2004 年）
汉唐遗韵咏未央 （2006 年）
未央政协 政协陕西省西安市未央区委员会文史研究委员会编印,16 开刊型,不定期,内部交流。
第 1 期 （2008 年）
汉文化丛书(九册) 政协陕西省未央区委员会等编,陕西人民出版社,2008 年版。
刘邦与汉初三杰
文景之治
汉武大帝
昭宣时代
元成之世
西汉未央玄
未央秘史
汉韵风流
汉家陵阙

莲湖区

莲湖文史资料 政协陕西省西安市莲湖区委员会文史资料研究委员会编印,32 开书型,不定期,内部交流。
第 1 辑 （1986 年）
第 2 辑 （1987 年）
第 3 辑 （1988 年）
第 4 辑 （1989 年）
第 5 辑 （1990 年）
第 6 辑 （1991 年）
第 7 辑 （1992 年）
第 8 辑 （1995 年）

新城区

新城文史资料 政协陕西省西安市新城区委员会文史资料委员会编印,32 开书型,不定期,内部交流。
第 1—2 辑 （1986 年）
第 3—4 辑 （1987 年）
第 5 辑 （1988 年）

第 6—7 辑 （1989 年）
第 8 辑 （1990 年）
第 9 辑 （1991 年）
第 10 辑 （1992 年）
第 11 辑 （1993 年）
第 12 辑 纪念抗日战争胜利五十周年 （1995 年）
第 13 辑 （1997 年）
第 14 辑 （1998 年）
第 15 辑 委员风采 （2000 年）

碑林区

碑林文史资料 政协陕西省西安市碑林区委员会文史资料研究委员会编印,32 开书型,不定期,内部交流。
第 1—2 辑 （1987 年）
第 3 辑 工商经济专辑 （1988 年）
第 4 辑 （1989 年）
第 5 辑 （1990 年）
第 6 辑 （1991 年）
第 7 辑 （1992 年）
第 8 辑 （1993 年）
第 9 辑 （1994 年）
第 10 辑 （1995 年）
第 11 辑 （1996 年）

灞桥区

灞桥文史资料 政协陕西省西安市灞桥区委员会文史资料工作委员会编印,32 开书型,不定期,内部交流。
第 1 辑 （1986 年）
第 2 辑 （1987 年）
第 3 辑 （1988 年）
第 4 辑 （1989 年）
第 5 辑 （1990 年）
第 6 辑 （1991 年）
历代诗人咏灞桥专辑 （1994 年）
第 7 辑 （1995 年）
委员风采 （1996 年）
经济界委员简介 （1999 年）
第 8 辑 （2001 年）
灞桥之水 （2001 年）
第 9 辑 （2001 年）
咏灞桥诗选 （2002 年）
第 10—13 辑 （2002—2003 年）
第 14 辑 委员风采 （2003 年）
第 15 辑 （2004 年）
历代诗人咏灞桥(修订版)（2005 年）
第 16 辑 灞桥史话 （2006 年）
第 17 辑 灞桥民俗 （2007 年）
灞柳风雪楹联集锦 （2008 年）

第 18 辑　政协委员建言集　(2008 年)

雁塔区

雁塔文史资料　政协陕西省西安市雁塔区委员会文史资料研究委员会编印,32 开书型,不定期,内部交流。

第 1 辑　(1986 年)
第 2 辑　(1987 年)
第 3 辑　(1989 年)
第 4 辑　(1992 年)
第 5 辑
第 6 辑
第 7 辑　(2001 年)
第 8 辑　(2005 年)

阎良区

阎良文史资料　政协陕西省西安市阎良区委员会文史资料委员会编印,32 开书型,不定期,内部交流。

第 1 辑　(1989 年)
第 2 辑　(1991 年)
第 3 辑　飞机城人物专辑　(1994 年)
第 4 辑
第 5 辑
第 6 辑
第 7 辑

临潼区

临潼文史资料　政协陕西省临潼县委员会文史资料委员会编印,32 开书型,不定期,内部交流或公开发行。

第 1—2 辑　(1986 年)
第 3 辑　(1988 年)
第 4 辑　临潼胜迹专辑　(1988 年)
第 5 辑　临潼解放专辑　(1989 年)
第 6 辑　(1989 年)
第 7 辑　工商经济专辑　(1990 年)
第 8 辑·西安事变临潼兵谏回忆　(1991 年)
第 9 辑
第 10 辑　临潼艺苑名人录　(1994 年)
第 11 辑
第 12 辑
第 13 辑
第 14 辑　史海觅珠　(2002 年)
第 15 辑　临潼碑石　(三秦出版社,2006 年版)

长安区

长安县文史资料选辑　政协陕西省长安县委员会文史资料研究委员会编印,16 开刊型或 32 开书型,或油印,不

定期,内部交流。

第 1 辑　(1982 年)
第 2 辑　(1983 年)
第 3 辑　(1984 年)
第 4 辑　(1985 年)
第 5 辑　(1986 年)
第 6 辑　(1987 年)
长安文史资料选　(第 1—5 辑油印本选集)(1991 年)
余海丰一生　(1995 年)

蓝田县

蓝田文史资料　政协陕西省蓝田县委员会文史资料研究委员会编印,32 开书型,不定期,内部交流。

第 1—2 辑　(1984 年)
第 3 辑　蓝田县部分地名汇编　(1985 年)
第 4 辑　历代诗人咏蓝田汇编　(1985 年)
第 5 辑　(1985 年)
第 6 辑　蓝田名胜古迹汇编　(1986 年)
第 7 辑　(1987 年)
第 8 辑　(1988 年)
第 9 辑　(1989 年)
蓝田县经济发展探索——经济专辑　(马志正等编著,1990 年)
第 10 辑
第 11 辑
第 12 辑　(1995 年)

周至县

周至文史资料　政协陕西省周至县委员会文史资料委员会编印,16 开刊型改 32 开书型,不定期,内部交流。

第 1 辑　(1984 年)
第 2—3 辑　(1985 年)
周至大事记　(与周至县县志编纂委员会合编,1987 年)
第 4 辑　纪念周志解放四十周年　(1989 年)
第 5 辑　(1990 年)
第 6 辑
第 7 辑
第 8 辑
第 9 辑
第 10 辑
第 11 辑　古风今韵固至情　(2008 年)

户县

户县文史资料　政协陕西省户县委员会文史资料委员会编印,32 开书型,年刊,内部交流。

第 1 辑 （1985 年）
第 2 辑 （1986 年）
第 3 辑 （1987 年）
第 4 辑 （1988 年）
第 5 辑 户县解放纪事 （1989 年）
关麟徵将军 （与全国政协文史资料委员会合编,中国文史出版社,1989 年版）
增刊 历代名人游户县诗词选注 （1990 年）
第 6 辑 （1990 年）
第 7 辑 （1991 年）
第 8 辑 （1992 年）
第 9 辑 （1993 年）
赵寿山将军 （中国文史出版社,1994 年版）
第 10 辑 （1995 年）
第 11 辑 （1996 年）
第 12 辑 （1997 年）
第 13 辑 （1998 年）
第 14 辑 （1999 年）
第 15 辑 （2000 年）
第 16 辑 （2001 年）
第 17 辑 （2002 年）
第 18 辑 （2004 年）
第 19 辑 （2006 年）
第 20 辑 （2007 年）

高陵县

高陵文史资料 （**高陵县文史资料汇编**） 政协陕西省高陵县委员会学习文史委员会编印,32 开书型,不定期,内部交流。
第 1 辑 （1984 年）
第 2 辑 （1985 年）
第 3 辑 （1986 年）
第 4 辑 （1989 年）
第 5 辑 （1991 年）
第 6 辑 （改现名）
第 7 辑 （1994 年）

延安市

延安文史 政协陕西省延安市委员会文史资料委员会编印,32 开书型,不定期,内部交流。
第 1 辑 （1998 年）
第 2 辑 北京知青与延安 （1999 年）
第 3 辑 建国后中央领导来延安 （2001 年）
第 4 辑 延安时期党的干部作风 （2001 年）
第 5 辑 延安黄土风情文化研究集成 （2002 年）
第 6 辑 延安革命英烈 （2003 年）
第 7 辑 延安革命遗址 （2004 年）
第 8 辑 延安历史文物 （2005 年）

第 9 辑 延安岁月（上）（2006 年）
第 10 辑 延安岁月（中）（2007 年）
第 11 辑 延安岁月（下）（2008 年）

宝塔区

宝塔区政协文史资料 （**延安文史资料**） 政协陕西省延安市宝塔区委员会文史资料研究委员会编印,32 开书型,不定期,内部交流。
延安今昔(上、下册)（1983 年）
第 1 辑 （1984 年）
第 2 辑 （1985 年）
第 3 辑 （1986 年）
第 4 辑 （1988 年）
第 5 辑 （1989 年）
第 6 辑 （1992 年）
第 7 辑 延安政协四十年 （1995 年）
第 8 辑 峥嵘岁月 肝胆千秋 （1999 年）
第 9 辑 （改现名）西延铁路建设集锦 （2007 年）

延长县

延长文史资料 政协陕西省延长县委员会文史资料研究委员会编印,32 开书型,不定期,内部交流。
第 1 辑 （1987 年）
第 2 辑 （1989 年）
第 3 辑 国民党统治下的延长油矿 （1991 年）
第 4 辑
第 5 辑 延长石油（2007 年）

延川县

延川文史资料 政协陕西省延川县委员会文史资料委员会编印,32 开书型,不定期,内部交流。
第 1 辑 （1985 年）
第 2 辑 李娌娓诗词专辑 （1986 年）
第 3 辑 （1988 年）
第 4 辑
第 5 辑 文化艺术专辑 （2001 年）
第 6 辑 （2001 年）
第 7 辑
第 8 辑
第 9 辑 延川历史名人录 （2002 年）
魂系江河源——马万里在奋斗五十年的光辉历程（2006 年）

子长县

子长文史资料 政协陕西省子长县委员会文史资料委员会编印,32 开书型,不定期,内部交流。

第 1 辑　（1987 年）
第 2 辑　（1990 年）
第 3 辑　子长陵资料(1)（1991 年）
第 4 辑　子长陵资料(2)（1991 年）
第 5 辑　将军篇　（1994 年）
第 6 辑　（1996 年）
第 7 辑　瓦窑堡人物　（1999 年）
第 8 辑　祭英魂　（1999 年）
第 9 辑　缅怀阎红彦　（2001 年）
第 10 辑　子长英模　（2003 年）
第 11 辑　中流砥柱　（2004 年）
第 12 辑　子长民间音乐、民歌　（2005 年）
第 13 辑　子长民间音乐、道情、说书、唢呐道情（2005 年）
第 14 辑　瓦窑堡儿女　（2006 年）
第 15 辑　毛泽东在瓦窑堡　（2008 年）

安塞县

安塞文史资料　政协陕西省安塞县委员会文史资料委员会编印,32 开书型,不定期,内部交流或公开发行。
第 1 辑　（1987 年）
第 2 辑　安塞剪纸艺术　（1989 年）
第 3 辑
第 4 辑　（1993 年）
第 5 辑　塞西支队　（闫伟东著,中国戏剧出版社,1997 年版）
第 6 辑　（1999 年）
第 7 辑　安塞五十年简史　（1949—1999）（1999 年）
第 8 辑　安塞县政协发展历程　（1984—1999）（2000 年）

志丹县

志丹文史资料　政协陕西省志丹县委员会文史资料委员会编印,32 开书型,不定期,内部交流。
志丹名人录　（2000 年）
可爱的志丹
今日志丹
志丹人物　（2007 年）
謦政协历程　（2007 年）

吴起县

吴起文史资料　（吴旗文史资料）　政协陕西省吴起县委员会文史资料研究委员会编印,32 开书型,不定期,内部交流或公开发行。
第 1 辑　（1987 年）
第 2 辑　（1988 年）
第 3 辑

第 4 辑
第 5 辑
第 6 辑　中央红军长征胜利到吴起　（陕西人民出版社,2005 年版）
第 7 辑　（改现名）　吴起民俗文化　（陕西人民出版社,2007 年版）

甘泉县

甘泉县文史资料　政协陕西省甘泉县委员会文史资料委员会编印,32 开书型,不定期,内部交流。
第 1 辑　（1989 年）
第 2 辑　（1998 年）
第 3 辑　（1999 年）
第 4 辑　政协专辑　（1984—2001）（2001 年）
第 5 辑　甘泉历史文物　（2005 年）

富县

富县文史资料　政协陕西省富县委员会文史资料委员会编印,32 开书型,不定期,内部交流。
第 1 辑　（2002 年）

洛川县

洛川文史资料　政协陕西省洛川县委员会文史资料委员会,32 开书型,不定期,内部交流。
第 1 辑
第 2 辑
第 3 辑
第 4 辑
第 5 辑　（1990 年）
第 6 辑　（1993 年）
第 7 辑　（1995 年）
第 8 辑　（2000 年）
第 9 辑　（2001 年）
第 10 辑　（2002 年）

宜川县

宜川文史资料　政协陕西省宜川县委员会文史资料委员会编印,32 开书型,不定期,内部交流。
第 1 辑
第 2 辑　宜川、瓦子街战役专辑　（1989 年）
第 3 辑　（1997 年）

黄龙县

黄龙文史资料　政协陕西省黄龙县委员会文史资料研究委员会编印,32 开书型,不定期,内部交流。

第 1 辑　（1986 年）
第 2 辑　（1990 年）

黄陵县

黄陵县文史资料　政协陕西省黄陵县委员会文史资料研究委员会编印,32 开书型,不定期,内部交流。
第 1 辑　黄帝及古柏专辑　（1986 年）
黄帝功德纪　（于右任著,陕西人民出版社,1987 年版）
第 2 辑　黄陵人民革命斗争专辑　（1988 年）
第 3 辑　黄陵人民革命斗争英烈专辑　（1988 年）
第 4 辑
第 5 辑
第 6 辑　（1994 年）

铜川市

铜川文史　（铜川文史资料选辑）　政协陕西省铜川市委员会文史资料研究委员会编印,32 开书型,不定期,内部交流。
第 1 辑　（1982 年）
第 2 辑　（1983 年）
第 3 辑　（1984 年）
第 4 辑　（改现名）　孙思邈医德学术讨论会专辑（1985 年）
第 5 辑　（1986 年）
第 6 辑　孙思邈医德思想研讨会论文集　（1989 年）
第 7 辑　（1990 年）
第 8 辑　（1992 年）
第 9 辑　煤炭专辑　（1998 年）
第 10 辑　铜川古代名人录　（2006 年）
第 11 辑　铜川史料辑佚　（2007 年）
铜川政协五十年(1949.4—2008.9)（2008 年）

耀州区

耀州文史资料　（耀县文史资料）　政协陕西省耀县委员会文史资料研究委员会编印,32 开书型,不定期,内部交流。
第 1 辑　（1985 年）
第 2 辑　（1986 年）
第 3 辑　（1987 年）
第 4 辑　（1988 年）
第 5 辑　（1990 年）
第 6 辑　（1991 年）
第 7 辑　（1993 年）
第 8 辑　（1997 年）
第 9 辑　历史风云　（1999 年）
大香山诗文集　（1999 年）

第 10 辑　（改现名）　大史学家令狐德棻　（2003 年）
第 11 辑　耀州名人撷英　（2004 年）
第 12 辑　永远的记忆——中宣部在耀扶贫纪事
耀州历代书画名人传略　（2006 年）

王益区

铜川城区文史　政协陕西省铜川市城区委员会文史资料委员会编印.32 开书型,不定期,内部交流.
第 1 辑　（1988 年）
第 2 辑　（1989 年）
第 3 辑　（1990 年）
第 4 辑　黄堡镇专辑　（1992 年）

印台区

铜川印台文史　（铜川郊区文史）　政协陕西省铜川市印台区委员会文史资料委员会编印,32 开书型,不定期,内部交流或公开发行。
第 1 辑　（1986 年）
第 2 辑　雷雨顺专辑　（1987 年）
第 3 辑　（1987 年）
第 4—5 辑　（1988 年）
第 6 辑　（1989 年）
第 7 辑　玉华宫专辑　（1989 年）
第 8 辑　（1990 年）
第 9 辑　铜川地名史话专辑(一)（1990 年）
第 10 辑　（1991 年）
第 11 辑　铜川郊区苹果志　（三秦出版社,1991 年版）
第 12 辑　（1992 年）
第 13 辑　玉华宫史话　（三秦出版社,1994 年版）
第 14 辑　陈炉春秋　（1999 年）
第 15 辑　（改现名）　天南地北印台人　（2002 年）
第 16 辑　委员风采　（2005 年）
第 17 辑　雄关天堑金锁关　（2006 年）
第 18 辑　联县扶贫纪实　（2007 年）
第 19 辑　印台人　（《天南地北印台人》续集）（2007 年）

宜君县

宜君文史　政协陕西省宜君县委员会文史资料委员会编印,32 开书型,不定期,内部交流或公开发行。
第 1 辑　（1984 年）
第 2 辑　（1985 年）
第 3 辑　（1986 年）
第 4 辑　（1987 年）
第 5 辑　石堡村专辑　（1988 年）
第 6 辑　（1989 年）

第 7 辑　西云阳村专辑　（1992 年）
第 8 辑　（1999 年）
第 9 辑　宜君之旅　（2000 年）
第 10 辑　宜君杨素蕴　（陕西旅游出版社,2002 年）
第 11 辑　宜君英才　（2003 年）
第 12 辑　云梦山与鬼谷子　（2004 年）
第 13 辑　宜君县政协志　（2007 年）
第 14 辑　彭祖与彭村　（2008 年）

渭南市

渭南文史资料　政协陕西省渭南市委员会文史和学习委员会编印,32 开书型,不定期,内部交流。
第 1 辑　三河专辑　（2002 年）

临渭区

临渭文史资料　（**渭南市文史资料、渭南文史资料**）政协陕西省渭南市临渭区委员会文史资料委员会编印,32 开书型,不定期,内部交流或公开发行。
第 1 辑　（1986 年）
第 2 辑　（1989 年）
第 3 辑　（改名）（1991 年）
第 4—5 辑　（1993 年）
第 6 辑　（1995 年）
第 7 辑　（改现名）（1996 年）
第 8 辑　（1999 年）
第 9 辑　古都下邽　（陕西人民出版社,2001 年版）

华阴市

华阴文史资料　（**华阴县文史资料选辑**）政协陕西省华阴市委员会文史资料研究委员会编印,32 开书型,不定期,内部交流。
第 1 期　（1985 年）
第 2 期(现改名)　和平解放华阴与奇袭华山专辑（1989 年）

韩城市

韩城市文史资料汇编　政协陕西省韩城市委员会文史资料研究委员会编印,32 开书型,不定期,内部交流。
第 1 辑　（1982 年）
第 2 辑　（1983 年）
第 3 辑　（1984 年）
第 4 辑　（1985 年）
第 5—6 辑　（1986 年）
第 7 辑　（1987 年）
第 8 辑　纪念韩城解放四十周年专辑　（1987 年）
第 9 辑　韩城煤炭专辑　（1989 年）

第 10 辑　（1990 年）
第 11 辑　（1990 年）
第 12 辑　龙门专辑　（1992 年）
第 13 辑　韩城农业专辑　（1993 年）
第 14 辑　（1994 年）
第 15 辑　（1995 年）
第 16 辑　（1996 年）
第 17 辑　韩城民俗　（1997 年）
第 18 辑　汉太史司马祠　（1999 年）
第 19 辑　韩城古对联荟萃　（2001 年）
第 20 辑　（2002 年）
第 21 辑　韩城古城　（2004 年）
第 22 辑　司马迁的道德观——纪念司马迁诞辰 2150 周年　（2005 年）
第 23 辑　韩城民居古门匾集注　（2007 年）

华县

华县文史资料　政协陕西省华县委员会文史资料研究委员会编印,32 开书型,不定期,内部交流。
第 1 辑　华县和平解放前后专辑　（1985 年）
第 2 辑　渭华起义(华县部分)专辑　（1987 年）
第 3 辑　民先队青救会在华县的革命活动专辑（1989 年）
第 4 辑　杏林镇专辑　（1992 年）
百年咸林　（1907—2007）（2008 年）

潼关县

潼关文史资料　政协陕西省潼关县委员会文史资料委员会编印,32 开书型,不定期,内部交流或公开发行。
第 1 辑　（1986 年）
第 2 辑　古人咏潼关选注(1986 年)
第 3 辑　潼关酱菜史专辑　（1987 年）
第 4 辑　（1989 年）
第 5 辑　古人咏潼关选注(续二)（1992 年）
第 6 辑　（1992 年）
第 7 辑　（1994 年）
潼关名胜古迹　（1995 年）
咏潼关词诗选析　（梁建邦选析,西北大学出版社,1995 年版）
清官杨震　（陕西人民出版社,1997 年版）
第 8 辑　（太白文艺出版社,1998 年版）
第 9 辑　雄关铸魂　（中国文史出版社,1999 年版）
潼关乐龄诗选　（银河出版社,2003 年版）

大荔县

大荔县文史资料　政协陕西省大荔县委员会文史资料研究委员会编印,32 开书型,不定期,内部交流。

第 1 辑　辛亥革命回忆录、马吉甫生平专　（1987 年）
第 2 辑　（1989 年）
第 3 辑　纪念荔北战役四十周年专辑　（1989 年）
第 4 辑　（1991 年）
第 5 辑　（1992 年）

蒲城县

　　蒲城文史资料　政协陕西省蒲城县委员会文教卫体委员会编印,32 开书型,不定期,内部交流。
第 1 辑　（1985 年）
第 2 辑　（1986 年）
第 3 辑　（1987 年）
第 4 辑　（1989 年）
第 5 辑　（1991 年）
第 6 辑　（1992 年）
　　纪念李义祉先生诞辰一百一十周年　（1992 年）
第 7 辑　纪念杨虎城将军诞辰一百周年　（1993 年）
第 8 辑　政协春秋——纪念中国人民政治协商会议蒲城县委员会成立四十周年(1955—1995)　（1995 年）
第 9 辑　庆祝香港回归祖国　（1997 年）
第 10 辑　（1998 年）

澄城县

　　澄城文史资料　政协陕西省澄城县委员会文史资料研究委员会编印,32 开书型,不定期,内部交流。
第 1 辑　（1985 年）
第 2 辑　（1987 年）
第 3 辑　（1990 年）
第 4 辑
第 5 辑
第 6 辑
第 7 辑
第 8 辑
第 9 辑　澄城政协二十年　（2006 年）

白水县

　　白水文史资料　政协陕西省白水县委员会文史资料研究委员会编印,32 开书型,不定期,内部交流。
第 1 集　（1986 年）
第 2 集　（1987 年）
第 3 集　白水民国人物专辑　（1988 年）

合阳县

　　合阳文史资料　政协陕西省合阳县委员会文史资料研究委员会编印,32 开书型,不定期,内部交流。
第 1 辑　（1987 年）

第 2 辑　纪念合阳解放四十周年专辑　（1988 年）
第 3 辑
第 4 辑
第 5 辑
第 6 辑　文艺艺术专辑　（2000 年）
第 7 辑　合阳杂咏专辑　（杜光前等注,2003 年）
第 8 辑　合阳戏曲专辑　（2004 年）

富平县

　　富平文史　（**富平文史资料**）　政协陕西省富平县委员会文史资料委员会编印,32 开书型,不定期,内部交流。
第 1—2 辑　（1982 年）
第 3—4 辑　（1983 年）
第 5—6 辑　（1984 年）
第 7 辑　纪念胡景翼将军逝世六十周年专辑　（1985 年）
第 8—9 辑　（1985 年）
第 10 辑　（1986 年）
第 11 辑　（1987 年）
第 12 辑　（1988 年）
第 13 辑　美原专辑　（1988 年）
第 14 辑　纪念富平解放四十周年专辑　（1989 年）
第 15 辑　（1990 年）
第 16 辑　（1991 年）
第 17 辑　张扶万先生专辑　（1993 年）
第 18 辑　富平乳品业与奶山羊　（1995 年）
第 19 辑　王愚若先生　（1997 年）
第 20 辑　（改现名）(1999 年)
　　曹村文史资料　政协陕西省富平县委员会曹村乡学习组等编印,32 开书型,不定期,内部交流。
第 1 辑　（1993 年）

咸阳市

　　咸阳文史资料　政协陕西省咸阳市委员会文史资料委员会编印,32 开书型,不定期,内部交流或公开发行。
第 1 辑　（1985 年）
第 2 辑　（1986 年）
第 3 辑　（1987 年）
第 4 辑　（1988 年）
　　咸阳解放　（陕西人民出版社,1989 年版）
第 5 辑　（1991 年）
第 6 辑　辛亥革命前后的焦易堂先生　（暨《武功文史资料》第 4 辑,1992 年）
第 7 辑　（1994 年）
　　烽火文艺劲旅——陕甘宁边区吴中八一剧团回忆纪实（陕西人民出版社,2001 年版）
第 8 辑　（2008 年）
　　后稷传人　（中国杨陵农科城专家教授纪实丛书）

政协陕西省咸阳市委员会文史资料委员会等编,三秦出版社等出版。

第 1 辑 （1996 年版）

第 2 辑 （陕西人民出版社,1999 年版）

秦都区

秦都文史资料 （咸阳市文史资料选辑、咸阳市秦都区文史资料） 政协陕西省咸阳市秦都区委员会文史学联工作委员会编印,32 开书型,不定期,内部交流。

第 1 辑 （1983 年）

第 2 辑 （改名）(1987 年)

第 3 辑 （改名） 纪念咸阳解放四十周年专辑 (1989 年)

第 4 辑 政协志专辑 （1990 年）

第 5 辑 （1991 年）

第 6 辑 民俗专辑 （1993 年）

第 7 辑 教育专辑 （1995 年）

第 8 辑 （1997 年）

第 9 辑 委员风采 （1999 年）

第 10 辑 （改现名） 秦都书画作品集萃 （2001 年）

杨陵区

杨陵文史资料 政协陕西省咸阳市杨陵区委员会文史资料研究委员会编印,32 开书型,不定期,内部交流。

第 1 辑 （1986 年）

第 2—3 辑 （1987 年）

后稷传人 （中国杨陵农科城专家教授丛书） 政协陕西省咸阳市杨陵区委员会等编,陕西人民出版社出版。

第 1 辑 （三秦出版社,1996 年版）

第 2 辑 （1999 年版）

渭城区

渭城文史资料 政协陕西省咸阳市渭城区委员会文史资料委员会编印,32 开书型,不定期,内部交流。

第 1 辑 （1991 年）

第 2 辑 （1994 年）

第 3 辑 （1996 年）

第 4 辑 （1998 年）

兴平市

兴平文史资料 政协陕西省兴平市委员会文史资料委员会编印,32 开书型,不定期,内部交流或公开发行。

第 1 辑 （1983 年）

第 2 辑 （1985 年）

第 3 辑 马嵬坡诗选 （1985 年）

第 4 辑 （1986 年）

第 5 辑 茂陵诗词选 （1987 年）

第 6 辑 兴平县政协志 （1988 年）

第 7 辑 兴平解放——纪念兴平县解放四十周年 (1989 年)

第 8 辑 （1990 年）

第 9 辑 兴平百年大事记 （1990 年）

第 10 辑 兴平近现代人物(一) (1991 年)

第 11 辑 我在平凡的岗位上 （1992 年）

第 12 辑 （1993 年）

第 13 辑 拓荒者——经济资料专辑 （1994 年）

第 14 辑 （1998 年）

第 15 辑 许敬章回忆录 （香港天马图书有限公司,2000 年版）

三原县

三原文史资料 （三原文史） 政协陕西省三原县委员会文史资料委员会编印,32 开书型,不定期,内部交流。

于右任纪念集 （1984 年）

第 1 辑 （1985 年）

第 2 辑 （改现名）纪念西安事变五十周年、三原反围城斗争六十周年 （1986 年）

第 3—4 辑 （1987 年）

第 5 辑 （1988 年）

第 6 辑 （1989 年）

第 7 辑 （1990 年）

第 8 辑 （1991 年）

第 9 辑 （1992 年）

第 10 辑 （1993 年）

第 11 辑 （1994 年）

第 12 辑 （2002 年）

第 13 辑 毛焕明先生作品专集 （2004 年）

第 14 辑 纪念于右任先生逝世四十周年专辑 （2004 年）

第 15 辑 于右任诗诵三秦 （2005 年）

第 16 辑 段建平同志日记史料 （2006 年）

第 17 辑 刘思东回忆录 （2007 年）

泾阳县

泾阳文史资料 政协陕西省泾阳县委员会文化文史委员会编印,32 开书型,不定期,内部交流。

第 1—2 辑 （1985 年）

第 3 辑 （1987 年）

第 4 辑 （1988 年）

第 5 辑 泾阳解放专辑 （1989 年）

第 6 辑 吴宓专辑 （1990 年）

第 7 辑 （2000 年）

乾县

乾县文史资料 政协陕西省乾县委员会文史资料研究委员会编印,32 开书型,不定期,内部交流。

第 1 辑 (1985 年)

第 2 辑 (1986 年)

乾县民俗风情录 (文史资料丛书)(1994 年)

第 3 辑

第 4 辑 (1998 年)

礼泉县

礼泉文史资料 (**礼泉县文史资料**) 政协陕西省礼泉县委员会文史资料研究委员会编印,32 开书型,不定期,内部交流。

第 1 辑 (1986 年)

第 2 辑 (改现名)(1988 年)

第 3 辑 (1989 年)

第 4 辑 (1991 年)

第 5 辑

第 6 辑

第 7 辑 宋伯鲁 (1996 年)

永寿县

永寿文史资料 政协陕西省永寿县委员会文史资料委员会编印,32 开书型,不定期,内部交流。

第 1 辑 选编 (1985 年)

第 2 辑 (1986 年)

第 3 辑 永寿解放专辑 (1990 年)

第 4 辑 (1992 年)

第 5 辑

第 6 辑 永寿历史沿革之考略

第 7 辑 泾水东流

委员风采 (2003 年)

彬县

彬县文史资料 政协陕西省彬县委员会学习文史委员会编印,32 开书型,不定期,内部交流。

第 1 辑 (1987 年)

第 2 辑 纪念彬县解放四十周年 (1989 年)

第 3 辑

第 4 辑 (1997 年)

第 5 辑 果乡彬州 (2000 年)

长武县

长武文史资料 政协陕西省长武县委员会文史资料委员会编印,32 开书型,不定期,内部交流。

第 1 辑 (1986 年)

第 2 辑 (1987 年)

第 3 辑 (1988 年)

第 4 辑 (1990 年)

第 5 辑 (1992 年)

第 6 辑

第 7 辑

第 8 辑

第 9 辑 长武名胜古迹述略

第 10 辑

第 11 辑

第 12 辑

第 13 辑

第 14 辑 长武庙宇文化 (2006 年)

旬邑县

旬邑文史 (**旬邑县文史资料**、**旬邑文史资料**) 政协陕西省旬邑县委员会文史资料研究委员会编印,32 开书型,不定期,内部交流。

第 1 辑 (1988 年)

第 2 辑 (改名) 旬邑解放四十周年专辑 (1989 年)

第 3 辑 (1992 年)

第 4 辑 (1991 年)

第 5 辑 (改现名)

第 6 辑

第 7 辑 旬邑苹果 (1998 年)

第 8 辑 旬邑政协二十年 (2006 年)

淳化县

淳化文史资料 (**淳化文史**) 政协陕西省淳化县委员会文史资料委员会编印,32 开书型,不定期,内部交流。

第 1 辑 (1988 年)

第 2 辑 (1986 年)

第 3 辑 纪念淳化解放四十周年 (1986 年)

第 4 辑 淳化县首次少儿书画展专辑 (1990 年)

第 5 辑 淳化胜迹述略 (1990 年)

第 6 辑 民俗风情简述 (1992 年)

第 7 辑 (1993 年)

第 8 辑 (改现名) 淳化大事记 (1994 年)

第 9 辑 淳化革命史略 (1995 年)

武功县

武功县文史资料 政协陕西省武功县委员会文史资料研究委员会编印,32 开书型,不定期,内部交流。

第 1 辑 (1985 年)

第 2 辑 （1986 年）
第 3 辑 （1989 年）
第 4 辑 辛亥革命前后的焦易堂先生 （暨《咸阳文史资料》第 6 辑，1992 年）
第 5 辑 （1994 年）
第 6 辑 （2000 年）
第 7 辑 （2004 年）
第 8 辑 人文历史专辑 （2008 年）

宝鸡市

宝鸡文史资料 政协陕西省宝鸡市委员会学习与文史委员会编印，32 开书型，不定期，内部交流。
第 1—3 辑 （1985 年）
第 4 辑 （1986 年）
第 5 辑 （1987 年）
第 6 辑 （1988 年）
法门寺专辑 （与政协扶风县文史资料委员会合编，1988 年）
第 7 辑 （1989 年）
第 8 辑 （1990 年）
第 9 辑 （1991 年）
宝鸡胜迹楹联诗选 （1991 年）
第 10 辑 （1992 年）
第 11 辑 （1993 年）
第 12 辑 （1994 年）
第 13 辑 车向忱与东北竟存中学专辑 （1995 年）
第 14 辑 委员写真 （1996 年）
第 15 辑
第 16 辑 宝鸡重大考古文博纪实 （2001 年）
第 17 辑 甄寿五册 （2002 年）
第 18 辑
第 19 辑 宝鸡新咏 （2006 年）
宝鸡历史名人 （2008 年）
美丽的宝鸡 （2008 年）

金台区

金台文史资料 （**文史资料**） 政协陕西省宝鸡市金台区委员会文史资料委员会编印，32 开书型，不定期，内部交流。
第 1 辑 （1985 年）
第 2 辑 （1986 年）
第 3 辑 （1987 年）
第 4 辑 （改现名）（1988 年）
第 5 辑 纪念中华人民共和国、中国人民政治协商会议成立及宝鸡解放四十周年专辑 （1989 年）
第 6 辑 （1990 年）
第 7 辑 金台区区、街乡工交企业专辑 （1991 年）
第 8 辑 金台文物专辑 （1992 年）

第 9 辑 中山路商业街专辑 （1993 年）
第 10 辑 陈仓故城专辑 （1994 年）
第 11 辑 金台民俗专辑 （1995 年）
香港回归颂特刊 （1997 年）
第 12 辑 委员风采专辑 （1997 年）
第 13 辑 纪念改革开放二十周年特辑 （1998 年）
第 14 辑 张三丰与宝鸡金台观专辑 （2000 年）
《近体集句诗三百首》专辑 （2001 年）
第 15 辑 创业春秋专辑 （2002 年）
第 16 辑 金台森林公园专辑 （2005 年）
第 17 辑 宗教文史资料专辑 （2006 年）
第 18 辑 魅力金台诗集 （2008 年）

渭滨区

渭滨文史资料 政协陕西省宝鸡市渭滨区委员会文史资料委员会编印，32 开书型，不定期，内部交流。
第 1—2 辑 （1986 年）
第 3 辑 （1987 年）
第 4 辑 （1988 年）
第 5 辑 （1989 年）
第 6 辑 （1990 年）
第 7 辑 （1991 年）
第 8 辑 （1993 年）
第 9 辑 （1994 年）
第 10 辑 （1995 年）
第 11 辑 （1996 年）
第 12 辑 （1997 年）
第 13 辑 （1998 年）
第 14 辑 （1999 年）

陈仓区

宝鸡县文史资料 （**宝鸡县文史资料选辑**） 政协陕西省宝鸡县委员会文史资料委员会编印，32 开书型，不定期，内部交流。
第 1 辑 （1983 年）
第 2 辑 （1984 年）
第 3 辑 （1985 年）
第 4 辑 （1986 年）
第 5—6 辑 （1988 年）
第 7 辑 （1989 年）
第 8 辑 （1990 年）
第 9 辑 （1992 年）
姜子牙钓鱼台 （1992 年）
第 10 辑 （1993 年）
第 11 辑 （1994 年）
陈仓石鼓新探 （1995 年）
西镇吴山（1998 年）
第 12 辑 （1999 年）

第 13 辑　（2001 年）
第 14—15 辑　（2002 年）
关陇明珠赤沙镇　（2004 年）
第 16 辑　（2005 年）
陈仓政协志　（2007 年）
东西南北陈仓人　（2008 年）
陈仓文史资料　政协陕西省宝鸡市陈仓区委员会文史资料委员会编印,32 开书型,不定期,内部交流。
西虢与陈仓　（2003 年）

凤翔县

文史资料　政协陕西省凤翔县委员会文史资料委员会编印,16 开刊型,油印,不定期,内部交流。
第 1—19 辑
第 20—24 辑　（1982—1983）
凤翔文史资料选辑　政协陕西省凤翔县委员会文史资料委员会编印,32 开书型,不定期,内部交流。
第 1 辑　（1984 年）
第 2 辑　凤翔历史大事记专辑　（1985 年）
第 3—4 辑　（1986 年）
第 5 辑　东湖专辑　（1987 年）
第 6 辑　（1987 年）
第 7 辑　辛亥革命凤翔名人专辑　（1988 年）
第 8 辑　庆祝凤翔解放四十周年征文选登　（1989 年）
第 9 辑　（1990 年）
第 10 辑　竞存学校史料专辑　（1991 年）
第 11 辑　（1992 年）
第 12 辑　历史文化名城专辑　（1993 年）
第 13 辑　（1994 年）
第 14 辑　（1995 年）
第 15 辑　（1996 年）
第 16 辑　庆祝香港回归祖国诗文选　（1997 年）
第 17 辑　（1998 年）
第 18 辑　（2000 年）
第 19 辑　（2002 年）
第 20 辑　（2004 年）
第 21 辑　（2006 年）
第 22 辑　凤翔民间美术专辑　（2007 年）
第 23 辑　凤翔城建专辑

岐山县

岐山文史资料　政协陕西省岐山县委员会文史资料委员会编印,32 开书型,不定期,内部交流。
第 1 辑　（1986 年）
第 2 辑　（1987 年）
第 3 辑　（1988 年）
第 4 辑　（1989 年）

第 5 辑　（1990 年）
第 6 辑　（1991 年）
第 7 辑　（1992 年）
第 8 辑　委员风采　（1999 年）
第 9 辑　周原专辑　（2000 年）
第 10 辑　西岐民俗录　（2005 年）
第 11 辑　（2008 年）

扶风县

扶风文史资料　（扶风县文史资料）　政协陕西省扶风县委员会文史资料研究委员会编印,32 开书型,不定期,内部交流。
第 1 辑　（1984 年）
第 2 辑　（1985 年）
第 3 辑　（1986 年）
第 4 辑　（改现名）（1987 年）
法门寺专辑　（与政协宝鸡市文史资料委员会合编,1988 年）
第 5 辑　（1989 年）
第 6 辑
第 7 辑
第 8 辑　（1992 年）

眉县

眉县文史资料　（眉县文史资料选辑）　政协陕西省眉县委员会文史资料研究委员会编印,32 开书型,不定期,内部交流或公开发行。
第 1 辑　（1985 年）
第 2 辑　（1986 年）
第 3—4 辑　（1987 年）
宋巧姣与法门寺　（附:明代传奇《玉镯案》）（与陕西省艺术研究所合编,三秦出版社 1988 年版）
第 5 辑　（1989 年）
第 6 辑　（1990 年）
第 7 辑　（1991 年）
第 8 辑　张载专辑　（1991 年）
第 9 辑　（1992 年）
第 10 辑　（1994 年）
第 11 辑　（改现名）　扶眉战役——献给国庆五十周年纪念扶眉战役胜利五十周年(1949—1999)（1998 年）
第 12 辑　委员风采　（2001 年）
第 13 辑　张载轶事　（2001 年）
第 14 辑　史海遗珍　（2004 年）
第 15 辑　新史漫忆　（2007 年）

陇县

陇县文史资料　（陇县文史资料选辑）　政协陕西省

陇县委员会文史办公室编印,32 开书型,不定期,内部交流。

第 1 辑 (1981 年)

第 2 辑 (1982 年)

第 3 辑 (1984 年)

《龙门洞》专集 (1985 年)

第 4 辑 (1986 年)

第 5 辑 (1987 年)

龙门洞 (附:景物图)(1987 年)

第 6 辑 (1988 年)

第 7 辑 (改现名) 纪念陇县解放四十周年专辑 (1989 年)

第 8 辑 (1991 年)

第 9—10 辑 (1992 年)

第 11 辑 (1994 年)

陇州英才谱 (2006 年)

千阳县

千阳文史资料选辑 政协陕西省千阳县委员会文史资料委员会编印,32 开书型,不定期,内部交流。

第 1 辑 (1985 年)

第 2 辑 (1986 年)

第 3—4 辑 (1987 年)

第 5 辑 (1989 年)

第 6 辑 (1990 年)

第 7 辑 (1992 年)

第 8 辑 旅游景点资料专辑 (1994 年)

第 9 辑 (1997 年)

第 10 辑 (2000 年)

麟游县

麟游文史资料 政协陕西省县委员会文史资料委员会编印,32 开书型,不定期,内部交流或公开发行。

第 1 辑 九成宫专辑 (1987 年)

第 2 辑 九成宫专辑 (1985 年)

第 3 辑 (1991 年)

第 4 辑 (1993 年)

第 5 辑 (1996 年)

第 6 辑 (2000 年)

第 7 辑

第 8 辑

第 9 辑 王乐天传 (甘肃人民出版社,2006 年版)

凤县

凤县文史资料 政协陕西省凤县委员会文史资料委员会编印,16 开刊型改 32 开书型,或油印,不定期,内部交流。

1982 年第 1 辑 (总第 1 辑)

1983 年第 1 辑 (总第 2 辑)

第 3—4 辑 (1984 年)

第 5—6 辑 (1985 年)

第 7 辑 (1986 年)

第 8 辑 (1987 年)

第 9 辑 (1989 年)

第 10 辑 (1990 年)

第 11 辑 (1992 年)

第 12 辑 (1994 年)

第 13 辑 (1996 年)

第 14 辑 (1997 年)

第 15 辑 (2001 年)

第 16 辑 (2006 年)

凤县政协志 (2007 年)

太白县

太白文史资料 政协陕西省太白县委员会文史资料委员会编印,32 开书型,不定期,内部交流。

第 1 辑 (1988 年)

第 2 辑

第 3 辑

第 4 辑

第 5 辑 太白建县前后 (2008 年)

汉中市

汉中文史资料 政协陕西省汉中市委员会文史资料编辑委员会编印,32 开书型,不定期,内部交流或公开发行。

第 1 辑 天汉回眸 (中国文史出版社,1999 年版)

汉台区

汉台区文史资料 (汉中市文史资料、汉中文史) 政协陕西省汉中市委员会学习文史委员会编印,32 开书型,不定期,内部交流。

第 1 辑 汉中市建国前五十年大事记(1900—1949 年)(1983 年)

第 2 辑 (1984 年)

第 3 辑 (1985 年)

第 4 辑 (1986 年)

第 5 辑 (1987 年)

第 6 辑 (1988 年)

第 7 辑 纪念汉中解放四十周年(1949.12.6—1980.12.6)(1989 年)

汉中市政协文史资料目录 (第 1—7 辑)(1989 年)

第 8 辑 (1990 年)

专辑之一 陆游与汉中诗词选编 (1990 年)

第 9 辑 (改名)(1991 年)

第 10 辑 （1992 年）
第 11 辑 （1993 年）
专辑之二 古今汉中城 （1993 年）
第 12 辑 抗战时期的汉中 （1994 年）
第 13 辑 （1995 年）
第 14 辑 （1998 年）
第 15 辑 前进中的汉台区政协 （1999 年）
第 16 辑 （2000 年）
第 17 辑 （改现名） 政协委员好丰采 （2001 年）
第 18 辑

南郑县

南郑县文史资料 政协陕西省南郑县委员会文史资料委员会编印,32 开书型,不定期,内部交流。
第 1 辑 （1984 年）
第 2 辑 （1985 年）
第 3 辑 （1986 年）
第 4 辑 （1987 年）
第 5 辑 （1988 年）
第 6 辑 纪念南郑解放四十周年专辑 （1989 年）
第 7 辑 （1990 年）
第 8 辑 （1991 年）
第 9 辑 小南海 （1993 年）
第 10 辑 圣水寺 （1996 年）
第 11 辑 前进中的南郑政协 （1997 年）
第 12 辑
第 13 辑 陕西名人·西部开发先行者——西安 （2007 年）

城固县

城固文史 （城固县文史资料） 政协陕西省城固县委员会文史资料研究委员会编印,32 开书型,不定期,内部交流。
第 1 辑 城固县要事纪略 （1905—1949）（1984 年）
第 2 辑 张骞事略 （1984 年）
第 3 辑 （1984 年）
第 4 辑 城固学运始末 （1994 年）
第 5 辑 年节风习与民间艺术 （1985 年）
第 6 辑 （1985 年）
第 7 辑 城固县乡风民俗 （1985 年）
第 8 辑 （1986 年）
第 9 辑 城固简介 （1988 年）
第 10 辑 （1990 年）
第 11 辑
第 12 辑
第 13 辑
第 14 辑 （改现名）（2006 年）
第 15 辑 （2008 年）

洋县

洋县文史资料选辑 政协陕西省洋县委员会文史资料委员会编印,32 开书型,不定期,内部交流。
第 1 辑 （1986 年）
第 2 辑 （1990 年）
第 3 辑 （1991 年）

西乡县

西乡县文史资料 政协陕西省西乡县委员会文史资料委员会编印,32 开书型,不定期,内部交流。
第 1 辑 （1983 年）
第 2 辑 （1984 年）
第 3 辑 （1986 年）
第 4 辑 （1990 年）
第 5 辑 （1993 年）
第 6 辑 （1995 年）
第 7 辑 （1998 年）

勉县

勉县文史资料 政协陕西省勉县委员会文史资料研究委员会编印,32 开书型,不定期,内部交流。
第 1 辑 （1985 年）
第 2 辑 （1986 年）
第 3 辑 （1987 年）
第 4 辑 （1990 年）
第 5 辑 （1992 年）
第 6 辑 （1993 年）

宁强县

宁强文史资料 （宁强县文史资料选辑） 政协陕西省宁强县委员会文史资料征集研究委员会编印,32 开书型,不定期,内部交流。
第 1 辑 （1983 年）
第 2 辑 （1984 年）
第 3 辑 （1985 年）
第 4 辑 （1986 年）
第 5 辑 （改现名）（1988 年）
第 6 辑 （1989 年）

略阳县

略阳文史资料 政协陕西省略阳县委员会文史资料委员会编印,32 开书型,不定期,内部交流或公开发行。
第 1 辑 （1982 年）
第 2 辑 （1983 年）

第 3 辑 （1984 年）

第 4 辑 （1985 年）

第 5—6 辑 （1986 年）

第 7 辑 （1987 年）

第 8 辑 （1988 年）

第 9 辑 纪念略阳解放四十周年专辑 （1989 年）

第 10 辑 略阳县一九九 0 年抗洪救灾纪实专辑 （1990 年）

第 11 辑 略阳交通运输专辑 （1992 年）

第 12 辑 （1993 年）

第 13 辑 略阳文史一粟 （国际文史出版公司,2004 年版）

镇巴县

镇巴文史资料 政协陕西省镇巴县委员会文史资料委员会编印,32 开书型,不定期,内部交流。

第 1 辑 （1985 年）

第 2 辑 镇巴县民国时期大事记专辑 （1988 年）

第 3 辑 （1990 年）

第 4 辑 （1992 年）

留坝县

留坝文史资料 政协陕西省留坝县委员会文史资料委员会编印,32 开书型,不定期,内部交流。

第 1 辑

第 2 辑 （2005 年）

第 3 辑 （2008 年）

佛坪县

佛坪文史资料 政协陕西省佛坪县委员会编印,32 开书型,不定期,内部交流。

第 1 辑

第 2 辑 （2006 年）

榆林市

榆林文史 （丛书） 政协陕西省榆林市委员会文史资料委员会编印,32 开书型,不定期,内部交流。

第 1 辑 （2002 年）

第 2 辑 （2003 年）

第 3 辑 （2003 年）

第 4 辑 （2004 年）

第 5 辑 （2006 年）

第 6 辑 （2007 年）

第 7 辑 （2007 年）

第 8 辑 榆林名镇 （2008 年）

榆阳区

榆阳文史 （榆林文史资料） 政协陕西省榆林市委员会文史资料研究委员会编印,32 开书型,不定期,内部交流或公开发行。

第 1 辑 （1983 年）

第 2 辑 名胜古迹专辑 （1984 年）

第 3 辑 （1985 年）

第 4—5 辑 （1986 年）

第 6 辑 （1987 年）

第 7—8 辑 （1988 年）

金鸡滩方志 （1988 年）

第 9 辑 （1989 年）

第 10 辑 （1990 年）

第 11 辑 （1992 年）

第 12 辑

第 13 辑 （1992 年）

第 14 辑 （1994 年）

第 15 辑 （1995 年）

第 16 辑 （1996 年）

第 17 辑 榆林三字经

第 18 辑 （1998 年）

第 19 辑 （1999 年）

第 20 辑 （2000 年）

第 21 辑 （2001 年）

第 22 辑 （改现名）（2002 年）

第 23 辑 （2003 年）

第 24 辑 （2004 年）

第 25 辑 （2005 年）

第 26 辑 （2006 年）

榆林三字经 （中国社会科学出版社,2007 年版）

神木县

神木文史 （神木文史资料） 政协陕西省神木县委员会文史资料委员会编印,32 开书型,不定期,内部交流。

第 1 辑 （1986 年）

第 2 辑 中医临床效集 （1987 年）

第 3 辑 （1988 年）

第 4 辑 （1989 年）

沙茆村志(1990 年)

第 5 辑 （1993 年）

第 6 辑 （改现名）（1998 年）

第 7 辑 （1999 年）

第 8 辑

第 9 辑

第 10 辑

第 11 辑

第 12 辑

第 13 辑　走出家乡的神木人(之二)(2008 年)

府谷县

府谷文史资料　(府谷县文史资料)　政协陕西省府谷县委员会文史资料委员会编印,32 开书型,不定期,内部交流。

第 1 辑　(1985 年)

第 2 辑　(1986 年)

第 3 辑　(1987 年)

第 4 辑　(1989 年)

第 5 辑　(改现名)(1990 年)

第 6 辑　(1991 年)

第 7 辑　(1992 年)

第 8 辑　(1993 年)

第 9 辑　(1994 年)

第 10 辑　委员风采专辑(一)(1995 年)

横山县

横山文史资料　政协陕西省横山县委员会学教文史委员会编印,32 开书型,不定期,内部交流。

第 1 辑　(1987 年)

第 2 辑　(1989 年)

第 3 辑　(1990 年)

第 4 辑　李自成故里　(1992 年)

第 5 辑　十年回眸——纪念横山县政协成立十周年(1994 年)

第 6 辑　(2001 年)

第 7 辑　委员风采录　(2002 年)

第 8 辑　横山县文化长廊　(2006 年)

靖边县

定边县

定边文史资料　政协陕西省定边县委员会文史资料研究委员会编印,32 开书型,不定期,内部交流。

第 1 集　(1986 年)

第 2 辑　纪念中国共产党成立八十周年　(2001 年)

定边人物传　(2005 年)

定边风云　(2006 年)

定边人物传记(续)(2006 年)

三边分区史(第一部)(2006 年)

名人在定边　(2007 年)

三边分区史(第二部)(2007 年)

定边人物传记(续二)(2007 年)

陕甘宁边区三边分区资料选编(1937.9—1949.9)

(2007 年)

高桂滋生平大事记　(2008 年)

清康熙、雍正皇帝圣旨　(2008 年)

定边政协简史　(2008 年)

定边工商简史　(2008 年)

绥德县

绥德文史资料　政协陕西省海德县委员会文史资料委员会编印,32 开书型,不定期,内部交流。

第 1 辑　(1986 年)

第 2 辑

第 3 辑　(1989 年)

第 4 辑　(1990 年)

第 5—6 辑　(1991 年)

第 7 辑　(1992 年)

第 8 辑

第 9 辑

第 10 辑

第 11 辑

第 12 辑

第 13 辑

第 14 辑　(2000 年)

第 15 辑　(2002 年)

第 16 辑

第 17 辑　(2007 年)

米脂县

米脂文史资料　政协陕西省米脂县委员会文史资料委员会编印,32 开书型,不定期,内部交流。

第 1 辑

第 2 辑　米脂婆姨　(2006 年)

佳县

佳县文史　政协陕西省佳县委员会文史资料委员会编印,32 开书型,不定期,内部交流。

第 1 辑　(1995 年)

第 2 辑　(2002 年)

第 3 辑　(2004 年)

第 4 辑　佳县政协二十年　(2005 年)

第 5 辑　(2008 年)

吴堡县

吴堡文史资料　政协陕西省吴堡县委员会学习宣传文史资料委员会编印,32 开书型,不定期,内部交流。

第 1 辑

第 2 辑

第 3 辑

第 4 辑

第 5 辑

第 6 辑　吴堡古迹遗址与文物专辑　（2004 年）

第 7 辑　（2007 年）

清涧县

清涧文史资料　政协陕西省清涧县委员会文史资料委员会编印,32 开书型,不定期,内部交流。

第 1 辑　（1988 年）

第 2 辑　（1990 年）

第 3 辑　（1994 年）

第 4 辑

第 5 辑　清涧道情专辑　（2002 年）

子洲县

子洲文史资料简报　政协陕西省子洲县委员会文史资料委员会编印,16 开刊型,油印,不定期,内部交流。

第 1 期　（1985 年）

第 2—3 期　（1986 年）

第 4—7 期　（1987 年）

第 8—13 期　（1988 年）

第 14—15 期　（1989 年）

第 16—20 期　（1990 年）

第 21—24 期　（1991 年）

第 25—26 期　（1992 年）

第 27—28 期　（1993 年）

第 29—30 期　（1994 年）

第 31—33 期　（1998 年）

第 34 期　（1999 年）

第 35—37 期　（2000 年）

子洲文史资料　政协陕西省子洲县委员会文史资料委员会编印,32 开书型,不定期,内部交流。

第 1 辑　（1999 年）

第 2 辑

第 3 辑

第 4 辑　子洲巾帼

第 5 辑　子洲景观

第 6 辑　马蹄沟史话

第 7 辑　（2008 年）

安康市

三秦近代名人评传　（安康地区分卷）　政协陕西省安康地区工作委员会等编印,32 开书型,内部交流,1993 年。

文史选刊　政协陕西省安康市委员会文史资料委员会

编印,16 开刊型,不定期,内部交流。

第 1 期　（2006 年）

第 2—11 期第 12 期　（2009 年）

汉滨区

安康市文史资料选辑　（安康县文史资料选辑）　政协陕西省安康市委员会文史资料委员会编印,32 开书型,不定期,内部交流。

第 1 辑　安康和平解放(1985 年)

第 2 辑　安康山货特产市场史料专辑之一　（1986 年）

第 3 辑　安康山货特产市场史料专辑之二　（1987 年）

第 4 辑　（改现名）安康汉江航运史　（1991 年）

第 5 辑　辛亥革命在安康　（1993 年）

第 6 辑　历代文人咏香溪诗词浅析　（1993 年）

三秦近代名人评传（安康地区分卷）（与政协安康地区工作委员会合编,1993 年）

第 7 辑　安康古今蚕桑著述　（1994 年）

委员风采录

走向成功之路

汉滨区政协志

建设绿色汉滨

纪念汉滨区政协成立五十周年专辑

汉阴县

汉阴县文史资料　政协陕西省汉阴县委员会文史资料编纂委员会编印,32 开书型,不定期,内部交流。

第 1 辑　（1986 年）

第 2 辑　（1992 年）

第 3 辑　（1997 年）

第 4 辑　（2002 年）

第 5 辑　（2006 年）

汉阴风情(画册)

委员文化

第 6 辑　（2008 年）

石泉县

石泉文史资料　政协陕西省石泉县委员会文史资料委员会编印,32 开书型,不定期,内部交流。

第 1 辑　（1985 年）

第 2 辑　（1986 年）

第 3 辑　（1991 年）

第 4 辑

第 5 辑

第 6 辑　（2006 年）

宁陕县

宁陕文史资料 政协陕西省宁陕县委员会文史资料委员会编印,32 开书型,不定期,内部交流。
宁陕文史资料汇编 （2004 年）
崛起的江口回族镇
招商引资揽
可爱的宁陕

紫阳县

紫阳文史资料 （**紫阳县文史资料**） 政协陕西省紫阳县委员会文史资料研究委员会编印,32 开书型,不定期,内部交流。
第 1 辑 （1986 年）
第 2 辑 （改现名）(1990 年)
第 3 辑 （1992 年）
第 4 辑 （1999 年）

岚皋县

岚皋文史资料 政协陕西省岚皋县委员会文史资料研究委员会编印,32 开书型,不定期,内部交流。
第 1 辑 （1991 年）
第 2 辑 （2007 年）

平利县

平利文史资料 政协陕西省平利县委员会文史资料研究委员会编印,32 开书型,不定期,内部交流。
第 1 辑 （1984 年）
第 2 辑 （1986 年）
教育专辑 （2006 年）
我看平利这五年 （2008 年）

镇坪县

镇坪文史资料 政协陕西省镇坪县委员会文史资料研究委员会编印,32 开书型,不定期,内部交流。
第 1 辑 （1987 年）
第 2 辑 （2008 年）

旬阳县

旬阳文史 （**旬阳县文史资料**） 政协陕西省旬阳县委员会文史资料委员会编印,32 开书型,不定期,内部交流。
第 1 辑 （1988 年）
第 2 辑 （改现名）(1991 年)

第 3 辑 （1992 年）
第 4 辑 人物春秋 （1994 年）
第 5 辑 （1996 年）
第 6 辑 土地改革专辑 （2000 年）

白河县

白河县文史资料 （**白河文史资料**） 政协陕西白河县委员会学习文史委员会编印,32 开书型,不定期,内部交流。
第 1 辑 （1986 年）
第 2 辑 （改现名）(1989 年)
第 3 辑
第 4 辑 （2006 年）
第 5 辑 （2008 年）

商洛市

商洛文史 政协陕西省商洛市委员会文史资料委员会编印,32 开书型,不定期,内部交流。
第 1 辑
第 2 辑
第 3 辑 （2003 年）
王禹称在商诗文集
王时叙诗文解析
商洛名镇

商州区

商州文史资料 （**商县文史资料**） 政协陕西省商州市委员会文史资料委员会编印,32 开书型,不定期,内部交流。
第 1 辑 （1982 年）
第 2 辑 （1984 年）
第 3 辑 （1985 年）
第 4 辑 （1987 年）
第 5 辑 （改现名）(1989 年)
第 6 辑 纪念商州解放四十周年 （1989 年）
第 7 辑 （1990 年）
第 8 辑 （1992 年）
第 9 辑 （1993 年）
第 10 辑 （1994 年）
第 11 辑 （1995 年）
第 12 辑 （1996 年）
第 13 辑 （1997 年）
第 14 辑 （1998 年）
第 15 辑 回眸半个世纪 （1999 年）
第 16 辑
第 17 辑
第 18 辑

商州自古是胜游 （2002 年）

第 19 辑

第 20 辑

第 21 辑

第 22 辑

商州老照片

商州碑文

商州族谱序跋集

商州客家文化

洛南县

洛南文史 （上洛文史） 政协陕西省洛南县委员会文史资料委员会编印,32 开书型,年刊,内部交流。

第 1 辑 （1984 年）

第 2—3 辑 （1985 年）

第 4 辑 （改现名） 景村古镇专辑 （1986 年）

第 5 辑 （1987 年）

第 6 辑 （1990 年）

第 7 辑 （1991 年）

第 8 辑 石门古镇文史专辑 （1992 年）

第 9 辑 （1995 年）

第 10 辑 （1996 年）

丹凤县

丹凤文史资料 政协陕西省丹凤县委员会学习文史委员会编印,32 开书型,不定期,内部交流。

第 1 辑

第 2 辑

第 3 辑

第 4 辑

第 5 辑 （1988 年）

第 6 辑 （1990 年）

第 7 辑 （1992 年）

第 8 辑

第 9 辑 （1998 年）

第 10 辑

第 11 辑 丹凤客家人 （2006 年）

商南县

商南文史资料 政协陕西省商南县委员会文史资料委员会编印,32 开书型,不定期,内部交流。

第 1 辑 （1985 年）

第 2 辑 （1986 年）

第 3 辑 （1987 年）

第 4 辑 （1988 年）

第 5 辑 （1994 年）

第 6 辑 （1997 年）

第 7 辑 （1999 年）

第 8 辑 旅游专辑

山阳县

山阳文史资料 （山阳县文史资料） 政协陕西省山阳县委员会学习与文史委员会编印,32 开书型,不定期,内部交流。

第 1 辑 （1985 年）

第 2 辑 （1986 年）

第 3 辑 纪念山阳解放四十周年 （1987 年）

第 4 辑 自然灾害专辑 （1988 年）

第 5 辑 （1990 年）

第 6 辑 韦克金事迹 （1991 年）

第 7 辑 （改现名）（1994 年）

第 8 辑 （1995 年）

第 9 辑

第 10 辑

第 11 辑

第 12 辑

第 13 辑 山阳旅游 （2005 年）

镇安县

镇安文史资料 政协陕西省镇安委员会文史资料研究委员会编印,32 开书型,不定期,内部交流。

第 1 辑

第 2 辑

第 3 辑

第 4 辑

第 5 辑 （1989 年）

第 6 辑 镇安解放四十年专辑 （1990 年）

第 7 辑 （1991 年）

第 8 辑 （1992 年）

第 9 辑 （1993 年）

第 10 辑

第 11 辑 政协专辑 （1997 年）

第 12 辑 工业专辑 （1999 年）

第 13 辑 野生植物加工与栽植专辑 （2000 年）

柞水县

柞水文史资料 政协陕西省柞水县委员会文史资料研究委员会编印,32 开书型,不定期,内部交流。

第 1 辑 （1984 年）

第 2 辑 （1989 年）

柞水风光赋

甘 肃 省

甘肃文史资料选辑 政协甘肃省委员会文史资料和学习委员会编,甘肃人民出版社出版,32开书型,不定期,内部交流转公开发行。

第1辑 (1962年版、1986年版)

第2—3辑 (1963年版、1987年版)

第4辑 (1964年版、1987年版)

第5辑 (1965年版、1987年版)

第6辑 (1979年版)

第7辑 (1980年版)

第8—9辑 (1981年版)

第10辑 甘肃解放前五十年大事记(1898—1949) (1981年版)

《甘肃文史资料选辑》 第1—10辑分类总目录

第11辑 纪念辛亥革命七十周年专辑 (1981年版)

第12辑 革命史专辑 (1981年版)

第13—14辑 (1982年版)

第15辑 革命史专辑 (1982年版)

第16辑 马鸿逵史料专辑 (1983年版)

第17—18辑 (1983年版)

第19—20辑 (1984年版)

第21辑 马鸿宾史料专辑 (1984年版)

第22—23辑 (1985年版)谢老在兰州 (1985年版)

邓宝珊将军 (与全国政协文史资料研究委员会等合编,中国文史出版社,1985年版)

第24辑 马仲英史料专辑 (1986年版)

第25—26辑 (1986年版)

第27辑 (1987年版)

第28辑 甘肃见闻记 (1988年版)

第29辑 (1988年)

第30辑 黄正清与五世嘉木样 (1989年版)

第31辑 民族宗教专辑 (1989年版)

西北近代工业 (与政协陕西、宁夏、青海、新疆五省〔区〕暨西安市文史资料委员会合编,1989年版)

第32辑 陇原创业的人们 (1991年版)

第33辑 工业经济专辑 (1991年版)

第34辑 解放后甘肃经济史料专辑 (1992版)

第35辑 路易·艾黎在甘肃 (1992年版)

第36辑 陇原创业的人们 (1993年版)

第37辑 (1993年版)

第38辑 近代名人在甘肃 (1994年版)

第39辑 陇原创业的人们 (1994年版)

西北回族与伊斯兰教 (1994年版)

甘肃四十年经济简史(1949—1989) (1994年版)

第40辑 近现代名人在甘肃 (1995年版)

第41辑 市州县文史资料集萃 (第一分辑 政治编)(1996年版)

第42辑 市州县文史资料集萃 (第二分辑 工商经济编)(1996年版)

第43辑 市州县文史资料集萃 (第三分辑 人物故事编)(1996年版)

第44辑 市州县文史资料集萃 (第四分辑 综合编)(1996年版)

第45辑 (1996年)

第46辑 中国裕固族 (1997年版)

第47辑 (1997年版)

第48辑 甘肃戏剧新成就史料专辑 (1997年版)

第49辑 中国保安族史料专辑 (1999年版)

第50辑 中国东乡族史料专辑 (1999年版)

第51辑 (2000年版)

第52辑 光彩事业 (政协委员中的民营企业家)(2000年版)

第53辑 镍都金昌 (暨《金昌文史资料》第11辑,1999年版)

第54辑 钢城嘉峪关 (暨《嘉峪关文史资料》第4辑,甘肃人民出版社,2000年版)

第55辑 油城玉门史料专辑 (2001年版)

甘肃文史资料文库 (1—10卷)(2001年版)

第56辑 铜城白银 (2002年版)

第57辑 甘肃水利的开发与利用 (2003年版)

第58辑 (2004年)

文史资料范文选 (2005年)

第59辑 (上卷)(2005年)

第60辑 甘肃丝绸之路旅游文化史料专辑 (2005年)

回族对伟大祖国的贡献 (2006年)

第61辑 知识青年上山下乡在陇原 (2006年)

第62辑 甘肃省各级政协文史资料目录(截至2006年底)(2007年)

兰州市

兰州文史资料选辑 政协甘肃省兰州市委员会文史资料和学习委员会编印,32开书型,不定期,内部交流或公开发行。

第1辑 (1983年)

第2辑 (1984年)

第3辑 (1985年)

第4辑 兰州百年大事记专辑 (1986年)

第5辑 (1986年)

第6辑 兰州大事记、地名专辑 (1987年)

第7辑 兰州风物集 (1988年)

第8辑 抗日战争史料专辑 (1988年)

第9辑 兰州回族与伊斯兰教 (1988年)

第 10 辑　兰州解放四十周年纪念专辑　（1989 年）

第 11 辑　兰州工商经济史料　（1990 年）

1992 年第 1 辑　（总第 12 辑）　近现代人物史料专辑（兰州大学出版社,1992 年版）

1992 年第 2 辑　（总第 13 辑）（兰州大学出版社,1992 年版）

第 14 辑　兰州人物选编　（兰州大学出版社,1993 年版）

第 15 辑　援兰群英谱　（甘肃人民出版社,1995 年版）

第 16 辑　兰州电影戏曲实录　（兰州大学出版社,1996 年）

第 17 辑　（兰州大学出版社,1998 年版）

第 18 辑　改革开放二十年回顾　（兰州大学出版社,1999 年版）

第 19 辑　（甘肃人民出版社,2000 年版）

第 20 辑　甘肃六十年代大饥荒考证　（2001 年）

第 21 辑　兰州古今碑刻　（兰州大学出版社,2002 年版）

第 22 辑　（兰州大学出版社,2003 年版）

第 23 辑　（兰州大学出版社,2004 年版）

第 24 辑　（2005 年）

2006 年第 1 期　（总第 25 辑）

2006 年第 2 期　（总第 26 辑）

2006 年第 3 期　（总第 27 辑）

城关区

城关文史资料选辑　政协甘肃省兰州市城关区委员会文史资料委员会编印,32 开书型,不定期,内部交流或公开发行。

第 1 辑　（1988 年）

第 2 辑　（1990 年）

第 3 辑　（1991 年）

第 4 辑　（1993 年）

第 5 辑　（1995 年）

第 6 辑　（1997 年）

第 7 辑　（1999 年）

第 8 辑　（甘肃文化出版社,2002 年版）

第 9 辑　（2004 年）

第 10 辑　（2006 年）

第 11 辑　（2007 年）

七里河区

七里河区文史资料　政协甘肃省兰州市七里河区委员会文史委员会编印,32 开书型,不定期,内部交流。

第 1 辑　（1991 年）

第 2 辑　（1994 年）

第 3 辑　（2001 年）

西固区

西固文史资料　政协甘肃省兰州市西固区委员会文史委员会编印,32 开书型,不定期,内部交流或公开发行。

第 1 辑　（2003 年）

第 2 辑　（甘肃人民出版社,2004 年版）

第 3 辑　（2005 年）

第 4 辑　（2006 年）

第 5 辑　（2007 年）

安宁区

安宁文史资料　政协甘当省兰州市安宁区委员会文史资料委员会编印,32 开书型,不定期,内部交流。

第 1 辑　（2001 年）

第 2 辑　（2002 年）

第 3 辑　（2003 年）

第 4 辑　（2004 年）

第 5 辑　（2005 年）

第 6 辑　（2006 年）

第 7 辑　（2007 年）

第 8 辑　（2008 年）

红古区

红古文史资料　政协甘肃省兰州市红古委员会文史资料委员会编印,32 开书型,不定期,内部交流或公开发行。

第 1 辑　（1991 年）

第 2 辑　（1994 年）

第 3 辑　（甘肃人民出版社,2001 年版）

第 4 辑　（未注编印年）

第 5 辑　（2005 年）

永登县

永登文史资料　政协甘肃省永登县委员会办公室编印,16 开刊型,油印,不定期,内部交流。

1984 年第 1—4 期　（总第 1—4 期）

1985 年第 1—6 期　（总第 5—10 期）

1986 年第 1—6 期　（总第 11—16 期）

1987 年第 1—6 期　（总第 17—22 期）

1988 年第 1—2 期　（总第 22—24 期）

永登文史资料　政协甘肃省永登县委员会文史委员会编印,32 开书型,不定期,内部交流。

第 1 辑　（1989 年）

第 2 辑　（1990 年）

第 3 辑　（1993 年）

第 4 辑　（1997 年）

第 5 辑　（2000 年）

第 6 辑　（2005 年）

皋兰县

皋兰文史　政协甘肃省皋兰县委员会文史资料和学习委员会编印,16 开刊型,油印,不定期,内部交流。

第 1 期　（1988 年）

第 2—7 期　（1989 年）

第 8—60 期　（1990—1999 年）

皋兰文史资料　政协甘肃省皋兰县委员会文史宗教委员会编印,32 开书型,不定期,内部交流或公开发行。

第 1 辑　（1993 年）

第 2 辑　（甘肃人民出版社,2003 年版）

榆中县

榆中文史资料选辑　政协甘肃省榆中县委员会学习宣传文史资料委员会编印,32 开书型,不定期,内部交流。

第 1 辑　榆中纪事　（1990 年）

第 2 辑　榆中纪事　（1992 年）

第 3 辑　榆中在崛起　（1995 年）

第 4 辑　（1999 年）

第 5 辑　书画专集　（2003 年）

第 6 辑　诗歌专辑　（2004 年）

第 7 辑　（2005 年）

嘉峪关市

嘉峪关文史资料　政协甘肃省嘉峪关市委员会文史和学习委员会编印,32 开书型,不定期,内部交流或公开发行。

第 1 辑　（1990 年）

第 2 辑　名人来嘉峪关　（1992 年）

第 3 辑　（1996 年）

第 4 辑　钢城嘉峪关　（暨《甘肃文史资料选辑》第 54 辑,甘肃人民出版社,2000 年版）

嘉峪关市政协志　（2004 年）

名人来嘉峪关(续集)（2005 年）

委员论坛　（2006 年）

金昌市

金昌文史　（**金昌文史资料**）　政协甘肃省金昌市委员会文史资料委员会编印,32 开书型,不定期,内部交流或公开发行。

第 1 辑　（1987 年）

第 2 辑　（1988 年）

第 3 辑　（1989 年）

第 4 辑　（1990 年）

第 5 辑　（1991 年）

第 6 辑　（1992 年）

第 7 辑　（1993 年）

第 8 辑　（1994 年）

第 9 辑　张友信收藏书画荟萃　（1995 年）

第 10 辑　（1997 年）

第 11 辑　镍都金昌　（暨《甘肃文史资料选辑》第 53 辑,甘肃人民出版社,1999 年）

第 12 辑　（2002 年）

第 13 辑　（改现名）　水电专辑　（2004 年）

第 14 辑　教育专辑　（2007 年）

金川区

永昌县

永昌文史资料选辑　政协甘肃省永昌县委员会文史资料委员会编印,32 开书型,不定期,内部发行。

第 1 辑　（1991 年）

第 2 辑　（1992 年）

第 3 辑　（1993 年）

第 4 辑　（1995 年）

第 5 辑　（1997 年）

第 6 辑　（1999 年）

第 7 辑　（2002 年）

第 8 辑　（2006 年）

第 9 辑　（2007 年）

第 10 辑　（2008 年）

白银市

白银文史资料　政协甘肃省白银市委员会文史资料委员会编印,32 开书型,不定期,内部交流。

第 1 辑　（1988 年）

第 2 辑　（1990 年）

第 3 辑　（1994 年）

第 4 辑　（1998 年）

白银区

白银区文史资料专辑　政协甘肃省白银市白银区委员会文史委员会编印,32 开书型,不定期,内部交流。

第 1 辑　（1997 年）

第 2 辑　（2002 年）

第 3 辑　（2003 年）

第 4 辑　（2007 年）

平川区

平川区文史资料专辑　政协甘肃省白银市平川区委员

会文史委员会编印,32 开书型,不定期,内部交流。

第 1 辑 (1989 年)
第 2 辑 (1990 年)
第 3 辑 (1997 年)
平川书画集 (平川文史资料丛书) (1998 年)
第 4 辑 (2005 年)

靖远县

靖远文史 (靖远县文史资料选辑) 政协甘肃省靖远县委员会文史资料三胞联谊委员会编印,32 开书型,不定期,内部发行。

第 1 辑 (1987 年)
第 2 辑 (1988 年)
第 3 辑 (1989 年)
第 4 辑 靖远民间故事传说专集 (1990 年)
第 5 辑 (1991 年)
第 6 辑 (1993 年)
第 7 辑 (1994 年)
第 8 辑 (1999 年)
第 9 辑 (2001 年)
第 10 辑 (改现名) 农业科技专辑 (2005 年)

会宁县

会宁文史资料 政协甘肃省会宁县委员会文史民族宗教委员会编印,16 开刊型,油印,不定期,内部交流。

第 1—63 期 (1984—1990 年)
第 64—86 期 (1990—1993 年)
第 87—89 期 (1993 年)
第 90—91 期 (1994 年)
第 92—94 期 (1998 年)
第 95—96 期 (1999 年)
第 97—100 期 (2001 年)
《会宁文史资料》目录 (2002 年)

会宁县文史资料 政协甘肃省会宁县委员会文史民族宗教委员会编印,32 开书型,不定期,内部交流或公开发行。

第 1 辑 特辑·古道名城 (甘肃文化出版社,1995 年版)
第 2 辑 特辑·古道名城(续)(甘肃人民出版社,1996 年版)

景泰县

景泰文史资料 政协甘肃省景泰县委员会文史资料委员会编印,32 开书型,不定期,内部交流。

第 1 辑 (1991 年)
第 2 辑 景泰县文物古迹 (2004 年)

天水市

天水文史资料 政协甘肃省天水市委员会文史和学习委员会编印,32 开书型或 16 开刊型,不定期,内部交流或公开发行。

第 1 辑 (1986 年)
第 2 辑 (1988 年)
第 3 辑 (1989 年)
第 4 辑 (1990 年)
第 5 辑 (1991 年)
第 6 辑 (1992 年)
第 7 辑 (1994 年)
第 8 辑 (1995 年)
天水名人 (甘肃文化出版社,1998 年版)
第 9 辑 天水碑文选 (2002 年)
第 10 辑 羲皇颂 (2002 年)
羲皇墨珍(画册)(2003 年)
第 11 辑 抗战时期国立五中 (2004 年)
邓宝珊将军 (甘肃人民出版社,2004 年版)
天水名札 (2005 年)
第 12 辑 文化天水 (甘肃文化出版社,2006 年版)
第 13 辑 三线建设史料 (2007 年)
第 14 辑 (2008 年)

秦州区

秦城文史资料 政协甘肃省天水市秦城区委员会文史资料委员会编印,16 开刊型,油印,不定期,内部发行。

第 1 期 (1992 年)
第 2 期 (1993 年)

天水文史资料 政协甘肃省天水市秦城区委员会文史资料办公室编印,32 开书型,不定期,内部发行。

第 1 期 (1985 年)
天水历史名人 (1989 年)

麦积区

北道区文史资料 政协甘肃省天水市北道区委员会文史资料委员会编印,32 开书型,不定期,内部交流。

第 1 辑 (1997 年)

麦积区文史资料选辑 政协甘肃省天水市麦积区委员会文史和学习委员会编印,32 开书型,不定期,内部交流。

第 1—2 辑 (1997 年)
第 3 辑 (1998 年)
第 4 辑 (2000 年)
第 5 辑 (2001 年)
第 6—7 辑 (2003 年)
第 8 辑 (2004 年)

第 9 辑　（2005 年）

清水县

清水文史资料　（清水文史）　政协甘肃省清水县委
员会文史资料委员会编印,16 开刊型,油印,不定期,内部
交流。

1985 年第 1 期　（总第 1 期）
1986 年第 1—3 期　（总第 2—4 期）
1987 年第 1（改现名）—2 期　（总第 5—6 期）
1988 年第 1—3 期　（总第 7—10 期）
1989 年第 1—3 期　（总第 11—13 期）
1990 年第 1—2 期　（总第 14—16 期）
1991 年第 1—3 期　（总第 17—19 期）
1992 年第 1—2 期　（总第 20—21 期）
1993 年第 1—2 期　（总第 22—23 期）
1994 年第 1—2 期　（总第 24—25 期）
1995 年第 1 期　（总第 26 期）
1996 年第 1·2—3 期　（总第 27—29 期）
1997 年第 1·2 期　（总第 30·31 期）
1998 年第 1—3 期　（总第 32—34 期）
1999 年第 1 期　（总第 35 期）
2000 年第 1 期
2001 年第 1 期
2002 年第 1 期
2003 年第 1 期
2004 年第 1 期
2005 年第 1 期
2006 年第 1 期
2007 年第 1 期

清水文史　政协甘肃省清水县委员会文史资料委员会
编印,32 开书型,不定期,内部交流。

第 1 辑　（1989 年）
清水诗文集　（第一、二、三、四期）
第 2 辑　国立第十中学专辑　（1993 年）
第 3 辑　（1999 年）
清水史话　（1999 年）
轩辕黄帝略考
清水揽胜

秦安县

秦安文史资料　政协甘肃省秦安县委员会学习文史委
员会编印,32 开书型或 16 开刊型,或油印,不定期,内部交
流。

第 1 期　（1986 年）
第 2 期　（1987 年）
第 3 期　（1988 年）
第 4 期　（1989 年）
增刊:李、权、苻氏人物考　（1990 年）

第 5 期
第 6 期　（1990 年）
第 7 期　（1991 年）
第 8—9 期　（1993 年）
第 10 期　（1994 年）
增刊:莲溪诗集(第一卷)（1994 年）
第 11 期　（1996 年）
第 12 期　（1998 年）
秦安文史资料选编　（1999 年）
第 13 期　胡缵宗早期诗贴　（2000 年）
第 14 期　秦安历史歌咏　（2004 年）
第 15 期　（2004 年）
第 16 期　（2005 年）
第 17 期　秦安民间传说　（2005 年）
第 18 期　（2005 年）
建言集
书艺珍藏
秦安史稿

甘谷县

甘谷文史资料　政协甘肃省甘谷县委员会文史和学习
委员会编印,32 开书型,不定期,内部交流。

第 1 辑　（1987 年）
第 2 辑　（1988 年）
第 3 辑　（1989 年）
第 4—5 辑　（1990 年）
第 6 辑　（1991 年）
第 7 辑　（1992 年）
第 8 辑　（1993 年）
第 9 辑　（1994 年）
第 10 辑　（1997 年）
甘谷名人　（1999 年）

武山县

武山县文史资料选辑　政协甘肃省武山县委员会文史
委员会编印,32 开书型,不定期,内部交流。

第 1 辑　（1986 年）
第 2 辑　（1989 年）
第 3 辑　（1991 年）
第 4 辑　（1993 年）
第 5 辑　人物篇（1997 年）
第 6 辑　（1999 年）
第 7 辑　武山物华　（2002 年）

张家川回族自治县

张家川文史资料　政协甘肃省张家川回族自治县委员
会文史资料委员会编印,32 开书型,不定期,内部交流。

第 1 辑 （1988 年）

第 2 辑 （1989 年）

第 3—4 辑 （1991 年）

第 5 辑 庆祝张家川回族自治县成立四十周年专辑（1993 年）

第 6 辑 （2003 年）

武威市

武威文史 政协甘肃省武威市委员会教科文卫体文史委员会编印，32 开书型，不定期，内部交流。

第 1 辑 （2003 年）

第 2 辑 （2004 年）

第 3 辑 （2006 年）

第 4 辑 （2008 年）

凉州区

凉州区文史资料 **（武威文史资料）** 政协甘肃省武威市委员会文史资料委员会编印，32 开书型，不定期，内部发行。

第 1 辑 （1989 年）

第 2 辑 （1991 年）

第 3 辑 （1993 年）

第 4 辑 （1996 年）

第 5 辑 （1997 年）

第 6 辑 （2000 年）

第 7 辑 （改现名）（2004 年）

第 8 辑 （2006 年）

第 9 辑 （2008 年）

民勤县

民勤文史资料选辑 政协甘肃省民勤县委员会学习宣传文史委员会编印，32 开书型，不定期，内部交流。

第 1 辑 （1988 年）

第 2 辑 （1991 年）

民勤诗歌选 （1991 年）

第 3 辑 （1996 年）

古浪县

古浪文史 政协甘肃省古浪县委员会学习文史委员会编印，32 开书型，不定期，内部发行。

第 1 辑 （1991 年）

第 2 辑 （1992 年）

古浪风情 （1992 年）

第 3 辑 （1996 年）

咏景电工程诗词集 （1998 年）

古浪名胜古迹选编 （2000 年）

天祝藏族自治县

天祝文史 **（天祝文史资料）** 政协甘肃省天祝藏族自治县委员会文史资料工作委员会编印，32 开书型，不定期，内部发行。

第 1 辑 庆祝天祝藏族自治县成立四十周年（1950—1990）（1990 年）

第 2 辑 （1991 年）

第 3 辑 （1993 年）

第 4 辑 （改现名） 天祝土语 （1994 年）

第 5 辑 （1996 年）

第 6 辑 （1998 年）

第 7 辑 （2001 年）

第 8 辑 （2004 年）

第 9 辑 （2006 年）

第 10 辑 （2007 年）

酒泉市

酒泉文史资料 政协甘肃省酒泉市委员会文史资料委员会编印，32 开书型，不定期，内部交流。

第 1 辑 西凉王国史探 （2004 年）

第 2 辑 甘肃哈萨克族 （2004 年）

第 3 辑 伟大名人与酒泉 （2005 年）

第 4 辑 西路军俗血祁连 （2005 年）

百年酒泉

肃州区

肃州区文史资料 **（酒泉文史资料）** 政协甘肃省酒泉市肃州区委员会文史资料委员会编印，32 开书型，不定期，内部交流。

第 1 辑 （1988、1991、2005 年）

第 2 辑 （1989、2005 年）

第 3 辑 （1990、2005 年）

第 4 辑 （1991、2005 年）

第 5 辑 （1992、2005 年）

第 6 辑 （1993、2005 年）

第 7 辑 人文地志专辑 （1994 年）

第 8 辑 （1995 年）

第 9 辑 （1996 年）

第 10 辑 （1997 年）

第 11 辑 （1999 年）

第 12 辑 （2001 年）

第 13 辑 （改现名）（2003 年）

第 14 辑 （2005 年）

玉门市

玉门文史资料　政协甘肃省玉门市委员会文史和学习委员会编印,32 开书型,不定期,内部交流。

第 1 辑　（1992 年）
第 2 辑　（1994 年）
第 3 辑　（1997 年）
第 4 辑　（1999 年）
第 5 辑　（2003 年）

敦煌市

敦煌文史资料选辑　政协甘肃省敦煌市委员会文史和学习委员会编印,32 开书型,不定期,内部交流。

第 1 辑　（1991 年）
第 2 辑　（1993 年）
第 3 辑　（1995 年）
第 4 辑　（1997 年）
第 5 辑　（2004 年）

金塔县

金塔文史资料　政协甘肃省金塔县委员会文史和学习委员会编印,32 开书型,不定期,内部发行。

第 1 辑　（1990 年）
第 2 辑　（1993 年）
第 3 辑　（1997 年）
第 4 辑　金塔人文地志　（2000 年）
第 5 辑　（2005 年）

瓜州县

安西文史　政协甘肃省安西县委员会学习与文史委员会编印,32 开书型,不定期,内部交流。

第 1 辑　（1995 年）
第 2 辑　（1998 年）
第 3 辑　（2000 年）
第 4 辑　（2003 年）

肃北蒙古族自治县

肃北文史资料　政协甘肃省肃北蒙古族自治县委员会文史和学习委员会编印,32 开书型,不定期,内部交流。

第 1 辑　（1993 年）
第 2 辑　（2006 年）

阿克塞哈萨克族自治县

阿克塞县文史资料　政协甘肃省委员会阿克塞哈萨克族自治县文史资料委员会编印,32 开书型,不定期,内部交流。

第 1 辑　（2002 年）
第 2—3 辑　（2004 年）
第 4 辑　（2005 年）

张掖市

张掖文史资料　（张掖地区文史资料）　政协甘肃省张掖市委员会文史和学习委员会编印,32 开书型,不定期,内部交流或公开发行。

中国裕固族　（暨《甘肃文史资料》第 46 辑,甘肃人民出版社,1997 年版）
第 1 辑　（1999 年）
第 2 辑　（改现名）（2005 年）
第 3 辑　（2008 年）

甘州区

甘州区文史资料　（张掖文史资料）　政协甘肃省张掖市甘州区委员会文史和学习委员会编印,32 开书型,不定期,内部交流。

第 1 辑　（1988 年）
第 2 辑　（1989 年）
第 3 辑　（1992 年）
第 4 辑　（1994 年）
第 5 辑　（1996 年）
第 6 辑　（1998 年）
第 7 辑　（1999 年）
第 8 辑　（2002 年）
第 9 辑　（改现名）（2004 年）

民乐县

民乐文史资料　政协甘肃省民乐县委员会文史和学习委员会编印,32 开书型,不定期,内部发行。

第 1 辑　（1995 年）
第 2 辑　（1997 年）
第 3 辑　（1999 年）
第 4 辑　（2000 年）
第 5 辑　（2001 年）
第 6 辑　（2004 年）
第 7 辑　（2007 年）
第 8 辑　（2008 年）
新农村建设书画摄影精品集　（2008 年）

临泽县

临泽文史　（临泽文史资料）　政协甘肃省临泽县委员会文史和学习委员会编印,32 开书型,不定期,内部交流。

第 1 辑 （1991 年）

第 2 辑 （1993 年）

第 3 辑 （1996 年）

第 4 辑 （2004 年）

第 5 辑 （改现名） 临泽文史·地名专辑 （2005 年）

第 6 辑 （2006 年）

临泽文史·政协专辑

临泽宝卷

高台县

高台文史资料 政协甘肃省高台县委员会文史和学习委员会编印,32 开书型,不定期,内部交流。

第 1 辑 （1990 年）

第 2 辑 （1993 年）

第 3 辑 （1998 年）

第 4 辑 （2000 年）

第 5 辑 （2006 年）

山丹县

山丹文史资料 政协甘肃省山丹县委员会文史和学习委员会编印,32 开书型,不定期,内部发行。

第 1 辑 （1990 年）

第 2 辑 （1992 年）

第 3 辑 （1997 年）

第 4 辑 （1999 年）

第 5 辑 诗集 （1999 年）

第 6 辑 （2001 年）

肃南裕固族自治县

肃南文史资料 甘肃省肃南裕固族自治县委员会文史和学习委员会编印,32 开书型,不定期,内部交流或公开发行。

第 1 辑 （1994 年）

第 2 辑 （2000 年）

中国裕固族 （暨《甘肃文史资料》第 46 辑,甘肃人民出版社,1997 年版）

庆阳市

庆阳文史资料选辑 政协甘肃省庆阳市委员会文史和学习委员会编印,32 开书型,不定期,内部交流或公开发行。

"刘巧儿"传奇人生——《刘巧儿》原型封芝琴史料专集 （与政协华池县委员会合编,甘肃人民出版社,2005 年版）

第 1 辑 （2006 年）

第 2 辑 （内蒙古大学出版社,2007 年版）

庆阳文史资料选编 政协甘肃省庆阳市西峰区委员会文史和学习委员会编印,16 开刊型,不定期,内部交流。

第 1 期 （2003 年）

第 2—91 期 （2003—2006 年）

西峰区

西峰文史资料 政协甘肃省庆阳市西峰区委员会文史委员会编印,32 开书型,不定期,内部发行。

第 1 辑 （1991 年）

第 2 辑 （1996 年）

第 3 辑 （2003 年）

第 4 辑 西峰政协二十年(1985—2005) （2005 年）

第 5 辑 （2006 年）

政协委员风采录(2006 年)

西峰文史 政协甘肃省庆阳市西峰区委员会编印,16 开刊型,不定期,内部交流。

第 1—39 期

第 40 期 （2006 年）

庆城县

庆阳县文史资料 政协甘肃省庆城县委员会文史和学习委员会编印,32 开书型,不定期,内部交流。

第 1 辑 （1999 年）

第 2 辑 周祖文化与古庆阳 （1998 年）

第 3 辑 庆阳诗选 （2001 年）

第 4 辑 （2007 年）

环县

环县文史 （环县文史资料） 政协甘肃省环县委员会文史和学习委员会编印,32 开书型,不定期,内部发行。

第 1 辑 （1991 年）

第 2 辑 （现改名）(2004 年)

华池县

华池县文史资料选辑 政协甘肃省华池县委员会文史委员会编印,32 开书型,不定期,内部交流。

第 1 辑 （1997 年）

"刘巧儿"传奇人生 （与政协庆阳市委员会合编,甘肃人民出版社,2005 年版）

第 2 辑 （2007 年）

华池金石志 （2007 年）

合水县

合水文史资料 政协甘肃省合水县委员会文史和学习

委员会编印,32 开书型,不定期,内部交流。

第 1 辑　（1997 年）

第 2 辑　（2000 年）

第 3 辑　（2004 年）

第 4 辑　（2005 年）

正宁县

正宁文史资料　政协甘肃省正宁县委员会文史资料研究委员会编印,16 开刊型,油印,不定期,内部交流。

第 1—8 期　（1988 年）

第 9—15 期　（1989 年）

第 16—22 期　（1990 年）

第 23—46 期　（1991—1996 年）

正宁文史资料选辑　政协甘肃省正宁县委员会正宁文史资料选辑编辑委员会编印,32 开书型,不定期,内部交流。

第 1 辑　（1997 年）

第 2 辑　（2001 年）

第 3 辑　（2003 年）

第 4 辑　（2004 年）

第 5 辑　正宁史略　（2005 年）

第 6 辑　（2006 年）

第 7 辑　（2007 年）

宁县

文史资料　政协甘肃省宁县委员会文史委员会编印,16 开刊型,油印,不定期,内部交流。

第 1—8 期　（1991 年）

第 1—4 期　（1992 年）

宁县文史资料　政协甘当省宁县委员会学习文史委员会编印,32 开书型,不定期,内部发行。

宁县事变　（与中共宁县委党史办公室合编,1998 年）

第 1 辑　（2003 年）

第 2 辑　（2005 年）

镇原县

镇原文史　政协甘肃省镇原原委员会学习文史委员会编印,32 开书型,不定期,内部交流。

第 1 辑　（1994 年）

第 2 辑　（1999 年）

第 3 辑　（2003 年）

第 4 辑　华夏红杏之乡——镇原　（2007 年）

平凉市

平凉文史资料　政协甘肃省平凉市委员会科教文史卫体委员会编印,32 开书型,不定期,内部交流。

第 1 辑　（2004 年）

第 2 辑　赵诗春诗集　（2006 年）

政协平凉市第一届委员会文史资料汇编　（2007 年）

崆峒区

崆峒区文史资料　（平凉文史资料）　政协甘肃省平凉市崆峒委员会文史委员会编印,32 开书型,不定期,内部交流。

第 1 辑　（1989 年）

第 2 辑　（1991 年）

第 3 辑　（1993 年）

第 4 辑　（1996 年）

第 5 辑　戏剧史稿　（2000 年）

第 6 辑　民间文化　（2002 年）

第 7 辑　（改现名）　崆峒山题词照片题词珍藏（2003 年）

第 8 辑　赵时春文集　（2005 年）

第 9 辑　崆峒区知青专辑　（2006 年）

泾川县

文史资料　政协甘肃省泾川县委员会文史委员会编印,16 开刊型,油印,不定期,内部交流。

第 1—114 期

第 115—124 期　（1988 年）

第 125—140 期　（1989 年）

第 141—230 期　（1990—1997 年）

泾川文史资料选辑　政协甘肃省泾川县委员会文史委员会编印,32 开书型,不定期,内部交流。

第 1 辑　（1990 年）

第 2 辑　（1991 年）

第 3 辑　（1992 年）

第 4 辑　（1997 年）

第 5 辑　（2005 年）

灵台县

灵台文史　政协陕西省灵台县委员会文史资料研究委员会编印,16 开刊型,油印,不定期,内部发行。

1987 年第 1—8 期　（总第 1—8 期）

1988 年第 1—12 期　（总第 9—20 期）

1989 年第 1—5 期　（总第 21—25 期）

1990 年第 1—8 期　（总第 26—33 期）

1991 年第 1 期　（总第 34 期）

灵台文史　政协甘肃省灵台县委员会文史资料编辑委员会编印,32 开书型,内部发行。

第 1 辑　（1994 年）

第 2 辑　（2004 年）

崇信县

崇信文史 政协甘肃省崇信县委员会文史资料宣传民族委员会编印,32 开书型,不定期,内部交流。
第 1 辑 （1990 年）
第 2 辑 （1991 年）
第 3 辑 （1993 年）
第 4 辑
神奇的崇信 （1994 年）
清代《崇信县志》(注译)（2004 年）
第 5 辑 政协崇信简史 （2005 年）
第 6 辑 （2006 年）

华亭县

华亭文史 政协甘肃省华亭县委员会科教文史卫体委员会编印,16 开刊型,油印,不定期,内部发行。
1990 年第 1—8 期 （总第 1—8 期）
1992 年第 1—8 期 （总第 9—16 期）
1993 年第 1—9 期 （总第 17—25 期）
1994 年第 1—6 期 （总第 26—31 期）
1995 年第 1—8 期 （总第 32—39 期）
1996 年第 1—11 期 （总第 40—50 期）
1997 年第 1—21 期 （总第 51—71 期）
1998 年第 1—12 期 （总第 72—83 期）
1999 年第 1—18 期 （总第 84—101 期）
2000 年第 1—8 期 （总第 102—109 期）
2001 年第 1—3—特刊—5—8 期 （总第 110—117 期）
2002 年第 1—7 期 （总第 118—124 期）
2003 年第 1—8 期 （总第 125—132 期）
2005 年第 1—9 期 （总第 133—141 期）
2006 年第 1—4 期 （总第 142—145 期）
2007 年第 1—5 期 （总第 146—150 期）
2008 年第 1—6 期 （总第 151—156 期）
华亭文史资料 政协甘肃省华亭县委员会科教文史卫体委员会等编印,32 开书型,不定期,内部交流。
第 1 辑 （2000 年）
第 2 辑 煤炭·陶瓷专辑 （2004 年）
第 3 辑 （2006 年）

庄浪县

庄浪文史 政协甘肃省庄浪县委员会文史委员会编印,32 开书型,不定期,内部交流。
第 1 辑 （1989 年）
第 2 辑 历史人物专辑 （1991 年）
第 3 辑 庄浪风物 （1993 年）
第 4 辑 （1997 年）

静宁县

静宁文史资料 政协甘肃省静宁县委员会文史资料工作委员会编印,16 开刊型,不定期,内部交流。
第 1 期 （1986 年）
第 2—210 期
第 211 期 （2002 年）
静宁文史资料选辑 政协甘肃省静宁县委员会文史委员会编印,32 开书型,不定期,内部交流。
第 1 辑 （1990 年）
第 2 辑 （1992 年）
第 3 辑 （1997 年）
第 4 辑 （2002 年）

定西市

庆回归爱祖国图书画展出品集 政协甘肃省定西地区工作委员会编印,大 16 开刊型,内部交流,1998 年。
定西文史资料选辑 政协甘肃省定西市委员会文史委员会编印,32 开书型,不定期,内部交流。
第 1 辑 （2005 年）
第 2 辑 （2006 年）

安定区

安定文史资料 （定西县文史资料选辑） 政协甘肃省定西市安定区委员会文史委员会编印,32 开书型,不定期,内部交流。
第 1 辑 （1999 年）
第 2 辑 （改现名）(2006 年)
定安书画集 （2007 年）

通渭县

通渭文史 （通渭文史资料） 政协甘肃省通渭县委员会文史资料编辑委员会编印,16 开刊型,油印,不定期,内部交流。
第 1—2 辑 （1985 年）
第 3—4 辑 （1986 年）
第 5—6 辑 （1987 年）
第 7—8 辑 （1988 年）
第 9—10 辑 （1989 年）
第 11 辑 （1990 年）
第 12 期 （1991 年）
第 13 期 （改现名）(1993 年)
第 14 期 （1994 年）
第 15 期 （1995 年）
第 16 期 （1997 年）

第 17 期

第 18 期　（1998 年）

第 19 期　（1999 年）

第 20 期

通渭文史　政协甘肃省通渭县委员会文史资料委员会编印,32 开书型,不定期,内部交流。

第 1 辑　（1991 年）

第 2 辑　（2001 年）

第 3 辑　（2005 年）

临洮县

临洮文史资料　政协甘肃省临洮县委员会文史和学习委员会编印,16 开刊型,或油印,不定期,内部交流。

1987 年第 1—2 辑　（总第 1—2 期）

1988 年第 1—4 辑　（总第 3—6 期）

1989 年第 1—4 辑　（总第 7—10 期）

1990 年第 1 辑　（总第 11 期）

临洮县人民政府成立前后情况回忆　（杨怀祖著）

总第 12—138 期　（1990—2007）

临洮文史资料选　政协甘肃省临洮县委员会文史和学习委员会编印,32 开书型,不定期,内部交流。

第 1 辑　（1994 年）

第 2 辑　（1998 年）

第 3 辑　（2002 年）

第 4 辑　（2005 年）

漳县

漳县文史　政协甘当省漳县委员会文史资料委员会编印,32 开书型,不定期,内部交流。

第 1 辑　（2002 年）

第 2 辑　（2003 年）

第 3 辑　（2004 年）

漳县书画集之一　（2004 年）

第 4 辑　红军长征在漳县　（2005 年）

第 5 辑　（2006 年）

红军长征在漳县(增修本)（2006 年）

第 6 辑　漳县旧志汇编　（2006 年）

第 7 辑　漳县汪氏文化研究资料汇编(一)（2006 年）

第 8—9 辑　美不胜收看漳县(上、下册)（2006 年）

第 10—11 辑　漳盐文化研究资料汇编(上、下册)（2007 年）

第 12 辑　金钟汇编　（2007 年）

第 13 辑　漳县社火与野花儿　（2007 年）

漳县书画集之二　（2007 年）

第 14 辑　漳县汪氏文化研究资料汇编(二)（2008 年）

第 15 辑　漳县汪氏文化研究资料汇编(三)（2008 年）

第 16 辑　（2008 年）

第 17 辑　（2008 年）

第 18 辑　漳县汪氏文化研究资料汇编(四)　蒙元军功世家——漳县汪氏家族　（2008 年）

第 19 辑　漳县地质奇石根雕文化　（2008 年）

第 20 辑　漳县民间传说故事(上)（2008 年）

第 21 辑　漳县民间传说故事(下)（2008 年）

第 22 辑　漳县汪氏文化研究资料汇编(五)　汪氏家族演义　（2008 年）

第 23 辑　漳县政协调研　（2009 年）

第 24 辑　三军过后　（2008 年）

第 25 辑　新寺文史　（2008 年）

金融汇编　（2007 年）

漳县物华　（2007 年）

《金钟》杂志汇编　（2007 年）

漳县神话传说　（2008 年）

《金钟》专辑　（2008 年）

漳县中药材汇编　（2008 年）

漳盐文化研究汇编(三)（2008 年）

漳县名人手迹　（2008 年）

漳县旅游景点画册　（2008 年）

民办教师回忆录　（2008 年）

岷县

岷县文史资料　政协甘肃省岷县委员会文史资料委员会编印,16 开刊型,油印,不定期,内部交流或公开发行。

总第 1—147 期　（1984—1988 年）

岷县文史资料选辑　政协甘肃省岷县委员会文史委员会编印,32 开书型,不定期,内部交流。

第 1 辑　（1988 年）

第 2 辑　（1990 年）

第 3 辑　（1993 年）

第 4 辑　（1997 年）

第 5 辑　铁城文化考察录　（1998 年）

第 6 辑　（1999 年）

第 7 辑　（2004 年）

第 8 辑　红军长征在岷县——纪念中国工农红军长征胜利七十周年(1936—2006)（2007 年）

岷县书画集　（中国文史出版社,2007 年版）

第 9 辑　（2008 年）

渭源回族自治县

渭源文史资料选辑　政协甘肃省渭源回族自治县委员会资料文史委员会编印,32 开书型,不定期,内部交流。

第 1 辑　（1999 年）

第 2 辑　（2003 年）

渭源书画集　（2006 年）

第 3 辑　（2007 年）

渭源文史资料选刊 政协甘肃省渭源回族自治县委员会文史委员会编印,16 开书型,不定期,内部交流。

第 1—23 期

第 24 期 （2006 年）

陇西县

陇西文史资料 政协甘肃省陇西县委员会文史资料委员会编印,16 开刊型,油印,不定期,内部交流。

1988 年第 1—9 期 （总第 1—9 期）

1989 年第 1—8 期 （总第 10—17 期）

1990 年第 1—9 期 （总第 18—26 期）

1991 年第 1—8 期 （总第 27—34 期）

总第 35—58 期 （1992－1994 年）

1995 年第 1 期 （总第 59 期）

陇西文史资料选辑 政协甘肃省陇西县委员会文史委员会编印,32 开书型,不定期,内部交流。

第 1 辑 （1995 年）

天山行——陇西西进儿女回忆录专辑 （1995 年）

第 2 辑 （1996 年）

第 3 辑 （2001 年）

李氏文化 （《陇西文史》专辑之一）(2008 年)

陇南市

文史资料 政协甘肃省陇南市委员会文史和学习委员会编印,16 开刊型,不定期,内部交流。

第 1—9 期 （2005 年）

第 10—21 期 （2006 年）

第 22—30 期 （2007 年）

陇南文史 政协甘肃省陇南市委员会文史和学习委员会编印,32 开书型,不定期,内部交流。

第 1 辑 （2005 年）

第 2 辑 （2006 年）

第 3 辑 （2007 辑）

特色陇南丛书（十一册） 政协甘肃省陇南市委员会文史资料委员会编印。

陇南文物

陇南古刹

武都区

武都县文史资料选辑 政协甘肃省武都县委员会文史资料委员会编印,32 开书型,不定期,内部交流。

第 1 集 （1986 年）

第 2 集 （1988 年）

第 3 集 （1990 年）

第 4 集 （1992 年）

第 5 集 （1997 年）

第 6 集 （2000 年）

武都县政协志

武都文史资料汇编 政协甘肃省陇南市武都区委员会文史资料委员会编印,32 开书型,不定期,内部交流。

第 1—2 辑 （2005 年）

成县

成县文史资料选辑 政协甘肃省成县委员会文史和学习委员会编印,32 开书型,不定期,内部交流。

第 1 辑 （1994 年）

第 2 辑 （1997 年）

第 3 辑 （2007 年）

成县政协志

宕昌县

文史资料简报 政协甘肃省宕昌县委员会文史和学习委员会编印,16 开刊型,不定期,内部交流。

第 1—31 期

宕昌文史资料 政协甘肃省宕昌县委员会文史资料委员会编印,32 开书型,不定期,内部交流。

第 1 辑 （1992 年）

第 2 辑 （1993 年）

第 3 辑 （1996 年）

第 4 辑 （1997 年）

第 5 辑 （2003 年）

第 6 辑 （2004 年）

致富能人谱

宕昌农谚集锦

政协委员必读

宕昌人物志

宕昌政协志 （2006 年）

宕昌历史研究 （陈启生著,2006 年）

政协工作规范 （2006 年）

康县

文县

文县文史资料选辑 政协甘肃省文县委员会编印,16 开刊型,油印,不定期,内部交流。

第 1—14 期 （1982 年）

第 15—34 期 （1983 年）

第 35—51 期 （1984 年）

第 52—62 期 （1985 年）

第 65—72 期 （1986 年）

第 75—82 期 （1987 年）

第 83—90 期 （1988 年）

第 91—100 期 （1989 年）

第 101—106 期 （1990 年）

第 107—113 期 （1991 年）

第 114—115 期 （1992 年）

第 116—121 期 （1995—1999 年）

第 122 期 （2000 年）

文县文史资料选辑 政协甘肃省文县委员会文卫科技文史资料委员会编印,32 开书型,不定期,内部交流。

第 1 辑 政治军事辑 （1994 年）

西和县

西和文史资料 政协甘肃省西和县委员会文史资料委员会编印,16 开刊型,油印,不定期,内部交流。

第 1—5 期 （1984 年）

第 6—13 期 （1984—1985 年）

第 14 期 （1985 年）

第 15—28 期 （1985—1986 年）

第 29—36 期 （1986 年）

第 37—43 期 （1987 年）

第 44—48 期 （1988 年）

第 49—54 期 （1989 年）

第 55—56 期 （1990 年）

第 57—63 期 （1991 年）

第 64—67 期 （1992 年）

第 68—70 期 （1993 年）

第 71—76 期 （1994 年）

西和文史资料 政协甘肃省西和县委员会文史和学习委员会编印,32 开书型,不定期,内部交流。

第 1 辑 （1996 年）

第 2 辑 （2004 年）

第 3 辑 （2006 年）

礼县

文史资料 政协甘肃省礼县委员会文史组编印,16 开刊型,油印,不定期,内部交流。

第 1—15 期 （1984—1986 年）

第 16—24 期 （1988 年）

1989 年第 1—9 期 （总第 25—33 期）

1990 年第 1—11 期 （总第 34—44 期）

礼县文史资料 政协甘肃省礼县委员会文史和学习委员会编印,32 开书型,不定期,内部交流。

第 1 辑 （1992 年）

第 2 辑 （1995 年）

第 3 辑 （1997 年）

第 4 辑 （2001 年）

两当县

两当文史 政协甘肃省两当县委员会文史和学习委员

会编印,32 开书型,不定期,内部交流。

第 1 辑 （2006 年）

徽县

徽县文史资料 政协甘肃省徽县委员会文史和学习委员会编印,16 开刊型,油印,不定期,内部交流。

1984 年第 1—3 期合刊 （总第 1—3 期）

1985 年第 1·2 期 （总第 4—5 期）

1986 年第 1·2 期 （总第 6 期）

第 7—8 期 （1987 年）

第 9—10 期 （1988 年）

第 11—13 期 （1989 年）

第 14 期 （1990 年）

徽县文史资料汇编 政协甘肃省徽县委员会文史资料委员会编印,32 开书型,不定期,内部交流。

第 1 辑 （2006 年）

临夏回族自治州

临夏文史资料选辑 政协甘肃省临夏回族自治州委员会学习宣传文史委员会编印,32 开书型,年刊转不定期,内部交流。

第 1 辑 （1985 年）

第 2 辑 （1986 年）

第 3 辑 （1987 年）

第 4 辑 （1988 年）

第 5 辑 （1989 年）

第 6 辑 （1990 年）

第 7 辑 （1992 年）

第 8 辑 河州史话专辑 （1994 年）

第 9 辑 （1998 年）

第 10 辑 临夏回族自治州大事记 （1949—2000 年）（2003 年）

第 11 辑 临夏旅游文化底蕴(上、下册)（2006 年）

临夏市

临夏市文史资料选 （临夏市文史） 政协甘肃省临夏市文史和学习委员会编印,32 开书型,不定期,内部交流。

第 1 辑 （1985 年）

第 2 辑 （1986 年）

第 3 辑 （改现名）（1987 年）

第 4 辑 （1988 年）

第 5 辑 （1990 年）

第 6 辑

第 7 辑

第 8 辑 河州史话 （1994 年）

临夏县

临夏县文史资料 政协甘肃省临夏县委员会编印,32开书型,不定期,内部交流。

第1辑 (1993年)
第2辑 (1994年)
第3辑 (1995年)
第4辑 (1998年)
第5辑 县政协简史 (1999年)
第6辑 (2000年)
第7辑 (2007年)

康乐县

康乐文史资料 政协甘肃省康乐县委员会文史委员会编印,32开书型,不定期,内部交流。

第1辑 (1995年)
第2辑 (1998年)
第3辑 (2001年)

永靖县

永靖县文史资料 (**永靖县文史资料选辑**) 政协甘肃省委员会编印,32开书型,不定期,内部交流或公开发行。

第1辑 (1998年)
第2辑 (改现名)(1998年)
第3辑 黄河三峡神韵 (2000年)
第4辑 《游仙窟》研究 (2001年)
第5辑 黄河三峡儒释道场所概况 (2001年)
第6辑 黄河三峡的穆斯林(2002年)
第7辑 党和国家领导人情系黄河三峡 (2004年)
第8辑 永靖教育 (2005年)
第9辑 永靖政协 (2006年)
第10辑 炳灵寺史话 (甘肃人民出版社,2007年版)

广河县

广河县文史资料选辑 政协甘肃省广河县委员会文史委员会编印,32开书型,不定期,内部交流。

第1辑 (2002年)

和政县

东乡族自治县

东乡族自治县文史资料 政协甘肃省东乡族自治县委

员会文史资料委员会编印,32开书型,不定期,内部交流。

临夏旅游文化底蕴
握手甘肃
甘肃的民族区域自治
知识青年上山下乡在陇原

积石山保安族东乡族撒拉族自治县

甘南藏族自治州

甘南文史资料 (**甘南文史资料选辑**) 政协甘肃省甘南藏族自治州委员会文史资料和学习宣传委员会编印,32开书型,不定期,内部交流。

第1辑 拉卜楞寺概况 (1982年)
第2辑 (1983年)
第3辑 (1984年)
第4辑 (改现名)(1985年)
第5辑 甘南简史 (1986年)
第6辑 (1989年)
第7辑 喇嘛噶绕活佛传略 (1990年)
第7辑 喇嘛噶绕治佛传略(藏·汉文)(1990年)
第8辑 (1991年)
第9辑 甘南藏传佛教寺院概况(上)(1991年)
第9辑 甘南藏传佛教寺院概况(上)(藏文)(1991年)
第10辑 甘南藏传佛教寺院概况(中)(1994年)
第10辑 甘南藏传佛教寺院概况(中)(藏文)(1994年)
第11辑 甘南藏族部落概述(1994年)
第12辑 甘南藏传佛教寺院概况(下)(1995年)
第12辑 甘南藏传佛教寺院概况(下)(藏文)(1995年)
第13辑 (1999年)
第14辑 热旦加措活佛传略 (2000年)
甘南风物志(藏文)(2001年)
第15辑 甘南文物志 (2001年)
第16辑 苯教历史沿革 (2002年)
第17辑 十世班禅大师在甘南 (2004年)
第18辑 (2005年)

合作市

合作市文史资料选辑 政协甘肃省合作市委员会文史资料委员会编印,32开书型,不定期,内部交流。

第1辑 (2006年)

临潭县

临潭文史资料 政协甘肃省临潭县委员会文史资料委

员会编印,32 开书型,不定期,内部交流。
第 1 辑　（1988 年）
第 2 辑　（1992 年）
第 3 辑
第 4 辑　临潭县简史　（1998 年）
第 5 辑　洮州诗词史话　（2002 年）
第 6 辑　（2004 年）
第 7 辑　临潭庙会民俗文化　（2001 年）

卓尼县

卓尼文史资料选辑　政协甘肃省卓尼县委员会文史资料委员会编印,32 开书型,不定期,内部交流。
第 1 辑　（1984 年）
第 2 辑　全国人民代表大会常务委员会副委员长班禅额尔德尼·却吉坚赞视察访问卓尼专辑　（1988 年）
第 3 辑　（1992 年）
第 4 辑　（1996 年）
第 5 辑　（1999 年）
第 6 辑　卓尼现代大事记　（2002 年）
第 7 辑　（2006 年）

舟曲县

舟曲文史资料　政协甘肃省舟曲县委员会文史资料委员会编印,32 开书型,不定期,内部交流。
第 1 辑　（1988 年）
第 2 辑　（1992 年）
第 3 辑　舟曲文物　（1996 年）
第 4 辑　（1997 年）

第 5 辑　（2003 年）
第 6 辑　（2005 年）
第 7 辑　舟曲藏传佛教寺院概况　（2006 年）
第 8 辑　（2007 年）

迭部县

迭部文史资料　政协甘肃省迭部县委员会文史资料委员会编印,32 开书型,不定期,内部交流。
第 1 辑　（2003 年）
第 2 辑

玛曲县

碌曲县

碌曲文史资料　政协甘肃省碌曲县委员会文史资料委员会编印,32 开书型,不定期,内部交流。
第 1 辑
第 2 辑

夏河县

夏河文史资料　政协甘肃省夏河县委员会文史资料委员会编印,32 开书型,不定期,内部交流。
第 1 辑　（1994 年）
第 2 辑　拉卜楞寺史略　（1998 年）
第 2 辑　拉卜楞寺史略（藏文）（2000 年）
第 3 辑　夏河县政协志　（2003 年）

青 海 省

青海文史资料选辑　政协青海省委员会学习和文史委员会编印,32 开书型,不定期,内部交流或公开发行。

马步芳家族统治青海四十年史料简编　(1961 年)

第 1 辑　(1963 年)

第 2—3 辑　(1964 年)

第 4 辑　(1965 年)

第 5 辑　(1979 年)

第 6—7 辑　(1980 年)

第 8 辑　(1981 年)

第 9—10 辑　(1982 年)

第 11 辑　(1983 年)

第 12 辑　(1984 年)

第 13—14 辑　(1985 年)

第 1—5 辑合订本　(1985 年)

第 6—9 辑合订本　(1985 年)

第 15—16 辑　(1987 年)

第 17 辑　(1988 年)

青海三马　(与全国政协文史资料研究委员会合编,中国文史出版社,1988 年版)

第 10—12 辑合订本　(1988 年)

第 18 辑　缅怀集——纪念青海解放四十周年人物史料专辑　(1989 年)

西北近代工业　(与政协甘肃省文史资料委员会等合编,甘肃人民出版社,1989 年版)

第 19 辑　创业录——开发柴达木史料选辑　(1991 年)

第 20 辑　(1991 年)

青海文史资料选辑篇目分类索引　(第 1—20 辑) (1992 年)

第 21 辑　(1992 年)

第 22 辑　(1993 年)

第 23 辑　喜饶嘉措大师　(1994 年)

第 24 辑　(1995 年)

第 25·26 辑　光辉岁月——柴达木开发建设史料选辑　(暨《海西文史资料》第 9·10 辑,1997 年)

第 27 辑　(甘肃人民出版社,1997 年版)

第 28 辑

第 29 辑

第 30 辑

第 31 辑

第 32 辑

第 33 辑

第 34 辑

第 35 辑　风范长存——青海河南蒙族亲王扎喜才让

史料选辑　(2006 年)

青海文史资料集粹　(六卷九册)　政协青海省委员会学习文史委员会编,青海人民出版社,2001 年版。

西部开发卷

商业卷

教育文化卷

民族宗教卷

建国后卷

军事政治卷

西宁市

西宁文史资料　政协青海省西宁市委员会文史资料编辑委员会编印,32 开书型,不定期,内部交流。

第 1 辑　(1984 年)

第 2 辑　(1985 年)

第 3 辑　纪念抗日战争胜利四十周年　(1985 年)

第 4 辑　(1986 年)

第 5 辑　(1988 年)

第 6 辑　庆祝中华人民共和国成立、西宁解放四十周年　(1989 年)

第 7 辑　(1993 年)

第 8 辑　(1996 年)

第 9 辑

第 10 辑

第 11 辑

历程——西宁政协专辑　(2004 年)

第 12 辑　变迁　(2004 年)

城中区

西宁城中文史资料　政协青海省西宁市城中区委员会文史资料委员会编印,32 开书型,不定期,内部交流。

第 1 辑　(1988 年)

第 2 辑　(1989 年)

第 3 辑　(1990 年)

第 4 辑　(1991 年)

第 5 辑　(1992 年)

第 6 辑　(1993 年)

第 7 辑　(1994 年)

第 8 辑　热烈祝贺政协西宁市城中区委员会成立十周年　(1996 年)

第 9 辑　(1997 年)

第 10 辑　(1998 年)

第 11 辑　(1999 年)

第 12 辑　(2000 年)

第 13 辑　(2001 年)

第 14 辑　(2002 年)

第 15 辑　(2003 年)

第 16 辑　(2004 年)

第 17 辑 （2005 年）
第 18 辑 （2006 年）
第 19 辑 （2007 年）
第 20 辑 （2008 年）

城东区

城东区文史资料 政协青海省西宁市城东区委员会文史资料委员会编印,32 开书型,不定期,内部交流。
第 1 辑 （1990 年）
第 2 辑 （1992 年）
第 3 辑 （1994 年）
第 4 辑 （1996 年）
第 5 辑 （1998 年）
第 6 辑 （1999 年）

城西区

城西区文史资料 政协青海省西宁市城西区委员会文史资料委员会编印,32 开书型,不定期,内部交流。
第 1 辑
第 2 辑
第 3 辑 （2005 年）

城北区

城北文史资料 政协青海省西宁市城北区委员会文史委员会编印,32 开书型,不定期,内部交流。
第 1 辑 （1997 年）

大通回族土族自治县

大通文史资料 政协青海省大通回族土族自治县委员会文史资料委员会编印,32 开书型,不定期,内部交流。
第 1 辑 （1985 年）
第 2 辑 （1987 年）
第 3 辑 （1990 年）
第 4 辑 （1993 年）
第 5 辑　土族风情录 （1997 年）
第 6 辑 （2001 年）
第 7 辑 （2005 年）

湟源县

湟源文史资料 政协青海省湟源县委员会文史资料组编印,16 开刊型,油印,不定期,内部交流。
第 1 期 （1986 年）
第 2—6 期 （1987 年）
第 7—8 期 （1988 年）
第 9—10 期 （1989 年）

第 11—12 期 （1990 年）
第 13 期
第 14 期
第 15—16 期 （1995 年）
第 17—18 期 （1996 年）
湟源文史资料 政协青海省湟源县委员会文史资料组编印,32 开书型,不定期,内部交流。
第 1—2 辑 （1996 年）
第 3—4 辑 （1997 年）

湟中县

湟中文史资料选 政协青海省湟中县委员会文史资料组编印,32 开书型,不定期,内部交流。
第 1 辑 （1989 年）
青海塔尔寺历史大事编年 （2000 年）

海东地区

平安县

平安文史资料 政协青海省平安县委员会文史资料组编印,32 开书型,不定期,内部交流。
第 1 辑 （1987 年）
第 2 辑 （1989 年）
第 3 辑 （1993 年）

乐都县

乐都文史资料选 政协青海省乐都县委员会文史资料委员会编印,32 开书型,不定期,内部交流。
第 1 辑 （1988 年）
第 2 辑 （1989 年）
第 3 辑 （1996 年）

民和回族土族自治县

民和文史 政协青海省民和回族土族自治县委员会文史组编印,32 开书型,不定期,内部交流。
第 1 辑 （1988 年）
第 2 辑 （1990 年）

互助土族自治县

互助文史资料 政协青海省互助土族自治县委员会文史资料组编印,32 开书型,不定期,内部交流。
第 1 辑 （1989 年）
第 2 辑 （1994 年）

化隆回族自治县

化隆文史 **（化隆文史资料）** 政协青海省化隆回族自治县委员会文史委员会编印,16 开刊型,油印,不定期,内部交流。

第 1—2 期 （1984 年）
第 3—4 期 （1985 年）
第 5 期 （1986 年）
第 6—7 期 （1987 年）
第 8—9 期 （1988 年）
第 10 期 （1989 年）
第 11—12 期 （1990 年）
第 13 期 （1991 年）
第 14 期 （改现名）(1992 年)

循化撒拉族自治县

循化文史 **（循化文史资料专辑）** 政协青海省循化撒拉族自治县委员会文史资料办公室编印,32 开书型,或油印,不定期,内部交流。

第 1 辑 （1984 年）
第 2 辑 （改现名）(1988 年)

海北藏族自治州

海北文史资料 **（海北文史资料选辑）** 政协青海省海北藏族自治州委员会文史资料委员会编印,32 开书型,不定期,内部交流。

第 1 辑 （1989 年）
第 2 辑 青海省海北藏族自治州成立四十周年纪念
(1993 年)
第 3 辑 （1997 年）
第 4 辑
第 5 辑 （2000 年）
第 6 辑 （改现名）(2002 年)
第 7 辑 （2003 年）
雪域魂
中国人民政治协商会议海北藏族自治州及各县历史委员名录 （2006 年）
第 8 辑 （2006 年）
第 9—10 辑 （2007 年）
第 11 辑 （2008 年）

海晏县

海晏文史 政协青海省海晏县委员会文史资料研究委员会编印,32 开书型,不定期,内部交流。

· 第 1 辑 （1993 年）
第 2 辑 （2002 年）

祁连县

祁连文史 政协青海省祁连县委员会文史委员会编印,32 开书型,不定期,内部交流。

第 1 辑 （兰州大学出版社,2000 年）
第 2 辑 （2006 年）

刚察县

刚察文史资料 政协青海省刚察县委员会文史委员会编印,32 开书型,不定期,内部交流。

第 1 辑 （2008 年）

门源回族自治县

门源文史 **（门源文史资料选辑）** 政协青海省门源回族自治县委员会文史资料委员会编印,32 开书型,不定期,内部交流。

第 1 辑
第 2 辑
第 3 辑 （1992 年）
第 4 辑
第 5 辑
第 6 辑 （现改名）(2006 年)

海南藏族自治州

海南文史资料 政协青海省海南藏族自治州委员会文史资料委员会编印,32 开书型,不定期,内部交流。

第 1 辑
第 2 辑
第 3 辑

共和县

同德县

贵德县

贵德文史辑览 政协青海省贵德县委员会、贵德县志办公室合编,16 开刊型,油印,不定期,内部交流。

第 1—6 期 （1985 年）
第 7—12 期 （1986 年）
第 13 期 （1987 年）
第 14 期 （1988 年）
第 15 期 （1990 年）

贵德县文史资料 政协青海省贵德县委员会文史资料

编辑委员会编印,32 开书型,不定期,内部交流。

第 1 辑 (2006 年)

兴海县

兴海文史资料 政协青海省兴海县委员会文史资料委员会编印,32 开书型,不定期,内部交流。

第 1 辑 (2002 年)

贵南县

黄南藏族自治州

黄南文史资料 政协青海省黄南藏族自治州委员会文史资料委员会编印,32 开书型,不定期,内部交流。

第 1 辑 (1992 年)

第 2 辑 (1994 年)

第 3 辑 (1996 年)

第 4 辑

第 5 辑

阿瑧南宗史略

拉毛寨池呼图克图历代

上师传记

蒙藏佛教史

第 6 辑 (2006 年)

第 7 辑 (2008 年)

同仁县

尖扎县

泽库县

河南蒙古族自治县

果洛藏族自治州

果洛文史 政协青海省果洛藏族自治州委员会文史资料委员会编印,32 开书型,不定期,内部交流。

第 1 辑

第 2 辑

第 3 辑

第 4 辑

第 5 辑 (2008 年)

果洛史要

玛沁县

班玛县

甘德县

达日县

久治县

玛多县

玉树藏族自治州

玉树文史资料 政协青海省玉树藏族自治州委员会文史资料委员会编印,32 开书型,不定期,内部交流。

第 1 辑

第 2 辑

玉树县

杂多县

称多县

治多县

政协治多县委员会文史资料丛书 政协青海省治多县委员会编印,32 开书型,不定期,内部交流。

之一

之二 中国人民政治协商会议治多县委员会史 (1953.10—2005.6) (2005 年)

囊谦县

囊谦文史资料 政协青海省囊谦县委员会文史资料委员会编印,32 开书型,不定期,内部交流。

第 1 辑 (2002 年)

囊谦王系普 (2008 年)

曲麻莱县

曲麻莱文史资料 政协青海省曲麻莱县委员会文史资料委员会编印,32 开书型,不定期,内部交流。

第 1 辑 江河源头第一县——曲麻莱 (1997 年)

第 2 辑 (2001 年)

海西蒙古族藏族自治州

海西文史资料 政协青海省海西蒙古族藏族自治州委员会文史资料委员会与法制委员会编印,32 开书型,不定期,内部交流。

第 1 辑 (1988 年)

第 2 辑 (1989 年)

第 3 辑 (1991 年)

第 4 辑 (1992 年)

第 5 辑 (1992 年)

第 6 辑 (1993 年)

第 7 辑 (1994 年)

第 8 辑 (1995 年)

中国人民政治协商会议海西蒙古族藏族自治州及各县市委员会历届委员会名录 (1995 年)

第 9 · 10 辑 辉煌岁月——柴达木开发建设史料选辑 (暨《青海文史资料》第 25 · 26 辑,1997 年)

第 11 辑 (1998 年)

第 12 辑 (2000 年)

第 13 辑 (2002 年)

第 14 辑 海西蒙古藏族自治州建州五十周年专辑 (2004 年)

德令哈市

格尔木市

格尔木文史资料 政协青海省格尔木市委员会文史资料委员会编印,32 开书型,不定期,内部交流。

第 1 辑 (1995 年)

第 2 辑

第 3 辑 (2006 年)

乌兰县

都兰县

中国人民政治协商会议都兰县委员会文史资料 政协青海省都兰县委员会编印,16 开刊型,油印,不定期,内部交流。

第 1 辑 (1988 年)

中国人民政治协商会议都兰县委员会历届会议简况汇编 (1988 年)

天峻县

宁夏回族自治区

宁夏文史资料 （宁厦文史资料选稿） 政协宁夏回族自治区委员会文史和学习委员会编印,32开书型,不定期,宁夏人民出版社出版,内部转公开发行。

第1期 （1963年）

第2(改现名)—4期 （1964年）

第5—6辑 （1979年）

第7辑 （1980年）

第8—9辑 （1981年）

第10辑 辛亥革命七十周年纪念专辑 （1981年）

第11辑 （1982年）

宁夏历代行政设置沿革简编 （刘廷栋等编著,1982年）

第12辑 陕甘宁革命根据地史料特辑 （1984年）

第13辑 （1984年）

第14辑 马鸿宾史料专辑 （1985年）

西北第四次文史协作会会刊

文史资料工作文件汇编 （1959—1984）（1985年）

第15辑 在抗战的日子里——纪念抗日战争和世界反法西斯战争胜利四十周年专辑 （1986年版）

第16辑 解放宁夏回忆录 （1986年版）

第17辑 （1987年版）

第18辑 宁夏回族与伊斯兰教 （1987年版）

合订本第1册 第1—8辑 （1987年）

张大千生平和艺术 （中国文史出版社,1988年版、1989年版）

合订本第2册 第9—11辑 （1988年）

宁夏三马 （中国文史出版社,1988年版）

近代西北工业 （与政协甘肃省文史资料委员会等合编,甘肃人民出版社,1989年版）

第19辑 （1990年版）

西北第九次文史协作会会刊

辛亥革命在宁夏——纪念辛亥革命八十周年 （1991年版）

西北第九次文史协作会会刊

西北回族与伊斯兰教 （与陕西省政协文史资料委员会等合编,1994年版）

宁夏政协史料 （1950—1988）（1991年版）

第20辑 宁夏老字号 （1997年版）

宁夏各级政协文史资料篇目索引

第21辑 （1998年版）

第22辑 纪念政协文史资料工作创建四十周年 （1999年）

第23辑 庆祝中华人民共和国建国、人民政协成立五十周年专辑 （1999年）

第24辑 宁夏考古记事 （2001年版）

第25辑 存稿选编之一 （2001年版）

第26辑 存稿选编之二 （2002年版）

民国宁夏风云实录 （2003年）

八届委员风采录 （2004年）

奉献者足迹 （2004年）

自治区政协八届委员会要事汇编 （2005年）

第27辑 黄河与宁夏水利(上、下册)（2007年版）

忆往书真(上、下册)（2007年版）

第28辑 西北文史荟览 （2008年版）

宁夏通志·政权政协卷

宁夏文史通讯 政协宁夏回族自治区委员会文史和学习委员会编印,16开刊型,不定期,内部交流。

第1期

2003年第1—2期

2004年第1期

2005年第1期

2006年第1—3期

宁夏文史资料集萃丛书 政协宁夏回族自治区委员会文史和学习委员会编印,宁夏人民出版社,2006年版。

百年风流人物——人物卷(上、下册)

银川市

银川文史资料 政协宁夏回族自治区银川市委员会文史和学习委员会编印,32开书型,不定期,内部交流或公开发行。

第1辑 （1983年）

第2辑 （1984年）

第3辑 （1986年）

第4辑 （1988年）

第5辑 （1990年）

第6辑 （1992年）

第7辑 （1996年）

第8辑 （1997年）

第9辑 （1998年）

银川文史集粹 （宁夏人民出版社,1998年版）

第10辑 （1999年）

第11辑 （2002年）

第12辑 （2003年）

第13辑 （2004年）

第14辑 （2005年）

第15辑 （2006年）

第16辑 （2007年）

第17辑 （2008年）

兴庆区

兴庆区文史资料通讯 政协宁夏回族自治区银川市兴庆区委员会文史委员会编印,16开刊型,不定期,内部交流。

第 1 期

第 2 期

第 3 期

第 4 期

兴庆文史资料　政协宁夏回族自治区银川市兴庆区委员会文史委员会编印,32 开书型,不定期,内部交流。

第 1 辑　"通讯"第 1—3 期合印本　(2002 年)

金凤区

金凤文史资料　政协宁夏回族自治区银川市金凤区委员会文史委员会编印,32 开书型,不定期,内部交流。

第 1 辑

第 2 辑

西夏区

银川郊区文区资料　政协宁夏回族自治区银川市郊区委员会文史资料委员会编印,32 开书型,不定期,内部交流。

第 1 辑　(2000 年)

第 2 辑　(2001 年)

灵武市

灵武文史资料　政协宁夏回族自治区灵池县委员会文史资料研究委员会编印,32 开书型,不定期,内部交流。

第 1 辑　(1989 年)

第 2 辑　(1991 年)

第 3 辑　(1992 年)

第 4 辑　(1999 年)

政协委员风采录　(2003 年)

第 5 辑　沧桑灵州　(2005 年)

第 6 辑　政协委员风采录　(2006 年)

第 7 辑　神韵灵州　(2007 年)

永宁县

永宁文史资料　政协宁夏回族自治区永宁县委员会文史资料委员会编印,32 开书型,不定期,内部交流。

第 1 辑　(1986 年)

第 2 辑　(1991 年)

第 3 辑　(1997 年)

第 4 辑　(2002 年)

第 5 辑　(2006 年)

贺兰县

贺兰文史资料　政协宁夏回族自治区贺兰县委员会文

史委员会编印,32 开书型,不定期,内部交流。

第 1 辑　(1985 年)

第 2 辑　(1986 年)

第 3 辑　(1989 年)

第 4 辑

第 5 辑

第 6 辑

贺兰名人录

六届委员风采录

第 7 辑　(2006 年)

石嘴山市

石嘴山文史资料　政协宁夏回族自治区石嘴山市委员会文史资料委员会编印,16 开刊型改 32 开书型,或油印,不定期,内部交流。

第 1—2 辑　(1983 年)

第 3 辑　(1984 年)

第 4 辑　(1985 年)

第 5 辑　陶乐专辑　(1986 年)

第 6 辑　(1990 年)

第 7 辑　(1992 年)

第 8 辑　(1995 年)

第 9 辑　(1999 年)

第 10 辑

第 11 辑

第 12 辑

第 13 辑

第 14 辑

第 15 辑

石嘴山概览

第 16 辑

回眸宁夏 50 年

第 17 辑

百年风采

第 18 辑

第 19 辑

第 20 辑

第 21 辑　(2007 年)

大武口区

惠农区

惠农文史资料　政协宁夏回族自治区惠农县委员会文史资料委员会编印,32 开书型,不定期,内部交流。

第 1 辑

平罗县

平罗文史资料 政协宁夏回族自治区平罗县委员会编印,16 开刊型改 32 开书型,或油印,不定期,内部交流或公开发行。

第 1 辑 (1984 年)
第 2 辑 (1985 年)
第 3 辑 (1986 年)
第 4 辑 (1989 年)
第 5 辑 (1991 年)
第 6 辑 (1993 年)
第 7 辑 (1994 年)
第 8 辑 (1997 年)
第 9 辑 自然灾害史料
平罗县政协简史
平罗春秋——平罗文史资料精萃 (宁夏人民出版社,2005 年版)

陶乐县文史资料 政协宁夏回族自治区陶乐县委员会文史资料编辑委员会编印,32 开书型或 16 开刊型,或油印,不定期,内部交流。

第 1 辑 (1992 年)
第 2 辑

吴忠市

吴忠文史资料 政协宁夏回族自治区吴忠市委员会档案学习文史资料委员会编印,32 开书型,不定期,内部交流。

第 1 辑 吴忠回族自治州专辑 (2000 年)
第 2 辑 文物与旅游专辑
第 3 辑
第 4 辑
吴忠与灵川

利通区

吴忠文史 (吴忠文史资料) 政协宁夏回族自治区吴忠市委员会提案文史委员会编印,32 开书型,不定期,内部交流。

第 1 辑 (1987 年)
第 2 辑 (1989 年)
第 3 辑 (1991 年)
第 4 辑 (1995 年)
第 5 辑 (1997 年)
第 6 辑 (改现名)(1998 年)

青铜峡市

青铜峡文史资料 政协宁夏回族自治区青铜峡市委员

会文史资料委员会编印,32 开书型,不定期,内部交流。

第 1 辑 (1988 年)
第 2 辑
第 3 辑 (1999 年)
第 4 辑 (2002 年)
政协青铜市第七届委员风采录

盐池县

盐池文史资料 (盐池县文史资料) 政协宁夏回族自治区盐池县委员会文史资料委员会编印,16 开刊型或 32 开书型,或油印,不定期,内部交流或公开发行。

第 1 辑 (1983 年)
第 2 辑 (1985 年)
第 3 辑 (改现名)(1987 年)
第 4 辑 (1988 年)
第 5 辑 (1989 年)
第 6 辑 惠安堡专辑 (1992 年)
第 7 辑
第 8 辑 盐池古风
奉献在盐池
盐池县政协志 (2000 年)
盐州纪事——盐池文史资料选编(上、下册)(宁夏人民出版社,2004 年版)
盐池民间歌谣 (2008 年)

同心县

同心文史资料 (同心文史) 政协宁夏回族自治区同心县委员会文史资料研究委员会编印,32 开书型,不定期,内部交流或公开发行。

第 1 辑 (1984 年)
第 2 辑 (改现名)(1987 年)
第 3 辑 (1990 年)
第 4 辑
第 5 辑 光辉的历程
宁夏同心清真大寺
第 6 辑 红色同心 (宁夏人民出版社,2006 年版)

固原市

固原文史资料 政协宁夏回族自治区固原市委员会《固原文史资料》编辑委员会编印,32 开书型,不定期,内部交流。

第 1 辑 (2005 年)
第 2 辑

原州区

固原文史资料 政协宁夏回族自治区固原县委员会文

史资料委员会编印,32 开书型,年刊,内部交流。

第 1 辑　（1987 年）
第 2 辑　（1988 年）
第 3 辑　（1989 年）
第 4 辑　（1992 年）
第 5 辑　（1993 年）
第 6 辑　（1997 年）

西吉县

西吉文史资料　（西吉县文史资料）　政协宁夏回族自治区西吉县委员会文史委员会编印,32 开书型,不定期,内部交流。

第 1 辑　（1992 年）
第 2 辑　（改现名）（2002 年）

隆德县

隆德文史资料　政协宁夏回族自治区隆德县办公室编印,16 开刊型,油印,不定期,内部交流。

第 1 期
隆德县政协志（1987 年）

泾源县

泾源文史资料　政协宁夏回族自治区泾源县委员会文史资料委员会编印,32 开书型,不定期,内部交流。

第 1 辑　（2001 年）
第 2 辑　（2006 年）

彭阳县

彭阳文史资料　政协宁夏回族自治区彭阳县委员会文史学习委员会编印,32 开书型,不定期,内部交流或公开发行。

第 1 辑　（1991 年）
第 2 辑　（1999 年）
第 3 辑
第 4 辑　（2008 年）
彭阳神韵　（彭阳县文史资料选）（宁夏人民出版社,2005 年版）

中卫市

中卫文史资料　政协宁夏回族自治区中卫市委员会文史资料委员会编印,32 开书型,不定期,内部交流或公开发行。

第 1 辑　（2006 年）
第 2 辑　（2008 年）
中卫岩画　（周兴华著,宁夏人民出版社,2008 年版）

沙坡头区

中卫文史资料　政协宁夏回族自治区中卫县委员会文史资料委员会编印,32 开书型,不定期,内部交流。

第 1 辑　（1986 年）
第 2 辑　（1988 年）
第 3 辑　（1989 年）
第 4 辑　（1991 年）
第 5 辑　（1993 年）
第 6 辑
第 7 辑
第 8 辑
第 9 辑　（2001 年）

中宁县

中宁文史资料　（中宁文史）　政协宁夏回族自治区中宁县委员会编印,32 开书型,不定期,内部交流。

第 1 辑　（1988 年）
第 2 辑　（改现名）（1989 年）
第 3 辑　（1990 年）
第 4 辑
第 5 辑
第 6 辑
第 7 辑　（2004 年）

杞乡文史　政协宁夏回族自治区中宁县委员会编印,32 开书型,不定期,内部交流。

第 1 辑
第 2 辑
第 3 辑
第 4 辑
第 5 辑
第 6 辑
第 7 辑
第 8 辑　（2008 年）

海原县

海原文史资料　政协宁夏回族自治区海原县委员会文史资料研究委员会编印,16 开刊型,油印,不定期,内部交流。

之一　攻占刘家湖　（1989 年）
之二　怀念张自忠将军　（1989 年）
之三　营救西路军　（1989 年）
之四　海原县政协沿革命概述　（1989 年）
之五　红军西征在海原　（1989 年）
之六　夏宋三川之战简介　（1989 年）
之七　回汉族团结救县长　（1989 年）
之八　海原县乡镇建置变迁概况　（1989 年）

之九　怀念伯父冯翰英　(1989 年)

之十　海原县罗山乡土堤沟剿匪记　(1990 年)

之十一　活捉土匪马文俊　(1990 年)

之十二　对海原初办高中情况的回忆　(1990 年)

海原文史资料　政协宁夏回族自治区海原县文史资料委员会编印,32 开书型或 16 开刊型,或油印,不定期,内部交流。

　(一) 政协海原县文史资料专辑

　(二) 海原文史

海原县政协志

海原县政协志(续编)

海原文史资料　政协宁夏回族自治区海原县委员会文史资料委员会编印,32 开书型,不定期,内部交流或公开发行。

　第 1 辑　天都烟云　(李有成著,宁夏人民出版社,2006 年版)

　第 2 辑　天都遗址　(宁夏人民出版社,2007 年版)

新疆维吾尔自治区

新疆文史资料选辑　政协新疆维吾尔自治区委员会文史资料研究委员会编,新疆人民出版社出版,32开书型,不定期,内部转公开发行。

第1—4辑　(1979年版)

第5—6辑　(1980年版)

第7—8辑　(1981年版)

第9辑　辛亥革命伊犁起义专辑　(1981年版)

第10—11辑　(1982年版)

第12辑　(1983年版)

第13辑　(1985年版)

第14辑　(1984年版)

第15—16辑　(1985年版)

第17—18辑　(1987年版)

第19辑　隐蔽的战线　(1991年版)

第20辑　(1985年版)

第21辑　从迪化会谈到新疆和平解放　(1987年版)

第22辑　(1987年版)

西北近代工业　(与政协甘肃省文史资料委员会合编,甘肃人民出版社,1989年版)

第23辑　东北抗日义勇军在新疆　(1991年版)

第24辑　盟国军援与新疆　(1992年版)

第25辑　新疆辛亥革命史料选编——纪念辛亥革命八十周年专辑　(1991年版)

第26辑　马仲英在新疆　(1994年版)

第27辑　西北文史资料学研究论文集　(1994年版)

第28辑　列宁的中国卫士李福清访苏日记　(余俊升主编,1995年版)

第29辑

第30辑　教育专辑　(暨《阿克苏文史资料》第6辑,1995年版)

党的民族区域自治政策在新疆的胜利　(1995年版)

第31辑

第32辑

第33辑

第34辑　(1998年)

第35辑　(1999年)

第36辑

第37辑

新疆锡伯族人物录　(与政协伊犁哈萨克自治州、察布查尔锡伯自治县文史资料委员会合编,2001年)

塔吉克族专题文史资料

第38辑

第39辑

第40辑

新疆政协五十年　(2002年)

第41辑

第42辑

第43辑

第44辑

第45辑

第46辑

第47辑

第48辑

回族新疆史专辑　(与政协昌吉回族自治州民主党派社团学习文史委员会合编,2004年)

第49辑

第50辑

新疆石油工业史资料选辑(上册)　(与政协克拉玛依市教文卫体委员会合编,2005年)

第51辑　(2006年)

新疆往事　(刘向晖著,当代中国出版社,2006年版)

新疆石油工业史资料选辑(中册)　(与政协克拉玛依市教文卫体委员会合编,2006年)

新疆石油工业史资料选辑(下册)(塔里木分卷)　(与政协克拉玛依市教文卫体委员会合编,2007年)

第52辑　(2007年)

上海儿女在新疆　(2007年)

留在世界上的足迹

新疆文史资料　(维文)　政协新疆维吾尔自治区委员会学习文史委员会编印,32开书型,不定期,内部交流。

第1—3辑　(1981年)

第4—7辑　(1982年)

第8—12辑　(1983年)

第13—15辑　(1984年)

第16辑　(1985年)

第17辑　(1986年)

第18辑

第19辑

第20辑

第21辑

第22辑

第23辑

第24辑

第25辑

第26辑

第27辑

第28辑

第29辑

第30辑

第31辑

第32辑

第33辑

第34辑

第35辑

第 36 辑　（1994 年）
第 37 辑
第 38 辑
第 39 辑
第 40 辑
第 41 辑
第 42 辑
第 43—45 辑　（2003 年）
第 46—47 辑　（2005 年）
第 48 辑　（2006 年）
上海儿女在新疆　（2007 年）
新疆文史资料　（哈文）　政协新疆维吾尔自治区委员会学习文史委员会与政协伊犁哈萨克州委员会合编印，32 开书型，不定期，内部交流。
第 1 辑
第 2 辑
新疆文史资料　（蒙文）　政协新疆维吾尔自治区委员会学习文史委员会与政协博尔塔拉委员会合编印，32 开书型，不定期，内部交流。
第 1 辑
第 2 辑
第 3 辑
新疆文史资料精选　政协新疆维吾尔自治区委员会文史资料委员会编，新疆人民出版社，1998 年版
第 1 辑　1911—1928
第 2 辑　1928—1944
第 3 辑　1944—1949
第 4 辑　著名人物
新编新疆文史资料　政协新疆维吾尔自治区委员会学习文史委员会编印，32 开书型，不定期，内部交流。
第 1 集　（2004 年）
第 2 集　（2005 年）
第 3 集　风尘儿女的泪与笑　（2006 年）
第 4 集　（2007 年）
新编新疆文史资料　（维文）　政协新疆维吾尔自治区委员会学习文史委员会编印，32 开书型，不定期，内部交流。
第 1 集　（维吾尔文）（2004 年）
第 2 集　（维吾尔文）（2005 年）
第 3 集　（维吾尔文）（2006 年）
第 4 集　（维吾尔文）（2007 年）
精选本　（哈文）（2007 年）

乌鲁木齐市

乌鲁木齐文史资料　政协新疆维吾尔自治区乌鲁木齐市委员会学习文史工作委员会编印，32 开书型，不定期，内部交流或公开发行。
第 1—4 辑　（新疆青年出版社，1982 年版）
第 1 辑　（维文）（新疆青年出版社，1983 年版）

第 5—6 辑　（新疆青年出版社，1983 年版）
第 7—8 辑　（1984 年）
第 9 辑　（1985 年）
第 10 辑　乌鲁木齐民族团结史专辑　（1985 年）
第 11 辑　（1986 年）
第 12 辑　工商经济史料专辑　（新疆青少年出版社，1986 年版）
杜重远专辑　（新疆大学出版社，1987 年版）
第 13 辑　（新疆青少年出版社，1988 年版）
第 14 辑　庆祝中华人民共和国建国四十周年专辑（新疆青少年出版社，1989 年版）
第 15 辑　庆祝中国共产党成立七十周年专辑　（新疆青少年出版社，1991 年版）
第 16 辑　（1993 年）
乌鲁木齐文史资料征集出版工作大纲　（1994 年）
第 17 辑　（新疆人民出版社，1997 年版）
乌鲁木齐 1951 年纪实　（周建明主编，新疆人民出版社，1997 年版）
神圣的使命　（1999 年）
第 18 辑　风景这边独好——来至乌鲁木齐市政协的报告　（新疆人民出版社，2000 年版）
第 19 辑
第 20 辑
第 21 辑　（新疆人民出版社，2001 年版）
世纪歌——乌鲁木齐市民营企业家启示录　（2002 年）
在星光灿烂的年代——新中国成立初期的乌鲁木齐（1949—1959）（新疆人民出版社，2003 年版）
在星光灿烂的年代——新中国成立初期的乌鲁木齐（维文）（2003 年）
民国旧事扎记——民国年间的乌鲁木齐　（1911—1949）（2003 年）
乌鲁木齐人　当代的乌鲁木齐　（2005 年）
百年乌鲁木齐　（2006 年）
乌鲁木齐一日
文革亲历与见闻
乌鲁木齐名典
商会与乌鲁木齐

天山区

文史通讯　政协新疆维吾尔自治区乌鲁木齐市天山区委员会文史资料委员会编印，16 开刊型，油印，不定期，内部交流。
第 1—27 期
第 28—30 期　（1996 年）
第 31—61 期　（1997—2005 年）
第 62 期　（2006 年）
天山区文史资料　政协新疆维吾尔自治区乌鲁木齐市天山区委员会文史资料委员会编印，32 开书型，不定期，内

部交流。
第 1 辑　（1992 年）
第 2 辑　（1995 年）
第 3 辑　（1996 年）
第 4 辑　（1997 年）
第 5 辑　庆祝天山区成立五十周年专辑　（2001 年）
第 6 辑
第 7 辑　城区建设专辑　（2005 年）

沙依巴克区

沙依巴克区文史资料　政协新疆维吾尔自治区乌鲁木齐市沙依巴克区委员会文史资料委员会编印,32 开书型,不定期,内部交流。
第 1 辑　（1991 年）
第 2 辑
第 3 辑　（1997 年）

新市区

新市区文史资料　政协新疆维吾尔自治区乌鲁木齐市新市区委员会文史资料委员会编印,32 开书型,不定期,内部交流。
第 1 辑　（2000 年）
第 2 辑

水磨沟区

水磨沟区文史资料　政协新疆维吾尔自治区乌鲁木齐市水磨沟区委员会编印,32 开书型,不定期,内部交流。
第 1 辑
第 2 辑
第 3 辑
第 4 辑
第 5 辑
第 6 辑
第 7 辑　（2000 年）

头屯河区

达坂城区

米东区

米泉文史　政协新疆维吾尔自治区米泉县委员会文史资料编辑室编印,32 开书型,不定期,内部交流。
第 1 辑　（1987 年）
第 2 辑　（1990 年）

第 3 辑　（1992 年）
第 4 辑　（1994 年）
第 5 辑　（1996 年）
第 6 辑　（1997 年）
第 7 辑　（1998 年）
第 8 辑　米泉回族　（1999 年）
委员风采(2001 年)

乌鲁木齐县

乌鲁木齐县文史资料　政协新疆维吾尔自治区乌鲁木齐县委员会文史资料工作委员会编印,32 开书型,不定期,内部交流。
第 1 辑　（1999 年）
第 2 辑
第 3 辑
第 4 辑
第 5 辑　风雨同舟　（2005 年）

克拉玛依市

克拉玛依文史　（克拉玛依文史资料）（汉文）　政协新疆维吾尔自治区克拉玛依市委员会教文卫体委员会编印,32 开书型,不定期,内部交流。
第 1—2 辑　（1986 年）
第 3 辑　（改现名）(1987 年)
第 4 辑　（1988 年）
第 5 辑　（1989 年）
第 6 辑　（1990 年）
第 7 辑　（1991 年）
第 8 辑　（1992 年）
第 9 辑　（1993 年）
第 10 辑　（1994 年）
第 11 辑　（1995 年）
第 12 辑　（1997 年）
第 13 辑　（1998 年）
第 14 辑　（1999 年）
第 15 辑　（2000 年）
第 16 辑　（2001 年）
第 17 辑　（2002 年）
第 18 辑　（2004 年）
第 19 辑　（2007 年）
第 20 辑　（2008 年）
新疆石油工业史料选辑(上)（与政协新疆维吾尔族自治区文史资料研究委员会合编,2005 年）
新疆石油工业史料选辑(中)（与政协新疆维吾尔族自治区文史资料研究委员会合编,2005 年）
新疆石油工业史料选辑(下册)（塔里木分卷）（与塔里木石油勘探指挥部等合编,2005 年）
第 19 辑　（2007 年）

哈文专辑 （2007 年）

第 20 辑 （2008 年）

克拉玛依文史资料 （**维文**） 政协新疆维吾尔自治区克拉玛依市委员会教文卫体委员会编印,32 开书型,不定期,内部交流。

第 1—2 辑 （1987 年）

第 3 辑 （1988 年）

第 4 辑 （1989 年）

第 5 辑 （1991 年）

第 6 辑 （1992 年）

第 7 辑 （1993 年）

第 8 辑 （1994 年）

第 9—10 辑 （1996 年）

第 11 辑 （1997 年）

第 12 辑 （1998 年）

第 13 辑 （1999 年）

第 14 辑 （2000 年）

第 15 辑 （2001 年）

第 16 辑 （2002 年）

第 17 辑 （2004 年）

第 18 辑 （2008 年）

克拉玛依文史资料 （**哈文**） 政协新疆维吾尔族自治区克拉玛依委员会教文卫体委员会编印,32 开书型,不定期,内部交流。

小拐乡学校发展史(2005 年)

克拉玛依区

克拉玛依区文史资料 政协新疆维吾尔自治区克拉玛依市克拉玛依区委员会编印,32 开书型,不定期,内部交流。

第 1 辑

第 2 辑

第 3 辑

第 4 辑

第 5 辑 （2000 年）

独山子区

独山子文史资料 政协新疆维吾尔自治区克拉玛依市独山子区委员会编印,32 开书型,不定期,内部交流。

第 1 辑 大事记 （1907—1990）

第 2 辑 （1995 年）

第 3 辑 （2001 年）

第 4 辑 （2005 年）

白碱滩区

乌尔禾区

乌尔禾文史资料 政协新疆维吾尔自治区克拉玛依市乌尔禾区委员会文史资料委员会编印,32 开书型,不定期,内部交流。

第 1 辑 （1996 年）

第 2 辑 （1998 年）

自治区直辖县级行政单位

石河子市

石河子文史资料 政协新疆维吾尔自治区石河子市委员会文史资料研究委员会编印,32 开书型,不定期,内部交流。

第 1 辑 （1988 年）

第 2 辑 （1989 年）

第 3 辑 绿洲诗粹(1990 年)

第 4 辑 （1990 年）

第 5 辑 （1991 年）

第 6 辑 （1996 年）

第 7 辑 （2000 年）

第 8 辑 （2001 年）

阿拉尔市

阿拉尔文史资料 政协新疆维吾尔族自治区阿拉尔市委员会文史资料委员会编印,32 开书型,不定期,内部交流。

第 1 辑 知青回忆录(2006 年)

第 2 辑 （2007 年）

图木舒克市

五家渠市

五家渠文史 政协新疆维吾尔自治区五家渠市委员会文史资料委员会编印,32 开书型,不定期,内部交流或公开发行。

第 1 辑 （新疆生产建设兵团出版社,2007 年）

喀什地区

喀什文史资料 政协新疆维吾尔自治区喀什地区工作委员会文史资料研究组编印,32 开书型,不定期,内部交流。

第 1 辑　上古时代—1949 年　（1992 年）

第 2 辑

第 3—4 辑　（维·汉文）（1999 年）

喀什市

喀什市文史资料选辑　政协新疆维吾尔自治区喀什市委员会文史资料研究委员会编印，16 开刊型，油印，不定期，内部交流。

1987 年第 1—2 期

喀什市文史资料　政协新疆维吾尔自治区喀什市委员会文史资料委员会编印，32 开书型，不定期，内部交流。

第 1 辑　（1986 年）

第 2 辑　（1987 年）

第 3 辑　（1988 年）

第 4 辑　庆祝中华人民共和国成立四十周年专辑（1989 年）

第 5 辑　（1990 年）

第 6 辑　（1991 年）

第 7 辑　（1992 年）

第 8 辑　（1993 年）

第 9 辑　（1994 年）

第 10 辑　庆祝新疆维吾尔自治区成立四十周年（1995 年）

第 11 辑　（1996 年）

第 12 辑　（1997 年）

第 13 辑　（1998 年）

第 14 辑　庆祝五十华诞　（1999 年）

第 15 辑　大事记(1979—1999)（2000 年）

喀什噶尔史话

疏附县

疏附县文史资料　政协新疆维吾尔自治区疏附县委员会文史资料编辑委员会编印，32 开书型，不定期，内部交流。

第 1 辑　（1996 年）

疏勒县

疏勒文史资料　政协新疆维吾尔自治区疏勒县委员会文史资料委员会编印，32 开书型，不定期，内部交流。

第 1 辑

英吉沙县

英吉沙文史资料　政协新疆维吾尔自治区英吉沙县委员会文史资料委员会编印，32 开书型，不定期，内部交流。

第 1 辑

泽普县

泽普文史资料　政协新疆维吾尔自治区泽普县委员会编印，32 开书型，不定期，内部交流。

第 1 辑　（1991 年）

第 2 辑　（1994 年）

第 3 辑　（2002 年）

第 4 辑　民族团结专辑　（2007 年）

莎车县

莎车文史资料　政协新疆维吾尔自治区莎车县文史资料委员会编印，32 开书型，不定期，内部交流。

第 1 辑

第 2 辑

第 3 辑

莎车县解放初期参加革命工作人员及其他的活动情况

莎车文史资料　（维文）　政协新疆维吾尔自治区莎车县文史资料委员会编印，32 开书型，不定期，内部交流。

第 1 辑

第 2 辑

第 3 辑

第 4 辑

第 5 辑

第 6 辑　（2002 年）

叶城县

叶城文史资料　政协新疆维吾尔族自治区叶城县委员会文史资料委员会编印，32 开书型，不定期，内部交流。

第 1 辑　（2008 年）

麦盖提县

岳普湖县

岳普湖文史资料　政协新疆维吾尔自治区岳普湖县委员会文史资料编辑委员会编印，32 开书型，不定期，内部交流。

第 1 辑

第 2 辑

第 3 辑

第 4 辑

第 5 辑　卫生医疗史　（2002 年）

伽师县

伽师文史资料　政协新疆维吾尔族自治区伽师县委员

会文史资料委员会编印,32 开书型,不定期,内部交流。

第 1 辑

巴楚县

塔什库尔干塔吉克自治县

阿克苏地区

阿克苏文史资料选辑　政协新疆维吾尔自治区阿克苏地区工作委员会编印,32 开书型,不定期,内部交流。

第 1 辑

第 2 辑

金秋溢彩——阿克苏文化名人集

政协委员风采录

阿克苏政协志

阿克苏市

阿克苏市文史资料　政协新疆维吾尔自治区阿克苏市委员会文史资料委员会编印,32 开书型,不定期,内部交流。

第 1 辑　（1987 年）

第 2 辑　（1988 年）

第 3 辑　（1989 年）

第 4 辑　（1990 年）

第 5 辑　（1991 年）

第 6 辑　教育专辑　（暨《新疆文史资料》第 30 辑,1995 年）

第 7 辑　（1999 年）

阿克苏市文史资料　（维文）　政协新疆维吾尔自治区阿克苏市委员会文史资料委员会编印,32 开书型,不定期,内部交流。

第 1 辑　（1987 年）

第 2 辑　（1989 年）

第 3 辑　（1990 年）

温宿县

温宿县文史资料　政协新疆维吾尔自治区温宿县委员会文史资料委员会编印,32 开书型,不定期,内部交流。

第 1 辑

库车县

库车文史资料　（维文）　政协新疆维吾尔自治区库车县委员会文史资料委员会编印,32 开书型,不定期,内部交流。

第 1 辑

第 2 辑

第 3 辑

第 4 辑　（1994 年）

第 5 辑

第 6 辑

沙雅县

沙雅县文史资料　（维文）　政协新疆维吾尔自治区沙雅县委员会编印,32 开书型,不定期,内部交流。

第 1 期

第 2 期

第 3 期

第 4 期

1993 年本

第 5 期

第 6 期

第 7 期

第 8 期

沙雅县历史资料（第二册）（1995 年）

第 9 期

第 10 期

沙雅县文史资料　政协新疆维吾尔自治区沙雅县委员会编印,32 开书型,不定期,内部交流。

第 1 期(汉文)

新和县

拜城县

拜城文史资料　（维文）　政协新疆维吾尔自治区拜城县委员会文史资料委员会编印,32 开书型,不定期,内部交流。

第 1 期

第 2 期

乌什县

包什县文史资料　政协新疆维吾尔族自治区乌什县委员会文史资料委员会编印,32 开书型,不定期,内部交流。

第 1 辑　（2006 年）

阿瓦提县

阿瓦提县文史资料　政协新疆维吾尔自治区阿瓦提县委员会文史资料委员会编印,32 开书型,不定期,内部交流。

第 1 辑

第 2 辑

第 3 辑
第 4 辑
第 5 辑 （2008 年）

柯坪县

柯坪县文史资料 政协新疆维吾尔族自治区柯坪县委员会文史资料委员会编印,32 开书型,不定期,内部交流。
第 1 辑
第 2 辑
第 3 辑
第 4 辑

和田地区

和田市

和田市文史资料 政协新疆维吾尔自治区和田市委员会文史资料委员会编印,32 开书型,不定期,内部交流。
第 1 辑 （2008 年）

和田县

墨玉县

皮山县

洛浦县

洛浦县文史资料 政协新疆维吾尔自治区洛甫县委员会文史资料委员会编印,32 开书型,不定期,内部交流。
第 1 辑 （1990 年）
第 2 辑 （1992 年）

策勒县

策勒县文史资料 政协新疆维吾尔自治区策勒县委员会文史资料委员会编印,32 开书型,不定期,内部交流。
第 1 辑
策勒县奉献名人录

于田县

于田县文史资料 政协新疆维吾尔自治区于田县委员会文史资料委员会编印,32 开书型,不定期,内部交流。
于田县政协志 （2008 年）

民丰县

民丰文史资料 政协新疆维吾尔自治区民丰县委员会文史资料委员会编印,32 开书型,不定期,内部交流。
第 1 辑 （2000 年）
第 2 辑 （2008 年）

吐鲁番地区

吐鲁番政协五十年 政协新疆维吾尔自治区吐鲁番地区工作委员会编印,32 开书型,2007 年。

吐鲁番市

吐鲁番市文史资料 政协新疆维吾尔自治区吐鲁番市委员会文史资料委员会编印,32 开书型,不定期,内部交流。
第 1 辑 （维文）（1988 年）
第 2 辑
第 3 辑
第 4 辑
第 5 辑
第 6 辑 （1999 年）

鄯善县

鄯善文史 政协新疆维吾尔自治区鄯善县委员会文史资料办公室编印,32 开书型,不定期,内部交流。
第 1 辑
第 2 辑
第 3 辑
第 4 辑
第 5 辑
第 6 辑
第 7 辑
第 8 辑
第 9 辑
第 10 辑
第 11 辑
第 12 辑
第 13 辑
第 14 辑
第 15 辑
第 16 辑
第 17 辑 （2001 年）

托克逊县

托克逊文史资料 （维文） 政协新疆维吾尔自治区

托克逊县委员会文史资料办公室编印,32 开书型,不定期,
内部交流。

    第 1 辑 （1989 年）

    第 2 辑 （1990 年）

哈密地区

    哈密文史资料 政协新疆维吾尔自治区哈密地区工作
委员会编印,32 开书型,不定期,内部交流。

    第 1 辑

    第 2 辑

    第 3 辑 林则徐在哈密专辑 （1996 年）

    第 4 辑 （2001 年）

    第 5 辑

    红军西路军左支队在哈密

    新疆哈萨克族迁徙史

    西路军魂

    哈密回王

哈密市

    哈密市文史资料 政协新疆维吾尔自治区哈密市委员
会文史资料工作委员会编印,32 开书型,不定期,内部交
流。

    第 1 辑 （1987 年）

    第 2 辑 （1988 年）

    第 3 辑 （1989 年）

    第 4 辑 （1992 年）

    第 5 辑 （1994 年）

    第 6 辑 （1995 年）

    第 7 辑 （1997 年）

    第 8 辑 （1999 年）

    第 9 辑 （2000 年）

    第 10 辑 （2002 年）

    第 11 辑 （2005 年）

伊吾县

巴里坤哈萨克自治县

    马里坤文史资料 政协新疆维吾尔自治区巴里坤哈萨
克自治县文史资料委员会编印,32 开书型,不定期,内部交
流。

    第 1 辑 （1994 年）

    第 2 辑

克孜勒苏柯尔克孜自治州

阿图什市

    阿图什文史资料 政协新疆维吾尔族自治区阿图什市
委员会文史资料委员会编印,32 开书型,不定期,内部交
流。

    第 1 辑

    第 2 辑

阿克陶县

    阿克陶县文史资料 政协新疆维吾尔自治区阿克陶县
委员会文史资料委员会编印,32 开书型,不定期,内部交
流。

    第 1 辑

    第 2 辑 （2006 年）

    第 3 辑

阿合奇县

乌恰县

博尔塔拉蒙古自治州

    博尔塔拉文史资料 政协新疆维吾尔自治区博尔塔拉
蒙古自治州委员会文史资料委员会编印,32 开书型,不定
期,内部交流。

    第 1 辑 （1989 年）

    第 2 辑 （1992 年）

    第 3 辑 （1993 年）

    第 4 辑 （1998 年）

    第 5 辑 （1999 年）

    第 6 辑 新疆博尔塔拉蒙古族发展史 （2003 年）

    第 7 辑

    博州政协志

博乐市

精河县

    精河县文史资料 政协新疆维吾尔自治区精河县委员
会文史资料委员会编印,32 开书型,不定期,内部交流或公
开发行。

    精河县文史资料选 （新疆人民出版社,2004 年版）

温泉县

温泉县文史资料 政协新疆维吾尔族自治区温泉县委员会文史资料委员会编印,32开书型,不定期,内部交流。

　　建言献策辑　（2004年）
　　第1辑　（2006年）

昌吉回族自治州

昌吉文史资料 **（昌吉文史资料选辑）** 政协新疆维吾尔自治区昌吉回族自治州委员会民主党派社团学习文史委员会编印,32开书型,不定期,内部交流或公开发行。

　　第1辑　（1984年）
　　第2—3辑　（1985年）
　　第4辑　（1986年）
　　第5辑　（暨《北庭文史》第3辑,1986年）
　　第6辑　（1987年）
　　第7辑　昌吉回族与伊斯兰教　（1988年）
　　第8辑　昌吉哈萨克族的变迁　（暨《木垒文史资料》第6辑,1989年）
　　第9辑　昌吉哈萨克族的变迁　（哈文）(1989年)
　　第10辑　昌吉经济发展史资料　（1990年）
　　第11辑　庭州巨变　（新疆青少年出版社,1990年版）
　　第12辑　昌吉岩画　（1990年）
　　第13辑　我们共有一个太阳　（新疆青少年出版社,1992年版）
　　第14辑　历史在诉说——昌吉历史遗址与文物　（新疆青少年出版社,1993年版）
　　第15辑　（1992年）
　　第16辑　（改现名）　昌吉经济发展史资料（续集）(1994年)
　　第17辑　庆祝昌吉回族自治州成立四十周年　（1994年）
　　第18辑
　　第19辑
　　第20辑
　　第21辑
　　第22辑
　　第23辑
　　第24辑
　　昌吉文史资料篇目分类索引　（1994年）
　　第25辑　历史不会忘记——纪念抗美援朝胜利五十周年　（2003年）
　　第26辑　新疆回族史料专辑　（与政协新疆维吾尔自治区文史资料委员会合编,2004年版）
　　昌吉州政协五十年——庆祝昌吉州政协成立五十周年　（2004年）
　　第27辑　春满庭州——庆祝昌吉州成立五十周年（2005年）
　　第28辑　烽火岁月——庆祝抗日战争胜利六十周年（2005年）
　　第29辑　庭州春晓——八县市土改建政　（2006年）
　　第30辑　爱国爱教人士马良俊　（2007年）
　　第31辑　文化艺术专辑(一)(2007年)
　　昌吉州政协五十年
　　昌吉州解放初期经济项目建设回眸　（2008年）

昌吉市

昌吉市文史资料 政协新疆维吾尔自治区昌吉市委员会文史资料研究委员会编印,32开书型,不定期,内部交流。

　　第1辑　（1985年）
　　第2辑　（1987年）
　　第3辑
　　第4辑　（1993年）
　　第5辑
　　第6辑
　　第7辑
　　第8辑　（1996年）
　　第9辑
　　第10辑
　　第11辑
　　第12辑　党和国家领导人在昌吉　（2007年）

阜康市

阜康文史 政协新疆维吾尔自治区阜康县委员会文史资料委员会编印,32开书型,不定期,内部交流。

　　第1辑　（1985年）
　　第2辑　（1986年）
　　第3辑　（1989年）
　　第4辑　阜康县民主建政史料专辑　（1991年）
　　第5辑
　　第6辑
　　第7辑
　　第8辑
　　第9辑
　　第10辑　（2005年）
　　第11辑　（2006年）

呼图壁县

呼图壁文史资料 政协新疆维吾尔自治区呼图壁县委员会文史资料委员会编印,32开书型,不定期,内部交流。

　　第1辑　（1984年）
　　第2辑　（1985年）
　　第3辑　（1986年）

第 4 辑　（1988 年）
第 5 辑　（1989 年）
第 6 辑
第 7 辑　献给呼图壁县政协成立四十周年　（1997年）
第 8 辑　（1999 年）
第 9 辑　（2002 年）
第 10 辑　（2004 年）
第 11 辑　（2005 年）

玛纳斯县

玛纳斯文史资料　政协新疆维吾尔自治区玛纳斯县委员会文史资料委员会编印,32 开书型或 16 开刊型,不定期,内部交流。
第 1 辑　（1985 年）
第 2 辑　（1986 年）
第 3 辑　（1988 年）
音乐专辑　（1989 年）
第 4 辑　（1990 年）
玛纳斯历史演变　（阎锡琏著,1990 年）
第 5 辑　少数民族史料专辑　（1992 年）
音乐专辑续编　（1995 年）
第 6 辑　（1996 年）
第 7 辑　（2002 年）
委员风采专刊　（2005 年）
玛纳斯改革开放三十年　（2008 年）

奇台县

奇台县文史资料　政协新疆维吾尔自治区奇台县委员会文史资料研究委员会编印,16 开刊型,油印,不定期,内部交流。
第 1—2 辑　（1984 年）
第 3—5 辑　（1985 年）
第 6—9 辑　（1986 年）
第 10—13 辑　（1987 年）
第 14—17 辑　（1988 年）
教育与经济建设协调发展研讨会资料汇编　（1988年）
第 18—21 辑　（1989 年）
第 22—25 辑　（1990 年）
第 26—27 辑　（1991 年）
奇台文史　政协新疆维吾尔自治区奇台县委员会文史资料委员会编印,32 开书型,不定期,内部交流。
第 1 辑　（1991 年）
第 2 辑　（1992 年）
第 3—4 辑　（1994 年）
第 5 辑　隆重纪念政协奇台县委员会成立四十周年（1955—1995）（1995 年）

第 6 辑　（1997 年）
第 7 辑　（1998 年）
第 8 辑
第 9 辑
第 10 辑
第 11 辑
第 12 辑
第 13 辑
第 14 辑
第 15 辑
第 1—15 辑精选本　（2006 年）
第 16 辑
第 17 辑
走进奇台(2006 年)
奇台文史　（维文）　政协新疆维吾尔自治区奇台县委员会文史资料委员会编印,32 开书型,不定期,内部交流。
第 1 辑
第 2 辑

吉木萨尔县

北庭文史　政协新疆维吾尔自治区吉木萨尔县委员会文史资料研究委员会编印,32 开书型,不定期,内部交流。
第 1 辑　（1984 年）
第 1 辑　（维文）
第 1 辑　（哈文）
第 2 辑　（1985 年）
第 2 辑　（哈文）
第 3 辑　（暨《昌吉文史资料选辑》第 5 辑,1986 年）
第 4 辑　（1987 年）
第 5 辑　（1989 年）
第 6 辑　（1991 年）
第 7 辑　（1992 年）
第 8 辑　（1993 年）
第 9 辑
第 10 辑
第 11 辑
第 12 辑
第 13 辑
第 14 辑
第 15 辑　（2005 年）
第 16 辑　（2006 年）
第 17 辑　（2006 年）
北庭春秋(2006 年)
第 18 辑
假日旅游
第 19 辑
第 20 辑
第 21 辑

木垒哈萨克自治县

木垒文史资料 政协新疆维吾尔自治区木垒哈萨克自治县委员会文史资料研究委员会编印,16 开刊型或 32 开书型,或油印,不定期,内部交流。

第 1 辑 (1984 年)
第 2 辑 (1985 年)
第 3 辑 (1986 年)
第 4 辑 (1987 年)
第 5 辑 (1988 年)
第 6 辑 (暨《昌吉文史资料选辑》第 8 辑,1988 年)
木垒春秋 (1994 年)

巴音郭楞蒙古自治州

巴音郭楞文史资料 政协新疆维吾尔自治区巴音郭楞蒙古自治州委员会编印,32 开书型,不定期,内部交流。

第 1 辑 庆祝新疆维吾尔自治区成立三十周年 (1985 年)
第 2 辑 (1987 年)
第 3 辑 (1987 年)
第 4—5 辑 (1988 年)
第 6 辑 (1990 年)
第 7 辑 (1992 年)
第 8 辑 文史资料 (1995 年)
委员风采 (第一辑)(1998 年)
第 9 辑 (2000 年)
委员风采 (第二辑)
第 10 辑 (2002 年)
委员风采 (第三辑)(2003 年)
第 11 辑 巴州文史 (2004 年)
委员风采 (第四辑)(2004 年)
巴州政协志 (2005 年)
委员风采 (第五辑)(2005 年)
第 12 辑 巴音郭楞文史资料精选本 (2005 年)
第 13 辑 渤海军区教导旅专辑 (2006 年)
第 14 辑
民营企业家专辑 (2006 年)
渤海军区教导旅专辑(续编)(2008 年)

巴音郭楞文史资料 (维文) 政协新疆维吾尔自治区巴音郭楞蒙古自治州委员会文史资料研究委员会编印,32 开书型,不定期,内部交流。

第 1 辑 (1987 年)
第 2 辑 (1988 年)
第 3 辑 (1989 年)
第 4 辑
第 5 辑
第 6 辑
第 7 辑

第 8 辑
第 9 辑
第 10 辑
第 11 辑
第 12 辑
第 13 辑
第 14 辑
第 15 辑
第 16 辑
第 17 辑

巴音郭楞文史资料 (蒙文) 政协新疆维吾尔自治区巴音郭楞蒙古自治州委员会文史资料研究委员会编印,32 开书型,不定期,内部交流。

第 1 辑
第 2 辑 (1988 年)
第 3 辑
第 4 辑
第 5 辑 (1992 年)

库尔勒市

库尔勒市文史资料 政协新疆维吾尔自治区库尔勒市委员会文史资料委员会编印,32 开书型,不定期,内部交流或公开发行。

第 1 辑 (1991 年)
第 2 辑
第 3 辑
第 4 辑 (新疆人民出版社,1995 年版)

轮台县

轮台县文史资料 政协新疆维吾尔族自治区轮台县委员会文史资料委员会编印,32 开书型,不定期,内部交流。

第 1 辑
第 2 辑 (2004 年)
第 3 辑 (2008 年)

尉犁县

尉犁文史 (尉犁文史资料) 政协新疆维吾尔自治区尉犁县委员会文史资料委员会编印,32 开书型,不定期,内部交流。

第 1 辑 (1991 年)
第 2 辑 (1991 年)
第 3 辑
第 4 辑
第 5 辑
第 6 辑 兵团专辑 (2003 年)
第 7 辑 (改现名) 企业专辑 (2005 年)

若羌县

若羌文史 (若羌县文史资料) 政协新疆维吾尔自治区若羌县委员会文史资料工作委员会编印,32 开书型,不定期,内部交流。
第 1 辑 (1991 年)
第 2 辑 (改现名)

且末县

且末文史资料 政协新疆维吾尔自治区且末县委员会文史资料委员会编印,32 开书型,不定期,内部交流。
第 1 辑 (1999 年)

和静县

和静文史资料 政协新疆维吾尔自治区和静县委员会文史资料委员会编印,32 开书型,不定期,内部交流或公开发行。
第 1 辑 (1990 年)
南路旧土尔扈特文史资料 (蒙文)(新疆人民出版社,1999 年版)
第 2 辑 (改现名)(2005 年)
第 3 辑 (2006 年)
第 4 辑 (2007 年)
第 5 辑 (2008 年)

和硕县

和硕县文史资料 政协新疆维吾尔自治区和硕县委员会文史资料工作委员会编印,32 开书型,不定期,内部交流。
第 1 辑 (1993 年)
和硕县文史资料 (蒙文) 政协新疆维吾尔自治区和硕县委员会文史资料工作委员会编印,32 开书型,不定期,内部交流或公开发行。
第 1 辑 (1993 年)
第 2 辑 (新疆人民出版社,2008 年版)

博湖县

博湖文史 (博湖县文史资料) 政协新疆维吾尔自治区博湖县委员会文史资料研究委员会编印,32 开书型,不定期,内部发行。
第 1 辑
第 2 辑
第 3 辑
第 4 辑
第 5 辑

第 6 辑
第 7 辑
第 8 辑
第 9 辑 (改现名)(2008 年)

焉耆回族自治县

焉耆文史资料 政协新疆维吾尔自治区焉耆回族自治县委员会文史资料编委员会编印,32 开书型,不定期,内部交流。
第 1 辑 (1990 年)
第 2 辑 (1991 年)
第 3 辑 (1992 年)
第 4 辑 (1994 年)
第 5 辑 (1999 年)

伊犁哈萨克自治州

伊犁文史资料 政协新疆维吾尔自治区伊犁哈萨克自治州委员会文史资料和教文卫体委员会编印,32 开书型,不定期,内部交流或公开发行。
第 1 辑 (1984 年)
第 2 辑 (1986 年)
第 3 辑 (1987 年)
第 4 辑 (1988 年)
第 5 辑 (1989 年)
第 6 辑 锡伯族专辑 (1990 年)
第 7 辑 (1991 年)
第 8 辑 (1992 年)
第 9 辑 (1993 年)
第 10 辑 (1994 年)
第 11 辑 (1995 年)
第 12 辑 (1996 年)
第 13 辑 (1997 年)
第 14 辑 (1998 年)
第 15 辑 (1999 年)
第 16 辑 (2000 年)
新疆锡伯族人物录 (与政协新疆维吾尔自治区文史资料委员会等合编,新疆人民出版社,2001 年版)
第 17 辑 (2001 年)
第 18 辑 (2002 年)
第 19 辑 (2003 年)
第 20 辑 蒙古族专辑 (蒙文)(新疆人民出版社,2004 年版)
第 21 辑 (2005 年)
伊犁文史资料 (维文) 政协新疆维吾尔自治区伊犁哈萨克自治州委员会文史资料和教文卫体委员会编印,32 开书型,不定期,内部交流。
第 1 辑
第 2 辑

第3辑
第4辑
第5辑
第6辑

伊犁文史资料 （哈文） 政协新疆维吾尔自治区伊犁哈萨克自治州委员会文史资料和教文卫体委员会编印，32开书型，不定期，内部交流。

第1辑
第2辑
第3辑
第4辑
第5辑
第6辑
第7辑
第8辑
第9辑
第10辑
第11辑 （1995年）
第12辑
第13辑
第14辑
第15辑
第16辑
第17辑
第18辑
第19辑
第20辑

伊宁市

伊宁市文史资料 政协新疆维吾尔自治区伊宁市委员会文史资料委员会编印，32开书型，不定期，内部交流。

第1辑 伊犁府志注释 （1985年）
第2辑 （1986年）
第3辑 （1994年）
第4辑 （1995年）
第5辑 （1997年）
第6辑 （1999年）

伊宁市文史资料 （维文） 政协新疆维吾尔自治区伊宁市委员会文史资料委员会编印，32开书型，不定期，内部交流。

第1辑 （1993年）
第2辑 （1994年）
第3辑 （1995年）
第4辑 （1997年）
第5辑 （1998年）

奎屯市

奎屯文史 （奎屯市文史资料、奎屯文史资料） 政协

新疆维吾尔自治区奎屯市委员会文史资料委员会编印，32开书型，不定期，内部交流。

第1辑 奎屯市今昔纪要 （1990年）
第2—3辑 （1991年）
第4辑 （改名）（1993年）
第5辑 （改现名）（1994年）
第6辑 （1996年）
文史资料专辑——庆祝政协奎屯市委员会成立三十周年 （2004年）

伊宁县

霍城县

霍城文史资料 政协新疆维吾尔自治区霍城县委员会文史资料工作委员会编印，32开书型，不定期，内部交流。

第1辑 （1990年）
第2辑 （1993年）
第3辑 （1994年）
第4辑 （1996年）
第5辑 （2008年）

巩留县

巩留文史 （哈文） 政协新疆维吾尔自治区巩留县委员会文史资料委员会编印，32开书型，不定期，内部交流。

第1辑
第2辑
第3辑
第4辑
第5辑 （2006年）

巩留文史 政协新疆维吾尔自治区巩留县委员会文史资料委员会编印，32开书型，不定期，内部交流。

第1辑 （2006年）

巩留文史 （维文） 政协新疆维吾尔自治区巩留县委员会文史资料委员会编印，32开书型，不定期，内部交流。

第1辑 （2006年）

新源县

新源文史资料 政协新疆维吾尔自治区新源县委员会文史资料委员会编印，32开书型，不定期，内部交流。

第1辑
第2辑
第3辑
第4辑
第5辑

第 6 辑

第 7 辑

第 8 辑

第 9 辑 （哈文）（2007 年）

昭苏县

昭苏文史资料 政协新疆维吾尔自治区昭苏县委员会文史资料编辑委员会编印,32 开书型,不定期,内部交流。

第 1 辑 （哈文）

第 2 辑 （哈文）

第 3 辑 （哈文）

第 4 辑 （蒙文）（2007 年）

特克斯县

特克斯文史资料 政协新疆维吾尔自治区特克斯县委员会文史资料编辑委员会编印,32 开书型,不定期,内部交流。

第 1 辑

第 2 辑 （维文）

第 3 辑 （哈文·汉文·维文）（2006 年）

尼勒克县

尼勒克文史资料 政协新疆维吾尔自治区尼勒克县委员会文史资料委员会编印,32 开书型,不定期,内部交流。

第 1 辑

第 2 辑

第 3 辑

察布查尔锡伯自治县

察布查尔锡伯文史资料 政协新疆维吾尔自治区察布查尔锡伯自治县委员会文史资料研究委员会编印,32 开书型,不定期,内部交流或公开发行。

新疆锡伯族人物录 （与新疆维吾尔自治区政协文史资料委员会等合编,新疆人民出版社,2001 年版）

第 1 辑 （2002 年）

第 2 辑 新疆锡伯族文史资料 （2005 年）

第 3 辑 道教圣地赤松山 （2003 年）

第 4 辑

第 5 辑

第 6 辑

塔城地区

塔城市

塔城市文史资料 政协新疆维吾尔自治区塔城市委员会编印,32 开书型,不定期,内部交流。

第 1—2 辑 （1987 年）

第 3 辑 （1988 年）

第 4 辑

第 5 辑

乌苏市

乌苏县文史资料 政协新疆维吾尔自治区乌苏县委员会文史资料委员会编印,32 开书型,不定期,内部交流。

第 1 辑 （1988 年）

第 2 辑 （1989 年）

第 3 辑 （1990 年）

第 4 辑

额敏县

额敏县文史资料 政协新疆维吾尔自治区额敏县委员会文史资料编委会编印,32 开书型,不定期,内部交流。

第 1 辑 （1990 年）

第 2 辑

第 3 辑

沙湾县

沙湾县文史资料 政协新疆维吾尔自治区沙湾县委员会文史资料委员会编印,32 开书型,不定期,内部交流。

第 1 辑 （1989 年）

第 2 辑 （1990 年）

第 3 辑

第 4 辑 （1997 年）

托里县

托里县文史资料 （维文） 政协新疆维吾尔自治区托里县委员会文史资料委员会编印,32 开书型,不定期,内部交流。

第 1 辑 （2000 年）

裕民县

裕民文史资料 政协新疆维吾尔自治区裕民县委员会文史资料编委会编印,32 开书型,不定期,内部交流。

第 1 辑